1 MONTH OF
FREE
READING

at

www.ForgottenBooks.com

By purchasing this book you are eligible for one month membership to ForgottenBooks.com, giving you unlimited access to our entire collection of over 1,000,000 titles via our web site and mobile apps.

To claim your free month visit:
www.forgottenbooks.com/free1265336

ISBN 978-0-365-29038-4
PIBN 11265336

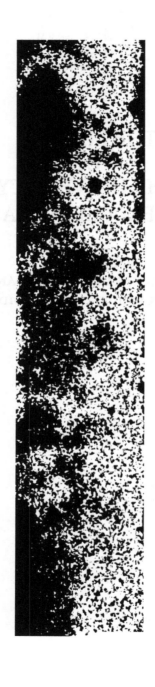

Reisen

und

Länderbeschreibungen

der

älteren und neuesten Zeit,

eine Sammlung

der

interessantesten Werke über Länder- und Staaten-Kunde, Geographie und Statistik.

Herausgegeben
von

Dr. Eduard Widenmann,

Redacteur des Auslandes,

und

Dr. Hermann Hauff,

Redacteur des Morgenblattes.

Siebzehnte Lieferung.

***

Stuttgart und Tübingen,

Druck und Verlag der J. G. Cotta'schen Buchhandlung.

1839.

Der Geist des Orients

erläutert in einem Tagebuche

über

Reisen durch Rumili

während einer ereignißreichen Zeit.

Von

D. Urquhart, Esq.

Verfasser der Schriften: „die Türkei und ihre Hülfsquellen" — „England,
Frankreich, Rußland und die Türkei" u. s. w.

Aus dem Englischen übersetzt

von

F. Georg Buck,

b. R. Dr. Hamburg.

Nicht durch Thatsachen, sondern durch Ansichten über
Thatsachen lassen sich die Menschen leiten.   Epiktet

Erster Band.

Stuttgart und Tübingen,
Verlag der J. G. Cotta'schen Buchhandlung.
1839.

Dem Andenken

Wilhelms IV

gewidmet.

Inhalt.

Einleitung.

Jeder Reifende, der dem Publicum ein Werk vorlegt, fetzt voraus,
daß er neue Thatfachen oder Ideen mitzutheilen, oder irrige Angaben oder Meinungen in den Werken feiner Vorgänger zu berichtigen habe. Ift das richtig in Beziehung auf uns nahe liegende Länder, mit deren Sprache, Einrichtungen und Gebräuchen
wir völlig vertraut find, fo muß es noch viel anwendbarer auf
ferne Länder feyn, deren Sitten und Einrichtungen den unfrigen
unähnlich, mit deren Sprache wir nun einmal nicht bekannt find,
von deren Literatur wir nichts wiffen, mit deren Gefellfchaft wir
nie zufammenkommen, zwifchen deren Bewohnern und unfern
Landsleuten felten oder nie Freundfchaft beftebt. Wer zufällig
in folch einem Lande reifet, muß, da es ihm unmöglich ift, genau
zu beobachten, eine Menge oberflächlicher Eindrücke in fich aufnehmen, die er dann bei feiner Heimkehr eben fo leicht und bunt
verbreitet, wie er eben fie empfangen. Nicht fowohl in dem
Glauben daher, daß Vieles zu berichtigen fey in den Meinungen,
die aus folchen Nachrichten in Bezug auf die Länder entftanden
find, von denen dirfe Bände bandeln, fondern in der Ueberzeugung, daß man gar nichts davon weiß, übergebe ich diefe

Bände meinen Landsleuten. Mit den Sitten eines Volkes geht
es, wie mit seiner Sprache: keines von beiden kann genau beschrieben, keine Stelle kann richtig angewendet werden, wenn nicht
der Geist der Volkssitten, wie die Grammatik der Volkssprache
fleißig studirt und vollkommen begriffen ist.

Die Ansprüche, die ich aufweisen kann, um mein Selbstver-
trauen oder das Vertrauen Anderer zu begründen, sind — zehn Jahre,
die ich unablässig anwendete, die nöthige Belehrung zu erlangen,
um über die Länder zu urtheilen, die ich hier zum Theil beschreibe.
Während dieses Zeitraumes, wo kein anderer Zweck mich beschäftigte, habe ich meine Zeit gänzlich dazu gewidmet, im Einzelnen
oder im Ganzen zu erforschen und zu studiren, was sich in gegenseitiger Verbindung auf die Gesetze, die Geschichte, den Handel, die politische und diplomatische Lage des Orients und besonders der Türkei bezog. Obgleich sich diese Untersuchungen über
weite und mannichfache Felder verbreiteten, wurden sie doch systematisch auf die Aufklärung einer einzigen Frage geleitet, der
Frage nämlich, welche die Interessen und vielleicht das politische
Daseyn Großbritanniens zunächst berührt.

Während meiner früheren Reisen, verflochten, wie ich ursprünglich war, in den Krieg zwischen Griechenland und der Türkei, kam
ich zu den ungünstigsten Schlüssen über den Charakter der orientalischen Länder und besonders der türkischen Regierung und des
türkischen Volkes. Erst nach dreijährigen fleißigen Forschungen
in der Statistik begann ich einzusehen, daß es doch wirklich Institutionen gebe, die mit dem Oriente verknüpft sind. Von dem
Augenblicke an, wo ich das Vorhandenseyn besonderer, obgleich
noch unklarer Grundsätze bemerkte, erwachte in meiner Seele ein
hohes Interesse, und ich machte mich an eine Sammlung finan-
cieller Details, in der Absicht, die Regeln kennen zu lernen, auf
welche diese gegründet waren. Ich darf wohl sagen, daß ich
abermalige drei Jahre in dieser Ungewißheit zubrachte, und ich
sammelte und notirte die Verwaltung von zweihundert fünfzig
Städten und Dörfern, bevor mir die gemeinsamen Grundsätze auf-
fielen, welche diese Verwaltung leiteten.

Erst nachdem also die Hälfte der Zeit verflossen war, die ich
überhaupt im Morgenlande zubrachte, begann ich zu merken, daß

dort bestimmte Regeln und Grundsätze der geselligen Sitten und
Gebräuche vorhanden waren, die man an ihnen selbst studiren
müsse, und deren Erlernung eine Bedingung zum nützlichen und
geselligen Verkehre sey.

Nachdem ich diesen mühsamen Proceß durchgemacht, muß
ich natürlich annehmen, daß eine Kenntniß des Orients lange
und emsige Arbeit erfordert, die nur von Jemand unternommen
werden kann, der keine andere Beschäftigung oder Zwecke hat,
der mit Thatkraft und Beharrlichkeit ausgerüstet und bereit ist,
alle Bequemlichkeiten, Annehmlichkeiten und Lebensgenüsse, an
die er gewöhnt gewesen, gänzlich aufzuopfern.

Ein Werk über den Orient ist eine Aufgabe, die kein Mann
von richtigem Tact leicht oder bereitwillig übernehmen kann.
Je weiter man vorschreitet, gerade um so deutlicher werden die
Schwierigkeiten solch eines Studiums, desto größer das Mißtrauen
des Forschers.

Wenn ein Botaniker, an eine Gegend gewöhnt, die nur eine
beschränkte Zahl von Arten enthält, seine Theorie der Botanik
auf solche allgemeine Regeln gegründet hat, wie er nach dieser
beschränkten Anzahl von Daten aufstellen durfte oder anwenden
konnte, und man plötzlich in eine andere Gegend geräth, wo er
seine Grundsätze unanwendbar oder unzureichend findet, so muß
er augenblicklich die ganze Wissenschaft, zu der er sich bekennt,
revidiren. Ebenso wenn man Nationen beobachtet und auf Ideen
stößt, die, wenn richtig verstanden, nicht genau durch die Worte
der bekannten Sprache übersetzt werden können, muß man augenblicklich zu den ersten Anfängen zurückkehren, zurück zu der Wie-
derbeobachtung der menschlichen Natur.

Darin liegt die Schwierigkeit des Orientes, der eigentliche
Grund der Verlegenheit, die sich zu vergrößern scheint, je nachdem die Materialien sich anhäufen. Wer das Morgenland einen
Tag lang ansieht, kann äußere Gegenstände mit den Worten skiz-
ziren, die in der europäischen Sprache vorhanden sind. Um aber
im Stande zu seyn, Gedanken vorzuführen, muß er fühlen, wie
die Morgenländer, und dennoch diese Gefühle in einer Sprache

beschreiben, die nicht die ihrige ist, und das gerade ist eine über=
wältigende Aufgabe. Die Sprache ist die herkömmliche Vertreterin
der Eindrücke; aber wenn die Eindrücke nicht dieselben sind, können
sie nicht durch gemeinsame Töne ausgedrückt werden, und deßhalb
ist da, wo eine Verschiedenheit der Eindrücke stattfindet, keine
Möglichkeit einer gemeinsamen Sprache.

Bei dieser Schwierigkeit der gegenseitigen Mittheilung darf
man natürlich nur annehmen, daß jeder Theil in den Augen des
andern gelitten hat: wir sind der Mittel beraubt gewesen, das
Gute zu würdigen; wir haben das Schlechte übertrieben und das
Gleichgültige ungünstig gedeutet. Die ursprüngliche Unzulänglich=
keit der Sprache ist später die Veranlassung zu einer entschuld=
baren Feindseligkeit geworden, und aus dieser Wechselwirkung von
Ursache und Wirkung ist endlich gegenseitige Verachtung entstan=
den. Dieses bei den im Morgenlande ansässigen Europäern ein=
gewurzelte Mißverständniß schließt durch die bestehende Feindselig=
keit Reisende aus von dem Verkehr mit den Landeseingebornen.
Sie haben nicht den Schlüssel zum Verkehre und sind in den er=
sten Eindrücken, durch welche ihre ganze spätere Laufbahn nothwen=
dig geleitet wird, von den im Oriente ansässigen Europäern ab=
hängig, welche mit ihnen dieselbe Sprache reden.

Man sollte annehmen, daß Leute, die ihr Antlitz der auf=
gehenden Sonne zuwenden, von einem edlen Eifer der Forschung
beseelt wären; daß ihre Einbildungskraft erwärmt wäre von der
Poesie des orientalischen Lebens und dem Glanze morgenländischer
Staffage; daß Männer, deren früheste Erziehung nach der Bibel
gebildet worden, und deren kindische Sehnsucht angefeuert ward
durch den orientalischen Hauch der „arabischen Nächte", mitfüh=
lend und theilnehmend auf jene Einrichtungen, Gewohnheiten und
Wirkungen blicken würden, die allein in des Morgenlandes Klima
leben. Nichtsdestoweniger ist es unglücklicherweise nur zu wahr, daß
während europäische Reisende die politischen und moralischen In=
teressen und Charakter=Züge vernachlässigten, die das Land dar=
bietet, sie auch selbst die äußeren und physischen Züge vernach=
lässigten, die in den Bereich der Wissenschaften gehören, welche
dis der Gegenwart zu Gebot stehenden Fähigkeiten der Beobach=
tung und Vergleichung für sich in Anspruch nehmen. Die Vor

tanik; die Geologie, die Mineralogie der europäischen und asiatischen Türkei sind kaum weiter gekommen seit Tourneforts Zeiten.
Unsere gegenwärtige geographische Kunde der Länder von Hoch-
asien verdanken wir einer in Paris angefertigten Uebersetzung
eines chinesischen Erdbeschreibers, dessen Werk vor anderthalb tausend Jahren erschien! Bis zum Berichte des Lieutenants Burnes
war die einzige Belehrung, die wir über den Lauf des Indus besaßen — des Canales des indischen Handels und der Gränze der
brittischen Besitzungen — aus den Geschichtschreibern Alexan-
ders genommen! Wir dürfen uns also nicht wundern, daß wir
unwissend sind, in Bezug auf das Wesen des orientalischen Geistes, die Gränzen orientalischer Kenntniß, die Ebbe und Fluth
orientalischer Meinung.

Gibt man es bloß als allgemeinen Satz zu, daß das Studium des Orientes schwierig sey, daß wir von Thatsachen nichts
wissen, daß wir irrige Schlüsse ziehen, so mag das ein fruchtlo-
ses, unnützes Wahrheitsbekenntniß seyn, und es bleibt also noch
übrig und nöthig zu zeigen, wie der Gebrauch gewisser Ausdrücke,
die auf unsern Zustand anwendbar sind, zur Quelle des Irrthums
wird, während es dem Beobachter auf keine Weise einfallen kann,
der Irrthum liege nur im Gebrauche der Sprache, mit der allein
er vertraut ist. Ich will deßhalb einige Beispiele geben, die
vielleicht dazu dienen, die Steine des Anstoßes zu bezeichnen,
welche vorurtheilsvolle und europäische Begriffe auf den Pfad
werfen, auf welchem man den Orient erforschte.

Blicken wir eben nicht gar viele Jahre zurück in der Geschichte von Großbritannien, so finden wir eine erniedrigte, jämmerliche, vereinzelte Bevölkerung. Wir sehen, daß der Fortschritt
der Künste, der Landwirthschaft und vor allen Dingen des Wege-
baues eine gleichzeitige Verbesserung in der Lage der Menschen
hervorbrachte, und wir folgern natürlich, daß gute Wege, mechanische Fertigkeit u. s. w. Bedingungen des Wohlseyns sind, und
daß, wo sie fehlen, Alles schlecht und erbärmlich seyn muß. Hören wir also von Ländern, wo die Wege in so schlechtem Zustande sind, wie sie vor fünfzig Jahren in England waren, so
schließen wir, das gesellschaftliche Verhältniß dieser Länder sey,
wie es in England zu einer früheren Zeit war, oder wie wir

glauben, daß es war, denn der dogmatische Charakter des Heute ist stets geneigt, die Vergangenheit herabzusetzen. In England aber und in den unter derselben Breite liegenden Ländern kommen die Lebensgenüsse des Volkes aus ferner Zone her, müssen weit hergebracht werden, und um diese Luxusgegenstände zu erhalten, muß erst der Ueberfluß an heimischen Erzeugnissen ausgeführt werden, um ihn gegen jene zu vertauschen. Fehlt es einer so gelegenen Bevölkerung an leichten Transportmitteln, so muß sie aller der Lebensgenüsse entbehren, die aus dem Tauschhandel entstehen und den Gewerbfleiß erzeugen. Für sie werden also Landstraßen zur Lebensfrage; keineswegs aber sind Landstraßen von gleicher Wichtigkeit für Länder, wo jedes Dorf in seinem Bereiche die Bequemlichkeiten und Genüsse hat, welche nördliche Völkerschaften aus der Ferne holen müssen.

Auf gleiche Weise war die Bevölkerung Großbritanniens, vor der Einführung des Gemüsebaues, während der langen, rauhen Wintermonate auf Nahrungsmittel der schlechtesten Art beschränkt. Gesalzener Speck, und in früheren Zeiten Aale, war die einzige Zugabe, die der Bauer während sechs Monaten im Jahre zu seinem Roggen= oder Gerstenbrod erwarten konnte, und wir halten daher natürlich die Verbesserungen der neueren Landwirthschaft für nöthig, zu einer guten und vollständigen Kost und zum Wohlseyn jeder ackerbauenden Bevölkerung. In Ländern aber, wo der Winter nicht so lange anhält, und wo die Erzeugnisse des Bodens mannichfacher sind, ist der Fortschritt der Wissenschaft des Landbaues nicht in demselben Grade nöthig zum Wohlseyn der Gemeinde. Der „zurückstehende Ackerbau" ist daher eine Redensart, welche nicht denselben Begriff ausdrückt, wenn man sie auf Länder in verschiedenen Breiten anwendet.

Ferner ist in unserer constitutionellen Gedankenreihe der Ausgangspunkt, auf den wir zurückblicken, das Lehnswesen. Die Masse der Bevölkerung war damals wirkliches Eigenthum, und da jeder Schritt, der geschehen ist in der Erlangung gesellschaftlicher Rechte, in der Festsetzung der Gleichheit, in der Erhebung der Macht und des Charakters eines allgemeinen Gerichtsstandes, eine Verbesserung der ursprünglichen Staatsverfassung war, so betrachten wir das Vorwärtsschreiten als gleichbedeutend mit Ver-

befferung. Im Morgenland ift der Ausgangspunkt: freies Eigen=
thumsrecht Jedermanns und Gleichheit Aller vor dem Gefetze.
Jede Abweichung von diefer urfprünglichen Verfaffung ift als
Verletzung ihrer Grundfätze und als Verletzung der Volksrechte
vorgegangen. Morgenländifche Bevölkerungen wünfchen daher
das Beftehenbleiben als die Sanction der Volksrechte; der Euro=
päer hingegen, der einfieht, das Vorrücken der Volksrechte liege
in dem Worte Fortfchritt, begreift den Orientalen nicht, der
auf das Feftftehende als auf etwas Vortreffliches hinfieht. Wäh=
rend alfo den Europäer feine vorgefaßte Meinung der Fähigkeit
beraubt, eine fo wichtige und werthvolle Gedankenfolge zu begrei=
fen, ftellt er irrthümliche Angaben als die Grundlage aller feiner
Folgerungen auf.

Sodann veranlaßt das Wort "Lehnswefen" eine ähnliche Ver=
wirrung. Das Lehnswefen, in feiner wahren und wefentlichen
Bedeutung hat im ganzen Morgenlande feit allen Zeiten beftanden,
und befteht noch. Dennoch habe ich mich, als ich den zwifchen
dem Often und Weften beftehenden Unterfchied in dem einfachften
Ausdrucke zufammenfaßte, genöthigt gefehen, zur Erläuterung
des Gegenfatzes eine Gränzlinie zwifchen den Nationen zu ziehen,
die das Lehnswefen durchgemacht, und den andern, welche das
nicht gethan haben. Unter den erfteren verftand ich die Bewohner
des weftlichen Europa's, mit Ausnahme einiger Bruchftücke von
Racen, z. B. der baskifchen Provinzen, der Infeln Guernfey,
Jerfey u. f. w.

Obgleich das Lehnswefen vom Often nach dem Weften gebracht
worden, gingen damit in unferen weftlichen Gegenden Abände=
rungen und Modificationen vor, die das Wefen deffelben völlig um=
änderten. Der urfprüngliche Charakter des Lehnswefens war eine
örtliche militärifche Organifation zur Vertheidigung des Grundes
und Bodens, wofür eine regelmäßige Abgabe gezahlt wurde, die
fich auf den Zehnten des Ertrags von dem fo befchützten Boden
belief. Das Innehaben diefer Belehnungen hing von dem Willen
des Souveräns ab, und in den früheren Zeiten waren es allgemein
jährliche Uebertragungen. Im Weften wurden die Lehnsträger,
die Vafallen, Eigenthümer des Bodens, mit deffen Schutze fie be=
auftragt waren, und ftürzten fo die Grundfätze des Syftems gänz=

lich um und verfälschten den Zweck. Das Lehnswesen im Morgen=
laude läßt dem Bebauer das Eigenthumsrecht; das Lehnswesen im
Abendlande hat ihn dieses Rechtes beraubt, hat das Laud auf den
Lehnsträger übertragen und deu Bebauer in einen Leibeigenen ver=
wandelt. Das System ist völlig verschieden, aber das Wort ist
dasselbe. Der Europäer stößt auf ein Verhältniß, das er als
Lehnswesen bezeichnet, und augenblicklich wendet er nun seine An=
sichten vom abendländischen Lehnswesen auf den Zustand einer bür=
gerlichen Gesellschaft an, wo nichts dergleichen jemals bekannt war.
Daher entstehen uusere Mißbegriffe von den Eigenthumsrechten
unserer Hindu=Unterthanen und eine Grundquelle von Mißbegriffen
jedes Grundsatzes orientalischer Regierung, Gesetze, Eigenthums=
verhältnisse und Gesetzgebung.

Man ist es gewohnt, die Regierung der Türkei, wie die der
übrigen morgenländischen Nationen, als Despotismus zu bezeichnen,
und diese Bezeichnung hat sich nicht nur auf Reisebücher beschränkt,
sondern wird von Schriftstellern eines wissenschaftlichen Charak=
ters und in der Classificirung der Länder gebraucht. Nun aber
ist es ein sonderbar Ding, daß unsere Idee von Despotismus
dem Geiste des Orientes ganz unbekannt ist; daß, um einem Orien=
taleu das Wort zu erklären, man ihm einen gesellschaftlichen Zu=
stand beschreiben muß, wo die Leute über die Grundsätze von
Recht und Gesetz uneinig sind. Die Idee des Despotismus, oder
die Verfälschuug des Rechtes durch die Gewaltthat der Macht,
kann nur da existiren, wo zwei Meinungen über Recht und Unrecht
vorhanden sind, so daß eine schwankende und zufällige Mehrheit
ihren Willen als die Richtschnur von Gerechtigkeit und Gesetz durch=
setzt. Solch ein Zustand der Dinge hat Gefühle tiefer Erbitterung
unter den Menschen erzeugt und entwickelt, und daraus entsteht
folgerichtig eine Erbitterung des Ausdrucks in allen mit der
Politik verknüpften Ideen. In Ländern aber, wo die Grundsätze
der Regierung niemals im Widerspruche standen mit den Meinun=
gen irgend einer Volksclasse, ist der Mißbrauch der Gewalt Tyran=
nei, aber nicht Despotismus. Die Menschen mögen dulden
unter der Gewaltthat der Macht, aber sie werden nicht erbittert
dadurch, daß Ansichten, die sie verwerfen, in Gesetze verwandelt
werden.

Zu den allen Europäern gemeinsamen Quellen der Täuschung kommen noch die, welche aus den Serten- und Partei-Ansichten der Reisenden entspringen. Jeder Engländer gehört zu der einen oder der andern der politischen Parteien, die sein Vaterland zerspalten. Unfähig, eine unparteiische Ansicht von seinem Vaterlande zu fassen, wie kann er der Beurtheiler eines andern Landes seyn? Selbst seine Sprache ist unanwendbar auf den Gegenstand, und die Worte rufen die Antipathie seiner Parteilichkeit hervor. Der Liberale nennt die Türkei eine despotische Regierung, verwirft sie schon durch dieß Wort und forscht nicht weiter; der Tory erblickt in der Türkei volksthümliche Grundsätze und sieht nicht weiter hin; der Radicale sieht dort Grundsätze, die er für aristokratische hält, und der Begünstiger der Aristokratie verachtet die Türkei, weil es dort keine erbliche Aristokratie gibt; der Constitutionelle hält ein Land ohne Parlament nicht der Mühe werth, weiter daran zu denken; den Legitimisten verdrießen die dort der königlichen Gewalt gesteckten Gränzen; der Staatsökonom stößt auf ein Steuersystem, das er inquisitorisch nennt, und der Vertheidiger des „Schutzes der Industrie" kann ohne Zollhaus keinen Wohlstand, keine Civilisation sehen. So findet das Mitglied jeder Partei, der Bekenner jeder Classe von Meinungen in den Worten, die er zu gebrauchen gezwungen ist, dasjenige, was seine Grundsätze verletzt und seine Theorie umstürzt.

Die zunächst sich darbietenden Hindernisse sind von gesellschaftlicher Art. Täuschungen metaphysischer, logischer und politischer Beschaffenheit mißleiten unsere Vernunft; Irrthümer über Sitten empören unser Gefühl. Wir werden im Oriente als Verstoßene, als Verworfene behandelt. Wir forschen nicht nach der Ursache; wir erwerben uns nicht die Kenntniß, wodurch unsere Stellung verändert werden kann; wir sind folglich geneigt, wo möglich ungünstig zu schließen, und sind entweder von ihrer Gesellschaft ausgeschlossen, oder, wenn wir darin zugelassen werden, leiden wir unter unaufhörlicher Geistes-Verstimmung.

Die nächste und letzte Quelle des Irrthumes, deren ich gedenken will, ist die Religion. Im Widerspruche mit der Liturgie der englischen Kirche sehen wir die Muselmänner als Ungläubige an, und im Geiste unsers Zeitalters und Vaterlandes, der nicht weniger fanatisch in der Religion als im Unglauben ist, nicht weniger unduldsam im Glauben als in der Politik, behandeln wir als Feinde unserer Religion diejenigen, welche die Evangelien als ihr Glaubensbekenntniß annehmen und setzen bei ihnen dieselbe Unduldsamkeit gegen uns voraus, deren wir uns gegen sie schuldig machen.

Als ich dieses Werk unternahm, war einer meiner Hauptzwecke, das Wesen des Islam darzulegen, sowohl in der Glaubenslehre, als der Ausübung. Umstände aber, die zu erörtern unnütz seyn würde, haben mir die nöthige Muße genommen, die Frage gehörigermaßen zu behandeln. Ich muß sie daher für den Augenblick fallen lassen, und will nur bemerken, daß ich als Presbyterianer und Calvinist den Islam in seiner Glaubenslehre der wahren Kirche näher halte,*) als manche Secten sich so nennender Christen. Der Muselmann gibt nämlich die Rechtfertigung durch den Glauben zu und nicht durch gute Werke; er erkennt die Evangelien als geoffenbarte Schriften und als Glaubensregel; er betrachtet Christus als den Geist Gottes, als ohne Erbsünde, und bestimmt, wenn die Zeit erfüllt ist, zu schaffen, daß Ein Hirte sey und Eine Heerde.

Der gesellschaftliche und politische Einfluß des Islamismus ist völlig mißverstanden worden, und ich erlaube mir nur einige Bemerkungen über das ausschließlich weltliche und zeitliche Wesen des Islamismus, um eine andere Quelle des Irrthums in unserer Beurtheilung des Orientes zu erörtern.

Im Oriente hat das Wort Religion nicht dieselbe Bedeutung, wie in Europa. Bei uns ist Religion — Glaube und Lehre — ganz geschieden von polizeilichen Maaßregeln und Regierungsformen. Zur Zeit der Erhebung des Islamismus stellte der Kampf der Religionen den Meinungskampf des Westens in jetziger Zeit dar, wenn gleich mit edleren und nützlicheren Charakterzügen. Unser Meinungskampf bezieht sich auf Regierungs=Formen; ihr Religionskampf bezog sich auf Regierungs=Maaßregeln. Der Grieche (seinem Glauben und System gemäß) hielt schwere Steuern, Mo-

---

*) So war auch die Meinung der Gottesgelehrten zur Zeit der Reformation.

nopole und Privilegien aufrecht. Der Muselmann (Araber und Anhänger Mohammeds) verwarf Monopole und Privilegien und er- kannte nur eine einzige Vermögens-Steuer. Tulleihah, ein Neben- buhler des Propheten, gewann verschiedene Stämme, indem er das Gesetz gegen die Zinsen wegstrich und verschiedene civilrecht- liche Vorschriften abänderte. Mosseylemah, der größte Nebenbuh- ler Mohammeds, hatte ein Gesetzbuch aufgestellt, das so wenig von dem seines siegreichen Mitbewerbers abwich, daß nur örtliche und persönliche Zufälle Einfluß hatten auf den „Kampf, der entschei- „den sollte, ob die Lehrsätze Mohammeds oder das Gesetzbuch Mos- „seylemahs der morgenländischen Welt Gesetze geben sollten." Er hatte nur die Grundsätze abgeschrieben von wohlfeiler Regierung, gleichem Gesetze und freiem Handel, deren Mohammed sich als der Hebel bemächtigte, die bestehende Ordnung der Dinge umzustürzen und eine neue einzuführen, die er, den Ideen seines Zeitalters und seines Vaterlandes nachgebend, mit religiösen Glaubenslehren ver- band, das Bestehende verbessernd und das Ganze bildend, das als Religion ausdauerte, ohne seine politischen Züge zu verlieren, und das als politisches System triumphirte, ohne seinen Charakter der Gottesverehrung abzulegen.

Nach langer und sorgfältiger Erwägung, während deren ich mich mehr auf lebendige Eindrücke als auf kalte Erzählungen der Vergangenheit verließ, und wobei ich den Vortheil hatte, die Ursachen und Wirkungen neuerlicher Annahme des Islams durch christliche und heidnische Bevölkerungen ansehen zu können, bin ich zu der folgenden Beurtheilung des politischen Charakters des Is- lams gelangt.

Als Religion lehrt er keine neuen Dogmen, stellt keine neue Offenbarung, keine neuen Vorschriften auf, hat keine Priesterschaft und keine Kirchen-Regierung. Er gibt dem Volke ein Gesetzbuch, dem Staate eine Verfassung, beide durch die Heiligung der Reli- gion verstärkt.

In seinem religiösen Charakter ist er andächtig, nicht dog- matisch.

In seinem civilrechtlichen Charakter ist er so einfach, um- fassend und gedrängt, daß das Gesetz durch die moralische Ver- pflichtung unterstützt wird.

In seinem politischen Charakter beschränkt er die Besteuerung, stellt die Menschen vor dem Gesetze gleich, heiligt die Grundsätze der Selbstregierung (wie in Amerika) und die örtliche Controle der Rechnungen. Er setzt eine Controle über die souveräne Gewalt fest, indem er die ausübende Macht der Macht des Gesetzes unterordnet,*) die auf die religiöse Sanction und auf moralische Verpflichtungen gegründet ist.

Die Vortrefflichkeit und Wirksamkeit jedes dieser Grundsätze, von denen jeder einzelne schon im Stande wäre, seinen Begründer unsterblich zu machen, gibt dem Uebrigen Werth, und alle drei zusammen begabten das von ihnen gebildete System mit einer Kraft, welche die jedes andern politischen Systemes übertraf. Während eines Menschenlebens verbreitete sich dieses System, obgleich in den Händen einer wilden, unwissenden und unbedeutenden Völkerschaft, über einen größeren Raum als das römische Weltreich. So lange es seinen ursprünglichen Charakter behielt, war es unwiderstehlich, und seine ausdehnende Kraft wurde erst gehemmt, als (um das Jahr 30 der Hedschra) eine Lüge in seine Jahrbücher aufgenommen wurde.

So wurden ein Glaube, ein Gesetzbuch und eine Verfassung in einen umfassenden Plan vereinigt, in welchem der Altardienst, die Dorfverwaltung, die Steuererhebung Ehrendienste waren, nicht besoldete Stellen, und wo keine Classe oder Corporation eine Stelle mit Interessen einnahm, die im Widerspruche ständen mit denen der Gemeinde. Die Erhabenheit der Gottesverehrung, die Einfachheit des Gesetzbuches, die Trefflichkeit des Finanzsystemes, die Freisinnigkeit der politischen Lehren, schienen den Islamismus mit den Mitteln zu begaben, zugleich die Einbildungskraft anzufeuern, die Vernunft für sich zu gewinnen, allen Bedürfnissen zu genügen, jeden Zweck, für den die Gesellschaft errichtet ist, zu erfüllen und von jeder denkbaren Seite her dem Menschen beizukommen.

---

*) So wurde die Armenversorgung, obgleich eine feste Summe, 2½ Procent vom Einkommen jedes Mannes von hinreichenden Mitteln, der eigenen Vertheilung eines Jeden überlassen. Daher der Grundstein des muselmännischen Charakters; daher die Gastfreundschaft und das Wohlwollen zwischen Nachbarn und Nebenmenschen.

Nachdem ich so lange bei den Schwierigkeiten verweilt, welche im Wege stehen, um eine genaue Würdigung des Orientes vorzunehmen, muß ich bemerken, daß diese Schwierigkeiten einzig und allein in eines Europäers vorgefaßten Meinungen liegen. Laßt einen Europäer von mächtigem aber einfachem Geiste nach dem Morgenlande gehen, und der Schlüssel zur Einsicht steht ihm sofort zu Gebot. Als Beweis dieser Behauptung darf ich nur auf Lady Mary Wortley Montague verweisen, die sich nicht länger als vierzehn Monat an der Türkei aufhielt und doch fast jeden Zug der Gesellschaft in jenem Lande genau beobachtete und getreu malte. Während sie die Einzige von allen Europäern war, welche richtig urtheilte, ist sie auch die Einzige gewesen, die oder der jemals dort Einfluß und Achtung erwarb. Die Ursache dieser außerordentlichen Erscheinung finde ich darin, daß sie von der ersten Stunde an, wo sie das Land betrat, in einem türkischen Hause ihre Wohnung nahm, wodurch sie mit einem Male dem schädlichen Einflusse fränkischer Einwohner und Dolmetscher entzogen wurde, während sie zugleich als Frau in die Fallstricke des politischen Lebens sich nicht verwickelte und nicht in die Irrthümer der Staatsgelehrten verfiel.

Ich kann es nicht unterlassen, hier Herrn Lane's Werk über Aegypten zu erwähnen, der einzigen Beschreibung orientalischer Sitten in europäischer Sprache. Ich finde dieses Werk ganz vorzüglich geeignet, unsere Stellung im Oriente zu verbessern, weil es jetzt einem Reisenden unmöglich ist, dahin zu gehen, ohne zugleich zu wissen, daß dort ein anderes Gesetzbuch der Sitten und der Höflichkeit gilt, das er studiren muß, wenn er es unternimmt, das Volk zu kennen oder zu beurtheilen.

In Bezug auf vorliegende Bände habe ich nur noch zu sagen, daß ich denke, sie werden wenigstens die Untersuchung und Besprechung des Gegenstandes fördern. Die Grundlage ist ein fünfmonatlicher Ausflug in die europäische Türkei. Die damals aufgenommenen spärlichen Noten habe ich ausgearbeitet, während ich unter Türken und an den Ufern des Bosporus lebte. Die Arbeit diente indessen mehr zur Zerstreuung als zur Beschäftigung, während ich körperlich und geistig ernsthaft litt, und den peinlichsten Eindrücken preisgegeben war, denen nämlich, daß ich die besten Interessen

meines Vaterlandes aufgeopfert und die erhaltenden Grundsätze
der türkischen Regierung und Gesellschaft untergraben sehen mußte,
weniger durch fremden und feindlichen Einfluß, als durch eine un=
selige Nachahmung abendländischer Sitten, Vorurtheile und
Grundsätze.

Urquhart's
Reisen im Orient.

Reisen und Länderbeschreibungen. XVII.
(Urquharts Tagebuch rc.)

Erstes Capitel.

Reisezwecke. — Abreise von Argos. — Beschwerden und Freuden einer Reise
im Orient.

Im Anfange des Jahres 1830 war ich in Argos, auf der Rück=
reise von Constantinopel nach England, nachdem ich fast drei
Jahre in Griechenland und der Türkei zugebracht hatte. Ich
war gerade im Begriffe mich einzuschiffen und einem Lande Lebe=
wohl zu sagen, in dessen Geschick ich tief verflochten gewesen,
das aber jetzt sein gewissermaßen dramatisches Ansehen und In=
teresse verloren hatte und in Frieden und Ehren unter die schü=
tzenden Fittige der drei größten Mächte auf Erden gestellt war.
Gerade in dirsem Augenblicke berührte ein Fahrzeug, ein könig=
liches Schiff, die Landesküsten und brachte ein Protokoll mit, das
mit wahrhafter Zaubermacht augenblicklich Alle in Zwietracht ver=
setzte. Es wäre wahrlich eine hübsche Aufgabe, zu schildern
wie die Leute kamen und gingen und redeten und rathschlagten,
wie die Fustanellen *) flatterten und rauschten, wie die Schnur=
bärte gedreht wurden. So war es in Argos, aber überall war
die Wirkung dirser Neuigkeit nicht weniger merkwürdig. Von
Tage zu Tage trafen Nachrichten ein aus einer Provinz, aus
einer Stadt nach der andern; überall, wie in Argos, waren alle
anderen Gedanken und Beschäftigungen bei Seite gelegt; überall
verließ das Volk seine Läden und Häuser, und in Ermangelung
einer **Agora** (Marktplatz) zum Rathschlagen versammelte man

***

*) Der albanesische Schutz, weiß, länger als der schottische und sehr reich
von Falten.

sich in den verschiedenen **Kaffenes** *) oder Kaffeehäusern, und dort entstanden Kampfplätze beißen Streites und Schulen der kräftigsten Beredsamkeit.

Man kann sich leicht denken, wie unterhaltend dieß Alles für Reisende war; aber es war auch wirklich sinnverwirrend, wie ein Stück Papier mit drei Unterschriften ein ganzes Land in einen solchen Zustand der Aufregung versetzen konnte. Die Schwierigkeit, uns die vor unseren Augen vorgehenden sonderbaren Auftritte zu erklären, wurde dadurch noch größer, daß eben jenes Actenstück mit gegenseitigen Glückwünschen schloß, welche die Unterzeichnenden sich selbst darbrachten. Hatten sie doch gemeinsam das vorliegende Protokoll abgefaßt, das für Griechenland eine neue und herrliche Ordnung der Dinge einführen sollte; verstummen sollte nun alsbald das Geräusch der Waffen und die Stimme der Parteiung, und fortan und für immer sollten die Griechen ihre Herzen und Harfen nur zu Preis und Ehreu der Tripel-Allianz stimmen.

Es war aber klar, mit Worten ließ sich das nicht abmachen; wir konnten zu keinem befriedigenden Ende gelangen, weil Männer von gleichen Fähigkeiten und gleicher Sachkenntniß Ansichten hegten, die einander schnurstracks entgegen liefen. Jedenfalls waren alle Parteien darüber einig, daß die Selbstglückwünsche des Protokolls voreilig waren, und auf diesen Punkt berief man sich beständig, um den Grad der Unkunde in der Londoner Conferenz zu beweisen, eine Unkunde, von der man behauptete, sie könne nur aus absichtlich falschen Vorstellungen entstehen, die von Griechenland ausgingen.

Während diese Gegenstände in Argos besprochen wurden, trafen Nachrichten ein, die Sulioten in Albanien ständen wieder unter den Waffen; dann, die Albanesen wären aufgestanden. Einige sagten, sie hätten obendrein beschlossen, sich dem unheilbringenden Protokolle zu widersetzen; Andere, sie rüsteten sich zu

---

*) Das vornehmste Kaffeehaus in Napoli di Romania war, in Folge der günstigen Wirkung eines früheren Protokolls „les trois puissances" genannt worden. So wie das Protokoll vom 3 Februar 1830 eintraf, erhielt es augenblicklich den Spottnamen; Café des trois potences,

einem allgemeinen Einfalle in Griechenland; die allgemein über=
wiegende Meinung aber ging dahin, ein großer Bund der christ=
lichen und muselmännischen Albanesen, unter Anführung des fürch=
terlichen Pascha von Skodra *), rüste sich, den Krieg nach Ma=
cedonien und Thracien zu versetzen und, Mustapha Bairactar
nachahmend, das illyrische Banner auf die Höhen zu pflanzen,
welche die Kaiserstadt beherrschen.

So traf denn das Protokoll, das Griechenland abermals
auf ein stürmisches Meer schleuderte, mit den Bewegungen in
Albanien zusammen, welche das Daseyn der Pforte selbst gefähr=
deten und so möglicherweise das bestehende Gebäude europäi=
scher Macht zu zerschmettern drohten. Dieses Zusammentreffen
aber bewog mich, meine Rückkehr nach England zu verschieben,
um mich, soweit es die Kenntniß von den streitigen Punkten ver=
mochte, zum Meister der Angelegenheiten zu machen. Ich be=
schloß, das Festland von Griechenland und das streitige Gränz=
land zu besuchen. Ich fühlte, daß meine Theilnahme an Grie=
chenland, so wie die Bekanntschaft mit diesem Lande, daraus
entsprang, daß ich Theil genommen hatte an seinem Kampfe,
und deßhalb beschloß ich den Versuch, gleicherweise Albanien
kennen zu lernen, und mich dem ersten Lager, dem ersten Anfüh=
rer anzuschließen, die der Zufall mir in den Weg führen würde.

Am 7 Mai 1830 reisete ich von Argos ab, in Gesellschaft
des Herrn Roß aus Bladensburg, doch waren wir, in Folge des
allgemeinen Gerüchtes, genöthigt, unser eigentliches Ziel zu ver=
schweigen. Hätten unsere Freunde ahnen können, daß wir brab=
sichtigten, die wilden Arnauten zu besuchen, so würden sie uns
für Wahnsinnige gehalten haben. Das hätte nun freilich wenig
ausgemacht, aber wir hätten gewiß keine Diener gefunden, die
uns hätten begleiten wollen.

Ich denke mir, die Sachen haben sich jetzt geändert, natür=
lich zu viel Besserem; allein zu der Zeit, von der ich schreibe,
als Griechenland noch leichtherzig und jung war, damals wurde
es einem Menschen schwer, seine Absicht zu verbergen. Bei jeder
Biegung des Weges, an jeder Gassenecke, wegelangs der Land=
straße wurde man alle Augenblicke aufgehalten, um eine ganze

---

*) Oder Skutari.   D. Ueb.

Reihe von Fragen zu erdulden. „Woher kommen Sie?" „Wohin
geben Sie?" „Was ist Ihr Geschäft?" „Wie befinden Sie sich?"
„Wo ist Ihr verehrungswürdiges Vaterhaus?" „Welcher von
den großen Verbündeten hat die Ehre, Sie zu den Seinen zu
zählen?" „Was gibt's Neues?" *) — und das Alles wohlver-
standen, zwischen völlig Fremden. Begegneten sich aber Freunde
oder Bekannte, traf es sich gar, daß Einer oder der Andere
zum Frauengeschlechte gehörte, dann begann mit den verdoppel-
ten S = lauten der griechischen Fragen ein Gezisch, das man für
eine Zwiesprach zwischen Riesenschlangen hätte halten sollen.
Nach dem Stande, der Gesundheit, der Stimmung, nach Allem
würde einzeln gefragt, und dann folgten ähnliche Fragen in Betreff all und jedes bekannten Angehörigen, jedes Pferdes und
Hundes. Zur schuldigen Danksagung mußte man dann auch in
den herkömmlichen Complimenten für Jeden antworten, der auf
diese Weise berührt wurde, zum Beispiel: „Wie befindet sich Ihr
Herr Vater, der verehrungswürdige Archon?" „Er läßt Sie
schönstens grüßen." — „Wie befindet sich Ihr Herr Bruder, der
achtungswerthe Bürger?" „Er küßt Ihre Augen." — „Wie
befindet sich der hoffnungsvolle Sprößling, Ihr Sohn?" „Er
küßt Ihre Hand." Und von einem Dußend Personen wird Jeder
sein Recht ausüben, einzeln den Reisenden zum Antworten zu
bringen und Jeder wird durchaus dieselben Fragen stellen, die
er schon oben hat thun und beantworten gehört.

Während meiner früheren Wanderungen in Griechenland war
ich wirklich nervös angegriffen von dieser Plage, die um so wi-
derlicher wird, wenn man gerade aus der Türkei kommt, wo
jede persönliche Frage, die nur irgend nach Neugierde schmeckt,
dem National = Gefühle und Gebrauche völlig zuwider ist. Am
Ende kam ich auf einen Einfall, der die Neugierde erstickte; ich
erzählte nämlich den Leuten: ich käme von Konstantinopel und
ginge nach Janina — eine so seltsame Erklärung machte allen
ferneren Redensarten ein Ende. Jetzt aber, wo ich wirklich von
Konstantinopel nach Janina ging, mußte ich auf die Vortheile

---

*) Diese Frage wird zur größeren Deutlichkeit oft dreifach wiederholt, mit
Ausdrücken, die aus dem Italiänischen, Türkischen und Griechischen
abgeleitet sind, nämlich: Ti mandata — ti chaberi — ti nea?

des Eingeständnisses verzichten und unterwarf mich dem Hin-
und Herfragen mit der Geduld, die sich mit den Jahren einstellt
und noch früher auf Reisen.

Wir waren also genöthigt zu einer Pilgerfahrt nach den,
seit langer Zeit von den Fußstapfen hyperboreischer Wanderer
unberührten Thürmen und Gräbern der Helden, die sich von nah
und fern an Aulis Küste versammelten und dem „Könige der
Männer" Treue schworen. Nicht besser könnten wir daher unsere
Pilgerfahrt antreten, als indem wir unsere Andacht verrichteten
bei dem Grabe des großen Agamemnon und mit ehrfürchtigen
Schritten die altergrauen Trümmer von Mycenä durchwander-
ten, dieser Nebenbuhlerin Troja's. Diese Ruinen liegen nur wenige Meilen *) von Argos, und dort beschlossen wir, die erste
Nacht zu bleiben. Unser Zelt — ich sage mit einer Art von
Stolz, daß es ganz von eigener Hausarbeit war — hatten wir
schon am Morgen mit Dienern und Packpferden vorausgeschickt.
Erst nachdem die abendlichen Schatten begannen, in der Ebene
länger zu werden, verließen wir die zerstreuten Gäßchen von
Argos und schieden von seinen gastfreien Einwohnern. Wir kamen dem schroffen und seltsam gestalteten Felsen vorbei, auf
dessen Gipfel die alte feste Larissa steht. Dann durchwateten
wir das seichte Flüßchen des „Vater Inachus" und traten nun
in die herrliche Ebene, die noch den Namen nach der Stadt des
Agamemnon führt.

Noch jetzt, nachdem über sieben Jahre verlaufen sind, ist
es mir eine wahre Freude, die Gefühle zurückzurufen, womit ich
diese Reise antrat, und wenn es auch nicht leicht seyn mag zu
beschreiben, was nur verstehen kann, wer es mitfühlt, so halte
ich es doch für Pflicht, bevor wir aufbrechen, den Versuch zu
machen, dem Leser, der mich begleiten will, die Art und Weise
unsers bevorstehenden Marsches gewissermaßen anschaulich zu
machen.

Durch die ganze europäische und einen großen Theil der
asiatischen Türkei, wie auch in Persien und Mittelasien, reis't

*) Wenn im Texte von Meilen die Rede ist, so sind damit immer eng-
lische gemeint, 69 auf einen Grad.　　　D. Uebers.

man zu Pferde. Mit eigenen Pferden macht man etwa 20 bis 25 Meilen täglich im Durchschnitt. Mit Postpferden, die man auf Stationen wechseln kann, die von 10 bis 48 Meilen entfernt sind, kann man täglich 60 Meilen bequem machen; 100 heißt schnell reisen, 150 am schnellsten; 600 Meilen in vier und einem halben Tage, 1200 in zehn, sind freilich schon Forcetouren, aber durchaus nicht ungewöhnlich.

Diese Art zu reisen, wenn auch nicht gerade in solcher Eile, wie eben erwähnt, ist beschwerlich, angreifend und ermüdend. Es ist keine Erholung, die für Jedermann paßt, und sogar ein Probestück für den, der kräftig ist und gleichgültig gegen Weichlichkeit und Bequemlichkeit; aber doch erzeugt sie nicht die Ermattung und den fieberhaften Zustand, der so gewöhnlich vom Fahren entsteht. Die Beschwerden selbst bringen ihre Freuden mit sich: die Gesundheit wird kräftiger, die Nerven gestählter, die Lebensgeister frischer. Man ist in unmittelbarer Berührung mit der Natur; jede Veränderung in der Umgebung und in der Witterung bekommt ihren Werth und ihre Wichtigkeit, und nicht die kleinste Merkwürdigkeit der Gegend oder der Ortsgebräuche kann der Beobachtung entgehen. Die brennende Sonne kann uns zuweilen ermatten, ein Gewitterregen uns durchnässen, aber was kann erheiternder seyn als die Ansicht, wenn der lange Trupp in bunten und lebhaften Trachten im vollen Galopp vorwärts sprengt, die Courierpeitsche knallt und der wilde Zuruf des Surridschi (Führers der Karawanen) ertönt? Was kann malerischer seyn, als das kühne Jagen zu betrachten über Thal und Hügel, oder längs der Wellenlinie der Landschaft, wenn sie vorwärts eilen im thauigen Morgen oder heimwärts jagen am rosigen Abend?

Man ist beständig im vollen Genusse der freien Luft eines himmlischen Klima's — die Leichtigkeit der Atmosphäre dringt in unsern Geist — der heitere Himmel erhebt das Gemüth; man ist vorbereitet, sich über alle Dinge und alle Lagen zu freuen; man ist bereit zur Arbeit und freuet sich der Ruhe; man ist vor allen Dingen bereit zum Essen, das immer gut schmeckt, wenn man es haben kann und nie zur Unzeit aufgetragen wird. Ich muß ehrlich gestehen, daß ein nicht geringer Theil der Freuden einer Reise im Orient aus den wirklichen Beschwerden und Entbehrungen entsteht, die den wenigen unglücklichen Wesen, welche

nicht um ihr täglich Brod arbeiten müssen, einen vorübergehen=
den Blick auf das wirkliche Glück verschaffen, welches die ganze
Menge Menschen dreimal des Tages genießt, die um das Brod
arbeitet und auf die Schüssel hungert.

Um mit Bequemlichkeit oder Nutzen im Orient zu reisen,
muß man es so machen, wie die Regel und die Sitte des Landes
es mit sich bringt. Das ist freilich sehr leicht als Vorschrift
aufzustellen, aber verzweifelt schwer auszuführen, weil es eine
lange Erfahrung und genaue Bekanntschaft mit einem Gegen=
stande voraussetzt, wo man erst eben über die Schwelle getreten
ist. Vorausgesetzt aber, das läßt sich ins Werk richten, so wird
man auf seinen Wanderungen vorwärts schreiten, begleitet von
Dienern, welche die verschiedenen Geschäfte unserer Einrichtung
so verrichten, wie sie es daheim in einem festen Hausstande thun
würden. Jedes Bedürfniß und jede Bequemlichkeit führt man
bei sich und fühlt sich selbst gänzlich unabhängig von Umständen
und Beiständen. In der Wüste, wie in der bevölkerten Stadt,
begleiten uns die heimischen Verbindungen und lehren uns prak=
tisch die Gefühle der beweglichen Unabhängigkeit kennen, und den
Zusammenhang zwischen Familienbanden und nomadischem Da=
seyn, den Grundzug des orientalischen Charakters. Wie heimisch
und einfach werden selbst jene Fragen, die von Ferne betrachtet
so abstoßend erscheinen; man umgebe sich nur mit der Atmosphäre
der Sitte! Ohne Weiteres liegen die Gründe zur Hand; ohne
Weiteres gelangt man zu Schlüssen, ohne die Mühe des Nach=
denkens, oder die Gefahren, welche den Geburtswehen der Logik
so Trauriges droben. Steht man unter einem fremden Volke,
muß der Fragende eine Sprache reden, die zu den fremden Ideen
nicht paßt, so wird jede Schlußfolge sich auf eigene Eindrücke,
nicht auf die ihrigen stützen; versetzt man sich aber in eine der
ihrigen ähnliche Lage, so fühlt man gleich ihnen und das ist der
Endzweck nutzbarer Nachforschung. Burke erwähnt in seinem Ver=
suche über das Schöne und Erhabene eines alten Philosophen,
der, wenn er wünschte, den Charakter eines Menschen zu erfor=
schen, ihm in Allem nachahmte, den Ton seiner Stimme nach=
zumachen versuchte, und sogar sich bemühte, so auszusehen wie
Jener: die beste Regel für einen Reisenden, die jemals erfunden
worden.

Betrachtet man von diesem Gesichtspunkte aus die Verhält= nisse im Orient, welche interessante Gedankenreihen, welche Con= traste entstehen bei jedem Schritte, und welche Wichtigkeit, wel= chen Werth gewinnen unbedeutende Umstände, nicht nur die im Morgenlande, sondern auch in Europa! Wie zusammenhängend erscheinen dann bisher unbeachtete Beziehungen zwischen täglichen Gewohnheiten und dem Nationalcharakter von Jahrhunderten, zwi= schen häuslichen Gebräuchen und geschichtlichen Ereignissen! Erst seit zehn Minuten ist das Zelt aufgeschlagen, vom Herde steigt der Rauch auf, und wir fühlen, wir begreifen den Unterschied zwischen gothischer und orientalischer Colonisirung und Vaterlands= liebe. Wir lagern vielleicht zwischen den Trümmern eines Tempels der althellenischen Götterwelt; ein Diener bringt zum Abendessen Kräuter, die er auf einem Schlachtfelde suchte, bei dessen Namen das Schulknabenherz hoch aufschlug; er nennt sie mit denselben Namen, die Hippokrates oder Galenus gebraucht hätten, und während der Zeit pfählt der Reitknecht das Pferd an, wie es Brauch im Altai=Gebirge.

Aber der Durst des europäischen Reisenden nach Neuem wird nicht gestillt werden, wendet er nicht seinen Geist auf das, was ich das Neue vom Alterthum nennen möchte. Die feineren und kleineren Theile des Wesens der früheren Zeiten, die man nicht mit Worten fassen konnte, sind für unsere Zeiten und in unserem Erdtheile verloren. Im Morgenlande aber leben und athmen noch diese Sitten des Alterthums. Dort kann man essen, wie die Leute in Athen aßen; dort kann man im größten, im verlornen Genusse der Vorzeit schwelgen und baden, wie einst in Rom, und während man dort noch frisch und lebendig, mit Fleisch und Blut an= gethan die Homerischen Gebilde von dreitausend Jahren erblicken kann, mag man sich das leibhafte Gegenstück in unseren angel= sächsischen Urahnen denken, wie Beda sie beschreibt, und den von Alfred angeordneten Gauthingen beiwohnen.

Sollte ich die köstlichste Stunde auswählen aus diesem ein= fachen und nomadischen Leben, so wäre es die der Abend=Biwacht. Man wählt sein Lager und schlägt sein Zelt, wo Phantasie oder Laune es eingeben, am Bergesabhange, im abgeschlossenen Thale, am murmelnden Bache oder in einem düstern Walde. Vertraut geworden mit der Mutter Erde streckt man sich nieder und legt

fein Haupt an ihre nackte Bruft. Schnell knüpft man Gemeinschaft
an mit ihren anderen Kindern, mit dem Forstmann, dem Pflüger
im Blachfeld oder dem Schäfer auf den Bergen. Man ruft zur
Theilnahme am Abendbrod einen müden Wanderer, deffen Namen
uns eben so unbekannt ist, wie sein Stamm und sein Geburtsland.
So angenehm diese Ungewißheit ist, so sicher ist doch die Belohnung aus einem solchen Zusammentreffen, mag nun der Gast die
Abendstunde mit Mährchen aus der Wüste ausfüllen oder mit Geschichten aus der Hauptstadt, und mag er in diesem Pilgerlande
die Ströme Kaschmirs oder die brennende Sahara besucht haben.

Obgleich man aber die Gesellschaft eines Menschen nirgends
besser genießen kann, so kann man sie doch auch nirgends leichter
entbehren, als in seinem Zelte, nach den Beschwerden eines langen Tages. Es ist ein mit Worten nicht auszusprechendes Vergnügen, diese, überall sich gleiche, bewegliche Heimath zu büren,
die ihren Zauberkreis aufschlägt und ihre vergoldete Kugel in die
Lüfte erhebt. So wie ein Strick nach dem andern eingepfählt
wird, nimmt sie ihre gewohnten Formen an und dann breitet sie
weithin ihr zierlich ausgezacktes Dach, drinnen mit ihren bunten
Teppichen und Polstern und Kissen prunkend. Nach den Beschwerden des Tages und den Mühen der Reise verrichtet der Reisende
zuvörderst seine Abwaschungen am fließenden Bache, sagt sein
Namaz her und dann ruht er in seinem Zelte, den letzten Strahl
der Abenddämmerung belauschend, in der abgeschlossenen Ruhe,
die nicht Nachdenken ist, nicht Gedankenleere, sondern die Stille
in der ganzen Natur, die stumme Betrachtung der Menschen und
Dinge. So fördert man die nachdenkliche Weise, so erlangt man
die Nüchternheit des Sinnes, die, wenn auch nicht tief, doch
nimmer oberflächlich wird. So sollte man den Moslem sehen, daheim in der Wildniß, malerisch in seinem Aufzuge, ein trefflicher
Gegenstand des Bildhauers in seinem Anstande, Würde auf der
Stirn, Willkommen auf seinen Lippen und Poesie rund um ihn
her. Ein solches Gemälde vor Augen habend, mag der immer
geschäftige Abendländer das innere Wesen, die Gemüthsbildung
derer belauschen, die an ein solches Leben gewöhnt sind und die
eben deßhalb zu ihrem Lebensbetrieb die Ruhe mitbringen, die wir
nur in der Einsamkeit finden können, wenn wir unserer selbst ge-
schaffenen Welt von Umständen entronnen, einen Augenblick lang

das Weltall befuchen und bewohnen dürfen, und mit ihm uns
unterhalten in einer Sprache ohne Worte.

Diefe Vergnügungen aber, von denen ich nur die Schatten
zu ffizziren verfucht habe, find keinesswegs die einzigen auf einer
Reife im Morgenlande. Die große Quelle der Luft für einen
Fremden ift — der Menfch, der Charakter des Volkes und feine
politifchen Verhältniffe; die neue und verfchiedenartige Handlung;
die dramatifche, einfache und eigenthümliche Darftellung. Bei
uns find die National=Verhältniffe, die des Forfchers Aufmerk=
famkeit in Anfpruch nehmen, fo analytifch und wiffenfchaftlich,
daß nur diejenigen fich ihnen nahen dürfen, welche jedem einzelnen
Zweige eine Lebensdauer voll Arbeit gewidmet haben. Wer aber
das vermocht hat, ift vertieft in ein ausfchließliches Studium; wer
es nicht gekonnt, hat kein Stimmrecht und fcheut zurück vor der
Prüfung. Im Often aber, wo das Syftem der politifchen Ver=
hältniffe einfach ift, wo man das fittliche Recht und Unrecht im
perfönlichen Charakter klar auffaßt, find alle unferer Aufmerkfam=
keit würdigen Gegenftände im Bereiche unwiffenfchaftlicher Beobach=
tung und felbft der gewöhnlichen Auffaffung zugänglich. Freilich
muß der Fremde damit beginnen, daß er vorgefaßte Meinungen
bei Seite lege; das ift der erfte Schritt, um fich bekannt zu machen
mit Begriffen, die ganz verfchieden find von denen, welche die Er=
ziehung in volksthümlichen Gewohnheiten und die Erfahrungen des
Geburtslandes ihm einpflanzten.

Zweites Capitel.

Zuftand des griechifchen Landvolkes im Jahre 1850. — Militärifche und
politifche Wichtigkeit der Bucht von Korinth. — Vorfall im Befreiungs=
krieg. — Seegefecht in der Bay von Salona.

Nachdem wir, wie fchon erwähnt, die erfte Nacht unferer
Reife in den Trümmern von Mycenä zugebracht hatten, gingen
wir am folgenden Morgen nach Korinth. Wir kamen durch das
Dervenaki, welches durch die Niederlage berühmt geworden, die
der Pafcha von Drama hier erlitt. Nicht ohne Intereffe bemerkten
wir die damals aufgeworfenen Cambouris (Bruftwehren, Feldfchan=

zen) und vernahmen verschiedene Erzählungen von der Vereinigung und dem Siege der Griechen. Einige Meilen weiter ergötzte es mich, die durch ihre malerischen Trümmer geweihte kleine Ebene von Nemäa wieder zu erblicken; allein ich mußte bedauern, daß ein ganzes Jahr weder den Anbau vermehrt, noch die Lage der wandernden Blachi (Schäfer) verbessert hatte. Derselbe Monat fand sie wieder, ihre Butter unter demselben Baume bereitend und ihre einfachen Geräthe an dieselbe Säule hängend; keine Last war erleichtert — ich möchte, daß ich hinzufügen könnte: keine Aussicht war zerstört.

Der gegenwärtige Zustand des Landes ist weit entfernt, die Hoffnungen zu erfüllen, die ich nach den Fortschritten hegen zu dürfen glaubte, welche ich beobachtete, als ich denselben Landstrich ein Jahr zuvor bereisete. Alle Vorschläge zum Anbau der Staatsländereien, zur Errichtung von landwirthschaftlichen und sonstigen Instituten, zum Straßenbau, sind entmuthigt oder verworfen von der Regierung, die jedes Unternehmen selbst durch Einschüchterung und Drohungen hemmt und aus ihren Endabsichten und Maaßregeln ein Geheimniß macht. Schon die bloße Thatsache, daß überhaupt eine Regierung vorhanden war, hatte während des Jahres vorher Leben und Thätigkeit über das ganze Land verbreitet, und die Wirkung war wirklich wundergleich. Aber diese Kraft wurde gelähmt, als das von der Regierung gewählte System in Vollzug gesetzt wurde, und jetzt ist keine einzige Hütte neu entstanden, nicht ein Baum gepflanzt, nicht ein Feld eingehägt, nicht eine Brücke wieder gebaut, nicht ein Weg ausgebessert. Aber das ist noch nicht Alles.

Von den öffentlichen Ländereien, wozu die ergiebigsten und ebensten Striche gehören, erhebt die Regierung drei Zehntel vom Ertrage. Die Bauern wirthschaften größtentheils mit Geld, das sie gegen 2½ Procent monatlicher Zinsen borgen oder sie erhalten das Saatkorn, wofür sie sich verpflichten, die Hälfte des reinen Ertrages wieder zu geben. Zur Saatzeit war wegen der Blokade der Dardanellen der Kornpreis sehr hoch, während Saatkorn noch höher stand, wegen des allgemein herrschenden Vorurtheils, nur das im Lande gewachsene Saatkorn könne eine gute Ernte geben, und davon gab es nur einen sehr geringen Vorrath. Zur Erntezeit, als die Blokade aufgehoben war, fiel der

Preis um die Hälfte, ein merkwürdiger Beweis des Einflusses der Dardanellen auf die umliegenden Länder.

Die Kosten des Landbaues sind größer in Griechenland als: in England. Das Verfahren und die Geräthe sind roh und kümmerlich; jeder Transport geschieht auf dem Rücken der Maulesel; das Land muß vor der Saat dreimal gepflügt werden; der Pflug wirft die Erde von der Stelle, ohne die Schollen umzukehren und zu zerschlagen; das Land wird nicht gedüngt und bringt in der Regel nur zwei Ernten in drei Jahren, und dann wird ein großer Theil Saatkorn mehr gebraucht, als nöthig wäre. Nach allen diesen Kosten und Nachtheilen fällt ein Drittheil der Ernte an die Regierung (außer 12 pCt. Abgabe von allen verschifften oder nicht verschifften Producten und Gütern); die Hälfte des Restes fällt an den, der Vieh und Saatkorn hergegeben hat, so daß der Bauer drei und ein halb Zehntheile vom reinen Ertrage erhält, und damit soll er die Zinsen von den Vorschüssen abtragen, die Kosten des Landbaues bestreiten, seine Familie erhalten und somit die Erwartungen erfüllt sehen, die er faßte, in eine neue und glücklichere Lage zu kommen.

Dennoch sind die eigentlichen Bauern noch viel besser daran als die Landbesitzer. Manche von diesen hatten durch alle Wechselfälle der Revolution noch etwas als einen letzten Nothpfennig gerettet und ergriffen eifrig den Augenblick, wo sie in den friedlichen Besitz ihres Eigenthumes gesetzt wurden, um alles noch vorhandene Werthvolle zu Geld zu machen. Sie verwendeten diesen Erlös, mit etwanigen Vorschüssen, die sie erhalten konnten, auf die Wiederherstellung ihrer Ländereien. Gewöhnlich waren aber ihre Mittel unzulänglich und immer waren ihre Erwartngen übertrieben. Nachdem sie Häuser und Scheunen gebaut, Vieh gekauft, Land aufgebrochen und bearbeitet hatten, fehlten ihnen die Mittel, Saatkorn zu kaufen.

Die Oelbäume und besonders die Maulbeerbäume, die ihre Ernte ohne Auslage und Mühe tragen, und die sichersten Hülfsquellen eines noch nicht geordneten Landes sind, wurden während des Krieges in großen Massen zum Feuerholz niedergehauen; die Weinberge und Korinthen=Anpflanzungen konnten nur mit bedeutenden Kosten und dem Verluste mehrerer Ernten hergestellt werden.

So war also binnen einem kurzen Jahre ein panischer Schrecken an die Stelle des Speculirens getreten. Die Blokade der
Dardanellen und später deren Aufhören brachten ein verderbliches
Schwanken im Preise hervor, welches, in Verbindung mit dem
Mangel an Capitalien (Dank·sey es Kapodistria's Verfahren) jetzt
die Landbesitzer in einen Zustand des Bankerottes und der Erbitterung versetzt hat, der für die künftige Ruhe des Landes eben
kein günstiges Vorzeichen ist. Auch muß man ihre Aufregung
der Einführung von Gesetzen zuschreiben, deren Nutzen noch sehr
in Frage steht, die aber ohne alle Frage wegen ihrer Unpopula-
rität tadelnswerth sind, deffen zu geschweigen, was das Volk
als den Verlust von Rechten und Vortheilen betrachtet, mit deren
Hülfe sie unter der alten Verwaltung die vorhandene Ruhe hätten
benutzen oder die augenblicklichen Uebel überwinden können, welche
aus Zufällen der Witterung oder Schwankungen im Handel entstehen.

Argos ist nur acht Stunden entfernt von Korinth. So
erblickten wir am Vormittage des zweiten Reisetages unser am
Tage vorher vorausgeschicktes Zelt, wie es in Korinth im Sonnenschein glänzte, mitten zwischen den Trümmern des Serails des
Kiamil Bey.

Der Felsen und die Trümmer haben die Federn und Pinsel
der Dichter, Ortbeschreiber und Maler schon hinlänglich beschäftigt; ich brauche also meine Leser nicht mitzuführen, um mit uns
den Untergang und Wiederaufgang der Sonne vom unsterblichen
Gipfel herab zu bewundern. Was ich in Betreff der Landenge und
des durch dieselbe begonnenen Canals zu sagen habe, soll in einem
besondern Anhange der Benutzung des wißbegierigen Geologen und
Antiquars vorgelegt werden, wie nicht minder Bemerkungen übe
das intermittirende Fieber, welches die Küstenbewohner des Meerbusens plagt.

Von Korinth wendeten wir unsern Weg nach Patras, längs
der schönen Küste der Bucht von Korinth. Der Weg läuft fast
immer dicht am Gestade mit der seegleichen Bucht zur Rechten.
Ein schmaler Korinthenbüschetragender Küstenstrich, vom allerer-
giebigsten Lande auf Erden, liegt zwischen dem Ufer und niedrigen
Hügeln von fleischfarbenem Thon, die sich in langen parallelen
Zügen hinziehen und mit dunkelgrünen Gesträuchen besetzt sind.

Dahinter erheben sich Berge, größtentheils Felsen, mit rechtwink-
ligen Umrissen, senkrechten Seiten und gleichlaufenden Gipfeln,
mit Fichten gesäumt; ihre dunkeln Farben und mächtigen Gestalten
erscheinen noch um so düsterer und ernster bei den lebhaften Farben
und den phantastischen Wellenlinien des Vordergrundes. Zuerst
gewahrte ich diese Berggruppen vom Mittelpunkte des Meerbusens
aus, im dunkeln Morgennebel. Sie sahen aus wie höchst fleißig
und künstlich gearbeitete Riesenfestungen; die Hand der Natur
hatte sie gebildet, um die Kinder ihres Bodens zu beschirmen. Noch
ein Jahr vorher lagen die Gebeine feindlicher Tataren auf dem
Rasen und bleichten am Gestade von Acrata; jetzt konnte ich keine
Spur mehr davon entdecken.

Der Meerbusen wird an seinem schmalen Eingange durch die
Festungen gedeckt, die man die kleinen Dardanellen nennt. Seit
der Erfindung des Schießpulvers ist er für die militärische Behauptung Griechenlands wesentlich wichtig gewesen und wird es immer
bleiben. Seine Wichtigkeit war den Osmanen selbst im Frieden
nicht weniger fühlbar, als sie es für andere Nationen im Kriege
gewesen wäre, wenn man Rücksicht nimmt auf die diplomatische
Beschaffenheit der Bande, welche ihre Herrschaft zusammenhalten
und auf die abgesonderte und oft feindliche Bewegung, welche dieses Reich durch sein eigenthümliches Gleichgewicht ohne Zersplit-
terung aushalten kann. Oertlich starke oder schwache Punkte, Ge-
birgspässe, Moräste, geben oft den Maaßstab ab für Bedingungen,
die eine Partei vorschreiben kann, oder bestimmen die Privilegien,
auf welche eine Gemeinde Anspruch machen darf. Solche Umstände
werden also täglich in Betrachtung gezogen, und in Dorf-Zusam-
menkünften werden oft alles Ernstes Staatsgründe und strategische
Combinationen erwogen und berathen, die in Europa nur in ein
Staatscabinet oder vor einen Generalstab gehören würden. Die
Türkei hat in ihren europäischen Provinzen lange Zeit die Herren
der Gebirge, die Arnauten (Albanesen) benutzt, bedrohet und bestraft. Der Golf von Lepanto versperrt ihnen den Weg zu den
fruchtbaren Thälern Griechenlands; zu drei Malen sind sie hin-
gezogen, um den Aufstand zu unterdrücken, und jedesmal haben
sie sich der wildesten Ausschweifungen schuldig gemacht; ihr einziger Zaum war die Gewißheit, ein Rückzug sey ohne Einwilligung der Pforte unthunlich, da die Türken die Schlösser besetzt

hielten und eine griechische Miliz die Landenge von Korinth. *)
Deßhalb ist jedes Kind vertraut mit der politischen Wichtigkeit,
den Golf besetzt zu halten.

Man braucht nur einen Blick auf die Karte von Griechen=
land zu werfen, um den Werth dieses Seearmes zu würdigen.
Die Gegend im Norden, von Lepanto bis an die Gränze von
Attika, ist so durchschnitten von Bergen und eingezähnt von
Meerbuchten, daß sie für einen Reisenden schwer zugänglich und
für ein Heer ganz unzugänglich ist. Wer die Schlösser der klei=
nen Dardanellen im Besitze hat, beherrscht alle Verbindung zu
Lande und zur See zwischen dem westlichen Griechenland, Arta,
Albanien und Morea.

Es war also kein Wunder, daß die Osmanen diesen Gränzpaß
als die Fassung ansehen, womit sie den kostbarsten Edelstein des
europäischen Turbans festhielten. **) Die drohenden Batterien der
Doppelschlösser verschlossen den Ungläubigen den Zugang. Ein lan=
ges Jahrhundert hindurch hatten ihre Zinnen nicht im Grimme ge=
lodert ***), hatten die Gewässer des Golfs nie einen fremden Kiel
getragen, hatte sich in seiner ruhigen Fluth kein anderes Wimpel
gespiegelt als die blutrothe Türkenflagge.

Während der ersten sechs Jahre des Befreiungskrieges unter=
hielt die Ueberlegenheit der Griechen zur See die Verbindung zwi=
schen dem griechischen Festlande und der moreotischen Halbinsel.
Während dieser langen Zeit blieb der Golf im Besitze der Türken.
Dadurch wurden die Theile eines und desselben Landes, die ge=
genseitiger Unterstützung bedurften, von einander getrennt, und
eine Folge davon war, daß der westliche Theil des griechischen
Festlandes, wenn auch nicht völlig unterjocht, doch der Macht
eines ferneren Widerstandes beraubt wurde.

Im Herbste 1827, als die letzten Sandkörner in Hellas' Stun=
denglase dem Verrinnen nahe schienen, erfüllte die Nachricht vom

---

*) Der berühmte Hassan Pascha vertilgte ein Corps Albanesen nach dem
  Aufstande von 1780, indem er ihnen den Rückzug bei der Landenge
  und bei den kleinen Dardanellen abschnitt.

**) Früher wurden dem Sultan zwei Turbane vorgetragen; einer bedeu=
  tete Asien, der andere Europa.

***) Selbst in den beiden früheren griechischen Revolutionen waren die
  Kanonen dieser Festungen niemals gebraucht worden.

Julius=Tractate mit frischen Hoffnungen, und rief die Söhne Grie=
chenlands zu erneuerter Kraftanstrengung. Die Kunde verbreitete
sich im Norden und erweckte Akarnanien aus seinem Todesschlafe;
die Armatolis von Valtos und Xeromeros forderten die Rückkehr
ihrer in Morea dienenden Brüder und riefen die Peloponnesier
zum Beistande, um die Albanesen wieder zu verjagen und die
frühere, nothwendige Gränze des Makronoros wieder zu ge=
winnen.

Doch der Versuch schien hoffnungslos. Alle Verbindungs=
linien mit dem griechischen Festlande waren in Feindes Händen.
Albanesen hielten Makronoros und die Districte und Festungen
in Akarnanien, Türken hatten Lepanto und die Schlösser am
Golf besetzt; Aegyptier hatten Patras inne und ganz Elis und
Achaja; die Flotten der Aegyptier und Türken beherrschten das
jonische Meer und Missolunghi war in ihrer Gewalt. Die Grie=
chen waren in einiger Stärke in Argolis und im Osten des Pe=
loponnes versammelt, aber, hätten auch die Türken sich ihnen
nicht widersetzen können, sobald sie einmal im westlichen Griechen=
land angelangt wären, wie sollten sie dahin kommen? Hätten sie
auch durch die Hochgebirge auf dem Festlande dringen können, so
würden die Türken sie bei Rachova und bei Thermopylä festge=
halten haben. Hätten sie versucht durch Morea zu gehen, so wä=
ren sie auf die Aegyptier gestoßen; die vereinigten muselmänni=
schen Flotten, die an den Küsten bei Navarino, Patras und Mis=
solunghi ankerten, setzten jede Idee eines Transportes zur See
außer alle Frage, und zwischen den Hörnern dieses unauflöslichen
Dilemma's fluthete die Bucht von Lepanto, im Besitze eines tür=
kischen Geschwaders.

Was nützte aber der Julius=Tractat, wenn nicht das Festland
von Griechenland wieder erobert wurde?

Aus den Dispositionen der beiden englischen Befehlshaber der
griechischen Land= und Seemacht wurde es bald klar, daß es auf
ein Unternehmen abgesehen war, zu welchem alle Hülfsmittel
Beider zusammenwirken sollten, und obgleich Alle die dringende
Nothwendigkeit fühlten, das Festland von Griechenland in Auf=
stand zu bringen, so fühlten sie doch auch nicht weniger empfind=
lich die Schwierigkeit, wenn nicht die Unmöglichkeit, Truppen
aus Argos nach Akarnanien zu schicken. Die griechische Flotte

konnte wohl von einem Platze zum andern kommen, aber weder dem Heere Zufuhr bringen, noch von demselben unterstützt werden. Dennoch war es klar, daß eine Landung im westlichen Griechen= lande beabsichtigt wurde.

General Church hatte Korinth als Sammelplatz bezeichnet, aber diese unerklärbare Versammlung erregte wenig Hoffnung, und die Capitäne der Palikaren bezeigten keinen großen Eifer, sich zur Fahne zu schaaren. Die, welche dem General folgten, waren daran gewöhnt, das Recht freier Berathung und freien Willens unbeschränkt zu üben; sie hatten also kein Herz für eine Unterneh= mung, in der weder das Eine, noch das Andere ihnen frei stand, und fragten, ob der Oberbefehlshaber etwa beabsichtige, sie in Wallnußschalen nach Akarnanien zu bringen. Endlich war indeß eine beträchtliche Truppenmacht beisammen, die am 22 September 1827 auf dem großen Amphitheater zerstreut war, welches vom Gipfel der Akropolis in Korinth bis an die Meeresküste den Golf beherrscht — als man ein vollbesegeltes Schiff gerade vor dem Winde gewahrte, das auf die Landenge lossegelte. Türkische Kriegsschiffe näherten sich niemals der Küste, und welches andere Schiff konnte sich durch die Meerenge gewagt haben? Tausend Hoffnungen und Besorgnisse entstanden und verbreiteten sich in den ängstlichen Hau= fen; die wenigen Ferngläser, deren man im Lager und auf der Citadelle habhaft werden konnte, wurden umsonst in Anspruch genommen; die schwellenden Topsegel zeigten keine Flagge. Nun aber wendete sich das Schiff nach Lutraki, einem Hafen in der nördlichsten Ecke des Isthmus, die große Flagge wurde aufgezogen und da entfaltete sich das Silberkreuz im himmelblauen Felde! Ein Jubelschrei des Willkommens erscholl von der harrenden Menge und jubelnd verkündete der Donner alles Geschützes von der Cita= delle, daß nach zweitausendjähriger Knechtschaft Griechenlands Sinnbild wieder erschienen sey in den Gewässern von Lepanto.

Man erfuhr jetzt, daß Lord Cochrane ein Geschwader zusam= mengebracht und das Landheer außerhalb der Meerenge erwartet hatte, um es nach Westgriechenland zu bringen. Aengstlich aber und doch vergebens blickte er aus nach den verabredeten Signal= feuern im Gebirge. Da beschloß er, die Durchfahrt zu erzwingen und die Truppen innerhalb des Meerbusens einzuschiffen. Als er aber diese seine Absicht den Capitänen mittheilte, erklärten diese,

2 *

einer folchen Gefahr würden fie ihre Schiffe nicht ausfeßen und
der Admiral wurde alfo genöthigt, feinen Plau aufzugeben. Das
Geschwader ankerte bei Missolunghi, als der Admiral zwei mit
Griechen bemannten, aber von Engländern befehligten Schiffen
ein Zeichen gab. Augenblicklich lichteten fie die Anker und fuhren
nach dem Meerbufen. Diefe Schiffe waren das Dampffchiff Per=
feverance (Beharrlichkeit) und die Brigg Sauveur (det Erlöfer).
Nur das letztere kam den Batterien vorbei und fegelte in den
Meerbufen ein. Dieß ift ein romantifcher Vorfall im Lauf der
Dinge, welche zu der Feftftellung von Griechenlands Unabhän=
gigkeit führten, und das mag mich entfchuldigen, wenn ich in
der Erzählung eines Ereigniffes fortfahre, welches unmittelbar
die Seeschlacht vou Navarino veranlaßte.

Unbedeutend befchädigt bei der Durchfahrt fegelte die Brigg
vorwärts und gelangte in eine tiefe Bucht bei Galaxidi, an der
nördlichen Küfte des Meerbufens, Voftizza gegenüber. Die Win=
dungen des Golfs zeigten den Augen der Griechen ein türkifches
Geschwader, das dicht zufammen gedrängt eben fo forglos . als
unordentlich feftlag; die Segel trockneten, die Mannfchaft war
am Lande, und, wie fich erwies, nicht einmal Munition an Bord.
Aber bald fchwanden die Träume eines unblutigen Sieges; am
Abend deßfelben Tages gelang es noch fo eben dem Erlöfer davon
zu kommen, und fo fegelte er nach Korinth. Seine Flagge war
die Veranlaffung, daß Korinthos' Felfen vom Gefchütze und vom
Jubelrufe erdröhnten.

Die Wirkung, welche das Erfcheinen diefes Schiffes im Meer=
bufen hervorbrachte, war einem Wunder gleich; der Talisman
türkifcher Oberherrschaft war gebrochen und die Fahrt nach Weft=
griechenland eröffnet. Nun umfchwärmten die Palikaren den Ge=
neral Church und drängten ihn, fie vorwärts zu führen. Das
Lager brach auf von Korinth, und der Erlöfer, dem fich jetzt auch
das Dampffchiff zugefellt batte, fegelte weftlich.

Es war befchloffen, beide Schiffe, das Dampffchiff und die
Brigg, follten das Geschwader bei Salona angreifen, vor deffen
Bucht fie am Morgen des 28ften anlangten. Die Türken waren mit
Vertheidigungs=Maaßregeln emfig befchäftigt, fie landeten Kanonen,
errichteten Küftenbatterien und zogen 1500 bis 2000 Maun von
den umliegenden Poften zufammen.

Während der Nacht schallten die Töne der Zurüstung am Bord des Dampfschiffes über die stille Fluth des Meerbusens und von Zeit zu Zeit belebten die Wachen beider Schiffe ihre Arbeiten durch gegenseitigen Zuruf. Der Morgen sollte einen thatenschwangern Tag für Griechenland bringen; von seinem Ausgange hing die Herrschaft über den Meerbusen ab, und alle mit seinem Besitze verknüpften Vortheile; vor allen Dingen aber mußte er die hochländischen Häuptlinge bestimmen, die jetzt zwischen Türken und Griechen schwankten. Doch noch wichtigere und noch unerwartetere Folgen ruheten in der Zukunft.

Der beabsichtigte Angriff war schwer, wenn nicht verzweifelt. Das Andenken an das letzte Mißlingen diente eben nicht dazu, die Befürchtungen zu vermindern, welche das Mißverhältniß der Zahl und die nachtheilige Stellung einflößen mochten, und da die Türken nun einmal vorbereitet waren, so war es klar, daß nur zwischen Untergang oder Sieg die Wahl blieb.

Lieblich brach der Morgen an über dem schönen, classischen Schauplatze; glänzend ging die Sonne auf, am Himmel dunkelte keine Wolke, auf dem Wasser spielte kein Luftzug; endlich schoß aus dem Schornsteine des Dampfschiffes eine Masse dichten Rauches in die Höhe, gleich dem Ausbruche eines Vulcans. Den Türken war dieß Dampfschiff, das erste, welches sie jemals erblickten, ein Gegenstand der Verwunderung und des Graues. Sie hielten es kaum für ein Werk von Menschenhänden, so seltsam erschienen ihnen Gestalt und Bewegung, und die Wesen darauf, die direct aus den höllischen Regionen zu kommen schienen, und so gräßlich die Wirkung der Wurfgeschütze, die glühend von unten herauf, aus des Teufels Küche, zu kommen schienen. *)

---

*) Granaten, acht Zoll im Durchmesser, die aus wagerechten Kanonen geschossen wurden und zuweilen glühend; es waren eigentlich Hohlkugeln, die wegen ihrer verhältnißmäßigen Leichtigkeit von der Oberfläche des Wassers in unzählbaren Prellschüssen abwippten. Auf diese Weise war es bei ruhiger See unmöglich zu fehlen, und diese Masse glühenden Eisens, diese Granate oder Hohlkugel mit einer Mischung von Holz, Leinwand, Pech und Pulver, welche ein unauslöschliches Feuer aussprühete, war ein Gast, der auch geschicktere Seeleute als die Türken erschreckt haben würde. Diese neue Erfindung in der Artilleriewissenschaft wird ohne Zweifel den Seekrieg und die Schiffs-

Obgleich ich selbst bei dem nun folgenden Auftritte an deſſen Gefahren und am Erfolge Antheil nahm, will ich ihn doch lieber erzählen, wie er mir von einem der bei dem General Church angeſtellten Officiere beſchrieben wurde. Das griechiſche Heer marſchirte längs der Südküſte, die Bewegungen der Schiffe beobachtend. Es machte Halt in Voſtizza, der Bucht von Salona gerade gegenüber, und bereitete ſich, dem Angriffe mit der Aufregung zuzuſehen, die ein ruhendes Heer fühlen muß, wenn es die Entſcheidung ſeines Geſchickes von dem glücklichen oder unglücklichen Ausgange eines Zweikampfes erwartet.

Die beiden Schiffe mußten in eine enge, landumſchloſſene Bucht hinein, in die man nur mit Hülfe eines günſtigen Windes gelangen könnte, der dann aber die Umkehr verhinderte; dort mußten ſie Schiffe angreifen, die viermal ſo viel Kanonen hatten, dicht am Ufer lagen und ihre Flanken gleich feſten Batterien darboten, mit Batterien am Ufer und ein paar tauſend Soldaten am Lande, und das Alles in einem Kriege, wo von beiden Seiten nicht auf Pardon gerechnet wurde.

Es war ein merkwürdiger Anblick, wie ein friſcher Wind die ſchwarze Rauchwolke eines Dampfſchiffes von Achaia gegen die Höhen von Delphos und den Parnaß trieb. Es war ſeltſam anzuhören, wie das Geräuſch der Dampfräder weit hin tönte über die korinthiſche Fluth. So wie die griechiſchen Schiffe die Spitze umſegelten, erblickten ſie plötzlich die türkiſche Flotte, die in der Tiefe der Bucht aufgeſtellt war, und wie zur Parade mit breiten, blutrothen Flaggen prangte, und weithin flatternden Wimpeln. Auch an der Küſte wehrten drohende Flaggen, überall wo friſche Erdbatterien aufgeworfen waren; eine tüchtige Anzahl grüner Zelte, und das Blitzen der Waffen belebte die Hügel in der Runde und gewährte einen weniger anlockenden als maleriſchen Anblick. „Erſt dann,“ ſagte mein Berichterſtatter, „als wir ſie um die Spitze fahren ſahen, fühlten wir wirklich, mit dem Angriffe ſey es ernſtlich gemeint; jetzt erſt fühlten wir die ganze Gefahr des Unternehmens und die Folgen eines Fehlſchlages.

---

baukunſt in Zukunft bedeutend verändern, und dieſer erſte Verſuch mit der Kraft der Erfindung, einem Feinde gegenüber, gibt dem von mir zu erzählenden Ereigniſſe noch ein Intereſſe mehr.

Mit welcher Angst blickten wir nach den weißen Segeln und dem schwarzen Rauche, als sie hinter der niedrigen Landspitze verschwanden! Unter welcher besorglichen Ungewißheit verlief die halbe Stunde zwischen diesem Augenblicke und dem ersten fernen Kanonenschusse, der über das Wasser dröhnte und der grauen Dampfwolke, die langsam aufstieg aus der Bucht längs der Seite des Parnasses. Nach einem viertelstündigen ununterbrochenen Kanonenfeuer schwellte plötzlich eine schwarze Rauchmasse gen Himmel! War es Freund oder Feind, der gen Himmel oder zur Hölle gefahren? Unsere Ungewißheit dauerte nicht lange; eine zweite Masse folgte, schwärzer, höher als die erste. „Sie sind verloren, sie sind verloren!" quoll es aus den zusammengepreßten Lippen der bestürzten Griechen, als eine dritte Explosion bewies, daß des Feindes Schiffe brannten. Da erschollen die wilden Töne dieses übermenschlichen Kriegsrufes; Phantasie und Lungen erschöpften sich in Uebertreibungen und Jubelgeschrei."

Ungeachtet dieses Erfolges, der für den Tag entscheidend schien, hörte man doch noch bis Sonnen-Untergang ein unregelmäßiges Kanonenfeuer mit geringen Unterbrechungen. Der Wind hatte sich gelegt und ein Vorhang von Rauch verhüllte den Schauplatz, auf den alle Aufmerksamkeit gewendet war. Aber als die Sonne sank, als die Nacht ihren dunkeln Mantel ausbreitete, da glänzte hell die Flamme von eilf brennenden Schiffen durch das Leichentuch der Wolken und spiegelte sich in den Wellen, „die Lepanto's Seeschlacht sahen." Das war ein denkwürdiger Tag für Griechenland, ja für Europa. Ibrahim Pascha hatte sein Wort verpfändet, den Hafen von Navarino nicht zu verlassen, nun aber steuerte er nach der Bucht von Lepanto, um die Schmach zu rächen. Admiral Codrington zwang ihn zur Rückkehr. Die für den Winter zerstreuten Geschwader der Verbündeten wurden nach Navarin zurückgerufen und was nun folgte, brauche ich nicht zu wiederholen.

Drittes Capitel.

Wir reisten gemächlich. Es gibt keine Post in Griechenland. Ich habe es zweckmäßiger gefunden in diesem Lande mit eigenen Pferden zu reisen; Lebensmittel sind überall zu bekommen, ein Zelt ist überall aufzuschlagen und man ist gänzlich unabhängig von den Launen der Maulthiertreiber, dem Mangel an Vieh und wahrlich fast von allen Zufälligkeiten, die in diesen Gegenden dem Reisenden zu Theil werden. Drei Tage reisten wir längs des Meerbusens und würden gerne noch längere Zeit auf diesen Theil unserer Reise verwendet haben, die überall das Bild eines neuerdings geordneten Landes darbot, aber unsere ferneren Reisezwecke verboten jeden Aufschub. Es fehlte uns nicht an Gelegenheiten, die uns mit Entrüstung über die Einführung eines Polizeisystems erfüllten, mit all seinen verderblichen Folgen. Ich kann die Unruhe nicht beschreiben, womit ich begann, jetzt auf das künftige Geschick dieses Landes hinzublicken. Wir erfuhren später, daß all unsere Schritte beobachtet, all unsere Worte und Werke hinterbracht wurden, wofür die bettelarme Regierung ein paar hundert Pfund verausgabte.

Den dritten Abend schliefen wir in einem Khan (Herberge), dicht an dem alten Hafen von Panormo, jetzt einem Moor, wo die einzige athenienssische Galeere zum Andenken an die Niederlage der Lacedämonier geweiht wurde, mehr als zum Andenken an den Sieg.

Denselben Morgen hatten den Khan eine Bande von eilf Räubern verlassen, die Tags vorher alle Reisenden angehalten, geplündert und an Bäume gebunden hatten. Was sie nicht verzehren oder mitnehmen konnten, hatten sie vernichtet, so daß wir nur sehr wenig Vorrath fanden. Einen Mann hatten sie in heißer Asche gebraten, um von ihm die Nachweisung eines vermutheten Schatzes zu erpressen. Die Bauern waren in größter Unruhe und höchster Erbitterung. „So etwas," sagten sie, „ist während der Anarchie der Revolution nie vorgekommen. Die Kosten für das Militär wurden immer von Rechtswegen beigetrieben, aber den Leibgurt eines Griechen zu berühren, einer Frau

Gürtel gewaltsam zu lösen, waren unerhörte Verbrechen, und jetzt, da wir eine regelrechte Regierung haben, da wir jede Steuer bezahlen und jedem Befehle gehorchen, jetzt, wo man uns unsere Waffen genommen hat, müssen wir erdulden, was selbst in unsern unruhigen Zeiten unerhört war?"

Am folgenden Morgen kleideten wir uns sehr elegant, um anständig vor der schönen Welt in Patras zu erscheinen. Vom Khan aus bis nach dem Schlosse von Morea ist blauer Thon, über welchen das Wasser von den Hügeln hinströmt und so einen tiefen Morast bildet. Um den zu vermeiden, ritten wir längs der Küste, aber eine Charybdis erwartete uns. Obgleich wir, um dem Moraste aus dem Wege zu gehen, im Wellenschlage des Golfs ritten, so begannen doch plötzlich unsere Pferde zu versinken und ehe wir uns heraushelfen konnten, wälzten wir uns in Schlamm und Sumpf und entkamen nur, indem wir in die See gingen und unsere Pferde ins tiefe Wasser lenkten. In Patras machten wir im hellen Sonnenschein einen wunderhübschen Aufzug, vom Kopf bis zu den Füßen mit Schlamm bedeckt.

Patras ist merkwürdig als der Punkt, von dem man zuerst weiß, daß Mohammeds Anhänger und die slavonischen Stämme auf einander stießen. Die letzteren hatten im achten Jahrhundert Morea überfallen; die Saracenen durchstreiften die See, beide vereinigten sich zur Belagerung und Plünderung von Patras.

Das stürmische Wetter und der Mangel eines Bootes im Schlosse, das geräumig genug war, unsere Pferde aufzunehmen, hielten uns sechs Tage auf, die wir sehr angenehm zwischen dem Schlosse und Patras mit dem Obristen Rayko zubrachten, dem einzigen Russen, der Philhellene gewesen. Er gab sich alle mögliche Mühe, uns von der Ausführung unsers tollkühnen Vorhabens abzubringen, Akarnanien und die Gränzscheide zu besuchen. Ich bin überzeugt, hätte er nur eine Ahnung davon gehabt, daß wir auch nach Albanien wollten, so hätte er uns aus lauter Freundschaft in Arrest gesetzt. Wir mußten also unsern Plan unseren Freunden sorgsam verbergen, wollten wir nicht ausgelacht oder gewaltsam festgehalten werden, so wie vor unsern Dienern, sonst hätten sie uns verlassen.

Als wir über die schmale Meerenge zwischen den beiden Castellen fuhren, trat mir unwillkürlich die Scene wieder vor das

Gedächtniß, die ich bei einer frühern Gelegenheit ebendaselbst erlebte, als ich diesen Batterien in einer feindlichen Barke vorbeikam, unter dem Feuer des Geschützes jeder Batterie. Es war ein schöner Anblick an der Küste: die reichen und gedrängten Trachten, die blitzenden Waffen und die Rauchwolken. Die stolze Aufregung, das trotzige Benehmen, der beleidigende Spott, diese Eigenthümlichkeiten eines Krieges, in welchem ein festes System, unabweichliche Mannszucht und unergründliche Rathschläge den Menschen noch nicht zur Maschine gemacht haben, verliehen damals dem Kampfe alles Spiel der Leidenschaften und jedem einzelnen Charakter die Entwicklung, wodurch die Kriege des Alterthums so poetisch wurden und wonach das Zeitalter, dessen Kriege mit der größten Wahrheit geschildert sind, das heroische heißt. Wie verändert war nun der Anblick dieser Batterien — kalt, bleich, augenlos, tonlos gaben sie kein Lebenszeichen, das man hätte beobachten müssen, kein Zeichen der Bosheit, das man hätte fürchten dürfen, keines von Haß, den sie hätten erregen können, keines von Gefahr, der man hätte trotzen sollen! Ein Windeshauch streifte und schäumte den glatten Spiegel und unwillkürlich suchte mein Auge den Flaggenstock, um die jetzt triumphirende Standarte Griechenlands zu betrachten, die in den Lüften wallte an der stolzen Stätte, wo so lange Arabiens Sinnbild herrschte! Dort sieht jetzt der Grieche eine andere Flagge, seine Flagge, die Flagge des befreiten und selbstständigen Griechenlands! Aber an der neuen Standarte deuten die abstechenden Farben der neun abwechselnden Streifen *) auf eine andere Harmonie als die der Musen. Man vergleiche diese blasse und gestreifte Standarte mit den prahlenden Farben des Osmanen, die so stark, reich und einfach sind: der Tagesstern des Glückes und der zunehmende Mond der Macht, beide strahlend auf purpurner Wolke. Die dichterischste aller Fahnen! Das herzerhebendste aller Nationalzeichen! Und wie viel des geisterregenden, nervenstählenden Enthusiasmus hängt vielleicht

---

*) Griechenlands Flagge sind neun wagerechte Streifen blau, und weiß, mit einem weißen Kreuze auf blauem Felde in der Ecke, zum Andenken des silbernen Kreuzes, das Constantin während der Schlacht gegen Marentius am Himmel erblickte, woher das Labarum der Griechen stammt.

ab von der Poesie eines Sinnbildes? Kann ein Volk, kann selbst eine Partei ohne die Redekunst der Farben bestehen? Wie groß muß also nicht die Wirkung seyn, wenn man die Personificirung der Volksthümlichkeit mit Schönheit bekleidet, wenn man ihren kriegerischen Geist belebt, indem man ihrem Ruhme die erhabensten Werke der Schöpfung zugesellt? Das Alles findet sich vereinigt in der Fahne der Osmanen und in keiner, wie in ihr. Das ist obendrein die historisch gewordene Standarte, die mit der Schnelligkeit einer Gewitterwolke über Asien, Europa und Afrika hinflog, von Delhi's Palästen bis an den Fuß des Atlas; von den Einöden Abyssiniens bis an die Moorgründe des Don; die Standarte, die ihre Macht bewiesen in den Ebenen von Tours und bei Roncesvalles, vor den Wällen Wiens und am Indus und Orus. Dreißig Jahre nach ihrem Entstehen hatte sie die beiden größten Reiche damaliger Zeit gedemüthigt und in achtzig Jahren rühmte sie sich der Herrschaft in mehr Ländern, als Rom in acht Jahrhunderten unterworfen hatte. Diese Flagge ist jetzt von den Castellen verschwunden, wo ich sie noch vor kurzem erblickte, erröthend vor Aerger und Scham; und wie die alten Scythen, bevor sie starben, die Geschichte ihres Lebens erzählten, so untersuchte ich jetzt die Züge und die Geschichte dieser Personificirung muselmännischer Größe, die vor meinen Augen gesunken war, zugleich mich über die Mittel verwundernd, wodurch sie gestürzt wurde.

Als ich zuerst an Griechenlands Küsten landete, mehr Antheil nehmend an der Beschaffenheit seiner Felsen, als an dem dort verhandelten blutigen Streite, wurde ich bald mit Haß und Abscheu vor dem Namen der Türken erfüllt und, mit dem Enthusiasmus des Jugendgefühles, wurde ich Parteigänger. Der Osmane aber, der durch die Gewaltthätigkeit im Siege diese Erbitterung erregt hatte, verscheuchte sie wieder, als er besiegt und gefangen erschien, ein Lebensbild stoischer Festigkeit und würdiger Entsagung. Das Mitgefühl, das man dem Mißgeschicke zollt, übertrug ich nun auf den Besiegten; aber dieses Mitgefühl mischte sich mit Bewunderung eines Heldenmuthes und Achtung vor einem Charaker, von dessen Kraft und Ausdauer ich nie einen Begriff gehabt hatte, vor dem Kampfe, dem ich jene Eigenschaften jetzt ausgesetzt sah. So wie ich also früher die rothe Flagge nur als das Symbol des Blutvergießens und der Verwüstung betrachtet hatte, so erinuerte ich mich jetzt mit Theilnahme und mit Furcht der Jahrbücher ihres Ruhmes, der Zeiten und Gränzen ihrer Siegesbahn.

Ich will keineswegs behaupten, daß die gegenwärtige musrlmännische Flagge, der Silberstern und der Halbmond im rothen Felde, dieselbe Flagge ist, die in Bagdad wehte oder nach Spanien getragen wurde; nicht einmal die zuerst in Konstantinopel aufgepflanzte und dann im Siegeslaufe nach der Ukraine, nach Wien und den Alpen fortschreitende. Der Moslemin Farbe ist nicht roth, sondern grün, obgleich zu verschiedenen Zeiten und iu verschiedenen Ländern auch andere Farben angenommen wurden. Mohammeds Fahne war gelb; die Saracenen kämpften zuerst unter einem schwarzen Adler; diesem folgten die Parteifarben: weiß und schwarz, die Farben der Familien, die sich einander das Khalifat streitig machten. Das heilige Grün *) war die erste Farbe, welche die Osmanen in Europa entfalteten, aber an ihr hängen so mannichfache nationale und religiöse Gefühle, daß, so gut sie auch dienen mochte, um bei einem Angriffe oder einem Sturme Enthusiasmus zu erregen, man doch bedachte, der Verlust eines so hoch verehrten Zeichens würde den Muth eines Heeres niederschlagen. Im Jahre 1595 eroberte Sigismund, Fürst von Siebenbürgen, die erste türkische Fahne und schickte sie an Papst Clemens VII. Da wurde die Farbe von grün in roth verändert; der Stern und der Halbmond waren byzantinische Zeichen, welche, gleich vielen andern, die Türken von den Griechen erborgten. Daß die Türken auf diese Weise ihre Nationalfarben änderten, deutet auf große

---

*) Tököli entfaltete (1680) seine grüne Fahne des unabhängigen Ungarns vor dem türkischen Heere, um der Moslemin Enthusiasmus zu seinen Gunsten zu erregen. Die jetzige ungarische Fahne ist grün, weiß und roth. †) Noch ganz neuerdings haben die Tscherkessen Grün zur Nationalflagge gewählt, nicht nur um sich durch ein Nationalzeichen von ihren Feinden zu unterscheiden, als vielmehr um ihren Glaubensbrüdern im Süden anzudeuten, das Behalten alles dessen, was ihnen theuer sey, hänge ab von der Erhaltung der auf dem Kaukasus entfalteten Fahne.

†) Das zweite, christliche Wappen Ungarns, seit König Stephan dem Heiligen, tausend Jahre nach Christi Geburt, ist im rothen Felde ein silbernes Patriarchenkreuz aus goldner Krone auf grünem Hügel.

Anmerk. d. Uebers.

Empfänglichkeit für Nationalehre. Die Römer verschwiegen den eigentlichen Namen ihrer Stadt, damit kein fremdes Heer die Penaten aus den Mauern fortbeschwören solle. Venedig hat mit so gutem Erfolge die entführten Gebeine des heiligen Marcus verhehlt, daß keine Spur von ihrem Daseyn aufgefunden ist. Beide Nationen fürchteten, das Band ihres politischen Daseyns möchte sich auflösen, wenn die Symbole der Verehrung und Nationalität in fremde Hände geriethen.

Ich sagte, ich hätte nach der griechischen Flagge gesehen, die statt des osmanischen Banners auf den Wehren flattern sollte, welche den Golf von Lepanto beschützen — aber es war keine da. Ich blickte nach einem Flaggenstocke und ich sah deren drei, dicht bei einander, gleich den drei Kreuzen auf einer katholischen Schädelstätte. Der eine trug ein weißes Tuch ohne Flecken, aber auch ohne Zeichen und Andeutung. Der zweite trug bunte Winkel von Roth, Weiß und Blau, mehr Geometrie in den Falten zeigend als eben Poesie, so begeisternd auch die zehn Jahrhunderte der Mannhaftigkeit dieser Flagge sind, oder die weitgedehnten Zonen, die von ihren Zügen Kunde geben. Der dritte zeigte Kreuzbalken von Blau, im weißen Felde, gleich einem aufgerichteten Stundenglase und auf Eisberge und Schnee deutend. England, Frankreich und Rußland, Mächte, unter deren vereinter Herrschaft etwa 290 Millionen Menschen stehen, hatten sich verbündet, die türkische Flagge fortzuschaffen; sie besetzten der Türken Gebiet als Freunde, sie verbrannten deren Schiffe als Verbündete, sie versperrten deren Häfen als Neutrale; sie protokollirten Griechenland als Wohlwollende — sonderbare Räthsel für ein Zeitalter, das keinen Oedipus hat!

––––––––––

Viertes Capitel.

Das westliche Griechenland. — Griechische Meinungen vom Herzog von Wellington. — Missolunghi. — Das Füllhorn. — Schlacht von Lepanto.

Wir wurden in Lepanto vom Commandanten, Obrist Pieri, empfangen, einem Corfioten, der Artillerie-Chef war und uns, wie nebenbei sich selbst, mit der Erzählung seiner verschiedenen

Heldenthaten unterhielt. Hier hatten wir die erste Unterredung mit einigen Sulioten über das Protokoll. Sie drückten ihren Schmerz und ihre Besorgnisse kräftig aus, sagten aber, die Nation werde von jeder öffentlichen Aeußerung ihrer Gefühle durch die Furcht abgehalten, als widersetzlich gegen den Willen der Höfe zu erscheinen und von diesen für unruhig und wankelmüthig gehalten zu werden. Ohne das, sagten sie, würde Kapodistrias' Regierung nicht einen Tag geduldet werden.

In Lepanto sind von tausend Familien noch fünfhundert griechische nachgeblieben; 6000 Stremmata *) gehören den Griechen, 25,000 früher den Türken, die jetzt Nationaleigenthum geworden sind. Die griechischen Ländereien sind aber so viel schlechter, als die ehemals türkischen, daß, obgleich diese um zwei Drittheile höher besteuert sind, die Griechen doch ihre eigenen Felder verlassen, um die türkischen zu bebauen.

· Am 20. Mai. Wir verließen Lepanto mit Tagesanbruch und kamen durch eine kleine fruchtbare Ebene, die sich in einem Halbkreise erstreckt, mit der Basis von Rizina, an deren Ende Lepanto liegt, bis zu den niedern Vorhügeln des Gebirges Korax, das sich bis zum Castelle von Rumili hinzieht. Die Ebene ist dicht mit Oelbaumwurzeln bestreut; gegen die See hin ist sie sumpfig, aber das könnte leicht ausgetrocknet werden. Die niedrigen Hügel, über die wir jenseits des Castelles kamen, sind aus einer alaunartigen und erdigen Masse gebildet, die leicht vom Wasser weggeschwemmt wird. Demgemäß ist die Ebene in kleine vereinzelte Massen geschieden, mit abschüssigen Seiten, flachen Zwischenräumen und Gipfeln, zu jedem Anbau geeignet, während die steilen Seiten jede Baumart tragen und das Gemälde mit Reiz erfüllen können. Wir sahen nichts von den warmen Schwefelquellen in der Nähe von Kakaskala, die diesem Theile der Lokrier den Beinamen des stinkenden verschafften. Der Paß ist von Natur sehr befestigt, indem sich der Fußpfad über den Rücken des Berges windet,· der fast lothrecht aus der See entsteigt. Nachdem wir über einen niedrigeren Höhenzug gekommen waren,

---

*) Ein Stremma ist beinahe ein Drittheil eines Morgen Landes. †)
†) Ein Morgen Landes (acre) enthält 4840 Quadrat-Yards; ein Yard 3 Fuß.
Anmerk. d. Uebers.

erreichten wir das schöne kleine Thal Kavuro Limne, wohin Mi=
letius das alte Molykria verseßt. Hier wurde im Schatten einer
prächtigen Platane bald Feuer angemacht, wir hingen unsere
Waffen an die Aeste und ließen unsere Pferde grasen im gelben,
weißen und rothen Klee und im wilden Hafer und Koru. Unsere
Teppiche wurden ausgebreitet und bald erschien die Kaffeekanne
und die erquickliche Pfeife.

Dieses kleine, aber zauberische Thal gewährt eine Ansicht,
wie man sie in Morea selten antrifft. Es ist von unregelmäßi=
gen, aber nicht bedeutenden Hügeln eines weichen Sandsteines
umgeben, die in Gestalt und Wesen abwechselnd, mitunter nackt,
mitunter bewaldet sind. Durch das Thal fließen zwei Bäche
mit tiefen Betten, an denen Reihen schattiger und schöner mor=
genländischer Platanen wachsen. Wenn man eine Zeitlang die
Ansicht von Bäumen entbehrt hat, freut man sich ordentlich über
die Schönheit des Laubwerkes und der Gestalt, an der Kühle
ihres Schattens und fühlt die Lieblichkeit oder lernt ihren Werth
kennen. Nicht weniger Erholung gewährte mir die Aussicht auf
die jetzt uns umgebenden Hügel, denn meine Augen waren er=
müdet von der Eintönigkeit der Kalkgebirgsketten in Morea, denen
es eben so sehr an malerischem, als an geologischem Interesse
mangelt, und die um so ermüdender werden, als die Gebirgs=
pfade abscheulich sind und es ihnen an Quellen und an Schat=
ten fehlt.

Es freute mich auch, daß ich mich wieder in West=Griechen=
land befand, einem Lande, das mit ausgedehnten Trümmern des
entferntesten Alterthums angefüllt ist, die, obgleich jetzt darnieder=
liegend und selbst zu den Zeiten des Glanzes von Griechenland
schon darnieder lagen, schon damals als Muster griechischer Kriegs=
baukunst dienten. *) Das Land wurde von Leuten bewohnt,
welche die Verfeinerung und Wissenschaft Griechenlands mitbrach=
ten und die Thätigkeit ihres Stammes, und auf einem reicheren
Boden eine Zuflucht suchten und fanden vor den Verfolgungen,

---

*) Νυν μεν τεταπεινωμενα το δε παλαιον προσχημα της Ἑλλαδος ην
ταυτα τα κτισματα. (Jetzt zwar liegen sie darnieder, doch einst waren
diese Bauwerke das Vorbild von Hellas.) Strabo L, Cap. 2, p. 5.

und Ruhe vor den endlosen und blutbefleckten Zwistigkeiten, die
. den Peloponnes verheerten.

Diese Gegend ist ganz besonders der Schauplatz mythologi=
scher und dichterischer Gebilde gewesen. Ihre militärische Be=
deutsamkeit, die der Erhaltung des neuen Staates so wichtig ist,
wurde durch die Ereignisse verherrlicht in den Kriegen Philipps,
der Römer, der Gothen, der Gallier und der letzten Revolution.
War es der glücklichste und einzig friedliche Theil Griechenlands
während der Tage seines alten Glanzes, so ist seit jener Zeit bis
zur gegenwärtigen das Gegentheil das Schicksal des Landes ge=
wesen, seit der Entvölkerung unter Augustus, die den Zweck hatte,
Nikopolis zu bevölkern, bis zur Entvölkerung durch das letzte
Protokoll, die gar keinen Zweck hatte.

Anderthalb Stunden *) vom Flusse Kavuro Limne erblickten
wir den Evenus durch einen Gürtel von majestätischen Platanen
und schlanken Weiden, die eine Art von Vorcoulisse zu einem
kleinen Waldtheater abgaben. Der Fluß glitt im reißenden aber
klaren Strome durch sein breites und steiniges Bett und glänzte
durch den Vorhang von tiefgrünem Laubwerke. An der andern
Seite erhob sich ein steiles und durchbrochenes, mit Gesträuchen
bewachsenes Ufer. Es gehörte kein großer Aufwand von Phan=
tasie dazu, in diese thespische Scene die fabelhaften Gruppen
Meleagers mit dem Eber, Dejanirens und des Centaurs zu
versetzen.

Wir ließen den Fluß rechts und wanden uns rund um den
Fuß des Berges Chalcis. Vergebens aber suchten wir nach
Spuren, denen wir den Namen Makynia und Chalcis hätten
geben können und an der andern Seite des Flusses nach Tophias=
son und Kalydon. In der Regel besteht die Schwierigkeit
darin, für die große Menge von Ueberresten Namen zu finden;
wir aber waren in Verlegenheit mit einem Ueberflusse von Na=
men, ohne daß wir auch nur einen Säulenknauf oder Säulenschaft
gefunden hätten, um die Namen anzubringen. Nachdem wir
aber über den Fluß gegangen und rechts vom Wege eine kleine

---

*) Es ist kaum nöthig zu bemerken, daß die Entfernungen nach Stunden
gerechnet werden; eine Stunde im Osten, so gut wie in Deutschland,
kann man eine französische Lieue rechnen.

Anhöhe erstiegen, die unmittelbar auf Hypochorion hinblickte, befanden wir uns unerwarteter Weise mitten unter sehr ausgedehnten hellenischen Ruinen, die wir mit dem Strabo in der Hand uns sehr wohlgefällig einbilden durften, für das alte Pleurona halten zu können. Es ist sehr zu bedauern, daß Strabo diese Gegenden nicht selbst besucht hat, und daß der einzige auf uns gekommene, zusammenhängende Bericht über Westgriechenland in der allgemeinen Beschreibung so dürftig ist und, sobald er ins Einzelne geht, oft so verwirrt. Miletius ist hier schlechter als nichts, aber doch auf alle Fälle noch besser als Poucqueville. Polybius ist wirklich der einzige Führer in Akarnanien und Aetolien, und aus dem Thucydides muß man das einzige glimmende Lichtchen borgen, das sich über die streitigen Lagen verbreitet, die mit dem Amphilochischen Argos zusammenhängen.

Doch kehren wir nach Pleurona zurück. „Der Evenus," sagt Strabo, „wendet, nachdem er bei Kalydon und Chalcis vorbeigekommen, seinen Lauf westwärts, nach der Ebene von Alt=Pleurona, und dann wendet er sich südlich zum Ausmünden." Gerade nun bei der beschriebenen Flußbiegung erhebt sich der mit diesen Trümmern besetzte Hügel, die in Hinsicht der Ausdehnung und des Styles zu den vorzüglichsten gehören. Einige der Steine waren neun Fuß lang; die Mauer ist gewöhnlich neun Fuß dick, an einer Stelle aber, die wie es schien, an' die beiden Akropolis gränzte, war sie nur fünf Fuß mit Verstärkungen von fünfthalb Fuß im Gevierte, welche die Binnenseite verdickten und auf welche wahrscheinlich Planken gelegt wurden, um die Bank (banquette, Brustwehr) zu bilden. Die Mauern umschlossen zwei Anhöhen, auf deren jeder eine Akropolis gestanden zu haben schien; die nordwärts gelegene war zum Theil cyclopisch. Das von der Mauer ringeschlossene Hoch=Plateau mag etwa dreitausend Schritte im Umkreise halten, der niedrigere Theil ist wenigstens eben so groß. Einige Ziegel und Mauersteine, härter als Feldsteine, waren die einzigen Ueberbleibsel, die ich sehen konnte. Eine griechische Faction hat sich ein Denkmal gesetzt durch den völligen Umsturz solcher Mauern und solcher Stadt.

Während wir das εὐκαρπος καμπος (fruchtbare Gefilde) von Pleurona durchzogen, holten wir einige Leute mit Mauleseln ein, die mit allen ihren irdischen Habseligkeiten beladen waren. Sie

(Urquharts Tagebuch zc.)

erzählten uns, sie wären aus der Gegend von Janina entflohen, mit der Absicht, sich in Griechenland niederzulassen, aber bei dem Castelle von Rumili angehalten, wo man ihnen zwölf Procent vom Werthe ihrer Maulesel und ihres Gepäckes abgefordert hätte. Nicht im Stande, das verlangte Geld zu zahlen und erbittert darüber, daß man sie der aufgeregten Rache wieder entgegen jage, kehrten sie dahin zurück, woher sie gekommen waren. „Tausende," sagten sie, „rüsten sich, aus Albanien zu flüchten; aber wir wollen ihnen schon sagen, was es mit der ἐλευθερία auf sich hat" (mit der Freiheit).

Ich weiß nicht, ob man diese Maaßregel mehr als unpolitisch, oder als unmenschlich tadeln soll. Nach unserer Ankunft in Missolunghi erzählten wir diese Geschichte dem Districts-Gouverneur, welcher erklärte, die Forderung sey ganz ohne Wissen der Regierung gemacht, und er werde augenblicklich dem Ding ein Ende machen. Es ist aber überflüssig hinzuzusetzen, daß den Erpressungen, über die man sich beklagte, kein Ende gemacht wurde.

Drei Stunden nach Sonnenuntergang trafen wir vor dem Thore von Missolunghi ein. Wir klopften an und schickten um Erlaubniß zum Einlaß, das wurde aber abgeschlagen; wir forderten Lebensmittel und konnten keine erhalten; — bemerkenswerthe Anfänge zur Civilisation! Und solche Einrichtungen hält man wirklich für glückliche Nachahmungen Europa's. Unsere Diener und unser Zelt waren voraufgegangen, während wir die Trümmer von Pleurona untersuchten, die wir erst nach völlig eingetretenem Dunkelwerden verließen. Die Diener hatten Befehl, wenn sie fänden, daß wir nach Sonnenuntergang nicht eingelassen würden, außerhalb der Mauern das Zelt aufzuschlagen. Wir sahen und hörten nichts von ihnen; eines unserer Pferde brach spürend los und als wir ihm nacheilten, stolperten wir über die Zeltstricke, wohin es uns geführt hatte.

In Missolunghi blieben wir drei Tage, fast immer den Verhandlungen zuhörend, oder auch sie veranlassend, die sich über das Protokoll und die Gränzen entspannen, über die Verhältnisse, Hülfsmittel und Aussichten von Akarnanien, über die von dem neuen Staate ausgeschlossenen Theile Aetoliens. Hier war eine große Zahl der griechischen Anführer und alter Armatolis versammelt: Vernachiotes, die Grivas und Andere, die sich als halbe

Taktikoi anſahen, das heißt, die auf der Liſte der irregulären Regulären eingeſchrieben waren, während Andere ganz ungezähmt
waren und ſich ſelbſt Rebellen, ῥεμπελλοι, nannten, zum Unter-
ſchiede von den regulären Truppen. *)

Die vom militäriſchen Geſichtspunkt aus genommene Unzu-
länglichkeit der neuen Gränzen war ſo offenbar, daß ſich der Spott
darüber mit der Entrüſtung vermiſchte. Ich muß geſtehen, daß
mich die Verſchlagenheit einzelner Bemerkungen nicht weniger überraſchte, als verwirrte. „Der Herzog von Wellington,“ ſagten ſie,—
„iſt der erſte Kriegsmann in Europa; wir freuten uns deßhalb,
daß ſolch ein Mann über unſere Gränzfrage entſcheiden ſollte.
Er hatte in Spanien commandirt, wo die Art der Kriegführung
der unſrigen ähnlich iſt, und wo Berge, Wälder und Felſen Mannszucht und Kriegskunſt herausfordern. Was ſollen wir aber nun
von dieſem Protokolle denken, das den Frieden dadurch zu ſchließen
vermeint, daß es uns eben die Poſitionen abnimmt, um die der
Krieg geführt wurde und die einzigen Vertheidigungspoſten, durch
welche der Frieden gegenwärtig erhalten wird?“ Ich bemerkte,
der Herzog von Wellington ſey durch fehlerhafte Landkarten getäuſcht worden. „Dann,“ entgegneten ſie, „hätte er auf die
Ereigniſſe blicken ſollen. Nicht dieſer Krieg allein hat es bewieſen, daß Griechenland zwei Thore hat und daß ihr das eine nicht
ſchließen mußtet; während ihr das andere offen laſſet, und überdieß
mußten die Poſitionen unſere militäriſchen Gränzen
werden, die wir im Stande waren zu halten und durch deren
Feſthalten wir ohne die Hülfe eines Protokolles den Frieden
während der letzten zwölf Monate erhalten haben,
und wäre es möglich geweſen, noch beſſere zu finden, ſo hätte
man die nehmen müſſen.“

Wenn der Beſitz der ausgeſchloſſenen Diſtricte den Türken
irgend einen Vortheil bringen ſollte, ſo könnte es nur dadurch
geſchehen, daß ſie ſtarke Colonien anlegten, um alle Verbindung
zwiſchen Albanien und Griechenland abzuſchneiden. Das liegt aber
natürlich ganz außer aller Frage. Sobald Griechenland unab-

---

*) Dieſe regulären Irregulären ſtehen auf der Stufe des Ueberganges
von den früheren Horden zu disciplinirten Truppen; ſie ſind nämlich
dem regelmäßigen Aufrücken einander untergeordneter Grade unterworfen, aber keineswegs disciplinirt.

hängig ist, kann die Pforte nicht länger wie bisher das System der griechischen Armatolis beibehalten. Keine türkische Bevölkerung könnte bewogen werden, sich zwischen den Albanesen und den Griechen anzusiedeln, sobald diese nicht länger von der Hülfe der Türken und ihrem Schutze gegen die Albanesen abhängig sind. Auf diese Weise ist dieser von Griechenland abgerissene District den Verheerungen der Arnauten preisgegeben und wird, statt der Türkei von Nutzen zu seyn, nur dazu dienen, durch den Reiz des Plünderns den unruhigen Geist der Albanesen immer wach zu erhalten, unaufhörliche Zwistigkeiten zwischen der Pforte und Griechenland zu nähren und ein feindseliges Gefühl durch gegenseitige Anschuldigung und Gewaltthaten zu verewigen. Hätten die Verbündeten in der öffentlich eingestandenen Absicht gehandelt, den Orient zu zerfleischen, so würden sie Preis und Bewunderung für ihre Einsicht und Erfindungsgabe geerntet haben. Das waren die Bemerkungen Makri's und Grivas'.

Auf die Engländer fällt alles Gehässige der Maaßregel. Die Ueberlieferung der Griechen in Parga an ihren albanischen Feind hat den Namen Englands in Schmach gebracht, auf den man sonst mit Scheu und Ehrfurcht blickte. Später diente die Politik, welche aus den jonischen Inseln die Familien derer vertrieb, die Ali Pascha Klephti (Räuber) nannte (man vergleiche Hobhouse), mit dazu, diese Provinz in Ali Pascha's Hände zu bringen. Das Volk sieht jetzt in der gegenwärtigen Maaßregel nur eine Fortsetzung derselben Politik. Es leidet keinen Zweifel, jene früheren Ereignisse würden nimmer so zum Volke gedrungen seyn, der Eindruck derselben würde nie so tief und so allgemein geworden seyn, ohne die Thätigkeit, womit die Regierungsbehörden selbst und ihre Agenten diese Nachrichten verbreiteten.

Wir waren ausnehmend zufrieden mit dem Benehmen, den Reden und dem äußern Ansehen der meisten rumeliotischen Anführer. Es ist wahrlich ein trefflicher Schlag Menschen; ihre Fehler entspringen unmittelbar aus den schwierigen Verhältnissen, in denen sie lebten, aber, woher kommt ihre Artigkeit, ihre Weltkenntniß, die Leichtigkeit im Ausdruck, die Schärfe ihrer Beobachtung, die glühende Wißbegierde und die Gabe, das Gelernte anzuwenden?

Missolunghi ist ein Platz, von dem man höchst schwer Jemanden einen Begriff beibringen kann, der nicht türkische und griechische Kriegführung gesehen hat. An beiden Seiten des Thors ist eine zwerghafte Nachahmung einer Bastion und einer Courtine, aber die Umgebung des Platzes ist nichts weiter als ein Weidengeflecht mit Erde darüber; rund herum fließt ein schmaler Graben mit drei Fuß tief Wasser. Diese Umzäunung erstreckt sich gegen Norden in einem Halbcirkel vom Ufer bis wieder zum Ufer. Indeß findet sich noch eine Kraftanstrengung der Ingenieurkunst, die ich nicht vergessen darf: eine Lunette, in die man von der Höhe des Weidenzaunes hinabspringen kann, mit einer leisen Andeutung einer Contrescarpe und eines Glacis. Außer an den Thoren kann die ganze Höhe der Umwallung vom Boden des Grabens aufwärts nirgends über zwölf Fuß seyn. Ich spreche nach dem Augenmaaße und dem Gedächtnisse, aber ich denke, ich habe eher zuviel angegeben als zu wenig.

Die Türken zogen drei Parallelen rund um die Stadt, die nächste etwa vier oder fünf Yards vom Graben, mit zahllosen Zickzacks. Diese, nebst den Breschebatterien und den entfernteren Linien, zum Schutze der verschiedenen Lager, haben die ganze Ebene auf eine höchst merkwürdige Weise durchfurcht. Die Thatsache, daß Missolunghi endlich nur durch Hunger bezwungen wurde, ungeachtet der so regelrecht geführten Belagerung, die Unbedeutenheit der Vertheidigungsmittel und die Menge der Angreifer rechtfertigt oder entschuldigt wenigstens die Eitelkeit der tapfern Vertheidiger.

Das Erdreich ist zu lauter Höhlungen geworden und aufgeworfen durch das Zerspringen der Granaten und das Einschlagen der Kugeln. Der Boden ist ein Gemisch von Erde und Eisen, Splittern von Granaten und Kugeln, die gleich Steinen drinnstecken, und innerhalb und außerhalb der Stadt liegen die bleichenden Gebeine und Schädel von Menschen und Pferden zerstreut.

Man hatte gerade die Schädel der Griechen gesammelt, die sich von denen der Türken durch die Stellung unterschieden, in der sie lagen. Besondere Verehrung wurde denen erzeigt, welche auf dem Wege lagen, den der Ueberrest der Besatzung bei dem letzten und verzweifelten Ausfalle genommen hatte, wobei es nur Wenigen gelang, sich durchzuschlagen. Ich nahm aus dem Haufen einen schön geformten Schädel, der die Spuren von vier Wunden

an sich trug. Er war an der Stirne von einer Pistolenkugel ge=
streift, hinten, rechts, waren zwei Säbelhiebe eingedrungen, aber
nicht durchgedrungen; über dem linken Auge klaffte eine tiefe
Spalte, Wunden die wohl bei dem versuchten Durchschlagen ge=
fallen waren. Dieser Schädel war lange mein trauriger Gefährte.

Die Besatzung wohnte in Erdhöhlen dicht unter den Wällen,
wurde aber durch das von allen Punkten kreuzende türkische Feuer
arg mitgenommen. Jede Spur eines Gebäudes, von dem, was
sonst die Stadt ausmachte, war verschwunden, bis auf die Trüm=
mer einiger steinernen Häuser nahe der Bucht. Im Verhältnisse
zu der Ausdehnung des Umkreises fielen die meisten Granaten in
den Mittelpunkt und wurden von den Türken so hoch geworfen,
daß sie sehr tief in die Erde drangen und so, unter der Oberfläche
zerspringend, wenig Schaden thaten. Zweihundert Häuser waren
jetzt schnell wieder aufgebaut oder hergestellt; ein kleiner Bazar
sah schon ganz hübsch aus und die Kaffeehäuser füllten sich mit
Müßiggängern, die Billard spielten und Eis aßen. Wir waren
bei dem Rasiren des Bräutigams und der Toilette der Braut,
des ersten Brautpaares seit der Zerstörung und Wiederherstellung
der Stadt.

Wir plauderten lange mit dem Vater der Braut, der sie
allein von einer zahlreichen Familie gerettet hatte. Ihre vergan=
genen Leiden schienen vergessen in der glücklichen Gegenwart. Ganz
unmöglich kann ich das alle Stände durchdringende Jubelgefühl
beschreiben; es war eine Wiederholung dessen, was ich ein Jahr
vorher in Morea erlebt hatte: kein Verschmachten mehr, keine
Schrecken, keine eilige Flucht oder ängstliche Erwartung, keine
abgezehrten Gestalten und gräßlichen Blicke, keine gebrochenen Herzen
und zerrissenen Kleider mehr; sondern statt dessen Kraft und Ge=
sundheit, Friede, Hülle und Freude, festliche Kleider und lustige
Töne. Freilich gehörten zu diesen fröhlichen Leuten nicht die An=
gehörigen der vom Protokolle betroffenen Ortschaften.

Wir verließen Missolunghi mit Bedauern und wurden bis an
das Thor von einem Theile der Familie des Makri geleitet, eines
alten Anführers, der vor Jahren eine Art von Unabhängigkeit auf
den Echinaden behauptete, als legitimer Nachfolger des Königs,
der bei der Belagerung Troja's dreißig Schiffe befehligte. Er war
einer der Hauptvertheidiger von Missolunghi; seine Frau und

Töchter hatten die Weiberhaufen angeführt, die so wacker während der Nächte an den Festungswerken arbeiteten; bei Tage zu arbeiten verbot ihnen die morgenländische Sitte. Als wir in die Ebene kamen, wurden wir unaufhörlich durch die mit Wasser und Schlamm angefüllten Gräben, Zickzacke und Einschnitte gehemmt. Nicht ohne Verlust und Schaden, und nach einer mehrstündigen Mühseligkeit erreichten wir den Fuß des Hügels, auf dem die Ruinen stehen, die man Kyria=Irene nennt, zwischen zwei und drei Meilen von Missolunghi. Wir hielten diese Trümmer nach ihrem Style, ihrer Ausdehnung und Lage für Neu=Pleurona; der Hügel, auf dem sie liegen, ein Theil von Zygos, ist eine Fortsetzung des Kallidromos. Von seinem Gipfel hatten wir eine schöne und weite Aussicht auf die unmittelbar unter uns liegende Ebene von Missolunghi und auf die Küste von dem herrlichen Berge Chalcis bis an die Echinaden, die Lagunen und die Vivaria (Fischteiche), die von der See abgeschnitten und durch lange gerade Linien von einander getrennt waren. Rechts seitwärts liegt das venezianische Anatoliko, gleich einer Lotusblume auf seinem kleinen Golfe schwimmend. Meerabwärts entrollt die Ebene ihre reiche Anschwemmung vom Achelous und Evenus, bietet jetzt aber wenig mehr dar, um Amalthea's Wahl Ehre zu machen, obgleich jetzt ein fetterer Segen als das Centauren Blut die Kalydonischen Gefilde befruchtet und der Achelous mit seinen „fetten Wellen" neue Inseln angesammelt hat. Schon Strabo erzählt uns, Römer in Patras hätten die Fischteiche gepachtet, aber sie müssen jetzt viel größer und reicher seyn, als früher, und sind so erstaunlich voll, daß sie ganz lebendig scheinen. Ich hörte einen Ausdruck auf sie anwenden, von dem ich mich erinnere, daß die Ungarn ihn gebrauchen, wenn sie von ihrer Theiß reden: „sie riechen nach Fischen." So ist also die Fruchtbarkeit der Erde durch die Ergiebigkeit der See ersetzt; Neptun ist auf das Land gelockt, um Behälter für die Flossenträger zu bilden, statt wie sonst überall ausgeschlossen zu werden, um Ceres' Aehren Platz zu machen, und Amalthea's Horn muß, will man den Reichthum ihrer Lieblings=Ebene andeuten, jetzt ihre goldenen Garben und purpurnen Früchte mit Tonnen gesalzener Fische und Fäßchen geräucherten Rogens vertauschen.

Der Schauplatz vor uns aber, der sich von den Curzolero=

Felsen ober Echinaden bis an die gegenüberliegende Küste von
Morea erstreckt, hat noch ein anderweitiges Interesse: hier wurde
nämlich eine der größten Seeschlachten gefochten, die von größerem
und dauernderem Einflusse auf Europa's Verhältnisse gewesen, als
irgend ein anderes Seegefecht, von der Schlacht bei Actium an
bis zu der von Trafalgar. Am 7 October 1571, dicht an der
Küste, die nun schweigend zu unseren Füßen ruht und auf den
Gewässern, die jetzt so ruhig sind wie ein Landsee und nur von
einem Segel befahren werden, waren fünfhundert Galeeren im
tödtlichen Kampfe begriffen; zehn Meilen weit war das Wasser
mit einer Masse menschlicher Wesen dick bedeckt, die Wuth athmeten und Tod verbreiteten, die wilde Furie des alten Kriegs und
der alten Waffen mit den erhabenen Schrecken des neuen Geschützes verbindend. Als die Sonne niedersank über diesem grau-
sen Gemetzel, lagen zweihundert und fünfzig Schiffswrache regungs-
los auf den Wellen, geröthet vom Herzblute von fünf und dreißigtausend Menschen. Das war das Bild, welches die denkwürdige
Schlacht von Lepanto darbot, von der Cervantes im hohen Alter
sagte, die Erinnerung daran sey ihm lieber als der rechte Arm,
den er dabei verloren.

Die Streitkräfte der Türken und der Verbündeten (des Papstes, Spaniens und Venedigs) waren beinahe ganz gleich; beide
Theile waren gleich kampfbegierig, gleich siegvertrauend; auf
beiden Seiten flößten ausgezeichnete Heerführer Vertrauen ein,
erregten Nacheiferung, sicherten die kriegserfahrne Führung und
verhießen einen verzweifelten Kampf. Die Türken östlich von
Missolunghi, die venezianische Flotte segelte die Küste von Akarna-
nieu herab, und als sie zwischen den Curzolero-Inseln durchfuhr,
kam sie unerwartet dem Feinde zu Gesicht. Die erste Abtheilung
der Verbündeten unter Doria ging soweit seewärts, daß das
Centrum und das Hintertreffen aufsegeln und eine gerade Schlacht-
linie bilden konnten; diese erstreckte sich vier Meilen weit, zwischen
je zwei Schiffen war immer eine Schiffslänge freigeblieben.

„Sobald man die Ungläubigen bemerkte," sagt Contarini's
lebhafte Erzählung, „erscholl die frohe Nachricht von Schiff zu
Schiff. Dann begannen die Christen in der Freude ihrer Herzen
die Verdecke zu räumen, Waffen überall zu vertheilen, wo es
noth that und sich selbst zu rüsten, je nach ihrer Art und Weise,

Einige mit Hakenbüchsen und Hellebarden, Andere mit eisernen Kolben, Piken, Schwertern und Dolchen. Kein Schiff hatte weniger denn zweihundert Soldaten an Bord; auf den Flaggschiffen waren drei oder vierhundert. Mittlerweile luden die Büchsenmeister ihr Geschütz mit viereckten, runden und Kettenkugeln und rüsteten ihr Ernstfeuerwerk mit den Töpfen, Granaten, Kugelnetzen und andern zum Abfeuern nöthigen Dingen. Jedes Schiff war wie zu einem Fest= und Freudentage mit Flaggen, Wimpeln, Fähnchen, Panieren und Fahnen geschmückt; die Trommeln, Trompeten, Pfeifen und Hörner ertönten; ein allgemeiner Freudenruf erscholl durch die Armada und jeder Einzelne betete für sich zur heiligen Dreieinigkeit und zur gebenedeiten Mutter Gottes, während die Priester und manche Hauptleute von einem Schiffsende zum andern eilten, Crucifixe in den Händen tragend und die Mannschaft ermahnend zu dem aufzuschauen, der sichtbar vom Himmel herniedergestiegen sey, um die Feinde seines Namens zu bekämpfen. Bewegt und entflammt vom heiligen Eifer erhob sich die große Gemeinschaft zu einem Leibe, einem Griste und einem Willen, den Tod verachtend und keinen andern Gedanken hegend, als den, für unsern Herrn und Heiland zu fechten. Wer dem Andern Unrecht gethan oder von ihm gelitten hatte, umarmte ihn als Bruder, und Brust an Brust vergossen die Versöhnten Thränen der Rührung. O du gesegnete und gnadenreiche Allmacht Gottes, wie wunderbarlich sind deine Werke an denen, die da glauben!" (Contarini, 48. b.)

Zuerst nahrten sich die Flotten langsam und majestätisch; die Sonne war schon über Mittag hinaus und schien daher blendend den Türken ins Gesicht, und da ein Westwind sich gerade erhob, bevor die Flotten an einander kamen, so bekamen die Verbündeten auch den Vortheil des Windes, so daß, als das Kanonenfeuer begann, der Rauch den Türken gerade entgegen getrieben wurde. Ein Corsar, der zum Recognosciren vorausgeschickt war, hatte das Hintertreffen nicht gesehen, berichtete also falsch über die Anzahl der Christen und sagte überdieß, die großen Galeassen im Vordertreffen hätten nur auf den Vordertheilen Kanonen. Die Türken segelten also furchtlos vorwärts, in der Voraussetzung, daß wenn sie der Vorderbucht vorbei wären, alle Gefahr vorüber seyn würde. Groß war also ihre Bestürzung, als von jeder

Schiffsfeite ein dichtes, gut gezieltes und ununterbrochenes Feuer losdonnerte, wovon jeder Schuß traf, indem die Kanonen viel niedriger gestellt waren als die von den mächtigen türkischen Schiffen, Zerstörung überall hin verbreitend, wohin das Feuer reichte. Lange blieben die Moslemin diesen tödtlichen Salven ausgesetzt, da ihnen der Wind in die Zähne blies, und so oft in Zwischenräumen der Rauch sich verzog, sahen sie eine grauliche Verwirrung von zersplitterten Focken, Raaen, Masten und Segeln; hier spalteten Galeeren auseinander, dort standen andere in Flammen, einige versanken, andere trieben mit der Fluth hinab, nicht mehr gelenkt, denn ihre Ruderbänke waren zerschossen und überall war die Oberfläche der See bedeckt mit verwundeten, todten oder ertrinkenden Menschen. (Contarini, S. 51.)

Ali Pascha und Don Juan, Jeder ausgezeichnet durch die Flagge des Oberbefehlshabers, segelten aus dem Gedränge. Dreimal wurde Ali's Galeere geentert und seine Mannschaft bis an den Hauptmast gedrängt und dreimal wurden die Spanier zurückgeworfen, bis in einem verhängnißvollen Augenblicke Don Juan, gedrängt von einer unverhältnißmäßigen Uebermacht, die dem Pascha zu Hülfe geeilt war, ohne die Möglichkeit eines Entsatzes rettungslos verloren schien. Dennoch kam noch zeitig Hülfe und Don Juan konnte den Kampf mit seinem ausgezeichneten Gegner erneuern, und als seine Enterer wieder Haken anschlugen an des Pascha's Galeere und noch einmal aufs Verdeck sprangen, da fiel Ali von einem Flintenschusse, und seine Mannschaft streckte die Waffen. Des Pascha's Haupt wurde vom Rumpfe getrennt und auf einen Speer gesteckt, den Don Juan selbst auf der Spitze seines Mastes befestigte. Die bald erkannte grausige Trophäe verbreitete Schrecken auf der ganzen muselmännischen Flotte und entschied das bis dahin schwankende Loos des Tages.

Das Siegesgeschrei der Verbündeten im Hauptcorps fand erfreulichen Widerhall am linken Flügel, doch am rechten ging das Gefecht noch fort mit weniger gesichertem Erfolge. Doria hatte sich in einem weiten und fernen Kreise geschwenkt, als wollte er den Feind überflügeln, und war deßwegen nicht ins Gefecht gekommen. Das geübte Auge Uludschi Ali's bemerkte plötzlich den großen Vortheil, den diese Lücke in der christlichen Linie ihm darbot; er stürzte sich auf fünfzehn so von ihren Genossen getrennte Schiffe, nahm eine malteser und verbrannte eine venezianische Galeere.

Die überlegene Taktik des algierischen Befehlshabers hielt den Doria noch länger in Athem, bis jener durch die schon durchbrochene Linie der Christen muthig drang, auf die Curzolari lossteuerte und mit zwanzig oder dreißig Schiffen seines Geschwaders den Rückzug bewerkstelligte. Dieser kleine Ueberrest, nebst einer etwa eben so großen Reserve, war alles, was nach fünfstündiger Schlacht von der großen türkischen Armada übrig war. Furchtbar war es wirklich, sagt Contarini, die See anzusehen, die von Blut gefärbt und mit Leichen bedeckt war, und traurig, die zahllosen Verwundeten zu schauen, die von den Wellen fortgeschleudert wurden und sich an zerbrochene Schiffstrümmer klammerten! Da konnte man Türken und Christen durcheinander erblicken, die, während sie sanken oder schwammen, um Hülfe fleheten, oder vielleicht auf demselben Brette um den Besitz rangen. Ueberall hörte man schreien, stöhnen oder weherufen, und als der Abend niedersank und Finsterniß die Fluth bedeckte, wurde das Schauspiel nur noch um so grausenhafter.

Die Türken verloren in dieser Seeschlacht die kaum glaubliche Zahl von 40,000 Mann an Getödteten, Gefangenen oder Befreiten und über zweihundert Kriegsschiffe. Dennoch war binnen sechszehn Monden nach dieser mörderischen Niederlage das siegreiche Bündniß aufgelöst und ein Tractat unterzeichnet, der Venedig zum Tribute an die Pforte verpflichtete, „so daß es schien,“ sagt Voltaire, „als hätten nicht die Christen, sondern die Türken die Schlacht bei Lepanto gewonnen.“ Die Ursache ist aber einfach genug: in sechs Monaten hatten die Türken, eine Anstrengung machend, wie nur die Römer im ersten punischen Kriege, eine Flotte ausgerüstet gleich der verlornen, und überlegen derjenigen, welche die Verbündeten besaßen, die der Schlacht ausweichend nicht die See halten konnten. Nichtsdestoweniger rettete der Sieg von Lepanto Venedig und verhinderte die Türken, in Italien oder Spanien einzufallen. Sollte der Besitzer von Konstantinopel einmal wieder das Mittelmeer bedrohen, so ist zu fürchten, daß Venedig, Barcelona und Ancona keine Flotten wieder ausrüsten, um die Unabhängigkeit ihres gemeinschaftlichen Besitzthums zu schützen. Die ehemalige Königin des adriatischen Meeres hat keinen Doria

mehr, Spanien keinen Don Juan d'Austria, für deren Schläfe die
Lorbeeren von Lepanto grünen könnten.

Fünftes Capitel.

Anatoliko. — Trigardon. — Moor von Lezini. — Schwimmen nach einem
Kloster. — Senkung der Küste von Akarnanien und Epirus.

In Anatoliko schliefen wir im Hause des Erzbischofs, wo
wir wieder den ganzen Abend und den folgenden Morgen mit
der Gränzlinie gepeinigt wurden, dem einzigen Gegenstande, über
den zu sprechen das Volk Lust hat. Einigermaßen bekam die
Angelegenheit immer eine neue Gestalt, und die Darstellung und
Ansicht des kriegerischen Prälaten Porphyrius gewährte uns Unterhaltung. Er war früher Erzbischof von Arta gewesen, aber
während der Revolution hatte er sich gegürtet, trug Pistolen im
Gürtel und hatte bei mancher Gelegenheit einen Reiterzug angeführt, das Kreuz in der einen Hand, das Schwert in der andern. Wir besahen in der Kirche die Stelle, wo glücklicherweise
eine Granate einen Brunnen öffnete, während der Pascha von
Skodra die Stadt belagerte und nahe daran war, sie zu erobern,
weil es ihr an Wasser fehlte.

Gegen regelmäßige militärische Operationen muß Anatoliko
viel leichter zu vertheidigen seyn als Missolunghi, das in der
That durchaus nicht leicht zu vertheidigen ist, obgleich es, wie
der Erfolg bewiesen hat, für eine griechische Vertheidigung und
einen türkischen Angriff viel besser paßt. Die Griechen fürchten
sich nämlich wenig vor Breschen und Sturmlaufen, aber sie
haben Angst vor dem gewaltigen und unaufhörlichen Granaten-
regen, den die große Ausdehnung und der weiche Boden von
Missolunghi weniger zerstörend machte, als er es in dem beeng-
ten Raume und auf dem Felsenboden von Anatoliko gewesen
seyn würde.

Am 25. — Von Anatoliko nach Niochori ist eine Stunde;
von da nach Katochi, wo man über den Aspropotamos kommt,
wieder eine Stunde. Wir wandten uns links, gingen den Fluß
hinab und kamen in einer halben Stunde nach den Ruinen von

Trigardon, die in einem weiten Kreise von cyclopischen und hellenischen Mauern drei Hügel einschließen, die in früheren Zeiten
eine der Inseln von der Gruppe der Echinaden gewesen seyn müssen. Fast die Hälfte des Umkreises stößt an das große Moor
von Lezini. An der Nordseite, im Moor, scheinen Ueberbleibsel
eines Hafens zu liegen. Ein tiefer Canal führt durch das Moor
von der See bis zu diesem Punkte, und auf seinem Laufe sieht
man nichts von dem Schilfe, womit der übrige Theil des Moors,
vom nördlichen Hügel zehn oder zwölf Meilen weit gleich einer
Ebene mit grünen Gesträuchen bedeckt ist.

Wir waren sehr erstaunt über die Ausdehnung und Pracht
der Trümmer von Alt-Pleurona, im Vergleich mit dem beschränkten Umfange der Gegend. Neu-Pleurona setzte uns noch mehr
in Erstaunen; aber Trigardon und die Menge der hellenischen
Ueberreste, die wir jetzt nach allen Seiten hin erblickten, erfüllten
uns mit Bewunderung. In dem Raume einer Tagereise waren
in diesem fast unbekannten Winkel Denkmäler des Reichthumes
und der Macht zusammengedrängt, die alles übertrafen, was
von der Glorie des Peloponnesus nachgeblieben ist. Wir müssen
aber nicht vergessen, daß dieß die Gefilde waren, denen des
Augias Ställe den Dünger lieferten, wo Herakles' Arm die Mist-
gabel führte, wo die in dieser mythologischen Sprache aufbe-
wahrte Kunst des Ackerbaues und der Gewerbfleiß mit der Güte
der Erde und dem Tribute der See gesegnet wurden. Kein Wunder daher, daß es hier gewesen seyn soll, wo „der Ueberfluß mit
seinem Füllhorn in das lachende Leben sprang.“ Deßhalb waren
solche Bauwerke errichtet, um die Güter zu schützen, welche die
Götter verliehen, und nach dritthalbtausend Jahren Zeugniß zu
geben von der Verfeinerung, die mit solcher Thatkraft verbunden
war, von der Wissenschaft, die sich mit solchem Wohlstande
vereinte.

Ein hübscher junger Mensch, den wir in Katochi um den
Weg nach Trigardon fragten, erbot sich, uns zu begleiten. Er
bestieg sein Pferd und zeigte uns die interessantesten Punkte, die
allein aufzufinden uns vielleicht Tage weggenommen hätten. Wir
bedauerten, daß wir unser Zelt vorausgeschickt hatten und so
also nur wenige Stunden zum Umherwandern hatten. Die Dicht-
heit des Unterholzes und besonders des Schwarzdorns, der über-

all unfer Erzfeind gewesen war, machte den Besuch jedes ein=
zelnen Theiles schwierig und verhinderte uns geradezu, die Stelle
zu unterfuchen, wo der alte Hafen gelegen haben mußte. Ein
großer Thurm hellenischer Bauart, noch jetzt fast fünfzig Fuß
hoch, vertheidigt den Hafen, wie er früher war, gegen die Stadt,
und vieleckige Mauern, die sich von der Stadt her strecken und
den Hafen umkreisen, sind mit den Stadtmauern durch Erdauf=
würfe verbunden, die ersichtlich aus anderer Zeit sich herschrei=
ben. Unter diesen Ruinen herrschte die vieleckige Bauart vor, ent=
behrte aber gänzlich des charakteristischen Alterthums, das man in
den cyclopischen Ueberresten von Tiryns oder selbst von Mycenä findet.
Die Steine sind fast von gleichen Größen, schön verbunden und
an den Ecken ciselirt. Während wir über die den Hafen um=
gebende Mauer kletterten, kamen wir zu unserm größten Erstau=
nen zu einem Thorwege in der vieleckigen Mauer, mit einem
Bogen darüber. Der Bogen war sehr flach, fast halbcirkelförmig;
die ihn bildenden Steine bewahrten den Charakter des Vielecks.
Obgleich dieser Bogen in einer Mauer sich befindet, von dem
Baustyle, der dem entferntesten Alterthume angehört, so möchte
ich ihn nicht gleichstellen mit den Ruinen von Pleurona und Chal=
cis, nicht einmal mit denen aus dem Zeitalter des Perikles.
Doch möchte ich ihn in eine Zeit vor der Ankunft der Römer in
Griechenland setzen, und wäre das richtig, so würde es beweisen,
daß, obgleich die Bogen gewöhnlich nicht angewendet wurden, sie
doch wenigstens in Griechenland bekannt waren vor der römischen
Eroberung. Die Ruinen von Kyria=Irene bestätigen diese Ver=
muthung. Die Ausfallthore in den Mauern sind gewölbt, wenn
auch der Bogen zuweilen nur aus zwei Steinen besteht, die von
jeder Mauerseite zusammenstoßen und in einen Halbcirkel ausgehöhlt
sind; zuweilen ist der Bogen aber auch aus drei Steinen gebildet,
wovon der mittlere dann einen regelmäßigen Schlußstein abgibt.
In demselben Orte befindet sich eine geräumige Cisterne im Felsen,
die von drei Mauern durchschnitten wird und in jedem derselben
sind verschiedene Bogen; aber obgleich ihre Form gothisch ist, sind
sie doch nach indischem Grundsatze gebaut. Das Gewölbe im Ge=
bäude zu Mycenä, das man gewöhnlich Agamemnons Grab nennt,
ist aus einer Reihefolge von Kreisen gebildet, die je höher je enger
werden, so daß jeder Kreis ein wagerechter Bogen ist.

Trigardon (ein verdorbenes slavisches Wort, das so viel be=
deutet als: Dreistadt) muß das alte Oeniadá seyn. Jeder Zweifel
daran müßte schwinden, wenn man meine Beschreibung des Ha=
fens mit der folgenden Stelle im Polybius vergleicht, aus den
Kriegen Philipps des Zweiten mit den Aetoliern. Nach dem sieg=
reichen Einfalle in Aetolien und der Bestürmung von Thermus ging
Philipp zurück nach Oeniadá, wohin er seine Flotte geschickt hatte,
um die Rückkehr des Heeres nach der Küste zu erwarten. Die
Aetolier rüsteten sich, diesen starkbefestigten Platz zu vertheidigen,
aber Philipps Nahen erfüllte sie mit panischem Schrecken und sie
räumten die Stadt. Philipp nahm sie in Besitz, verheerte von
dort aus das kalydonische Gebiet und brachte die gesammelte
Beute in die Stadtmauern. Der Geschichtschreiber sagt: „Er
bemerkte die bewundernswerthe Lage der Stadt, die an den
Gränzen Akarnaniens und Aetoliens liegt, an der Mündung des
Achelous, an dem Eingange des korinthischen Meerbusens, nur
hundert Stadien von der peloponnesischen Küste, und da die
Stadt durch ihre Festungswerke und das sie umgebende
Moor stark ist, so beschloß er, sie noch mehr zu befestigen.
Er umgab daher den Hafen und die Schiffsstation
mit einer Mauer und verband sie mit der Citadelle. *)

Unser Führer erzählte uns, daß an einigen Stellen sich un=
terirdische Klüfte oder Altäre (βώμοι) befinden, zu denen man ihn
als Kind mitgenommen habe; die Seiten seyen mit Gemälden
(ζωγράφια) bedeckt, aber das seyen keine Heiligenbilder. Er
konnte sich aber auf den Platz nicht wieder besinnen. In den
Felsen ist ein Theater eingehauen, dessen rechtes und nördliches
Ende durch einen Aufwurf gestützt wird, und mit vieleckigem
Mauerwerke versehen ist, so wie das südliche Ende mit helleni=
schem und einer Treppenflucht neben den Sitzen. Die Areà hält
etwa fünf und dreißig Schritte; zwanzig Reihen Sitze, dritt=
halb Fuß tief, laufen rund umher, und vielleicht doppelt so viele
erheben sich hinter diesen. Die Stadt ist eben so vollständig un=
tergegangen wie ihre Zeitgenossen, aber sie ist so mit Wald an=

---

*) Καὶ τῷ λιμένι καὶ τοῖς νεωρεοῖς ὁμοῖς τεῖχος περιβάλλων ἐνεχείρει
συνάψαι πρὸς τὴν ἄκραν. **Polyb. IV. 65.**

gefüllt und so weitläuftig, daß sie nur mit Schwierigkeiten untersucht werden kann, und noch manche unerforschte archäologische
Schätze enthalten mag.

Die Sonne war nicht mehr weit vom Horizonte, als wir
mit Widerstreben die Trümmer verließen. Wir mußten nach Katuna zurückkehren; von da waren noch zwei Stunden nach dem
Kloster Lezini und eben so weit nach Guria, dem Dorfe, wohin
wir unser Zelt zum Aufschlagen geschickt hatten. Wir beschlossen, den Weg nach dem Kloster einzuschlagen. Gleich jedem
Fußwege in Griechenland war der Weg nach Lezini kaum von
den Schafwegen zu unterscheiden; überdieß führte er über einen
dichtbewachsenen Hügel, und nicht ohne uns von Herzen Glück
zu wünschen (obgleich uns Niemand erwartete), befanden wir uns
eine halbe Stunde nach Dunkelwerden am Rande des Moors,
aber — das Kloster lag mitten drinne! Wir waren nun wirklich
in Verlegenheit; eine halbe Stunde riefen und schrien wir, aber
nur Schakals antworteten uns. Was sollten wir thun? Wir
waren über die Maßen müde, eben so hungrig und besonders
unlustig, eine der Alternativen zu wählen, umzukehren oder ohne
Abendbrod uns niederzulegen auf die kalten Felsen zwischen dem
Gequake von Myriaden Fröschen, deren unzählbare Stimmen aus
dem zwanzig bis dreißig Quadratmeilen weiten Moore erschollen
und zwar so tactmäßig, daß man sie mit Pulsschlägen der Erde
hätte vergleichen können. Ich entkleidete mich also, band mein
Hemd rund um meinen breitrandigen Strohhut und vertraute
mich den Najaden des Moors. Ich hatte mich aber in meiner
Schätzung der Entfernung arg verrechnet. Die Nacht war raben-
schwarz; durch das Moor führte ein Canal nach dem Kloster;
die Seiten schienen fest, aber wenn ich versuchte, mich daran zu
hängen, oder hinauf zu klettern, so versank ich in den Schlamm
oder verstrickte und ritzte mich in die Dornen und das gebrochene
Schilf. So wurde ich gezwungen, mich im offenen Canal zu halten, und das Wasser, das mein Hemd und Hut erreicht hatte,
drückte mir nun den Kopf nieder und drang mir in die Ohren.
In dieser wahrhaftig nicht beneidenswerthen Lage schwamm ich
langsam fort, als ich plötzlich sah, denn hören konnte ich gar
nichts, daß ein Boot dicht bei mir im Begriffe war, mich über-
zufahren. Ich schrie auf mit all dem Ausdruck, den ein plötz-

licher Schrecken und ein Mundvoll Waſſer verleihen. Der Schiffer war nicht um ein Haar weniger erschreckt von dem unmenschlichen Schrei aus dem Waſſer und dem Anblicke einer weißen, schwimmenden Subſtanz, gleich einer ungeheuren Waſſerlilie, unter welcher Gestalt die Leute ſich den Nix oder Moorgeiſt denken. Er ſchrie und brüllte, fuhr mit aller Macht davon, ſtieß gegen das Ufer, taumelte Hals über Kopf und verlor ſeine Stange. Dann plätſcherte er zurück zum Kloſter mit der Bank aus dem Boote. Ich konnte nichts thun, als ihm nachſchwimmen, als ich glücklicherweiſe auf ein Schilfbündel ſtieß, mich daran hing, um auszuruhen und ſo einen Augenblick lang mein Haupt mit der naſſen Laſt aus dem Waſſer heben konnte. · Da traf mein Ohr der nicht weit entfernte Ruf: „Wer da? Zurück! Sprich oder ich ſchieße!" und erſt nach viertelſtundenlangen Verſicherungen und Erklärungen wurde es mir geſtattet, dem Ufer mich zu nähern, wobei ich die oft wiederholte tröstliche Verſicherung bekam, daß zwanzig Musketen und ein Neunpfünder voll Kartätſchen auf mich gerichtet wären, wovon als Beweis die brennende Lunte diente, die mir gezeigt und geſchwungen wurde. So zähneklappernd und zerſetzt ich auch war, konnte ich mich doch nicht enthalten, über dieſe kriegeriſchen Zurüſtungen mich luſtig zu machen. Endlich hatte ich die Leute überzeugt, daß ich kein Moorgeiſt wäre, denn ſonſt hätte ich nicht um ihre Erlaubniß gebeten; daß ich kein Räuber wäre, weil ich ſonſt nicht ſo laut geſchrieen hätte; und daß ich nur ein nacktes Menſchenkind wäre. Da erlaubten ſie mir ans Land zu kommen, und nun wurde ich ſo herzlich aufgenommen, wie niemals ſonſt in meinem ganzen Leben. Der eine zog ſeine Schuhe von den Füßen ab und mir an; der zweite ſeinen Schurz, um mich damit zu gürten; der dritte hüllte mich in ſeine warme Jacke, und meine Toilette wurde zum unendlichen Vergnügen der ganzen Geſellſchaft von den Domherren des ehrwürdigen Abtes beſorgt. In dieſem Zuſtande kam ich oder wurde vielmehr getragen nach dem nahen Kloſter, während ein Boot abgeſchickt wurde, meinen Reiſegefährten zu holen. Er und ich haben uns nie über die Entfernung vereinigen können; er machte nur eine halbe Meile daraus, ich wenigſtens anderthalb, und nach meiner Schwimmpartie ſollte ich es doch am beſten wiſſen. Die Griechen waren über dieſe Heldenthat ſehr erſtaunt, die erſt einmal vorgekommen war, obgleich Hunderte bei dem Versuche, auf diese Weise den Türken zu entfliehen, umgekommen waren.

Des Abtes bester Anzug wurde mir gebracht. Eine alte Kalogria oder Nonne, die in schwesterlicher Liebe bei dem Abte lebte, badete mich in warmem Wasser und rieb mich mit Oel, da nicht ein Geviertzoll meiner Haut ungeschunden war. Sie krönte ihre sorgsame Aufmerksamkeit durch eine erquickende Schale griechischen Athol Aroge — heißen Arrak und Honig.

Lezini ist ein kleines, niedriges Felseneiland, im Moor gleiches Namens, das sich von Petala bis nach Trigardon erstreckt. An einigen Stellen ist es nur durch eine schmale Bucht von der See getrennt und bei Katuna tritt es an die Ufer des Aspropotamos. Es hat das Ansehen einer fruchtbaren Ebene und ist mit schlankem und grünem Schilfe bedeckt, dessen Wurzeln sich verbreiten und eine beständig zunehmende Kruste verfaulter Pflanzen zusammenhalten. Diese bilden einen zweiten Boden, der keinen Menschen trägt, aber bei einer Dicke von zwei oder drei Fuß für Boote völlig unfahrbar ist. Er hängt wenigstens vier oder fünf Fuß über dem eigentlichen Boden, ohne jedoch zu schwimmen, denn die Winterfluthen steigen über seine Oberfläche. Canäle durchschneiden das Moor von der Küste nach Lezini und von dort nach Trigardon, von Trigardon nach der Mündung im Nordwesten. Von da windet sich ein anderer Canal längs dem nördlichen Ufer und biegt sich nach Lezini zurück. Die Mündung ist unweit Petala und das Gefälle des Stromes reicht hin, eine Mühle in Bewegung zu setzen, so daß es nach der Bauart der dortigen Mühlen nicht geringer seyn kann, als acht oder zehn Fuß. Das läßt mich vermuthen, ein Durchstich vom Moor nach der See würde wahrscheinlich den größten Theil dieses ungeheuern und schädlichen Morastes in fruchtbare Felder verwandeln. Nebenbei möchte die Senkung des Wassers in diesem Bassin es möglich machen, das Wasser des Achelous hindurch zu führen, wo dieser, wie in einem Teiche, die große Erdladung absetzen könnte, die er jetzt in die See hineinschwemmt. *)

---

*) Sein neuerer Name: Aspropotamos oder weiße Fluß, ist von der Farbe des trüben Wassers entlehnt, das die See rund um die Curzolere-Inseln weiß färbt und sie täglich seichter macht.

Man hat angenommen, das Moor von Lezini sey einer, oder sey die beiden Seen, denen Strabo eine Länge von zwölf Meilen gibt. Zur Bestätigung dieser Annahme wird die Aehnlichkeit des Wortlautes zwischen Cynia und Lezini angeführt und den Unterschied der Weite schiebt man auf den allmählichen Anwuchs der Küste von der See. Ich bin indeß geneigt zu glauben, daß diese Seen weiter gegen Süden lagen und jetzt ein Theil des Festlandes von den Paracheloitis geworden sind. Strabo zählt nach Süden rechnend so: hinter Oeniadá kommt Cynia, dann Mylete und Uria und dann die Fischmoore, so daß sie gelegen haben müssen zwischen der nördlichen Mündung bei Oeniadá und der ehemaligen südlichen oder Anatolikon Stoma, jetzt Anatoliko. Ich bin deßhalb der Meinung, daß Lezini ein neuentstandenes Moor ist.

So weit ich von der Beschaffenheit des Bodens habe urtheilen können, ist er Thon. Die angeschwemmten Niederschläge haben natürlich mehr oder weniger zugenommen, aber ich habe an diesen Küsten unveränderlich bemerkt, daß Thonboden, der an und für sich weder dem Zunehmen noch dem Abnehmen unterworfen ist, jedesmal auf eine Senkung der Küste hindeutet. Nach der klaren Wortfügung Strabo's lagen die Moore von Cynia u. s. w. im Süden des Achelous. Dort liegen jetzt keine erheblichen Moore; der Boden ist angeschwemmt und durch natürliches Wachsthum höher geworden. Im Norden des Achelous waren keine Moore, *) jetzt aber liegt dort ein sehr großes, dessen Boden Thon ist. Leukadia hing früher mit dem Festlande zusammen, mittelst einer Landenge trockener Erde, über welche die lakedämonischen Galeeren geschleppt wurden. Diese Halbinsel besteht aus Thon und ist jetzt mit Wasser bedeckt. Die römische Pflasterstraße längs der nördlichen Küste des Golfs von Arta läuft über Thon; der Weg wurde damals ganz gewiß nicht unter Wasser erbaut, jetzt steht vier Fuß hoch Wasser darüber. Das alte Aby, dessen Ruinen Phido Kastro genannt werden, ist ganz gewiß nicht im Wasser gebaut, jetzt kann man nur zu Schiffe dorthin kommen. Der Eingang in den

---

*) Polybius erwähnt eines Moors rund um Oeniadá, das bezog sich aber lediglich auf die Vertheidigung der Stadt; hätte damals dort ein Moor existirt, nur einigermaßen dem jetzigen ähnlich, so wäre der Ort unbewohnbar gewesen.

Meerbusen von Korinth wird bei Strabo auf sieben Stadien angegeben, er ist jetzt zweimal so breit; das Land an beiden Seiten
ist niedrig und der Boden ist Thon. Natürlich kann solche Senkung überall nicht sichtbar seyn, wo die Küste angeschwemmt ist,
und im Gegentheil sind solche Stellen, im Vergleiche zur Meeresfläche, höher geworden.

Ich bedauerte sehr, daß ich keine Zeit hatte, durch gründ-
lichere Beobachtung diesen Punkt genügend festzuhalten, doch
möchte ich, zur Unterstützung der Annahme einer Küstensenkung,
noch anführen, wie verhältnißmäßig wenig die Deltas des Evenus
und Achelous in neuerer Zeit zugenommen haben gegen die entfernteren Perioden; ein Umstand, der schon zu Pausanias' Zeiten
bemerkt wurde, da er versuchte, ihn zu erklären.

In der höchsten Gegend von Lezini stehen die Trümmer einer
venezianischen Festung von ansehnlicher Ausdehnung, mit sehr
dicken Mauern. Die Insel ist während der Revolution immer
ein Zufluchtsort gewesen und ist der einzige jungfräuliche, uner-
oberte Platz Griechenlands. Als der Pascha von Skodra Akarnanien verheerte, war die Insel mit neunhundert flüchtigen Familien angefüllt. Der junge Pascha und seine Ghegs (Nordalbanesen) brannten vor Rachedurst wegen des Einfalles in ihr Lager
und der Niederlage, die Markos Bozzari *) und seine Handvoll
Helden ihnen beigebracht hatten. Sie kamen an den Rand des
Moors und jubelten schon im voraus, wie sie ihren gefallenen
Cameraden die auf der Insel befindlichen Flüchtlinge zum Opfer
schlachten wollten. Sie versuchten, über die trügerische Kruste des
Sees einen Weg zu bahnen; ihre Fußsoldaten verstrickten sich,
die Reiter sanken ein „und Roß und Reiter sah man niemals
wieder." Zurückgewiesen und verdrießlich zerstreute sich nun die
Horde über die Hügel, hieb die Zweige von den Bäumen und begann Faschinen zu binden, um einen Weg zu errichten. Ihre
ungeregelten Bemühungen nützten aber nichts; sobald sie etwas
weiter gekommen waren, durchbrach ihr dem unsichern Fußpfade
unangemessenes Gewicht die schwankende Kruste; ganze Massen
versanken, noch mehrere blieben im Schilfrohr stecken oder wur-

*) Obgleich die Geschichte, er sey in des Pascha Zelt gedrungen, eine
   bloße Erfindung ist.

den im Schlamme halb begraben. Die schlauen Albanesen, welche die Türken aufgemuntert hatten, hohnlachten nun über den jämmerlichen Ausgang, und die Griechen vom Eiland riefen Hohn und Spott, und sicher hinter ihren Felsen ruheten sie auf ihrem Neunpfünder und ihren Flinten. Nun beschlossen die Türken, Bäume zu fällen und Flöße zu bauen, aber woher sollte man Beile nehmen? Das kostete Zeit. Die Gegend umher war gänzlich verwüstet und der Mundvorrath knapp. Die wenigen herbeigeschafften Geräthe wurden bald unbrauchbar und man kam nicht weiter. Der Zorn des Pascha's hatte inzwischen Zeit gehabt, sich abzukühlen; er begriff, daß „le jeu ne valait‑pas la chandelle" (das Spiel nicht des Lichtes werth sey) und zog endlich ab. Durch die Intriguen des Südalbanesen Omer Brionis wurde dieses Heer, an Muskelkraft, Wuchs, thierischem Muthe und Ergebenheit für seinen Führer eines der schönsten, das in den letzten Jahren einer türkischen Fahne gefolgt war, dem Schicksal ausgesetzt, einzeln niedergehauen zu werden und seine Kraft an Moor und Felsen zu verschwenden. Ein jämmerlicher Ueberrest nur kam im Winter 1823 nach Skodra zurück. Die aufkeimende Neigung der Ghegs, sich in die Angelegenheiten ihrer Nachbarn zu mischen, war zurückgewiesen und der Krieg in Griechenland blieb wie zuvor eine Quelle der Plünderung, der Bezahlung und des Einflusses für die kriegerischen muselmännischen *) Völkerschaften von Mittelalbanien.

Am nächsten Morgen sagten wir den Ausdünstungen von Lezini Lebewohl und gingen bei Guria über den Aspropotamos zurück, wo wir unser Zelt wieder fahen. Ein bei der Ueberfahrt des Flusses stationirter suliotischer Kapitano hatte, als er hörte, daß wir erwartet würden, eine Mahlzeit bereitet, wobei natürlich das geröstete Lamm nicht fehlte und eben so wenig ein offenes und herzliches suliotisches Willkommen!

Wir gingen am Nachmittage längs dem linken Ufer des Achelous, durch eine zauberisch schöne, parkähnliche Gegend und schlugen unser Zelt auf dicht bei dem zerstörten kleinen Dorfe Angelo Kastro, das an einem spitzen Hügel klebte, auf dem noch ein Theil eines

---

*) In Mustapha Pascha's Heere war nur der sechste Theil muselmännisch, die Uebrigen waren Christen.

mächtigen venezianischen Thurmes stand und eine kleine zerstörte
Capelle. Von hier aus hatten wir eine weite Aussicht über den
See Ozero, über den Fluß und die streitige Ebene bis zu den
Euden der Seen von Vrachori und Angelo Kastro an der äußersten
Rechten. Unmittelbar unter uns floß ein klarer und schneller Strom,
über den eine Brücke führt und rund um welchen eine der schönsten
Ansichten ist, die nur Wald und Wasser bieten können.

Die vom Protokolle vorgeschriebene Gränzlinie trifft gerade auf
die fruchtbare Ebene, welche die Bewohner aller umgebenden Berge
ernährt, wendet sich dann gegen Osten und läßt die Ebene außer=
halb des griechischen Staates. Sie ist gut mit Holz versehen,
hauptsächlich mit Eichen, aber vermischt mit riesigen, doch ge=
krümmten italienischen Pappeln und Ulmen. Man übersieht überall
die beinahe verwischten Spuren von Tausenden von Bewässerungs=
gräben, die sich rechtwinkelig durchschneiden; ein System, das zu
einer Zeit hier auf die höchste Vollkommenheit gebracht war. Der
üppige Wuchs der Bäume, des Unterholzes, des wilden Hafers,
der Gerste und des Grases, womit das Land bedeckt ist, während
es zugleich den schönsten und malerischsten Anblick darbietet, erregt
bei jedem Schritte Bedauern, daß solch ein Land, nach den Käm=
pfen, um Unabhängigkeit zu erringen, wiederum den Verheerungen
albanesischer Einfälle überlassen werden soll. Wir begegneten ver=
schiedenen Maulthiertreibern, die aus der Nähe von Janina ent=
kommen waren, und ihre Besitzungen nicht ohne unendliche Gefahr
und Schwierigkeiten verlassen hatten. Sie rechneten freilich auf
einen ganz andern Empfang, als der ihrer im „freien" Griechen=
land wartet!

Sechstes Capitel. *)

Europäische Politik und türkisches Verfahren — Vergleichung der türkischen
und römischen Eroberung. — Von den Türken eingeführte Verwaltung.

Abgesehen von den Gränzen gibt es manche Bestimmungen
im Protokolle, deren Ausführbarkeit und Gerechtigkeit vielleicht
in London leicht erklärt werden kann, die man aber sehr schwer
in Griechenland begreift. So sollen zum Beispiel Griechen und
Türken das Recht haben, über ihre Besitzungen zu verfügen.
Was wird der Werth eines griechischen Besitzthums in diesen so
verwüsteten Gegenden seyn, wenn der Besitzer selbst sucht, davon
loszukommen? Das türkische Eigenthum in Griechenland hat
aber disponibeln Werth. Ueberdieß wird nun über Land verfügt
werden, das auf unrechtmäßige Weise erlangt ist, ohne Zuziehung
des wirklichen Eigenthümers, der vielleicht noch lebt oder seine
eigenen Felder in Pacht genommen hat. **) Ali Pascha war ge=
nöthigt, sein Vorhaben aufzugeben, einen Pilger nach Mekka zu
senden, weil das Gesetz verlangt, daß die dazu erforderlichen
Kosten durch Landverkauf aufgebracht werden müssen, und der
Besitzer von Millionen Stremmata, nach Ausweis der Entscheidung
des türkischen Kadi, nicht so viel auf rechtmäßige Weise
erworbenes Eigenthum hatte, als zu dem Vorhaben erforder=
lich war.

Das ist eine fürchterliche und riesenmäßige Erscheinung des
Unrechts. Man kann sie nicht damit rechtfertigen, daß man sagt:
Ali Pascha war ein großer Tyrann, man kann sie nicht damit
erklären, daß man sagt: türkische Paschas thun dergleichen. Un=
sere Blicke haben mit Aufmerksamkeit nur auf Griechenland ver=
weilt vor allen Gebietstheilen der osmanischen Pforte, und dort

---

*) Durch ein Versehen im englischen Originale ist dieses Capitel abermals
das fünfte, das folgende erst das sechste genannt. Uebersetzer hat aber
geglaubt, fortzählen zu dürfen.   D. Ueber.

**) Das bezieht sich bloß auf die in Folge der Conferenz Entscheidung
gegenseitig überlassenen Districte. Im übrigen Griechenland hat man,
mittelst einer Arglist, über die ich mich jetzt nicht weiter auslassen kann,
angenommen, das türkische Eigenthum gehöre dem Sultan und es deß=
halb für den griechischen Staat confiscirt.

haben zwei frühere Revolutionen, auf welche Kriege und Unterjochung folgten, zu der Confiscation des Eigenthumes geführt. Auch in Aegypten hat die Herrschaft der Mameluken, selbst noch vor der General-Räuberei Mehemed Ali Pascha's, uns mit der Verletzung des Privateigenthums vertraut gemacht und uns zu dem Gedanken gebracht, dasselbe sey in der Türkei unsicher. Ohne in die Grundsätze der türkischen Regierung einzugehen oder auf frühere Begebenheiten zurückzukommen, wird doch, sollte ich denken, eine einzige Betrachtung hinreichen zu beweisen, daß die Pforte gewöhnlich das Eigenthum und die Ortsgebräuche geachtet haben muß, und diese Betrachtung ist die Ausdehnung ihrer Herrschaft und die frühere Geschichte des kleinen Stammes, den wir Osmanen nennen, die gegenwärtig herrschen über Griechen, Türken, Albanesen, Jllyrier, Bulgarier, Serben, Wallachen, Juden, Armenier, Turkomanen, Lesghier, Kurden, Maroniten, Drusen, Beduinen, Berbern, Kopten, Mauren u. s. w., welche die Osmanen zwanzigmal an Zahl übertreffen.

Die von mir erwähnte Thatsache, in Betreff der unrechtmäßigen Besitzungen eines albanischen Pascha's, stellt zugleich eine Hindeutung an das Licht auf die Grundsätze türkischer Rechtswissenschaft. In einer Angelegenheit, wo Gesetz und Religion verknüpft waren, stand es in der Macht des türkischen Richters, eine brandmarkende Entscheidung gegen den „albanischen Leoparden" zu fällen, zur Zeit von dessen anscheinender Allgewalt.

Die Pforte hatte das Verfahren beobachtet, die Albanesen dadurch im Zaume zu halten, daß sie die griechische Landwehr, die Armatolis, begünstigte; allein die Aufstände von 1770 und ganz besonders von 1790, die durch eine christliche Macht erregt wurden und als deren belebendes Princip man die Religion hinstellte, verfeindeten die Pforte mit dieser christlichen Miliz, gegen welche sie sich jetzt mit den muselmännischen Albanesen vereinigte. Und wenn ich die genaue Kenntniß Rußlands vom innern Zustande der Türkei bedenke, so sollte es mich nicht Wunder nehmen, wenn die Vernichtung der griechischen Landwehr der eigentliche Zweck gewesen wäre, den es bei der Revolutionirung Morea's im Auge hatte, eine Maaßregel, die ohne diese Auflösung eine schlechtberathene scheinen müßte.

Das von den Albanesen jetzt erlangte Uebergewicht führte

zu der Verleihung der Roßschweife an einen Albanesen, das heißt,
die Pforte übertrug nun ihre Macht diesen kriegerischen Corps,
die sie bisher im Zaume gehalten hatte; die Umstände hatten sich
also erneuert, die zuerst die Griechen bewogen, die Türken ins
Land zu rufen. Die Quellen des Rechts waren verändert und
in dieser innern Umwälzung der Macht, wobei man den leitenden
Finger fremder Diplomatik bei jedem Schritte verfolgen kann,
kam Ali Pascha damals, wie jetzt Mehemed Ali Pascha, in den
Besitz einer disciplinirten Truppenmacht, welche solche Verletzungen
der Privatrechte thunlich machte, während nicht nur die Schwäche,
sondern auch die allgemeine daraus entstehende Mißachtung auf
die türkische Regierung fiel, um ihre leitende Macht noch weiter
zu verringern. Sonderbar genug haben sich die Verbündeten
selbst in diese Rechtsverletzungen eingelassen und sie bestätigt.
Das ist freilich ein unbedeutender Gegenstand, aber die ganze
Frage, welche die tiefe Erwägung der großen Verbündeten erschöpft hat, trifft Grundeigenthum, welches, selbst wenn man nur
die Ausdehnung betrachtet, kaum dem Landbesitze des Herzogs von
Sutherland gleich kommt.

Ferner: Griechen und Türken wird Jahresfrist zugestanden,
um sich in ihr gegenseitiges Vaterland zurückzuziehen. Konnte
die türkische Regierung, so lange sie noch eine Festung oder ein
Kriegsschiff besaß, in eine Maaßregel willigen, die den ganzen
Landbesitz des Reiches in Gefahr bringen würde? War das etwa
der Zweck der Verbündeten, als sie eine solche Bestimmung nieder-
schrieben? Um sie in Vollzug zu setzen, mußten Agenten angestellt
werden, die darauf sähen, daß diese Freizügigkeit geachtet würde,
und so mußten die europäischen, vielleicht die griechischen Consuln,
zu unumschränkten Gebietern der Türkei gemacht werden. Die
Folge dieser Freizügigkeit ist noch ernster, und hätte von der Conferenz noch weniger zugegeben werden können, hätte sie die Wirkung ihrer eigenen Maaßregeln begriffen. Die Gemeinden sind
mehr oder weniger verschuldet; für diese Schulden haften die
einzelnen Bauern gemeinsam; verläßt Einer oder verlassen Mehrere
das Dorf, so fällt die Last auf die übrigen. Nimmt man also
an, das Recht auszuwandern sey unter Bürgschaft der drei großen europäischen Mächte verkündet, so wird die unmittelbare
Folge ein panischer Schrecken seyn. Die nothwendige Aufregung

einer solchen Maaßregel muß alle Verhältnisse des Privatinteresse's stören und die bürgerliche Ordnung und Verwaltung verwirren. Beabsichtigten aber die Bestimmungen des Protokolles nicht so weit zu gehen, so waren sie völlig unwirksam und albern, wie sie denn auch in der That sich so erwiesen haben, ausgenommen in soweit, als sie Griechenland wieder in Ungewißheit, die Türkei in Aufregung versetzt, Kapodistrias in den Staud gesetzt haben, den Prinzen Leopold abzuschrecken, die angebotene Krone anzunehmen, und das Gegentheil von dem hervorbrachten, was England wünschte und die Verbündeten öffentlich erklärten.

Nachdem wir die Ebene durchschritten hatten, kamen wir in einer Entfernung von wenig mehr als zwei Stunden von Angelo Kastro nach dem türkischen Flecken Zapandi. Malerisch aber traurig standen noch die Minarets zweier zerstörten Moscheen. Als wir durch die öden Straßen zogen, krächzten Hunderte von Raben von den Höhen der Mauern, in deren ungestörtem Besitze sie seit langer Zeit zu seyn schienen. Das ist eine Scene in einer kleinen Provinz, in der den Frieden herzustellen die Großmächte Europa's seit drei Jahren arbeiteten.

Eine halbe Stunde weiter erreichten wir Brachori, die Hauptstadt des Districtes. Einige Zeit wanderten wir durch die Ruinen, bevor wir durch den ungewöhnlichen Anblick eines Giebelhauses erfreut wurden. An der Ecke des ehemaligen Marktes stand eine ehrwürdige Platane, deren Stamm fast zwölf Yards in der Runde maß, und ein wenig weiter entfaltete eine schlanke Stange dem Winde eine zerlumpte griechische Flagge, als ob sie eifersüchtig sey auf jeden Augenblick, den sie noch in Akarnanien flattern durfte.

Ein Ungewitter hielt uns im Hause des Gouverneurs fest. Wir sahen dort die Primaten des Ortes, welche das Unglück prophezeyten, das aus dem Abtreten des Landes und insbesondere der Ebene entstehen müsse, die den Bewohnern der umliegenden Berge im Winter Arbeit und im Sommer Nahrung verschafft. Sie sprachen vom Makronoros als ihrem Retter und Freund, und schienen sehr ungläubig an jedem Schutz, den die europäischen Mächte ihnen gewähren könnten, wenn der Paß des Makronoros geöffnet würde. Von den allerunabhängigsten Unterthanen der Pforte, wo die türkischen Landeseinwohner höchstens

auf gleichem Fuße mit den Griechen standen, wo keine türkischen
Truppen zugelassen wurden und keine türkische Behörde vorhanden war, mit Ausnahme des Kadi's oder Richters, waren sie durch
Ali Pascha zu einer Unterwürfigkeit gebracht, noch härter als die
in seinem übrigen Gebiete, weil er ihren kriegerischen Geist zu
vertilgen wünschte, der, seit dem Anbeginn der osmanischen Herrschaft, in dieser Gegend den Einfällen der Albanesen ein Ziel
gesteckt hatte. Der Kapitano war ihr Militärchef, der Kodja
Baschi ihr bürgerliches Oberhaupt. Der Erste wurde zu seiner
Stelle von der griechischen Municipalität ernannt, der Letztere
war ein jährlich gewählter Municipalbeamter, oder auch mehrere,
da die Zahl nicht überall gleich war. Der Kadi oder Musselim
war da, um dem Ansehen des Kapitano die Bestätigung türkischer Form zu verleihen, aber sein Einfluß war nur gering, ausgenommen, wenn die Griechen unter sich uneinig waren. Der
Bischof war der Inhaber der höheren gerichtlichen Autorität; bedurfte er des weltlichen Armes, so wendete er sich an den Kadi,
der dem Kapitano befahl, die Befehle des Bischofs zu vollziehen.
Die Abgaben, die sehr unbedeutend waren, wurden wie überall
durch die Municipalität repartirt und eingehoben, und bestanden
aus dem Kharatsch (Kopfgelde), über den sie sich verglichen,
dem Zehnten und der Haussteuer. Außerdem besteuerten sie sich
zur Besoldung des Kapitano und zu örtlichen Ausgaben.

Dieses Verfahren der Türken, der Macht der Albanesen durch
die Griechen die Wage zu halten, schreibt sich von ihrer Festsetzung
in Adrianopel her. In der That erscheinen die Türken zuerst in
Griechenland als Freunde und Verbündete. Diese Behauptung
wird im Widerspruche mit der angenommenen Meinung erscheinen,
und das mag mich entschuldigen, wenn ich, um meine Ansicht zu
begründen, in einige Einzelnheiten eingehe.

Nach dem Falle Konstantinopels behielten Demetrius und
Thomas, die Brüder des letzten Paläologen, den Peloponnes.
Die Halbinsel hätte einen Zufluchtsort und eine Freistätte für ge-
demüthigten Stolz und gefallene Größe gewähren können, wenn
Unfälle und Mißgeschick jemals die eiteln Bestrebungen aus der
Brust der Griechen verdrängen könnten, von denen sie unaufhör-
lich angetrieben wurden, aufzuopfern, was sie besaßen, um das
zu erlangen, was sie nicht erreichen konnten. Demetrius und

Thomas hatten aber nicht sobald jeder ein Stückchen von ihrem geschmälerten Erbtheil in Sicherheit gebracht, als sie mit einander zu zanken begannen. Als die Albanesen, die allmählich durch die ihnen dargebotenen Dienste unter den verschiedenen Despoten herangezogen waren, sahen, wie das zusammengeschrumpfte byzantinische Haus in sich selbst zerfiel, so entzogen sie sich dem Dienste beider Fürsten und rüsteten sich, den entarteten und unkriegerischen, wenn gleich noch immer kriegführenden Griechen ein Joch aufzuhalsen, das mehr zu fürchten war, als selbst das der lateinischen Eroberer, die Morea so spät und doch nicht ganz freigegeben hatten.

Demetrius und Thomas, durch die gemeinschaftliche Gefahr vereinigt, boten dem Eroberer Konstantinopels Tribut an und flehten um seinen Beistand. Kaum hatten sie sich gegen ihre albanischen Feinde vereinigt, als sich ein Kantakuzenos fand, der sich an die Spitze eines griechischen Aufstandes gegen die Fürsten stellte. Auch die Albanesen, die den größten Theil des flachen Landes besetzt oder verwüstet hatten, beschickten die Pforte, ihre Unterwerfung und einen Tribut für Morea anbietend, wenn sie die Halbinsel als Lehn von der Pforte erhielten. „Es wäre um die Herrschaft der Griechen im Peloponnes geschehen gewesen, wenn nicht Hasan, der griechische Befehlshaber von Korinth, an der Pforte des Sultans türkische Hülfe begehrt, und dieselbe erhalten hätte. Turachan, der vor dreißig Jahren zuerst Hexamilon erobert, bis Lacedämon, Leontopolis, Gardika vorgedrungen, und die Albaneser zu Tawia geschlagen hatte, erschien nun abermal mit seinen Söhnen und einem türkischen Heere im Peloponnes wider die Albanesen zum Schutze der Griechen." (v. Hammer Gesch. d. osman. Reichs. 2te Ausg. Bd. I. S. 430.)

Chalkondylas legt bei Erzählung dieser Ereignisse dem türkischen Befehlshaber folgende Worte in den Mund, als an seine, des Erzählers, Landsleute gerichtet: „Ihr wäret vernichtet wor„den, hätte sich nicht der Sultan vom Mitleid gegen euch bewegen „lassen, und wäre er nicht euch zu Hülfe gekommen. Es ist klar, „ihr habt euren Staat nicht so regiert, wie ihr es hättet thun „sollen; jetzt aber fordert die unumgängliche Nothwendigkeit euch „auf, in Zukunft eure Unterthanen auf bessere Weise zu regieren." Der türkische Veteran stellt ihnen ferner zur Nachahmung auf, was er für das Geheimniß der Siege seiner Landsleute erklärt, nämlich, sich die Liebe der Unterthanen im Frieden zu sichern und im Kriege die Feinde mit Schrecken zu erfüllen.

Die Albanesen wurden aus dem Peloponnes vertrieben und von den vereinigten Griechen und Türken bis in ihre eigenen Gebirge verfolgt. Kaum aber war Turachan mit seinen Türken abgezogen, als ein Aufstand gegen beide Fürsten ausbrach und nach vier Jahren Aufruhrs, Verrätherei, Gemetzel und Anarchie, in welchen bald als Verbündete, bald als Feinde die beiden griechischen Nebenbuhler, die Beiden entgegenstehende griechische Partei, die Albanesen und die Türken auftraten, setzte ein blutiger Feldzug die Türken in Besitz rauchender Städte und eines verwüsteten Landes. So wurde wieder und aus denselben Ursachen Roms Dazwischentreten zu Gunsten Griechenlands beschlossen, das vor 1500 Jahren stattfand und in einem gleichen Zeitraume, durch denselben Nationalcharakter der Eitelkeit und des Parteigeistes, täuschte Griechenland die Hoffnungen und erregte die Rache seiner Befreier. So hatte es Rom zugejubelt als seinem Erretter, um es als Tyrannen zu verfluchen, hatte einen Flaminius zu den Sternen erhoben und mit der schnell schwatzenden und tadelnden Zunge einen Glabrio verklagt. In vier Jahren sah Griechenland seine Verbündeten aus Latium mit seinem alten macedonischen Unterdrücker vereinigt, und nach der Vernichtung dieses Königreiches übertraf die von Mummius angeordnete wilde Verheerung bei weitem die Zerstörung, die später im Rücken Alarichs erfolgte.

Ein sehr sonderbares Zusammentreffen: Römer und Türken erscheinen als Beschützer Griechenlands und beide Völker werden in demselben Zeitraume von **vier Jahren** Griechenlands Unterdrücker.*) Es würde indeß ungerecht seyn, wollte man Mummius' Handlungen mit dem Rathe Turachans vergleichen und den letzten Theil der römischen Intervention mit dem ersteren der türkischen. Das thut indeß Herr v. Hammer, der das Gemälde

---

*) Ungefähr dieselbe Zeit hat den Verbündeten genügt, die Gebräuche, Gesetze und die Unabhängigkeit der Griechen zu vertilgen, aber die kluge Allianz hat in ihren uneigennützigen Bemühungen nur gearbeitet für die „Pacification des Ostens."

umkehrt und den erſten Theil der römiſchen Intervention mit dem letzten der türkiſchen zuſammenſtellt. Die tragiſche Scene der Eroberung des Peloponnes ſchließt er mit folgenden Worten: — „Welch ein vulcaniſches Nachtgemälde als Gegenſtück der leuchtenden Glorie des römiſchen Eroberers, des Conſuls Quintus Flaminius, der am Tage der iſthmiſchen Spiele dem dort verſammelten und ſein Schickſal mit geſpannter Angſt erwartenden Griechenlande, ebenſo politiſch als menſchlich, den Traum der Freiheit unter lautem Jubel wiedergab.“ (v. Hammer a. a. O., S. 457.) *)

Nachdem ich aber, um einen ehrlichen Urtheilsfehler bei einem Manne von hohem und verdientem gelehrten Rufe anzudeuten, mich auf ein über den Orient geſchriebenes Buch bezogen habe, erinnere ich mich an einen ſchriftſtelleriſchen Erguß eines Abkömmlings und Repräſentanten der Claſſe von Griechen, die, nachdem ſie den Thron Konſtantins geopfert und den Peloponnes zu Grunde gerichtet hatten, ſich um das Herz des osmaniſchen Reiches drängten, die Einfachheit des türkiſchen Syſtems durch ihre politiſchen Doctrinen verderbten, ſo wie die urſprünglichen Hirtengewohnheiten der Türken durch den Sklavenſinn in Sitte und Benehmen, und die, nachdem ſie durch ihre Intriguen das Reich zerſplittert haben, ſich jetzt kühnlich ihrer Verrätherei gegen diejenigen rühmen, denen ſie dienten. Ich meine Herrn Jakovaki Rizo's Werk, betitelt: „l'histoire moderne de la Grèce.“ Gibbon zählt vier griechiſche Schriftſteller auf aus dem römiſch-griechiſchen Reiche in ſeinem Verfalle (the lower empire — le Bas-Empire), von denen zwei Staatsmänner waren und zwei Mönche, und bemerkt dabei: „ſo „war der Charakter des griechiſchen Reiches, daß man keinen „Unterſchied merkt zwiſchen Geiſtlichen und Staatsmännern.“ So würde auch Herrn Rizo's Werk ohne ſeinen Namen und ſeine Titel, als „erſter Miniſter der Fürſten der Moldau und Wallachey,“ als Miniſter der auswärtigen Angelegenheiten und Commiſſär unter Kapodiſtrias und Mitglied verſchiedener der ſpäteren Verwaltungen Griechenlands, gewiß für das Erzeugniß eines Mönches

---

*) Herrn v. Hammers Werk iſt ſeitdem franzöſiſch erſchienen und es iſt ſehr ſonderbar, daß dieſe Stelle ausgelaſſen iſt.

genommen seyn, in einem Kloster geboren und auf einem Lutrin *)
niedergeschrieben, in den Zwischenstunden der Buße und des Kir=
chendienstes. Religion, das heißt das Formelwesen der orientali=
schen Kirche, ist bei ihm die allerklärende Ursach, der Alles leitende
Antrieb, und wenn er von dem Zustande der Griechen unter den
Türken redet, und von den Ursachen ihrer Revolution, so führt
er all diese Fragen auf theologische Punkte und Kirchenregierung
zurück.

Der einzig interessante Theil seines Buches sind die Anekdoten,
die er über die Muselmänner erzählt, Alles ohne Ausnahme lauter
Beweise der Gutmüthigkeit und Duldung, und dadurch bewährt
sich das alte Sprüchwort, das Gegengift wachse gleich neben dem
Gifte; die Türken zeigen sich dadurch in einem seltsamen Contraste
mit den Ansichten, deren eigentliche Beweisführung das Buch
beabsichtigt, und mit den Beiwörtern, die es ihnen so keck hin=
schleudert.

Hr. Rizo ist, einerlei wie und warum, unbekannt mit der
Thatsache, daß die türkische Politik immer darauf gerichtet war,
die Griechen gegen die Albanesen zu unterstützen. Aber das ist
noch nicht genug; er findet in der Stärke eben dieser Albanesen,
der Unterdrücker der Griechen, den Beweis, daß die griechische
Religion der Erretter von Griechenlands Ueberresten gegen die
Feindseligkeit des Islamismus gewesen. Er legt Phranza und
Chalkondylas bei Seite und spricht, wie folgt: „Während die
„reißenden Fortschritte der türkischen Waffen die Christen der
„orientalischen Kirche mit Schrecken erfüllten, während Mahomed II
„ohne Widerstand die Insel Mitylene, Attica, den Peloponnes
„und Eubda einnahm, gab ein Grieche seinen Glaubensgenossen
„das Beispiel des Heldenmuths, indem er allein **) mit seinem
„kleinen Heere allen Streitkräften des Eroberers trotzte. Dieser
„christliche Held war Georg Castriota, Fürst von Epirus!!
„dem die Türken den Beinamen Skanderbeg gaben. Allein und

---

*) Ein Gebetpult, wonach Boileau ein komisches Heldengedicht betitelt
hat.   D. Uebers.
**) Waren die karamanischen Fürsten und die Ueberreste der Seldschuken
nicht Verbündete Skanderbegs? Waren Hunyades, der König von
Serbien und „der Pfähler" der Walachei nicht Mahomeds Feinde?

„dreißig Jahre lang kämpfte er gegen die Macht Murads und
„Mahomeds, vernichtete ihre Heere, beunruhigte ihre Provinzen
„und hörte erst auf zu siegen, als er aufhörte zu athmen. Seine
„Herrschaft überlebte ihn nicht, aber Epirus und Albanien lern=
„ten von dem Augenblick an, die Türken zu verachten. Von
„dieser Zeit an schreibt sich die Errichtung der christ=
„lichen Armatolis her."

Ist es möglich Thatsachen und Menschenverstand ärger zu
verwirren, als in diesem Absatze geschieht? Ein Albanese, ein
Katholik und überdieß ein muselmännischer Renegat *) wird ganz
geradezu ein Grieche genannt, in der politischen und religiösen
Bedeutung des Worts, und das von einem fanariotischen Ge=
schichtschreiber Griechenlands, von einem Professor der griechischen
Geschichte, von einem Minister des freien Griechenlands und von
dem philosophischsten und ausgezeichnetsten griechischen Schrift=
steller gegenwärtiger Zeit! Die Siege der historischen Feinde der
Griechen werden als die Zeit und der Ursprung der Errichtung
der griechischen Armatolis angegeben, deren Errichtung den Siegen
Skanderbegs vorherging! Aber Skanderbegs Anhänger wurden
endlich bezwungen, wie könnten denn, angenommen, sie wären
Griechen gewesen, ihre Siege zu dieser Organisation geführt
haben?

„Albanien," sagt er unmittelbar darauf, war der osmani=
„schen Regierung furchtbar durch seine unzugänglichen Gebirge,
„den kriegerischen Geist seiner Bewohner, die Ausdehnung seiner
„Küsten, seine Nähe bei den venezianischen Besitzungen" (und
warum fügt er nicht hinzu: durch seine Anhänglichkeit an den
römisch=katholischen Glauben?) „Der Berg Agrapha, das natür=
„liche Bollwerk von Epirus" (das heißt die Gränze der Griechen
und Albanesen und das heutige Bollwerk der ersteren gegen die
letzteren) „war das erste Land, das durch Vertrag das Vorrecht

---

*) Georg Castriota, Sohn von Johann, wurde von seinem Vater nebst
vier Brüdern dem Sultan Amurath II ausgeliefert, der die übrigen
Söhne vergiftete, Georg aber mit Gewalt zum Mahomedaner machen
ließ, bis dieser, 39 Jahre alt, im Jahre 1445 sein angestammtes Land
eroberte und zum römisch=katholischen Glauben zurückkehrte. Er starb
1467 am 27 Januar.   D. Uebers.

„erhielt, einen Capitän mit einer hinreichenden Anzahl Soldaten
„zu halten, um die Ordnung zu bewahren und die Sicherheit der
„Städte und Dörfer zu schützen. Die Einwohner erhielten von
„Murad II" (das heißt vor dem Kriege gegen Skanderbeg) „das
„Recht, zwei berathende Stimmen von dreien bei der Verwaltung
„ihrer bürgerlichen Angelegenheiten zu haben. Der türkische Rich=
„ter hatte die erste, der griechische Bischof*) die zweite und der
„griechische Kapitano die dritte. Dieß Recht bestand zur
„Zeit Ali Pascha's. Diese Organisation wurde später
„auf alle Provinzen des griechischen Festlandes ausgedehnt." —
Seite 49.

Später redet er von den albanesischen Häuptlingen, die er mit
gewohnter Genauigkeit „Lehnsträger" nennt und sagt: „Es herrschte
deßhalb zwischen diesen muselmännischen Anführern" (sie waren
damals keine Muselmänner) „und der ottomanischen Pforte ein
„gegenseitiges Mißtrauen und ein Haß, der den Griechen dieser
„Provinzen zum Vortheil gereichte" (er meint Christen, denn es
gibt dort keine griechische Bevölkerung), „indem sie die Einrichtung
„der Armatolis mehr und mehr befestigte, diese Gebirgsbewohner
„in ihren Zufluchtsörtern stärkte, und den Handel und das Ge=
„werbe der christlichen Städtebewohner erleichterte." — Seite 63.

War es nicht der Muße eines Mannes werth, der mit dem
Charakter eines Staatsmannes bekleidet ist und den eines Philo=
sophen und eines Geschichtschreibers zu erreichen strebt, wenigstens
einen Augenblick bei der hier erwähnten außerordentlichen That=
sache zu verweilen?

Die Nachkommen Skanderbegs, damals Christen, sind jetzt
Muselmänner und stehen noch genau in demselben Verhältniß zur
Pforte, während die Griechen, die damals und jetzt von der Pforte
gegen die Albanesen geschützt wurden, damals und jetzt Christen
sind. Der folgende Auszug wird zugleich die Gewalt zeigen, die
wohlerwogen den Griechen überlassen wurde, und die Verbindung
ihrer Interessen mit denen der Türken.

„Die Türken errichteten schon bei dem Anfang ihrer Erobe=
„rungen in Thessalien, in den weiten Ebenen, die der Peneus

---

*) Der Kodja Baschi, die Municipalbehörde, hatte die zweite Stimme;
das hätte aber nicht zu des Verfassers religiöser Theorie gepaßt.

„befpůlt, eine von Jkonium hergezogene mohammedaniſche Colonie,
„die bis zum heutigen Tage noch den Namen Koniar führt. Dieſe
„Coloniſten, friedliche Ackerbauer, wurden bald ein Gegenſtand
„der Verachtung bei den Albaneſen, die ſie ungeſtraft plünderten. *)
„Die benachbarten Paſchas, welche nicht im Stande waren, dieſe
„zahlreichen Banden mohammedaniſcher **) (?) und chriſtlicher
„Räuber zu bezwingen, bedienten ſich gegen ſie der Wachſamkeit
„und des Muthes der Armatolis oder der griechiſchen Kapitani.
„So wurde dieſes griechiſche Corps immerwährend von der Regie=
„rung anerkannt und war ſo weit entfernt, ein Gegenſtand des
„Mißtrauens zu ſeyn, daß die Hospodare der Wallachei und
„Moldau ermächtigt wurden, aus ihnen die Wachen für ihre
„Perſon und ihre Fürſtenthümer zu nehmen.“ — Seite 54.

So erhellt alſo aus dem Zeugniſſe dreier den Türken feind=
lichen Schriftſteller, von denen der Letzte ausdrücklich während
des Krieges ſchrieb, um ſeine Sache gegen ſie zu führen und
Mitgefühl für die Griechen zu erregen, — daß die Türken in
Griechenland auf Anfordern der Griechen erſchienen und ihnen
zweimal ihr Land wiedergaben, nachdem ſie die Albaneſen über=
wunden hatten; daß, als ſie Griechenland einnahmen, ſie die
Vertheilung der Steuern den Einwohnern überließen, einen ſelbſt
gewählten Rath in jedem Diſtricte errichteten, eine griechiſche
Landwehr mit ſelbſtgewählten Officieren organiſirten, und ich darf
noch hinzuſetzen, daß ſie dem Handel durchaus keinen Zwang auf=
legten und keine Abgabe oder Steuer irgend einer Art für ihre
eigene Geiſtlichkeit oder Kirche verlangten. Eine Vergleichung

---

*) Dieſe Plünderer waren keine Albaneſen, ſondern Slavonier. Es wäre
nicht übel, könnte man die Urſache dieſer Verwechſelung entdecken.
Aber, abgeſehen von allen anderen Verhältniſſen, iſt die Wahrheit der
entſtellten Thatſache der vollſtändige Gegenbeweis gegen ſeine Theorie,
weil dieſe türkiſche Bevölkerung den Verheerungen einer Völkerſchaft
als Damm entgegengeſtellt wurde, die ſich zum griechiſchen Glauben
bekannte, nämlich der Bulgarier.

**) Das Wort „mohammedaniſch“ iſt ſicher nur deßhalb hier angeführt,
um das Wort „chriſtlich“ bei Ehren zu halten. Zu der Zeit waren
keine Albaneſen muſelmänniſch. Die Verwechſelungen der Worte
„griechiſch“ und „chriſtlich“ ſind ſehr luſtig.

dieser Grundsätze mit denen, wonach sich die Colonial=Politik einiger anderer Nationen gerichtet hat, möchte manche Aufklärung verschaffen.

Siebentes Capitel.

Flüchtlinge im See von Vrachori. — Alterthümliche Forschungen und Unfälle. — Einfluß des Schießpulvers auf Regierungen und Völker. — Cultur und Trümmer von Alyzea. — Eine malerische Scene.

Die Ebene von Vrachori wird zu 35,000 Acres angenommen, von denen 25,000 den Türken gehören, 10,000 den Griechen. Von den umgebenden Bergen Karpenizi, Agrapha, Kravari und Patradschick kommen während des Winters, der hier die Arbeitszeit ist, 10,000 Menschen herunter und nehmen als Austausch für ihre Arbeit Mais und Korn auf ein halbes Jahr mit, und die wenigen fremden Luxusartikel, deren sie bedürfen. Bauern anderer Districte, die etwas Landbesitz haben, und Vlachi, ein besonderer Schlag Hirten, der aus der Wallachei stammt, sind gewohnt, Land von den Türken zu pachten; 4000 Ackerbauer von den jonischen Inseln sind in beständiger Beschäftigung. Von den ansässigen Eigenthümern sind 1300 Feuerstellen in der Ebene, 200 in Vrachori. Nicht über ein Drittheil von diesen ist jetzt davon zu sehen.

Die Lage von Akarnanien und der Charakter seiner Bewohner verwickelte sie vorzüglich in die Aufregung der Revolution, und obgleich sie Ypsilanti's Niederlage vernommen hatten, wurden sie doch zugleich erregt und bestürzt durch den Zustand Albaniens und die ersichtlich werdende Nothwendigkeit, Ali Pascha gegen die Pforte beizustehen. Am 21 Mai 1821 griff plötzlich das ganze Land zu den Waffen; 1600 Albanesen und Türken wurden niedergemacht oder in ihre Schlösser eingesperrt, und Isko besetzte mit einer Handvoll hastig zusammengeraffter Leute die wichtigen Pässe des Makronoros gerade noch zur rechten Zeit, um Ismael Pascha's Fortschreiten zu hemmen, der bei der ersten Anzeige von aufrührerischen Bewegungen im Süden sich beeilte, sie zu unterdrücken, bevor sie um sich greifen möchten. Die Griechen, bestürzt über die neue Lage, worein sie sich versetzt hatten, sich einer türkischen Be=

5 *

horde zu widersetzen, wurden von ihrem Anführer mit äußerster
Schwierigkeit an ihren Posten festgehalten und dazu gebracht, auf
die Türken zu feuern, die kräftig und kühn vorrückten, die Idee
eines offenen Krieges als lächerlich verwerfend. Nach wenig
Minuten unentschlossener Angst traf aber eine dichte und tödtliche
Salve die Türken mit Schreck und Furcht, und erfüllte die Grie=
chen mit Vertrauen und Jubel: aller Versöhnung war der Weg
abgeschnitten und die Revolution besiegelt. — Doch kehren wir
zurück zu unserer Reise.

Als das Wetter aufklärte, galoppirten wir nach der Brücke
über den See Vrachori, oder eigentlich über das Moor, das es
von dem See Angelo Kastro trennt. Es war vorher sehr schwül
gewesen, aber nun boten die Frische der Wälder und Felder, die
Kühle der Luft nach dem Gewitter, die Stille der beiden Seen,
die im klaren Spiegel die umgebenden Berge malten, eine der
friedlichsten und schönsten Landschaften. Die Brücke von dreißig
Jochen scheint gleich einem niedrigen und schmalen Fußpfade
durch ein Moor; aber das Wasser ist klar und strömt rasch zwi=
schen Baumstämmen; der Grund ist fest und mit Riedgras ge=
füllt; Erlen, Eschen, Feigenbäume und Ulmen, mit Schlingge=
wächsen bekränzt, wachsen im Strome. Die ganze Gegend gewährt
das Bild einer schwelgerischen Ernte. Wir ritten durch Felder
von Farrenkraut, das so hoch war wie unsere Pferde, und durch
wilden Hafer, von dem einzelne Aehren über Roß und Mann
emporragten. Der Rand der Seen ist äußerst sumpfig und die
Seen selbst sind sehr seicht, besonders der von Angelo Kastro; sie
sind reich an Fischen und Aalen und mit schwanken Binsen ge=
füllt. Bei den verschiedenen Durchmärschen türkischer Truppen
flüchteten sich die Einwohner in diese Moore. Einmal hatten
fünfhundert Familien hier ihre Wohnungen aufgeschlagen, indem
sie Pfähle und Aeste einschlugen und das Schilfrohr zusammen=
banden. Die Türken machten verzweifelte Anstrengungen, um
sie zu vernichten: manche Reiter kamen bei den Versuchen um,
sie zu erreichen; man setzte Flöße und zu Kähnen ausgehöhlte
Balken (monoxyla) in Bewegung, aber die Türken konnten nicht
in hinreichender Zahl hinkommen und waren einzeln dem Feuer
der Griechen ausgesetzt. Die Türken versuchten, das Schilf in
Brand zu stecken, aber es wollte nicht brennen. Zuletzt wollten

fie die Griechen aushungern, aber die Küsten ihres kleinen Sees standen ihnen offen und gleich den Fischessern des Herodot wurden sie von den Fischen unter ihren Wohnungen versorgt.

Am folgenden Tage sendeten wir unsern Diener ab, die Zelte unter den Trümmern von Stratus aufzuschlagen; wir selbst eilten nach der Richtung der Trümmer von Thermus, wie Pouqueville sie angibt. Wir kamen über einen Bergstrom, stiegen dichtbewachsene und steile Hügel hinauf und wieder hinab und erklimmten zuletzt, nachdem wir verschiedene Male unsern Weg verloren hatten, einen abschüssigen Hügel von fester, rechtwinkelichter Gestalt, der von der Ebene darunter wie eine Festung aussah. Dieser Felsen war mit den Trümmern des alten Thermus gekrönt, die freilich mit Poucquevilles Beschreibung sehr wenig übereinstimmten. *) Das alte Thor gewährte noch den Zutritt zur Festung; die Ueberbleibsel der mit kleinen Steinen und Erde zu Tambours gebildeten massiven Mauern, die mit Flechtwerk gestützt sind, haben während der letzten Kämpfe oft als Zufluchtsort für die Bewohner der Umgegend gedient. **)

Wir brachten einen ziemlichen Theil des Tages damit hin, die Gegend von diesem hochgelegenen Platze zu untersuchen. Erst als wir den rauhesten Theil hinabgestiegen waren und unsere Pferde losbanden, die unten an einem schönen Platze im reichsten Klee gegrast hatten, fiel es uns ein, daß wir noch vier und eine halbe Stunde Weges bis zur Furt des Aspropotamos hatten. Man hatte uns gesagt, die Furt selbst bei Tage ohne Führer zu passiren sey unthunlich, und schon senkte sich die Sonne an den Horizont. Rasch eilten wir durch Brachori und Zapandi, aber weder das letzte Zwielicht, noch der helle Mondschein zeigten uns irgend eine Spur des Weges. Nachdem wir über die Ebene

*) Diese festungähnlichen Felsen sind Massen conglomerirten aufliegenden Sandsteins, und überall, wo sie auf Anhöhen erscheinen, sind sie zur Errichtung von festen Plätzen benutzt worden.

**) Die Lage von Thermus ist der Gegenstand beträchtlicher antiquarischer Streitigkeiten gewesen, in Folge einer mißverstandenen Stelle im Polybius und der von Poucqueville gegebenen Beschreibung. Ich verweise daher in einem Anhang auf einen Bericht über Philipps Zug gegen Thermus, der, denke ich, genügend Polybius' Meinung aufklären und seine Erzählung mit der Ortsbeschreibung des Platzes vereinigen soll.

gesprengt waren, stieg ich auf einen der mächtigsten Bäume und gewahrte zu meinem Erstaunen das weite und weiße Bett des Achelous oder Aspropotamos nur eine Viertelmeile entfernt. Der Strom war reißend, breit, trübe und anscheinend tief; dessenungeachtet sprengten wir unerschrocken hinein und waren bald auf trokenem Grunde jenseits, über die vernommenen Berichte lachend. Bald aber entdeckten wir, daß wir erst am Anfang unsers Unternehmens standen, indem wir nun erst die schlimmsten Strömungen und Brandungen überwinden mußten, mit Triebsand dazwischen, in dem wir mehr als einmal stecken blieben. Unsere Pferde waren bald abgetrieben und das Abenteuer verlor allmählich alles Angenehme. Nach stundenlangem ängstlichem und mühseligem Waten und Lootsen hatten wir endlich die Freude, uns auf festem Boden zu finden. Aber was sollten wir nun anfangen? Um zu biwachten sub Jove frigido (unter kaltem Himmel) waren wir in schlimmerer Lage als vor dem Durchritte, und groß war unsere Freude, als wir nach halbstündigem Ritte auf dem Flußufer ein Licht erblickten, das wir bald für ein Feuer erkannten, umgeben von den Führleuten, die mit ihren Pferden, statt der Boote, an der Furt lagen. Als sie unsere Geschichte hörten, bekreuzten sie sich, glaubten uns aber nicht eher, bis sie unsere Pferde und Kleider befühlt hatten. Sie führten uns nach Lepenu, einem einst reichen und glücklichen Orte von zweitausend Seelen, wo wir unser Zelt aufgeschlagen fanden neben der stillfließenden, klaren Quelle, dem einzigen beweglichen Wesen mitten in dem öden Dorfe. Wir bemerkten auf einer Anhöhe unweit der Furt die Umrisse der Ueberbleibsel von Stratus, die im bleichen Mondenschimmer uns einen großen Begriff ihrer Pracht und Größe gaben.

Die Landeseinwohner mögen mit der Zeit und à force de voyageurs gute Führer werden, inzwischen sind sie jetzt dem Reisenden von geringem Nutzen. Manche sind in der That neue Anbauer und ihre Unkunde, selbst der Namen und Oerter, führte uns häufig irre. Ein Compaß und Lapies Karte (welcher Pouqueville nur zu oft gefolgt ist) waren unsere einzigen Führer, aber der Mangel an Uebereinstimmung derselben brachte uns auf die empfehlenswerthe Gewohnheit, die Hügel zu ersteigen, um die Vogelperspective zu nehmen. Schwierigkeiten und Abenteuer blieben folglich unsere unzertrennlichen Gefährten bei der Reise durch ein

Land, wo die Wege spurlos verschwanden, Häuser und Dörfer verlaßen standen und der Anblick eines Menschen ein seltenes Begegniß war. Diese Umstände aber zwangen uns gleichsam eine genauere Kenntniß der Localitäten auf, als wir bei größeren Erleichterungen im Reisen und längerem Aufenthalte erlangt hätten. Zugleich gaben sie dem Ausfluge ein romantisches Interesse, das völlig unverträglich ist mit geradegeschnittenen und eingedämmten Wegen, rechtwinkeligen Feldern, Gränzsäulen, Zollstätten und Schlagbäumen und andern Zeichen der Civilisation.

Am nächsten Morgen waren wir mit Tagesanbruch zwischen den Ruinen von Stratus. Strabo verlegt es zehn Stadien vom Achelous, der, wie er sagt, bis hieher schiffbar ist. Gegenwärtig fließt ein Arm des Flusses unter den Mauern. Ihr Umkreis beträgt zwischen drei bis viertausend Schritten. Da die Blöcke von Sandstein sind, so haben sie nicht die Frische und Schärfe im Winkel, welche die andern Ruinen von conglomerirten und Kalksteinen haben. Die Ueberbleibsel der soliden Mauer haben Alles überlebt, zu dessen Schutze sie bestimmt war. Ein Thor am Wasser führt noch in den leeren Platz; hier hat die Mauer noch beinahe ihre ursprüngliche Höhe von zwanzig Fuß behalten. Auf einer gegen Westen blickenden Anhöhe lagen Haufen Bruchstücke von ebenen Säulen, (alten dorischen) Triglyphen und Capitäler von schönem weißem Kalkstein, den man entweder aus Brachori oder Machala geholt hatte. Auf dem höchsten Punkte nach Norden befanden sich Ueberbleibsel einer ältern cyclopischen Burg. Die übrigen Ruinen bildeten eine unerkennbare, mit undurchdringlichen Disteln überwachsene Masse. Felsenbienen hatten sich zwischen die zerbröckelten Steinlagen eingenistet, und große, braune und röthliche Schlangen lagen sich sonnend auf den Mauern und sprangen und schlüpften, durch unsere Nachforschungen gestört, zwischen die Steinritzen. Von einem bemoosten Felsen, im Schatten eines Feigenbaumes, fiel oder tröpfelte vielmehr in einen alten Sarkophag der dünne Strahl einer eiskalten Quelle und bewässerte ein einzelnes Maisfeld, den einzigen aufgeräumten Platz in dem Umkreise.

Durch Fragen bei einem Bauern, durch das Nachsehen auf unserer Karte und einen noch vorherrschenden Glauben an Pouqueville machten wir uns glauben, das jetzige Actos sey das alte Metropolis und gedachten die Nacht in Metropolis zu seyn. Demgemäß wurde früh Morgens das Zelt abgeschickt, mit der Ordre, es in Aetos aufzuschlagen, und einige Stunden später machten wir uns auf, unsere Nachfragen nach den Ruinen richtend. Aber das war das letzte Mal, daß wir Bett und Abendessen auf die Gleichheit einer alten und neuen Stadt berechneten! Der Morgen war ermüdend hingegangen mit Aufnehmen des Planes von Stratus; wir waren ganz erschöpft von der übermäßigen Hitze und einem stundenlangen Jagen nach unseren Pferden, die, während wir mit alter Baukunst emsig beschäftigt waren, eine botanische Excursion nach frischen Exemplaren eines Maisfeldes machten, so daß die Sonne schon, wie die Albanesen sagen würden, „zwei Klafter über dem östlichen Horizont" war, als wir uns aufmachten, Metropolis zu suchen. Nachdem wir in der Ebene nach Westen fast zwei Stunden geritten waren, kamen wir längs des Fußes der Berge vom kleinen See Ozero nach dem großen, ohne einem lebenden Wesen zu begegnen oder im Stande zu seyn, einen begangenen Weg zu entdecken. Endlich, voll Erschöpfung und Verzweiflung, sattelten wir unsere Pferde ab, pfählten sie an und legten uns unter einen Baum. Der Tag verging, der Abend kam, aber Niemand erschien und wir stiegen wieder auf. Wir mußten über die Berge hinüber; aber ohne allen Weg, ohne allen Zielpunkt die Reise anzutreten, war völlig hoffnungslos, und jemehr wir die Karte studirten, desto mehr verwirrten wir uns. In dieser Verlegenheit hatten wir das große Glück, einem Haufen Pferde und einer Heerde Schweine zu begegnen. Der Vortheil dieses Zusammentreffens ist vielleicht nicht sogleich deutlich und verständlich, aber die Ferkel wurden von einem Zweifüßler begleitet, dessen Erklärungen uns nicht viel geholfen haben möchten, der aber, auf Vorzeigen eines Hundert Para Stückes, ein Thier von dem wandernden Gestüte einfing und uns auf den Weg brachte, der durch eine Schlucht in diesen schroffen und schwerzugänglichen Hügeln nach Machala führte.

Wir ließen das hoch zu unserer Linken schön gelegene Kloster Likovitza liegen, und die Dämmerung zeigte uns ein gegen Süden offenes Amphitheater von Hügeln, deren Abhänge mit Dörfern besetzt waren, mit einem Grade der Cultur, der uns nach dem Aussehen der so eben verlassenen Ebene überraschte.

Die Ruinen von Metropolis heißen jetzt Porta. Obgleich wir sie nicht vor völliger Nacht erreichten, so fanden wir doch ihre Lage, die einen kleinen, aber steilen und schroffen Hügel krönt und umschließt, auf welchem jetzt das Kloster Sanct Georg steht, umgeben von einigen Duzend kleiner Hütten, gleich Bienenkörben, Flüchtlingen angehörend, die nach Akarnanien gezogen sind. Die Ruinen von Metropolis haben das Ansehen des Alterthums, weil sie vieleckig sind, weil ihnen die Thürme fehlen oder doch jedenfalls nur in geringer Anzahl vorhanden sind, und weil die Mauern zerstört sind.

Das ist Porta; wir zweifelten nicht, daß es Metropolis gewesen, aber Aëtos ist es gewiß nicht, und deßhalb war kein Zelt zu sehen. Wir mußten also eine nicht sehr erfreuliche Nacht im Hofe des fast verödeten Klosters zubringen. Der einsame Kalogeros spendete uns ein sehr kleines und sehr schwarzes Brod und eine Decke, um uns gegen die Kälte zu schützen. Bald aber waren wir froh, die tückische Hülle wieder los zu werden.

Am folgenden Morgen verließen wir bei Zeiten unsern nackten, kalten und thauigen Rasen, nachdem wir den größten Theil der Nacht im Hofe umhergegangen waren. Wir stiegen von dem unwirthlichen Felsen herab und kamen drei Meilen lang durch die kleine, mit herrlichen Hügeln umgebene und mit Dornbüschen und Eichen besetzte Ebene von Aëtos. Unter einem senkrechten Felsen, der am andern Ende mit einer venezianischen Festung gekrönt war, freueten wir uns, unser Zelt zwischen dem dunklen Unterholze zu erblicken. Wahrlich ein willkommener Anblick war der dabei aufsteigende Rauch, gleich einer schlanken, geraden, am Gipfel buschigen Pappel, und als der kleine Wachthund auf uns zulief und wir unsre gewohnten Lastthiere in ihren Fesseln zwischen den Bäumen umher springen sahen, erschien uns die fremde Wildniß vertraut. Den ganzen Tag ließen wir das Zelt an seiner Stelle und zu der von der Natur gebotenen Ruhe, konnten wir auch keinen entzückendern Platz wünschen. Am entgegengesetzten Hügel stand ein Weiler, aus dem Rauch aufstieg, der also bewohnt war. Da wir in unserer Nachbarschaft weder Schaf-, noch Schweineheerden belästigt hatten, und alle zusammen sehr zahme und friedliche Geschöpfe schienen, so machten die Frauen des Weilers gegen Abend einen Versuch der Neugierde und des

Handels; sie brachten uns ihre Wasserkrüge (wir hatten aus dem Brunnen geschöpft) und zum Verkaufe Eier und Dickmilch (yavorti). Wir waren bald auf dem besten Fuße mit unseren schönen Besuche- rinnen. Eine alte, lustige und spirituelle Dame war die Anführ- rerin der Gesellschaft, und wohin sie sich bewegte, liefen und dräng- ten sich die Jüngeren hinter ihr her, so daß sie uns überall den Aper, die Spitze eines macedonischen Phalanx darstellten, dessen Anführerin in die Rüstung von sechzig Wintern gehüllt war, wäh- rend die Mannschaft im Rückhalte Blicke statt der Lanzen schwenkte. Wir verehrten der alten Dame eine Tasse Kaffee, aber weiter ging es nicht mit unserer Freigebigkeit; es waren ihrer zu viele für unsere Tassen und unsern Kaffee, und wir wünschten nicht, durch den Vor- zug Einzelner den Apfel der Zwietracht unter sie zu werfen. Nach- her bekamen wir Besuch von den Männern, die über das alte Grie- chenland, die Türkei, Europa und natürlich auch über das Pro- tokoll schwatzten, und uns belustigte der Gedanke, wiewohl die Bauern irgend eines andern Landes eine Unterhaltung über solche Gegenstände geführt haben würden.

Von Aötos stiegen wir eine Stunde nordwärts nach Zeuki, einst einem bedeutenden Dorfe. Eine Stunde darauf kamen wir an eine Schlucht, durch die ein von Zeuki herabkommender Strom sich den Weg in die Ebene von Mitika durchbricht. Auf der Höhe dieser Schlucht, über dem Wege, stand fast noch unverletzt ein kleiner und schöner hellenischer Thurm, fünfzehn Fuß im Geviert und zwanzig hoch; die Mauer war nur anderthalb Fuß dick und die Schießlöcher an der Außenseite hielten drei Fuß zu fünf Zoll.

Als wir herabkamen, bemerkten wir Ruinen auf einem der Berge zur Linken, durch deren Kette wir kamen. Es hätte uns Leid gethan, sie unbesucht zu lassen, allein die Anzahl der Ruinen wuchs so mächtig an und sie waren oft so schwer zugänglich, daß die Aufgabe, jede zu untersuchen, unsere Kräfte überstieg. Wir entschlossen uns jetzt, unsre Arbeiten zu theilen. Mein Gefährte erstieg den Hügel und ich nahm meinen Weg durch die Ebene von Mitika, nach den Ruinen des alten Alyzea, an deren nördlichem Ende.

Die Ruine auf dem Hügel ist cyclopisch, ohne Thürme; sie hat zwei Thore, die durch eine Querdecke auf zwei Trägern ge- bildet werden; in den Felsen ist eine Cisterne gebrochen. Es befinden sich dort zwei äußerst rohe und sehr verwischte, in den Kalkstein gehauene Basreliefs. Das eine stellt zwei sitzende Gestalten dar, mit einer Schlange zwischen ihnen; das andere einen nackten Krieger, der einen Speer hält und eine neben ihm stehende bekleidete Frau.

Auf welchen seltsamen Zustand der Gesellschaft deuten diese Ueberbleibsel! Völkerschaften, die sich wegen ihrer Dichtigkeit auf einander drängen und sich zugleich aus Furcht vor einander zurückziehen, ihre Arbeit auf die Erbauung von Schutzwehren verwendend und ihre Zeit, Berge und Abgründe mühsam zu bearbeiten, um starke Plätze zu erbauen. Die Wurfgeschütze der neueren Kriegskunst würden entweder den Ursachen des Mißtrauens ein Ende gemacht, oder vielleicht auch die Quellen dieser übervollen Bevölkerung vernichtet haben. Feindliche Städte konnten sich damals fast von einer Mauer zur andern beschimpfen, und einige mächtige Staaten des Alterthums könnten jetzt Kugeln und Granaten von einer Hauptstadt in die andere werfen, zum Beispiel Olynthus und Potidea.

Wir sind es so gewohnt worden, die Wirkungen des Schießpulvers, als von einem Staate gegen den andern angewendet, zu betrachten, daß wir es vernachlässigt haben, die Wirkung dieser Erfindung auf die Staaten selbst zu beachten. Ich glaube, es läßt sich nachweisen, daß sie in Europa auf den Charakter der Gesellschaft, der Einrichtungen und der Regierungen wesentlich eingewirkt hat. Durch Artillerie ist der Vortheil und der Widerstand der Oertlichkeit verloren, der Geist der kriegerischen Stämme gebrochen, und mitten in den stärksten Positionen wird der einst keckste Bergbewohner, wenn er unbewaffnet ist, von seinen bewaffneten Unterdrückern verfolgt, oder, wenn er selbst diese Zerstörungsmittel besitzt, geräth er in Versuchung, ein Räuber und auch seinerseits ein Unterdrücker zu werden.

Im Abendlande hat das Schießpulver, mit seinen damit vergesellschafteten stehenden Heeren, den Erfolg gehabt, eine friedliche Herrschaft auszudehnen, welche den militärischen Charakter der Quellen europäischer Macht entstellt und verändert. Die politischen Institute im Westen erzeugen, mehr oder weniger erdrückend in ihrem gleichförmigen und geregelten Verfahren, keinen örtlichen Widerstand, sondern erwecken allgemeines Mißvergnügen. Oert-

licher Widerstand wird unwirksam durch die vermehrten militäri=
schen Mittel der vollziehenden Gewalt; örtlicher Widerstand ist auf=
gehoben durch den moralischen Charakter des Widerstandes, der
hervorgerufen wird durch die exceptionellen Grundsätze, die in die
sogenannte administrative Praktik und Wissenschaft Europa's ihren
Weg gefunden haben. Diese setzt unter den Einwohnern die Ach=
tung vor ihren eigenen Wahrnehmungen herab, indem sie Gesetze
an die Stelle der Gerechtigkeit, Regierungsmaaßregeln an die Stelle
von Recht und Pflicht setzt.

In der Türkei, wo die Gefühle und Gewohnheiten des Volkes
nicht durch eine so eben beschriebene militärische Macht gleich ge=
macht sind, haben die abstracten Grundsätze der Verwaltung ihre
ursprüngliche Einfachheit in hohem Grade beibehalten. Die ver=
mehrte Wirksamkeit, welche das Schießpulver der verhältnißmäßig
kleinen Zahl von Leuten gibt, welche durch das Recht der Behörde
oder der Rache Waffen tragen, dient daher wohl dazu, einzelnes
zufälliges Unrecht zu vermehren, nicht aber eine gleichförmige, in=
deß gesetzliche Ungerechtigkeit festzustellen. Der Unterschied ist ein
unendlicher zwischen dem Soldaten und dem Banditen, der jetzt eine
Flinte trägt, und dem Bauer, der nicht mehr seine Sense oder
seinen Dreschflegel mit dem Speer oder Säbel messen oder mit
einem einzigen Schritte aus dem Bereiche solcher Waffen kommen
kann. Allein der Soldat in der Türkei ist bis jetzt nur der Gehülfe
des Pascha gewesen. Wird er Diener der Regierung, so wird das
Land wirklich glücklich seyn, wenn die Regierung die Mäßigung,
die Einfachheit und den Charakter eines obersten und unparteiischen
Richters beibehält, der jetzt seiner militärischen Schwäche als die
einzige Stütze ihres Ansehens, als der Grundpfeiler ihres Daseyns
dient. Der Bebauer des Grund und Bodens, höher stehend auf
der verhältnißmäßigen Stufenleiter der bürgerlichen Gesellschaft als
der Ackerbauer in Europa, ist schon unter das früher genossene An=
sehen hinabgesunken und muß unendlich viel tiefer sinken, wenn sich
die Disciplin mit dem Schießpulver vereinigt und entweder ein
disciplinirter Aufstand*) der Pforte Bedingungen auferlegt, oder

---

*) Ist nicht diese Wahrheit unwiderstehlich bewiesen durch die Insurrection
Mehemed Ali's — wird sie es nicht durch den Zustand der Bauern
in Aegypten und Syrien?

ein stehendes Heer alle Unterschiede gleichmacht durch sein gleich=
mäßiges Gewicht und seinen fortwährenden Druck.

Die Ebene von Mitika ist eine dreiseitige Fläche. Die Küste
ist die Grundlinie, zwei Ketten mächtiger und steiler Berge bilden
die Seiten und streifen jenseits in die Hochlande. Vor der Ebene,
in der Entfernung von einer oder zwei Meilen, erhebt sich die Insel
Kalamo aus der See. Die Berge sind Kalkstein. Die Ebene ist
Thon und aus Mangel an Bebauung nach der Küste hin sumpfig.
Der Vernacus hat sich neben dem Winkel der Ebene einen pracht=
vollen Durchweg durch den Kalkstein gebrochen und häuft dort,
durch eine Dämmung an der Schlucht eingeengt, seine Wasser zur
Befeuchtung der Ebene. Ich spreche nämlich von dem was war,
nicht was ist. Diese Dämmung ist die Spur des Alterthums, die
mir am meisten in Akarnanien gefallen hat. Hier sind cyclopische
Arbeiten und hellenische Baukunst einem nützlichen Zwecke gewid=
met, und bleiben noch zu gegenwärtiger Stunde nützlich und lehr=
reich. Die Entdeckung dieser Ruine gewährte mir ein besonderes
Interesse für diese Stadt (Alyzea) und die damit verbundenen
Gegenstände. Ich bildete mir ein, ihr schützender Felsendamm
trenne sie von den Ereignissen in Akarnania, schirme sie vor der
zerstörenden Nachbarschaft der Aetolier, ihr kleiner See verschaffe
dem Boden üppige Fruchtbarkeit, ihr sicherer Hafen bringe Han=
del an ihre Ufer, und genieße der friedliche, intellectuelle und
schöpferische Theil des gebildeten Griechenlands, in nicht un=
rühmlichem Frieden und nicht unmännlicher Verfeinerung den
Reichthum dieses lieblichen Platzes und die Sicherheit dieser
starken Lage.

Alyzea besaß, unter manchen anderen Eingebungen der atti=
schen Bildhauer=Muse, die Arbeiten des Hercules von Lysippus'
Meißel. Ich hörte von den Bauern, daß sich zwischen ihren Hüt=
ten viele Inschriften finden, allein ich konnte nur zwei auffinden.
Die Mauern sind im besten hellenischen Style und wahrscheinlich
würde von all diesen Städten Alyzea eine Ausgrabung und Nach=
forschung am besten lohnen.

Die Aufregung, welche die Ankunft von Europäern überall
verursachte, wurde hier besonders auffällig. Man drängte sich
um mich, ängstlich fragend, wo denn wirklich die Gränze seyn
sollte, und als ich ihnen sagte, sie läge außen vor, standen sie

gleich Leuten, die ihr Todesurtheil angehört hatten. Ein hübscher, verständiger Knabe, gewiß nicht älter als zehn Jahre, der eine Stunde lang mich durch die Ruinen geführt hatte, rief aus: „Wir werden die Türken*) nimmer wieder her lassen!" — „Willst du sie daran hindern, kleiner Mann?" fragte ich. Mit einem Blicke und einer Stellung voll Entrüstung erwiederte er: „Lachen Sie meinetwegen, aber lebendig sollen die Türken nimmer selbst ein kleines Kind bekommen." (Δὲν θὰ πιάσουν ζοορδανὸν μήτε μωρὸν παιδί.) Er zeigte dabei auf ein Mädchen, das älter war, als er selbst und sagte: Ich würde meine Schwester lieber erschießen, als daß sie wieder Sklavin werden sollte."

Eine halbe Stunde vor Sonnenuntergang verließen wir Kan= dile, um nach Vonizza zu kommen. Wir spornten unsere Pferde und erreichten noch bei Tage die Schlucht bei Alyzea, durch die der Vernacus strömt. Auf der steilen Höhe zur Rechten, die sich we= nigstens fünfhundert Fuß senkrecht erhebt; steht eine venezianische Festung: Glossa. Wenn die Klippen vorbei sind, wendet sich die Schlucht links, die Berge werden an beiden Seiten höher. Hier wurden wir plötzlich durch eine hellenische Mauer aufgehalten, welche die ganze Höhlung ausfüllte. Wir stiegen ab, und nachdem wir eine Weile umhergetappt, entdeckten wir rechts einen Durch= gang. Das war der Deich, dessen ich erst erwähnte; die oberen Lagen traten so weit zurück, daß eine pyramidengleiche Neigung entstand; eilf Lagen waren noch zu sehen. Die Nacht war ein= getreten, aber wir hatten den Vortheil eines sehr glänzenden Mond= scheins, der auf die durchschrittene Schlucht eine Lichtfluth warf. Wir standen im tiefsten Schatten, um das Heilige des Ortes (re= ligio loci) anzuerkennen und uns zu freuen über den Duft und die Frische eines orientalischen Abends nach einem ermüdend hellen und schwülen Tage. Wir verfolgten unsern Weg durch Myrten= gesträuche im tiefen Schatten des lieblichen und prächtigen Tschinar (Platanus), der, das Strombett und den Boden der Höhlung füllend,

---

*) Es ist der Mühe werth zu bemerken, daß das Wort, „Türke" in Griechenland eben so gebraucht wird, wie in Europa. Diese Einwohner haben nur ein einziges Mal ein wirklich türkisches Heer gesehen — nie gegen Türken gefochten. Den Türken verdanken sie, wie schon er= wähnt, ihre ursprünglichen Einrichtungen und fortwährenden Schutz gegen ihre Erbfeinde, die Albanesen.

seine ausgebreiteten Zweige gleich Bogen über unsern Häuptern
wölbte. Eine Stunde weit von der ersten Schlucht gelangten wir
zur zweiten, wo der Mangel an Futter uns abhielt, die Nacht zu
bleiben. Eine halbe Stunde brachte uns zu einer Mühle, vor der
auf einem grünen Rasen ein Kreis von Maulthiertreibern saß, im
Mondlicht rauchend, singend und Guitarre spielend.

Etwa um Mitternacht richteten wir uns ein auf einem offenen
Abhange, neben einer klaren Quelle, ließen unsere Pferde und Maulthiere grasen und zündeten ein loderndes Feuer an, das den malerischen Reiz unserer Lage sehr erhöhte, aber den wilden Ebern und
Schakals nicht zu gefallen schien, die rund um uns beständig schnauf-
ten und schrien. Nach den Pfeifen und dem Kaffee rüstete ich mich,
eines der größten Vergnügen des Reisenden zu genießen, nämlich mich
in einer mexicanischen Hängematte zwischen zwei Bäumen zu wiegen,
nach einem der reizendsten Tage einer höchst entzückenden Reise.

So wie es am nächsten Morgen hell wurde, machten wir uns
auf den Weg und kamen in zwei Stunden über den höchsten Theil
des Passes auf dem akarnanischen Olymp. Eine Stunde weiter
sahen wir nieder auf die fruchtbare kleine Ebene von Livadia. Als wir
weiter zogen, kamen einige Schäfersoldaten aus einem kleinen Ge-
hölze zur Rechten und boten uns frisch gemolkene Milch und frische
„Mgithra" (Quarkkäse) die italienische Ricotta. Wir besuchten
ihre waldige Wohnung; Hütten, Schafhürden, Dächer und Pallisaden, aus grünen Aesten und lebendigen Gebüschen gebildet,
formten sich zu schützenden Mauern; es war ein ganzes Labyrinth
von Laubwerk, ein Weiler von lebendigem Grün. Ihre Waffen
und rohen Geräthe hingen an den Bäumen; die Sonne, die
auf die gegenüberstehenden Hügel glänzend schien und auf die
halbe Ebene drunten, war noch nicht hieher gedrungen; das Gras
war noch naß von Thau. Wir nahmen freudig ihre Gastfreundlichkeit an und genossen ein herzhaftes Frühstück von ihrer einfachen
Kost, während sie rund um uns her butterten, ihre Waffen putzten,
Ziegen und Schafe molken und sie schoren. Sie waren erstaunt
über unsere Fragen und maßen der Bewunderung, die wir über ihr
Feldlager äußerten, keinen Glauben bei; sie argwöhnten sogar, daß
wir uns auf Kosten ihrer Einfachheit belustigten. Einige von ihnen
aber, die etwas von der Welt kannten, begannen den Uebrigen
etwas zu erzählen von den Palästen, dem Luxus und dem Wissen

in England und wunderten sich, wie Milordi Vergnügen daran finden könnten, ihre Unwissenheit und Armuth zu betrachten, „wir Viehzeug, das wir sind." — (ἡμεῖς ζῶα ὁποῦ εἴμεθα.)

Auf einem kleinen Hügel nördlich liegen die Trümmer von Pyrgi, einem von Ali Pascha erbauten Landhause. Jahre lang ist es vom Pfluge unberührt geblieben und jetzt eine üppige Wiese. Ueber das Recht, sie von seinen Anhängern beweiden zu lassen, sind Vernachiotti und Zonga gegenwärtig in Zwiespalt und wahrscheinlich bald im offenen Kriege.

Wir stiegen allmählich von einer Hochebene zur andern hinab. Das Land ist zum Theil bewaldet; die Gründe sind mit reichem Boden versehen, obgleich die Felsen Kalkstein sind. Der Weg steigt zuweilen durch Klüfte hernieder, die der Strom aufgerissen hat, und die im Kleinen die größeren Scenen des vorigen Abends wiederholen. Diese Klüfte sind mit verschiedenen Arten von Eichen überhangen — der gewöhnlichen Eiche, der glatt- und stachlicht-belaubten, der Steineiche — und mit Eschen, Ulmen und anderen Waldbäumen. Das in diesem Klima sonst ungewöhnliche Moos hing verschwenderisch herab von den feuchten Felsen und den Stämmen und Aesten der Bäume, die von unzähligen Schlinggewächsen bezogen waren, hauptsächlich von Waldreben (clematis), die ihre schwanken Zweige von den obersten Gipfeln der Bäume bis zu den Stromufern unter dem Felsen raukten, wo sie sich rund legten, wie lose Taue, die vom Mastbaum herabhängen.

Etwa eine Stunde von Livadia erblickten wir nach und nach die ausgezackten Küsten und Buchten des ambrakischen Meerbusens, das leukadische Vorgebirge und die Ἀκτὴ Ἠπείρου (das Ufer von Epirus). Vor uns erhob sich das Land des Pyrrhus, des Skanderberg und des Ali Pascha, und rechts die Altarberge der alten Mythologie, die schneebedeckten Gipfel des Pindus. Eine Stunde weiter brachte uns nach Paradisi, als wir uns zur Linken wendend eine kleine Ebene erblickten, die sich nach dem Meerbusen hinstreckte, an dessen Küste sich ein kleiner runder Hügel erhob, auf dem die venezianischen Thürme und Festungswerke von Vonizza standen.

Es war fast Mittag, als wir den Fuß der Hügel erreichten; die Hitze wurde durch reichlichen Schatten und den gerade aufgekommenen Seewind gemäßigt. Die Gegend rund umher lachte uns an in ihrem friedlichen Reichthume. Wir befanden uns auf einem

hellen grünen Rasen, halb umkreist von einer Biegung des felsigen
Stromes und beschattet von einer dichten Masse freundlicher Plata=
nen, der beständigen Zierde fließender Gewässer. Der Vorgrund
bot ein Meisterstück von der Hand der Natur, das eigentlich nur
ein Salvator Rosa oder ein Byron zu schauen würdig gewesen wäre.
Obgleich kein Dorf, nicht einmal ein Haus in der Nachbarschaft
war, hatte doch ein Trupp Palikaren diese Stelle zum Feldlager
gewählt, und seine Wohnungen unter den Bäumen aufgeschlagen.
Nur die Anmuth des Platzes, der Ueberfluß an Wasser und Schat=
ten und ihr angeborner Geschmack hatte sie gelockt. Jeder Palikar
hatte sich ein Feldbett geflochten von grünen, mit Farrenkraut be=
deckten Zweigen, das er nach seiner Laune entweder durch Pfähle
stützte, die in das Bett oder die Ufer des Stromes getrieben waren,
oder in die Gabeläste der stämmigen Bäume geknüpft hatte, oder,
um den kühlen Luftzug zu genießen, an die Aeste hing, die sich
über dem Strom hinüber kreuzten. Ihre Ziegen, deren jeder Krie=
ger eine oder mehrere hatte, ruhten unter diesen Feldbetten oder
standen im Wasser. Einige Palikaren badeten sich; andere saßen
in ihren reichen malerischen und kriegerischen Trachten mit über=
gekreuzten Beinen und rauchten; noch andere hatten sich um Feuer
gruppirt und kochten, während der Rauch durch das dicke Laubwerk
aufstieg, über die Stämme zog oder rund um die lichtgrünen, glat=
ten Zweige wirbelte und die in das Laubgitter gedrungenen Son=
nenstrahlen auffangend und zurückwerfend, tausend schöne Effecte
hervorbrachte. Das schrillende Rasseln einer einzelnen Schellen=
trommel (tamburiki), gemildert durch das Murmeln des rieselnden
Baches, machte eine köstliche Begleitung zu dem Traume, denn ein
solcher schien das Ganze.

Der Platanus, der Tschinar der persischen Dichter, ist ein in
seiner Gestaltung so zierlicher, in seinem Wuchse so schmiegsamer
Baum, daß er allen seinen Umgebungen Schönheit verleiht. Wenn
eingeschränkt, schießt er in die Höhe, wie eine Pappel; wenn frei=
stehend, breitet er sich aus, wie eine Eiche, und herabhängend an
Strömen gleich der Trauerweide eignet er sich für jede Lage des
Bodens und schmiegt sich jedem Landschaftsstyle an. Das Laub=
werk ist durch die Breite der Blätter und das Ausbreiten derselben
am Ende der Zweige stark und massiv, ohne dicht oder schwer zu
werden. In der Belaubung selbst bilden sich große und luftige

Wölbungen, die das starke Licht und die Sonnenstrahlen abhalten, und durch diese grünen Dome winden sich gleich Riesenschlangen die runden, langen, nackten Aeste von lichtgrüner Farbe, weich wie Sammet.

Wir schwelgten in diesem Thale, das seinen Namen (Paradies) verdient, wenn irgend etwas auf Erden ihn verdienen kann, um unseren Leuten Zeit zu lassen, das Zelt in Vonizza aufzuschlagen und ein Mittagsmahl zu bereiten, das uns für die lange Entbehrung entschädige. Aber ach! bei unserer Ankunft fanden wir uns wieder in irdische Sorgen der Wirklichkeit versetzt, denn weder Zelt noch Mittagsmahl war vorhanden — unsere Diener hatten sich unterwegs gezankt und waren im vollsten Sinne des Wortes bei dem Messerziehen.

Achtes Kapitel.

Veränderungen unter den Pallikaren. — Die Wlachi, Hirten, Soldaten. — Pouqueville's Irrthümer. — Festlichkeiten auf dem Makronoros. — Eberjagd. — Ankunft in Albanien.

Schritt vor Schritt, so wie wir nach Norden kamen, verschwand vor uns das Gerücht von Aufregung und Anarchie. So wie das Gerücht und der Regenbogen den Verfolger flieht und den Fliehenden verfolgt, so ertönte jetzt der Lärmen in unserm Rücken, und wir hörten von nichts als von Unruhen in Morea. Wir waren an dem Orte angekommen (Vonizza), der den Ruf in Morea hatte, der wahre Brennherd der Unzufriedenheit und Unordnungen zu seyn; aber hier, wie überall fanden wir die höchste Ruhe; auch brauchten wir nicht die mindeste Vorsicht zur Erhaltung unserer selbst oder unserer sehr unbedeutenden Habseligkeiten zu haben; während unserer ganzen Wanderung in Akarnanien war uns auch nicht ein Gedanke an Vorsicht eingefallen.

General Pisa war Militär=Befehlshaber im westlichen Griechenland, und wir erfuhren bald alle Einzelnheiten des Zustandes und der Organisation in diesem Lande. Einige Monate früher hatten ernsthafte Unruhen unter den Soldaten stattgefunden, die aber, ich will eben nicht sagen durch die Unfähigkeit, sondern

durch das bloße Erscheinen des Augustin Kapodistrias erregt wa‐
ren. Die griechischen Armatolis würden sich dem Ansehen eines
europäischen Officiers unterordnen, der durch seine Fähigkeiten
Achtung gebietet und Gefahren und Beschwerden mit ihnen theilt;
das anmaßende Benehmen aber eines fränkischen, besonders eines
corfiotischen Neulings, der überdieß ein eitler und einfältiger
Mensch war, konnte anfangs nur Erstaunen und dann Verach‐
tung erregen.

Seit der Ernennung des Generals Pisa hat die vollkommenste
Ruhe geherrscht, ich glaube aus keinem andern Grunde, als weil
er nicht Augustin Kapodistrias ist; er hat auch bis jetzt durch
keine Einmischung in fremde Angelegenheiten zeigen wollen, daß
er General Pisa ist.

Vonizza ist das Hauptquartier der Truppen, die auf dem
Makronoros und an verschiedenen Punkten des Meerbusens (von
Arta) vertheilt sind, zwischen denen die Verbindung durch Mystiks
(Segelboote) unterhalten wird. Das regelmäßige Abwechseln der
Land‐ und See‐Winde macht diese Binnenfahrt sehr sicher und
schnell. Als wir uns vornahmen, nach Karavanserai zu Lande
zu reisen, um die südlichen Küsten zu besuchen, empfahl man
uns zu Wasser zu gehen, weil die Ueberfahrt gewöhnlich zu Was‐
ser geschehe, da der Landweg umführe und schlecht sey, die Winde
aber günstig und sicher. Ich wiederhole diese Bemerkung, weil
sie zur Erläuterung dienen mag zu den Uebergängen Philipps und
der Lakedämonier von Leukas nach Limnäa, bei deren letzterem,
wie ich mir denke, das Auslassen des Wortes: „zur See“ Anlaß
zu Streitigkeiten zwischen stubengelehrten Commentatoren gegeben
hat, welche eine Ansicht an Ort und Stelle leicht überflüssig ge‐
macht hätte.

Wir waren sehr zufrieden, nicht nur mit dem guten Geiste,
der unter dem Militär zu herrschen schien, sondern auch mit ih‐
rem pünktlichen und fröhlichen Gehorsam, den wir nach dem Bei‐
spiele der Peloponnesier schwerlich hätten erwarten sollen. Seit‐
dem die Organisation ins Werk gesetzt war, hatte sich erst ein
einziger Fall ereignet, der Bestrafung erforderte. Ein Officier
außer Dienst (ἀπόμαχος) hatte in einem Zanke einen alten Mann
in Vonizza geschlagen. Er wurde vor ein Gericht seines Gleichen
gestellt und verurtheilt, drei Monate seines Halbsoldes zu verlieren

6 *

und auf sechs Monate in das Schloß von Lepanto consignirt zu
werden. Dieses Urtheil war der eigene Einfall der Officiere selbst
und so war es auch die Art der Vollziehung; sie übergaben näm=
lich dem verurtheilten Officier selbst die Ordre zu seiner Consigni=
rung, um sie dem Gouverneur zu überbringen und sich selbst zum
Gefängnisse zu stellen. Das ist ein ganz neues Beispiel von
point d'honneur,*) der natürlich im Oriente ganz unbekannt ist.
Die Officiere sprachen mit Entzücken von ihrem ersten Kriegs=
processe.

Obgleich Vonizza das Hauptquartier war, lag doch keine
Truppen=Abtheilung dort, und nur einer der Kapitani war dort:
Zongas, der Anführer der Vlachi, einer Bevölkerung, die zu ver=
schiedenen Zeiten der Revolution so viel geholfen hat, als zehntau=
send Mann. Zongas hatte zweitausend seiner Zeit commandirt. Ob=
gleich die Vlachi keine Armatolis waren, wurden sie doch schneller
Soldaten als die griechischen Rajahs. Ihre nomadischen Sitten
und die geringe Berührung, in der sie zu den Türken standen,
machten sie weniger unterwürfig und dagegen vertrauter mit der
Gefahr und dem Waffengebrauche. Zugleich bestand ihr Eigen=
thum in leicht fortzuschaffenden Heerden und Vieh, und in Butter,
Käse und Mänteln, die man überall mit gleicher Leichtigkeit zu
Gelde machen konnte; das beschränkte nicht ihr umherschwärmen=
des Leben und überhob sie doch der Nothwendigkeit und der Lust
zu Räubereien. Ich denke, ich brauche nicht zu bemerken, daß
die Vlachi aus der Wallachei stammen, und daß sie zum Belaufe
etwa einer halben Million Seelen wandernde Hirten sind durch die
ganze europäische Türkei, die ihren Aufenthalt mit den Jahreszei=
ten wechseln, einen großen Theil der Schafe im Lande besitzen
und öfter noch andere Heerden hüten, die ihrer Sorgfalt von den
angesessenen Einwohnern anvertraut werden. **)

---

*) Es ist sonderbar genug, daß das Wort honour, bonneur, Ehre, das,
   wie die Reisenden uns erzählen, kein gleichbedeutendes in der türkischen
   Sprache hat, selbst ein türkisches Wort ist: „Laner," was in der ei=
   gentlichen Bedeutung Ordnung heißt. Im Griechischen bedeutet das
   Wort für „Ehre" τιμή, auch Preis.
**) Die folgende Beschreibung der Vlachi im dreizehnten Jahrhundert ist
   ein auffallender Beweis von der Unveränderlichkeit morgenländischer
   Sitten und Interessen: „Die Vlachi sind ein wandernder Stamm, der

Ihr gefeierter Anführer, Kach Antoui, einer der Klephti-
Helden unter Ali Pascha's Regierung, war ein reicher Besitzer
gewesen von Schafen und Ziegen, Pferden und Mauleseln. Ein
Haufen Albanesen fiel einst in sein Lager: Schafe wurden getödtet und Weinschläuche gelöset. Nach dieser Mahlzeit schritten sie
zu den schamlosesten Freveln und während ihres Schlafes fielen sie
als Opfer für die verletzte Keuschheit der Wlachi-Niederlassung.

Kach Antoni, erbittert über die Schmach seiner Familie und
nun unwiederruflich von aller Hoffnung auf Verzeihung ausgeschlossen, steckte seine Zelte und größeren Habseligkeiten in Brand, mischte
das Blut von zweitausend geschlachteten Schafen zu dem der ge-
mordeten Albanesen, und, wie sie es emphatisch ausdrücken, zog
in die Berge (ἐπῆρε τὸ βουνό). Ein Mann von kühnem, um
nicht zu sagen erhabenem Geiste und eiserner Gestalt, wurde er
nun der Held des Wlachi-Namens, ergänzte seinen Haufen aus
diesen krcken Gebirgsleuten, die nirgends festen Wohnsitz hatten,
aber überall zu finden waren, wo ein Wolf baucte und ein Adler
horstete. Mehrere Jahre trotzte er der Macht Ali Pascha's, wurde
aber endlich gefangen, am kalten Fieber leidend und in einer Höhle
verborgen, wo einer seiner Söhne, der ihn fortbrachte, ihn hatte
verbergen müssen. In diesem Zustande wurde er nach Janina gebracht und litt einen grausamen und qualvollen Tod, indem ihm
nach und nach jeder Knochen am Körper zerschlagen wurde, während er kein Stöhnen, keine Klage hören ließ und einen seiker
Söhne, der bei gleicher Marter Schwäche zeigte, tadelte, daß er
seinem Hause Schande mache.

Zongas war sein Proto-Palikar und unterwarf sich bald nach
seinem Tode dem Ali Pascha. Er ererbte seines frühern Chefs
Ansehen bei den Wlachi, die damals zuerst als Armatolis auftraten. Obgleich unterschieden von den Griechen in Sprache und Abstammung, wurden sie ihnen doch in jeder andern Hinsicht gleich,

„durch seine Heerden beträchtlichen Reichthum erlangt hat; ihr Hir-
„tenleben hat sie an Beschwerden gewöhnt und sie mit großen Leibes-
„kräften begabt, während die gewohnte Jagdübung sie in den ersten
„Anfangsgründen des Krieges unterrichtete und häufige Scharmützel
„mit den kaiserlichen Truppen ihnen später eine beträchtliche Geschick-
„lichkeit in Handhabung der Waffen beibrachte." Pachymer. Hist.
Andr. l. c. 27.

und daher entstand, als Ali Pascha's Herrschaft aufhörte, derselbe schnelle Uebergang vom Klephten zum Armatoli und vom Armatoli zum Patrioten.

Nachdem wir drei Tage in Vonizza zugebracht hatten, begannen wir die Reise um den Meerbusen zu machen. General Pisa stellte eine der Regierungs-Mystiks zu unserer Verfügung, und als der Seewind sich erhoben hatte, verließen wir Vonizza, und segelten längs des Golfes recht vor dem Winde und wie von Flügeln getragen. Unser erstes Ziel war Karavanserai, wo wir uns fast sicher einbildeten, das amphilochische Argos zu finden. Wir waren aber ausnehmend getäuscht bei der uninteressanten Ansicht der engen Bucht, der Unfruchtbarkeit der Kalksteinhügel und der Unbedeutenheit der Ruinen selber. Sie bestehen aus einer einfachen hellenischen Mauer, dritthalbtausend Schritt im Umfange. Die Mauer erstreckt sich von der Küste rund um den Gipfel eines kleinen felsigen Hügels; nördlich ist die kleine Bucht des Meerbusens, südlich der lange, flußähnliche See Ambracia und östlich und westlich erheben sich schroff zwei unfruchtbare Berge, welche die Aussicht hemmen und in der Nähe der Trümmer kaum so viel ebenen Platz gewähren, als zu einem Garten groß genug wäre.

Dieser Platz ist von d'Anville, Barbié du Boccage, Arrowsmith u. s. w. als Argos Amphilochicum angegeben; d'Anville, nicht zufrieden ein Argos zu finden, erschafft auch einen Inachus zu seinem Argos, indem er eine Schlangenlinie vom Achelous zieht, der auf dieser Stelle in den Golf trete. Die von mir gegebene Ortsbeschreibung wird zeigen, daß bei Karavanserai niemals ein Strom existirt haben kann. Poucqueville, mit seinem gewöhnlichen Ueberreichthum an Irrthümern, macht den Ort zu Olpä. Er bemerkt: „daß d'Anville den Ort Argos Amphilochicum nennt und die Bauern ihn Ambrachia nennen, worin sich der Geograph eben so irrt, als die Bauern, aber," setzr der witzige Consul hinzu: „pour moi qui savais, daß Ambrachia die Akropolis von Rogus ist und Argos die überschwemmte Stadt Philo-Kastro (Phido-Kastró — Schlangenburg) — ich entdeckte in Ambrachia das alte Olpä." Vor allen Dingen wird er in dieser Ueberzeugung bestätigt durch die „précise" Entfernung von Argos — seinem Philo-Kastro. Kurz zuvor hatte er in Combote, etwa zehn oder zwölf Meilen nördlich, Crenä „entdeckt," durch das die von Süden

kommenden Lakedämonier kommen mußten, um des Morgens in
Olpä anzulangen, und was seine „précise" Entfernung anlangt,
so sind, statt der fünf und zwanzig Stadien zwischen Argos und
Olpä, wenigstens zweihundert und fünfzig zwischen Phido=Kastro
und Karavanserai. Die Stellen, welche er zur Bestätigung an=
führt, beweisen vollständig gegen seine Annahmen, abgesehen da=
von, daß sie, wie gewöhnlich, falsch angeführt sind. Die voll=
kommene Zuversicht, so wie die Irrthümer Pouqueville's sollten
zuweilen auf den Gedanken bringen, das Buch wäre zum Spaß
geschrieben. In ganz Akarnanien haben sich seine Entdeckungen
nicht viel weiter erstreckt, als bis zu der eben erwähnten von Olpä
in Karavanserai und von Thermus, wo es wahrscheinlich auch nim=
mer ein Sterblicher wieder „entdecken" wird, aber er erzählt uns:
„j'ai soulevé le voile, qui couvrait des problèmes géographiques
jusqu'à présent insolubles; j'ai révivifié l'Acarnanie entiere!"
(Ich habe den Schleier gelüftet, der bis jetzt unauflösliche geogra=
phische Probleme verhüllte; ich habe ganz Akarnanien wieder ins
Leben gerufen.) Ferner sagt er: „Je donnai, par une sorte d'inspi-
ration, des noms à tous les lieux qui m'environnaient!" (Ich
gab, gleichsam wie durch Eingebung, allen mich umgebenden Or=
ten Namen.) Welch unvergleichlicher Begleiter wäre er für Roß's
und Parry's Nordpol=Expedition gewesen! *)

---

*) Pouqueville setzt Lymnäa nach Lutraki, und um diese Lage zu beweisen,
sagt er, daß Eurmus „l'abandonna au pillage *en se détournant un
peu du chemin* qu'il tenait pour pénétrer dans l'Agraïde; en effet,
ce général parti de Leucade, *avait dû prendre* sa route au midi du
Lac Boulgari pour se porter vers le défilé de Catouni et ne put
passer à Lymnée qu'en dérivant à gauche." (— es der Plünderung
überließ, ein wenig von dem Wege abweichend, den er nahm,
um in die Agraïs einzudringen; wirklich hätte auch dieser, von Leuka=
dien abmarschirte General seinen Weg im Süden des Sees Bulgari
nehmen müssen, um nach dem Hoh'wege von Katuni zu kommen
und konnte nicht anders nach Lymnäa kommen, als wenn er links ab=
bog) Es steht Pouqueville zu, in einem so kurzen Satze so viele Irr=
thümer und Fehlschlüsse mit so unbegreiflicher Sicherheit zu verbinden.
In einer Note citirt er einige Worte aus dem Thucydides, wieder in
Klammern beifügend: en se détournant un peu de sa route.*)

*) Nebenbei versorgt dieses Einschiebsel den Thucydides mit einem Grunde zur
Plünderung — „pour encourager ses soldats" (um die Soldaten zu er=
muthigen.)

Wir kehrten zurück, um an Bord unsers Mystiks zu Abend zu
essen und zu schlafen; und segelten um Mitternacht mit dem gelin=
den Landwinde ab, der sich gegen Morgen wieder legte. Kurz
vor Sonnenaufgang wurden wir durch unsern Kiel geweckt, der
in der Bucht des Makronoros anstieß. Der Befehlshaber Verri
stand am Ufer, uns zu empfangen. Der ganze Styl, der Umriß
der Figur, die Waffen, das Gefolge (the tail — der Schweif)
führten zu einem Vergleiche mit einem alten schottischen Häupt=
ling; allein das Klima, die feine Sitte, die classische Sprache,
und, ich muß früheren Verbindungen zum Trotze sagen, die Zier=
lichkeit der Tracht sprachen zu Gunsten der Griechen. Die Kämpfe
der schottischen Hochländer und der griechischen Bergbewohner hat=
ten wahrscheinlich in sehr vielen Punkten Aehnlichkeit mit einander,
aber ihre Ursachen und ihre Erfolge sind sehr verschieden gewesen.
Die Schotten haben ihr Blut tapfer vergossen für die sinkende Sache
der Frömmelei, die Griechen für die Sache der erstehenden Frei=
heit, und glücklicherweise hat dasselbe Princip gesiegt in dem Unter=
liegen der Ersteren und dem glücklichen Erfolge der Letzteren.

Thucydides sagt: Enemus habe Leukadien in großer Eile verlassen,
einige seiner Truppen zurücklassend, um Stratus zu erreichen, weil er
geglaubt, wenn er diesen Ort überraschen könne, werde sich das übrige
Akarnanien unterwerfen. Er ging deßhalb durch Argis (nicht wie Pouc=
queville sagt „l'Agraide"), kam zur See an, wie Philipp später that
und wie der gewöhnliche Gebrauch zu seyn scheint, gleich wie er es noch
ist, und plünderte Lymnäa; aber es wird nicht ein einziges Wort da=
von gesagt, daß er zu dem Zwecke von seinem Wege abgewichen wäre.
Die Worte lauten:

Και διὰ τῆς Αργείας ἰόντες Λιμναίαν κώμην ἀτείχιστον ἐπόρ=
θησαν. Ἀφικνοῦνταί τε ἐπὶ Στρᾶτον — κ. τ. λ. (Und durch Argis
gehend, plünderten sie den offenen Flecken Limnäa. Dann kamen sie
nach Stratos u. s. w.)

„Stephanus von Byzanz," sagt Pouqueville, „hat Unrecht, wenn er
Lymnäa zu einem Flecken in Argolis macht," (wie Thucydides gerade
in dieser Stelle thut), weil er nicht den Vortheil von Herrn Pouque=
ville's Entdeckung von Argos in Phido Kastro hatte und folgeweise „a
pris le change relativement à Argos Amphilochicum." Palmerius
citirt eben diese Stelle im Stephanus, um eine von irgend einem Com=
mentator vorgeschlagene Verbesserung dieser Stelle im Thucydides zu
verwerfen. Auch Cronov sagt in seinen Anmerkungen zum Stephanus,
daß er, nach sorgfältiger Untersuchung der Stelle im Thucydides, dem
richtigen Urtheile des gelehrten Erdbeschreibers beistimmen müsse.

So grübelten wir dann und wann, und diese Träume von Griechenlands Wiedergeburt verschafften uns manche Stunde wahrer Freude. Der Enthusiasmus gegenseitigen Mitgefühls öffnete uns manches Herz, das jetzt in Bitterkeit verschlossen ist gegen alles, was aus dem unfähigen Europa kommt.

Verri, der Tagmatarch, führte uns zu einem Gemache, frisch geflochten von Zweigen der Eiche, des Hagapfelbaumes (arbutus) und der Myrte, die von Pfählen gestützt wurden, welche in den Sand des Seeufers getrieben waren. Gegen die See hin war es offen und ein rauher Baumstamm war als natürliche Leiter an den Eingang von der Bucht her gelehnt. Ich war ganz bezaubert von dem neuen und schönen Einfalle. Ein ähnliches Gemach wurde überall für uns bereitet, wo wir während unseres Aufenthaltes in Makronoros verweilten, in Geschmack und Gestalt verschieden, aber immer frisch. Da wir die Mühe sahen, die sich die Leute gaben, uns Ehre zu erweisen, so mußten wir nicht weniger von dem Geschmacke, als von der sorgsamen Gastfreiheit unserer Wirthe eingenommen werden. Gerade solch ein kleines Gemach muß der allererste Tempel von Delphi gewesen seyn, von grünen Lorbeerzweigen geflochten.

Es ist natürlich überflüssig zu bemerken, daß der ganze Morgen damit hingebracht wurde, auf das Protokoll zu schelten. Der hauptsächlich wichtigste Punkt waren hier die praktischen Mittel, es zu umgehen. Sie sagten: „Wir sind hier, nicht weil die Europäer uns hergesetzt haben, sondern weil die Türken außer „Stande gewesen sind, uns zu vertreiben. Befiehlt die Allianz, „die griechischen Truppen sollen sich aus Akarnanien zurückziehen, „so werden sich die griechischen Truppen zurückziehen, das heißt, „unsere griechischen Dienstpatente werden zurückgeschickt werden, „aber wir bleiben in Makronoros. Das Protokoll wird weder „die Säbel der Türken schärfen, noch ihr Pulver stärker machen. „Die Allianz wird nicht im Stande seyn uns anzugreifen, denn „wir werden der Verbindung mit Griechenland entsagen; und „werden wieder Schüsse gewechselt längs der Gränze, so wird „das unabhängige Akarnanien hundertmal mehr zu gewinnen, „als zu verlieren haben, und kann dem Norden denselben Dienst „leisten, den es schon dem Süden geleistet hat; das Protokoll „aber, das Frieden statt des Krieges verleihen sollte, wird Krieg

„dahin bringen, wo jetzt Frieden herrscht. Unsere Lage ist jetzt
„sehr verschieden von dem, was sie bei unserm früheren Aufstande
„war. Rings umher von unseren Bergen konnten wir damals nur
„Feinde erblicken; jetzt ist der halbe Gesichtskreis mit siegreichen
„Glaubensgenossen angefüllt. Damals kämpften wir um unser
„Daseyn, jetzt fechten wir für die Unabhängigkeit. Damals klam=
„merten sich unsere Weiber und Kinder an unsere Fustanellen und
„fleheten uns an, an uns zu halten; jetzt ermuthigen uns Weib
„und Kind zum Widerstande und würden unsere Unterwerfung mit
„Schmach belegen.‟

Dieß unglückliche Protokoll hatte nicht weniger die Achtung,
als das Vertrauen und die Zuneigung des Volkes entfremdet.
Wir konnten damals wahrlich nicht die lange Folgenreihe dieser
fürchterlichen diplomatischen Actenstücke vermuthen, deren schlau=
gengleicher, gewundener Lauf sich selbst verwundete in seinen viel=
fachen und tödtlichen Windungen um Griechenlands Geschick. Nein!
Niemals können wieder diese Augenblicke der Hoffnung und des
Jubels ins Leben treten; keine Revolution kann Griechenland wie=
der in die Lage bringen, in der es zu dem hier beschriebenen Zeit=
raume war. Seine Zukunft hat Schiffbruch gelitten, nachdem die
Gefahr vorüber war, und das Wrack wird ein großes und bekla=
genswerthes Beispiel der Verbrechen bleiben, welche das Wohl=
wollen begehen kann, wenn es der Kenntniß ermangelt.

Zu Mittag erschien das geröstete Schaf in einem Myrten=
korbe. Später wurden wir in unsern Mittagsschlummer gelullt
durch das vom Seewinde verursachte Anspülen, der, als er frischer
wurde, die schwellenden Wellen gegen die Pfähle trieb und uns in
unserer Laubwiege schaukelte. Als wir erwachten, fanden wir un=
sere Pferde aufgezäumt und mit Hauern von wilden Ebern geschmückt,
um uns weiter zu bringen. Wir beabsichtigten, am Abend mit
dem Landwinde vom Makronoros abzusegeln, aber wir fanden, daß
schon vor unserer Ankunft auf drei Tage nach der Reihe ausge=
macht und vorbereitet war, wo wir essen und schlafen sollten.
Ein Officier von jedem der anderen tagmata (Regimenter) kam uns
entgegen und natürlich opferten wir alle unsere Plane dem Ver=
gnügen einer so ausgezeichneten und anziehenden Gastfreundlichkeit.

Begleitet von verschiedenen Officieren und einer Wache von
Palikaren kamen wir zum Tagmatarch von Veli, einem alten Freunde

unt Waffengefährten. Der Weg führte anfangs durch niedriges Gesträuch, Myrten, Kirschlorbeer, Brombeeren, hohes Haide= kraut, Dornen und Palluria. Das letztere ist ein Gesträuch mit einer Menge langer und schwanker Zweige, die mit starken Dornen besetzt sind; es ist an und für sich völlig unzugänglich und verbin= det das Unterholz zu einer undurchbringlichen Masse; verwickelt sich ein Schaf darin, so muß es umkommen, wenn nicht der Schä= fer es findet. Diese Dornen sind die hauptsächlichste Stärke des Makronoros gewesen. Der Pfad war gleich einem Bogengange durch dieses Unterholz gehauen und wir ritten fast immer zwei bei zwei hindurch. An einigen Stellen ist durch Feuer aufgeräumt, an anderen öffnet sich das Holz zu Eichenwäldern, und unter einem Laubdache scheint man dann aus schmalen Gängen in geräumige Hallen zu treten. Nachdem wir einige Stunden fortgezogen wa= ren, ohne von der Gegend, durch die wir kamen, etwas zu sehen, gelangten wir endlich an einen Platz, wo der Himmel über uns frei war. Vor uns lag ein Waldsaum, dicht dahinter erhob sich ein grüner Abhang, und auf dessen Gipfel kauerten Veli und seine Leute. Bald flatterten ihre Fustanellen, als sie den Hügel herab= eilten, und nachdem wir das Holz betreten hatten, fanden wir sie in zwei Gliedern aufgestellt, uns erwartend.

In schicklicher Entfernung stiegen wir ab, begrüßten und um= armten uns, und dann ging Veli mit uns durch die Glieder seiner Soldaten, die uns ein herzliches Willkommen zuriefen, so wie wir vorbei kamen. Unsere Wache von drunten setzte sich an die Spitze; ihr folgten die Uebrigen zwei bei zwei; ihre Fustanellen waren alle schneeweiß, ihre Körper und Kleider bis ins Kleinste sauber und nett, ihre Blicke offen und fröhlich, ihr Betragen ordentlich und bescheiden, und ich fragte mich selbst: „Sind das dieselben Men= schen, jene Horde, die ich vor anderthalb Jahren schmutzig und mißvergnügt im Lager vor Lepanto sah?

Rizo hat mit Recht gesagt und Herr Gordon hat der Bemer= kung durch seine Wiederholung ein zehnfaches Gewicht gegeben, Jemand, der Griechenland in einem Jahre sähe, würde es im fol= genden nicht wieder erkennen. Unwiderstehlich schärfte sich mir diese Bemerkung ein bei dem Zustande, worin ich das Militär auf dem Makronoros fand. Hätte man mich, vor wenig mehr als einem Jahre gefragt, als ich aus Griechenland nach der Türkei abreiste, was der größte Nutzen für Griechenland seyn würde, so hätte ich geantwortet: eine Sündfluth, um die ganze Sippschaft der Liapis wegzuschwemmen. *) Bei meiner Rückkehr fand ich zu meinem Erstaunen fleißige und gelehrige Ackerbauer und Maulthiertreiber, die früher Soldaten gewesen waren. Ich erklärte mir das durch die Annahme, die Befähigtsten hätten ihre gewerbfleißigen Sitten wieder angenommen, war aber weit entfernt von der Voraussetzung, in der Masse habe eine Verbesserung stattgefunden, oder von dem Argwohne, ich hätte bei meiner frühern Beurtheilung ihre Fähigkeiten nicht richtig geschätzt. Mit eben so viel Erstaunen als Vergnügen erlangte ich also nun, als ich sie unter anderen Umständen sah, eine richtigere und höhere Würdigung ihrer Eigenschaften und Anlagen.

Bei unserer Ankunft in Veli's Biwacht fanden wir auf einer kleinen, von einer Eiche beschatteten Anhöhe mit einer Aussicht auf den Meerbusen und die Ebene von Arta, einen breiten Tisch und einen großen Sopha auf jeder Seite, der von eingepfählten Aesten gebildet war und geflochten von Zweigen, dick bedeckt mit Eichenlaub. Dieser Sitz war von ganz anderem Charakter, als das Gemach über dem See, worin wir heute Morgen empfangen wurden, aber eben so geschmackvoll — denn geschmackvoller als jenes konnte es nicht seyn. Während wir Kaffee tranken, bildeten die Palikaren einen weiten Kreis um uns, und zeigten durch ihr selbstbewußtes Lächeln bei unseren Lobsprüchen auf ihren arkadischen Geschmack das Interesse und den thätigen Antheil, die sie an den Zurüstungen zu unserem Empfange genommen hatten. Sie ließen uns durch den Grammatikos ein freundliches Compliment sagen, und nachdem sie zehn Minuten gestanden hatten, sagte ihr Anführer: „die Hellenen können nun abtreten.'' Früher hätte es geheißen: „die Palikaren,'' aber ihre Hoffnungen waren jetzt lebhafter, ihr Streben höher geworden und sie verwarfen selbst die Namen, die mit ihrer früheren Geschichte verknüpft waren.

Unser Abendessen war wirklich verschwendrisch; fünf große Feuer waren dazu angezündet. Eine Gemeinde von Hirten hätte

---

*) Liapi ist einer der Stämme in Mittel Albanien, berüchtigt wegen seiner Raubsucht und seines Schmutzes. Daher ist das Wort ein Spitzname geworden.

nicht mit einer größern Abwechselung und Vortrefflichkeit von Milch=
speisen prunken konnen, und hier in der Wildniß hatten wir weißeres
und süßeres Brod, als ich jemals in Paris oder London gekostet
habe. Junge Zarkadia (wilde Rehe) und kleine scheckige Eber
suchten die Krumen auf und stritten sich darum mit jungen make=
donischen Windhunden. Als der Abend angebrochen war und der
Mond aufgegangen, wurde die lange Romaika (griechischer Natio=
naltanz) auf des Berges Abhang aufgeführt.

> Der Führer sang und leitete allein
> Mit lauter Stimm' und Schritt der Krieger Reihn.

Zwei ganzer Stunden lang knixten und drehten sich die Führer,
während der lange Zug gleich einer folgenden Welle durch die bal=
samische Luft wogte und fluthete.

> Πῶς τὸ τρίβουν τὸ πιπέρι
> Οἱ διαβόλοι καλόγεροι.

Am nächsten Morgen wünschten wir eine Eberjagd zu haben,
aber wir gaben den Einfall auf, als wir erfuhren, daß der junge
Bozzari uns einen Empfang für den Mittag bereitet hatte, und ein
gewandter Bote versprach uns, daß wir dort am Nachmittage
Alles vorbereitet finden würden zu einer regelmäßigen „Chevy
Chase." Man nahm uns mit, ein Grabmal zu besehen, das bei
Errichtung eines Backofens entdeckt war. Es enthielt einige Ge=
beine, einige Stücke eines Schwertes und zwei römische Münzen;
es war ein trefflicher Backofen geworden. In der Nähe schienen
noch mehr dergleichen zu seyn.

Wie früher von den „Hellenen" begleitet, stiegen wir bis zum
höchsten Punkte des Derveni gegen Süden, wo man niederblickt
auf die Ebene von Vlicha und wo, wenn meine Rechnung richtig
ist, noch die Lage des amphilochischen Argos aufgefunden werden
kann. Hier fanden wir die Ueberbleibsel einer hellenischen Stadt,
von bedeutendem Umfange und anscheinend edlem Style der Bau=
kunst. Bei der Ungewißheit über die Lage des streitigen Argos
hätte ich diese Trümmer dafür nehmen mögen, wäre es nicht so
entfernt gewesen von jeder Art Fluß, und wäre nicht die hohe, be=
herrschende Lage gewesen, die, wenn die Stadt sie besessen hätte,
sicher angeführt worden wäre. Steht man auf diesem Punkte, so
trifft Thucydides' Beschreibung vom Marsche des Eurylochus voll=
ständig zu. Ueber Lymnäa (Karavanserai) stieg er den Thyamus

(Spartonoros) hinauf, dann hinunter in die Ebene von Argos (die Ebene von Vlicha) und ging zwischen Argos und Crená durch, wo die feindlichen Truppen, wahrscheinlich in beherrschenden Positionen, standen und erreicht wurden nach dem Marsche über die Ebene drunten; daher standen sie auf dem Hügel, worauf ich stand und eben dieser Platz ist Crená. Olpá, eine Ruine in einer beherrschenden Lage, drei oder vier Meilen nördlich, oder, wenn dieß Olpá wäre, Argos, mußte drei Meilen niedriger hinunter gelegen haben. In beiden Fällen kann man die Ruinen von Argos noch in der Ebene von Vlicha auffinden, oder zwischen derselben und dem Makronoros. Da es einmal gewiß zwischen diesen beiden Punkten seyn muß, dürfen wir an der Auffindung nicht darum verzweifeln, weil dort kein Fluß ist, der des Namens von Vater Inachus würdig wäre, und weil an der Küste keine Ruine ist. Thucydides nennt es ἐπιθαλάσσιος (πολις) eine Seestadt, nicht ἐπὶ θαλάσσης (am Meere). Das Wort „See= oder Meerstadt" kann fast für jede Stadt in der Nähe des Meerbusens gebraucht werden, und hätte er bestimmter die Lage als an der See beschrieben, so wären die Schwierigkeiten statt geringer noch größer geworden. Die Lage von Stratos wird nicht bestritten, weil Livius sie eine Stadt nennt super Ambracicum sinum.

Der Strom, den Pouqueville's Karte Crickeli nennt, kann sehr gut dem Inachus entsprechen. Strabo sagt nur, im siebenten Buche, daß er von Argos gegen Süden fließt; der Crickeli fließt anfangs gegen Süden und dann gegen Westen; die einfache Er= wähnung des Stromes, wo so viel Wichtigkeit auf Wasser jeder Art gelegt wurde, beweiset, wie unbedeutend er gewesen seyn muß. *)

---

*) Purus in occasus, parvi sed gurgitis, Aeas
Jonio fluit inde mari, nec fortior undis
Labitur avectae pater Isidis.
                                        Lucan. VI. 362.

(Rein, aber mit nur kleinem Strome fließt Aeas gen Westen dem jonischen Meere zu und mit nicht mächtigeren Wellen strömt auch der Vater der entführten Isis.)

Inachus oder Ino, Vater der ägyptischen Isis. Man vergleiche Palmerii Graec. ant. dem. II. c. 7.

Der ursprüngliche Inachus mag indeß sich mit einem sehr schmalen Bache als Repräsentanten begnügt haben.

Wir wendeten uns nun nördlich längs der Höhe, und anderthalb Stunden später, durch Felsen und Eichenwälder hinabsteigend, erblickten wir das niedliche kleine Feldlager Bozzari's, auf einer kleinen und geschützten Fläche, wo Fels und Wald es jeder Beobachtung, nur nicht von oben, entzogen. Einem Flintenschusse unserer Wache antwortete ein Hornruf von unten. Hier gab es kein förmliches Begrüßen, sondern die Sulioten sprangen die Felsen hinan, ihr junger Anführer voran bei der Jagd. Hier fanden wir einen vollständigen Tempel von grünen Aesten, der hoch aus Pfählen gebaut und rund umher offen war. Die Seiten, das Dach und der Fußboden bestanden aus grünen Eichenzweigen; der Fußboden war mit Farrenkraut belegt und die Fenster von Guirlanden wilder Blumen gewunden, das Ganze war so frisch, daß die Blumen kaum seit einer Stunde gepflückt schienen.

Bozzari war Hypo - Tagmatarch (Unter - Regimentschef, etwa Oberstlieutenant) und führte das Commando während der Abwesenheit seines Vorgesetzten. Er ist ein schöner, männlicher Jüngling, nicht über zwanzig Jahr, wenn ja so viel, und der jüngste Bruder des suliotischen Helden. Ich kann nicht sagen, daß seine Haltung ausgezeichnet war, sein Benehmen war vielmehr schüchtern und verschämt, aber selten hat mich Jemand bei so kurzer Bekanntschaft so angezogen. Auch hier erstaunten wir über die Trefflichkeit und Verschiedenartigkeit der Milchspeisen. Unser junger Wirth bemerkte, das sey ganz natürlich, denn: „es ist Mai, die Heerden fressen nur Blumen und unsere Milch wird von Händen gemolken, die bis jetzt nur an die Muskete und den Yatagan (Dolchmesser) gewöhnt gewesen."

Nachher hatten wir eine herrliche Eberjagd, obgleich die Jagd nicht sehr reichlich eintrug. Es waren etwa dreihundert Leute dabei. Sie stiegen auf einem Umwege bis auf den oberen Theil einer Schlucht und begannen dann die Klopfjagd hinunter mit Strom und Wind, zu beiden Seiten des Abhanges. Der Haupttheil der Treiber war bei der Oeffnung der Schlucht aufgestellt und große albanische Windhunde wurden hinein gejagt, trieben aber eben nicht viele Thiere auf. Es fehlte uns an passenden Hunden und wir waren zu nahe bei dem Lager; unsere Jagd beschränkte sich daher auf ein paar unwirksame Schüsse auf einige wilde Ziegen, die hervorbrachen. Während der Klopfjagd hatten wir eine herrliche Aus-

ficht auf die Ebene und den Meerbusen. Das Land und Wasser
unter uns spielte in den wunderlichsten Farbenmischnugen und die
untergehende Sonne brannte auf die ruhigen Vivaria (Fischteiche).
Zwischen den unteren Bergen im Norden und Osten wälzten sich
dicke, bleifarbene Gewitterwolken; längs der Hügel hallten schwere
Donnerschläge wider, während die Ebene links auch nicht von
einem leisen Hauche bewegt schien, und die mächtigen Klippen
des Djumerka, die sich aus dem dicksten Gewitter erhoben, von der
Abendsonne geröthet, heiter und lachend herniederschauten.

Am Abend freuten wir uns über die Lustigkeit der Leute, die
unermüdlich im Mondschein tanzten. Ich konnte mich nicht ent=
halten, ihrem jungen Anführer den lebhaften Eindruck wiederholt
zu äußern, den die Glückseligkeit ihrer Lage auf mich machte.
Seine Antwort enthielt in einem einzigen Gedanken den Wissensdurst
des griechischen Charakters und besonders der jungen Leute. Er
sagte: „Die Burschen sind glücklich, weil sie nichts Besseres kennen,
„aber glauben Sie, daß ich glücklich seyn kann, während ich Fremde
„sehe, die gleich Ihnen von meinem Vaterlande Alles kennen, indeß
„ich nichts von dem Ihrigen weiß?“

Ich war hier sehr betroffen von der streng militärischen Subor=
dination, die ohne begleitende Disciplin oder Unterricht an die
Stelle der frühern Turbulenz getreten war. Es wird gewöhnlich
angenommen, die Griechen hätten große Abneigung dagegen, re=
guläre Truppen zu werden und diese Abneigung wäre die schwierigste
Frage unter Kapodistrias' Verwaltung gewesen. Mit allen Mitteln
zu seiner Verfügung, mit französischen Officieren und einem fran=
zösischen Commissariate zählte der Präsident achthundert Mann, und
das waren meistens Abenteurer aus der Türkei und den jonischen
Inseln. Fabvier gelang es, durch eigene, fast ganz ununterstützte
Anstrengung und mit einem Theile der ärmlichen Beiträge aus
Europa dreitausend reguläre Soldaten auf einmal zusammenzubrin=
gen. Der Präsident erklärte allerdings, es sey ihm Ernst damit,
Truppen zu bilden, aber seine Handlungen erfüllten keinen Wunsch
der Art. Um die Griechen zu organisiren, bedarf es bloß der regel=
mäßigen Soldzahlung, wie der gegenwärtige Zustand des Makronoros
beweist. Die Leute waren nicht in Uniformen gekleidet, aber sie
waren beinahe ganz, wenn nicht völlig, gleich angezogen; einige
mit weißen, blaugestickten Jacken, andere mit rothen und alle

zusammen mit säuberen Fustanellen. Obgleich undisciplinirt, waren sie in Lochi und Tagmata eingetheilt, mit aufsteigenden Chargen, deren Titel wie bei den spartanischen Haufen waren. Die höchste Subordination und Förmlichkeit unterscheidet diese Grade, eine Folge orientalischer Gewohnheit und Begriffe, aber das Ansehen des Kapitano ist ganz verschwunden. Sie stehen gerade auf dem Punkte, wo die gleichförmige Bewegung einer Maschine beginnt, ohne bis jetzt den Werth und die Intelligenz des Einzelnen verringert zu haben. Der größere Theil dieser Truppen besteht aus jungen Burschen, deren Dienstzeit schon mit ihrer ersten Erinnerung begann, die gleich Ziegen zwischen Felsen und Höhlen lebten und denen Vieles erspart worden ist, was in der schweren Erfahrung ihrer Väter erniedrigend war. Sie sind stolz darauf, sich die Kinder der Revolution zu nennen und unterscheiden sich als solche von den alten Leuten, die sie Türken nennen. Die gewöhnlichen Namen: Klephti oder Palikar, sind jetzt Schimpfwörter geworden. Ihre alleinige Bezeichnung ist: Hellene, und so nennen sie sich gegenseitig im vertrauten Gespräche.

Am folgenden Morgen sagten wir den Sulioten Lebewohl und stiegen nach Palaio=Kulia hinab, dem zweiten Höhenzuge. Hier sind die Ueberbleibsel einer kleinen hellenischen Festung, sechshundert Schritt im Umkreise. Von dort ging es hinunter nach der kleinen Ebene Menidi, wo wir uns ausgeschifft hatten.

Ich habe verschiedene Male Gelegenheit gehabt, der Stärke der Position des Makronoros zu erwähnen; ich habe erzählt, daß Iskos hier mit vierzig Mann einen Haufen Türken aufhielt, die, wenn sie durchgekommen wären, die Revolution in Akarnanien, vielleicht in Morea bei dem ersten Aufdämmern vernichtet hätten. Die Eroberung Westgriechenlands und dessen gegenwärtige Hinzufügung zu dem neuen Staate verdankt man einer kräftigen Bewegung des General Church, der mit fünfhundert Mann die starken Posten im Makronoros überraschte. Dadurch wurde eine Zufuhr von Lebensmitteln aufgehalten und die Festungen Lepanto, Missolunghi, das Castell von Rumili und viertausend Gefangene fielen demgemäß in die Hände der Griechen.*)

_____

*) General Church wurde in Ungnaden vom Präsidenten zurückberufen nach diesem glänzenden Erfolge, der Griechenland diesen Gebietstheil

(Urquharts Tagebuch rc.)

Bevor ich selbst an Ort und Stelle untersucht hatte, konnte ich nicht begreifen, wie ein Paß von so offenbarer Wichtigkeit nicht mit größerer Genauigkeit vom Thucydides angedeutet war, wo er die Doppelschlacht zwischen den Ambrakiern und dem akarnanischen Bunde in seiner Nähe beschreibt; allein eine Besichtigung der Localitäten vereinigte den anscheinenden Widerspruch, denn die Position ist jetzt bei weitem stärker, als sie es in alten Zeiten war.

Makronoros ist ein Sandsteinberg in drei Abschnitten, einer über dem andern. Der Vordertheil ist abschüssig, aber selten steil, die Rückseite senkt sich beträchtlich, aber gleichmäßig; sie bieten ihre Angränzungen dem Golf und der Westseite, und folglich sind die Höhen und die Thäler in rechten Winkeln mit der Gränzlinie; das ist natürlich keine starke militärische Gränze und ist es nur jetzt geworden, weil das Gebirge mit undurchdringlichen Massen von Dornen, Unterholz und Waldungen bedeckt ist.

In der Nacht segelten wir ab und erwachten am Morgen bei Karakonisi, einer mit den Fischbehältern und Untiefen im Norden des Golfes zusammenhängenden Insel; sie ist von Griechen besetzt. Wir stiegen in einen Kahn und fuhren nach Phido-Castro, das Pouqueville so pomphaft als sein „wiedergefundenes" Argos Amphilochicum ankündigt, und wurden natürlich getäuscht. Diese Ruine steht mitten zwischen den Fischteichen und besteht aus einem kleinen Umkreise hellenischer Mauern, deren Grund vier bis fünf Fuß hoch unter Wasser steht. Wir hörten von Inschriften und Säulen, die von den Türken ausgebrannt und zu Gebäuden weggeschleppt wären. Der Boden der Fischbehälter ist mit dickem, saftigem Grase bedeckt, das die Meeräsche (mullet — latein. mugil cephalus) fressen soll. Die Teiche waren für dieß Jahr um vierzigtausend Piaster an Nikolas Zerva verpachtet, den suliotischen Tagmatarch in Vonizza.

Bei unserer Rückkehr nach Karakonisi fanden wir ein vollständiges englisches Frühstück — Kaffee, Eier, geröstetes Brod, Butter u. s. w. — das uns im Quartiere des Malamo erwartete, eines suliotischen Tagmatarchen, der im englischen Dienste gestanden

sicherte, den die Conferenz erst dann abriß, als der Präsident ihn für Griechenlands Daseyn für nothwendig erklärte, und daraus den Hauptgegenstand seiner Klagelieder an den Prinzen Leopold machte.

hatte. Wir verlebten einen sehr angenehmen Tag bei ihm, obgleich er am kalten Fieber litt.

Wie gewöhnlich segelten wir zur Nacht mit dem Landwinde ab, und als wir am Morgen erwachten, befanden wir uns zwischen den Landspitzen von Actium und Anactorium, Prevesa gegenüber. Der Mystik wollte nicht unter dem Fort anlaufen, aber wir riefen ein Fischerboot an und freuten uns bald, endlich die Küste von Albanien zu betreten. Unsere Reise sollte nun beginnen.

Neuntes Capitel.
Das Protokoll.

Indem ich Griechenland verlasse, muß ich in wenigen Worten die Beschaffenheit des Protokolls vom 3 Februar 1830 erörtern, das so viele Verwirrung anrichtete. Das frühere Protokoll vom 22 März 1829 war nach den Eingaben der Botschafter der drei Mächte geformt, die, in Poros versammelt, Nachforschungen angestellt hatten über die frühere Regierung Griechenlands und über die Statistik, die Topographie und die Finanzen der verschiedenen Völkerschaften auf dem Festlande von Griechenland, die an dem Kriege Theil genommen hatten. Dieses Protokoll setzte als die Gränze des griechischen Staates die natürliche Scheidelinie fest zwischen den streitenden Völkern, die zugleich die wirklich militärische Gränze sowohl der Türkei als Griechenlands war, bestimmt durch natürliche Gränzabschnitte und unterstützt durch Positionen militärischer Stärke. Das war der große und praktische Gegenstand einer auf Herstellung der Friedens abzweckenden Intervention, und die Botschafter, indem sie eine sich selbst so empfehlende Gränzlinie zogen, thaten nicht viel mehr, als zulassen, was vorhanden war, und Rechte bestätigen, die thatsächlich erworben waren.

Diese Gränze erstreckte sich von den Pässen bei Thermopylä, am Meerbusen von Volo, bis zu den Pässen des Makronoros, am Golf von Arta.

Das Protokoll vom 22 März bestimmte ferner eine unabhängige Verwaltung Griechenlands, der Pforte die Oberherrlichkeit (suzeraineté) und einen Tribut vorbehaltend.

Dieser Act erhielt den Beifall der Griechen. Die Pforte ver=
warf ihn officiell, weil er neben den Unterschriften der Bevoll=
mächtigten Englands und Frankreichs auch die des Bevoll=
mächtigten Rußlands trug, mit welcher Macht die Türkei,
bei Empfang des Protokolles, im Kriege begriffen war, und als
die Verbündeten darauf beharrten, ihr diese Unterschrift aufzu=
zwingen, erklärte sie, die Vereinbarung als factisch bestehend,
und ließ die Intervention als „sous entendue‘ (von selbst ver=
standen) zu.

Wenige Tage indeß vor der Unterschrift des Tractates von
Adrianopel trat die Pforte dem Protokolle förmlich bei. In diesem
Tractate wurde das Protokoll zur ausdrücklichen Verabredung
zwischen den contrahirenden Parteien und als bindend angesehen,
gleich als ob es wörtlich in den Tractat aufgenommen wäre.

So wurde also das Protokoll vom 22 März zum Tractate
vom 6 Julius vorgelegt und von den Kriegführenden endlich an=
genommen, es schlichtete demnach auf befriedigende Weise die
materiellen Fragen, welche sich auf die Pacification Griechenlands
bezogen. Es war der Schluß der Acten, die von der Triple=
Allianz ausgegangen waren, und wurde fernerweit durch einen beson=
dern Tractat zwischen Rußland und der Pforte festgestellt. Sol=
chergestalt wurde die Basis definitiv bestimmt, nachdem sie so
viele Angst und Mühe gekostet, auf so lange Zeit den Frieden
Europa's beständig in Gefahr gesetzt, so ungeheure Geldopfer
nöthig gemacht und Anlaß gegeben hatte zur Schlacht von Navarino
und zum russischen Kriege. Eben diese Basis wurde nun mit
einer Feierlichkeit ratificirt, die nicht weniger imponirend war,
als die früheren Verwickelungen beunruhigend gewesen waren, und
zum ersten Mal nach zehnjährigem Kriege und Kampfe konnten
Europa und der Orient frei athmen und gaben sich der Täuschung
hin, die Allianz vom Julius habe endlich ihren Zweck erreicht:
die Pacification des Orients.

Vier Monate hatte diese Täuschung gedauert, als sie durch
das Protokoll vom 3 Februar 1830 beendet wurde, das aus
Griechenland einen unabhängigen souveränen Staat machte und
zur Entschädigung der Türkei für diese Abänderung in den ur=
sprünglichen Vereinbarungen an einer Seite das Griechenland

früher zugesprochene Gebiet verringerte, Akarnanien der Türkei zurückgebend, im Osten aber Griechenlands Gebiet ausdehnte, um eine beffere Gränzlinie zu beftimmen; das heißt: die natürlichen Gränzen wurden durch diefes neue Document geöffnet, und während Griechenland ein koftspieliges Regierungs-Syftem auferlegt wurde, verringerte man fein Gebiet und feine Hülfsquellen; die früheren Acte der Allianz wurden verworfen und der feierliche Vertrag mit der Türkei verletzt.

So fchritt die Allianz ein, ohne Noth, unter dem Verwande, Zwiftigkeiten unter den Parteien zu fchlichten, von denen keine in diefer Hinficht um Intervention angesprochen hatte; das fo gefällte Urtheil war ein Vertragsbruch, es verwirrte was beftand, und es wurde von beiden Parteien verworfen, denen es geboten wurde. *)

Wenn zwei Mächte mit feindlichen Intereffen einander gegenüber ftehen, jede mit der halben Welt im Rücken, gegenfeitig ihre Macht aufwägend und ihre Uebermacht hemmend; — wenn zwei Mächte, wovon die eine nach Univerfalherrfchaft ftrebt durch Zerrüttung und Verwirrung der Staaten, die andere nur auf den Frieden blickt und zusammenzuhalten, und zu vertheidigen ftrebt — wenn diefe fich durch einen Vertrag vereinigen, gemeinfchaftlich zu handeln, dann muß entweder die angreifende oder die erhaltende Politik in der ganzen Welt triumphiren. Durch diefes Bündniß wurde entweder Rußlands Ehrgeiz dem Uebergewichte Englands geopfert, oder Englands Macht wurde für Rußlands Entwürfe benutzt. Kenntniß des Orients würde England die Mittttel verfchafft haben, Rußland zu überfehen; unfere Unkunde des Orients hat Rußland die Herrfchaft über England gegeben, die Verfügung über Englands Schatz, die Leitung feiner auswärtigen Angelegenheiten, und feiner Seemacht, die Macht über Eng-

*) Nachdem Rußland durch diefen Tractat (von Adrianopol) der Türkei die Annahme des Protokolls vom 22 März auferlegt hatte, das ihr die Oberherrlichkeit über Griechenland ficherte, und einen jährlichen Tribut diefes Landes, fo benutzte es all feinen Einfluß, um die Unabhängigkeit Griechenlands herbeizuführen und die Verletzung, abfeiten feiner felbft und feiner Verbündeten, der Vereinbarung, aus dem es einen integrirenden Theil des Tractats von Adrianopel gemacht hatte. — Progress of Russia in the East. Pag. 106.

lands Charakter und Ehre und die Vormundschaft über Englands
diplomatischen Dienst. Daher kommt die Verkehrung des Natio=
nalgeistes, die Duldung des Schimpfes, das Vertrautwerden mit
der Verachtung, und endlich sind wir bis zu dem Grade politi=
scher Herabwürdigung gelangt, daß wir Rußlands Politik ver=
folgen, uns einbildend, das sey Englands Vortheil.

Als Griechenland für sein Daseyn kämpfte, gab es Grund=
gesetze, um den Einfluß Rußlands auszuschließen, seines früheren
Beschützers, des Urhebers der Revolution und des Feindes der
Pforte, und es überlieferte sich England, um seinen Schutz, seine
Leitung und einen Souverän seiner Wahl flehend. Jetzt hat Eng=
land dort weder Ansehen noch Einfluß: Rußland hat die Obmacht!
England hat Griechenland beinahe fünf Millionen Pfund Ster=
ling vorgeschossen und kein Recht auf Rückzahlung, — gewiß
keines auf Dankbarkeit. Rußland hat 666,000 Pfd. Sterl. vor=
geschossen, wovon 500,000 Pfd. Sterl. den Rückweg gefunden
haben und hat das Pfand in Händen für zwei Drittheile des
verbündeten Darlehns von 2,400,000 Pfd. Sterl., während Eng=
land seine Ansprüche aufgegeben und sein gehabtes Pfand für
die früheren Darlehen von 2,800,000 Pfd. Sterl. geopfert hat!
Griechenland hat zu einer bösen Stunde für sich und uns unsern
Schutz angerufen; wir haben es an die Macht verrathen, die es
fürchtete; wir haben Griechenland und unser Geld der Macht
überliefert, die wir einzuschränken suchten. In Griechenland nicht
weniger auffallend als in der Türkei, Persien, Mittelasien u. s. w.,
ist Rußland zur Obmacht und zur Herrschaft vorgeschritten, durch
den Gebrauch, den es in den Stand gesetzt wurde im Orient von
Englands Macht zu machen, während es der morgenländischen
Welt sein Uebergewicht zeigt in Schmach und Schimpf, die es
ungestraft auf Großbritannien häuft.

Die Türkei ist im Untergehen und — eindringliche Lehre! —
im Untergehen durch die Fehler der Diplomatik. Einige der
größten Männer Englands haben aber Englands Macht und Herr=
schaft und also Englands Daseyn für zusammenhängend erklärt
mit der Erhaltung der Türkei. Ist diese Betrachtung nicht auch
andern Cabinetten eingefallen? Erheben sich nicht in England
einige den Umständen gewachsene Geister, so wird sich sehr gewiß
der Wunsch und die Aussicht, England als Beute zu theilen, den

Regierungen darbieten, deren Umsichgreifen wir ungehindert fort=
schreiten laſſen, deren Appetit gereizt, deren Macht vermehrt wer=
den wird durch die einverleibten Bruchſtücke des osmaniſchen
Reiches. Die Theilung der Türkei wird ein Band der Vereini=
gung der Seemächte werden, wie die von Polen ein ſolches der
Landmächte wurde.

Zehntes Capitel.

Die drei Commiſſarien. — Abreiſe von Prevefa. — Ausſicht auf Zerrüttung
in Albanien. — Die Ebene von Arta.

Die Abgeſchiedenheit unſers würdigen Cónſuls, Hrn. Meyer,
war ſeit acht Jahren durch keinen Fremden unterbrochen worden.
Wir blieben hier einige Wochen, gingen nach Santa Maura, be=
ſuchten die gegenüberliegende Spitze von Anactorium und durch=
ſtreiften die Trümmer von Nikopolis; lauter Plätze, von denen
ſchon genug geſagt iſt.

Es war Erlaubniß eingeholt worden für das königliche Schiff
Maſtiff, in den Golf zu ſegeln und ihn zu beobachten, auch hörte
man, daß der Meteor, Capitän Copelands Beobachtungs=Schiff,
im Golf von Volo lag, am andern Ende der beabſichtigten Gränz=
linie. Ihr gleichzeitiges Erſcheinen erregte große Unruhe, die noch
durch unſere Gegenwart vermehrt wurde, indem man uns für die
Commiſſarien hielt, welche die Gränze abſtecken ſollten. Da
meines Reiſegeſellſchafters Diener damals gleich uns à la française
gekleidet war, ſo half es uns nichts, es zu läugnen, daß wir die
drei Commiſſarien wären, der engliſche, franzöſiſche und ruſſiſche,
ausgeſendet, um Gränzpfähle einzuſchlagen.

Wir wünſchten ſehnlich, die griechiſchen Anführer Gogo und
Kontelidas zu beſuchen, allein Hr. Meyer bewog uns, dieſen Plan
aufzugeben, weil die Türken uns ſonſt in den Verdacht ziehen
würden, als hätten wir einen politiſchen Zweck. Uns blieb daher
nur die Wahl, entweder nach Griechenland zurückzukehren, oder
es zu verſuchen, Janina zu erreichen, das gegenwärtig im Beſitze
von Veli Bey war. Der Weg war ſicher bis zum Pente=Pigadia;
von dort mußten wir Veli Bey's Lager ſuchen und es dann dem

Zufall und den Truppen-Bewegungen überlaffen, ob wir weiter kommen könnten. Fanden wir das aber unthunlich, so brauchten wir nur umzukehren, indem, was auch aus den verschiedenen Stellungen oder Umständen der entgegenstehenden Parteien werden mochte, Veli Bey seinen Rückzug auf Arta oder Prevefa gesichert hatte.

Wir entschloffen, uns daher zu einem Versuche, Janina zu erreichen, und segelten am 16 Junius mit dem Seewinde um Mittag nach Salaora ab, wo wir nach zwei Stunden eintrafen. Unser Schiffer war ein Araber, den wir gemiethet hatten, nachdem wir Zuschauer eines Streites zwischen ihm und dem Hafenmeister von Prevefa gewesen, einem Griechen und früher Commandeur eines der Myſtiks, die so tapfer die Einfahrt in den Meerbusen erzwungen hatten. Der Araber ertrug mit großer Geduld die Schimpfreden und Erpreſſungen des Griechen und seiner albaneſiſchen Untergeordneten, aber, so wie er an Bord seines Kaik gekommen war, während das Ufer voll von Türken und Albaneſen ſtand, ſtellte er ſich, gleich dem Palinurus, auf das erhöhte Hinterdeck, nahm seine Mütze ab, erhob seine Arme und fluchte des Himmels Zorn auf das ganze Skipetaren-Gesindel.

In Salaora sahen wir verschiedene der acht- und sechzigpfündigen (?) griechischen Kugeln, welche die wenigen dort befindlichen Häuser zerstört hatten. Es war nicht leicht, Pferde zu bekommen. Ein Kephalonier ging zum Aga und schlug ihm vor, uns seinen ati (Renner) zu vermiethen, mit der Bemerkung: „Sie wollen Euch einen Dollar für den Ritt geben." Ueber diesen Vorschlag schien der Aga sehr entrüstet, was von Seiten des Griechen einen Strom der unverschämteſten Schimpfreden hervorrief. Während des Zankes hockten einige Griechen rund umher und gaben ersichtliche Zeichen des Beifalls, indeß die türkischen Soldaten *) sich ſtellten, als verſtänden sie nichts vom Vorgange und der Aga ein Lachen erzwang.

„Sind die Dollars so reichlich bei Euch," schrie der Jonier, „daß Ihr so damit herumwerft? Warum kaufſt du dir denn

---

*) Das soll natürlich „albanesische Soldaten" heißen. In meinem Tagebuch habe ich große Zuſätze gemacht, allein die Erinnerungen von Eindrücken, die ich an Ort und Stelle aufschrieb, sind beibehalten worden.

„nicht einen neuen Fustanel und bezahlst deinen Soldaten den „rückständigen Sold? Und was hast du mit Pferden zu thun? Kauf dir lieber Zaruchia (rohe Pantoffeln der Bergbewohner) denn bald mußt du doch weglaufen und dich zwischen den Felsen verkriechen!"

Dieß fiel uns sehr auf im Vergleiche zu unseren vorgefaßten Meinungen von dem wilden und hochfahrenden Wesen der Alba= nesen, und indem wir die Verachtung des Arabers und die Zungen= fertigkeit des Griechen zusammenrechneten, geriethen wir zu dem Glauben, auch an den Skipetaren habe man sich mehr versündigt, als sie selbst gesündigt haben.

Längs des Wegs in der Nähe von Arta sahen wir zu beiden Seiten mit Arbeitern angefüllte Gärten und wohlbestellte Felder. Wir begegneten zwischen Salaora und Arta 140 Packpferden. Wir trafen bewaffnete Griechen, griechische Priester, die im Chor sangen, neben wildblickenden Albanesen und konnten uns der augenblicklichen Schlußfolgerung nicht enthalten, wir hätten den ganzen Weg umsonst gemacht und Albanien wäre so ruhig wie irgend ein Land in der Welt. Wir fragten unsern Maulthier= treiber, einen Griechen, ob die Türken ihn bedrückten. „Zuweilen," antwortete er, erzählte aber unmittelbar darauf, wie einige Tage vorher zwanzig seiner Landsleute gezwungen worden wären (anga= ria) *), das Gepäck des Veli Bey nach Janina zu schaffen. Dort hätten sich andere Türken ihrer bemächtigt und nur achtzehn wären nach Arta zurückgekehrt; die beiden andern aber erschossen und ihre Maulthiere weggenommen. Wir fragten ihn, wie er solche Behandlung erdulden könne und warum er nicht nach Griechen= land zöge. Er erwiederte, es wäre immer so gewesen; wenn er versuchte wegzulaufen, so könnte er erschossen werden, und wer wüßte überhaupt, daß er in Griechenland besser behandelt würde? Diese Thatsache, die erste, die uns unmittelbar zu Ohren kam, tröstete uns über jede fernere Besorgniß; wir sahen, daß wir noch

---

*) Das heißt: corvée oder Frohndienst, der in der Türkei im Princip nicht übereinkommt mit dem früheren Gebrauche in ganz Europa und wie er in einigen Ländern noch heutzutage ist. Die Frohnden werden in der Türkei durch die Ortsbehörden vertheilt. Das obenerwähnte und ähnliche Beispiele sind natürlich geradezu Verletzungen des Gesetzes.

zu rechter Zeit kämen, um am Dramatischen und Malerischen Theil zu nehmen.

Von Salaora nach Arta werden vierthalb Stunden gerechnet; aber eine Rücksicht auf unser Eigenthum nehmend, die wir unsern Personen versagten, waren wir Gepäck und Wachen vorausgeeilt; daher waren wir nie im Stande, über die Entfernung nach der Zeit Buch zu führen. Die Nothwendigkeit, mit so wenig Gepäck wie irgend möglich zu reisen, beraubte uns nicht allein jeder Art von Bequemlichkeit, wie z. B. Feldflasche, Bett und Bettzeug, sondern auch der wichtigsten Geräthe für einen Reisenden: der Schreibbücher. Gewöhnlich wurden wir durch die Eifersucht unserer eigenen Wachen verhindert, Notizen aufzuschreiben, und weit entfernt im Stande zu seyn, geologische oder sonstige Naturalien mitzunehmen, hatte ich es mir sogar zur Regel gemacht, die Erdarten nicht zu beachten. Dessen ungeachtet waren gerade die politischen Verhältnisse des Landes, die gegenwärtige Lage und die zukünftigen Aussichten der Bewohner, die Lockungen, die uns veranlaßten die Gefahren und Beschwerlichkeiten einer solchen Reise in solchem Augenblicke zu wagen, und ließen uns wenig Zeit, getrocknete Pflanzen zu sammeln oder ein Geburts = und Heiraths= Register anzulegen.

Wir kamen bald auf den Weg, den Ali Pascha für Wagen angelegt hat, von Prevesa nach Janina. Er sieht ganz civilisirt aus: dreißig Fuß breit, Graben und Wall an jeder Seite; aber alle fünf und zwanzig Schritt wird er von einer Reihe Steine durchschnitten, wahrscheinlich um die Gestalt des Weges zu erhalten und seine Erhabenheit zu sichern. Da indeß der Boden weggetreten ist, so erheben sich die Reihen oder Dämme von Steinen über die Fläche des Weges und machen ihn für Wagen durchaus unfahrbar, während Wesen, die entweder auf zwei oder vier Füßen gehen, zu seltsamen Sprüngen gezwungen werden. Die Ebene, sowie der jetzt unter Wasser stehende, Fischteiche bildende Theil, besteht aus Thon. Die geringen Theile, die ich zu untersuchen im Stande war, enthalten weder organische Reste noch Mineralien, auch ist weder der unter Wasser gelegene Theil, noch sind die Ufer mit Pflanzenboden bedeckt. Weiter von der Küste abwärts und im Mittelpunkte der Ebene ist der Boden mit einer dünnen Decke von Erde belegt, welchem Umstande ich

die sprüchwörtliche Fruchtbarkeit der Ebene von Arta zuzuschrei=
ben geneigt bin. Die Pflüge, die den Boden nur drei oder vier
Zoll tief aufkratzen und umrühren, erreichen niemals und werfen
nie auf die Oberfläche den tiefer gelegenen Boden, der fruchtbar
geworden ist durch das Sinken der besseren Erde und das Ein=
bringen verfaulter vegetabilischer und thierischer Materien. In
tieferem Boden ist das Alles unwiederbringlich verloren, aber
hier, auf dem Thone, der einmal gesättigt, der Nässe unzugäng=
lich ist, bleibt der natürliche Dünger mit der seichten Oberdecke
vermischt und wird mit in den Bereich der oberflächlichen Cultur
gezogen. Der Thon ist sehr zähe und bekommt leicht Risse bei
der Dürre, so daß in dem niedrigen Theil der Ebene die Bäume
selten sind und die weniger vorhandenen sich ausbreitende Wur=
zeln haben.

Als wir uns der Stadt näherten, bot der Weg, obgleich durch=
brochen und durchdämmt, mit seinen Gräben an beiden Seiten
und überhängenden Bäumen ein Schauspiel dar, wie ich seit vier
Jahren nicht das Vergnügen gehabt hatte zu sehen. Rings lach=
ten Weinberge und Gärten, untermischt mit Fruchtbäumen und
durch Hecken abgetheilt, einige anscheinend prächtige Gebäude
schimmerten durch die Bäume, die Lage der Stadt bezeichnend.
Schon der Staub längs der Straße hatte sein Interesse und ich
dachte schon im Voraus daran, einen eben so angenehmen Con=
trast in Arta mit den zerstörten Städten zu finden, an die ich
zuletzt gewöhnt war. Indeß war die mich erwartende Ansicht
sehr verschieden davon. In Griechenland ist die Zerstörung der
Städte so vollständig, daß sie jetzt fast nur das Interessante
geschichtlicher Ereignisse darbieten, aber hier sind die Ursachen
der Zerstörung noch fortwirkend, und bei unserer Ankunft in
Arta wurden wir durch Trümmerhaufen gehemmt, über die sich
noch kein Pfad gebildet hatte, und von denen kaum der Staub
weggeweht schien.

Im Anfang der Revolution und bevor sich der Charakter
derselben rein ausgebildet hatte, sahen die Albanesen zuerst nur
den thatsächlichen Widerstand gegen die Türken und waren ge=
neigt, gemeinsame Sache mit den Griechen zu machen; in dem=
selben Augenblicke aber, wo sie inne wurden, die griechische Be=
wegung sey eine volksthümliche, verließen sie sofort das übereilte

Bündniß. Andererseits haben aber die Albanesen jeden Plan zur Unterjochung des Peloponneses vereitelt. In Arta standen die Albanesen den aufgestandenen Griechen bei, aber das Haus, welches wir bewohnten, als „Casa Comboti" bezeichnet, wurde fünfzehn Tage von dem türkischen Muselim vertheidigt, der von Ismael Pascha abgeschickt war, welcher damals den Ali Pascha in Janina belagerte. Die Mauern und oberen Fenster tragen noch die Zeichen der Flintenkugeln, die Thür die Spuren des Feuers und der Axt; es sind die Spuren von Markos Bozzaris' erster Heldenthat. Hier wurde sein Name zuerst bekannt im Munde der Leute, und seine kühne Stärke erzählt, wie die eines zweiten Kapaneus, —

πῶς εἴποιμ' ἂν ὡς ἐμαίνετο (wie fassen Worte wie er wüthete).

Da es an Munition fehlte, erboten sich die Griechen, damit auszuhelfen und Tair Abas wurde von den Albanesen abgeschickt, sie in Missolunghi zu empfangen, zugleich aber auch die Lage der Griechen zu beobachten und ihre Absichten zu erforschen. Er kehrte bald wieder und erzählte seinen Landsleuten, er hätte Flaggen mit Kreuzen gesehen und von nichts gehört als γένος und ἐλευθερία, Geschlecht und Freiheit. Sie nahmen die Munition an, wendeten ihre Waffen gegen die Griechen (die auch von ihren Glaubensgenossen Gogo und Kontelidas verrathen und verlassen wurden) und trieben sie über den Makronoros. Dann wiederum verließen sie Ali Pascha und unterwarfen sich der Pforte. Die Griechen ließen die Stadt unversehrt. Viele Einwohner, die in den Aufstand nicht verwickelt waren, aber sich vor der rücksichtslosen Rache der Türken fürchteten, zogen mit den Griechen ab. Die Türken, wieder im Besitze des Platzes (das heißt die Albanesen, nachdem sie sich auf die andere Seite geworfen), zerstörten die Häuser der Entflohenen, obgleich sie nachher, als es zu spät war, ihre blinde Wuth bereuten. Einige Stunden nach der Flucht der Griechen kamen die Albanesen an, das Land auf ihrem Marsche verwüstend. Die ganze Bevölkerung, vom panischen Schrecken ergriffen, wandte sich zur Flucht. Erbittert verfolgten die Albanesen sie und waren nur noch in kurzer Entfernung, als — „zum Glück war's Zeit zum Abendessen" — eine Heerde von fünftausend Schafen den Weg durchkreuzte und die Spur verwischte. Die Flüchtlinge kamen in der Nacht über den Makronoros. Unter ihnen war die Eigenthümerin des von uns bewohnten Hauſes. Sie hatte fünf Jahre auf Corfu zugebracht und kehrte zurück, noch im Beſitze eines kleinen Vermögens, das ſie verwendete, um ein Haus einzurichten und einen Garten herzuſtellen. Sogleich wurden zwanzig Albaneſen bei ihr einquartiert, und ſie nahm ihre Zuflucht im Conſulate (das Haus gehört ihr, iſt aber an den engliſchen Conſul vermiethet) und wohnt jetzt in einer der Kammern von ihres Vaters Ställen.

Während des laufenden Jahres hat die Stadt in ihrem gegenwärtigen traurigen Zuſtande 200,000 Piaſter an Veli Bey bezahlt. Nur iſt es unerklärlich, woher dieſe Griechen ihr Geld nehmen; freilich, wenn Leute auch noch ſo wenig verdienen und noch weniger ausgeben, ſind ſie reich. Außer den Contributionen in baarem Gelde müſſen ſie die Soldaten logiren, beköſtigen, kleiden, bedienen und ſogar raſiren, und das Alles umſonſt, wenn man nicht die Handbillets rechnet und die Zahlungsverſprechen, wenn die Rückſtände eingehen. Ich vergaß zu fragen, zu welchem Curſe die Dinger ſtehen. So, unter Umſtänden, welche die ungeduldigeren und ungenügſameren gothiſchen Stämme des Abendlandes zur Verzweiflung bringen würden, beharrt dieſe Bevölkerung in Gewerbfleiß und Hoffnung, jede Stunde verbeſſernd, jede Hülfsquelle haushälteriſch benutzend, ihr Saatkorn verſtohlen ſäend und ihr Eigenthum erntend, als wäre es geſtohlen. Wie muß ihre Lage ſeyn, wenn ſie mit Dankbarkeit auf Ali Paſcha zurückſehen! Seine Tyrannei, obgleich keinen Unterſchied machend, traf doch nur Einzelne; weder Raub noch Druck, weder Schmach noch Gewalt hatte der zu fürchten, der ſeine Rechnung mit ihm abgeſchloſſen hatte. Sie ſagen: „Wir hielten ihn für einen Tyrannen und freueten „uns über ſeinen Sturz; aber nicht nur ſeine Füße würden wir „küſſen, ſondern den Staub unter ſeinen Füßen, könnte er uns „wieder gegeben werden!"

Eilftes Capitel.

Politische, gesellschaftliche und diplomatische Erörterungen mit einem Gouverneur, einem Edelmann und einem Kadi.

Am 17 (Juni 1830). Wir brachten den Tag mit Besuchen hin bei dem Gouverneur, zwei Beys und dem Kadi, die uns dann ihre Gegenvisite machten. An unserm Viceconsul, Dr. Lucas, fanden wir einen trefflichen Cicerone. Er ist von albanischer Herkunft, das heißt, aus den albanischen Colonien in Sicilien, hat lange in diesem Lande gelebt und spricht das Griechische so gut wie seine Muttersprache. Sein Stand als Arzt ist ihm ohne Zweifel von großem Nutzen, und wir fanden ihn höchst aufmerksam und mittheilend. Er ist der einzige Diener der brittischen Regierung von allen, die ich im Oriente getroffen habe, der mich in meinen Bemühungen unterstützt hat, mit den Landeseingebornen in Verkehr zu kommen. Musseli Bey, der Gouverneur, Bruder des Veli Bey, der ganz Nieder-Albanien regiert, bewohnt den Palast des Erzbischofs, einst die Residenz des Porphyrius, unsers Wirthes in Anatoliko. Die Kirche ist eine Kornscheune, eine Moskee ist eine Palikarenhöhle. Zerstörung ist jetzt die herrschende Gottheit und „keine feste Mauer" beschränkt ihre Verehrung. Der Palast ist eines der wenigen Gebäude, die noch aufrecht stehen. Die Gemächer sind luftig und geräumig, und die Aussicht aus den Fenstern im Divan, über einen Arm des Flusses bis zu den Hügeln, war so schön, daß sie mich beständig abzog von der langen und verschiedenartigen Unterhaltung, die wir mit dem Bey und seinen, die weiten Gemächer füllenden Albanesen hatten. Wir standen bei ihnen so in Gunst, daß, als er zum Gegenbesuche zu uns kam *),

---

*) Dieser Umstand verdient besondere Erwähnung. Türkische Gouverneurs sind es nicht gewohnt, Reisenden solche Ehre zu erzeigen und es war nicht möglich, daß wir unmittelbar nach unserer Ankunft für unsere eigenen Personen sollten so viel Ansehen erlangt haben. Damals, und ich glaube mit Recht, schoben wir diesen Umstand auf den merkwürdigen Contrast zwischen dem hiesigen Agenten und denen an anderen Orten. So bescheiden auch seine Stellung war, so stand er in dem Rufe der Rechtlichkeit; er mischte sich, wie in anderen Gegenden der Welt, unter das Volk, kannte seine Weise und re-

sie alle Theile des von uns bewohnten Hauses anfüllten, obgleich es eben nicht klein war. Sie traten sogar auf die Sophas und ließen einen Geruch zurück, deffen wir kaum mit der Zeit und durch Luftzug los werden konnten.

Musseli Bey hatte auch davon gehört, wir wären gekommen, um die Gränzen zu reguliren, und war außerordentlich erfreut, als er erfuhr, das sey nicht der Fall. Er erkundigte sich ängstlich, wo die Linie gezogen werden sollte und schrie über die Ungerechtigkeit gegen Albanien, deffen „Brod" so weggegeben werde. Wir antworteten, sie hätten ja schon nicht allein soviel, sondern noch mehr verloren, als das Protokoll den Griechen zuweise; so viele Kriegsjahre hätten sie um nichts weiter gebracht, und die Griechen beklagten sich darüber, nicht wenigstens all das Gebiet zu behalten, was sie erobert hätten. Es traf hier wirklich das alte Sprüchwort ein: die Griechen schrien auf, warum sollten die Albanesen zurückbleiben? Das Protokoll war der tolle Hund, jeder warf seinen Stein darauf. Die Unterhaltung kam jetzt auf die Größe, die Macht und die Erfindungen Englands. Wir wurden mit Fragen überfluthet, die vielleicht noch fortdauern würden, hätten wir ihnen nicht den Mund gestopft mit Dampfwagen und Perkins'schen Kanonen. Von Arta nach Janina in einer Stunde zu kommen und ein Regiment niederzumähen, während ein Barbier ein einziges Kinn rasire, waren Berechnungen, die sie sogleich anstellten. Als ihr Erstaunen sich einigermaßen gelegt hatte, überraschten sie uns dagegen mit einer letzten Frage: „Und was habt ihr seitdem erfunden?"

Ein Bim Baschi, der still zugehört hatte, wandte sich endlich zu seinen Leuten und sagte mit einem nachdenklichen Kopfschütteln: „Wir müssen ihnen die Krone wegnehmen und sie den Amerikanern geben."

Sie bilden sich ein, die Amerikaner seyen unsere Feinde, früher unsere Rajahs gewesen und werden England umstürzen, wie Grie-

---

bete seine Sprache. Sonderbar ist es, daß solche Eigenschaften an dem Inhaber eines höchst unbedeutenden Viceconsulats ein Gegenstand der Beachtung und Bemerkung für zwei englische Reisende und die Ursache werden mußten, daß sie Beweise von Achtung und Mittel zur Belehrung empfingen.

chenland die Türkei. Der Bey hörte die Bemerkung, und da ihm die Augen bei Schumla und Varna aufgegangen waren, tadelte er den Bim Baschi ernsthaft und sagte: „Schämst du dich nicht solch schmutziger Unwissenheit? Dürfen wir, die wir die erlangte Krone Anderen verdanken, davon reden, die Kronen Europa's wegzugeben?"

Die Albanesen scheinen sehr besorgt, bei allen Gelegenheiten ihre Achtung vor England zu beweisen und sind sehr bereit, uns die Verpflichtung zu bekennen, die wir ihnen im russischen Kriege auferlegt haben. *) Aber man kann in jedem Ausdrucke eine Mischung von Haß und Furcht bemerken, denn sie sehen auf Griechenland, diese dem osmanischen Stolze herbere Wunde als jeder Sieg der Russen, und setzen Griechenlands Unabhängigkeit auf Englands Rechnung. Unsere Macht und unsere Beweggründe sind ihnen gleicherweise unbegreiflich und das ist kein Wunder.

Es kam die Rede auf die Religion. Einer aus dem Haufen vertheidigte hochkirchliche Grundsätze, als ein Officier — schmutzig, häßlich und, obgleich nicht alt, zahnlos und bei allem dem eine lustige Art Wilder, der sich selbst einen „Franken" nannte — vortrat, einen Stuhl vor uns hinstellte und sich auf unsere Weise niedersetzte. Er zeigte mit dem Finger auf den Glaubensvertheidiger, und brach in das unmäßigste Gelächter aus. Als er wieder zu Athem gekommen war, rief er: „Der Narr geht also nach seiner Moskee und betet an einer Stelle, als ob Gott nicht überall wäre!" Dann zeigte er auf uns: „Ihr geht nach der Kirche und betet zu eurer Panagia (Allerheiligste — die Jungfrau Maria) und Jeder denkt, der Andere sey verdammt, was gewiß der Eine oder der Andere oder vielleicht alle beide seyn werden. Ich verehre beide und verachte keine, so

---

*) Diese Dankbarkeit, die damals ohne Zweifel für gerechtermaßen begründet erachtet wurde, habe ich mir nachher nicht so ganz rechtfertigen können, aber soviel ist gewiß, daß man damals in der ganzen Türkei fest glaubte, England habe die Türkei vor drohender Vernichtung gerettet. Vielleicht geschah es bloß, weil sie dachten, England habe das thun müssen. Diese allgemeine Ueberzeugung wurde durch die Furcht der Russen vor England bestärkt, von der sich jeder Albanese oder Türke, der mit einem russischen Bivouac in Berührung gekommen war, hatte vergewissern müssen.

bin ich, wenn ich ins Paradies komme, eines Freundes sicher, wenn nicht zweier." Der Andere ereiferte sich gegen die Verderbtheit des Zeitalters, das solche Atheisten dulde und sagte, selbst die Griechen würden einen solchen Ungläubigen nicht unter sich leiden. Der Spötter hatte indeß die Lacher auf seiner Seite und als sein Gegner etwas davon murmelte, es würde ihn eines Tages gereuen, wurde er mit noch lauterem Gelächter verhöhnt als früher, worein die Umstehenden einstimmten, klärlich den albanischen Glauben aussprechend: — ἡ σακκοῦλα εἶναι ἡ ψυχή μου, αὐτή νὰ εἶναι καλλά — Mein Geldbeutel ist meine Serle, möge es ihm gut gehen!" Wir erkannten den Freidenker für einen türkischen Freimaurer, oder Bektaschi, an dem um seinen Hals geschlungenen polirten Stücke Tropfstein aus der Höhle des Hadschi Bektasch. Ein anderer der Bim Baschis trug dasselbe Symbol, aber wir konnten von ihnen keine Nachricht über die Verbreitung und die Ansichten des Ordens in Albanien erhalten, außer, daß ein Christ ein Muselmann, ein Türk ein Jude werden könne, daß aber ein Bektaschi auf ewig ein Bektaschi bleibe.

Da wir hörten, daß Musseli Bey nach der Chamuria gehen wollte, um einen Streit zwischen zwei Parteien der Chand zu beenden, von denen sich zweitausend nur zwanzig Meilen von Arta ernsthaft herumschlugen, so baten wir um Erlaubniß ihn zu begleiten. Er sagte, unsere Gesellschaft würde ihm sehr angenehm seyn, aber seine Gegenwart wäre nicht weiter nothwendig. Wir konnten also nichts weiter thun, als uns mit aller aufzutreibenden Geduld dem widrigen Schicksale zu unterwerfen, zwölf Tage in Albanien zu seyn, mitten in der allervollkommensten Ruhe.

Der Bey ist ein Mann von mittlerem Alter, mager, aber gut gebaut. Er ließ bei mir den Eindruck zurück von nicht dem besten Theil des Skipetaren-Charakters: sein unstätes Auge, sein hageres und blasses Ansehen trugen das tiefe Gepräge der Verderbtheit und Verschmitztheit. Zum Abstiche, denke ich mir, saß neben ihm der Festungscommandant, ein fettes, dummes, gutmüthig aussehendes Wesen, kurz und rund wie ein Bacchus oder eine Tonne. Die Uebrigen waren eher schlank als kurz, Einige von ihnen zierlich; kein überflüssiges Fleisch, rein gegliedert und rund gefügt, mit ausdrucksvollen Gesichtern und freiem Wesen. Die Muskeln

(Urquharts Tagebuch ꝛc.)

schienen Knochen und Blut zu überwiegen, und Geisteskraft den
Sieg über körperliche Stärke davon zu tragen. Es war aber keine
Familien=Aehnlichkeit unter ihnen; auch ist ihr Anzug keine Tracht,
die darauf berechnet ist, ein gleichförmiges Ansehen zu geben, da
er die Umrisse des Körpers hervortreten und Nacken, Stirn und
Schläfe völlig frei läßt. Keiner von ihnen war besonders sau=
ber, aber der Kittel oder Fustanel wurde umhergeschwungen gleich
einem Pfauenschweife, und jeder Bube von drei Fuß stolzirte dahin
mit der Miene eines Riesen.

Wir kamen dann zum Calio Bey, dessen Familie die vornehmste
osmanische in der Gegend ist, und der, wie Herr Meyer uns er=
zählt hatte, einer der gescheidtesten Männer ist. Er empfing
uns mit größter Höflichkeit und Feinheit. Bei unserem früheren
Besuche bei dem Gouverneur hatte uns die Gierigkeit unterhal=
ten, womit jeder Ausdruck aufgegriffen wurde, der zu Ungunsten
des Sultans oder der Türken gedeutet werden konnte. Jetzt aber,
unter den Osmanen, hörten wir in den schmählichsten Ausdrücken
auf die Albanesen schimpfen und natürlich auch auf die armen
Griechen, gegen welche beide Parteien frei Spiel hatten. Unser
osmanischer Wirth wußte nicht, wen er mehr verabscheuete, Al=
banesen oder Griechen, aber zweier Sachen war er gewiß, ein=
mal, daß beide Nationen entartetes Gesindel wären, und zwei=
tens, daß es mit keiner ein gutes Ende nehmen würde. Er hatte
aber eine Anstellung in Griechenland unter Veli Pascha gehabt,
und als wir auf die Sachen im Einzelnen zu sprechen kamen,
fanden wir, daß sich manche Lichtstrahlen aus den breiten Schat=
ten seiner National=Vorurtheile heraussuchen ließen. In Antwort
auf seine Fragen erzählten wir ihm von dem steigenden Werthe
des Landes in Griechenland, von den fortschreitenden Bauten,
von der Ausdehnung des Ackerbaues, von der Abgabenfreiheit
des Bauern, der nur die Regierungssteuern bezahle (glücklicher=
weise fragte er weder nach dieser Berechnung, noch nach der Wahl
der Municipalbeamten oder der Justizverwaltung, weil alle diese
Sachen den Türken nothwendig mit der öffentlichen Ruhe ver=
knüpft scheinen), und von der Sicherheit des Vermögens der Rei=
chen. *) Wir erzählten ihm, daß wir Türken gesehen hätten,

---

*) Das bezieht sich natürlich auf die zwischen 1828 und 1829 gemachten
Fortschritte, bevor Kapodistrias sie wieder umreißen konnte.

die sich in Griechenland gefielen und zufrieden waren, denen man auch erlaubt hätte, ihre Waffen zu behalten, während die Grie= chen entwaffnet wären. Obgleich er wenig sagte, schien er doch über diese Thatsachen ernstlich nachzudenken, die er im Munde eines Europäers für wahr halten konnte. Vielleicht verließen wir ihn weniger überzeugt von dem schlechten Ende der Griechen, als er vorher war, und wir beschlossen, bei unserm nächsten Be= suche den Versuch zu machen, auch über die Albanesen seine Mei= nung zu berichtigen, was uns denn freilich, wie ich zugeben will, eine schwierigere Aufgabe gewesen seyn würde.

Die politischen Zuneigungen der Osmanli sind seltsam ver= wirrt. Sie sind im Ganzen zufrieden mit der Vernichtung der Janitscharen, aber sie hegen große Furcht vor der daraus fol= genden Zunahme der Gewalt des Sultans. Sie verwünschen die Albanesen, deren Gewaltthätigkeit und Tyrannei sie unterworfen sind *), aber sie fürchten noch mehr den Schutz der regulären Trup= pen, weil sie in ihnen ein System erblicken, das, einmal fest ge= setzt, allmächtig seyn wird. Sie wünschen, die Albanesen möch= ten die Griechen schlagen, und sie wünschen, die Albanesen möch= ten geschlagen werden; sie wünschen, der Nizzam (die regulären Truppen) möchte die Albanesen zusammendreschen, sind aber äu= ßerst dagegen, daß der Nizzam auf irgend eine Weise siegen möchte.

In Konstantinopel hatten wir es sehr schwierig gefunden, uns der Ansichten der Türken in Betreff der neuen militärischen Organisation zu vergewissern. Hier fanden sich keine Gründe zur Verstellung **), und Calio Bey gestand manche Vortheile der Orga= nisation offen zu, während er, statt seine Einwürfe zu verhehlen, sich sorgsam bemühete, uns von ihrer Gerechtigkeit zu überzeugen, und sie nicht als Parteisache, sondern als Glaubenssache hervor= hob. Wir erörterten demnach den Gegenstand mit ihm sehr weitläufig.

---

*) Die Osmanli werden in einer so erniedrigenden Abhängigkeit gehalten, daß es oft türkischen Beys nicht erlaubt ist, ihre eigenen Pachthöfe ohne schriftliche Erlaubniß des arnautischen Gouverneurs zu besuchen.

**) Und, was viel wichtiger war, wir hatten Gelegenheit zum Umgange. Die Annahme, es seyen Gründe zur Verstellung vorhanden, entstanden daher, daß, als ich anfing, Gelegenheit zum Umgange zu finden, meine Freimüthigkeit beschuldigt wurde, sie sey der Grund, daß ich den Um= gang nicht früher hatte haben können.

8 *

Die folgende Unterredung, die ich unmittelbar nachher fast wörtlich aufschrieb, wird vielleicht am besten die Meinungen der besten Classe Türken über diese Gegenstände darstellen.

„Unser Gesetz," sagte er, „ist der Koran, und wir müssen „die Handlungen des Sultans nicht nach den Lobsprüchen oder „dem Tadel Unwissender beurtheilen, sondern nach ihrer Ueber= „einstimmung mit den Vorschriften unserer Religion. Einigen „seiner Handlungen gebe ich Beifall, andere table ich. unser Ge= „setz und unsere Praxis sind sehr weit von einander verschieden. „Das Gesetz rechtfertigt einen Rayah, der einen Muselmann töd= „tet, welcher mit Gewalt oder auch nur gegen den Willen des „Rayah in dessen Haus bringt. Welchen Zusammenhang kann „also das Gesetz mit der Unterdrückung und Ungerechtigkeit ha= „ben, die jetzt im Lande herrschen? Eine Stunde, sagt Mahom= „med, nützlich verwendet auf die Verwaltung der Gerechtigkeit „und des Staates, ist siebenzig Jahre im Paradiese werth. Der „Koran sagt uns: die Dinte des Weisen ist köstlicher, als das „Blut des Märtyrers. Hat also unsere Religion uns unwissend „gemacht oder die Wissenschaft, die unter uns blühete, fortgetrie= „ben und die Europäer über unsere Häupter erhoben? Religion „und Politik geben dem Sultan Beifall, daß er Menschen ge= „demüthigt hat, die Unterdrücker und Tyrannen waren, Feinde so= „wohl des Volkes als des Sultans, und die eben so unwissend „waren, als sie Religion und Wissenschaften verachteten. Dreimal „hat der Sultan die Türkei vom Untergange gerettet: er hat die „Janitscharen vernichtet, die Dere Begs und die großen Rebellen= „Anführer. Was die regulären Truppen anbetrifft, waren nicht, „als unser Gesetz blühete, die unsrigen die bestdisciplinirten in der „Welt? Und wäre das Gesetz aufrecht erhalten, würden wohl die „Janitscharen eine Wunde geworden seyn. statt eines Schwertes „in der Hand des Staates? Kann Religion den Menschen verbie= „ten, zusammen zu stehen oder zu gehen, ihren Vorgesetzten zu „gehorchen und gegen ihre Feinde zu fechten? Lernen nicht über= „dieß gerade aus unseren Religionsgebräuchen zuerst die Menschen „Disciplin? Knien wir nicht alle zugleich mit dem Imam? „Stehen wir nicht auf mit ihm? erheben wir nicht unsere Hände in „demselben Augenblick? Die Leute mögen etwas wider den Nizzam „einwenden, weil sie Feinde der Rechtlichkeit und des Friedens

„ſind, aber nicht weil ſie Freunde des Geſetzes, des Jslams ſind.
„Es gibt aber andere Punkte, wegen deren der Sultan getadelt
„werden muß. Er hat unſer Beſteurungsſyſtem verletzt; er hat,
„mehr als ſeine Vorgänger, die Münze verfälſcht, und er hat,
„Europa nachäffend, Gebräuche und Sitten eingeführt, die, ohne
„ihm Nutzen zu ſchaffen, die Gemüther der Menſchen gegen ihn
„erbittern. Er hat alle Leute gleich gekleidet, ſo daß die ſchuldige
„Ehrenbezeugung wegfällt, und er hat die Moslemim gleich den
„Franken gekleidet, ſo daß wir Gefahr laufen, den Ungläubigen
„den Gruß des Friedens zu bringen. Einer unſerer hauptſächlich=
„ſten Glaubensartikel iſt der abdeſt (die Abwaſchung) fünfmal
„des Tages; wozu alſo uns in enge Aermel und Pantalons und
„gar in Schuhe und Strümpfe ſtecken, zur beſtändigen Unbequem=
„lichkeit des ganzen Volkes, ſo daß die Religions=Gebräuche läſtig
„werden?“

Wir fragten ihn, ob der Sultan, als Kalif, und die Ulemas
nicht durch vereinte Autorität einen Glaubensartikel abändern könn=
ten. Mit Wärme erwiederte er: „Der Sultan, als Kalif, und
„der Mufti und die Ulemas, als Geſetzerklärer, würden ihr eige=
„nes Anſehen verlieren, verſuchten ſie, den einzigen Grund, wor=
„auf es ruht, zu untergraben. Der Sultan und der Mufti dür=
„fen, um die Einheit des Glaubens zu erhalten, über eine Frage
„entſcheiden, worüber die Gläubigen uneins ſind; aber der Gegen=
„ſtand der Meinungs=Verſchiedenheit, ſo wie die Entſcheidungs=
„gründe, müſſen gleicherweiſe dem Koran entnommen werden.“

Wir fragten ihn darauf, wenn dieſe Meinungen allgemein
wären, wie ſie dann nicht den Sultan abgehalten hätten, ſolche
Neuerungen zu verſuchen. Er antwortete: „Der beſſere Theil des
„Volkes freute ſich über die Vernichtung der Janitſcharen, war
„zu Gunſten des Sultans heftig eingenommen, und, wenn auch
„mit andern Dingen unzufrieden, hielt den Mund, aus Unkunde
„eigener Gefühle und eigener Macht. Man hatte überdieß die
„Furcht vor einer Reaction vor Augen; die Entſcheidungen und
„die Hinrichtungen des Sultans hatten allgemeinen Schrecken ein=
„geflößt. Der Abfall Griechenlands, die perſiſchen und ruſſiſchen
„Kriege hatten den Geiſt der Nation gebrochen, während die Zer=
„fallenheit der Intereſſen und die Trennung der Stämme keine
„Vereinigung zuließen, welche das Nationalgefühl nutzbar hätte

„verwenden können. Waren aber überhaupt die Ulemas und Kon=
„stantinopel zu tadeln? Sie hätten für einen volksthümlichen und
„bleibenden Divan sorgen sollen, bevor sie die Aufhebung der Ja=
„nitscharen beschlossen und ausführten. Wie hat sich der Sultan
„bisher gehalten? Was ist sein Nizzam? Wie groß ist dessen Zahl
„und worin besteht seine Dressur? Er wird ohne Zweifel mächtig
„werden, aber was sind sie bisher anders gewesen, als zehn oder
„zwölfjährige Jungen, die nicht wissen, was Religion und Pflicht
„bedeutet, sich jetzt schon herausnehmen, Leute zu verachten, die
„besser sind als sie, und aufwachsen werden, um die Moslemin in
„zwei Parteien zu theilen — und das Alles um Pantalons und
„Turban?" *)

Unsere nächste und interessanteste Bekanntschaft war der Kadi,
aus der Hauptstadt gebürtig; ein Mann, in den Zügen nicht un=
ähnlich Rossini, obgleich ich keine Gelegenheit hatte, über seine
musikalischen Fähigkeiten zu urtheilen; aber er war frei vom über=
schnellen Sprechen, und obgleich sein Thema die Diplomatik war,
verstiegen sich einige seiner lauteren Ibne bis zum wirklichen Reci=
tativ. Er war bei dem Mittagsessen, als wir ihn zuerst besuch=
ten, aber die gastfreien Sitten der Osmanlis wissen nichts vom
ungelegenen Eindringen. Mit ihm, einem mit „der Stadt" bekann=
ten und im öffentlichen Leben und den Geschäften erfahrnen Manne,
wendete sich unser Gespräch auf die auswärtige Politik. Er äußerte
den größten Unwillen über das Einmischen der drei Mächte in die
griechischen Angelegenheiten und fragte uns, mit welchen Grün=
den unsere Regierungen vor ihren eigenen Völkern eine so augen=
fällige Verletzung der Rechte der Nationen zu vertheidigen meinten —
Regierungen, die mit solcher Macht gerüstet, das türkische Reich
zersplittert, jede Aussicht auf innere Verbesserung zertrümmert und
die Türkei, ein gefesseltes Schlachtopfer, ihrem verrätherischen
Feinde und unserem verrätherischen Freunde überliefert hätten? Wir
erörterten indeß diesen Punkt mit ihm, und von manchen vorge=
brachten Gründen gelang es nur einem, einigen Eindruck auf ihn
zu machen. Ich darf daher ihn hier wiederholen, da es in der

---

*) Wir besuchten einen Pachthof Calio Bey's, der wegen seines Tabaks
gerühmt wurde. Einen Bericht über den Anbau dieses Artikels sehe
man in dem Anhange Nr. 6.

That das einzige Feld ist, auf dem man sich über diese Frage mit einem türkischen Gegner einlassen kann.

Der Sultan, bemerkte ich, als Souverain von Griechenland, hat in Betreff des Handels in diesem Lande Verträge mit uns abgeschlossen; diese Verträge wurden durch die vorherrschende Verwirrung nichtig und wir konnten uns nur an den legitimen Souverain halten. Die Griechen, Unterthanen des Sultans, hatten an unserm Handel Räubereien von ungeheurer Ausdehnung begangen; wir wendeten uns an ihren Souverain um Entschädigung. Er hatte zwei Wege vor sich offen — uns Vergütung zu geben, oder die Griechen für Seeräuber zu erklären und sie der Gerechtigkeit derer zu überlassen, die sie beeinträchtigt hatten. Unsere Regierung hatte, um ihren eigenen Unterthanen Gerechtigkeit widerfahren zu lassen, ebenfalls nur einen von zwei Wegen vor sich offen — dem Sultan oder den Griechen Entschädigung abzuzwingen. Der Sultan wollte keinen von beiden Wegen einschlagen; langmüthig verschoben es die europäischen Regierungen, ihren gerechten Forderungen Nachdruck zu geben, und sieben Jahre des Aufschubs und der geduldigen Vorstellungen hatten nur Unrecht auf Unrecht gehäuft, und am Ende dieses Zeitraumes die Lösung der Frage so hoffnungslos gelassen, wie sie es am Anfange war. Die kräftige Erhaltung unserer Verträge, die Entschädigung unserer Unterthanen, die Wiederherstellung so lange unterbrochener Ruhe, forderte uns endlich auf, die Gewalt, die wir besaßen, anzuwenden, nicht zu rächen, sondern zu beruhigen, nicht Krieg zu führen, sondern den Frieden herzustellen. Mit welcher Weisheit diese Intervention ausgeübt wurde, beweisen Thatsachen; die widerspenstigen Rebellen und die unverbesserlichen Seeräuber wurden augenblicklich ruhig und friedlich; die Meere wurden dem Handel wieder geöffnet, die Griechen wurden aus Feinden nützliche Verbündete, und boten den Türken einen Zufluchtsort vor ihren eigenen Zerrüttungen und eine persönliche Sicherheit, die ihnen ihre eigene Regierung nicht gewähren konnte.

Der Kadi sagte, das sey ihm freilich ein neuer Grund, dessen Stärke er fühle, indeß könne er doch nicht einsehen, daß unser Recht, uns selbst zu entschädigen, uns ein Recht gäbe, unsere Macht dermaßen auszuüben, daß das osmanische Reich durch

unsere gute Absicht und wohlwollende Beihülfe über den Haufen
gestürzt wurde.

Wir erwiederten dagegen, sein Einwurf wäre ganz richtig und
die Unabhängigkeit Griechenlands, die nicht in den ersten Planen
gelegen hätte, wäre durch den Eigensinn des Sultans entstanden,
der nur auf der beschrittenen Laufbahn zu beharren brauche, um
die Unabhängigkeit von noch mehr Ländern als Griechenland hervorzurufen, selbst bei unserm besten Willen, das zu verhindern.
„Mögen des Teufels Ohren verstopft werden!" rief der Kadi.
„Gut, gut," sagte er nach augenblicklicher Pause, „unrecht oder
„nicht, wir müssen immer leiden; die Schwäche und Verderbtheit
„unserer Regierung reicht gerade hin, euch immer einen Vorwand
„zu geben. Ich weiß, daß wir euch unsere Befreiung von den
„Russen verdanken, die des Sultans Verkehrtheit uns auf den
„Hals brachte, *) in demselben Augenblicke, wo er dem Volke
„die Mittel und die Lust genommen hatte, ihnen zu widerstehen.
„Was würdet ihr von einem Manne sagen, der seine Freunde
„zum Hochzeitsmahle lüde, ohne Butter und Reis im Hause zu
„haben? Und wenn ihr kein Hochzeitsmahl ohne Pillaw aus-
„richten könnt, könnt ihr Krieg führen ohne Pillaw? Nicht
„zufrieden damit, die Janitscharen weggeschnitten zu haben, ver-
„suchte er unmittelbar darauf, die Bektaschis auszurotten. Ich
„war damals in Konstantinopel, und befühlte jeden Morgen mei-
„nen Kopf mit beiden Händen (er begleitete die Worte mit der
„Gebärde), ehe ich sicher war, daß er noch auf meinen Schultern
„saß. Mitten in diesem Schrecken versammelte er seine Paschas,
„Beys und Ayans, und fragte sie, ob sie gegen die Russen fech-
„ten wollten. Wer sollte wohl gewagt haben, dem Sultan zu
„sagen, er wolle nicht? Aber wer hätte auch für so eine Regie-
„rung fechten wollen, wenn sie lieber einen Juden oder einen
„Zigeuner zum Sultan gehabt hätten? Ich habe meine Heimath
„und meine Geschäfte in Konstantinopel verlassen um den Schup-
„pen, worin ihr mich seht, und bin zufrieden, unter diesen Wil-

---

*) Der Krieg war keineswegs des Sultans Schuld, aber ich gebe die
Unterredung, wie sie vorfiel. Sie erläutert die politischen Wirkungen,
die aus der Verbreitung von Neuigkeiten entstehen, welche Macht allein
in russischen Händen ist.

„den zu leben, weil ich außer des Sultans Bereich bin." —
Ich brauche nicht hinzuzufügen, daß unser Freund ein Bektaschi
war. *)

Die widersprechenden Meinungen und Interessen der ver=
schiedenen Gemeinden, worein die Bevölkerung getheilt ist, die
fortschreitenden Veränderungen in der Türkei und die veränderte
Stellung Griechenlands, die Aufregung wegen der Gränzfrage,
die Unwissenheit über die Absichten der europäischen Mächte und
die Neugier darnach, dieß Alles vereint mit dem seltenen Begeg=
nen von Reisenden in diesem Lande, hat uns mit einem Interesse
und einem wirklich außerordentlichen Vertrauen umgeben. Die
Leute überschwemmen uns mit Fragen und haschen uns die Ant=
worten von den Lippen; so liegen denn auch ihre geheimen Zwecke
und Gründe offen vor uns. Hier entfaltet die öffentliche Mei=
nung unter den Türken, unverhüllt und unverstellt, eine Thätig=
keit und eine Verstandsschärfe, die man in Konstantinopel ver=
gebens suchen würde **), und täglich steigt meine Hoffnung, die
gegenwärtige Gährung werde zur politischen Wiedergeburt führen,
ein Ding, das nicht so schwierig ist in der Türkei, sollte ich den=
ken, als Manche annehmen.

Zwölftes Capitel.

Stand der Parteien, Einleitungen zur Eröffnung des Feldzugs.

Nach der heute, am 19 Junius, eingetroffenen Nachricht
scheint sich der Knoten enger zu schnüren. Ein Tatar (Courier)
berichtete uns, die Kriegscasse, das Gepäck und der Vortrab des
Sadrazem (Groß=Wessiers) habe vor acht Tagen Adrianopel ver=
lassen, und werde heute in Monastir erwartet. Der Vortrab be=
steht aus acht Tambours (Regimentern), und beläuft sich auf
fünf bis sechstausend Manu regulärer Truppen, die im russischen

---

*) Dieser und jeder Andere, deren Handlungen oder Ansichten ich erzähle,
die ihnen durch irgend einen Zufall Schaden thun könnten, sind, wie
ich sicher erfahren habe, außer dem Bereiche der Folgen.
**) Die Leute sprechen hier fast alle griechisch, und ich kannte damals
nicht ein Wort türkisch.

Feldzug gedient haben. Des Sadrazems Abmarsch wird auf
kurze Zeit durch Maaßregeln verzögert, die er ergreift, um Ars=
lan Bey mit dem ersten Schlage zu zermalmen. Bevor er nach
Westen zöge, wünschte er die Ayans und Spahis von Rumili in
Bewegung zu setzen, in der doppelten Absicht, sie in Thätigkeit
gegen die Albanesen zu bringen und aufrührerische Bewegungen
in seinem Rücken zu verhüten. Auch wünschte er, Mahmud Pascha
von Larissa Zeit zu lassen, einigen Vortheil über Arslan Bey
davon zu tragen, um seiner Ankunft Glanz zu verleihen. Die
von Arslan Bey und viertausend seiner Anhänger begangenen
Verwüstungen in Zeituni, Trikkala und an den nördlichen Grän=
zen von Thessalien, und die neuliche Erstürmung von Kogana,
geben dem Sadrazem eine glänzende Gelegenheit, sich zum Be=
schützer und Rächer der ackerbautreibenden Bevölkerung zu erklä=
ren, und den Kampf zwischen den Albanesen und der Pforte in
eine Frage über Regierung oder Nicht=Regierung aufzulösen.
Arslan Bey ist demgemäß in den Reichs= und Kirchenbann ge=
than und für einen Firmanli erklärt. Zehntausend Mann sollen
unter Mahmud Pascha versammelt seyn, der sich anheischig macht,
den Kopf jedes rebellischen Anhängers des Arslan Bey nach
Monastir zu schicken. Der Ausgang dieser ersten Operation wird
ohne Zweifel die Aussichten beider Parteien wesentlich berühren.
Wird Arslan Bey geschlagen, so wird er einen Durchgang durch
die Berge nach Albanien finden, aber unter seiner Partei Ent=
muthigung verbreiten. Die Scheidelinie zwischen den Freunden
und Feinden des Sultans ist nicht bestimmt und nicht gerade,
sondern undeutlich und wogend, und manche der Unschlüssigen
werden den ersten Glückswechsel abwarten. Sollte Arslan Bey
siegreich seyn, so kann sich der Sadrazem nur auf sein Pferd
setzen und nach Konstantinopel zurückkehren, denn seine einzige
Stärke liegt in der Meinung und in des Sultans Namen, und
durch die Erklärung des Arslan Bey als Firmanli hat er Alles
auf einen Wurf gesetzt.

Arslan Bey ist ein junger Mann und ein albanischer Held, erzählt
eine Geschichte gut, sieht gut aus, singt gut, ficht gut, und trinkt gut,
und hat von seinem Vater, dem Meuchardar (Siegelbewahrer)
Ali Pascha's, ein Viertel des aufgehäuften Schatzes geerbt, den
der Wessier seinen vier vorzüglichsten Günstlingen anvertraute. Er

wurde zum Gouverneur von Zeituni ernannt durch den letzten Rumili Valessi, der auch den Seliktar Poda zum Gouverneur von Janina machte, und diese Partie soviel wie möglich verstärkte. Der Zwist zwischen den Parteien des Seliktar Poda und des Veli Bey ist rein persönlich. Es ist Blutrache zwischen ihren Häusern, aber ihre Anhänger lassen sich von beiden anwerben, je nachdem sie gute Bedingungen erhalten können. Alle richten ihre Blicke auf den Sold der Pforte, allein sie sind alle gleich entrüstet über den Versuch des Sultans, sie in ihren heimischen Bergen zu beschränken, und besonders darüber, daß er sie zwingen will, in die regulären Truppen zu treten und Beinkleider zu tragen.

Veli Bey's Groll auf Seliktar Poda machte ihn zum gerigneten Werkzeuge der Absichten der Regierung, während er sich freute, durch solche Verbindung Ansehen und Wichtigkeit zu erlangen. So entstand eine dem Sultan günstige Partei, obgleich die Einzelnen derselben kein gemeinsames Interesse mit der Pforte hatten oder den übrigen Albanesen feindlich gesinnt waren. Es waren deren nur wenige an Zahl, aber sie waren im Besitze der wichtigen Positionen von Janina und Arta und des Ueberganges über den Pindus durch Mezzovo, von Epirus nach Thessalien.

Seliktar Poda ist nicht das Haupt, aber der einflußreichste Mann der andern Partei. Er hält in seiner Hand die Bande, welche die Reste von Ali Pascha's Faction zusammenhalten; er ist kriegerisch, schlau und, wenn auch sein Ruf im Felde nicht groß ist, doch im Rathe ohne Nebenbuhler; er hat großes Vermögen und besitzt eine Festung, die man für uneinnehmbar hält. Die andern Anführer sind Leute von geringer Bedeutung, und außerhalb ihres Kreises wenig bekannt. Es sind Dscheladin Bey von Ochrida, Oheim des Skodra Pascha; ferner die Beys von Avlona, Argyro-Kastro, Tepedelene, Gortcha und Kolonias (obgleich der einflußreichste dieser Letzteren dem Groß-Wessier attachirt ist). Diese Leute sind eher Nebenbuhler als Verbündete. Sie wollen keinem ihres Gleichen gehorchen, und könnten daher nicht vereint und kräftig handeln. Zieht sich der Streit in die Länge, so wird ihre Nebenbuhlerschaft und ihre Raubgier zu Abfällen führen, und gegenseitiges Mißtrauen sie dahin bringen, gegenseitigen Verrath zu fürchten. Die Mannschaft wird so lange an

ihren Führern hängen, als sie kann, denn in der That wird nur
durch die Achtung und die Ehrfurcht der gemeinen Leute Jemand
über die Andern erhaben. Gegenwärtig hält diese Verbindung
alle Ebenen und Festungen des Landes besetzt. Straflosigkeit
und Frechheit unter einem mächtigen Anführer kann sie auch ohne
regelmäßigen Sold zusammenhalten; sollten sie aber in ihre Berge
eingeschlossen werden, wo sie Kleidung, Beköstigung und jedes
Lebensbedürfniß nur für baares Geld kaufen können, und Alles
aus Seehäfen oder von regelmäßigen Märkten holen, und bei
Festungen vorbei und durch bewachte Pässe schaffen müssen, so
würden ihre Mittel und ihre Geduld bald erschöpft seyn, und sie
würden ihre Anführer und Albaniens Sache verlassen, um die
gewohnten Rationen und Soldzahlungen zu erhalten, könnten
sie dieß auch nur unter der harten Bedingung erhalten, die Fustanelle abzulegen.

Betrachtet man die Albanesen und Türken als offene Feinde,
und ihren Kampf als regelmäßigen Krieg, so könnte die Voraussetzung, sie würden in ihre Berge eingeschlossen und aus den
Ebenen und Festungen vertrieben, nur das Ergebniß eines siegreichen Feldzuges seyn, und dennoch habe ich dieß nur als einen
v o r g ä n g i g e n Schritt zu den Feldzugs-Operationen angenommen.
Thatsächlich aber sieht jede Partei in der andern einen Feind;
indeß scheint in den äußern Formen ihres Verhältnisses die größte
Uebereinstimmung zu herrschen, und der Rebell wagt es nicht, sich
als Gegner zu bekennen, oder sich und seine Anhänger durch ein
Feldgeschrei oder ein Kennzeichen zu ermuthigen. Ein Bujurdi
oder ein Befehl abseiten eines Pascha's wird von einem albanesischen Festungscommandanten mit der äußersten Unterwürfigkeit
entgegengenommen. Vielleicht wird er dadurch aufgefordert, die
Festung zu übergeben; er antwortet: er sey sehr bereit, den Befehlen Seiner Hoheit zu gehorchen, und sehne sich, den Behang
des Sopha's Höchstderselben zu küssen — aber seine Truppen
haben rückständige Forderungen an die hohe Pforte und halten
ihn als Geisel fest, das Schloß als ein Pfand, er sey täglich
in Gefahr, Gewalt unter ihren Händen zu leiden, und ersuche und
flehe den Pascha an, das schuldige Geld einzuschicken, indem er
sonst nicht für die Folgen und für sein eigenes Leben einstehen
könne. Und das ist oft der Wahrheit gemäß. Wirklich werden

die Albanesen schwerlich mit offener Widersetzlichkeit beginnen, ohne irgend haltbare Gründe. Hierin aber liegt die Stärke der Pforte, die moralische Stärke, die, wenn zweckmäßig geleitet, Menschen und Waffen überwiegt, aber eben darum hängt auch Alles ab von der leitenden Intelligenz. Dieß auch, in einem mehr praktischen und einem allgemein zugänglichen Gesichtspunkte, gibt der Pforte den nicht zu berechnenden Vortheil, den Augenblick des Auftretens und den Angriffspunkt zu wählen, und sie kann, ohne zu offenen Feindseligkeiten zu schreiten, durch Befriedigung der Forderungen und Auszahlung der Rückstände die Räumung und den Besitz starker und wichtiger Posten erlangen. Auf diese Weise also können die Albanesen in ihre Berge versperrt werden, was, wie ich erwähnt habe, nur ein vorläufiger Schritt zum bevorstehenden Kampfe ist, sollte Arslan Bey geschlagen und der Krieg nach Albanien versetzt werden.

Behauptet hingegen Arslan Bey, obgleich für Firmanli erklärt, das Feld, nachdem schon Blut geflossen, so werden die Albanesen die Festungen ohne Gewissensangst behalten und Sold und Lebensmittel vom Landvolke erpressen. Nur der Mangel oder die Unfähigkeit eines Anführers kann sie dann abhalten, ihre Verwüstung überallhin zu verbreiten und in allem Ernste die Fahne des Aufruhrs aufzupflanzen, vor der die sechzig Roßschweife von Rumili in den Staub sinken müssen.

Die Albanesen fühlen das Unsichere und Gefährliche ihrer Stellung, obgleich sie ihre Feinde verachten und überzeugt sind, ihre Anzahl und ihre kriegerische Kraft sichere ihnen einen leichten Sieg, könnten sie zweckmäßig geleitet werden; allein es fehlt ihnen an Vertrauen unter sich, und es fehlt ihnen an einem Anführer. In dieser Verlegenheit wenden sich ihre Blicke auf den Pascha von Skodra. Die Unabhängigkeit der Ghegs (Nordalbanesen, dem Pascha von Skodra unterthan) ist immer vollständiger gewesen, als die der Albanesen selbst; die Ghegs sind überdieß unter einem Haupte vereint und eben so kriegerisch, aber ein noch halsstarrigerer Stamm, der nicht daran gewöhnt ist, unter den Türken Dienste zu nehmen. Obrist Leake sagt von ihnen: „Sie vereinigen die Grausamkeit der Albanesen mit der Ausdauer der Bulgarier." Reich an Landbesitz, bei gleicher Vertheilung des Vermögens, kümmern sie sich so wenig um das geistliche als das amtliche

Ansehen des Sultans. Skanderbegs Geist mag wohl nur in kar=
gem Maaße auf seine Nachfolger vererbt seyn, aber noch besteht
die geographische Lage und die militärische Stärke, wodurch Croia
(zu Skodra gehörig) der Mittelpunkt eines vorübergehenden Rei=
ches wurde, und Skodra ist jetzt, wie es immer gewesen, die
Hauptstadt und der Stolz Albaniens. Höchst wichtig sind daher
Mustapha Pascha's Absichten, bis jetzt aber noch in Geheimniß
gehüllt. Die Albanesen versichern, er sey völlig mit ihnen einver=
standen, auch ist es nicht wahrscheinlich, daß er, der wirklich
sein Paschalik einem Siege seines Großvaters über des Großherrn
Truppen verdankt, es gerne sehen würde, wenn die Albanesen
einen Theil des stehenden Heeres der Pforte bildeten.

Die von den Anhängern des Großwessiers besetzten Positionen
sind folgende: die Ebenen von Thessalien durch Mahmud Pascha,
einen Circassier, Günstling des Großwessiers und ihm ergeben,
von großem persönlichem Muthe, persischer Geschicklichkeit, würdi=
gem Anstande und, wie man sagt, großer Fähigkeit; Janina, die
Ebene von Artà und die Seeverbindung von Prevesa und dem
Meerbusen durch Veli Bey, der vom Großwessier abhängt und
durch häusliche Bande an ihn geknüpft ist, die denen des Blutes
gleichkommen. Für einen Albanesen ist Veli Bey ein Gelehrter,
und obgleich nicht frei von den Fehlern seines Landes, noch un=
befleckt von den Verbrechen seiner Zeit und seiner Stellung, möchte
ich es doch für sehr schwer halten, unter seinen Standesgenossen
seinen Verstand und seine Uebersicht zu finden, oder die Talente,
die ihn auf seine unsichere Höhe gehoben und ihn darin erhalten
haben. Der wichtige Paß von Mezzovo ist der Geschicklichkeit
und Treue eines würdigen Veteranen, Namens Sench Aga, an=
vertraut.

Die Albanesen — ich meine nämlich die feindliche Partei —
haben ihre Stärke im Norden einer nordöstlich von der Küste, Corfu
gegenüber, bis nach dem Pindus gezogenen Linie und im Westen
einer wellenförmigen Linie, die von der Nachbarschaft von Kastoria
die Mittelgruppe der albanischen Berge umkreiset, Monastir östlich
liegend lassend. Im Norden von diesem Zuge sichern die Ghegs,
die Mirditen, die Bosniaken und die Serben die Insurgenten gegen
einen Angriff, wenn sie ihnen auch den jetzt erwarteten mächtigen
Beistand nicht leisten.

Im Süden der Albanesen sind die Berge von Chimara und Paramithea, im Osten die Mittelkette des Pindus und die pierischen Berge von zwanzigtausend Griechen besetzt, Armatolis, die jetzt zwischen den streitenden Parteien stehen, und die Schale niederdrücken könnten, in die sie ihr Gewicht legten, allein sie sind geographisch zerstreut, ohne gemeinschaftliche Anregung und ohne Oberhaupt.

Der Mittelpunkt der Operation des Großwessiers ist Monastir. Diese Position, als ein Inselpunkt nicht zu vertheidigen, ist höchst wichtig, da sie zugleich der civile, politische und militärische Mittelpunkt Albaniens ist. Seine militärische Stärke besteht in den umgebenden Pässen und Festungen, die immer engere und engere Vertheidigungskreise gegen jede Annäherung ziehen, während von diesem Punkte die albanischen Ebenen nach der einen Seite eben so offen stehen, als die macedonischen nach der andern. Thessalien und Epirus sind gleicherweise zugänglich. Von Monastir aus ist es leicht, die Verbindung zwischen Skodra und Albanien zu hemmen. Indem die Position die Verbindungen des umgebenden Landes im Mittelpunkte zusammenfaßt, kann sie eben so leicht Zufuhr aus Konstantinopel erhalten und die Contingente Rumilis sammeln, als Operationen gegen Albanien leiten und den Pascha von Skodra im Zaum halten.

Ich habe Veli Bey angeführt als in Janina commandirend, aber dem Namen nach gehört der Oberbefehl dem Emin Pascha, einem Sohne des Großwessiers, der ein Jahr zuvor nach Monastir geschickt wurde, Verbindungen mit der Partei des Sultans im Süden anzuknüpfen, aber sich nicht in das Land hinein wagte. Sein Geheimschreiber, ein junger Grieche, der nach allen Nachrichten bedeutende Fähigkeiten und Scharfblick haben soll, aber in Europa erzogen, wenig bekannt ist mit der Beschaffenheit des Volkes, das er behandeln soll, wurde in Janina, das damals im Besitze des Seliktar Poda war, mit allen Bezeugungen der Unterwürfigkeit und der Achtung empfangen. Der arglistige Zögling Ali Pascha's versicherte ihn, er sey bereit zu gehorchen und stolz darauf, sich den Befehlen des Sohnes seines Herrn zu unterwerfen; er freue sich der Gelegenheit, seinen Diensteifer zu beweisen und die Verleumdung zu widerlegen, die ihn als Feind des Großwessiers darstelle, weil er der Feind seines unwürdigen Günstlings Veli Bey wäre. Der Geheimschreiber schickte Brief auf Brief an seinen Herrn, mit Bitten, durch seine eigene Gegenwart so günstigen Willen zu sichern und der junge Pascha, geblendet von der Aussicht, beide Factionen in Albanien zur Unterwerfung zu bringen, bevor er noch von seinem, damals den Feldzug gegen Rußland führenden Vater Antwort erhalten konnte, eilte nach Janina, wurde mit unbegränzter Ergebenheit empfangen, im Triumphe nach Ali Pascha's Palaste im Castelle geführt, der zu seiner Aufnahme in Stand gesetzt war — und fand sich als Gefangener und als Geisel. Veli Bey, natürlich entrüstet über die seines Herrn Sohne angethane Schmach, suchte und fand Mittel, die Gegenpartei zu vertreiben. Er zog triumphirend in Janina ein, um seinen Adoptivbruder aus seiner unwürdigen Sklaverei zu befreien und sich selbst den Lohn dafür zu ertheilen.

Das war die Lage der Parteien bei unserer Ankunft in Albanien, die mit Mahmud Pascha's Zuge gegen Arslan Bey zusammentraf, mit dem Abmarsche der ersten Truppen des Großwessiers aus Adrianopel und einem Versuche, durch Unterhandlung den Besitz der wichtigsten Festung im Norden zu erlangen, ein Versuch, der die außerordentliche Richtigkeit des Scharfblickes des Großwessiers zeigte und den gewohnten glücklichen Erfolg hatte. Der Werth dieser von mir angedeuteten Erwerbung, der Festung Berat nämlich, läßt sich am besten zeigen durch einen Vergleich der Stellung beider Parteien in Ali Pascha's Kriege und dem gegenwärtigen Augenblicke.

Obgleich Ali Pascha die Festungen Gortcha, Kastoria und Ochrida und die umgebenden Berge inne hatte, war doch schon seit fünf Jahren vor seinem Falle Monastir in den Händen des Rumili Valessi, der ihm in diesem Amte gefolgt und der Pforte ergeben war. So wurde also der Pforte der Werth dieser Stellung dadurch aufgehoben, daß Ali Pascha die Umgebungen besaß, worin er seinerseits wieder nicht sicher war, weil der Feind in Monastir steckte. Auch im gegenwärtigen Kampfe wird die Wichtigkeit Monastirs gleicherweise von der Bezwingung Ochrida's abhängen.

Im früheren Kriege wurde der Angriff auf Albanien zu gleicher Zeit von drei verschiedenen Punkten aus gemacht. Ein Heer, unter Pehlevan, drang durch Thermopylä, verheerte Phocis, Doris, Lokris und Aetolien, fiel auf Akarnanien, ließ Prevesa vom türki-

schen Geschwader blokirt liegen und besetzte ohne Widerstand den
Pente=Pigadia, in dem Augenblicke, wo Jsmael Pascha sich nur an
den thessalischen Pässen des Pindus zu zeigen brauchte, um die
Unterwerfung des Omer Brione und Mustas mit zwölftausend
Albanesen und griechischen Armatolis anzunehmen, die Stärke und
das Vertrauen Ali Pascha's und einer Macht, die reichlich genügt
hätte, die östlichen und südlichen Pässe Albaniens gegen jede Macht
des Sultans zu vertheidigen, wären sie durch Eigennutz oder Zu=
neigung der Sache des Wessiers aufrichtig ergeben gewesen.   Das
dritte Heer war das des jungen Mustapha Pascha von Skodra, der
seine Ghegs und Mirditen versammelte, Tyranna, Elbassan und
Cavalla besetzte und schon Berat erreicht hatte, als er die Nachricht
eines Einfalles der Montenegriner in sein Paschalik, den man auf
Rechnung russischer Intriguen schob, freudig als Vorwand zur Um=
kehr ergriff.   So sehr ihn nämlich die Demüthigung eines so ge=
fährlichen Nachbars freuen mochte,   würde es ihm doch sehr leid
gethan haben, zu seinem völligen Untergange beizutragen.   Doch
schrieb er an Jsmael Pascha, ihn antreibend, das offene Land von
Mittelalbanien zu besetzen, und bald darauf begann der Rumili
Walessi Operationen von seiner festen Stellung aus gegen Muktar
Pascha, der Berat festhielt und dabei von den Ghegs, wenn auch
nicht unterstützt, doch wenigstens niemals bedroht oder belästigt
wurde.   Dennoch würde Ali Pascha, selbst nach dem Verluste aller
dieser Positionen, selbst nach dem Abfalle seiner Truppen und seiner
Söhne, endlich Sieger geblieben seyn, wäre er nicht verrathen
worden.

Im gegenwärtigen Kampfe sichert die Unabhängigkeit Griechen=
lands die Albanesen gegen einen Angriff vom Süden aus.   Allem
Anscheine nach beschützen die Gesinnungen des Pascha's von Skodra
sie nicht allein vor offenem Angriffe von seiner Seite, sondern sie
verschließen auch dem Großwessier die starken Vertheidigungslinien,
die sich von Ochrida nach den Pässen des Katschanik und den bos=
nischen Bergen erstrecken.   Da aber Janina schon in den Händen
der Partei des Sadrazem (Großwessiers) ist und es außer Janina
und Skodra keine Position gibt, die zugleich militärische Stärke mit
Landesreichthum und einer Reihefolge militärischer Vertheidigungs=
linien verbindet, so möchte ich mich zu dem Glauben hinneigen,
daß, falls sich nicht der Pascha von Skodra selbst an die Spitze

des Bundes stellt, der Mangel an einem Mittelpunkt der Verbindung eben so verderblich seyn wird, als der Mangel an einem tüchtigen Anführer.

Da also der Großwessier nur die Mittel hat, über Monastir oder Mezzovo in Albanien einzudringen, er aber schon im Besitze von Janina ist, so ist es ihm vor allen Dingen wichtig, seinen Standpunkt so weit als möglich nordwärts zu versetzen, Monastir durch die Erwerbung der umgebenden Positionen zu verstärken und die Ebenen von Tyranna, Croia und Berat zu erreichen, wo seine Reiterei wirken kann, um sich zwischen den Albanesen und den Ghegs festzusetzen, während er die Albanesen in den Rücken nimmt und sie von den Ebenen und der See abschneidet.

Diese vorläufigen Bemerkungen werden die jetzt zu erzählenden Ereignisse verständlich machen.

Während wir uns Glück wünschten, daß wir uns durch die Befürchtungen unserer Freunde in Griechenland und Rumili nicht hatten abschrecken lassen, nach Albanien zu gehen, und daß wir so glücklich wären, gerade im Augenblicke des Ausbruches zu kommen, trat ein griechischer Kapitano, ein Verwandter der Frau des Consuls, in unser Zimmer und erzählte uns, er wäre eben von Berat angekommen, wo sich der erste Auftritt des Trauerspieles ereignet hätte. „In Berat!" riefen wir aus. Unsere Vorahnungen wurden durch das einzige Wort bestätigt, das zugleich die Absichten Mustapha Pascha's, die Befürchtungen des Großwessiers, seinen Feldzugsplan und seine tiefe Einsicht offenbarte.

Das Castell war von einem Verwandten des Seliktar Poda mit fünfhundert Albanesen besetzt. Des Großwessiers Meuchardar (Siegelbewahrer) war vor den Thoren erschienen und hatte die Uebergabe gefordert. Der Commandant antwortete, seine Leute würden ihm nicht gestatten, die Festung zu übergeben, bevor ihre Rückstände bezahlt wären. „Sehr richtig," antwortete Meuchardar, fragte nach der Größe der Foiderungen, untersuchte die Rechnungen, zog den Saldo, ging dann nach Skodra und erhielt vom Pascha, wie man sagte, achthundert Beutel, etwa 6400 Pfd. St., womit er zurückkehrte und das Geld vor den Mauern zeigte. Nun waren die Albanesen in einer schlimmen Klemme. Sie hatten keine Befehle; sie wußten nicht, von wem sie solche erhalten follten; sie kannten nicht die Absichten ihrer Landsleute; sie fürchteten ihre Sache zu verderben, oder sich selbst zu gefährden, und vorzüglich waren sie bestürzt über das unerklärliche Einverständniß, das zwischen dem Pascha von Skodra und dem Großwessier obzuwalten schien. Der Commandant wurde verrückt; ob seine Tollheit wirklich oder verstellt war, ist unwesentlich, sie diente indeß als Vorwand, die Uebergabe der Festung zu verzögern und zeigte offenbar, daß des Sultans Name und des Großwessiers Geschicklichkeit großes Gewicht hatten. Der Bruder des Commandanten, der für ihn eintrat, erklärte sich für völlig unbekannt mit dem Stande der Rechnungen und weigerte die Uebergabe der Festung; indeß war wenig daran zu zweifeln, daß im gegenwärtigen Augenblicke des Großwessiers Agent im Besitze derselben war.

Der Meuchardar Effendi war von den Beys in Berat mit anscheinender Unterwürfigkeit empfangen (die Citadelle steht auf einem Felsen, unter dem und auf beiden Ufern des Beratino sich die Stadt befindet), aber sie schienen geneigt, allen seinen Planen entgegen zu arbeiten und wenig bereit, ihm den verlangten Beistand und Hülfe zu gewähren. Er berief eine öffentliche Versammlung, worin er ihnen entrüstet den Mangel an gutem Geiste vorwarf und ihnen erklärte, er habe ihnen nur sehr wenige Worte zu sagen, nämlich: „Seyd ihr Juden, so bekennt euch nur geradehin zu eurem Glau„ben; seyd ihr aber Moslemim, so seyd ihr dem Sultan und seinem „Wessier Gehorsam schuldig.“ — „Was!“ sagte Suleiman Pascha, „sollen sich die Odjacks von Albanien dem Gewaltspruche eines „Fremden unterwerfen? Darfst du, weil du des Wessiers Sklave „bist, zu besseren Leuten als du mit Frechheit reden? Bist du hier „Odjack, oder bin ich es?“ — „Hast du,“ erwiederte der Meuchardar, „nicht Sitze gelernt in Ali Pascha's Gefängnissen? Hat der „über eurem Haupte aufgehängte Balta euer Auge nicht geschärft? „Haben euch die fünfmalhunderttausend Piaster Einkünfte, die euch „der Sadrazem wiedergegeben, weder Menschenverstand noch Dank„barkeit eingeflößt? Du fragst, wer hier Odjack sey, du oder ich? „Du bist Odjack *) und ich will dir sagen, was das heißt. — Zwei

*) Odjack, das eigentlich eine Feuerstelle bedeutet, ist die von den albanesischen und sonstigen reichen Besitzern und Familienhäuptern angenommene Bezeichnung.

„aufgerichtete Steine, mit brennendem Holze dazwischen, aber des „Herrn Fuß ist dicht dabei; ein Stoß stürzt Steine und Feuer und „nichts bleibt nach, als Rauch und Asche." Der widerspänstige Odjack war zum Schweigen gebracht, und Alle erklärten sich bereit und willig, zur Bezwingung der Citadelle zu helfen.

Unser Berichterstatter hatte während zweitägiger Reise fünfzig Leichen längs der Heerstraße gezählt. Selbst zwischen diesem Platze und Pente=Pigadia sind vier Tambours oder Regimenter nicht hin= reichend, den Weg sicherzustellen, und während der letzten paar Tage sind zwei Reisegesellschaften angegriffen und mehrere Leute erschossen worden.

Dreizehntes Capitel.

Stadt Arta. — Abreise nach und Ankunft in Janina. — Zustand des Landes. — Weibliche Tracht und Schönheit. — Häuslicher Gewerbfleiß. — Vertheilung der Truppen. — Plötzlicher Schrecken und Zurüstungen zu einem Feldzuge.

Der Fluß Arta wird bei seinem Austritte aus den Hügeln von einem verlängerten Sandsteinzuge aufgenommen, der sich nach Nor= den und Süden erstreckt. Der Fluß krümmt sich und umkreist das nördliche Ende, begränzt die Höhen an der Westseite und fließt dann südwärts in den Meerbusen. An dem niedrigen Punkte dieses Höhenzuges im Norden steht das Castell, ein langer und schmaler Bau, mit mächtigen Thürmen von allen Gestalten und Größen, und über die Mauer rankt Epheu, füllt die Schießscharten und schlingt sich sogar um die Mündungen der wenigen harmlosen Ka= nonen. Störche, die einzige sichtbare Besatzung, stehen Schild= wache auf den Thürmen oder schreiten feierlich längs der Batterien, ungestört von Krähenschwärmen mit grauen Kehlen und glänzend grünen Federn, die umher krächzen und flattern. Dieser Bau ist ganz orientalisch und allegorisch geworden durch einen zertrümmer= ten Thurm, der sich über die anderen erhebt und auf der Spitze einen Dattelbaum trägt, der das „Klima=Banner" schwingt, neben einer schlanken, dunkeln Cypresse, dem traurigen Telegraphen der Zeiten. Hinter dem Castelle, aber noch auf dem niedrigen Grunde, liegt die Stadt in Trümmern zerstreut, die wegen der zahlreichen

Bogengänge, Schwiebbögen und Säulen merkwürdig sind, welche noch dazwischen stehen. Der alte Umfang der Mauern um= faßt viermal die Ausdehnung der jetzigen Stadt; sie sind von alter hellenischer Bauart, aber an der östlichen Seite ist der Bau völlig gleichförmig. Die Steine sind mit der größten Genauigkeit an einander gefügt, die Oberfläche völlig eben gehauen, die Lagen liegen genau .parallel, aber die Steine nicht überall rechtwinkelig. Die erste Lage ist fünf Fuß hoch, und die Steine sind zum Theil sechs und sieben, zum Theil neun Fuß lang und vier breit; wir fanden einen von acht Fuß zu eilftehalb und dabei vier Fuß breit.

Die Kirche von Parygoritza ist ein weites viereckiges Gebäude von Ziegelsteinen und Mörtel, mit gut geschwungenen Bögen und gutem Mauerwerk. Sie enthält aus Nikopolis weggenommene Marmor= und Granitsäulen. Ihr äußeres Ansehen ist sonderbar und auffallend; als wir Arta näher kamen, sah sie einem Palaste ähnlich. In Barletta und anderen Gegenden Apuliens finden sich ähnliche Kirchen, die man irrthümlich gothische oder lombardische nennt. Die Albanesen hatten in der Kirche bivouakirt und die wenigen Reste verderbt. Wir fanden die von Pouqueville so groß= sprecherisch angekündigte Inschrift; wir konnten kaum drei Buch= staben nach der Reihe herausfinden, aber das konnten wir mit aller Gewißheit versichern, daß kaum ein einziger Buchstabe seiner Ab= schrift mit dem Original übereinstimmte. Wir fanden uns nicht im mindesten versucht *ΑΠΟΛΛ ΗΡΑΚ ΔΙΟΝΥΣΙΟΣ* herauszulesen.

Dicht an dem Castell ist eine Art offener Moskee, wo der erste Tag des Bairam gefeiert wird. Dicht an den für den Imam erhöhten Stufen wächst eine Cypresse aus dem Stamme eines an= dern Baumes, dessen griechischen und albanischen Namen ich ver= gessen habe, aber es ist der sinnbildliche Baum von Albanien, hat ein kleines, ovales, ausgezacktes und glänzendes Blatt, hartes Holz und man sagte mir, er trüge eine kleine Beere, die man im Winter ißt.

Am 23 verließen wir Arta, gingen über die Brücke zurück und dann uns rechts wendend, erreichten wir bald die Kalksteinhügel, die eine Fortsetzung derer über Arta sind. Eine Stunde lang streiften wir ihren Fuß, links war ein Moor und jenseits desselben die Ebene. Ali Pascha's Weg läuft über den felsigen Fuß der Hügel oder über einen Fußpfad über und durch das Moor. Unter und zuweilen

über diesen Fußpfad spülen klare und reichliche Wasserströme aus
den senkrechten Spalten des Kalksteins. Dieß Moor ist unter Ali
Pascha auf eine kunstgerechte Weise ausgetrocknet worden. Ein tiefer
Canal sammelte die Gewässer an ihrer Quelle, führte sie erst nördlich,
ging dann nach Westen durch die Ebene und leitete das Wasser
dann in den Fluß Rogüs. Ali Pascha war gewohnt, diesen Canal
in seinem Boote hinaufzufahren. Anderthalb Stunden von Arta
kamen wir an das erste Wachhaus, auf einem vorspringenden Felsen
zwischen dem Hügel und dem Moor. Eine Stunde weiter, durch
ein niedriges Thal, wo die Hitze erstickend war, gelangten wir an
einen zerstörten Khan (Wirthshaus.).

Die Landschaft hatte die unangenehmsten Züge einer Kalkstein=
gegend: die Hügel waren hoch, ohne großartig und verschieden zu
seyn; sie waren wild und schroff, fest oder bewachsen, ohne reich und
schön zu seyn. Die Abgründe und Schroffheiten waren abgerundet und
verwischt, aber die so verlorne Wildheit wurde weder durch Holz,
noch Laub, weder durch Quellen, noch durch Schatten ersetzt. Doch
ich rede, wie im Vorurtheil befangen, denn ich gestehe offen: ich
mag die Kalksteinfelsen nicht, und ich wurde einmal zur plötzlichsten
und übereinstimmendsten Freundschaft gegen einen türkischen Land=
besitzer bewogen, der mir erzählte, er möchte den theuer bezahlen,
der ihm seinen Kalk wegschaffte.

Anderthalb Stunden weiter kamen wir an das dritte Wach=
haus, wo ein fetter, lustiger, alter und schmieriger Kapitáno auf
einem zerlumpten Sopha in einer wackelnden Hütte saß. Er be=
wirthete uns mit Kaffee, Rahm, Käse und Battermilch und bat
um Entschuldigung, daß er uns in der Wildniß nicht so tractiren
könne, wie es unserer würdig und er es wünschte. Er erzählte uns,
seine Leute hätten eine Ruine in den Bergen dicht dabei gefunden,
allein wir waren nicht mehr in Akarnanien und durften nicht daran
denken, uns vom Wege abzuwagen. Oft genug waren wir schon
von unseren Wachen ausgescholten, welche erklärten, sie könnten
nicht verantwortlich für uns seyn, wenn wir nicht den von ihnen
vorgeschriebenen Weg und Schritt hielten. In dritthalb Stunden
kamen wir nach Pente=Pigadia, einem von hohen Mauern mit einem
Martello=Thurme umschlossenen Castell oder Khan, in einer nach
Norden blickenden Schlucht auf dem höchsten Theile der Bergkette.
Ein schroffer Abhang brachte uns in eine kleine Ebene, von wo wir

wieder auf die Hügel steigen mußten. Die Felsen sind Kalkstein (der sich fast wie Schiefer spaltet), alaunartiger Schiefer und Sandstein. Plötzlich öffnete sich die Gegend links und senkte sich in allmählichen Ebenen an das tiefe Bett des unsern Blicken entzogenen Flusses Rogus. Wir konnten indeß seinen Lauf verfolgen bis an den Paß der Gebirge von Pente=Pigadia, durch den er in einem unterirdischen Canale verschwindet. Die Hügel des Schauplatzes umher (nicht länger Kalkstein) zeigten terrassenförmige Abstufungen mit Weinbergen, Feldern und Dörfern und über ihnen erhoben sich die bleichgrauen Spitzen des Metzekali. Von dieser letzten Höhe herabsteigend kamen wir in eine schmale Ebene, die sich, je nachdem wir weiter ritten, wand und ausdehnte, und eine wellenförmige Oberfläche darbot, ohne einen Baum, ohne ein Haus und selbst ohne eine Ruine, die uns an den Reichthum desselben Schauplatzes vor zehn Jahren hätte erinnern können. Der einzig auffallende Zug in der Landschaft war eine mauergleiche Kette mächtiger Berge, welche die Richtung unsers Weges schräge durchschnitt und von der wir wußten, daß sie sich hinter dem längst ersehnten See von Janina erhebt. Endlich erreichten wir die Höhe des letzten Hügelzuges und blickten dann nieder auf den See, die Insel, die zertrümmerten Festungen und die niedergeschmetterte Stadt.

Hier ist der Mittelpunkt aller Erinnerungen, die mit den Begebnissen dieses Landes verknüpft sind, so wie mit der Geschichte der verschiedenen Bevölkerungen von Suli, Akarnanien, Epirus, Illyrien und selbst Thessalien und Morea. Dieß ist das Manchester und Paris von Rumili. Es war die Hauptstadt des ephemeren Reiches Ali Pascha's, es war der Schauplatz seines letzten langen und verzweifelten Kampfes. Zu ihm und zu diesem Zeitabschnitte kehrten unsere Gedanken augenblicklich zurück, als wir die Stadt erblickten, und sorgfältig erkundigten wir uns, wo die belagernden Feinde gelegen hatten, wo die Flottille lag, und mit unermüdeter Neugier und stets neuem Danke lauschten wir auf jedes Soldaten und Bauern Beschreibung von Ereignissen, die zu ihrer Zeit selbst in Europa so dramatisches Interesse erregten.

Der Ort ist jetzt ein Schauplatz vollständiger Verwüstung; der einzige Unterschied ist zwischen den Trümmern von neun Jahren und dem Umsturze von gestern. Während dieses langen Zeitraums unaufhörlicher Zerstörung, Parteienwuth und Gesetzlosigkeit könnten

die Anhäufung von Trümmern und die Fluthen von Thränen und
Blut Janina einen Namen in den Jahrbüchern des Elends er=
worben haben, gleich dem von Carthago und Syracus. Aber
hier sind keine verstümmelten Bildsäulen, keine gebrochenen Säulen,
keine zerschmetterten Tempel oder pfeilertragende Abgründe, die
den Pilger von Geschmack zu dem Heiligenschrein der Zerstörung
lockten. Feste Kerker, wackelnde Batterien, prunkendes Flickwerk
barbarischen Glanzes nur füllen die Ufer des Acheron und lassen
den Fremden im Staunen, wie ein, nur durch seinen Zerstörungs=
geist bekannter Stamm noch etwas schaffen mochte zur Zer=
störung für Andere, oder wie er zu dem Verdienste komme,
fremdes Mitgefühl bei seinen Trümmern zu erwecken.

Bei unserer Ankunft in Janina gingen wir gradesweges zu
dem Konak (Quartiere) des Veli Bey, der uns äußerst herzlich
empfing. Sein Erscheinen und sein Aufzug waren im höchsten
Style skipetarischer Pracht, sein Benehmen war einnehmend und
sein Ansehen würdig. Er sagte, sein Haus würde das unsrige
seyn, aber er fürchte, wir möchten dort gestört werden, weßhalb
er befohlen habe, uns in dem einzigen neuen und guten Hause
der Stadt aufzunehmen; der Dragoman des Großwessiers werde
unser Wirth seyn.

Mit dieser Einrichtung waren wir ausnehmend zufrieden und
hatten volles Recht dazu. Wir beabsichtigten nämlich, Janina
auf einige Zeit zu unserm Hauptquartier zu machen, und es war
also nichts Geringes, so eingerichtet zu seyn. Wir vernahmen,
der Dragoman Alexis sey ein von den Türken höchst geachteter
Mann, und da er seit den letzten fünf oder sechs Jahren bestän=
dig im Dienste des Großwessiers gewesen war und ihn während
der Kriege in Griechenland begleitet hatte, so versprachen wir
uns nicht geringe Belehrung von seinem Umgange. Während des
Monates, daß wir seine Gäste waren, würden die fortwährenden
Aufmerksamkeiten, die nicht nur Wirth und Wirthin, sondern auch
jedes Mitglied seines Hauses uns erwiesen, es uns schwer ge=
macht haben, selbst einen weniger interessanten Platz als Janina
zu verlassen. Seine Frau war aus einer der ersten Familien von
Janina, wenn nicht aus der ersten. Unter Ali Pascha war ihr
Haus gewöhnlich die Wohnung der englischen-Reisenden gewesen,
und ich denke, Dr. Holland und Herr Hughes sprechen beide bf=

fentlich und mit Achtung von dem ehrwürdigen und trefflichen Greise, Dimitri Athanasiu, dem Oheim unserer Wirthin. Diese Letztere war genau genommen keine Schönheit, aber eine Dame von vielem geselligem Anstande, mit allen Sitten und Manieren einer Tonangeberin im Mittelpunkte griechischer und albanesischer Bildung. Ungeachtet aller ihrer liebenswürdigen Eigenschaften fürchte ich aber doch, sie möchte in London nicht der tadelnden Benennung einer Blauen *) entgangen seyn. Sie piquirte sich, Sophokles so gut wie Alfieri zu bewundern. Ihr Anzug war die Chami-Tracht, die niederalbanesische, die, wenn sie von den Kleider-künstlern in Janina eingerichtet ist, in Zusammensetzung und Farbe das Vollkommenste ist, was ich jemals im Fache der Kleidertracht gesehen habe; sie verdankt ihre Wirkung weder Perlen und Edel-steinen, noch dem falschen Flitter goldener und silberner Schnüre, noch prunkenden und abstechenden Farben. Die Unterkleider sind von Seide oder dichtgestreifter Seide und Baumwolle, oder von zartgefärbtem Chali. Das Oberkleid, das der Tracht seine be-zeichnende Schönheit verleihet, ist von hellem, aber nicht lebhaftem Tuche, z. B. asch= reh= oder steinfarben, und schön gestickt mit schmalen, runden Seidenflechten, gewöhnlich von derselben Farbe, aber ein klein wenig heller oder dunkler als das Tuch. Jetzt, da die türkische Stickerei so sehr in der Mode ist, wird hoffentlich die-ser Wink nicht unbeachtet bleiben, denn nichts kann untürkischer seyn, als die Mischung aller schreiend abstechenden Farben, die, wie unsre Nachbarn (die Franzosen) sagen, unter Damenfingern „auf einander fluchen." Dieses Oberkleid hat keine Aermel, son-dern schmiegt sich dem Körper an gleich einem Küraß, besonders rund um die Ceinture hinten, und breitet sich dann in faltigen Säumen aus. Auf dem Rücken und um die Mitte des Leibes, auf jeder Seite, ist die Stickerei sehr künstlich.

Weniger als bei uns hilft die Kunst der Natur bei der Auf-fassung der Umrisse orientalischer Schönen. Ihr Anzug kann Fehler und Unvollkommenheiten weder verbergen noch verstellen. Manche Umstände treffen im Morgenlande zusammen, um einem Charakter, einer Gesichtsbildung und folglich der Schönheit eine große Man-

---

*) Blaue, Blaustrumpf, eine von Johnson aufgebrachte Benennung einer gelehrten Frau.   D. Ueb.

nichfaltigkeit zu geben. Die Stämme werden einander fremd ge=
halten, die Bevölkerung ist an Oertlichkeiten gebunden, und große.
Veränderungen der Luft, Verschiedenheit des Klima's und das Aus=
setzen an dasselbe wirken auf die körperlichen Constitutionen, die
für diese Einflüsse zarter und empfänglicher scheinen, als die Be=
wohner nördlicher Gegenden, die nach ihrer geographischen Lage
dem Wechsel der Atmosphäre weniger ausgesetzt sind. Bei dem
schönen Geschlechte müssen diese Veränderungen noch auffallender
seyn, als bei den festeren Constitutionen der Männer, und in eini=
gen Theilen des Landes ist Schönheit so reichlich, wie in anderen
selten. Aus natürlichen Gründen mögen wir auch sehr geneigt seyn,
orientalische Schönheit zu überschätzen; die Schwierigkeit der An=
näherung, die Unverletzlichkeit des Harems umgeben mit neuen
Reizen die Göttin, die das Geheimniß liebt. Man sieht eine weib=
liche Gestalt nie als im tiefen Schatten, durch Schleier verhüllt
oder hinter Gittern versteckt. Sie wird nie durch grobe Arbeit
entweihet, nie durch das Sonnenlicht gebräunt. Die unterschei=
denden Reize des Morgenlandes sind eine höchst schöne Haut und
klare Gesichtsfarbe, große, volle, lebhafte und kluge Augen und
eine Marmorstirn. „Das Herz ist auf den Lippen, die Seele in
den Augen, so lieblich wie ihr Klima, so sonnig wie ihr Himmel,"
kann man von allen Frauen sagen und wird von jeder Geliebten
gesagt und wird mit gleicher Wärme wiederholt werden von einem
Liebhaber in New=York, wie vom Schäfer in Abydos. Der ausge=
zeichnet treffende und ausschließliche Vorzug orientalischer Schönheit
ist das Auge; richtig und zugleich unübertrefflich kann es nur durch
den Vergleich des Persers beschrieben werden, der unmittelbar be=
geistert gewesen seyn muß, als er seiner morgenländischen Schönen
Auge verglich mit dem „gestirnten Himmel, strahlend und dun=
kel." *)

Die Festung von Janina ist jetzt ein unregelmäßiger Umriß
entblößter Batterien, mit den formlosen Ueberresten des zerstörten

---

*) Es mag dahin gestellt bleiben, ob Byron's „gleich dem Licht im dun=
len Frauenauge," ein dichterischer Diebstahl ist oder nicht, aber jeden=
falls sind die berühmten Zeilen auf Kirke White
    Lo! the struck eagle stretched upon the plain etc.
nur eine wörtliche, dem Originale aber durchaus nicht gleichkommende
Uebersetzung aus dem Persischen.

Serails gekrönt; dahinter erscheinen die höheren Spitzen von Kiafa
und Litharizzi, die ungeheure Masse ihrer eigenen Trümmer überra-
gend. Kulia war eine Festung von fünf Stockwerken, mit einem
zweistöckigen Palaste oben drauf. Die dicken Mauern, die soliden
Pfeiler und Bögen von gehauenem Stein, die einer über dem andern den Bau stützen oder vielmehr den Raum offen halten und
Berghöhlen gleichen, haben innerlich nur wenig vom Feuer und von
den Kugeln gelitten. Der Palast obendrauf ist verschwunden und
bei unseren Wanderungen über diese Trümmer, die wohl an Aegyptens aufgethürmte Massen erinnern mochten, fanden wir Albanesen
damit beschäftigt, die Steine zu sprengen, um sich der eisernen
Klammern und Stangen zu bemächtigen, die das untere Gebäude
zusammenhielten. Kulia steht durch einen kleinen Canal mit dem
See in Verbindung. Ali Pascha war gewohnt, mit seinem Boote
in diesen Canal einzufahren und dann in einen kleinen, von
Maulthieren gezogenen Wagen zu steigen, der eine abschüssige
Fläche rund um ein großes Treppengebäude hinauffuhr und ihn
hundert Fuß hoch vor der Thür des Serails absetzte. Von diesem Gebäude ist nur um wenige Yards der Litharizzi entfernt,
die erste Festung, die Ali Pascha baute. Während der Belagerung ist nur der obere Theil zerstört worden. In der türkischen
Kriegsführung ist der Vortheil des Bodens so groß, daß dieser
von nur 150 Mann vertheidigte Platz von 18000 Mann vergeblich bestürmt wurde, die eine unglaubliche Zahl an seinem Fuße
gelassen haben sollen. Vielleicht besteht das eigentliche Geheimniß der Vertheidigung darin, daß die Anführer der Belagerer
eben so wenig Lust hatten, als die Vertheidiger, die in der Festung verwahrten Schätze in die Hände der stürmenden Horde
fallen zu lassen.

Den Tag nach unserer Ankunft gingen wir hin, um Emin
Pascha Sadrazem Zadeh, das heißt, Sohn des Großwessiers,
unsern Besuch abzustatten und ihm unsre Briefe und Firman
zu überreichen. Wir wurden eine Weile draußen gelassen; die
hochmüthigen Odjacks mit ihrem nachschleppenden Gefolge gingen
ein und aus und das Angaffen der Hausleute, Fremden und
Diener wurde so lästig, daß wir endlich verdrießlich den Palast
verließen. Als wir aber nach Hause kamen, hatten wir den Weg
umsonst gemacht und fanden schon Boten vor, die aus dem Pa-

laſte angekommen waren. Wir hatten ſehr wenig Luſt umzukehren, aber die Boten erklärten, ihre Köpfe oder Rücken wären
für unſer Erſcheinen verantwortlich und riefen unſere gute Laune
wieder zurück durch die Art, wie ſie uns des Paſcha's Achtung
bewieſen, der, wie ſie ſagten, uns ſo ſehnlich erwarte, daß wenn
wir nicht freiwillig kämen, er uns mit Gewalt holen laſſen würde.
Auf unſerem Rückwege trafen wir Boten über Boten und wurden
in einem Triumphe zurückgeführt, der die flämiſchen Geſichter
wieder gut machte, die bei unſerm Weggehen das Hausgeſinde
uns geſchnitten hatte. Wir wurden durch den Divan geführt,
den der Paſcha verlaſſen hatte, und dann durch ein Labyrinth von
Gemächern, Gängen und Treppen, und durch Hecken von Officieren und Wachen in ein kleines, abgelegenes Zimmer, wo der
junge Paſcha, in eine höchſt glänzende albaneſiſche Tracht gekleidet, uns auf eine ſehr höfliche und, wie es beabſichtigt war,
freundliche und vertrauliche Weiſe empfing.

Der Sadrazem Zadeh iſt ein ſchmucker und zierlicher junger
Mann von neunzehn Jahren, der ſich ſehr viel nach Europa erkundigte. Er bewohnt einen noch bewohnbaren Theil von Ali
Paſcha's Palaſte, deſſen Turbeh oder Grab, in einem Gitter von
eiſernem Drathwerk in einem Winkel des Hofes davor ſteht. Nur
ſein Kopf iſt in Konſtantinopel begraben.

Vor den Thoren der Feſtung wurde uns ein Kaffeehaus gezeigt, wo Ali Paſcha ſeinen Stand genommen hatte, als bei der
Annäherung der Truppen des Sultans die Albaneſen in der Feſtung
die Thore vor ihrem Herrn verſchloſſen, mit dem plötzlichen Ent-
ſchluſſe, aber ohne verabredeten Plan, mit der Pforte auf ihre
eigene Hand Frieden zu ſchließen. Ali Paſcha, der auf Recognosciren ausgeweſen war, fand bei ſeiner Rückkehr die Thore zu
ſeinem Erſtaunen verſchloſſen. Er trat in dieſes Kaffeehaus, das
dicht am Graben lag, und bald erfolgte eine Parlamentiren zwiſchen ihm und den Albaneſen auf den Mauern. Nachdem er ihnen
mit Verſicherungen geſchmeichelt hatte, ſein Frieden mit der Pforte
ſey ſchon in Ordnung und Jsmael Paſcha's Marſch nur eine Finte,
ſchwankte ihr Entſchluß und Einige entriegelten die Thore. Nicht
ſobald war er hinein, als ſein zurückgehaltener Grimm losbrach;
die getreueſten ſeiner Leute wurden belohnt und die Zweifelhaften
durch die augenblickliche Plünderung der Stadt an ihn gefeſſelt,

die erst halbgeplündert in Brand gesteckt wurde, und als das
Feuer nicht hinreichend zerstörte, machten Kugeln und Bomben
Alles, soweit sie reichen konnten, dem Erdboden gleich. So
wurde eine Bevölkerung von dreißigtausend Seelen im Zustande
völligster Entblößung umher zerstreut; die Ebene im Norden der
Stadt war mit Flüchtlingen aller Stände und jedes Alters an=
gefüllt — Mütter trugen ihre Kinder, andere versuchten, noch ei=
nige Trümmer ihres Vermögens zu retten — viele kamen vor
Mangel um, und die Uebrigen wurden nah und fern zerstreut,
von Corfu bis nach Konstantinopel.

Janina ist der Mittelpunkt der Kunst und der Mode, und
bildet alle Modeherren von Rumili. Die in der morgenländischen
Tracht so allgemein gebrauchten seidenen Flechten und goldenen
Schnüre werden von den Juden in großen Massen verfertigt. Der
Maroquin von Janina steht im höchsten Rufe und wird ebenfalls
bedeutend viel gearbeitet. Der Savat oder die Silberschwärze,
ihre Mode, Flinten, Trinkbecher, Patrontaschen, Schnallen und
Zaumzeug zu verzieren, ist eine Kunst, die fast ausschließlich von
einer Blachi=Niederlassung in Kalarites geübt wird. In ihrer
Nachbarschaft wachsen die Pflanzen, die sie zum Färben gebrau=
chen, was hier eine Hausstandsarbeit ist. Jedes Haus hat seine
Weberbäume, wo die Frauen, wie im Zeitalter der Patriarchen,
ihre Muße anwenden, ihrem Stande gemäß gröbere oder feinere
Baumwollenstoffe zu weben und das schöne und zarte Gewebe von
Seiden und Baumwollenflor, oder auch Seidenflor allein, den sie
statt Leinwand brauchen. Nicht weniger berühmt sind sie wegen
ihrer Kunst der Conditorei, und die eingemachten Früchte von Ja=
nina sind eben so ausgezeichnet, als die von Schottland. Ueberall
mögen die Frauen eben so fleißig und eben so geschickt seyn, aber
ich sah niemals so viele Thätigkeit mit so viel Zierlichkeit vereinigt
als in Janina, und niemals Hausfrauen so wichtige Geschäfte
übernehmen. Zu der emsigsten Aufmerksamkeit auf alle Geschäfte
des Hausstandes kam noch die Zucht der Seidenwürmer, das Sei=
denwinden, die Zubereitung der Baumwolle, das Färben und das
Weben dieser Zeuge und das Zurichten derselben zu jedem Artikel
der Kleidung oder des Hausgebrauches.

Nicht weniger ausgezeichnet sind die Schneider durch Ge=
schmack und Geschicklichkeit und die Männertrachten durch die Ge=

fälligkeit des Schnittes, die Zusammenstellung der Farben und die Trefflichkeit der Arbeit. Welchen Abstand bilden die Handwerker dieses klaren Himmels zu den unsrigen! Plötzliche Unglücksfälle können über sie einbrechen, aber keine fälschlich in die Höhe getriebene Industrie läßt sie unaufhörlichen Schwankungen zum Raube werden. Es kann ihnen zu Zeiten mit Gewalt Geld abgepreßt werden, aber sie haben nicht das empörende Beispiel einer Besteuerung vor Augen, die den Reichen schont und den Armen erdrückt.*) Sie pflegen ihre Seidenwürmer, bereiten ihre Färbestoffe, weben ihre zarten Zeuge und reichen Schnüre und sticken ihre Fermelis und Zuluchia nicht an rauchenden Herden, sondern unter schattigen Weinreben, und statt abgestumpft und gleichgültig unter der unglücklichen Unsicherheit der Zeiten zu werden, bemühen sie sich um so mehr, Gefahr und Druck abzuwenden oder sich dagegen zu wehren. Das scheint Europäern höchst unbegreiflich, die mit der Bedrückung und ihren Wirkungen nur durch Beispiele von systematischem Despotismus bekannt sind, aber der Unterschied zwischen menschlicher und gesetzlicher Tyrannei ist eine der nützlichsten Lehren, die der Orient uns geben kann. Die Tyrannei eines Menschen ist ungewiß und läßt den Unterdrückten Ansichten und Hoffnungen, ihr zu entgehen; sie verändert sich mit dem Einzelnen und die Leidenden werden, wenn auch nicht entschädigt, wenigstens getröstet durch die Rache, die früher oder später den Schuldigen ereilt. Die Tyrannei des Gesetzes aber ist eine todte, unbewegliche Last, die des Körpers Thätigkeit und des Geistes Kraft zugleich drückt, keine Hoffnung auf Erlösung, keine Aussicht auf Entkommen läßt, keiner Verantwortlichkeit für ihre Handlungen, keiner Rache für ihre Verbrechen unterworfen ist. Seit fünfzig Jahren ist in der Türkei eine Zerrüttung der andern gefolgt, wie Well' auf Welle, und Europa, nach der eigenen Kümmerlichkeit seines Mechanismus und der daraus entstehenden Schwierigkeit der Aus-

---

*) Dort kann kein Haß aufkommen zwischen Meister und Gesellen, keine Speculationen und keine Unglücksschläge. Die Steuern fallen in einer Masse auf den District und deßhalb fühlt jeder Einzelne beständig, daß er bei jedes Nachbars Fortkommen interessirt ist. Die Trefflichkeit des Princips verhütet jeden Unterschied politischer Meinung, das Wirken des Systems vereinigt alle Classen, und unterhält das Mitgefühl und das Wohlwollen zwischen Mann und Mann.

befferung urtheilend, hat jedes sich folgende Unglück als ein Vor=
spiel des Falles vom osmanischen Reiche angesehen.   Der Türki
politischer Zustand kann mit seinem Klima verglichen werden: ein
unerwarteter Orkan verwüstet in einem Augenblicke Felder und Wäl=
der, bedeckt den Himmel mit Finsterniß, das Meer mit Schaum.
Kaum ist die Verwüstung geschehen, als die Natur wieder auflebt;
die Luft ist lauter Milde, der Himmel lauter Sonnenschein.   Eben
so zerstörend und eben so plötzlich überfluthen politische Stürme und
kriegerische Aufstände die Provinzen, und nicht so schnell sind sie vor=
über, als der Gewerbfleiß emsig sein Tagewerk wieder zurüstet
und Sicherheit das Saatkorn streuet oder Blumen windet.

Emin Pascha hatte sein Boot zu unserer Verfügung gestellt,
das einzige, was von den Flotillen Ali Pascha's und seiner Gegner
gerettet war; indeß gab es noch eine große Menge Monoxyla
auf dem See.   Das Wassergeflügel auf demselben ist reichlich
und mannichfach, und einer unserer Freunde, ein großer Jäger,
wünschte sehr uns zu zeigen, wie man diese Jagd in Janina be=
treibt, allein der zerrüttete Zustand der Dinge verhinderte die An=
stellung einer ordentlichen Entenjagd.   Diese geht folgendermaßen
vor sich: dreißig oder vierzig, mit in das Wasser hängenden Zwei=
gen bedeckte Monoxyla, mit einem Jäger in jedem, bilden einen
weiten Kreis, der sich allmählich verengernd das Geflügel in den
Mittelpunkt treibt.   So wie die Kähne näher kommen, tauchen
die Vögel unter oder fliegen auf; der Jäger, der einen Vogel auf=
jagt, feuert, oder auch die Reihe gegenüber feuert, wenn er durch=
zuschwimmen versucht.   Aber der Alarm ist nicht allgemein; die
Vögel gehen nicht zugleich auf, weil der Kreis nicht sehr enggge=
zogen wird, und so dauert die Jagd lange, und es wird in der
Regel große Verwüstung dadurch angerichtet.

Der erste Gegenstand unserer Neugier war natürlich die
Insel und ihr kleines Kloster, wo das Trauerspiel von Ali Pa=
scha's Lrben beschlossen wurde.   Mit nicht geringem Interesse be=
suchten wir das unansehnliche Zimmer, in dem er ausathmete;
die schmutzige, kleine Küche, die Vasiliki's Harem war; die Grotte,
wo der Rest seines Schatzes verborgen war.   Wir untersuchten
die Kugellöcher in den Wänden und horchten, mitten unter den
unbefangenen Zeugen seines Todes, den Einzelnheiten des Falles
eines Tyrannen, dessen Andenken durch die Verbrechen seiner Nach=

folger wieder zu Ehren gekommen ist. Khurschid Pascha, der den angeblichen Pardon überbrachte, landete dicht am Kloster und kam durch einen kleinen Gang unter das von Ali Pascha bewohnte Gemach; eine Leiter führte zu einem schmalen Corridor, auf den das Zimmer ausging. Der Hof und die ihn übersehenden Felsen, dem Eingange gegenüber, waren von Ali Pascha's Anhängern besetzt. Khurschid Pascha's Gefolge begleitete ihn bis an den Fuß der Leiter und füllte den Gang unter dem Zimmer und die Ebene draußen bis an den Landungsplatz. Der Pascha stieg auf den Corridor und Ali Pascha trat ihm an der Zimmerthür entgegen. Während der Umarmung feuerte Khurschid Pascha eine in seinem langen Aermel verborgene Pistole auf Ali ab und verwundete ihn im Arm; er fiel in das Zimmer zurück, die Thür versperrend. Die Albanesen auf den Felsen fürchteten sich zu feuern, um nicht ihre eigenen Leute zu treffen. Ein Chami (Niederalbanese) Namens Flim, bekannt wegen seiner unverbrüchlichen Anhänglichkeit an seinen Herrn, lag in einem Fieberanfalle im Corridor; er war einen Augenblick allein mit Khurschid Pascha, raffte sich auf und hieb mit dem Säbel nach ihm, aber sein unsicherer Hieb traf einen Balken, der noch die Narbe zeigt. In dem Augenblicke, wo Ali Pascha verwundet wurde, rief er dem noch im Zimmer befindlichen Diener zu, Vasiliki zu erschießen, bevor aber der Befehl vollzogen werden konnte, flog eine Salve vom Gange dort unten durch den Fußboden und eine Kugel drang ihm in den Leib. Nachdem sein Tod einmal bekannt war, hörte für seine Anhänger der Zweck jedes Kampfes auf, und sie unterwarfen sich augenblicklich Khurschid Pascha, den ihre Flinten einen Augenblick vorher nur um ihres kranken Cameraden Flim willen geschont hatten. Khurschid Pascha kam, vollzog seinen Auftrag und ging davon, in kürzerer Zeit, als es den Leser gekostet hat, die Erzählung des Ereignisses zu durchlesen.

Wohl hat dieser See und haben seine Ströme einen Anspruch auf die düstersten Namen der alten Fabellehre. Der Cocytus, der Styr und der Avernus haben keine erdichteten Schrecken, welche die wahrhaften Gräßlichkeiten überbieten könnten, die ihre frischen Spuren und ihr frisches Andenken auf den umliegenden Plätzen zurückgelassen haben. Jeder Felsen, jeder Strom, jeder Fußbreit Erde trägt seine besondere Geschichte voll Blut und Verbrechen.

Als wir unter einem Felsenvorsprung der Insel vorbeisegelten, sagte der Bootsführer: „Hier wurden mit gebundenen Händen die Kardikioten in den See geworfen, die in der Nacht, wo Kardiki zerstört wurde, im Castell eingesperrt waren." Dieser Capitän war fünf und zwanzig Jahre in Ali Pascha's Dienste gewesen; er befehligte seine Brigg auf dem See und war zugegen bei der Zerstörung von Kardiki, die Pouqueville dramatisirt hat. Die eigentliche Thatsache ist folgende: Nach einigem vergeblichen Widerstande wurden die Kardikioten nach dem Khan gebracht, wo Ali Pascha in der Ebene auf seinem Wagen saß. Ein Theil der Bevölkerung war indeß schon, seines Vermögens beraubt, nach Prevesa geschickt und nur der Rest wurde vor Ali Pascha geschleppt. Ein Schreiber nahm die Namen und die Familie eines Jeden auf, und den Ort, wo seine Schätze verborgen waren. Denjenigen, die nicht zu dem Stamme der früheren Feinde des Pascha's gehörten, wurde der freie Abzug gestattet, und nur die Uebrigen, weniger als hundert Mann, wurden in den Hof des Khans geschickt. Maurer waren in Bereitschaft, und sofort wurde die Thür zugemauert, während die dem Tode geweiheten Opfer gleich Bildsäulen standen, stumm, aber mit Sicherheit ihr Schicksal erwartend. Die Mirditen und Ghegs wurden befehligt, die Anhöhe, die den Khan überblickte, zu besteigen und auf die Kardikioten zu feuern — sie weigerten sich. Athanasi Vaia, den Pouqueville der Verwünschung überantwortet für seine dienstfertige Hülfe, als Ali Pascha im Begriff gewesen, den Kardikioten zu verzeihen, war nicht einmal gegenwärtig, denn er raffte ihr Eigenthum in einem der Dörfer zusammen, dessen Namen ich vergessen habe; aber Zongas, der Gefährte und Nachfolger des Katsch Antoni, wurde von Ali Pascha aufgefordert, seine neue Treue durch Vernichtung der Kardikioten zu beweisen. Er nahm achtzig seiner Vlachi, die das Werk der Zerstörung mit großem Widerwillen begannen, doch bald wurde es durch andere christliche und türkische Stämme vollendet, die sich zu ihnen gesellten. Die empörenden Einzelnheiten der von Ali Pascha's Schwester gegen die türkischen Weiber von Kardiki begangenen Scheußlichkeiten sind aber nur zu wahr, wie auch, daß sie gewöhnlich auf einer, von deren Haar gemachten Matratze schlief.

Während der Belagerung muß der See ein höchst prächtiges Bild dargeboten haben. Ali Pascha hatte eine Flotille und eine

Brigg; des Sultans Partei hatte eine Flottille von zwei und zwanzig Kanonenbooten; die Höhen waren mit Zelten besetzt, die Ebene mit Reiterei und Stämmen aller Art bedeckt, vom Kaukasus her bis zum adriatischen Meere; Breschbatterien und Mörser umkreiseten den weiten Umfang der Stadt. Die Belagerer richteten ihre Kanonen mit mehr Mühe als Wirkung, während Ali Pascha aus dritthalbhundert Feuerschlünden von der Insel, vom Castell, von Kulia und Litharizza rasch und gut antwortete. Sechzehn Monate dauerte die Belagerung; den Belagerern fehlte es oft an Munition und Mundvorrath, und zuweilen wurden sie ihrerseits von den Christen blokirt, deren Hoffnungen erregt waren, aber mit denen Ali Pascha keinen eigentlichen Bund geschlossen hatte. Mittlerweile hatte Ali Pascha mit gutversehenen Magazinen und Pulverkasten, und seinen kleinen See beherrschend, frischen Vorrath aus den Gebirgen und frische Fische aus dem See. Wie großartig müssen die Scenen zu Zeiten gewesen seyn, wo der Tag verfinstert und die Nacht erleuchtet wurde durch das sich kreuzende Feuer, auf solch einem Schauplatze so vieler Angriffs- und Vertheidigungs-Punkte.

Während unsers Aufenthalts war der Ort völlig ruhig; die Truppen waren größten Theils aus der Stadt entfernt und lagerten, siebentausend Mann stark, zwei bis drei Stunden weit. Seliktar Poda verhielt sich ruhig, aber im Norden erhielt das Land täglich eine feindseligere und bestimmtere Stellung. Veli Bey's Truppen durften sich nicht über zwanzig Meilen weit in die Berge wagen, die nördlich von der Stadt liegen. Wir konnten keine Nachricht erhalten über die ferneren Plane jeder Partei, wünschten aber sehnlichst Seliktar Poda zu sehen und dann, wo möglich, Argyro-Kastro, Tepedelene, Berat und Monastir zu besuchen. Nachdem wir ohne die leiseste Gefahr nach Janina gekommen waren, obgleich in Akarnanien die Leute, die am vertrautesten mit dem Zustande des Landes schienen, uns versichert hatten, eine solche Reise würde mit den größten Schwierigkeiten und Gefahren verknüpft seyn; nachdem wir ungefährdet durch Akarnanien gekommen waren, obgleich man uns in Morea versichert hatte, man würde uns ganz sicher den Hals abschneiden, falls wir uns in die zerrüttete Provinz wagten; — so waren wir jetzt anfänglich geneigt, die Warnungen gegen den Versuch eines ferneren Eindringens in

Albanien unbeachtet zu lassen. Wir fanden indeß bald aus, daß so sicher wir auch des besten Schutzes waren, den die Anführer irgend einer Partei uns gewähren könnten, es uns doch unmöglich seyn würde, von einer Partei zur anderen hinüberzukommen; wir durften uns selbst nicht aus der Stadt hinauswagen ohne eine beträchtliche Wache. In dieser Verlegenheit fragten wir Veli Bey um Rath; wir sagten ihm, wie gerne wir nach Ober-Albanien vorzudringen wünschten und bekannten ihm sogar offenherzig, daß wir Seliktar Poda sehen möchten. Wir dachten nämlich durch Kundgebung unserer Absichten die Möglichkeit der Beargwohnung zu vermeiden und ihn abzuhalten, heimlich unsern Planen entgegen zu arbeiten, dadurch, daß wir ihm Gelegenheit gäben, sie geradezu zu verwerfen. Er drang in uns, unsere beabsichtigte Reise aufzugeben, mit dem Hinzufügen, wenn wir darauf beständen, könnte er uns sicher geleiten bis an die ersten von Seliktar Poda besetzten Pässe, aber sagte er, „ich kann euch nicht ohne eine Escorte von 200 Mann aufbrechen lassen." In einem Augenblick, wo man nur mit Mühe Leute zu den allernöthigsten Diensten auftreiben konnte, war die Erwähnung einer solchen Escorte gleichbedeutend mit einer bestimmten abschlägigen Antwort. Wir konnten also offenbar nichts Anderes thun, als entweder ruhig in Janina bleiben, oder nach Prevesa zurückkehren.

Während wir uns beriethen, welche von beiden Alternativen wir wählen sollten, kam die Nachricht, daß Arslan Bey gegen Janina rückte und auf den Höhen von Mezzovo stände, in der Absicht, die Verbindung Mezzovo's mit Thessalien abzuschneiden. Indem er sich zwischen Monastir und Janina aufstellte, schloß er das ebene Land nach allen Seiten und konnte nach eigenem Gutdünken Veli Bey belästigen, blokiren oder angreifen. Die Festungen von Janina waren nicht verproviantirt, Einwohner und Soldaten lebten von dem Getreide, das täglich über Mezzovo aus Thessalien kam, so daß die Besetzung dieser wichtigen Position wahrscheinlich zu Unruhen unter Veli Bey's Truppen und zum Verluste der Stadt führen würde. Schnell wurde daher beschlossen, Veli Bey solle ihm zuvorkommen, wo möglich die Berge bei Milies besetzen oder jedenfalls bereit seyn, Mezzovo zu helfen, falls Arslan Bey den Ort angreifen sollte. Diesen Beschluß erfuhren wir zufällig und eilten unverzüglich nach dem Palaste des Pascha

im Schloſſe, wo Truppen und Anführer ſich drängten, wo Alles
in der größten Unordnung ſchien und wo alle Anzeichen einer
plötzlichen Entſcheidung und einer unerwarteten Bewegung vorhanden waren. Wir beabſichtigten, um Erlaubniß zu bitten, uns
dem Zuge anzuſchließen.

Veli Bey war zu eifrig beſchäftigt, als daß wir hätten Gelegenheit finden können, mit ihm zu reden; wir baten daher den
Dragoman, ihm unſere Bitte vorzutragen und uns Antwort zu
bringen. Er kam bald wieder und ſagte, Veli Bey hätte an andere Dinge zu denken und wäre ſehr erſtaunt, daß Dilettanten ſich
in Sachen eindrängen wollten, wo ſie nichts nützen und große Unruhe anrichten könnten. Das war ein grauſamer Fehlſchlag; wir
hatten eine ſo ſtrenge Sprache von Veli Bey wenig erwartet; wir
hielten ſie für ſonderbar, konnten aber doch nicht ſagen, daß ſie
ungerecht wäre. In demſelben Augenblick, wo uns die Thür geöffnet ſchien, waren wir nun jeder Ausſicht beraubt, unſere lange
und ſehnlich genährten Hoffnungen zu erfüllen, uns in die Ereigniſſe des Landes zu miſchen, oder auch nur ferner auf ſeine Berge
und Ebenen blicken zu dürfen. Wir hatten keine Ausſicht mehr,
Veli Bey zu ſehen, keine Hoffnung ihn zu beſänftigen; dennoch
wanderten wir zögernd, verdrießlich im geräumigen Hofe umher,
die Bewegungen beobachtend und die Anzüge der verſchiedenen Anführer und ihres Gefolges bewundernd, die uns niemals ſo intereſſant
vorgekommen waren. Wir betrachteten genau alle Zurüſtungen
zu einem Zuge, der alle Gefahren verloren und nur ſeine Anziehungskraft bewahrt hatte, ſeit wir uns verhindert ſahen, daran Theil
zu nehmen. Während wir in dieſer Stimmung waren, kam ein
junger albaniſcher Burſche, ein Verwandter Veli Bey's, zu uns
und fragte, ob wir nicht Luſt hätten, den Zug mitzumachen. Wir
antworteten, nichts würde uns ſo große Freude machen und fragten ihn, ob er es unternehmen wolle, unſer Fürſprecher bei Veli
Bey zu werden. Die Bitte war kaum geſchehen, als ſie auch zu-
geſagt wurde, und der junge Albaneſe lief davon, um ſeinen Verwandten aufzufangen, der gerade von einem Zimmer ins andre
ging. Wir warteten eine Weile, obgleich mit wenig Hoffnung
zu einem günſtigen Erfolge; doch lobten wir uns ſelbſt wegen unſerer Gewandtheit, daß wir den Eifer unſers neuen Anwaltes nicht
dadurch abgekühlt hatten, ihn von der ungünſtigen Entſcheidung

zu unterrichten, die sein Chef schon abgegeben hatte. Bei seiner Rückkehr erzählte er uns, Veli.Bey sey über das Gesuch sehr erstaunt gewesen, habe nicht glauben wollen, daß wir es ernstlich meinten und wolle selbst mit uns darüber sprechen. Wir gingen hin und erklärten ihm bündig, aber ernstlich, wie sehnlich wir wünschten, Albanien kennen zu lernen, weßhalb wir gerade so weit hergekommen seyen; wie schmerzlich uns seine Weigerung betrüben, wie sehr uns dagegen seine Erlaubniß erfreuen würde; die Vortheile. welche daraus entstehen würden, wenn Europäer mit dem Lande bekannt würden; die Absicht der türkischen Regierung, welche für ihn den Umgang mit uns nicht nachtheilig machen könnte, vielmehr die gegentheilige Wirkung haben dürfte.

Nachdem Veli Bey sich einen Augenblick bedacht hatte, sagt er: „Wohlan, wollt ihr gehen, so kommt die Gefahr auf eure Häupter, denn ich kann nicht einmal für mein eigenes einstehen; wollt ihr aber mit, so müßt ihr fertig seyn, heute Abend aufzubrechen." — „In zehn Minuten," war unsere Antwort. Da funkelte plötzlich sein Auge, langsam ließ er seine Blicke über die Beys gleiten, die auf drei Seiten des Zimmers saßen, als wollte er ihnen sagen: „Seht auf das Vertrauen, das Fremde auf mich und mein Glück setzen." Wir nahmen die Zeichen wahr, verstanden damals aber nicht den Sinn.

Doch was soll man von dem Dolmetscher sagen, der uns die erste angebliche Antwort gebracht hatte? Da es eine der ersten Gelegenheiten war, diese Art Leute kennen zu lernen, so war ich in größter Ungewißheit, wie ich sein Benehmen mir erklären sollte. Er hatte keinen Grund uns zu hintergehen; er hatte bis jetzt uns die größte Güte und Gastfreundlichkeit bewiesen und doch wahrscheinlich aus wahrhaft gütiger Absicht, denn wäre er unfreundlich gewesen, so hätte er sich freuen müssen, uns los zu werden; aber hier trat nicht der Mensch, sondern der Dragoman hervor, Leute, die es gewohnt sind, über Seele und Leib derer zu herrschen, zwischen denen sie die Vermittler sind.

Wir folgten Veli Bey in den Divan, um Abschied zu nehmen von dem jungen Pascha. Wir hatten ihn eine halbe Stunde vorher Dschetid (Lanzen) werfen sehen, eine Uebung, wobei er großen Eifer und Fertigkeit bewies. Er war nun aber wieder zurück-

gesunken in den düstern und feierlichen Osmanen und lag, in die
weiten Falten der Benische und Harvani gewickelt, mitten auf dem
geräumigen Divan, der einst Ali Pascha gehörte. Er war über
unsern Entschluß, Veli Bey zu begleiten, äußerst erstaunt und be-
auftragte ihn, die größte Sorgfalt für uns zu tragen. „Bei
meinem Haupte," antwortete der Bey. ·

Die Nacht über war die ganze Stadt in Bewegung, aber des
Bey's Abreise wurde bis zum nächsten Morgen verschoben. Nachdem wir das Versprechen von ihm erhalten hatten, zu rechter Zeit
die Stunde zu erfahren, wenn er abgehen würde, gingen wir in
unser Quartier, um unsre Vorbereitungen zu treffen. Am nächsten Morgen waren wir vor Tagesanbruch fertig und warteten
nun ängstlich auf Bescheid, uns dem Bey anzuschließen. So wie
der Tag vorrückte, stieg unsere Ungeduld; wir schickten Boten über
Boten, konnten aber nicht erfahren, wann er aufbrechen wolle,
welchen Weg er einschlagen werde, noch selbst, wo er gegenwärtig
sich aufhalte, ob er abreisen wolle oder nicht, oder ob er schon fort
sey. Die erhaltene Nachricht, und was eigentlich geschehen solle,
war uns ein vollständiges Geheimniß. Die widersprechendsten und
beunruhigendsten Gerüchte waren im Umlaufe. Einmal hieß es,
Arslan Bey hätte einen vollständigen Sieg erfochten, die Gebirge
im Norden besetzt und sogar die Verbindungen mit Trikkala abgeschnitten. Unmittelbar darauf horten wir, er wäre vollständig geschlagen, auf der Flucht begriffen und bereit, sich zu unterwerfen.
Wir bemerkten, daß die Albanesen die Gerüchte von seinen Siegen
verbreiteten, die Griechen aber die von seinen Niederlagen, was,
wenn auch die Nachrichten als solche von geringem Werthe waren,
für uns wichtig war, indem es in unseren Gedanken die Einheit
des Interesses zwischen der Partei des Sultans und den Griechen
bestätigte; eine neue Combination, wie wir uns natürlich einbildeten, da wir aus Europa und aus Griechenland kamen. Die
Anführer, die wir kannten und treffen konnten, wußten entweder
nicht mehr als wir selbst, oder waren zu sehr mit ihren eigenen
Angelegenheiten beschäftigt, um auf unsere Fragen zu achten. In
dieser Ungewißheit blieben wir bis Ikindi, d. h. drei Uhr, als
wir mit Gewißheit erfuhren, der Bey sey vor zwei Stunden wirklich aufgebrochen und habe schon das südöstliche Ende des Sees
erreicht, auf dem Wege nach Mezzovo. Wir beschlossen auf der

Stelle, ihm zu folgen; unsere Freunde vereinten sich dagegen mit Gründen und Bitten, aber trotz dessen und trotz neuer Schwierigkeiten wegen unserer Pferde und der Unmöglichkeit, Schutzwachen oder auch nur Führer zu erhalten, befanden wir uns mit Sonnenuntergang eben jenseits der Stadtgränze. Unser Reisezug war nach und nach verringert und bestand jetzt nur aus einem einzigen Diener, der früher mit dem Titel des Dolmetschers beehrt wurde, jetzt aber nicht allein als solcher dienen mußte, sondern auch als Diener, Tatar und Koch. Unser Surıdschi, der uns für den Zug beigegeben worden, war ein wildblickender Gheg, der nichts sprechen konnte, als seine barbarische Landessprache und am ersten Abend unsers Marsches allen Mundvorrath auffraß, den wir auf zwei Tage mitgenommen hatten.

Vierzehntes Capitel.

Stipetaren. — Zug nach dem Pindus.

Die Sonne war, wie gesagt, nur noch eine Klafter hoch über dem westlichen Horizonte, als wir, unbeachtet in dem allgemeinen Tumulte und Verwirrung, aus dem Thore von Janina ritten, heimlich uns freuend, bei der Entdeckung, daß wir unbemerkt durchkamen. Nicht sobald aber waren wir in der offenen Ebene, als wir unsere ganze Hülflosigkeit fühlten. Bis zu dieser Zeit hatten wir europäische Kleidung getragen — kurze Jacken und Strohhüte — übel zugerichtet von den Wirkungen der Zeit und des Wetters. Unser jetzt einziger Diener trug dieselbe Tracht und mitten in solcher Bewegung und Aufregung, ohne Geleit oder Schutz, eben so wenig von der Sprache als den Sitten des Volkes kennend, waren unsere Ahnungen düster genug, und die Figur, die wir spielten, gehörte in das Capitel von den Vogelscheuchen. Unser eilig besorgtes Gepäck polterte beständig hin und her; unser wilder Gheg-Postillon, mit dem wir uns auf keine civilisirte Art verständlich machen konnten, zeigte seine Gemüthsstimmung durch eine fast ununterbrochene Fluth von Verwünschungen, bald über das Gepäck, bald über die Pferde und zuweilen über uns selbst. Bei jedem Umpoltern unsers Gepäckes tröstete uns unser Dolmetscher, indem er uns versicherte, auf das Zerbrechen unserer Kaffeegeschirre, Fernröhre, Pistolen u. s. w. käme es durchaus gar nicht an, da uns doch sicherlich vor morgen die Hälse abgeschnitten würden.

Eine Stunde nach Sonnenuntergang kamen wir indeß nach einem Khan, Namens Balduna, vier Meilen von Janina, am östlichen Ende des Sees. Dort freuten wir uns, ein bekanntes Gesicht zu erblicken, Abbas Bey, einen Verwandten des Veli Bey. Wir glaubten, nun wären unsere Besorgnisse und Gefahren vorüber; aber die Freude bei der Begegnung war nicht gegenseitig. Wir bemerkten bald, daß so viele Mühe er sich auch gab, freundlich zu scheinen, er doch sehr verlegen darüber war, wenn seine Landsleute sähen, daß zwei so zweideutig aussehende Figuren neben ihm säßen. Er verließ uns plötzlich und wir erfuhren sogleich, er sey mit seinen Leuten abgezogen. Dieser Umstand machte einen tiefen Eindruck auf uns. Ein Gefühl des Alleinseyns in der Welt, eine Kälte überschleicht unser Herz, wenn man sich verachtet und gemieden fühlt, ein das Gemüth erstarrendes, die Nerven angreifendes Gefühl; dann erscheinen Gefahren und Leiden, so schlimm sie auch seyn mögen, beneidenswerth, wenn sie durch unserer Mitmenschen Gesellschaft gesegnet werden.

Unsere Freunde in Janina hatten uns einen wohl versorgten Eßsack mitgegeben. Wir glaubten, die Zeit sey gekommen, wo dergleichen Imbiß unsere Gedanken ein wenig zerstreuen, unsere Philosophie einigermaßen stärken könne. Aber ach! während wir über öffentliche Angelegenheiten verhandelten, hatte unser Gheg für sich allein den ganzen Mundvorrath verzehrt! Hungrig, erschöpft und nicht einmal wagend, um Wasser zu bitten, aus Furcht unsere Hülflosigkeit zu verrathen und abschlägige Antwort zu erhalten, gingen wir nach einer Anhöhe. Unfähig, Wache zu halten, stellten wir eine Figur auf, der wir einen Turban aufsetzten und eine Flinte auf die Schulter legten. Vertrauen wieder gewinnend und uns unserer List freuend, legten wir uns nieder und schliefen ein, nachdem wir unserer Furcht, Wuth und Entrüstung Luft gemacht und sie so vertrieben hatten.

Wie tief empfanden wir an jenem Abend den Abstich zwischen den Scenen, die wir auf dem Makrenores erlebt hatten und den uns jetzt umgebenden, zwischen dem begeisterten Gruße und der glänzenden Gastfreiheit der griechischen Banden und dem verachtenden Hohne, dem wilden Ansehen der Skipetaren=Horden! Dennoch waren wir hier gänzlich in der Hand eines jeden dieser Banditen, ohne irgend ein Schutzmittel oder die entfernteste Aus= sicht auf Abkauf, um Gewalt zu hemmen. Diese von allen mög= lichen Seiten sich darbietenden Betrachtungen führten uns zu keinen andern Schlusse, als zu dem aufrichtigen Wunsche, wir möchten uns wieder in unserm wohnlichen Quartiere in Janina befinden. Wir hatten aber einmal nach reiflicher Erwägung be= schlossen, diesen Versuch zu machen; wir waren in unserm Ent= schlusse gerade durch das Abrathen unserer Freunde bestärkt worden und hätten nimmer die Complimente aushalten können, die wir bei unserm Wiedererscheinen in Janina sicherlich von allen Seiten uns zugezogen hätten.

Am folgenden Morgen erfuhren wir, Veli Bey würde den ganzen Tag in einem, vierundzwanzig Meilen entlegenen Khan bleiben. Mit Tages Anbruch waren wir in Bewegung. Wäh= rend der Nacht waren unaufhörlich Truppen angekommen und abgegangen. Zwei bis dreitausend Mann mochten es gewesen seyn, aber der Lärmen und die Verwirrung hätte zu der Ver= muthung führen können, daß es dreimal so viel gewesen wären. Es gab keinerlei Art von Ordnung; sie gruppirten sich um die Anführer von großem oder geringem Ansehen und die kleineren Anführer drängten sich wieder um die größeren. Diese Corps haben jedes seine eigenen, unabhängigen Zwecke und Handlungs= weisen. Die Leute sehen nur auf ihre unmittelbaren Führer. Das Verhältniß und der Umgang dieser unter einander richtet und verändert sich durch tausend Umstände, aber alle (wie über= haupt Alles im Orient, in Folge des Mangels politischer oder Partei=Unterschiede) tragen einen persönlichen Charakter, im ge= raden Gegensatze mit unsern Begriffen von militärischer Disciplin und politischer Combination.

Wir richteten uns so ein, daß wir kurz vor einem Bey mit großem Gefolge aufbrachen, so daß es schien, als gehörten wir zu seiner Partei. Nachdem wir über eine niedrige Kette von Sandsteinhügeln gekommen waren, erreichten wir auf steilem Ab= hange das Thal, oder vielmehr den Canal des Flusses Arta, das sich gerade vor uns öffnete und bis an den Fuß des Pindus zu dringen schien. Durch diesen Thalweg zogen wir oft über den Strom hinüber und zurück und an jeder Ecke anhaltend, um die prächtigen Felsenspitzen zu bewundern, die sich großartig und schön vor uns und um uns aufthürmten.

Um Mittag kamen wir ohne fernere Abenteuer und fast ohne einen einzigen Albanesen gesehen zu haben, bei dem Khan von Moses an, wo, wie man uns zu unserer unendlichen Freude und zum Trost sagte, Veli Bey wirklich war. Wir wurden über eine Leiter in ein Gemach geführt, das mehr ein Boden als ein Zimmer war, und dort saß Veli Bey auf dem Fußboden mit zwei Leuten in fremder Tracht. So erbärmlich das Obdach war, so malerisch war die Gruppe; der so sehnlich von uns gesuchte Anführer, wie er auf seinem weißen Mantel ruhte, prächtig in seiner Gestalt und eben so classisch *) als glänzend gekleidet, war ein Gegenstand für einen Lysippus und ein leibhafter Monarch.

Bei unserm Eintreten stand Veli Bey auf. Diese einzige Bewegung zeigte uns zugleich unsre Stellung und seine Absichten, und befreite uns von allen Zweifeln über seine Lust oder seine Macht, sein Wohlwollen thätig zu bezeugen. Es stellte unsern Charakter und unser Verhältniß fest, nicht nur unter seinen Angehörigen, sondern auch im ganzen Lager, und ich möchte sagen, in Albanien. Ein Abendländer, gewöhnt an die großen Schatten geselliger Gleichheit, kann sich keinen Begriff machen von den Wirkungen und den Bedeutungen des äußern Benehmens im Morgenlande. Vom Augenblicke an, wo dieß Benehmen ein Mittel der Handlung ist, kann keine Bewegung, kein Zeichen ohne

---

*) Veli Bey trug den weißen arabischen Benisch über dem goldnen albanischen Fermell, was mit dem goldgestickten Fustanel und Beinkleidern, die metallene Beinschienen vorstellen sollten, ihm das Ansehen einer römischen Bildsäule gab und das prächtigste Costume bildete, das ich jemals gesehen. Es war geschaffen für die Herren der Welt. In Tizians Holzschnitten zu dem in Venedig 1598 erschienenen Werke über Trachten, sind der venezianische Botschafter und der General in dieser merkwürdigen Kleidung dargestellt. Sie kann an den drei Bauschen auf der einen Schulter erkannt werden, das heißt, wenn der Arm durch die Kappe gesteckt ist. Die Bauschen kommen an den Hals, wenn der Benisch über den Kopf gezogen wird.

Bedeutung seyn. Es ist eine conventionelle Art des Umganges, gleich der Sprache, und so haben die Orientalen zwei Sprachen, statt unserer einen. Seit meinem Umgange mit Orientalen, den ich damals für lang und belehrend hielt, war dieß aber das erste Mal, daß ein Moslem aufstand, um mich zu empfangen. Ich hielt das für ihren Glauben und ihren Sitten gleich widerstrebend.*) Die Thatsache öffnete ein neues, aber noch undeutliches Feld der Untersuchung; indeß diente sie wenigstens dazu, die Neugier zu erregen, die Beobachtung zu ermuthigen, den Entschluß zu stärken, und füllte uns vor allen Dingen mit Zufriedenheit, daß wir den Zug unternommen hatten und die Nacht vorher nicht nach Janina umgekehrt waren.

Gerade in dem Augenblicke unsers Eintrittes sollte das Essen aufgetragen werden; kein Wort wurde gesprochen, keine Einladung erfolgte, und kaum hatten wir Zeit uns umzusehen, als der runde lederne Korb auf dem Fußboden mitten zwischen der Gesellschaft geöffnet wurde, und das von einer geschickten Hand geschwungene lange Tischtuch über die Kniee des Bey, der beiden türkischen Fremden und unserer fiel. Ein wunderschön geröstetes Lamm, das ganz zugerichtet war, aber zerschnitten aufgetragen wurde, mit trefflichem weißem Brode, war unser Mahl. Während des Essens wurde kein Wort gewechselt und wir hatten zuviel zu denken und zu thun, als daß uns das Mahl hätte lang und das Stillschweigen verdrießlich seyn sollen. Der Bey schien vergessen zu haben, daß wir zugegen waren und wir fühlten, daß alles, was wir erwarten könnten, darin bestände, daß wir geduldet wurden, und daß wir mit unzeitigen Fragen weder besser schmausen, noch mehr erfahren würden. Vielleicht, gewöhnt an die lakonische aber ausdrucksvolle Weise, die wir damals zuerst zu begreifen anfingen, dachte er, schon unsere Aufnahme sage uns alles, was uns zu wissen nöthig sey, namentlich, daß er über unser Kommen nicht unzufrieden sey, und uns an Teppich und Lamm Theil nehmen lassen wolle. Die uns so auferlegte

*) Damals wußte ich nicht, und ich glaube, daß Europäer in der Türkei überhaupt selten wissen, daß die Moslemim nur in der Türkei sich dieser Achtungsbezeugung gegen Bekenner anderen Glaubens entziehen. Späterhin werde ich mich bemühen, die Ursache dieser Sonderbarkeit zu erklären, die aus den feindseligen Ansichten Europa's entstanden ist.

Zurückhaltung und die Abhängigkeit unserer Lage brachte uns zu dem glücklichen Zustande der aufmerksamen und bescheidenen Beobachtung, ein Vortheil, den vielleicht wenige abendländische Reisende genossen haben. Statt zu sprechen, zu tadeln und zu entscheiden, wachten wir, prüften, warteten und hielten den Mund, und fühlten zum ersten Male nicht nur die Zierlichkeit des orientalischen Styles und die Würde türkischen Benehmens, sondern auch ihre wirkliche Gewalt.

Da wir fürchteten, im Wege zu seyn, so entfernten wir uns gleich nach dem Essen, und wanderten nach einem Wäldchen über dem Khan, um ungestört über alles zu reden, was wir gesehen hatten. Der Bey hielt seine Siesta und die wenigen Diener waren seinem Beispiele gefolgt. Nach etwa anderthalb Stunden kamen einige Reiter in aller Eile an; wir hatten uns so gesetzt, daß wir den Khan und die Landstraße beobachten konnten, entschlossen, man solle uns nicht wieder zurücklassen. Wie gingen nach dem Khan zurück, wo Alles im Gange war und der Bey, den wir allein fanden, uns ein offenes und herzliches Willkommen bot. Er äußerte sein Erstaunen, daß wir ihm gefolgt waren und gestand, es absichtlich unterlassen zu haben, vor seiner Abreise zu uns zu schicken, da er gefürchtet, daß, wenn auch kein Unglück geschähe, die schlechte Bewirthung, die er uns verschaffen könne, uns mit einer ungünstigen Meinung von Albanien nach England begleiten würde. Der Friede war bald geschlossen und wir versicherten, wie wir die Richtigkeit seiner Abneigung fühlten, zu einem solchen Zuge ein Paar unnützer, und, wie er vielleicht glauben dürfe, neugieriger und unangenehmer Franken mitzunehmen; daß wir ihm aber keine Unruhe machen, keine Fragen an ihn richten und ihn nie besuchen würden, als auf sein eigenes Geheiß.

Nachdem wir zu dieser genügenden Verständigung gekommen waren, sagte er uns, wir müßten uns nun zum Marsche in die Gebirge anschicken, er wolle diesen Abend zehn Meilen weiter lagern, in einem Thale oben auf dem Pindus.

Nachdem wir den Khan verlassen, wendeten wir uns links von dem Wege nach Janina und begannen das Ersteigen der mächtigen Bergkette, die Thessalien von Albanien trennt. Wir waren damals im Besitze einer nur spärlichen und unsichern

Kenntniß in Betreff der Stärke und des Zweckes unsers Zuges,
so wie der bestimmten Stärke, der Absichten und des Charakters
der Insurgenten; indeß bemerkten wir, wie das Landvolk in großer Unruhe war und daß die Albanesen, selbst die von unserer
eigenen Partei, im Herzen für Arslan Bey waren, von dem sie
behaupteten, er habe fünfzehn bis zwanzigtausend Mann. Wir
waren erstaunt, keine Truppen bei uns zu sehen, indem Veli Bey
mit einem Gefolge von nicht mehr als zwanzig Reitern aufbrach.
Ohne uns seiner Gegenwart oder Beachtung aufzudringen, versuchten wir, in seiner Haltung zu lesen. Er ritt allein, das Kinn
beinahe auf der Brust ruhend, gänzlich verloren für die Dinge um
ihn. Sein Pfeifenträger ritt von Zeit zu Zeit an ihn heran mit
einer frischgestopften Pfeife, die er mechanisch annahm und an die
Lippen brachte. Was konnte wohl nach allem Vermuthen seine
Gedanken beschäftigen? Auf einer Seite Arslan Bey, Herr von
Mezzovo, die Vorräthe abgeschnitten, Janina gefallen — Seliktar
Poda wieder dort, und im Besitze der Person des Emin Pascha —
Veli Bey auf immer gesunken, ein Flüchtling in Griechenland oder
sein Kopf auf der Pforte des Serails. Auf der andern Seite,
Arslan Bey zurückgeschlagen — Janina gerettet — Emin Pascha
behalten — Seliktar Poda gedemüthigt — Albanien organisirt —
die Albanesen disciplinirt — Veli Bey Brigadegeneral — Veli Bey
Pächter der Fischteiche — Veli Bey, Statthalter von Prevesa —
von Arta — von Janina — Veli — Pascha! Ha, und wer weiß?
vielleicht Wessier! Der Tag kann kommen, wo Veli Jacchio Sabra-
zem wird! Der Art mögen die wachen Traumbilder gewesen seyn,
die der Vater der Götter und Menschen ihm schickte, aus beiden
Gefäßen, welche die Träume ehrgeiziger Sterblichen enthalten.
Nicht geringer aber müssen die Sorgen gewesen seyn, die seine
gegenwärtige Lage, die bevorstehende Gefahr und die Bedürfnisse
ihm auferlegten. Gehorsam zu erhalten ohne Geld — einem Feinde
entgegen zu gehen ohne Truppen — einem Herrn zu gehorchen,
dessen Sieg zur Zerstörung führte — in Nothwehr sich einem Gegner zu widersetzen, dessen Niederlage ein Unglück wäre — Hülfsmittel zu gebrauchen, auf die man sich weder verlassen konnte, noch
sie vernachlässigen durfte. Verloren im Nebel des Geschickes, den
ein Hauch als Eisregen herabsenden oder zu Glanz und Sonnenschein zerstreuen konnte, durfte er wohl sich weigern, mit eines Rei-

senden Fragen seine Sorgen zu vermehren, durfte er wohl sein Kinn
auf die Brust neigen und an seiner leeren Pfeife rauchen, als wäre
sie gefüllt gewesen.

Das Gebirge, das wir erstiegen, war, wie ich schon bemerkte,
die Mittelreihe des Pindus, die gen Nord und Süd durch das Fest=
land von Griechenland läuft, Thessalien von Epirus trennend, lang,
hoch und schmal, gleich einer Mauer sich erhebend aus den todten
Flächen Thessaliens an der einen Seite, und den Ebenen von Arta
und Janina an der andern. Wir überschritten es nahe der Central=
gruppe, aus der die fünf größten Flüsse des alten Griechenlands
nach allen vier Weltgegenden fließen. Zu unserer Rechten, frei von den
mehr zusammenhängenden Höhenzügen, erhob sich diese Gruppe, hoch
über den übrigen Bergen, mit ihren spitzen Gipfeln. Nicht eigentlich
Berge, sondern Erd= und Felsenmassen waren rund umher aufge=
thürmt und zerstreut. Die Klippen waren nackt und wie frisch
abgesprengt; die Erde schien eben heruntergeglitten zu seyn und die
Landschaft glich der Scene in einem Krater, oder dem Morgen nach
der Sündfluth, idealisirt durch das erhabene Gefühl des Schweigens,
die halbe Poesie der Trauer.

Was waren in diesem ewigen Schauplatze der Natur die
menschlichen Atome, die man um die Säulenknäufe und Gewölbe
kriechen sah? Ihre Leidenschaften störten nicht die Erhabenheit; ihr
Siegsgeschrei und ihr Todesröcheln konnte kaum die Ruhe unter=
brechen! Wenn der Anblick dieser Massen unserer Erde, die sich
in die Wolken thürmen, die gen Himmel streben und ihn unseren
Augen verschließen, uns zu allen Zeiten zurückwendet auf unsere
Mitmenschen, uns zum Mitleiden, aber noch mehr zur Bewunderung
bewegt, wenn

„Alles, was den Geist erhöhet und bestürzt,
„Sich frei ergeht um diese Gipfel" —

um wie viel mehr muß ihre Größe mit Ehrfurcht erfüllen, wenn man
sie in solcher Gesellschaft erblickt; wie muß ihre Masse und ihre
Ewigkeit imponiren, wenn man daneben steht und mit dem Griffe
und mit dem Auge den kleinen Sterblichen mißt, der eine Klafter
lang und einen Tag alt ist, und sich doch ihren Herrn und Gebieter
nennt!

Wir waren mit einem schwachen Geleite aufgebrochen und hat=
ten verwundert nachgedacht, was aus den zahlreichen Haufen ge=

worden sey, die wir über die Ebene von Janina zerstreut gesehen hatten, und uns während der Nacht vorbei gezogen waren. Als wir hinauf stiegen, schien der Pindus eine vollständige Einöde, aber unbemerkbar vermehrte sich unser Geleite; wir konnten nicht begreifen, woher der Zuwachs zu der Zahl kam; wir wendeten uns um, um die Aussicht zu bewundern und zu sehen, ob einige Corps uns nachkämen. Als wir den Marsch wieder antraten, war plötzlich der ganze Berg über uns mit Menschen bedeckt. Dieß war der Sammel= und Ruheplatz gewesen, und bei dem Halten des Mittags= schlummers hatten sich die Truppen so eingerichtet, daß sie mit dem Skipetaren=Instincte des Versteckens schliefen. Unter jedem Busch und Baum und hinter jedem Felsen sprangen nun Soldaten auf — und welcher Ort für dieses plötzliche Erscheinen! Der Weg stieg durch verschiedene Zickzacke über fünf oder sechs Gipfel über einander. Augenblicklich war er gefüllt mit Spahis und lanzen= tragenden Chaldupen, mit Beys auf muthigen Rennern und langen Reihen geschürzter Skipetaren, in allem Prunke glänzender Rüstung und lebhafter Farben und in jeder Abwechselung kriegerischer und malerischer Tracht. Diese schnell in Bewegung gesetzten Reihen machten eine, nicht mit Worten zu beschreibende Wirkung; jetzt schienen sie durch die Wendung des Zickzackweges vorbeizugehen — jetzt waren sie verschwunden im Gebüsche, jetzt erschienen sie hoch= erhaben auf den Felsen — jetzt zogen sie in geraden und langen Reihen steil den dunkeln Berg hinauf — jetzt verließen sie plötzlich den ge= bahnten Weg und kletterten gleich Ziegen den Pfad hinan; so ver= kleinerten sie sich, auf den zurücktretenden Fernen und den höheren Höhen, bis wir sie nur noch nach der weißen Reihe ihrer schneeigen Mäntel und Fustanelle und nach dem Blitzen des Silbers und Stahls verfolgen konnten.

Als hätte Natur beschlossen, die Ansicht mit allen Reizen zu schmücken, die ihre Laune ihr eingeben und mit aller Macht, welche die Elemente gewähren könnten, — so entstanden Berge schneeweißer Wolken auf dem tiefblauen Himmel und zwanzig Minuten lang strömten tausend Veränderungen von Licht und Schatten über Him= mel und Erde. Das Gewitter nahte sich, dunkelte, brach los, und lange, ferne und melodische Klänge, der Scene würdig, dröhnten durch die Hallen des Pindus. Große Regentropfen begannen zu fallen und glänzten in dem noch nicht verschwundenen Sonnenscheine;

aber die dicken und schweren Massen rückten näher, umhüllten uns mit Finsterniß und näßten uns mit Regen; betäubende Schläge krachten wie Ausbrüche eines Vulcans oder fielen gleich Schlägen aus der Hand des unsichtbaren Gewittergeistes, die Felsen erschütternd, während die Blitze von Wolke zu Wolke schossen und der Donner von Klippe an Klippe prallte. Der Weg wurde zum Bergstrom; auf den Regen folgte Hagel, den fürchterliche Windstöße trieben, die bald die zerrissenen Wolken gegen uns sprengten, bald sie weiter jagten. Als wir Zuflucht unter einem Felsen suchten, öffnete ein Riß in den eilenden Wolken uns auf einen Augenblick eine Aussicht auf die Welt dort unten; dort lag das Thal, das wir am Morgen durchritten, still und schön, aufwärts blickend, wie die Liebe vorgestellt wird, die Thorheit bewachend. Gar nichts vom Gewitter war dahin gefallen, nicht ein Regentropfen störte den Spiegel der Quellen, nicht ein Windhauch beunruhigte die Blätter seiner Lauben. Der schlängelnde Strom sandte in unsere Gegend des Kampfes und der Finsterniß die zurückgeworfenen Strahlen der untergehenden Sonne und glänzte, durch die sammetgrünen Wiesen gleitend, gleich einer Silberkette, die Jemand auf ein gesticktes Kissen geworfen.

Diese Gewitter sind selten und fallen beinahe nie auf die Ebenen, aber wohin sie dringen, ist ihre Wuth ohne Gränzen. Hütten, Häuser und Bäume werden umgerissen, und Vieh und Schafe in die Abgründe geschleudert; die Verwüstungen erstrecken sich aber nicht weit, und die Wuth der Elemente dauert nicht lange. Wenn die Gewitter die See dieser schiffbedeckten Küste fegen, so wird die Zerstörung nicht weniger gefühlt, obgleich nicht so viel besungen, als in alten Zeiten. Dennoch ruft Jeder, der nur Schulbube gewesen ist, wenn er längs der sonnenbeschienenen und windgekühlten Küste hinsegelt: Infames scopuli Acrocerauniae! (Berüchtigte Felsen von Acroceraunien!)*) Früher hatte ich ein solches Gewitter vom Makronoros gesehen, und habe die Wirkung beschrieben, die es aus

---

*) „Monti della Chimera, vor Alters die ceraunischen oder acroceraunischen Berge, sind als die Gränze zwischen dem jonischen und adriatischen Meere anzusehen, und haben den alten Namen daher, weil sie öfters von den Blitzen getroffen worden." (Büsching in seiner Beschreibung von Albanien. I. 2. S. 1377.)   D. Ueb.

der Entfernung machte. Die Ebene unten war ruhig, und eben
so schienen es oben die Klippen; aber in der Mitte rang ein Chaos
von schwarzen und bleifarbenen Wolken den Todeskampf und
schleuderte Zickzack-Blitze gegen das Gebirge oder auf die Ebene.
Ein großartiges Schauspiel anzusehen, aber kein sehr angenehmes
Experiment, um es mitzumachen.

Nachdem das Gewitter vorüber, war es hübsch anzusehen,
wie die lustigen Palikaren ihre durchnäßten Fustanellen ausrangen
und mit ihren triefenden Stickereien im Schlamm tappten. Aber
bei der Durchnässung, bei der nach dem Gewitter kalt gewordenen Luft und in dieser Höhe bei der großen Veränderung der Temperatur, im Verhältniß zu den heißen Ebenen drunten, war Keiner aufgelegt, sich auf Kosten Anderer lustig zu machen.

Bei Sonnenuntergang erreichten wir den Khan von Plaka,
auf dem Gipfel des Passes, wo Veli Bey übernachten wollte. Die
Truppen rückten nach einer kleinen Ebene, wo schon eine Lagerstätte
eingerichtet war und wo vor einiger Zeit ein Tausend Mann gelegen hatte, um die verschiedenen Pässe zu beherrschen oder zu unterstützen. Dort waren Vorbereitungen getroffen zur Aufnahme
dieses frischen Corps, das, wie wir jetzt erfuhren, fünftausend
Flinten zählte. Von den Höhen des Pindus herabblickend begriffen wir mit einem Male den Stand der Parteien und der Dinge,
und hatten obendrein das Vergnügen zu entdecken, daß wir unsere Wahrnehmungen dem Urgrunde alles Wissens, der Mutter
aller Kenntniß verdankten — der Geographie. Was kommt der
Vogelperspective gleich, um alle menschlichen Interessen eines Landes zu begreifen? Und wie angenehm ist es, durch die Beobachtung der Sachen selbst, nicht durch Menschenzungen, zur Kenntniß
zu gelangen!

Der Khan von Plaka ist ein altes, schlecht eingerichtetes und
geräumiges Gebäude — ein Hof im Mittelpunkte wird von Ga-
lerien, Corridors und einigen, durch Bretter abgetheilten Gemächern umgeben. Die Mauer draußen und der untere Theil drinnen
sind von Maurerarbeit; das Uebrige ist baufälliges und knarren-
des Holz. Das Gedränge von Soldaten und Dienern, die durch
ihre nassen Mäntel noch schwerer geworden waren, brachte das
ganze Gebäude zum Zittern und Beben. Der Hof füllte sich mit
Packpferden, und gerade im geschäftigsten Augenblicke des Ab-

packens machte ein zweiter Ausbruch von Hagel und Donner die Thiere ganz scheu, und es folgte eine Scene unbeschreiblicher Verwirrung. In kurzer Zeit hatten sich indeß die Dinge zu einer Art von Ordnung gefügt, die Glücklichen bekamen trockene Kleider und wir gehörten zu dieser Zahl. Nun entstand eine allgemeine Fouragirung nach Brennholz; Einige liefen in die umgebenden Wälder, Andere sammelten sich sonst wo trockeneres Material, und man fand, daß die Balken des alten Khans wie Zunder brannten. Ein Dußend Feuer im Hofe und draußen verbreitete bald Flammen und Rauchmassen, und wie durch Zauberei war ein halb Dußend Schafe in voller Größe gespießt und auf lange Stangen ans Feuer gelegt, die auf Gabeln ruheten, welche im Boden fest waren, mit einem Haken an dem einen Ende, der bequem mit der Hand gedreht wurde.

Wir erstiegen eine kleine Anhöhe, die den Khan überblickte. Welcher Abstich mit der glänzenden Scene des Vormittags! Welch ein Gegensatz zu dem ihm gefolgten Gewitter! Jetzt hauchte kein Lüftchen, um uns herrschte die Dunkelheit, die den letzten hinsterbenden Strahlen des Zwielichtes folgt, und die fast bis zur Finsterniß erhöhet wurde durch das Leuchten der Feuer, ausgenommen, wo sich das Licht in den schlanken Rauchsäulen, an den Felsen oder Bäumen, brach. Die köstlichste Empfindung verursachte die Kühle der Atmosphäre nach dem Gewitter, und auf dem Stande einer Klippe stehend, zwischen vier und fünf tausend Fuß hoch, athmeten wir die warm und lieblich aufsteigende Luft ein, die gewürzt war mit dem Dufte der Blüthen und Pflanzen, mit denen sie gekoset hatte, von Wiesenblumen zu Myrtenhainen und zum Haideblümchen des Gebirges sich schwingend. Unsere Gefährten schwelgten in der balsamischen Luft, sie entblößten Arm und Brust und standen gleich Seegänsen auf Felsen, die ihre Hälse strecken, um den Windeshauch zu fangen, und durch kurz abgestoßenes Geschrei und Flattern der ausgebreiteten Flügel ihre Lust verkünden. *)

---

*) Bei Durchsicht dieses Blattes finde ich die folgende charakteristische Skizze in einem kleinen alten, schon 1650 erschienenen Buche eines Herrn Robert Withers, betitelt: „Beschreibung vom Seraglio des Großherrn." „Zu keiner Zeit zeigt sich ein Türke so wahrhaft vergnügt und zufrieden in seinem Sinne, als zur Sommerzeit in einem lustigen Garten. Denn nicht sobald ist er hineingetreten (wenn es sein Garten ist, oder

Bald aber nahm ein nicht minder reicher und schmackhafter Duft unsere Sinne in Anspruch und hemmte unsere Schritte. Dem milchweißen Ansehen der geschlachteten Schafe war ein schönes Braun gefolgt, als wir uns den Feuerplätzen wieder näherten; der aufsteigende Dampf, der zunehmende Duft, die vermehrte Thätigkeit der Bratenwender und der aus den erhitzten Gesichtern dringende Schweiß verkündeten das nahe Ende ihrer Anstrengung.

Doch mit aller Zufriedenheit, die solch eine Aussicht darbieten konnte, hatten wir nicht das behagliche Gefühl uns heimisch zu wissen. Zwei Feuer flackerten mitten im Hofe; es war eben möglich zwischen ihnen durchzukommen, ohne erstickt oder versengt zu werden, und wir beschlossen, dort zu spazieren, wo man uns sicher sehen und im Zusammenhange mit dem Abendessen bemerken mußte. Zuerst wurde ein Schaf gelüftet; ein Palikar nahm die lange Stange auf die Schulter und fort rannte er mit der rauchenden Trophäe, aber keine Botschaft folgte, es sey angerichtet. Ein Anderer kam und noch Einer und Alle kamen, aber kein Tafeldecker rief: „Monsieur est servi.“

Ganz unnützer Weise hatten wir uns rösten lassen; unsere Kriegslist verrieth unsere Unwissenheit und beleidigte die türkische Gastfreiheit. Ein kurzes: „buiurn“ verscheuchte unsere Zweifel, und wir fanden den Bey in einem kleinen Gemache oder eigentlich Verschlage, das höchst behaglich gefüttert war mit rauhen Män

---

wo er glaubt es sich erlauben zu können) als er sein Oberkleid ab und bei Seite legt und seinen Turban eben drauf. Dann krämpt er seine Aermel auf, knöpft sich auf und wendet seine Brust nach dem Winde, wenn einer wehet, sonst fächelt er sich oder läßt sich von seinem Diener fächeln. Zuweilen stellt er sich auf ein hohes Ufer, um frische Luft zu schöpfen, hält seine Arme ausgestreckt (wie der Kormoran seine Flügel ausstreckt, wann er nach einem Sturm im Sonnenschein auf einem Felsen sitzt), liebkoset dem Wetter und der süßen Luft, sie seine Seele nennend, sein Leben und seine Lust; und wieder und immer gibt er ein sichtbares Zeichen seiner Zufriedenheit. Während dieser lieblichen Zerstreuung nennt er den Garten nicht anders als sein Paradies. Mit den Blumen füllt er seinen Busen und bedeckt er seinen Turban, wollüstig ihren Duft aufriechend. Zuweilen singt er ein Liedchen an irgend eine hübsche Blume, die den Namen seiner Geliebten trägt, und laut jauchzt er auf, als wäre sie selbst gegenwärtig. Ein Bissen Essen im Garten thut ihm mehr gut, als das beste Mahl anderswo.“

teln und groß genug, uns zu faſſen und Spielraum für die Ellen=
bogen zu laſſen. Ein ganzes Schaf, doch in handliche Stücke ge=
ſchnitten, war in dem Lederkorbe mitten auf dem Fußboden aufge=
ſetzt, damit wir Drei daran picken und die beſten Leckerbiſſen wäh=
len, oder es auch ganz verzehren könnten, wenn wir Luſt hätten.

Nach der Durchnäſſung und dem Ritte that der Bey ſich güt=
lich mit einem paar Extragläſern Arrak und Wein, und wahrlich
der ſprüchwörtliche Begleiter des Rebenſaftes erhöhte plötzlich ſeine
Zutraulichkeit. Er ergoß ſich in eine heftige Philippica gegen die
verbündeten Mächte und — es iſt ſo wunderbar zu erzählen, als
es uns erſchreckend war anzuhören, er fiel über das arme, geta=
delte Protokoll her, mit nicht weniger Bitterkeit und anſcheinend
nicht weniger Recht, als die Bauern in Akarnanien und die Hel=
lenen auf dem Makronoros. Wir ſahen einander mit Erſtaunen
an und dachten: guter Gott, iſt es möglich, daß dieſe wei=
ſen Diplomatiker und dieſe Cabinette, die wir damals als Orakel
anſahen, dahin gekommen ſind, zu gleicher Zeit Griechen, Türken
und Albaneſen zu erbittern? Und durch welch ſeltſames Zuſammen=
treffen wird auch hier wieder alle Schuld auf Englands Schultern
gewälzt? — „Mich kümmert's nicht" — ſagte Veli Bey mit ei=
nem Mangel an Zuſammenhang, der ſein' tiefes Gefühl bewies,
„was die Franzoſen gethan haben, was die Ruſſen gethan haben
— ſie hätten nichts thun können ohne England; aber daß Eng=
land uns ſo behandelt hat, iſt unbegreiflich und unerträglich.
„England" — wiederholte er mit angemeſſenem Pathos, „Eng=
land, das wir über unſere Häupter erhoben haben!" Dabei er=
hob er ſeine Hände, als wollte er ſeinen ſtammelnden Worten
Nachdruck geben. Doch in dem Augenblicke überwältigte ihn die
Stärke ſeiner Empfindung; er fiel auf das Kiſſen und ſeine Pfeife
entſank der Hand. Wir ſprangen auf nach kaltem Waſſer und
gebrannten Federn, aber ein lautes Schnarchen belehrte uns, daß
er augenblicklichen Troſt über das Gefühl politiſcher Herabwürdi=
gung gefunden hatte, das ſo ſchmerzlich und ſo lebendig in ihm
glühete.

Fünfzehntes Capitel.

Zusammentreffen der Lager. — Conferenz zwischen den Anführern. — Neue Besorgnisse.

Am folgenden Morgen zogen wir nach dem Lagerplatze in einer schönen, kleinen, freien Ebene. Die Hügel waren mit Wäldern herrlicher Buchen bedeckt; es gibt kein Unterholz zwischen den Bäumen und kein Gesträuch zwischen dem Walde und dem freien Lande. Der Schauplatz trägt daher den Charakter, den wir „parkähnlich" nennen. Von wo man aus der Ebene aufsteigt, gelangt man zu den runden, geraden, säulengleichen Buchenstämmen, und tritt in den tiefen Schatten, wie in die Pfeilerhallen eines Tempels. Auch hier war die Skipetaren=Versammlung fast unsichtbar. Indem wir unseren Beobachtungen nachgingen, bemerkten wir zahlreiche und verschiedenartige Zurüstungen zum Bivouakiren. Auf der Erde waren Hütten errichtet von grünen Zweigen, Feldbetten auf Stangen, oder an die Aeste gehängt, und überall sah man die geschäftigen weißen Gestalten durch die Bäume glänzen. Auf dem freien Grunde weideten Haufen von Pferden, und der Platz ertönte von dem Gerassel der türkischen Striegel. Nachdem wir eine Zeitlang umhergewandert waren, suchten wir den Bey wieder auf und fanden ihn auf dem Gipfel eines kleinen Hügels eingerichtet, der eben im Saume des Waldes lag, durch das Laub beschattet wurde und zwischen den Bäumen hindurch eine Aussicht rund umher hatte. Wir wurden auf einen Platz seines Teppiches eingeladen; die Beys und Agas saßen in einem weiten Kreise, in zwei oder drei Reihen, herum und hinter ihnen standen einige hundert Soldaten. Ein paar Stunden saßen wir als Zuschauer dieser Versammlung, ohne ein Wort von ihrer Sprache zu verstehen oder auch nur einen Begriff von dem zu haben, was vorging. Endlich wurde ein Beschluß gefaßt. Die Fahnen waren in der Ebene drunten aufgepflanzt, und die Fahnenträger gehörten zu dem Kreise. Auf einen Befehl des Bey liefen sie, mit einem Hundert ihrer Burschen auf den Hacken, eilig hinunter und rissen zwei von den vier Fahnen aus der Erde, und in demselben Augenblick machten das erschallende wilde Kriegsgeschrei und das Rumdidum der Trommelschläger Ebene und Hügel einem gestörten Ameisenhaufen ähnlich. Die von den Hauptpersonen umgebenen Anführer folgten im langsamen und

würdevollen Gange, während die Reiter voraus galoppirten, sie
umkreisten und ihre Tufenks (Flinten) und langen Misdrachi
(Lanzen) schwenkten. Kaum weniger behende erschienen diejenigen,
die sich nur auf ihre Beine verlassen mußten; sie begannen mit Ab=
feuern ihrer Tufenks, Singen, Schreien, über die Hügel klet=
tern und Wettlaufen, bis endlich ein allgemeines Rennen und Ja=
gen gegen die Schlucht entstand, durch die der Bey mußte. Wir
waren auf der Anhöhe geblieben, wo der Bey gesessen hatte, und
sahen dieß Alles unter uns vorgehen. Jetzt erfuhren wir, nur die
Hälfte der Leute begleite den Bey. Wir beschlossen, dem mar=
schirenden Corps zu folgen, obgleich es nicht besonders angenehm
war, hinter dem Nachtrabe zu ziehen und ohne eine Hoffnung, in
diesen engen Hohlwegen des Anführers Zug zu erreichen. Wir
ritten also fürbaß, wie bisher, drei lächerliche Figuren, in zer=
lumpten, zerrissenen, abgetragenen fränkischen Kleidern, die in ih=
rem saubern Styl und neuester Mode im Vergleich selbst mit dem
schlechtesten Anzuge um uns erbärmlich gewesen wären. In die=
sem Augenblick erschien plötzlich Abbas Bey, unser Freund aus
dem Khan von Balduna. Wir beschlossen zuerst, ihn kurz ablau=
fen zu lassen, aber zwei Minuten nachher waren wir im freund=
lichsten Gespräche mit einander begriffen, nachdem er uns erklärt
hatte, daß er hinfür uns in seinen besondern Schutz nehme,
überall darnach sehen wolle, daß wir behaglich einquartirt würden,
und uns von Allem in Kenntniß halten werde, was er wisse. Er
sprach geläufig griechisch. Das waren denn natürlich durchaus nicht
zu verwerfende Anerbietungen. Er erklärte sich darüber, daß er
uns in dem Khan verlassen habe, indem er sagte, er hätte nicht
gewußt, ob der Anführer unser Kommen gutheiße, und hätte auch
nicht gewußt, ob wir nicht etwa russische Spione wären; er hätte
freilich in Janina gehört, wir wären Engländer, aber doch nicht
gewußt, ob wir auch wirkliche und wahre Engländer; „jetzt aber,
seit wir sehen, wie der Bey euch behandelt, ist's ein ganz an=
deres Ding.“

Wir erfuhren von unserm neuen Freunde, daß Veli Bey aus=
rücke, um mit Arslan Bey in einem kleinen Thale, Namens Mi=
lies, zusammenzutreffen, wo zwischen beiden Parteien eine Con=
ferenz stattfinden und wo jeder Anführer, begleitet von den
vornehmsten seiner Leute, sich einstellen solle. Wir bemerkten,

daß in dem Falle Veli Bey's Gefolge doch etwas zu zahlreich
scheine. „O," antwortete Abbas Bey, „ihr könnt sicher seyn,
daß Arslan Bey mit wenigstens eben so Vielen kommt!" Un=
ser Berichterstatter tadelte strenge die Ausschweifungen, deren
Arslan Bey und seine Partei sich schuldig gemacht hatten, „aber,"
sagte er mit Kopfschütteln, „er ist der einzige Mann für Al=
„banien, und ich, für mein Theil, bin immer der Meinung ge=
„wesen, Veli Bey hätte in Janina bleiben sollen, weil, wenn
„diese Expedition abgeschnitten wird, wie dazu alle Aussicht vor=
„handen ist, nicht ein Mann übrig bleibt, der hinreichendes An=
„sehen hat, um Truppen zusammen zu bringen, und dann, wißt
„ihr, was soll aus den armen Griechen werden, die zu beschützen
„wir uns so mit Lebensgefahr anstrengen?"

Nachdem wir über einige niedrige Sandsteinhügel gekommen
waren, gelangten wir an einen abschüssigen Abhang. Der Felsen
ist Serpentin, von hellem Glanze wie Glas, in allen Mischungen
von Blau, Grün und Braun. Hier hatte der Bey Halt gemacht
und, von unserm neuen Wächter und Freund geleitet, fanden wir
ihn in einiger Entfernung auf einem Felsen sitzend, neben einem
einzelnen Manne, von dem wir hörten, er sey ein Abgesandter
seines Gegners. Als er auf den Weg zurückkam, erzählte er uns
lächelnd, Arslan Bey denke an Unterwerfung statt ans Fechten,
und gab uns zu verstehen, Jener sey in sehr verzweifelte Umstände
gerathen. Dennoch, statt zu warten, um den Bittenden zu em=
pfangen, mußten wir weiter, um ihm entgegen zu gehen. Nach=
dem wir den unebenen Hügel hinunter waren, ritten wir eine
Stunde lang durch ein enges Thal und kamen dann nach der
Ebene von Milies. An der Schlucht war ein Reitertrupp Arslan
Bey's aufgestellt. Sie grüßten auf die demüthigste Weise, als
der Bey sich näherte, und schlossen sich dem Zuge hinten an, als
er vorbeikam. Der Grund war mit Menschen gefüllt und es ent=
stand nun ein allgemeines Treiben von hinten nach vorne; die
Infanteristen waren nach und nach durch das Aufdrängen der
Pferde vertrieben, und wir sprengten im vollen Gallop auf die
Wiese. Das Drängen, die Verwirrung, der Staub waren der
Art, daß wir weder sehen konnten, wohin wir ritten, noch den
Boden unterscheiden, über den wir kamen, und ich bin überzeugt,
daß wenn ein Hundert Flinten auf uns abgefeuert worden wäre, ein

allgemeines Flüchten und Jagen statt gefunden hätte, wir Alle durch einander gekommen wären, unsere Freunde angegriffen oder sie geflohen hätten. Es ist ein sehr sonderbares Ding, Krieg führen sehen zwischen Feinden, welche dieselbe Tracht haben, dieselbe Sprache reden und ohne unterscheidende Zeichen, Fahnen oder Feldruf sind. Hier sind Soldaten Werkzeuge, aber nicht Maschinen; die mächtigsten Truppenversammlungen können in einem Augenblick auseinander fliegen und eben so schnell können Haufen zusammenkommen, die geeignet sind, das Geschick von Provinzen und Reichen zu verändern, durch die Kraft eines moralischen Charakters, den ein Fremder höchst schwierig mit Genauigkeit zeichnen kann, der aber einer der interessantesten Züge und eine der wichtigsten Forschungen ist, welche das Morgenland darbietet.

Zwischen dem europäischen und orientalischen Befehlshaber ist das der merkwürdigste Unterschied, daß des Ersteren Umgang mit seinen Leuten mit dem Felddienste aufhört; sie kennen ihn nur durch die Disciplin, die er aufrecht hält, und die Dienste, die er befiehlt; er macht keinen Anspruch auf ihre Zuneigung im geselligen Leben. Der orientalische Befehlshaber im Gegentheil ist der Patriarch seiner Anhänger — der Schiedsrichter ihrer Streitigkeiten — das Oberhaupt ihrer Gemeinde — er kennt Jeden und Jedes Angelegenheiten — und so groß ist die gleichmachende Wirkung dieser Sitten, die uns einen so unermeßlichen Abstand zwischen Mann und Mann zu machen scheinen, daß der niedrigste Soldat unter gewissen Umständen zugelassen werden kann, das Brod mit seinem General zu brechen. Die Charakterzüge, welche dort die Treue sichern und zur Macht erheben, sind durch Sieg erwiesene Fähigkeit und durch Großmuth erwiesene Neigung, Anhänglichkeit durch Schutz zu vergelten. Und sollte ich die Eigenschaften, welche zur Größe führen, der Reihe nach aufzählen, so müßte ich sagen: erst Gerechtigkeit, dann Großmuth und erst nach diesen militärische Fähigkeit und persönliche Tapferkeit.

Mitten in der kleinen Ebene und dicht an einem klaren, frischen Bache stand eine prächtige Trauerweide. Das war der zur Zusammenkunft erwählte Platz, und hier stieg Veli Bey ab; er saß bald auf seinem Teppich und um ihn bildete sich ein Kreis von Beys und Soldaten. Es schien uns auffallend, daß Arslan Bey noch nicht da war und das um so mehr, als der höhere

Grund rund umher von seinen Leuten besetzt war. Mancher Ver=
dacht durchfuhr uns den Sinn, und wir zogen uns auf die Seite
des Hügels zurück, unsere Betrachtungen anzustellen und den
Wirkungen der ersten Saloen zu entgehen, die, wie wir gar nicht
bezweifelten, auf irgend ein verabredetes Zeichen auf den Haufen
in der Ebene geschehen würden. Da, dachte ich, sitzen nun diese
Menschen, auf die der Augapfel der Vernichtung herabfunkelt,
mit derselben Bethörung, die Jahr auf Jahr die Anführer und die
Rebellen in der Türkei zur Vernichtung verlockt! Kaum gibt es
ein Beispiel eines Aufstandes oder eines Kampfes zwischen neben=
buhlerischen Häuptlingen, die nicht unterdrückt oder beschlossen
wären durch eine Verrätherei, wobei die betrogene Partei mit ei=
ner Leichtigkeit in die Schlinge geführt worden, die uns eben so
kindisch als unbegreiflich scheint. Den Grund davon war ich ge=
rade im Begriff einzusehen. Diese, mit allgemeinen Grundsätzen
nicht verknüpften Bewegungen können nur in der Person der Führer
vernichtet werden, und das anscheinende Vertrauen, wodurch diese
so unbegreiflich verrathen scheinen, ist der Erfolg des Wagens
und Entschließens, von denen allein ihr Ansehen abhängt.

Mitten unter diesen Betrachtungen erhob sich eine Staub=
wolke am entgegengesetzten Ende der Wiese, und zugleich erscholl
von allen Seiten der Ruf: Er kommt, er kommt! Vom Weiden=
baume aus war ein Gang von zweihundert Schritten geöffnet
und an beiden Seiten mit Veli Bey's Truppen besetzt. Am
Ende desselben waren die beiden Fahnen unsers Chefs in die
Erde gesteckt — die eine ganz weiß, die andere weiß und grün
mit einem Doppelschwerte, einer blutrothen Hand und einigen
maurerischen Zeichen. Ein Trupp von etwa zweihundert Reitern
sprengte daher in einer sehr hübschen Ordnung und mit einem
Anscheine größerer Regelmäßigkeit, als ich jemals früher gesehen
hatte. Als sie die Standarten erreichten, schloßen sie scharf auf,
trabten, die ganze Breite des Ganges füllend, bis an den Wei=
denbaum, schwenkten dann rechts und links ab und stellten sich
hinter den Reihen von Veli Bey's Infanteristen auf. In diesem
Augenblicke erreichte Arslan Bey selbst die Fahnen und stieg ab,
und in gleichem Momente erhob sich auch Veli Bey unter seinem
Weidenbaume. Das war das Zeichen zum allgemeinen Abfeuern
aller Musketen beider Parteien, und als der Rauch sich verzogen

hatte, erblickten wir beide Anführer sich im Mittelpunkte des
Ganges umarmend, wohin sie, mit gleichen Schritten von beiden
Enden gegangen waren. Dann umarmte jeder die Hauptanhänger seines Gegners: — das war das Zeichen für die gegenseitigen Truppen, ihrem Beispiele zu folgen, und weit umher sah
man nichts als Gestalten, die sich niederbeugten und aufrichteten
mit derselben raschen Beweglichkeit, die ein Schlachtfeld darbietet, wo Leute im Handgemenge kämpfen und voll Haß einander
entgegen treten. Das war eine sonderbare Zusammenkunft der
feindlichen Horden eines Geächteten und des mit seiner Bestrafung Beauftragten, und wer die Wärme und die Einfachheit
dieser Zusammenkunft gesehen hätte, wo es hieß: „und fiel ihm
um den Hals und küssete ihn und sie weinten" — der hätte sie
für das Begegnen Loths und Abrahams mit ihrem Hausgesinde
halten sollen. *) Bei der Umarmung beugten sie sich nieder, als
sie an einander kamen, küßten sich den Mund, drückten Wange
an Wange und breiteten ihre Arme aus, und drückten sich fest
und fester an einander. Wie tief sie sich aber beugten, ob der Lip-
penkuß gegeben wird oder nicht, ob nur eine Wange oder beide
sich berühren, ob die Umarmung nur der Form nach oder eng
geschieht, das bildet eine endlose Reihe von Abstufungen und
Unterscheidungen, je nach den Graden der Bekanntschaft, Freundschaft, Zuneigung, Verwandtschaft, Stellung, dem verhältnißmäßigen Range, Ansehen und Befehl.

Auf beiden Seiten sich erhebende gebrochne und steile Anhöhen, über die in kleinen Wasserfällen das Wasser herabstürzte,
das verschiedene Mühlen trieb, jenseits gutbeholzte Hügel, auf
denen die Föhre vorherrschte, und drüber die hohen und abschüssigen
Klippen des Pindus, waren der vortheilhafte Schauplatz, auf
dem die Truppen jeden Gipfel besetzten oder sich im Thale drängten. Unter der Weide war die Hauptgruppe versammelt; fünftausend Mann waren über, unter und um uns zerstreut; Glück-
wünsche, Umarmungen, lautes Lachen, Geschäftigkeit, Lärmen,
unaufhörlich abwechselnde und lustige Verwirrung, der verschiedene

---

*) Die Stelle, auf die der Verfasser anspielt, redet nicht eigentlich
von Loth und Abraham, sondern von Esau und Jakob. (1 Buch Mosis
33. V. 4.   D. Ueb.

Ausdruck in den Gesichtern, zierliche Complimente, die Verschie=
denheit und Schönheit der Trachten, der Reichthum der Rüstung,
das Fremdartige der Waffen, der Glanz und der Abstich der
Farben ermüdeten die Neugier, ohne sie zu sättigen. Während
wir uns Glück wünschten, bei einem so außerordentlichen Auftritte
gegenwärtig zu seyn, ließ jeder neue Effect, jeder auffallende
Charakter uns die Abwesenheit einer so malerischen Feder bedauern,
als die, welche Ashby=de=la=Zouche zum classischen Boden ge=
macht hat.

Die öffentliche Conferenz dauerte etwa eine Viertelstunde,
worauf eine allgemeine Bewegung uns verkündete, daß die Häupt=
linge sich nach einem nahegelegenen Khan zurückzögen zur Privat=
Unterredung. Wir drängten uns vorwäts, um Arslan Bey mehr
in der Nähe zu sehen. Die Beiden gingen in halber Umarmung
neben einander, als Veli Bey uns bemerkte, still stand, Arslan
Bey bei der Brust packte und ausrief: „Hier ist der Türke! Ihr
seht, wir haben den Klephten gefangen, mit dem ihr so gerne
fechten wolltet." Wir hielten das für eine albanesische Art, Je=
mand vorzustellen und verbeugten uns, während das junge Wan=
derthier sich hoch aufrichtete und uns von Kopf bis zu Füßen
maß; aber, so seltsame Figuren wir auch waren, seine Gedanken
waren ersichtlich nicht in seinen Augen. Sie gingen weiter und
traten in den Khan; die Thüren wurden hinter ihnen zugemacht
und ein schwarzer Sklave jedes Anführers vertheidigte sie gegen
die Haufen der Palikaren, welche die Thür umdrängten, wie Bie=
nenschwärme ihre Königin.

Die so viel Bewegung darbietende Scene versank allmählich
in Ruhe, die Palikaren nisteten sich in geselligen Gruppen in die
Gebüsche; man sah nichts als Gruppen weidender Pferde. Nach
einem Spaziergang von einer Stunde wendeten wir uns nach
dem Khan, erschöpft von der Mittagshitze. Bei jedem Busche,
dem wir vorbeikamen, hörten wir die Worte wiederholen: „Signor,
να γραψετε τουτο?" — „Wollt ihr das schreiben?" — Sie
meinten damit: wollt ihr das zeichnen? Beinahe hätte das bestän=
dige und eben nicht freundliche Anstarren der Albanesen von der an=
dern Partei uns bestimmt, nach dem ersten Lagerplatze zurückzuge=
hen, als Abbas Bey uns wieder zu Hülfe kam und uns vorschlug,
in das Zimmer zu gehen, da die Conferenz sich ihrem Ende nähere

und wir sie doch nicht stören könnten, indem wir kein Skipetarisch verstanden. Der Weg wurde demnach freigegeben und wir hatten das Vergnügen, bei einer Conferenz gegenwärtig zu seyn, von der so unermeßliche Erfolge abhingen.

Die beiden Anführer saßen auf einer Matte unter einem schmalen Fenster, das allein dem Zimmer Licht verlieh und es mit ganzer Macht auf die Gruppe warf, wodurch der Schatten um so tiefer hervortrat. Ein am andern Ende des Zimmers aufs gehangener weißer Mantel vermehrte den Effect, indem er einen bleichen Schimmer auf die Gesichter warf. Das Uebrige des kerkerähnlichen Zimmers war dunkel. In einem entlegenen Winkel stöhnte von Zeit zu Zeit ein Kranker, den man außer den Gehörkreis gebracht hatte, von einem Feldbette weg, worauf wir saßen. Eine Schale mit Arrak, eine Flasche Samoswein und eine Schüssel mit gesalzenem Fisch stand zwischen den Beys. Wir saßen drei Stunden lang, während deren die Conferenz noch fortdauerte, bald ernstlich belebt, bald in kaum hörbarem Flüstern, wobei sie sich vorlehnten, als ob sie Jeder in des Andern Seele lesen wollten. Verschiedene Male brachen große Schweißtropfen aus Arslan Bey's Gesichte, und einmal drückte Veli Bey einen Kuß auf seine Stirn.

Die Lobpreisungen, die wir beständig über Arslan Bey hatten verschwenden gehört, hatten ein günstiges Vorurtheil bei uns erregt; auch wurden wir nicht getäuscht. Seine Figur war gut, obgleich unter mittlerer Größe; seine Züge waren fein, mit mildem Ausdruck, aber trotzigem Auge; ein dunkles Tuch band die kleine rothe Kappe über seiner hohen und gutgeformten Stirn; sein Anzug war schmucklos und soldatisch, und seine Jugend erhöhete den idealen Charakter, den wir jedesmal da voraussetzen, und die natürlichen Geistes= und Körperkräfte, die jedesmal verbunden seyn müssen bei einem Anführer, der mit der bestehenden Behörde den Kampf beginnt. Man sagte uns, er wäre erst zwei und zwanzig Jahr alt, aber ich möchte ihm fünf und zwanzig geben. In früher Jugend fand sich Arslan Bey an der Spitze einer der ersten Familien Albaniens, war einer der reichsten Leute und bei den Soldaten beliebt wegen seines persönlichen Muthes und seiner heitern Geselligkeit. Seine Verbindung durch Heirath mit der Familie des Seliktar Poda vergrößerte noch seinen Einfluß, während sein Zutritt zu der

Partei des Seliktar derselben das Uebergewicht gab. Zwei Jahre vorher war er zum Musselim und Derwend Aga von Trikkala ernannt; später wurde er mit fünf bis sechstausend Mann abgeschickt, den türkischen regulären Truppen, die von den Griechen in Negroponte und Attika blokirt waren, den Weg zu eröffnen. Nach dieser Dienstleistung wurde er Gouverneur von Zeituni in Thessalien. Der Sold seiner Leute wurde ihm nicht pünktlich überschickt, oder auch von ihm nicht ausbezahlt; die Leute wurden aufsätzig, packten ihn sogar einmal bei der Kehle und begingen Ausschweifungen aller Art. In diesem Augenblicke schickte ihm der Großwessier Befehl, das Commando niederzulegen. Aus den Gründen, die ich schon früher angegeben, fürchtete seine Partei die Absichten des Sadrazem (Großwessiers) und hielt dieß für einen sehr günstigen Augenblick, durch Aufregung der Erbitterung des Arslan Bey einen Schlag zu thun, bevor der Großwessier mit seinen Truppen heranrücken könne, sie zu schlagen. Vielleicht wünschte auch der Seliktar, bevor er sich selbst erkläre, zu sehen, wie die Sachen abliefen, denn nachdem er Arslan Bey zum Aufruhr aufgereizt hatte, blieb er gleichgültiger Zuschauer des Kampfes. Arslan Bey plünderte Kodgana, eine reiche griechische Stadt, die reichliche Beute lieferte, welche er unter seine Leute zu vertheilen beabsichtigte, je nach Verhältniß ihres Soldes und ihrer Dienstzeit. Diese That aber veranlaßte seine Aechtung; mochte er nun siegen oder nicht, das Schwert hing über seinem einzelnen Haupte, und unter seinen Leuten war kaum mehr Subordination, als Einigkeit unter seiner Partei. Von der letzteren schon verrathen, konnten auch die ersteren, bei einigem ihnen gebotenen Vortheile oder bei einer Niederlage, ihn gleichfalls verlassen. Er hielt das Geschick Albaniens in seinen Händen; sein Wille, seine Laune war gegenwärtig die herrschende Macht, und ein Wort von ihm konnte den Donnerkeil auf das Land fallen lassen. Ließ er ihn aber fallen, welchen Nutzen konnte er erwarten? Zügelte er den Sturm, welche Gewißheit der Belohnung, welche Bürgschaft für Verzeihung konnte er erlangen? Diese Gründe glaubten wir aus dem überlegenen Tone und Wesen Weli Bey's herauszulesen, so wie aus der ernsten Nachdenklichkeit seines Gegners, der, obgleich er seinen Nebenbuhler in Händen hatte, es duldete, daß dieser sich eine so entschiedne Ueberlegenheit anmaßte. Weli Bey's

Sorge war nicht geringer, seine Brust nicht ruhiger, trotz der Hei=
terkeit, die auf seiner Stirne thronte; aber alles, was ich damals
von seinen inneren Gedanken und seinen gegenwärtigen Umständen
wußte, habe ich schon erzählt.

Wir blieben still und bewegungslos in unserm Winkel, jedes
Wort, jeden Ton, jede Bewegung auffangend, denen wir eine
Bedeutsamkeit beilegen konnten, und den Ausdruck bemerkend, wo=
mit die Worte ausgesprochen wurden: Sadrazem, Kodgana, Lufeh
(Sold), Padischah u. s. w. Veli Bey hatte uns von Zeit zu Zeit
Arrak hinübergereicht und seiner Freude Luft gemacht, indem er
sich über Arslan Bey lustig machte und uns fragte, wie uns der
Klepht gefiele; aber er konnte die unbeweglichen Gesichtszüge des
jungen Rebellen nicht bewegen, sich zum Lächeln zu falten. End=
lich rief Veli Bey nach dem Mittagsessen, und die vornehmsten
Officiere, die sich draußen in der ängstlichsten Erwartung umher=
gedrängt hatten, strömten in das Gemach. Wir unsererseits waren
mit dem Erfolge vollständig unbekannt, und konnten uns noch im=
mer nicht der Idee erwehren, die Conferenz möchte blutig enden;
jede unerwartete Bewegung des Einen oder Andern schärfte augen=
blicklich unsere Aufmerksamkeit. Als die Beys in das Zimmer
traten, rief Veli Bey: „Brüder, es ist Friede!‟ Die Beys seiner
Partei umarmten nun wieder Arslan Bey, aber herzlicher als
zuvor; dann versuchten sie, das Tuch von seiner Stirn zu lösen;
er sträubte sich einen Augenblick, aber sie entwanden es ihm und
traten es mit Füßen. Veli Bey schien entzückt darüber, lachte
und zeigte uns den neuen Taktiko (Nizzam, regulärer Soldat der
Türken). Während des Essens wurde die Unterhaltung haupt=
sächlich auf albanesisch geführt, wobei Arslan Bey, mit merkwür=
diger Gewandtheit in Fähigkeit und Charakter, die Leitung über=
nahm; lautes Gelächter folgte jedem Worte, das er sprach. Als
wir gegessen, uns gewaschen und eine Tasse Kaffee getrunken hat=
ten, wurde abgetragen. Veli Bey rief nun die Hauptanhänger
Arslan Bey's namentlich auf, sammelte sie in einen Kreis um
sich und hielt ihnen eine lange Rede. So oft ich auch meine
Unkunde der Sprache zu bedauern hatte, niemals beklagte ich
meine Unwissenheit mehr als bei dieser Gelegenheit. Der Fluß,
der rednerische Schwung seiner Perioden — die Verachtung, der
Vorwurf und endlich das Mitleid, deren Gegenstände ersichtlich

die Angeredeten selbst waren, zeigten eben so viel Fähigkeit als Urtheilskraft, eben so viel Muth als Redekunst, und wir erhielten den Tag eine Lehre, in Bezug auf den orientalischen Charakter, die wahrscheinlich keiner von uns jemals vergessen wird. Als er seine Zuhörer völlig übermeistert hatte, veränderte sich sein Wesen durchaus, und ihre Versöhnung wurde auf eine feierliche Weise besiegelt. Einer wurde Veli Bey gegenüber gesetzt, zwei Andere an jede Seite; sie standen zusammen auf, lehnten sich vorüber, jeder streckte seine Arme aus, und alle Vier standen in eine Umarmung verschlungen. Veli Bey küßte jeden rinzeln, dabei wiederholend: „Wir haben Frieden."

Nachdem auf diese Weise die Conferenz nach achtstündiger peinlicher Ungewißheit glücklich beschlossen war, verließen Arslan Bey und Veli Bey den Khan, wie sie ihn betreten hatten, in halber Umarmung. Die Leute sprangen auf, sich um sie drängend; der Trommelschläger Appell ertönte, und wir bestiegen wieder unsern Hügel und sahen auf den wiederholten Abschied der sich trennenden Reitergeschwader, die um ihre Führer galoppirten, ihre Sperre und Musketen schwangen und die Hügel hinauf und durch das Thal in die Wette jagten.

Wir kehrten nach dem Lager zurück und ließen unser Zelt in demselben aufschlagen. Veli Bey nahm sein Quartier bei uns. Früher spendete er uns nur wenige Worte und Gedanken; aber jetzt, im Jubel des Gelingens, eröffnete er uns seine eigenen Aussichten und seine Hoffnungen für Albanien. Den größten Theil des Tages brachte er damit zu, uns die Geschichte des Großwessiers mitzutheilen, die des griechischen Krieges, seiner Fehde mit Seliktar Poda und alles dessen, wovon er glaubte, es möchte interessant oder belehrend seyn. Die Organisation von Albanien war der Gegenstand, bei dem er mit der größten Freude verweilte, so wie bei seinem Befehle über zwölftausend Mann, was er als unverzüglichen Lohn für die Unterdrückung des Aufstandes erwartete. Es schien ihm Vergnügen zu machen, mitten unter seinen Leuten mit uns über die Plane zur Organisirung Albaniens zu reden, als wollte er ihre Ansichten erforschen und zugleich durch die Billigung von Europäern Unterstützung gewinnen. Andererseits sagten uns die Leute: „Sagt dem Bey, er soll uns unsere Fustanellen lassen und wir wollen Alles werden,

was er Luſt hat." Mit gleichem Ernſte ließ Veli-Bey ſich auf
die Handelsintereſſen und Ausſichten ſeines Landes ein, auf die
einzuführenden Verbeſſerungen, vor Allem auf die Nothwendigkeit,
ein freundliches Verhältniß zwiſchen ſeinem Volke und Europa
zu begründen, wodurch fremdes Capital einſtrömen und durch
Erleichterung der Zufuhrmittel den Reichthum des Landes und
den Werth des Grundbeſitzes bedeutend vermehren würde. Sorg=
fältig erkundigte er ſich nach jeder Verbeſſerung und Entdeckung
im Ackerbau und dem Maſchinenweſen, mit der Ausſicht, ihren
Triumph, wie er ſagte, zum Vortheil der Kinder zu verwenden,
damit er als Greis ſeine Enkel mitnehmen könne und ihnen das
Thal auf dem Pindus zeigen, wo die Entwürfe entſtanden ſeyen.
Seine natürliche Zurückhaltung und die Repräſentation, worin ſie
gewöhnlich leben, war abgelegt bei der engen Berührung, in die
wir mit einander gekommen waren, anſcheinend zur beiderſeitigen
Zufriedenheit. Wir freuten uns einer ſo trefflichen Gelegenheit,
den Charakter und die Ideen der Leute zu erforſchen, während er
eben ſo erfreut ſchien, ungezwungen ſeine Anſichten über ſein
Volk, über die Türken und über die europäiſche Politik auszudrü=
cken, die er, wie ich nicht zu ſagen brauche, nicht ſchonte, und
ſeine Bewunderung unſerer militäriſchen Organiſation und wiſſen=
ſchaftlichen Erfindungen. Lächelnd ſagte er: „Vielleicht bezahlt
ihr eines Tages theuer für die Lectionen, die ihr uns mit ſo vie=
ler Mühe gebt." Dampfkanonen und Dampfwagen waren die
Hauptwunder. Nach jeder Unterredung war es ſein größtes Ver=
gnügen, dieſe Wunderdinge ſeinen Leuten zu wiederholen, und dann
ſetzte er zuweilen mit einem Kopfſchütteln hinzu: „Ach, das ſind
noch Menſchen!" Er erklärte ſeinen Entſchluß, ſobald der Sadra=
zem ankomme und er drei oder vier Monat frei habe, nach Eng=
land zu reiſen. Er erkundigte ſich genau nach ſeiner Reiſe, ſeinem
Aufenthalte und der Art, wie er wohl würde aufgenommen wer=
den, und ich bin überzeugt, wir haben das Aufſehen nicht über=
trieben, das er in London gemacht haben würde, wäre er dort,
wie er es ſich vornahm, von zwanzig ſeiner beſten Leute begleitet,
eingetroffen.

So lange wir im Lager blieben, war unſer Zelt das einzige
vorhandene, auf der Ebene aufgeſchlagene, und in ihm ſchlief der
Bey. Mit Tagesanbruch wurden Pfeifen und Kaffee gebracht;

wir schwatzten, wuschen und zogen uns an, bis die Sonne vollends aufgegangen war; dann ging Veli Bey in das Holz, wo sein Teppich an dem schon beschriebenen Platze ausgebreitet wurde. Sobald man merkte, daß er im Gange war, erschienen die Officiere aus ihren verschiedenen Lagerstätten und die Beys, Odjaks und Agas von Oberalbanien, Epirus und Thessalien sammelten sich um ihn zum Divan. Dort unterhielten sie sich, rauchten und betrieben ihre Geschäfte. Rajahs brachten ihre Klagen an, Primaten (Ortsvorsteher) bezeugten ihre Unterwürfigkeit und brachten Geschenke, Briefe wurden gelesen und geschrieben. Den Morgen über machten sie wohl zwei oder drei Gänge ein paar hundert Schritt weit und dann setzten sie sich plötzlich wieder, aber immer so, daß sie eine Aussicht vor sich hatten, und in der That habe ich am Bosporus und am Peneus, auf dem Kaukasus und dem Pindus selten gehört, daß ein Türke sich über das Malerische weitläufig ausließ, aber nie gesehen, daß er einer schönen Aussicht den Rücken zukehrte. Wir wurden beständig mit Fragen überhäuft: „Was seht ihr denn in unsern Bergen so Anziehendes; habt ihr daheim keine Berge und Bäume?" Der einzige Grund, den sie verstehen konnten, war, unser Land sey so angebaut, daß wir nirgendswo die einfachen und wilden Naturschönheiten genießen könnten.

Unsere Zeit vertheilten wir zwischen dem Anführer, den Officieren und den Soldaten. Wir waren bei allen Classen in große Gunst gekommen. Manche der Beys waren junge, unanmaßliche, offene und wißbegierige Leute.

Die gemeinen Soldaten interessirten uns aber unendlich mehr als ihre Führer; wo wir auch um ihre Biwachten streiften, überall wurden wir mit jeder Achtungsbezeugung empfangen und ringeladen, an ihren Mahlen Theil zu nehmen; wir verbrachten so manche fröhliche Stunde und zählten manche tüchtige Freunde unter den Leuten. Welcher Abstich mit der ersten Nacht im Khan von Balduna und welche Veranlassung zum Nachdenken über die Ursachen, welche die Ereignisse bestimmen, und über die unscheinbaren oder ganz unsichtbaren Fäden, an denen die Menschen geleitet werden!

Wenn der Mittag nahete, suchten wir gewöhnlich Veli Bey im Zelte auf; auf den Teppich wurde eine Schüssel gesetzt mit

Zwiebelschnitten, gesalzenem Fisch oder gesalzenem Käse, Pflaumen oder dergleichen, um den Appetit zu reizen. Vor Jedem wurde ein kleiner Becher gestellt und hinten stand ein Diener mit einer Flasche Raki; wir blieben gewöhnlich eine volle Stunde dabei, uns Appetit zu machen, durch die ununterbrochene Reihenfolge eines Bissens aus der Schüssel, einiger Züge Tabak und eines Schlück= chens Raki. Dann wurde ein, wie ein Netz zusammengeschnürtes Stück Leder hereingebracht, in der Mitte ausgebreitet und dann geöffnet, wo ein rauchendes Lamm erschien, das in Stücke ge= schnitten oder gerissen war, mit Stücken eines trefflichen Weizen= brods, dünn und biegsam, womit man zierlich das Brod auffassen konnte, das durch die Art des Kochens sich leicht von den Knochen löste. Mitten auf dem Teppich stand eine Schüssel mit milch= weißer Sauce, worein, um den Appetit noch mehr zu reizen, die ersten Stücke Brod getunkt wurden. Die Sauce besteht aus Knob= lauch und Salzkäse, mit Oel und Essig angerührt, und darin schwimmenden Zwiebelschnitten. Auf das Lamm folgte eine große runde Kohl= oder Rahmpastete, wenigstens drei Fuß im Durch= messer, mit drei oder vier Stücken Fleisch, so daß wir uns wunder= ten, wie an einem Orte, wo kein menschliches Wesen zu hausen schien, ein solches Mahl bereitet werden könne. Der starke und edle Wein ging während des Essens so reichlich umher, als der Raki vorher, und hörte nicht eher auf, bis Veli Bey die Pfeife aus dem Munde gefallen und er auf dem Platze, wo er saß, ein= schlief und umsank, wo dann ein Diener ihm zu seiner Mittags= ruhe den Mantel überzog. Der Nachmittag war eine genaue Wiederholung des Vormittags, wie sie denn wirklich aus einem Tage zwei kleine Tage machen, eine ihrem Klima sehr angemessene Einrichtung, so wie ihren Gewohnheiten, die vom völligen Nichts= thun zur größten Thätigkeit übergehen. Wenn nicht zur Anstren= gung aufgeregt, folgen sie ihrer Neigung zur Ruhe der Ueber= füllung; sie erregen sich künstlich Appetit, um zu essen, und essen über Appetit, um zu schlafen. Ich klagte eines Tages über die Menge Salz, die sie zu Allem werfen und erhielt das Sprüchwort zur Erwiederung: „Wenn ihr kein Salz eßt, wie könnt ihr trinken, und wenn ihr nicht trinkt, wie könnt ihr essen, und wenn ihr nicht eßt, wie könnt ihr schlafen?" Doch das ist eines Reisenden Be= merkung und für mehr will ich es nicht geben.

Als wir einmal bei dem Abendessen im Zelte saßen, kam ein Tatar vom Großwessier, brachte Depeschen für Veli Bey und verkündigte die lebenslängliche Bestätigung aller Ehrenämter und Würden, die ihm ertheilt waren.

Bald nach unserer Rückkehr von Milies erschien im Lager eine Person von größerer Bedeutung als die Uebrigen, nämlich Gench Aga, Tufenkji Baschi (Infanterie=Obrist) des Großwessiers und Gouverneur von Trikkala und Mezzovo. Anderthalb Jahr später sagte er mir selbst in Skodra, daß er die Haupttriebfeder in diesem Handel gewesen, bei dem Veli Bey und Arslan Bey nur die Puppen waren.

Der Erfolg der Conferenz von Milies war gewesen, die Plünderung von Kobgana u. s. w. sollte zurückgegeben, die Rückstände der Leute Arslan Bey's sollten bezahlt, er selbst aber freigesprochen und zu Gnaden aufgenommen werden, und Veli Bey nach Janina begleiten. Arslan Bey mußte aber seine Freunde befragen, und obgleich die vornehmsten Officiere, so viel wir nach dem stummen Anschein beurtheilen konnten, mit diesen Bedingungen zufrieden schienen, mußte er doch nach seinem Lager zurückkehren, um mit den Skipetaren zu verhandeln. Da noch keine Antwort gekommen war, als Gench Aga im Lager eintraf, so ging dieser, begleitet von unserm jungen Freunde, Abbas Bey, nach Arslan Bey's Hauptquartier; drei oder vier Tage vergingen und keiner von ihnen kam wieder. Wir neckten Veli Bey, sie würden von dem Klephten wohl gefangen genommen seyn: anfangs that er, als lache er herzlich über diese Vermuthung, aber ihr Ausbleiben hörte doch bald auf, ihm Spaß zu machen. Sie kamen indeß doch zurück und, nach einer Privatunterredung mit Veli Bey schickte Gench Aga zu uns. In der entschiedenen Weise, die uns keinen Zweifel übrig ließ, er habe gute Gründe zu seinen Worten, und mit dem gütigen Wesen, das uns über alle Zweifel an seinen Zwecken erhob, sagte er uns, wir müßten uns nun in unseren künftigen Planen von ihm leiten lassen; er übernähme die Verantwortlichkeit für unsere Sicherheit und könnte uns Gelegenheit zur Weiterreise verschaffen, aber wir dürften nicht bleiben wo wir wären. Wir erklärten unsere Bereitwilligkeit, uns von ihm leiten zu lassen, worauf er sagte: „In dem Falle müßt ihr unverzüglich mit mir nach Mezzovo aufbrechen. Sobald diese Geschichte in Ordnung gebracht iſt, werde ich ein Reitercorps nach Trikkala ſenden müſſen, und ſo könnt ihr ſicher und wohlbehalten aus dem Kreiſe des gegenwärtigen Kampfes geleitet werden.‘‘ — Es gibt einige wenige Leute in dieſer Welt, die etwas Unwiderſtehliches an ſich haben, deren Anſichten ſo ſehr der Vernunft gleichen, deren Worte ſo wohlgewählt ſind, deren Benehmen ſo gut berechnet iſt, die ge= wünſchte Wirkung auf die gegebene Perſon hervorzubringen, daß gar keine Einrede, nicht einmal eine Abneigung gegen ſofortige Einwilligung ſtatt findet. So war es mit Sench Aga, und nie war ich erſtaunter, als ich mich, nach einer Unterredung von zehn Minuten oder noch weniger mit einem völlig Fremden, emſig be= ſchäftigt fand, Zurüſtungen zur Abreiſe aus einem Lager zu treffen, das ich mit ſo unendlicher Schwierigkeit erreicht hatte, und aus einem Lande, in dem ich vor zehn Minuten meine Wanderungen erſt recht zu beginnen dachte.

Sechzehntes Capitel.

Eindrücke, die das Skipetarenlager auf uns machte. — Frühere Lage und zukünftige Ausſichten Albaniens. — Vergleichende Charakterzüge des Auf= ſtandes in der Türkei und in Europa.

Bevor ich dem Skipetarenlager Lebewohl ſage, muß ich zu= ſammenſtellen, was ich dort während des kurzen aber genauen Um= ganges ſammelte, in Betreff der Zerſtreuung ſo mächtiger Heere, die ſechs Jahre nach einander nach Griechenland ſtrömten, ohne anderen Erfolg als Verwüſtung der Provinzen des Feſtlandes, Verluſt von Menſchenleben und Erſchöpfung des großherrlichen Schatzes.

Ali Paſcha’s Herrſchaft bezweckte, den kriegeriſchen Charakter der Albaneſen zu erhöhen, denn, abgeſehen ſelbſt von der beſtändigen Thätigkeit, in der ſie während ſeiner Regierung gehalten wurden, verjagte er eine große Anzahl Landbeſitzer, die eine Entſchädigung im Kriegsdienſte fanden, durch das ganze Land hindurch, von Berat bis nach dem Euripus und jenſeits des Iſthmus. Als Ali Paſcha’s Macht zuſammenbrach, begann gerade der jährliche Feldzug gegen Griechenland und brachte dieſer großen Maſſe irregulärer und un=

abhängiger Krieger Sold und eine ihren Neigungen angenehme Anstellung.

Mit albanesischer Arglist vereitelten sie jede Maaßregel der Pforte, dem griechischen Kampfe ein Ende zu machen. Missolunghi hätte bei verschiedenen Gelegenheiten mit der größten Leichtigkeit genommen werden können, aber die Speculation trug zu guten Profit und sie nannten die Stadt ihren S a r a f, oder Bankier. Sie richteten sich so ein, daß sie jeden Plan des Großwessiers durch= kreuzten und endlich, nach dem sie auf drei Monat Sold im voraus empfangen hatten, verließen achttausend Mann Juſſuff Paſcha bei Lutraki, nach einem Versuche, die Kriegscaſſe zu rauben. Bei die= ser Gelegenheit rief die Pforte, wenn gleich höchst ungern, Mehe= med Ali Pascha zu Hülfe.

Eine Berechnung der Zahl von Soldaten, ihres Soldes und der Commiſſariatskoſten kann uns eine, wenn gleich nur entfernte, Annäherung an die Summen verschaffen, die der Sultan für den griechischen Krieg in Albanien ausgegeben hat. Fünf Feldzüge wurden gemacht, die Durchschnittszahl der Leute mag etwa 20,000 seyn; einer in den Andern gerechnet, erhielten sie fünfzig Piaſter monatlich, vom 1 März alten Styls bis St. Dimitri, am 8 Novem= ber. Acht Monat und acht Tage (die gewöhnliche türkische Feld= zugszeit) zum angegebenen Durchschnitt, ohne Extrasold, wenn sie länger im Felde blieben, geben eine Summe von 46,250,000 Pia= ſtern. Dem Commiſſariats=Departement wird gewöhnlich zugeſtan= den, eine dem Solde gleichkommende Summe auszugeben, so daß diese fünf Feldzüge der Pforte über neunzig Millionen Piaſter zu ſtehen gekommen sind. Außer diesen Heeren waren zehntausend Mann im beständigen Dienste, als Wächter der Bergpäſſe, Fe= ſtungsbesaßungen, Leibwachen der Paschas u. s. w., deren Sold und sonstige Kosten während derselben Zeit auf sechzig Millionen Pia= ſter angeschlagen werden können. *)

Ich habe bei den Commiſſariats=Unkoſten den Verlust und den Mißbrauch der Rationen mit angeschlagen, nicht aber die Ver= schwendung und den Unterschleif, der in den Contracten verübt

*) Ali Pascha's 40,000 Mann koſteten ihn soviel als 80,000 franzöſische Soldaten. Die Kosten der Truppen unter Kapodistrias berechnete man, glaube ich auf dreimal soviel als die von englischen Truppen.

wurde, die mit den Commiſſariatsgeſchäften und Rechnungen zu=
ſammenhingen, wo fremde Kaufleute, Mäkler und Wechsler mit
amtlichen Lieferanten und Kriegsbefehlshabern die Beute theilten.
Erſt im vierten Kriegsjahre und auf Antrieb des gegenwärtigen
Großweſſiers, der damals Rumili Waleſſi wurde, erließ die Pforte
eine Bekanntmachung an die Geſandten, worin die fremden Kauf=
leute gewarnt wurden, die Pforte wolle für die mit Paſchas abge=
ſchloſſenen Verpflichtungen nicht länger verantwortlich ſeyn. Der
Sultan kannte aber dieſes Raubſyſtem ſo gut, daß er die einfluß=
reichſten Janitſcharen bei dem Commiſſariats = Departement in Al=
banien auſtellte, als die einzige Lockſpeiſe, die ſie von ihren Corps
abziehen konnte, ſicher, daß er ſie bald auf einem ſchlagenden Ver=
gehen ertappen und ſo das Recht erhalten werde, ſie zu degradiren,
zu verbannen oder ſelbſt mit dem Tode zu beſtrafen.

Dieſe, zu Anfang des Krieges in Machmudis, zum Werthe
von 25 Piaſtern oder 3 Dollars, bezahlte Summe von 150 Millio=
nen würde 1830 einem Werthe gleichkommen von 270 Millionen in
Konſtantinopel und von 360 in Janina, gleich drei Millionen
Pfund Sterling.

Albanien hat auf dieſe Weiſe während des Krieges wenig=
ſtens dritthalb Millionen Pfund Sterling von des Sultans Gelde
erhalten und indeſſen keine Einkünfte geliefert. Der Verluſt an Ein=
künften im Peloponnes und dem Feſtlande von Griechenland[*]
während des ganzen Krieges, und in Rumili während der drei
Revolutionsjahre, kann kaum weniger betragen als vier Millionen
Pfund Sterling. Die Zerſtörung an Kriegsmaterial und Kriegs=
ſchiffen (deren Koſten nur zum Theil aus dem Staatsſchatze be=
ſtritten werden) würde, wenn man ſie in baarem Gelde berechnen
könnte, wahrſcheinlich nicht viel geringer ausfallen, als dieſe letz=
tere Summe. Ich denke, ich darf daher die Koſten der griechi=
ſchen Revolution auf zehn Millionen Pfund Sterling poſitiver

---

[*] Man nahm an, Griechenland ſteure jährlich die Summe von
250,000 Pfund Sterling, als reinen Ueberſchuß, nachdem die bürger=
lichen Abgaben, wie der Zehnte, zur Unterhaltung einer bewaffneten
Macht und der Pacht an die osmaniſchen Landbeſitzer bezahlt waren.
Das allein würde für die zehn Jahre der Revolution dritthalb Millio=
nen Pfund Sterling ausmachen, aber ich halte dieſen Anſchlag für
vielleicht zu hoch und berechne bloß den Verluſt für den Schatz.

Ausgabe rechnen, für eine Regierung, die nur den Ueberschuß em=
pfängt, nachdem die örtlichen Budgets bestritten sind, so daß die
Provinzen immer mehr als die Hälfte der Kriegskosten tragen.
Um den wirklichen Werth dieser Zahlen zu schätzen, muß man be=
denken, daß in der Türkei eine Bauernfamilie mit fünf Pfund
Sterling erhalten werden kann, so daß eine Ausgabe von zwanzig
Millionen Pfund Sterling dem jährlichen Auskommen von zwanzig
Millionen Seelen gleichkommt. Ziehen wir den Unterschied der
Sitten und des Preises in Berechnung, so werden wir finden, daß
der griechische Krieg die Türkei eine Summe gekostet hat, die fast
der Schuld von 120 Millionen Pfund Sterling gleichkommt, welche
uns der Krieg mit Amerika hinterlassen hat. Die Türkei hat
indeß auf alle Fälle die Genugthuung, keine Schulden gemacht zu
haben.

So sehr der Sultan auch wünschen mochte, den Aufstand in
Griechenland zu unterdrücken, so würde er doch nicht seine Zuflucht
zu Albanien genommen haben, dem einzigen Theile seines Reiches,
wo der Krieg eine unmittelbare Ableitung aus dem Schatze war,
hätte er nicht gehofft, durch die Unterwerfung Griechenlands Alba=
nien zu schwächen, und nach diesen ungeheuern Opfern muß es
höchst verdrießlich für ihn seyn, wenn er sieht, das Volk, das er
zu bezwingen versuchte, ist unabhängig geworden, und das andere,
das er zu schwächen wünschte, ist gerade durch die Mittel, die
er gegen dasselbe anwendete, noch widerspänstiger geworden.

Seit der Luseh (Sold) des Sultans aufgehört hatte, sind die
Albanesen aufs äußerste in die Enge getrieben. Die wüthende
Soldateska hielt Zusammenkünfte, schlug vor Anführer zu wählen
und berieth über Plane, von denen einer dahin ging, alle Griechen
fortzuschleppen und als Sklaven zu verkaufen. In dem Augen=
blicke machte der russische Krieg sie erbittert gegen die Griechen.
Die drohende Stellung der griechischen regulären Truppen hielt sie
ab von dem Kriegsschauplatze an der Donau, während die türkische
Regierung, anscheinend auf dem Punkte der Auflösung, weder ihr
Ansehen geltend machen, noch sie mit der Furcht vor den Folgen
schrecken konnte. Da aber ein geschickter Anführer ihre besseren
Ansichten in Anspruch nahm, so brach das Gewitter damals noch
nicht los, und es hängt noch unentladen; gegenwärtig ruhte es auf
dem Gipfel des Pindus.

Es ist eine merkwürdige Aehnlichkeit zwischen den albanesischen und schottischen Hochländern. Gleich den celtischen Anführern des Alterthums schreiten die albanischen Häuptlinge einher mit ihrem Gefolge; die Pistole im Gurt, das Schwert an der Seite, die Muskete über der Schulter. Obgleich nicht gerade durch Namen in Clans getheilt, rechnen doch ihre Vetterschaften eben so weit und sie bezeugen gleiche Ergebenheit gegen das Oberhaupt, dessen „Brod" oder „Salz" sie essen; sie sind seine Diener im Felde, seine Fackel= träger bei dem Festmahle. Erduldung von Mühe und Mangel; ein im beständigen Kriege zugebrachtes Leben; Name und Pracht, be= sonders der Fustanel oder Schurz, und zuletzt, wenn nicht zumeist, die Troubadours, die Minnesänger, die sie Bardi nennen (wie die alten Deutschen), das sind Züge, die sie mit den Söhnen Al= byns fast gleichstellen. Dieser Vergleich war immer ein anziehender Gegenstand der Unterhaltung, und obgleich ihre Achtung vor England mit einem gewissen Antheile von Furcht und Abneigung vermischt war, schienen sie doch stolz auf die Gleichheit. Die Schroffheit, welche nicht sowohl aus der Bekanntschaft, als aus der Vermischung mit der Welt entsteht, ist merkwürdig entwickelt in beiden Völkern, wie auch die Liebe zu Abenteuern und zum Gewinn, welche diese zwei kleinen Völkerschaften nach Osten, Westen und Süden über den Erdkreis streuet, und mit gleicher Liebe zur Heimath kommen beide zurück „nach dem Norden," dort den Abend ihrer Tage zu verleben, die Ersparnisse ihrer Mäßigkeit, die Früchte ihres Fleißes zu genießen.

Die mehr unmittelbare Ursache des Wachsthums schottischen Geistes war die reiche Nahrung, die er aus der englischen Literatur empfing, und das mächtige Werkzeug, das er an der englischen Sprache besaß. Die Albanesen gleichen den Schotten vor zwei Jahrhunderten in Zahl und Unternehmungsgeist, aber sie übertreffen die damaligen Schotten in Betreff der ersten geistigen Schritte, die ein Volk thut, d. h. in der Erdkunde; dagegen haben sie keine Lite= ratur: ihre eigene Sprache ist eine ungeschriebene. Die türkische Sprache ist das einzige Werkzeug des Unterrichts, und türkische Literatur das einzige Mittel der Civilisation, das dem Albanesen offen steht, wie so vielen über Afrika und Asien verstreuten musel= männischen Stämmen. Diese in ihren Tönen so reiche, in ihrer Bauart so philosophische Sprache ist indeß unglücklicherweise durch

die Nachahmung des Arabischen und Perfischen sehr verkümmert
worden im Gebrauche, und unter der Wirkung europäischer Politik
und Meinung hat die türkische Literatur es verschmäht, von uns
zu borgen.

Die künftige Zunahme an Civilisation und Wohlstand in Al
banien, so gut wie in Buchara, der Tartarei, Circassien, Kurdistan
u. s. w. muß von der Ruhe des Orients abhängen durch Consoli-
dirung des osmanischen Reiches und von der Beschaffenheit der
Ideen, die von Konstantinopel, dem Mittelpunkte des Morgenlandes,
nach fern und nah verbreitet werden, wenn das Pfennigmagazin
oder ein Werk dieser Art, in gewöhnlichem Türkisch herausgegeben,
Kamelladungen der Khiva-Karawanen ausmachen und die Tataren
nach Janina und Skodra belasten wird.

Ich verließ die wilden Kerle mit einem schmerzlichen Gefühle
und kann mich nicht enthalten, mit mehr als gewöhnlicher Theilnahme auf sie zurückzublicken. Von fast Jedem, mit dem ich in
Berührung gekommen war, hatte ich Güte erfahren, Manchen war
ich für Gastfreundlichkeit verschuldet. Ich hatte viele Belehrung
von ihnen erhalten in Betreff derjenigen Dinge, denen nachzuforschen
ich mir zum Geschäft gemacht hatte, und manche meiner damaligen
Lieblingsideen aus ihrem Umgange geschöpft. Nach diesem Ausfluge schien der Orient mir weniger ein Chaos, als er mir früher
vorgekommen war.

Das Drama, worüber ich berichtet habe und der blutige Schluß,
über den ich noch berichten werde, könnten als Beweis einer ge-
dankenlosen Abenteurersucht genommen werden, die keine Kunst zäh-
men und nur die Gewalt niederhalten könne. Ich glaube indeß
nicht, daß die Sache so stehe. Diese Plane berühren nur die Aus-
führer, nicht die Volksmasse, und gerade die Subordination der
Leute gegen ihre unmittelbaren Anführer gibt diesen die Mittel in
Händen, die wichtigen Rollen zu spielen, wie wir gesehen haben.
Ditse Anführer sind, wenn geschickt genommen, leicht zu handhaben;
die Ereignisse in diesem Lande, wie in jedem andern des Orients
gleichen einem Schachspiel, wo Geschicklichkeit und Wissenschaft
nicht in der Anwendung von Kraft bestehen, sondern wo das Talent
in der genauen Kenntniß von den eigenthümlichen Eigenschaften der
Werkzeuge besteht und der Sieg von den verschiedenen und verhältnißmäßigen Stellungen abhängt, in die sie gebracht werden.

Stellen wir einen Augenblick den bürgerlichen Krieg in Spanien gegen den Krieg in Albanien. Im ersteren Lande finden wir eine Partei, welche die Regierung angreift, weil ihre Begriffe von Recht und Unrecht im Widerspruche stehen mit denen einer andern Partei ihrer Mitbürger, und dieser Widerspruch ist so tief und rücksichtslos, daß alles, was den Menschen lieb und theuer ist, in dem Kampfe, der dadurch veranlaßt worden, aufs Spiel gesetzt wird. Welche tiefe Gefühle des Hasses zwischen Mann und Mann treten hier an den Tag! Wie sehr müssen, im Vergleiche mit dem Morgenlande, in den Nationalansichten die Gefühle der Achtung vor moralischem Recht und vor legitimer Autorität geschwächt werden, welche die einzige reelle Bürgschaft sind für die Sicherheit des Einzelnen und für politische Einigkeit! Als natürliche Folge eines aus solchen Quellen entspringenden Kampfes finden wir erbarmungslosen Blutdurst bei dem Sieger und rücksichtslose Lebensverachtung bei dem Besiegten. Der gefangene Royalist erwartet keine Gnade von der Hand seines siegreichen Gegners; gleichgültig bietet er daher die Brust seinem Geschicke und jubelt über die Rache, die seine Cameraden nehmen werden.

Wee aber hörte jemals in dem albanischen Kampfe von der Hinrichtung eines besiegten Feindes? Ein besiegter Feind in der Gewalt des Siegers ist kein Gegenstand des Hasses oder der Furcht wegen der Grundsätze, die er hegt; er wird daher nie als Verräther angeklagt, nie als Rebell hingerichtet und man sieht nie die Rache der Regierung fallen, als auf die, welche ihre Macht nicht unmittelbar erreichen kann. Die offenbarsten Rebellen wurden, nachdem sie durch ihre Niederlage des Einflusses beraubt waren, den sie besaßen, von dem Arme des Gesetzes geschont, und die Regierung, weit entfernt die Wirkung ihrer Mäßigung zu fürchten, machte im ganzen Reiche die Worte des Sultans an den rebellischen Pascha von Bagdad bekannt: „Verzeihung ist der Zehnten des Sieges!" *)

Ein Europäer wird aber ausrufen: wenn die Orientalen nicht um politische Principien kämpfen, so liegt das darin, daß sie noch nicht civilisirt sind — was zertrennt aber Spanien? Die Basken

---

*) Er verstand darunter den Antheil der Beute, welcher dem Staate zukommt.

widerstreben der Unterdrückung der eigenen Wahlen ihrer Ortsbehör=
den, die Regierung will diese Unterdrückung durchsetzen; die Bas=
ken widerstreben der Unterdrückung ihrer Marktfreiheit durch Zoll=
häuser, die Regierung besteht auf dieser Unterdrückung; die Basken
fordern den Genuß der durch Vertrag und Verbriefung festgesetzten
Rechte, die Regierung nimmt ihnen diese Rechte, und da diese
Streitpunkte einmal vorliegen, so ist die Thronfolge nur der Vor=
wand zum Kampfe.

Wären die Basken Unterthanen der Türkei gewesen, so hätte
gar kein Aufstand statt finden können, denn alle die von den Bas=
ken behaupteten Principien sind von der ottomanischen Regierung
angenommen. Die ottomanische Verfassung stellt die höchste Auto=
rität auf einen erhabenen Standpunkt, hat aber ihre Macht ein=
geschränkt und sie von der Einmischung in Zölle befreit. Diese
vermeintlichen Verluste, die wir nur nicht richtig begriffen haben,
haben sechs Jahrhunderte lang diese Autorität als einen unverrück=
ten Vereinigungspunkt und als einen Gegenstand allgemeiner Ver=
ehrung erhalten. Die Türkei nährt keine einem fremden Staate
feindliche Absicht; sie gewährt fremden Nationen in ihrem Gebiete
Freiheit des Handels und der Gerichtsbarkeit. Eine solche Regie=
rung mußte ohne allen Zweifel als ein trefflicher Nachbar ange=
sehen werden. Dessen ungeachtet ist dieß Volk das Opfer einer fal=
schen Meinung geworden, welche Kriege, Bündnisse und Haß gegen
dasselbe erregt hat. Der Reihe nach wurde jede der seiner Herr=
schaft unterworfenen Bevölkerungen durch finstere Umtriebe und
mächtige Mittel zum Aufruhr angereizt. Verwundet, geschwächt,
entmuthigt und erbittert durch ein so unchristliches Bündniß der
ganzen Christenheit, hat die Türkei dennoch fortgelebt, wo zehn
europäische Regierungen unwiederbringlich verloren gewesen wären.
Wo soll man die Quellen dieses Fortbestehens suchen? Vom Frater
Bacon*) bis zum Grafen Sebastiani haben die Geistlichen und
die Staatsmänner Europa's das politische Reich des Islamismus

---

*) Frater Bacon las die prophetische Zahl 666 als auf den Islamismus
zu deuten und verkündete dessen unverzüglichen Sturz. Der prophetische
Schriftsteller, Hr. Forster, meint, er habe doch nicht so g a n z Unrecht
gehabt, denn um diese Zeit stürzte der Türke, Alp Arslan, das
Kalifat!

für vernichtet erklärt. Der Grund liegt darin, daß das innere
Wesen seines Lebens von dem unseres politischen Daseyns verschieden ist und daß wir es nicht erforscht oder nicht verstanden
haben.

Die Pforte hat kein stehendes Heer gehabt; sie hat keine der
Institutionen und nur einen kleinen Theil der Macht gehabt, durch
welche unser abendländisches System besteht, und da sie nur eine
Selbstherrschaft hatte, glaubte man, Jahr auf Jahr, die Türkei
sey nun auf dem Punkte der Auflösung. Aber das, was uns
zum Irrthum verleitete, ist eben der wahre Grund, weßhalb der
Ruf nach Freiheit dort kein Schreckenston ist; weßhalb man dort
so wenig die Stimme der Parteiung als das Geflüster des Princips hört; weßhalb Religions-Verschiedenheiten nicht zum Reli-
gionskriege führen, und weßhalb die Vertheidigung, selbst die
gewaffnete, örtlicher Gewohnheiten und Interessen keine Insurrection ist.

Siebenzehntes Capitel.

Abreise aus dem Lager. — Abenteuer auf dem Pindus. — Aufwinden in
e:n Kloster. — Meteora. — Entdeckung seltsamer Intriguen. — Der radicale
Gouverneur von Trikkala. — Ankunft in Larissa.

Nach sehr zärtlichem Abschiede von Veli Bey und den albanesischen Anführern und Soldaten, ritten wir südwärts, den Berg-
weg hinauf und nach einstündigem Ritte erblickten wir plötzlich
Mezzovo, eine Stadt von tausend Häusern, die an der steilen
Seite eines Berges hing, der durch zwei tiefe Schluchten, wo der
Fluß Arta entspringt, von den Bergen Zygos und Profillion getrennt wird. Unterwegs enthüllte sich uns das Geheimniß von
Veli Bey's vortrefflicher Küche. Gegen Mittag begegneten wir
nämlich zwei Haufen von Weibern, die nach ihrer schwarzen Kleidung und ihrem noch düsterern Ansehen Leichenzüge zu seyn schienen. Der Verstorbene war ein fertig geröstetes Schaf an einer
Stange, welche zwei Frauen auf der Schulter trugen; andere
folgten mit verschiedenen Schüsseln, Pasteten und Pfannen; da-

hinter wankte noch eine größere Anzahl unter viertausend Okas*) Brod, welche die Stadt täglich als Proviant liefern mußte.

Wir hielten Gench Aga für einen Ultra und einen ungefälligen Türken; seine emsige Aufmerksamkeit aber für alles, was unsre Sicherheit und Bequemlichkeit anging, stellte seinen Charakter bald in das rechte Licht, so wenig Glauben wir auch damals hatten an seiner Landsleute Höflichkeit und Menschenfreundlichkeit. Da wir aber einmal in dem albanesischen Lager an eine andere Art der Behandlung gewöhnt waren, hielten wir es für ganz empörend und unwürdig, wieder mit den Franken auf gleiche Stufe hinabzusinken.

Ungeachtet der herannahenden Beilegung bemerkten wir, daß der Aga in einem Zustande der größten Besorgniß war. Da alles Vieh in den Bergen versteckt war, konnte er keine Pferde herbeischaffen, um Proviant nach dem Schlosse und die Truppen nach Janina zu befördern. So lange wir bei ihm uns aufhielten, waren ein paar Schreiber beständig beschäftigt, Briefe und Bujurdis (Ordres) zu lesen und zu schreiben, und jetzt mehr als jemals begriffen wir den Umfang der Gefahr, welche das ganze Land bedrohte.

Mezzovo, einer der wichtigsten, vielleicht der allerwichtigste Paß in Rumili, liegt zwischen so natürlichen Vertheidigungspunkten und hat eine so starke Bevölkerung bewaffneter Griechen mit wenig Landbesitz, daß es bis jetzt einzig in seiner Art verschont und besonders begünstigt wurde. Nun aber fanden wir es in einem Zustande der größten Angst und Unruhe; jede nicht von Soldaten besetzte Thür war verrammelt und auf jedem Gesichte malte sich die Besorgniß mit starken Zügen; Schafe, Vieh und Pferde waren zwischen den Felsen zerstreut und verborgen. Die Stadt war besetzt von den Truppen eines türkischen Bimbaschi, denen des Gench Aga und denen der Ortsbehörde. Auf dem Wege nach Miliek, nach Norden, standen Arslan Bey's Truppen; nach Westen die des Veli Bey; im Osten waren die Soldaten der griechischen Kapitani Gogo und Liakatas in einem besondern Kriege um das Kapitanat von Radovich begriffen.

Wir blickten hinab auf die Quellen des Arakthus, der in den Golf von Arta fließt; sie sind nur durch einen einzigen Höhenzug

---

*) Die Oka ist etwa 2⅔ Hamburger Pfund.   D. Ueb.

von der Urne des Achelous entfernt, die sich in die ionische See ergießt. Eine andere Anhöhe trennt dieß Thal von den Quellen des Aöus, der sich nördlich windet und in das adriatische Meer fällt. An der östlichen Seite desselben Berges entspringt der Peneus, und der Bach, dem wir aus Veli Bey's Lager folgten, fällt in den Haliakmon, der östlich und nördlich in den Golf von Salonika fließt.

Wir konnten nur wenig Auskunft als Antwort auf unsere Fragen von den Einwohnern erhalten, die von nicht weniger beunruhigenden als erschreckenden Verwirrungen in Anspruch genommen waren; dennoch waren sie seltsamer Weise in einem Augenblick wie der gegenwärtige damit beschäftigt, eine ihrer Schulen auszubessern. Es ist unglaublich, wie heiß und allgemein verbreitet unter den Griechen der Wunsch nach Belehrung ist; an den wildesten Stellen, die ein Mensch zum Wohnplatze oder als Zufluchtsstätte gewählt, haben wir beständig Zeichen eines intellectuellen Daseyns und Herkommens gefunden, Anstreben nach einem idealen Zustande — einer Art politischen tausendjährigen Reichs — den sie mit aller Fruchtbarkeit ihrer Einbildungskraft ausschmücken und mit aller Schüchternheit ihrer Verknechtung verehren.

Da keine Antwort von Arslan Bey eintraf, entschlossen wir uns, sofort weiter zu reisen, ohne das Detachement abzuwarten. Zehn Mann und ein Kapitano wurden uns als Escorte gegeben, die wildenähnlichsten Reisegesellschafter, die mir bis jetzt das Loos zugeworfen hatte. Ehe wir noch eine halbe Stunde gemacht hatten, begann der Kapitano uns mit der größten Frechheit zu behandeln, und da er eine Entgegnung erhielt, die ihm von einem Giaur ungewohnt seyn mochte, so hielt er mit seinen Leuten an; nachdem sie aber eine Zeitlang sich zu berathen geschienen hatten, folgten sie uns. Wir ritten schneller, um einige Griechen einzuholen, die zu Gogo gehörten; kaum aber hatten wir sie erreicht, als sie den Weg verließen und sich auf die Hügel zogen. Ihr Ansehen und ihr Benehmen war indeß nicht einladender als das des Haufens, den wir zu verlassen gehofft hatten. Wir wanden uns nun über den schroffen Höhenzug der höchsten Bergkette des Pindus, dem gefährlichsten Theile des Weges. Der Platz war voll von Felsstücken, hinter denen man mit Sicherheit sein Ziel aufs Korn nehmen konnte, und wir waren von Banditen umgeben, die keinen Anführer kannten und gegeneinander kämpften, denen es weder an Gelegenheit, noch Luſt, noch an Gefühl der Strafloſigkeit fehlte.

Da es gleich unmöglich war zu halten oder umzukehren, verließen wir uns auf Kismet und ritten weiter. Da erblickten wir einen Kapitano mit einigen Reitern, die uns folgten. Wir hielten ſie für einen beſſern Schlag Menſchen und verzögerten unſern Schritt, bis ſie uns nachkamen, und nach den gewöhnlichen Begrüßungen ritten wir zuſammen weiter. Bei dem Erklimmen des Felſens kam das Pferd des Capitäns dem unſers Dieners vorbei, der keineswegs Luſt zu haben ſchien, ſich von dem engen Wege ſo wegdrängen zu laſſen; der Capitän drehte ſich nach ihm um und nannte ihn Pezeveng und Ketata, und erhielt in denſelben höflichen Redensarten Antwort. Ein Reiter war dicht bei dem Capitän, einer von uns kehrte um, dem Diener beizuſtehen und im Augenblick bildete ſich die intereſſanteſte partie carrée, die man ſich nur denken kann, jeder mit geſpannter Piſtole in der einen Hand und einem Meſſer oder Dolche in der andern. Des Capitäns Leute waren ein wenig höher hinauf, und unſere Leute, die jetzt dicht bei uns waren, unten, und auf die erſte Bewegung nahmen Alle die Flinten von der Schulter, tauchten hinter die Steine und lagen mit ihren Gewehren im Anſchlage auf die Vier in der Mitte, die hochaufgerichtet hielten und Jeder des Andern Auge bewachten. Da der Anführer unſerer Wache, der wir zu entwiſchen verſucht hatten, die eingetretene Pauſe ſah, ſo ſprang er vor und legte ſich dazwiſchen; allmählich wurden die Waffen geſenkt, dann zurückgezogen und wir ritten weiter, als wenn nichts vorgefallen wäre, kamen über die ſcharfe Bergkante und ſtiegen nach dem Khan hinunter, der an der andern Seite dicht dabei liegt. Dort erſt bedachten wir, welch ein romantiſches Schickſal wir gehabt hätten, wäre das Waſſer, unſere Leichen abzuwaſchen, friſch aus der Urne des Peneus geſchöpft und unſer Grabhügel von den Dryaden des Pindus gedeckt.

Es lag etwas ſehr Handwerksmäßiges in dem plötzlichen Verſinken der Leute hinter die Steine; in der erſten Hurtigkeit und der darauf folgenden Gleichgültigkeit zeichnete ſich vertraute Gewohnheit. Dieſer Vorfall bewies den Nutzen, Feinde in dieſer

Welt zu haben. Unsere Escorte, der wir zu entkommen versuchten, und die, so lange wir ihrer Hülfe nicht bedurften, gegen uns keine freundlicheren Gesinnungen hegte, als wir gegen sie, wollte nun augenblicklich ihr Leben zu unserer Vertheidigung wagen und unsert= wegen ihren Landsleuten die Kugel durchs Herz jagen.

Im Khan fanden wir uns in einer wunderschönen Gegend; die Gipfel waren mit hohen Buchen bedeckt, gerade wie Pfeile und gleich der Leine eines Senkbleies auf den abschüssigen Boden nie= dergesenkt. Es war das schönste Holz dieser Art, das ich jemals gesehen; in dem Flachlande kommt dem nichts gleich. Diese mäch= tigen Bäume versperrten die Aussicht nach den östlichen Ebenen und ließen unsern beschränkten Gesichtskreis nur durch die Bäume selbst verschönern, durch schimmernde Lichter und tiefe Schatten, kühlen Windeshauch und krystallene Quellen zwischen glasichten Felsen von allen Farben. Die Klephtis, die sich rund um den Khan sammelten, hauptsächlich Deserteurs von Gench Aga, wür= den den Geist eines Salvator Rosa entzückt haben, wir schenkten aber damals dem Malerischen der Landschaft und dem Romanti= schen der Figuren im Vordergrunde wenig Aufmerksamkeit. Wir sahen nach den Schlupfwinkeln, die sie an allen Punkten hatten; wir bemerkten jeden forschenden Blick, den sie auf unser Gepäck, unsere Waffen und unsere Personen warfen. Wir waren überdieß wahre Tataren und hätten für leibhafte Vettern von Robinson Cru= soe gelten können, mit unsern von Dornen und Dickicht zerrissenen Kleidern, wo aus jeder Tasche eine Pistole, ein Dolch oder ein Messer hervorragte. Wir berathschlagten, ob wir weiter reisen oder uns die Nacht über im Khan verrammeln wollten, als eine Abtheilung von Gench Aga's Reiterei heransprengte, laut nach uns fragend. Gleich nach unserer Abreise hatte er, den Zustand des Weges erfahrend, in aller Hast diese Reiter abgeschickt, uns nach Trikkala zu geleiten.

In zwei Stunden vollbrachten wir unser Hinabsteigen nach dem Khan von Malakassi. Dieser Ort, ein Haufen zertrümmerter Häuser, lag an der Seite des Hügels jenseits des Peneus. Der Khan, wie alle in Albanien, war ein schmutziges, finsteres, ruinir= tes Gebäude im Style Ali Pascha's, die schmale Thür verriegelt, versperrt und verrammelt; das kleine vergitterte Fenster sicherte den Käfig des Gefangenen drinnen, der für seine Patas Knoblauch,

Salz, Käse, Oliven und zuweilen harzigen Wein und Raki verkaufte. Der Wind blies frisch, und Staub und Sonne nöthigten
uns, Einlaß von dem Khanji (Wirthe) zu begehren, eine Gunst
die dem στενὰ, engen, oder fränkischen Anzug willig gewährt ward.
Etwas schwarzes Gerstenbrod, heiß aus der Asche, belegte ein
schmutziges Brett; der sofra wurde uns vorgesetzt, mit einer zer-
brochenen Schüssel von grobem braunem Geschirr in der Mitte,
gleich dem Untersatze eines Blumentopfes, worin Zwiebelscheiben
und schwarze Oliven in Oel und Essig schwammen. Ich weiß
nicht, ob die Kunst des thessalischen der des mantuanischen Thye-
stes gleich kam, aber an dem Tage und am folgenden rief ich
oft aus: O dura Alvanitorum ilia!

Wir hatten noch sieben Stunden bis zu den Klöstern Meteora und waren genöthigt zu eilen. Der Weg war nun flach,
durch oder an beiden Seiten des steinigen und breiten Bettes des
Peneus; wir ließen den wallähnlichen Pindus hinter uns; die
Hügel rechts und links verflachten und öffneten sich, je weiter
wir kamen. An den höheren Stellen schien die rothe Erde durch
die dunkeln Gebüsche; die niedrigen und ebenen Stellen des Thales
zeigten nur das bleiche Gelb des verwelkten Grases, und so be-
gierig ich auch war, jeden Reiz aufzufassen und noch auszu-
schmücken, so mußte ich doch bekennen, die Gegend sey minor
fama (unter ihrem Rufe). Nur längs des Stromes, wo der
Platanus hin und wieder seine Frische und Schönheit zeigte, erschienen Plätze, die das Paradies zeigten, wozu die Gegend werden könnte. Zwischen den sich öffnenden Hügeln hindurch sahen
wir vor uns eine gebrochene Klippenreihe; auf diesen liegen die
Klöster der Meteora. Anfangs schienen diese Klippen wie ein
zusammenhängender Felsen, als aber die sinkende Sonne längs
derselben schien und ihr Licht hinter diese säulengleichen Massen
warf und ihre Schatten gegen die anstoßenden Zinnen, erschien
die Gruppe im Hautrelief als ein riesiges Bündel prismatischer
Krystalle.

Zwei Stunden vor der Meteora sahen wir mit Erstaunen die
anscheinende ganze Bevölkerung einer Stadt im freien Felde: Männer und Frauen, krank und alt, lagen oder saßen auf Haufen von
Gepäck; Esel, Maulthiere, ein paar Schafe, Hunde und selbst
Katzen wanderten dabei herum. Da die Zeit drängte, eilten wir

(Urquharts Tagebuch ꝛc.)

vorbei, aber auf spätere Erkundigung erfuhren wir, es seyen die Einwohner von Klinovo, einem der blühendsten Flecken des Pindus, der Tags zuvor durch den griechischen Kapitano Liakatas, aus Rache wegen seiner Vertreibung von Radovich geplündert und nach der Plünderung über den Häuptern der unglücklichen Bewohner in Brand gesteckt war.

Wir schienen dicht bei den Klöstern, aber es wurde Nacht, bevor wir ihren Fuß erreichten, um den wir uns zwischen den koloffalen Felstrümmern durchwinden und klettern mußten, bald im Dunkel der Höhlen und überhängender Abgründe, bald im Sternenschimmer durch die Oeffnungen der anscheinend zusammen= hängenden Felsen. Nie habe ich einen Platz gesehen, der so ge= eignet wäre, abergläubische Furcht einzuflößen; selbst Büßende und Einsiedler schmecken noch zu viel von der Erde gegen solch einen Aufenthalt, der nur für einer Sibylle Verzückung oder einer theffa= lischen Hexe Sabbath gemacht ist. Der Reisende, der die rechte Wirkung zu verspüren wünscht, sollte sie bei Nacht besuchen. Zu diesem Zwecke eilten wir nach den Klippen, statt uns rechts ab nach Kalabaka zu wenden, obgleich auf die Gefahr hin, eine Nacht ohne Abendbrod auf dem nackten Felsen zu verbringen.

Als wir unter einem Kloster ankamen, strengten wir unsere Lungen an und erschöpften unsere Beredsamkeit in Bitten, aufge= wunden zu werden, aber Brust und Redefiguren waren gleich un= wirksam; indeß kam ein Korb mit einem Licht und einiger Lan= desspeise wirbelnd herunter. Am nächsten Morgen wurde ein Netz herunter gelassen, auf dem Erdboden ausgebreitet und wir auf einem Mantel hineingelegt, Beine, Arme und Köpfe gehörig zu= recht gestaut, das Netz um uns zugeschnürt und an einen tüchti= gen Haken gehängt. „Alles richtig!“ wurde von unten gerufen, die Mönche oben begannen mit einer Haspelwinde uns hinaufzu= ziehen. Windstöße trieben uns rund und stießen uns gegen den Felsen in einer majestätisch langsamen Auffahrt 150 Fuß hoch. Als wir oben ankamen, wurden wir wie ein Waarenballen in einen Liverpooler Speicher hineingehißt, das Netz wurde losgelassen, und wir fanden uns auf dem Fußboden, wo uns die Mönche sogleich aufsammelten.

Das Kloster und die Mönche gleichen allen anderen griechischen Klöstern und Mönchen; die Klöster sind schmutzig und weitläufig, die Mönche unwissend und ängstlich. Ich entsinne mich nur eines besonders auffallenden Gegenstandes: der Zimmer für die türkischen Staatsgefangenen; denn Ali Pascha, die Tyrannei des Alterthums erneuernd, hatte die Mönche in Kerkermeister, ihre Zellen in Gefängnisse verwandelt, wie unter den griechischen Kaisern. Sie haben eine kleine Bibliothek, die außer einigen Kirchenvätern und Ritualen, auch Classiker und Uebersetzungen neuerer Schriftsteller enthält, Rollin zum Beispiel. Ich suchte nach Handschriften und fand ein paar, aber lauter polemische. Die Mönche erklärten sich selbst für unwissend und barbarisch, aber sie verwarfen doch die Idee, als hätten sie ihre Handschriften gebraucht, den Ofen damit zu heizen.

Dieß war das Kloster Barlam, gegründet von dem russischen Patriarchen gleiches Namens. Man schlang uns wieder in das Netz und senkte uns unter die Sterblichen hinunter. Wir überstiegen einige Felsen und befanden uns unter dem Hauptkloster Meteoron. Ein Korb wurde heruntergelassen, in den wir unsern Teskere (Erlaubnißschein) von Gench Aga legten, der hinaufgezogen, nachgesehen und dann die Erlaubniß zum Aufsteigen ertheilt wurde. Wir wurden wie vorher in ein Netz gestaut, und da die Mönche hurtig zu Werke gingen, wurden wir hart gegen die Scheibe gezogen und dann mit dem durchlaufenden Tau in die Mitte eines wartenden Kreises von Kriegern und Priestern hinabgelassen. Es war Festtag, und verschiedene der Kapitani aus den benachbarten Bergen waren im Kloster eingekehrt, in der dreifachen Absicht, ihre Andacht zu verrichten, ein gutes Mittagsessen einzunehmen und das Protokoll zu verhandeln, das uns schon krank und matt gemacht hatte, und dem wir bei Verlassung des albanesischen Lagers auf ewig Lebewohl zu sagen geglaubt hatten. Worte können nicht die Freude unserer neuen Bekannten schildern, als sie uns vom Haken losmachten, uns auspackten und nun die unerwartete Einfuhr aus Europa fanden. Zwei Ries Pro Patria *) oder zwei Ballen Pergament, mit Protokollen angefüllt, hätten ihre Augen kaum mehr entzücken können, und kaum standen wir auf den Beinen, als wir einem genauen Examen

---

*) Wörtlich „Narrenkappe," das Wasserzeichen in einer in England vielgebrauchten Papiersorte.   D. Ueb.

über den Inhalt, den Charakter und das Datum des erwarteten
Budgets unterworfen wurden, als wären sie Raubvögel von Zoll=
hausbeamten gewesen, die ein Schiffs=Manifest oder eines Reisen=
den Schnappsack durchschnüffeln. Unendlich war ihr Mißver=
gnügen, als wir ihnen sagten, daß wir kein neues Protokoll ent=
hielten und nicht nach Meteora gekommen wären, um Gränzpfähle
einzuschlagen. Wir unsererseits waren ganz verwirrt über die
Folgen und Wirkungen eines in Downing=Street aufgenommenen
Actenstückes und fühlten uns unendlich geschmeichelt über diesen
Beweis der Macht, die unser Land besitzt. Wir aßen mit den
Leuten zu Mittag, verbrachten den größten Theil des Tages bei
ihnen und verließen Meteoron ganz erstaunt über alles, was wir
über einen Gegenstand gehört, den wir diesem Lande für ganz
fremd gehalten hatten.

Die Griechen in diesem ganzen Landestheile waren vollständig
überzeugt, die Gränze müßte am Verdar, das heißt, bei Salonica
seyn, und die Bedingung, unter welcher die verbündeten Mächte
ihnen diese Gränze zugestanden, bestände darin, daß sie sich auf
keine Weise einmischen sollten, weder durch Verbindung mit den
Bewegungen in Griechenland, noch durch Unterstützung der Türken
gegen die Albanesen. Als wir ihnen sagten, das wäre lauter
Unsinn, brachen sie in heftige Beschuldigungen aus, zeigten auf
die Leichtigkeit, womit während des russischen Krieges Griechen=
lands Gränze hätte bis zum Meteoron ausgedehnt werden können,
und zu gegenwärtiger Zeit auf die Vortheile, welche die Griechen
erlangen könnten, wenn sie sich dem Großwessier gegen die Alba=
nesen anschlössen, was zur Selbsterhaltung sogar nothwendig würde;
daß sie dem Willen der Allianz und auf ihre Befehle Alles ge=
opfert hätten, und also jetzt ein Recht auf Erfüllung der jenseits
versprochenen Bedingungen. Wir waren eine Weile sehr erstaunt
über diese Reden und versicherten, daß wir niemals von derglei=
chen gehört hätten, daß die Gränzen bestimmt am Aspropotamos
wären, daß selbst die Akarnanier ausgeschlossen wären und daß
die griechischen Truppen täglich Befehl erwarteten, den Makro=
noros zu räumen. Dann fragten wir, was denn die Quelle ihrer
Meinung gewesen — eine Frage, die beträchtliche Verwirrung
hervorbrachte: sie sahen sich einander an, ohne zu antworten; nach
einiger ferneren Erörterung aber und der Wiederholung von Um=

ständen, die keinen Zweifel über die Wahrheit unserer Behaup=
tungen übrig laſſen konnten, erfolgte ein Auftritt gegenseitiger
und heftiger Vorwürfe zwiſchen den Kapitani und den Prieſtern,
und wir entdeckten, daß Agenten im ganzen Lande die Ueberzeugung
verbreitet hatten, die Verbündeten würden den Verdar zur Gränze
von Griechenland machen, wenn die Griechen dieſer Gegenden da=
von abſtänden, der Pforte gegen die Albaneſen beizuſtehen. Der
Prieſter hatte man ſich als der Canäle bedient, durch welche dieſe
Anſichten verbreitet wurden, und das Kloſter, in dem wir uns be=
fanden, war nach allem Anſchein der Herd dieſer Intriguen. Wäh=
rend aber die Kapitani den Prieſtern vorwarfen, ſie getäuſcht zu
haben, und alle Verdachtsgründe wiederholten, die ſie gegen den
Korfioten Kapodiſtrias geäußert hatten, und alle damals vorge=
brachten Einwürfe, behaupteten die Prieſter, ſie wären zu den un=
ſchuldigen Opfern gemacht, was wahrſcheinlich richtig iſt; ſie be=
haupteten aber auch noch Dinge, die zweifelhafter waren, nament=
lich, Kapodiſtrias müſſe getäuſcht und zum Spielball der Allianz
gemacht ſeyn. Bald aber wurden ſie noch bitterer, als ſelbſt die
Kapitani, und Einer erklärte, er würde es nicht allein für eine
heilige That anſehen, ihr Land von einem ſolchen Verräther zu be=
freien, ſondern wenn er gewiß wäre, daß Kapodiſtrias nicht ſelbſt
getäuſcht wäre, würde er ihn mit eigener Hand umbringen. Hier
war es, wo der volle Zuſammenhang dieſer verwickelten und ver=
wirrten Frage vor uns aufblitzte, wo wir Kapodiſtrias' Spiel und
die Autorſchaft des Protokolles begriffen.

Die früheſte Gründung dieſer Klöſter, deren man ſich erinnert,
geſchah durch Juſſuf, einen bulgariſchen Deſpoten von Theſſalien,
der bei Turkhan Bey's Annäherung abdankte. Auch Thomas von
Epirus vertauſchte ſeine Herzogskrone gegen eine Abts=Inful, und
bei Einführung der türkiſchen Herrſchaft übertrugen die Griechen,
ſowohl in den Provinzen als in der Hauptſtadt, ihren geiſtlichen
Hirten die prunkenden Titel ihrer zeitlichen Regenten: daher wer=
den die Biſchöfe der griechiſchen Kirche jetzt Deſpoten (Herrſcher)
genannt.

Dieſe ſonderbare Gruppe felſiger Zinnen, worauf die Meteora
liegen, iſt von einem Conglomerat kryſtalliniſcher Felſen gebildet.
Statt vergänglich zu ſeyn und die Klöſter durch Einſturz mit
Vernichtung zu bedrohen, müſſen dieſe Zinnen faſt noch in demſelben

Zuſtande geblieben ſeyn, worin die Sündfluth ſie ließ. *) Als wir
dieſe Altäre und Wohnungen der Meteora verließen, wendeten wir
uns beſtändig um, und bewunderten die ſeltſame Schauſtellung
von Zinnen, Abgründen, Klüften und Höhlen, die uns von allen
Seiten umgaben, und ſich in ihren Zuſammenſtellungen und Wir=
kungen wie die Decorationen auf einem Theater veränderten. Auf
den Gipfeln zeigten die verſchiedenen Klöſter ihre grotesken Formen;
eine Felſenmaſſe war von einer der Klippen heruntergeglitten und
hatte ein Kloſter mitgenommen, aber ein Theil der gemalten Kup=
pel einer Capelle hing noch an dem Abgrunde feſt. In dem
obern Theile einer mächtigen Höhle (einem Staatsgefängniſſe unter
den griechiſchen Kaiſern) waren Gerüſte, eines über dem andern,
angebracht, etwa achzig bis hundert Fuß über dem Boden, die
von Flüchtlingen aus der Ebene bewohnt wurden. Löcher und
weitgedehnte Höhlungen, die auf den ſenkrechten Vorgründen der
Felſen erſchienen, wurden auf dieſelbe Weiſe bewohnt; einige ſahen
aus wie hübſche Häuſer mit regelmäßigen Vorplätzen, Fenſtern
und vorragenden Balcons; die kleineren und unbedeutenden waren
mit Flechtwerk verſchloſſen, mit einem Loche zum Hineinkriechen;
man ſtieg dazu auf wunderlichen Leitern hinauf, von Holzſtücken
in der Länge von zwei Fuß, welche durch die Querſtufen in ein=
ander gefügt waren. In den niedrigen Höhlen waren dieſe Lei=
tern, die gleich Ketten herunterhängen, ganz aufgezogen, wo aber
das Aufſteigen höher iſt (bei einigen zweihundert Fuß), iſt ein
Tau an das untere Ende der Leiter befeſtigt, die ſie fünfzehn bis
zwanzig Fuß hoch über den Erdboden hinaufziehen: werden meh=
rere dieſer Leitern zugleich aufgezogen oder heruntergelaſſen, ſo
macht das ein ſonderbares klapperndes Geräuſch. An einer Stelle
waren die Höhlen in Stockwerke eingerichtet und eine Verbindungs=
leiter diente für mehrere Wohnungen.

Indem wir uns um die ſchlankſte dieſer Felſenzinnen wanden,
die tauſend Fuß hoch ſeyn mochte und deren Gipfel einem ſich
ſchmiegenden Löwen glich, bekamen wir die Ebene von Trikkala
zu Geſicht. Rechts hatten wir den Peneus, links das Dorf Kala=

---

*) Durch Froſt ſind Stücke abgeſplittert und liegen überall umher. Ein
Kloſter oder zwei ſind herunter geſtürzt, aber der Charakter des Ganzen
iſt unverändert.

bala, überschattet von der Rückseite der Meteora-Felsen, die von dieser Seite ein hügeliges und gerundetes Ansehen hatten. Rund um uns waren ansehnliche Maulbeerbaum-Pflanzungen, und vor uns in der Ebene erschienen in der Entfernung die Thürme von Trikkala. Links streckte sich eine Reihe niedriger nackter Hügel von Kalabaka nach Trikkala, und rechts erhob sich der Pindus steil aus der Ebene, zog sich gegen Südost und verlor sich in der Ferne und im Nebeldunst einer übermäßigen Hitze.

Als wir Trikkala näher kamen, wurden wir sehr erfreut durch das Aussehen von Thätigkeit, Behaglichkeit und Wohlstand, das rund umher herrschte, durch die friedliche, civilisirte und ich möchte sagen bürgerlich ehrenfeste Behäbigkeit Jedes, der uns begegnete. Welcher Contrast mit unsern letzten Freunden! Vor allen Dingen erfreute es uns, Räderspuren zu erblicken, eine in etwas verringerte Freude, als wir die unbehülflichen Maschinen sahen, wodurch sie verursacht waren. Ein nicht weniger seltener Anblick waren Strohhaufen unter einigen herrlichen Bäumen nahe am Eingange der Stadt, die mit Lauben und Gärten untermischt freundlich aussah, wie alles Andere, mit Ausnahme der Anhäufung von zerstörten Thürmen verschiedener Art, einst einem Castell von einiger Wichtigkeit, das von einem Hügel mitten im Orte herabdrohte.

Uns begegneten drei Frauen, die uns anhielten, uns befragten und uns in ihrer Stadt willkommen hießen: eine Negerin, eine Türkin und eine Griechin. „Seit lange," sagte die Letztere, „haben unsere Augen keinen Franken erblickt, und seitdem haben „wir nichts als Elend und Furcht gesehen; jetzt aber, da ihr zu „uns gekommen seyd, werden wir wieder gute Zeiten sehen."

Wir stiegen in der Wohnung des Gench Aga ab und wurden sehr höflich von seinem Neffen und Vekil (Stellvertreter, Lieutenant) empfangen, der uns sogar Leute nach Meteora entgegen geschickt hatte. Er behandelte uns (um die Worte beizubehalten, die ich damals gebrauchte) mit allen Gebräuchen europäischer Höflichkeit und dem Eifer europäischer Artigkeit. Unsere Firmane wollte er nicht ansehen, indem er bemerkte, mit dem größten Vergnügen, nicht aus bloßem Pflichtgefühle, würde er uns im allem dienen, was wir zu befehlen geruhen wollten. Des Gouverneurs Residenz bestand aus zwei großen Serais, welche zwei gegenüberstehende Seiten eines Vierecks einnahmen; längs der einen Seite von den beiden übrigen waren Pferdeställe; Munitions- und Bagagewagen standen auf der vierten; in der Mitte exercirten Artilleristen mit einem paar Feldstücken; Stellmacher, Waffenschmiede und Hufschmiede waren an verschiedenen Stellen beschäftigt, und überall herrschte ein Lärmen und eine Geschäftigkeit, die keineswegs türkisch aussah. In diesen kriegerischen Zurüstungen konnten wir den Finger unseres Freundes, des Veteranen, erkennen, aber aus der achtungsvollen Haltung und Stellung des niedrigsten Hausgenossen gegen uns glaubten wir die radicalen Grundsätze seines höflichen Neffen herauszulesen.

Wir blieben einige Tage in Trikkala, die Bekanntschaft der vornehmsten Türken zu machen. Allmählich bemächtigten sich unserer die Landesgewohnheiten; die Sachen wurden uns leichter und weniger fremd, wir fühlten uns deßhalb heimischer und wurden weniger fleißig, Notizen aufzunehmen. Die einzige Bemerkung, die ich in meinem Tagebuch über unsern Aufenthalt in Trikkala finde, ist folgende: „Der Kharatsch-Einnehmer erzählte „uns, vor wenigen Jahren seyen in diesem Districte zwölftausend „Kharatsch-Zettel gewesen, jetzt aber nur fünftausend. Wir frag„ten, was aus den übrigen geworden sey, worauf er antwortete: „O, das ist ein ruchloses Gesindel, das es vorzieht, mit einem „geladenen Pistol im Gürtel und ledigem Tabaksbeutel in den „Bergen umherzustreifen, lieber, als fleißig zu arbeiten. — Die „Ansichten der vornehmsten Türken, in Bezug auf alle Gegenstände „von öffentlichem Interesse waren ganz dieselben wie überall, und „hier findet keine Meinungsverschiedenheit in Folge des Unter„schieds des Ranges Statt. In Trikkala waren keine Janitscharen „und die übrige Bevölkerung, vom Pascha bis zum Lastträger, „hat dieselben Ansichten und könnten ihre Stellen wechseln ohne „Verletzung der Schicklichkeit oder der Tracht."

Wir wurden bei fernerer Bekanntschaft mit Skender Effendi, Geuch Aga's Neffen, in unserm günstigen Vorurtheile nicht betrogen. Mit dem Enthusiasmus eines jungen Mannes und dem Eifer eines politischen Neubekehrten war er voll von den herrlichen Erfolgen des neuen Systems, und obgleich eines Fremden Auge wenig geeignet ist, zwischen Scenen so manches tragischen Ereignisses Veränderungen und Verbesserungen aufzufassen, so waren doch das Vertrauen, das Allen wiedergekehrt schien, mit denen wir uns unterhielten, und die Hoffnungen, die sie beseelten, Beweise, und ich möchte fast sagen, Theile einer weder zweifelhaften noch unwichtigen Verbesserung. Als wir von Skender Bey Abschied nahmen, sagte er: „Schont unserer in eurem Tagebuch; „vergeßt, was ihr Mangelhaftes gesehen habt, und wenn ihr von „Trikkala sprecht, so sagt, wir gäben uns Mühe, so viel von unserer „Pflicht zu thun, als wir schon gelernt haben.‟

Von Trikkala nach Larissa sind zwölf Stunden. Da auf dem Wege durch die Ebene nichts Interessantes zu finden ist und die Hitze übermäßig war, so entschlossen wir uns, während der Nacht zu reisen; mein Gefährte wurde aber unwohl, konnte nicht weiter, und wir waren genöthigt, in Zareo, einem zerstörten Dorfe auf der Hälfte des Weges, zu bleiben. Wir kamen an reichen Wasserquellen vorbei, die am Fuße der Marmorfelsen entsprangen. Aus der Nähe dieses Platzes läuft eine unregelmäßige, aber anscheinend zusammenhängende Hügelkette, die wie Inselchen aussah, quer durch die einem erstarrten See gleichende Ebene in die Nähe von Thaumako, und trennt die Ebene von Trikkala von denen von Larissa und Pharsalia. Hier blieben wir den Rest der Nacht, und verschafften uns am Morgen einen Wagen mit Büffelochsen, mit denen mein Gefährte in majestätischem Schritte folgte, während ich mit dem Menzil (Wegweiser) vorausritt. Bis auf drei Meilen vor Larissa hebt und senkt sich der Weg; das Land ist weder Ebene noch Berg; der Salembria (Peneus) begleitet den Weg in einem gewundenen Bette mit steilen Sandufern; er ist nicht breiter als zwölf bis fünfzehn Yards, träge, schlammig und mit Büschen überhangen. Hin und wieder könnten die hübschesten Partien mit dem Charwell verglichen werden, obgleich ich dem akademischen Flusse*) den Vorzug vor dem classischen zugestehen muß. Ich passirte ihn in einem offnen Boot unweit eines verlassenen Dorfes. Weiterhin war eine Anhöhe mit türkischen Grabsteinen, Säulentrümmern und anderen hellenischen Ueberresten bedeckt. Das war die Stelle von Alt-Larissa. Bald darauf erblickte ich das langersehnte Larissae campus opimae (Feld der reichen Larissa), das sich bis an den Fuß des Olympus

---

*) Der Charwell ist ein kleiner Fluß in der Nähe der Universität Oxford.
D. Ueb.

und Ossa erstreckt. Die zahlreichen Minarets von Yenitscher (tür=
kischer Name von Larissa) erhoben sich und glänzten über einer
Oasis von Bäumen und Laub inmitten einer Sandebene, denn diesen
Anschein gaben die verwelkten Grasstoppeln den fruchtbaren, aber
nackten Feldern unter einer sengenden Mittagssonne, ohne ein Lüft=
chen oder eine Wolke, um die Helle oder die Hitze zu mildern, mit
Ausnahme der auf dem Olympus lagernden und sein heiliges
Haupt verhüllenden Wolken.

Der Bruder des Kharatsch=Einnehmers Sarif Aga hatte uns
an diesen einen Empfehlungsbrief gegeben und uns angewiesen,
geradeswegs nach seinem Hause zu gehen und dort abzusteigen.
Unglücklicherweise aber begegneten wir ihm auf dem Wege nach
Trikkala, wohin er sich in einem Rumpelkasten von Wagen fahren
ließ, den sie eine Kotschi nennen, der von vier Pferden gezogen
wurde, mit zwei Vorreitern. Uns wurde ein sehr ärmlicher Konak
(Quartier) angewiesen. Wir besuchten den Erzbischof, einen wür=
digen und gescheidten Greis, der es bedauerte, uns nicht in sein
Haus holen zu dürfen, aber hinzusetzte, wenn wir uns nur mit
gehörigem Nachdruck über das erhaltene Quartier beklagten, so
könnten wir ihm zugeschickt werden. Auf unsere Klage wurden
verschiedene andere aufgefunden, aber gegen jedes, das man uns
antrug, hatten wir eine Einwendung in Bereitschaft; endlich schick=
ten sie, anscheinend sehr gegen ihren Wunsch, zum Erzbischof und
baten, es zu entschuldigen, wenn sie ihn ersuchten, die englischen
Bey=Zadehs (Prinzen) aufzunehmen. Er stellte sich sehr mißver=
gnügt darüber, aber da es einmal Befehl vom Kija=Bey war, so
konnte er nur gehorchen. Als der Kavasch fort war, hieß er uns
herzlich willkommen.

Achtzehntes Capitel.

Thessalien.

Es ist etwas wunderbar Ideales in dem Anblicke Thessaliens.
In den nackten Ebenen hemmt kein einzelner Gegenstand das Traum=
gebilde. Inmitten der herrschenden Ruhe und Stille dringen die
Klänge aus der Vorzeit schärfer und deutlicher in das Ohr, als auf

irgend einem andern Schauplatze großer, längst vergangener und bunter Ereignisse. Mit Ausnahme von Attika gibt es keine Gegend gleichen Umfanges, die so reich an geschichtlichen und dichterischen Ereignissen wäre, aber Thessalien ist nicht durch häufigen Besuch und uns vertraute Begebenheiten bekannt und alltäglich geworden. Der Staub von den Fußstapfen der Zeitalter liegt dort noch ungestört, und als ich aus den hohen Regionen des Pindus, die mit Aufregung und Streit gefüllt waren, in Thessaliens stille Ebenen trat, kam es mir vor, als sey ich in ein Thal voll von Gräbern hinabgestiegen, die neuerdings den menschlichen Augen geöffnet waren, wo der Geist in unmittelbare Berührung gebracht wird mit den Menschen, deren Asche jene Gräber enthalten und den Mächtigen, deren Thaten sie erzählen.

Rund um den ganzen Gesichtskreis streifen Bergketten, deren Namen den Musen theuer sind — Pindus, Oeta, Pelion, Ossa, Olympus. Auf den Höhen im Süden war die Urheimath der Pelasger; auf den Ebenen drunten erhoben sich die ersten Gebäude von Hellas. Thessalien war die Wiege der Schifffahrt und der Reiterkunst; hier wurden die ersten Münzen geschlagen; hier ward zuerst die Heilkunde ausgeübt, und hier ruht die Asche Hippokrates'. Das Land, wo Jupiters Thron emporsteigt, wo das Musenthal sich ausbreitet, wo die Giganten und die Götter kämpften, muß die Wiege der Mythologie, die Geburtsstätte der Dichtkunst seyn. Hier wurden die frühesten Sagen des Morgenlandes in der Fabel von Deukalion und Pyrrha' heimisch, und von hier aus zog Achill mit seinen Dolopen, um die Geyer auf Troja's Ebene zu speisen, und aller Folgezeit die großen Lehren der Verse Homers zu hinterlassen.

Aber welche Namen folgten diesen! Xerxes, Leonidas, Philipp, Alexander, Philipp III, Flaminius, Cäsar und Pompejus, Brutus und Octavius! Wie vieler, verklungener und mächtiger Völker Geschicke wurden auf diesen blutgetränkten Gefilden entschieden! Doch seit zweitausend Jahren scheint Thessalien nur in der Erinnerung an die Vorzeit gelebt zu haben. Während dieses langen Zeitraumes hat der sprüchwörtliche Reichthum seines Bodens schlummernd in seinem Schooße gelegen; keine Städte erhoben sich im Glanze, und doch ruhten die Weiler nicht im Frieden; kein Krieger zog aus, um die Sinnbilder der Macht seines Vaterlandes auf fremden Boden zu heften; kein Barde erschien, um Thessaliens Schönheit zu schildern oder seine Siege zu feiern. Schon vor zweitausend Jahren stritten sich gelehrte Alterthumsforscher um die Lage der alten Städte und die Namen der Trümmer *); seitdem ist kein Gebäude entstanden, um durch neuere Spuren den Reisenden zu stören, der zu erforschen sucht, wo Hellas, Pherä oder Demetrias standen.

Die zunächst liegende Ursache der Verwüstung Thessaliens seit dem Zeitraume, wo das römische Reich seine Kraft zu verlieren begann, war die Nachbarschaft im Norden und Westen von Gebirgen, die mit einer wilden und bewaffneten Bevölkerung angefüllt waren, welche, wenn die römischen Legionen entfernt waren und die Fasces der Proconsuln keine Achtung mehr geboten, auf das Flachland stürzten, und mit ihrer Beute in ihre unzugänglichen Berge zurückgingen, ehe Hülfe gesendet oder Rache genommen werden konnte. Diese Bergbewohner waren in Westen die Albanesen, und meine Beschreibung derselben in gegenwärtiger Zeit kann eben so auf jenen Zeitraum angewendet werden. Später aber besetzte ein mächtigerer und furchtbarerer Stamm die Gebirge im Norden und machte, nach fast achthundertjährigem unausgesetztem Kampfe mit dem orientalischen Kaiserreiche, endlich das Land zur leichten Beute des türkischen Eroberers. Das waren die Slavonier oder Russen, deren vornehmste Stämme noch heutzutage unter den Namen der Bosnier, Serben, Bulgarier und Kroaten bestehen. Die Festsetzung dieser nordischen Horden in so festen Positionen und recht im Mittelpunkte des morgenländischen Kaiserreiches brach dessen Macht und machte es unfähig, seine Unterthanen zu schützen. Thessalien litt zunächst unter dieser Schwäche, weil es, ohne die Vertheidigung durch Entfernung und ohne den Schutz von Bergen, ihren Einfällen unmittelbar bloßgestellt war. So wurden also Thessaliens Ebentu während eines Zeitraums von zwölfhundert Jahren arg unter der Ruthe gehalten, da die unkriegerischen und muthlosen Einwohner schon den Anschein von Wohlstand und Behäbigkeit fürchteten, der das Verderben auf ihre Häupter herabrufen könne.

---

*) Strabo ist nicht ganz sicher darüber, ob Hellas eine Stadt oder eine Provinz war.

Als der türkische Eroberer in Europa erschien, veränderte sich die Lage der Dinge. Die Osmanen waren ein nomadisches und kriegerisches, nicht gebildetes Volk, aber sie besaßen Einfachheit und Redlichkeit; sie waren einer einzigen Behörde untergeben, und handelten nach einem regelmäßigen und gleichförmigen Systeme. Bei ihrer geringen Anzahl konnte ihre Stellung in Europa nur von der Versöhnung entgegengesetzter Interessen abhängen, und selbst noch vor der Eroberung Konstantinopels ist die Einrichtung der griechischen Armatolis oder Militärcolonisten, vom Olymp bis an den Pindus, vom Pindus nach Akarnanien, ein Beweis von einem wohlverstandenen Aneignen eines festen Systems und von dem kräftigen Entschlusse, zugleich die wilderen Bewohner im Westen und Norden im Zaume zu halten und Thessalien vor ihren Raubzügen zu schützen. Wie viel diese Politik dazu beitrug, den Weg zur Eroberung Konstantinopels zu bahnen, durch das Gewinnen der Zuneigung der Griechen, möchte eine interessante Erläuterung zur Geschichte der Osmanen geben, wenn sich dazu ein Historiker fände, der eine gründliche Kenntniß der Institutionen und Ansichten des Orients mit dem analytischen Geiste und der Behandlungsweise des Abendlandes verbände.

Da sich aber diese Errichtung griechischer Armatolis als nicht ausreichend gegen den Norden bewährte, so wurde eine türkische Colonie aus Ikonium versetzt und längs des nördlichen Saumes der Ebene und in den Pässen des Olympus angebaut, um dermaßen eine zweite Linie im Rücken der griechischen Armatolis zu bilden.

Nun lebte Thessalien wieder auf. Moskeen, Medressehs (Schulen), Kirchen, Brücken und Khane entstanden in zwanzig neuen und wichtigen Städtrn. Larissa's Reichthum wurde wieder zum Sprüchwort. Nach Turnovo wurden aus Kleinasien die Künste des Färbens, Druckens, Webens u. f. w. verpflanzt, und aus dieser Stadt kamen später nach Montpellier die verbesserten Färbe-Methoden, die jetzt in Europa allgemein geworden sind.

Diese Künste, dieser Gewerbfleiß und Wohlstand drangen später aus der türkischen Niederlassung nach den griechischen Städten Rapsan und Ambelikia, deren Reichthum und Handelsunternehmungen fast fabelhaft scheinen, während am südlichsten Ende Thessaliens die Provinz Magnesia mit einer Bevölkerung reicher und gewerbfleißiger Griechen bedeckt war, deren schnelle Fortschritte beinahe beispiellos sind.

Bei dem Verfalle der osmanischen und der griechischen Macht verschwanden aber diese Aussichten; die Einfälle der slavonischen Stämme hatten die Herrschaft der letzteren vernichtet, der Fortschritt russischer Diplomatik das Zusammenhalten der erstern gebrochen. Die daraus entsprungene Erbitterung nationaler und religiöser Gefühle hatte verderbt, was nicht zerstört war, und im Schooße der Ruhr und des Friedens die schlimmsten Wirkungen des Krieges verewigt: Zweifel, Unsicherheit und Unruhe. Die Verbindung türkischer Unterthanen, die sich zur orientalischen Glaubenslehre bekannten, mit Rußland, ließ die Pforte in den Armatolis oder der Miliz von Rumili Feinde erblicken und verwandelte sie so in Unterdrücker ihrer eigenen Glaubensgenossen: weit verbreitete Zerrüttung und tiefgewurzelter Haß waren der Erfolg. Larissa's Reichthum ist verschwunden; Turnovo's Gewerbfleiß ist vernichtet; Ambelikia's Paläste stehen unbewohnt; der unabhängige, blühende und glückliche District von Magnesia erhob, von den Dienern seiner Altäre und den angeblichen Beschützern seines Stammes aufgereizt, die Fahne des Aufruhrs und fiel als Beute dem Säbel und den Flammen anheim.

So sind seit zehn Jahren die Schleußen der Anarchie geöffnet, und während die Türken sich im Hafen von Navarin und an der Donau mit den verbündeten Mächten herumschlugen, ist Thessalien preisgegeben den albanesischen Banditen, den griechischen Armatolis und den Irrthümern der türkischen Behörden, die von Feindseligkeit verblendet und nicht weniger durch Mißverstand als durch Unrecht erbittert sind.

Gerade der Augenblick unsers Eintrittes in Thessalien schien der Beginn einer neuen Epoche. Die Türkei schien befreit von russischer Besetzung und englischen Protokollen. Der griechische Krieg war beendet, und eine praktische Trennung zwischen den Parteien festgesetzt. Man glaubte allgemein, das Ansehen der Pforte werde nun unverzüglich durch ganz Rumili wieder hergestellt werden, durch den Triumph des Großwessiers über die Albanesen.

In dem Augenblick aber, von dem ich schreibe, waren die Armatolis, die das ganze Land von der östlichen See bis nach Mezzovo besetzt hielten, wenig besser geworden als Klephten, und wur-

den auch faſt ſo von den türkiſchen Behörden angeſehen, ſo daß
dieſe Miliz, ſtatt die Bergpäſſe nach Obermacedonien zu beſchützen,
ſie verſchloß, ausgenommen gegen den Durchmarſch ſtarker Corps.
Es fand ſich Theſſalien nicht nur abgeſperrt von allen umgebenden
Diſtricten, ſondern es war auch die Verbindung mit der Hauptſtadt faſt gänzlich aufgehoben. Es war richtig, daß die Armatolis
ſich zu einem gemeinſchaftlichen Unternehmen nicht vereinigt hatten,
auch hatten ſie die Pflichten ihrer Stellung noch nicht gänzlich bei
Seite geſetzt; aber das Vertrauen und die Sicherheit waren erſchüt-
tert, und allgemein war die Furcht, ſie würden die Städte in den
Ebenen ſtürmen und plündern. Die griechiſchen Einwohner in der
Ebene fürchteten das Letztere; die türkiſchen Behörden fürchteten
das Erſtere, und beſtärkten durch ihr Mißtrauen die feindliche
Stimmung der Armatolis *) und verſtimmten die Anhänglichkeit
der griechiſchen Bauern und Städter. Welcher Wirrwarr würde
durch irgend einen bedeutenden Unfall verurſacht worden ſeyn, der
den Großweſſier genöthigt hätte, öſtlich zurückzugehen!

Natürlich konnten wir nur mit großer Mühe dieſen Zuſtand
der Dinge durchſchauen: die Vorurtheile und die Erbitterung jeder
Claſſe gegen die anderen war förmlich ſinnverwirrend und nicht
weniger die Entſtellung von Ereigniſſen und die Verfälſchung von
Neuigkeiten.

Zwei Punkte waren indeß vollſtändig klar: das Geſchick der
europäiſchen Türkei, und folglich des ganzen Reiches, hing von dem
Erfolge des Großweſſiers ab, und die Abſichten der griechiſchen
Armatolis würden entſcheiden, ob die Regierung oder die Albaneſen
ſiegen ſollten. Ich kann mich des Gedankens nicht erwehren, daß
unſere Reiſe in gewiſſem Maaße auf den Erfolg eingewirkt haben
mag, weil unſer entſchiedenes, und unter den Umſtänden vollgülti-
ges Abläugnen der von Kapodiſtrias' Agenten verbreiteten Anſichten
einen tiefen Eindruck bei denen hervorbrachte, mit welchen wir in
Berührung kamen, und von ihnen müſſen ſich klarere Anſichten über
ihre Stellung unter die ganze Maſſe verbreitet haben. In einer

---

*) So wie auf die Armatolis gewirkt wurde, um ihre Theilnahme an
dem albaneſiſchen Aufſtande zu verhindern, ſo wurde auch ohne Zweifel
auf die Türken gewirkt, ſie mit Mißtrauen gegen die Armatolis zu
erfüllen.

späteren Zeit erfuhr ich, wie ich weiter unten berichten werde, daß die Griechen und Armatolis am Ende dem Großwessier beistanden, der es selbst einräumte, ohne ihren Beistand hätte er unterliegen müssen.

Neunzehntes Capitel.

Aufnahme der albanesischen Beys in Monastir.

Einige Zeit nach unserer Ankunft in Larissa hatten wir gehört, die albanischen Angelegenheiten seyen gänzlich geordnet und die Beys, begleitet von allen ihren Anhängern, von Janina nach Monastir gegangen. Wir waren über die Maaßen verdrießlich, daß wir bei einer solchen Versammlung nicht gegenwärtig gewesen und fingen an, es ernstlich zu bedauern, daß wir den Rath unsers würdigen Freundes Gench Aga befolgt hatten. Indeß konnten wir uns nur in Geduld fassen und uns mit dem Gedanken trösten, daß, wenn wir es auch versäumt hatten, gegenwärtig zu seyn, wo die Ereignisse das größte dramatische Interesse darboten, dennoch, in Beziehung auf Landes- und Volkskunde unsere Zeit nützlicher in Thessalien angewendet war, als wenn wir die ganze Zeit über dem albanesischen Lager nachgezogen wären.

Um die mit dem albanischen Aufstande verknüpften Ereignisse so viel wie möglich zusammenzufassen, werde ich jetzt zu einem Auftritte übergehen, der sich sechs Wochen nach unserm ersten Eintreffen in Larissa ereignete. Zu der Mitte August waren wir aus Tempe nach Larissa zurückgekehrt und saßen in einer Barbierstube, um unsere Köpfe rasiren zu lassen. Ein so eben von der Reise kommender Tatar trat ein, und wir fragten ihn, woher er komme und was er Neues gebracht. „Von Monastir,“ antwortete er, „mit Neuigkeiten, einen ganzen Dreidecker voll!“ — „Und wie steht's mit den Beys?“ — „Die Beys,“ sagte er lachend, „sind unterwegs nach Konstantinopel; sie stecken zusammen im Hibeh (Satteltasche) eines einzigen Tataren.“ Wir begriffen, daß er ihre Köpfe meinte. Diese so plötzlich und auf so höhnische Weise mitgetheilte Nachricht war wirklich niederschmetternd, und wir waren ganz erbost über den Triumph und den Jubel, den sowohl Türken als Griechen bei der Verkündigung dieses verrätherischen

Mordes von Männern äußerten, an denen wir so lebhaftes Interesse genommen.

Der Hergang der Katastrophe war folgender: — Als die Beys in Monastir ankamen, empfing der Großwessir sie mit der größten Herablassung und Güte, verstattete ihnen freien Zutritt zu seiner Person und schmeichelte ihnen mit Versprechungen und Liebkosungen. Einige Tage darauf schlug er ihnen vor, ihnen und ihrem ganzen Gefolge ein großes Ziafet (Fest) zu geben, wobei sie mit dem Nizzam (regulären Militär) zusammentreffen und sich befreunden sollten. Das Fest sollte in einem Kiosk stattfinden, den der ehemalige Rumili Walessi außerhalb der Stadt gebaut hatte, und der jetzt das Hauptquartier der regulären Truppen war. Am bestimmten Tage, gegen Abend, ritten sie nach dem Orte des Stelldicheins, begleitet von fast vierhundert Anhängern und sonstigem Gefolge, worunter sich fast alle Brys und Officiere befanden, die wir in beiden Lagern kennen gelernt hatten. Als sie sich dem Kiosk näherten, den man vom Wege aus erst ganz dicht vor sich sehen kann, kamen sie plötzlich auf einen freien Raum vor demselben und erblickten dort ein Tausend Regulärer, die im Haken aufgestellt waren, wovon eine Seite längs des Weges stand, die andere Seite geradevor. Arslan Bey ritt einen großen und prächtigen Renner, links von Veli Bey und also zunächst den Truppen vor dem Kiosk. Veli Bey saß auf einem kleinen Thiere von Vollblut und Feuer, das er gewöhnlich ritt. Als Arslan Bey die so aufgestellten Truppen sah, faßte er in Veli Bey's Zügel und rief: „Wir haben Koth gegessen!" Veli Bey antwortete lächelnd: „Das ist die reguläre Art des Salutirens; du kannst jetzt nicht davon laufen und dich und mich auf ewig in Schande bringen wollen?" — „Auf alle Fälle," sagte Arslan Bey, „laßt uns die Pferde wechseln und mich an der anderen Seite reiten." — Das war schnell geschehen und Arslan Bey nun durch die stattliche Gestalt und das hohe Pferd Veli Bey's geschirmt. Sie ritten auf den freien Platz, wo kein Stabsofficier zu ihrem Empfange stand; längs der türkischen Linie waren sie fast bis vor die Mitte gekommen, als aus dem Fenster des Kiosk das Commando erscholl: Macht euch fertig! Schlagt an! Im nächsten Augenblicke lagen alle Mündungen wagerecht, eine todbringende Salve schmetterte zwischen die wie vom Blitz getroffenen Arnauten, und ein Bajonnettangriff folgte unmittelbar. Veli Bey und sein Roß fielen auf der Stelle, von neunzehn Kugeln durchbohrt, aber Arslan Bey entkam unverletzt. Er und diejenigen, die vom Feuer der ersten Linie nichts gelitten hatten, schwenkten rechts, als sie auch von der zweiten türkischen Linie mit einer Salve und dem Bajonnett in die Flanke genommen wurden. Nur Arslan Bey allein hieb sich durch und hatte bald das Feld des Blutbades hinter sich gelassen. Seine Flucht war aber vom Kiosk aus bemerkt und Chlor Ibrahim Paschà, der in Lepanto capitulirt hatte, warf sich schnell auf einen der flüchtigsten Renner und verfolgte den Flüchtling. Nach einer Jagd von drei Meilen hatte er ihn eingeholt, und Arslan Bey, der nur einen, aber besser berittenen Verfolger erblickte, wendete kurz um. Ibrahim Pascha sprengte mit eingelegter Lanze an; Arslan Bey's erster Pistolenschuß fehlte, der zweite stürzte das Pferd seines Gegners nieder, der im Fallen Arslan Bey durch und durch rannte.*)

Veli Bey's enthauptete Leiche wurde den Hunden und Geyern zur Beute gelassen! Es war nun klar, jeder von Beiden war als Mittel gebraucht, dem Einflusse des Andern entgegen zu wirken und seine Person anzulocken. So lange Veli Bey und seine Truppen Janina und dessen Castell inne hatten und die Person des Emin Pascha als Grisel, konnte der Sadrazem sich persönlich nicht dahin wagen, noch würde Veli Bey sich in die Gewalt des Sadrazem gegeben haben, wäre er nicht zum Vertrauten des Planes gegen Arslan Bey gemacht und hätte er nicht die Nothwendigkeit gefühlt, sich einen Nebenbuhler vom Halse zu schaffen, der ihm in der Zuneigung der Albanesen so gefährlich war; während andererseits Arslan Bey sich nimmer dem Sadrazem anvertraut hätte, als in Gesellschaft mit Veli Bey und ohne daß dieser dieselbe Gefahr mit ihm liefe. Den Einen ohne den Andern fortzuschaffen, hätte aber nur dazu gedient, die Albanesen zu erbittern und den Ueberlebenden zu verstärken. Der ganze Plan war also in der Anlage ein Meisterstreich.

Der Schlag mußte aber mit Seliktar Poda verabredet seyn. Vielleicht hatte ihm der Großwessier gesagt: „Du bist der vornehmste und fähigste Mann in Albanien und hast mir nie etwas

---

*) Ich gebe die Einzelnheiten, wie sie mir später in Monastir von einem der Ueberlebenden erzählt wurden, der dicht bei den Beys war.

zu Leide gethan. Wir sind Feinde gewesen um Veli Bey, der mich zu seinen eigenen Zwecken benützt, mich beleidigt, und mein Vertrauen gemißbraucht hat. Willst du mein Freund seyn, so opfere ich dir Veli Bey, aber du mußt mir Arslan Bey opfern." — So ist es am wahrscheinlichsten, denn Arslan Bey war zum Aufruhe angeregt von Seliktar Poda und wurde darauf von ihm verlassen, gerade in dem Augenblick, wo die Sachen am allergünstigsten zu stehen schienen. Dieser Bruch führte zu der Zusammenkunft zwischen den beiden Beys in Milies und ihrer gemeinschaftlichen Täuschung. Verhält es sich so, so werden wir von einem gleichzeitigen Angriff auf Janina durch Seliktar Poda's Partei hören. Ihm bleibt dort überdieß doppeltes Spiel. Der Seliktar wird den Plan des Sadrazem ergründet haben und ihn so weit befördern, daß er sich selbst zum einzigen Oberhaupte in Albanien macht, während der Sadrazem seine Mithülfe soweit gebrauchen wird, um jedes Bündniß gegen sich zu verhindern, und wenn das zu Stande gebracht ist, wird der Kampf zwischen den beiden losgehen.

Das Vorstehende war an dem Morgen geschrieben, wo die Nachrichten in Larissa eintrafen. Zwei Tage später erfuhren wir, daß an demselben Tage, wo die Beys in Monastir niedergemetzelt wurden, Seliktar Poda's Partei in Janina, verstärkt durch heimlich in die Stadt gebrachte kleine Haufen und in Uebereinstimmung mit Emin Pascha im Schlosse, die Partei des Veli Bey angegriffen und, nach sechsstündigem Kampfe in den Gassen, wobei wieder die halbe Stadt in Asche gelegt wurde, sie wirklich besiegte und nach Monastir den Kopf des Musseli Bey schickte, den sein Bruder Veli Bey in Arta gelassen hatte.

So sind wir also auf hohlem Grunde gewandelt, der vor und hinter uns aufflog. Nun begriffen wir, aus welchen Gründen Gensch Aga uns aus dem albanischen Lager entfernt hatte und fühlten uns ihm dankbar verpflichtet für die Sorge, die er für uns, selbst auf die Gefahr hin getragen, sich in eine verlegene Stellung zu bringen oder selbst seines Herrn Absichten zu verrathen, hätten wir seinen Rath verworfen und Veli Bey die Besorgnisse mitgetheilt, die Gensch Aga für unsere Sicherheit hegte, wenn wir bei Veli Bey blieben.

Zwanzigstes Kapitel.

Die sechs Wochen, die ich in Larissa zubrachte, verwendete ich zu schnellen Ausflügen nach fast jedem Theile Thessaliens, zu- weilen von einem Kavasch begleitet, aber an den gefährlichsten Stellen ganz allein. Wohin ich kam, welchen Stand und welchen Stamm ich besuchte, überall erhob sich das Gespenst: „Protokoll" auf meinen Fußstapfen; natürlich war aber im Süden und in der Nähe der neuen Gränze sein Anblick am gräßlichsten und seine Stimme am drohendsten. In Zeituni, wo den Türken die Verjagung be- vorstand, wie in Akarnanien den Griechen, wurde es selbst noch vor den Pfeifen und dem Kaffee aufgetragen!

Zeituni, das alte Lamia, ist ein interessanter Ort. In einer eben so einsamen als berühmten Gegend liegt es auf einem Hü- gel, der die vom mächtigen Walle des Berges Oeta begränzte Ebene überschaut. Der Sperchius fließt in den Euripus, oder den Canal, der Eubba vom Festlande trennt. Jeden Abend wäh- rend meines Aufenthaltes in Zeituni begab ich mich nach einem Kiosk neben den Trümmern der Festung, um zu rauchen, mit den Aeltesten über Politik zu schwatzen und mich über die herrliche Ge- gend zu freuen, deren Hauptverschönerung und Reiz die mächti- gen Felsen von Thermopylä sind. Ich war ein Gast in dem glän- zenden, obgleich jetzt halb abgetragenen Palaste des Tefik Bey, eines Jünglings von neunzehn Jahren mit den vollständigst classi- schen Zügen, die ich jemals von Fleisch und Blut gesehen, die überdieß durch den Geschmack und die Pracht der malerischsten aller Trachten in Vortheil gestellt waren. Er bekam große Lust, England zu besuchen, aber seine Mutter, eine Enkelin Ali Pascha's, wollte nichts davon hören, daß er unter die ungewaschenen und unsittlichen Franken gehen wolle. Bei meiner Abreise erzählte er mir indeß mit sehr entschlossener Miene, obgleich er nicht laut zu sprechen wagte, sondern nur flüsterte, er sey Willens nach Eng- land zu gehen. Sein Oheim, ein ehrwürdiger Greis mit unge- heurem weißem Turban und Bart, verfolgte mich gewöhnlich mit dem Protokolle. „Ach! Ach! Ach!" sagte er zuweilen und erhob seine Hände, „möchte Allah euch zu unsern Feinden machen und nicht zu unsern Freunden!" — Ueberall fand ich die Türken bereit zu erklären, daß sie glaubten, England handelte ehrlich, die Engländer „begehrten, gleich ihnen, keines Menschen Land und wüßten nicht viel davon, wie es in andern Ländern herginge."

Ich bin oft erstaunt gewesen über die hohe Achtung, die England genießt, während es doch natürlich schiene, wenn die Türken die militärische Macht Frankreichs, Rußlands oder auch Oesterreichs, so viel höher schätzten. England ist aber das Land, worauf der Türke sieht, das er zuerst nennt (keine unwichtige Sache im Morgenlande), auf dessen Rechtlichkeit er sich verläßt, trotz des Scheines und der Thatsachen, und das er nicht selten als Beschützer herbeiwünscht, um dieser endlosen Verwicklung fremder Kriege und Protokolle und inneren Aufstandes zu entgehen. Ich versuchte auf verschiedene Weise, diese hohe Achtung vor England zu erklären — Aehnlichkeit des Charakters, Aehnlichkeit politischer Institutionen, wenigstens im Gegensatze zu den anderen europäischen Regierungen, Annäherung im religiösen Glauben. Aber diese Gründe, obgleich sie Gewicht verdienen, können keines haben, so lange, wie jetzt, kein Verkehr zwischen beiden Völkern besteht. Ich dachte dann an die Expedition nach Aegypten, als wir, nach Vertreibung der Franzosen, diese Provinz der Pforte zurückgaben. Ich dachte an die Anstrengungen Sultan Selims (des einzigen gekrönten Hauptes, das gegen die Theilung Polens protestirte), den Angriff der muhammedanischen Staaten in Indien gegen England zu verhindern, weil sonst Englands Ansehen in Europa geschwächt würde und ein nothwendiges Element in der Wagschale europäischer Macht wegfalle.*) Von solchen Ansichten konnte man aber nicht annehmen, daß sie auf die Masse des türkischen Volkes Einfluß hätten. Die Antwort, die der alte Türke mir gab, schien mir die richtige Erklärung der Achtung, in der England steht, trotz seiner Politik. „England begehrt keines Menschen Land." Das ist der Punkt, das ist das große Geheimniß, das jede Nation fühlt und die Grundlage unserer europäischen Stellung gewesen

---

*) Man vergleiche in Lord Wellesley's Depeschen einen Brief des Sultans Selim an Tippo Saib.

ift. Auch spricht es nicht wenig für den richtigen Sinn des Tür=
ken, der seinen Finger auf diesen Charakter Englands legt, wel=
cher England, so lange es allein stand, Anspruch auf der Türken
Vertrauen gab, welcher aber unter den gegenwärtigen Umständen
Englands Macht und Einfluß zur Verfügung der Feinde der
Türkei stellt. „England begehrt keines Menschen Land," deßhalb
setzen wir festes Vertrauen auf seine Rechtlichkeit, aber „es weiß
nicht viel davon, wie es in andern Ländern hergeht," und deß=
halb wird es leicht betrogen und verleitet, Eingriffe zu fordern,
die zu verhüten früher Englands Ehrgeiz und Ruhm war. Wie
oft habe ich von Türken und Griechen ausrufen hören: „Könnten
wir nur England über unsere wahre Stellung Licht geben, wir
wären gerettet."

England hat seit der Zeit seiner Angriffskriege in Frankreich,
in Folge seiner National=Gerechtigkeit, eine Wichtigkeit in Europa
erlangt, die nicht im Verhältnisse zu seiner Macht steht. Es ist
niemals der angreifende Theil gewesen; es hat niemals versucht,
seine Gränzen zu erweitern oder (in Europa) Landgebiet zu erwer=
ben; deßhalb ist in den einzelnen Staaten kein Nationalgefühl
gegen England erwacht, noch ist das allgemeine Gefühl für öffent=
liche Gerechtigkeit durch Englands Ansichten oder politische und
militärische Handlungen verletzt worden. England ist zwischen
kämpfenden Nationen eingeschritten, um den Frieden ohne Unter=
jochung herzustellen. Englands neutrale Stellung hat allein die
Ruhe aufrecht erhalten, die zwischen vier großen Kriegen eintrat,
in denen Englands Waffen und Intervention das Festland Europa's
vor der Vereinigung unter eines Einzelnen Zwingherrschaft retteten.

England beschränkte die Macht des um sich greifenden Spa=
niens und hielt die Wage des lange zweifelhaften Gleichgewich=
tes zwischen Spanien und dem Reiche. Dann erhielt es das
Gleichgewicht zwischen Oesterreich und Frankreich, sich dem erste=
ren widersetzend, so lange es überwog, und dann mithelfend, die
übermäßige Gewalt, welche Frankreich später entwickelte, zu be=
schränken und endlich zu besiegen. Vattel sagt: „England, das
keinen Staat in dem Genusse seiner Freiheit beunruhigt, weil die
Nation von ihrer Eroberungssucht geheilt scheint, England, sage
ich, hat den Ruhm, die politische Wagschale zu halten es ist
aufmerksam das Gleichgewicht zu hüten."

Während des letzten Jahrhunderts aber scheint sich ein Nebel über die Erde gelegt zu haben, der den politischen Blick europäischer Staatsmänner und Nationen verdunkelte. Alle westlichen Regierungen sind Tag für Tag mehr verwickelt worden in Reglements, unterabgetheilt in Departements und begraben unter Details; Verwirrung des Sinnes hat zum Irrthum im Handeln geführt; daher die Spaltung einer Nation in abgeschiedene und sich gegenseitig hassende Classen und Interessen. Die allmähliche und stufenweise Centralisirung der Gewalt hat die vollziehende Macht gelähmt und den politischen Sinn der Nationen verwischt, indem sie das Selbstherrschen vernichtete und damit das klare Auffassen der Einzelnheiten und jede zusammenfassende Uebersicht des Ganzen. Die Nationen haben aufgehört, als moralische Einheiten zu handeln und zu fühlen; sie sind Parteien und Factionen geworden; Worte sind an die Stelle der Sachen gesetzt und Volks-Interessen durch Partei-Grundsätze verdrängt. Da begann eine Zeit nationaler Gewaltthätigkeit, der Fanatismus religiöser Unduldsamkeit wurde auf politische übertragen, und Nationen stürzten sich im blutigen Kampfe gegen einander, wegen Verschiedenheiten in der Gestalt ihrer gesellschaftlichen Gebäude. Ich sollte dieses System, in seiner stillen Einwirkung auf den Geist, von der Mitte des siebenzehnten Jahrhunderts an datiren, wo man von der bis damals allgemeinen Grundlage der Besteuerung abging, aber der erste öffentliche und internationale Irrthum, den England beging und zuließ, geht nicht weiter hinauf als vierzig Jahre. Der erste Schritt in dieser unheilbringenden Laufbahn war der geheime Tractat zwischen England und Rußland, das Vorspiel der Revolutionskriege. Freilich schloß England den Tractat zu dem angegebenen Zwecke, die Schale der Macht im Gleichgewichte zu erhalten, dem einzigen Zwecke, wegen dessen England sich bis zu der Zeit in einen auswärtigen Krieg eingelassen hatte. Warum war aber der Vertrag geheim? Geheimniß war ein Verrath an den Zwecken des Bündnisses. „Warum war der Tractat geheim?" war der Ruf der Opposition im Unterhause. Der Minister antwortete nicht, konnte es nicht. Der Grund war einfach der, daß Rußland den Augenblick kommen sah, wo Europa durch politische Principien zerrüttet werden könnte, und durch diesen Tractat, den Rußland durch die Ueberlegenheit seiner Diplomaten uns bewegen konnte, geheim zu halten, erlangte es auch geheime Subsidien, handelte im eigenen Namen und stempelte den beginnenden Krieg mit dem Charakter politischer Parteisache. Zu diesem Zwecke wurde eine Proclamation in Europa bekannt gemacht, welche verkündete: „Rußland eile den gefährdeten Thronen zu Hülfe." So begann der erste Krieg um Principien durch England selbst, durch den Gebrauch, der damals zum ersten Male von seinem Gelde, seinem Namen, seinem Einflusse gemacht wurde, für Zwecke, die England nicht begriff, und für Absichten, die England, hätte es sie begriffen, mit aller Macht hätte verhindern müssen. Da hörte England auf, das England Vattels zu seyn, und nahm in neuerer Zeit einen Charakter an, der das grade Gegenstück zu dem war, durch den es Ruhm gewann, ohne die Gerechtigkeit zu opfern, und Macht errang, ohne an Achtung zu verlieren. Jetzt erscheint es leider nur als Freund des Mächtigen und als Verbündeter des Angreifenden. Nährte es selbst Eroberungsplane, so würde seine Macht unschädlich werden, indem sie in Unbedeutenheit versäuke, aber da die Menschen einmal von der Rechtlichkeit von Englands Absichten überzeugt sind, und ihm noch einigermaßen Kenntniß und Fähigkeit zu trauen, so achten sie es so, daß sein Bündniß unschätzbar ist, als ein Canal zu Gewaltthat und Eingriff. So wird die Menschheit durch England in Verdammniß gebracht, weil es Rechtlichkeit besitzt ohne Fähigkeit, und Macht ohne Kenntniß.

Da ich so nahe bei Thermopylä war, so entschloß ich mich, einen Besuch in diesem berühmten Badeorte abzustatten, der ohne Zweifel bald ein Mode-Spaa oder Kissingen werden wird. Tefik Bey wollte mich nicht allein reisen lassen, mein türkischer Kavasch wagte es nicht, mich zu begleiten, da die türkischen Truppen beschäftigt waren und die zwischenliegenden Gegenden von Räubern aus Griechenland heimgesucht wurden. Ich wurde daher von zwei bosnischen Reitern aus der Leibwache des Bey's begleitet.

Wir ritten über die reiche Ebene des Sperchius und sahen nur eine einzige Spur von Anbau. Nachdem wir über den Fluß gegangen waren, eilte ich ungeduldig nach dem Kampfplatze von Thermopylä, ließ meine bosnischen Gefährten zurück und glaubte nützlichere Begleiter zu haben am Herodot in der einen Tasche und Pausanias in der andern.

Der Boden hat Vieles von der Deutlichkeit seiner alten Ge=
stalt verloren, durch den anwachsenden Niederschlag der heißen
Quellen, welche den Rand zwischen dem Berge und dem Meere er=
höhet haben. Ich eilte vorwärts, in der Erwartung, die enge
Schlucht zu treffen, bis ich fand, daß ich schon vorbei war, in=
dem ich bemerkte, daß sich die Gegend von Phokis öffne und die
Trümmer von Budunizza zeigten auf dem einsamen Felsen, der
einst das Erbtheil des Patroklus war. Ich kehrte nun um, und
nachdem ich mich über die allgemeine Lage des Ortes zurecht gefun=
den hatte, begann ich in Betreff meiner Gefährten unruhig zu wer=
den; ich hatte sie in Verdacht, daß sie von der bei den Griechen
zu erwartenden Aufnahme nicht ganz erbaut seyn möchten und
meine Abwesenheit als Vorwand ergriffen hätten, nach Zeituni
umzukehren. Ich war von dem Orte, wo ich sie verlassen hatte,
sechs oder sieben Meilen weiter geritten, war nun bis auf den hal=
ben Weg zurückgekehrt und sah nichts von ihnen. Die brennende
Sonne eines langen Juniustages durchglühte den Horizont, ich war
von der Hitze ganz überwältigt, mein Maulthier war völlig ab=
getrieben, keiner lebendigen Seele war ich begegnet, aber statt alles
Tones und Lautes einer menschlichen Stimme erschütterte das
Summen von Myriaden Insecten die Luft. Ich stieg ab und ließ
mein Maulthier dicht an einem Canal grasen, der den Haupt=
strom der heißen Quelle nach der See leitete. Ich entkleidete
mich, nahm ein Bad und wanderte in dem engen Flußbette
stromaufwärts. Bei der Rückkehr nach dem Platze, von wo
ich ausgegangen, waren meine Kleider nirgends zu sehn. Ich
überlasse es denen, welche immer ihre Bekleidung als einen noth=
wendigen Theil ihres Daseyns angesehen haben, die Gedanken zu
beurtheilen, zu denen eine solche Lage der Dinge Anlaß gab.
Nachdem ich das Ding eine Weile im Kopfe umhergewälzt hatte,
versuchte ich, mich niederzulegen. Da erst überfiel mich die ganze
Schwere meines Zustandes, und ich fand, daß, wo weder Sand
noch Rasen vorhanden ist, es vollkommen unmöglich wird, im
Stande der Natur zu ruhen. Und wie sollte ich die Nacht hinbrin=
gen? Wie sollte ich am folgenden Tage in Zeituni erscheinen, im
Costume der Lady von Coventry? Ich blickte umher, in der Hoff=
nung, meinem Geiste werde irgend ein nutzbarer Einfall kommen.
Ich konnte nicht einmal einen einzigen Feigenbaum entdecken! Im

vollsten Ernste, das war eine der verlegensten Lagen, in die ein
menschliches Wesen gerathen kann und wohl dazu geeignet, manche
philosophische Gedanken in Bezug auf den Ursprung der Gesell=
schaft zu erzeugen. Endlich ward ich aufgeschreckt durch ein fer=
nes Rufen in der Richtung nach Zeituni. Ich antwortete aus
Leibeskräften, denn wer auch die Unbekannten seyn mochten

      Cantabit vacuus coram latrone viator. *)

Meine Stimme erhielt Antwort, und bald erschienen die rothen
Kleider meiner Bosniaken auf der andern Seite des breiten Kru=
stenrandes der Quelle. Ein vorbeikommender Grieche hatte meine
Kleider gesehen, sie mitgenommen und war triumphirend mit sei=
ner Beute weiter gezogen, als er plötzlich auf die beiden Bosniaken
stieß, welche auf mich wartend dort saßen, wo der Weg rechts
abbog und den Berg hinauf nach dem griechischen Lager führte. Sie
erkannten meine Kleider und argwöhnten, der Grieche hätte mich
ermordet. Als er aber darauf beharrte, die Kleider dicht an dem
heißen Strome gefunden zu haben, verschoben sie seine Hinrichtung
und gaben ihm Galgenfrist, bis er sie nach dem Platze geführt
haben würde. Nicht mit Worten kann ich die Freude ausdrücken,
die ich empfand, als ich meine Kleider wieder hatte. Der Grieche
erhielt volle Begnadigung, da er schon Schreck und Schläge ge=
nug erhalten hatte, um ihn auf ewig von der Lust zu heilen, die
Garderobe badender Herren zu stehlen.

Es war nun zu spät, um an den Versuch zu denken, das
griechische Lager zu erreichen. Wir beschlossen also, unsre Pferde
vier oder fünf Stunden lang grasen zu lassen und mit Monden=
aufgang die Besteigung des Oeta zu beginnen. Wir selbst muß=
ten uns mit der Hoffnung auf das Frühstück des kommenden Mor=
gens begnügen und schnallten den Schmachtriemen etwas enger.

Unser neuer Gefährte sagte, die Gegend sey voll Wild; da der
Berg hinter uns unzugänglich war und das Wild also nach jener
Seite nicht entkommen konnte, so hatten wir, selbst ohne Hunde,
immer die Hoffnung, einen guten Schuß zu thun und ein Abend=
essen zu bekommen. Wir waren zusammen unserer Fünfe. Der
Grieche, einer meiner Leibwächter und deren Diener erstiegen die
beiden entgegengesetzten Seiten einer kleinen Anhöhe, die sich an

---

*) Hat der Wanderer nichts, er singt dem Räuber ein Liedchen.

den steilen Vorgrund des Felsens lehnte; der andere Bosniak und ich versteckten uns in zwei Gebüschen am niedrigsten Ende. Unsere hinaufgestiegenen Gefährten begannen bald, von beiden Seiten zu rufen und die Büsche abzuklopfen, aber kein Thier kam herunter gejagt. Gerade als alle Aussicht auf guten Erfolg vorüberschien, machte ein Eber einen plötzlichen Satz, und ich bemerkte, wie er hoch aufgerichtet gerade auf den Busch zusprang, in dem ich steckte. Ich schoß, fehlte aber, er drehte um und näherte sich dem Versteck des Bosniaken, der mit sichererem Zielen ihn in die Schulter traf; der Eber taumelte etwa ein funfzig Yards weit den Hügel hinunter. Unsere Jagdpartie war bald beisammen, und ein paar nachträgliche Schüsse gaben ihm den Rest. Nun aber entstand ein neuer Scrupel: der wilde Eber gehörte zum Schweinegeschlecht, ein allen ächten Moslemin verbotenes Fleisch; es war auch Freitag, an welchem das Fleisch aller warmblutigen Thiere den rechtgläubigen Griechen verboten ist; meine Gefährten bewiesen daher keine besondere Hurtigkeit, unser Wildpret zum Abendessen zuzubereiten. Feuer wurde indeß angemacht und mir endlich ein trefflich garnirter Ladestock vorgesetzt. Während ich aß, betrachteten mich meine Gefährten mit nachdenklichen Blicken, das Wasser lief ihnen in den Mund und sie erkundigten sich, ob der Eber gut gekocht sey. Endlich fragte der Grieche, ob es möglich wäre, daß Jemand die Sünden Anderer auf sich nehmen könne. Ich antwortete mit aller dann nöthigen Vorsicht, wenn man nicht absieht, wohin das Zugeben eines Vordersatzes führen kann. Er erklärte sich, wie folgt: „Ich möchte wissen, da du auf deine eigene Rechnung am Freitag Fleisch gegessen hast, ob du nicht auch die übrige Sünde auf dich nehmen könntest, wenn ich deinem Beispiele folge." Das versprach ich, und bald war ein anderer Ladestock angeschafft, und mit dem „schönen Weiß und Roth" des grimmigen Ebers bekränzt. Einer der Moslemin bemerkte nun, daß, da ich des Griechen Sünden auf meine Schultern genommen, es meine Last nicht viel vermehren würde, wenn ich auch die ihrigen aufhaltete, und sehr bald waren alle Ladestöcke der Gesellschaft auf ein ebenes Bett aus dem Feuer gerakter heißer Asche gelegt.

Am nächsten Morgen folgten wir dem Wege, den Mardonius einschlug, als er die Spartaner überfiel, und kamen früh in das griechische Lager. An der Seite des Hügels stieß ich auf noch un-

beschriebene Ruinen, von denen ich, mit bedeutender Selbſtzufrie=
denheit, ausmachte, ſie ſeyen der halbjährliche Sitz des Amphik=
tyonen=Rathes geweſen. Ich beabſichtige aber nicht, meinen Leſer
nach Griechenland zurückzuführen oder ihn mit archäologiſchen Un=
terſuchungen zu unterhalten. Ueberdieß wurden dieſe Reiſen durch
Theſſalien ſo ſchnell gemacht, daß ich damals kaum einige Notizen
aufgenommen habe. Auch reiſete ich ohne Zelt, ohne Diener und
ohne etwas von dem Allem mitzunehmen, was ich bis dahin nicht
nur zur Annehmlichkeit, ſondern ſelbſt zum Aushalten einer ſolchen
Reiſe für unentbehrlich gehalten hatte.

Bei der Rückkunft nach Zeituni fand ich, daß Teſik Bey den=
ſelben Morgen mit einem Gefolge von fünfzig bis ſechzig Reitern
nach Lariſſa aufgebrochen war und die Nacht in Thaumako bleiben
wollte. Ich beſchloß, die Reiſe, etwa ſiebenzig Meilen, in einem
Tage zu machen, war am nächſten Morgen zwei Stunden vor Ta=
gesanbruch unterwegs und holte den Bey ein, als er Pharſalia
verließ.

Dieſer Name mag für einen Augenblick meine Feder aufhal=
ten. Pharſalia liegt an der Seite einer hübſchen Anhöhe, die gen
Norden blickt, und davor erſtreckt ſich das Todesgefilde, das dieſen
unſterblichen Namen trägt. Bei der Ankunft im Orte hielten wir
bei einer Quelle ſtill, die ſich aus einem Felſen ergießt. Die Idee
einer Urne als Flußquelle muß in Theſſalien entſtanden ſeyn. Die
Ebenen ſind flach, Marmorklippen erheben ſich ſteil aus ihnen, und
am Fuße dieſer Klippen ſtrömen nicht ſowohl Quellen, als wirk=
liche Flüſſe aus Felſenſpalten. Hier, unter einer weiten und ho=
hen Ahornlaube floß das aus zwanzig Quellen rund umher ſtrö=
mende Waſſer in einen Teich, der mit kleinen Grashügeln beſetzt
war, aus denen ſich die runden, weichen Baumſtämme erhoben.
Griechiſche Frauen, die Abkömmlinge der alten Pelasger, wuſchen
unter dem Felſen, in dem tiefen Schatten ſpielten Kinder, und im
Waſſer ſchäkerte eine Heerde Ziegen. Am Ufer fachten Zigeuner,
Nachkommen der Hindu, ihre kleinen Oeſen mit Häuten an, und
ich, ein Sprößling der nordiſchen Gallier, von einem ſlavoniſchen
Geleitsmann begleitet, der Mekka's Glauben anhing, ich ſtand
mitten in dieſer fremdartigen Verſammlung, und bat einen andern
Fremden aus den Steppen der Tartarei um einen Trunk Waſſer
aus der Quelle von Pharſalia.

Und hier schaute ich umher auf eben dieselbe Aussicht, auf welche die feindlichen Schlachtordnungen der getheilten Welt blickten, an dem Morgen des denkwürdigen Tages, wo Roms parlamentarisches Princip seinem Kriegergeiste unterlag. Alles, was die Ebenen von Trasymene, Cannä oder Marathon heiligt, lebt und athmet in der Einsamkeit von Pharsalia. Aber hier unterhält sich nur in langen Zwischenräumen der Geist Lebender mit den Todten, hier ist der erhabene Schrein des Alterthums ungestört von Schulbuben-Citaten, unentweiht von Sentimentalitäten der Reisebeschreiber, und hier stellt kein dienstfertiges Wörterbuch eines Cicerone durch Wortgeklapper die Herrschaft der Gemeinplätze her.

Einen andern Ausflug machte ich von Larissa nach den Trümmern von Pherä, Volo und dem merkwürdigen Districte Magnesia, der vom Berge Pelion und einem Vorgebirge gebildet wird, das vom Pelion aus nach Süden läuft und sich dann nach Westen dreht, so daß es den Golf von Volo umkreist.

Der Weg durch die Ebenen von Larissa und Pharsalia ist für Leib und Auge gleich ermüdend, weil es, ausgenommen in der Nähe von Pharsalia, an Schatten und an Bäumen fehlt, und man nichts erblickt als das schmutzige Gelb der Stoppeln und des versengten Grases. Ist man aber an die Gränze der bedeutend über der Meeresfläche erhabenen Ebene gelangt und durch eine kleine Schlucht gekommen, mit einem runden kegelförmigen Hügel, Namens Pillafptheh, dann sieht man plötzlich nieder auf die kleine Stadt Volo, die mitten zwischen Laub und Schatten liegt, von einem Thurmkranz umgürtet ist und von einem einzelnen Minaret überragt wird. Vor der Stadt erstreckt sich die Bucht, mit einigen kleinen Fahrzeugen; jenseits der Bucht und der Stadt erhebt sich schroff der Anfang des Pelion, mit drei oder vier Oertern, mehr Städten als Dörfern, die fast auf dem Gipfel zusammengedrängt liegen; die weißen Gebäude laden zum Besuche und zum Besehen mit ihren tiefen und mannichfachen Lauben von Cypressen, Föhren, Eichen, Maulbeer- und Kirschbäumen.

Der Geograph Miletius war in diesem Districte geboren und hat in seinem Werke eine treffliche und genaue Beschreibung von dem gegeben, was er vor dreißig Jahren war. Die revolu-

tionäre Bewegung Griechenlands ergriff diesen damals glücklichen
Bezirk, und er wurde demzufolge von einem türkischen Heere ver=
wüstet. Ich erwartete daher, ihn in Trümmern zu finden, aber
groß war mein Erstaunen bei seinem Anblicke, den ich versuchen
will, umständlich zu beschreiben.

Die eigentlichen Gipfel des Pindus sind nackter Gneiß, dann
kommt eine Bedeckung von Buchen, unter diesen Castanienwälder,
weiter herunter Aepfel, Birnen, Pflaumen, Wallnüsse und Kirsch=
bäume; noch tiefer Mandeln, Quitten, Feigen, Citronen, Orangen
und überall ein Ueberfluß von Reben und Maulbeerbäumen. Die
Seiten sind allenthalben steil und zuweilen rauh, Felsen und Laub=
werk sind überall vermischt, und Wasser strömt aus zehntausend
Quellen. Eingenistet in diese Felsen und überschattet von diesem
Laube sind die vierundzwanzig Ortschaften von Magnesia. Sie
sind in zwei Classen getheilt: Vakuf mit vierzehn, Chassia mit zehn
Ortschaften. Makrinizza, der Hauptflecken des Evkaf, ist der
Sitz des Regierungsrathes und des Bostandschi aus Konstantinopel,
und alle benachbarten Dörfer wissen lange Geschichten zu erzählen
von Makrinizza's Herrschsucht.

Die Glückseligkeit, der Wohlstand und die Unabhängigkeit
dieser christlichen Bevölkerung (eine Unabhängigkeit, der keine in
Europa gleichkommt, vielleicht mit Ausnahme der baskischen Pro=
vinzen, obgleich auch diese in einem mindern Grade) verdankt
man nicht nur dem Schutze des Moslem=Glaubens gegen die Miß=
bräuche der türkischen Regierung, sondern dem Verwaltungssysteme,
das der Islamismus überall eingeführt und erhalten hat, wo er
die politische Gewalt dazu hatte.

Die andere Classe dieser Gemeinden, die Chassia, sind Ueber=
bleibsel der von Justinian eingeführten und von der türkischen Ver=
waltung beibehaltenen Zygokephalia. Obgleich nicht wie die Vakuf=
Dörfer in eine Corporation vereinigt, werden sie doch von diesen
beschützt und in fast jeder Beziehung ihnen gleich geachtet.

In jedem Dorfe haben die Primaten einen Türken, der einen
Gerichtsdiener vorstellt; sie bezahlen nach einer Taxe statt des
Kharatsch oder Kopfgeldes. Was ihre politische Verwaltung be=
trifft, so ist ihr einziges Gesetz das Herkommen, und sie verlangen
nichts mehr, als daß ihre Primaten frei erwählt werden, was
denn auch in der Regel geschieht. Wo eine Ortsverwaltung ver=

handen, ist das Gesetz überflüssig, weil die Verwalter zugleich be-
aufsichtigt und gestärkt werden durch die öffentliche Meinung, und
unter solchen Regierungsgrundsätzen ist die öffentliche Meinung
immer eine und dieselbe.

Ihre Rechtsangelegenheiten werden in Fällen regelmäßigen
Processes nach Justinians Coder entschieden. Es gibt keine aus
gerichtlicher Verhandlung entspringende Schwierigkeit, weil die
Primaten die Richter sind; es gibt keine aus dem Wiederspruche
des gemeinen Rechtes mit den Ortsgebräuchen entspringende Schwierigkeit, weil die türkische Regierung jedem Herkommen Gesetzeskraft verleiht, das in der Gemeinde allgemein als solches gilt oder
gefördert wird, und weil sie die Entscheidung eines Dritten bestätigt, den zwei Streitende freiwillig als Schiedsrichter wählen.
Es ist wohl zu beachten, daß in allen diesen Fällen das Ansehen
der Regierung niemals als initiativ oder als reglementarisch erscheint; es erscheint nur, wenn es zum Einschreiten aufgefordert
wird und trägt also vielmehr den Charakter eines Richters, als
den einer verwaltenden Behörde. *) Ich fühlte, dieß sey ein Blick
auf das Wirken, in vacuo, der türkischen Regierungsgrundsätze.

Der Bezirk von Magnesia hat sich allerdings noch nicht erholt von den Wirkungen der Katastrophe, die ihn vor sieben
Jahren betraf; — man sieht Trümmer und unbewohnte Häuser;
dessen ungeachtet herrschte rund umher ein Ansehen von Wohlseyn,
Heiterkeit und Zufriedenheit; die zierlichen Steinhäuser sahen nach
den Holz- und Kalkgebäuden der Ebene so reich und wohnlich
aus; die Einwohner waren alle gut gekleidet und schienen ein
schöner und gesunder Schlag Menschen. Makrinizza hat verschiedene Vorstädte und zählt 1300 Häuser; Volo (nicht das Castell)
am Fuße des Hügels hat 700 Feuerstellen; Portaria, der Hauptort der Chasia, nur drei Meilen von Makrinizza, hat 600. Die
hauptsächlichsten übrigen Dörfer sind Drachia mit 600, St. Laurentius, Argalasti, Brancharoda, jedes mit 400, Melia mit 300
Feuerstellen, und auf dem letzten Gipfel der nackten Gebirgskette,
die den Golf umschließt, Trikkeri mit 650.

---

*) Diese größte aller Wahrheiten blitzte einst durch Burke's Geist: „Eine
der wichtigsten Aufgaben," sagt er, „ist, zu entdecken, wo das öffentliche
Ansehen aufhören und die Verwaltung beginnen soll."

Die Haupt-Ausfuhr besteht in Oel, Seide, getrockneten
Früchten, herrlichen Kirschen und schönem, duftendem Honig. Von
fast allen andern Producten haben sie reichlich zum eigenen Bedarf.
Bei der verschiedenen Abstufung der Höhen haben sie Früchte und
Gemüse früher, später und länger als vielleicht irgend eine andere
Gegend. Kirschen halten sie vom 12 März alten Styls an für
eßbar, und sie gehen erst aus in der Mitte Julius, wann die ersten
Trauben reifen. Ihre vorzüglichste Ausfuhr aber besteht in Manu-
facturwaaren, z. B. Mäntel oder rauhe Röcke, Gürtel, Seide,
Schnüre und blaue baumwollene Tücher. Die beliebtesten Farben
sind Schwarz für Wollenzeuge, Blau für Baumwolle und Carmoisin
für Seide. Von gefärbter und verarbeiteter Seide führen sie jährlich dreißigtausend Oka aus und produciren fünfhundert Maul-
thierladungen Seide. Dieß sind die Erzeugnisse des Theiles von
Magnesia, den das Gebirge Pelion selbst bildet, aber weiter nach
Süden liefert Argalasti Butter, Käse und Vieh, und hier bebauet
eine in keiner Weise sich von den Griechen unterscheidende oder
unterschiedene türkische Einwohnerschaft die spärlichen Felder und
hütet Schaf- und Rinderheerden. Die Küsten des Golfs liefern
Ueberfluß an Fischen, und die Hügel sind versehen mit allen Arten
Wild, wilden Ziegen, wildem Geflügel und Hochwild. Trikkeri
ist berühmt wegen seiner Handelsthätigkeit, und schickt Schiffer
aus, die in der ganzen Levante nach Schwämmen tauchen. Es
besitzt verschiedene Schooner und Trikanderis, die hauptsächlich
Küstenfahrt in diesen Gegenden treiben, sich aber auch bis nach
Alexandria und Konstantinopel wagen. Sie erinnerten sich nicht,
Schiffe nach Sudschuk-Kaleh geschickt zu haben, und deßhalb war es
unnütz, sie nach der Argo zu fragen oder ihnen zu erzählen, daß
ihre Urahnen vor fünfunddreißig Jahrhunderten Circassien entdeckt
hatten, in einem Schiffe, dessen Planken von ihren Bergen genommen waren. In diesem engen Umkreise von Hügeln, die den Golf
umschließen und von denen überdieß ein großer Theil vollständig
nackt und durchaus unzugänglich ist, wohnt eine Volkszahl von
50,000 Seelen, unter denen so verschiedenartige Künste blühen und
die seit Jahrhunderten Freiheit und Ueberfluß genießen. In dieser gesegneten Gegend scheinen wirklich die Menschen dem befruch-
tenden Blicke der Felsen entsprungen zu seyn, die noch die Namen
Deukalion und Pyrrha tragen. Durch ihre geographische Lage

sind sie vor den wilden Stämmen geschützt, die seit so vielen Jahr=
hunderten ihre Nachbarn in der Ebene unterdrückten, und die
Kirche schirmte sie vor den Mißbräuchen der Regierung. Dieser
Bezirk beweist, was der Boden hervorbringen kann, und welche
Glückseligkeit der Mensch erreichen darf, wenn er befreit ist von
dem Eindringen der Gesetze.*)   Ihr einziger Nachtheil war die
traditionelle διχονια (Eifersüchtelei), die Herrschsucht des alten
Griechenlands, und man könnte sich fast Makrinizza als eine komi=
sche Nachäffung von Athen vorstellen, das über seine Verbündete
den Herrn spielte.

„Diese köstliche Gegend (Magnesia),“ sagt Hr. Dodwell, „zeigt
„in all ihren reichen Mischungen des Laubwerkes und der ver=
„schiedenartigen Gestalt den üppig sich ausbreitenden Platanus,
„die majestätisch kräftige Castanie, die hochstrebende Cypresse, die
„glücklich gemischt sind mit Reben, Granatäpfeln, Mandeln und
„Feigen.   Hier mag der Müde ruhen, und wer Hunger und Durst
„leidet, sich sättigen.   Auch das Ohr hat seinen Antheil am Genuß,
„die Nachtigall und andere Vögel hört man selbst in den belebte=
„sten Gassen, und Fülle, Sicherheit und Zufriedenheit sind überall
„verbreitet.

„Der Pelion ist geschmückt mit etwa vierundzwanzig großen
„und reichen Dörfern, von denen einige wohl den Namen einer
„Stadt verdienten; sie werden von kräftig und athletisch gebauten
„Griechen bewohnt, die hinreichend muthig und zahlreich sind,
„um ihre Nachbarn, die Türken, nicht zu fürchten.**)   Die Gassen
„werden von fließenden Bächen und den klarsten Quellen bewässert
„und von Ahorn beschattet, in den sich reiche Verzweigungen
„wundervoll großer Reben schlingen, an denen ein Ueberfluß von
„Trauben hängt.“

Indem er von den südlichen Gegenden Thessaliens redet, sagt

---

*) Der heilige Augustin sagt: „Mächtige Menschen thun Böses und
machen dann Gesetze, um sich selbst zu rechtfertigen.“

**) Hier wird ihr Wohlstand durch die Begriffe erklärt, die sich einem
Europäer wohl aufdringen können.   Nach Hrn. Dodwells Besuche ver=
ließen sie sich wirklich auf ihren Muth und ihre Anzahl und wurden
zur Unterwerfung und zum Elend gebracht.   Unter irgend einer abend=
ländischen Regierung würde nach solcher Herausforderung ihr Wohlstand
und ihre Freiheit vernichtet worden seyn, um nimmer aufzuleben.

er: „Fast jeder Schritt, jede Wendung des Weges bietet einen charakteristischen Unterschied der Ansicht, die in der Menge malerischer Reize und in der Fülle entzündender Landschaften Alles in Italien weit übertrifft und vielleicht jede andere Gegend der Welt. Die Schönheit der Umrisse war eben so groß, als die klare und lebendige Frische der Farben. Kein italienischer Nebel verdunkelt die interessanten Fernen, die scharf, deutlich und bestimmt sind, ohne unangenehm zu werden."

Mein nächster Ausflug war nach Turnovo, etwa zehn Meilen nördlich von Larissa. Mein Reisegefährte war hinlänglich hergestellt, um seine Geschäfte wieder zu übernehmen, und da unser würdiger Wirth, der Erzbischof, auch in Turnovo ein Haus hatte, so schlug er vor, auch dort uns aufzunehmen. Wir fuhren in einem paar Kotschis oder türkischen Wägen, in denen aber kein Platz für die Beine ist, die man also statt Kissen unterkreuzen muß.

Die folgenden Bemerkungen in Betreff dieses Ortes erhielt ich damals aus dem Munde des Kaimakam, eines Nachkommen des ersten türkischen Begründers und Regenten von Thessalien, dessen Lebensbeschreibung in einer arabischen Handschrift der öffentlichen Bibliothek des Orts enthalten ist.

Etwa dreißig Jahr vor der Eroberung Konstantinopels[*] waren die Einwohner von Larissa durch die Verheerungen ihrer bulgarischen Nachbarn und die Schwäche des griechischen Kaiserreiches in eine so schlimme Lage gerathen, daß sie einen bulgarischen Fürsten in ihre Mauern aufnehmen mußten. Sie riefen zu ihrer Befreiung einen der Gefährten Murads II, Namens Turkhan Bey, der mit fünftausend Türken vor der Stadt erschien und sofort in Besitz gesetzt wurde. Die Bulgaren entwischten, der Fürst zog sich zurück nach den Klöstern 'der Meteora, von denen er eines gegründet hatte[**]); Trikkala und die übrigen Theile von

---

[*] Also ungefähr 1423.   D. Ueb.

[**] Selbst damals hatten die gedemüthigten Griechen ihren slavonischen Unterdrückern einigen Respect eingeflößt, indem sie ihnen ihren Glauben mittheilten, und eben dieser Glaube ist in spätern Zeiten von den Russen zu einem Werkzeuge ihrer Vernichtung angewendet worden. Wird das türkische Reich umgestürzt, so geschieht es durch den

Lariſſa unterwarfen ſich ſofort dem Turkhan Bey. Da dieſer aber nach allen Seiten von wilden Gebirgsbewohnern umringt war, ſo befand er ſich ohne die weſentlichen Mittel, die ſo ſchnell errungene Herrſchaft zu erhalten und zu vertheidigen. Damals, und höchſt wahrſcheinlich auf den Antrieb dieſes außerordentlichen Mannes wurde das ausgedehnte Syſtem der griechiſchen Berg= miliz eingeführt und Murad II auf eine ſo ruhige und fried= liche Weiſe als Souverän von Theſſalien anerkannt, daß nicht einmal das genaue Datum des Ereigniſſes angegeben iſt.

Turkhan Bey ſendete Abgeordnete nach Ikonium, das da= mals in Feindſchaft mit der osmaniſchen Dynaſtie begriffen war, und es gelang ihm, fünf oder ſechstauſend Familien zur Auswanderung nach Theſſalien zu bewegen, denen er, da ſie zugleich kriegeriſchen und gewerbfleißigen Charakters waren, Ländereien im Norden der theſſaliſchen Ebene anwies, und ſie ſo für die Vertheidigung des von ihnen bewohnten Bodens intereſſirend, ſie als Wall hinſtellte zwiſchen die unkriegeriſchen Griechen und die bulgariſchen Gebirgs= bewohner. Er baute für ſie zwölf verſchanzte Dörfer: Tatar, Kaſaklar (türkiſcher Plural für Koſaken), Tſchaier, Miſſalar, Delibr, Kufala, Karabſchoglan, Ligara, Radguhn, Karedamilli, Darili, Balamut. Die Zahl der Dörfer iſt jetzt viel größer, und ich glaube, nur drei oder vier jener Namen treffen noch mit de= nen vorhandener Dörfer zuſammen. Im Rücken dieſer militäriſchen Colonie errichtete Turkhan Bey den Ort Tutuovo, für den er vom Sultan Murad ausgedehnte Privilegien erhielt. Dieſe von der Pforte garantirten Freiheiten wurden unter den Schutz des Glaubens und die Oberaufſicht des Scherif von Mekka geſtellt. Tur= novo wurde eine Freiſtatt. Fremde waren zehn Jahre lang von allen Abgaben befreit; es wurde Vakuf und deßhalb von der Con= trole des Ortsſtatthalters emancipirt; kein türkiſcher Paſcha durfte hinein, keine türkiſchen Truppen durften durchziehen; es ſollten nie= mals Frohndienſte ſtatt finden dürfen; der Kharatſch und der Zehnten waren die einzigen Abgaben, die erhoben werden durften,

---

Gebrauch, den man Rußland geſtattet, im Oriente von dem griechiſchen Glaubensbekenntniſſe und im Abendlande von dem Worte „chriſtlich" zu machen. Und wenn das türkiſche Reich über den Haufen geworfen iſt, ſo hört mit einem Male auch Griechenlands Unabhängigkeit und Da= ſeyn auf.

und diese fielen an Turkhan Bey und seine Nachfolger, als Be=
lohnung seiner Rechtschaffenheit und seiner Verdienste während
eines langen Lebens voll Arbeit und Mühseligkeit; auch hatte er
das Erbrecht an Eigenthum, wozu kein natürlicher Erbe vorhanden
war. *) Fünfunddreißig. Jahre lang pflegte Turkhan Bey den
Flor dieses Bezirkes, und da der Grundbesitz Vakuf geworden war,
so hinterließ er seinen Nachkommen nur die Oberaufsicht über die
Verwaltung der Einkünfte und ihre Verwendung zu den ver=
schiedenen frommen und nützlichen Stiftungen, die er nicht nur
in jedem Theile Thessaliens, sondern selbst in Morea gegründet
hatte. Ihre Verwaltung wurde wieder controlirt durch den Kis=
lar Aga, als Oberaufseher des Evkaf von Mekka, der das Recht
hatte, den Kaimakam von Turnovo und die Metevellis der ver=
schiedenen Evkaf abzusetzen, falls die Einwohner sich über sie be=
klagten, obgleich ihre Nachfolger immer aus der Familie Turkhan
Bey's gewählt wurden.

Einer der Gegenstände, auf den sich seine Aufmerksamkeit
besonders richtete und wodurch er Thessalien die wichtigste und
dauerndste Wohlthat erzeigte, war die Einführung der Färbekunst
und demzufolge auch die der übrigen Künste, welche mit der Manu=
factur von Seide, Baumwolle und Wolle verknüpft sind. Seine
Sorge in dieser Hinsicht beschränkte sich nicht auf seine eigene Lieb=
lingsstadt; ein weiter Behälter in Makrinizza, im Bezirke Mag=
nesia, der noch bis zum heutigen Tage zum Waschen der gefärb=
ten Stoffe benützt wird, ist laut einer Inschrift von Turkhan Bey
erbaut. Damals wurden Krapp, Ginster und die Kalipflanze,
woraus sie ihre Pottasche machen, in Turnovo eingeführt, und sind
nun durch ganz Rumili und viele Theile Europa's allgemein
geworden.

Folgendes sind die von ihm außerhalb Turnovo errichteten
verschiedenen Stiftungen: — Eine Moskee auf dem Platze, wo
er zuerst in Larissa abstieg; sie wird inwendig von sechs Säulen
getragen, um die vier Beine seines Rosses und seine eigenen bei=
den darzustellen. Zwei andere Moskeen, eine hübsche steinerne

---

*) Man nimmt an, daß Jemand keine natürlichen Erben habe, der keine
    nähern Verwandte hat als Vettern im vierten Grade und keine Adop=
    tivkinder, auch kein Testament hinterlassen hat.

Brücke über den Peneus und der neulich fast ganz durch Feuer zerstörte Bezistan (Marktplatz), drei Medressehs oder Schulen und drei Bäder.

In Trikkala baute er zwei Moskeen, zwei Medressehs, zwei Bäder und einige Mühlen. Sieben oder acht Khane baute er in verschiedenen Theilen Thessaliens, und als er, im hohen Alter, von den moreotischen Griechen gebeten wurde, sie gegen die Einfälle der Albanesen zu schützen, wie ich früher berichtet habe, und nachdem er die Albanesen in ihre Berge getrieben und Arta in Besitz genommen hatte, baute er dort die Fischbehälter.

Der Anbau des Maulbeerbaumes, zur Seidenerzeugung, scheint in Turnovo schon gewöhnlich gewesen zu seyn, bevor er in Salonica, Brussa oder Adrianopel bekannt war; und obgleich während der letzten dreißig oder vierzig Jahre Thessalien politisch in einer unglücklicheren Lage gewesen, als eine der umgebenden Provinzen, so ist der Maulbeerbaum doch immer noch in großer Menge über diese Gegenden verbreitet, und man zieht die Qualität der dortigen Bäume vor und schätzt die Kunst der Einwohner höher, als die irgend eines andern Bezirkes der europäischen und asiatischen Türkei. Auch das Spinnen von Baumwollengarn hat außerordentliche Fortschritte gemacht, und am Schlusse des vorigen Jahrhunderts war die Ausfuhr gefärbten Garnes, hauptsächlich von türkisch Roth, ungeheuer groß, nicht nur nach allen Theilen der Levante, sondern auch nach Europa. Dieser Flor und Gewerbfleiß sind aufgeopfert durch die seltsam vereinigten Wirkungen russischer Politik und englischer Industrie; die erstere hat den politischen Zustand zerrüttet, die letztere hat die türkischen Manufacturen nicht nur an jedem fremden Markte, sondern auch in der Türkei selbst verdrängt.

In der Mitte des siebenzehnten Jahrhunderts war Turnovo ein so wichtiger Ort geworden, daß der Sultan daselbst eine Zeit lang seinen Hof auf so förmliche Weise hielt, daß ihm verschiedene Repräsentanten der christlichen Mächte dort ihre Aufwartung machten. In demselben Jahre, 1669, besuchte ein englischer Reisender (Brown) Turnovo und hat einen kurzen, aber werthvollen Bericht über seinen Aufenthalt in Thessalien hinterlassen. Er erzählt uns, „Turnovo sey eine große und lustige Stadt, mit achtzehn Kirchen und drei Moskeen.“ Diese letztere

Thatsache ist von einiger Wichtigkeit, da sie zeigt, daß dieser Ort von ausschließlich türkischer Gründung und dessen Institutionen nach unseren Begriffen viel mehr religiös als politisch waren, sechsmal mehr Christen als Muselmänner enthielt; das deutet auf einen sehr merkwürdigen Zug im Islamismus, den ich anfangs mit eben so vielem Erstaunen bemerkte, als ich ihn jetzt mit Gewißheit behaupte: der Islamismus schützt in seiner religiösen Regierung fremden Glauben und dessen Bekenner.

Einundzwanzigstes Capitel.

Ein Rückblick. — Mohammed IV und seine Zeiten. — Diplomatischer Verkehr. — Gegenseitiges National-Unrecht. — Dragomans im Orient. — Handelsbeschränkungen im Abendlande.

Die Wahl Turnovo's zur kaiserlichen Residenz durch einen Monarchen, dessen Regierung der eigentliche Höhenpunkt der Fluth ottomanischer Eroberungen war und der Anfang ihrer Ebbe, hat mit diesem Orte manche der Ereignisse verknüpft, die der Staatengeschichte Europa's angehören.

Die lange Regierung Mohammeds IV*) war die Zwischenzeit zwischen den Triumphen des Helden, den Gesetzbüchern des Legislators und der prunkhaften Nichtigkeit der im Käfig versteckten Serailpuppen, und während die ottomanische Fahne auf „Troja's Nebenbuhlerin, Candia" aufgepflanzt wurde, **) jagte der nun

---

*) Vom 8 August 1648 bis zu seiner Absetzung am 29 October 1687, worauf er am 17 December 1692 im Gefängnisse starb. (v. Hammer.)
D. Ueb.

**) Der Großwessier Küperli begann die Belagerung der von den Venetianern, den Franzosen, Hannoveranern und Freiwilligen aller christlichen Länder vertheidigten Festung Canea auf der Insel Candia im Mai 1667 und nahm sie am 6 September 1669 durch Capitulation, nach 56 vergeblichen Stürmen; die Venetianer hatten in 96 Ausfällen 31,000 Mann verloren, die Türken hatten die Eroberung von Candia mit 119,000 Mann an Getödteten bezahlt. (Galletti, Geschichte des türk. Reichs, und v. Hammer, Gesch. d. osman. Reichs, 2. Ausg. III. S. 632.)
D. Ueb.

unkriegerische, aber noch muthige Herr von Konstantinopel und Nachfolger der Orchan, Mohammed, Selim, Murad und Soley= man, die wilden Thiere des Pelion und Olympus und entfaltete seinen Waldprunk in Larissa und Turnovo.

Dieser Fürst bestieg den so lange behaupteten Thron im zar= ten Alter von sieben Jahren. Durch die Gewandtheit des achtzig= jährigen Mohammed Kiuperli wurden sein Geschmack und seine Neigungen an Leidenschaften und Vergnügungen gewöhnt, die während des ganzen Zeitraumes seiner langen Regierung Scepter und Schwert der Familie Kiuperli überließen, welche Beides wohl zu führen wußte.

Nach dem entlegenen Schauplatze der Erholungen des Sul= tans sah man Paschas, Generale, Wessiere und Gesandtschaften eilen; der Glanz und die Etiquette des Serails wurden in Berg= wüsten und Einöden versetzt; zwischen unbetretenen Wäldern er= schollen die Hammerschläge zur Befestigung abendländischer Ta= peten und indischer Webereien, die mit den Kaiserburgen des Bos= porus in Großartigkeit wetteiferten, seinen Reichthum übertrafen.

Brussa, der asiatische Olymp, das Gefilde von Troja, die Abhänge des Ida, die Ufer des Mäander, die Ebenen vor Sar= dis, waren die Lieblingsplätze des Sultans, der eben so sehr die Jagd als die Naturschönheiten liebte. Die Orte aber, die er be= sonders durch seine Vorliebe ehrte, waren Yamboli, im Balkan, etwa fünfzig Meilen nördlich von Adrianopel, und Turnovo. Wenn er kam oder ging, zogen die Einwohner von fünfzehn Di= stricten aus, ihm zu helfen bei der Jagd. Dem Volke wurden diese Festlichkeiten anziehend gemacht durch Darstellungen und Auf= züge, einigermaßen im Geiste des alten Griechenlands und in dem der Tatarei,*) wo alle Esnafs oder Gewerke die Wunder ihrer Kunst oder die Sinnbilder ihres Berufes in Procession umhertru= gen, und wobei Schaustellungen seltener Gegenstände und groteske Figuren mit theatralischen Pantomimen verbunden wurden.

Während Sultan Mohammeds Aufenthalt in Turnovo ward dieß jetzt unbedeutende Dorf die Residenz der Repräsentanten der Mächte Europa's. Damals versammelten sich dort, in allen leb=

---

*) Früher fanden alle vier Jahre ähnliche Darstellungen in Bevay statt.

haften, malerischen und mannichfachen Trachten und Livreen der
verschiedenen Länder und jenes kleiderprunkenden Zeitalters die
zahlreichen Gefolge der kaiserlichen, französischen, spanischen und
englischen Gesandten. Russen, Holländer, Polen, Schweden,
Ragusauer, Siebenbürger, in ihren Nationaltrachten, und in hin=
reichender Anzahl, um den unterscheidenden Ton und die Gewohn=
heiten ihrer Heimath beizubehalten, konnte man dort als Faullenzer
sehen vor den Thörwegen der verschiedenen Hotels, herumschlen=
dern auf den öffentlichen Plätzen oder die Neuigkeiten aus ihrer
Heimath ausschwatzen in den Kaffeehäusern, die damals als Auf=
enthalt der Stutzer es mit den Barbierstuben aufzunehmen be=
gannen. *)

Es scheint kaum möglich, daß erst vor hundert und sechszig
Jahren Turnovo ein solches Schauspiel sollte dargeboten haben,
und doch sind das nur die Anhängsel. Am Hofe des Sultans
war ein ganzes Heer von Officieren, Dienern, Jägern und Fal=
kenieren mit allem interessanten Zubehör der Jagd; diese entfalte=
ten eine Verschiedenartigkeit der Trachten, die in Glanz, Reich=
thum und Mannichfaltigkeit alle früheren Perioden des ottomani=
schen Reiches übertroffen haben muß, so wie auch ihre Würde
nicht, wie später, in ein Uebermaß ausartete, das im Gebrauche
kümmerlich und in der Wirkung possenhaft war.

· Die Ebene umher war mit weiten hellgrünen Zelten mit ver=

---

*) „Während der heißen Jahreszeit," sagt Brown im Jahre 1669, „gin=
„gen wir öfter zum Barbier, der sehr zu unserer Erfrischung seine Arbeit
„geschickt verrichtete, indem er Jeden nach der Mode seines Landes be=
„diente. Die Griechen lassen einen Kreis von Haaren mitten auf dem
„Kopfe stehen und rasiren den Rest. Der Kroat läßt die eine Seite
„seines Kopfes barbiren, die andere wächst, wie sie Lust hat. Der
„Ungar rasirt den ganzen Kopf, bis auf den Vorderschopf. Der Pole
„trägt sein Haar kurz abgeschnitten. Der Türke barbiert den ganzen
„Kopf bis auf eine Locke. Die Franken tragen ihr Haar nur so lang,
„als es sich zum freundlichen Verkehr schickt, und damit denjenigen, unter
„welchen sie leben, nichts anstößig seyn möge, stecken sie es oft unter
„die Mütze. Wer sich rasiren lassen will, sitzt niedrig, damit der Bar=
„bier besser ankommen kann. Ueber den Köpfen hängt ein Gefäß mit
„Wasser, mit einem Hähnchen, das der Barbier nach Gefallen öffnen
„und das Wasser herausströmen lassen kann. Die Thessalier tragen
„Hüte mit Ländern, wie die Franzosen."

goldeten Kugeln geschmückt, aber Zelten, die mehr Palästen gli=
chen als Schirmdächern; einige von ihnen ruhten auf zwanzig
oder dreißig Stangen, von denen viele fünf und zwanzig Fuß
hoch waren; sie waren in verschiedene Gemächer getheilt, mit
Fenstern in den leinenen Scheidewänden; vor den reichen Divans
in der Runde lagen persische Fußteppiche; Vorhänge von Brocat,
Sammet und Kaschmir=Shawls waren zurückgezogen, oder auf=
genommen und an anderen Stangen vorwärts befestigt, um den
Schatten zu vermehren; die Zeltwände, die Scheidewände, die
Kissen und die über die Stricke gezogenen Ueberzüge waren sehr
schön mit der Nadel gestickt. *)

Zu dieser Zeit, und ganz besonders in Turnovo, begann das
System der hochmüthigen und schmählichen Behandlung, **) das
bis ganz neuerdings die Türkei entehrt und Europa erzürnt hat.
Damals fing auch das trügerische System der Dragomans an,
das einem paar lateinischer Abenteurer von den Inseln des Ar=
chipelagus die Absichten jedes europäischen Staates anvertraute
und diese Abenteurer zu Vermittlern, oder, um mich richtiger
auszudrücken, zu Repräsentanten dieser Staaten bei der Pforte
machte. ***)

---

*) Einige dieser Zelte kann man noch in den Magazinen des Sultans und
einiger Großen sehen.

**) v. Hammer sagt: „eine grause Zeit für die Diplomaten an der Pforte,
wo der französische Botschafter geohrfeigt und mit dem Sessel geprügelt,
der russische mit Rippenstößen hinausgeworfen, der polnische, weil er
nicht ganz den Nacken beugen wollte, bald getödtet worden wäre, und
der kaiserliche Dolmetsch, auch Pfortendolmetsch, zu wiederholten Malen
auf die Erde niedergelegt und durchgebläut ward." (Gesch. des osman.
Reiches. 2te Ausg. III. S. 610.)

***) Der römisch kaiserliche Hof (der zuerst eine so hartnäckige Anhänglichkeit
an das Deutsche bewies, daß erzählt wird, bei einer einzigen Conferenz
seyen drei Dolmetscher und vier Sprachen gebraucht) hatte damals allein
regelmäßige Dragomans; später aber fand er, bei seinem beständigen
Verkehr und bei der Nachbarschaft es nothwendig, dieß System aufzu=
geben, und gegenwärtig ist eine hinlängliche Kenntniß der türkischen
Sprache eine zum österreichischen Minister erforderliche Eigenschaft.
Vielleicht mochte sich auch, so lange Oesterreich feindliche Absichten hegte,
das Dragoman=System als nützlich bewähren, und es wurde aufgegeben,
seit Oesterreich Erhaltung und Frieden bezweckt.

Damals ferner begann auch das directere und mehr systematische Einmischen der Griechen in die Angelegenheiten des ottomanischen Reiches, und aus Turnovo ist der Berat datirt, wodurch zuerst ein Grieche als Pforten=Dolmetscher angestellt wurde. Von Turnovo ab ging die türkische Gesandtschaft nach Paris, welche durch die albernen Prätensionen der Türken das Gelächter von Europa erregte, und während dieser Botschafter thätig beschäftigt war, in die Salons von Paris den Kaffee einzuführen, der in unserm häuslichen Geschmack eine Revolution zuwege gebracht hat, erregte eine in Konstantinopel eingepaschte französische Schiffsladung falscher Münze einen Aufruhr in den vornehmsten Städten des Reiches.

Wie die damalige Christenheit im Allgemeinen gegen die Türkei fühlte, beweiset das Wesen und das Verfahren der Malteser=Ritter. Der Rechtsgrund, den man aufstellte, Schiffe zu plündern, den Handel zu stören und Menschen zu Sklaven zu machen, war — die christliche Religion. Die Organisation des Ordens wurde durch Einkünfte bewerkstelligt, die aus allen Staaten Europa's gezogen waren; er bestand aus der Blüthe der europäischen Ritterschaft und des Adels; er war das Feld der Auszeichnung und die Laufbahn der Ehre; die Folge konnte nur seyn: gegenseitiger Haß und gegenseitiges Unrecht. *)

Der Art waren die Umstände, die zu den Beleidigungen führten, welche die Türken den Repräsentanten der Christenheit anthaten, und welche diese Repräsentanten geduldig ertrugen. Damals zuerst verschmähete es ein türkischer Minister, aufzustehen, um einen fremden Botschafter zu empfangen, und so wie in diesem Punkte man einmal nachgegeben hatte, war er unwiederbringlich verloren und alle Achtung und aller Einfluß ging mit fort,

---

*) „Ich bin kein Lobredner türkischer Vorurtheile," sagt ein westlicher Diplomat, „aber es kann nicht geläugnet werden, daß die barbarischen „Einfälle und Ausschweifungen der tollen Kreuzfahrer, daß die Verfol= „gungen und die endliche Verjagung der Mohammedaner aus Spanien, „daß die gleichförmige Sprache aller christlichen Schriftsteller, so wie „das gleichförmige Benehmen aller christlichen Staaten gegen die Os= „manen, sich vereint haben zu einer nicht zu verwerfenden Rechtferti= „gung ihrer Gefühle gegen die europäischen Völker." Constantinople and its environs, by an American. B. II. S. 317.

und das ruffifche Sprüchwort traf ein: „Vom Gipfel der Treppe bis nach unten ift nur eine Stufe." Die Folge war eine Erniedrigung der fremden Repräfentanten durch eine Behandlung, der fie fich zu unterwerfen kleinlich genug waren, und die zu rächen ihre Höfe entweder nicht den Muth oder die Macht hatten.

„Bei fo bewandten Umftänden" fagt der oben angeführte Schriftfteller (v. Hammer am angef. Orte) „dürfte fich der kaiferliche Refident, welcher dem Lager gefolgt, zu Turnovo in Lariffa's Nähe refidirte, fehr glücklich fchätzen, drei Berate zu Gunften des Handels zu erhalten: das erfte zu Gunften des toscanifchen Handels, das zweite zu Gunften des Handels der Bewohner von Kafchau, das dritte für den General-Conful der orientalifchen Handelsgefellfchaft Lelio de Lura." Was noch den feltfamen Abftich zwifchen den rohen Manieren und den freundlichen Handlungen der Türken erhöhet, ift, daß während die fremden Repräfentanten auf eine fo unhöfliche Weife behandelt wurden, fie dreißig, fünfzig und einmal fogar hundert und fünfzig Dollars täglich als Diäten zu ihrem Unterhalte ausgezahlt erhielten, indem die Türken fie als Gäfte betrachteten.

Während der Regierung Mohammeds IV, und befonders unter feinem Vater Ibrahim, waren die Gefandten fremder Staaten gelegentlich der Gewaltthat und der Beleidigung ausgefetzt gewefen. Allein es fcheint durchaus nicht die Idee zum Grunde gelegen zu haben, fie wegen ihres Glaubens fyftematifch als Untergebene zu behandeln. Ich fürchte, die Feindfeligkeit eines religiöfen Charakters entftand aus den Feindfeligkeiten und Handlungen Europa's; Zeuge deffen find die Räubereien der Maltefer-Ritter — die kaum weniger ehrenvollen Unternehmungen Genua's und Venedigs — die Einmifchung Rußlands in die Angelegenheiten der griechifchen Kirche — der unausgefetzt vom Vatican her wehende feindliche Wind — der Eifer Spaniens, Oefterreichs und befonders Frankreichs, über den ganzen Orient Jefuiten, Francifcaner und Capuciner zu verbreiten, die fich in politifche Umtriebe einließen.

Steigen wir nach einem früheren Zeitraume hinauf, fo finden wir die Aufnahme eines Botfchafters entblößt von den Formalitäten, die, obgleich griechifchen Urfprungs, erft zu Mohammeds IV Zeiten mit ihrem vollen Gepränge wieder erfcheinen. Die von den verfchiedenen öfterreichifchen Gefandtfchaften an Soliman den Großen aufbewahrten Einzelnheiten erläutern die Ansichten der Türken iu Bezug auf das Wesen eines Botschafters, den sie als Agenten, aber schlechterdings nicht als Stellvertreter seines Souverains ansehen und den sie mehr als ihren Gast, als wie seines Herrn Gesandten achten.

Ibrahim, Solimans Wessier, stand, bei der Einführung von Ferdinands Gesandten, nicht auf, um ihnen entgegen zu gehen; — er ließ sogar lange Zeit darüber hingehen, bevor er sie einlud sich zu setzen (die Conferenz dauerte sieben Stunden), aber das geschah nicht wegen der neuerdings vorausgesetzten Glaubenslehre, es sey gesetzwidrig, vor einem Christen aufzustehen; denn als der Brief Karls V überreicht wurde, stand der Großwessier nicht nur auf, um ihn anzunehmen, sondern blieb auch so lange stehen, als die Unterredung in Bezug auf Karl währte. Sein Benehmen gegen die Abgesandten entstand vielmehr daher, daß Ferdinand sich Ibrahims Bruder genannt hatte und wiederum so von ihm genannt wurde. Das brachte die Frage über das Ceremoniell in den Bereich türkischer Ideen, und es konnte Ibrahim nicht einfallen, aufzustehen, um die Agenten seines jüngeren Bruders zu empfangen.

Ferdinand hatte vor dieser Gesandtschaft schon sechs abgeschickt, um wegen des Friedens zu unterhandeln, ohne seinen Anspruch auf Ungarn aufzugeben. Die siebente hätte wahrscheinlich keinen bessern Erfolg gehabt, ohne den von seinem „Bruder" erfundenen Ausweg, der eine neue Erläuterung gibt zu den Verschiedenheiten der Begriffe zwischen Ost und West, die jeder Theil unglücklicherweise sich gewöhnt hat, bei dem Andern für — Vorurtheil zu erklären. Folgende Adresse wurde vom Großwessier den Gesandten eingeflüstert und dadurch der Friede geschlossen:

„Der König Ferdinand, dein Sohn, sieht Alles, was du besitzest, als das Seine an, und Alles was sein ist, gehört dir, da du sein Vater bist. Er wußte nicht, daß es dein Wunsch war das Königreich Ungarn für dich selbst zu behalten, sonst hätte er keinen Krieg gegen dich geführt. Seit aber du, sein Vater, wünschtest es zu haben, wünscht er dir Glück und Gesundheit, nicht zweifelnd, daß du, sein Vater, ihm zur Erbauung dieses Königreiches und vieler anderer beistehen wirst."

Hr. de Lahaye war der erste Botschafter, dessen schmähliche

Behandlung als Beispiel und Vorgang aufgenommen ward; man entdeckte einen heimlichen Verkehr zwischen ihm und den damals mit der Pforte in Krieg begriffenen Venetianern. *) Er wurde aus Konstantinopel weggeschickt; sein Sohn kam an seine Stelle und wurde geschlagen und eingesperrt, weil er sich weigerte einen in Chiffren geschriebenen, an seinen Vater adressirten und aufgefangenen Brief zu lesen. Da kam Herr de Lahaye selbst; er erklärte, die Chiffre nicht zu kennen und wurde ebenfalls eingesteckt. Ludwig XIV schickte einen andern Botschafter, Herrn Blondel, um Genugthuung zu fordern; er war der erste, dem man einen Stuhl anbot. Herr de Lahaye und sein Sohn wurden aus ihrem Gefängnisse befreit; da aber ein französisches Schiff einige türkische Waaren weggenommen hatte, so wurde er in dem Augenblicke, wo sie abreisen wollten, wieder eingesteckt, bis ein Lösegeld für ihn erlegt wurde.

Einige Zeit nachher schickte Frankreich Herrn de Lahaye wieder als Botschafter an die hohe Pforte. „Er forderte," sagt Herr v. Hammer (am angef. Orte S. 582) „gleichen Empfang mit dem englischen und kaiserlichen Botschafter, während ihm der Großwessier nur ein Geleit von zehn Tschauschen antrug. Am folgenden Tage bezog er ohne Ceremonien den französischen Palast. Der Großwessier, der Krone Frankreich noch wegen der nach Ungarn gesendeten Hülfe grollend, empfing ihn stolz, ohne aufzustehen und mit Vorwürfen über das Einverständniß Frankreichs mit den Feinden der Pforte. Lahaye zog sich zurück und ließ dem Großwessier sagen, daß wenn er ihm ein anderes Mal nicht aufstünde, er die Capitulationen zurückgeben und nach Frankreich zurückkehren würde. In einer zweiten Audienz eben so schlecht und ohne Gruß empfangen, warf ihm Lahaye die Capitulation vor die Füße. Der Großwessier schalt ihn einen Juden, der Oberstkämmerer riß ihn vom Stuhle und schlug mit demselben auf ihn zu; als er den Degen ziehen wollte, gab ihm ein Tschausch eine Ohrfeige. Drei Tage lang blieb er beim Großwessier eingesperrt; der Großwessier berieth sich mit dem Mufti, mit Wani Effendi und

---

*) Der König von Frankreich hatte sich selbst als Freiwilliger bei einem Kriegszuge gegen den Sultan, seinen Verbündeten, anwerben lassen, und die Kosten eines zweiten Zuges getragen!

dem Kapudan Pascha; man kam überein, daß Mr. de Lahaye eine neue Audienz habe und diese als die erste angesehen werden sollte. Der Großwessier kam ihm mit freundlichem Gruße entgegen *) und sagte ihm mit spöttischem Lächeln: „das, was vorbei, sey vorbei, künftig würden sie gute Freunde seyn." Die Schläge mit dem Sessel und die Ohrfeige waren vorbei und sind vielleicht nicht einmal von dem Empfänger an seinen Hof berichtet, oder vom Geschichtschreiber französischer Diplomatie mit Fleiß verschwiegen worden."

Seit dieser Periode standen türkische Minister nicht auf, um europäische Diplomaten zu empfangen, bis zu Gunsten einer europäischen Macht neue Gefühle erwachten durch die Rückgabe Aegyptens mittelst englischer Waffen, als General Abercromby von den türkischen Befehlshabern „Vater" und „Pascha"**) genannt und demgemäß behandelt wurde. Unser verächtliches Verfahren in der Expedition von 1807 gegen Aegypten und gegen Konstantinopel beraubte uns freilich aller orientalischen Früchte des Verfahrens von 1800.

Frankreich gelang es indeß, ausgedehnte Vorrechte für die Jesuiten und andere katholische Brüderschaften zu gewinnen, und in der That schien mehr als zwei Jahrhunderte lang der ganze

---

*) Der Ausdruck: „kam ihm entgegen" könnte zu der Vermuthung führen, der Erfolg der Conferenz jener Großbeamten sey der seitdem eingeführte Gebrauch gewesen, zugleich in demselben Augenblicke in das Audienz Zimmer einzutreten. Ein Nothbehelf, der eben so sehr die Veränderung im Style beweiset und hervorhebt, als die Unbekanntschaft der Europäer mit orientalischer Etikette, die in der That die Hauptursache jener Zänkereien gewesen seyn muß, so wie sie jetzt das einzige, aber wirksame Hemmniß alles Verkehres ist.

**) Dieß führte indeß zu keiner Verbesserung unserer Lage in Konstantinopel. Dort waren wir in den Händen der Dragomans, deren Interesse, als einer weder englischen, noch französischen, russischen u. s. w. Corporation, Allem feindlich entgegen gesetzt ist, was nur immer zu einem freien Verkehre freundschaftlicher Gesinnung zwischen den Türken und den europäischen Diplomaten führen könnte. Es ist wahr, wir unterhandelten damals darüber, eine bessere Stellung zu gewinnen, nach der Weise der Aufnahme der Lady Mary Worthley Montague! Wir sollten auf die Mittel bedacht gewesen seyn, welche die Lady anwendete.

Einfluß und die ganze Thatkraft Frankreichs durch ein Conclave von Inquisitoren geleitet. *) Versuche, die Griechen zu bekehren; Bemühungen, die griechische Kirche mit der römischen zu vereinigen; Zänkereien um Klöster und Kirchen überall in der ganzen Levante; Ansprüche auf die heiligen Stätten in Jerusalem; von den Jesuiten geleitete Intriguen und aufrührerische Maaßregeln, die den öffentlichen Frieden bedrohten und Gegenwirkungen hervorbrachten, welche die ganze europäische Bevölkerung gefährdeten **) — scheinen die Hauptbeschäftigungen der französischen Gesandtschaft gewesen zu seyn.

England erklärte sich in seinem Charakter als protestantisches Land gegen alle Gemeinschaft mit einer auf religiöse Gründe gestützten Politik, und machte die Türken auf seine religiöse Trennung vom katholischen Europa aufmerksam. Es erlangte demgemäß in der Türkei ein Ansehen und einen Einfluß, die unendlich viel größer waren, als seine Macht oder seine politische Stellung sie ihm sonst hätten sichern können.

„Elisabeth, von Gottes Gnaden Königin von England, Frankreich und Irland, mächtige und unüberwindliche Vertheidigerin des wahren Glaubens gegen die Götzendiener, die sich fälschlich zu Christi Namen bekennen.“

---

*) Ich rede hier nicht von den bei mehr als Einer Gelegenheit aufgeklärten Ansichten des Cabinettes von Versailles, sondern von dem allgemeinen Ton und Charakter der französischen Agenten im Orient. Die Türken konnten nicht leicht die bei mehr als Einer kritischen Gelegenheit ihnen von Frankreich gewährte entschiedene Unterstützung mit der unaufhörlichen Unterstützung reimen, welche Frankreichs Agenten den offenkundigen Feinden des ottomanischen Glaubens und den ewigen Störern des öffentlichen Friedens gewährten. „Murad IV,“ sagt Sir Thomas Roe, „drückte sein Erstaunen darüber aus, daß man die Freundschaft des Königs von Frankreich nur durch die Duldung und die Beschützung von Verräthern (den Mönchen) erlangen könne.“

**) Bei zwei Gelegenheiten flüchtete sich die ganze europäische Einwohnerschaft von Konstantinopel in die Kirchen von Pera und Galata, ohne Hoffnung auf Aufschub des Vertilgungs-Urtheils, das sie bedrohete. Der Wahnsinn oder die Thorheit, die so fürchterliche Vergeltung erregte, können im gegenwärtigen Zeitalter nur von denen begriffen werden, welche in der Levante die Wirkungen des fanatischen Hasses erlebt haben, womit sich die verschiedenen christlichen Secten unter einander verfolgen.

Das ist die Ueberschrift des Schreibens der Königin Elisabeth an den Khalifen der Moslemim. Sie erklärt, wie und warum der Einfluß Englands so hoch stand. Hier haben wir einen Beweis von den Ideen und der Politik Englands zu den Zriten der Cecils, Raleighs, Bacous und Sidney's. Und zu dem Verzeichnisse der Monarchen und Staatsmänner, welche die Wichtigkeit der Türkei für das politische Gleichgewicht und das System von Europa gefühlt haben — zu den Namen von Gustav III, Friedrich II, Hertzberg, Napoleon, Chatham, Pitt, Talleyrand und Metternich — kann vielleicht auch der unserer „jungfräulichen Königin" hinzukommen.

Der Geist der österreichischen Diplomatik entwickelte sich in der kaiserlichen Gesandtschaft von 1616, die bei ihrem Einzuge in Konstantinopel eine Flagge führte, die an einer Seire den kaiserlichen Adler, an der andern ein Crucifix zeigte. Eine allgemeine Aufregung war der Erfolg. Die Griechen, die Jesuiten und die europäischen Mächte wurden alle zusammen und jeder für sich in Verdacht gezogen, eine fürchterliche Verschwörung beabsichtigt zu haben gegen den Sultan, die Stadt oder den Staat. Der Sultan patrouillirte in Person während der Nacht die Gassen; die Jesuiten wurden in die sieben Thürme gesperrt, und der österreichische Geschichtschreiber und Diplomat frohlockte über die Erfüllung der Prophezeyung von dem Anfange des Falles des osmanischen Reiches, den er übrigens schon in der Mitte des Jahrhunderts vorher verkündet und von dem er sogar schon gesagt hatte, er habe unter den Regierungen Bajazeths II und Selims I begonnen. (1481 bis 1520 d. Ueb.)

Die Auflösung dieses Reiches ist in den letzten Jahren allgemein in ganz Europa, mit Ausnahme des russischen Cabinettes, als eine der Wahrheiten angesehen, hinsichtlich deren weder ein Zweifel erhoben worden, noch eine Meinungsverschiedenheit bestehen könne. Es erregte einiges Aufsehen, als eine neuere Schrift darauf hindeutete, diese Lehre sey von den Emissarien Peters I verbreitet; allein der österreichische Geschichtschreiber erwähnt derselben fast ein halbes Jahrhundert vor Peter, als des Bandes der Vereinigung zwischen Griechen, Mönchen, Dolmetschern und Hospodaren. Was soll man aber zu der Thatsache sagen, daß schon ein Jahrhundert selbst vor diesem Zeitraume und als Soliman der

Große Rhodus eroberte (1522) und Wien bedrohete (1594), der moscowitische Fürst Wasili dem Kaiser Maximilian die Abnahme der türkischen Macht einredete und die Leichtigkeit, womit er sie aus Europa jagen könnte! In Folge des Mangels einer gemein=schaftlichen Sprache und der Mittel directen Verkehrs hat eine ununterbrochene Reihenfolge falscher Schlüsse statt gefunden, die man aus täglich vorkommenden, mißverstandenen Thatsachen zog. Es ist daher nicht zu verwundern, daß diese Schlüsse sich überall geltend machten, seit die ottomanische Macht aufgehört hat, sich furchtbar zu machen, da man ähnliche Schlüsse schon gelten ließ, als ganz Europa bei dem Namen der Türken zitterte.

Unter Mohammed IV entwickelte sich zuerst der Einfluß der griechischen Kirche, als eines Werkzeuges in den Händen Rußlands gegen die Osmanen.

Der Eroberer Konstantinopels hatte die Verbindung zwischen dem slavonischen Volke und dem Patriarchen von Konstantinopel mit Freuden gesehen und ermuthigend genährt, als ein Mittel, die Macht der Pforte nach Norden auszudehnen. Aber die Türken waren als Menschen nicht listig genug, einen solchen Plan fest=zuhalten, und als Nation zu mächtig, um indirecte Mittel zu er=greifen. Zwei Jahrhunderte später, das heißt unter Moham=med IV, finden wir die Pforte aufgeschreckt durch die Entdeckung einer politischen Verbindung, die durch kirchliche Mittel zwischen dem Zaren von Moskau und den griechischen Bewohnern des otto=manischen Reiches organisirt war. Ein in Folge dieser Entdeckung hingerichteter Patriarch *) beabsichtigte, die so enthüllten Gefahren zu vergrößern, und wir finden, daß aus Polen eine Gesandtschaft an den Sultan geschickt wurde, um ihn vor einem Plane des Za=ren, die Griechen in Aufruhr zu bringen, zu warnen, in demsel=

---

*) In einem aufgefangenen Briefe dieses Patriarchen, der 1657 er=nannt war, an den Fürsten der Walachei, findet sich Folgendes: „der Islamismus nahet sich seinem Ende; die allgemeine Herrschaft des christlichen (griechischen) Glaubens steht bevor; und die Herren vom Kreuz und der Glocke werden auch bald Herren des Reiches seyn." Der Brief war eine Danksagung für hunderttausend Ducaten, die der Fürst an die „Herren von der Glocke," die Mönche vom Berge Athos, geschickt hatte.

ben Augenblicke, wo der Patriarch von Konstantinopel nach Mos=
kau eingeladen wurde, die Kirche zu organifiren.

Das war das in gegenwärtiger Zeit wiederholte Spiel vor
faft zwei Jahrhunderten; es erwirs fich dieselbe Größe des Zweckes,
und es wurden genau dieselben Mittel angewendet. Deßhalb ift
es eine schwer zu lösende Frage, wie, da Rußland anscheinend so
ftark und die Türkei anscheinend so schwach geworden, die unab=
läffige Anwendung so mächtiger Mittel zur Desorganisation und
Zerrüttung den völligen Umsturz der ottomanischen Macht nicht
schon lange erwirkt hat und noch jetzt nicht zu erwirken im Stande ift.

Mohammeds IV Zeit, die dadurch so merkwürdig ift, daß
während derselben in der Türkei ein System eingeführt oder errichtet
wurde, das sich selbst befeindete, ein System feindlicher Gesinnun=
gen gegen Europa — diese Zeit fällt mit der in Europa vorgenom=
menen Einführung von Grundfätzen zusammen, die eben so sehr
den Fortschritten der Menschheit, als dem freundlichen Verkehr der
Nationen schadeten. In eben dieser Zeit nämlich war es, wo Colbert
in Frankreich die Idee aufbrachte, dem National=Gewerbfleiß durch
erkünstelten Schutz aufzuhelfen und diesen Schutz den Staatsein=
künften dienstbar zu machen.

Diese unselige Idee hat sich über alle Nationen verbreitet, mit
Ausnahme der Türkei, die vielleicht zum Glücke kommender Ge=
schlechter, durch ihren natürlichen Haß gegen Alles, was von We=
ften kommt, vor dieser Anstedung bewahrt blieb. Ueberall, wo
dieß sogenannte Schutzsystem eingeführt wurde, ift zwischen den
verschiedenen Interessen und Claffen eines Volkes Feindseligkeit ent=
ftanden, unter dem Namen von Principien versteckt, und in die
Verhältniffe menschlichen Verkehres ift ein freffendes Uebel gedrun=
gen, unter dem Titel: Gesetze. Dieser Ursache ift, selbft von
europäischen Schriftstellern, jede Umwälzung und jeder Krieg in
Europa seit 1667 zugeschrieben. *)

Beinahe von gleichem Datum wie Colberts Verordnungen war
Englands Schifffahrtsacte, die damals nur eine Darstellung der
Sachlage war, die aber indirect England in auswärtige Schwie=

---

*) Z. B. Brougham (Colonial Policy); Parnell (Commercial Treaty
with France); Storch (Cours d'Economie politique).

rigkeiten und Gefahren verwickelte, indem andere Nationen sie annahmen und auf England anwendeten. Diese Acte (eine mit der von Colbert verschwisterte Betrügerei) trug ihren Theil bei zu den Staatszerrüttungen in Europa und half zur Unterdrückung der Thatkraft, zur Hemmung der Fortschritte, denen die glänzenden und schnellen Entdeckungen in Wissenschaft und Mechanik eine so weite Ausdehnung, einen so beispiellosen Aufschwung verschafft hatten.

Diese Grundirrthümer erzeugen jetzt Zweifel und Zwiespalt über alle geselligen und politischen Fragen in den Köpfen der so scharf untersuchenden, so trefflich unterrichteten Europäer. Die orientalischen Staatsmänner dürfen aber wohl fragen, warum denn die europäischen Finanzen inmitten einer beispiellosen Production verwickelt werden? Warum denn ein großer Theil ihrer Bevölkerung in Elend und Verbrechen versunken ist, während Reichthum überströmt und Menschenliebe in Ueberfluß vorhanden? Warum Nationen, die Einigkeit wünschen und Frieden im Munde führen, ihren Handel gegenseitig bekriegen, als sey er ein ansteckendes Uebel?

Die in der Türkei beibehaltene alte Regierungsform kann indeß, durch die neuen Ideen und die größeren Ansichten, zu denen sie, mittelst Ausdehnung des zu erforschenden Feldes, Anlaß geben wird, zu gesünderen Meinungen über Finanzfragen beitragen. Und aus dem, in diesem Reiche noch nicht umgestürzten System eines freien Handels mag England sich den Vortheil ziehen, einen auf Handelsfreiheit gegründeten Bund von Nationen zu errichten, der den Einschränkungen entgegenarbeitet, die allmählich auf Englands Thatkraft drücken, und drohen, in einer nicht mehr fernen Zeit Englands politischen Einfluß, so gut wie seine Manufacturen, vom Festlande Europa's auszuschließen.

Zweiundzwanzigstes Capitel.

Geselliger Verkehr mit den Türken.

Da in Larissa keine fränkische Einwohnerschaft und keine Consuln vorhanden, so fanden wir es thunlich, Zutritt in die Gesellschaft der Türken zu erhalten, und im Hause des Erzbischofs,

so wie bei den Besuchen, zu denen er uns mitnahm, sahen wir
die angesehensten Einwohner der Stadt und die Beys und Land=
besitzer der Umgegend. Wir waren unsererseits für sie ein Gegen=
stand einiger Neugier, denn die Ankunft von Europäern in solchem
Zeitpunkte war ein seltsames und anziehendes Ereigniß.

Nach den freundschaftlichen Verhältnissen aber, in denen wir
mit den albanischen Muselmännern gelebt hatten, war es nicht
leicht, auf die Stufe hinabzusteigen, die ein Christ in der Türkei
einnimmt und die völlig ausreicht, den Groll zu rechtfertigen,
welchen christliche Ansiedler und Reisende, die nicht auf die Quelle
zurückgingen, gegen die Türken gehegt haben. Ich begreife, daß
diese schimpfliche Behandlung der Europäer zum größten Theile
die Ursache gewesen ist, warum es an Nachforschung über den
Geist und die Einrichtungen in der Türkei bei denen gefehlt hat,
die sie besucht haben. Die Thür zum geselligen Verkehr wurde
ihnen nicht nur verschlossen, sondern geradezu ins Gesicht geschla=
gen. Damit war mit einem Mal alles Mitgefühl und alles
Interesse rund abgeschnitten, und ohne von beiden einen beträcht=
lichen Antheil zu haben, wird sich Niemand einer mühseligen For=
schung unterziehen.

Fragt man einen Türken nach dem Grunde, warum er nicht
aufstehen will, einen Europäer zu empfangen — warum er nicht
die Hand auf die Brust legt, wenn er ihn willkommen heißt —
warum er ihm nicht den Friedensgruß gibt — warum der niedrigste
Türke sich beschimpft hielte, wollte er einem Europäer dienen,
und warum der Aermste durch solchen Dienst erworbenes Brod
verachten würde?*) — Der Türke wird antworten: „Meine Re=
ligion verbietet es mir."

Kein Wunder denn, daß der Fremde, der diese Behauptung
für wahr annimmt und den Einfluß und die Gewalt der Manie=
ren nicht versteht, diesen Zustand des Verkehrs der Religion zu=

*) Man hat Beispiele, daß Europäer Türken als Gärtner und Stallknechte
gehabt haben, aber diese Diener wohnen dann nicht in dem Herrnhause,
und obgleich sie ihre Pflicht gegen ihren Herrn thun, werden sie ihm
doch nicht ein Zeichen von Achtung geben. Im Betragen und in der
Wahl der Ausdrücke werden sie ihn als einen Untergeordneten behan=
deln, was der Europäer vielleicht nicht versteht, oder, wenn er es ver=
steht, sich gefallen lassen muß.

schreibt, den Islamismus für einen mürrischen und ungeselligen Glauben erklärt und dann seine Nachforschungen aufgibt.

Während der Erzbischof die Rolle eines Ehrenmarschalls bewundernswürdig schön spielte, theilte er uns immer im vollsten Maaße jede Mißachtung mit, die uns in Manieren und Worten widerfuhr; ein Dienst, den wir damals wenig geneigt waren, nach seinem vollen und wirklichen Werthe zu schätzen. So z. B. traf die Nachricht von Georgs IV Tode ein. Es wurde uns nicht verschwiegen, daß sich die Türken diese Nachricht von Mund zu Mund mit den Worten mittheilten (sie sprechen alle griechisch) „ψώθισε ὁ κράλ τῆς Ἀγγλίας,“ „der König von England ist crepirt.“

Eines Abends wurden wir zum Abendessen bei einem türkischen Bey eingeladen, ein uns damals ganz neues Ereigniß. Eines Türken Tisch steht, wie seine Thür, Jedem offen, der da kommt, weß Glaubens oder Standes er sey; aber eine Einladung auf förmliche Weise, verbunden mit der uns bewiesenen Güte und Aufmerksamkeit (freilich den oben angedeuteten Nichtachtungen unterworfen), war ein ganz neuer und unerwarteter Beweis von Theilnahme; wir gingen also ganz entzückt und frohlockend heim. Am folgenden Tage aber erzählte uns der Erzbischof, damit wir mit unserer Freude ja nicht zu weit laufen möchten, daß wir nicht sobald fort gewesen wären, als man sich allgemein sehr lustig gemacht hätte durch Bemerkungen über die Art unsers Benehmens und die Irrthümer im Anstande, deren wir uns schuldig gemacht, und daß, wenn von uns gesprochen worden, derjenige, welcher uns mit dem Titel der englischen Bey-Zadehs bezeichnet, unmittelbar darauf hinzugesetzt hatte: μὲ συγχώρεσιν, „mit Erlaubniß zu sagen,“ so wie, wenn sie von einem Ferkel, einem Esel oder dergleichen reden.

Indeß fanden wir, daß sich unsere Stellung von Tag zu Tag änderte; es erfolgte eine allgemeine Veränderung des Tones und Benehmens von ihrer Seite und vermuthlich auch von der unsrigen, und mit einem oder zwei Männern höhern Geistes geschahen dort die ersten Schritte zu einer langen und fortdauernden Freundschaft.

Ein europäischer Doctor, ein erbärmlicher Quacksalber, erwies sich uns bedeutend nützlich. Wir gingen nirgends hin ohne ihn, und zuerst galt er uns völlig als Autorität, aber wie weit wir mit ihm gekommen waren, wurde uns allmählich klar, als wir die Nothwendigkeit begriffen, dieses schädlichen Anhängsels los zu werden. Wir begannen nun einzusehen, daß die Behandlung der Europäer durch die Türken aus der natürlichen Verachtung entspringt, welche sie gegen die hut- und hosentragende Bevölkerung hegen, die überall die Türkei belästigt, im Charakter als medicinische oder sonstige Charlatans, Dolmetscher, Landstreicher und Betreiber noch weniger achtbaren Speculationen. Daher entlehnen sie ihre Ansichten in Betreff aller derer, die Hüte und enge Röcke tragen, während die so zwischen beiden Glaubensbekenntnissen oder eigentlich zwischen beiden Trachten festgestellten Formen es jedem Mann von Erziehung oder edlen Gesinnungen völlig unmöglich machen, in ihren Dienst zu treten oder ihren Personen sich zu unterordnen.

Alle die mit den Meinungen und Gesinnungen eines Türken verknüpften Einzelnheiten des äußern Lebens sind so wesentlich, daß es ihm beinahe völlig unmöglich wird, von den Dingen oder Begriffen die äußern Zeichen zu trennen, an die er, als Darstellung derselben, gewöhnt ist. Ein Europäer, der ihre Sprache und ihre Literatur vollkommen inne hätte und die Geistesstärke besäße, welche geeignet ist, Einfluß auf sie zu gewinnen, wird dennoch, wenn er auch wirklich geachtet ist, ihrer Gesellschaft fremd bleiben, und es würde unbillig von ihm seyn, wollte er von seinen Freunden die Aufmerksamkeiten verlangen, die freilich zum Besitze von Einfluß und selbst zum Genusse geselligen Umganges schlechterdings nothwendig sind; er verändere aber seine Tracht, und augenblicklich ist seine Stellung verändert. Die Tracht allein nützt aber wenig oder gar nichts, wenn man nicht im Stande ist, seine Rolle so zu spielen, wie diejenigen, welche sie tragen.

Eines Tages begegnete ich in türkischer Tracht einem Franzosen, der in den östlichen Theilen der Türkei gereist war. Er äußerte mir sein Erstaunen, daß ich mich den Beschwerlichkeiten unterwürfe, die desjenigen warteten, der solchen Anzug trage. Ich war vielmehr über seine Bemerkung bestürzt und dachte, er deute auf die Schwierigkeiten, den Charakter festzuhalten und nicht aus der Rolle zu fallen; demgemäß antwortete ich, daß ich es zu Zeiten schwer gefunden hätte und gab die Gründe an, weßhalb. Nichs konnte dem Erstaunen des französischen Reisenden bei meiner Erklärung gleichen. Er erzählte mir, er hätte sich zu einer breijährigen botanischen Reise aufgemacht, und zur Strafe seiner Sünden hätte ihm Jemand empfohlen, sich in die Tracht der Gläubigen zu kleiden; er wäre dadurch aber in die größten Gefahren gerathen, überall beschimpft, verschiedentlich geprügelt und bei mehr als einer Gelegenheit nur mit großer Noth lebendig davon gekommen. Ich merkte gleich, hier müsse irgend eine auffallende Abweichung von den Sitten oder der Kleidung stattgefunden haben, und nach einigen Fragen an ihn entdeckte ich, daß er unter einem hellfarbigen osmanischen Turban einen Bart getragen hatte, der nicht von der Ohrecke abwärts ausgerupft war, so daß wer nur einen Blick auf ihn warf, nicht verfehlen konnte, ihn für einen Juden zu halten, der sich für einen Muselmann ausgäbe. Als ich ihm die Ursache seines Mißgeschicks erklärte, dachte er eine Weile nach, äußerte dann aber, ich müsse mich doch wohl irren, weil, obgleich freilich Jedermann ihn gewöhnlich „Jude" genannt, dennoch sein Tatar immer geläugnet habe, daß er ein Jude wäre und ihm gesagt haben würde, wie er seinen Bart zustutzen müsse, wenn das wirklich die Ursache seiner Leiden gewesen wäre. Ich erwiederte, wahrscheinlich habe sein Tatar ihn für einen Juden gehalten, aber versucht, ihn gegen die Benennung als „Tschifut" zu schützen, während er kein Arg daraus gehabt, wenn die Türken ihn „Yehudy" genannt, da beides Jude bedeutet, aber nur das erste ein Schimpfwort sey (etwa wie das deutsche: Mauschel).

Er gab zu, daß er sich beider Worte erinnere. „Aber," sagte er, „was das Ding noch sonderbarer machte, war, daß ich mit einem Gefährten reisete, und gewöhnlich stritten wir uns jeden Abend darum, wer von uns mehr einem Juden gleich sehe. Mein Freund hatte einen schwarzen Bart und ich einen rothen. Ich nannte ihn gewöhnlich: Jud' und er mich dagegen: Judas Ischarioth. Endlich schor ich meinen Bart ab, aber wir waren darum nicht ein Haarbreit besser daran; dann ging meines Freundes schwarzer Bart auch davon, aber dennoch schrieen Alle, wohin wir kamen: „Tschifut, Tschifut." — „Wie hoch," fragte ich,

„rafirten Sie ihren Bart?“ — „Wie hoch?“ fragte er dagegen
mit Erstaunen. „Daran habe ich niemals gedacht.“ „Dann,“
sagte ich, „haben Sie Bart und Backenbart nicht ganz bis an
die Gränze des Turbans rafirt, so daß eine Haarlocke dicht an
Ihrem Ohr zu sehen war, was das Unterscheidungszeichen der
Juden ist, die ihre Bärte abscheeren!“ — „Welch Jammer,“ sagte
er, „daß ich das nicht vor meiner Reise wußte, statt hinterher.“
Ich dachte bei mir, es sey ein Jammer, wenn Jemand in einem
Land reise, bevor er die Landesweise studirt habe, und darüber
raisonnire, bevor er der Leute Begriffe verstebe.

Eine Classe junger Leute in der Hauptstadt, hauptsächlich zu
den regulären Truppen gehörig, affectirt alles Europäische. Unter
ihnen ist es nichts Ungewöhnliches, wenn ein Europäer sich seiner
Meinung nach mit jeder äußern Höflichkeitsbezeugung behandelt
findet; allein eine Stellung ist kaum der Beachtung werth, wenn
sie nur durch eine Veränderung erlangt werden kann, die erst ins
Leben gerufen werden soll und das nicht ohne Schwierigkeit und
ohne Gefahr kann und deren Wirkungskreis beschränkt und unbedeutend ist. Die Thatsache festzustellen, daß ein Europäer sich
in den Bereich der National-Gesinnungen bringen könne, ist meiner
Ansicht nach von der höchsten Wichtigkeit, sowohl um Licht über
den türkischen Charakter zu verschaffen, als um neue Mittel dar-
zubieten, auf die türkische Nation zu wirken.

Ich mache diese Bemerkungen, nachdem ich auf dem Fuße der
vollkommensten Gleichheit zwei Jahre lang mit Muselmännern Umgang gehabt habe. Es ist wahr, daß manche meiner türkischen
Freunde lange Zeit hindurch jeder für sich glaubte, sie allein wären
in der Gewohnheit, mich so zu behandeln, und ein solches Benehmen sey eine Verletzung ihrer Religionsvorschriften und nur in
Beziehung auf mich zu entschuldigen, da ich, wie sie meinten, von
den übrigen Europäern verschieden sey. Es ist vielleicht überflüssig hinzuzufügen, daß im Glauben des Islam nicht der leiseste
Grund zu dieser Annahme liegt. Wäre dem so, Konstantinopel
hätte nie türkisch werden können. Als ein merkwürdiges Beispiel
des Gegentheiles stand der Eroberer Konstantinopels nicht nur
auf, um den griechischen Patriarchen, seinen Unterthan und einen
Christen, zu empfangen, sondern er begleitete ihn auch bis an die

Thür seines Palastes und schickte alle seine Minister mit, den Patriarchen zu Fuß nach Hause zu geleiten. *)

Wie aber auch die Unbilden, Gefühle oder Gewohnheiten der Vergangenheit gewesen seyn mögen, in der Türkei hat jetzt eine Gegenwirkung zu Gunsten Europa's stattgefunden. Die Veränderung des Anzuges, als Nachahmung der Nationen, deren politisches Verfahren den Türken so nachtheilig gewesen, zeigt eine große geistige Gelehrigkeit und beweist, daß dort, von uns unbeachtet, ein Nachahmungsgeist bestanden hat, oder jedenfalls jetzt besteht, der, wenn gut geleitet, in einem Volke den Urstoff des Fortschreitens und Besserwerdens enthält. Und, gleichsam als sollte der Beweis noch folgenreicher und treffender werden, eben das, was sie nachahmten, hat weder inneres Verdienst noch äußern Reiz. Jetzt entsteht für uns eine neue Pflicht: ihre Gelehrigkeit zu leiten und ihnen bei der Auswahl zu helfen.

Wenn ungeleitet, wird ihre Nachahmung auf äußere Dinge fallen, was nichts Gutes bringen kann, aber sehr viel Böses thun könnte, in dem es Gewohnheiten vernichtet, welche die Zeichen der Gedanken, der Ausdruck der Gefühle und die Probe der Pflichten sind. Gegenwärtig stehe ich nicht an zu behaupten, daß die Türken Niemand haben, der eine gründliche Kenntniß von Europa besäße, und doch kann auch Niemand, der nicht vollkommen und gleichmäßig vertraut ist mit den Ideen, dem Unterrichte und den Institutionen des Morgen- und Abendlandes mit seiner Vernunft zu einem genügenden Schlusse darüber kommen, was sie nachahmen müßten, was nicht. Unter uns ist Niemand hinreichend bekannt mit ihren Einrichtungen und ihrem Charakter, um fähig zu seyn, ihr Führer zu werden. Wie wohlthätig daher immer diese Veränderung der Neigung werden könnte, besäßen wir eine der uns dargebotenen Stellung gleichkommende Kenntniß, das

---

*) Welcher Widerspruch mit den abendländischen Ansichten in Betreff religiöser Duldung! Dieß zeigte sich bei den Eroberungen Konstantinopels durch die Türken und die Lateiner. Als Dandolo die Fahne des heiligen Marcus auf den Dom der heiligen Sophia pflanzte, setzten die christlichen Eroberer, zum Hohne, eine öffentliche Dirne auf den Patriarchen-Thron, welche die Inful auf ihrer Stirne trug und in der Hand den von Constantin geschenkten Krummstab.

ist mir ein Gegenstand, der unter den gegenwärtigen Umständen viele Sorge und ernstliche Befürchtung in sich faßt. Sie haben den Anker im offenen Strome gelichtet, bevor sie reiflich erwogen hatten, ob es nöthig sey den Ankergrund zu verlassen. Sie verlieren ihre Haltung, bevor die Segel aufgezogen. Das ist vorbei, die Ankertaue der Volkssitte sind gekappt; das Schiff ist im Gange, und wer etwas zu sagen hat an Bord, darf es nicht dem Zufall überlassen, ob es in den Hafen kommen wird.

Dreiundzwanzigstes Capitel.

Eigenthümlichkeiten eines orientalischen und eines antiken Zimmers. — Erscheinen eines Europäers in morgenländischer Gesellschaft.

Um den Eindruck zu verstehen, den die Manieren und das Gehaben eines Europäers auf die Orientalen machen, müssen wir mit ihren Ansichten vertraut seyn und unbekannt mit unseren eigenen.

Das Erstere ist schon ein etwas schwieriges Ding, das Zweite aber erfordert eine noch ungewohntere Anstrengung geistiger Abstraction. Kommt ein Fremder in ein ihm unbekanntes Land, so wird er nur durch diejenigen Landessitten betroffen seyn, die er nicht begreift; der Eingeborne hingegen, der alles Einzelne gleich gut versteht, wird durch seine Selbstkenntniß verhindert, den Eindruck zu begreifen, den er auf den Fremden macht. Ich ersuche deßhalb den Leser, bevor ich ihm den fränkischen Reisenden vorführe, einen Augenblick zu vergessen, daß er in einem Rock mit steifem Kragen und in Stiefeln steckt, und sich einzubilden, er sey in flatternde Gewänder gehüllt oder mit reichgestickten Kleidern angethan und ruhe, aber nicht nachlässig, auf dem breiten, mit Kissen gepolsterten Sopha eines orientalischen Zimmers. — Doch schon mit dem Worte ist nicht so leicht fertig zu werden. Wir müssen das Wort „Oda" durch: Zimmer übersetzen; aber wir haben in unserer Sprache kein Wort, das den Begriff von Oda ausdrücken kann, weil wir die Sache nicht haben. Die Gewohnheiten geselligen Verkehrs im Orient könnten nicht einen Tag lang in solchen Gemächern bestehen, wie unsre abendländischen Wohnungen sie darbieten; es ist daher nöthig, mit der Beschreibung der Gestalt und den Attributen eines orientalischen Zimmers anzufangen.

Wir bauen unsere Häuser mit Rücksicht nicht auf das Innere, sondern auf die Außenseite. Die Ansicht des Aeußern, nicht die Bequemlichkeit der Zimmer, nimmt unsere Aufmerksamkeit in Anspruch. In den Einzelnheiten und Verzierungen der Steine, wovon wir unsere Häuser bauen, folgen wir ganz genau den Regeln der Baukunst, aber bis zum heutigen Tage haben wir durchaus keine festen Regeln oder Grundsätze über die Erbauung des Theiles, den wir selbst bewohnen, noch haben wir einen Begriff von dem Daseyn solcher Regeln in irgend einem andern Lande oder in irgend einem frühern Zeitalter.

Die Folge davon ist, daß unsere Zimmer von allen Gestalten sind und keinen festen Charakter haben. Sie haben keine bestimmten Theile. Da ist ein Durcheinander von Thüren und Fenstern, und nach keinem dieser Dinge kann man sich richten, um zu sagen, wo das Oberende, das Unterende und die Seiten eines Zimmers sind. Ebenso unbestimmt ist der Platz für die Sitze, so daß in Bezug auf Theile, Charakter, Verhältniß, Zugänglichkeit, Licht und Einrichtung unsere Zimmer durch keine verständlichen Grundsätze geregelt sind, und sich deßhalb für die geselligen Zwecke eines Volkes nicht passen können, bei dem die Gesetze keine breiten Scheidelinien gezogen haben, und das darum in der Stellung der gesellschaftlichen Abstufungen die natürliche Ungleichheit der Menschen beibehält. Die Formen der Etiquette, in ihrer unendlichen Verschiedenheit, werden zum Ausdruck der öffentlichen Meinung in Bestimmung des Ranges und der Stellung. So ist denn ein orientalisches Zimmer nicht ein gegen das Wetter zugenagelter Kasten, der nur durch den Werth der zum Bau oder zum Zierrath verwendeten Materialien in ein Gemach verwandelt ist, sondern es ist ein Ganzes, aus bestimmten Theilen zusammengesetzt, und eben durch diese Theile einer logischen Erklärung fähig; es ist ein durch feste und unwandelbare Grundsätze geregelter Bau; es ist ein Saal, gleich dem Hörsaale in einer Schule, wo man jedes Einzelnen Rang an dem Platze erkennen kann, den er einnimmt, und obgleich so eingerichtet, dient es doch eben so gut, wie unsere Zimmer, zu allen Zwecken des häuslichen Lebens. Diese unterscheidenden Charaktere werden aber zu einem Theile des häuslichen Lebens und der häuslichen Pflichten, und sind mit dem öffentlichen Charakter des Staates verwebt. So ist also für einen Fremden eine Kenntniß der, wenn ich so sagen darf, Attribute des Zimmers die erste Stufe zur Bekanntschaft mit dem Morgenlande. Der Leser hat vielleicht in Pompeji die Urbilder der Zimmer gesehen, von denen ich rede, oder vom griechischen und römischen Triclinium gehört oder gelesen; aber ich glaube, ruhig behaupten zu können, daß durch das Ausmessen und Untersuchen dieser Gemächer Niemand auf den Einfall gekommen ist, durch ihre Gestalt und Verhältnisse seyen gesellige Gewohnheiten, Begriffe und Grundsätze angedeutet, die von den unsrigen abweichen. Kann aber bewiesen werden, daß gewisse gesellschaftliche Eigenthümlichkeiten mit der Bauart der jetzt von den Türken bewohnten Zimmer verknüpft sind, sie sogar veranlaßt haben, und ist es richtig, daß ihre häusliche Baukunst von Jedem verstanden seyn muß, der mit ihren Begriffen und Sitten bekannt zu werden sucht, — dann müssen wir zugeben, daß im heutigen Morgenlande man dieselben gesellschaftlichen Eigenthümlichkeiten, dieselben sittlichen Begriffe und lebendigen Gewohnheiten erblickt, die mit einer ähnlichen häuslichen Baukunst vor zweitausend Jahren zusammentreffen. Ich verweile daher bei der Form des Zimmers, als nicht weniger lehrreich in Bezug auf das Alterthum, wie auf die Türkei.

In der Türkei ist das Zimmer der Grund aller Baukunst; es ist die Einheit, das Haus besteht aus mehreren dieser Einheiten: Niemand kümmert sich um die äußere Form eines Gebäudes. Niemand achtet auf seine Verhältnisse, sein gefälliges Ansehen, seinen äußern Eindruck. Baumeister und Bauherr denken einzig und allein auf die Zimmer, und man duldet keine Abweichung von den einmal festgestellten Grundsätzen. Geld und Raum werden beide aufgeopfert, um jedem Zimmer seine bestimmte Gestalt, Licht und freien Zutritt zu geben, ohne daß man nöthig hätte, über einen Gang oder durch ein anderes Zimmer zu gehen, um dahin zu kommen.

Jedes Zimmer besteht aus einem Quadrat, dem ein Viereck angehängt ist, so daß ein längliches Viereck entsteht.

Es darf kein Durchgang, keine Zwischenöffnung seyn, sondern

das Zimmer muß an drei Seiten ununterbrochen seyn. Die Thür oder die Thüren dürfen nur an einer Seite seyn, das ist dann der „Untertheil," die Fenster an der entgegengesetzten Seite und das ist der „Obertheil".*) Die gewöhnliche Zahl der Fenster am Obertheil ist vier, dicht nebeneinander. Es können auch Fenster an den Seiten seyn, aber dann sind sie dicht an den Fenstern des Obertheils und müssen symmetrisch stehen, eines an jeder Seite. In einem vollständigen Zimmer müssen zwölf Fenster seyn, vier an jeder der drei Seiten des Quadrates; da aber diese Bedingung nicht überall erfüllt werden kann, so heißt in jedem Hause das so gebaute Zimmer „der Kiosk," indem Kiosks oder alleinstehende Zimmer immer so eingerichtet sind.

Unterhalb des Quadrates ist ein länglicher Raum, in der Regel eine Stufe tiefer, zuweilen in großen Zimmern durch ein Geländer abgeschieden, zuweilen durch Säulen. Dieß ist der den Dienern angewiesene Platz, die in einer türkischen Haushaltung beständig aufwarten**) und sich regelmäßig einander ablösen.***) Der Untertheil des Zimmers ist mit Holz getäfelt; dort sind Credenztische, zur Verwahrung des Geräths; offene Räume gleich Taubenschlägen zu Gefäßen mit Wasser, Sorbet oder Blumen; marmorne Kummen und Becken zum Springbrunnen; gemalte Landschaften dienen als Hintergrund. In diesen Behältnissen sind die Thüren. An den Seiten, in den Winkeln oder im Mittelpunkte dieses untern Theiles und über den Thüren hängen Vorhänge, welche die Diener in die Höhe halten, wenn Jemand eintritt.

Diese Form des Zimmers gibt den türkischen Häusern und

---

*) Der Obertheil heißt auf arabisch el sadz oder die Brust, die Seiten heißen genib.   Handschriftl. Anmerk. des Verfassers.

**) Leute der allerniedrigsten Classe treten oft in das Zimmer des türkischen Vornehmen. Aelteste, Greise, Handelsleute u. s. w. werden immer eingeladen, sich zu setzen, was diese Gestalt des Zimmers ohne Verletzung der Achtung oder der Etiquette zuläßt. Auch diejenigen, die zum Sitzen nicht gebeten werden, kommen und stehen unterhalb des Geländers; so wird jede Classe in der Türkei mit der anderen bekannt, und der Einfall, daß verschiedene Rangstufen oder Classen der Gesellschaft sich einander hassen könnten, kommt Niemand in den Kopf.

***) Dort läßt man die Schuhe oder Pantoffeln.
        Handschriftl. Anmerk. d. Verf.

Kiosks ein so unregelmäßiges und doch malerisches Ansehen. Die Zimmer sind vorgestreckt und die Außenlinie tief eingeschnitten, um das jedem einzelnen Zimmer nöthige Licht zu erhalten. Demgemäß ist in der Mitte ein großer Raum freigelassen, der zu allen Gemächern führt; diese Mittelhalle — „Divan Haneh" — verleiht einem orientalischen Hause ein sehr würdiges Ansehen.

Der Quadrattheil des Zimmers ist an den drei Seiten mit einem breiten Sopha besetzt, auf dem rund umher Kissen an der Mauer lehnen, bis zur Fensterbank hinauf, so daß, wenn man sich darauf stützt, man rings umher die Aussicht hat. Durch diese Zusammenstellung der Sitze und Fenster hat man immer den Rücken gegen das Licht und das Gesicht gegen die Thür. Der Zusammenhang der Fenster, ohne dazwischen befindliche Mauer oder sonstigen Gegenstand gibt eine völlig freie Aussicht auf die Außenwelt, und wer so sitzt, fühlt sich, obgleich in einem Zimmer, beständig in Gegenwart der Natur dort außen. Das Licht fällt auch in einer einzigen Masse und von oben, so daß es dem Künstler angenehme malerische Effecte hervorbringt. Die Fenster sind selten höher als sechs Fuß. Ueber denselben läuft eine Corniche rund um das ganze Zimmer, von der die Gardinen herabhängen. Noch höher, bis zum Getäfel, ist die Wand mit Blumen, Früchten und Waffen in Arabesken bemalt. Hier befindet sich eine zweite Reihe Fenster mit doppelten Scheiben von mattem Glase. Vor diesen oberen Fenstern sind keine Vorhänge, wie vor den untern; unten kann das Licht, falls es nöthig oder wünschenswerth, verhüllt werden, *) aber von oben läßt man es einfallen, gemildert und gedämpft durch das matte Glas. Die Zimmerdecke ist schön gemalt und verziert. Sie ist in zwei Theile gesondert. Der über dem Quadrat, dem Triclinium, befindliche Theil ist ebenfalls viereckt und zuweilen gewölbt; der andere, über dem länglichen Theile des Zimmers nach der Thür hin ist in der Regel niedriger und flach. **)

Der Sopha, der rund um die drei Seiten des Quadrates läuft, ist etwa vierzehn Zoll hoch. Eine breite Frange oder Ge-

---

*) In den Harems sind die unteren Fenstre vergittert mit Jalousien.

**) In Aegypten ist er eben so hoch und in großen Sälen gewöhnlich noch höher.   Handschriftl. Anmerk. d. Verf.

hänge von gefaltetem Tuche hängen auf den Fußboden. *) Der Sopha ist vorne ein klein wenig höher als hinten und etwa vier Fuß breit. Die Winkel sind die Ehrenplätze, **) aber man kommt nicht auf den Einfall, zwei Personen dadurch gleich zu stellen, daß man die eine in einen Winkel, die andere in den andern setzt. Die rechte Ecke ist der vornehmste Platz, dann der Sopha längs des Oberendes und im Allgemeinen die Nähe bei der rechten Ecke. Aber auch hier zeigt sich, daß der Morgenländer den Menschen mehr achtet, als die Umstände, indem sich der gegenseitige Vorrang der Plätze im ganzen Zimmer verändert, sollte etwa zufällig die Person höchsten Ranges einen andern Platz einnehmen. Diese Combinationen sind verwickelt, aber gleichförmig.

Somit ist das Zimmer altgriechisch. Das einzige Türkische ist ein dünnes vierecktes Kissen, Schilteh, das auf dem Fußboden liegt, in dem vom Divan gebildeten Winkel, und das Schaffell des Turkomanen=Zeltes vorstellt. Es ist bei weitem der bequemste Platz, und darauf setzen sich nicht selten die Großen, wenn kein Staatsbesuch da ist, und dann sitzen ihre Gäste rund umher auf dem Fußboden, eine Gruppe ihrer nomadischen Vorfahren dar= stellend.

In der, während der letzten paar Jahre vorgegangenen Ver= änderung der Gebräuche ist nichts schädlicher und mehr zu bekla= gen gewesen, als die Geschmacks=Verschlechterung und der Verlust an Behaglichkeit im Style ihrer Zimmer. Der Versuch, etwas nachzuahmen, was sie nicht verstanden, hat eine im Gebrauche unpassende und in der Wirkung lächerliche Verwirrung hervorge= bracht. Der hohe schmale Sopha, den man jetzt an einem Zim= merende hingestellt sieht, gleich einer langen Kiste mit einer gepol= sterten Decke, und Seffel umher sind weder orientalisch noch euro= päisch; die Thüren sind mit Calico=Vorhängen geziert, die auf

---

*) Auf dem Fußboden liegen selten Teppiche. Im Sommer gebraucht man feine Matten, im Winter Filz und darüber dasselbe Tuch wie auf den Sophas, was durch die einfache und gleiche Farbe einen höchst merkwürdigen Eindruck macht. Bei dem gegenwärtigen Aufgeben der früheren Gebräuche war der Geschmack in der Farbe eines der ersten Dinge, die verschwanden. Die neuen Häuser zeigen die widerlichsten und gemeinsten Contraste.

**) So war es auch bei den alten Griechen.

beiden Seiten aufgenommen und auf lackirte Bronze aufgeschürzt sind, so daß ein Fremder glauben sollte, er sehe ringsumher die Enden von Himmelbetten. Daß der Sultan sich, Europa nach= ahmend, Paläste mit geraden und regelmäßigen Linien bauen ließ, hat die Gestalt der Zimmer aufgeopfert, die nicht allein so zierlich, zweckmäßig und classisch, sondern auch mit ihren Gewohnheiten, und deßhalb mit Grundsätzen und Pflichten so innig verknüpft war.

In den modernen Gebäuden sind die Wände mit einer Farbe bemalt und die Decke mit einer andern; Styl und Geschmack, Be= haglichkeit und Originalität sind aus ihren Gebäuden ebenso voll= ständig verschwunden, als aus ihrem Anzuge. Allein diese Ver= irrungen der Gegenwart müssen wir beiseite setzen, bis wir uns einen klaren Begriff von dem ursprünglichen Typus gemacht haben; dann erst sind wir im Stande, den Werth des Bestehenden und die Wirkung der Neuerungen zu beurtheilen.

Diese Gestalt der Zimmer, die glückliche Wahl der Lage, das strenge Gleichmaaß im Baue, das gänzliche Fehlen kleinlicher Zier= rathen, die unseren Zimmern das Ansehen von Waarenläden geben, muß die Wohnstätte eines Volkes von nüchternem Sinne und wür= digem Anstande gewesen seyn, während die reichlichen Mittel, Gäste aufzunehmen, auf gastfreundlichen Charakter und geselligen Geist deuten. Die unabweichliche Form des Zimmers läßt keine Unge= wißheit über die verhältnißmäßige Stellung, die jeder Einzelne einzunehmen befugt ist, während die Nothwendigkeit dieser Einrich= tung an und für sich die Wirkung eines freieren Verkehrs zwischen den verschiedenen Ständen ist, als mit unsern Sitten und Zimmern verträglich seyn würde. Der Platz in einem Zimmer wird daher eine ernste und wichtige Frage. Als ich Orientalen zuerst in un= sere Zimmer eingeführt sah und die Verwirrung bemerkte, worein sie dadurch geriethen, fiel ich zuerst darauf, welche Wirkung die Gestalt ihrer Zimmer auf ihr Benehmen mache und in welchem Zusammenhange beides stehe.

Diese Bauart hat, auch abgesehen von ihrem Vorzuge in Be= zug auf Helligkeit und die Leichtigkeit der Annäherung, den Vor= zug, Sparsamkeit (im Hausgeräthe, wenn nicht im Bauen) mit Eleganz, und Einfachheit mit Würde zu verbinden. Sie ist charak= teristisch für die Ordnung, Sauberkeit und Anständigkeit ihrer häus= lichen Gewohnheiten.

Der Leſer hat nun hoffentlich einigen Begriff von dem Orte des Beſuches, und folglich von der Wichtigkeit, ſich mit Selbſt= beherrſchung, aber ohne Anmaßung darzuſtellen und mit dem Be= wußtſeyn, daß die perſönliche Achtung immer mit der Bekanntſchaft der Ideen und Geſinnungen der Umgebung zuſammenhängt. Doch ehe ich einen Fremden aus Europa einführe, muß ich einen einhei= miſchen Beſuchenden vorſtellen.

Der osmaniſche Gaſt reitet in den Hof und ſteigt auf dem dazu vorhandenen Steine dicht neben dem Eingang ab. Ein Diener iſt ihm voraufgegangen und hat ihn angemeldet. Ein Diener des Hauſes theilt dieß ſeinem Herrn im Selamlik mit, nicht durch lautes Neunen des Namens, ſondern durch ein Zeichen, das des Beſuchenden Rang oder vielleicht ſelbſt ſeinen Namen kund gibt. Der Wirth geht zur Empfangnahme entgegen und zwar, im Verhältniß zu ſeinem Range, bis an den Fuß der Treppe, bis oben an die Treppe, bis an die Zimmerthür, bis in die Mitte des Zimmers, oder er tritt nur vom Sopha herunter, oder ſteht vom Sopha auf, oder er macht auch nur eine Bewegung, als wollte er ſo thun. *) Dem Gaſt kommt es zu, zuerſt zu grüßen. Indem er die Worte ausſpricht: „Selam Aleikum,“ bückt er ſich nieder, als wollte er mit der rechten Hand den Staub berühren oder aufnehmen, oder des Wirthes Gewand, und bringt dann ſeine Hand an Lippen und Stirn. Der Herr des Hauſes erwiedert augenblicklich: „Aleikum Selam“ mit derſelben Gebärde, ſo daß es ſcheint, als bückten ſich Beide zugleich. Wenn dieſe Begrüßung ſchnell, ohne Pauſe und Unterbrechung abgemacht iſt, entſteht kein gegenſeitiges Vorwärtszeigen und Streiten, wer zuerſt gehen ſoll; der Hausherr geht unverzüglich vor ſeinem Gaſt ins Zimmer, wendet ſich dann um und läßt dem Gaſt den Weg nach der Sopha=Ecke frei; weigert ſich der Fremde deſſen, ſo wird der Wirth wohl einen Augenblick darauf beſtehen und Jeder des An=

---

*) Wenn ein Fremder, ungekannt und unangemeldet, in ein Zimmer tritt, ſo zeigt das Maaß ſeines erſten Schrittes, die Stelle, wo er ſtill ſteht, um zu grüßen, und die Stellung, die er dazu vorher annimmt, ſo unauffaßbar das Alles einem Europäer auch ſeyn mag, dem Haus= herrn augenblicklich die Qualität des Gaſtes und die Aufnahme, die er erwartet, die denn auch Niemand fordert, wer nicht dazu befugt iſt.

(Urquharts Tagebuch ꝛc.)

dern Arm, ergreifen, als wollte er ihn hinführen. Mit Ausnahme dieses einzigen Punktes wird das ganze Ceremoniell mit
einer Leichtigkeit und Regelmäßigkeit vollzogen, als würde es
durch eine Maschinerie in Bewegung gesetzt. Man sieht kein
Drängen, wer zuerst gehen soll, kein Anbieten und Danken, kein
Herumbewegen auf Sitzen und Stühlen, keine Schwierigkeit
Plätze zu wählen, kein Anfassen, keine Verlegenheit, wie Leute
sie fühlen, die in Ermangelung des neuesten Complimentirbuches
nicht wissen, was sie zu thun haben. Man sieht kein Bücken
und Fußscharren bei dem Abschiednehmen, das die Leute eine
Viertelstunde lang mühselig auf den Beinen hält — Alles ist sanft,
ruhig, und gleich einem Uhrwerke weiß Jeder, wohin er gehört, und
Plätze und Dinge sind immer dieselben.

Ich fühle mich in beträchtlicher Verlegenheit, indem ich in
diesen Einzelnheiten fortfahre. Die wichtigsten und feierlichsten
Dinge in Bezug auf verschiedenartige Gebräuche erscheinen in der
Erzählung unbedeutend und sogar lächerlich. Ich muß deßhalb die
Nachsicht des Lesers erbitten und werde zum Fortfahren hauptsächlich durch den Glauben ermuthigt, daß diese Einzelnheiten künftige Reisende in den Stand setzen könnten, ihren Verkehr mit dem
Morgenlande auf weniger nachtheiligem Fuße zu beginnen, als
ich es gethan habe.

Wenn der Gast sich gesetzt hat, kommt nun die Reihe, den
Neuangekommenen zu begrüßen, an den Hausherrn und an die
etwa anwesenden übrigen Gäste; ist es ein Fremder aus einiger
Entfernung, so sagt man: hosk dscheldin, sefa dscheldin; ist
es ein Nachbar: sabaktiniz heirola, akscham schifler heirola
etc., je nach der Tageszeit, und wiederholt die obenbeschriebenen
Gebärden. Der Gast erwiedert jeden Gruß besonders. Von Einführung oder Vorstellung ist nicht die Rede. Es würde eine Beleidigung gegen den Herrn vom Hause seyn, seinen Gast nicht zu
grüßen. Der Herr läßt dann Pfeifen kommen, durch ein Zeichen,
das ihre Qualität andeutet, und Kaffee, durch die Worte: Kaweh
smaïla, oder für Leute niederer Classe: Kaweh dschetur. Wird
aber der Gast als Wirth angesehen, das heißt, ist er höheren Ranges als der Wirth, so befiehlt er, oder der Hausherr bittet um
Erlaubniß, es zu thun. Bei dem Eintritte eines angesehenen
Gastes sind die Pfeifen weggenommen; die Diener erscheinen nun

wieder mit Pfeifen, so viele Diener als Gäste; sie sammeln sich im untern Theile des Zimmers, gehen dann so viel möglich zusammen in die Mitte des Quadrates, und dann geht jeder zu einem der Gäste, wobei die Schritte so abgemessen werden, daß alle zugleich anlangen, oder nach stufenweisen Zwischenräumen. Die fünf bis sieben Fuß lange Pfeife wird in der rechten Hand getragen, im Gleichgewichte auf dem Mittelfinger, der Kopf vorne; die Spitze gegen des Dieners Brust oder auf seiner Schulter. Er mißt mit dem Auge eine Entfernung vom Munde des Gastes nach einem Platze auf dem Fußboden, so lang wie die Pfeife, die er trägt. Wenn er so weit gekommen, macht er Halt, legt den Pfeifenkopf auf diese Stelle, setzt den einen Fuß vorwärts, schwingt das Rohr zierlich herum und hält das mit Juwelen besetzte Bernstein-Mundstück einen oder zwei Zoll vor des Gastes Mund. Dann knieet er nieder, hebt den Pfeifenkopf vom Boden auf und legt darunter einen blanken Messingteller (tepsi), den er von der Brust nimmt.

Dann kommt der Kaffee. Hat der Befehl gelautet: „Kawch smarla," so zeigt sich der Kafidschi im Untertheile des Zimmers, am Rande des höheren Obertheils, auf beiden flachen Händen in der Höhe der Brust ein schmales Präsentirbrett haltend, worauf die von einer reichen Decke ganz verhüllten kleinen Kaffekannen und Tassen stehen. Sofort drängen sich die Diener um ihn, die verhüllende Decke wird abgenommen und dem Kafidschi über Kopf und Schultern gelegt. Wenn jeder Diener mit seiner Tasse in Ordnung ist, drehen sie sich zugleich alle um und gehen, wie vorher ihre Schritte abmessend, auf die verschiedenen Gäste zu. Die kleinen Tassen (Flindschan) stehen in silbernen Untertassen (Zarf) von derselben Form wie die Obertasse, nur etwas weiter am Boden; diese ist von durchbrochenem Silberzeug oder Filigran, zuweilen auch von Gold mit Edelsteinen, und zuweilen von feinem Porcellan. Der Diener hält sie zwischen der Fingerspitze und dem Daumen, sie mit leicht gebogenem Arm vor sich hertragend. Wenn er dicht an den Gast getreten, macht er eine Secunde lang Halt, streckt seinen Arm aus und bringt die Tasse mit einer Art leichten Schwunges in die Nähe des Mundes des Empfängers, der auf die Weise, wie der Diener sie hält, die kleine Gabe hinnehmen kann, ohne Gefahr zu laufen, den Inhalt zu verschütten,

17 *

oder des Dieners Hand zu berühren. So klein und zerbrechlich diese Kaffeetassen zu seyn scheinen, so habe ich doch während neun Jahren niemals eine Tasse Kaffee in einem türkischen Hause vergießen sehen. Die Diener gleiten mit so sanften und aalgleichen Bewegungen durchhin, daß, obgleich lange Pfeifen und die gewundenen Schlangenröhre der Narguillehs den Boden bedecken, wenn die zahlreichen Diener Kaffee präsentiren, man niemals einen Unglücksfall sieht, keine zertretene Pfeife, kinen von den flatternden Gewändern umgestürzten Narguilleh, obgleich die Schwierigkeit, richtig hinzutreten noch durch die Gewohnheit vermehrt wird, rückwärts zurückzugehen, und Diener und Gäste so viel wie möglich der bedienten oder angeredeten Person ins Gesicht sehen.

Wenn der Kaffee präsentirt ist, ziehen sich die Diener an das Unterende des Zimmers zurück, wo sie mit gekreuzten Armen stehen und jeder die Tasse, die er überreicht hat und wieder wegnehmen muß, beobachtet. *) Um aber nicht des Gastes Finger zu berühren, muß er, um die Tasse wieder zu bekommen, ein anderes Manövre vornehmen. Der Gast hält die Tasse in der silbernen Unterschale vor sich, der Diener steckt eine offne Hand darunter, legt dann die andere flache Hand auf den Rand der Tasse, der Gast läßt los, und der Diener zieht sich rücklings mit der so in Sicherheit gebrachten Tasse zurück.

Jeder Gast, der seine Kaffeetasse geleert hat, dankt dafür dem Herrn vom Hause, durch die oben beschriebene Begrüßung, temena, die auf gleiche Weise erwiedert wird. Auch kann der Herr vom Hause, oder wer seine Stelle vertritt, auf gleiche Weise einem Gaste danken, den er besonders ehren will. Doch in diesem höchst wichtigen Theile türkischen Ceremoniells sind die Combinationen viel zu zahlreich, um aufgezählt zu werden.

---

*) Nichts ist den Orientalen unangenehmer, als ein Präsentirbrett — ein solches Brett vernictet die ganze Würde eines Hausstandes. Als ich einmal auf einer Reise im Hause eines Europäers anhielt, traten meine türkischen Diener auf gewöhnliche Weise ins Zimmer, um Pfeifen und Kaffee zu reichen. Ein griechischer Diener des Hauses brachte die Tassen auf einem Präsentirbrett und ging damit zu den Gästen, welche Türken waren. Augenblicklich machten meine Diener Kehrt und verließen das Gemach. Hätte ich sie zur Aufwartung zwingen wollen, so wäre das eine Verletzung ihrer Selbstachtung und ich verachtet und machtlos gewesen.

Ein Gast geht nie weg, ohne vorher um Erlaubniß dazu gebeten zu haben. Von einem ähnlichen Gebrauche ist vermuthlich der englische Ausdruck taking leave, der französische prendre congé (beides wörtlich: Erlaubniß nehmen) übrig geblieben. Auf diese Frage antwortet der Herr vom Hause: Duwlet ikbalileh, oder saadet ileh, oder saghlidschei ileh, nach dem Range des Gastes, das heißt: „mit dem Glück eines Fürsten" — „mit Wohlergehen", — „mit Gesundheit." Dann steht er auf und geht vor seinem Gaste her bis zu dem Punkte, wohin er ihn zu geleiten für schicklich findet. Dort steht er still, der abschiednehmende Gast kommt nach, sagt: Allah ismailaduk, worauf der Wirth antwortet: Allah maner ola; beide beobachten dabei dieselben Ceremonien wie bei dem Kommen, aber beide sind auch sehr hurtig, um alle Verwickelung zu vermeiden und sich unnütz auf den Beinen zu erhalten. *)

In diesem Ceremoniell ist aber nichts Langweiliges, nichts Abgestoßenes. Es wird besonnen, aber schnell durchgemacht und so unauffallend, daß man sehr aufmerksam seyn muß, um zu bemerken, was vorgeht. Dennoch macht das Ganze eine eindrucksvolle Wirkung, und jedem Fremden muß das Ansehen ruhiger Würde und beweglicher Ruhe auffallen. Daher das orientalische Sprüchwort: Guzelik Tscherkistan; Mahl Hindostan; Akil Frankistan; Sultanatlik Ali Osman. Für Schönheit Circassien; für Reichthum Indien; für Wissenschaft Europa, aber für Majestät Ali Osman (das ottomanische Reich.)

Bei einem türkischen Gastmahl ist man nicht zum Schwatzen genöthigt, um Andere zu unterhalten, sondern es wird für anstän-

---

*) Die Griechen haben zwei Arten Abschied zu nehmen, die eine ist von den Türken, die andere von den Italienern entlehnt. Die bei der ersten Art gebrauchte Phrase ist: να μου δοσετα την αδιαν — „wollet mich beurlauben." Sie ist die gewöhnliche unter den östlich wohnenden Griechen und im Innern. Die andere ist: να σας εγκωσω το βαρος — „euch von der Last zu befreien" — nach dem Italienischen: levo l'incommodo. — Diese kommt mehr vor unter den gemeinen Griechen im Westen und ist vermuthlich jetzt im freien Griechenland allgemein. Jener italienische Ausdruck, der auf Begriffe von Verkehr und Gastfreundlichkeit deutet, die denen des Morgenlandes so feindlich entgegengesetzt sind, scheint mir eine vererbte Erinnerung an das große Römervolk, bei denen die Worte: Fremder und Feind fast gleichbedeutend waren.

dig gehalten, vor denen zu schweigen, die mit Achtung und Ehr=
furcht behandelt werden müssen. Haben also in Gegenwart eines
Mannes von höherem Range die Gäste sich Privatmittheilungen zu
machen, so geschieht es durch Flüstern; will man einem Diener
oder einem Untergeordneten etwas mittheilen, so ruft man ihn
dicht zu sich, statt ihm den Befehl laut zu ertheilen.

Die Dienste, welche Leute, die in demselben Zimmer sitzen
und an demselben Tische essen, sich gegenseitig leisten, sind der
Art, daß sie in Europa, wenn die Leute es verständen oder for=
derten, nur vom Hausgesinde geleistet würden; dennoch geschehen
sie ohne Ziererei und ohne einen Begriff von Entwürdigung; mit=
ten in dieser beständigen Achtungsbezeugung und ungeachtet des
ungeheuern Unterschiedes, der zwischen Rang und Rang statt zu
finden scheint, und zwischen dem Höchsten und dem Niedrigsten,
findet sich doch kein Eindruck von Verknechtung in den Mienen,
dem Sprachtone oder den Sprachformen des niedrigsten Dieners,
der auch seinerseits nie mit Hochmuth angeredet wird. Spricht
ein Herr mit seinem Diener, so wird er ihn „Effendum" (mein
Herr) anreden, ohne einen solchen Ausdruck für eine Herablassung
zu halten; er wird sich liebkosender Worte bedienen, die freund=
lich, aber ohne Anmaßung aufgenommen werden; z. B. „Kuzum,
Dschanum, Oglum — mein Lamm, meine Seele, mein Kind."

Während so die Dienerschaft Werth und Wichtigkeit bekommt
durch die Errichtung eines gesellschaftlichen Verkehres zwischen
Herrn und Dienern, erlischt der Charakter des Hausgesindes und
des bezahlten Dienstes, und die Kinder, die Verwandten in ihren
verschiedenen Graden, die Angehörigen sind den Hausleuten nahe=
oder gleich gebracht. Nicht durch die Herabsetzung dieser zum
Range des Gesindes, sondern durch die Erhebung der Diener über
den Charakter der Söldlinge entwickelt sich das Mitgefühl und
wird Zuneigung eng geknüpft; hier kann man den Ausdruck ver=
stehen: „der Dienst der Liebe kennt keine Herabsetzung." Diesen
häuslichen Charakter kann ich nicht weglassen, wenn ich versuche,
das Bild der Gesellschaft in Umrissen zu geben, denn so lange der
Leser nicht begreift, wie eine Classe mit der andern verkettet ist
— wie Achtung neben Abhängigkeit bestehen kann und Zuneigung
mit dem Stande eines Dienstboten, wird es ihm unmöglich seyn,
den Anstand zu begreifen, der in einem Gemache herrscht, dessen

eine Seite fast beständig mit Leuten der unteren, selbst der aller-
niedersten Stände der Gesellschaft besetzt ist. Aus diesen Combinationen und Gewohnheiten entspringt die beständige Aufmerksamkeit, der „Augendienst"*), der jedem orientalischen Hauswesen
das Ansehen eines Hofes gibt.

Aus einer türkischen Gesellschaft sind indeß weder Lebhaftigkeit noch Lustigkeit verbannt, aber es mischt sich darin weder
Vertraulichkeit noch Handfechten, noch Schreien. Vertraulichkeit
ist durch die allmächtige Herrschaft früher Gewohnheit und Erziehung ausgeschlossen; Handschlagen und Schreien sind gleicherweise
ausgeschlossen, aber sie werden auch überflüssig durch die Kraft
und den Reichthum der Sprache.

Ich bin oft von der Leichtigkeit betroffen gewesen, die im
Vergleiche mit anderen Europäern ein Engländer besitzt, mit den
Türken fertig zu werden, und bin geneigt, sie der Art der Unterhaltung zuzuschreiben, die vielleicht aus gleichen Eigenschaften der
englischen und türkischen Sprache entspringt, während ein Franzose, dessen geistige Beschaffenheit in den Augen eines Orientalen
mit der des Engländers nahe verwandt seyn müßte, sofort als
Einer bezeichnet scheint, mit dem man nun einmal nicht sympa-
thisiren könne. Ich denke mir, die Kraftlosigkeit der französischen
Sprache hat denen, die sie reden, einen lauten Ton und eine über-
triebene Gesticulation gegeben, die für die empfänglichen Nerven
und die feine Lebensart eines gebildeten Orientalen unerträglich sind.

Ich will versuchen, durch ein Beispiel meine Meinung in Betreff des Einflusses der Sprache auf das Benehmen deutlich zu
machen. Ein Franzose (und ein Deutscher) sagt: „j'aime — ich
liebe." Man antwortet ihm: „das thun Sie nicht." Da die
französische (und die deutsche) Sprache keine Wortmittel hat, die
Behauptung zu verstärken, so kann er nur wiederholen: j'aime —
aber er thut das mit lauterem Tone, er ruft die Muskeln seiner
Arme und seiner Kehle zu Hülfe, weil seine Sprache nicht ausreicht, die Innigkeit seiner Ueberzeugung auszudrücken. Eine so

---

*) Dieser Ausdruck in der Schrift bedeutet nicht das, wie wir es aus-
legen: „Vor Jemandes Augen anders handeln, als hinter seinem
Rücken." Er enthält in zwei glücklich gewählten Worten die besondern
morgenländischen Ursachen der allgemeinen Sünde des Menschen — Stolz.

einfache, durch Jahrhunderte fortwirkende Ursache muß eine Schärfe
der Betonung vermehren, die Gewohnheit der Handbewegungen
erzeugen und die Wichtigkeit des Ausdruckes auf Kosten.des Ur=
theils vergrößern.

Der Engländer sagt: „I love." Man verneint das. Er sagt
nun mit gemäßigtem Tone und mit vollständiger Ruhe: „I do love."
Da seine Sprache ihm die Mittel gibt, seine Behauptung ohne
Hülfe der Betonung oder der Gebärde zu verstärken, so kann er
gerade durch das Weglassen des Aeußern am besten auf die
Ueberzeugung des Andern wirken.

Diese Macht besitzt nun die türkische Sprache in einem noch
höhern Grade als die englische. Auch der Türke kann sagen: „I do
love, ich thue lieben," aber er kann es mit einem einzigen Worte
sagen. Auch hat er gleiche Leichtigkeit der Verneinung und Be=
jahung und kann beide Begriffe mit jedem Modus und jeder
Beugung des Zeitwortes verbinden. Man füge hinzu den außer=
ordentlichen Wohlklang seiner Sprache, und man kann sich eini=
germaßen einen Begriff von der Rolle machen, den die Modula=
tion in der Lehre vom gesellschaftlichen Umgange spielt.

Ich habe nun somit versucht dem Leser die Gesellschaft vor=
zustellen, in welche ich den abendländischen Fremden einführen
will. Ich habe das Theater, die Maschinerie und die Erwartun=
gen der Zuschauer beschrieben, jetzt kommt der Held.

Der Europäer kommt an, wahrscheinlich zu Fuß, von einem
Dolmetscher begleitet; an sich hat er nichts von dem Staate und
dem Style, der Achtung gebietet; er trifft Niemand, er erwartet
Niemand; seine Ankunft bleibt völlig unbeachtet. · Er besteigt die
Haustreppe in seiner engen und magern Tracht — der Tracht der
verachteten Classe des Landes. Als Antwort auf seine Fragen
zeigen einige Diener auf die Thür des Selamlik. Die Anwesen=
den hören draußen ein Geräusch; der Franke zieht seine Stiefel
aus und Pantoffeln an, oder er zieht sie über die Stiefel; er er=
hebt sich mit rothgewordenem Gesichte, wickelt sich aus dem Thür=
vorhange, der ihm auf Kopf und Schultern gefallen, trippelt in
seiner ungewohnten Fußbekleidung in das Zimmer und stolpert ganz
gewiß, wenn nicht früher, doch an der Stufe, die das Zimmer
abtheilt.

Eingeführt auf diese Weise in die Gesellschaft, blickt er mit bestürzter Miene rings umher, um auszufinden, wer der Herr vom Hause sey; er weiß nicht wie, er weiß nicht, wo er grüßen soll; er weiß nicht, ob er den Gruß des Wirthes abwarten muß; und seine Verstörung wird vollendet durch die bewegungslose Haltung aller Umgebungen. Verlegen und erröthend, zieht er sich wieder zurück nach dem niedrigeren Theile des Zimmers, oder in bescheidener Unwissenheit, um nicht vorwärts zu gehen, nimmt er die Ecke ein, welche zwei Vornehme aus gegenseitiger Höflichkeit frei gelassen haben. Dort hält er sich entweder steif und gerade, wie eine ägyptische Bildsäule auf dem Rand des Sopha, oder er flegelt sich auch zurück, mit ausgespreizte Beinen — eine Stellung, die in der Türkei fast eben so unschicklich ist, als wollte man in England die Beine auf den Tisch legen. Das sind Zwischenfälle, die dem Fremden die Achtung entziehen können, wenn sie ihn auch nicht unangenehm oder verhaßt machen; unglücklicherweise aber verrathen unsere Landsleute nur zu oft eine Tölpelei und Anmaßung, die keineswegs geeignet ist, ihnen selbst den Weg zu bahnen oder künftigen Reisenden die Thür der Freundschaft offen zu lassen. Sehr gewöhnlich treten sie auf Pfeifenköpfe, werfen Kohlen und Asche auf einen gestickten Teppich, stoßen ein Narguilleh um, daß das Feuer umherfliegt und das Wasser auf den Fußboden strömt, und mancher Fremde hält sich entehrt durch die dargebotenen Pantoffeln und stolzirt einher mit anmaßender und hochfahrender Miene, die Stiefel an den Füßen, was jedem Gefühl von Sauberkeit und jedem Grundsatze von Anstand gleich empörend ist.*)

Kaum hat der Frauke sich gesetzt, als der Hausherr und die Anwesenden sich nach seinem Wohlseyn erkundigen. Er bemerkt, der Herr spreche mit ihm und wendet einen fragenden Blick nach

*) Neuerdings haben wir in Indien eine Verordnung erlassen, daß die Eingebornen ihre Schuhe in den Gerichtssälen tragen sollen. Daß ein unermeßlich großes Land im Besitze einer Handvoll Fremden ist, die den Landesbrauch, ich will nicht sagen, aus Gewohnheit nicht achten, sondern zu verstehen unfähig sind, ist eine Erscheinung, die sich nur aus dem Glauben an Englands Macht erklären läßt, den es seiner früheren Stellung in Europa verdankt. Dennoch, was könnte nicht England in Asien seyn und folglich in Europa, besäße es nur die geringste Einsicht in die volksthümlichen Institutionen und den Charakter des Orients?

dem Dolmetscher, um zu erfahren, von welcher Beschaffenheit die
ihm gemachte Mittheilung sey; während der Zeit ist aber der Dol=
metscher bemüht, den Begrüßungen der Gäste im ganzen Zimmer
rund umher seine Aufmerksamkeit zu bezeugen; das macht den
Fremden ganz verwirrt, er schiebt und rückt und wendet sich vor=
wärts und rückwärts und spielt eine der lächerlichsten Figuren, die
man sich nur denken kann. Meine eigene Ernsthaftigkeit ist wie=
derholt einer solchen Probe erlegen, aber ich habe niemals gesehen,
daß ein Türke das leiseste Zeichen von Erstaunen oder Lustigkeit
blicken ließ, das für eine Verletzung der Höflichkeit geachtet wer=
den oder den Fremden verlegen machen konnte. Das ist nicht so=
bald vorüber, als der Franke (denn er kann nicht schweigend sitzen)
anfängt, Fragen zu thun, die mehr oder weniger, aber in der
Regel weniger, getreu übersetzt werden; und ist er sehr gesprächig
oder neugierig, so nimmt sich der Dolmetscher die Freiheit, nach
Gutdünken Sachen hineinzumischen oder wegzulassen, oder gibt
dem Hausherrn einen bedeutsamen Wink.

Sind aber mehrere Europäer beisammen, dann wird die Wir=
kung wirklich kläglich. Die vielfachen Verstöße der Ungeschicklich=
keit, die wiederholten Mißgriffe, sind in den Augen der orienta=
lischen Beobachter noch gar nichts, im Vergleiche mit der Rohheit
ihres gegenseitigen Umganges, dem herben Tone, der lauten
Stimme, der kurzangebundenen Manier, der Anreden und der be=
ständig entstehenden Verschiedenheit der Ansichten. Der von der
Menge Fragen, welche die Europäer thun, überwältigte und zer=
streute Dolmetscher kann nur die Achseln zucken und den Türken
sagen: „Sie sind verrückt,“ während er die Rastlosigkeit seiner
Fremden dadurch beschwichtigt, daß er ihnen sagt: „Sie wollen
nicht antworten; sie sind närrisch; sie verstehen euch nicht.“ Die
durch solche Auftritte hervorgebrachte Wirkung auf einen Orien=
talen ist äußerst demüthigend; aber sie kann nur von Jemand
völlig gewürdigt werden, der als Zuschauer dabei saß und die
Ansichten und Absichten beider Parteien verstand. Wäre das eine
unvermeidliche Nothwendigkeit, so müßten wir uns ihr mit Geduld
unterwerfen, aber das Erschwerende bei der Sache ist, daß jeder
Reisende, der nur ein paar Tage lang auf die Gebräuche aufmerk=
sam seyn will, seine ganze Lage völlig verändert finden wird.

Der Dragoman des Pascha's von Larissa, Mahmud Hamdi, sprach

englisch und französisch. Ein englisches Kriegsschiff legte bei Volo an, und zwei Officiere, ich glaube ein Lieutenant und ein Midshipman, wurden mit einer Botschaft an den Pascha geschickt. Dieser befahl dem Dolmetscher, kein Englisch zu verstehen; glücklicherweise verstand aber der eine Officier ein paar Worte französisch, und auf diesem Umwege wurden ihre Bemerkungen dem Pascha überbracht. Für diese Schwierigkeit der Mittheilung entschädigten sie sich durch artige Bemerkungen in ihrer Muttersprache über Alles, was sie hörten und sahen. Besonders sehnlich wünschten sie des Pascha's Pfeifen anlangen zu sehen. Als der Pascha dieß erfuhr, ließ er zwei der reichsten und längsten bringen. Da kannte ihre Bewunderung keine Gränzen, die Pfeifen wurden nach der Länge gemessen und nach dem Werthe geschätzt, und sie sahen im Geiste schon den Neid der Cajüten und des Verdeckes, wenn sie die köstlichen Pfeifen mitnehmen könnten. Das wurde natürlich dem Pascha Alles getreulich überbracht, nebst anderen Reden in dem Schulknabenstyle, der unglücklicherweise sich nicht nur auf die Genossen der Matrosenkojen beschränkt, sondern die allgemeine Charakteristik der Engländer in fremden Landen geworden ist.

Der Pascha machte sich so dasselbe Vergnügen, das eine englische Nähjungfer gehabt hätte, wenn sie sich aus einer Leihbibliothek einen Band Reisen in die Türkei geholt; er zog gleich tief durchdachte und gründliche Schlüsse in Betreff des englischen Charakters, und durch dieselben Vernunftschlüsse, wodurch unsre Meinung über sein Land entstanden ist, gelangte Mahmud Pascha zu einer gleich richtigen Schlußfolge auf die Neigung der englischen Marine zur Seeräuberei. Diese Geschichte wurde mir vom Pascha selbst erzählt, der natürlich nur auf des Dragomans Bericht sich verlassen mußte, weßhalb ich denn auch keineswegs für die Genauigkeit einstehen will.

Ich wage mich nicht an die Beschreibung der Verkehrtheiten eines Mittagstisches. Das Berühren der Speisen mit der linken Hand; die verzweifelten und oft verunglückten Anstrengungen um Speise zu bekommen; der durch die Art zu essen erregte Widerwille; die auf den Tisch und die Kleider des unglücklichen Patienten geschütteten Gerichte; die Vernichtung gestickter Tafeltücher und

brokatener Fußdecken — das Alles mag für den Liebhaber des
Possenhaften manche lächerliche Scenen hervorbringen und gibt
sehr hinreichende Gründe an die Hand, Europäer aus türkischer
Gesellschaft auszuschließen.

<hr>

Vier und zwanzigstes Capitel.

Streifereien auf dem Olymp und Ersteigen des Gipfels.

Ich begann nun die unbedingte Nothwendigkeit zu fühlen,
mich mit den, auf den Bergen im Norden von Thessalien zerstreuten griechischen Armatolis bekannt zu machen und täglich schien
mich der Gipfel des Olymps einzuladen, seine Höhen zu ersteigen.
Eine hinreichend starke türkische Wache konnte ich nicht erhalten,
bloß weil ich neugierig war, die griechischen Gebirgsbewohner zu
sehen. Da die Behörden von Natur argwöhnisch auf England
waren, so hätte schon ein solcher Vorschlag an den Pascha meinem Vorhaben einen unübersteiglichen Schlagbaum entgegensetzen
können. Um indeß keine nützlich scheinende Vorsicht zu vernachlässigen, vertraute ich meine Absicht einem verständigen jungen
Griechen, einem Eingebornen des Olympus. Nachdem er versucht, mir mein Unternehmen auszureden, entwarf er mir einen
Operationsplan. Ich sollte zuerst nach Alassona, dort versuchen
mit einigen der zerstreuten Armatolis bekannt zu werden und, je
nach den zu findenden Gefährten, entweder meine Schritte nach
den westlichen Bergen lenken oder mich nach Osten wenden und den
Berg Olymp selbst besteigen. So wie er sich für den Gegenstand
erwärmte, verschwanden allmählig seine Besorgnisse, und er fing
an sich zu schämen, vor dem Besuche seines Geburtslandes zu
schaudern, wohin ein Fremder sich allein wagen wollte. Er bot
sich daher als mein Führer und Reisegefährte an — ein Vorschlag,
den ich ablehnte. Ich war sehr vertraut damit geworden, allein
zu reisen, was, obgleich man dadurch oft der Unbequemlichkeit
und Langweile ausgesetzt wird, doch auch die Aussichten auf Interesse und Belohnung sehr vergrößert. Für dießmal beschloß ich,
mit einem hinten an den Sattel geschnallten Hangbette und ohne

Gepäck irgend einer Art, ohne Diener und selbst ohne eine Münze
in der Tasche, auf meinem getreuen Maulthier fortzureiten. Dieses
Thier bin ich verpflichtet, des Lesers Aufmerksamkeit förmlich vor=
zustellen. Es hatte einen gewissen Grad von Berühmtheit erlangt
durch weite Reisen und Eigenschaften, die sich zuerst an den Ufern
des Nils erprobten; dann hatte es das Königreich des Minos und
den Berg Ida besucht (die Insel Candia oder Canta); war wieder
über die Meere gegangen, in Morea gelandet und hatte Ibrahim
Pascha bei manchen Fährlichkeiten in Griechenland getragen; von
des ägyptischen Satrapen Dienst in den meinigen gekommen, hatte
es drei Viertheile der Ruinen des hellenischen Stammes besucht,
mit denen es so vertraut geworden war, daß es bei jedem gehaue=
nen Steine stockstill stand, und endlich hatte es Kräuter gesammelt
in viel größerer Anzahl und auf größeren Feldern, als Galenus
und Dioskorides. In Gemäßheit dieser verschiedenen Heldenthaten
und Eigenschaften wurde es unter verschiedenen Namen bekannt.
Einige, der Archäologie ergebene Leute nannten es Pausanias;
Botaniker gaben ihm den Namen Linné, während ich, mehr auf
seine moralischen Anlagen achtend, es Aristoteles nannte, weil es,
gleich jenem würdigen Alten, zuweilen seinen Herrn schlug. Mit
solchen romantischen Entwürfen im Gehirn und auf einem so aus=
gezeichneten Renner sitzend, ritt ich mit entschuldbarem Geistes=
jubel und hochfliegendem Sinn, wenige Minuten vor Sonnenauf=
gang, am letzten Julius aus den Thoren von Larissa. Vor mir lag
die Ebene und erhob der Olymp seinen von den Morgenstrahlen
beleuchteten dreifachen Kamm gen Himmel. Ich bog ab vom
Wege oder Pfade und spornte Aristoteles zur Eile und zügelte ihn
erst dann, als ich hinlänglichen Raum zwischen mich und Larissa
gelegt hatte, um es mir bewußt zu werden, daß ich entkommen
und allein war, und bis ich einen Grabhügel erreicht hatte, wo
ich mich umwendete und nach Larissa blickte und seinen in der
Sonne funkelnden dreißig Minarets. Als ich auf dem einsamen
Hügel hielt und die Aussicht ohne Gleichen bewunderte, bemerkte
ich einen Reiter, der im vollen Galopp auf mich zukam. Freund
oder Feind, dachte ich, es ist ja nur Einer, und es wird zugleich
sicherer und anständiger seyn, ihm Auge in Auge entgegen zu tre=
ten und obendrein mit dem Vortheile des Platzes, auf dem ich
hielt. Der Ritter kam in Sprüngen daher, da ich aber weder

eingelegte Lanze, noch Pistole in der Hand, noch das malerische
Schwenken des Säbels um das Handgelenk bemerkte, so erwartete
ich ruhig seine Ankunft. Erst als er drei Yards von mir plötz=
lich sein Pferd auf das Hintertheil setzte, erkannte ich unter einem
gewichtigen Turban und einem weiten, rauhen Mantel den Reise=
gefährten, dessen Dienste ich am Abend vorher zurückgewiesen hatte.
„Ah, ha!" sagte er, „Sie wünschten mir zu entwischen, aber ich
wußte, mein At (Pferd) würde Ihr Maulthier überholen, und ich
dachte, wenn Sie mich in diesem Anzuge sähen, würden Sie sich
meiner Gesellschaft nicht schämen." Der arme Kerl hatte sich ein=
gebildet, ich hätte ihn nur wegen der Rajah=Tracht, worin er
ging, zurückgewiesen. Ich versicherte ihn, daß ich weder gestern
Abend an seinen Anzug gedacht hätte, noch heute Morgen daran,
ihm zu entwischen, bedeutete ihm aber die Gefahr, die wir jetzt
Beide in Folge seiner Tracht liefen; ich hätte mich wegen meiner
Sicherheit auf die Entfernung aller anzüglichen Gegenstände und
aller Vertheidigungsmittel verlassen, so wie auf den Einfluß, den
ich auszuüben gewohnt worden und auf den ich Vertrauen ge=
wonnen; in dieser Tracht aber und mit diesen Waffen würden wir
todtgeschossen werden, ehe Jemand eine Frage thäte oder beant=
wortete. Ich war nur mit einem tüchtigen Stocke bewaffnet, der
in diesen Gegenden den unschätzbaren Vortheil hat, nicht als
Waffe angesehen zu werden.*) Ich sagte ihm daher, daß wenn
ich früher seine Gesellschaft abgelehnt hätte, ich mich ihr jetzt

---

*) Ich verdanke bei verschiedenen Gelegenheiten die Erhaltung meines
Lebens dem Entschlusse, niemals Pistolen zu führen. Gegen Räuber
nützen sie nichts; kommt es zum Widerstande, müssen weite Schüsse
entscheiden, unter andern Umständen geben die Schwierigkeit, den ent=
scheidenden Augenblick mit Geistesgegenwart zu ergreifen, der Verlust
der Stellung durch Ziehen einer Waffe, der Zeitverlust im Spannen
des Hahnens, einem Stocke unvergleichliche Vorzüge gegen eine Pistole
oder einen Dolch, besonders wenn man den Stock auch zum Stoße
gebraucht. Die Schnelligkeit der Bewegung, die Wirkung der für un=
bedeutend geachteten Wehr, der Bereich der Stimme, während man
die Stellung im Gleichgewicht behält, und die Fähigkeit, einen Gegner
unschädlich zu machen, ohne ihm das Leben zu nehmen und ohne Blut
zu vergießen, sind sehr wichtige Erwägungen für Jemand, der sich auf
orientalische Abenteuer einläßt.

förmlich widersetzen müsse. Auf sein Andringen gab ich es indeß zu, daß er mich bis Alassona begleite.

Wir erreichten den Fuß des Olymp, am Ursprung der Quelle, vier oder fünf Meilen von Turnovo, deren reines und helles Wasser so viel zu der Schönheit der Färbereien in diesem Bezirke beitragen soll. Wir setzten uns auf einen grünen Rasen, unter einige schöne Platanen, dicht an dem überschwellenden Strome.

Der Marmorfelsen hinter uns, der über Turnovo hängt, trifft nahe bei diesem Orte auf den Gneiß und Granit des Olympus; gegen Norden, unterhalb dieses Zusammenstoßens und recht im Mittelpunkte eines zurückliegenden Winkels der Bergkette, liegt das Dorf Mati. Der beengte Theil der Ebene vor uns, nach der Richtung von Tempe, wird von dieser Quelle bewässert und ist von smaragdgrünen Rasen, mit dunkelgrünen Binsen, Gesträuchen und Blumen, im Abstich gegen die nackten, abgerundeten Formen der Marmor-Formation und das angeworfene, gebrochene, aber weniger kahle Aussehen des schieferigen Olymps. Dieses Wasser, in Verbindung mit der Quelle bei Turnovo, muß der Titaresus des Homer seyn, oder sollte es doch seyn, denn der Winterstrom, der diesen Namen trägt, zeigte jetzt nur ein breites, weißes Bett, während hingegen dieses Krystallwasser seine grünenden Ufer ausfüllt, und noch jetzt so hell, daß es zum Sprüchwort dienen könnte, in einem vollen, klaren Strome hingleitet und noch im schlammigen Peneus, in den es fließt, zu erkennen ist. Nachdem wir kaum eine Stunde in einer steilen Schlucht, durch die des Pompejus Legionen vor der Schlacht von Pharsalia heruntergezogen, gestiegen und halb so weit wieder hinunter geritten waren, eröffnete sich vor mir die schöne kleine Bergebene von Alassona, etwa zehn Meilen im Umkreise. Gleich allen Hochebenen in Thessalien ist ihr Ansehen, wie das eines plötzlich zum Festlande erstarrten Sees, umgeben von einer unregelmäßigen Küste, mehr als von einem Hügelkreise. Durch ihre Oeffnung, nach Westen hin, zeigt sich die Kette, die sich vom Pindus bis an den Olymp erstreckt. Dem Punkte gegenüber, wo wir hineingekommen waren, glänzten die Minarets von Alassona und einige weißliche Klippen, wovon es seinen Homerischen Beinamen hat, und auf einem Felsen darüber das Kloster. Pappelbäume, Maulbeerbäume und Reben grünten ringsum. Rechts liegt Tzeri-

dschines (von Tzerna, im Bulgarischen: ein Maulbeerbaum *)
unter der Gruppe des Olymps, auf einer hübschen Erhöhung,
unmittelbar von Felsen überhangen. Die breiten Dächer, die aussehen, als lägen sie eines über dem andern, mit Laubwerk untermischt, geben dem Orte ein hübsches Ansehen und einen Schein
von Wohlstand. Wir kamen durch Weinreben, die von Unkraut
fast erstickten, und durch Anpflanzungen üppiger Maulbeerbäume,
die, wie ich kaum glauben wollte, aber überzeugt wurde, erst vor
drei Wochen an den Zweigen beschnitten waren.

Als wir in Tzeridschines ankamen, schien der Ort der Verwüstung entgangen zu seyn, an die ich seit lange gewöhnt war,
allein nirgends hat sich mir das Elend, dem dieß Land zur Beute
geworden, auf eine so eindringliche Weise dargestellt. Mein Gefährte war hier in die Schule gegangen und seit zwölf Jahren
nicht dort gewesen. Mit aller Kraft, welche die Einfachheit dem
Gefühle verleiht, zeigte er bei jedem Schritte auf einen Contrast
des jetzigen Zustandes mit dem frühern. Jetzt erkannte er den
Diener eines alten Freundes, dessen ganzer Hausstand verschwunden war; jetzt einen Vater, dessen Kinder nicht mehr am Leben
waren; jetzt stand er still auf dem Platze, wo ein glückliches Haus
gestanden hatte, und nun wieder auf der Stätte eines zerstörten
Hauses, wo er einst glücklich gewesen. Er bestand darauf, wie
sollten zu seinem ehemaligen Schulmeister gehen. Wir fanden
bald das Haus, aber — sonderbar! — die Thür war fort. Nachdem wir eine Zeitlang gerufen hatten, zeigte sich am Fenster ein
alter Kopf, mit kleinem schwarzem Barte und Brille auf der Nase.
Wir wurden durch eine etwas entfernte Thür gewiesen und fanden unsern Weg in die Wohnung des Λογιότατος (wörtlich: des
Gelehrtesten) durch ein Loch in seiner Gartenmauer, eine classische
Art der Holzsparkunst. Wir fanden den Schulmeister auf einem
Teppich sitzend, an einem Ende eines weiten Raumes, der früher
in verschiedene Zimmer abgetheilt gewesen. Die Scheidewände
waren niedergeschlagen, das Dach wurde an einer Seite nur durch
Pfähle gestützt, der Fußboden war zum Theil aufgebrochen. Während der letzten drei Jahre war es ein Quartier für Albanesen
gewesen, seit er aber auf die Erfindung gerathen war, die Thür

---

*) Vom slavischen: tzorni, tschernil, schwarz.

zu vermauern und durch einen verborgenen Gang hineinzukommen, lebte er ungeſtört mitten unter ſeinen Ruinen. Er lachte herz= lich, als er ſeine Geſchichte erzählte und tippte weislich mit dem Finger an die Stirn, ungefähr in der Lieblings=Stellung Swifts, wodurch, wie man ſagt, Gall zuerſt darauf geführt wurde, das Organ des Witzes aufzufinden.

Nachher wurde ich mit zum Beſuche genommen, zu einem der früher wohlhabendſten Einwohner des Ortes, wie der Διδάσχαλος (Schulmeiſter) mir ſagte, einem Gelehrten und Philoſophen. Wir traten in einen von beträchtlich ausgedehnten Gebäuden umgebe= nen geräumigen Hof; wir gingen durch verſchiedene zertrümmerte Gänge und Corridors; wir löſeten die Schnur, womit einige Thüren zugemacht waren, konnten aber keine lebendige Seele fin= den. Endlich antwortete uns eine ſcharfe und knarrende Stimme, und der Ton führte uns zu einer kleinen Kammer, wo wir den geſuchten Philoſophen fanden, der in einer Ecke auf einem alten Pelze ſaß und an einem Stuhle ſchrieb. Er war ganz verſtört bei dem unerwarteten Erſcheinen eines Europäers, nahm aber ſofort eine Miene gezwungener Zufriedenheit an. Mit Vergnügen und zugleich mit Schmerz beobachtete ich dieſen Charakter, der den unaufhörlichen und leeren Klageliedern und Seufzern der Griechen geradezu entgegengeſetzt war. Er deutete niemals auf allgemeine Klagen oder die Leiden der Einzelnen, und wußte es künſtlich ein= zurichten, daß ein Nachbar Kaffee machte und hereinbrachte, als würde er von ſeinen Leuten ſervirt. Er ſagte mir, er habe Haus und Hof abſichtlich in der verlornen Lage gelaſſen, worin ich es gefunden, damit es nicht die Albaneſen anlocke. Das war das erſte Mal, daß ich einen Griechen kennen lernte, der mir nicht ſeine Leiden und ſeine wirkliche oder geheuchelte Armuth auskramte und mich nicht in den erſten fünf Minuten fragte: δèν εἶναι χαμμια χαλλοσυνη, χανενα ℓιεος? (Gibt es kein Mitleid, kein Erbarmen für uns?) Er ſagte: „Schon ſeit manchen Jahren müſ= „ſen in dieſen Landen die Kinder der Hellenen erröthen, wenn „eines freien Mannes Auge auf ſie ſchauet. Alles, was uns jetzt „noch bleibt, iſt der Becher der Philoſophie, das heißt, die Hefen; „der Reſt iſt fort. Seht ihr auf mich, meinen Anzug, meine Lage „und meine Höhle, ſo mögt ihr leicht denken, ihr beſuchtet einen

„Diogenes, aber damit, ich muß es leider sagen, hört auch alle „Aehnlichkeit auf."

Obgleich Tzeridschines ein solches Bild der Zerstörung darbietet, ist es doch vielleicht der am wenigsten unglückliche Ort auf dem Olymp. Korn muß gesäet, Weinberge müssen bearbeitet werden, aber der Maulbeerbaum bringt seine Blätter von selbst. Einige Seidenwürmer kann man sich leicht verschaffen, und Seide ist leicht zu transportiren, leicht zu verstecken und immer zu verkaufen, mithin fast so gut wie baar Geld. Die Maulbeerbäume sind merkwürdig wegen ihres breiten, dunkelgrünen und glänzenden Laubes. Die Leute pflücken die Blätter nicht von den Bäumen, sondern schneiden die jährlichen Sprossen ab. Sie sagen, die Blätter würden so reichlicher und saftiger, und die Würmer kriechen lieber auf die Zweige, die dann leichter rein zu halten und gesünder sind und besser treiben. Nachdem die Sprossen abgeschnitten sind, schießen andere aus, mit überraschender Schnelle, so daß einen Monat darauf der Baum aussieht, als wäre er nie beschnitten. Die Schösse bleiben dann bis zum nächsten Jahre stehen.

Von Tzeridschines nach Alassona ist weniger als eine halbe Stunde, längs des Fußes der Hügel. Zersetzter Feldspath vom Gneiß, hellfarbiger Sand und Thon geben den Klippen das weiße Ansehen, die den nördlichen Gürtel der schönen kleinen Ebene bilden, obgleich jetzt diese Klippen fast von dunklerer Farbe scheinen als das verwelkte Gras. Ehe aber die Klippen so sehr verwittert waren, und als ihre Farbe gegen die Wälder droben und den Anbau drunten abstach, müssen sie ganz weiß ausgesehen haben. Das Kloster der heil. Jungfrau steht vermuthlich auf der Stelle der Akropolis von Oloasson. Zu den Pfosten der Kirchenthür ist ein Stück Marmor verwendet, das eine lange Inschrift in kleinen Buchstaben enthält, die aber unleserlich ist. Eine Säule drinnen ist ganz bedeckt mit kleinen, gutgeformten Buchstaben, aber so sehr abgeschabt, daß ich nicht vier Buchstaben zusammenbringen konnte. Eine andere Säule hatte eine ähnliche Inschrift getragen, die sorgfältig ausgegraben ist. Als ich diese Marmorstücke betrachtete, dachte ich an Johnson, der das Verzeichniß von Plutarchs verlornen Werken überlas und sich mit einem Schiffseigner verglich, der das Waarenverzeichniß einer

durch Schiffbruch verlornen Ladung überließ. Hier war aber
der Verluſt nicht das Werk des Zufalls, ſondern der Hände, die
zum Schutze und zur Erhaltung verpflichtet geweſen wären. Auf
dem Kirchenpflaſter iſt ein Basrelief, ein mit einem Stier käm=
pfender Löwe, in gutem Styl, aber ſehr abgenutzt.

Das Kloſter der Jungfrau Maria war eines der reichſten und
wichtigſten in Theſſalien oder Griechenland. Eine Acte von Kan=
taluzeno, deren Original ich nicht ſehen konnte, verlieh ihm ſehr
ausgedehnte Beſitzungen. Ein Theil derſelben wurde durch einen
Firman beſtätigt, mit Freiheit von Kopfgeld auf Schafe und
Abgabe von Weinen. Das Kloſter iſt Vakuf. Der Freibrief iſt
aus Adrianopel datirt, im Jahre 825 der Hedſchra, demſelben
Jahre, wo Konſtantinopel erobert wurde. *) Er iſt ſehr zerbrochen
und auf grüne Seide geklebt. Die Mönche ſagten mir, er ſey
von Orchan ausgeſtellt. Ich fand das ſo außerordentlich, daß
ich von dem Documente eine ſo genaue Abſchrift nahm, als ich
konnte, obgleich ich damals nicht einen türkiſchen Buchſtaben kannte.
Durch dieſe Abſchrift bin ich überzeugt worden, daß der Firman,
wie oben bemerkt, von Mohammed II ertheilt iſt.

Alle dieſe Freiheiten ſind nun entzogen und Erpreſſungen und
Bedrückungen an ihre Stelle getreten. Lang und traurig iſt die
Geſchichte der Klagen, die ich hier und in andern Klöſtern an=
hören mußte.

Sie erzählten mir, ſie hielten ihre Heerden und bearbeiteten
ihre Felder und Weingärten, mit Verluſt, mit Geld, das ſie
hauptſächlich von Türken borgen, die täglich auf das Ende der
gegenwärtigen Unruhen hoffen und auf eine ſichere und reichliche
Ernte rechnen. Ich erhielt eine Berechnung ihrer Verluſte durch
Erpreſſungen in den letzten zehn Jahren, welche die im Ausſchuſſe
verſammelten Mönche aufgemacht hatten und mir mit dem ernſt=
lichen Verlaugen übergaben, ſie an die verbündeten Mächte zu
ſchicken.

Fünfzehn Tage vorher war der Bruder des Arslan Bey von
den regulären Soldaten Mahmud Paſcha's in das Kloſter geſperrt
worden. Die Mönche zeigten mir die Punkte des Kampfes und
jubelten darüber, daß der Nizzam die Albaneſen zuſammen gebro=

---

*) 1453 nach Chr. Geb. Der Ueb.

18 *

schen hatte, aber sie ertheilten jedem Anführer das gebührende Lob wegen der bewiesenen Anstrengungen zur Aufrechthaltung der Ordnung und zum Schutze und zur Erhaltung des Klosters und der Stadt. Ich hatte Gutes gehört von ihrer Büchersammlung, wurde aber verhindert sie zu sehen, weil sie in einer Kluft oder verborgenen Kammer war, zu der man durch ein Zimmer gehen mußte, worin ein Albanese seinen Konak hatte. Ein Tisch mit Stühlen rund umher, ein Tischtuch, Teller, Messer und Gabeln wurden im Mondschein zum Abendessen zurecht gestellt, und der alte Abt führte mich mit nicht geringer Selbstzufriedenheit hin. Ich will hier ein für alle Mal bemerken, daß ich es immer eben so unangenehm und jämmerlich gefunden habe, wenn ein Morgenländer europäischen Styl nachahmt, als wenn es umgekehrt geschieht.

Am nächsten Tage, dem Feste des heiligen Elias, sollte eine Panagiri oder Jahrmarkt gehalten werden, wozu die Kapitani im Westen des Olympus sich gewöhnlich versammeln und sich lustig machen. Da ich aber fand, daß das eine Tagereise entfernt war und viel lieber den Olymp besteigen wollte, so lehnte ich halb ungern das Anerbieten eines der Mönche ab, mich dahin zu begleiten, so lange ich wenigstens nicht über die Unmöglichkeit der Ersteigung gewiß wäre. In Tzridschines hatte ich von einem Kapitano Pulio gehört, aber Niemand konnte mir mehr von ihm sagen, als daß die aufgehende und die untergehende Sonne ihn nie auf demselben Platze fände. Ein Palikar indeß, der von meinen Erkundigungen hörte, gab mir auf eine geheimnißvolle Weise einen Wink, daß wenn ich Geschäfte mit Kapitano Pulio hätte, er uns zusammen bringen könnte. Da ich aber das Achselzucken und die Zeichen meines Freundes, des Schulmeisters, sah, so lehnte ich das Anerbieten ab. Jetzt, da ich fand, ich könne nirgendswo irgend einige Auskunft über einen Kapitano in der Nähe erhalten und das Geheimnißvolle und die Schwierigkeit mich reizte, beschloß ich umzukehren und den Palikaren zu suchen. Als ich aber Alassona verließ, begegnete ich ihm. Er offenbarte mir das wichtige Geheimniß des Dorfes, wo Pulio zu finden wäre; aber es war vierzig Meilen weit. Da er mich zu solcher Reise wenig aufgelegt fand, tröstete er mich mit dem Zusatze, dort wäre der Kapitano gestern gewesen, „aber wer mag wissen, wo er jetzt ist?" Ich gab daher jede Idee davon auf, das Land zu durch-

reiten nach diesem olympischen Manfred und kehrte nach Tzeri=
dschines zurück, um mit meinem philosophischen Freunde und dem
gelehrten Didaskalos zu berathschlagen.

Der Rest des Tages wurde mit Versuchen mir abzurathen und
dann mit der Besprechung verschiedener Plane zugebracht; endlich
beschlossen wir, die Einrichtuugen dem Stellvertreter des Diogenes
zu überlassen, der sich freiwillig erbot, am nächsten Morgen fer=
tig zu seyn, mich bis auf die Spitze des Olymps oder bis an der
Welt Ende zu begleiten. Wirklich stand auch am nächsten Morgen,
als ich mich mit Tagesanbruch am Thor des verlassenen Hauses
einstellte, der kleine Mann vor mir in der vollständigsten Verwand=
lung, die jemals ein menschliches Wesen erlitten, zur Reise in
einem Aufzuge gerüstet, der des Pinsels würdig gewesen wäre,
welcher die Mariage à la mode zeichnete. *) Der kleine Kalpak
(Mütze), die gelben Pantoffeln, der Dschubbi (Schlafrock), das Dol=
metscher=Ansehen waren verwandelt in ein Mittelding zwischen
Tatar und Vogelscheuche. Ich will von unten auf anfangen. Auf
der Thürschwelle stand ein paar unförmlicher türkischer Stiefel, in
denen ein Paar spindeldürrer und ausgeschweifter Waden ver=
schwand, die dicht eingepreßt waren in tatarische Hosen, welche
über das Knie gehend dort sich vereinten und aufquollen in Gestalt eines
Luftballons; verschiedene Jacken, mit Aermeln, die entweder über
die Hand herabhingen oder nur bis zum Vorderarm gingen, ver=
breiterten die Obertheile der Figur verhältnißmäßig; ein alter ge=
fütterter Pelz war auf einer Schulter zusammen genommen; der
Kalpak in einem Tuche hing auf der andern Seite und ein Tarbusch
(wattirte Nachtmütze), der vor Zeiten einmal roth gewesen war,
war übergezogen und umgab die Gränzlinien eines Gesichtchens, dessen
kleine Züge ein streitendes Gemisch von Schelmerei und Gutmü=
thigkeit darboten. Sein morgenfrohes, blankes Gesicht strahlte
von Freude, als er seine Zurüstungen ansah und zuckte von lautem
Lachen, wenn er seine eigene Figur betrachtete. Er hatte ein
wunderliches Anhängsel in Gestalt eines kleinen Bengels aufgesteckt,
der das Sprüchwort vom alten Kopfe auf jungen Schultern wahr
zu machen schien: — ein Gesicht von dreißig auf einem Körper
von anscheinend noch nicht neun Jahr. Lauter Knochen und Augen,

---

*) Hogarth.   D. Ueb.

schien er, wie sein Herr bemerkte, Holz statt Pilaw gegessen zu haben. *)   Aus diesem Grunde hatte der Philosoph diesen Leporello zahlreichen Candidaten vorgezogen, um ihm die Ehre, mehr als den Vortheil zu gönnen, sein Majordomus, sein Haushofmeister zu seyn, da sich sothanes Verfahren eben so gut für seine Börse, als für eine etwas eilige Abreise paßten.   Der Bube wurde aufgerufen, seines Herrn letzte Instructionen zu empfangen.   Er setzte sich in die Positur eines Palikaren, auf Einem Beine ruhend, eine Hand auf der Hüfte, die andere auf dem ungeheuern Schlüssel, der wie eine Pistole in seinem Gürtel steckte.   Sein Kopf war zurückgebogen, und der seines Herrn vorwärts und über ihn gelehnt, natürlich also steckten beide Arme hintenaus, während der Alte von der Heftigkeit wankte, womit er seine Drohungen ausstieß: ξυλο, πολυ ξυλο — Holz, viel Holz — wenn während Spiro's Verwaltung irgend etwas schief ginge — beide merkten nicht, wie laut alle Zuschauer lachten.   Meines Gefährten Rosinante, nicht der am wenigsten seltsame Theil seiner Ausrüstung, wurde nun vorgeführt; eine Kolokythia oder ausgetrockneter Kürbis mit Wasser baumelte an der einen Seite, der Kalpak an der andern.   Ich wagte einen Einwurf gegen dieses in den Gebirgen unnütze Anhängsel, aber er antwortete: „Ich kenne euch Engländer.   Wir sind jetzt unterweges nach dem Olymp, aber wer kann in einer Stunde sagen, ob wir nicht auf dem Wege nach Salonica oder Larissa sind?"

So ausgerüstet und nach Beseitigung dieser Einrichtungen, brachen wir auf, der alte Mann übermäßig vergnügt, den Olymp wieder zu besuchen und mit dem Enthusiasmus eines Schulknaben und dem Eifer eines Juliushelden (es war im Julius 1830), Homer citirend und griechische Revolutionslieder singend.   Ungeachtet seines grotesken Aussehens wurde er überall mit größter Achtung behandelt, und stillschweigend nahmen alle das Schelten hin, womit er unaufhörlich die Griechen überhäufte und die verschwenderisch angebrachten Beiwörter: „seelenlos, geistlos, dickköpfig, Bastarde ihrer Vorväter und unwürdig ihres Landes und Namens."   Damals erstaunte ich hierüber, aber ich habe seitdem

---

*) Ξυλον έφαγε, er ist geschlagen worden, wörtlich „er hat Holz gegessen."

gefunden, daß man sich desto besser mit dem Volke steht, wenn
man es schilt, nur nicht aus Böswilligkeit. Eine leise Abwei=
chung von der Sitte oder der Etiquette wird einem Fremden
mehr Schaden thun, als der wenn auch beleidigende Ausdruck
von Meinungen oder die Verletzung einer wenn auch heiligen
Pflicht.

Bevor wir Tzeridschines verlassen, darf ich zwei seltsame
Begebenheiten nicht übergehen, die mir dort aufstießen. Die
eine war ein Besuch einer Deputation aus zwei oder drei der
durch das Protokoll vom griechischen Staate ausgeschlossenen Pro=
vinzen — Karpenizi und Agrapha glaube ich — die dem Groß=
wessier ihre Unterwürfigkeit bezeugen sollte. Diese Districte beru=
higten sich also bei der Entscheidung, kamen ihr sogar zuvor, und
ich war damals empört über ihren anscheinenden Mangel an Na=
tionalsinn. Ich fragte die Deputirten, ob sie nicht beabsichtig=
ten, aus den Umständen Vortheil zu ziehen, indem sie ihre Rechte
und Privilegien sicher stellten. Das, sagten sie, sey gerade ihr
Zweck, aber über die Art und Weise waren sie unter sich selbst
nicht einig. Sie hatten deßhalb zwei Primaten und zwei Kapi=
taui abgeschickt, die nach den Umständen handeln sollten, nach=
dem sie den Stand der Sachen in Monastir gesehen und einer=
seits die Absicht des Großwessiers erfahren hätten, andererseits
die Meinungen der übrigen Griechen im höhern Theile von Ru=
mili. So waren nun die Kapitani der einen Ansicht, die Pri=
maten einer andern, und die Gemeinde griff zu dem Auswege,
beide Ansichten in derselben Deputation vertreten zu lassen. Frei=
lich ist es immer noch viel vernünftiger, die Vertreter der ent=
gegengesetzten Meinungen zusammen zu schicken, als, wie große
Nationen es thun, zuerst den Repräsentanten der einen und dann
den Repräsentanten der andern zu senden. Ich konnte mich nicht
enthalten, an die alte, vielleicht noch jetzt vorkommende Geschichte
zu denken von dem englischen Courier, der in einer Tasche die .
Befehle trug und in der andern die Gegenbefehle. Die janus=
köpfige Deputation wendete sich an mich um ein Specificum,
wodurch ihre beiden Gesichter nach Einer Seite gedrehet und ihre
beiden Mundöffnungen in Eine verwandelt werden könnten. Gleich
manchem andern Practicus wagte ich mich daran und verschrieb
ihnen keck ein Recept, woran ich damals selbst keinen Glauben

hatte, das aber wunderbarer Weise die gewünschte Wirkung her=
vorbrachte. Ich sagte ihnen nämlich: „Setzt eure Contributionen
auf eine Summe fest und sichert euch das Privilegium dadurch,
daß ihr einen der Primaten damit nach Konstantinopel schickt.
Dann werden die Kapitani die bis jetzt besessene Autorität be=
halten, ohne sich in die Paras (das baare Geld) zu mischen.“
Der Großwessier ging später auf diese Idee ein, und als ich ihn
anderthalb Jahre darauf in Skodra sah, gab er zu, daß so ein
System, wenn überall eingeführt, die Gestalt der Türkei gänzlich
verändern würde.

Die andere Begebenheit war eine Nachfrage des Didaskalos
und meines Reisegefährten (den ich Diogenes nennen will, um
Aristoteles Gesellschaft zu leisten) nach dem Obristen Leake, wie
er in England angesehen würde, was ich selbst von ihm dächte.
— Ich sagte ihnen, Obrist Leake sey nicht nur sehr bekannt, sondern
werde auch als die vorzüglichste, wenn nicht einzige Autorität in
Betreff ihres Landes betrachtet, und das einzige englische Werk über
die griechische Revolution, das die gegenwärtige Zeit überleben
werde, sey eine kleine Schrift von ihm. Ich hatte mich einer
Anwandlung von Stolz überlassen, als ich den Namen eines
Landsmannes erwähnen und so genaue Fragen nach ihm hörte in
einem so abgelegenen Dörfchen. Ich fand aber bald, daß meine
neuen Freunde und ich einigermaßen in unseren Meinungen von
einander abwichen. So fragte ich dann, wie, wann und wo sie
den Obristen Leake kennen gelernt, und da kam Folgendes zum Vor=
schein: — Obrist Leake kam, in welchem Jahre habe ich vergessen,
in Tzeridschines an mit einem Bujurdi und einem Kavasch von Ali
Pascha. Mein Freund Diogenes war damals Kodja Baschi oder
Primat, und als er zu diesem Theile seiner Erzählung kam, hielt er
inne, reckte seinen Turteltaubenhals in die Höhe, schüttelte den
Kopf, sah mir gerade ins Gesicht und rief aus: „Was ging mich
Ali Pascha an? Was kümmerte mich Ali Pascha's Bujurdi? Welche
Autorität hatte eine tatarischer Kavasch innerhalb des heiligen Um=
kreises des Olymp?“ Dann besann er sich und erzählte mir nun,
wie er sich gefreuet habe, einen Engländer und Gelehrten herzlich
willkommen zu heißen und freundlich aufzunehmen, Obrist Leake
aber habe alle ihre Freundlichkeit und Aufmerksamkeit auf Rechnung
der Befehle des Pascha's geschrieben, sich mit einigen an sie gerich=

teten Fragen begnügt, aber sich nach keines Menschen Gesundheit erkundigt. *) Da hatte Diogenes, höchlich empört, daß man sich nicht nach seiner Gesundheit erkundigt, sein Pferd (vermuthlich dieselbe Rosinante, auf der er mich jetzt begleitete, da die Geschichte nicht länger als fünfzehn Jahr her seyn konnte) gespornt nach dem Thal Tempe, wohin der Obrist wollte und im Musenthal die folgende zürnende Anrede des beleidigten Hellas an den hyperboreischen Eindringling aufgehängt.

Εἰς τον περιηγητην Ιωαννην Ληκ, ἐπιγραφη εἰς τα τεμπη ἀπο τινας γραικους της Τσαριτσανης, δυσαρεστηκοτας ἀπο την ὑπερφαγειαν του.

'Η 'Ελλας 'Ηρωολος ει

Και πριν μεν Αναχαρσης ἐπηλθεν ἱρον εἰς ουδας

'Ερχονται και νὺν ἀνδρες ὑπερβορειοι

'Αλλ' ὁ μεν ἱστορεεν, τοιδε χραινουσι πρεθοντες

Ζιον**) Ληκ, Λονδρες ανηρ, φωρ ἐμε, σον το δ' ἐπος.***)

---

*) Ohne diesen Vorfall hätte ich nicht den Werth der Instruction des russischen Zars an den ersten Gesandten verstanden, den er zu Soliman dem Großen schickte, "sich nicht eher nach der Gesundheit des Sultans zu erkundigen, als bis der Sultan nach der Gesundheit des Zars gefragt habe." Alle orientalische Diplomatik und Geschichte ist voll von Vorfällen, die sich um diesen Punkt drehen. Ich brauche mich nur auf die neuen und interessanten Erzählungen in Burnes' Reisen zu beziehen. Jedes Ding scheint lächerlich, woran die Leute nicht gewöhnt sind; einen Theil des Körpers zu entblößen, scheint den Orientalen eine sehr lächerliche Weise zu grüßen, und doch ist in Europa das Hutabnehmen wenn man in ein Zimmer tritt, fast eben so wesentlich nothwendig, als es die Nachfragen und Begrüßungen im Oriente sind.

*) Das soll John heißen, die allgemeine Bezeichnung aller Engländer in fremden Ländern.

***) An den Reisenden John Leake, Inschrift in Tempe, von einigen über seinen Hochmuth empörten Einwohnern von Tzeridschines.

Griechenlands Anrede.

Einstmals kam Anacharsis, den heiligen Boden zu schauen,

Heut' noch kommen zu mir Hyperboreer ins Land,

Jener beschaute das Land; doch diese besudeln's und schnauben;

John Leake, Londoner Mann, Dieb, dich meint das Gedicht.

D. Ueb.

Ich theile diesen Erguß mit, als ein einzelnes Beispiel der Empfindlichkeit, die vielleicht Jemand nicht auffällt, wenn er auch Jahre lang im Morgenlande reiset, der dann aber auch eben so unwissend bleibt über die Ursachen dessen, was er sieht, als über die Dinge, die er sieht, den Eindruck, den er wirklich macht, und den Eindruck, den er machen könnte. Diesen Vorfall habe ich als eine unschätzbare Lehre gefühlt, wäre es auch nur wegen des Verkennens eines Mannes, der sich durch einen Charakter auszeichnet, welcher das gerade Gegentheil von dem ist, wofür die Leute ihn hielten.*)

Die Entfernung von Tzeridschines nach dem Kloster Spermos, wo wir die Nacht zubringen wollten, beträgt nur fünf Stunden auf dem geraden Wege, aber wir wählten einen Umweg, um einen Kapitano zu besuchen, den wir jedoch nicht das Vergnügen hatten zu sehen, obgleich wir die Stelle noch warm fanden. Dieß verursachte uns eine vierzehnstündige ermüdende Reise. So wie wir aus Tzeridschines heraus waren, fing das Bergsteigen augenblicklich an. Als wir den Gipfel der Hügelkette erreicht hatten, die Alassona umkreiset, wendeten wir uns um, und blickten auf den ausgebreiteten Fuß des Olymp, der von unten auf gesehen, aus rauhen und gebrochenen Bergen besteht, jetzt aber, von der Stelle, worauf wir standen, wie eine durch tiefe Wasserströme durchfurchte Sandebene aussieht, deren schroffe Seiten durch uralte Fichten und Eichenwälder verdunkelt werden. Der Effect war derselbe, wie der eines mit Dendriten bedeckten Kalkstückes.

Der Mittelberg, oder eigentlich, die Mittelgruppe des Olymp steht allein, ganz abgetrennt von den Massen, die, von der Ebene aus betrachtet, zusammen hängende, ununterbrochene Erhöhungen scheinen. Ist man über die gebrochenen Schichten weggeklettert, die völlig bis zu zwei Drittheilen des Berges hinaufreichen, so kommt man plötzlich an eine tiefe Schlucht oder Thal, wo man

---

*) Ich fragte einst einen Mann, der tiefer als irgend ein anderer Europäer in die orientalischen Sitten und Gebräuche eingedrungen war, wie es zugehe, daß Burkhardt, bei all seiner Kenntniß der Thatsachen, den Geist des Volkes so wenig begriffen hätte. Die Antwort war: „Weil er sich beständig in eine falsche und ungemüthliche Stellung setzte — er hatte eine unselige Gewohnheit — er pfiff!"

hinunter muß, und jenseits deren sich die Mittelgruppe, frei und allein stehend, gleich einer Festung aus ihren Gräben erhebt.

Die Sonne ging hinter uns unter, als wir den Punkt erreichten, wo der Berg sich uns in seiner großartigen Einsamkeit zeigte. Der auf dem Gipfel liegende Schnee war durch die sinkende Sonne röthlich gefärbt, und in dieser Jahreszeit glichen die sinkenden Sonnenstrahlen einem Regen von Ziegelstaub und Gold.*) Der niedere Theil der Gruppe war mit dunkler Waldung bedeckt und dazwischen, gerade wo der Berg sich aus der Ebene oder dem Thale erhebt, schimmerten die weißen Mauern des Klosters Spermos — ein nicht unwillkommener Anblick.

Da ich den Ort unseres Nachtlagers einmal im Auge hatte, eilte ich nach meiner Gewohnheit allein vorwärts. Ich hielt mich für sicherer allein, als in Gesellschaft einiger wilder Bekanntschaften, die der Philosoph unterwegs aufgefunden hatte, und es gelang mir, das Kloster ein paar Stunden nach Sonnenuntergang zu erreichen. Ich klopfte, aber es dauerte lange, bevor man Notiz von mir nahm. Endlich legten sich die Mönche auf Kundschaft von einem zu diesem Zweck erbaueten kleinen Balcon, und ich mußte mich einem sehr umständlichen Ausfragen unterwerfen. Ich wendete mich an ihre Christenliebe und Menschlichkeit, nicht nur als ein verirrter Reisender, sondern auch als Einer, der eben den allerdrohendsten Gefahren entronnen sey, und erlangte endlich Einlaß, da sie sahen, daß ich ganz allein war. Der schwere Riegel wurde zurückgeschoben, und die rostigen Angeln kreischten, und kaum hatten sie die Thür wieder verriegelt, als ich die erst vor kurzem erhaltene Lehre in Ausübung brachte und mich höflichst nach der Gesundheit jedes Einzelnen erkundigte.

Nicht sobald saß ich an einem lodernden Feuer, als die Mönche mich nach Dienern, Gepäck, Wachen und dergleichen fragten, da sie mich für einen Regierungs=Beamten hielten. Ich erwiederte, daß vor zwei Stunden, als ich in Gesellschaft mit ihrem werthsgeschätzten Landsmann aus Tzeridschines gereiset, wir von eini-

---

*) Einst beobachtete ich dieselbe Wirkung in Italien, über der Ebene von Trasimene, als ich sie von der Geburtsstadt des Fra Bartolomeo aus betrachtete, der in mehr als einem Gemälde sich in demselben Effecte versucht hat.

gen wilden Klephten überfallen seyen; ich sey, da ich besser beritten gewesen, davon gekommen, die Räuber hätten aber meinen
Reisegefährten mitgenommen und ich bezweifle nicht, daß sie sich
seiner bedienen würden, um Einlaß ins Kloster zu erhalten. Das
war wirklich ganz richtig, nur hatten die Banditen sich als Wache
angeboten. Diese Nachricht erregte große Gährung unter den
Mönchen. Vier alte Musketen wurden aus einem Keller geholt,
frisch Pulver aufgeschüttet und dicht an die Oeffnung des Balcons gelegt. Als daher der Trupp ankam, standen wir Alle auf
dem Sprunge. Diogenes, der Lichter in den Gebäuden sah, und
ein halb Dußend lauernder Köpf, ritt an die Thür, in der Einbildung, alle Bewohner erwarteten seine Ankunft, um ihn zu begrüßen und willkommen zu heißen. Da er die Thür verschlossen
fand, kam er unter den Balcon, wo wir Alle auf der Lauer
standen. „Ha!" schrie er, „Christen, Mönche, Priester, fürchtet
ihr euch vor Räubern?" — „Kalos orisete, Kalos orisete," erwiederte der Abt, „schön willkommen, schön willkommen! Aber
„wer sind die Leute, die dort im Schatten stehen?" — „O,"
sagte Diogenes, „das sind nur zwei oder drei Palikaren, die mit
uns von Mikuni gekommen." — „Wenn das der Fall," meinte
der Abt, „so müssen sie Freunde in der Nähe haben und du thä-
test besser, mit ihnen zu Abend zu essen." - Diogenes, nun ganz
verwirrt, dachte nun nicht mehr an sich, sondern an mich und
fragte hastig, ob sie nicht einen Engländer gesehen und aufgenommen hätten. „Panagia" (allerheiligste Jungfrau), sagte ich,
„der arme Mann ist verrückt geworden." „Ein Engländer,"
schrien die Mönche, „wer hat jemals von so einem Ding ge-
„hört?" Der kleine Mann tanzte nun vor Wuth. „Oeffnet die
„Thür, ihr Capußen-Esel! Schwarz-Fraßen, verdammte! „Ein
„Engländer ist verloren oder gemordet; euch, euch Allen zusam-
„men werden sie das Fell über die Ohren ziehen, ein Dußend
„Kavaschen kriegt ihr auf den Hals und einen Dreidecker vom
„König von England!" Nun begannen die Mönche zu zweifeln,
ob Diogenes seinen Verstand wirklich verloren habe, oder ob nicht
doch etwas Wahres an dem sey, was er sage. Da sie aber den
Vortheil der Stellung hatten und viel mehr an Sprechen, als
an Demuth gewöhnt waren, so wurden sie endlich von seiner
Sprachfülle angesteckt und brachen in ein wüthendes Schelten

aus, worauf von unten die lauten, scharfen, schnellen Jamben
des Diogenes antworteten, unterstützt von dem tieferen Metrum
der nicht weniger heftigen Palikaren. Als ich hinlängliche Ernst=
haftigkeit zusammen bringen konnte, nahm ich den Abt bei Seite
und erzählte ihm den wahren Zusammenhang der Sache, mit
Ausnahme, daß ich der verlorne oder gemordete Engländer war
— daß ich eine kleine Rache an Diogenes zu nehmen gehabt,
nun aber genug daran hätte, und daß sie besser thäten, ihn ein
zu lassen. Die Mönche waren wirklich besorgt geworden, so daß
sie diese Nachricht mit Dank aufnahmen und hinliefen, den Phi=
losophen einzulassen und zu beruhigen. Während ich ruhig am
Feuer saß, hörte ich sogleich seine schrillenden Töne im Hofe, die,
als er die knarrende Treppe heranstieg, immer heller und lauter
wurden, aber nimmer aufhörten. Noch als er in das Zimmer
trat, fuhr er fort zu schreien: „Ein Engländer ist verloren — ein
„Engländer ist gemordet!" — bis er mitten ins Zimmer kam
und seine Augen auf mich fielen. Er schwieg baumstill und stand
stocksteif, Kinnbacken und Arme sanken nieder. Ich erkundigte
mich höflich nach seiner Gesundheit und hieß ihn willkommen auf
dem Olymp.

Nun brach das Erstaunen der Mönche los. „Ein Englän=
der, ein Franke!" und sie drängten sich um mich mit staunenden
Augen. Keiner von ihnen hatte jemals einen Europäer*) gesehen,
und sie schienen mich zu betrachten, als wäre ich eine Probe von
dem Dreidecker des Königs von England, mit dem sie noch eben
bedroht waren.

Von hier nach dem Gipfel sind noch etwa zwanzig Meilen.
Ungeachtet der fast ununterbrochenen Anstrengung der beiden letz=
ten Tage, entschloß ich mich, die Höhen im glänzenden Mond=
schein zu erklimmen, den Gipfel mit Tagesanbruch zu erreichen,
dort den ganzen Tag zu bleiben und in der nächsten Nacht zurück=
zukehren, indem ich bezweckte, die Wirkung sowohl des Sonnen=
aufganges als des Unterganges zu sehen, ohne doch die Nacht
auf dem Gipfel zuzubringen. Der Vorschlag brachte natürlich ei=

---

*) Es ist überflüssig zu bemerken, daß sie selbst alle Europäer waren. Das
Wort wird indeß im ganzen Morgenlande mehr im gesellschaftlichen als
im geographischen Sinne gebraucht.

nen allgemeinen Aufschrei hervor, aber ich war so gewöhnt daran,
dieß oder jenes für unmöglich oder unthunlich erklären zu hören,
daß ich in den verschiedenen Weisen, der Gegner Mund zu stopfen, einige Erfahrung erlangt hatte. Diogenes war äußerst beunruhigt, und ich glaube nicht wenig gereizt, denn er hatte seinen
Kopf darauf gesetzt, wenn auch nicht den Berg zu ersteigen, doch
den Versuch zur Ersteigung zu machen, und seine alten Knochen
sahen nicht darnach aus, dieses Tages Anstrengung in einer ganzen Woche zu verwinden. Das Abendessen wurde eiligst beordert
und ein paar Schäfer darnach ausgeschickt; mir wurde ein langer
Stab mit eiserner Spitze gegeben; eine kleine, mit Rakki angefüllte, lederne Flasche mir über die Schulter gehängt und mein
Fernrohr als Gegengewicht. So ausgerüstet setzte ich mich, um
in aller Eile eine Mahlzeit hinunterzuschlucken. Frische Salzmilch,
geröstetes Lammfleisch, Gemüse, wurden mir nach der Reihe mit
einem Eifer eingenöthigt, dem ich, da er in diesen Gegenden ungewöhnlich ist, nicht ganz widerstehen konnte, aus Furcht, dadurch beleidigt zu erscheinen.*) Diogenes, der Abt und andere
der Capuzen-Gemeinde tranken mir zu, und als der kleine runde
Tisch schnell beseitigt war, konnte ich das nothwendige Finale,
Kaffee und eine Pfeife, nicht ausschlagen. Der Wein schien mir
indeß unbegreiflicher Weise zu Kopfe gestiegen zu seyn, der, wie
es mir vorkam, einen ganz kleinen Augenblick nickte; meine Pfeife
war ausgegangen, ich stand auf, um ein Licht zu holen und fand
mich ganz allein auf dem Sopha ausgestreckt, während der graue
Morgen durchs Fenster schien! Ich würde mich schämen, die
Wuth zu beschreiben, in die ich gerieth und die sich bis ins Unendliche steigerte durch die Lustigkeit, welche ihre Aeußerung hervorbrachte. Erst später, recht oben auf dem Gipfel des Olymp,
erinnerte ich mich an das Spitzbuben-Gesicht, womit Diogenes
am Morgen eintrat und meine Erkundigungen vom Abend vorher

---

*) Ein Türke höchsten Ranges wird in die Küche gehen, um nach einer
für einen Gast zubereiteten Schüssel zu sehen, aber er wird es nie sagen, daß er das gethan, und nie nöthigen, wenn die Schüssel auf dem
Tische steht; wäre aber Nöthigen Mode, so würde daraus folgen, daß
der Wirth auch den Gast von höherem Range nöthigen müßte, das
würde aber nicht als Freundlichkeit, sondern als unerhörte Anmaßung
angesehen werden.

wiederholte, und nun besann ich mich, daß während alle übrigen
Gäste aus einer Silberschale in die Runde tranken, mir jedesmal
ein eigener Becher geboten wurde. Die Sache war denn auch so,
daß sie es für das einzige Mittel hielten, mich vor dem Halsbre-
chen zwischen den Felsen zu bewahren und zugleich von beiden
Seiten mir ihre Rechnung wett zu machen, wenn sie gerade mia
daktylitra (einen Fingerhut voll) Mohnsaft in den Boden meines
Glases schütteten und sich im Uebrigen auf meine Ermüdung, auf
ein gutes Abendessen und ein loderndes Feuer verließen, ein sehr
nothwendiges Stück im Haushalte, selbst im Monat Julius, im
Kloster Spermos.

Mein Gefährte gab nun jede Idee völlig auf, das Abenteuer
ferner fortzusetzen. Ich ließ ihn daher in den Händen der gastfreundlichen Mönche, wo er mir versprach, sich warm und alle
Anderen vergnügt zu halten, bis ich wieder kommen würde; dann
brach ich mit meinen Führern bald nach Sonnenaufgang zu Fuß
auf. Die Heerden des Klosters waren auf unserm Wege, zehn
Meilen weit; dort sollten wir frühstücken und dort auch wieder
die Nacht zubringen, nachdem wir den Gipfel bestiegen haben
würden. Sie rechneten sieben Stunden vom Kloster nach dem
Gipfel. Die Schafhürde war mittewegs, so daß, abgesehen vom
Steigen, wir dreißig Meilen vor uns hatten. Es war lange her,
daß ich solche Fußtour gemacht hatte, aber ich habe immer gefunden, daß es kein besseres Mittel zum guten Erfolge gibt, als sich
selbst in die Nothwendigkeit des Handelns zu versetzen.

Als wir hinabstiegen, verschloß der Nebel, der entweder uns
bedeckte oder auf dem Berge hing, gänzlich alle Aussicht, bis
wir die Gränze des Waldes erreichten, wo wir Heerde, Schäfer
und Frühstück zu finden erwarteten. Hier tauchten wir aus dem
Nebel auf und schienen im ersten Stockwerke des Himmels zu
seyn. Wolken bedeckten den untern Theil des Berges; einzelne
Wolken waren nach Osten hin zerstreut; unter der Fläche, auf der
wir standen und durch sie hindurch, von Jupiters Sitze, blickten
wir nieder auf das

Mare velivolum, terrasque jacentes.*)

*) Segelbedeckte Meere und weit sich dehnende Länder. D. Ueb.

Wir standen auf der starken Stirn des Berges, die nach dem
Meere hin blickt und ich hätte an der Wirklichkeit des nebelbe=
deckten Wassers zweifeln können, hätten sich nicht die weißen
Flecke längs der befahrenen Strecke zwischen Salonica und dem
südlichen Vorgebirge Thessaliens deutlich abgezeichnet. Jenseits
und weit hin nach Osten konnte man die Spitze des Berges Athos
erkennen oder vermuthen und vorwärts die deutlicheren Linien der
Halbinseln Palene und Sithonia. Dieser Blick auf den Berg Athos,
in einer Entfernung von neunzig Meilen, brachte mich zu dem
Entschlusse, ihn zu besuchen und seine Spitze zu ersteigen. Ich
war erstaunt, weit oberhalb des Klosters Pflaumenbäume zu fin=
den, die mit Früchten belastet waren, welche aussahen wie Wachs;
sie waren von allen Farben, gelb, blau und vorherrschend roth.
Ueberall zeigte sich sehr viel Buchsbaum, von riesiger Größe, höher
als selbst die Fichten. Der herrliche Anblick aber, der sich vor
meinen Augen ausbreitete, als wir aus der Wolke auftauchten,
zeigte nirgends in der Nähe die Schäferei. Wir fanden den Platz,
wo sie die Nacht vorher gewesen waren, an dem Rauche, der aus
dem noch brennenden Feuer aufstieg. Meine Führer bestanden nun
darauf, umzukehren, und nur mit großer Mühe gelang es mir,
sie vorwärts zu bringen; einer von ihnen gab vor, er wolle nach
einer andern Richtung hin nach der Hürde aussehen, kam aber nicht
wieder. Eine halbe Stunde darauf bemerkten wir die Heerden,
aber erst nach zweistündigem mühseligem Marsche erreichten wir
die Hürde.

Die Schäfer hatten unsere Annäherung beobachtet, und da sie
meine ungewohnte Tracht unterschieden, wo dunkle Kleider ver=
muthlich niemals seit ihren Gedanken erschienen waren, so bilde=
ten sie sich ein, ich sey ein Regierungs=Beamter, der irgend einem
Flüchtling verfolge, und machten sich demnach nach allen Seiten
hin auf die Socken, ihre Schafe vor sich her treibend. Sobald
wir aber nur erst Einen abrufen konnten, verständigten wir uns
bald. Während ich nun die Hürde erreichte, die ein festes, kreis=
rundes Steingebäude war, etwa mannshoch, um den Wind abzu=
halten, sahn wir sie mit ihren Schafen und Hunden zurückkeh=
ren. Die Hunde des Ersten, dem wir begegneten, zeigten einen
hohen Grad von Feindseligkeit und waren sehr wildaussehende
Thiere. Das Drohen mit einem Stock und einem paar Steinen

genügte indeß, ihnen einigen Respect beizubringen, allein ihr Ge=
bell brachte bald von nah und fern den ganzen hündischen Antheil
der Schäferei zusammen.   Da die Bestien nun ihre Anzahl ver=
stärkt sahen, so dachten sie auf eine regelmäßige Kriegserklärung.
Ich war mir meiner Gefahr unbewußt, aber die Schäfer brachten
mich eilig in die Hürde, ließen mich niederlegen, warfen ihre
Mäntel über mich und beeilten sich dann, die Mauer zu ver=
theidigen.   Ein oder zwei ungeregelte Anläufe wurden abgeschla=
gen, als die Hunde mit vereinten Kräften, etwa zwanzig Rachen
stark, einen wüthenden Sturm machten und zwei oder drei von
ihnen über die Mauer kamen, wo ich gewiß schlimm weggekom=
men wäre, hätte ich nicht mit Mänteln bedeckt am Boden gele=
gen.   Nun kamen aber andere Schäfer hinzu, und die Hunde wur=
den mit großem Verluste zurückgeschlagen; drei oder vier hinkten
übel zugerichtet davon und wiederholten ihre Klagen der Echo
des Olymps.   Nach Aufhebung der Belagerung wurde Frieden
geschlossen; die Hunde bekamen ihr Mittagsbrod, wir unser Früh=
stück.   Wir erhielten Jeder ein Laib Schwarzbrod, eine Oka
schwer; die Hunde bekamen außer ihrem Antheil noch ein Stück
Schnee und wir eine Portion Milch.   Jetzt fiel mir meine Flasche
Rakki ein; ich goß ein paar Tropfen in eine Trinkschale, die
Milch einer Ziege wurde schäumend hineingemolken, und ich kann
dieß Getränk allen meinen Lesern dringend anempfehlen, die den
Berg Olympus besteigen.

Wir hatten noch zwei Stunden bis zum Gipfel hinauf, der
gegen Norden über uns hing, und brachen sehr erfrischt auf.   Gras
und Gesträuch verschwand nun gänzlich, und wir mußten uns über
Bruchstücke von Schiefer und Marmor hinüberarbeiten, die, vom
Froste sehr zerbröckelt, einen sehr guten macadamisirten Weg ab=
gegeben hätten, falls nur Wagen und schwere Lastfuhren darüber
gefahren wären, denn es sah einem Wege sehr ähnlich, auf den
so eben erst die frischgebrochenen Steine gelegt sind.   Auf einer
Spitze bemerkten wir die Ueberreste von Ziegelwerk und auf dem
Gipfel ein Stück von einem Steine, der einmal eine Inschrift
enthalten.   Diesen Gipfel nannten sie St. Stephano; als ich hier
aber ganz erschöpft ankam, bemerkte ich zu meinem Verdruß eine
andere Spitze, die, durch eine ungeheure Schlucht von mir getrennt,
ersichtlich höher war, als die, worauf ich stand.   Der Unterschied

konnte freilich nicht groß seyn, denn jene Spitze schnitt nur ein kleines Stück von dem mächtigen, wolkenlosen Horizonte ab, der rings umher herrschte.

Entschlossen indeß, auf dem höchsten Punkte zu stehen, setzte ich meinen Kopf darauf, mich mit den Hunden zu befreunden und diese Nacht bei den Schäfern zu schlafen, morgen aber den andern Gipfel, den des heil. Elias, zu besteigen. Ich blieb nicht länger als eine Stunde auf dieser schwindelnden Höhe, wo meiner Augen Wunsch nicht unter einer Woche gestillt worden wäre. Es schien mir, als stände ich senkrecht über dem Meere, zehntausend Fuß hoch. Salonica war ganz deutlich zu sehen, im Nordosten; Larissa lag mir grade unter den Füßen. Der ganze Gesichtskreis von Norden nach Südwesten war mit Gebirgen besetzt, die am Olymp zu hängen schienen. Das ist die Kette, die nach Westen hin längs dem Norden Thessaliens läuft und mit dem Pindus endigt. Die Grundlinie dieser aufgethürmten Schichten scheint mit der des Pindus zu correspondiren; das heißt, nördlich und südlich aus= zulaufen, so daß die abschüssige Seite gegen den Olymp steht. Der Ossa, der gleich einem Hügel drunten lag, streckte sich recht= winkelig nach Süden, und in dem Zwischenraume dehnten sich weit, weit hin in die rothe Ferne die Hochebenen Thessaliens, unter dem eigenthümlichen stäubigen Nebel, der die Natur aussehen läßt wie eine riesige Nachahmung eines auf einer Theaterscene vorge= stellten unnatürlichen Effectes.

Als ich zuerst den Gipfel erreichte und über die warmen Gefilde Thessaliens hinblickte, war dieser Nebel blaßgelb. All= mählich wurde er dunkler und roth, dann braun, während sich ähnliche, aber viel lebhaftere Tinten höher in den Lüften zeigten. Als ich mich aber gen Osten wendete, wo die weiten Schatten der Nacht hinzogen, lag der kalte Ocean gleich einer bleiernen Fläche; zwanzig Meilen weit auf seiner Oberfläche erstreckte sich der Schat= ten der mächtigen Masse des Olymps, und ich stand am Saume des Schattens auf meinen Zehen. Welche Eindrücke überwälti= gen an solcher Stelle den Geist, verwirren die Sinne und erfül= len die Seele! Hier, wo der erste Grieche über der Erde geboren wurde und zunächst dem Himmel aufwuchs, hier raffte der helle= nische Stamm die Fackel der Phantasie auf, hier wurde die Idee der Ewigkeit gefaßt und hier der Genius ins Leben gerufen durch den Gedanken, durch die Hoffnung auf Unsterblichkeit.

Die Kälte war unerträglich, und ich begann Gesicht und Schritte nach der Unterwelt zu lenken. Bald entdeckte ich den Unterschied zwischen Aufsteigen und Absteigen, und dachte, die beflügelten Füße des olympischen Götterboten seyen eine so passende Metapher, daß diese auf eben dem Wege entstanden seyn müsse, den ich machen mußte, und bei gleichen Heldenthaten, als ich jetzt eine übte. Als ich die Schafhürde erreichte, entstand eine neue Verlegenheit. Ich war nicht mit Kleidern versehen, und keiner der Schäfer konnte mir etwas abgeben, sie waren nur auf zwei Tage zu dieser Höhe gestiegen. Es ist ein hergebrachter Ehrenpunkt unter ihnen, einmal im Jahre diese Höhe zu erreichen, und es fanden sich weder Bäume, noch Gesträuche, noch Gras, um Feuer anzuzünden. Ich konnte also nichts weiter thun, als nach dem Kloster hinunter zu gehen.

Die Schäfer spielten mir etwas auf einem Instrumente vor, das für eine solche Lage besonders geeignet schien. Es war eine rohe Flöte aus dem Knochen eines Adlerflügels; sie heißt Floéra, und die Töne sind sanft und melodisch. Während ich in der Schäferei mich aufhielt, sah ich auf eine höchst außerordentliche Weise rasiren. Das Dickbein eines Schafes wurde gebrochen und mit dem Mark desselben des zu Rasirenden Kopf, Wangen und Kinn eingeseift. Die Schäfer tragen gewöhnlich ein Schaf-Dickbein zu dieser Operation in ihrem Kniebande, gerade so, wie ein schottischer Hochländer sein kleines Messer trägt, um wilden Thieren die Sehnen zu zerschneiden.

Zwischen dem Untergange der Sonne und dem Aufgange des Mondes war kaum eine finstere Pause, so glänzend funkelten die Sterne, und als Diana's Scheibe sich erhob, hätten ihre Strahlen selbst ihres Bruders Antlitz zum neidischen Erbleichen bringen können. Außer meinen Führern begleiteten mich noch ein paar Schäfer eine Strecke weit, um uns auf den rechten Weg zu bringen und überließen uns unserm Schicksale, als wir die frische Spur erreichten, wo die Heerden hinaufgestiegen waren. Ich hatte erfahren, was es heißt, hungrig, durstig und mit vor Ermüdung zerschlagenen Knochen zu seyn, an allen Nerven gelähmt aus langer Entbehrung des Schlafes; ich habe erfahren, was es heißt,

lebensmüde mich auf kalter Erde, oder im Schnee, oder am Ge=
stade hinzulegen, nachdem ich mühsam den Wellen entronnen war;
aber die Leiden dieser Nacht überboten jedes Elend, das ich je=
mals kennen gelernt. Während des nächsten Tages erreichte ich
indeß das Kloster allein, nachdem ich im Auf= und Absteigen
vierzig Meilen gemacht; mein Führer hatte sich, bevor wir halb=
wegs hinunter waren, auf den Boden geworfen, wo ich, von der
Kälte gezwungen, ihn liegen lassen mußte.

Der Bau des Olymps ist sehr sonderbar. Die Mittelgruppe
ist Marmor, zuweilen in dünnen Schichten, die von sehr feinem
bis zu sehr grobkörnigem Weiß, zuweilen Grau abwechseln, mit
ein wenig durchhin zerstreutem Kalkstein. Sieht man den Berg
an, so scheinen alle Seiten abgerundet; blickt man aber vom Mit=
telpunkt aus, so stellen sich die Abschüssigkeiten als Klippen dar.
Gegen den Fuß des Hauptfelsens erscheint ein wenig Gneiß, den
Marmor überlagernd. Das Wasser aus dem Berge windet sich
rund um denselben in einem etwas unregelmäßigen Thale, das
durch den Rücken des Marmors und den Vorgrund einer gemisch=
ten Formation von geschichtetem Granit, Gneiß und Glimmerschie=
fer gebildet wird; hierauf folgt ein weiteres Thal und höhere An=
gränzungen. Durch diese Aufschichtung läuft das Wasser nach
Südwesten, durch ein entblößtes Thal und sucht dann nach Osten
hin längs des Vorgrundes von Gneiß seinen Weg nach der See.
In Skiathos bemerkte ich eine Abtheilung Felsenmarmor unten
und Glimmerschiefer darüber, der conform auflagerte, ich ver=
muthete aber, er sey verschoben. In Naxia wechseln Marmor
und Gneis schichtenweise ab, was mit der Schichtung des Olymp
übereinzukommen scheint. Auch nach Tempe hin ist Glimmerschie=
fer im Ueberfluß, von verbrannter Bernsteinfarbe, was mit dem
rauhen und gebrochenen Anblick der Hügel vereint der Gegend
ein vulcanisches Ansehen gibt und vielleicht zu der Vermuthung
geführt hat, dem Peneus sey der Durchweg durch ein Erdbeben
geöffnet. Tempe ist ein bloß gelegtes Thal.

Es sind bedeutende Zweifel aufgeworfen, woher Verde=Antico
und Giallo=Antico gekommen sey. Den letzteren, der lediglich
weißer Marmor mit gelben Flecken ist, sah ich häufig in der Nähe
des Olymp. Den erstern, welcher Serpentin ist, bemerkte ich
an folgenden Plätzen in Lagen; in den schieferigen Bergen oberhalb

Poros; auf Naxos, wo er eine Anzahl sehr sonderbarer Varietä=
ten darbietet und in weiße Erde übergeht; auf den Gipfeln des
Pindus; auch habe ich Bruchstücke davon auf dem Olymp ge=
sehen; wiederum habe ich ihn in Lagen in den Bergen von Chalci=
dike gesehen und noch einmal in Bruchstücken auf der Insel Skia=
thos. Strabo erzählt uns, wo er von den Steinbrüchen auf Skia=
thos spricht, von dort käme der bunte Marmor, der den weißen
italienischen Marmor in Rom außer Mode gebracht habe.*) Das
Zusammentreffen dieses Zeugnisses mit dem gegenwärtigen Zustande
der fraglichen Substanzen kann, wie ich denke, keinen Zweifel
übrig lassen, daß der Verde=Antico und Giallo=Antico aus Thessa=
lien und den großen Steinbrüchen von Skiathos bezogen wurden.
Und sollte dieß, wie ich nicht glaube, noch Bestätigung bedür=
fen, so könnte ich die zahlreichen Werke des Alterthums in Verde=
Antico anführen, die noch in der Nähe vorhanden sind, und die
man in Larissa, Thessalonica und auf dem Berge Athos sieht.

Die Schichtung der Gebirge, welche Thessalien an drei Sei=
ten umgeben, im Westen, Norden und Osten, ist dieselbe, so
auch ist es die Linie der Senkung und Erhöhung: der Pindus
läuft nach Norden und Süden, eben so Pelion und Ossa, und
man findet die Kette gegen Süden noch verlängert auf den In=
seln Eubba und Skiathos. Gen Norden erscheinen die pierischen
Berge, welche den Pindus und Olymp verbinden, wie gesagt,
wenn man sie vom Gipfel des letztgenannten Berges ansieht, als
in einer Linie aufgeworfen, die rechtwinkelig mit ihrer Höhenlinie
ausläuft, so daß die Thäler quer über die Kette laufen und
nicht den Begriff einer starken Gränzlinie geben, und Thessaliens
Geschichte seit fast zweitausend Jahren scheint den Eindruck hin=
sichtlich des geologischen Baues zu verstärken, den ein Blick auf
das Land von der Höhe des Olymp auf mich machte.

Von ganz verschiedenem Wesen ist die Gebirgsreihe, welche
die Südseite Thessaliens bildet.**) Sie ist Kalkstein, der sich

---

*) Τα μεταλλα της ποικιλης λιϑου της Σκυριας, καϑαπερ της Καρυ-
στριας, κ. τ. λ. μονολιϑους γαρ κιονας και πλακας μεγαλας οραν
εστιν εν τη Ρωμη της ποικιλης λιϑιας, ὑφ᾽ης ἡ πολις κοσμειται δη-
μοσια τε και ιδια, πεποιηκε τε τα λευκολιϑα οὐ πολλου αξια.

**) Ich rede vom Oeta und den Gebirgen südlich vom Sperchius. Der
gebirgige Zug im Norden des Sperchius ist keineswegs so hoch, ist ge=

fast wie eine senkrechte Mauer aufthürmt und gleich einer zusam=
menhängenden fortstreckt; daher der Ruf von Thermopylä und
Leonidas' Ruhm.

Ich habe gewöhnlich als peloponnesisch den besondern Kalk=
stein bezeichnet, der in der griechischen Halbinsel, von Thermopylä
südwärts, vorherrscht. Und auf historischem Grunde allein muß
dieser Name diesem Felsen zukommen. Es ist ein verwünschter
Felsen für Geologen, Botaniker, Ackerbauer und Maler, weil er
weder Abwechslung noch organische Reste oder Mineralien hat,
wenig Pflanzen trägt, wenig Erdreich hat und zahm ohne Sanft=
heit, oder roh ohne Wildheit ist. *) Indeß macht er seine Fehler
wieder gut durch die Erinnerungen für den Geschichtsforscher und
die Heimath, die er dem Dichter gewährt. Der Erstere dankt ihm
die Scenen von Thermopylä, Marathon und Chäronea; der Letz=
tere schuldet ihm den Helikon, Jda, Olenos und Parnaß. Nur
einen kleinen Beitrag an Kräutern und Gesträuchen liefernd, be=
gabt er diese mit unübertrefflichem Wohlgeruch; daher die uralte
Berühmtheit der arkadischen Heerden; daher die duftende Haide,
Thymian und Rosmarin, die den Honig von Hymettus unsterb=
lich gemacht haben.

Dieser peloponnesische Kalkstein ist gemischt grau und weiß,
so daß das Grau sich gleich Flecken darstellt; die Masse scheint oft
aus älteren Bruchstücken gemischt, die in eine neue Fusion über=
gegangen, doch sind beide Substanzen gleichartig. Der Abschnitt
des Mitteltheils einer Reihe zeigt einen sehr zusammengedrehten
und zuweilen körnigen Felsen, während weiter abwärts an jeder
Seite er das Ansehen der Schichtung gewinnt, und gegen die
Mitte sich lehnend wird sie immer mehr geschichtet, je weiter weg.

Vor Jupiters Throne und durch der Götter Stätten wan=
dernd, suchte ich natürlich auf jeder Stelle, an jedem Felsen nach
Erinnerungen früherer Glorie; in den Sagen oder dem Aberglau=
ben der sterblichen Wesen, die in den heiligen Räumen ihre Heer=

---

brochen und unregelmäßig und ähnelt, im kleineren Maaßstabe, der
Gebirgskette im Norden, die Pindus und Olymp verbindet.

*) Wenn dieser Kalkstein hoch geschichtet ist, wird er äußerst malerisch in
seinen Brüchen, obgleich nackt und grau; aber ich habe ihn selten so ge=
sehen, ausgenommen auf dem Festlande Griechenlands.

den weideten, forschte ich nach Spuren der Dichtungen, die ihren
Namen mit unseren frühesten Ideenverbindungen verschwisterten
und ihren Stempel und ihr Gedächtniß den Meisterstücken der
Kunst und den Begeisterungen der Genies aufdrückten. Seltsam
klingt es und doch nicht ohne Freude fand ich nicht, was ich suchte,
weil ich statt dessen die ursprünglichen Eindrücke der Stelle fand,
die Griechenlands Götterlehre erzeugten. Sie hatten keine Erinnerung an den „Donnerer," keine Sage vom Apoll oder Phaeton,
aber sie erzählten mir, „daß die Sterne bei Nacht herniederkä-
men auf den Olymp," „daß Himmel und Erde einst auf seinem
Gipfel sich begegnet; seit aber die Menschen böse geworden, sey
Gott höher hinauf gegangen." Es schien beinahe, als habe Moore
gemalt, den Lippen der Mönche von Spermos und den Schäfern
von St. Elias lauschend.

> „Als in der jungen Schöpfung Morgenlichte
> Sich frohe Menschen mit den Engeln trafen
> Auf hohem Hügel, auf bethauter Flur;
> Eh' Kummer war und eh' die Sünde zog
> Den Vorhang zwischen Menschen und dem Himmel;
> Als noch die Erde näher lag den Wolken,
> Als jetzt, wo Laster herrschen und das Weh;
> Als Sterbliche es noch nicht Wunder nahm,
> Wann aus den Lüften Engel-Augen lachten
> Und auf die Unterwelt hernieder schauten."

Am Abend des zweiten Tages nach meiner Rückkehr ins
Kloster Spermos war ich erst wieder im Stande aufzusitzen. Diogenes schien abgeneigt, es mit so einem Reisegefährten weiter zu
wagen, und da er einen Vorrath von Neuigkeiten gesammelt, die
einen Monat lang alle Welt in Tzeridschines in Staunen und
Verwunderung setzen mußten und für alle Folgezeiten noch eine
gute Geschichte abgaben, so beschloß er, noch im Kloster zu bleiben, um am folgenden Tage heimzukehren. *)

*) Ich würde es als eine reine Handlung der Gerechtigkeit betrachtet
haben, den Leser nicht des Genusses und Diogenes nicht der Freude
zu berauben, hier eine jambische Ode einzurücken, die jetzt auf der,
mehr als Erz dauerhaften, marmornen Tafel der Quelle von Spermos
eingeschrieben ist. Unglücklicherweise aber sah und bewunderte ein Poet
die Ode, als ich diese Papiere zum Drucke ordnete, und nahm sie mir
weg, um sie zu übersetzen.

Fünf und zwanzigstes Capitel.

Gerichtsverwaltung und auswärtige Angelegenheiten eines Berg=Räuber=
Königs. — Organische Ueberreste des trojanischen Krieges.

Ich entschloß mich nun, Kapitano Dimo zu besuchen, der
den Larissa=Bezirk des Olympus inne hatte. Er residirte in ei=
nem Dorfe Namens Karia, zehn Meilen vom Kloster. Ein jun=
ger Aspirant auf die Ehren des Kalogerismus (Mönchsthumes)
bot seine unentgeltlichen Dienste an, mich zu begleiten, denn, wie
ich schon bemerkte, ich hatte kein Geld in der Tasche. Vor die=
sem Zustande meiner Finanzen erschrack Diogenes, wie ich ihm
denselben als Grund meines Vertrauens aufstellte, solche Gegend
in solcher Zeit zu besuchen. Er bemerkte: „Das mag sehr gut
seyn bei Türken oder selbst bei Klephten, aber bei Priestern
oder Klöstern hilft es zu gar nichts.“ Er lud mich ein, ihn vor
meiner Abreise nach der Capelle zu begleiten, wo er etwas sehr
Außerordentliches und Erstaunliches thun werde. Als wir ein=
traten und dem Armenblocke vorbei kamen, der für die Beiträge
der Gläubigen eine sehr weite Spalte hatte, ließ er nichts in diese
Spalte fallen, sondern legte ein blankes und scheinendes gelbes
Stück von zwanzig Piastern daneben, damit die Mönche über den
Urheber eines so großmüthigen Beitrages nicht im Zweifel bleiben
möchten. Als ich aufbrach, empfahl ich noch besonders seiner
Sorgfalt den Führer, den ich unterwegs verlassen hatte, und der
noch nicht sich eingestellt hatte, der aber am Morgen darauf un=
terwegs gefunden und in einem schlimmen Zustande in eine Wald=
hütte gebracht war. Ich rechnete darauf, ihm den Betrag für
seine Verpflegung auf dieser Tour zu schicken, aber obgleich ich
Diogenes noch keinen Wink über meine Absichten gegeben hatte,
versprach er in meiner Gegenwart dem Abt für den Schäfer einen
dreimonatlichen Lohn, der sich zu der ungeheuern Summe von
fünfzehn Schilling Sterling belief.

Bald nachdem wir das Kloster verlassen, kamen wir bei dem
kleinen Dorfe Skamia vorbei, wovon etwa der dritte Theil der
Häuser bewohnt schien; höher hinauf lag das ganz verlassene Pu=
liana uns zur Linken. Beide waren mit Baumgärten von Frucht=
bäumen umgeben. Besonders auffallend waren die Pflaumen=

bäume, ihre Aeste waren gleich denen der Trauerweiden herunter=
gezogen und zuweilen gebrochen von der Last der auf den Zwei=
gen sich häufenden Früchte; das Laub sah aus wie eine Garnitur
aufgehäufter Dessertteller.

Nach den Erzählungen von der Allgegenwart des Kapitano
Pulio urtheilend, hoffte ich wenig darauf, Kapitano Dimo in Karia
zu finden, rechnete aber in jedem Falle darauf, in diesem Dorfe,
seinem Zufluchtsorte und zugleich der Gränzfestung seiner legiti=
men Domänen, das schöne Ideal eines Räuberverstecks zu erblicken,
an einem Abgrund klebend oder in eine Höhle genistet. Groß war
daher mein Erstaunen, als ich plötzlich an den Saum eines Ab=
grundes kam und nun die Versicherung erhielt, ein friedliches und
lachendes Dorf im Winkel einer offenen Ebene sey Karia, und eine
Wohnung, die, stattlicher als die übrigen, mitten im Dorfe lag,
mit hellem und luftigem Ansehen, weißgewaschen, aus zwei Stock=
werken bestehend, mit einem Kiosk obendrauf, sey der Wohnsitz
des gefürchteten Kapitano Dimo. Als ich indeß näher kam, sah
ich Anzeichen von den Sitten und dem Berufe des Eigenthümers
in zahlreichen Schießlöchern, die das Haus nach allen Richtungen
hin durchlöcherten. Er erschien als ein häuslicher und verständi=
ger Mann, aber nicht sehr geneigt, sich einer Sache oder eines
Menschen wegen aus dem Geleise bringen zu lassen. Er empfing
mich indeß herzlich genug, sagte mir, er hätte vor einiger Zeit
von mir gehört, wußte, daß ich die Klephten liebe, und deßhalb
wäre ihm mein Besuch nicht unerwartet. Ungeachtet meiner ge=
schwollenen Füße und meiner müden Beine bestand er sofort dar=
auf, mir einen englischen Garten zu zeigen, der alle seine Gedan=
ken zu beschäftigen schien. Ich war über diesen Garten wirklich
ausnehmend erstaunt; ich hätte es mir nie träumen lassen, auf
dem Olymp und besonders in dieser Zeit dergleichen zu sehen, so=
wohl in Bezug auf Größe, Beschaffenheit der Pflanzen und Blu=
men, als auf Sorgfalt und Nettigkeit der Bebauung. Er bat
mich sehr dringend, ihm aus Salonica Samen und Blumen zu
schicken, vorzüglich Kartoffeln, und sprach von einem englischen
Pfluge, als dem höchsten Ziele seines Ehrgeizes und dem Inbe=
griffe aller seiner Wünsche. Ich machte mich anheischig, seinem
Wunsche so weit als möglich zu genügen, wogegen er mir ver=
sprach, für mich Pfeilspitzen zu sammeln, die sie oft in großer

Menge ausgraben und zuweilen in Pistolenläufe verwandelt ha=
ben. Diese Pfeilspitzen sind ohne Widerhaken und gleichen genau
denen, welche die Tscherkessen heutiges Tages brauchen. Zwei
Tage vorher hatte man bei Anlegung einer Garten=Cisterne ein römi=
sches Grab von Mörtel und Ziegeln entdeckt, völlig zehn Fuß lang.
Sie sagten mir, sie hätten darin die Gebeine eines Riesen ge=
funden. Ich war sehr neugierig, diese zu sehen, aber Alles, was
wir finden konnten, war ein Theil des Schädels. Es schien
allerdings ein Stück eines menschlichen Hirnschädels, aber gewal=
tig dick, was Kapitano Dimo als einen Beweis aufstellte, daß
der Todte ein großer Mann gewesen seyn müsse.

Auf dem Felsen über Karia ist eine Ruine einer alten Fe=
stung, die, so viel ich durch das Fernrohr sehen konnte, mir ve=
netianisch vorkam; doch verwarf ich die Vermuthung als unwahr=
scheinlich. Eine venetianische Festung in solcher Lage schien Alles
zu übertreffen, was man von den Schifffahrts= und Handelsnie=
derlagen Venedigs in der Lavante erwarten konnte. Bald nach=
her aber wurde mir eine große Silbermünze gebracht, die im Hautre=
lief den ruhenden Löwen des heiligen Marcus vorstellte. Auf der
Rückseite war das Brustbild eines Kriegers in Helm und Har=
nisch, darunter ein St. Georgs=Schild mit dem Drachen darauf,
und der Inschrift: „Da pacem Domine in diebus nostris 1642"
Zwei Jahre nach dieser Zeit beschützte Venedig das seeräuberische
Wegnehmen eines von den Malteser=Rittern aufgebrachten türki=
schen Schiffes, das einen Sohn des Sultans Ibrahim an Bord
hatte, den sie zum Mönch machten (Padre Ottomano), was zu
dem Kriege Veranlassung gab, der Venedig sein orientalisches
Reich kostete.*) Auch wurden mir einige andere Münzen von
römischen Kaisern gebracht. Das Merkwürdigste von allen

---

*) In der nouvelle rélation de Venise, Utrecht 1709 (von Freschot)
wird S. 217 behauptet, es sey gar kein Sohn Ibrahims auf dem
Schiffe gewesen; das haben die Malteser nur ausgebreitet, um ihrer
Eroberung ein Ansehen zu geben; auch sey Venedig ganz unschuldig,
wie der Sultan selbst erklärt, dennoch aber den Vorwand ergriffen
habe, um Candia zu erobern. — Auch v. Hammer (Geschichte des
osman. Reiches, 2te Ausgabe III. S. 258 sagt, der Gefangene sey ein
Sohn der Amme Sultan Mohammeds IV gewesen, den die Malteser
für einen Prinzen osmanischen Geblüts ausgegeben. D. Ueb.

aber, als auf solchem Platze gefunden, war eines der schönen Silber-Ueberbleibsel von der frühesten Präge Griechenlands, mit dem weidenden Rosse und dem Herculeskopfe der Denier.

Man sagte mir, sechs Meilen nordwestlich, über die kleine Ebene hinüber, befände sich eine Inschrift, die ich am folgenden Morgen besah. An dem Platze hatte ersichtlich eine Stadt gelegen, und dort war ein großer Stein aufgerichtet, der eine Inschrift trug, wovon noch einige Buchstaben leserlich waren. Sie war römisch, aus der Kaiserszeit, und die einzigen Worte, die ich herausfinden konnte, waren: inventio ipsorum, die ich für höchst vortrefflich geeignet halte, Geographen zu leiten, um auszumachen, daß hier irgend eine wichtige Stadt gelegen habe; aber nach dieser Andeutung überlasse ich es Gelehrten, der Stadt einen Namen zu geben.

Capitän Dimo und ich wurden bald gute Freunde, und er erklärte, mich selbst nach Rapsana begleiten zu wollen, wo man das Thal Tempe überblickt. Wir beschlossen, an dem zweiten Abende meiner Ankunft abzureisen, und beabsichtigten, in einem Dorfe auf dem halben Wege zu schlafen. Ein milchweißer Renner, merkwürdiger durch seine Farbe als seine Behendigkeit, wurde auf den Hofplatz gebracht und durfte nebst den andern Pferden, die uns begleiten sollten, sich auf die Reise vorbereiten durch Ablecken und Zerknirschen des Steinsalzes, das in diesem Lande für alle Vierfüßler eine Labung ist.

Wir waren schon fortgeritten und hatten das Ende des Dorfes erreicht, als wir durch lautes Geschrei verfolgt wurden und etwa fünfzig Leute hinter uns herrannten, Männer, Weiber und Kinder. Es ergab sich, daß vor zehn Minuten die heilige Laufbahn eines jungen vielversprechenden Mönches durch die Rache eines beleidigten Ehegatten mit einem schleunigen und tragischen Ende bedroht worden war. Die schnell versammelten Nachbarn hatten sich ins Mittel gelegt; die Weiber fielen in Ohnmacht und kreischten, die Männer fluchten, die Kinder schrien, und die Schweine, Hunde und Hähne bezeugten alle ihr Mitgefühl, in den verschiedenen Tönen, wodurch ihre Gefühle sich auszudrücken pflegen. In demselben Augenblicke wurde der weiße Renner des Volksrichters entdeckt, und nun fand der vereinte Anlauf statt, der unsere Weiterreise hemmte. Der Räuber vom Olymp hielt

an, runzelte seine Stirn und schaute wild umher, wie Stiliko
auf seine Gothen blickte. Eine untröstliche Mutter warf sich vor
ihm auf die Kniee und flehte um Gerechtigkeit, ein Priester um
Rache, ein Mönch mit zerschlagenem Kopfe um Gnade, die un=
glückliche Schöne betete nur mit Blicken um Mitleid, während
die gewaltige Stimme des beleidigten Mannes alle anderen über=
tönte — er klagte natürlich auf Entschädigung. Ein halb Duzend
Kinder schluchzte und schrie, eine Schwester kreischte und zerraufte
ihr Haar, ein Bruder stand mit rollenden Augen und zusammen=
gepreßten Lippen und schleuderte Blicke voll Haß und Rache bald
auf den Schwager, bald auf den Mönch. Kapitano Dimo hörte
eine Weile geduldig zu, aber welche Geduld konnte so wider=
sprechende Forderungen, so mißtönende Stimmen aushalten? Und
welcher Richter konnte seinen Gleichmuth da bewahren, wo er
von rechts und links, von vorn und hinten, von rund umher und
von unten auf angegriffen wurde, und wo er, in seiner Stellung
hoch zu Pferde, bei den Füßen, Beinen und Händen gepackt wurde
und seine Ohren mit allen möglichen Sprachwerkzeugen bestürmt?
Das Pferd gab zuerst Zeichen seiner Unzufriedenheit, indem es um=
hertanzte und in zierlichen Wogen den gestrengen und stirnrunzeln=
den Reiter auf und niederbewegte. Als nun aber der Klepht.
zu stürmen begann, da war alles Vorhergegangene gar nichts.
Die Metaphern seiner Drohungen waren wahrhaft homerisch,
und wurden durch eine, von den Türken erborgte, schneidende Be=
wegung der Hand an den Hals erhöht. Ich dachte, er werde
sich nicht eher zufrieden geben, als bis er der ganzen Compagnie
die Köpfe, abgeschlagen hätte, und hätte er dazu Lust gehabt, so
wäre Niemand da gewesen, der ihm hätte sagen dürfen: du
sollst nicht.

Der Nachmittag ging hin mit Untersuchungen nach dem er=
sten Lärmen und mit Aufnahme von Zeugenaussagen vor dem Aus=
sprechen des Endurtheils, wobei der Priester nicht allein als
Gerichtsrath, sondern auch als Executor erschien; denn Bußen,
Almosen, Bekreuzigung und Kniebeugungen wurden allen Delin=
quenten freigebig auferlegt. Der strafbare Mönch bekam allein
von den letzteren siebentausend auf seinen Antheil, die halbe Summe
wurde dem Ehemann zugetheilt, weil er dem Mönch den Kopf
zerschlagen. Die schöne Sünderin sollte vor einem höhern Tribu=

nal erscheinen, indem ihre Sache dem Bischof von Larissa vorgelegt werden sollte.

Da auf diese Weise unsere Reise bis zum folgenden Tage verschoben wurde, so brachte ich noch eine Nacht in Karia zu, und
kaum war das Abendessen beendigt—wobei der geringste Diener des
Kapitano-Richter sich an denselben Tisch mit uns setzte, obgleich
sie im nächsten Augenblicke vor ihrem Herrn standen mit Ehrfurcht
in den Blicken und Achtung in der Stellung — kaum, sage ich,
war das Abendessen beendigt, als plötzlich drei Reisende eintraten.
Als sie sich gesetzt hatten, fragten Kapitano Dimo und ich nach
ihrer Gesundheit. Sie erwiederten: „Gott sey Dank, wir befinden
uns sehr wohl" — „aber," setzte Einer ein wenig hastig hinzu,
„wir kommen, nach unsern Pferden zu fragen." Der Capitän
nahm seine Pfeife aus dem Munde, derselbe wüthende Blick, den
ich vor zwei Stunden gesehen, flammte wieder auf und blitzte auf
den kecken Sucher. „Hältst du mich für deinen Pferdeknecht?"
fragte er. — „Hielte ich dich nicht für den Kapitano des Olympus,
erwiederte der Fremde, „so hättest du mich nicht unter deinem Dache
erblickt. Ich bin gekommen, um mein Eigenthum und meine
Pferde zu fordern, die mir geraubt sind." Kapitano Dimo's Augen wendeten sich plötzlich auf mich, wurden aber eben so schnell
zurückgezogen. Er hatte mir freilich ein sehr lebhaftes Gemälde von
dem Glück und der Ruhe entworfen, deren sich das Land durch
den Schutz seines Armes und die unparteiische Strenge seiner Justiz erfreue. Jetzt fiel Schlag auf Schlag auf die von ihm auf-
gestellte Theorie. Ich erwartete einen zweiten Ausbruch, wurde
aber getäuscht. Der Neuaugekommene erwies sich als ein reicher
Primat aus Monastir, von dem man wußte, daß er in großer
Gunst bei dem Großwessier stand. Die neuerdings durch die Anwesenheit türkischer Truppen im Süden und Westen von Monastir
hergestellte Ruhe hatte ihn verleitet, mit zwei Gefährten nach
Larissa zu reisen, um Einkäufe zu machen; nebst sieben mit Gütern beladenen Pferden waren sie auf der Rückreise, als sie diesen Morgen von einer Partei Klephten umzingelt wurden, die
ihnen Geld, Gepäck nd Pferde abnahmen, ohne sie indeß anderweitig zu mißhandeln.

Sofort waren sie nach Karia gegangen, um Hülfe zu suchen.
Umstände, Ort und Zeit wurden ihnen genau abgefragt; Zahl und

Aussehen der Räuber, Zahl und Inhalt der Päcke, Farbe
und Zeichen der Pferde wurde aufgeschrieben und dann ein allgemeiner Divan von allen Soldaten des Capitäns Dimo gehalten.
Sie gelangten zur einstimmigen Ansicht, wer die Schuldigen seyn
könnten, und in einer Stunde waren zwanzig Mann unterwegs
zum Nachsetzen. Sie wurden in drei Corps getheilt, das eine
rückte geradezu nach dem Dorfe, dem die Räuber vermuthlich an-
gehörten. Diese, bei denen der Grammatikos (Schreiber) des
Kapitano war, sollte eine oder zwei Personen aufgreifen und mitnehmen, die so lange als Geiseln dienen sollten, bis die Räuber
angegeben wären. Die beiden andern Abtheilungen, jede von
sieben Mann, sollten die Räuber auf verschiedenen Wegen verfolgen. Zeit und Ort der Sammelplätze wurden bestimmt und die
Einzelnheiten des Feldzugs mit einer Umsicht angegeben, die nur
durch die Hurtigkeit derer übertroffen wurde, denen die Ausführung oblag. Am nächsten Morgen sollten die Geplünderten ihre
Reise bis nach einem dreißig Meilen entlegenen Dorfe fortsetzen,
wo ihnen, wie Capitän Dimo versprach, am folgenden Abend
alles, was sie besessen hätten, zurückgegeben werden sollte; es sollte
ihnen nicht ein Riemen, nicht eine Schnalle fehlen; wenn sie wollten, möchten sie seinen Leuten ein Bakschisch (Trinkgeld) geben,
und er bitte nur, dem Sadrazem zu erzählen, welch prompte Gerechtigkeit er auf dem Olymp ausübe. Ich erfuhr nachher, sein
Versprechen sey pünktlich in Erfüllung gegangen.

Ebendieselben Leute, die nun zu diesem Zuge aufbrachen und
von denen keiner um irgend einen Preis seinen Zweck versäumt
haben würde, waren vielleicht eine Woche vorher selbst Klephten
gewesen und konnten es die nächste Woche wieder seyn.

Nachstehend ein Verzeichniß der Dörfer — Städte sollte ich
sagen, die im Larissa-Bezirke des Berges Olympus unter der
Botmäßigkeit des Capitäns Dimo stehen, mit der Anzahl von Feuerstellen, die sie nach seiner Angabe vor zehn Jahren, d. h. vor
der griechischen Revolution, besaßen, und die sie jetzt, 1830, enthalten. Ich gebe die Dörfer, wie er sie herzählte, obgleich die
Rechtmäßigkeit seiner Ansprüche auf die drei letzten streitig ist, in
indem Kapitano Pulio zwei derselben für sich fordert, und ein anderer Kapitano, dessen Namen ich vergessen habe, das letzte. Er
behauptet, fünfhundert Mann aufstellen zu können, dann wird

er aber wohl die Landwehr aufrufen müssen, denn das stehende
Heer beläuft sich nur auf fünfzig Mann.

	1820	1830
Rapsana hatte	1000 Feuerstellen.	10.
Krania	600	10.
Perietos	300	100.
Egani	40	8.
Avarnizza	150	50.
Porulies *)	50	50.
Nizeros	300	20.
Karia	150	40.
Skamia	250	50.
Puliana	150	keine.
Mikuni	30	3.
	3020	341.

Die Ebene, worin Karia liegt, ist ein Theil der tiefen Schlucht,
die sich rund um die Mittelgruppe des Olymp herumzieht. Nach=
dem wir sie durchritten, erstiegen wir den Rand, der den äußern
Kreis der Schlucht bildet, und von dort wieder hinab in das
Thal, nach dem See und dem Dorfe Nizeros, sechs Meilen von
Karia. Dicht am Wasserrande standen zwei majestätische Zitter=
espen, schlank wie die höchsten Pappeln, aber ausgebreitet gleich
Eichen, deren grün und silbern Laub in der Sonne zitterte.
Der See schien mit Myriaden von Wasservögeln bedeckt, die sich
vor der Augusthitze aus den Ebenen Thessaliens nach den höher
liegenden Gewässern geflüchtet hatten. Die Veränderung der
Temperatur war ganz außerordentlich, ohne Zweifel durch den
Sumpfboden ringsumher, der die Atmosphäre mit Feuchtigkeit er=
füllte. Unser Weg hatte uns über die Ueberreste eines großen
Waldes von Föhren und Buchen geführt, der vor zwei Jahren durch
einen Brand verzehrt war, der fünfzehn Tage lang gewehrt hatte.
Er wurde mir als prächtig und wirklich wunderbar beschrieben.
Ein heftiger Nordwind hatte das Feuer aus der Ebene von Karia
über die dick beholzte Anhöhe geführt, die gen Norden blickt; in
die Schluchten, wo die Bäume am dicksten standen, eingefangene
Windstöße, die an der andern Seite zurückgeworfen wurden, hatten
diese Schluchten in Oefen verwandelt, bei einer heftigen Dürre;

---

*) Dieses auf einem Felsen belegene Dorf war das des Raubes verdächtige.

brennende Aeste und ganze Bäume waren aufgeflogen und wie vom Wirbelwinde fortgeschleudert.

In Nizeros sollten wir den größern Theil des Tages zubringen und am Abend zehn Meilen weiter reiten nach Rapsana, von wo man das Thal Tempe überblickt. Capitän Dimo hatte am Tage vorher große Vorbereitungen in Nizeros beordert, aber die gegen die Räuber ausgeschickte Expedition hatte seine Plane gestört. Als wir vor dem niedlichen kleinen Landhause aufritten, wo wir zu Mittag essen sollten, und wo wir das Mittagsmahl fertig zu finden erwarteten, sahen wir ein Schaf, das eben in den letzten Todeszuckungen lag, und das eilfertig abgeschlachtet war, als man uns ankommen sah. Kapitano Dimo, wüthend über diese Saumseligkeit, sprang mit einem Satz vom Pferde, stieß die Schlächter bei Seite, riß das Messer aus dem Gurt, zog dem todten Thiere das Fell ab, hing es bei den Hinterbeinen an einen Nagel, machte einen geschickten Schnitt, steckte das Messer zwischen die Zähne, . krämpte die Aermel auf bis an die Schultern, tauchte die Arme in die rauchenden Eingeweide, spießte das Thier auf eine Stange und hatte es in wenigen Minuten vor dem Feuer. Noch war indeß die Arbeit nicht vollendet, als die Dorfeinwohner sich rund um ihn versammelt hatten; doch würdigte er keine der demüthigen und wiederholten Begrüßungen einer Antwort, bis er sah, daß das Schaf zuerst umgewendet wurde am Spieße, da drehte er sich um und wünschte der Bürgerschaft, noch manches Jahr zu leben. Einige Supplicanten kamen mit langen Geschichten zu Gange, und er setzte sich auf einen Stein, dicht bei dem Platze, wo das Schaf geschlachtet war. Ich dachte, er würde hier sein Lit de justice halten. Ich saß in einiger Entfernung auf einer Bank, als ich sah, daß er ein Frauenzimmer bei dem Arme faßte, so daß ich glaubte, er würde zur Vollziehung irgend einer summarischen Bestrafung schreiten. Dießmal aber war es eine Kranke, die er behandelte, und augenblicklich sah ich, wie ihr Blut aus dem Arm spritzte, über das Schafblut. Ich kann nicht beschreiben, wie höchlich ich erstaunt war, als ich diesen Mann den Galenus spielen sah, einen Patienten nach dem andern verhören, denn das ganze Dorf war unwohl, und als ich ihn mit allen alten Weibern des Ortes sehr gelehrt über Krankheitssymptome und Arzneien sich unterreden hörte. Darauf gingen wir in den Garten und

ſuchten Aepfel, und mit derſelben allſeitigen Sorgfalt gab er mir
einen Apfel hin, wenn er einen recht ſchön duftenden gekoſtet hatte.

. Ich muß nun unſer Homeriſches Mahl beſchreiben. Wir
ſaßen im Schatten eines Apfelbaumes auf weißen Mänteln; ein
Knabe brachte ein großes, blankes Meſſingbecken, das er knieend
vorhielt; darüber hielt man die Hände, und ein Mädchen goß
Waſſer darüber aus· einer Kanne von demſelben Metall, mit ei=
nem langen und engen Guſſe. Ein anderer Diener ſtand mit einem
Handtuche bereit, das er in dem Augenblick auf die Hände fallen
ließ, wo das Waſchen beendigt war. Hierauf wurde ein kleiner,
runder, hölzerner Tiſch. gebracht und auf die Erde geſtellt, und
die Gäſte rutſchten ſo dicht als möglich hinan. Ein Palikar kam
von hinten mit einem langen ſchmalen Tuche von drei oder vier
Yards in der Länge, das er mit geſchicktem Schwunge ſo über die
Köpfe warf, daß es im Kreiſe gerade auf die Knice aller Gäſte fiel.
Teller mit Aepfeln, Birnen, Oliven und Pflaumen wurden auf
den Tiſch geſetzt, und ein kleiner Becher mit Rakki, ſo groß wie ein
Liqueurglas, wurde bei jedem Gaſte rund gereicht. Nun rannte
ein Palikar mit einem Ladſtocke herbei, um den die ausgewähl=
ten Eingeweide des Schafes gewickelt waren, heiß und ziſchend
vom Feuer; und um den Tiſch herum laufend, lud er etwa die Länge
einer Patrone von der Garnitur des Ladeſtocks auf dem Brode vor
jedem Gaſte ab. Dieſes erſte Reizmittel·war kaum verzehrt, als .
zwei andere Männer herbeiliefen, jeder mit einer Niere auf einem
Stöckchen, deren heiße Stücke eben ſo vertheilt wurden, wie die
Eingeweide. Darauf wurde das vom Schafe abgelöſete rechte
Schulterblatt gebracht. Es wurde feierlichſt vor Capitän Dimo
hingelegt, jeder Laut wurde unterdrückt, und jedes Auge blickte auf
ihn. Er ſäuberte es ſorgfältig, unterſuchte es an beiden Seiten,
hielt es hoch gegen die Sonne und prophezeyte dann alle guten
Dinge, welche Wünſche gewähren könnten, wenn ſie des Schickſals
Schlüſſe regierten. Der Weg *) der Griechen war hell ohne ein

---

*) Der Lauf zweier Blutgefäße nahe am Ende des Schulterblattes, die
von beiden Seiten herkommen, bedeutet Wege, einen der Freunde
und einen der Feinde. Flecken auf dem durchſichtigen Theile des
Knochens bedeuten Gräber. Die Schickſale des Wirthes und der Wir=
thin zeigen ſich auf einer Stelle nahe dem Beinknopfe. (Condplon)

Grab, der der Türken mit Nebel verdunkelt; die Felder des Wirthes sollten mit Heerden weiß gefärbt seyn, als seyen sie mit Schnee bedeckt, und die Wirthin war im Begriff, ihrem Herrn und Gemahl ein kleines blühendes Ebenbild seiner selbst zu überreichen. Die Anwesenden riefen: Amen! Die verschämte Dame, vielleicht dieses letzte Galanteriestückchen nicht erwartend, kam des Kapitano Hand zu küssen und watschelte fort, ihr Schulterblatt schwingend, ohne Zweifel in der Absicht, es in das Reliquienkästchen der Familie zu legen. Nun bekreuzten sich die Gäste und rüsteten sich im Ernste zu dem Geschäfte, das uns zusammen gerufen. Das Schaf, nach Abzug der rechten Schulter, machte seine Aufwartung auf einem Geflecht von Myrtenzweigen. Kapitano Dimo zog seinen Yataghan, löste den Nacken, legte den Kopf auf den Rumpf, schlitzte ihn mit scharfem Hiebe auf, drehete geschickt die Zunge heraus und legte sie mir vor. Dann trennte ein einziger Schlag den Rückgrat, und die Waffe drang zwischen die Rippen und trennte in einem Augenblicke das Thier in zwei Theile. Zwei Rippen mit den Wirbeln daran wurden dann abgelöset und mir ebenfalls vorgelegt. Das ist die Weise, einem Gaste Ehre zu erzeigen, und ohne Zweifel legte ganz in derselben Weise Achilles dem Ulysses den classisch berühmten Rückgrat vor.

Während des Mittagsessens verbreitete sich Kapitano Dimo über die Anmuth, die Schönheit, die Fruchtbarkeit seines ψωμί, oder Brodes, womit er seinen Bezirk meinte; über die Zuneigung und die Achtung seiner Einwohner; über die Ergebenheit und Tapferkeit seiner Soldaten. Er unterhielt mich mit Berichten über seine verschiedenen diplomatischen Verbindungen mit den benachbarten Potentaten und die Schwierigkeiten, in die er in Betreff seiner Gränzen gegen Norden und Westen verwickelt war. Bevor er indeß sein väterliches Erbtheil antrat, hatte er, Gott sey Dank, einige Kenntniß in den Dingen dieser Welt und einen Ruf erlangt, der ihm Achtung und seinem Volke Ruhe sicherte. „Denn,“ sagte er „seit dreißig Jahren bin ich ein Räuber zu See und zu Lande gewesen, und der Name: „Dimo vom Olymp“ ist mit trockenen Lippen genannt in den Gebirgen Macedoniens und an den Küsten Karamaniens.“

Und das war auf dem Olymp, und bei einem Besuche des Heiligthumes der Götter Griechenlands erblickte ich nicht eine

Schaudarstellung, sondern einen wirklichen und leibhaftigen Auf=
tritt aus dem trojanischen Kriege. Hier allein hat bis auf unsere
Zeiten die ächte Nachkommenschaft Griechenlands sich erhalten.
Die Bergkette, die Thessalien nach allen Seiten umgibt, Griechen=
lands erste Wiege, ist jetzt Griechenlands letzte Zufluchtsstätte ge=
worden.

Seit zweitausend Jahren sind die niederen Theile Griechen=
lands, nebst dem Peloponnes, überfallen und verheert worden von
Slavoniern, Saracenen, Gothen, Lateinern, Normannen, Türken
und Skipetaren, und dennoch sind diese, durch fortgesetzte Ver=
nichtung der Bevölkerung dieser engbegränzten Gegend, weniger
erfolgreich gewesen, ihr altes Gepräge, ihren alten Charakter zu
zerstören, als die Einführung europäischer Begriffe, Trachten und
Sitten, seit dem Anfange der Revolution. Es ist sonderbar, daß
man sich, um an das Griechenland der Alten erinnert zu werden,
nach der Türkei wenden muß, und daß nur zwischen den Orten,
die den Ursprung der Pelasger, der Denier und der Hellenen sahen,
die Charaktere jetzt gefunden werden, die an einen Kalchas, an
einen Diomedes erinnern, und diese Umstände, welche in ihren
lebendigen Wirkungen den moralischen Proceß zeigen, durch den
die Wissenschaften, der Pflug, die Heilkunst und des weissagenden
Priesters Stab in Verfassungsurkunden und Königsscepter verwan=
delt sind. Aber, ach! Der Wirbelwind abendländischer Ansichten
hat auch die Türkei ergriffen, nachdem er Griechenland verwüstet.
Während ich diese Zeilen schreibe, ist das von mir geschilderte drei=
tausendjährige Geschlecht vertilgt! Ein türkischer Sergeant, in
blauer Jacke und Pantalons, mit rothen Aufschlägen und Kra=
gen, bewohnt den Kiosk, faullenzt im Garten des Kapitano vom
Olympus!

Ende des ersten Bandes.

Digitized by Google

Reisen

und

Länderbeschreibungen

der

älteren und neuesten Zeit,

eine Sammlung

der

interessantesten Werke über Länder- und Staaten-Kunde, Geographie
und Statistik.

―――

Herausgegeben
von

Dr. Eduard Widenmann,

Redacteur des Auslandes,

und

Dr. Hermann Hauff,

Redacteur des Morgenblattes.

―――

Achtzehnte Lieferung.

―――◆―――

Stuttgart und Tübingen,
Druck und Verlag der J. G. Cotta'schen Buchhandlung.

―――

1839.

Der Geist des Orients

erläutert in einem Tagebuche

über

Reisen durch Rumili

während einer ereignißreichen Zeit.

Von

D. Urquhart, Esq.

Verfasser der Schriften: „die Türkei und ihre Hülfsquellen" — „England,
Frankreich, Rußland und die Türkei" u. s. w.

Aus dem Englischen übersetzt

von

F. Georg Buck,

b. R. Dr. in Hamburg.

Nicht durch Thatsachen, sondern durch Ansichten über
Thatsachen lassen sich die Menschen leiten.   Epiktet.

Zweiter Band.

———

Stuttgart und Tübingen,

Verlag der J. G. Cotta'schen Buchhandlung.

1839.

Der Geist des Orients

erläutert in einem Tagebuche

über

Reisen durch Rumili

während einer ereignißreichen Zeit.

Von

D. Urquhart, Esq.

Verfasser der Schriften: „die Türkei und ihre Hülfsquellen" — „England,
Frankreich, Rußland und die Türkei" u. s. w.

Aus dem Englischen übersetzt

von

F. Georg Buck,

b. R. Dr. in Hamburg.

Nicht durch Thatsachen, sondern durch Ansichten über
Thatsachen lassen sich die Menschen leiten.   Epittet.

Zweiter Band.

———

Stuttgart und Tübingen,

Verlag der J. G. Cotta'schen Buchhandlung.

1839.

Inhalt.

Urquharts
Reisen im Orient.

Reisen und Länderbeschreibungen. XVIII.
(Urquharts Tagebuch 2c. II. Theil.)

Erstes Capitel.

Ritt in das Thal Tempe. — Ankunft in Ambelakia.

Als unser Mittagsschlummer vorbei und die Sonne schon aus unserm hohen Gesichtskreise verschwunden war, stiegen wir zu Pferde und ritten nach Rapsana. Wir ritten am Rande des Sees fort, wendeten uns links, über einen niedrigen Hügel und hinab in eine tiefe Schlucht oder „Lak," die ins Meer auslief. Wir konnten dieß nicht sehen, aber ein meerduftender Wind blies zwischen den Hügeln durch. Hier trafen wir auf eine Gesellschaft Dorfbewohner, die eben einen wilden Eber erlegt hatten. Mit vieler Mühe machten wir uns von ihnen los, denn sie drangen darauf, wir sollten die Nacht in ihrem Dorfe zubringen und rühmten den Speisezettel des uns erwartenden Schmauses. Zuerst kam der Eber, der mit seinen Rubinfarben beredsam zu unsern Sinnen sprach und mit Rednerschwung in seinen schön gerundeten Formuru; dann kamen Zicklein, noch ganz zart und frisch vom Olymp zurückgekehrt;*) Wildpret, von einem schönen, erst vor einer Stunde geschossenen Wilde; Sumpfvögel, Fasanen, goldfarbene Wasserhühner, wilde Enten aus Nizeros, und Alles, was die Hürde, der Hühnerhof und die Milchkammer bieten konnte, ohne Zahl und Maaß. Wir entflohen indeß so furchtbaren Zurüstungen, und gerade als wir den steilen Hügel an der andern Seite der Schlucht hinaufritten, sahen wir über dem Kessova (Ossa) den Rand des Mondes hervortreten, der im tiefen und düsteren Schatten den fürchterlichen Spalt zeigte, welcher den

---

*) Dadurch, daß die Heerden sehr hoch ins Gebirge getrieben werden, verspätet sich die Wurfzeit.

1*

Offa vom Olymp abreißt, wo in alten Zeiten die Musen thronten
und durch den der Peneus fließt.

Wir wendeten uns links, ritten am Fuße eines Höhenzuges
hinunter, der mit Tempe gleich läuft, und sahrn nun endlich von
Thessalien auf die See und das Delta des Peneus; silbern glänzte
das Wasser im Monde, der hin und wieder durch die Bäume
schien. Wieder gegen das dichterische Thal gewendet, kamen wir
nach Rapsana, einem Trümmerhaufen, wo wir aber höchst beque-
mes Unterkommen fanden und uns ein Abendessen vorgesetzt wurde,
das sich vor dem Küchenzettel der Bauern unterweges nicht zu
schämen brauchte. Die Nacht war weit vorgerückt, und ich mußte
am nächsten Morgen in aller Frühe nach Ambelakia aufbrechen;
so kam also die immer schwere Stunde des Abschiednehmens heran.
Kapitano Dimo erklärte, der Tag meiner Ankunft sollte als ein
Festtag in Karia gefeiert werden, und ich würde vor der Abreise
gar nicht zu Bett gekommen seyn, hätte ich nicht versprochen, den
Olymp wieder zu besuchen und einige Monate dort zuzubringen.
„Dann," sagte er, „wollen wir ausgehen und Hirsche und Eber,
„Wölfe und Füchse jagen, Fasanen, Rebhühner und all das Ge-
„flügel schießen, das auf dem Nizeros hauset; ab und an wollen
„wir die Leute besuchen, die drunten in den Ebenen leben und
„wollen Fische schießen im Salembria; dann mögt Ihr gehen,
„so oft Ihr Lust habt, nach dem Gipfel des Olymp und das
„ganze Land durchstreifen nach alten Steinen, aber denkt daran
„und vergeßt mir nicht die Kartoffeln."

Voll Ungeduld nach dem Thal Tempe zu kommen, verließ ich
Rapsana mit Tagesanbruch; bald darauf kletterte ich über den
Kamm eines Felsens, und da trat mir plötzlich das Gemälde vor
die Augen, dessen Umrisse zu geben ich versuchen will. Gerade vor
mir thürmte sich die Regelmasse des Ossa empor. Drunten lag
das enge Thal Tempe; der grünliche Strom schlängelte sich durch
die Bäume und bildete Inselchen in seinem Bette. Rechts öffnete
sich das Thal und bildete eine dreiseitige Ebene. Die Seite des
Ossa zur Linken und des Olymp zur Rechten hemmten die Aussicht, bis sie in der Ferne auf den Fuß eines Hügels traf, der
in der Ebene vor dem Eingange nach Tempe lag. Dieser Hügel
bildet die Grundlinie der anscheinend dreiseitigen Ebene; dann eröffnen sich wieder in der Ferne jenseits des Hügels und der Außen-

linie des Ossa an einer, der des Olymp an der andern Seite, zwei Ebentu, die wiederum Dreiecken gleichen, welche dem Beschauer ihre Spitzen zuwenden. In der Ebene links, und fast dicht bei dem Ossa, kann man Larissa mit seiner lachenden Oase entdecken, in der zur Rechten Turnovo mit dem weißen Bette des Titaressus, und jenseits derselben berühren die undeutlichen Bergketten des Pindus den Horizont. Der Peneus windet sich um den Fuß des Ossa, zwischen reichen Feldern und grünen Waldungen, und wo er in den engen Paß tritt, steht das Dorf Baba, mit Moskeen und Cypressen geschmückt. Wo der Ossa gegenüber weniger wild und rauh ist, und wo künstliche Terrassen das spärliche Erdreich zusammenhalten, das der Weinstock liebt, ist Ambelakia mehr hineingesteckt als hineingebaut, und seine prächtig aussehenden Häuser scheinen an dem Felsen befestigt. Es lag dem Punkte, auf dem ich stand, unmittelbar gegenüber und fast in grader Linie mit dem Gipfel des Ossa, der sich hoch aufthürmte. Bei Baba beginnt das Thal Tempe, aber so wie es sich links zog, konnte ich nur einen kleinen Theil seines Laufes verfolgen, denn die Abgründe nähern sich von beiden Seiten, so daß es aussieht, als stießen Ossa und Olymp zusammen, und das Thal, wo es zwischen den Felsen sichtbar war, dem Eingange in eine weite Höhle glich.

Der Anblick Tempe's machte größeren Eindruck auf meine Nerven, als auf meine Einbildungskraft. Ich fühlte, daß meine Lungen sich erweiterten, daß meine Glieder elastisch wurden, als ich die Luft von Tempe einathmete und seinen Boden betrat. Man kann eben so wenig die empfundenen Eindrücke beschreiben, als sie durch die Beschreibung hervorrufen. Ich rief mir keine Bilder der Vergangenheit zurück, ich citirte keine Verse aus Pindar oder Luran, aber ich fühlte eine Erweiterung meines Daseyns und eine Tiefe der Lust, als ich auf die vor mir ausgebreitete Landschaft blickte, die jeden Platz übertrifft, an den so stolze und doch so gewohnte Namen sich knüpfen.

Keine vom Alterthum geheiligte Ferne hat jemals einen solchen Eindruck auf mich gemacht, als Tempe. Der Grund mag darin liegen, daß hier des Menschen Geist sich nicht an vergängliche Denkmäler knüpft, sondern an die unzerstörbare Größe der Natur selbst, die, frisch athmend und lächelnd, mit allen Abwechs-

lungen der Lebendigkeit und allen wunderlichen Wirkungen entzückt, so wie die alten Barden aus ihrem Anblicke Begeisterung
schöpften oder vor ihrem Schreine in Anbetung ausströmten. Hier
ist kein Säulenknauf gefallen, keine Farbe hat ihre Frische, keine
Rede ihre Blüthe verloren; hier braucht man nichts hinzuzuden-
ken, man darf nur Alles genießen; man braucht keine verschwundenen Helden zu betrauern, keine verlorene Sprache zu dolmetschen,
keine verwischte Inschrift herzustellen. Der Ossa ist noch so hoch,
als er immer war, der Olymp noch so majestätisch, die Ebenen
Larissa's noch so weit, noch gleitet des Peneus Welle zwischen
Ufern, welche die Myrte und die Daphne (Seidelbast) tragen. Tausende von Jahren haben nicht die Farben verwischt, in denen der
Morgen über diesem Zauberlande anbricht, nicht die Majestät des
Sonnenunterganges verringert.

Es gehörte noch mit zum Effecte, nach Tempe vom Olymp
hinabzusteigen, von Männern begleitet, die des Theseus Gefährten hätten seyn können.

Als wir die rauhen Klippen hinunter ritten, wurde plötzlich
unsere Aufmerksamkeit auf Ambelakia, an der andern Seite der
Schlucht, rege, wo wir Flintenschüsse hörten. Wir hielten an, um
die Art des Gefechtes zu beobachten und nachzudenken, wer die
Parteien seyn könnten. Zwanzig Minuten lang dauerte das Feuern
fort, längs dem oberen Rande des Fleckens, aber wir konnten
nicht unterscheiden, ob es ein Angriff auf den Ort, oder ein Lärmen unter den Einwohnern selbst war. Kapitano Dimo hatte mir
zwei Leute zur Begleitung mitgeschickt. Sie drangen darauf, nach
Rapsana zurückzukehren; ich hingegen bestand darauf, vorwärts
zu gehen, sagte ihnen indeß, wenn sie wollten, möchten sie umkehren. Da nun die Leute immer mit ihren Diensten bei der Hand
sind, wenn sie wissen, daß man derselben nicht bedarf, so erklärten sie, daß sie bereit wären, mir bis ans andere Ende der Welt
zu folgen und nichts dawider einzuwenden hätten, bis Baba mitzugehen. Nachdem sie sorgfältig frisch Pulver aufgeschüttet, schritten wir vorwärts, gingen über den Peneus und erreichten Baba.
Der Aga sagte, er wisse nicht, was das Schießen bedeute, wenn
aber die Leute droben irgend eine Noth hätten, so würde er es
schon erfahren haben. Ich kletterte daher die Abhänge des Ossa
hinauf, und in etwa zwanzig Minuten klimmte ich in den engen

Häuserreihen des einst so berühmten und wohlhabenden, jetzt bankerotten und verschollenen Ambelakia.

Im ganzen Lande sind die Künste des Färbens, Webens, Gerbens und Lederbereitens häusliche Geschäfte; die Ingredienzien und Geräthe, so wie das Verfahren, sind daher beständiger Veränderung unterworfen. Auf meine Fragen in dieser Hinsicht war die immer wiederkehrende Antwort: „Fragt in Ambelakia." „Das werdet Ihr Alles in Ambelakia erfahren.". So oft ich nach Gegenständen des Ackerbaues, der Verwaltung, der Statistik des Landes fragte, hieß es: „Wartet, bis Ihr nach Ambelakia kommt; dort sind Leute mit langen Köpfen; dort findet Ihr Leute, die in Europa erzogen sind und Euch über Alles Auskunft geben werden." Ich kam daher nach diesem Orte nicht nur mit den übertriebensten Erwartungen, sondern hatte auch alle meine Gedanken über diese Gegenstände bis dahin vertröstet, wo ich von den Weisen in Ambelakia würde belehrt werden. Niemals bin ich vollständiger getäuscht worden. Derselbe Tag, den ich in Ambelakia zubrachte, öffnete mir zuerst die Augen über die moralischen Wirkungen, die daraus entstehen, wenn man junge Morgenländer ausschickt, um abendländische Sitten zu erlernen, oder vielmehr, sollte ich sagen, alle und jede Spur dessen zu verlieren, was in ihren eigenen Sitten würdig, freundlich und anziehend ist.

Ich erblickte nun den griechischen Geist in seiner Faschingsjacke und kann die ganze Verachtung und den ganzen Widerwillen begreifen, womit er alle die erfüllen muß, die ihn nur so angethan gesehen haben. Was soll aus Griechenland werden, wenn die verschiedenen Einflüsse Europa's so nachhaltig auf diesen neuen Staat einwirken, wie sie es in Ambelakia gethan haben?

Zwei Tage vorher hatten die Klephten einen der vornehmsten Grundbesitzer von Ambelakia entführt. Mit einem Corps von fünfzig bis sechszig Ortseinwohnern, die ihre langen Kleider um die Mitte des Leibes gegürtet und Klepper, Maulthiere und Esel bestiegen hatten, war der Aga zur Verfolgung ausgezogen. Das Schießen, das wir vom Berge gegenüber gesehen und gehört hatten, war zu Ehren des triumphirend zurückkehrenden Zuges geschehen. Dieser gefeierte Triumph bestand aber nicht etwa darin, daß sie den verlorenen Primaten wieder erobert hatten, sondern in der Flucht der Entführer, die es nicht gewagt hatten,

sich zu zeigen! Diese Schaustellung des kriegerischen Geistes der
Ambelakioten machte mir viel Spaß. Ich habe früher erwähnt,
daß Herr Dodwell den Wohlstand von Magnesia der „Zahl und
Tapferkeit" der bewaffneten Griechen zuschreibt, „welche die Türken in Respect halten." Auf gleiche Weise erklärt Herr Beaujour in seinem Tableau du Commerce de la Grèce den Wohlstand und das Gedeihen von Ambelakia durch die Tapferkeit
der Ambelakioten, die mit gleichem Geschick das Weberschifflein
und die Muskete handhaben! Was würden wir aber von einem
türkischen Reisenden sagen, der nach einer Tour in England seinen Landsleuten erzählte, daß ein achtzehn Zoll langer Stock
eine mächtigere Waffe sey, als Flinte und Bajonnet, und daß
wir ein Geschlecht von Helden hätten, die man Constable nenne,
von denen jeder auf seine eigene Hand ein ganzes Regiment schlagen könnte? Und dennoch sind die gelehrten Lucubrationen des
Herrn Beaujour über den Zusammenhang der Tapferkeit der Ambelakioten mit ihrer wirklich bewundernswerthen Handelsspecula-
tion und ihrem Wohlstande, oder sind die des Herrn Dodwell
über die Zagoriten, nicht um ein Haarbreit phantastischer, als
wollte ein Fremder in England einem Constablestocke die angedeutete Zauberkraft beilegen.

In Ambelakia wurde ich in das sogenannte Serai eines der
Primaten geführt. Es war geräumig und hoch, im türkischen
Style errichtet, mit heiteren Farben gemalt und mit einem Ueberfluß von Vergoldungen, Decorationen, Schnitzwerk und Arabesken geziert. Ich erwartete natürlich, Alles auf europäische Weise
zu sehen, fand aber, daß Alles der wahre Gegensatz gegen Europa war. Höhere und niedere Fußböden; Bohnen, welche die Zimmer durchschnitten; Lagerstätten; Fenster von einem Zimmer ins
andere; Doppelreihen von Fenstern in allen Zimmern und Ueberfluß an mattem Glase; nirgends Gänge, in denen man sich die
Nase quetscht; nirgends das Zusammenstoppeln von Kasten an Kasten, die man Zimmer nennt, als wären die Zimmer zusammen-
gewachsen, um das Haus zur Thür hinauszudrängen; nirgends
Geräthe, um halb darauf zu sitzen, die man Stühle nennt, nirgends höhere Fußböden, um Speisen darauf zu setzen, die man
Tische nennt; sondern nach allen Seiten luftige Räume zum Umhergehen; Ruhestätten, die wirklich zum Hause gehörig schienen

und nicht das Tageslicht zwischen sich und den Fußboden durch-
blicken ließen; Freiheit der Bewegung im Mittelpunkte; Einla-
dungen zum Ausruhen rund umher, und wohin man auch die Augen wendete, boten die dicht aneinander, ohne Zwischenräume
gebaueten Fenster eine freie Aussicht auf die Pracht der umgebenden Natur.

Ich fand hier meinen Reisegefährten, der aus Larissa gekommen war, um mich zu erwarten, vom Fieber genesen, aber sehr
beunruhigt über mein Leben und äußerst verdrießlich und entrüstet
über den Charakter der Bewohner eines Ortes, den er mit ähnlichen Erwartungen, wie ich, betreten hatte. Der Unterschied zwischen diesem Orte und allen anderen, die wir besucht hatten, hätte
uns beinahe auf den Gedanken gebracht, wir wären von einer
Welt in die andere gekommen. Es kamen keine Besuche der angesehensten Leute, um uns willkommen zu heißen; nirgends fanden
wir das zarte und warme Gefühl, das uns sonst überall sogleich
heimisch gemacht hatte. Versuchten wir, die Hausbewohner zu
sehen, so starrten sie uns an oder rannten davon. Die Frauenzimmer hüllten Tücher um ihr Gesicht, und die Männer verließen
das Haus. Entschlossen, einer so seltsamen und ungewohnten
Aufnahme auf den Grund zu kommen, ging ich auf die Gasse,
und da ich in einem sehr zierlichen Hause die Thür offen stehen
sah, ging ich die Treppe hinauf und trat in den Divan Khaneh,
wo ich verschiedene Ortsbewohner im Gespräche fand. An allen
anderen Orten würde ein solcher Besuch Aeußerungen des Bewill-
kommnens, selbst der Dankbezeugung hervorgerufen haben; hier
entstand Erstaunen und Verlegenheit. Ich erzählte ihnen, daß ich
ein Fremder wäre, angezogen von dem Rufe Ambelakia's und den
Schönheiten Tempe's. Sie fragten mich, ob ich ein Bujurdi vom Pascha von Larissa hätte. Ich antwortete, daß
ich unter den Klephten des Olymp nicht nach einem Bujurdi gefragt
worden wäre. Sie erklärten mir darauf, in Ambelakia wäre nichts
zu sehen, sie hätten mir keine Auskunft zu geben, und unsere Anwesenheit könnte ihnen bei den Türken nachtheilig und gefährlich
werden. Ich konnte mich nicht enthalten, mein höchstes Erstaunen über den Empfang an einem Orte auszudrücken, dem ich mit
so großem Interesse mich genaht hätte und über den Abstich zwischen ihnen und ihren Landsleuten, während ich vielmehr bei Leu-

ten, die so viele Verbindung mit Europa hätten, Gefühle ganz anderer Art erwartet hätte. Einer von ihnen erwiederte: „Seyd Ihr es etwa in Europa gewohnt, in Häuser von Leuten zu gehen und darin zu wohnen, die Ihr nicht kennt, und auf Kosten von Leuten, die Euch nicht kennen? Was beabsichtigen zwei junge Leute damit, daß sie in ein Dorf kommen und dort bleiben, wo sie nichts zu thun haben, und in einem Hause, wo nur Frauen sind?" Ich verließ sie mit Entrüstung, nachdem ich indeß eine gute Portion der Ausdrücke wiederholt hatte, die ich von Diogenes gelernt, der den Charakter seiner Landsleute bewundernswürdig gut beurtheilte. Ich kehrte zu meinen Gefährten zurück und schlug vor, den unwirthlichen Ort augenblicklich zu verlassen, und zu versuchen, ob wir von den Türken in Baba besser behandelt würden. Es ist vielleicht überflüssig zu sagen, daß wir den Eintritt nicht erzwungen hatten, weder in das Dorf, noch in das Haus, indem der griechische Erzbischof und der Kiaja Bey eine gemeinschaftliche Empfehlung vorausgeschickt hatten, dieß Haus zu unserer Aufnahme einzurichten.

Der Vorschlag, den Ort zu verlassen, war nicht so bald geschehen, als auch angenommen. Indeß erhob sich eine Schwierigkeit, denn mein getreuer Aristoteles war das einzige vierfüßige Thier, über dessen Dienste wir gebieten konnten. Wir mußten daher unsere Sättel und unser Gepäck auf seinen alleinzigen Rücken packen und ihn voraus nach Baba treiben. Gerade als wir diese Einrichtung getroffen hatten, die wir ganz allein selbst besorgen mußten — denn jede Seele rannte vor uns davon, als wären wir Pestkranke — kam ein Albanese die Treppe herauf, klirrte wie eine rasselnde Waffentrophäe in den Divan Khaneh, wo wir saßen, setzte sich und sprach in unsere erstaunten Ohren, wie folgt: „Suppenfresser (Tschorbadschi), steht auf und geht fort!" Wir fragten, von wannen dieser höfliche Gruß komme. „Ich bin," antwortete er: „der Kavasch des Aga, und der Kodscha Baschi (griechischer Primat) befiehlt euch, augenblicklich dieß Haus zu verlassen und eurer Wege zu gehen." (ἐις το καλλο). Der Kavasch nahm seinen Abtritt eben so wenig ceremoniell, aber etwas eiliger als seinen Eintritt, und nie ist Jemand schneller eine Treppe hinunter gekommen. Das Hausgesinde zuerst und dann alle Ambelakioten insgesammt waren bei diesem Ausgange ihres Staatsstreiches wie vom Donner gerührt, und bevor noch Aristoteles beladen war, kamen alle Weiber des Hauses — denn die Männer hielten sich noch in der Ferne — und baten und fleheten, wir möchten sie doch nicht verlassen. Der Kavasch war ein böser Albanese, ein Wilder, ein Barbar, der weder unsere Verdienste noch unsere Größe kenne und um Verzeihung bitte. Wir sagten, das wäre jetzt eine Sache, die sie mit dem Pascha ausmachen müßten. Diese Erklärung erzeugte einen sonderbaren Auftritt thränenreicher Erklärung und reichte hin, uns die groben, frechen und doch so kriechenden Wichte zuwider zu machen, aus denen diese Gemeinde zu bestehen schien — ein Beispiel im Kleinen von dem moralischen Krebsschaden, der ein heruntergekommenes Handelsvolk ergreift.

Wir schritten hinunterwärts, begleitet von den stummen Blicken der Einwohner, die herausgekommen waren, um unsern Abzug anzusehen. Zuerst kam meines Gefährten Diener, ein Tscherkesse, mit einem gräulich grimmigen, grämlichen Gesichte, einen Strick, Aristoteles' Halfter, fest einklammernd und mannhaft ziehend; dann kam Aristoteles, Kopf und Hals wagerecht ausgestreckt, mit einem Pelion von Gepäck auf seinen Ossa gethürmt; wir folgten, jeder mit einem tüchtigen Knüppel, um das Gepäck zu halten und das Maulthier anzutreiben. Als wir so fortzogen, gaben wir den Ambelakioten Hohn für Hohn zurück, und schüttelten den Staub von unseren Füßen, als wir den Ort räumten. Gegen Sonnenuntergang erreichten wir das Dorf Baba, um Gastlichkeit zu erbitten und ein Obdach zu suchen. Die wenigen Leute, die wir sahen, starrten uns an und gingen aus dem Wege, ohne Zweifel des Glaubens, es sey nicht anständig, sich in solcher Gesellschaft sehen zu lassen. Wir nahmen unsere Zuflucht zu einem Krämerladen. Der Besitzer war ein Albanese; einige Anspielungen auf sein Vaterland öffneten sein Herz, und ein kleines Zimmer über dem Laden wurde zu unserer Aufnahme ausgeräumt. Mein Gefährte kehrte am folgenden Morgen nach Larissa zurück, und ich blieb etwa eine Woche der einsame Häusling dieser Zelle — ein Einsiedler in Tempe!

Zweites Capitel.

Steig'n und Sinken der handeltreibenden Ortschaft Ambelakia.

In der Türkei vereinigt sich das im Grundsatze und Gefühle freie Volk mit dem Sultan, um die Macht der Statthalter einzuschränken, oder sich an ihrem Druck zu rächen. In Europa vereinte sich das Volk, nachdem es in den Zustand der Leibeigenschaft gebracht war und die Aufopferung seiner Rechte Gesetzeskraft erlangt hatte, mit dem Könige, um die Feudal-Aristokratie zu stürzen, die ursprünglich aus Statthaltern bestanden hatte, denen es aber gelungen war, Ansehen in Besitz zu verwandeln, und diesen Besitz dauernd, erblich und gesetzlich zu machen. In der Türkei aber haben die Uebel noch nicht Wurzel gefaßt im Systeme; sie sind nicht durch Verjährung, Titel und Gesetz geheiligt; sie werden als Verirrungen bezeichnet, als Verbrechen verworfen. Der Landbauer ist kein Leibeigener; er ist nicht einmal ein Arbeiter, er ist Eigenthümer. Hier brauchen entlaufene Sklaven nicht in eine Freistätte zu flüchten, um dort eine von ihrem Stamm und von der Volksverwaltung getrennte Stadtgemeinde von Verjagten zu errichten. Mit den väterlichen Saatfeldern erbt die ganze Masse der Bevölkerung jene einfachen Institutionen, denen, wenn sie zufällig auf den Boden gelangten, Europa seine gegenwärtigen Fortschritte und seine Freiheiten verdankt.

Als ich das Daseyn städtischer Gemeinden und handeltreibender Corporationen im Oriente entdeckte, kam ich natürlich darauf, sie mit den Municipien und Freistaaten des Mittelalters zu vergleichen, die in entlegenen Winkeln oder an bis dahin vernachlässigten Gestaden aufblühten, im glänzenden Abstich mit der umgebenden Barbarei, und ihren Reichthum, ihr Gedeihen, ihre Freiheit und ihre Intelligenz nicht den Zufällen der Abkunft, des Bodens oder der Umstände verdankten, sondern einzig den Grundsätzen der Verwaltung.

Deuten die früheren Blätter der Geschichte, deutet die Karte vom mittelländischen Meere auf irgend glückliches Zusammentreffen, das Amalfi, Montpellier, Barcelona oder Ancona — Plätzen, die keine Macht hatten, um sich Ansehen zu verschaffen, keine frühere

Verbindung oder gewohnte Geschäfte, welche nicht im Bereiche des Handels gelegen hätten, die nicht mit örtlicher Fruchtbarkeit gesegnet oder wegen einheimischer Manufacturen berühmt waren — jenes Gedeihen verheißen hätte, dessen Aufblühen blendete, dessen Verfall aber ohne Lehre geblieben ist? Ihre öden Hallen, ihre unbewohnten Gebäude, ihre fürstlichen Reste verschwundenen Reichthums erinnern jetzt nur noch an die Sucht des menschlichen Geistes, Gesetze zu geben, und an die Erfolge der Gesetzgebung.

Ambalakia bietet uns die Mittel zu einem Vergleiche mit jenen Städten; seine Geschichte liefert den Beweis, daß die Grundrechte, welche die Municipien Europa's, die städtischen Gemeinden im Mittelalter, als Ausnahme erhielten oder mit Gewalt erzwangen, im Oriente dem ganzen Volke gemeinsam zustehen und die Grundlage der öffentlichen Meinung und der Regierung sind. Ambelakia war vielleicht der Platz, den ich, unter allen reichen Erinnerungen an Thessalien, mit dem größten Interesse besuchte, und ohne die stattlichen Häuser, die noch das Thal Tempe überschauen, könnte der Reisende an der Wirklichkeit einer fast fabelhaft klingenden Geschichte zweifeln. Ich entlehne aus Beaujours Tableau du Commerce de la Grèce, das im Anfang dieses Jahrhunderts erschien, die von ihm aufbewahrten Schilderungen, insoweit sie sich mir durch die an Ort und Stelle eingezogenen Erkundigungen bestätigten.

„Ambelakia gleicht durch seine Thätigkeit mehr einem holländischen Flecken, als einem Dorfe in der Türkei. Dieses Dorf verbreitet durch seinen Gewerbfleiß Bewegung und Leben über die Umgegend, und erzeugt einen unermeßlichen Handel, der durch tausend Fäden Deutschland mit Griechenland verbindet. Seine Einwohnerzahl hat sich binnen fünfzehn Jahren verdreifacht und beläuft sich jetzt (1798) auf viertausend, die in ihren Manufacturen leben, wie Bienenschwärme in ihren Körben.*) In diesem Dorfe sind sowohl die Laster als die Sorgen unbekannt, die aus dem Müßiggange entstehen; die Herzen der Ambelakioten sind rein, ihr Antlitz ist heiter; die Sklaverei, welche zu ihren Füßen die vom Peneus be-

---

*) Der größte Theil des Garnes wurde aber in den Häusern der umliegenden Bezirke gesponnen und den Ambelakioten zum Färben verkauft.

spülten Ebenen vergiftet, hat niemals die Abhänge des Pelion (Offa) bestiegen, und gleich ihren Vorfahren regieren sie sich selbst, durch ihre Protoyeros (Primaten, Aelteste) und ihre eigenen Magistratspersonen. Zweimal versuchten die Muselmänner von Larissa, die Felsen zu erklimmen, und zweimal wurden sie von Händen zurückgetrieben, die das Weberschifflein fahren ließen, um die Muskete zu ergreifen.

„Alle Hände, selbst die der Kinder, sind in den Factoreien in Arbeit; während die Männer die Baumwolle färben, richten die Frauen sie zu und spinnen sie. Es sind dort 24 Factoreien, in denen jährlich 2500 Ballen Baumwollengarn zu hundert Okas gefärbt werden (6138 Centner zu 112 Pfund). Dieses Garn findet seinen Weg nach Deutschland, und wird in Ofen, Wien, Leipzig, Dresden, Ansbach und Baireuth abgesetzt. An allen diesen Plätzen hatten die Ambelakischen Kaufleute eigene Häuser, welche abgesonderten Compagnien in Ambelakia gehörten. Die so entstandene Concurrenz verringerte den gemeinschaftlichen Profit beträchtlich, und sie schlugen daher vor, sich unter einer Central=Handels= Verwaltung zu vereinigen.*) Vor zwanzig Jahren wurde dieser Plan entworfen und wenige Jahre darauf ausgeführt. Die niedrigsten Antheile in dieser vereinigten Compagnie waren fünftausend Piaster (zwischen 600 und 700 Pfd. St.), und die höchsten wurden auf zwanzigtausend beschränkt, damit die Capitalisten nicht allen Profit wegnehmen sollten. Die Arbeiter unterschrieben ihre kleinen Ersparnisse, verbanden sich in einzelne Gesellschaften und erwarben sich Antheile; außer ihrem Capitale wurde auch ihre Arbeit im General=Betrage gerechnet, darnach erhielten sie ihren

---

*) Diese Concurrenz hatte einen eigenthümlichen Charakter: die Häuser waren Agenten einer Factorei, und die Concurrenz zwischen den Agenten erlaubte nicht, daß die Factorei ihren ehrlichen Vortheil gegen andere Factoreien geltend machen konnte. Die Factoreien hatten daheim eine gemeinschaftliche Verwaltung, die auf eigene Gefahr und Kosten ihre Güter zu Markt schickte, den Profit des Kaufmanns, Maklers und Manufacturisten vereinigend, da die Sache von einer Vereinigung von Capital und Arbeit getrieben wurde, welche den Gewinn in so weit gleich machte, daß auch der Aermste auf eine Belohnung rechnen und sowohl die Vortheile der Speculation ernten, als den Lohn für seine Arbeit erhalten konnte.

Antheil am Gewinne, und bald verbreitete sich Ueberfluß in der ganzen Gemeinde. Die Dividenden wurden anfangs auf zehn Procent beschränkt und der Mehrgewinn zur Vermehrung des Capitals verwendet, das binnen zwei Jahren von 600,000 Piaster auf eine Million stieg. (120,000 Pfd. St.)

„Drei Directoren, unter einer angenommenen Firma, leiteten die Angelegenheiten der Compagnie, aber die Unterschrift war auch drei Associés in Wien gestattet, von wo die Rimessen kamen. Diese beiden Firmen in Ambelakia und Wien hatten ihre Correspondenten in Pesth, Triest, Leipzig, Salonika, Konstantinopel und Smyrna, um die Zufuhr in Empfang zu nehmen, die Rückfracht zu besorgen und den Absatz des griechischen Baumwollengarns zu vermehren. Ein wichtiger Theil ihres Geschäftes war es, die realisirten Fonds von Hand zu Hand und von Platz zu Platz in Umlauf zu setzen, nach Verhältniß ihrer eigenen Umstände und Bedürfnisse und des Curses.“

So sicherte sich die Compagnie sowohl den Profit des Speculanten als den des Bankiers — Profite, die sich ganz ausnehmend dadurch vermehrten, daß sie in beiden Eigenschaften Zeit, Markt und Speculation wählen und beherrschen konnten. Stand der Curs günstig, so remittirten sie Contanten; stand er ungünstig, so remittirten sie Waaren; oder sie speculirten in Salonika, Konstantinopel oder Smyrna durch Aufkaufen von Wechseln oder durch Verschickung deutscher Waaren, nach den Conjuncturen und Nachfragen der verschiedenen Märkte, die sie durch ihre ausgedehnten Verbindungen augenblicklich erfuhren und von denen Nutzen zu ziehen der schnelle Umsatz eines so großen Capitals sie immer in Stand setzte.

„Niemels war eine Handelsgesellschaft nach so sparsamen Grundsätzen eingerichtet und nie wurden weniger Hände zur Betreibung einer solchen Masse von Geschäften verwendet. Um allen Gewinn in Ambelakia zu vereinigen, waren die Correspondenten auter Ambelakioten, und um den Gewinn gleichmäßiger unter ihnen zu vertheilen, waren sie verpflichtet, nach dreijährigem Dienste nach Ambelakia zurückzukehren; dann mußten sie ein Jahr in der Heimath dienen, um die kaufmännischen Grundsätze der Compagnie frisch wieder sich einzuprägen.“

„Lange Zeit herrschte die größte Einigkeit in der Verbindung;

die Directoren waren uneigennützig, die Correspondenten dienst-
eifrig und die Arbeiter gelehrig und fleißig. Der Profit der Compagnie nahm täglich zu, von einem Capitale, das mit reißender
Schnelle ungeheuer groß geworden war. Jede Bilanz ergab einen
Gewinn von sechzig bis hundert Procent, und Alles wurde in richtigen Theilen unter Capitalisten und Arbeiter vertheilt, nach Verhältniß zu Capital und Arbeit. Die Actien waren verzehnfacht.''

Die auf diesen Zeitraum beispiellosen Gedeihens folgenden Stö-
rungen erklärt Beaujour, mit der tadelhaften Unbestimmtheit, welche
Worte für Sachen nimmt, durch den „übermäßig großen Reichthum,'' durch „tumultuarische Versammlungen,'' dadurch, daß die
Arbeiter den Webestuhl mit der Feder vertauscht hätten, durch die
Anmaßungen der Reichen und die Ungefügigkeit der unteren, aber
noch wohlhabenden Classen. Für uns wird es im Gegentheile Erstaunen erregen, daß eine solche Corporation so lange und so ge-
deihlich bestehen konnte, ohne eine gerichtliche Behörde, welche
schon im Beginnen Zwistigkeiten und streitige Interessen schlichten
mußte, die in Ermangelung einer solchen Behörde nur durch
Gewalt entschieden werden konnten. Die Verletzung eines unver-
ständigen Gesetzes gab Anlaß zum Streite, der die Gemeinde in
zwei Partien spaltete. Jahrelang reiseten sie mit ungeheuren
Kosten nach Konstantinopel, Salonika und Wien, schleppten Zeugen mit und bettelten um gesetzliches Urtheil, um das gefällte sofort zu verwerfen, und die Compagnie zerfiel in so viele Theile, als
in der Original-Firma Vereinigungen von Arbeitern enthalten waren.
Um diese Zeit fallirte die Wiener Bank, in der ihre Fonds niedergelegt waren und mit diesem Unglücke vereinten sich politische Ereignisse, um das Glück Ambelakia's zu verdunkeln, dessen Gedeihen,
dessen Hoffnung endlich ganz vernichtet wurde durch die Handels-
umwälzung, die aus den Spinnereien Englands entstand. Die
Türkei hörte nun auf, Deutschland mit Garn zu versorgen, sie
wurde sogar für diesen ihren Ausfuhrartikel England zinsbar. Zuletzt kam noch die griechische Revolution. Dieses Ereigniß hat zur
selben Zeit auch die andern blühenden Ortschaften von Magnesia,
Pelion, Ossa und Olymp in einen Zustand fast völliger Vernichtung gebracht. Selbst auf den entgegengesetzten Höhen des Olymp,
über das Thal Tempe hinüber, ist Rapsana von tausend reichen
Häusern, die es vor zehn Jahren besaß, ohne sich der „Verschwen-

dung" oder des „Tumults" schuldig gemacht zu haben, auf zehn verwaisete Herde herabgekommen. Beaujours Lobpreisungen sind aber eben so unverdient, als sein Tadel ungerecht. Er sagt: „Hier entsprangen von neuem große und freisinnige Gedanken auf einem vor zwanzig Jahren der Sklaverei geweiheten Boden; hier erhob sich der alte griechische Charakter in seiner früheren Thatkraft, zwischen den Felsströmen und Höhlen des Pelion (Offa), mit Einem Worte, hier, in einem Winkel der neuen Türkei, wurden **alle Talente und Tugenden** des alten Griechenlands wieder geboren."

Hätte eine alte Handelsstadt, hätte ein passend gelegener Seehafen oder hätte die Hauptstadt einer Provinz, im Besitze von Capital, Verbindungen und Einfluß, ihren Handel und ihren Wohlstand so reißend schnell gehoben, so würde eine solche Stadt mit vollem Rechte als ein Beweis gesunder Regierungs-Grundsätze angeführt werden, geehrt wegen ihres Gemeingeistes und ihrer Intelligenz Was sollen wir nun von dem Charakter einer Verwaltung sagen, die ein unbekanntes, schwaches und unbedeutendes Dörfchen zu solcher Höhe des Wohlstandes brachte? Dieses Dörfchen hatte nicht ein einziges Feld in der Nähe, — hatte keinen Local-Gewerbfleiß — keine Handelsverbindung — keine vortheilhafte Lage — war nicht in der Nähe von Manufacturen — lag nicht auf dem Wege eines Durchfuhrhandels — lag weder an einem schiffbaren Flusse noch am Meere — hatte nicht einmal einen Hafen in der Nähe — zu ihm führte kein Weg als ein Ziegenpfad über Abgründe. Sein Gewerbfleiß wurde nicht durch neue Entdeckungen, nicht durch chemische Geheimnisse, nicht durch mechanische Erfindungen gehoben: das einzige Geheimniß seines Aufblühens bestand in der trefflichen Feststellung der Interessen, in der freien Wahl seiner Beamten, in der unmittelbaren Nachrechnung der Ausgaben und folgeweise in der Vereinigung der Interessen durch den gemeinsamen Druck der Lasten und in der Vereinigung der Sympathien durch die sanfte Fortwirkung des einfachen Mechanismus. In der That, hier könnte die Einbildungskraft sich mit neuen Zusammenstellungen und Wirkungen bereichern, wodurch, der dogmatischen Frivolität des Zeitalters entgehend, sie in die Ursachen eindringen und sie begreifen könnte, wodurch das bewundernswerthe Gedeihen und die Verwaltungs-Kunst entstand, welche das Menschengeschlecht

in seinen ersten Tagen erreicht zu haben scheint, wie die Trümmer
von Ninive und Babylon und die Einrichtungen des Menu be=
weisen.

Ambelakia versorgte das gewerbfleißige Deutschland, nicht durch
Vervollkommnung seiner Maschinen, sondern durch den Fleiß der
Spindel und des Spinnrockens. Es lehrte Montpellier die Färbe=
kunst, nicht experimentirend vom Katheder herab, sondern weil
Färben dort ein Geschäft des Hauses und der Küche war, täglicher
Beobachtung in jeder Küche unterworfen. Durch die Einfachheit
und die Rechtlichkeit, nicht durch die Wissenschaft seines Systems,
hielt es Handelsgesellschaften eine Vorlesung und gab ein in der
Handelsgeschichte Europa's einziges Beispiel einer durch Capital
und Arbeit verbundenen, geschickt, sparsam und glücklich verwal=
teten Compagnie, in der die Interessen des Fleißes und des Ver=
mögens gleichmäßig vertreten waren. Dennoch aber ist das Ver=
waltungssystem, worauf dieß Alles gepfropft ist, sind die hier be=
stehenden Eigenthums =, Besitz = und Erbrechte, die Grundlagen
des politischen Baues, den tausend Dörfern Thessaliens und dem
ganzen ottomanischen Reiche gemeinsam. Hier muß man die Wur=
zel und die verheißenen künftigen Früchte suchen, deren Krime vor=
handen sind, obgleich sie schlummernd im Busen jener ursprüng=
lichen Institutionen liegen, die im Osten noch nicht durch die Ge=
setzgebung vertilgt oder durch Parteigeist zertreten sind.

Ambelakia ist indeß nicht das einzige Beispiel, wie weit ver=
bündete Handels = und Manufactur=Unternehmung gedeihen kann.
Aivali ist das asiatische Seitenstück zu dem europäischen Ambe=
lakia. Es verdankt seinen Ursprung dem Unternehmungsgeiste eines
griechischen Priesters, der sich am Schlusse des vorigen Jahrhun=
derts einen Firman von der Pforte erwirkte. Nicht sobald war dieß
schlechte Dörfchen der Gewalt des Ortsstatthalters entzogen und
unmittelbar vom Sultan abhängig geworden, als die Municipal=
Einrichtung in aller Reinheit und Kraft auflebte. Landbauer, Hand=
werker, Handelsleute eilten aus der Umgegend herbei; die Oliven
der umliegenden Ebenen wurden in Seife verwandelt und auf eige=
nen Schiffen im Archipelagus verbreitet; der Maroquin wetteiferte
mit dem von Janina, die Seide mit der von Zagora, und schnell
wachsender, gleichmäßig vertheilter Reichthum und eifrig gesuchte
und allgemein verbreitete Belohnung widerlegten hier wiederum das

Pasquill europäischer Gesetze und Ansichten von menschlichem Verstande und Rechtlichkeit. Herr Balbi sagt in seinem Abrégé de Géographie Seite 641: „Eine wirkliche Schöpfung des Handels „und Gewerbfleißes, war dieser kleine Freistaat schnell eine der „gewerbfleißigsten und bestgeordneten Handelsstädte des ottomani-„schen Asiens geworden. Aber seine zahlreichen Manufacturen, „seine Gerbereien, seine Oelmühlen, seine schöne Schule, seine „Büchersammlung, seine Druckerei, seine schönen Kirchen, seine „3000 Häuser und 36000 Einwohner sind während des Krieges „von Griechenlands Wiederaufstehen verschwunden.“ Das sind die weitverbreiteten und verheerenden Wirkungen einer Revolution, welche Philanthropie erdachte, Religion heiligte, der die Freiheit zujauchzte und die von der Diplomatie gutgeheißen wurde!

Drittes Capitel.

Aufenthalt im Thal Tempe.

Die Zeit wurde mir nicht lang während meiner Einsamkeit im Musenthale. Ich hatte nun Muße, die Eindrücke zu ordnen und niederzuschreiben, die ich während vier Monaten unaufhörlichen Reisens erlebt hatte, in der heißesten Jahrszeit, während welcher ich täglich zehn bis zwölf Stunden im Sattel gewesen war. Ich saß gewöhnlich und schrieb, und zuweilen aß und schlief ich auch an den Ufern des Peneus und badete in seinen Fluthen, und regelmäßig, Morgens und Abends, kletterte ich auf die Felsen, zuweilen an der Seite des Ossa, zuweilen am Olymp, um Aufgang und Untergang der Sonne zu genießen. So lieblich das Schauspiel war, in glücklicheren Tagen muß es doch noch lieblicher gewesen seyn. Die Gesträuche und Bäume auf mancher erhöheten Stelle waren vor kurzem abgebrannt, und ein großer Theil der sichtbaren Stellen beider Berge war durch frühere Brände, welche die Schäfer angelegt, um zartes Gras zu erhalten, seiner stattlichen Wälder beraubt, an deren Stelle nun niederes Gewächs getreten war: Zwerg-Eichen, wilde Oelbäume, Mehlbeeren und Agnus castus. Das Stromufer war nur eben so weit cultivirt, um es seiner Wildheit zu berauben, und der an Wasser-

maffe, so wie an Schnelle verminderte Strom war durch die verhältnißmäßige Nacktheit der jetzigen Berge in seinem sandigen
Bette eingeschrumpft. Welcher Platz in der Schöpfung könnte
diesem gleichen, wenn noch ewige Wälder die stärkeren Felsen
krönten und wenn ein voller Krystallstrom noch zwischen Ufern
von Grün und Blumen dahinrauschte? Das Thal ist mit Platanen angefüllt — es ist überflüssig, sie schön zu nennen — und unter einem Schirmdach solcher Bäume wählte ich gewöhnlich meinen
Sitz. Dort konnte nichts der Wirkung gleichen, wenn ich einen
Tataren oder eine Reisegesellschaft herbeisprengen sah, ängstliche
Blicke um sich werfen und davon jagen, wenn sie mich gewahr
wurden. Auf dem Fußsteige nach Ambelakia, gerade wenn man
von Baba heraus auf den Felsen tritt, ist eine wunderschöne Aussicht. Baba, sein Minaret und Tekeh, mitten zwischen Cypressen,
und Fruchtbäumen, mit einer großen, breiten Fichte, steht unmittelbar im Vordergrund. Dicht dabei hat man einen Blick
auf den von Platanen überschatteten Peneus, die von beiden Seiten sich herabsenkenden Berge und die auf der letzten Verlängerung
des Olymp liegenden Trümmer von Gomphi. Jenseits, in der
Ferne, ist eine andere Aussicht, die ich schon früher beschrieben
habe. Will man aber Tempe am allervortheilhaftesten erblicken,
so muß man es bei Mondlicht ansehen. Das Dunkel der drohenden Abgründe ist tiefer, großartiger und übereinstimmender mit
den fast überirdischen Eindrücken, die solch eine Scene in einsamer
Nacht hervorzurufen im Stande ist.

Der Paß von Tempe wurde für den gefährlichsten im ganzen
Lande gehalten: Reisende pflegten eine Station entfernt an jeder
Seite anzuhalten, bis sie wegen Bewachung mit Kapitano Dimo
oder mit dem Kapitano des Ossa unterhandelt hatten, und selbst
mit einer zahlreichen Wache wurde der Durchgang mit nicht immer ungegründeter Besorgniß vollbracht. Am letzten Tage meines
dortigen Aufenthaltes wurden neun Menschen erschossen; dennoch
wanderte ich völlig allein nach allen Richtungen und zu allen
Stunden umher und dachte nie an Gefahr. Ich hatte den seltsamen Vortheil, als Freund von jeder Partei behandelt zu werden,
die mir aufstieß, und nichts unterhielt mich mehr, als die beständ-
dige Angst, die jedes Corps vor allen anderen hatte, während sie
für sich lauter gute und friedliche Leute waren, und nur der Dienste

irgend eines gemeinschaftlichen Freundes bedurften, um zu ent= decken, daß sie alle ausnehmend wohl gegen einander gesinnt wa= ren. Hätte ich dort einen Monat gewohnt, ich glaube, ich wäre im Stande gewesen, Geleitsscheine auszustellen.

Mein Aufenthalt im Thale war ein fortgesetzter Traum. Die beständige Aufregung zu jeder Tageszeit, die unaufhörliche Wach= samkeit des Ohres auf Kampfestöne, die Anstrengung des Auges, um jeden ungewohnten Gegenstand aufzufassen, das durch jede Annäherung erregte Interesse und die unablässig mit dem Namen jeder Stelle, auf die das Auge zufällig fiel, beschäftigte Einbil= dungskraft, erzeugte einen Geisteszustand, der so voll von Einbil= dungen, so verschiedenartig, so lebendig und so unzusammenhän= gend war, daß ich mich kaum wachend und mitten unter Wirk= lichkeiten glauben konnte.

In solcher Gemüthsstimmung, auf solchem Schauplatze wan= dernd, wurde ich unwillkürlich von der Wirkung der Mythologie betroffen auf die Entwicklung des menschlichen Verstandes, von ihrer Tendenz, den Menschen aus dem Zustande zu erheben, wo physische Noth der einzige Sporn der Thatkraft ist, und die Ein= bildungskraft, den Schatzgräber der Vernunft, zu erregen. Welche Ehrfurcht vor dem noch unbekannten Urheber alles Guten liegt in der Verehrung der Natur! Welche Interessen erwachen in der= gestalt idealisirten Gegenständen! Dryaden in den Wäldern, Na= jaden in den Strömen, Genien als Bewohner jeder Stelle, Gei= ster als Beschützer jedes Menschen, Vorbedeutungen jedes Ereig= nisses, Kunde dunkler Geheimnisse, die in geheiligten Klüften wohnen, Gottheiten auf den Bergen und des Menschen Geschick in den Sternen geschrieben! So wurde des Schöpfers Allmacht, noch ungetrennt von ihren Werken, in ihren Gestalten verehrt und in ihren Herrlichkeiten angebetet. Der alte Mythologist verviel= fachte seinen Gottesdienst, weil er keine in Classen getheilten That= sachen hatte. Für uns, die wir schon als Kinder damit anfingen, die in der Körperwelt beobachteten beständigen Folgenreihen zu lernen, bevor wir ihren Nutzen erfuhren oder ihre Reize fühlten, ist es schwer, uns in die phantasiereiche und andächtige Gemüths= stimmung zu versetzen, die jene Wirkungen sieht, ohne ihre Ord= nung zu verstehen. Für die Alten war ein Krystall oder eine Blume unerklärlich in ihrer Schönheit; es war daher der Wohnsitz eines

Genius oder die Verkörperung eines Geistes. Für uns sind es Substanzen, verzeichnet nach Classen und Familien, oder vermessen nach Winkeln und Graden. Die Sterne, die in der stillen, einsamen Nacht so hell, so geheimnißvoll und so eindringlich leuchteten, konnten in ihren Augen nur bestimmt seyn, über das Geschick der Menschen und Völker zu wachen. Als sich die großartigeren Geheimnisse ihrer Umwälzungen dem Auge der Wissenschaft offenbarten, versank die Sterndeutung zum Wahnsinn oder zum Betruge. Der alte Weise konnte bei Nacht wandern, verwirrt durch den Anblick des gestirnten Firmamentes und je weniger er im Stande war zu begreifen, desto tiefer mußte er fühlen; der Stillstand der Vernunft erzeugte ein Ueberfluthen der Seele, und ohne weiter zu kommen in der Wissenschaft der Sternkunde, kehrte er von der Betrachtung mit hellerem Sinne und reinerem Gefühle zurück. Jetzt wird jedes Kind vom Hörensagen den Lauf der Planeten und die Entfernung der Sphären herzählen. Blumen, Ströme, Berge und Sterne sind zu Thatsachen eingeschrumpft und bedürfen nicht länger der Dichter als Priester. Die Einbildungskraft ist mit gesenkter Fackel in die Erde versunken, und verschwunden ist das Weltall, das in ihrem Lichte lebte. Aber aus der Mythologie, diesem ersten Vereine der Forschung und der Andacht, entsprang die Literatur, an der zu allen Zeiten sich die Edelsten des Menschengeschlechtes bildeten, und wer an den Ufern des Peneus wandert, mag noch mit Entzücken die Luft einathmen, aus welcher der erste Genius seinen Lebensodem sog.

Das Dorf Baba ist eine der frühesten türkischen Niederlassungen von Colonisten aus Ikonium. Es sind nur noch fünfundzwanzig Familien übrig, aber ich erfuhr, daß in jeder türkischen Niederlassung nicht weniger als zwei griechische Familien lebten, Flüchtlinge aus der Nachbarschaft. Das Dorf schien indeß ein wahrer Gräberhaufen, und kaum bekam ich einmal einen Mann, eine Frau oder ein Kind zu sehen. Die Häuser lagen alle in Gärten oder waren in Erdwällen eingeschlossen, ohne andere Oeffnung als eine Thür, und kaum hatte ich hin und wieder einmal Gelegenheit zu sehen, daß diese Thüren auch wirklich die Eigenschaft hatten, sich öffnen zu lassen. Das kleine Zimmer, das ich bewohnte, war passend so angelegt, daß es vor dem kalten Seewinde, der durch das Thal blies, geschützt seyn sollte; dadurch

aber war es bei Tage unbewohnbar, oder man mußte naſſe Klei=
der rund umher hängen und Waſſer auf die Fußmatten gießen.
Nur zwei Dorfangehörige ſah ich gewöhnlich. Der eine war
mein albaniſcher Wirth, der zweimal des Tages ſeine Aufwartung
machte, ein Stück Brett in der einen Hand, mit einer Schüſſel
Yaurt (ſaurer Milch) und Pilaw darauf und eine Melone in der
andern, deren Größe nur ihre Vortrefflichkeit gleich kam. Der
andere Menſch, den ich zu Zeiten einmal erblickte, war der einzige
noch übrige Derwiſch des Tekeh, der, ſtatt gleich anderen Men=
ſchenkindern ſich ins Bett zu legen, auf einer ſchlanken Cypreſſe
horſtete, die im Hofe des Tekeh ſtand; Abends und Morgens war
er ſichtbar, wenn er auf ſeine Hühnerſtange ſtieg, oder herabkam.

In dieſem wie Pompeji ausſehenden Orte war ich, wie auch
der Zuſtand meiner Garderobe ſeyn mochte, mit meiner Toilette
nicht beſonders ſorgfältig, wie man ſich leicht denken kann. Ich
machte mir nichts daraus, umherzuwandern in einem alten grün=
ſeidenen Schlafrock, einem Paar gelber Pantoffeln und einer rothen
Mütze, und in Folge dieſes Aufzuges fand eine wundergleiche
Veränderung ſtatt in meinem Verhältniſſe zu den Babanern, denn
zu meinem Erſtaunen wurde ich mit einem Beſuche der fünf mächtig=
ſten Honoratioren des Dorfes beehrt: des Aga, des horſtenden Der=
wiſches, eines Pferdeverleihers, des Hufſchmieds und des Fährmanns.
Ihnen allen war meine neue Tracht höchlichſt aufgefallen, und ſie
bildeten ſich ein, ich trüge mich nach der allerneueſten konſtantino=
politaniſchen Mode. Nach dieſem Ereigniſſe nahm das Dorf ein
ganz anderes Anſehen an; die Thüren blieben offen ſtehen; Frauen
und Kinder gingen auf die Straße, und man brachte mir allerlei
Peskeſche (Geſchenke) an Tabak und Melonen — zwei Producte, we=
gen deren Tempe jetzt berühmt iſt.

Der Aga leiſtete mir mehr Geſellſchaft, als zu meiner gegen=
wärtigen Laune und Beſchäftigung paßte; aber er war ein gelehr=
ter Mann und beſonders gut in der Erdbeſchreibung bewandert,
und ſeine Begriffe waren voll von der dichteriſchen Freiheit, die
dem Beherrſcher des Muſenthales von Rechtswegen zuzukommen
ſchien. Als er eines Tages nebſt ſeinen vier unzertrennlichen Ge=
noſſen in meinem kleinen Kaſten ſaß, unterhielt er uns mit ſeinen
Anſichten über England, wovon die folgende Probe als ein Be=
weisſtück dienen mag. „Alles Salzwaſſer in der Welt gehört

„England und alles süße Wasser der Türkei, weil das süße Was=
„ser durch das Land fließt und nur nützt, das Vieh damit zu
„tränken und die Felder zu bewässern." „Aber," bemerkte der
Albanese, der am Thürpfosten lehnte, „hat England denn keine
„Felder und keine Pferde, die Wasser gebrauchen, oder saufen die
„Pferde Seewasser?" — „Bergmensch," rief der Aga, dessen
Ueberzeugung und Würde gleichzeitig beleidigt waren, „weißest du
„nicht, daß England weder Felder noch Pferde hat?" Der Alba=
uese sah mich an, ich sagte ihm: „Warum antwortest du dem Aga
„nicht?" Der Arnaut besann sich einen Augenblick und dann mit
der Miene eines Schul=Examinators sah er dem Aga gerade ins
Gesicht, strich sein Kinn und fragte: „Was ist England?" Das
war eine Frage geradezu, die den Aga völlig verwirrte. Er stot=
terte, sah umher, aber, seiner eigenen Hülfe ganz überlassen, ver=
kündete er endlich, England sey — „eine Zahl — eine sehr große
Zahl von — von Schiffen, von sehr großen Schiffen." Ich
sagte ihm, er mache Baba Ehre und müßte ein Hadschi seyn,
das heißt, ein Hadschi Baba.*) Er habe England ganz richtig
begriffen, aber er scheine noch nicht erfahren zu haben, daß wir
Fischheerden hätten, wie sie Ziegenheerden; ferner Seepferde zum
Reiten und Seekälber zum Melken, obgleich wir von ihnen noch
die herrliche Kunst, Fische zu schießen, lernen müßten.**)

Während meines Aufenthaltes hieselbst fiel ein schlimmes
Mißgeschick auf die Einwohner und beschäftigte alle Zungen und
Gedanken, fast so viel wie das Protokoll im Süden. Dieß war
nämlich ein Firman, welcher Contributionen ausschrieb, um die Kriegs=
entschädigung an Rußland zu beschaffen. Der Bezirk, wozu Baba

---

*) Anspielung auf einen Roman Moriers, der die Abenteuer eines per=
sischen Gilblas erzählt, den er Hadschi Baba nennt. Hadschi bedeutet
übrigens einen Pilger, der die heiligen Orte besucht hat, wie weiter
unten im 12ten Capitel vorkommen wird.   D. Ueb.

**) Die Bewohner von Baba hängen ein Stück Brod so, daß es eben
den Strom berührt. Die kleinen Fische sammeln sich umher, um daran
zu picken und größere Fische machen dann Jagd auf die kleinen. Der
Jäger sitzt im Baume, das Gewehr auf die Stelle gerichtet. Seine
Kunst besteht darin, den Weg des großen Fisches genugsam zu kennen,
um ihn zu treffen, in dem Augenblicke, wo er ein Maulvoll Elritzen
packt.   D. Ueb.

gehörte, war zu einer halben Million Piaster angesetzt; da aber diese Ausschreibung ausschließlich auf muselmännische Grund-eigenthümer in wohlhabender Lage fallen sollte, so verursachte sie eine mit Worten nicht zu beschreibende Entrüstung. Der Betrag der Summe war ganz unbedeutend im Verhältniß zum Grund-eigenthume des Landes; aber wenigstens drei Viertheile dieses Grundeigenthumes waren griechisch, und von dem Reste war wirk-lich nur ein kleiner Theil im Besitze von Eigenthümern, die man zu den Steuerpflichtigen zählen konnte. Die Koniar-Bewohner der Ebene sind lauter kleine Eigenthümer, aber ihr Eigenthum war, jedes einzeln genommen, unter dem Betrage, der sie der Abgabe unterworfen hätte; die natürliche Folge war, daß die an-gesehenen Leute an ihrem Geldbeutel hart angegriffen wurden und am erbittertsten darüber waren, daß sie es als eine Ungerechtig-keit in der Vertheilung der Taxe ansahen. In Baba gab die Sache Anlaß zu mancher heftigen Verhandlung, und die Türken schalten den Sultan einen Griechen. Die türkische Bevölkerung trägt ausschließlich die Kriegslasten; sie sind der Conscription un-terworfen, die Griechen nicht; wenn die Griechen Kriegsdienste nehmen, so geschieht es aus freier Wahl, und dann, außer der Befreiung von der Kopfsteuer, die für den Kriegsdienst gerechnet wird, erhalten sie obendrein Sold, während die Türken nur besol-det werden, wenn sie in den regulären Dienst treten. Um dieselbe Zeit erschien überdieß eine Ausschreibung von 1200 jungen Leuten für den Nizam (das reguläre Militär). Das war der erste Ver-such einer Conscription und erzeugte allgemeine Gährung. Die Türken beklagten sich bitterlich darüber, zuvörderst, als über einen Art des Despotismus, den sie für unerträglich hielten, und zwei-tens weil die Griechen von diesem Aufrufe frei blieben, wodurch er um so schwerer auf die Türken fiel. Zu allem Uebermaße kam nun noch die Contribution zur Entschädigung an Rußland, welche die Griechen nicht zu bezahlen brauchten, obgleich sie, wie die Türken behaupteten, die Ursache des Krieges und des russischen Sieges gewesen waren.

Viertes Capitel.

Contraste zwischen England und der Türkei.

Die auffallende Veränderung in den Gesinnungen der Be=
wohner von Baba gegen mich, nachdem ich eine blaue Jacke mit
einem Schlafrocke vertauscht, einen Strohhut mit einer rothen
Mütze und schwarze Stiefel mit gelben Pantoffeln, führte mich
zu manchen Betrachtungen über die gewichtigen Principien, die in
der Vertheilung langer Kleider und des Kalbleders liegen. Ich
hatte lange gefühlt, daß eines Europäers Würde verloren ist, wenn
er sich über den Einfluß der gesteiften Wäsche und der Schuhwichse
wegsetzt. Seine Tracht ist nicht geeignet, den Elementen zu tro=
tzen; der viereckte Schnitt seiner engen Kleider ist nicht dazu ge=
macht, sich in einen Mantel gehüllt darin bei Nacht niederzule=
gen. Die Bequemlichkeit und Schicklichkeit, Nacken, Arme und
Beine zu entblößen, die Leichtigkeit, sie ohne Störung des Anzu=
ges zu waschen, der Halt eines engen Gürtels rund um die Taille,
die Freiheit jedes andern Körpertheiles von allem Zwange, das
sind Vortheile, von denen das fränkische Costume gar nichts weiß,
in denen aber gerade der Vortheil jedweder Tracht liegt.

Das waren hinreichende Gründe, um die Enuffers bei Seite
zu legen, wie der fränkische Anzug dort bezeichnend genannt wird,
und der mir in Baba begegnete Vorfall brachte mich auf die Ver=
muthung, daß mit der Veränderung noch größere Vortheile ver=
knüpft seyen, als die bloße Fähigkeit, anständig ohne Amidam und
sauber ohne Wichse zu seyn, und so kam ich dazu, eine Menge
von Contrasten zwischen den Sitten des Morgen= und Abendlandes
zu bemerken, die ich nicht alle mit Stillschweigen übergehen kann.

Es gibt Mitglieder der menschlichen Gesellschaft, die unter
den abendländischen Völkern verknechtet, entwürdigt und erniedrigt
sind, während sie im ganzen Oriente einen Grad von Bequemlich=
keit und Unabhängigkeit genießen, der eine Satyre auf unsre so=
genannten freien Institutionen ist. Inwiefern diese Glieder der
Gesellschaft, deren Interesse ich verfechte, Beachtung verdienen,
mag man daraus abnehmen, daß die Anzahl dieser Gedrückten dem
Doppelten der anderen Mitglieder der Gesellschaft sehr nahe kommt,
wenn man nach Köpfen rechnet. Ich meine nämlich die Füße. Es
ist überflüssig, mich über die Strenge der unseren Füßen auferleg=

ten Maaßregeln zu verbreiten, weil Jeder weiß und fühlt, wo ihn der Schuh drückt. In schwarze Formen gezwängt, sind sie der gemeinsamen Vortheile der Luft und zu oft des Wassers beraubt, und es wird ihnen nie gestattet, sich über den niedrigsten Grad des Daseyns zu erheben. Weil wir aber mit diesem Zustande der Entwürdigung und des Leidens durch die Gewohnheit vertraut sind und keinen andern Zustand der Dinge kennen, bilden wir uns ein, diese Entwürdigung sey nothwendig, dieses Leiden unvermeidlich. Wie verschieden ist aber die Lage der Füße im Orient. Zu völlig gleichen Rechten mit ihren Bruderhänden zugelassen, nehmen sie auch einen gleichen Antheil Pflichten auf sich. Kein Sinn wird durch ihre Gegenwart verletzt, kein Widerwille durch ihren Anblick erregt; sie werden mit Achtung auf des Großen Sopha gelegt oder behandeln mit Geschicklichkeit die Werkzeuge in des Arbeitenden Werkstätte, im vollen Genusse des Lichtes, der Luft und des Wassers, Stiefel und Schuhe benutzend, statt von ihnen benutzt zu werden; so bewahren sie den ursprünglichen Zweck dieser Einrichtungen, die gleich so vielen anderen von der Noth erzeugt und Verwandte des Despotismus geworden sind. Hören wir davon, daß einem orientalischen Monarchen die Füße geküßt werden, welche falsche Ideen bieten sich dann nicht uns dar, nicht nur über die menschliche Natur, sondern auch über die Fußart. Wir denken uns unter dem Begrüßenden ein verworfenes Wesen, das den verworfenen und widerlichen Sklaven küßt, den wir im Stiefel schleppen und einen Fuß nennen. Aber der Fuß, wie er im Morgenlande existirt, ist ein eben so werthvolles als nützliches Glied, wird zu einem gewissen Range erhöhet, mit Sorgfalt gepflegt und im zierlichen Wohlseyn erhalten — simplex munditiis (einfach in seiner Sauberkeit).

Dort erfreut sich der Fuß des Daseyns in einem Halbstiefel, der in Gemeinschaft mit der Kopfbedeckung, und wie in den Tagen der Größe Roms, die Eigenschaft des Mannes bezeichnet! Wenn der festliche Henna (Schminke) seine Farben den rosigen Fingern mittheilt, verschmäht er nicht, die Zehen mit seinem Purpur zu schmücken und die listige Kokette, der Allgewalt eines hübschen Fußes bewußt, macht die Aufmerksamkeit rege, indem sie den Nagel der dritten Zehe färbt, wie den des dritten Fingers.

Kein Wunder, daß der verkrümmte und unanständige Fuß des Abendländers den Abscheu fürchtet, den seine Gegenwart erregen würde, und sich scheuet, seine abschreckenden Formen zu zeigen. Eingeschlossen, eingesperrt, eingezwängt, verkümmert seine Natur, wie sein Geschick, seines natürlichen Rechtes entäußert, wie seines schönen Ebenmaßes beraubt, verlangt er die schützende Hülle des Kalbleders für seine verkrüppelten Zehen, während äußere Zierlichkeit und Glanz den hülflosen Eingesperrten für die Marter der Leichdörner und die Qualen der Gicht entschädigen müssen.

Dieser Gegensatz zwischen den Gewohnheiten des Ostens und Westens, in Bezug auf einen solchen Grundtheil der Gesellschaft, ist nicht der einzige Contrast, dessen Beobachtung der Mühe werth, dessen Vergleichung belehrend ist. Ich will noch ein paar Proben hinzufügen, die als Kern dienen mögen zu einem Museum gesellschaftlicher Erscheinungen im Occident und Orient. Wollten Reisende anfangen, Proben zu sammeln, so könnten wir Data erhalten, um einen künftigen Linné der Sitten anzuleiten, die Abarten zu classificiren, die Kennzeichen dieser beiden großen menschlichen Genera zu ordnen und zu bestimmen.

Contraste.

Europäer bewahren dem Gedächtniß das Legen des Grundsteines; Türken feiern die Errichtung des Daches.

Bei den Türken ist der Bart ein Zeichen der Würde, bei uns der Vernachlässigung.

Den Kopf zu rasiren ist bei ihnen Gebrauch, bei uns Strafe.

Wir ziehen vor unserm Souverän die Handschuhe aus, sie bedecken ihre Hände mit den Aermeln.

Wir treten in ein Zimmer mit entblößtem Haupte, sie mit entblößten Füßen.

Bei ihnen tragen die Männer den Nacken und die Arme entblößt, bei uns die Frauen.

Bei uns kleiden sich die Frauen in helle Farben, die Männer in dunkle; bei ihnen ist es in beiden Fällen umgekehrt.

Bei uns liebäugeln die Männer mit den Frauen, in der Türkei die Frauen mit den Männern.

Bei uns blickt die Dame schüchtern und verschämt; in der Türkei thut es der gebildete Mann.

In Europa kann eine Dame einen Herrn nicht besuchen, wohl aber in der Türkei. Dort kann ein Herr eine Dame nicht besuchen, wohl aber in Europa.

Dort tragen die Damen immer Beinkleider und die Herren zuweilen Unterröcke.

Bei uns ist die rothe Mütze das Zeichen der Frechheit, bei ihnen der Hut.

In unsern Zimmern ist die Decke weiß, und die Wände sind gemalt; bei ihnen sind die Wände weiß, und die Decke ist gemalt.

In der Türkei gibt es Abstufungen des gesellschaftlichen Ranges ohne Vorrechte; in England gibt es Vorrechte ohne entsprechende gesellschaftliche Unterscheidungen.

Bei uns überwiegen gesellschaftliche Formen und Etiquette die häuslichen Bande, bei ihnen überwiegt die Etiquette der Verwandtschaft die der Gesellschaft.

Bei uns wendet sich der Schullehrer an das Ansehen des Vaters; bei ihnen muß der Vater sich an die höhere Autorität und Verantwortlichkeit des Schullehrers wenden.

Bei uns wird ein Schüler dadurch bestraft, daß man ihn in die Capelle bannt; bei ihnen wird ein Schüler durch Ausschließung von der Moskee bestraft.

Ihre Kinder betragen sich wie Männer; unsere Männer wie Kinder.

Bei uns fragen die Herrschaften den Dienstboten nach; in der Türkei die Dienstboten der Herrschaft. *)

Wir halten das Tanzen für ein artiges Vergnügen, sie für ein unanständiges Geschäft.

In der Türkei beschränkt die Religion die Auferlegung bürgerlicher Abgaben; in England legt die Regierung Steuern auf, der Religion wegen.

In England fordert die Staatsreligion Abgaben von den Sectirern; in der Türkei schützt die Staatsreligion das Eigenthum der Sectirer gegen Regierungs-Taxen.

---

*) Das rührt von dem Gebrauche her, die Dienstboten durch gelegentliche Geschenke, nicht durch bestimmten Lohn zu bezahlen.

Ein Engländer wird erstaunen, daß es der Türkei an dem fehlt, was er öffentlichen Credit nennt; der Türke erschrickt vor unserer Nationalschuld.

Der Engländer wird den Türken verachten, weil er keine Einrichtung hat, den Geldwechsel zu erleichtern; der Türke wird mit Bestürzung bemerken, daß es in England Gesetze gibt, welche den Handelsumlauf verhindern.

Der Türke wird sich wundern, wie die Regierung bei getrennten Meinungen geführt werden kann; der Engländer wird nicht glauben, daß ohne Opposition Unabhängigkeit bestehen könne.

In der Türkei kann Unruhe entstehen ohne Unzufriedenheit; in England besteht Unzufriedenheit ohne Unruhe.

Ein Europäer wird die Gerichtsverwaltung in der Türkei für mangelhaft halten; ein Türke wird in Europa die Grundsätze des Gesetzes für ungerecht halten.

Ein Europäer wird in der Türkei das Eigenthum für ungesichert halten gegen Gewalt; ein Türke das Eigenthum in England für ungesichert gegen das Gesetz.

Der Erstere wird sich wundern, wie das Gesetz ohne Gesetzkundige gehandhabt werden könne; der Letztere wird sich wundern, wie man mit Gesetzkundigen Gerechtigkeit erhalten könne.

Der Erstere wird erschreckt werden über den Mangel eines Zwanges gegen die Central-Regierung; den Letzteren wird das Fehlen einer Controle über die Ortsverwaltung bestürzen.

Wir können keine Unabänderlichkeit in den Staatsgrundsätzen als mit dem Wohlseyn verträglich begreifen; die Türken können nicht begreifen, daß das Gute und Rechte der Abänderung fähig sey.

Der Engländer wird den Türken für unglücklich halten, weil er keine öffentlichen Vergnügungen hat; der Türke wird den für einen unglücklichen Menschen halten, der Vergnügungen außerhalb des Hauses bedarf.

Der Engländer wird den Türken als einen Geschmacklosen betrachten, weil er keine Gemälde hat; der Türke wird den Engländer als einen Gefühllosen ansehen, weil er die Natur nicht achtet.

Dem Türken grauet vor Liederlichkeit und unehelichen Kindern, dem Engländer vor Vielweiberei.

Den Ersteru wird unsere hochmüthige Behandlung Unterge-
bener anwidern; den Letzteren wird der Sklavenhandel empören.

Sie werden sich gegenseitig religiös-fanatisch schelten —
moralisch-ausschweifend — unsauber in Kleidern — unglücklich
in der Entwicklung ihrer Sympathien und ihres Geschmackes —
politischer Freiheit verschiedentlich entbehrend — Jeder wird den
Anderen für unpassend in guter Gesellschaft halten.

Der Europäer wird den Türken für prunkhaft und tückisch
erklären, der Türke den Europäer für albern und gemein.

Man kann sich daher denken, wie interessant, freundschaft-
lich und übereinstimmend der Verkehr zwischen Beiden seyn muß.

Der Beobachter, der in neutraler Stellung diese gegenseitigen Beschuldigungen hört, wird vielleicht daraus schließen, daß,
wenn Menschen herb über ihre Mitmenschen aburtheilen, sie von
zehn Mal neun Mal Unrecht haben.

Es liegt viel Komisches, aber auch wirklich nicht weniger
Ernsthaftes in den erhaltenen Eindrücken und den gezogenen Schlüssen, wenn Bewohner dieser verschiedenartigen Kreise des Daseyns
sich einander besuchen. Europäische Reisende sind in Europa nur
mit der Gesellschaft in Berührung gekommen, die von ihren Zinsen lebt, und nun, im Orient werden sie von dieser Gesellschaft
ausgeschlossen und als Untergeordnete von oben herab angesehen;
man läßt sie sich behelfen, so gut sie können und Vergleiche anstellen. Asiaten der niedern Stände, die Europa besuchen, sind
der Regel nach betroffen und empört von der Rohheit und Un-
anständigkeit, dem Schmutze und dem Hange zum Trinken und
Spielen, die sie unter Leuten ihres Staudes finden, und werden
schmerzlich betroffen von der strengen Scheidelinie zwischen ihnen
und den Höheren. Asiaten höheren Ranges richten ihre Gedanken mehr auf Heeres- und Seemacht, auf ihre wissenschaftlichen
Fortschritte und kehren in der Regel als deren enthusiastische Bewunderer zurück. Der Europäer aber kommt in der Regel mit
den abendländischen Gewohnheiten neuerer Zeiten, das heißt, mit
Ansichten und Meinungen über alle Gegenstände. Ich möchte
glauben, daß dieß die größte Veränderung sey, die im gegenwärtigen Zustande der Welt einem Sokrates oder einem Aristipp
auffallen würde, könnte er aus dem Hades wieder auferstehen;
ein Mensch, der Meinungen über alle Gegenstände hat, ist das

fürchterlichste Thier, das man auf die Gesellschaft loslassen kann,
wenn seine Schlußfolgerungen materielle Folgen nach sich ziehen.

Wie kann man aber erwarten, daß zwei Engländer auch nur
über einen einzigen Gegenstand dieselbe Meinung haben? Ja, wo
ist ein Engländer aufzufinden, der die Unfehlbarkeit seiner eigenen
Meinung bezweifle, oder derjenigen, die er in politischen Angele=
genheiten als die Orakl seiner Secte oder seiner Partei ansieht?
Die Reisenden aus Großbritannien sind die alten Engländer nicht
mehr; sie sind nur Whigs, Tories und Radicale. Die im
voraus festgesetzten Meinungen eines Engländers also, der den
Orient besucht, werden zu Hindernissen an seiner Erforschung
des besuchten Landes oder zur Veranlassung, die Thatsachen, die
er sieht, falsch aufzufassen. Und das ist so wahr, daß Jeder,
der in dieser Nachforschung einige Fortschritte gemacht hat, ver=
hältnißmäßig seinen Parteicharakter ablegt und fühlt, daß er seine
Nachforschungen über Menschen, Sitten und Einrichtungen ganz
von neuem beginnen muß.

Wenn ein Reisender aus fernen Landen in England ankommt
und Englands Meinungen zu erfahren wünscht über Chemie, Astro=
nomie, Mechanik oder Geologie, so wendet er sich an Faraday,
Herschel, Babbage und Buckland, und jeder Engländer, jeder
Europäer wird ihm sagen, er könne keinen bessern Weg einschla=
gen. Aber nehmen wir an, er wünsche zu wissen, was unsere
vorgeschrittensten Meinungen seyen über die unermeßlich wichtige
Wissenschaft der Politik, an wen soll er sich wenden? Sagen wir:
an Sir Robert Peel — wird ihm nicht die erste Person, mit der
er in Berührung kommt, wahrscheinlich erzählen, er hätte sich ge=
rade die am allerwenigsten geeignete Person ausgesucht, um ihm
richtige Begriffe beizubringen, und er müßte zu Lord Grey gehen?
Der nächste wird ihn gleicherweise vor Beiden warnen und ihm
erzählen, Herr Roebuck sey die einzige Fundgrube politischer Weis=
heit! Ist denn aber die Politik des Titels einer Wissenschaft weni=
ger würdig als Geologie, Chemie oder Mechanik?

Glücklicherweise besitzt die Wissenschaft heutzutage Kennzei=
chen, die dem nachforschenden Geiste erkennbar sind, so unwissend
er auch in dem Gegenstande seyn mag, mit dem die Wissenschaft
sich beschäftigt, und ohne solche Kennzeichen besteht keine Wissen=
schaft. Als die Werner'sche und die Hutton'sche Schule sich jeden

Felsen und jede Schicht bestritten, fühlte man da nicht allgemein, daß die Geologie nicht auf feste Grundsätze zurückgeführt sey? Kaum aber waren die angenommenen Gegensätze vereinigt, kaum hatte man ausgefunden, daß eine gemeinschaftliche Theorie sich auf die bis dahin für widersprechend gehaltenen Thatsachen anwenden lasse, so rief jeder Student: nun ist die Geologie eine Wissenschaft.

Es ist das Kennzeichen der Wissenschaft, daß sie durch die Classification den folgenden Thatsachen die Bedeutung verleihet, wie die Grammatik den Worten; und so wie Verständlichkeit der Sprache die Beobachtung der grammatikalischen Regeln beurkundet, so beurkundet das gemeinsame Verständniß der Thatsachen die Kunde derselben, die hinreichend ausgedehnt ist, um genau zu seyn, und das eben ist die Wissenschaft. Dann, und nur dann, hören die Schüler auf zu zweifeln und die Lehrer sich zu streiten.

Die Politik ist noch keine Wissenschaft, weil sie dieser Kennzeichen entbehrt, entweder aus Mangel an beobachteten Thatsachen oder aus Mangel an einem, so großer Aufgabe gewachsenen Geiste bei denen, welche die Thatsachen beobachteten. Wie wichtig ist es demnach, ein neues Feld politischer Forschung zu finden und neue Folgen aus Thatsachen, die getrennt bleiben von früheren Ideenverbindungen, und so den Geist dahin bringen, durch die Beobachtung derselben seine vorgefaßten Ueberzeugungen zu revidiren und zu berichtigen. Die Türkei bietet ein solches Feld, und gerade ihre Schwäche und ihre Krämpfe erleichtern die Anatomie der Theile, wie die Krankheit eines Patienten das Urtheil über Gesundheit erleichtert und wirklich nur möglich macht und die Mittel entdeckt, wodurch sie wieder herzustellen.

Kehren wir zu dem europäischen Reisenden zurück. Angelangt mitten unter Gewohnheiten und Einrichtungen, die von denen seines Vaterlandes so völlig verschieden sind, und natürlich unmittelbar von all den Dingen betroffen, die schlechter und niedriger sind als daheim, mag nun diese Schlechtigkeit in der Wirklichkeit oder nur in seiner vorgefaßten Meinung von Vortrefflichkeit beruhen, kehren seine Augen natürlich heimwärts zurück, mit einem Gefühle der Zufriedenheit und des Frohlockens, und vom Standpunkte aus, auf dem er steht, von dem sich kleinere Gegenstände verwirren oder verlieren, erhält er eine umfassendere Ansicht, als er vermuthlich früher hatte, von den Elementen der Größe seines Vaterlandes; er rechnet diese ersten Grundsätze einen nach dem andern auf, und dann beginnt er, von jedem die Anwendung auf das Land zu machen, in welchem er sich befindet.

Vielleicht schätzt er zuerst an England die Regierungsform, die geregelte Beschaffenheit der höchsten Gewalt und die geordnete Controle über ihre Ausübung. Eine durch die Achtung der Nation, nicht durch ihre Privilegien mächtige Aristokratie; eine Vertretung der Ansichten und Interessen der Masse des Volkes, nicht weniger schätzbar in ihren Grundsätzen als in ihrem Wirken, die ein Feld der Auszeichnung und des Ehrgeizes denen öffnet, die sich die Achtung ihrer Mitbürger zu verschaffen wissen. Dann wird er auf die Rechtspflege blicken und Richter bemerken, die über allem Verdachte erhaben sind, Geschworne ohne Menschenfurcht, das Gesetz über dem Reichthum und der Macht, den Bürger in seinen Rechten gegen seine Regierung geschützt. Dann wendet er sich zu den praktischen Mitteln der Stärke und des Fortschrittes: ein ungeheures Einkommen zur Verfügung des Staates; ein mit den höchsten Anstrebungen nach Nationalehre erfülltes Heer, vollkommen in seiner Mannszucht und Achtung gebietend durch seine Zahl; eine Seemacht, die erste an Charakter und Macht; innere Mittel zur Communication, der größten Stütze des Nationalgedeihens, erhalten durch ein unvergleichliches System von Wegen, Canälen und Eisenbahnen; ein Banksystem, welches das Capital mit der größten Leichtigkeit in Umlauf setzt; überall die Presse und die Post in beständiger Thätigkeit, wodurch die Anhäufung der Kenntniß und Belehrung eben so leicht und eben so vollständig wird, als der Umlauf materieller Gegenstände und des Capitals. Das Alles wird ihm als die Elemente von Englands Größe auffallen, und da er fühlt, England müßte von seinem Range unter den Völkern herabsteigen, würde es dieser Dinge beraubt, so muß er sie als nothwendige Bedingungen des Wohlseyns oder des Bestehens jedes anderen Staates ansehen.

Er wird aber nun gewahren, daß sie in der Türkei nicht vorhanden sind. Er wird, so weit seine Mittel zum Urtheilen ausreichen, die Macht des Sultans unbeschränkt finden; er wird keine dauernde Aristokratie, keine volksvertretende Kammer, keine Juristen, keine Geschwornen sehen; ein spärliches dem Staat zukommendes Ein-

kommen und sehr große Mißbräuche bei der Erhebung; kein stehendes Heer, oder doch höchstens nur ein unbedeutendes und neugebackenes, mangelhaft in seiner Zucht und in seinem Geiste; er wird
die größte Schwierigkeit in den Mitteln des innern Transportes
bemerken; keine zusammengesetzten Baueinrichtungen zum Umlaufe des Capitals, keine Posten, keine Presse, keine wohlthätige
Fürsorge für die Armen, und demgemäß wird er die Türkei für
eine Nation im Zustande des Verfalles und ihrer Auflösung entgegen gehend erklären.

Sollten aber Umstände ihn zu fernerer Bekanntschaft mit
dem materiellen Zustande dieses Volkes führen, so wird er bemerken, daß manche und zwar die wesentlichsten Gegenstände, auf
welche unsere eigenen Einrichtungen abzwecken, in einem merkwürdigen Grade dort ins Leben getreten sind, und oft in viel
größerer Ausdehnung als bei uns zu Hause. Er wird einen
Ueberfluß der Nothwendigkeiten und Annehmlichkeiten des Lebens
im Bereiche der ganzen Masse der Bevölkerung erblicken. Auffallen wird ihm das Fehlen der Armuth, der Proceßsucht und
des Verbrechens, und vor Allem wird er das Fehlen des Parteigeistes und politischer Feindseligkeit bemerken, und die allgemeine
Gewohnheit, einer Regierung zu gehorsamen, die in seinen Augen
keines der Kennzeichen hat, welche eine Regierung achtungswürdig machen, und die obendrein nicht einmal die Mittel besitzt, ihrem
Willen Kraft zu verleihen. Er wird ungeachtet des Mangels
aller Verbindung zur Erleichterung des Transportes, einer volksvertretenden Kammer, um über die Handelsinteressen zu wachen,
und von Gesetzen zum Schutze einheimischer Industrie, dennoch
eine Leichtigkeit in allen Handelsgeschäften bemerken, die demjenigen
unbegreiflich ist, der Nationalgedeihen an gewisse Regierungsformen knüpft, an Special-Departements und Ausschüsse und an
tausend Bogen voll Verordnungen. Die Schlußfolge ist, daß in
der Türkei andere Elemente des Gedeihens und Flores bestehen
müssen, als diejenigen, worauf Englands Flor beruhet, und folglich, daß Englands oder irgend eines andern Landes oder Systemes Erfahrung nicht ausreicht, die Gesetze zu bestimmen, welche
die menschliche Gesellschaft beherrschen. Da er aber nichts gesehen hat, was die Wichtigkeit der oben angedeuteten Grundstoffe
von Englands Größe verringern könnte, so muß er folgern, daß

3 *

mit Vortheilen, welche die Türkei nicht besitzt, England an Uebeln leidet, welche die Türkei nicht kennt. Er wird deßhalb auf den Punkt zurückgeführt werden, von dem er hätte ausgehen sollen: nämlich, daß noch Vieles zu lernen ist; daß die Lehrsprüche der Parteien, daß die Meinung der Politiker noch nicht unfehlbar sind und daß des Menschen Geist selbst für den Staatsmann ein wichtigeres Studium ist, als Regierungsformen.

Fünftes Capitel.

Ausflug von Salonika zur Verfolgung von Räubern.

Da ich voraussetze, daß der Leser genug gesehen von Klephtis und Armatolis, so will ich ihn nicht durch die pierischen Gebirge führen, sondern ihn bitten, über sechs Wochen nach dem Schlusse des vorigen Capitels wegzuspringen und sich zu denken, daß er an einem hellen sonnigen September-Nachmittage, der schon etwas von der Hitze, aber nichts von dem Glanze der Sonnenstrahlen im Hochsommer verloren, im Schatten einer Platanengruppe sitze, welche die Gräber vor dem östlichen Thore von Salonika überdeckt. Während der Leser dort, unter dem schönen Laubdache die Erquickung einer Pfeife oder eines Nargilleh und die Kühlung des sich eben aus den Fluthen erhebenden Seewindes genießt, wird er aus den Thoren der alten Mauern einen bunten und fröhlichen Haufen von Reisenden kommen sehen, die längs der Bucht fortreiten und ihre Schritte nach den unbesuchten Gegenden von Südmacedonien lenken.

Der Vorderste in dieser Gruppe ist ein Surridschi oder Postillon, dessen Anzug aus einem Assortiment schmutziger Lumpen zusammengesetzt scheint, die aber nicht ohne ein Ansehen von Lebhaftigkeit und Anmuth seiner Person angepaßt sind, als ob ein Künstler hätte zeigen wollen, wie viel Malerisches sich aus Flicken machen lasse. Ein schmutzig aussehendes Handtuch ist rund um eine Kappe gewunden, die einmal roth gewesen ist, und die ehemalige Stickerei der Frange baumelt um seinen Nacken und hebt die Hindu-Züge, die sie beschattet, denn der Surridschi ist ein Zigeuner. Eine enge, ärmellose, dem Körper angepaßte Jacke und eine Oberjacke, deren Aermel von den Schultern herabfallen, geben den genauen Umriß seiner Brust; die weiten Aermel seines Hemdes, aufgeschürzt über den Schultern, lassen seine derben, bronzefarbigen Arme und Nacken entblößt; ein anderes Handtuch ist eng um seine Hüften gegürtet, darunter bauscht ein Paar weiter Beinkleider, die durch kurze Steigbügel an dem hohen Sattel zusammen gehalten werden und in den zierenden Klappen endigen, die über seine Reisestiefel herabhängen; doch während die Zierde geblieben, ist das Nützliche verschwunden, und die nackten Zehen drängen sich unten durch die Stiefel und die Schaufel=Steigbügel. Der Surridschi führt immer den Vortrab, indem er den Halfter des Pack= oder Leitpferdes, oder die mehrerer Pferde hält. Unmittelbar nach ihm kommt der Tatar oder Führer, wer es auch seyn mag, immer bereit, dem stätischen Pferde oder dem widerspänstigen Postillon einen Peitschenhieb zu verabreichen. Dann folgen die Herren von der Gesellschaft.

Dießmal war es kein Tatar, der den Packpferden folgte, sondern zwei höherstehende Personen, wie man an den silbernen Knöpfen ihrer Kavasch=Stäbe sehen konnte, die auf dem Halse ihrer Pferde lagen, indem die Stäbe durch die Sattelgabel gesteckt waren, in den offnen Raum zwischen Sattel und Pferd.

Mit Ausnahme des durch die einfache rothe Mütze ersetzten Turbans trugen sie das alte türkische Costume: gestickte Westen und Jacken mit offenen oder hängenden Aermeln und den pruunkenden, nicht unzierlichen Schalvar; Pistolen und Yataghan im Gürtel, den Säbel an einer rothseidenen Schnur über die Schulter geschlungen; abermals Pistolen aus den Halftern, hervorragend; vom Sattelknopf eine Muskete an der einen Seite herabhängend und ein langes Tuchfutteral für die Pfeife an der andern. Aber das Verzeichniß ihrer Ausrüstung ist noch nicht vollständig. Zwei silberne Patrontaschen waren hinten festgeschnürt, durch einen Gürtel um den Leib, und von demselben hing ein kleiner Kasten herab, mit Fett für ihre Waffen, Feuersteinen und Werg; wohlgefüllte Tabaksbeutel von gesticktem Tuch oder Sammt baumelten gegen ihre Schenkel, und ein eng gerollter Mantel war hinter den Sattel geschnallt. Hinter ihnen kam etwas dem Osmanen Aehnliches, das auf einem grauen Maulthiere ritt, und daneben ritt ein Franke, mit knapper Jacke und

Mütze von blauem Tuche und engen Duckhosen, die in Ermangelung der Strippen sich rund um das Knie hinaufgerollt hatten. Die Cavalcade wurde durch zwei Griechen und zwei türkische Diener vollzählig gemacht. Das graue Maulthier war
Aristoteles, aber ich war nicht der Franke.

Es war meine Absicht gewesen, von Salonika nach Monastir zu reisen. Der Weg war offen, und da von der Reise weder
Schwierigkeit noch Gefahr irgend einer Art zu erwarten war, so
verminderte sich meine Sehnsucht, Monastir zu sehen. Der Blick,
den ich vom Olymp auf den Athos geworfen, hatte meine Gedanken auf den „heiligen Berg" gerichtet. Die Berichte, die
ich in Salonika von dem zerrütteten Zustande dieses Bezirkes vernommen, und die allgemeine Meinung der Viri consulares in
Salonika, es sey unthunlich, ihn zu besuchen, führten mich allmählich gerade zu dem Entschlusse, den Athos zu besuchen, und es
bedurfte nur des folgenden Vorfalles, um mich zu bestimmen,
meine Pilgerfahrt nach dem Hagion Oros (dem heiligen Berge) anzutreten.

Mit einem griechischen Boote kam an den englischen Consul
ein Brief von einem Schiffscapitän in der Nähe, mit der Anzeige,
es heiße, daß ein von Mitylene nach Salonika bestimmtes griechisches Boot mit zwei Engländern an Bord im Golf von Salonika
von einem griechischen Seeräuberboote genommen sey; daß einer
der Engländer ermordet sey und der andere wegen des Lösegeldes
gefangen gehalten werde und gegenwärtig auf einer kleinen Insel
im Golfe des Berges Athos sey, welche die Griechen Amiliari,
die Türken Eski Adasi nennen. Hierauf ersuchte der Consul den
Pascha, Schritte zu thun, um der Sache auf den Grund zu kommen und den Engländer zu befreien. Der Pascha erklärte grob,
er wüßte nichts dabei anzufangen, und ich erfuhr nicht sobald die
Geschichte, als ich vermuthete, die unglücklichen Reisenden möchten Freunde von mir seyn, und mich entschloß, ohne Verzug aufzubrechen, indem ich dachte, daß ich durch mein Tschatir (Einfluß) *) bei den Klephten die Befreiung des Ueberlebenden leicht

---

*) Das Wort ist eigentlich unübersetzbar. Seine Bedeutung wird später
sich ergeben, wenigstens soweit, als sie einem Europäer verständlich ist,
das heißt Leuten, unter denen mehr als eine Meinungs-Fahne ist,

erwirken könnte. Da das einmal festgesetzt war, erklärte der
Pascha, er würde mich nicht unbegleitet reisen lassen, sondern ein
Paar Kavasche sollten mich nach Kassandra bringen, wo ein grie=
chischer Kapitano von Einfluß wohne, der nebst dem türkischen
Statthalter angewiesen werden solle, die Schritte zu thun, die ich
für zweckmäßig halten würde; Boote und Leute sollten zu meiner
Verfügung gestellt werden. Nur wenige Stunden, nachdem die
Nachricht eingetroffen war, ritt die oben beschriebene Cavalcade
aus dem Thore von Salonika. Der mich begleitende Franke war
ein Kaufmann, der Geschäfte in Kassandra hatte und die Gelegen=
heit wahrnahm, dahin zu kommen.

Der District, den ich jetzt zu besuchen mich aufmachte, stand
an Interesse kaum hinter Thessalien oder dem Olymp selbst, indem
er seit manchen Jahren nicht weniger unbesucht war von Reisenden
und dennoch interessante und anziehende Gegenstände der Forschung
darbot in seiner natürlichen Schönheit, in seiner sonderbaren geo=
graphischen Bildung und in der Geschichte und dem Verhältnisse
zweier der außerordentlichsten Gemeinden im ganzen Oriente. So=
wohl Athen als Sparta hatten diese Gegend zu Anlegung wichtiger
Colonien gewählt, und hier wurde, bei mehr als e i n e r Gelegenheit,
das Schicksal des Peloponneses entschieden. Von hier holte man
das Metall zu den schönen macedonischen Münzen, die des Lieb=
habers Cabinet schmücken, und ohne welche die Schlachten am Gra=
nikus und bei Arbela nie gewonnen wären, ohne welche eine grie=
chische Flotte nicht den Indus befahren, noch ein Aristoteles die
Naturgeschichte Mittelasiens in ein System gebracht hätte. Hier
mußte man die Schlacken suchen der seit langer Zeit kalten Hoch=
öfen von Pagä, hier die seit langer Zeit stummen Haine von Sta=
gyra; hier mußte man nach dreißig Jahrhunderten den noch be=
zweifelten Zug von Xerxes' Flotten suchen oder sehen. Doch auch
an Gegenständen von mehr unmittelbarem Interesse fehlte es nicht.
Die Mönchsregel des Athos erheischt die Aufmerksamkeit jedes, der
an allen den, mit dem griechischen Glauben und Namen verknüpf=
ten, ausgedehnten Verbindungen Antheil nimmt, und die politi=
schen Einrichtungen der blühenden Gemeinden, die man die Ma=

---

und die demgemäß das Spiel und das Interesse der einzelnen Charak=
tere verloren haben.

demo Choria nennt, sind ganz dazu geeignet, die Beachtung jedes
in Anspruch zu nehmen, der nach dem Zustande und den Aussich=
ten des ottomanischen Reiches forscht, der sich überhaupt um Regie=
rungskunst bekümmert.

Hier kann man überdieß die Wirkungen sehen, welche der grie=
chische Aufstand auf Provinzen hervorbrachte, die seinem ursprüng=
lichen Herde so fern waren. Der Berg Athos, durch seine mäch=
tige geistliche Organisation in unmittelbarer Berührung mit Grie=
chenland einerseits und mit Rußland andererseits, jagte die um=
liegenden Gegenden in einen plötzlichen und verzweifelten Aufstand,
während kein unmittelbarer Druck die That rechtfertigen, keine
Aussicht auf Erfolg die Thäter entschuldigen konnte. Die blü=
henden Gemeinden der Mademo Choria sahen ihre übertriebenen
Erwartungen zugleich mit ihrem wirklichen Flor vernichtet; ihre
bis dahin friedlichen Flecken wurden Aschenhaufen. Zehn Jahre
lang ist Chalkidike mit seinen drei Vorgebirgen dem Klephten und
dem Piraten eine Beute zu Lande und zu Wasser geworden, und
noch im gegenwärtigen Augenblicke ereignen sich dort dieselben
Auftritte der Anarchie und Unordnung, denen in den westlichen
Provinzen erst so spät ein Ende gemacht worden.

Wir sollten die rrste Nacht in Battis schlafen, einem Dorfe
zehn Meilen von Salonika. Die Gegend rund umher, von der
Küste bis zu den Hügeln im Norden, schien abscheulich und un=
fruchtbar; Gras und Gesträuche waren zu sandgelber Farbe ver=
sengt, und der Boden selbst war heller, sandiger Thon. Etwa zwei
Meilen von Salonika lag ein Hügel von glänzendem Grün, mit
Weingärten bedeckt. Jenseits desselben, längs der abhängigen Hü=
gel, die sich nordwärts vom Golf ausdehnten oder sich vor uns
in das Vorgebirge von Karaburnu erstreckten und einen weiten,
durchbrochenen Halbkreis bildeten, konnte man nur drei Tschiftliks
oder Pachthöfe, ein einziges gut aussehendes Haus und ein Dorf
links vom Wege unterscheiden, welches durch einen Anflug von
Cypressenbäumen und ein verfallenes Minaret die Augen auf
sich zog.

Sieben Meilen von Salonika kamen wir in eine schmale
Ebene, deren Küste den inneren Winkel oder die Biegung des Gol=
fes von Salonika bildet, und durch welche der Schabreas schleicht.
Sie ist drei Meilen breit und schweift etwa fünfzehn Meilen nach

Nordosten durch die Gebirge von Chalkidike, in ihrer ganzen Ausdehnung nur eine ununterbrochene Steppe verwelkten Grases dar-
bietend. Die einzigen Beweise, daß sie für Menschen bewohnbar
sey, waren zwei Scheunen, ein Bauernhaus neben dem Wege
und in weiter Ferne auf den Seiten der Hügel ein Dorf und ein
Weiler. Und dennoch ist es erst neun Jahre her, daß diese Aussicht, auf die ich nun hinblickte, mit dem Namen der „Dörfer"
bezeichnet wurde.

Als wir unsern Weg längs der Küste der kleinen Ebene hin-
wanderten, belustigte ich mich an ungeheuern Büffeln, die wieder-
käuend in der See lagen, so daß nur ihre tölpischen Köpfe aus
dem Wasser hervorragten; ihre Schnauzen waren dem Seewinde
zugewendet, und die spielenden Wellen brachen sich daran. Als wir
den langen niedrigen Hügel hinanritten, der die östliche Seite der
Ebene des Schabreas bildet, blickten wir hinab auf die weißen
Mauern und Minarets von Salonika, mit den ankernden Schiffen.
Es lag nichts Malerisches in den hingestreckten Linien der nackten
Dünen und Hügel, und dennoch, mochte es nun von der Fremdar-
tigkeit der Aussicht oder der frühlingsgleichen Wirkung der Abend-
luft kommen, es lag etwas sehr Angenehmes, etwas Scenisches
und Traumartiges darin. Kaum aber hatten wir den hügeligen
Grund erstiegen, als wir, wie gewöhnlich, den aus den Ebenen
verschwundenen Anbau wieder fanden. Wir waren hier geschützt
von dem verderblichen Anblicke der Landstraße, und Weingärten und
Felder mit Baumwolle, Mais und Sesam lachten um uns her.

In dem einst beträchtlichen Dorfe Battis waren nicht zwanzig Häuser mit Dächern; sie waren indeß emsig beim Bauen und
bedienten sich alter hellenischer Felsblöcke als Steinbruch; zu meinem Entsetzen sah ich die Bruchstücke einer Bildsäule von griechischen Händen in einem Kalkofen zerstampft werden. *)

---

*) Man nimmt gewöhnlich an, die Muselmänner verstümmeln und ent-
stellen alte Bauten. Herr Michaud sagt: „Die Nachwelt wird mit
Erstaunen erfahren, daß wir den Türken die Erhaltung der beiden edelsten Ueberbleibsel der Religion und der Kunst verdanken." Herrn Mi-
chauds Zeitgenossen haben in dieser Hinsicht eben so viel zu lernen, als
die Nachwelt. Es gibt in dieser Beziehung einen Spruch Mohammeds:
verflucht sey der Mann, der einen Sklaven verkauft, der einen frucht-
tragenden Baum verletzt, und der aus gemeißeltem Marmor Kalk macht.

Das Landvolk hieselbst bietet einen auffallenden Contrast mit dem in Thessalien. Die Leute haben ein gesundes Ansehen und freundliche Gesichter und sind zierlich gekleidet in weiße Jacken und Schürze, gleich denen der Albanesen, aber ohne ihre unmäßige Weite; ihre Turbane, Gürtel und andere Theile ihres ganz weißen Anzuges sind künstlich gestickt in viereckten Rändern, wie die Shawls. Dieß Dorf ist ganz griechisch. Diese Beschreibung würde auf die türkischen Bauern nicht passen, die ich in fast allen Theilen Macedoniens entschieden den Griechen nachstehend getroffen habe. Im Allgemeinen zu reden, entartet der griechische Bauer in Asien, der türkische in Europa, d. h. wo sie in Berührung kommen, verlieren beide ihren Werth: so der Türke in Berührung mit den Europäern und die Europäer unter den Türken. Beide Systeme, wenn neben einander gestellt und nicht unter der Aufsicht eines Geistes, der beide ergreift, sind einander gegenseitig verderblich. Der moralische Charakter beider geht verloren, ich glaube durch die Verwirrung äußerer Zeichen oder herkömmlicher Laute, durch welche sich die Menschen ihre Gefühle mittheilen. Verschiedenheit der Sprache macht wenig aus, wenn Sitten und Ideen dieselben sind; bei verschiedenen Sitten, Ideen und Sprachen aber kann es Menschen nicht gelingen, zu einem gemeinsamen Verständniß zu kommen; böser Wille und Haß sind das Ergebniß eines Verkehrs ohne gegenseitige Uebereinstimmung und Achtung.

Als die Sonne unterging wurde mir mein Abendessen in einen der einfachen, aber köstlichen Kiosks gebracht, die aus einer bloßen Verdielung, mit einem Geländer rund umher, bestehen, auf einer Anhöhe, sechs bis fünfzehn Fuß hoch auf Pfählen ruhend, mit einem Dache von Stroh bedeckt, zu denen man auf einer Leiter hinansteigt.

Dort saß ich und sah die Sonne untergehen hinter dem Olymp, der seine breiten Schatten auf die thermaische Fluth warf, und als die Strahlen nicht mehr schienen auf die weißen Mauern von Salonika, stiegen sie von Gipfel zu Gipfel auf den Bergen von Mygdonia, deren höchster Kamm noch in den Abendstrahlen glänzte, die schon vor zwanzig Minuten für Salonika verschwunden waren. Als die Sonne weg war, wurde der Seewind frischer, und es wurde kühler, als eben angenehm war. Ich hatte den ganzen Morgen unter der Sonne geglühet, indem ich meine eiligen Reiseanſtalten traf. Die plötzliche Veränderung und das Fröſteln der Atmoſphäre brachte mich eben ſo plötzlich auf den Gedanken, mit der Zeit Rechnung zu halten und, wie mit etwas Vergangenem, mit dem Jahre abzurechnen, deſſen Flucht unbeachtet entſchlüpft war. Meine Tage, Stunden und ſelbſt Minuten waren ſo voll= ſtändig in Anſpruch genommen, ſeit zum letzten Male der Saft in die Bäume getreten war, daß ich niemals Zeit gehabt hatte, an die Zeit zu denken. Der Lauf der Zeit ſchien verlängert durch die Ausdehnung des Raumes, den ich überſchritten, durch das Intereſſe und die Mannichfaltigkeit der Gegenſtände, welche meine Aufmerkſamkeit beſchäftigten. Betrachtete ich aber die Zeit eben als Zeit, ſo ſchien ſie ſo kurz geweſen zu ſeyn, als über= ſchritte ſie kaum das Maaß eines Monats oder von vierzehn Ta= gen. Nun aber erinnerte·mich das plötzliche Fröſteln, das mich bewog den Mantel feſter umzuziehen, daß faſt ein völliger Um= lauf der Jahreszeiten vollendet war, daß wir bald einer neuen Ziffer bedürften, um das Weltalter zu bezeichnen. Es liegt etwas das Daſeyn ſo Umfaſſendes in der Verbindung der Gedanken mit den Sachen, des innern Gemüthes mit der äußern Natur, daß man mit Dankbarkeit und Vergnügen auf den Plätzen verweilt, die ſolche Verbindungen hervorriefen. Mit ſo einem Gefühle er= innere ich mich der Plattform im Dorfe Battis, wo, auf die Weinberge umherblickend, die ihrer erröthenden Laſt beraubt wa= ren, auf das mit herbſtlichen Farben zart gefärbte Laub, ich mich zur Unterſuchung und Muſterung meines eigenen innern Weſens wendete; während ich von draußen den Schauer des herannahen= den Winters fühlte, lauſchte ich drinnen dem Bedauern gleich un= wiederbringlicher Gelegenheiten und Stunden und faßte für die Zukunft vielleicht nicht weniger vergebliche Entſchlüſſe.

Dieß Dorf hatte früher Yuſſuf Paſcha gehört und war durch die Einziehung ſeines Vermögens in die Hände der Regierung ge= kommen, welche einen Zehntheil vom Brutto=Ertrage bekommt. Jeder männliche Erwachſene hat dreißig Piaſter, oder etwa zehn engliſche Schilling, Karatſch zu bezahlen und jede Familie funfzig Piaſter Agalik, oder Koſten der Localverwaltung. Außerdem aber ſind willkürlich Contributionen erhoben worden, in Folge der Noth oder der Unordnungen der Zeiten, die ſich für jedes Vierteljahr auf dreißig Piaſter für jede Feuerſtelle beliefen, was im Jahre faſt

ein Pfund Sterling für jede Familie ausmacht, indem die Aermeren
weniger, die Reicheren mehr bezahlten. Die Leute sagten, sie
hätten sich über ihre Steuern und Abgaben nicht zu beschweren,
aber sie würden heftig bedrückt durch die griechischen Klephten,
durch die Durchzüge der Agas. aus Albanien und ferner durch
eine von der Gemeinde früher eingegangene Schuld, um eine Was-
serleitung zur Bewässerung ihrer Felder zu erbauen. Diese Schuld
betrug 2000 Pfund, zum Zinsfuße von zwanzig Procent. Das
Dorf hatte die Schuld gerade vor dem Ausbruche der griechischen
Revolution contrahirt, als es 280 Häuser zählte. Damals rechneten sie darauf, in anderthalb Jahren Alles bezahlt zu haben,
aber in der Zwischenzeit ereignete sich der Aufstand des Berges
Athos, und dieß Dorf fiel als erstes Opfer. Es war mehrere Jahre
ganz verlassen geblieben, jetzt sind sechzig Familien zurückgekehrt;
sie wären schon längst wieder gekommen, und manche würden noch
jetzt kommen, wäre nicht jene Schuld, die natürlich noch auf der
Gemeinde lastet, obgleich die Zinsen für die letzten zehn Jahre vom
Gerichtshofe zu Salonika gestrichen sind und die Münzverschlechterung die ursprüngliche Schuld bedeutend verringert hat. In der
That würde ohne diese Münzverschlechterung der größte Theil des,
in Folge des Antheiles an der griechischen Revolution verheerten
Landes, jetzt eine Eiubde seyn.

Von Battis nach Kardia ist zehn Meilen. Der Weg führt
über eine wellenförmige Gegend;*) niedere Bergspitzen dicht neben
uns bildeten in der Regel den Horizont links; rechts darüber hinaus und zwischendurch hatten wir immer den Anblick des Gol-

---

*) Diese wellenförmige Oberfläche wird gebildet von einem Stratum von
Felsen, von körnigem und tuffartigem Kalkstein, untermischt mit rini-
gen gleich- und ungleichschaligen Muscheln, deren Höhlungen mit
Quarz gefüllt sind. Diese Lage ist von drei bis zehn Fuß dick; darun-
ter liegt eine andere Lage Kalkstein, eben so dick, aber fester und mit
zerriebenen Muscheln gefüllt. Darunter wieder sind verschiedene dünne
Lagen Thon, Mergel und Massen zerbrochener Muscheln; ganz unten
ist gelber Sand ohne Muscheln. Diese Formation oberhalb des San-
des wechselt ab von zehn bis zwanzig Fuß Dicke. In der Richtung des
Wasserlaufes, wo der Sand unten weggewaschen ist, sind lange schmale
Streifen des Stratums eingefallen und lassen die Abschnitte auf beiden
Seiten stehen, wie Mauern an beiden Seiten eines Weges.

fes und des Olymps, der am entgegengesetzten Ufer sich anschei=
nend in zwei majestätischen Massen erhob. Weiter hinab konn=
ten wir durch die Ausdünstungen des schwülen Tages eben den
Ossa und Pelion unterscheiden. Die Gegend wurde nun unfrucht=
bar und abschreckend; früherer Anbau hatte die Wälder vernich=
tet, spätere Brände der Schäfer hatten das Unterholz zerstört,
und die Jahrszeit hatte das Grün des niedern Grases verwischt.
Zur Linken ließen wir Adalu liegen, ein türkisches Yuruk=Dorf
von dreißig Familien. Auch diese Leute waren dem gemeinsamen
Geschick des Bezirkes erlegen, zu dem sie gehörten. Nach dem
griechischen Aufstande ward das Dorf mit den anderen den Flam=
men übergeben; sie kehrten aber bald zurück und befanden sich
jetzt wieder in derselben Lage, wie vor dem Aufstande.

Kardia ist ein Tschiftlik, oder Pachthof, des Achmet Bey
von Salonika. Es ist ein eingefriedeter Raum von 120 Qua=
dratschritten, umgeben mit Bauerhäusern, Scheunen, Ställen
u. s. w., obgleich jetzt fast Alles in Trümmern liegt. Vor dem
Aufstande arbeiteten die Bewohner mit zehn Joch von vier Och=
sen, jetzt haben sie nur vier Joch von zwei Ochsen. Das Pacht=
system ist weder das des französischen Maiers (métayer); noch
der englischen Pacht (rent), insofern diese Ausdrücke auf grie=
chische Worte und Gebrauch passen, wonach der Gewinn zwischen
Pächter und Verpächter getheilt wird. Zuweilen liefert der Päch=
ter Arbeit, Vieh, Geräth und Saat; zuweilen liefert der Ver=
pächter das Eine oder das Andere; wer aber auch die verschiede=
nen Antheile an Vieh oder Arbeit trägt, der erhält das regel=
mäßige Verhältniß des reinen Ertrages, der jedem Zweige der
Ausgabe angewiesen ist. So lieferte hier zum Beispiel Achmet
Bey Alles, man könnte also glauben, daß die Bauern gedungene
Leute und der Pächter ein Aufseher gewesen. Aber dem war nicht
so; der Pächter und die Bauern hatten zweiundzwanzig Procent
vom reinen Ertrage, die sie so unter sich theilten, daß der Päch=
ter sieben Procent bekam, da ihm die Bewirthung der Gäste zur
Last fiel; die übrigen fünfzehn wurden nach Verhältniß der Ar=
beit, die jede Familie leisten konnte, unter die Bauern vertheilt.
Die Art der Vertheilung ist folgende: — Der Ertrag wird in
Massen von 110 Maaß getheilt, wovon die überzähligen zehn
Maaß als Saatkorn für das nächste Jahr weggesetzt werden; zehn

werden weggefetzt zum Spahilik (dem Zehnten für Kriegsdienst), im gegenwärtigen Falle war Achmet Bey selbst der Spahi; zehn für Zabitlik oder Agalik (Localausgaben); zweiundzwanzig für Arbeit; so bleiben achtundfünfzig von hundert und zehn als Gewinn übrig. Hätte das Capital den Pächtern gehört, so wären noch fünfunddreißig mehr für sie abgegangen, was dreiundzwanzig Procent vom Ertrage als Pachtzins übrig gelaffen hätte. Der Auffeher erzählte mir, daß nach Abzug aller Unkosten der Eigenthümer bis zum Betrage von zehn Pfund für jedes Paar Ochsen gewinne.

Ueberall, wo man im Morgenlande einen Einblick thut in die Einrichtungen, wird man von der Festigkeit und Dauerhaftigkeit des Materiellen betroffen. Wie groß auch die vorherrschende Unwiffenheit seyn mag, wie sehr zurück auch die wesentlichste Wiffenschaft und Praxis des Landbaues, wie sehr die Rohheit des Ackergeräthes zu beklagen ist und der Mangel an verbefferten Transportmitteln, — wie viel besitzen nicht doch diese Menschen an der beständigen Verbindung des gegenseitigen Interesses; nirgends ist Arbeit vom Tagelohn abhängig, und nirgends ist das Wohlbefinden der Gemeinde von dem der einzelnen Mitglieder unabhängig. Glücklicherweise gibt es hier keine Gesetze, die sich in menschliche Interessen und Gewerbfleiß mischen, und deßhalb haben die Orientalen keine Philosophen, die über die moralischen, gesellschaftlichen und politischen Uebel schwatzen, die aus solchen Gesetzen entstanden sind.

Der Kiaja des Pachthofes erkundigte sich sehr angelegentlich nach unserer Weise, Butter und Käse zu bereiten, und ich gab mir beträchtliche Mühe, ihm dieselbe begreiflich zu machen. Er drang in mich, nächstes Jahr wieder zu kommen, um zu sehen, welche Fortschritte er gemacht haben würde.

Butter und Käse sind fast im ganzen Orient schlecht, in Folge des Gebrauches von Schaf- und Ziegenmilch, die man erwärmen oder kochen muß, um den Rahm zum Steigen zu bringen. Zuweilen machen sie sogar die Milch sauer, um Butter zu gewinnen, und in der Regel wird von der so behandelten Milch Käse gemacht. Unsere Art, Butter aus Rahm von kalter Milch zu machen, rührt von der frühen Benutzung der Kuhmilch her, welche die Orientalen nicht hatten, ich glaube wegen eines dem orientalischen Rinds vieh eigenthümlichen Grundes, den Leute verstehen werden, welche sich in Indien aufhielten. Jenem Gebrauche der Kuhmilch muß man die Vortrefflichkeit unserer Butter zuschreiben und dieser vielleicht die eigenthümliche Auszeichnung des Frühstücks und Abendbrods in England, die sich mit dem Gebrauche der Butter auf andere Länder verbreitet hat.

Es war ein Festtag — das Fest der Hagia Lechusa, und obgleich keine hinreichende Menge Volks vorhanden war, um lustig und lärmend zu seyn, so waren sie doch alle dazu angekleidet und bedauerten sehr, daß sie nicht in Salonika wären, wo sich an diesem Tage alle Bauern aus der Umgegend versammeln, in ihren bunten und lebhaften Trachten umherziehen und tanzen und singen, gleich ihren Genossen in England am Maitage. Aber keine ländliche Lust oder einfache Freude kann die Verwischung der Nationaltracht eines Bauervolkes überleben, und wenn jemals die Bauern von Kardia Tuchhosen und Gingham-Unterröcke anziehen, so werden sie das Tanzen am Lechusa-Tage den Schornsteinfegern überlassen (jetzt in England die einzigen Leute in originellem Costume), oder denen, welche Schornsteinfeger seyn würden, wenn Kohlemaaße in Rumili wären.

Die weibliche Tracht ist überall verschieden; hier trugen sie kleine Cylinder auf den Köpfen, eine pappene Form, deren oberer Theil mit Teig und der untere mit Baumwolle gefüllt war; darüber ist ein weißes Tuch gebunden, das über die Schultern fällt — für ein hübsches Gesicht ein keinesweges unpassender Putz.

Den größten Theil des Tages brachten wir in Kardia zu, so daß es Abend ward, bevor wir nach Sufular, einem nur drei Meilen entlegenen Dorfe aufbrachen. Die Aussicht war nunmehr offen, dachte sich ab gegen die See und dehnte sich nordwärts nach den einst wegen ihrer reichen Metalle berühmten Hügeln, zwischen denen die 360 Dörfer liegen, die unter dem Namen der Mademo Choria und Sidero Karpos bekannt sind. Noch aber traf das Auge nichts als gelbe Unfruchtbarkeit und keine Spur, kein Baum, kein Felsstück unterbrach die sanft wogende Oberfläche, bis wir das Dorf Sufular zu Gesicht bekamen. Dort sahen wir drei große viereckige Thürme, einen zertrümmerten; es waren Metochi oder den Klöstern gehörige Pachthöfe, die in kleiner Entfernung von einander auf der nackten Ebene zwischen uns und der See

standen. Kein Gesträuch oder Mauer schien in der Nähe, — sie
standen einsam, gleich Ueberresten aus einem frühern Zeitalter.
Die Landschaft war eine seltsame Zusammenstellung großer, unge-
mischter Farbenflächen: der gelbe Boden, der unter und um uns
sich erstreckte — jenseits lag die tiefblaue See — hinten erhoben
sich braune Hügel und in der Nebelferne jenseits des Golfes graue
Hügel. Keine Gegenstände füllten den Grund oder brachen die
Umrisse, keine Tinten mischten oder versöhnten die Farben; die
Landschaft sah aus wie eine Tafel von eingelegtem Marmor.

Bald nachdem wir Kardia verlassen hatten, als wir um den
Kamm eines Hügels kamen, stießen wir plötzlich auf eine Gruppe
von neun Bauern, die sich im Kreise Arm in Arm gefaßt hatten
und zusammen tanzten oder vielmehr sprangen nach dem Schalle
eines Dudelsacks, den der mitten im Kreise stehende Musikant
spielte. In dieser Landschaft, die einer Studie der alten Floren-
tiner Schule so ähnlich sah, schienen diese bunt angekleideten, am
Hügelabhange tanzenden Bauern eine Gruppe von Perugino's Muse,
die eben aus dem Rahmen gesprungen war. In Sufular hielten
wir an, um unser Abendessen einzunehmen, was wir unter einem
Maulbeerbaume thaten, im Lichte von Spänen harziger Föhren,
die auf einem eisernen Dreifuß brannten, und während meine Gefährten sich niederlegten, um eine Stunde zu rasten, bis der Mond
aufginge, hatte ich ein Plauderstündchen mit meinem Tagebuche.
Aber ich werde mich niemals wieder unter einem Maulbeerbaume
in der Nähe eines Bauerhauses setzen. Es gibt ein kleines Insekt,
das eine gleiche Vorliebe für zweifüßige Thiere hat, mögen sie
befiedert seyn, oder unbefiedert, und das die Stelle, wo das Fe-
dervieh nistet, zu einer gefährlichen Nachbarschaft macht. Vier
Stunden nach Sonnenuntergang waren wir wieder auf dem Marsche, bei hellem Vollmond, und in zwei Stunden befanden wir uns
auf der Stelle von Potidäa, das jetzt Porta heißt, dem Eingange
auf einer schmalen Erdenge zur Halbinsel, die früher Pallena hieß
und jetzt Kassandra genannt wird. Ein Wall mit Thürmen erstreckt
sich von einer Küste zur andern, und bei dem Mondlichte konnten
wir die rechtwinkeligen Meißelarbeiten der hellenischen Blöcke erkennen, die einst diese blühende und kriegerische Stadt vertheidigten.
Der Aga verließ sein Bett, um uns zu empfangen. Es ward
Kaffee bestellt und zuerst meinen Kavaschen geboten, die ich mit

meiner zunehmenden Kenntniß der Etiquette bis dahin in ihrer
gebührenden Stellung hatte halten können. Ich stand auf, verließ
den Kiosk, und es wurde mir Kaffee im offenen Hofe bereitet und
dargeboten. Der Aga kam bald und setzte sich unter mich und
wurde dort von meinem Diener bedient. Als nachher die Kavaschen ihr Bakschisch holen wollten, gab ich ihnen nichts.

Nachdem wir die Halbinsel betreten hatten und drei Stunden
lang durch Gebüsch und ein weitläuftiges Holz junger Föhren gezogen waren, erreichten wir eine Anhöhe, wo bebautes Land und
Felder sich vor uns ausdehnten und der toronaische Golf uns zu Gesicht kam. Der Morgenstern glänzte über dem hohen Lande des
Vorgebirges Sithonia; der Kegel des Berges Athos konnte im
Nebel unmittelbar unter dem Sterne erkannt werden, zwischen dem
dunkeln Umrisse von Sithonia und dem rothen Streife des östlichen Horizontes, dessen warme Tinten sich auf der glatten Oberfläche des zwischenliegenden Meerbusens wiederholten. Der Vordergrund und die Wälder von Pallene zur Rechten waren mit Sil-
berglanz gefärbt von dem kaltstrahlenden Monde hinter uns, der
vor dem anbrechenden Tag erbleichte, aber noch mit seinen Pur-
purstrahlen kämpfte.

Sechstes Capitel.

Kassandra.

Mit Sonnenaufgang kam ich in Atheto an und fand den
ganzen Ort in Bewegung. Gegen die Räuber des Festlandes
sollte gerade eine Expedition aufbrechen unter Anführung des Vaters von Kapitano Anastasi, an den meine Schreiben vom Pascha gerichtet waren. Zu der gegen die Klephten vorherrschenden
Erbitterung und der Aufregung der Unternehmung, wobei die
ganze Bevölkerung interessirt war, kam noch die neue Unbill,
deren Nachricht ich überbrachte, und deren Abhülfe ich verlangte;
sie wurde also als eine Vermehrung der Stärke bewillkommt und
ich eingeladen, mich dem Zuge anzuschließen. Das würde gewiß
ein so gutes Mittel als eines gewesen seyn, einen Wegweiser zu
dem gefangenen Engländer zu finden und mir zugleich eine viel-

leicht sonst nicht zu findende Gelegenheit geboten haben, die Ueber=
reste von Chalkidike und den Berg Athos zu besuchen. Ich nahm
daher die Einladung gerne an, und wir begaben uns Alle nach
dem erhöhten Kiosk vor des Kapitano's Hause, um die Sache zu
besprechen. Als ich aber auf den seegleichen Golf niederblickte,
der ruhig dalag wie ein schlafendes Kind, und auf die Aussicht
von der niedrigen Ebene von Olynthus zu den sich abdachenden
Hügeln und Vorgebirgen von Pallene, die eines nach dem an=
dern in gleichlaufenden Reihen, mit Wäldern gesäumt, bei klei=
nen Abhängen in den Golf fielen — da bemächtigte sich meiner die
sanfte Schönheit der Morgenansicht und der Zauberkreis alten
Ruhmes; ich gab mich den Gefühlen hin, die mich beschlichen,
mein Haupt sank auf das Kissen des Kiosk und — ich schlief fest
ein. Ohne Zweifel trug der nächtliche Ritt nicht weniger zu die=
ser Wirkung bei, als die entschwundene Glorie von Chalkidike oder
die noch vorhandenen Schönheiten des Golfes von Kassandra.
Als ich erwachte, herrschte Stille rings umher; die lärmenden Pa=
likaren waren schon auf den fernen Hügeln; im Dorfe war keine
Seele zu sehen, kein Laut zu hören; die Sonne strahlte am wol=
kenlosen Himmel, und nicht ein Lufthauch störte das Reich des
Friedens über der weiten Wasserfläche. Ich unterbrach diese feier=
liche Stille der Natur und diese Ruhe in Atheto, indem ich laut
nach Wasser und Frühstück rief.

Nachdem ich so durch eigene Versäumniß eine Gelegenheit
verloren, von der ich Vortheil zu ziehen beschlossen gehabt, be=
gann ich, nach Art meiner Landsleute, einen öffentlichen Grund
vorzuschieben, um meine Privat=Nachlässigkeit zu rechtfertigen.
Nichts, dachte ich, sey eines unabhängigen Geistes unwürdiger,
als Verbindung mit einer Partei. Ein Parteimensch — ist das
nicht ein Mann, der die Meinung von zehn Millionen seiner
Mitbürger annimmt, und die Meinung von eben so viel Anderen
verwirft? Das Erste ist Servilismus — das Zweite ungeheure
Anmaßung, und der Parteimensch erniedrigt und überhebt sich also
zu gleicher Zeit und zwar, weil er nicht so viel Menschenverstand
hat, zu begreifen, daß wenn Massen von Menschen dieselben That=
sachen vor sich haben, sie nur uneinig seyn können, weil ihre ge=
meinsame Urtheilskraft geschwächt ist, und unter solchen Umstän=
den die Meinungen aller Parteien unrichtig seyn müssen.

Unter der ehrenwerthen Classe von Leuten, die man Klephten und Banditen nennt, hatte ich das gute Glück gehabt, bis jetzt gut mit allen Parteien zu stehen, obgleich ich keiner angehörte: war ich nun also nicht sehr glücklich, daß ich der Gefahr entgangen war, mich einer Partei anzuschließen, indem ich dieser Expedition nicht folgte? Konnte nicht die beibehaltene unabhängige Stellung mehr zur Hülfe meines auf der Seeräuberinsel eingesperrten Freundes beitragen, als die Musketen von dreißig Armatolis? Nachdem ich mich selbst hierüber zufriedengestellt hatte, erörterte ich dem Kapitano Anastasi umständlicher das Geschäft, wegen dessen ich gekommen war, und fragte nach seiner Ansicht in Betreff der zu ergreifenden Maaßregeln. Er rieth, unsere Meinungen aufzuschieben, bis wir den türkischen Aga gesprochen hätten, und dahin gingen wir demgemäß.

Die Kavaschen wurden gerufen: einer wurde hingeschickt, um unsern Besuch anzumelden, der andere ging vor uns her, als wir gemächlich unsern Weg antraten; der Kapitano ging neben mir; unmittelbar hinter mir kam mein Leibgardist und Dolmetscher Habschi, den ich mir die Freiheit nehme dem Leser besonders vorzustellen, der nach und nach schon besser mit ihm bekannt werden soll; den Nachtrab bildeten die türkischen Diener der Kavaschen und ein Duzend von Kapitano Anastasis Leuten. So wie wir weiter gingen, traten die Dorfbewohner ehrerbietig aus ihren Thüren, oder stiegen von ihren Pferden, und bevor wir nach des Aga's Konak (Quartier) kamen, war ich erstaunlich zufrieden mit dem ganzen Dorfe Atheto. Hier bin ich, dachte ich, mit einem wichtigen Auftrage, versehen mit einem Schreiben des Vicekönigs der Provinz, umgeben von der vollziehenden Behörde und Macht des Districtes, und natürlich erwartete ich, den Aga an seiner Thür wartend zu finden. Nun bekamen wir den Konak zu Gesicht; kein Aga war zu sehen, keine Wachen waren aufgestellt; unbeachtet und unangemeldet stiegen wir die Leiter hinauf zu einem nicht sehr eleganten Kiosk, wo Seine Statthalterschaft, ein kleiner brauner und unansehnlicher Kerl, der Länge nach auf dem Sopha lag, allem orientalischen Anstande zum Hohne. Er nahm nur Notiz vom Kapitano und warf auf den Franken einen Blick, der sich kaum herabließ, verächtlich zu seyn. Wir setzten uns indeß, da wendete er ein Paar kleiner schwarzer Augen auf uns und hatte kein Wort zu sagen, nicht einmal nach unserer Gesundheit zu fragen. Der Kapitano setzte sofort die Ursache unsers Besuches aus einander, worauf der Aga hören mochte, ohne indeß eine Antwort zu erwiedern. Mein Brief wurde ihm überreicht, den er seinerseits einem Grammatikos (Schreiber) übergab und uns sagte, wir möchten am Abend wiederkommen, jetzt hätte er das Fieber. Als wir den Konak verließen, erzählte mir der über unsern Empfang sichtlich empörte Kapitano, der Aga sey der größte ungehängte Spitzbube, kein Türke, sondern ein abtrünniger Christ, treibe alle Arten Handel, leihe Geld auf Zinsen, kaufe Producte, um sie wieder zu verkaufen, und verbinde die Unverschämtheit seiner Stelle mit der Härte eines Maklers; der Kapitano glaube ihn im Bunde mit den Seeräubern; der Aga sey aufgebracht über meine Dazwischenkunft in Betreff der Räuber, aber noch viel mehr darüber, daß ein Nebenbuhler und Concurrent auf die Halbinsel gekommen, in der Person des mich begleitenden Kaufmannes.

Die Unterredung, die wir am Abend hatten, bestätigte die Ansicht und den Argwohn des Kapitano's Anastasi. Der Aga begann damit, mir zu sagen, der Brief, den ich überbracht, sey nur ein Empfehlungsschreiben für mich selbst, und was die von mir geäußerte Räuberei betreffe, so würde es eines Vierteljahres bedürfen, um die geforderten Nachsuchungen anzustellen. Hier warf Kapirano Anastasi ein, in einer einzigen Stunde könne er ein paar Boote im Golf vom Berg Athos herumschicken, während der Kapitano zu seinem Vater schicken wolle, den Isthmus hinabzustreifen, so daß es den Banditen unmöglich werde, zu See oder zu Lande davon zu kommen. Der Aga hörte zu, bis der Kapitano fertig war, und antwortete dann: „Christ! siehst du nicht, daß der Franke dich anklagt, seinen Landsmann beraubt und ermordet zu haben? Und er sagt, die Uhr, die du trägst, sey eine geraubte.“

Ich verstummte vor Erstaunen über diese kecke Niederträchtigkeit; der Kapitano warf einen Blick auf eine ächt englische Kette und einige goldene Pettschafte, die ihm auf der Brust hingen und an denen ohne Zweifel eine Geschichte hing. Dann warf er einen forschenden Blick auf mich, und zufrieden gestellt durch mein erstauntes und unwilliges Aussehen, stand er ruhig auf und sagte mit einer keinesweges tröstlichen Kälte: „Aga! steig zu Pferde

„und reite fort, ohne uns Lebewohl zu wünschen Schläfst du diese
„Nacht in diesem Konak, so brauchst du keinen Mantel, um den
„Fieberfrost abzuhalten.‟ So sprechend, ging er weg, und ich folgte
ihm. Er wendete sich um und sagte mit gleicher Ruhe wie zuvor:
„Ich will heute Nacht ein Lustfeuer aus Atheto machen; ich will
„diesen lügenhaften Renegaten spießen. Ich habe zwei Boote,
„um alle meine Leute aufzunehmen, und es ist auch Platz für dich,
„wenn du willst.‟ Nachdem ich ihm für sein großmüthiges Anerbieten gedankt, drang ich mit verschiedenen Gründen in ihn, er
möchte sich die Nacht über nicht die Mühe machen, den Aga zu
spießen oder das Dorf zu verbrennen; aber erst nachdem ich die
Uhr untersucht und erfahren hatte, in welchem Laden in Salonika
sie gekauft war, erst nachdem ich erklärt, sie sey durchaus keine
englische Uhr, sehe einer solchen nicht einmal ähnlich (auf dem
Zifferblatt war F. oder G. Grant geschrieben) — erst dann erhielt
ich den Aufschub der Illumination und des Spießens.

Der Aga, dem Anscheine nach mehr erbost als bange, obgleich der kleinsten Vertheidigungsmittel entbehrend, schickte nach
den Kavaschen, und ohne mich zu fragen, wurden sie nach Salonika
expedirt. Dann schickte er zu meinem Diener Hadschi und fragte
ihn, ob sein Herr wisse, daß er, der Aga, anatolisch Blut in seinen Adern habe? Ob ich mir einbilde, hergekommen zu seyn, um
ihn zu beleidigen, oder ob ich mich auf die leeren Drohungen des
Kapitano's Anastasi verlasse, der seine Frechheit theuer büßen solle?
Wenn ich mich ruhig verhalte, könne ich so lange in Atheto bleiben, als ich Lust habe, und solle gut Quartier haben; aber er sey
Woiwode hier und wisse, wie man Räuber behandeln müsse; —
der andere Franke, der sich nach Wachs und Baumwolle umsehe,
müsse unverzüglich abziehen, oder wir bekämen beide die Baston-
nade. Nach Empfang dieser Botschaft ging ich augenblicklich
wieder nach des Aga's Konak; ich trat ein, mit meinem Firman in
der einen Hand und einem tüchtigen Stock in der andern und setzte
mich an das Oberende des Zimmers. Mein Diener wollte nicht
dolmetschen, aber ich wußte, der Aga spreche griechisch; daher
nahm ich die Gelegenheit wahr, ohne Verletzung des Anstandes,
ihm' meine Kenntniß von den Einzelnheiten seiner Verwaltung zu
beweisen. Der Erfolg dieses Schrittes war, daß der Aga, von
der Unverschämtheit zur Kleinmüthigkeit übergehend, erklärte,

Hadschi habe mir eine Reihe von Unwahrheiten erzählt, und er habe vor mir den größtmöglichen Respect und Achtung.

Wir erfuhren am folgenden Tage, die für Engländer Gehaltenen seyen Malteser oder Jonier gewesen; vielleicht gründete sich die Nachricht von der Gefangennehmung eines Engländers auf die wundervolle Flucht des allgegenwärtigen Herrn Wolf, der ungefähr um dieselbe Zeit und auf derselben Stelle den Seeräubern entkommen war und alle seine irdischen Habseligkeiten in ihren Händen ließ. Ich beschloß daher, einige Tage in Atheto zuzubringen und die Halbinsel genau zu besehen, indem ich glaubte, vom Aga nicht ferner belästigt zu werden. Als ich aber zu diesem Zuge mit dem Kaufmann aus Salonika aufbrach, der wirklich gekommen war, um sich nach Wachs und Baumwolle in den Dörfern umzusehen, ließ uns der Aga anhalten. Ich ritt nach seinem Konak; er stand auf der Haustreppe, befahl mir abzusteigen und rief dann seine Leute, um mich anzupacken. Sie zeigten keine Lust, das Geschäft zu wagen; er schimpfte; sie verschwanden einer nach dem andern und er trat ins Haus zurück als wollte er sie wieder herausschicken. Da ich nun kein praktisches Hinderniß meiner Abreise fand, so ritt ich wieder zu der Gesellschaft, die in kleiner Entfernung gewartet hatte, und wir begannen, die Halbinsel zu durchforschen und richteten unsern Marsch nach Südwesten; doch ich greife vor.

Sehr angenehm und nicht ohne Nutzen verbrachte ich die drei Tage, die ich in Atheto verweilte. Ich erhielt die folgenden Nachrichten über die Halbinsel von Kassandra. Vor dem griechischen Aufstande enthielt sie 700 Familien, nämlich 600 von kleinen Grundeigenthümern und 100 Pächterfamilien, auf den Tschiftliks oder Metochia der Klöster vom Athos. Sie hatten damals 500 Joch Ochsen, im Durchschnitt fünf Häupter Vieh auf jedes Joch. Will man die Anzahl Vieh in diesen Gegenden schätzen, so ist es nöthig, die Zahl zu wissen, die auf jedes Joch gerechnet wird. Diese wechselt nach den Umständen des Pächters und des Landes, aber viel wesentlicher hängt die Zahl von der Bauart des Pfluges ab. Es gibt nämlich drei Arten Pflüge. Der erste ist der griechische Pflug, der Pflug des Triptolemos, der den ursprünglichen Charakter des Geräthes beibehalten hat — ein Ast mit doppelter Gabel — der Ast an den Hörnern der Ochsen befestigt und den

Erdboden mit der umgekehrten Zinke aufwühlend. Zu diesem Pfluge braucht man nie mehr als ein Paar Ochsen, obgleich wohlhabende Bauern drei Ochsen als zu einem Joche gehörig halten, und um so mehr, als manche der Gemeinde-Abgaben nach der Zahl der Joche gerechnet werden.

Der zweite Pflug ist der bulgarische, mit einer unseren tiefgehenden Pflügen ganz gleichen Pflugschar, die tief in die Erde schneidet und sie gut umwirft, aber das Streichbrett ist so weit ausgespreizt — zuweilen achtzehn Zoll — und der Winkel der Schar so stumpf, daß die größten Anstrengungen nöthig sind, um sie durch den Boden zu ziehen und die Furche, statt über die Schneide umzuwerfen, wird durch die ganze Breite der Schar aus ihrer ursprünglichen Lage geworfen. Ein breiter Pflug von dieser Beschreibung erfordert im tiefen Boden oft sieben Paar Büffel und Ochsen, mit drei oder vier Leuten. Wo also vier oder mehr Ochsen zu einem Joch gehören, ist der gebrauchte Pflug irgend eine Art des bulgarischen, der ganz vortrefflich seyn würde, wenn das Streichbrett dichter am Pfluge läge; mit dieser kleinen, unbedeutenden Abänderung könnte man mit gleicher Anzahl Vieh dreimal so viel ausrichten.

Der dritte Pflug ist eine Art umgekehrter Hacke und wird durch zwei Stangen von einem einzigen Ochsen geschleppt; diesen habe ich in den höhern Gegenden Macedoniens gesehen, aber er wird jetzt nur zum Anbau der abschüssigen Hügelabhänge gebraucht. Dieß ist, glaube ich, der ursprünglich slavonische Pflug.

Die Halbinsel wurde also von 700 Familien bewohnt, welche 2500 Stück Ochsen besaßen außer den Kühen und Pferden und Heerden von Schafen und Ziegen, die sich auf 20 bis 30,000 Stück beliefen. Der Reichthum dieser Bevölkerung übertraf demnach in Gleichheit, Vertheilung und Belauf den irgend einer ähnlichen Gemeinde im westlichen Europa. Sie genoß bürgerliche, religiöse und Gemeinde-Rechte, die den abendländischen Nationen gegenwärtig ganz fremd sind.

So war die Lage der Halbinsel, als Nachrichten von einem Aufstande in der Moldau eintrafen, denen gleich darauf die Kunde von der Erhebung der Griechen in Konstantinopel selbst folgte; dann kamen Gerüchte vom Marsche eines russischen Heeres — dann erscholl der Widerhall von Genos (Stamm) und Eleu-

theria (Freiheit) aus dem Peloponnes und dem griechischen Fest=
lande. „Was wußten wir von solchen Dingen?" sagte der Pri=
mat. „Wir glaubten, der jüngste Tag sey gekommen; wir konn=
ten nur die Mönche vom Gebirge fragen, nur von ihnen konnten
wir erfahren, was irgendwo geschah, und sie sagten uns, die otto=
manische Regierung sey umgestürzt, und wenn wir nicht eilten,
zu revoltiren, so würden wir als Leute ohne Seele und Glauben
angesehen und sogar als Verräther bestraft werden. Wir hielten dem=
nach eine öffentliche Versammlung, und es ward einstimmig beschlossen,
wir sollten revoltiren, und die zanze Versammlung rief: „Laßt uns
revoltiren!" (na spanastisomen) Darauf schrie das ganze versam=
melte Volk: „Laßt uns revoltiren!" und die Primaten kamen zum
türkischen Aga und wir sagten ihm, wir wären im Begriff zu revol=
tiren." Die Gegenvorstellung des Aga müßte vielleicht in ihrer
eigenen Sprache wiedergegeben werden, aber zu übersetzen ist sie
nicht in ihrer beredsamen Naivetät. Dennoch bewies sie sich un=
wirksam, und der Aga selbst wurde überwältigt und geschlagen
durch die Rednergabe des Mönches, der als Sprecher auftrat
und durch Gründe, worauf man keine Antwort hatte, darthat, daß
die Türkei schon über den Haufen geworfen sey — Gründe,
die auf dem Athos durch den beständigen Gebrauch seit den letz=
ten 300 Jahren fertig geworden waren. — Zuletzt erklärte der
Aga, er wolle auch revoltiren, wenigstens sie nicht verlassen.

. Nun wurden Priester nach Odessa und nach Griechenland ge=
schickt, um den Beschluß von Kassandra zu proclamiren und die
beste Weise anzugeben, die Munition, die Vorräthe, die Artillerie,
die Kriegsschiffe u. s. w. zu verwenden, die man ihnen natürlich
zur Unterstützung schicken würde.

Mehrere Monate lang ließ blieben unbeachtet von ihren
Freunden, unbelästigt von ihren Feinden; aber in diese äußere
Stille und anscheinende Ruhe schlichen sich fürchterliche Stunden
der Selbstprüfung und des Vorwurfes — Emissarien auf Emissa=
rien wurden sowohl nach Norden als nach Süden geschickt. Mag=
nesia und Kara Veria in Macedonien hatten revoltirt, aber keine
ausgedehnte Gegend nördlich von Akarnanien und den Thermopy=
len hatte sich dem Aufstande angeschlossen. Bald drängten sich
düstere Vorahnungen in die Herzen, und Worte der Furcht ent=
schlüpften den Lippen der beunruhigten Gemeinde von Kassandra.

Sie schickten nun ihren Aga ab, um Gnade und Verzeihung zu er=
flehen, aber der blutdürstige Abul Abut hatte sie nicht vergessen,
und seine Rache, obgleich verschoben, war nicht weniger sicher:
endlich marschirte er an der Spitze von 3000 Mann. Die Ju=
gend von Kassandra versammelte sich an dem Schlüssel des Isth=
mus, wo sie eine leicht zu vertheidigende Stellung einnahmen
und wo man wenigstens Bedingungen hätte erhalten können.
Aber obgleich gut bewaffnet, waren sie nicht mit der Haltung
versehen, die in neuern Zeiten zum Geiste der Schlacht und zum
Zaubermittel der Macht geworden ist. Abul Abut wurde indeß
einige Tage durch die Zurüstungen aufgehalten, die Verschanzun=
gen der Halbinsel zu bestürmen, wozu er die Kanonen aus Salo=
nika holen mußte. In diesem Augenblicke furchtbarer Angst er=
scholl von Mund zu Mund die frohe Kunde, vom Kaiser aller
Reußen sey wahre und wirkliche Hülfe gekommen. Zwei der Emis=
sarien waren zurückgekehrt; sie wurden von den Primaten von
Atheto in das Lager hinter die Mauer des Isthmus geführt und
breiteten vor den erwartungsvollen Augen des begeisterten Hau=
fens die Zeichen des Mitgefühls aus und der Hülfe, die sie mit=
gebracht hatten, und diese waren — Leser falle nicht in Ohnmacht!
— drei baumwollene Flaggen aus Hydra; — ein Fetzen von des
hingerichteten Patriarchen Priesterrocke und zwei Fäßchen Schieß=
pulver aus Odessa.

Abul Abut drang während dieser Nacht in die Halbinsel.
Dreihundert Mann, die mit den Waffen in der Hand gefangen
genommen wurden, fielen als Opfer unter dem Schlachtschwerte —
zweihundert Familien waren schon geflüchtet, oder fanden jetzt
Mittel zur Flucht — die Häuser der Entflohenen wurden geschleift
oder verbrannt — zwei oder drei türkische Soldaten wurden bei
jeder zurückgebliebenen Familie einquartiert, und als die Türken
abzogen aus dem erschöpften Lande, vollendeten Banditen und
Seeräuber die Zerstörung, welche Aufstand und Unterjochung nur
begonnen hatten. Da die zerstreuten Landleute aus der bezwunge=
nen Gegend entflohen, so blieb sie zwei Jahre lang ganz unbe=
wohnt, und so wurde endlich in der Halbinsel Kassandra die teuf=
lische Politik mit Erfolg gekrönt, die seit 1770 ihre Wirkung auf
solche Auftritte, wie diese, wohlüberdacht gegründet hatte.

Die Erstürmung von Kassandra erdrückte den aufrührerischen

Geist in Thessalien und Macedonien, und ihr folgten bald ähnliche Ausbrüche der Rache gegen Magnesia und Kara Veria. Hier verkauften zuerst Türken Griechen als Sklaven, die sie nicht länger als Unterthanen der Pforte ansahen. Dieser Umstand trug mächtig bei zu der Erbitterung in Europa gegen die Türken und reifte folgeweise die Politik, deren einer Zeitabschnitt durch den Tractat vom 6 Julius vollendet ward.

Es ist seltsam, daß in allem dem, was über Griechenland geschrieben ist, niemals eine Parallele gezogen ist, zwischen der Intervention der Triple-Allianz und derjenigen der Römer. Zwischen diesen Ereignissen finden sich Uebereinstimmungen von der merkwürdigsten Art, z. B.: Philipp brachte durch die Erstürmung von Olynthus (drei Meilen von Potidäa) und dadurch, daß er die Einwohner als Sklaven verkaufte, Furcht und Schrecken in die benachbarten Gegenden und unterdrückte die Aufstände in Magnesia und dem nördlichen Thessalien. Diese grausame That wurde von den Aetoliern den Römern vorgestellt und brachte sie noch mehr gegen Philipp auf. Später wurden diese Verheerungen der Hauptgrund des Streites, indem Philipp erklärte, keinen andern Ersatz geben zu wollen, als durch Hinsenden von Pflanzen und Gärtnern. Dann folgte die Schlacht von Kynokephalä und die Verkündung der Unabhängigkeit Griechenlands bei den isthmischen Spielen — wie die Schlacht von Navarino und die Erklärung der Unabhängigkeit Griechenlands durch die Verbündeten. Dann die Anstellung eines griechischen Tyrannen in Argos, der gegen sein Vaterland von den Beschützern seines Vaterlandes unterstützt ward. Die alten Griechen versuchten, gleich den neuern, zuerst durch die verfassungsmäßigsten Mittel, ihre Beschützer aufzuklären und ihren Tyrannen einzuschränken, und versammelten sich zu diesem Zwecke, seltsamer Weise, in demselben, damals so wie jetzt unbedeutenden Dorfe. Abgeordnete von ganz Griechenland waren in Kalauria (Poros) zu einer Art von Ständeversammlung vereinigt — Strabo nennt sie *Αμφικτυονια τις*. Genau so war die erste offene Opposition gegen Kapodistrias; dann folgte die Ermordung des Nabis in Argos — wie die des Kapodistrias in Nauplia. Nun nahmen die Römer Besitz vom Lande, ohne sich indeß in den Handel, in den Gewerbfleiß, in die Wahl der Gemeinde-Beamten u. s. w. zu mischen. Sie errichteten nicht ihr eigenes Finanzsystem, sie legten dem Volke keine Schuld auf, sie belasteten den Staat nicht mit einer unpassenden Repräsentation. So sank Griechenland nur in langsamen Abstufungen und lebte Jahrhunderte lang. Die Verbündeten haben Griechenland die Formen der Unabhängigkeit gegeben; sie reden es an in hochtrabenden Ausdrücken, aber sie mischen sich in den Handel — die unvordenklichen Einrichtungen sind ausgerottet — die wirkliche Freiheit ist verschwunden; — auf Griechenland sind gefallen: Armuth — Meinungsverschiedenheit — abgesonderte und feindliche Standes-Interessen — strenge Strafen — Unwirksamkeit des Gesetzes — Truppen — Schwärme von öffentlichen Beamten und alle anderen moralischen und politischen Umständlichkeiten abendländischer Staatsverwaltung; überdieß noch Ausschweifung in den Sitten und Verlegenheit in den Geschäften, welche das Land in die Alternative des Bankerottes oder der Abhängigkeit von Schulden an Fremde bringen, Alternativen, deren keiner es vermuthlich entgehen wird.

Doch kehren wir nach Kassandra zurück. Vor etwa drei Jahren wendeten sich zahlreiche Flüchtlinge, die in Griechenland und Macedonien zerstreut waren, an Omer Brionis, Pascha von Salonika. Er ergriff Maaßregeln, sie in Kassandra wieder einzusetzen. Zweihundert Familien wurden gesammelt. Der Pascha sagte ihnen, daß es nichts nützen würde, ihnen Türken zum Schutze zu geben, weil das in der gegenwärtigen Lage der Dinge zu Land und zu See zum Untergange der Griechen und Türken führen würde, sie möchten aber aus den Klephten einen Kapitano wählen, der sie durch seinen „Tschatir" schützen könne.

Dieser Kapitano, mit 30 oder 40 Mann, würde natürlich ganz außer Stande gewesen seyn, die Küsten einer so großen Halbinsel zu beschützen. Die von dieser Einrichtung erwartete Sicherheit lag aber in der Achtung der andern Klephten vor dem „Brode" eines Mannes, der ihr Camerad gewesen war. Die Einwohner wählten Kapitano Anastasi, der aber zu den Griechen gestoßen war; dessen ungeachtet wurde ihm ein Bujurdi vom Pascha mit Briefen von den Primaten und dem Erzbischofe von Salonika zugesendet. Auf die vereinigte Bitte der Primaten und des Erzbischofs ward ein Firman der Pforte erlassen, der Anastasi zum Kapitano von Kassandra ernannte und ihn nebst seinen Nachfolgern von allen Abgaben freisprach. Dann wurde ein Contract

zwischen ihm und den Primaten des Bezirkes abgeschlossen, in
Betreff der Summe seines Gehaltes und des Soldes seiner Leute,
und der Kadi von Salonika bestätigte und besiegelte den Contract.
Ich erwähne dieser Einzelnheiten, um die Volkssitten und das
Verwaltungssystem zu erläutern.

Seit dieser Zeit hatte Kassandra ununterbrochener Ruhe ge=
nossen. Die Felder waren wieder angebaut, die Häuser erhoben
sich aus ihren Trümmern. Einzelne und ganze Familien, die
man für verloren geachtet hatte, kamen von Tage zu Tage wieder,
und die einzige Quelle von Angst oder Besorgniß war, daß Ka=
pitano Anastasi so einige königliche Penchants blicken ließ. Um
diese im Schach zu halten, kam das Volk auf den Einfall, den
Pascha zu bitten, den früheren Aga wieder einzusetzen, der auch
Grundeigenthümer im Bezirke gewesen war. Der Pascha benutzte
den Wink, ohne die Empfehlung zu beachten und schickte ihnen,
ein paar Monate vor meiner Ankunft, den schon beschriebenen
feigen Renegaten, der aber das Verdienst hatte, des Pascha's
Schwager zu seyn.

Siebentes Capitel.

Die Helena von Kassandra.

In Atheto war ich der Gast des Primaten. Er hatte zwei
Söhne in dem Aufstande verloren und zwei Töchter mit sich auf
die Flucht nach Griechenland genommen; nur Eine war am Leben
geblieben, ein Mädchen von achtzehn Jahren, das trotz meiner
Vorstellungen nicht zugab, daß ein Anderer mir Kaffee darbiete
oder vor und nach dem Essen mir Wasser über die Hände gieße.
Nur die seichte Eitelkeit eines Malers oder eines Dichters kann
es wagen, Schönheit zu zeichnen, und wenn glühende Reime
und gefärbte Pinsel der ungleichen Aufgabe erliegen, was kann
die Prosa ohne Freiheit, was können Worte ohne Farbe helfen!
Ich will es deßhalb nicht versuchen, dieß Mädchen zu beschrei=
ben und will nur sagen: sie war achtzehn und eine Griechin.
Blühend war sie nicht, ein Schatten von Kummer und ein Hauch
von Leiden, auf die Außenform noch nicht aufgetragen, wurde

angedeutet durch einen starren Zug des Auges, der die natürliche Folge der Schrecken seyn konnte, unter denen ihre Jugend
gereift, ihre Schönheit erblüht war, der aber nicht recht paßte
zu ihrem muntern Anzuge und den Schnüren blanker Münzen,
die ihre Stirn umgaben, und den Goldplatten, die auf ihrem
Busen wogten. Mit Ausnahme der hergebrachten Begrüßung,
wenn sie Erfrischungen darbot, hörte ich keine Aeußerung von
den Lippen dieser geheimnißvollen Tochter der Inseln. Doch,
obgleich sie nicht sprach, war sie immer aufmerksam und emsig
in ihrer hausfräulichen Ausübung der Pflichten der Gastfreiheit.
Klephten und Seeräuber waren hauptsächlich die Gegenstände
meiner Nachfragen, und ganz besonders die Bande, welche das
Boot von Mitylene genommen hatte. Wenn die Unterredung
in des Vaters Hause Statt fand, näherte sich Aglaë gewöhnlich und horchte mit zerstreuter Miene, und einmal, als wir von
der Leichtigkeit sprachen, womit die Seeräuber umzingelt und abgeschnitten werden könnten, fielen zufällig meine Augen auf sie,
und da stand sie, ein vollständiges Bild des Schreckens. Ihr Gemüth ist aufgeregt, dachte ich, von der Erinnerung vielleicht,
daß sie einmal nur um ein Haarbreit dem Grimme dieser wilden
Kerle entkommen.

Am Morgen meiner Abreise war ich erstaunt, bei meinem
Erwachen zu sehen, daß ein junger Mann der Länge lang an der
Thürschwelle lag, vor meinem Zimmer. Er stand auf und ging
fort, und ich that keine Frage. Da öffnete sich die Thür, und
Aglaens Morgenantlitz verbreitete seine reine, sanfte, nereiden-
gleiche Anmuth über mein Gemach. Nun vermuthete ich, der
junge Mann möchte dort als Wächter des Frauengemaches gelegen
haben. Dergleichen in einem, mit Europäern nicht vertrauten,
orientalischen Lande schien aber unglaublich und stellte sie auf
gleiche Stufe mit einem Franken; ich nahm deßhalb Gelegenheit,
den Vater um Erklärung zu bitten. Nach kurzer Pause sagte er:
„Ich bin ein sehr unglücklicher Mann, wir sind alle unglücklich
gewesen, und mein Elend ist nicht größer als das der Uebrigen,
aber es ist länger und tiefer; es kam, als Andere sich freueten,
und es entspringt aus der Quelle, auf die ich nun auf den Born
des Glückes in meinen alten Tagen hoffte." Hirr hielt er ein;
ein unbestimmtes Gefühl der Furcht und der Neugier ergriff mich;

war Aglaë die Quelle des Elends ihres Vaters — welcher Schuld Stempel konnte sie tragen — welches Verbrechens Brandmal? Der alte Mann fuhr fort: „Ich hätte gehofft, Ihr möchtet den jungen Mann nicht bemerkt haben; er gehört nicht zu meinen Bluts= verwandten, aber zu meiner Familie, und er hat ein Gelübde ge= than, jede Nacht vor meiner Tochter Thür zu schlafen." Dann erzählte er, etwas weitläuftig, eine Geschichte, die ich in kür= zeren Worten wiederholen will.

Bei dem Aufstande von Kassandra war der Primat von Atheto mit Weib und Töchtern nach Griechenland geflohen; sie nahmen ihre Zuflucht zu einem Primaten von Talanti, am Golf von Volo. Große Zuneigung war unter beiden Familien entstanden. Der Primat von Talanti hatte zwei Söhne; der älteste wurde mit Aglaë verlobt, die damals das Alter von vierzehn Jahren erreicht hatte; ihr Verlobter war nur vier Jahre älter. Bald darauf aber überschwemmten die Wogen der Verheerung die Ebenen von Phokis und Böotien. Talanti wurde nach der Reihe die Beute der Griechen und Türken, und die Flüchtlinge von Atheto mußten wieder flüchten aus den rauchenden Trümmern ihrer angenomme= nen Heimath. Ihr Wirth und seine Familie hatten sich nach Westen gewendet, während Aglaë und ihr Vater Mittel fanden, nach Salonika zu entkommen, von wo sie später nach Atheto zu= rückkehrten. Da die beiden Familien so ganz getrennt waren, dachte mein Wirth darauf, seiner Tochter Verlöbniß aufzuheben und unter den Primaten der Nachbarschaft ein passenderes Bünd= niß zu suchen. Derselben Ansicht war sein Freund aus Talanti, da seine Söhne in den griechischen Dienst getreten waren, wo sie ihr Glück machen sollten. Das junge Paar aber theilte diese An= sicht keineswegs, und vermuthlich war der Vater nicht der beste Geschichtschreiber, um die verstohlenen Liebeszeichen und Treu= gelübde zu erzählen, die ihren Weg über die ägäische Fluth fan= den. Als er seiner Tochter seinen Einfluß eröffnete, heftete sie ihre Augen auf ihn und sprach: „Vater, du verschenktest meine Hand und sagtest mir, ich sollte mein Herz verschenken, und ich that, wie du wünschtest; du nimmst jetzt meine Hand zurück, aber ein einmal verschenktes Herz kann nicht zurückgenommen wer= den." Der Vater dachte, wie Väter zuweilen thun, die Zeit würde ihr Urtheil reifen und ihren Kummer beschwichtigen. Zwei

Jahre waren vergangen, und er wünschte sich Glück, daß Aglaë
ihren Schäfer aus Talanti vergäße. Endlich war indeß seine
Wahl getroffen, und es wurde ein sogenannter Freudentag festge=
setzt, wo der erwählte Freier seiner gehofften Braut förmlich vor=
gestellt werden und ein neuer Bräutigam die verwittwete Jung=
frau und die ungekannte Gebieterin „krönen" sollte. Der zukünf=
tige Schwiegersohn war eben aus Polygiro, von seinen Freunden
begleitet, eingetroffen, und die aus der ganzen Umgegend versam=
melten Primaten und Nachbarn saßen im Kiosk des Kapitano's
Anastasi, auf der Klippe, welche den Landungsplatz übersieht,
als man einen Mystiko entdeckte, der mit plätschernden Rudern
über die stille Fluth herkam und an der Spitze seines lateinischen
Segels einen griechischen Wimpel trug. Ein so kleines Schiff
kam allein und Angesichts der Sonnen nicht in böser Absicht,
oder in Feindschaft; es waren Hellenen aus der Ferne oder Klephten
vom Skopolos, die gekommen seyn mußten, zu Ehren der Lilie
von Kassandra einen Humpen zu leeren und ein Tänzchen zu ma=
chen in der Verlobungsnacht Aglaens. Die Gäste eilten hinunter
nach der Bucht, um die Fremden willkommen zu heißen und —
es waren ja Griechen — nach Neuigkeiten zu fragen. Der Kiel
des Mystiko furchte den Sand der Bucht — ein einzelner Jüng=
ling sprang ins Wasser — ein zweiter folgte — der Mystiko stieß
ab und fuhr nach der entgegengesetzten Halbinsel von Sithonia.
Die Leute am Ufer, erstaunt über ein so ungewöhnliches und kur=
zes Verfahren, umdrängten die beiden junge Leute und fragten,
woher sie kämen, wohin sie wollten, und was sie suchten. Der
älteste antwortete: „Wir sind eure Gäste und kommen, um bei
Aglaens Verlobung vergnügt zu seyn." Der erwählte Bräutigam
bewillkommte sie, führte sie nach dem Dorfe und stellte seinem be=
stürzten Schwiegervater den Verlobten seiner Tochter vor.

Die Nacht war kein Fest in Atheto; Kirche und Priester schrit=
ten ein zu Gunsten der Verliebten, und die Herzen, die noch die
Nacht vorher in Furcht erbebten, hatten aufgehört in den Qualen
der Angst zu schlagen, obgleich sie es noch kaum wagten, sich im
Zittern der Hoffnung zu heben. Aglaens Herz hatte über ihres
Vaters Willen triumphirt, aber noch mußte sein Stolz beschwich=
tigt werden. Ein Prüfungsjahr wurde dem Liebhaber als Probe=
zeit auferlegt, und während der ganzen Zeit hatten er und sein Bru=

der in des Greises Feldern gearbeitet und den Platz der verlornen
Söhne eingenommen. Nur wenige, aber lange Tage fehlten an
der Vollendung dieser Lehrlingszeit, als der abtrünnige Aga in das
Dorf kam. Die erste Nacht schlief er im Hause des Primaten;
Aglaë hatte ihm die erste Schale Kaffee überreicht, die er in
Atheto trank; es war ein mächtiger Trank gewesen, denn er hatte
sein Herz oder seine Sinne verwirrt. Nur dunkel wurden mir die
gebrauchten Tücken angedeutet, die angebrachten Drohungen und
die glänzenden Anerbietungen, welche nach und nach angewendet
wurden, um die verlobte Hand dieser Helene von Kassandra zu erwerben. Doch ungleich der früheren Helena, waren Schmeicheleien und Reichthum mit gleicher Verachtung behandelt, wie Tücken und Drohungen, aber abschlägige Antworten waren Windstöße
in die Flamme des Anatoliers. Nachdem eine kleine Abtheilung
Soldaten aus Salonila geschickt war, wagte er den kühneren Weg,
und sein Nebenbuhler wurde ergriffen und vor ihn geschleppt,
irgend eines Verbrechens beschuldigt. Der junge Grieche verwarf die Anklage mit Unwillen, bot dem Richter Trotz. Der
Aga ergriff einen Balta, oder kleines metallenes Beil, das als
Sinnbild der Gewalt, nicht als Werkzeug eines Nachrichters,
dienen soll. Als der Grieche auf den Aga zusprang, wurde er
von den Wachen gehalten und im Ringen riß ihm der Balta
des Aga die Seite auf, von der Achselhöhle durch die Rippen.
In diesem Zustande wurde er in eine Art Käfig oder Gefängniß
gebracht, das der Aga in dem untern Theile seines Konak hatte
machen lassen. Bald war der Konak von einem wüthenden Pöbel umringt und würde augenblicklich bis auf den Grund geschleift worden seyn, wären nicht die neu angekommenen türkischen Soldaten gewesen, die sich hinter den verrammelten Fenstern
rüsteten, Gewalt mit Gewalt zu vertreiben. Nun zog sich das
Volk aus der Schußweite und begann die Häuser, welche den
Konak überragten, zum Kampfe in Stand zu setzen. Dem Kapitano Anastasi gelang es indeß, die Ruhe wieder herzustellen,
und als die türkischen Soldaten das eigentliche Sachverhältniß
erfuhren, wurden sie nicht weniger entrüstet als die Griechen. Sie
scheuten sich indeß, offene Partei gegen den Aga zu nehmen, den
sie nicht nur wegen seiner amtlichen Stellung fürchteten, sondern
auch wegen seiner Verbindung mit dem Pascha, der des Aga's Schwe-

fter geheirathet hatte. Da nun auch der junge Grieche, obgleich
ernſthaft verwundet, weder Knochen noch Glieder verloren hatte,
ſo wurde eine verſtellte Flucht beſchloſſen, und Kapitano Anaſtaſi
ſetzte ein Boot in Bereitſchaft, um ihn nach Griechenland zu brin=
gen. So wie aber der junge Mann einmal im Freien war, wei=
gerte er ſich, das Land zu verlaſſen: er wollte nicht die Heimath
ſeiner Aglaë meiden und hatte überdieß nun eine neue Blutſchuld
zu bezahlen. Er ſtieß zu den Banditen — er wurde gerade unter
der Partei genannt, die das Boot von Mitylene genommen hatte,
zu deren Verfolgung ich dieſe Reiſe unternommen, und deren Ver=
nichtung zu bereden unſrre täglichen Zuſammenkünfte im Hauſe
des Primaten und in Aglaens Gegenwart gehalten wurden.

Als mein Wirth das Benehmen des Aga gegen mich be=
merkte, kam er auf den Gedanken, ich könnte vielleicht ſeine Ent=
fernung bewirken. Ich brauche nicht zu ſagen, daß ich mich zu
dieſem Dienſte mit Freuden anwerben ließ; der Erfolg meiner Be=
mühung ſoll zu rechter Zeit erzählt werden.

Der junge Mann, der vor Aglaens Thür ſchlief, war ihres
Verlobten Bruder.

Achtes Capitel.

Alterthümliche Nachforſchungen in Atheto und Olynthus. — Feſt der Räuber und Beraubten. — Einfluß der Schulen. — Manufacturen von Chal=
kidike. — Plane der Armatolis.

Ich hatte kaum den Auszug der verſchiedenen Einzelnheiten
geſchloſſen, die ich über den Aufſtand in der Halbinſel zu erhal=
ten wünſchte, und bei denen ich beiläufig ſo Manches erfahren
hatte, was mich zu Gunſten des früheren Statthalters einnahm,
als ein Osmane ins Zimmer trat und mich mit Selam Aleikum *)
begrüßte. Dieß war das erſte Mal, daß ſolcher Laut, als an

*) „Friede ſey mit uns!" Dieſer Gruß mit dem begleitenden Zeichen,
die Hand auf das Herz zu legen oder ſie an Lippen und Stirn zu
bringen, gibt in der Türkei kein Muſelmann Jemand, der andern
Glaubens iſt.

mich selbst gerichtet, mein Ohr traf. Natürlich erweckte das Neu=
gier und Interesse für den Besuchenden, und meine Hoffnungen
waren nicht getäuscht, meine Theilnahme war nicht vermindert,
als ich erfuhr, der Fremde sey Haffan Aga, ehemaliger Statt=
halter von Kaffandra. Von dem Augenblick an verließ er mich
nicht wieder, bis ich aus deu Thoren von Kaffandra hinaus war.

Ruud um Atheto umher sind gut gearbeitete Reste hellenischer
Kraft und Glanzes zerstreut. Auch waren Anzeichen vorhanden,
daß der Ort zu einer venetianischen Niederlassung ausersehen ge=
wesen, und welcher Platz von Stärke und Wichtigkeit wäre das
nicht gewesen? Die Palikaren nahmen mich mit, um die Oeffnung
eines unterirdischen Ganges zu besehen, von dem sie sagten, er
stehe mit dem Mittelpunkte der Halbinsel in Verbindung. Es war
ein niedriger Eingang zwischen zwei senkrecht behauenen Steinen,
gerade breit genug, daß sich eine Person auf allen Vieren hinein=
zwängen konnte. Niemand, sagten sie, hätte jemals gewagt, hin=
einzudringen und dabei erzählten sie mir den Unfall zweier jungen
Männer, die auf der anderen Küste in einen solchen Gang gedrun=
gen und ihres Verstandes beraubt zurückgekommen waren. Der
Eingang ward verschlossen, um ähnliches Unglück zu verhüten. Ich
schickte nach einem Lichte, um zu sehen, wie weit ich vordringen
könnte, und Haffan Aga, der mit den Uebrigen sich bemühte,
mir abzurathen, erklärte, mich begleiten zu wollen. Ich führte
den Vortrab, und er machte den Nachtrab aus. Nachdem wir
drei Yards weit hineingekrochen waren, befanden wir uns in
einem offenen Raum, gleich einem großen Ofen. Es war der
Obertheil eines mit Erde und Schutt angefüllten römischen Bo=
grus; das war Alles. Es fiel uns nun ein, wie wir die aber=
gläubige Furcht der Kerle diaußen zu unserer eigenen Unterhal=
tung benutzen könnten. Jeder blies sein Licht aus, und so kro=
chen wir dicht an die Mündung, um welche sich die Palikaren
versammelt hatten; eine halbe Stunde lang und eine gute Zeit,
nachdem sie uns völlig und unwiederbringlich verloren geachtet,
hatten wir das Vergnügen, das Geister genießen sollen, die ne=
ben ihren Gräbern sitzen und zuhören, wie ihre hinterlassenen
lieben, lieben Freunde, alle ihre Tugenden und Verdienste ver=
handeln. Ich meinestheils war ein Fremder und konnte wenig
erwarten — ausgenommen, in so weit es vortheilhaft seyn möchte —

die eigentlichen Gedanken der Wächter von Atheto in Betreff der Verfolgung und Erhaschung der Klephten zu erfahren. Der arme Hassan Aga aber war der leidende Theil, und er hätte allerlei Wissenswürdiges lernen können, hätte er es nicht schon gewußt, in Bezug auf die Ansichten der griechischen Palikaren über die mannichfachen, mit der Woiwodschaft von Kassandra verknüpften, wichtigen Gegenstände. Endlich bemerkte Einer von der Gesellschaft, obgleich wir so lange in der Erde gewesen wären, könnten wir doch wieder kommen; ein Stein oder zwei könnten so gelegt werden, daß andere Leute verhindert würden, durch Eindringen in solche Orte die Vorsehung zu versuchen; der Franke wüßte ein gut Theil zu viel von den Klephten im Allgemeinen und von ihnen insbesondere, und wäre dort, wo er jetzt steckte, eben so gut, als irgendwo anders; Hassan Aga wäre nicht ihr Freund, und seit er und der Franke so dicke Freunde geworden, und seit der Franke vom gegenwärtigen Aga beleidigt worden, könnte etwas zwischen den Beiden zurecht gebraut werden, das viel besser unter der Erde bliebe, als oben drauf, und bei allem dem, wenn sie nie wieder kämen, würden nur ein Paar Ketzer und Ungläubige weniger in der Welt seyn. Das wäre für sie ein ganz guter Spaß gewesen, für uns aber schlechterdings keiner und so eilten wir, ohne vorherige Anmeldung, uns ihnen darzustellen. Augenblicklich sprachen sie von ganz andern Dingen, bekreuzigten sich andächtig, wünschten uns Glück zur Rückkehr in die Welt und an das Sonnenlicht und fragten, welche Schätze wir gefunden hätten. Wir antworteten: „Nichts, nichts! — ein niedriger, enger Gang, der mit Schutt, Staub und Steinen angefüllt ist — Gottlob, wir sind zurück!" Ich versuchte immerfort, besorgt zu scheinen, sie nach einer Seite zu bringen, während Hassan Aga sich stellte, als wollte er nach einer andern entschlüpfen und es sehen ließ, daß er einen Haufen Asche, den er in die Falten seines Benisch gesteckt hatte, der Beobachtung entziehen wollte „Oh, ho!" riefen sie, „ihr habt einen Schatz gefunden, habt ihr?" Damit liefen sie hinter Hassan Aga her und stießen ihn, anscheinend aus Scherz, aber mit scharfem Auge die Sache beachtend. Ich eilte ihm zu Hülfe, Hassan Aga preßte seine Falten zusammen und sah dabei uns, wie ein Mann, der bereit ist, für seine Habe zu sterben. Die Palikaren begannen nun

ernsthaft zu werden, als Hassan Aga vortrat, den Rocksaum
entfaltete, sie rund umher anblickte, den Schutt fallen ließ und
mit dem Blicke und dem Tone eines Mannes, der nicht scherzt,
sagte: „da — das ist der Staub, den ihr gegessen! Wir haben
jede Sylbe gehört, die ihr gesprochen." Die Palikaren waren, um
mich einer Lieblings-Metapher zu bedienen, „alle wie vom Donner
gerührt."

Von Baltos nach Furka und von Furka nach Kalandria ist
genau dieselbe Entfernung, wie von Atheto nach Baltos, das heißt
3¼ Meile; diese vier Dörfer liegen in derselben Richtung schräge
über die Halbinsel, auf einer zehn Meilen langen Linie. Dicht
an dem letzten, auf einem Vorgebirge, das noch Posidio heißt,
liegen die Ueberbleibsel einer alten Stadt, die natürlich Poseidion
seyn muß. Hier hatte ich von einem andern unterirdischen Gange
gehört, aber da ich nicht wieder Lust hatte, Gefahr zu laufen begraben zu werden, bevor diese Operation eben nothwendig geworden, so ließ ich die verborgenen Wunder unerforscht.

Nachdem ich meine Nachforschungen auf der Halbinsel Kassandra vollendet, kehrte ich wieder nach Atheto zurück, um dem
Kapitano Anastasi und dem Primaten Lebewohl zu sagen. Dabei
vergaß ich nicht Aglaë, die, in Folge meines Zwistes mit dem
Aga, auf mich als ihren Beschützer blickte, und mich damit überraschte, daß sie hastig meine Hand ergriff, um sie zu küssen. Die
allmählich bei mir zugenommene Weise, türkisch zu fühlen, hielt
mich ab, das Compliment wie man wohl glauben könnte zu erwiedern.

Ohne des Aga Erlaubniß einzuholen reisete ich allein mit
Hadschi ab, nachdem vorher Kapitano Anastasi zu dem türkischen
Aga in Porta geschickt hatte, um ihn zu bitten, mir so viele Wa-
chen mitzugeben, als er für nöthig halte. Ich hatte mich nämlich
entschlossen, den größten Theil meines Weges durch die Dörfer
von Chalkidike zu machen und dann nach dem Berge Athos. Die
Gegend wurde für sicherer gehalten, sowohl in Folge der verbreiteten
Gerüchte, es wären englische Schiffe ausgeschickt, die Seeräuber
an der Küste zu verfolgen, als der Expedition des Vaters vom
Kapitano Anastasi auf dem Festlande.

Wir verließen Atheto am Nachmittage und gingen nach Porta
zurück. Kurz zuvor wendeten wir uns rechts, um ein Metochi

oder befestigten Pachthof der Mönche vom Athos zu besehen. Dort fand ich Maurer arbeitend, und im Hofe standen zwei zweirädrige Karren, nett und fest zusammengeschlagen, mit einem glatten, glänzenden Maulthiere vor jedem angeschirrt. Das war ein neuer und ein erfreulicher Anblick und sprach so gut, wie ganze Bände voll, für die weltliche Weisheit der mönchischen Brüderschaft, die ich zu besuchen unterweges war. An diesem Orte befand sich eine ziemliche Menge vom Feuer gespaltener und zerbrochener Säulen. Der massive Tisch des Refectoriums, vermuthlich einst eine gastliche Tafel, stand noch. Er war aus den Granitdeckeln von Sarkophagen gemacht, was ohne Zweifel Anlaß zu manchem Tischscherze, so wie zum Vortrage von Hellenismen gegeben hatte.

Der Isthmus ist eine niedrige und schmale, etwa tausend Schritte breite Landenge. Er ist durch eine dicke Mauer von Stein und Kalk vertheidigt, die durch viereckte Thüren befestigt ist, von denen einige in Wohnhäuser verwandelt sind. Einer ist größer als die übrigen, zwischen einem Hause und einer Bastion, von wo man nach dem Golf von Salonika sieht. Er ist mit Wall und Graben umgeben und mit einer Zugbrücke versehen; dicht bei dem Thore ist ein schlechtes Ding von Zwerg=Festung, mit Nachahmungen von Bastionen, Curtinen, Graben u. s. w. Das sind die Ueberreste von Potidäa, mit einem Moor, das die Stelle bezeichnet, wo einst der Hafen war.

Von Porta ist etwas über eine Stunde nordwärts nach Hagia Mama. Das Dorf steckt zwischen Bäumen, aber auf einer Anhöhe dahinter erscheinen vier weiße Thüren, die durch einen Erdwall verbunden sind, früher ein Pachthof des Yussuff Pascha, jetzt der Wohnsitz des Aga. Rechts, längs der Küste des Golfes von Toron, ist das Land niedrig und flach, mit einem Moorgeruche. Es ist mit efflorescirtem Salze bedeckt; aber unter Hagia Mama, wo die Küste sich östlich wendet und die Hochebene weiter ist, sieht es grün und lachend aus, und im Mittelpunkte erhebt sich eine einzelne prächtige Esche über den niederen Maulbeer=, Oliven= und Feigenbäumen — die einzige Ueberlebende eines schönen Geschlechtes, das vor zehn Jahren die Aussicht verschönerte und die Ebene beschattete.

Ich bog vom Wege ab durch einige kleine Hügel, die links lagen, um nach Ueberbleibseln der Vorzeit zu spähen, und stieß

auf den zertrümmerten Thurm eines der Metochi (Kloster=Pacht=
höfe), die über das ganze Land verbreitet sind und die ausgedehn=
ten Besitzungen der Klöster vom Athos, so wie den Gewerbfleiß
der Mönche beweisen. Als ich in die Ruine trat, die mehr einer
Bastion als einem Pachthofe glich, flogen Tausende von Raben
auf, die gleich einer schwarzen Wolke die Luft verfinsterten und
mich mit ihrem Krächzen betäubten. Der Gipfel jeder Mauer,
jeder Raub, jeder Säulenkranz, waren mit ihren Nestern bedeckt.
Das Rauschen ihrer Flügel glich dem Geräusche eines Sturmes,
der plötzlich das Wasser aufregt. Diese Thürme sind Gebäude von
dreißig bis vierzig Fuß im Quadrat, fünfzig, sechzig oder noch
mehr Fuß hoch, in der Regel ohne Fenster, aber rund umher mit
Schießscharten versehen; inwendig sind sie gewölbt, und die Plat=
form auf der Spitze ist gepflastert. Darauf steht ein Wohnhaus,
gewöhnlich von Holz. An einer Thurmseite ist unten eine kleine
Thür, von der eine Wendeltreppe hinauf geht. Ein kleiner Wacht=
thurm ragt über der Thür hervor, nach allen Seiten zu, aber nach
unten offen, so daß die Besatzung auf die Thür hinuntersehen und
schießen kann. Rund um den Thurm, oder an einer Seite des=
selben steht ein Viereck von Wirthschaftsgebäuden, mit gut und
nett gebauten und gewölbten Häusern für die Arbeiter. Völlig
gleich diesen Thürmen sind die der Dere Begs im Norden und
Osten der asiatischen Türkei. Auch auf Naxos sieht man solche
Thürme, die den alten venetianischen Familien gehören, aber zu
diesen gelangt man immer auf einer Zugbrücke.

Als ich nach Hagia Mama kam, besuchte ich alle Brunnen,
wo man in der Regel Ueberreste des Alterthums findet, und sah
bei jedem Bruchstücke von Säulen und Knäufen. Bei einem
Brunnen waren vier Säulen ins Krruz gelegt und ineinander ge=
fügt, wie Holzbalken. Auch zwei zerstörte Kirchen enthielten
zahlreiche Ueberreste alter Tempel. Doch alle diese Reste, beson=
ders die von Granit, waren bedeutend durch Feuer beschädigt
und erinnerten in ihren Splittern an das: „Wir wollen revol=
tiren!" von Kassandra. Diese Steine hatten eine Stimme, ihre
Geschichte zu erzählen, aber wie manche Menschenopfer, nicht
weniger unschuldig als die Steine, haben keine Erinnerung nach=
gelassen an die Wahrheit menschlicher Leiden, die aus Ursachen
entsprangen, welche sie ebenso wenig ergründen und verfolgen

konnten, als die Tiefe des Weltmeers oder den Weg des Sturm=
windes! Wenn man diese Gegenden durchwandert, so ist es nichts
Ungewöhnliches, Leute zu sehen, besonders Weiber und Mädchen,
die an chronischen Krankheiten leiden und in den letzten Stadien
der Erschöpfung doch nicht zu Bette liegen, sondern gleich Ge=
spenstern umherschleichen. Gewöhnlich messen sie ihre Krankheit
irgend einem plötzlichen Schrecken bei, und fragt man nach dem
Zustande eines schwindsüchtigen, abgemagerten Mädchens, das an
fremdem Herde kauert und Bettelbrod annimmt, wie es in die=
sem Lande selbst die Dürftigkeit reichen kann, so kommt man sicher
zu einer Geschichte aus den letzten zehn Jahren, zu der Nacht,
wo ihres Vaters Haus niedergebrannt wurde, wo ihre Brüder er=
schlagen wurden, wo ihr Geliebter als Leiche zu ihren Füßen
niedersank!

Die zahlreichen Ueberreste in Hagia Mama, so wie die Lage
des Ortes, lassen keinen Zweifel übrig, daß es das alte Olynthus
sey. Ich sah Stücke von Inschriften auf Grabsteinen, und nahe
am Eingange des Dorfes einen Altar, der noch aufrecht stand,
obgleich halb vergraben. Ich schaffte mir aus einem Bauerhause
eine Haue und Schaufel, konnte aber Niemand finden, der mir
hätte helfen wollen, das Erdreich wegzuräumen. Der Grund für
dieses Widerstreben war, daß, als die Türken nach dem Aufstande
in den Ort eingerückt waren und sich nun darüber hermachten,
den Stein umzustürzen, plötzlich aus völlig heiterm Himmel eine
Windsbraut sich erhob, die so heftig war, daß sie die Ziegel von
den Dächern schlenderte. Die bestürzten Türken ließen ab, und
plötzlich war es wieder still. Als ich diesen Bericht hörte, ergriff
ich die Haue; da kein Windstoß dem Schutte zu Hülfe kam, setzte
ich mitten in einem Kreise zahlreicher Zuschauer meine Arbeit ohne
Beistand fort, als ein Priester vortrat und um Erlaubniß bat,
an dem Abenteuer Theil zu nehmen, weil, wie er sagte, er sehe,
daß mein Stern hell wäre. Ich antwortete: „Wer arbeitet (kräf=
tig ist, ἐνεργεῖ) hat einen hellen Stern,“ und bot ihm die Schau=
fel. Nun begann die ganze Bevölkerung, die Erde in ihre Klei=
der zu raffen und wegzutragen. Dem gelehrten Leser wird ohne
Zweifel hier der Kalif Omar in Jerusalem einfallen. Ich muß
von der Regel, die ich mir selbst nothgedrungen auferlegte, alle

Alterthümer zu übergehen, so weit abweichen, daß ich die dergestalt bloß gelegte Inschrift mittheile:

AIΛIANOΣHEIKΩN
OAPKIΣYNAΓIΩΓOΣ
ΘEO YHPΩOΣKΛITO
KOΛΛ ONBAIBIΩ
ANTΩNIΩANEΣTIΣEN
TONBΩMON
TONΔE INAKΛANE
ΣTIΣETAMBPOΣAYTO
AZIΔAPHΣ.

Ich kam an den viereckten Hofraum mit den oberwähnten weißen Thürmen und fand den Aga noch auf den Feldern. Sein Vekil (Lieutenant) saß am Thore. Da er wußte, daß ich ein Franke war, so ließ er sich kaum herab, von mir Notiz zu nehmen, und eine oder zwei höfliche Redensarten brachten mich um nichts weiter. Ich hatte mich auf die Bank neben ihn gesetzt; mein erster Gedanke war, aufzustehen und in einem der Bauerhäuser um Gastfreiheit zu bitten; mein zweiter war, da wo ich einmal war, die Gastfreiheit als ein Recht zu fordern, wo man wenig geneigt schien, sie mir als Gunst zu gewähren. Ich befahl daher meinem Diener, meine Sachen in des Aga eigene Oda oder Zimmer zu bringen und wollte mich selbst eben dahin verfügen. Augenblicklich war der Vekil in die höchst verlegene diplomatische Lage gebracht, Fragen zu thun und Proteste einzulegen: ich bedeutete ihn bloß, ich sey des Aga Musafir. Die urplötzliche Veränderung in meiner Stellung war ausnehmend lustig, und ich genoß alles Vergnügen, das man bei einer eben so vortheilhaften als angenehmen Entdeckung empfindet, als der Aga heimkehrte, mich sehr freundlich willkommen hieß und das Abendessen bestellte. Mein Wirth, der in früheren Zeiten Statthalter des Bezirkes gewesen, worin der Bergbau betrieben wird, unterhielt mich auf eine höchst anziehende Weise über die Statistik dieser Provinz, ihre frühere Verwaltung u. s. w. Er dictirte mir ein Verzeichniß der Leute in den verschiedenen Dörfern, die ich besuchen mußte; mit großer Freude betrachtete er meine Karte und gab mir den Weg an, auf dem ich die meiste Bequemlichkeit mit dem meisten Interessanten vereinigen könnte, und schickte nach zwei Griechen im Dorfe, die

mich am nächsten Morgen begleiten sollten bei meinem Suchen
nach dem alten Hafen von Olynthus und den Ueberbleibseln von
Mekyberna an der Küste. Der Vekil kam, mich um Verzeihung
zu bitten wegen des schlechten Empfanges, und entschuldigte sich
damit, er hätte mich nur für einen Franken gehalten. Als ich ihm
versicherte, ich wäre n u r ein Franke, schien er mit sich selbst uneinig
zu seyn, ob er glauben oder zweifeln sollte; er wendete seine Augen von mir ab, auf den Fußboden, an die Wände und sah gewaltig dumm aus.

Am folgenden Morgen suchte ich vergebens nach dem alten
Hafen von Olynthus, entdeckte dagegen aber zu meiner größten
Zufriedenheit das alte Mekyberna, drei Meilen weit von Hagia
Mama, in einem Steinhaufen, der jetzt Molibo Pyrgo heißt.
Dann führten sie mich ein paar Stunden lang einen Fleischergang
zwischen den nördlichen Hügeln, um eine Ruine Palaia Porta zu
suchen, die sich als natürliche Felsenspalte erwies. Gegen Abend
erreichte ich den Flecken Polygiro, der zwischen unfruchtbaren Hügeln etwa zehn Meilen nördlich vom Golf entfernt liegt, aber eine
schöne und durchbrochene Schlucht überschauet, durch den ein Bergstrom seinen geräuschvollen Lauf nimmt, zwischen Weingärten, Pappeln, Maulbeer-, Feigen- und Wallnußbäumen. Da Polygiro
einer der Hauptörter von den verbundenen Dörfern ist, welche die
Gold- und Silbergruben von Chalkidike gepachtet haben, so beschloß ich, einige Tage hier zu bleiben, um die mit diesen Gemeinden verknüpften interessanten Umstände zu erforschen. Der
Aga von Hagia Mama hatte mir einen Brief an einen der griechischen Primaten gegeben und mir gesagt, ich möchte nicht zum Aga
gehen, den er als eine wilde Bestie von Arnauten beschrieb.
Meine Aufnahme hier war in etwas verschieden von der in Ambelakia: ich wurde aufgenommen wie ein von langer Pilgerfahrt
heimkehrendes Familienglied und in Erwartung meiner Ankunft
war eine große Gesellschaft zum Abendessen geladen. Das lau-
teste Willkommenjauchzen ertönte von den Lippen des großen Men-
schenjägers — des Vaters vom Kapitano Anastasi.

Während des Abendessens erzählte der alte Armatole seine
verschiedenen Heldenthaten seit seinem Abmarsche von Atheto. Ich
konnte aber nicht finden, daß diese sich auf mehr beliefen, als auf
fünf gute Abendmahlzeiten, die er in Polygiro eingenommen hatte,

und auf eben so viele Mittagsmahle, weniger eins, die er weges
langs in Hagia Mama abgemacht. Deffen ungeachtet verglich er sich
beständig entweder mit Kapodistrias oder mit Orpheus. Mein
Erstaunen war kaum weniger groß darüber, daß diese beiden Per-
sonagen in ein Joch gespannt wurden, als über die Aehnlichkeit
des Einen oder Beider mit Kapitano Anastasi senior. In dieser
Hinsicht wurde mir indeß ein Licht aufgesteckt, und ich fand, daß
der Armatole selbst das Bindemittel zwischen Beiden war, denn
gleich Orpheus rief er die wilden Menschen mit einer Pfeife zusammen, und gleich Kapodistrias zwang er Räuber zur Unterwerfung, weil er ein größerer Gauner war, als einer von ihnen.
Die Freimüthigkeit und Offenherzigkeit dieser Erklärung erweckte
donnernden Beifall und lautschallendes Gelächter von allen Gästen.
Dann kam ein sehr interessanter Gegenstand der Verhandlung aufs
Tapet — die Plünderung und Einäscherung des Ortes vor ein
paar Jahren — in welchem Drama alle Gäste aufgetreten waren, Palikaren und Ortseinwohner, obgleich nicht auf derselben
Seite. Einer der Anwesenden hatte damals den Hausherrn ausgeplündert. Jetzt saßen sie zusammen, tranken zusammen und
verschlangen ihre Arme in einander, als sie die Becher an den
Mund hielten. Dann umarmten sie sich zärtlich und nannten sich
gegenseitig „Vetter." Mitten in der gastlichen Freude entstand
plötzlich Allarm: der Vater des Kapitano Anastasi blickte finster
und verschlagen — Leute kamen und flüsterten — Leute flüsterten
und gingen fort — Zimmer und Haus wurden bald mit Pistolen
und Carabinern angefüllt; endlich ließ sich der gemüthliche und
gastliche Hausherr herab, mir zu sagen, es wärt Alles nichts —
eine Meinung freilich, die ich von der Zeit an, wo das Flüstern
anfing, nie aufgehört hatte, zu hegen.

Am nächsten Morgen, da es Sonntag war, stand ich früh
auf, um in die Frühmette zu gehen, die vor Tagesanbruch begann. Ich habe es als einen sehr nützlichen Gebrauch gefunden,
den Ort der Gottesverehrung und das Schulhaus zu den ersten
Gegenständen meiner Besuche zu machen. Dieß öffnet zugleich
dem Fremden die Herzen der Fremden, unter die er gerathen ist,
und verbündet ihn gewissermaßen mit den Gegenständen, die sie
verehren. In viel höherem Grade noch aber geschieht dieß in
Bezug auf die Schule, indem man mit den Dingen bekannt

wird, von denen die Ortsbewohner es wünschen, und dieß steht
noch insbesondere mit dem Verhältnisse eines Europäers im Zusammenhang, wegen der Neigung aller orientalischen Völkerschaften zu ihrer Belehrung auf den Westen zu blicken. Während der
Fremde so sich sofort den leichtesten Zugang zu dem Vertrauen
der Leute bahnt, findet er sich zugleich in der Lage, auf sie ein-
zuwirken, und während sein erster Verkehr durch den Priester (oder
Imam) und den Schullehrer (oder Kodja) eröffnet ist, erzählen
die Schulbuben die Umstände seines Besuchs an jedem Feuerherde
des Dorfchens. Kirche und Schule sind überdieß die schnellsten
Mittel, in Berührung mit dem Volke zu kommen — ein Gegenstand von nicht unbedeutender Wichtigkeit, wie jeder Reisende
wissen wird, der das Volk eines Landes für einen wichtigeren
Gegenstand der Untersuchung hält, als die Steine, welche die vor
ein paar tausend Jahren lebenden Generationen schützten und
vertheidigten. Dennoch hatte ich diese Gegenstände nicht im Auge,
als ich dem Morgengottesdienste in der Kirche von Polygiro bei-
wohnte. Hätte ich das damals beabsichtigt, so möchten mein Tagebuch und meine ganze Reise ein Interesse anderer Art dargeboten
haben: ich kam nur, um die schönen Anzüge zu sehen, wegen deren
Manufactur und Benutzung dieser Bezirk gleich berühmt ist. Ich
ward indeß getäuscht, aber bei meiner Rückkehr rettete meine Wirthin die Ehre der Färber, Weber, Galanteriehändler und Sticker
von Polygiro, indem sie mir eine Garderobe vorzeigte, die meine
Erwartungen übertraf. Der Stoff schien Tuch von Seide zu seyn,
denn die Seide war ungeflochten und dicht gewebt, so hatte sie
die Weiche der Wolle und den Glanz der Seide. Die Biegsamkeit
des Stoffes ließ die Falten so frei und anmuthig fallen, wie die
eines Shawls, während die Schwere des Zeuges ihm bildsäulen-
ähnliche Stärke und Festigkeit gab. Ich mußte unwillkürlich
daran denken, daß unsere Seiden-Manufacturen sehr zurück sind.
Wie viel verlieren sie nicht durch das Drehen, durch das Fest-
legen des Seidenfadens? Baumwolle und andere Substanzen von
kurzen Fasern können nur durch Flechten stark werden, aber die
Seide kommt vom Wurme und nachher von dem Haspel in einem
zusammenhängenden Faden; durch das Drehen gewinnt sie nichts
an Stärke, während sie die Weiche verliert, und wenn sie viel

gedreht wird, verliert sie durch die ungleiche Anspannung der Theile des Drathes die Fähigkeit, sich waschen zu lassen.

Nun ich einmal bei der Sache bin, darf ich eine Bemerkung in Bezug auf die Baumwollen-Manufactur wagen. Der Mechanismus, der die verschiedenen Processe des Spinnens vollzieht, ist in der That ein Denkmal menschlichen Scharfsinnes und des Fortschrittes — ich hätte fast gesagt, der Vollkommenheit — der Mechanik. Aber was soll man von dem barbarischen, wilden Dinge sagen, das man „den Teufel" nennt (the devil). Kann man keine Mittel finden, die Fasern herzurichten, ohne den Stapel auseinander zu drehen und zu zerstören? Lange Zeit hat man geglaubt, die hohe Feinheit des indischen Fadens, mit der unsere Maschinen nicht wetteifern können, komme von dem Speichel her, womit die Handspinner ihre Finger befeuchteten, oder von einer besondern Vortrefflichkeit der Dacca-Baumwolle. Die Feinheit rührt von dem Mangel von Maschinen her. Es gibt keinen Quälteufel, keine Krempelwalzen und die Faser wird vor dem Spinnen durch starke Schwingungen von Darmsaiten zurecht gemacht, ohne auseinander gedreht zu werden. Dieß ist der allgemeine Gebrauch in allen Ländern gewesen, bis man in England mechanische Kräfte zum Spinnen anwendete. Wir haben das Geschäft des Fadendrehens unendlich erleichtert, aber bis jetzt noch nicht die Schwierigkeit überwunden, die Operation des Fachens nachzuahmen; wir nehmen unsre Zuflucht zu dem Mittel, die Faser auseinander zu ziehen, um sie gleicher zu machen, woraus dann die Nothwendigkeit erfolgt, den Faden festzudrehen, um ihn zusammenzuhalten. Dieser Gebrauch des Festdrehens ist mit anderen Verfahrungsarten von der Baumwollen-Manufactur auf die der Seide übergegangen, aber bei der Seide ist das Drehen gar nicht nöthig und in Bezug auf Anspannung kein Vortheil daraus zu ziehen.

Es könnte als Hochverrath gelten, die Grundlage der Seiden- und Baumwollen-Manufactur, wie sie in England betrieben wird, barbarisch zu nennen. Aber Jeder, der diese Behauptung läugnet, möge seine Augen öffnen; er möge die Stoffe, die Farben, die Farben-Zusammenstellung im Osten und Westen vergleichen, und er wird sich wundern, wie Englands Manufacturen mit den Erzeugnissen des Morgenlandes concurriren können, und wie in der That England durch seine Fähigkeit im Manufactur-Wesen gegen jene Länder groß erscheinen kann. Natürlich liegt die Frage in der Wohlfeilheit, nicht in der Qualität; aber scheinen das nicht jämmerliche Gründe für solche National-Ansprüche? Wenn Jemand ein Cabinet mit chinesischen Erzeugnissen besieht und weiß, es sind die Manufacturen der unter einem einzigen Oberhaupte vereinigten halben Bevölkerung der Erde, und hört dann, daß ein kleines Eiland in der Nordsee, nur groß durch seinen Handel und seine Manufacturen, mit zwei oder drei Fregatten jenes mächtige Reich bedroht und überflügelt, muß dann nicht jedem Verstand, der von Doctrinen unversengt, von Worten nicht eingeschirrt ist, der Zweifel überkommen, daß Englands Handel so viel mit unserer Größe zu thun haben möge, als der Atlaß, das Porcellan und der Lack von China mit dessen Schwäche?

Meiner Wirthin auserwählte und Gala-Garderobe bestand aus vier Anzügen von diesem Seidenzeuge, die, wie sie sagte, den vier Jahreszeiten entsprachen. Aermel und Saum waren mit einer breiten Borte von künstlicher Stickerei geziert, gewöhnlich in sehr verwickelten viereckten Figuren, die den Borten der Caschmir-Shawls glichen; rund um den Nacken und vorne waren die Stickereien schmäler. Die Stickerei ist von Seidendrath; die Farben sind alle dauerhaft und sehr hübsch. Diese Kleider lassen sich ohne Schaden für Form und Farbe waschen und dauern für Menschenalter. Die vier Anzüge waren: ambrabraun, hellblau, carmoisin und gelb, die Hauptfarben der Borten veränderten sich verhältnißmäßig. Ich brauche nicht hinzuzufügen, daß alles Material heimisches Product und die Arbeit im Hause gemacht war. *)

Ich war an demselben Tage bei einer Versammlung gegenwärtig, die gehalten wurde, um die Regierungssteuer auf Seide durch Primaten und Einwohner zu vertheilen, was binnen etwa zwei Stunden zu allseitiger Zufriedenheit abgemacht wurde. Der Gewinn belief sich auf 6 bis 7000 Pfund Seide. Das Verhältniß der Steuer war folgendes: wer sechzehn Oka oder darunter

---

*) Bei dem Waschen der Seide und der Shawls gebrauchen sie keine Seife, sondern eine gelbe, bröckelnde Wurzel, die man in den Läden fast jedes Dorfes sehen kann.

producirt, bezahlt nach dem Verhältniß von eins zu sechs; ein Besitzer von dreißig Oka oder darüber nach dem Verhältniß von eins zu drei; zwischen zehn (sechszehn?) und dreißig Oka ist das Verhältniß von eins zu vier und ein halb. Es schien nicht der mindeste Rückhalt bei Angabe des Betrages stattzufinden, und da die Bestimmung mir ganz einfach und leicht zu seyn schien, so fühle ich mich nicht berufen, zu beweisen, daß sie nicht das Gegentheil war.

Als ich nach Hause kam, fand ich den Vater des Kapitano Anastasi, der mir erzählte, er sey gekommen, um mich über sein Verfahren gegen die Räuber um Rath zu fragen. Er sagte mir: „Ich bin sehr ungewiß über meine eigene Lage. Der Pascha verspricht mir das Kapitanat über das ganze Land, wenn ich es von Räubern befreien kann; aber, wenn ich sie gefangen genommen, wird er sie nicht von mir fordern? Nun aber kann ich das Land nur durch mein „Tschatir" rein halten. Nichts ist leichter, als die Banden, welche jetzt die Berge besetzen, so gehorsam zu machen, als die Leute, die jetzt bei mir sind, aber das kann ich nur, wenn ich ihnen mein Wort verpfände, daß sie annehmen werden. Habe ich sie einmal in meiner Gewalt, und der Pascha fordert dann einen derselben, so muß ich entweder mit dem Pascha zerfallen, oder werde ein Gegenstand der Verachtung bei meinem eigenen Volke, und deßhalb kann ich nicht gegen die Räuber verfahren, bevor mir der Pascha sein Wort gegeben, er wolle niemals verlangen, daß ihm einer ausgeliefert werden solle. Darauf will er nicht hören, und befiehlt mir, das Land zu säubern, und diese Narren von Primaten sind, trotz all' ihrer schönen Redensarten, eben so schlimm, als er selbst ist. Ich habe deßhalb große Lust, selbst Klephte zu werden. Sie wollen nun ihre Abgaben an Seide nach Salonika schicken, einen Werth von zwanzigtausend Piastern. Sie wollen nicht zugeben, daß meine Leute den Transport geleiten, und haben achtzig Bauern, mit Musketen bewaffnet, zusammengeholt, Kerle, wie die Schafe. Dieser Mangel an Vertrauen ist eine Beleidigung, und meine Leute sind alle toll über diesen Schimpf. Das Einzige, was mich noch abhält, ist die Furcht, was meinem Sohne in Kassandra geschehen könnte, und das ist ein Punkt, wegen dessen ich gerne Euren Rath hören möchte." Ich war äußerst vergnügt über diesen Beweis des Vertrauens abseiten des alten

Klephten, in deſſen Seele niemals der Gedanke gekommen zu ſeyn ſchien, es ſey möglich, daß ich ihn verrathen könnte. Ich legte ihm daher feierlichſt auf, die Seide ungefährdet ziehen zu laſſen, was er dann ſofort ſeinen Leuten mittheilte, als wäre es ein Orakelſpruch geweſen. Ich vergaß nicht auszumachen, wenn er jemals wieder Klepht werden ſollte, Jeden, der ein Zeichen von mir trüge, unangetaſtet paſſiren zu laſſen.

Neuntes Capitel.
Bergbautreibende Ortſchaften von Challidike. *)

Challidike, das', obgleich kein Theil des eigentlichen Griechenlandes, eine ſo wichtige Rolle in deſſen alter Geſchichte ſpielt und ſo manche Merkwürdigkeiten der Colonial=Politik, der Diplomatik und der auswärtigen Verhältniſſe Athens und Sparta's aufzuweiſen hat, verdiente in ſpäteren Zeiten Beachtung wegen adminiſtrativer Combinationen von ſehr merkwürdiger Beſchaffenheit.

Dieſer Bezirk verdankt ſeine Emancipation höchſt wahrſcheinlich der ihm auferlegten Verpflichtung, die dort befindlichen Bergwerke zu bearbeiten und einen beſtimmten Theil nach Konſtantinopel zu ſchicken. Belon, der ihn im Jahre 1568 beſuchte und uns eine ſo umſtändliche Beſchreibung des Verfahrens bei dem Bergbau und des damaligen Zuſtandes deſſelben hinterlaſſen hat, erwähnt nicht ſolcher Einrichtungen, wie ich dort beobachtet habe; aber das nimmt mich nicht Wunder, da ich ſelbſt Jahre lang im Oriente reiſere, bevor ich nur eine Ahnung davon hatte, daß überhaupt Grundſätze vorhanden wären, wonach dieſe Länder verwaltet würden. Er gibt indeß eine andere Vertheilung des Gruben=Ertrages an, als zu einer ſpätern Zeit galt. Als er ſie beſuchte, gewannen Privatſpeculanten das Erz, läuterten und münzten das Metall und ſchickten es ſo nach Konſtantinopel. Der Staat erhielt ein Drittheil des Ertrages, der monatlich achtzehn bis dreißig-

---

*) Man vergleiche: die Türkei und ihre Hülfsquellen. Capitel IV.

tausend Ducaten betrug. Die Erhebung dieses großen Einkommens aus fünf bis sechshundert im Gebirge zerstreuten Hochöfen muß eine beträchtliche Anzahl von Beamten erfordert haben, die dann freilich großer Versuchung ausgesetzt waren und wenig controlirt wurden. Als die Kraft der Pforte erschlaffte, muß diese Art der Erhebung unzureichend geworden seyn, und der durch die merkliche Abnahme der Einkünfte aufgeschreckte Staatsschatz war ohne Zweifel auf ein Mittel bedacht, den Mißbrauch abzustellen, und wählte den Ausweg, sich mit den benachbarten Dörfern dahin zu vertragen, daß diese die Gruben übernahmen und bearbeiteten, gegen Bezahlung eines gewissen Antheils am Gewinne.

Gleichmäßig fortschreitend gestaltete sich die Gesetzgebung in Betreff der Gruben unter der römischen Herrschaft. Zuerst erhielt die Regierung eine Abgabe vom Ertrage. Als die Strenge der Aufsicht schwächer ward, wurde der Staatsschatz immer mehr und mehr betrogen. Dann nahm er seine Zuflucht zu Verpachtung der Gruben, aber als die Bestechung überhand nahm, war der nächste Schritt vor dem gänzlichen Aufgeben sie den Bewohnern der benachbarten Dörfer zu überlassen, was zur Zeit der letzren Kaiser (the lower Empire = le Bas Empire) Veranlassung gab zu der Classe von Bauern, die man adscripti glebae et mettallis nannte (Guts = und Gruben = Eigene). *)

---

*) Das Verhältniß dieser Leute war nicht das der Leibeigenen oder Sklaven, aber sie mußten ein bestimmtes Tagewerk leisten. Sie arbeiteten nicht für einzelne Herren, die Recht über sie hatten, sondern unter der Leitung der Staatsbeamten, und mußten eine vorgeschriebene Arbeit zum Nutzen des Staates leisten. Sie waren auch nicht an den Boden geheftet, aber sie konnten nicht anders fortziehen, als wenn sie der Gemeinde ihren Antheil an den gemeinschaftlichen Lasten sicher stellten. Unbezweifelt war ihr Eigenthums = und Veräußerungs = Recht an ihren Ländereien, allein unter der Bedingung, daß der neue Käufer auch in ihre Pflichten trat. (Also Erbpächter — d. Ueb.) Man gestattete ihnen, unter sich selbst ihre Zeit und ihre Dienste zu vertheilen, um den anderweitigen Lasten zu genügen, die ihnen in Gemäßheit ihres Grubenbesitzes oblagen. Diese Verhältnisse wurden unerträglich, wenn die einmal festgesetzten Abgaben ohne Rücksicht auf die Ergiebigkeit der Gruben oder die Abnahme der Einwohner erhoben wurden. Aehnlich verhält es sich mit dem gegenwärtigen Zustande der Bauern.

Es würde höchst interessant seyn, die Art der Errichtung die=
ser kleinen Verbrüderung mit Bestimmtheit zu erfahren. Nimmt
man an, sie sey so entstanden, wie ich eben gesagt habe, so be=
weiset sie, wie einfach die Verwaltung sich machen läßt, wenn
nicht physische Kraft angewendet werden kann, legislative Irr=
thümer durchzusetzen und zu schützen, und wenn Leute denselben
Menschenverstand, womit sie ihre Privat=Angelegenheiten verrich=
ten, auf Regierungsgrundsätze anwenden. Es ist seltsam und
belehrend zugleich, wenn man sieht, wie die Rajah=Bevölkerung
einer türkischen Provinz sich hinsetzt, um zu berathen und zu entschei=
den, welche Verwaltungsform sie annehmen will. Die von ihr
gebildete Constitution würde nicht dem Volke, sondern dem Ge=
lehrten irgend eines europäischen Landes Ehre machen. Ein Fir=
man verlieh ihnen gegen eine festgesetzte Summe Freiheit von
allen Diensten u. s. w., setzte die Gränzen ihrer Autorität fest
und constituirte sie als Corporation. Kurz vor der griechischen
Revolution war der Tribut 550 Pfund Silber; der Bund be=
stand aus zwölf Flecken und 360 untergeordneten Dörfern.
Solche Firmane sind, so seltsam es scheinen mag, in vollkomm=
ner Uebereinstimmung mit den Grundsätzen der türkischen Regie=
rung, welche ihren Beamten kein Recht über Einzelne oder Cor=
porationen einräumt, die nichts verbrochen haben und ihre Orts=
abgaben bezahlen; der Verbrecher kann nur gesetzlich durch den
Spruch des Kadi, nicht durch den Pascha, bestraft werden; für

---

Nach dem Aufstande führten gleiche Ursachen in Einer Nacht zur
völligen Zerstreuung von zwei Dörfern. Unter dem Kaiserreiche ver=
ließen Corporationen von Bergleuten gleichzeitig ihre Heimath. Unter
Valens gingen die Bergleute von Dacien, ich glaube 30000 an der
Zahl, zu den Gothen über. (Die dacischen Gruben sind von einem
Herrn, der mich auf einer spätern Reise begleitete, entdeckt und geöff=
net; im Bau der Stollen und Gänge übertreffen sie alle bekannten Gru=
ben.) Unsere Juristen, die nach heutzutage geltenden Analogien ur=
theilen, haben, wie ich mir denke, die gesetzliche und gesellschaftliche
Stellung der Adscripti Glebae mißverstanden. Die Uebereinstim=
mung ihres Verhältnisses mit dem des Rajah in der Türkei erhellt
aus der Vergleichung mit Ammian, XXXI. 567. Auch sehe man den
Theodosischen Coder de Metallis. Buch VI, Abschn. 9. und Buch XV.
a. m. O.

Nichtzahlung ist das Vermögen verhaftet, aber weder die Person, noch Ländereien, noch Geräthe.

Als die Einwohner von Chalkidike diese Last übernahmen, mußten sie natürlich das System, die Bergwerke zu bearbeiten, verändern, da der an die Regierung zu bezahlende Tribut in den gewonnenen Erzen bestand, so daß die Contribution jedes Einzelnen zur Arbeit ward, um eben dieß Erz zu Tage zu fördern. So kam auch unter der Römerherrschaft, bei ähnlicher Veränderung der Gruben-Verwaltung, Frohndienst für Rechnung der Gemeinde an die Stelle von gedungener Arbeit für Rechnung von Capitalisten und von Sklavendienst für Rechnung des Staats.

Ihr Vertrag mit der Pforte verpflichtete sie zum Gehorsam gegen den Madem Emin, die einzige türkische Behörde und in der That den einzigen Türken, der in diesem Bezirke wohnen konnte, in Angelegenheit bürgerlicher und correctioneller Polizei; dagegen waren sie contractlich frei von aller fremder Einmischung in ihre bürgerliche Verwaltung. Die Bezahlung der festgesetzten Quantität Metall befreite sie von allen andern Regierungsabgaben und vom Spahilik (Abgabe zur Miliz-Reiterei), und über ihren Kharadsch, oder Kopfsteuer, verglich sich die Gemeinde mit dem Steuereinnehmer des Paschaliks. Der Bezirk und der türkische Statthalter aber wurden unabhängig gemacht sowohl vom Pascha, als vom Mekkiameh (Gerichtshof) von Salonika. Ihre innere Verwaltung war natürlich das im ganzen Lande vorherrschende Municipal-System. Das in den Bergbezirken angenommene, allgemeine Repräsentativ-System war vielleicht eine Nachahmung der mönchischen Verwaltung des Berges Athos. Ein enger Ausschuß wurde aus Abgeordneten der zwölf Flecken gebildet. Jeder Gegenstand der Verhandlung wurde von den verschiedenen Municipalitäten besonders berathen. Konnte der Ausschuß sich nicht einigen, so kehrten die Mitglieder in die Municipal-Corporationen zurück, um die Frage wieder aufzunehmen, indem es nothwendig war, daß sie über jede Maaßregel einstimmig seyn mußten. *)

---

*) Es war bei der Wahl der Mitglieder zur Versammlung von Argos auffallend zu bemerken, wie tief eingewurzelt in dem Sinne der Griechen der alte Grundsatz war, daß die Mitglieder Bevollmächtigte ihrer Wähler seyen. Die Abstimmung der Mitglieder wurde als Abstimmung

Um diese Einstimmigkeit zu sichern wurde kein Beschluß ohne das Siegel des Ausschusses für gültig angesehen, und dieses Siegel bestand aus zwölf Theilen, wovon jeder einem Flecken anvertraut war, und alle Theile mußten zusammengesetzt werden, bevor man das Siegel gebrauchen konnte. Was ich so oft wiederholt habe

---

des Bezirkes angesehen. Es ist wahr, Kapodistrias suchte diese An-sicht in ein Werkzeug von Parteizwecken zu verkehren; aber man ging nie auf seine Einflüsterungen ein. Die Furcht des Volkes wurde durch die hinterlistigsten Mittel erregt; die Tugenden und die Fehler der Griechen wurden gleichmäßig bearbeitet; man stößte ihnen Verdacht ein, die Mitglieder wären Verräther, und es bestände ein Bündniß der Primaten und Kapitani gegen die Central-Regierung. An einigen Orten entwarf daher das Volk Bedingungen, wonach sie die Mitglie-der zu stimmen ermächtigten, und erklärte, es werde keinen, die-sen Instructionen zuwiderlaufenden Beschluß genehmigen. In eini-gen Fällen drohte man sogar, die Häuser der Abgeordneten in Brand zu stecken und sie selbst aufzuhängen, wenn sie das Vertrauen verrie-then. Erinnert das nicht stark an die Abgeordneten, die ihre Instruc-tionen zur Versammlung der Amphiktyonen mitnahmen: die bei ihrer Rückkehr Bericht abstatteten, Abschriften der Verhandlungen nieder-legten und Rechenschaft über ihre Abstimmung ablegten, die erst durch die Genehmigung der γερουσια (Senat) und der εκκλησια (Volksver-sammlung) der abordnenden Stadt rechtskräftig werden konnte? (Man vergleiche Aeschines a. m. O.)

Als Kapodistrias' Regierung Anlaß gab zum lauten und allgemei-nen Ruf um Aufrechthaltung der Verfassung und später um eine Natio-nal-Versammlung, hätte man diese Worte für bloße Partei-Schibo-lethe oder für Europa abgeborgte Redensarten halten können. Der Präsident erhielt zwei Antworten, die, selbst wenn sie nur erfunden wären, hinreichen, um die Einsicht des Volkes über diese Punkte dar-zuthun. Der Präsident fragte einen ungebildeten Griechen, warum er eine Bittschrift um Aufrechthaltung der Verfassung unterschrieben hätte, und was er unter diesen Worten verstände. Rasch und unwillig ant-wortete der Bauer: „Wir meinen und verlangen die Uebereinkunft (the covenant) die uns unsere Pflicht gegen dich, und dich deine Pflicht gegen uns lehrt!" Nicht lange vor dem Ende seiner unglück-lichen Laufbahn kam er nach Maina, wo die Unzufriedenheit am größ-ten war. Bei einer Zusammenkunft mit einigen Häuptlingen erklärte er sich bereit, den Beschlüssen des Congresses von Argos nachzukommen, sie bestanden aber darauf, die Zusammenberufung eines National-Congresses zu verlangen. Unartig fragte er, wozu ein Nationalcon-greß nützen sollte, wenn er den Beschlüssen des letzten sich zustimmig

6*

in Bezug auf die Wirkung directer Besteuerung, wird hinlänglich
zeigen, daß nichts Unvernünftiges darin lag, die völlige Ein=
stimmigkeit in allen Beschlüssen zu verlangen, so lange als die
Municipalbeamten frei gewählt wurden und der öffentlichen Ver=
antwortlichkeit unterworfen blieben. Die zu den Beschlüssen des
Ausschusses erforderte Einstimmigkeit läßt auf die Reinheit der
Wahl schließen, ohne welche solche Einstimmigkeit niemals hätte
bestehen und also das Siegel überhaupt nicht gebraucht werden
können. *)

Jedem der zwölf Flecken war eine gewisse Anzahl Dörfer
zugetheilt, die in den Corporationen vertreten wurden, von denen
sie abhingen. Hier aber, wie überall, wird die Untersuchung
schwierig und dunkel durch den Mangel an aller Formalität in
dem Wirken des Systemes, an aller Vertrautheit mit Namen
und Grundsätzen, an allem Begriffe von Rechten und Vorzügen
des Volkes.

Wie aber auch die Grundsätze der Verwaltung seyn mochten, hier
war dem Wesen nach eine den Bergbau treibende Handelsgesellschaft,
und man kann annehmen, daß sie ihr Gedeihen nur dem Erfolge der
Speculation verdankte, für die allein sie ursprünglich errichtet
war. Sie war der Regierung mit einer schweren Summe zah=
lungspflichtig, als Pacht für die Gruben, die nicht einmal mit
Vortheil bearbeitet werden konnten, unter der Leitung eines Aus=
schusses kleiner Pächter. Die Speculation nahm natürlich einen
sehr unglücklichen Gang, und schon mehrere Jahre vor der Revo=
lution hatten die Gruben überhaupt aufgehört, bearbeitet zu wer=
den. Dennoch waren die Leute so besorgt um die ihnen auf
diese Bedingungen hin gewährten Institutionen, daß sie nicht
einmal nach Konstantinopel supplicirten, der Lasten entledigt zu
werden, als sie schon keinen Gewinn mehr davon zogen. Ja, sie

---

erkläre. Da antwortete einer: „Als Moses das von Gott empfangene
Gesetz zerbrach, mußte er abermals vor Gott erscheinen und das Ge=
setz empfangen, das er zerbrochen hatte. Du, der du weder unser
Besieger noch unser angeerbtes Oberhaupt bist, besitzest deine Macht
durch die vom Volk erhaltene Verfassung; du hast die Verfassung zer=
brochen, du mußt zum Volke gehen, um sie von neuem zu empfangen.
*) Auf den Inseln war es gebräuchlich, daß das gemeinschaftliche Siegel
aus so vielen Theilen bestand, als Flecken auf der Insel waren,

kauften jährlich spanische Thaler, schmolzen sie ein und schickten sie in die Münze, als eben aus den Gruben geholt. Sie forderten keine Ausnahme wegen Armuth, sie baten nicht um Erlaß wegen Erschöpfung, sondern bezahlten sorgfältig den nöthigen Betrag in hergebrachter Form, um alle Untersuchung zu vermeiden und jeden Vorwand zu verhindern, einen Contract aufzuheben, der als Speculation so unglücklich ausgefallen, aber doch so unschätzbar war, indem er ihnen die freie Ausübung ihrer eigenen administrativen Intelligenz gewährte, die ihnen, in ungestörtem Gewerbfleiß und im ungetrübten Besitz ihres üppigen Bodens größern Schutz verschaffte, als in seinen verborgenen Adern.

Zehntes Capitel.

Verhandlung mit einem Statthalter. — Zur See kreuzende Bienen. — Ravanika. — Bivouac. — Somati. — Europäische Sitten. — Contracter Priester. — Herrliche Aussicht. — Akanthus.

Kapitano Anastasi der Aeltere und die Primaten waren darin einig, mir abzurathen, meine Wanderungen durch die Gebirge nach Norden hin fortzusetzen, glaubten aber, das Land werde rein und frei von Gefahr seyn, nach meinem Besuche auf dem Berge Athos, wenn ich geradesweges dahin ginge. Der Erstere weigerte sich, mir Wachen von seinen Leuten mitzugeben, die mich mehr in Gefahr bringen, als dagegen schützen würden; er sagte aber, der Aga würde mir, gleich dem andern Aga, ein Paar bewaffneter Bauern mitgeben, welche der beste Schutz wären, und zwar aus zwei Gründen: einmal weil die Klephten sie in der Regel respectirten, und zweitens, weil sie sicher Nachricht bringen würden, indem sie, wenn etwas vorfiele, gewiß davon liefen.

Die Nachrichten, die ich über den großen Mann von Polygiro gehört hatte, machten uns wenig Lust, ihm einen Besuch abzustatten, und das Gemälde, das in der Ferne von ihm entworfen war, wurde durch die Berichte an Ort und Stelle mehr als bestätigt. Er schien eine Probekarte zu seyn von allem nach Zeit und Umständen Schlechten und war überdieß grausam und rachsüchtig. Die nüchterne Ruhe des alltäglichen Daseyns eines Orientalen, die

jeden Hausstand so stark bezeichnende Zuneigung und Achtung
gibt ihren Gemüthern einen patriarchalischen Ton und eine Einfachheit, welche gestört und erschöpft werden mögen, wenn sie
durch Umstände aus ihrer natürlichen Haltung getrieben werden,
die Anlaß geben können zum Verlangen nach der Lust der Macht
und der Schätze, die aber nie zur Grausamkeit werden. Des
Türken Verbrechen, wenn sie erregt werden, sind die eines Raub-
thieres — Gewaltthätigkeit gegen einen bestimmten Gegenstand.
Sie sind nie die des Affen oder des Inquisitors — sie thun nie
Schaden, um Unheil anzustiften, oder — aus Grundsatz.

Nachdem ich deßhalb meinen Firman und Bujurdi an den
Aga geschickt hatte, mit der Bitte um zwei bewaffnete Bauern, die
mich mit Anbruch des nächsten Tages nach Ravanika begleiten
sollten, erhielt ich einen sehr höflichen Bescheid zur Antwort. Der
Aga hieß mich willkommen in Polygiro, war erstaunt, daß ich
ihm keinen Besuch gemacht, und die Leute sollten sich mit Tagesanbruch bei meinem Konak einstellen. Der Tag brach an, die
Sonne ging auf, aber die Wachen erschienen nicht. Nachdem ich
reisefertig etwa vier Stunden gewartet und zwei oder drei Mal
vergeblich hingeschickt hatte, entschloß ich mich zuletzt, der wilden
Bestie·in ihrer Höhle ins Antlitz zu schauen. Ich fand ihn an
der Schattenseite seines Hauses auf einer Bank sitzend, mit einem
großen Haufen Albanesen um sich. Er war ein fetter, grober und
schmutzig aussehender Albanese, und da ich mich auf ein Gewitter-
schauer vollständig eingerichtet hatte, grüßte ich ihn mit der
größten Höflichkeit und Sanftmuth. Er antwortete durch ein
gurgelndes Geräusch in der Kehle, worauf ich auf die Bank zuging
und mich neben ihn setzte. Dieß Ungeheuer von Unschicklichkeit
erkundigte sich nicht einmal nach meinem Wohlseyn und überließ
mich eine Zeitlang lediglich dem Genusse der schönen Aussicht, ohne
einmal meine Gedanken durch das Anerbieten einer Tasse Kaffee
zu stören. Als hinreichende Zeit verflossen war, um zu zeigen,
daß er weder Fragen in Bereitschaft hatte, noch sich dazu an-
schickte, wendete ich mich mit äußerster Demuth an ihn, um zu
erfahren, ob er geruhen wolle zu verfügen, daß mir die Wachen
geliefert würden. Ich hatte nämlich damals schon gelernt, daß
man einen Türken vollständig in der Hand hat, sobald er sich
Handlungen oder ein Betragen zu Schulden kommen läßt, die

augenscheinlich unziemlich sind. „Ich möchte wissen,“ sagte er, mit einem Blicke voll Verachtung und Aerger sich zu mir wendend und mit dem Kinne wackelnd, als wäre es ein Perpendikel, „weßhalb Ihr durch unsre Dörfer umherzieht?“ Sorglos antwortete ich: „Nur um zu sehen, wie sich die Agas aufführen.“ Die Schwingungen seines Kinnes stockten augenblicklich; eine sehr plötzliche und unerklärliche Veränderung trat in seiner Seele ein, und sein breites Antlitz wendete sich von mir zu seinem Grammatikos oder Schreiber, der mich ansah, dann den Aga, dann wieder mich und bemerkte: „Oh, die Franken schreiben Zeitungen — das meint er.“ — „Ja,“ sagte ich, „die Franken schreiben mit der Post nach Salonika und Konstantinopel, und in beiden Städten unterhält man sich vielleicht über den Aga von Polygiro.“ Nun schien der Aga bei sich ausgemacht zu haben, daß wenn ich nicht einer der Regierungs=Spione wäre, die zuweilen durch die Provinzen geschickt werden, um sich nach dem Betragen der Statthalter zu erkundigen, ich wenigstens etwas eben so Schlimmes sey. Mit erzwungener Gleichgültigkeit fragte er mich, welche Agas ich bis jetzt gut gefunden hätte und welche schlecht. Ich sagte, es wäre schwer, zwischen ihnen zu wählen. „Sind wir denn,“ fragte er wieder „gute Leute oder schlechte Leute?“ — „Ihr seyd Beides, gut und schlecht?“ — „Wie so!“ — „Ihr selbst habt die eine Meinung, das von euch regierte Volk die andere.“ — „Aber,“ sagte er, „Ihr seyd weit hergekommen, um uns zu sehen; Ihr habt gewiß Eure eigene Ansicht von der Sache.“ „Dann,“ antwortete ich, „braucht Ihr mit diesen Trümmern um Euch und mit den dreißig Menschen, die Ihr in Euer Keller gesperrt habt, gewiß keinen Fremden aus so weiter Ferne zu fragen, was Ihr seyd?“ Ein Ausbruch des Unwillens entschlüpfte einem der Albanesen, der aber augenblicklich von den übrigen unterdrückt wurde. Sie riefen: „Laßt uns ihn hören! Wir wollen ihn hören! Er kennt alle Welten (ολλας τας δυνιας) und kennt uns besser, als wir uns selbst kennen.“ — „Aber,“ fuhr der Aga fort „wenn dieser Ort in Trümmern liegt, so haben sie das selbst verschuldet, warum revoltirten sie?“ — Ich sagte: „Ihr seyd die Herren, und wenn die Unterthanen revoltiren, so liegt die Schuld natürlich an euch. Jedenfalls aber spricht jetzt kein Mensch vom Revoltiren, und es gibt keine Entschuldigung für Gewaltthat oder Ungerechtig-

keit." — „Da Ihr so sehr mitleidig für die Rajahs gestimmt
seyd, habt Ihr kein Geld bekommen, um es an sie auszutheilen?"
— „Wenn ich heute für Eure Räubereien bezahlte, würdet Ihr
vielleicht morgen verlangen, ich sollte mich für Eure Mordthaten
aufhängen lassen?" Einer der Umstehenden rief nun: „Meint Ihr
mich, so brauche ich Niemand, der sich für mich hängen läßt, und
wer meinen Kopf verlangt, hat hier meine Antwort." Dabei steckte
er seinen Mittelfinger in die Mündung seiner Pistole und zog ihn
schnell wieder heraus, so daß es knallte. Der Aga wünschte nun
die Unterhaltung auf einen freundschaftlicheren Ton zu bringen,
ohne den Anschein zu haben, als scheue er die Frage selbst. Er
fragte daher: „Aber habt Ihr keine schlechten Leute in Eurem
Lande?" — „Oh ja, recht viele!" — „Was fangt Ihr denn
mit ihnen an?" „Das ist ein Punkt, in dem wir sehr zurück sind.
Ein Aga bei uns kann nicht einmal in eine Schafhürde gehen,
um sich ein Lamm zum Braten zu holen. Ihr habt allerlei Mittel
versucht?" — Mit großer Einfalt antwortete er: „Ja, ich habe
Alles mit den Hunden versucht, aber 'sie wurden nur immer
schlimmer und schlimmer." — „Was?" fragte ich, „Euer herrliches Gefängniß blieb ohne Wirkung? Eure Falakka ohne Nutzen? Wollt Ihr guten Rath von mir annehmen?" Nachdem er
sich bereit erklärt hatte, sich nach meinem Rathe zu richten, empfahl ich ihm, die Bewohner seines Konak und des Gefängnisses
darunter einmal die Plätze wechseln zu lassen. Einige der Anwesenden murrten, aber Andere lachten laut auf. Der Aga runzelte
die Augenbrauen und schwieg still. Der gelehrte Grammatikos
aber kam ihm zu Hülfe, indem er die Fabel von dem Manne und
seinem Sohne und dem Esel erzählte, welcher Beweis seiner Gelehrsamkeit und seiner Vertheidigung dem Aga und der Mehrzahl
der Anwesenden höchlich zu gefallen schien. Sein Triumph war
indeß von kurzer Dauer. Ich erläuterte die Fabel, indem ich
ausführte, daß der Grammatikos nur bewiesen habe, wie der
Aga alle Arten von Albernheiten versucht habe und jetzt zur ursprünglichen Absicht der Natur zurückkehren müsse, wonach der
Mann auf des Esels Rücken reiten solle, mit andern Worten,
die Griechen im Tschapsi oder Gefängnisse müßten in das Aga
Konak versetzt werden und die Insassen des Konak in den Tschapsi.
Da ich fand, daß meine Auslegung Glück machte, so schlug ich

unmittelbar darauf vor, den Grammatikos, als den unverbesser-
lichsten Landstreicher im Dorfe, ins Gefängniß zu stecken. Ein
herzlicher Beifall war das Echo meiner Behauptung und meines
Vorschlages, und die Nächsten begannen, sich daran zu machen,
als wäre es ihre ernstliche Absicht gewesen, den Federfuchser ein-
zustecken. Da nun das Einverständniß wieder hergestellt war, so
fragte mich der Aga, ob ich von der englischen Regierung auf
Reisen geschickt sey, um zu sehen, wie die Engländer sich am
besten in den Besitz des Landes setzen könnten. Ich sagte ihm,
ich glaubte nicht, daß England, wenn es des Besitzes des Landes
bedürfte, nöthig hätte, Reisende zu schicken, denn, Dank dem
Tschapsi und der Falakka, zur Besitznahme des Landes bedürfte
es nur eines Unterofficiers mit zehn Mann.

Ich habe diese Unterredung angeführt, theils als eine Merkwürdigkeit an sich selbst, theils aber auch um zu zeigen, auf
welche indirecte Weise man im Orient ein Geschäft verhandelt.
Ich ging zum Aga in der Absicht, ein paar Bauern zu erhalten, die
mich bis ins nächste Dorf bringen könnten; der Leser wird bemerken, daß darüber nicht ein Wort geredet worden, und dennoch verließ ich die Audienz, von acht Wachen geleitet, wovon die Hälfte
aus Türken bestand.

So begleitet, stieg ich von Polygiro nach Süden hinunter und
wurde auf meiner Wanderung nach Ruinen zwischen verbrannte
Gesträuche und über einen durchbrochenen und schwierigen Boden
geführt, nach einer Stelle, welche in den spätesten Zeiten der Umkreis einer Stadt gewesen seyn muß. Ich bemerkte hier sehr reiches
Eisenerz. In drei Stunden erreichte ich Rumelia, ein kleines,
aber sehr schönes Dorf, am Saume einer kleinen und üppigen Ebene.
Hier sollten wir einige Stunden ruhen, und ich wanderte allein in
Felder und Gärten und freute mich an dem Anblicke eines blauen
Baches, der zwischen Bäumen durchglitt. Ich war so kühn, durch
einen Sprung über eine Umzäunung in einen Garten zu bringen,
wo ich von zwei jungen Leuten angeredet wurde, den herrlichsten
Jünglingen, die ich jemals gesehen. Es waren griechische Bauern,
ihr Kleid von schneeweißer Baumwolle war an den Säumen gestickt,
gleich dem herabhängenden Ende der Schärpe, die sie als Turban
trugen. Statt mich grob und bäuerisch fortzuweisen, schenkten sie
mir eine köstliche Wassermelone. Nach einiger Unterhaltung holte

einer von ihnen mir eine süße Melone. Sie erzählten mir von
einer prächtigen, nicht über zwei Meilen entfernten Ruine, deren
Lage auf einem kegelförmigen Hügel am andern Ende der Ebene
sie mir zeigten und ihre Dienste anboten, um mich dahin zu begleiten. Ich glaubte, es würde Chalkis seyn. Nachdem wir
das Thal überschritten, kamen wir in das Bett eines Gebirgs-
stromes, gingen durch eine enge Schlucht, und als wir uns nun
links wendeten, stand der von den Ruinen gekrönte Kegel vor
mir, durch einen symmetrischen Strom an beiden Seiten von
den umgebenden Hügeln gleich einer Insel getrennt. Wir kletterten durch Gesträuch und wilde Oliven hinauf; die Mauern
waren dick und von unbehauenen Steinen; das Thor, durch welches wir eintraten, war im hellenischen Style, aber die Mauern
waren bloß aufeinandergelegte flache Schieferstücke, und die Täuschung über Alterthum wurde noch mehr dadurch zerstört, daß
ich ausfand, wie die Mauern hin und wieder mit Kalk gekittet
waren.

Von Rumelia bis Niket, einem im nordwestlichen Winkel
des Golfes von Toron belegenen Dorfe, sind drei bis vier Stunden. Man folgt anfangs dem schon beschriebenen Thale nahe
dem Golfe, kommt über den nord- und südwärts laufenden,
begränzenden Hügel, und so längs der Küste vorwärts stößt man
auf fünfzehn Höhenzüge, gleich Wellen, die niedriger als der
erste sind, aber ebenso nach Norden und Süden laufen von den
Bergen des Golfes her, und längs der Küste eine Reihenfolge von
Klippen und Buchten bilden. Anfangs sind sie unfruchtbar, dann
mit Gesträuch, später mit Bäumchen bedeckt, die in der Nähe
von Niket zu Wäldern von hohen Föhren werden. Nach allen
Seiten hin ist Feuer daran gelegt, aber sie haben sich nicht sehr
brennbar bewiesen. An einer Stelle sieht man die Ueberreste einer
Gruppe von vielleicht einem Dutzend Bäume, die einer den andern entzündet haben, an einer andern einen einsamen schwarzen
Stumpf; hier ist der Stamm verbrannt, der Wipfel grün, dort
ist die eine Hälfte eines Baumes verzehrt, und die andere grünt
und blüht, und überall ist helles Grün mit Gelb und Braun gemischt, als wären Lenz und Herbst zusammen gekommen.

Neuerdings ist ein allgemeiner Befehl erlassen, alle Wälder
niederzubrennen, ein türkisches Arcanum, das Land von Räubern

zu curiren, worüber aber das Landvolk sich sehr beklagt, indem
es großen Nutzen aus dem Honig zieht und lieber Gefahr laufen
will, einen oder zwei Bienenkörbe mit den Klephten zu theilen,
als die Gewißheit haben, gar keinen zu behalten. Die Bienen
in diesem Theile der Welt haben einen wunderlichen Geschmack
und sind überdieß sowohl träge als schmutzige Bienen, denn statt
den süßen Vorrath aus dem Kelche einer Glockenhaide oder den
Blüthen des wilden Thymian und Majoran zu saugen, begnügen
sie sich damit, schweinischer Weise den Auswurf eines kleinen In-
sectes, vom Geschlechte der Kermes, zu holen, das auf den safti-
gen Sprossen der Föhre seine Nahrung sucht. Die Bienenstöcke
sind sehr zahlreich; sie geben mehrere Schwärme in einem Jahre,
ich wage nicht zu sagen wie viele, und da der unmenschliche Gebrauch, diese kleinen Geschöpfe mit Dampf zu ersticken, von der
Civilisation im Oriente noch nicht eingeführt ist, so wird auch bei
ihrer Fortpflanzung der Malthus'sche Grundsatz nicht beobachtet.
Bienenfutter wird also ein eben so wichtiger Gegenstand, als
Futter für alle anderen Hausthiere. Da aber die, solches Eigenthum bestimmenden Gränzen leichter überschritten und die Ueber-
treter weniger leicht gehütet werden, so sind die damit verknüpften Rechte vielem Streit unterworfen, was, in Ermangelung von
Advocaten, Keinem zu Gute kommt. Einige Bienenzüchter haben daher eine sehr sinnreiche Weise ausgefunden, das Feld ihres
Erwerbsfleißes und den Betrag ihres Gewinnes auszudehnen, indem sie kleine Yachten erbauen, auf denen die Schwärme umher
kreuzen in den angränzenden Seebuchten classischer Berühmtheit —
des Strymon, von Syngis, Toron und Therme — die Süßigkeiten
der Küsten raubend und das Uebergewicht über die Nachbarn des
Festlandes ausübend, das ein Seevolk sich immer anmaßt.

Das Dorf Niket ist über einer Schlucht zerstreut, die in einen Sandhügel hinein gearbeitet ist, welcher gegen einen Felsen
von der sonderbarsten Beschaffenheit und Ansehen lehnt. Es ist
nämlich glänzender und glimmender Schiefer, der leicht wegbröckelt,
in groteske und abenteuerliche Formen geschnitten und zuweilen
weiß, zuweilen hellblau ist. Der Saum des Holzes tritt über
den Rand des Hügels dahinter und wenige Bäume stehen auf
flachen Stellen an den Abhängen, wo sie hinuntergeglitten scheinen. Die Trümmer oder die Ueberreste von 280 Häusern liegen

phantaſtiſch umher auf den ſteilen Seiten oder auf den Terraſſen, oder ſie ſind im Grunde der Schlucht durch Baumgärten verſteckt. An der Seite des Hügels, in einer kleinen Umkreiſung, die einſt die Kirche umgab, lagen ſieben weiße Marmorſäulen untereinan= der geworfen. Der Umkreis ſelbſt iſt faſt untergraben, und darunter hängt eine Säule über den Weg hinüber, die von Büſchen an bei= den Seiten aufgefangen iſt und gehalten wird. Es waren keine behauenen Steine oder Marmorſtücke zu ſehen, die kleiner geweſen wären, als die Säulenſchäfte, da ſie von dem zerſtäubenden Erd= reiche bedeckt waren.

Ich ſetzte mich nieder zwiſchen die Säulen, um die prächtige Sonnenſcheibe zu belauſchen, die hinter dem weſtlichen Horizonte verſchwand und ſah vor mir die merkwürdige Gegend, die ich zu= letzt durchzogen hatte. Das Licht und die Schatten hoben die Thürme von Porta hervor und die weißen Thürmchen des Tſchiftlik von Hagia Mama. Ich verſuchte mir einzubilden, daß ich die feindlichen Befeſtigungen von Olynthus und Potidäa erblicke. Die lange dunkle Halbinſel von Pallene ſchien an einem dünnen Bande in der Luft zu hängen, denn die See nahm die dunkelbraunen Tinten des Himmels an. Dicke Rauchwolken ſtiegen von Poti= däa auf und hingen, von einem nördlichen Windhauche getrieben, wie ein dunkles Bahrtuch über dem Iſthmus. Pelion, Oſſa und Olymp, beſonders der letztere, traten gleich beweglichen Rieſen= ſchatten hervor. Von dieſem Punkte aus und an ſolchem Abend muß die Maſchinerie des Kampfes der Götter und Titanen erz dacht ſeyn.

Von Rumelia iſt eine kleine Stunde nach Hagia Nikola, ei= nem Dorfe auf der Erdenge, welche das Vorgebirge Sithonia mit dem Feſtlande verbindet. Es liegt alſo im Mittelpunkte dieſes Gewirres von Vorgebirgen und Meerbuſen, und blickt rechts nach dem Golf von Toron und links nach dem von Syngis. Nach dem Winkel dieſes letzteren ſind etwa anderthalb Meilen, und in der Bucht ſelbſt bemerkte ich einen großen, mit Feſtungswerken be= deckten Felſen, der durch eine Brücke oder einen Weg mit dem Feſtlande zuſammenhing. Ich ging dahin, um ihn zu beſehen, und fand einen Thurm und eine Feſtung, von maſſivem Stein und Mörtel. Längs der anſtoßenden Küſte konnte man unter dem Waſſer eine Reihe behauener Steine und den Grund eines alten

Molo erblicken, folglich hat hier eine alte Stadt gelegen. Ich wendete mich nun nördlich, und nach einem fünfstündigen Marsche durch eine wilde und schöne Gegend, wo die weidenden Rehe standen und uns anblickten, erreichten wir Ravanikia. Die kleine Hochebene desselben scheint ein See gewesen zu seyn, so vollkommen eben ist die Oberfläche, obgleich die Hügel rund umher äußerst gebrochen und rauh sind. Die Ebene ist mit allen Bäumen bedeckt, welche den Garten und die Baumschule, den Berg und den Forst schmücken. Hier gesellt sich die Mandel zur Eiche, der Oelbaum zur Föhre; Wallnuß, Kastanie, Feige und Kirsche blühet unter dem Schatten des majestätischen Platanus. Dazwischen sind angebaute Felder zerstreuet, und wilder Wein schlingt sich durch die Zweige. Das Feuer hat hier aber neuerdings fürchterliche Verheerung angerichtet, und an mehr als Einer Stelle lagen noch weiße Asche und rauchende Kohlen auf dem Wege.

Da wir früh Morgens in Ravanikia eintrafen, so verbrachte ich den Nachmittag sehr angenehm mit den Primaten, die beschäftigt waren, ihre Kopfsteuer zu reguliren. Die zwölf Flecken der Mademo Choria hatten zusammen 40,000 Piaster zu bezahlen. Das mußte durch 1200 getheilt werden, die Zahl der Khane,*) welche der Bezirk enthielt. Seit dem Aufstande von Kassandra mußten aber nicht allein alle die Uebel getragen werden, welche diesem Ereignisse unmittelbar folgten, sondern auch die lange fortdauernde Unordnung, die aus der Störung der administrativen Verhältnisse entstand. Der Bezirk zählte 1200 Khane, aber jetzt waren nur 770 im Stande, Steuern zu bezahlen, und nach Verhältniß dieser doppelten Verminderung mußte die Summe von 40,000 Piastern vertheilt werden. Sie theilten zuerst mit 1200,

---

*) Dieß Dorf enthielt früher 200 Familien und wurde zu 120 Khanen gerechnet, da nur die Khane besteuert werden. An anderen Orten wird eine bestimmte Anzahl von Familien für einen Khan gerechnet und demgemäß besteuert, z. B. acht Tagelöhner-Familien, drei Familien von Handelsleuten, oder eine Familie eines Primaten. Das ist zugleich eine locale und municipale Untereintheilung. Wo die Verwaltung ganz municipal war, wie in der Mademo Choria, werden keine Portionen von Familien zu Khanen gerechnet, sondern man begnügt sich damit, die Aermeren von der Besteuerung auszunehmen.

um die Hauptvertheilung unter die Dörfer zu bekommen und rechneten in jedem Dorfe besonders nach dem Verhältniß von 770.

Der nächste Tag wurde einer dreifachen Nachsuchung in antiquarischer, geologischer und malerischer Hinsicht gewidmet. Es war meine Absicht gewesen, quer über nach Stagyra zu gehen und dann längs der Küste nach dem Vorgebirge des Berges Athos zurückzukehren; nachdem ich aber einen ganzen Tag mit Suchen nach Grubenstollen verbracht, und ungeachtet der mich begleitenden Bauern vergeblich gesucht hatte, erblickten wir gegen Sonnenuntergang die Meerbusen im Süden und befanden uns nicht weiter als sieben oder acht Meilen von Ravanika. Ich beschloß daher zu bivouakiren und eine reizendere Stelle, eine herrlichere Aussicht, ein reinerer Himmel oder ein prächtigerer und schönerer Sonnenuntergang konnte nicht gefunden werden, wenn man auch die Erde von Westen bis Osten durchsucht, und die lieblichste Stunde des Jahres zwischen Frühling und Herbst gewählt hätte.

Bei einem nächtlichen Bivouac unter freiem Himmel ist eine der interessantesten Episoden das Feueranmachen — nicht so ein europäisches Feuer von einigen Holzsplittern, sondern von ganzen Bäumen. Eine kleine Strecke von dem Platze, den wir erwählt hatten, lag ein gefallener Baum, mit dem ich vollkommen zufrieden gewesen wäre, nicht aber meine Gefährten. Sie wendeten vielmehr ihre zerstörenden Blicke auf eine ungeheure Platann, in deren Stamme, der sieben Yards im Umkreise maß, eine Höhlung einen schon fertigen Feuerherd darbot. Bald waren sie zerstreut, sammelten trockene Aeste und erbauten einen Scheiterhaufen rund um den dem Flammentode geweiheten Tschtnar. Der Eska, oder Schwamm faßte Funken aus Stahl und Stein und wurde in eine Handvoll trocknen Grases gewickelt, das, mit ausgestrecktem Arme rund geschwungen, zuerst Kränze von Rauch, dann eine prasselnde Flamme zeigte und binnen wenigen Minuten war die Platane in Rauch gehüllt. So weit waren wir gekommen, als wir einige Reisende auf einem Fußwege neben uns bemerkten und auf Recognosciren ausschickten. Es war ein Mönch, der aus einer der Metochien, oder Pachthöfe des heiligen Berges, mit zwei oder drei Maulthieren zurückkehrte, von denen eines mit Wein beladen war. Nach kurzer Zwiesprach willigte er ein, anzuhalten und die Nacht bei uns zu bleiben, und wahrlich, er war ein wichtiger Zuwachs zur Soirée, denn er war voll von Scherzen und lustigen Einfällen und ein wahrer wandernder Matthäus.

Unser Vorrath bestand aus reichlichem Schwarzbrod und einigen Eiern, die mein Diener mit Vorbedacht und Sorgfalt verpackt hatte. Das Feuer, welches wir angezündet hatten, wurde uns bald zu heiß, und wir fanden einen Supplementarherd nöthig, um die Eier zu kochen. Zu dem Stück Arbeit empfehle ich einen Palikaren. Zuerst wird die Asche zusammengescharrt und den Eiern eine Unterlage bereitet, aber nicht zu heiß; sie werden bedeckt, wieder aufgedeckt, umgedreht und von Zeit zu Zeit herausgenommen, um gleich einem Kräusel umhergewirbelt zu werden, wobei die zunehmende Leichtigkeit der Umwälzung die zunehmende Consistenz des Inwendigen andeutet. Der Mönch gab zum Mahle den Wein, der sich mehr in der Menge, als in der Güte auszeichnete, und Caviar. Die Gegend umher lieferte Pilze in Ueberfluß, die wir brieten, und Wegschnecken, die wir brüheten. Obgleich es Fasttag war, fanden sich die Griechen mit ihrem Gewissen ab, indem sie behaupteten, die Schnecken wären Thiere ohne Blut. Als die Nacht dunkler wurde, gewährte der brennende Baum eine sehr schöne und erheiternde Ansicht, und als er endlich krachend zusammenstürzte und viele Yards fortrollte, sich stützend auf seine umgestürzten, flammenden Glieder, da sprangen meine Wachen jauchzend auf, schossen ihre Musketen und Pistolen ab und riefen laut nach der Romaika, die der lustige Mönch aufzuführen nicht verschmähete. Meine mexicanische Hängematte, die ich immer mit mir führte, ward endlich zwischen den Aesten einer andern Platane aufgehängt, und ich blickte hinab auf die fröhliche Gruppe, bis der Letzte in Schlaf sank, in seinen Mantel gehüllt, die Füße am Feuer, und bis der letzte Funke verwehete vom rauchenden Stumpfe des Bergpatriarchen, der vor wenigen Stunden im grünen Laube eines einzigen Lenzes geprunkt hatte und in der Stärke und Würde von hundert Wintern.

Es wird lange Zeit darüber hingehen, ehe dieser Abend aus meinem Gedächtnisse entschwindet, oder die Schönheit, womit der folgende Morgen anbrach, oder der Glanz, womit die Sonne aufging, oder dieser Schauplatz von Licht und Finsterniß, Schatten und Farbe, die ihre Macht erwiesen. Wo auf der ganzen

Erde kann so viel Abwechslung auf einen so kleinen Raum zusammengedrängt gefunden werden, die alle Umgebung vervielfacht,
vergrößert und verändert, ohne Leere und ohne Ueberladung?
Doch das sind Dinge, die keine Beschreibung vertragen; das sind
Genüsse, die man nicht nur gefühlt haben muß, um sie zu verstehen, sondern die man sich erarbeitet haben muß, um sie zu
fühlen. Was würde die Ruhe einer solchen Scene seyn, ohne
die Beschwerde des Weges, was die Lieblichkeit solch einer Dämmerung, ohne die Gluth des Tages?

Seewärts hinabsteigend, erreichte ich Nachmittags Gomati.
Jeder Ort scheint schöner als der vorhergehende; dieser aber übertrifft Alles, was ich bis dahin gesehen hatte. Dieses Dorf ist
zwischen Fruchtbäumen und Gärten zerstreut, mitten in einem
engen und steilen Thale, mit abschüssigen, beholzten Seiten. Das
Thal senkt sich nach Süden hinab und erweitert sich dort zu einem kreisförmigen, von niedrigen und abgerundeten Hügeln eingeschlossenen Becken; jenseits derselben, in der Nebelferne, breitet sich die See aus und erhebt sich der gebrochene Kegel des
Athos. Im Mittelpunkte des Dorfes und des Thales liegt ein
kreisrunder Erdhügel, dessen Gipfel von einem Eichenkranze ein-
gefaßt wird; die Stämme neigen sich nach außen, wegen der Abschüs-
sigkeit der Seiten, und die Zweige hängen gleich Guirlanden rund
umher; mitten in dieser Laubkrone steht eine Cypresse gleich einem
Federbusche.

Ich frühstückte bei dem Buluk Baschi, dem albanischen Anführer einiger irregulären Soldaten. Er litt an einem Fieberanfalle, ließ sich aber dadurch nicht abhalten, die Pflichten der Gastfreiheit zu üben. Während ich bei ihm war, kam sein Bruder
aus Monastir an, der Officier unter den regulären Truppen war,
und den er seit Jahren nicht gesehen hatte. Der Buluk Baschi
schien äußerst bewegt, als er seines Bruders Ankunft hörte. Alles
war hier noch in dem ganz alten Style und er selbst in eine glänzende albanische Tracht gekleidet. Der Bruder erschien in einem
hellblauen Oberrocke und Pantalons. Der Buluk Baschi wollte
seinem Bruder in die Arme fallen, allein der neue Nizzam schob
ihn zurück und reichte ihm seine Hand zum Küssen. Auf gleiche
Weise wurden die Angehörigen des Buluk Baschi nach der Reihe
zurückgewiesen, und jeder mußte die Hand dieses Repräsentanten

europäischer Manier und Civilisation küssen. Der Herr im blauen Rock und Pantalon erfuhr kaum, daß ich ein Europäer sey, als er sich herablassend zu mir setzte, mir die Hand schüttelte (zuletzt gab ich einem Orientalen immer die Hand) und auf verschiedene Weise seine Verachtung bezeugte vor seinem Bruder, seiner Tracht, seinen Begriffen und seinen Gefühlen, und zwar auf eine Weise, die meinen ganzen Widerwillen erregte; ein für allemal verdrängte dieser Mensch alle meine früheren Begriffe über Civilisirung der Türken.

Als ich dahin zurückkehrte, wo meine Sachen verwahrt waren, fand ich die Hausfrau in größter Bekümmerniß um ihren Ehemann, der am Morgen zum Buluk Baschi geholt und noch nicht zurückgekehrt war; sie fürchtete, er sey ins Gefängniß geworfen. Sie kauerte in einer Ecke, und als ich einige Worte sagte, um sie zu beruhigen, antwortete sie: „Sieh die schöne Kuh, die ich verkaufen will, um ein Tuch zu kaufen, damit mein Mann und ich zusammen tanzen können.‟ *)

Gomati bestand früher aus 230 Häusern; jetzt sind deren nur noch 130, von denen 70 von der Steuer befreit sind. Sie haben einen Ueberfluß an Maulbeerbäumen, aber seit der Zerstörung der Gebäude und dem unruhigen Zustande des Landes, seit der Insurrection haben sie sich noch nicht hinlänglich erholt, um die Mittel zu haben, Seidenwürmer aufzuziehen; in diesem Jahre haben sie indeß wieder damit angefangen.

Die Befreiung der ärmeren Familien von der Besteuerung geschieht nicht in Folge legislativer Verordnungen. Das Dorf ist in Bezug auf die Art der Schätzung ganz sich selbst überlassen und macht deßhalb nicht aus Menschenfreundlichkeit Armengesetze, sondern richtet aus den eigennützigsten Gründen die Schätzung so ein, daß das Daseyn von Armen verhütet wird, und der daraus entstehende Ton und das Gefühl sind der Art, daß zufällige Armuth leicht Unterstützung findet.

Als ich durch das Dorf kam, fiel mir der Anblick eines starren und zusammengefallenen Leichnams auf, der bekleidet in einem Stuhle lag, welcher schräg gegen eine Mauer lehnte, so

---

*) Beim Tanzen halten sie die Enden eines Taschentuches; der Sinn jener Worte ist Verlassenseyn und Unglückseligkeit.

daß die Füße in der Luft waren und das Haupt sich auf die
Brust neigte. Während ich hinsah, erschreckte mich eine schlen=
kernde Bewegung des rechten Armes, und dann sah ich, daß zwei
schwarze und lebhafte Augen sich bemüheten, meine Aufmerksam=
keit zu erregen. Es war ein menschliches und lebendes Wesen,
das seit 28 Jahren in diesem contracten und bewegungslosen Zu=
stande gelebt hatte; das Fleisch schien von seinen Knochen abge=
fallen, die Haut war gerunzelt und fast schwarz; ich habe Mu=
mien gesehen, die besser erhalten schienen. Die Gelenke waren
alle steif, mit Ausnahme der rechten Schulter und der Kinn=
backen. Diese Freiheit der Schulter beschränkte sich indeß auf
drei Zoll einer schaukelnden Bewegung des Vorderarms, und so
bewegte er diesen vor= und rückwärts, zur Uebung wie er
sagte. Seine Hände waren geschlossen, alle seine Gelenke ver=
schwollen, der Unterleib gleich einem Pfahle, und die einzige Ver=
änderung der Stellung war, daß er mit dem Rücken gegen die
Mauer ruhete, oder mit den Füßen auf dem Fußboden; im Bette
liegt er nur auf einer Seite. Er erzählte, die Gelenke wären
zuerst vor achtundzwanzig Jahren contract geworden, er hätte
Beulen darauf bekommen, und so wäre eines nach dem andern un=
beweglich geworden. Während der letzten zwei oder drei Jahre
war es nur wenig schlimmer mit ihm geworden, und er hoffte, er
würde nun bis ans Grab das, was er den Gebrauch seiner Hand
nannte, behalten. Er war fünf und vierzig Jahre alt und Prie=
ster. Als er mich erschrecken sah, da ich das lebhafte Auge in der
vermeintlichen Leiche bemerkte, lachte er herzlich; Zunge und Zähne,
sagte er, wären besser als bei gehenden Leuten, und seine großen
hellen Augen hatten einen bei gesunden Menschen nicht sehr ge=
wöhnlichen Glanz. Ich sagte ihm, er könnte in London schnell
sein Glück machen; er erwiederte, es gefiele ihm recht gut in sei=
nem Dorfe und er brauchte von der Zeit, die er noch zu verleben
hätte, nichts zu verreisen.

Von Gomati stieg ich durch das Thal in das Becken drunten,
das einst ganz mit Gärten angefüllt war, deren Zwiebeln in gro=
ßen Quantitäten nach den Inseln verführt wurden. Es ist jetzt
eine nutzlose, aber blumige und üppige Wüste. Dritthalb Stun=
den brachten uns zu einem Abhange, der den Golf von Strymon
übersieht — den letzten in der Reihefolge der Meerbusen und

Vorgebirge in dieser Mischung von Land und See — wo sich eine neue Aussicht bei jedem Schritte eröffnet auf dunkle Vordergründe mit lichten und luftigen Fernen, gewaltigen Bergen hinter den lieblichsten Thalgründen, eine bald wüste, bald mit Waldungen bedeckte Gegend, ein bald grau und gelbes, bald dunkelgrünes Land, hier tiefbraune, dort glänzendweiße Felsen. Hier sind Erinnerungen und Trümmer von allen Geschlechtern und allen Zeitaltern dicht verstreuet; hier erinnert man sich an die heroischen Tage des Menschen und das Mittelalter von Europa; hier gedenkt man auf denselben Gefilden des Ruhmes eines Brasidas und Contarini, eines Dragut und Doria, eines Robert und Mahmud. Vor mir lagen die Scenen mönchischer Kasteiung und die Trophäen kaiserlichen Aberglaubens; rund um mich herum waren die verwischten und daher kaum zu unterscheidenden Spuren friedlichen Gewerbfleißes, der Anarchie, politischer Weisheit und blutbefleckter Unterdrückung, während ich mich in der Einsamkeit meiner eigenen Gedanken erfreute und des Bewußtseyns, daß in den vor meinen Blicken liegenden weiten Räumen nicht eine lebende Seele mit dem Genius des Ortes Gemeinschaft habe oder in dem Leben seiner Erinnerungen lebe. Zu meinen Füßen lag die Bahn des Canals, den Xerxes' Flotten stolz durchschifften; noch verschönerten die Berge von Magnesia und Pieria die westlichen Fernen; gen Nord und Ost erstreckten sich der Pangeus und die macedonischen und thracischen Gebirge; den Golf von Toron verdeckte das Hochland von Sithonia, der von Therme war sichtbar, die von Strymon und Syngis wogten an beiden Seiten des Isthmus dort unten. Auf einem Felsen, der in die östliche See hineintritt, lag Akanthus. Jenseits der niedrigen und schmalen Erdenge erhebt sich das Vorgebirge und schwillt zu rauhen, bewaldeten Hügeln, die einer über dem andern erscheinen und den Thron für den Beherrscher der Gegend bilden, auf dem er allein sitzt in erhabener Majestät, vom Orean sich gen Himmel reckend, und der mit der Halbinsel nur eine abgesonderte Masse bildet, die von der Fluth und vom Himmel sich abzeichnet und die Erde nur durch den Isthmus zu meinen Füßen berührt.

Die Gegend, durch die ich gekommen, ist Urgestein, Gneiß-Schiefer, Glimmer-Schiefer; zwischen Sanct Nikola und Ravanikia Schiefer, abwechsend zwischen Formationen von Marmor

7 *

und Quarzfels, die Schichtung sehr senkrecht und im Allgemeinen sich nach Osten neigend. Sieht man nach Akanthus hinunter, so scheinen die Hügel von Sand, aber sie sind von abgerundetem und zerfallenem Granit — der Feldspath ist zersetzt, wo er an die Luft tritt. Der Bau der Felsen der Halbinsel von Athos ist derselbe, aber es ist eine getrennte Gruppe, völlig geschieden von den Felsen des Festlandes durch die niedrige und schmale Erdenge. An der westlichen Küste nähern sie sich so weit, daß gerade nur der Raum frei bleibt, den der Canal einnahm.

In Akanthus (das Dorf, das jetzt an dieser Stelle liegt, heißt Ozeros) liegen Haufen von großen behauenen Granitblöcken; zwei Kirchen, von denen eine zertrümmert, sind auf höchst sonderbare Weise mit menschlichen Gebeinen und Schädeln verziert, die in kleinen Körben von den Vorsprüngen herabhängen und jede Oeffnung ausfüllen. Gegen die See hin, am östlichsten Punkte unter der Schloßmauer ist ein Theil von der alten sehr breiten Befestigung zu sehen, die nicht, wie sonst gewöhnlich, in der Mitte mit kleinen Steinen ausgefüllt ist, sondern durch und durch aus großen Blöcken besteht. Im ganzen Orte befinden sich überall unterirdische Behälter, um Korn aufzubewahren. Ein enges Loch, gleich der Mündung eines Brunnens, das mit Steinen ausgesetzt ist, führt zu einer runden, mit Thon gefütterten Höhlung, wahrscheinlich ist das schon ein alter Gebrauch; auch in Ostindien verfährt man eben so. Mitten auf der Erdenge erhebt sich eine niedrige, lange Kette von bröckelndem Kalkstein, die nach den Hügeln im Norden läuft. Am Ende dieser Kette liegen hellenische Ruinen, vermuthlich die von Sand. Im Norden des Canals, nicht weit von der westlichen Mündung, steht ein zerstörter Klosterpachthof, meist von gehauenen Granitblöcken erbauet, sicher die Ueberbleibsel einer alten Stadt. Ich hatte das Vergnügen, die Linie des Canals von einem Golf zum andern deutlich aufzufinden; der Isthmus war von mattgelber Farbe, aber ein grüner Strich bezeichnet die Linie des Canals, wie sie sich beiden Enden nähert. An der westlichen Seite erstrecken sich stehende Waffer und Binsen einige hundert Schritt. Der Isthmus scheint nicht über hundert Fuß hoch, und es ist eine fortlaufende Senkung von zwanzig bis dreißig Fuß in der Linie, welcher der Canal folgte.

Früh Morgens verließ ich mit einem Geleite von vier bewaffneten Bauern Ozeros, um nach dem heiligen Berge zu reisen. Nach allen Seiten hin herrschte große Angst vor den Räubern, aber ganz besonders hier, wo sie sich fürchterlicher Gräuelthaten schuldig gemacht und durch verschiedene Angriffe auf Landleute das Volk gegen sich erbittert hatten. Vor wenigen Tagen war hier ein Staabsofficier gewesen, um den Bezirk zu inspiciren, und obgleich von dreißig Mann begleitet, hatte er es nicht gewagt, zu Lande weiter zu gehen. Der Aga versuchte, mir abzurathen, meine Reise fortzusetzen und bestand jedenfalls darauf, ich sollte mit einem Boote nach Karies gehen. Da aber mein Zweck war, das Land zu sehen, da ich mich auf keine Weise vor den Banditen fürchtete, und mehr Lust hatte, ihnen zu begegnen, als sie zu vermeiden, so beharrte ich bei meinem Entschlusse und brach auf, wie ich schon bemerkte. An diesem Tage war ich indeß bestimmt, in ein auf außergewöhnliche Weise beunruhigendes Abenteuer zu gerathen, und noch jetzt kann ich mir nur Glück zu dem Entschlusse wünschen, der mich freilich in Verlegenheiten und Gefahren stürzte, aber auch mir die interessantesten Gedankenfolgen eröffnete. Da in Europa die Sitten aller Länder dieselben sind (betrachtet man sie vom Oriente aus, so werden die kleinen Unterschiede kaum der Beachtung werth), so wird es uns unmöglich, den Werth der Kleidung und der Sitten richtig zu würdigen. Ich habe es daher eine äußerst schwere Aufgabe gefunden, den Charakter und die Wichtigkeit von Einzelnheiten verständlich zu machen, die mit einem Gegenstande verknüpft sind, welchen meine Leser selbst nicht gehörig würdigen. Aber ich selbst hatte zu der Zeit, von der ich schreibe, als ich mich auf das Studium dieser Einzelnheiten legte, dieselben Schwierigkeiten in meinem eigenen Geiste zu bekämpfen. Der Zufall, der mir im Laufe dieses Tages begegnete und bei dem ich mein Leben meiner damals erlangten geringen Kenntniß der orientalischen Sitten verdankte, war eine neue Epoche für mich und ließ mich fühlen, durch welche Mittel die Gemüther der Leute, mit denen ich damals zu verkehren hatte, geleitet werden könnten. Diese Betrachtungen haben mich bewogen, auf die mit diesem Ereignisse verknüpften Umstände einzeln einzugehen.

Eilftes Capitel.

Gefangennehmung durch Banditen.

Wir waren nicht weiter gekommen als eine Stunde, als wir
anhielten, um aus einer Quelle zu trinken, bevor wir in die Pässe
drangen, die man die Pforten nennt. Hier verließen mich die in
Ozeros erhaltenen Wachen, indem sie Befehl vorschützten, umzukehren, da wir fast im Gesichte der Kulia waren, eines Postens,
der den Eingang zum Isthmus bewacht. Auch hatten sie solche
Zeichen von Feigheit blicken lassen, daß ich froh war, ihrer los
zu werden. Wir saßen zu Pferde, tranken aus den Quellen und
lachten herzlich über die Hast ihres Rückzuges. Mein griechischer
Diener Hadschi, der meine Waffen trug und mehr aussah wie ein
Kavasch, als wie ein Rajah, zeigte höhnend mit dem Finger auf
sie und fragte verächtlich, ob solche Menschen der Freiheit würdig
wären. Von seinen eigenen Worten begeistert, stimmte er Riga's
Lied an. Unser Schutzgeist hauchte ihm die Töne ein, denn sie
hemmten die Drucker angeschlagener Gewehre, die in demselben
Augenblicke uns aufs Korn nahmen, und wir setzten unsere Reise
fort, ohne auch nur eine Ahnung davon zu haben, welchem Schicksale wir nur um ein Haarbreit entgangen waren. Etwa fünfzehn
Minuten waren wir von der Quelle weg, und ich ritt fünfzig
Schritt vorauf, mich um den Abhang eines steilen, bewaldeten
Hügels windend, auf einem schmalen Pfade, der links über eine
tiefe Schlucht ragte, und rechts eine Wand mit überhängenden
Bäumen hatte, als ein lauter Schrei mich fesselte, dem Töne
folgten, die auf nichts Gutes deuteten. Ich sah durch die Bäume
Menschenhaufen, weiße Fustanelle und Waffen — ich war also von
den Klephten gefangen! Zu untersuchen, ob Entkommen möglich
sey oder nicht, fiel mir nicht ein; Widerstand lag außer aller
Frage; aber im Vertrauen auf die bedeutende Praxis, die ich unter den Kerlen erlangt hatte, fühlte ich mich nur erzürnt über die
Schmach, zählte auf augenblickliche Unterwerfung, drehete deßhalb
um und galoppirte auf sie los. Meine Gedanken bekamen aber
wahrlich eine andere Richtung, als ich ein Paar sich mit ange-
schlagenen Flinten gegen mich wenden sah. Ich hielt meine un-
bewaffneten Hände in die Höhe, aber sie eilten nach beiden Sei-

ten, ſchrieen Schimpfreden und verzerrten ihre Geſichter zu den
gräulichſten und wüthigſten Fratzen; in dem Augenblicke ſah ich
nur Zwei. Da ich die Partie überſah, ſchien das Spiel eines
Wurfes werth, aber das ſechs Monate alte Zündpulver von Waffen, auf deren Gebrauch ich nie gedacht hatte, verſagte nachein-
ander den Dienſt und — ich ward bewußtlos zu Boden geſchla-
gen. Das Nächſte, deſſen ich mich beſinne, war ein Schlag in
den Rücken, als ich auf die Kniee gehoben wurde, die gewöhnliche
Vorbereitung zum Kopfabſchlagen. Wie ich dem entging, kann
ich nicht ſagen, da ich meiner Sinne noch nicht hinlänglich wieder mächtig war, aber ich beſinne mich ſehr gut auf einen Gegenſtand, der mich aufrüttelte, obgleich er verhältnißmäßig unbedeutend war; es war ein Knäuel ſtarken Bindfadens, den Einer
mit ausgeſtrecktem Arm eilig abmaß. Bei dieſem Anblicke erhielt
ich Sinne und Glieder wieder, achtete mich verloren, ſprang auf
und ſtand mit einem tüchtigen Knüppel bereit, mich, ſo gut es an-
gehen wollte, dagegen zu wehren, gebunden zu werden. Meine
Unglücksgeführten lagen auf den Knien, ſchrien „Amaun!
Amaun!" (Pardon!) und hielten mit ſtrömenden Augen ihre ge-
falteten Hände in die Höhe, um ſich binden zu laſſen. Die Banditen wünſchten nicht zum Aeußerſten getrieben zu werden, da das
Wachhaus in der Nähe war und meine Wachen, die mich verlaſſen hatten, noch nicht weit entfernt waren; ſo hörten ſie mich an
und ließen mich allein. Die Anderen waren ſchnell und in aller
Stille gebunden; einer von der Bande, der Einzige, der ſo recht
wild ausſah, kam mit dem Stricke zu mir, ich bot ihm meine
Bruſt zum Stoße und im Augenblick war ſein Yatagan bloß, als
ein junger Mann, von ſchlankem und ſelbſt zierlichem Geſicht und
Ausſehen, der bisher mich angeſehen hatte, ihn zurückſtieß. Die
Anderen traten herbei und ſagten mir, ich ſollte ruhig mitgehen,
ich ſollte nicht gebunden werden. Ich erklärte ihnen (das ſchien
mir das einzige Mittel, eine Wirkung hervorzubringen), ich ſey
vollſtändig entſchloſſen, nicht einen Schritt zu gehen, wenn ich
nicht nur von aller Beleidigung frei bleibe, ſondern auch mit Achtung behandelt würde; „auch werde ich nicht vom Fleck gehen,"
fuhr ich fort, „wenn nicht dieſer Mann" (wobei ich auf Einen
deutete, der mir der Anführer ſchien), „deſſen Anſehen ich trauen
„will, mir ſein Wort gibt, daß der Schurke, der mich beleidigt

„hat, mir nicht zu nahe kommen soll, so lange ich unbewaffnet
„bin." Das Versprechen wurde nicht nur gegeben, sondern mir
auch mein Maulthier gebracht, und ich bestand sogar darauf, daß
meine harmlosen Pistolen wieder in die Holfter gesteckt wurden.
Wir wendeten uns jetzt in die Tiefe des Holzes, und ich mußte
daher sofort wieder absteigen, aber ich hatte doch meinen Willen
durchgesetzt, und nach einer stundenlangen höchst beschwerlichen
Reise kamen wir auf eine erhöhte Stelle, von wo wir die Aussicht auf die See nach beiden Seiten hatten und auf jeden Zugang
zum Isthmus.

Es war mir nun höchst wichtig, schnell die Stellung zu er-
proben, die ich unter ihnen gewonnen hatte, und unterwegs hatte
ich eifrig darüber nachgedacht, wie das anzufangen. Was ich
besonders zu fürchten hatte, war, daß nachdem sie einen Engländer gepackt hatten, sie von den in den umliegenden Gewässern
kreuzenden englischen Schiffen Verfolgung befürchten möchten, während die Türken ihnen den Rückzug zu Lande abschnitten; sie hätten daher versuchen können, Verfolgung aufzuhalten und Entdeckung
zu vermeiden, indem sie mich dort umbrächten und jede Spur meiner
Gesellschaft vernichteten. Mein Plan war daher, mich zuvörderst
bei ihnen in Respect zu setzen, und dann zweitens sie zu überzeugen, daß ich mit ihren Beschwerden übereinstimmte und die Europäer geneigt wären, nach besten Kräften zu versuchen, sie vom
Drucke zu erlösen. Aber unter ihnen war der wilde Albanese, der
es ersichtlich auf meinen Untergang abgesehen hatte, und zweimal
so dicht dabei gewesen war, ihn zu vollenden. Bei ihm konnten
diese Betrachtungen nichts helfen. Ich beschloß daher, mit ihm
keine Umstände zu machen, was mir in der That doppelten Vortheil darbot, den angenommenen Charakter festzuhalten und Aussicht auf Bewirkung einer Spaltung, indem ich die Griechen gewann, wenn ich auf die Albanesen schalt. Nachdem wir auf dem
Platze angekommen waren, wo wir Halt machen sollten, befahl
ich, meinen Diener loszubinden, damit er mein Gepäck abladen
und meinen Teppich ausbreiten könne. Das geschah, nach augen-
blicklichem Zaudern, ohne Einwand. Ich ergriff die Gelegenheit,
ihm über sein feiges Benehmen Vorwürfe zu machen; ich hätte
es übersehen können, sagte ich, daß er in meiner Abwesenheit und
gegen Griechen seine Waffen nicht gebraucht hätte, aber sein Flehen

um fein Leben machte ihn in meinen Augen fo verächtlich, daß
von Stund' an ich ihn nicht länger als meinen Diener betrachten
wollte. Er war in dem Augenblicke dabei, meine Pfeife zu ſto⸗
pfen; ich riß ſie ihm weg, wendete mich an den jungen Mann,
der mich vorher gerettet hatte und ſagre dieſem, er möge mir die
Pfeife ſtopfen, denn ich ſey überzeugt, er würde nie die Waffen
ſchänden, die er trage, noch den Herrn, dem er diene. Hurtig
nahm er die Pfeife und mehr als ein Jackomaki (Stahl und Stein)
ward hervorgezogen, um Feuer anzuſchlagen. Geſtärkt durch die⸗
ſen erſten, höchſt kritiſchen Erfolg, faud ich unverzüglich eine Menge
kleiner Bedürfniſſe, die Alle, Einen nach dem Andern, in Thätig⸗
keit ſetzten, mich zu bedienen, während der arme Hadſchi, der in
ſeinem Schrecken, zuerſt über die Klephti und dann in ſeinem Er⸗
ſtaunen über mich, eingewurzelt auf dem Fleck geſtanden hatte,
wo ich ihm die Pfeife wegnahm, flüſternd den Palikaren Unterricht
und Anweiſung gab, wie ich bedient werden müßte, ſo daß, hätte
er ſeine Rolle gekannt, er ſie nicht geſchickter hätte ſpielen können.

Der Klephten waren nur ſechs; bei der Quelle waren ihrer
zehn geweſen, wo ſie zuerſt beabſichtigten, uns anzugreifen, als
ſie uns von den vier Bauern Abſchied nehmen ſahrn. Der Ka⸗
pitano und drei Mann waren dieſen gefolgt, um ſie niederzu⸗
machen, wenn ſie hörten, daß ihre Gefährten ihre Feuerwaffen
gebrauchen müßten. Wir waren unſerer vier — ein Führer, ein
Maulthiertreiber (beide unbewaffnet), mein Diener und ich.

Als ich auf meinem Teppich mit Kaffee und Pfeife bequem
eingerichtet war, ergriff ich den Augenblick, ehe die Palikaren ſich
ſetzten, ſie einzuladen, Platz zu nehmen. Der Albaneſe, der die
ganze Zeit über mit nicht weniger Erſtaunen, als Mißvergnügen
zugeſehen hatte, trat endlich vor und ſagte: „Das iſt lauter Un⸗
ſinn, wir ſind Räuber und du biſt unſere Beute; dein Kaffee
iſt unſer, dein Geld iſt unſer und dein Blut iſt unſer; τον
κλεφτι καϑενα τον χρεωσα (dem Räuber ſchuldet jeder) hier
bin ich Sultan; hier bin ich König von England und du willſt
uns behandeln, als wäreſt du ein Paſcha!“ Ich würdigte ihn we⸗
der eines Blickes noch einer Antwort, ſondern wendete mich an
die Griechen und rief mit großer Wärme, denn wahrlich, ich fühlte
es: „Was iſt im helleniſchen Blute, das dieſen Stamm ſo ſehr
von den Barbaren unterſcheidet, die Hellas' Boden beſudeln?“

Es entstand eine Bewegung, um des Skipetaren Gewaltthätigkeit nie=
derzuhalten. Er schalt die Griechen Narren, dagegen schalt mein junger
Freund ihn ein Vieh; ein Schisma war wirklich eingetreten. Der ein=
zige Indeß, den ich auf meine Seite zählen konnte, war der Jüngste
und am wenigsten Einflußreiche, aber deſſenungeachtet war er unter
den Umständen ein bedeutender Gewinn! Ich glaubte, die andern
waren zu meinen Gunsten geneigt, aber der Albanese hatte be=
ständig die Waffen in den Händen und sah mich an, als brauchte
er weder die Einwilligung noch den Beistand seiner Cameraden.
Konnte ich bis zur Rückkehr des Kapitano und der übrigen aus=
halten, so mußten diese natürlich den Ausschlag geben.   Nun
gingen wir mit einander zu Rathe, während nur zwei bei mir
blieben, die nachher von zwei Andern abgelöset wurden. Hadschi
wurde gerufen und wieder gerufen und gefragt und wieder kreuz
und quer gefragt. Der Punkt, den sie zu erfahren am sorgfältig=
sten waren, bestand darin, ob ich ein Engländer wäre; hätten
sie mich als Deutschen, Franzosen oder Russen erfunden, so wäre
mein Schicksal augenblicklich entschieden gewesen. Das Gepäck
wurde durchsucht, meine Begleiter wurden nach und nach aller
beſſern Kleidungsstücke beraubt, und ich würde — doch mit aller Ehr=
furcht — ersucht, herzugeben, was ich in den Taschen trug, wobei sie
sich damit entschuldigten, der Albanese würde sich sonst nicht zufrie=
den geben. Während dieser Zeit war ich nicht unbeschäftigt, in=
dem ich mir die Geschichte jedes Einzelnen erzählen ließ, die Ursache,
die ihn in die Wälder getrieben hatte. Ich fand Jeden sehr be=
mühet, mir den Glauben einzuprägen, daß ihm geschehenes Unrecht
ihn in eine so böse Lage gebracht und daß, wenn nur die Andern
nicht wären, er sich freuen würde, mich befreit zu sehen. Das
gab mir Gelegenheit, mich mit Jedem zu befreunden. Während
dieser Stunden von tödtlicher Ungewißheit ergriff ich auch die Gele=
genheit, den Burschen zu befragen, der sich als meinen Freund
bewährt hatte. Er erzählte, er sey ein Eingeborner des freien
Griechenlands und nach Atheto gekommen, weil dort mit einem
Mädchen verlobt, das später die Augen des Aga von Kaſſandra
auf sich gezogen. Er hatte mir die Verfolgung erzählt, die ihn
in die Wälder getrieben; als ich ihm den Namen seiner Aglaë
hinzufügte, kannte sein Erstaunen keine Gränzen. Nun mußte
ich ihm meine Geschichte erzählen und in fünf Minuten waren wir ge=

schworene Brüder. Vasili begann nun im vollen Ernste das Werk meiner Befreiung und erklärte sich bereit, sein Leben zu wagen, um das meinige zu retten.

Er kam bald zurück von dem Ausschusse, der in kleiner Entfernung gehalten wurde, und sagte mir, die überwiegende Meinung gehe dahin, mich loszulassen, wenn ich fünfzigtausend Piaster zahle. „Aber, Vasili," sagte ich, „woher soll ich auch nur fünfzigtausend Asper nehmen?" — „Oh," antwortete er: „sie wissen wohl, ein Papier mit eurem Siegel ist so gut als Gold." — Und werden sie mich loslassen, wenn ich ihnen so ein Papier gebe?" — „Das wird vom Kapitano abhängen."

Die Sache wurde nun von der ganzen Versammmlung verhandelt und festgesetzt, falls der Kapitano dieß nämlich genehmige, ich sollte Hadschi nach Salonika schicken, zehntausend Piaster zu holen und so lange bei ihnen bleiben, bis er mit dem Gelde wieder käme; für seine Verschwiegenheit sollte mein Kopf haften.

Endlich erblickte man den Kapitano, und Vasili lief ihm entgegen, um ihn im voraus zu meinen Gunsten einzunehmen. Seine Aufnahme war nun mein Hauptschlag, und ich flüsterte mit Hadschi, ihn bis auf die kleinste Kleinigkeit zu instruiren. Was ich von dem Anführer gehört, hatte günstige Erwartungen bei mir erregt, und mit der äußersten Sorgfalt bereitete ich mich auf Worte, Blicke und Bewegungen. Als die neuen Ankömmlinge durch die dicken Aeste in den offenen Raum brachen, den wir einnahmen, waren sie ersichtlich betroffen von unsern gegenseitigen Stellungen und der Achtung, die jeden ihrer Cameraden abzuhalten schien, denn bis dahin hatte Keiner gewagt, sich zu setzen. Als der Kapitano herankam, stand ich nicht auf, rührte mich nicht, sah nicht einmal nach ihm hin, bis er dicht herantrat und mich durch sein Temenaz begrüßte, was ich mit einer leichten Bewegung erwiederte und dann auf die Ecke meines Teppiches deutete. Er setzte sich genau auf die angewiesene Stelle. Nach einigen Secunden blickte ich ihn gravitätisch an, und um ihn vollständig an das Joch zu erinnern, unter dem er geseufzt hatte, wiederholte ich auf türkisch die gewöhnliche Begrüßung, die er auf die demüthigste Weise erwiederte. Es war Kaffee gemacht; ich rief darnach und Hadschi trug Sorge, daß, nachdem ich meine Tasse erhalten, erst nach gehöriger Pause auch der Kapitano die seinige bekam.

Die wenigen so verstrichenen Minuten schienen sehr verdrießlich für den Kapitano, der aussah wie ein bescheidener und gemüthlicher Pächter. Die neuen Ankömmlinge sprachen nicht, sondern richteten verwunderte Blicke auf mich und fragende auf die Anderen, die sich vor sich selbst zu schämen schienen. Für mich hatten diese Augenblicke mehr innere Angst, als alle früheren. Ich hielt nun so viele Fäden in meinen Händen, daß es nicht länger Sache des augenblicklichen Antriebes, sondern der Berechnung war, und zwar der allerkleinsten Punkte, denn das leiseste Zeichen eines Planes oder einer Absicht würde Alles verdorben haben. Mein Herz schlug bis zum Beben. Als die Kaffeetassen abgenommen waren (in der Türkei wird immer erst der Kaffee abgemacht, bevor das Geschäft beginnt) und nach zwei oder drei langen und tiefen Zügen aus der Pfeife, veränderte ich mein ganzes Wesen, wendete mich schnell um und redete mit Wärme so zum Kapitano:

„Ich habe lange die Griechen gekannt, ich habe lange ihren Charakter bewundert und ihr Mißgeschick bedauert; ich bin über jeden Berg gewandert, von Makronoros nach Trikkeri, — von Zitza jetzt nach dem heiligen Berge; ich habe Kalamboki gegessen mit dem schwarzen Rajah, Mgithra mit dem Blachen und gebratene Ziegen mit dem Klephten; immer bin ich als Freund aufgenommen und als Bruder geschieden. Bis zum heutigen Tage hätte ich diese Eindrücke mit mir nach Europa genommen, aber aber ihr habt mich gelehrt, den Türken Gerechtigkeit widerfahren zu lassen! Ich bin ausgegangen, die Armatolis des Olymp, die Klephten von Thessalien zu besuchen, weil ich glaubte, unter diesen Männern, die zu stolz waren, sich der Zwingherrschaft eines Türken zu unterwerfen, die wahren Nachkommen der Hellenen zu finden. Hätte ich mich gefürchtet, ich hätte mich begleiten lassen können von Wachen, die euch Trotz geboten hätten; aber im Gegentheile, hätte ich gewußt, wo ihr waret, ich wäre allein gekommen, euch zu besuchen, mehr Gastfreiheit von euch erwartend, als in jenen Klöstern. Es scheint aber, ihr führt Krieg, nicht gegen eure Unterdrücker und die Türken, sondern gegen die Menschheit und gegen Christen. Und wie seyd ihr so unklug, eure Hände an mich zu legen, der eurem Stamme wohl will — einen Engländer, für den sowohl seine Landsleute, als die Türken Rache suchen werden, einen Mann, der von allen Kapitani rund um euch her Gastfreundschaft genossen? Zum Theil kann ich freilich eure Leute entschuldigen, sie kannten mich nicht, meine Gefangenschaft beruht auf einem Mißverständnisse, das ihr, wie ich sehe, bedauert und dessen ihr euch schämt. Auch muß ich sagen, das spätere Betragen der Meisten hat die Eindrücke ihrer früheren Gewaltthat mehr als verlöscht."

Des Kapitano Antwort rechtfertigte völlig diesen Aufruf an ihren Nationalsinn, denn er begann mit einem Versuche der Rechtfertigung.

„Die Burschen (τα παιδια) werden euch sagen, daß, obgleich kein junger Mann, ich doch kein alter Räuber bin. Vor noch nicht langer Zeit hatte ich Häuser, Ländereien und Kinder. Warum sollt' ich ein Räuber gewesen seyn? Meines jetzigen Standes Schuld müssen die tragen, die mich dazu getrieben. Gestatten mir meine Genossen jetzt ein Ansehen über sie, so ist es nicht meines Tufenk (Flinte) wegen, sondern im Andenken an einiges Gute, das ich der Bande einst erwies. Blickt auf die Menschen, Einige gehen barfuß, mit Zeug, das bei den Fäden zusammenhängt, mit leeren Tabaksbeuteln und leerem Magen. Warum führen sie solch ein Leben, und welchen Zügel könnt ihr Menschen anlegen, die so leben? Was kümmern sie sich um ihr Leben und warum sollten sie? Schaffte ihnen das Unrecht, das sie Andern zufügen, etwas Gutes? Und was nützt das Schmausen einer Nacht und die Beute eines Tages, wenn sie nichts mit sich nehmen können gegen Kälte, Regen und Hunger einer Woche? Sprecht daher nicht solchen Leuten von euren englischen Schiffen und türkischen Galgen, sondern sagt ihnen, es sey Jemand aus Europa gekommen, der wieder erzählen will, wie ihr Name geschändet ist, wie sie gleich Ochsen in die Felder gejagt, gleich Bären in die Berge gehetzt sind. Sprecht ihnen nur Worte des Trostes und der Güte, und sie werden ihre Häupter auf den Boden strecken und euren Fuß darauf setzen. Aber ihr wißt, was wir sind; wir haben euch Leides gethan, wir wissen, was ihr uns zu Leide thun könnt. Wir sind nicht Alle eines Sinnes, wir sind so viele Kapitani als Männer, und weniger Männer als Meinungen. Mit diesen Händen hielt ich den Pflug, die Türken haben mir statt dessen die Muskete aufgedrungen; sie muß mir jetzt Brod schaffen."

Die nun folgende Unterredung wieder zu erzählen, würde zu lang werden. Die Räuber zogen sich darauf ein wenig ins Holz zurück, um zu berathen, ohne einmal eine Wache bei mir zu lassen. Ich athmete freier, bis die lange und laute Verhandlung wieder meine Befürchtungen rege machte. Doch dauerten sie nicht lange, denn bald rannte Vasili herbei, küßte mir die Hand und erzählte, Alles sey in Ordnung. Die Uebrigen folgten, umringten mich lärmend und sagten, sie hätten beschlossen, mich zu ihrem Kapitano zu machen. Ohne das leiseste Zeichen von Zufriedenheit oder Ueberraschung, ohne ein verrathendes Dankeswort, fragte ich, ob sie mir bei der Sache eine Stimme zugeständen und ob sie glaubten, das von ihrer Lebensart entworfene Gemälde wäre so lockend. Von Jemand, dessen Leben in ihrer Hand lag, war das eine ganz unerwartete Schwierigkeit, aber da sie in ihrer neuen Gemüthsbestimmung den Ueberblick des Zusammenhanges verloren hatten, so trug ich Sorge, sie soweit als möglich davon zu entfernen. Sie bemüheten sich nun, mich zu überzeugen, das ganze Land werde von Türken und Räubern gestört; der gegenwärtige Druck gleiche dem ans Gelenk dringenden Messer; die Türken haben keine Macht, und das ganze Land werde zu Klephti werden, wenn diese sich nur in Achtung setzen könnten; die Klephti werden sich unter einander verbinden und das Volk schützen, hätten sie nur einen Anführer; hätten sie während des letzten Aufstandes einen Anführer gehabt, von dem sie abgehangen und auf den sie hätten blicken können, so würden die Türken eben so leicht den Mond erobert haben, als das Land wieder eingenommen; wenn es nur erst bekannt sey, daß ein englischer Bey Zadeh (Fürstensohn) ihr Anführer sey, könnten sie binnen drei Tagen 600 Mann zusammen haben und eine Festung wegnehmen, auf welches Zeichen das ganze Land aufstehen würde. Sie sagten: „Wo ist ein Mann, der uns widerstehen könnte? Der Großwessir kann nicht einmal Monastir mit Besatzung versehen; 25,000 bewaffnete Griechen besetzen die Berge rings um Thessalien, von Volo nach Tempe und nach Mezzovo. Die Tagmata der freien Griechen streifen von den Thermopylen bis Dgumerka. Die Albanesen sind auf den Beinen, die Bosnier sind auf den Beinen, Skodra hat 30,000 bewaffnete Ghegs, die Serben sind unsere Brüder. Die Türken wollen nicht für den Nizzam fechten, und hier, von Salonika bis nach Kavalla, bleibt binnen drei Tagen kein Türke übrig. Die Eruten sind eingefahren; wir könnten mit einem Male Hand legen auf ungeheuere Vorräthe von Korn und Lebensmitteln, und die Weinlese fängt gerade an. Niemals war solch ein Augenblick und kein Zeitpunkt so günstig, dem Großwessir in den Rücken zu fallen, die Griechen und Albanesen im Westen zu ermuthigen und sie endlich zu vereinigen, und dann schneiden wir den Hasneh (Schatz) ab, der jetzt von Konstantinopel unterwegs ist zum Heere."

Furcht, Zweifel und Verwirrung beherrschten damals die Sinne und Ansichten der Menschen im ganzen osmanischen Reiche. Dieser Vorfall diente mir dazu, die Schlußfolgen zu bestätigen, zu denen ich bereits gekommen war. Ich fühlte, daß ein kühner Soldat, ein thatkräftiger Mann die Lage des Orients verändern könnte, wenn er Staatsmann genug war, sich der leitenden Punkte zu bemächtigen. Ich war auch überzeugt, der Name eines Engländers allein hätte einem solchen Aufstande augenblicklich Wichtigkeit verschafft und es vermocht, die Abtheilungen, Interessen und Stämme zu vereinigen, die kaum ein anderes Feldgeschrei hätte vereinigen können. Auf diese Ansichten ging ich offen mit den Leuten ein. Ich zeigte ihnen, welche Eigenschaften und Befähigungen bei dem Anführer eines so verzweifelten Unternehmens erfordert würden, wo es keine Wahl, keinen Mittelweg zwischen Untergang und Sieg gab, und wo der Sieg fast ein Wunder seyn würde. Könnte ein solcher Mann gefunden werden, eine solche Bewegung zu leiten, so könnte es vielleicht gelingen, sonst aber nicht; solch ein Mann wird aber nur einmal in einem Jahrtausend gefunden, und, möge er siegen oder unterliegen, das Unternehmen bleibe ein Fluch für die Unternehmenden. Allmählich wurden sie nachdenkend, traurig und gaben nach. So verschwand dieß seltsame Traumgebilde.

Sonderbarer Weise war nun der Albanese mein wärmster Anhänger; wir schwatzten über „Alvanitia," Veli Bey und Arslan Bey, mit denen er, wie ich ausfand, in Milies gewesen war; wir waren demnach alte Freunde. Nun hatte er seinen Genossen eine Menge von mir zu erzählen und faßte Alles darin zusammen, daß er sagte, ich hätte eigentlich ein Albanese seyn müssen.

Nachdem der große Divan beendigt war, schlugen sie vor,

nach einer Heerde der Mönche zu schicken, um ein Schaf zu holen; aber obgleich es kurz vor Sonnenuntergang war, wollte ich doch lieber noch sieben oder acht Meilen nach dem nächsten Kloster machen. Unsere Beute (Plaschika) wurde hervorgebracht, alles Meinige ward mir pünktlich wiedergegeben, und es waren doch Gold- und Silbersachen darunter. Nachdem ich gefunden, daß nichts fehlte, schenkte ich ihnen mein Geld und ein Fernrohr. Mein Packpferd ward beladen, mein Maulthier vorgeführt — Einer hielt den Zügel, ein Anderer den Steigbügel und sie begleiteten mich hinunter auf die Landstraße. Dann drängten sie sich um mich, mir die Hand zu schütteln, und da dieß ein Ausnahmsfall war, so reichte ich Allen die Hand. Der Kapitano sagte: „Wir verlassen uns ohne Weiteres auf Euch; wir haben Euch kein Versprechen abgenommen, daß Ihr uns nicht aufsuchen lassen wollet. Sprecht Ihr von uns, so bin ich sicher, Ihr werdet unsere Sache führen; denkt Ihr an uns, so sey es ohne Verdruß." Ich versicherte sie der Freude, die es mir machen würde, nicht nur jedes Aufsuchen zu verhindern, sondern auch zu ihrer Verzeihung und Wiedereinsetzung in ihre Wohnungen beizutragen. Unser Abschied glich mehr der Trennung herzlieber Freunde, als der von Räubern, die ihre Beute missen — und ich war schon über fünfzig Schritte entfernt, als der Albanese mir nachrief: „Habt ihr Freunde, die des Weges kommen, gebt ihnen nur ein Bujurdi (Zettel), und wir wollen sorgen, daß Keiner ihnen Leides thue."

Als wir uns wieder allein befanden, schienen sogar unsre Maulthiere besser auszuschreiten, um soviel Raum als möglich zwischen uns und die Klephten zu legen. Unser erster Eindruck war der des Verwunderns über die Wirklichkeit unsers Entkommens, der nächste die Erinnerung an den grausamen Muthwillen, von dem selbst die Mönche nicht frei blieben; ein armer Teufel war an eben diesem Platze vor wenigen Tagen durch das Kloster ausgelöset und war zurückgeschickt worden — ohne Nase, Lippen und Ohren!

Ohne ein Wort zu wechseln, eilten wir fort, bis wir weit aus Rufes- und Schußweite waren. Endlich machten wir Halt, als Hadschi abstieg, auf mich zulief, und mir mit den ausschweifendsten Freudenbezeugungen ein kleines schwarzes Ding zeigte, wobei er ausrief: „Das hat uns gerettet, und ich habe es gerettet!" Das so vorgehaltene Ding war ein Stückchen heiligen Holzes (Holz vom Kreuze Christi) in Wachstuch gewickelt, um es gegen die Nässe zu schützen. Hadschi erzählte mir, vom Augenblicke seiner Gefangennehmung an hätte er nicht im allermindesten für sich selbst gefürchtet, son= dern nur für das heilige Holz; bevor er ausgeplündert worden, hätte er es heimlich dem Vasili anvertraut, und nichts hätte ihn glücklicher machen können, als die Rückgabe, und nur diese wäre unserer Befreiung Ursache gewesen. Hier küßte er es andächtig. Ich bat lange um Erlaubniß, es zu sehen, was er endlich ge= stattete. Ich entfaltete das Wachstuch, drei verschiedene Hüllen von Papier und Seide, dann kam ich auf etwas Baumwolle. „Da ist es," sagte er, „in der Baumwolle, aber es ist kein ganz großes Stück." — „Nein, Hadschi," antwortete ich, „es kann nicht ganz groß seyn, denn ich kann's weder fühlen noch sehen!" Das heilige Holz war verschwunden!

Besser beritten sprengte ich fort, im Glauben, das Kloster könne nicht mehr fern seyn, noch daran denkend, daß ich den Weg verfehlen könne. Bald ward es pechfinster, und durch die undurch= dringliche Dunkelheit der Wälder suchte mein Thier den Weg. Links hörte ich die Wellen rauschen, bald ganz nahe, bald fern unten, und Streifen phosphorischen Lichtes zeigten ferne die Li= nie der wogendämmenden Küste. Ich war nun eine beträcht= liche Strecke vor den Andern voraus und ungewiß, ob ich weiter sollte, als ein Hund auf mich zusprang und ein fürchter= liches Bellen aufschlug. Zugleich wurde ich von verschiedenen Stimmen angerufen; ich antwortete nicht. Endlich pfiff eine türkische Kugel*) bei meinem Ohre vorbei, und mehrere Schüsse folgten. Ich jagte über Kopf davon; nachdem ich etwa eine Meile mein Thier gespornt hatte, merkte ich, daß ich unverfolgt blieb, und in der Furcht, mich verirrt zu haben, hielt ich, stieg ab und trieb mein Maulthier in ein Dickicht unweit des Weges. Nicht lange war ich hier in Sicherheit, als ich in der Ferne rufen hörte und bald Hadschi's Stimme erkannte. Ich kroch aus mei= nem Schlupfwinkel hervor, erzählte frohlockend mein Entkom= men von dieser zweiten Bande und fragte, wie sie dieselbe

---

*) Das Blei=Ende wird nicht von der Kugel abgeschnitten, sondern die Patrone daran befestigt, so daß die Kugel durch die Luft pfeift.

vermieden hätten. Zur Antwort erhielt ich ein höchst unorientalisches lautes Gelächter. Die Leute, die so muthig ihre Musketen auf mich abgefeuert hatten, waren keine Klephten, sondern Wachen. Ich war vorüber gekommen, bevor sie mich gehört hatten, und da ich nicht antwortete und auf das Anrufen nicht anhielt, so wollten sie mich eben verfolgen, als Hadschi nachkam und ihnen sagte, wer ich sey. Ich hielt es indeß für einen betrübten Casus, als ehrlicher Mann von Dieben gepackt, und als Dieb von ehrlichen Leuten erschossen zu werden.

Zwölftes Capitel.

Der Berg Athos.

Wir arbeiteten uns weiter, konnten aber noch immer keine Zeichen des Klosters bemerken; es schien vor unseren müden Schritten zu entfliehen. Endlich kamen wir an ein Metochi, oder einen von den schon beschriebenen Pachtthürmen. Ach, wir fanden es unbewohnt, bis auf eine Scheune, worin einiges Vieh stand, und den noch warmen Platz, wo ein Mann gelegen hatte, der bei unserer Annäherung geflüchtet war. Der Hunger rief vorwärts, aber die Müdigkeit bestand darauf dazubleiben und gewann das Spiel. So legte ich mich denn nieder, um ein paar Stunden auf dem Stroh des verschwundenen Schäfers zu ruhen, in einem Sarkophage, der als Becken einer versiegten Quelle diente.

Als die Sonne aufging, kamen wir in die Nähe des Klosters Tschelendari. Es war ein großes, imponirendes Gebäude, das erste, was ich der Art sah, und es fiel mir ausnehmend auf. Ein aufgedämmter, geschwungener und mit Brustlehnen versehener Weg führte dahin. Gärten, Baumreihen und Cypressen lagen umher, mit manchen anderen interessanten Gegenständen, auf die ich in dem Augenblicke wenig Aufmerksamkeit verwenden konnte. Bei meiner Ankunft wurde ich in das Schlafgemach des interimistischen Abtes eingeführt, der gerade aus seinem Morgenschlummer erwachte. Nach gegenseitigen Begrüßungen und nachdem er Kaffee und Süßigkeiten bestellt hatte (denn es ist gegen die Regeln morgenländischer Gastfreiheit, zu fragen, wer und woher der Fremde sey, bevor er bewirthet ist), störte ich seine Begriffe von Anstand, indem ich ihm sagte, Kaffee und Süßigkeiten würden besser nach etwas Nahrhafterem kommen, das mir desto lieber wäre, je eher es käme. Als ich bemerkte, daß der Goumenos nicht weniger über meinen Morgen-Appetit als über meine Dreistigkeit erstaunt war, erörterte ich ihm in aller Kürze, daß ich ein Reisender sey, der in den letzten sechs und dreißig Stunden saure Arbeit und nichts zu essen gehabt hätte.

Mein Frühstück war ein mäßiges, aber es war ein Freitag, nebst seinem magern Genossen, dem Mittwoch, kein Paradetag eines griechischen Speisesaales. Während dieser Zeit hatte sich das Gerücht von der Räuberei im ganzen Kloster verbreitet; Hadschi hatte die Patres und die Diener um sich versammelt und führte die gestrige Scene vor ihnen auf. Kaum hatte er geendet, als sie haufenweise in des Abtes Zimmer kamen, um den Helden der merkwürdigen Geschichte zu besehen. Der Abt schien zuerst das übel zu nehmen, indem er die Geschichte für einen schlechten Witz hielt. Als er sich aber endlich überzeugt hatte, sie sey wirklich wahr, bekreuzte er sich über und über, sah mich mit einem Paar großen Augen an und sagte: „Seyd Ihr eine halbe Stunde bei mir gewesen und habt mir nichts davon erzählt?" Dann murmelte er bei sich selbst: „Na, nun läßt sich ein so frühzeitiger Appetit erklären." Hadschi ward heraufgerufen, seine Geschichte zu wiederholen, die ohne Anstoß vorwärts ging, bis er zu den wunderbaren Wirkungen seines heiligen Holzes aus Jerusalem kam. Augenscheinlich hatte er bei seinem ersten Vortrage die Ehre und den Ruhm unserer Erhaltung der Reliquie, nicht mir, zugeschrieben, und jetzt, in meinem Beiseyn, konnte er mit allem Scharfsinne die frühere Voraussetzung nicht mit den einfachen Thatsachen, wie sie wirklich sich ereignet, reimen. Gern wäre er mit Stillschweigen darüber weggegangen, aber es war kein Entkommen, alle Mönche schrieen: „das heilige Holz! Das heilige Holz! Erzähl' dem Abte vom heiligen Holze!" Großmüthig kam ich ihm zu Hülfe und erzählte, wie er mir die Versicherung gegeben, daß in dem Augenblicke, wo das Paket, welches das heilige Holz enthalten sollte, ihm wieder gegeben worden, eine plötzliche Veränderung bei den Klephten vorgegangen wäre, alle

8 *

blutgierigen Gedanken verschwunden, selbst jede Idee eines
Lösegeldes bei Seite gesetzt wäre, und wie damals ihnen der wun=
derbare Gedanke gekommen mich zu ihrem Anführer zu machen.
Hadschi's Gesicht war wieder lebendig geworden und blickte auf
mich eine Welt von Danksagungen.

Dieses Kloster ist slavonisch, die meisten Mönche sind Bul=
garen. Der Abt war auf einer Reise in Rußland, und der seine
Stelle vertretende Mönch war gerade von Moskwa zurückgekehrt.

Nachdem ich einige Stunden gerastet, verließ ich Tschelendari.
Bald darauf, wahrscheinlich weil sich der Wind gedreht, wurden
wir durch einen brennenden Waldsaum beinahe erstickt. Mit
Mühe kamen wir davon, denn wir wußten nicht wohin. Der
Brand war parallel mit dem Wege, den ein sanfter Höhenzug
geschützt hatte, während der Wind abstand. Der sich drehende
Wind trieb Flammen und Rauch über uns. Vom Wege konn=
ten wir nicht abkommen, wegen der dicken Dornen und Gebüsche,
die das Land bedeckten und die Flamme schnell verbreiteten, welche
nun fürchterlich prasselte und uns nach allen Seiten zu umhüllen
schien. Durch Vorwärtsjagen entkamen wir indeß mit dem
Schrecken, obgleich ein wenig gebraten und vollständig geschwärzt.
Wir wunderten uns, wie fruchtbar an Abenteuern der heilige
Berg war und eilten nach dem Kloster Simeon, das uns bald
aufnahm.

Simeon ist ein Cönobiten=Kloster, d. h. wo Alles zur Güter=
gemeinschaft gehört. Der Abt interessirte mich sehr, und ich be=
dauerte, daß meine Einrichtungen mir nicht verstatteten, wenig=
stens einen Tag bei ihm zuzubringen. Die Einfachheit und Zier=
lichkeit in dieses Mannes Wesen und Gehaben, seine anziehende
und belehrende Unterhaltung nahmen mich sehr zu seinen Gun=
sten ein. Später lernte ich hülflos und leidend seinen wahrhaft
menschenfreundlichen und christlichen Geist schätzen.

Am Abend kam ich in Vathopedi an, das an einer kleinen
Bucht im Osten der Halbinsel liegt und mit Mauern und Thür=
men umgeben ist, die so wenig im Verhältnisse zu dem Umfange
stehen, daß es aussieht wie Cybele's Mauerkrone. Als ich durch
den Thorweg kam, erschütterte das Anschlagen der großen Vesper=
glocke das Gebäude und erschreckte mich durch einen lange un=
gewohnten Ton. Nach dem Eindrucke, den dieß auf mich machte,

kann ich mir denken, daß allein die Glocken vom Athos hinreichen
würden, den Ort für die tonliebenden Griechen zu heiligen, denen
sonst überall das Recht dieser geliebten Auszeichnung genommen
ist. *) Daher sind die Mönche vom Athos als die „Herren der
Glocke" bezeichnet worden. Dieß ist das größte und interessanteste der Klöster, und da ich jetzt vorwärts wollte, um den Berg
zu besteigen, so beschloß ich, auf der Rückkehr hier zwei Tage zu
bleiben, um die Büchersammlung zu untersuchen und eine mir
vorgezeigte handschriftliche Geschichte des Berges. Die Kirche
ist inwendig ein helles, luftiges und hohes Gebäude, das aus
zwei ineinandergehenden ovalen Hallen besteht, geziert mit ungeheuren Porphyrpfeilern, Estrich, Säulen und Verzierungen von
Jaspis, Verde aurico und buntem Marmor.

· Hier fand ich einen türkischen Bimbaschi, den ich schon von
früher kannte und der eine Reise zu Boot machte, um über den
Zustand der Landstraßen zu berichten. Er war ein dicker,
plumper Mann mit einem Gesichte, das zu allen Zeiten fast so
roth war als sein Fez (Mütze); als er aber von meinem Unfalle
hörte, den er eben so sehr für eine persönliche Beleidigung, als
für eine Schande seiner Verwaltung zu halten schien, wurde sein
Gesicht noch röther. Er stürmte und wüthete, schimpfte auf alle
weiblichen Verwandten der Klephten, drohete mit Hängen und Schießen, und ward nur durch den Gedanken besänftigt, den Klöstern
eine schwere Geldbuße aufzulegen. Hadschi wurde wieder gerufen, um seine Geschichte zu erzählen, womit er uns unterhielt,
während wir zu Abend aßen. Dießmal aber wurde das arme
heilige Holz ganz vergessen, so daß ich ihn verschiedene Male an
die Thatsachen erinnerte, die ich auf sein Zeugniß angenommen und
erzählt hatte. Ich bemerkte, der Bimbaschi, der die Macht des
heiligen Holzes nicht kenne, würde sich an der Erzählung sehr erbauen.
Hadschi konnte gar nicht begreifen, was ich wollte; so war ich,
wie im Kloster, gezwungen zu erzählen, wie uns in der Stunde
der Noth die Rückgabe des heiligen Holzes geholfen habe. Der

---

*) Mohammed II verbot den Gebrauch der Glocken in Konstantinopel,
weil sie der übrigen Bevölkerung störend waren. Auf den Fürsteninseln gestattete er die Glocken, weil diese ausschließlich von Griechen bewohnt waren.

Abt, der mit uns aß, nickte mit dem Kopfe, als ich so weit kam, und betrachtete das als ein ganz gewöhnliches Ereigniß. Der Bimbaschi sagte: „Aber es wäre besser gewesen, wenn das heilige Holz euch allganz davon gerettet hätte, in die Gefahr zu kommen. „Aber," fuhr ich fort „das heilige Holz wurde überhaupt gar nicht zurückgegeben." „Was?" schrie der Goumenos den Hadschi an. Hadschi's Augen sauken zu Boden, sein Gesicht war schwarz, das des Abtes gelb, der Bimbaschi lachte lange, daß ihm die Seiten bebten.

Es könnte auffallend scheinen, daß mein Diener, ein Christ, mit dem türkischen religiösen Titel eines Hadschi — eines Pilgers — bezeichnet wurde, obendrein einem so hochgeachteten und oft so theuer erkauften Titel. Aber noch auffallender ist es, daß Christen und Muselmänner diesen Titel zusammen erwerben können, indem sie dieselben Cerimonien an denselben Orten üben, und zwar an Plätzen, die durch Erinnerungen an Christus und die Ueberlieferungen der Kirche geheiligt sind. Das große Hadschilik, oder Mekka, ist Allen verboten, die nicht Muselmänner sind, aber druen, welche an der Ausübung dieser, allen Jüngern Mohammeds auferlegten Cerimonie verhindert sind, steht das kleine Hadschilik von Jerusalem offen. Indeß gibt nicht ein bloßer Besuch von Jerusalem oder Mekka den Titel eines Hadschi, sondern nur die Theilnahme an gewissen Cerimonien, die an beiden Orten nur einmal im Jahre verrichtet werden. In Jerusalem geschieht dieß von Muselmännern und Christen gemeinschaftlich. Nach mannichfachen vorbereitenden Gebräuchen an den verschiedenen Andachtsörtern der verschiedenen Secten innerhalb der Ringmauer von Jerusalem versammeln sich diejenigen, welche auf die Ehre eines Hadschi Anspruch machen, am Nachmittage des Osterabends an einem Orte gemeinschaftlicher Zusammenkunft, drei Meilen von Jerusalem. Von da rückt die aus Türken, Arabern, Kurden, Beduinen, Griechen, Armeniern u. s. w. bestehende Karawane nach Jericho. Von dort zieht sie wieder fort mit großem Pompe und von zahlreichem Gefolge begleitet, drei Stunden nach Sonnenuntergang, so daß sie mit Tagesanbruch an den Ufern des Jordan anlangt, wo dann jeder mit dem ersten Sonnenstrahle des Ostermorgens sich in das Wasser der Entsündigung taucht. Der Strich Landes zwischen Jericho und dem Jordan ist mit einem

Grase bedeckt, das nicht über sechs oder acht Zoll hoch wird, aber äußerst brennbar ist und ein helles Licht gewährt; es ist zu dieser Jahreszeit immer trocken und wie Zunder. Vor und hinter der Karawane schreiten Männer mit Fackeln, die das Gras anzünden; dann brennt es an beiden Sriten längs ihres Weges und bringt die seltsamste und glänzendste Wirkung hervor. Sonderbare Geschichten werden erzählt von den Heiligen, die jene Gegend mit einer Pflanze versorgt haben, welche so wunderbarlich geeignet ist, dieser nächtlichen Pilgerfahrt der Andacht den Glanz zu verleihen. Sonderbare Geschichten werden auch von den wüthenden Stürmen und den Regenströmen erzählt, welche ruchlose Grister in den Lüften erregen, um die Flamme zu löschen, die den Pilger auf seinem frommen Wege leitet. Solch ein Sturm überfiel die Karawane, mit der mein getreuer Hadschi als Pilger fortzog und als Heiliger zurückkehrte. Es gab einen Augenblick, wo das brennende Gras fast erloschen war vor den ängstlichen Augen der nachtumgebenen Menge, als nach Hadschi's Erzählung ihm glücklicherweise eben das Stückchen heiligen Holzes einfiel, das noch neuerdings uns einen so wichtigen Dienst geleistet.

Am nächsten Morgen kamen wir nach dem Dorfe Karies. Hier hat der leitende Ausschuß der Klöster seinen Sitz; hier wird der Jahrmarkt gehalten und residirt der Aga Bostandschi aus Konstantinopel. Es ist ein wunderlicher Ort — man sieht einen Tscharschi von Läden, Häusern und Gärten, ohne eine Frau, ein Kind, ein Huhn oder ein Schwein, und außer den schnurrbärtigen Mönchen erblickt man kein lebendes Wesen, als große Kater, die mit übergeschlagenen Beinen vor jeder Thür sitzen. Man kommt in das Dorf durch einen sehr angenehmen Weg mit Hecken, Geländern und Pforten. Es ist landeinwärts belegen, überblickt aber die See und die hübsche kleine Bucht des Klosters Iviro im Osten. Rund umher, hinab nach der Küste oder hinauf nach den Bergen, ist eine wunderlich reizende Abwechslung von Höhen und Niederungen. Die ganze Gegend ist mit Fruchtgärten und Haselnüssen bedeckt, die höheren Stellen mit Wäldern von Wallnüssen und Castanien, die zuweilen regelmäßig in Reihen angepflanzt sind. Einige kleine Klöster sind rings umher zerstreut, und durch die Wälder lauschen oder auf den Felsen wiegen sich

Hunderte von Capellen, einzelnen Mönchswohnungen und Ein=
siedlerhütten. Im Süden, unter dem heitern Himmel, ruhet der
heilige Berg auf seinem Felsenthrone. Aber wer könnte die Wir=
kungen beschreiben des hellen Nebels und der Wolken, die auf
dem majestätischen Gipfel ineinander fließen? Dunstschleier, die
jetzt mitten in der Luft hingen, ruheten im Morgengrauen völlig
still in wagerechten Streifen; zuweilen einer Säule gleich mit
einem Wolkendach und zuweilen gleich neuen Bergen aufgehäuft.
Manchmal sah ich eine einzelne Wolkenmasse auf dem grauen
Gipfel wanken, sich gleich der „Meteorfahne“ orientalischer Anden
vor dem Seewinde beugend und wallend über dem Gebiete der
Sonne und dem Reiche der Musrn.

Bald nach meiner Ankunft wurde der ganze Ort mit Lär=
men und Schrecken erfüllt; die Sturmglocke heulte, und die Ein=
wohner drängten sich mit Aexten und andern Geräthen durch die
Gassen. Es war Feuer in der Nähe und zwar windwärts. Ohne
meine neuliche Erfahrung würde ich schwerlich begriffen haben,
warum plötzlich Alles so in Lärmen und Thätigkeit gerieth.
Durch schnelle Maaßregeln wurde das Feuer bald überwältigt. Ich
machte einige Besuche im Kloster Iviro, das seinen Namen von der
türkischen Benennung von Georgien trägt, wo es eine Metochi
und Ländereien hat. Es bewahrt manche Ueberlieferungen und
Bildnisse von Anführern und Kriegern des Stammes, zu dem
seine Wohlthäter gehörten, die ihm ihre Reichthümer und ihre
Gebeine vermachten. Der Didaskalos, ein altersschwacher und
ehrwürdiger Greis, der in diesen geschichtlichen Erinnerungen
trefflich bewandert war, freute sich sehr, einen aufmerksamen Zu=
hörer an mir zu finden. Ich bat ihn, meinen Ausflug nach dem
Bergesgipfel so einzurichten, daß ich den Zellen oder Höhlen eini=
ger der strengern oder merkwürdigeren Büßenden vorbeikäme, und
erklärte ihm meinen sehnlichen Wunsch, sie zu sehen und mit ih=
nen zu reden. Nach kurzem Bedenken sagte er: „Ich glaube eure
Neugier befriedigen zu können, ohne daß Ihr nach dem Berge geht.
Auf dem Felsen über diesem Kloster bewohnt seit den letzten zwan=
zig Jahren ein Einsiedler eine kleine Zelle, und wir halten ihn für
die merkwürdigste Person auf der Halbinsel; es ist nicht unmöglich,
daß er Euch aufnimmt. Seinen Namen und seine Verwandtschaft weiß
Niemand; aber man vermuthet, er sey einer der durch den Fort=

schritt der russischen Waffen vertriebenen Fürsten. Er beobachtet mit äußerster Genauigkeit die Regel der Büßer, ißt nur schwarz Brod und auch das nur in langen Zwischenräumen, und hat mit Niemand Umgang, als einmal alle Vierteljahre mit seinem Bruder, der auch ein Büßender ist und auf einem Meerfelsen an der andern Seite lebt. Dennoch erscheint er mild und schüchtern wie ein Kind, und obgleich natürlich keiner von uns in seine Abgeschiedenheit eindringt, bin ich doch überzeugt, er wird einem Fremden seine Thür nicht verschließen."

Dieser Bericht interessirte mich so sehr, daß ich beschloß, ohne Zeitverlust wo möglich in seine Zelle zu dringen. Einer der Mönche begleitete mich, und wir kamen bald an einen kleinrn viereckten Hofraum auf dem Gipfel des Felsens, wo eine sechs bis sieben Fuß hohe Mauer eine kleine Capelle und Zelle und Raum für ein Grab umschloß.

Wir klopften artig an die Thür und warteten; dann klopften wir wieder ein wenig und warteten etwas länger, und abermals und noch einmal, und wir wollten schon umkehren, als wir ihn über den Hof schreiten hörten. Die Thür öffnete sich, und eine lange dunkle Gestalt füllte sie aus, die, da sie inwendig eine Stufe höher stand, sich bücken mußte, um nach uns herauszusehen. Sein Gesicht war dunkel und hager, ein lebhaftes, aber tiefliegendes Auge war der einzige mir auffallende Zug. Wir warteten ein paar Secunden; seine zuerst fragende Haltung ging allmählich zur Verschämtheit über; statt uns nach dem Grunde unseres Eindringens zu fragen, begann er sogleich eine Entschuldigung, mich so lange an der Thür aufgehalten zu haben, da er im Gebete begriffen gewesen und geglaubt, sein Bruder klopfe, der Einzige, der ihn besuche, setzte er mit einem Lächeln hinzu. Eine andere Aufnahme erwartend, gerieth ich in Verlegenheit über seine Demuth und konnte kein Wort finden, ihm zu antworten, sondern folgte ihm in sein kleines Zimmer. Er lief hin und legte ein Kissen von seinem Betpulte auf eine erhöhte Steinbank, die ihm zum Beten diente, und dieß, nebst einem irdenen Kruge, war die ganze Meublirung seiner Zelle.

Ich setzte mich, er setzte sich mir gegenüber in einen Winkel, der Mönch trat ans Fenster, und so saßen wir eine Zeitlang im verdrießlichen Stillschweigen. Endlich sagte ich, ich sey ein Frem-

der aus Europa, der durch den Ruf des Berges Athos herge=
lockt sey, und hoffe, er werde meine Dreistigkeit mit dem heißen
Wunsche entschuldigen, eine der größten Zierden desselben zu sehen.
Ruhig antwortete er: „Ihr seyd willkommen auf dem Athos;
in Betreff des Uebrigen seyd Ihr unrecht berichtet." Er lächelte
aber mit Zügen, welche die Gewohnheit des Lächelns verlernt
hatten, und schlug verschämt die Augen nieder. Ich versuchte eine
Unterredung über die Geschichte des Klosters anzuknüpfen, und das ge=
lang mir endlich. Er erzählte mir, daß er seine sehr nutzlose
Zeit zum Abschreiben seltener georgischer Handschriften verwende.
Als er von der Mönchsregel sprach, sagte er, die Mönche wären
auf der einen Seite feige, die statt zu fechten flöhen, andererseits
aber weise Männer, die ihre eigene Schwäche kannten und ihr
mißtrauten; die Welt hätte ihre Versuchungen, die Einöde aber
auch, und ihre Entbehrungen führten nur zu oft zur Ueberhebung
und zum geistigen Hochmuth.

Nach einer halbstündigen, wahrlich nicht sehr leicht fortzu=
führenden Unterhaltung, nahm ich meinen Abschied, sehr zufrie=
den, daß es mir gelungen war, ihn zu sehen, aber gereizt, daß
ich nicht im Stande gewesen war, den geheimnißvollen Schleier
zu lüften, hinter dem sonder Zweifel ein mächtiger Geist und
eine seltsame Geschichte verborgen war. Als wir hinunterstiegen,
erzählte mir mein Führer, das furchtsame Wesen, das wir so
eben verlassen, habe, während der Gräuel, die auf die Unterjochung
von Kassandra und Athos folgten, dem wilden Abul Abut in
seinem Palaste in Salonika getrotzt und unter den tausend
Schlachtopfern seiner Grausamkeit vergebens nach der Märtyrer=
krone gestrebt.

Dieser Besuch erweckte in meinem Gemüthe den lebhaften
Wunsch, das romantische Vaterland dieses sonderbaren Mannes
zu besuchen. Hohe Gebirge scheinen mit einander verwandt zu
seyn. Auf dem Gipfel des Olymp keimte in meiner Seele der
Wunsch, den Athos zu besuchen, und als ich bei der Rückkehr
von der Zelle des kaspischen Eremiten den Athos ansah, schweif=
ten meine Gedanken zum Kaukasus, und die Hoffnung blitzte auf,
daß dereinst meine Füße den Umkreis des Kaukasus betreten,
meine Augen auf seinem Gipfel ruhen möchten.

Dreizehntes Capitel.

Der heilige Berg und seine Bewohner.

Die Mönche vom Sinai, Libanon, von den Küsten des rothen
Meeres, von Antiochien, Jerusalem, Alexandria und Damascus,
vom eigentlichen Griechenland, Georgien, Rußland und allen über
Asien zerstreuten, dem griechischen Glauben angehörigen Klöstern,
blicken auf den heiligen Berg, wie auf ihr Muster und erlangen
Ruf und Ansehen, wenn sie ihn besuchen und in seinen heiligen
Hainen verweilen. Die Mönche vom Athos selbst werden auf das
Höchste verehrt, ihre Regel wird für die vollkommenste, ihre Ceri-
monie für die heiligste gehalten.*) Abgeschlossen von der übrigen
Menschheit, wie sie es durch ihre Lage sind, verlieren ihr Ruf
der Heiligkeit, ihr strenger Charakter nichts durch den vertrauten
Umgang. Ihre Reihen werden nicht durch örtliche oder Familien-
verbindungen recrutirt, die menschliche Gebrechlichkeit kommt nicht
in Versuchung, die Lästerung hat keinen Anhalt. Findet man auch
in diesen Felsenschlössern wenig Frömmigkeit und noch weniger
Gelehrsamkeit, so wird doch auch nicht, wie in den Klöstern der
abendländischen Kirche, durch faule Armuth oder schwelgerische Nachsicht der Novize erschreckt und der Wallfahrer geärgert. Hieher
pilgern aus den Steppen Rußlands, aus den Sandwüsten Afrika's die Frommen aller Länder und Zungen, um Gott zu verehren
und zu bewundern in der erhabensten und erhebendsten Umgebung,
auf üppigem Grase zu ruhen, aus eisigen Krystallströmen zu
trinken, und zurückzunehmen in ihre unabsehbaren Ebenen und ihre
heißgebörrten Einöden den Ruf von den irdischen Schönheiten und
Wundern dieses von heiligen Männern bewohnten Kreises, auf
den die Augen der Heiligen und der Engel günstig und liebend
herniederschauen.

Unter solchen Scenen erhoben sich die Paläste der Mönche,
glänzend und imponirend, und geschmückt durch die früheren Beherrscher von Konstantinopel. Der Geschmack und der Fleiß Tau-
sender von Mönchen, welche einzelne Wohnungen inne hatten, ver-

---

*) In der orientalischen Kirche gibt es nur Einen Mönchsorden, ben des
heiligen Basilius.

wandelte ihre Zellen in romantische Grotten, flocht Weinranken und Schlinggewächse über die herabhängenden Felsen, leitete Quellen, bog Lauben und verbreitete rings ymher Fruchtbäume und Blumen. Oder auch mag der fremde Pilger die nackten Seiten des Berges selbst erklimmen, und dort, in ehrerbietiger Ferne, zwischen deu Felsen die Capuze rines höher strebenden Büßers mit einem Blicke belauschen, eines stolzeren Geistes, der seinen Weg verfehlte und nun in so wilder Zufluchtsstätte Trost sucht in Abtödtung des Fleisches und im geistlichen Stolze. Dort hausten und hausen noch Hunderte einsamer Wesen, einige in abgeschlossenen, aber gemächlichen Wohnungen; einige in Hütten, andere in Höhlen, nach eigener Laune ihren Wohnsitz wählend und sich lossagend von aller Gemeinschaft mit den weltlicheren Insassen des Berges. Zu bestimmten, festgesetzten Zeiten erscheinen sie in den Klöstern, denen sie angehören, um Vorrath an Nahrungsmitteln zu erhalten und darzuthun, daß sie noch leben. Einige haben Jahre verbracht, ohne zu reden, einige haben sich soweit beschränkt, daß sie nur einmal in der Woche essen. Außer diesen Entziehungen unterwerfen sie sich mannichfacher Kasteiung, wobei sie täglich einige hundert Kniebeugungen verrichten. In der Zelle, wo ich Zutritt fand, war der Fußboden vor der Panagia (Mutter Gottes) zu zwei Höhlen geworden von den Knieen des Einsiedlers.

Vor drei Jahrhunderten schrieb Belon: „Von den sechstau-„send Mönchen, die auf diesem Berge leben, glaube ich, ist kein „einziger müßig, denn früh Morgens verlassen sie die Klöster, „jeder mit Geräth in der Hand und einem Sack auf der Schul-„ter mit Zwieback und Zwiebeln. Sie arbeiten alle für die Ge-„meinde des Klosters, und jeder muß eine mechanische Kunst „üben. Gibt es eine gemeinschaftliche Arbeit, so unternehmen „sie dieselbe alle zusammen, sonst aber hat jeder seine besondere „Beschäftigung. Einige sind Schuhmacher oder Schuhflicker; ei-„nige spinnen Wolle, andere weben Tuch und noch andere schnei-„dern; einige sind Maurer, Zimmerleute, bauen Boote, sind Fi-„scher oder Müller, und das ist ein großer Unterschied von den „Sitten und Gebräuchen der lateinischen Klöster. Alle sind gleich „fleißig, und keiner bekommt für seinen Fleiß oder seine Trägheit „mehr als die übrigen, d. h. das zweimalige mäßige Mahl

„täglich, die Zelle zur Wohnung und jährlich zwei wollene Hem=
„den, einen Rock und zwei Paar Strümpfe. Das ist die Regel
„der κοινοβιοι, oder Cönobiten, d. h. derer, die Gütergemein=
„schaft unter sich haben. Ich fragte den Goumenos des Cöno=
„bitenklosters Simeon, wie er ohne Belohnungen und Strafen
„solche Ordnung halte. Er antwortete: „„Leute, die an einen
„„Ort kommen wie dieser, sind von der Sorge mürbe gemacht;
„„sie haben eine religiöse Stimmung und sind im reifen Alter;
„„wer Indulgenz, ein bequemeres Leben sucht, geht nach ande=
„„ren Klöstern, wo man Mittel hat sich dergleichen zu ver=
„„schaffen; zu uns kommen die Aermeren, die Andächtigeren, die
„„Entsagenden. Ist aber Einer sehr gewerbthätig und sucht mehr
„„zu verdienen, als die Uebrigen, so kann er ein κοιλον (Zelle)
„„erhalten und für sich allein wohnen; ist er sehr andächtig, so
„„kann er φιλέρημος (Einsiedler) werden und auf den Berg zie=
„„hen. So sind die, welche im κοινοβιον bleiben, mäßig, an=
„„dächtig und ohne Uebermaaß enthaltsam und vollständige Bil=
„„der Einer des Andern. Die Arbeit in unserer verschiedenen Be=
„„schäftigung füllt Tage aus, welche keine weltlichen Leidenschaf=
„„ten stören, lindert oder verhütet Kummer und wird das Band
„„unserer gemeinsamen Freundschaft; die stille Zufriedenheit un=
„„serer Genossen ist unser Hauptzweck, und wir geben nie zu, daß
„„diese Einigkeit durch die Zulassung eines Bruders gestört wird,
„„der den Uebrigen nicht gliche.""

Es gibt vier und zwanzig Klöster; die vorzüglichsten sind
Tschelendari, Simeon, Vathopedi, Pantokrator, Iviro, die land=
einwärts liegen; Lavro, Agio Paulo, Dionysio Gregorio, Archan=
gelos und Kastamoniti liegen auf dem Vorgrunde des Berges nach
dem ägäischen Meere. Diejenigen, die in großen Umrissen sich auf
dem Felsen erheben, werden angerufen von dem vorübersegelnden
Fischer, Seemann oder Piraten;*) sind sie versteckt, zwischen

---

*) „Sowohl die türkischen als die christlichen Seeräuber respectiren die
„Klöster. Menschen, die weder Vater noch Mutter, weder Verwand=
„ten noch Freund schonen, sondern sie für klingende Münze verkau=
„fen würden, haben, ich weiß nicht welchen Instinct, den καλογερον
„zu schonen. Auch geschieht das nicht der Armuth wegen, denn die
„Piraten rauben Menschen ihrer selbst und ihres Geldes wegen und
„können fünfzig Ducaten für einen Sklaven bekommen." — Belon.

Klippen und Laubwerk eingenistet, so läßt der Bootsmann sein
Ruder und sucht den Thurm, und hat er ihn entdeckt, so bekreuzt
er sich andächtig und greift wieder zur Arbeit.

Belon war entzückt von der Flora des Vorgebirges; er vergleicht die Platanen mit den Cedern vom Libanon; die Schlinggewächse sind so riesenartig, sagt er, daß sie in den Himmel wachsen
würden, wenn sie einen Baum fänden, der hoch genug dazu
wäre, sich soweit hinaufzuranken. Was ihn aber am meisten
überraschte und erfreute, war, „daß es keine ausgezeichnete Pflanze
„gibt, die nicht noch heute denselben Namen führt, den Theophrast,
„Dioskorides und Galen uns in ihren Schriften bewahrt haben.
„Die hohen Lorbeerbäume und wilden Oelbäume halten beständig
„die übermäßige Sonnenhitze ab, und die Erdbeerbäume (arbou-
„siers, arbutus), die in anderen Gegenden gewöhnlich Gesträuche
„sind, werden hier zu Bäumen.“ Der smilax laevis (Stechwinde) rankt bis an die Wipfel der höchsten Platanen und fällt
dann über die Zweige herab, so eine immergrüne Schutzwehr gegen die Heftigkeit der Winde, oder die Gluth der Sonnenstrahlen bildend.

In Hippokrates' Tagen, wie jetzt, war diese Gegend wegen
des Fiebers berüchtigt. Er führt verschiedene Fälle an aus Ab-
dera und Thasus von dem bösen und dem Wechselfieber; er erwähnt der die Hundstage mildernden etesischen Winde, der täglichen Windströmungen während der heißesten Stunden, aus Süden im Winter, aus Norden im Sommer. In keinem andern
Lande wie in diesem hätte er der Luft, dem Wasser und der Lage
so wundervolle Wirkung zuschreiben können, die noch jetzt geprüft,
genossen und geehrt wird. Der erste Vorzug eines Ortes ist sein
kaltes und klares Wasser, dann seine reine Luft, und man hört
einen Bergbewohner, nicht wie bei uns Hügel und Herd, sondern seinen Bach und seine Quelle vermissen (jede Quelle in einem
Dorfe hat einen besondern Namen), die besonderen Winde, die er
sorgfältig unterscheidet, und dann die Fernsicht. Als ich Manche
von ihnen gelehrt und genau über diese Sachen reden hörte, wie
sie besonderen Lagen und Oertlichkeiten eigene Wirkungen auf das
Wasser zuschrieben und dann von den Wirkungen der Temperatur
und des Wassers auf die Complexion, Stimme, Gesundheit und
das Temperament des Menschen sprachen, hatte ich dasselbe Vers

gnügen, Aehnlichkeiten mit dem Alterthum zu finden, das Belon empfand, als er die botanischen Namen des Hippokrates und Galen noch im täglichen Gebrauche antraf.

Am Ende der Halbinsel erhebt sich der Athos zu einem hohen Gebirge, das man 30 Seemeilen weit sehen kann. Sieht man ihn von den macedonischen Bergen an, wo man die ganze Halbinsel mit einem Blicke verkürzt überschauet, so hat der Athos allenfalls Aehnlichkeit mit einem auf dem Rücken liegenden Manne. Nase und Kinn würden sich so in die Luft erheben, zwischen Kinn und Brust ein Zwischenraum bleiben; der erhöhte Theil des Bergendes scheint getrennt von den tiefer liegenden Felsen, die sich an beiden Seiten gleich Schultern ausbreiten; dann werden sie schmäler und in der Mitte höher, den Nabel bezeichnend, und breiten sich bei den Hüften aus; dann gibt ein steiler Berg quer über den Isthmus das Bild von gebogenen, in die Höhe gezogenen Knieen, und hierauf senkt sich das Land plötzlich und zieht sich zusammen, wo die zusammen ruhenden Füße die Erde berühren würden. Von keinem andern Punkte aus ist es möglich, dem Athos auch nur die entfernteste Aehnlichkeit mit der menschlichen Gestalt zu geben. Das muß auch, wie ich glaube, Stesikrates' Ansicht gewesen seyn, als er sich bemühete, Alexander zu überreden, die Aehnlichkeit vollständig zu machen und der rechten Hand einen Thurm, der linken eine Schale zu geben, um so mehr, als die Stadt Akanthus an der rechten Seite steht, *) gerade jenseits der Erhöhung, welche die Kniee darstellen würde, und wohin in der Perspective die Hand in dieser Lage fallen würde; diesem Punkte entsprechend ist links ein Hügel, der zur Schale hätte ausgebildet werden können. Dieser Einfall ist mir freilich erst gekommen, seit ich den Athos besucht hatte, so daß ich nicht die Ueberzeugung habe, die eine Ansicht der Localität mir verschafft haben würde, hätte ich schon damals sie darauf angesehen. Als ich diese Scenen betrachtete, war es Abend; die See gab die rosigen Tinten des Himmels so treu zurück, daß man kaum sagen konnte, wo die See aufhörte und der Himmel begann; nicht ein Wölkchen ver-

*) Strabo legt freilich Akanthus nach Westen statt nach Osten, aber nur er allein thut das, und ist nach dem Texte der Stelle offenbar im Irrthume.

dunkelte den letzteren, nicht ein Hauch kräuselte die erstere, so daß ich, durch den hohen Standpunkt und die Farbengleichheit, die den Horizont verwischte, jeden Begriff von Fläche verlor und die Masse die Form eines ungeheuern Gemäldes annahm, und ein Effect, der sich meinem Gedächtnisse tief einprägte, erinnert an die Aehnlichkeit des Vorgebirges mit der menschlichen Gestalt, was ich damals dem Schwindel zuschrieb, welchen die Täuschung der Ansicht erregte. Das Vorgebirge schien sich gen Himmel zu erheben, zuerst wie ein Baum und dann wie ein mit Bewegung begabter Koloß.

Vierzehntes Capitel.

Klephten, Piraten und Schmuggler.

Die Räuberei erregte eine höchst unangenehme Lage — der Bimbaschi athmete nichts als Rache — und wie sollte er die kühlen? Indem er den Klbstern eine Geldstrafe auflegte!

Ich muß hier bemerken, daß der Grundsatz aller Regierungen des Alterthumes, wonach die Corporation für ihre Mitglieder verantwortlich, im Oriente beibehalten ist, und die Grundlage der Gesetze, Gewohnheiten und Ansichten bildet. In erster Instanz ist der Bezirk verantwortlich, die Regierung erst in zweiter. Hier trat ein Ausnahmsfall ein, da die Mönche eine Gemeinde für sich bildeten. Als Militär-Gouverneur wurde zuerst der Bimbaschi verantwortlich, und in der That bot er nur fünftausend Piaster als Entschädigung.

Ich fürchtete indeß, als Vorwand zu einer Erpressung dienen zu sollen, und die Mönche fleheten mich heimlich an, sie zu retten. Ich nahm Gelegenheit, dem Bimbaschi vorzustellen, daß ich den Klephten gar nicht böse wäre, daß sie mir nichts genommen hätten, und daß ich viel lieber ihr Entkommen, als ihre Bestrafung sehen würde, mithin habe er, bei dieser meiner Stimmung in Bezug auf die Klephten, gar kein Recht sich in die Sache zu mischen. Er lachte über meine Scrupel und sich allmählich selbst in Wuth hinein arbeitend, schwur er solche Rache und

spie Verwünschungen aus, wie es in solchen Fällen einmal ge=
bräuchlich. Nun wurde auch ich heftig und sagte ihm, er thäte
beſſer, ſeinen Zorn gegen bewaffnete Klephten zu wenden, als ge=
gen friedliche Mönche. Bei dieſem Vorwurfe ſchäumte er vor Aer=
ger, ſtellte ſich, als beziehe er meine Anſpielung auf die griechi=
ſchen Wachen des Iſthmus, und vielleicht um mir obendrein zu
zeigen, wie verächtlich er Chriſten und ſogar bewaffnete Chriſten
behandeln könnte, ließ er einen griechiſchen Kapitano in das Zim=
mer kommen, ſchalt ihn wegen ſeiner ſtrafbaren Nachläſſigkeit und
ſagte ihm, daß wenn er nicht binnen drei Tagen die Klephten,
fände, ſo ſollte er ſtatt ihrer hängen. Dann plötzlich eine andere
Wendung nehmend, beſchuldigte er ihn oder ſeine Leute der Räu=
berei, befahl augenblickliche Muſterung und die Anweſenden mir
unverzüglich vorzuſtellen, damit ich ſie erkennen könne. Der Ka=
pitano warf ihm einen wüthenden Blick zu und verließ das Zim=
mer, ohne ein Wort zu ſagen. Ich widerſprach dieſem beſchim=
pfenden Verfahren, allein vergebens, fünfzehn Mann wurden ſo=
gleich aufgeſtellt. Ich ſtand auf, äußerte dem Kapitano mein
Bedauern, daß ich die Urſache einer ihm und ſeinen Leuten ange=
thanen, ſo unverdienten Beleidigung ſey — und verließ das
Gemach.

Nach einem Spaziergange von einigen Stunden kehrte ich
nach meinem Konak zurück und fand dort zu meinem Erſtaunen
den Kapitano und alle ſeine Palikaren im Zimmer gelagert. Als
ich eintrat, ſtanden ſie auf, ich hieß ſie willkommen und ſetzte mich.
Nachdem ſich Alle wieder niedergelaſſen, blieben wir einige Minu=
ten ſtill, während ich über die Urſache eines ſo ſonderbaren Be=
ſuches verwundert nachdachte. Des Kapitano's Bewegung ließ ihn
kaum zu Worte kommen, und es währte eine Zeitlang, bevor ich
ausfand, ihr Beſuch bezwecke, mir für meine gute Meinung und
die Art zu danken, womit ich den Vorſchlag des Bimbaſchi zurück=
gewieſen.*) „Ich bin ein Klepht geweſen," rief der Kapitano
aus, „zu Lande und zur See, und damals zitterte jeder Buſch

---

*) Während mehrerer Tage ſchlechten Wetters mußte der Bimbaſchi in
   Karies bleiben, und wagte es nicht, zu Lande zurückzukehren; da wir
   wieder Freunde geworden waren, bot ich ihm einen Zettel an, als
   einen Geleitsſchein durch die Gebirge!

„auf dem Athos bei meinem Namen! Als ich Klephte war, be-
„kannte ich es offen und er (der Bimbaschi) hätte es mir nicht vor-
„werfen dürfen; jetzt habe ich des Sultans Firman, mir verdankt
„das Gebirge seine Sicherheit, und er wagt's mich Räuber zu
„schelten!"

Der Kapitano des heiligen Berges hat seine Bestallung wie
der von Kassandra. Die Mönche wählten ihn unter den Räubern,
und er bekam einen Firman von der Pforte und ein Bujurdi vom
Pascha, wodurch er zum Armatoken ernannt, für sich und seine
Leute steuerfrei erklärt, und ihm der Bezirk des Agion Oros anvertraut wurde. Er hatte fünfundzwanzig Mann, damit mußte
er die Polizei ausüben und den Bezirk gegen Verheerung durch
seinen „Tschatir" schützen.

Oft ist mir die Aehnlichkeit aufgefallen zwischen dem türkischen
Klephten und dem spanischen Contrabandista. Beider Leben vergeht unter kühnen Abenteuern zu Lande und zur See; ihre angeborne Trägheit ist durch heftige Aufregung aufgerüttelt; Mühe
und Gefahr adeln ihre Laufbahn — beide werden von der legitimen Behörde als Verbrecher gebrandmarkt, während sie bei
dem Volke beliebt sind, weniger vielleicht wegen ihrer abenteuerlichen Lebensart, als wegen des praktischen Guten, dessen un-
bewußte Beförderer sie sind.

Gelang es Spanien nicht, eine Handels-Inquisition zu errichten, die dem Grundsatze nach eben so abscheulich und in der Ausübung viel zerstörender ist als die religiöse Inquisition; — hat
Spanien die Hülfsquellen seines Gebietes und die Thatkraft seines Volkes nicht ganz vernichtet, so geschah es, weil die geographische Lage es zuließ, daß das Corps der Schleichhändler entstand. Frankreich, Gibraltar, Porto lieferten Niederlagen aus-
ländischer Waaren; die tausend Pässe der Pyrenäen, eine ungeheure Ausdehnung der Seeküste, hohe und schwierige Gebirgsketten, die das ganze Königreich durchschneiden, verschaffen den
Schmugglern ein weites Feld, ihr Gewerbe zu betreiben.

Seit undenklicher Zeit haben gewaltige, organisirte Schmugg-
lerbanden einen großen Theil des spanischen Handels betrieben,
und der Ueberrest des Handels würde vielleicht nicht existiren,
ohne die indirecte Wirkung des Schmuggelns, das die Zölle ganz
unergiebig machte, als die Beschränkung bis ins Uebermaß ge-

trieben wurde. „Mit Ausnahme von großen Raum einnehmen=
den, unbedeutenden Werth habenden oder schwer zu transportiren=
den Artikeln hatte selbst das Verbot der Einfuhr kaum irgend
eine Wirkung auf die spanischen Märkte.‟

Haben aber die Pascher soviel beigetragen zur Erhaltung der
Handelsblüthe, die Spanien noch hat, so haben sie in nicht weni=
ger bemerkenswerthem Grade zur National=Unabhängigkeit beige=
tragen. Sie allein konnten unter solch einer Regierung Herzen er=
halten, die gegen großherzige Entschlüsse nicht verhärtet waren,
und für des Vaterlandes Sache Wohlstand und Leben hinopfer=
ten. Als die von der Regierung gegen die Franzosen ausgerüste=
ten Hunderttausende verstockten wie Spreu, als die Central=Ver=
waltung und Alles, was zur Regierung gehörte, Alles, was den
Stempel legitimer Autorität trug, weggefegt wurde, da stand der
Contrabandista als Vaterlandsvertheidiger auf und schlang um die
Stirn seines undankbaren Vaterlandes die bessere Hälfte des von
des Siegers Haupte gerissenen Kranzes.

Die gesetzlichen Grundsätze der inneren Verwaltung in der
Türkei sind der Art, daß durch ihre Verletzung keine besondere Classe
von Menschen Gegenstand des öffentlichen Mitgefühles werden
kann. Solche Meinung mag befremden, aber ich kann nicht ei=
nem Schlusse widerstehen, zu dem mich so manche besondere Unter=
suchungen einzeln geführt haben. Wählen wir nur Ein Beispiel: —
Nicht nur in Spanien, sondern in jedem europäischen Lande sind
die moralischen Wirkungen des Schleichhandels höchst bedauerlich;
unsere Küsten sind mit Zollbeamten bedeckt; unsere Gefängnisse sind
mit Leuten angefüllt, die im Auge des Gesetzes Verbrecher, in
den Augen des Volkes Schlachtopfer sind; die Achtung vor der
Regierung und dem Gesetze ist geschwächt, die gleiche Bestrafung
ungleicher Vergehungen verringert die Schande der Strafe; die
Fahne der Sittlichkeit beugt sich, die Wirksamkeit der öffentlichen
Meinung ist gelähmt. Dennoch können nur durch diese, wenn
auch beklagenswerthe, Reaction die noch schädlicheren Wirkungen
europäischer Handelspolitik gebessert werden, und ihr allein wer=
den wir vermuthlich unsere Befreiung von dem schlechten System
verdanken. Höchst sonderbar, höchst unbegreiflich ist es, daß die
Türkei uns solch einen Contrast in Bezug auf eine Frage darbie=
tet, die so unermeßlich praktisch wichtig ist. Ich kann diesen

9*

Contrast nicht stärker bezeichnen, als durch Erwähnung der einfachen Thatsache: in der Türkei gibt es keine Schmuggler. Man wird fragen, ob die Regierungsabgaben leichter sind, als in Europa? Sicher nicht. Ob ihre Zollbeamten n. dergl. wirksamer, ihre Strafen strenger sind? Gerade umgekehrt: es gibt dort Zolleinnehmer und Taxatoren, aber keine Zollwächter, keine Douanen-Linie und keine Strafe für Schmuggler. Die Sache ist die, daß die Regierungs-Abgaben auf das, vom Eigenthümer selbst genau berechnete Eigenthum gelegt sind, nach dem Betrage von Jedes Vermögen, und daß also Niemand für einen Betrüger des öffentlichen Einkommens Mitleid hat. Die türkische Regierung hat niemals versucht, den Betrag des Einkommens zu verhehlen und deßhalb Vermögenssteuern den Handelsabgaben vorgezogen, wodurch das größte Einkommen mit der größten Handelsfreiheit vereinigt scheint, und folgeweise, caeteris paribus, der größte Gehorsam gegen die Regierung.

Ist aber die Bevölkerung den Grundsätzen der Verwaltung nicht feindselig, so verwünscht sie dagegen die Mißbräuche des Orts-Statthalters, sey es der Pascha der Provinz oder der Aga des Dorfes. Das ist, soweit ich im Stande gewesen bin, es zu beurtheilen, das wahre Uebel der Türkei, und wenn die Gewaltthätigkeit dieser Despoten beschränkt, wenn die Pforte ermuthigt und gestärkt worden, wo sie zu strengen Maaßregeln gegen ihre Unterbeamten schritt, so ist es durch die Mitwirkung der Klephti geschehen. Der Bauer, festgekettet durch Familienliebe — Strohseile bei uns, Fleisch- und Blutbande bei ihnen — durch die Verantwortlichkeit der Verwandten und Dorfnachbarn für sein Betragen, arbeitet und zahlt, wagt es aber nicht sich zu beschweren oder zu klagen, bis irgend eine höchste Schmach alle diese Bande mit einem Male sprengt. Er flieht in die Gebirge und läßt sich als Armatole bei einem der Kapitani anwerben, oder schlägt sich zu einer unedleren Partei von Straßenräubern und mit albanischem Schurz, Pistole im Gürtel und Muskete auf der Schulter, und ist das schnurgerade Gegentheil von dem, was er früher war. Das zahme, unterwürfige Lastthier wird zum Wolfe der Ebene, zum Geyer des Gebirges.

So also beschränkt der Klepht die Willkür der türkischen Herrschaft, wie der Contrabandista den Despotismus des spanischen

Geſetzes beſchränkt. Die merkwürdigſte Parallele aber bietet der
ſiebenjährige Krieg für Unabhängigkeit in beiden Ländern, als
unter fremder Anführung mit den anſcheinend erbärmlichſten mili=
täriſchen Hülfsquellen, die größten militäriſchen Namen der orien=
taliſchen und occidentaliſchen Welt verdunkelt, und die überſchwem=
menden Heere einzeln von verachteten Guerillas abgeſchnitten
wurden. Jedes von beiden Ländern, dem nur das andere ver=
glichen werden kann, hat durch gleich langes Ringen in einem
Kampfe geſiegt, der in Spanien hoffnungslos, in Griechenland
thöricht erſchien. Ich hoffe, daß hier der Vergleich aufhört, und
daß Griechenland, nachdem es den zufälligen Uebeln der türki=
ſchen Herrſchaft entgangen, auf ſeinen Nationalbaum nicht die
ſyſtematiſchen Uebel Europa's pfropfen wird, deren Uebermaß
in Spanien ſo grell hervortritt. Griechenland wird den Tag be=
dauern, wo es den Klephten mit dem Schmuggler vertauſcht.

Die Klephten zu Lande ſind auch Piraten zur See geweſen;
es gibt aber verſchiedene Arten von Seeräubern, und es iſt viel=
leicht der Mühe werth, die Verſchiedenheiten aufzuſtellen.

Die geographiſche Lage von Syra kommt der von Delos
nahe, dem allerälteſten Freihafen, und während des letzten Kam=
pfes, wie in den Kriegen der Perſer und Griechen, ſind die Cha=
raktere beider Häfen dieſelben geweſen, da ſie abhängen von ei=
ner Gleichheit noch beſtehender örtlicher Umſtände und wieder er=
ſchienener politiſcher Urſachen. Auf Delos wurde Tauſchhandel
getrieben zwiſchen dem Abendlande und dem Morgenlande und
den Waaren von Nationen, die gegenſeitig nicht ihre Spra=
chen, vielleicht nicht ihr Daſeyn kannten. Hier fand der
Handel ferner Küſten einen Centralmarkt und die Schiffe krieg=
führender Völker einen neutralen Hafen. Hier wurden die See=
räuber als Freunde aufgenommen, und ihre Beute ward Gegen=
ſtand erlaubten Handels. So hat ſich heuzutage die kleine un=
bedeutende Inſel Syra zu gleicher Höhe mit den erſten Handels=
häfen der Levante geſchwungen, durch ihre Zwiſchenlage zwiſchen
Orient und Occident und den drei Viertheilen der Erde, weil ſie
ein neutraler Hafen war, in welchem ſich ſowohl Türken als
Griechen verproviantirten, deſſen Wichtigkeit ſo lebhaft gefühlt
ward, daß ohne Verbote irgend einer Art jede Partei ihn reſpec=
tirte und die Inſel beiden Tribut zahlte, und zuletzt war Syra

der Sammelplatz der Piraten, der Verwahrungsort geraubter Gü=
ter, und dieser Quelle des Reichthums muß die Wichtigkeit der
Insel hauptsächlich zugeschrieben werden.

Die Zahl der von 1823 bis 1827 von den Piraten geplün=
derten Schiffe geht ins Ungeheure. Die seeräuberischen Unter=
nehmungen wurden von nachstehenden drei Classen von Piraten
geleitet:

Die erste Classe bestand aus Soldaten, die sich einiger Boote
an der Küste bemächtigten und sie durch Fischer an stilliegende
Schiffe fahren ließen, die sie dann enterten. Glück, Straflosig=
keit und Noth vermehrten allmählich ihre Zahl und ihre Geschick=
lichkeit, so daß die macedonischen Anhänger des Karataffo, der
sich auf den Teufelsinseln festgesetzt hatte (wie es den Protokol=
len gefällt, sie zu nennen), eine ausnehmend gut ausgerüstete
Flottille von sechszig schönen Mystikos hatten. Das sind die Pi=
raten, die gewöhnlich die griechischen Küsten belästigten, von den
Echinaden bis an den Athos. Es gibt keine Organisation unter
ihnen, keine Mittel ihre Beute anzubringen und selten gränzen sie über
das augenblickliche Bedürfniß hinaus. Sie betraten ein fremdes
Schiff wie eine Schafhürde, um eine warme Decke oder eine
gute Mahlzeit zu holen.

Der Mystiko ist ein langes, niedriges und schmales Boot,
mit drei oder vier Masten, lateinischen Segeln und einer Kanone
auf dem Bug; er wird von zwanzig bis neunzig Ruderern geführt.
Diese Schiffe liegen dicht zwischen den Felsen, wohin kein großes
Schiff kommen kann; wollten Boote sie angreifen, so würden die
Leute einzeln niedergeschossen werden. Bei den in der Levante so
häufigen Windstillen stürzen sie plötzlich auf die unbeweglich lie=
genden Kauffahrer, oder entern sie mitten zwischen den Con=
voyen,*) plündern sie und führen ihre Beute am hellen Tage fort,
und fast unter den Kanonen der convoyirenden Kriegsschiffe. Dieß
ist eine Griechenland eigenthümliche Art von Piraten, und ganz
dieselbe wie die Piraten des Alterthumes. Die Mystikos sind ver=
muthlich den Homerischen Flotten und den athenienfischen Gale=
ren nicht unähnlich; — dieselben Windstillen, dieselben Felsen und

---

*) Sie enterten sogar einmal eine österreichische Kriegsbrigg, und führ=
ten sie weg, aber das geschah bei Nacht und aus Versehen.

dieselben politischen Verhältnisse der an die See gränzenden Länder sind vorhandene und immer vorhanden gewesene Ursachen.

Die zweite Classe der Piraten waren die Kreuzer der Schifffahrt treibenden Inseln, die in späterer Zeit zu diesem Zweige der Industrie griffen. Es kann zur Milderung ihres Unrechts gesagt werden, daß sie oft durch falsche Papiere und die Einmischung europäischer Kriegsschiffe auch um gute und gerechte Prisen kamen, und durch die unverhohlene, obgleich nicht eingestandene Feindseligkeit einer europäischen Macht erbittert waren; sie wurden von der harten Hand der Noth gedrückt und durch die Straflosigkeit der Missethaten Anderer ermuthigt. Bedürfte es noch fernerer Milderungsgründe für die größeren Verbrechen der Ipsarioten, so könnte man diese in dem Blute und den Flammen von Ipsara finden. Diese Kreuzer fuhren zuerst aus, um die Blokade der türkischen Häfen aufrecht zu halten, zunächst suchten sie nach Kriegs-Contrebande. Bald nahmen sie den englischen Glauben im Seerecht an und durchsuchten alle Neutralen nach türkischem Gute. Zuerst gewissenhaft in ihrem Anhalten und strenge gesetzlich in ihrem Benehmen, fanden sie bald, daß gute Prisen ihren Händen entzogen wurden; sie warfen, mit Recht oder Unrecht, Verdacht der Collusion auf die Richter. Diese Umstände, aber vor Allem das Sinken der Beachtung und Hoffnung, die Europa zuerst eingeflößt hatte, führten zu der furchtbaren Zunahme der Seeräuberei durch diese bewaffneten Schiffe, die von der Küstenräuberei der Mystikos ganz verschieden war.

Die Seeräuberei der Kreuzer ist dieselbe, deren sich auch andere Nationen schuldig gemacht haben, wenn sie eben so aufs Aeußerste getrieben wurden, z. B. die Holländer.

Die dritte Art von Piraten entstand aus den beiden ersten und ähnelte den Flibustiern der westlichen Hemisphäre. Diese Haufen bestanden aus den kühnsten und schlechtesten unter den Griechen, mit dem Abschaum von Wagehälsen aller Nationen. Sie belästigten die Mittelgruppe des Archipelagus in Schoonerbooten, oder unternahmen in größeren Schiffen ausgedehntere Raubzüge von ihrer uneinnehmbaren Festung Grabusa aus.

Dieses neue Algier ist ein vierecter Felsen, der fast senkrecht aus der See emporsteigt und an zwei Seiten durch einen Canal von der nordwestlichen Spitze Candia's getrennt ist, dessen gegenüber liegende Klippen eben so steil und regelmäßig sind. Auf der westlichen Seite des Vierecks, nach der See hin, ruht noch eine zweite, schmale und steile Klippe, zu der man einen schwierigen Pfad von der Fläche des unteren Felsens hinaufklimmt. Das ist die Festung, sie ist ummauert, bedarf aber keiner Vertheidigung und ist mit einigen Dutzend Kanonen besetzt. Ihre Vertheidigung nach der Seeseite ist ein 700 Fuß hoher, überhängender Felsen, von dem sie auf den Süden und Osten der Bucht hinabblickt, die von einer Barre und einem Riff umschlossen ist, mit felsigem und gefährlichem Grunde. Es ist unmöglich, einen solchen Platz mit einer Seemacht zu blokiren oder zu bombardiren, da solche die See nicht ohne Schutz oder Ankergrund halten kann, während die blokirten Schiffe aussegeln oder sich flüchten können durch die beiden Eingänge nach Norden und Westen. Dieser Platz hatte über zwanzig gut gebaute und bemannte Schooner, die den am meisten zur Seeräuberei Geneigten von den seefahrenden Inseln gehörten, die mit dem Handel von Syra in Verbindung standen. Der gestörte Zustand von Candia vermehrte noch die Wichtigkeit der Insel, auf der zur Zeit ihrer Einnahme 7000 Mann versammelt waren. Einige der Piraten hatten sich Häuser erbauet, in denen man ein wunderliches Gemisch europäischer Bequemlichkeiten erblickte, das an die häusliche Einrichtung von Byrons Lambro erinnerte. Magazine, Höhlen und die Cisternen der Festung und der Kirche waren angefüllt mit französischen Seidenzeugen und Weinen, englischen Baumwollen = und Eisenwaaren, genuesischem Sammet, Schweizer Uhren u. s. w. Venetianische Spiegel, elegante Setzuhren und Marseiller Commoden zierten Lehmwände; der Schutzheilige wurde mit den allerunpassendsten Opfern versöhnt, und fremde Geräthe und ungewohnte Luxus=Gegenstände zu den gewöhnlichsten Diensten auf einer grotesken Reise benutzt.

Während die Seeräubereien fortdauerten, glaubte ich, und wie das Ende gezeigt hat, mit Recht, sie seyen nicht nur unter politischen Umständen entstanden, sondern auch ganz von denselben abhängig. Nur durch Organisirung der Inseln konnte der Seeraub an der Küste verhindert werden; nur dadurch, daß man den Leuten gesetzliche Beschäftigung gab, konnte man den gesetzwidrigen Unternehmungen widerstehen. Indem man sie angriff, wurden sie erbittert und ihre Hoffnungen vernichtet, während die ört=

lichen Umstände ihre Vertheidigung gegen unsere Seemacht begün=
stigten, die unter den ernstlichsten Nachtheilen angreifen, sich an
unzähligen Punkten vervielfachen und Schiffe und Mannschaft für
unbedeutende Vortheile in Gefahr setzen mußte. Um die Seeräu=
berei mit Gewalt zu unterdrücken, hätten wir, gleich den Persern
in Eubba, mit vereinter Hand die Räuber auf den Felsen fangen müs=
sen oder in Netzen auf der See, wie die Athener bei Pyla. Die
Nachricht, Griechenland sey als unabhängig anerkannt und eine
Regierung errichtet — so erkältend und unvolksthümlich diese
auch war — hatte kaum Zeit, sich in der Levante zu verbreiten,
als jede Art von Seeraub aufhörte.

Die alte Geschichte der Levante hat eine Episode, die mit
diesem merkwürdigen Ereignisse ganz besonders zusammentrifft.
Damals beherrschten die Sreräuber das ganze Mittelmeer von
ihrer Centralposition in Candia aus (wie heutzutage von Lutro
und Grabusa) und manchen Stationen auf den kleineren Inseln
an den Küsten von Kleinasien. Sie erbitterten die Römer nicht
nur durch Beraubungen an ihrem Handel und durch Landungen an den
Küsten von Latium, sondern maßen sich auch mit abwechselndem
Glücke in geordneten Seeschlachten mit den größten Flotten. Es
war keine geringe Noth, welche die damals noch eifersüchtige Re=
publik bewog, zu Pompejus' Verfügung die ungeheuren Mittel
zu stellen, die ihm zur Führung dieses Krieges bewilligt wurden;
es war der ausgedehnteste Oberbefehl, der bis dahin jemals einem
römischen Bürger anvertrauet war. Dennoch war in drei kurzen
Monden der Krieg beendet, in kürzerer Frist, als nöthig gewesen
wäre, von einem Ende seiner Provinz zur andern zu segeln; die
Piraten hatten aufgehört zu seyn. Die Räuber wurden Haus=
väter; die Republik verlor alte und mächtige Feinde und gewann
treuergebene Unterthanen. Pompejus gab ihnen ein Vaterland, er
gab ihnen Ländereien, Wohnungen, Unabhängigkeit, keine andere
Verbindung mit Rom, als durch ihre eigenen Municipal=Ein=
richtungen, denen sie ihr eigenthümliches Vermögen verdankten,
und lange Anhänglichkeit an die Herrscherin der Welt. Ein ge=
rechter Beobachter (Arbuthnots Tafeln alter Münzen S. 250)
sagt: „die glückliche Führung dieses Krieges, den er in drei Mon=
den beendete, ist vielleicht das glorreichste Ereigniß in Pompejus'

Leben, und übertrifft, meiner Ansicht nach, die größten Thaten, die Cäsar jemals verrichtet."

Der Betrag des Verlustes, den der europäische Handel während des griechischen Aufstandes erlitt, ist nicht zu berechnen. Ich habe die Zahl der genommenen und förmlich confiscirten, der von Piraten geraubten oder in offener See geplünderten Schiffe zu vierhundert angeben hören! Ohne diese Schätzung für genau auszugeben, ist die ungeheure Ausdehnung der Seeräuberei offenkundig, und außer dem wirklichen Verluste wurde noch ein fernerer Schaden durch die Unterbrechung der Communication und die Hemmung des Handels veranlaßt. Dieser Lage der Dinge verdankt man das bestimmtere diplomatische Einschreiten Europa's in die Angelegenheiten der Levante. Die Quelle des Einschreitens war ohne Zweifel die Sympathie Europa's für Griechenlands Namen und die Antipathie Europa's gegen die Muselmänner, die durch das weit voraussehende Cabinet von St. Petersburg systematisch erregt war. Aber die Seeräubereien in der Levante waren es, die unserer Regierung die Pflicht des Handelns auferlegten, und dieß Handeln war nothwendiger Weise von Rußland geleitet.

Das ist nicht die erste Gelegenheit, bei der die Räubereien in diesen Gewässern die Diplomatie in Bewegung setzten und die Verhältnisse der großen europäischen Mächte ernsthaft verwickelten und gefährdeten.

Eine Bande Geächteter, unter dem Namen der Uskoken, Ausgestoßene aller Nationen, hatte unter Oesterreichs Schutze fast das ganze sechszehnte Jahrhundert hindurch eine starke Stellung inne an der Küste von Dalmatien, beging Räubereien zu Lande und unerhörte Barbarei zur See. Der Handel und die Gebiete von Venedig und der Pforte waren ihre Beute, und nachdem sie ganz Europa verwirrt und Venedig einen Verlust von zwanzig Millionen Ducaten verursacht hatten, wurden sie durch einen Tractat vernichtet, der unter Frankreichs Vermittelung zwischen Oesterreich und Venedig zu Madrid unterzeichnet wurde.*)

---

*) Zu Anfang des dreißigjährigen Krieges. Minucio, Geheimschreiber des Papstes Clemens VIII und später Erzbischof von Zara in Dalma-

Fünfzehntes Capitel.

Diät. — Fieberanfall — Rückkehr nach Salonika.

Nach diesem Zeitraume würde meine Reise eine traurige und abschreckende Erzählung seyn, die nur eine Reihefolge von Fieberhitze und Fieberfrost darböte, gegen die ich mich gefeßet glaubte, und denen ich ohne Zweifel auch entgangen wäre, wäre ich bei der im vorigen Jahre beobachteten Lebensart geblieben, die ich Reisenden empfehlen möchte, welche sich in ähnlicher Weise diesem ungesunden Klima aussetzen. Der erste Punkt ist, die Landestracht zu tragen und immer einen weiten Pelz bei der Hand zu haben, um ihn sich beständig bei dem Niedersitzen über die Schultern zu werfen. Die offenen Verandas, die Spalten droben, drunten und rund umher selbst in den best gebaueten Häusern und die große Abwechselung der Temperatur zwischen Schatten und Sonnenschein, erzeugen beständige Zugluft, deren verführerische Kühlung die größte Vorsicht vereitelt, wenn man sich nicht mit den Erleichterungen vorsieht, welche die türkische Tracht darbietet. Der nächste Punkt ist den Kopf zu scheeren, eine der größten Bequemlichkeiten in einem heißen Klima. Das Fehlen des Haares und die Gleichheit der Kopfbedeckung verhütet die Erkältung durch abgekühlten Schweiß und nach der Anstrengung kann der Kopf trocken gemacht und eine frische Mütze aufgesetzt werden. Bei der Diät kommt es hauptsächlich darauf an, so viel wie möglich die Transpiration zu vermeiden und so wenig Flüssiges wie möglich zu nehmen, keinen Wein oder sonstige Getränke. Ich habe gefunden, daß Früchte die Stelle der Getränke ersetzen, ohne Schweiß zu erregen. Die Orientalen haben in der Regel großes Vorurtheil gegen Früchte, aber was ich vom Fieber gesehen habe, läßt mir keinen Zweifel übrig, daß Früchte sowohl vorbeugend als heilend wohlthätig wirken. Eine Mahlzeit täglich ist in diesem Klima hinlänglich, und die muß man einnehmen, nachdem

---

tien, hatte eine Geschichte dieses Uskoken-Krieges geschrieben, deren Uebersetzung Amelot de la Houssaye seiner Geschichte von Venedig beifügte. Ein interessanter Auszug findet sich in der schon angeführten nouvelle relation von Freschot.   D. Uebers.

des Tages Arbeit beendet ist; nimmt man sie am Vormittage, so muß ein erfrischender und verdauender Schlaf neuer Anstrengung vorhergehen. Die türkischen Speisen sind verführerisch, aber fett; *) ein ganz gebratenes Schaf ist für eines Reisenden Eßlust eine gefährliche Fleischspeise, und ein allgemeines Vorherrschen des Salzes bei den Albanesen ist darauf berechnet, dem verbotenen Rebensafte einen bessern Geschmack zu geben. Ein vorsichtiger Reisender muß also dagegen auf seiner Hut seyn; er wird gut thun, sich, wenn's angeht, auf Pillaff, Yaurt (Dickmilch) und Eier zu beschränken, die überall zu finden sind; die beiden ersten geben zusammen eine leichtr, nahrsame und nicht unschmackhafte Schüssel.

Obgleich den ganzen Sommer über aller Malaria (bösen Luft) von Thessalien und Nieder-Macedonien ausgesetzt, entkam ich doch, an diese Grundsätze mich haltend, dem Fieber, und zwar ich allein von unserer Reisegesellschaft, die sich anfangs auf neun Menschen belief. In Karies wohnte ich bei dem Bimbaschi, und von nun an kann ich deutlich das Firber verfolgen, das mich überfiel. Während der ersten Nacht phantasirte ich, fühlte mich aber am Tage darauf durch einen reichlichen Schweiß einigermaßen erleichtert und fand mit Bedauern meinen Diener beinahe ebenso krank, als ich selbst war. Kein Haus war ohne einen oder zwei Kranke und durchaus keine ärztliche Hülfe zu haben, nicht einmal zum Aderlassen. Die folgende Nacht bemerkte ich, daß während eines Fieberanfalles ein Fremder mich höchst sorgfältig pflegte; als ich mich am Morgen erholte, erkannte ich in meinem Krankenwärter den Abt von St. Simeon, der von meiner Krankheit gehört hatte und nach Karies geeilt war, um seinen Liebesdienst zu verrichten.

Es lag daran, mich so schnell als möglich nach Salonika zu bringen, aber die Entfernung betrug achtzig Meilen, und nur die Bitten des Abtes konnten mich bewegen, die Reise anzutreten.

---

*) Auch die türkische Kochkunst ist verführerisch. Es gibt dabei manche uns neue, werthvolle Weisen und Grundsätze. Unglücklicherweise sind indeß Reisende nicht oft in dem Falle, hierin auszuschweifen, denn im Allgemeinen zu reden, haben sie gerade so viel Gelegenheit über die türkische Kochkunst zu urtheilen, wie ein Rrisender, der nach den englischen Speisehäusern die englischen Comforts beurtheilen wollte.

Ich ward auf ein Maulthier gesetzt, mein Diener auf ein anderes und so wurden wir in einem Tage nach Vathopedi gebracht, das, wenn ich mich recht erinnere, zehn Meilen entfernt ist. Am folgenden Morgen wurde ich wieder auf ein Maulthier geladen, war aber zu schwach, um weiter zu können. Man schaffte ein Fischerboot herbei und brachte mich nach Ozeros. Meine Lage war höchst traurig; als Bett und Decke hatte ich nur einen Pelz, und als große Gnade erhielt ich eine Matte zur Unterlage. Die Armuth im Orte war so groß, daß ich mir nicht einmal einen schlechten Mantel verschaffen konnte; das Dorf war schon mit Kranken gefüllt. In dem Zustande, indem ich mich befand, war die Weiterreise unmöglich, und es war nicht einmal ein Barbier im Orte, um mir zur Ader zu lassen. Nach wiederholtem Suchen fand sich ein Manu in einem nahen Dorfe, der das Gewerbe trieb, Blut abzuzapfen durch eine Art Schröpfens mit einem Horn, das auf die mit einem Rasiermesser geritzte Haut gesetzt wird, wo dann das Blut durch ein Loch am spitzen Ende ausgesogen wurde.

Ich darf nicht die Güte des Aga's vergessen. Dieser, ein Neger, kam während der vier Tage, die ich hier still lag, täglich, um nachzufragen, und zog jedesmal etwas heraus, das er in seinem Aermel versteckt hatte. Heute war es eine Wassermelone, morgen ein Geflügel; „denn," sagte er, „Ihr seyd schwach und müßt etwas zur Stärkung haben." Einmal war ich im Stande aufzustehen, und mich vor die Thür zu setzen; sogleich dachte er darauf mich zu unterhalten — die Bauern sollten tanzen. Sie hatten wenig Lust dazu, aber ehe ich etwas davon gewahr ward, war eine Anzahl von der Weinlese geholt und beordert zu tanzen. „Was konnten sie thun?" sagte der Primat, „Tanzen ist Angaria (Frohne), so gut wie etwas Anderes."

Ich übergab mich hier den Händen eines berühmten Paramana, oder Krankenwärters, der häufige Einreibungen von Oel anwendete, die mir wirklich sehr gut thaten. Er brachte mir einen Trank, den zu trinken mich der starke Geruch von Berlinerblau abschreckte; es erwies sich als ein Infusum von Indigo und Lorbeerwasser.

Mein Diener war einigermaßen hergestellt, und nach vier Tagen setzten wir unsere mühselige Reise fort; dennoch war ich entschlossen über Nisvoro zu gehen, dem Hauptorte der Mademodörfer, um wenigstens die Localität der Gruben zu sehen, die ein Hauptzweck meiner Reise waren. Meine Erinnerungen von dem Reste der Reise sind ganz unklar: das Fieber war wechselnd und dann beständig geworden, das Wetter war schlecht, denn der Regen war eingetreten. In Betracht, daß die Gegend von Räubern belästigt war, daß ich nicht einen Heller in der Tasche hatte, daß ich und mein Diener im Stande völliger Hülflosigkeit waren — erscheint mir meine Reise vom Athos nach Salonika, auf der ich überall, wo wir anhielten, Kost, Wohnung und Pflege erhielt, ein unwiderleglicher Beweis der Güte der verleumdeten Menschheit. Es war nicht das erste Mal, wo ich mich in einem fremden Lande ohne einen Pfennig befand, und meine eigene Erfahrung berechtigt mich zu der Behauptung, daß eine solche Lage für die Belehrung unschätzbar ist und nicht unerfreuliche Erinnerungen zurückläßt. Ich besinne mich, daß ich ungeheuren Haufen von Schlacken vorbeikam, ich glaube im Gebirge über Nisvoro; aber ich war in einem solchen Zustande, vom Fieber geschüttelt und vom Regen durchnäßt, daß ich mehrmals vom Maulthiere herabglitt und die Fremden, die mich führten, anflehte, sie sollten mich nur liegen und sterben lassen. Als ich in Salonika Herrn Charnaud's Thür erreichte, erkannte man mich nur an meinem Maulthiere und meinen Kleidern, und die guten Leute erschracken bei meinem Erscheinen, denn man hatte allgemein dem Gerüchte von meiner Ermordung geglaubt.

Obdach, Ruhe, Bequemlichkeit und ärztliche Hülfe brachten binnen kurzem große Veränderung in mir hervor und vierzehn Tage nach meiner Ankunft war ich, wenn gleich noch sehr schwach, im Stande umherzugehen. Mein erster Gedanke war natürlich Kassandra, und ich beschloß, bei dem Pascha eine förmliche Klage gegen den Aga anzubringen. Während ich überlegte, wie das am besten zu machen sey, erfuhr ich, daß Hassan Aga, der frühere Statthalter und mein gütiger Freund, unter Begleitung nach Salonika gebracht war und gegenwärtig im Castelle saß, man sagte, verrätherischer Correspondenz verdächtig, wofür er mit seinem Kopfe büßen sollte. Nun zögerte ich nicht länger, und obgleich ich das Einschreiten oder den Beistand des Consuls nicht erbeten hatte, so nahm er sich doch, als er die Umstände vernommen, der Sache mit Wärme an und begleitete mich zum Pascha. Ich glaube nicht, daß ich dadurch etwas verlor, aber der Pascha gedachte noch eines Vorfalles, der ihm keinesweges angenehm war und sich während meines früheren Besuches ereignete, weil er mich bei Nacht ausgeschlossen hatte, als ich von einem englischen Kriegsschiffe landete.

Ich erzählte dem Pascha das Betragen des Aga von Kassandra — seine Gewaltthat, aber besonders sein unziemliches Benehmen — und nicht in den Hintergrund stellte ich die Erpressungen, deren er sich schuldig gemacht und den Haß des Volkes gegen ihn. Im Gegensatze mit seiner Aufführung schilderte ich die des Hassan Aga.

Der Pascha sagte nur: „Sehr gut," und ich verließ das Serai mit der Ueberzeugung, der Pascha werde sehr entschieden zu Werke gehen, denn ich fühlte, ich hatte die türkischen Saiten seines Herzens angeschlagen. Zwei Stunden später lag ich auf dem Sopha, erschöpft von der Anstrengung, als ich meine Hand ergriffen und heiß geküßt fühlte. Ich öffnete meine Augen und erblickte Hassan Aga, der von Ausdrücken der Ergebenheit und Dankbarkeit für seine Befreiung überströmte. Einige Tage nach meiner Abreise hatte ihn der Aga verhaftet, ihn eines Complots beschuldigend, die Griechen nach Kassandra zu rufen. Daß die dortigen Griechen zu seinen Gunsten supplicirten, hatte diese Anklage unterstützt, und so wurden ihre Klagen gegen den Aga als Beweise für Hassan Aga's Schuld ausgelegt. Zu dem Ende war Bericht auf Bericht nach Salonika geschickt und besonders durch meine Kavaschen, die gegen mich erbittert waren, weil ich sie behandelt hatte, wie ein Türke in meiner Lage gethan haben würde, und gegen Hassan Aga, weil er mich wie einen Muselmann behandelte. Bei ihrer Rückkehr verkündeten sie daher laut, Hassan Aga's Verrätherei sey ganz bekannt, er sey ein Giaur, im Bunde mit den Griechen und Engländern. Der Pascha zweifelte nicht länger an Hassan Aga's Strafbarkeit, der öffentliche Unwille war gegen ihn erregt, und in diesem Augenblick wurde er als Gefangener eingebracht. Sein Schicksal wäre vielleicht augenblicklich besiegelt gewesen, allein der obenerwähnte Vorfall mit einem englischen Kriegsschiffe bewog den Pascha, bis zu meiner Rückkehr zu warten. Hassan Aga hatte sich inzwischen als verloren aufgegeben und wurde auch als verloren betrachtet. Nach unserer Unter-

redung ließ der Pascha, höchst aufgeregt, Haffan Aga holen und
fragte ihn hin und her, während diese am Unterende des Zim=
mers zwischen einem Paar Soldaten stand und nach des Pascha's
Benehmen den Befehl zu seiner Hinrichtung erwartete. Nachdem
aber der Pascha eine Weile nachgedacht, schickte er die Soldaten
weg, und lud Haffan Aga ein, sich zu setzen. Haffan Aga warf
sich ihm zu Füßen. Der Pascha sagte: „Ich sehe, wie es steht"
und befahl einem Paar Kavaschen augenblicklich nach Kassandra
zu reisen, den Aga zu packen und ihn ohne eine Stunde Verzug
nach Salonika zu bringen.

Einige Tage nach diesem Vorfalle wurde ich durch einen
Hausbeamten des Pascha's in den Divan gerufen. Der Pascha
empfing mich äußerst freundlich; wir schwatzten eine Zeitlang
über gleichgültige Dinge; es wurden Kaffee und Pfeifen gebracht
und dann entfernte sich auf ein Zeichen das zahlreiche Gefolge,
und zwischen zwei regulären Soldaten mit Musketen erschien der
kleine schlechte Geselle, der Aga von Kassandra, ein Bild des
Schreckens und ein Gemälde erbärmlichen Jammers. Ich erhob
mich von meinem Sitze neben dem Pascha, ging an das Unter=
ende des Zimmers und sagte, ich begehre Gerechtigkeit gegen
diesen Menschen, der das ihm übertragene Ansehen gemißbraucht,
einen Fremden (Gast), und den Inhaber des sultanischen Firmans
zu beschimpfen, und auf dessen Haupte der Fluch von Wittwen
und Waisen ruhe. Der Pascha sagte: „Er ist in deinen Händen"
und auf ein Zeichen ward er abgeführt. Sein Urtheil lautete
auf Absetzung, Einziehung seines Vermögens, Gefängniß für eine
Zeit, die ich bestimmen sollte. Auch sollte er kommen und mich
um Verzeihung bitten. Dieß Letztere war, in Betracht der Stel=
lung der Christen, das Merkwürdigste bei der Verhandlung. Ich
wünschte dieß zu benützen, um die Stellung meiner Landsleute
zu verbessern, und als er mir daher zur Abbitte geführt ward, nahm
ich ihn nicht an, sondern sagte, er sollte zum Consul gehen und
Verzeihung holen, und der Consul möge auch die Zeit des Gefäng=
nisses bestimmen. Ich hatte den Verdruß zu sehen, daß der
Vortheil, der aus diesem Ereignisse hätte gezogen werden können,
gänzlich verloren ging. So endete die einzige Klage, die ich je=
mals anstellen mußte während zehnjähriger Wanderung zwischen
Piraten, Banditen, Rebellen und kriegführenden Feinden.

Bevor ich Salonika verließ gelangte in meine Hände eine
Geldbörse von unmäßigem Umfange, aber zarter Arbeit, und Jahre
lang liebte ich dies Andenken an Kaffandra und an Aglaë.

Von Salonika schiffte ich mich ein nach Negroponte und nachdem ich ein Vierteljahr unter Angelegenheiten und Ereignissen ver-
lebt, die von den beschriebenen sehr verschieden waren, kehrte ich
nach England zurück. Für die spätere Reise laffe ich mein Tagebuch weg, da es von keinem Intereffe seyn würde; ohne in Einzelnheiten einzugehen, und ich ziehe es vor, den Leser nach Albanien
zurückzuführen, um den Schluß des Drama zu betrachten, das
er dort beginnen sah. Ich sehne mich selbst zu dem orientalischen
Sinne und Charakter zurückzukehren, den man auf Griechenlands
Boden nicht mehr antrifft.

Die Geschichte der meisten der mit meiner Fahrt nach dem Berg
Athos in Verbindung stehenden Personen habe ich erzählt. Ich
muß noch bemerken, daß Kapitano Anastasi eine Zeitlang einziger Regent wurde. Sein Vater wurde zum Kapitano von Polygiro ernannt; Haffan Aga kam nach Griechenland. Ich erhielt
des Pascha Versprechen, meine Räuber sollten Verzeihung erhalten. Mein getreuer Hadschi ward ein achtbarer Macaroni-Ver-
fertiger in Salonika, nachdem er diese Kunst gelernt, als er mich
in civilisirtere Gegenden begleitete. Anderthalb Jahre später, als
ich Salonika wieder besuchte, geleitete mich Hadschi mit einigen
seiner eigenen Diener, und ohne die Formen zu verletzen, konnte
ich ihn einladen, sich mit mir an denselben Tisch zu setzen. Als
bezeichnend für die gesellschaftlichen Bande, die im Oriente Herren
und Diener verknüpfen, darf ich erwähnen, daß bei meiner Rückkehr nach Griechenland ich als Commandanten des ersten Postens
einen Mann fand, der früher mein Reitknecht gewesen war, und
den Secretär und Vicegouverneur, vor dem ich in Aegina erscheinen mußte, hatte ich als verlaffene Waise aufgenommen und im
Lesen und Schreiben unterrichtet, während er als mein Pfeifenträger fungirte. Wir ahnen wenig, welch große Freude wir verlieren durch die schroffen Gränzen, die wir unter uns zwischen
die verschiedenen Grade ziehen, während wir uns der gesellschaftlichen Gleichheit rühmen; wir bedenken nicht, wie sehr wir uns
in Gemüth und Charakter schaden durch die Herabsetzung derer,
die beständig um unsere Personen sind.

Sechzehntes Capitel.

Ein paar Monate, die ich im milden Klima des Abendlandes zubrachte; ein paar Monate lang behagliche Betten, regen-
dichte Dächer, sanfte ebene Wege, gasbeleuchtete Straßen, wol-
kenumhülltes Wetter und einförmige Gesichter hatten mir allmählich — zuerst im Schlummer und dann in wachen Träumen —
den glänzenden Himmel und die aufregenden Scenen des Orientes zurückgerufen. Nun trafen die Nachrichten ein von neuem
Aufstande in Albanien, von endlich allgemeiner Bewegung unter
Anführung des zaudernden Pascha von Skodra, von Reschid
Pascha, der seine Spahi und Nizam von fern und nah sammle
und aufstelle. Die Asche des fast erloschen scheinenden Feuers
war abermals frisch erglommen, und abermals sollte das Geschick
des ottomannischen Reiches auf einen Wurf gesetzt werden.

Nachdem ich einige Tage zwischen Lust und Klugheit gekämpft,
erlang die erstere den Sieg. Im November 1831 schiffte ich plötzlich über den Canal; eine schnelle Reise von zwölf Tagen brachte mich
nach Otranto. Als ich von Otranto nach Corfu überfuhr, blickte ich
mit herzlichem Entzücken wieder auf die albanischen Berge, aber Worte
können nicht die erschütternde Wirkung beschreiben, welche unerwarteter Kanonendonner auf mich hervorbrachte, der mich auf den
adriatischen Wogen begrüßte. In Corfu hatte man einige allgemeine Kunde von einem Aufstand und Krieg in Bezug auf Albanien, aber ich konnte keine Auskunft erhalten über den gegenseitigen Stand der Parteien. Ich hörte freilich von einer erschreck-
lichen Niederlage Mustapha Pascha's und einer Belagerung
Skodra's, aber die Kanonen, die ich bei der Ueberfahrt hörte,
bewiesen mir, daß der Kreis der Feindseligkeiten viel ausgedehnter war. Um nichts in meinem Entschlusse gestört, überzeugt,
ich würde auf Freunde bei einer oder der andern Partei stoßen, wenig
behindert und noch weniger ein Gegenstand der Plünderung, ver-
trauend wie bisher auf die bereite Gastfreundschaft und das
menschliche Mitgefühl der vielzüngigen Stämme des Skipetaren-

Landes, beschloß ich, an die Küste gegenüber zu steigen und mich mitten in den Kampf zu stürzen.

Es war indeß nöthig, meinen Plan zu verbergen, wegen derselben Furcht, die ich schon bei meinem ersten Ankommen in Albanien gehabt hatte, man möge mich aus freundlicher Besorgniß um mein Leben in Arrest setzen und mein Diener mich verlassen. Nachdem ich daher meiner Freunde Aufträge nach Kephalenia und Griechenland angenommen, entschlüpfte ich, statt an Bord des Dampfschiffes zu gehen, nach dem Lazaretto hinunter und überschritt entschlossen die unwiderrufliche Schranke zwischen Civilisation und Barbarei.

Der nächste Morgen traf uns an der Bucht von Agia Saranta, und kaum war ich gelandet, so gerieth ich in Streit mit einem albanischen Buluk Baschi. Se. Wohlgeboren residirten in einer zerstörten Scheune, und da er in seiner Person die verschiedenen Aemter und Eigenschaften eines Hafenmeisters, Zolleinnehmers, Quarantaine-Directors, Platzcommandanten und Paßwächters vereinigte, so bildete er sich ein, völlig berechtigt zu seyn, sich das Vergnügen zu machen, mein Gepäck zu durchsuchen, meine Person zu durchmustern, meinen Paß zu befingern und mir Bezahlung für die Quarantaine abzunehmen, die ich nicht hielt. Allen diesen Prätensionen setzte ich ein entschiedenes Nein entgegen. Unwillig rief er aus: „Verlangt ihr unsere Pässe zu „untersuchen, unsere Boote bezahlen zu lassen, unsere Güter um- „zustören und dann uns in ein Gefängniß (Lazaretto) zu sperren, „ohne zu erwarten, daß wir euch dasselbe thun? Nein, vallah, „villah, tillah, ihr sollet für eure Quarantaine bezahlen, und ich „muß jedes Stück in euren Satteltaschen sehen." Ich erwiederte: „Kennst du die Länge des Bartes vom Sadrazem (Großwessir)? „Kennst du die Länge deines eigenen Leibes ohne den Kopf?" Und fürbaß schritt ich, ohne die Antwort abzuwarten, die bei dieser unerwarteten Beschwörung auf seinen Lippen zu schweben schien. Ich befahl, meine ungeöffneten Satteltaschen nach des Aga eigenem Zimmer zu bringen, setzte mich auf seine eigene Decke und befahl seinen Dienern, Kaffee und Pfeifen zu bringen und schnell ein Frühstück zu bereiten, da ich die ganze Nacht auf dem Wasser zugebracht hätte. Der so unerwartet bestürmte Aga ergab sich, kaum glaubend, daß ich ein Franke seyn könne. Er

10 *

trat leiſe in das Zimmer, als ich meine Befehle an ſeine Diener-
ſchaft endete und ſetzte ſich ruhig nieder. Ich erklärte ihm nun,
es ſolle von dem, was vorgefallen, nicht weiter die Rede ſeyn, er
müſſe aber augenblicklich nach Pferden ſchicken und mir ein halb
Duzend Leute ſchaffen, die mich nach Delvino geleiten könnten, ſobald ich gefrühſtückt hätte. Und am ſelbigen Abend kam ich in
Delvino an, reitend auf den Pferden und begleitet von den Wachen
des Aga von Agia Saranta.

Ich war Corfu gegenüber gelandet; das Volk und beſonders
die Behörden in dieſer Gegend waren angeſteckt und ſowohl frech
als geldgierig geworden durch die Nachbarſchaft deſſen, was wir
Civiliſation nennen. Ich hatte meine Berechnung gemacht auf
ihren eigentlichen, natürlichen und gaſtfreundlichen Charakter. Ich
hatte weder Firman noch Beweis von der Pforte, noch Mittel der
Gewalt zu widerſtehen, noch ſelbſt die Dienſte nach einer Taxe zu
erkaufen, die mir abgepreßt wäre, hätte ich mich verblüffen laſſen.
Es war nur ein Weg offen, der den ich einſchlug, und auf dem
ich durchkam, der aber auch hätte fehlſchlagen können.

Es war mir ein wahres Vergnügen, mich wieder heimiſch
zu fühlen im Oriente — in dieſem Contraſte milden, ruhigen, ge-
lehrigen Daſeyns des Hausweſens und der ſtürmiſchen Bewegung
des Hofes und Feldlagers — in dieſer bequemen und zierlichen
Tracht — in dieſen geſchmackvollen Zimmern und behaglichen
Divans — in dieſem himmliſchen Klima und dem in beſtändiger
Gemeinſchaft mit der Natur verbrachten Daſeyn. Welche Erholung überdieß von europäiſcher Langeweile, Politik, Theorien,
Syſtemen, Beweisführungen und Gelehrſamkeit! Der Orient
verdankt Vieles von ſeinem Reize den Contraſten, welche verſchwinden, wenn die Neuheit abgeſtreift iſt; aber er beſitzt auch wirkliche Vorzüge, die mit der Erfahrung und Gewohnheit immer zunehmen, und die in meinen Augen niemals ſo reizend zu ſeyn
ſchienen, als in dieſem Augenblicke. Abgeſehen davon aber bot
eben dieſer Augenblick mir noch eine beſondere Quelle der Freude.
Ich kam geradeewegs aus Europa, ich war im Süden von Italien durch Scenen beiſpielloſen Elends gekommen, ich hatte England unmittelbar nach dem wilden Tumulte in Briſtol verlaſſen,
ich war auf meiner ſchnellen Reiſe der Erſte geweſen, der in Lyon
eintraf, nach dem mehr ſyſtematiſchen aber auch blutigeren Auf-

ſtande in dieſer Stadt. In Betracht der Meinung alſo, die ich von der Türkei, ihren Einrichtungen und ihrer Bevölkerung dem allgemeinen Tadel der Weiſen und Thoren zum Trotze aufzuſtellen gewagt hatte, betrachtete ich nicht ohne ein Gefühl der Zufrieden= heit und des Stolzes, mitten unter den Unruhen Albaniens, das Schauſpiel, welches ſich meinem Blicke unter dem gaſtlichen Dache darbot, das mich beherbergte, und die Ausſicht auf den lieblichen Flecken, in dem ich meinen rrſtrn orientaliſchen Abend zubrachte.

Als ich zuletzt in dieſem Lande war, bot es ein Gemälde allgemeiner Anarchie und Zerrüttung. Der Sieg der Albaneſen mußte offenbar zur äußerſten Vernichtung der Quellen der Bevöl= krrung und Production führen; der Sieg des Sultans ſchien mir geringe, oder jedenfalls entfernte Beſſerung zu verheißen. Ich fand nun den Sultan triumphirend, und den Großweſſir Skodra belagernd und im Begriff, es zu nehmen. Augenblicklich entſtand daher in meiner Seele die kaum früher erhobene Frage: was wird die Wirkung ſeints Sieges ſeyn? Meine Aufmerkſamkeit wendete ſich daher ängſtlich auf jeden unbedeutenden Umſtand, der mich über den gegenwärtigen Zuſtand oder die Erwartungen der Bevöl= kerung aufklären konnte. Der erſte Blick in Delvino entdeckte mir eine Lage der Dinge, auf die ich ſchlechterdings nicht vorbereitet war. Ich will verſuchen, ſie zu beſchreiben.

Bei meiner Ankunft war ich vor dem Hauſe des Statthalters Juſſuf Aga abgeſtiegen. Italieniſche und franzöſiſche Bücher lagen auf ſeinem Sopha, und als ich eintrat, hielt er in der Hand ein Werk über griechiſche Münzen. Er empfing mich äußerſt höflich, ſprach mit Begeiſterung von der vorgegangenen glücklichen Verän= derung und erzählte mir, ich ſey zu einer für Delvino merkwür= digen Epoche eingetroffen (das ich allerdings wie an einem Feſt= tage mit Volk angefüllt geſehen), denn am nächſten Morgen würde man anfangen, die Schlöſſer der verſchiedenen albaniſchen Beys abzutragen, welche die Stadt überragten und beherrſchten. Er zeigte mir ein Verzeichniß der Bevölkerung des Diſtricts, mit einer Berechnung der Steuern, welche die Leute in Zukunft bezahlen ſollten. Dieſe ſollte bekannt gemacht werden, um geſetzwidrige Er= preſſung zu verhindern. Statt aller frühern Erhebungen waren die Steuern folgendermaßen hergeſtellt:

Der Kharatſch (Kopfſteuer) nach den Claſſen, wie früher.

Der Zehnte oder Spahilik sollte dem Statthalter, nicht den Spahis bezahlt werden.

Eine Aversionalsumme für alle andern Abgaben, 60 Piaster, etwa 15 englische Schillinge, für jede Feuerstelle, und mehr nicht ein einziger Asper.

Er bemerkte, diese Einrichtung vermindere den früheren Betrag der Erhebung um zwei Drittheile, während der Staatsschatz dennoch eine größere Summe erhalte als früher. Er äußerte dabei: „Der Sultan verdient es, von seinem Siege Gewinn zu haben, aber auch die christliche und ackerbautreibende Bevölkerung, durch deren Mitwirkung der Sieg errungen, muß Theil daran haben." Da dieß uns geradeswegs auf die Frage der griechischen Unabhängigkeit führte, so bemerkte ich, die Unabhängigkeit Griechenlands, wenn gehörig benutzt, könne gewissermaßen zur Reorganisation der Türkei behülflich seyn. Er richtete seine Augen auf einen neben ihm sitzenden Türken und sagte: „Nun, siehst du nun, daß ich Recht hatte in dem, was ich dir sagte?" und wieder auf mich blickend, sagte er mit einem Seufzer: „Die Leute verstehen sich selbst immer zu allerletzt." *)

Höchst überraschend war für mich die völlige Ergebung der Beys, deren Schlösser zerstört werden sollten. Sie sagten: „Unser Tag ist vorüber, und Gott ist groß. Hätten wir gesiegt, so hätten wir es noch schlimmer gemacht und uns unter einander und um unserer Tschiftliks gezankt. Wenn es überall ruhig ist, so wird das besser seyn als unsre Säbel." Einer von ihnen, schon ziemlich vorgerückt in Jahren, erzählte mir, es beginne ein neues Zeitalter, er selbst „reiße sich die Augen aus," bei dem französisch Lernen. Alle, die ich anredete, mit Ausnahme weniger ganz alter Albanesen, schienen keine Gränzen zu kennen in ihren Ausdrücken der Ergebenheit für den Sultan und der Bewunderung des Großwessirs. Auch ihr freundlicher Statthalter erhielt seinen Theil von Lobsprüchen und Zuneigung. Sie hatten sogar beschlossen, ihm auf eigene Kosten ein Serai zu bauen. Anspielend auf die zum Niederreißen verurtheilten Thürme, die von den die Stadt überblickenden Anhöhen herabdroheten, sagten sie, ihres Aga Serai

---

*) Es ist zu bemerken, daß dieß das erste Mal war, wo diese Idee von einem Europäer aufgestellt wurde.

solle sich im Herzen der Stadt erheben (εἰς τὴν καρδίαν τῆς χώρας), und später bat eine Deputation der Stadtältesten mich, der Vermittler dieses Gesuches bei dem Großwessir zu seyn.

Das war der Anblick meines ersten Aufenthalts in dem zerrütteten Albanien, nachdem ich aus den civilisirten Gegenden des Westens gekommen war, wo die eine Hälfte der Welt die Türkei für ein lebendes Schauspiel von barbarischer Anarchie und Verbrechen ansah, und die andere Hälfte sie für eine wüste und träge Masse hielt, der längst der letzte Odemzug des Lebens entflohen sey.

Ich war Gast in einem bescheidenen Hause, dem es an keiner Bequemlichkeit fehlte, das manches Luxusartikels nicht entbehrte; meines Wirthes Aufmerksamkeiten waren unablässig, aber nie zudringlich; sein Benehmen abgemessen achtungsvoll, ein Verdienst, das eben so sehr aus den Sitten und Gebräuchen des Landes, als aus der Freundlichkeit des Mannes entsprang. Seine Unterhaltung war der Art, daß man sie in Europa in jedem Stande für fein und belehrend geachtet hätte, und unendlich dem Stande überlegen, dem er anzugehören schien. Ich wurde emsig bedient von mehreren Burschen, seinen Kindern, die, bis zu dem allerjüngsten herab, ihre Dienste mit einem Geschick verrichteten und sich mit einem Anstande betrugen, welche sich als beständige Gewohnheit kund gaben und die einem Abendländer völlig unverträglich scheinen würden mit dem Trotze ihres Alters und den Gewohnheiten ihres Standes. Behaglichkeit, Nettigkeit und äußerste Sauberkeit charakterisirten das ganze Hauswesen, und die allgemeine Ruhe des Benehmens und Zierlichkeit der Sitte hätten einen Fremden glauben machen können, es sey die Abgeschiedenheit Jemandes, der die äußeren Zeichen des Glanzes und der Macht nach seiner Würde fordern könne, aber sie aus Geschmack verschmähe. Mein Wirth war nur ein Gerber, ein griechischer Rajah, dessen jährliches Einkommen nicht 60 Pfd. St. überstieg. Er war auch gewählt zum Ortsältesten, Richter und Schiedsrichter, Vertheiler und Einnehmer der Regierungssteuern, ein Amt, wozu die Gemeinde auf ein halbes Jahr wählt, und das unentgeltlich verwaltet wird.

An dem Tage überraschten mich diese verschiedenen Punkte in Verbindung unter einander, und stießen alle meine früheren Begriffe von Regierung und Geschichte um. In diesem Augenblicke

noch muß ich auf die damals in meinem Kopfe erwachten Ge=
danken zurückblicken, wie auf einen Abschnitt in meinem Daseyn.

Um aber Erklärung über die Umstände zu geben, die solche
Wirkung auf mich hervorbrachten, muß ich eines Auftrittes er=
wähnen, den ich wenige Tage vorher in Apulien erlebt hatte,
und ohne welchen die gesellschaftlichen und häuslichen Charakter=
züge, welche die Familie des Primaten von Delvino und der
politische Zustand der Bevölkerung mir darboten, an mir vorüber=
gegangen wären, ohne bestimmtere Wirkung hervorzubringen und
tieferes Nachdenken zu erregen, als tausende ähnlicher Beispiele
auf meinen früheren Wanderungen veranlaßt hatten.

Einige und zwanzig oder dreißig Meilen bevor ich Otranto
erreichte, ward der Weg fast unfahrbar. Ich verließ daher
meinen Wagen und ritt weiter. Gewöhnt daran, allein zu reisen,
wegen der größeren Wahrscheinlichkeit mit den einfachen und wirk=
lichen Charakteren des Landes in Berührung zu kommen, ließ ich
meine Leute zurück und — verirrte mich. Ein Dorf in geringer
Entfernung gewahrend, ritt ich hin und fragte nach dem Wege.
Zu meinem Erstaunen fand ich, daß keiner der Einwohner italienisch
sprechen konnte, aber einige Töne überraschten mein Ohr, als dem
Griechischen nicht unähnlich. Groß war meine Freude, als ich
erfuhr, das Dorf heiße Kallimera (schöner Tag). Nun war
kein Zweifel mehr; hier war eine griechische Colonie, hier war auf
dem Boden des christlichen und civilisirten Europa ein Theil je=
nes hochbegabten und anziehenden Volkes, dessen Loos ich so
lange beklagt, dessen mißgeleitete Thatkraft ich so lange bejam=
mert hatte, verderbt und bedrückt unter der doppelt erkältenden
Atmosphäre politischer Zwingherrschaft und religiöser Betrügerei.
Alles dieses stürmte in einem Nu auf mich ein, ich sprang vom
Pferde und trat in die erste offene Thür, voll Aufmerksamkeit und
Erwartung, hoffend eine glänzendere Verwandlung des griechischen
Stammes zu sehen, und vorbereitet darauf, nicht das Mindeste
von den Schlußfolgen zu verlieren, die ich aus den neuen Ergeb=
nissen ziehen könnte, welche ich jetzt erblicken würde. Unmöglich
aber kann ich auch nur den zehnten Theil des Erstaunens, der
unangenehmen Enttäuschung beschreiben, die ein augenblickliches
Umschauen herbeizurufen genügte. Kein herzliches Willkommen ab=
seiten des Wirthes; kein Umdrängen classischer Profile und male=

rischer Trachten; keine neugierigen und sehnlichen, nicht zudringlichen
Blicke; keine emsigen Zurufungen in der Familie; kein abgestäubter
Winkel; kein ausgebreiteter Teppich; keine sorgfältig zurecht ge-
legten Kissen; keine Kinder, die wetteiferten, wer zuerst die Pfeife
stopfen oder Kaffee bringen solle; kein verschämtes Mädchen, das
sich nahete, um Wasser über des Fremden Hände zu gießen! Und
können das Griechen seyn? Griechen noch dazu, die in den
Schooß der Christenheit und Civilisation gebracht waren! Haben
sie im Lande der Barbarei das Lebendige in Sitte und Weise
zurückgelassen, das Lächeln der Freundlichkeit, das Bewußtseyn
der Wirthlichkeit, das ich Jahre lang mit Freuden genoß und für
Eigenschaften und Reize hielt, die von ihrem Namen und Stamme
unzertrennlich seyn? Nach einigen Versuchen fand ich eine Unterhaltung in griechischer Sprache mit ihnen thunlich. Sie waren
erst vor kurzem eingewandert, und dennoch waren sie schon so geworden, wie ich sie fand!

Während ich ganz verwirrt da saß über den Abstand, den
diese Bevölkerung darbot gegen die verwandten Stämme jenseits
des adriatischen Meeres, schweiften meine Augen über die Gasse
und fielen auf ein kleines Gebäude gegenüber, von massiver Bauart und ohne Fenster. Die Thür war mit unzähligen Riegeln
versehen und mit fünf ungeheuren Vorlegeschlössern verwahrt.
Darüber war ein Schild, gleich einem Posthauszeichen mit dem
königlichen Wappen und darunter standen die Worte: Sale e tabacco
(Salz und Tabak).

Als ich mit dem Primaten von Delvino über die Vertheilung
der Steuern endete, fiel mir dieß Zeichen und Inschrift ein. Hier,
in der Türkei, waren kein Apalti — keine Polizeidiener — keine Re-
gierungs-Steuer-Einnehmer — keine mit einem politischen System
verbundene Weltgeistlichkeit; — aber hier bestand dagegen eine
Dorf-Verwaltung; hier war der Sinn des Dorfbewohners auf
seine Dorf-Angelegenheiten gerichtet; hier war die öffentliche
Meinung des Dorfes allmächtig in Bezug auf seine Aeltesten, Vor-
steher und Priester, und obgleich sie vielleicht dulden mußten unter
den unregelmäßigen Ausschweifungen zeitweiliger Statthalter,
brauchten sie doch nicht zu vergehen unter den unsterblichen Irrthümern der Gesetzgeber. Die Ausschweifungen der erstern dienten
dazu, ihren natürlichen Verstand zu stärken; die Irrthümer der

letztern verkehrten nicht den Rechtsbegriff und verwirrten nicht die
Quellen von Recht und Unrecht. Genügten aber diese Unterschiede
im politischen Daseyn, den Abstand zu erklären zwischen den sicht=
lichen und wesentlichen Verhältnissen beider Völker? Genügte die
Vernichtung der Ortsverwaltung, es zu erklären, daß sie den
Glauben ihrer Väter verlassen, ihre Sprache verkauderwelscht,
ihre Intelligenz verringert hatten? Konnte der Unterschied zwischen
der in Kallimera erlebten Scene und der, welche mir die Familie
meines Wirthes in Delvino darbot, der Weise und den Grundsätzen
der Besteuerung zugeschrieben werden? Sind denn Sittlichkeit
und Politik, Religion, Sprache und Verwaltung so genau mit
einander verknüpft? Das waren einige der Fragen, die sich in
meinem Geiste stürmisch erhoben, und von selbigem Augenblicke an
meine Aufmerksamkeit mit scharfer Theilnahme auf alle die Einzeln=
heiten des orientalischen Lebens lenkte und auf alle die Contraste
zwischen ihrem Zustande und ihren Begriffen und den unsrigen.
Wie weit ich im Stande gewesen bin, auf alle die damals ent=
standenen Fragen zu antworten, wage ich nicht zu sagen; aber ich
sehe auf den Umstand, der die Untersuchung veranlaßte, wie auf
ein glückliches Ereigniß zurück, wie auf ein Ereigniß, das mir
die Quelle vieler Freude ward, das manchen einsamen Ritt und
manches Bivouac angenehm beschäftigte, das die Langeweile ver=
scheuchte oder die Reize der Umstände und Auftritte vervielfachte,
die mir in den Jahren erschienen, welche seit jener Stunde bis
zur heutigen entschwunden sind.

In Delvino erfuhr ich, daß auch Seliktar Poda, der vorsich=
tige alte Fuchs, der nicht zum Großwessir gehen wollte, weil er
keine rückkehrenden Fußstapfen sah, gleich den anderen erwischt
war. Seine, so lange für uneinnehmbar erklärte Festung war
ohne einen Schwertstreich genommen. Die unabhängigen Häupt=
linge von Mittel=Albanien hatten sich völlig unterworfen, und der
Aufstand war gänzlich unterdrückt, nach einer großen Schlacht
bei Perlepe zwischen Mustapha Pascha und dem Großwessir, worin
der erstere geschlagen und sein Heer völlig zerstreuet war. Noch
aber hielt sich Mustapha Pascha in der Festung von Skodra, wo,
obgleich es mitten im Winter war, der Großwessir ihn mit aller
Macht belagerte, die er sammeln konnte. Es hieß sogar, das
Schloß von Skodra sey übergeben, aber da dasselbe Gerücht schon

einmal erschollen war, so glaubte man der Nachricht jetzt auch nicht.

Ich beschloß daher, in aller Eile nach Skodra zu gehen, und hoffte, noch zu rechter Zeit zu kommen, um die Schluß=Kata= strophe der Tragödie zu erleben, bei deren früheren Auftritten ich so sehr interessirt gewesen. Jedenfalls war Skodra der anziehende Punkt. Dort war der Großwessir, dort waren die vorzüglich= sten Männer von ganz Rumili, die noch Lebenden von meinen al= ten albanischen Freunden, und kaum weniger interessant als diese war die Stadt und das Schloß Skodra selbst. Nachdem das einmal festgesetzt war, entstand die Frage: wie dahin kommen? Pferde und Vieh im ganzen Lande hatten an Zahl bedeutend ab= genommen, und die noch vorhandenen zeigten ersichtliche Beweise der für sie ruhmlosen Beschwerlichkeiten des Feldzugs, der, aller früheren Erfahrung zum Trotze, während des Winters fortgesetzt wurde, die erste und vielleicht die wichtigste Wirkung der Anwen= dung regulärer Truppen. Möglicherweise konnte ich die Reise doch nicht unter zehn Tagen machen, und der Koth und Lehm, die Sümpfe, Moore und Brüche, die aufgebrochenen Wege und überströmenden Flüsse, die zwischen Delvino und Skodra lagen, wurden in starken, wenn nicht lebendigen Farben von meinen neuen Freunden geschildert. Wer von meinem Vorhaben erfuhr, erklärte es für Tollheit. Es schien wirklich ein Unternehmen, das einigermaßen diesen Namen verdiente, daß ein Europäer das Land in solch einem Augenblicke durchreisen wollte, nachdem hier in der That seit zwanzig Jahren kein Europäer gesehen war, und wo, obgleich der Großwessier siegreich gewesen, keine Ordnung hergestellt war, während das Land angefüllt war mit verwegenen Banden der geschlagenen Häuptlinge. Ich sagte nur meinen freundlichen Rathgebern, daß man auch in Corfu mich für einen Verrückten gehalten haben würde, hätte man gewußt, ich beab= sichtige nach Delvino zu gehen, und daß ich mich im Uebrigen auf Kismet und den Namen des Großwessiers verließe. Und so brach ich, nach nur eintägigem Aufenthalte, nach Argyro Kastro auf, mit dem Geleite von nur weniger Mannschaft, die der Statt= halter mir nur mit Noth geben konnte.

Zwischen Delvino und Argyro Kastro erhebt sich ein etwa dreitausend Fuß hoher Höhenzug, der mit seiner wilden und rauhen Front nach Corfu sieht, und schnell, aber gleichmäßig sich nach Norden und Osten senkt. Am Fuße liegt parallel damit das lange, enge Thal von Argyro Kastro. Auf dem Gipfel dieses Höhenzuges stehend wendete ich mich um, auf das nach Norden und Süden sich ausdehnende jonische Meer und den adriatischen Meerbusen zu sehen, die längs eines beträchtlichen Theiles des Horizontes durch die italischen Hügel vom Himmel getrennt wurden. Vor mir lag das grünende Thal von Argyro Kastro, dreißig Meilen lang und vier bis fünf breit, und unmittelbar dahinter, gleichlaufend mit der Höhe, auf der ich stand, erhob sich ein Saum von gleicher Höhe und Ausdehnung, der mir seine starke und vorragende Stirn zeigt. Eine Oeffnung in der Felsenwand zeigte ein drittes Bollwerk dahinter, so daß die Berge gleich riesigen Wellen erschienen, die hinter einander herrollten und versteinert waren, grade als ihre drohenden Kämme im Begriff waren zu brechen.

Diese Höhenzüge sind von Gebirgskalkstein, in den höchsten Reihen zu schönem lithographischem Steine übergehend, mit Kiesellagen untermischt, die zuweilen zu rothem Jaspis werden. An einigen Stellen liegt der Kiesel in Schichten von Klümpchen, von denen einige völlig kugelrund sind. Die Neigung dieser Formation, rechtwinklig zu brechen, gibt diesen Schichten ihren eigenthümlichen Charakter; die höheren Stellen sehen von vorne aus wie eine senkrechte Mauer. Ueber dem Kalkstein ist eine Reihenfolge von Sandsteinschichten und alaunartigen, weichen und zerbrechlichen Schalen, die den niedern Theil der Gebirge an beiden Seiten bedecken, und die Bergwege sehr beschwerlich machen, welche durch die Durchzüge von Lastthieren im Winter zu einer Fortsetzung von tiefen Löchern geworden waren. Die Ebenen drunten sind Lehm, und da sie fast alle überschwemmt sind, so vertauscht der herabsteigende Reisende nur die Aussicht, von den Felsen herabzugleiten mit der Gewißheit, im Schlamme stecken zu bleiben. Das Schloß von Argyro Kastro oder das Silberschloß, wiegt sich auf einer conglomerirten Masse, die sich auf den Rücken des Höhenzuges lehnt, welchen ich überstiegen hatte. Ruud umher liegt eine Stadt mit 2000 albanesischen und 200 griechischen Feuerstellen. Der Statthalter, ein Albanese, Ibisch Aga, der weder griechisch noch türkisch sprach, bewohnte ein altes, in

Trümmern liegendes Serai und war mit einem Gefolge bewaffneter Kerle umgeben, die nach Allem aussahen, nur nicht nach
Leuten, die den Frieden aufrecht halten sollen. Ungeachtet des
nicht viel versprechenden Aussehens seiner Person und seines Haus-
wesens fand ich doch, daß auch hier dieselben wohlthätigen Veränderungen eingetreten waren.

Der Geldeswerth ist jetzt einer und derselbe im ganzen Lande;
früher hatten die Bezirks-Statthalter die Gewohnheit, den Werth
der Münze zu verändern, so daß sie den türkischen Piaster zur
Löhnungszeit ihrer Truppen in die Höhe trieben und zum Steuer-
termine ihn niederdrückten. Mais, das Hauptmittel der Subsi-
stenz, ist in zwei Jahren um 48 pCt. gefallen (wenn man den Unterschied berechnet, den die Einführung des allgemeinen Maaßes
von Konstantinopel verursachte), und andere Sachen fast in demselben Verhältnisse. Die Schuld der griechischen Gemeinde hieselbst beträgt 130,000 Piaster.

Durch ganz Rumili werden die Municipalitäten von ungeheuren Schulden bedrückt, die während der letzten Jahre unaufhörlicher Kriege contrahirt sind. Wäre nicht die Münzherabsetzung
eingetreten, so hätte ein allgemeiner Bankerott eintreten müssen.
Einer der ersten Gegenstände, worauf der Großwessier seine Aufmerksamkeit richtete, war, die Gemeinden von diesen Lasten zu
befreien, insoweit das thunlich und mit der Aufrechthaltung der
Eigenthumsrechte vereinbar war. Freilich verdienen die Gläubiger wenig Mitleiden, indem das dargeliehene Geld hauptsächlich
der Gewinn von Unterschleif der Statthalter oder Wechsler, und
der Zinsfuß wucherisch ist. Allerdings erkennt das türkische Gesetz keine Zinsen an, aber die Obligationen waren so eingerichtet,
daß die directe Gesetzverletzung vermieden war. Der Großwessier
machte indeß die ganze Frage auf summarische Weise ab; er
forderte die Gemeinden auf, die sich entweder in der Form oder
im Wesen ihrer Contracte beschwert glaubten, ihre Klagen unmittelbar bei ihm anzubringen, und diese entschied er, wie es
ihm gutdünkte; er setzte den Zinsfuß herab, setzte eine Zeit zur
Liquidation fest, und verwarf sogar zuweilen Klagen oder verringerte das Capital, wenn die Gemeinden von den Erpressungen
ihrer Gläubiger gelitten hatten.

Es ist sehr sonderbar, wenn man sieht, mit welcher Ruhe

und Schnelligkeit eine Angelegenheit von so großer Wichtigkeit wie diese abgemacht wird, wo so manche mächtige und streitende Interessen vorliegen, wo die Hindernisse auf dem Wege zur Wahrheit so groß und der Schwierigkeiten, gerecht zu urtheilen, so viele sind. Dennoch gelang es dem Großwessier, in seinem Lager, von wo aus er Skodra belagerte, den größten Theil dieser verwickelten Angelegenheit zu beseitigen. Die Griechen betrachteten diese Festsetzung als eine Wohlthat, die nur ihrer Befreiung von den Albanesen nachstand, und andererseits erregte sie kaum ein klagendes Murren bei dnen, welche unter den Entscheidungen des Wessiers gelitten hatten.

In dieser Entscheidung lag indeß noch eine, nicht zu übersehende, Schwierigkeit. Der größere Theil der Kläger bestand aus Griechen, während die Beklagten Türken oder Albanesen waren. Man wird also sogleich bemerken, wie sowohl die Griechen als der Großwessier völlig in die Gewalt der Dolmetscher gegeben waren. Die Entdeckung einiger schlagenden Fälle von Betrügerei bewog den Großwessier, zwei seiner vornehmsten Dolmetscher und Schreiber hinrichten zu lassen, einen Griechen und einen Türken, und dieses ganz ungewohnte Beispiel gerichtlicher Ahndung wurde mit unbegränzter Freude und Zufriedenheit von Mund zu Munde wiederholt. Seit dieser Zeit schickt der Großwessier alle ihm in griechischer Sprache zukommenden Bittschriften zurück, damit die Bittsteller sie selbst ins Türkische übersetzen lassen mögen.

Während die europäischen Regierungen, welche Völkerschaften verschiedener Abstammung beherrschen, jede Anstrengung aufgewendet haben, das Nationalgefühl und die Muttersprache des ihnen unterworfenen Volkes zu verlöschen, hat die Türkei beständig die Politik der Nichteinmischung befolgt, oder vielmehr, um mich türkischen Begriffen angemessener auszudrücken, die Politik der Rechtlichkeit. Die Türken, wie andere Orientalen, gehen nie davon aus, einen abstracten Grundsatz aufzustellen, wonach ihr praktisches Verhalten sich richten solle. Sie nehmen z. B. nicht als Grundsatz an, die Sprache des Staates müsse nur eine, die Provincialgesetze müssen gleichförmig seyn, und man müßte bauen oder zerstören, um die Anwendung dieser abstracten Idee durchzusetzen; im Gegentheile sie schreiten niemals auf irgend eine Weise

ein, wenn sie nicht durch irgend eine Noth dazu gezwungen werden. Sie haben die Nichteinmischung nicht als Regierungsgrund-
satz aufgestellt, denn diese Idee könnte ihnen nur als eine Folge der
Einmischung kommen — ein Resultat, beiläufig gesagt, zu dem bis
jetzt noch kein gesetzgebendes Volk gelangt ist. Jede Völkerschaft
bewahrt demgemäß ihre eigene Sprache und Sitte, und kümmert
sich meistentheils nicht und kennt nicht die Sprache und Sitte der
Nachbarn. Gleicherweise kennen die Türken selten die Sprache
ihrer Unterthanen oder fremder Länder, und daraus entsteht ein
großes und schreiendes Uebel; die Statthalter, Verwalter, Richter, Kaufleute sind in der Gewalt der Dolmetscher in allen Einzelnheiten der Regierung, der Justiz, der Finanzen und des Handels. Diese Dolmetscher bilden eine Classe, die in Interesse und
Intelligenz untereinander verkettet ist, die, vom Mittelpunkte der
Gewalt bis zu den niedrigsten Stufen amtlichen Lebens sich aus-
dehnend und von der Hauptstadt bis an die fernsten Gränzen sich
erstreckend, ein weites Netz spinnt, dem nichts entgehen kann, und
die durch leise und unsichtbare und deßhalb kräftige Bande die
Verhältnisse und die Gemüther der Menschen bewältigt. Die
Mittel, durch die man in das verrätherische Netz verstrickt wird,
sind so allmählich und klein, daß sie der Entdeckung entschlüpfen,
und die Macht, welche der Dragoman dann über sein Schlachtopfer ausübt, ist so unumschränkt, daß aller Gedanke an Widerstand oder Rache entschwindet. Die Leute werden eben so an
ihren Dragoman geheftet, wie man in eine Geliebte vernarrt
wird; von dem Augenblicke an, wo sie ihre Meinungen annehmen oder ihre Handlungen zu den ihrigen machen, sind sie ganz
in ihre Gewalt gegeben.

Diese Betrachtungen wurden mir aufgedrungen durch die
Unterredung während des Tages, den ich mit dem Erzbischofe
und den Primaten von Argyro Kastro zubrachte. Es war ein
Türke dabei, der das Verderben, welches die Dragomans über
die Türkei gebracht (er sprach nur von der innern Verwaltung)
durch folgende Anekdote belegte:

Ein paar Meilen westlich von Trikkala erscheint auf der nackten Ebene von Trikkala der zerstörte Minaret einer Moskee, die
vor zehn Jahren in der Mitte eines blühenden Dorfes stand. Ich
habe des Platzes erwähnt, als der Stelle eines im Jahre 1812

durch die Pest zerstörten Dorfes; jetzt erfuhr ich die wirkliche Ur=
sache seines Unterganges. Das Dorf, Namens Kapidschi, war
eine Pachtung des Veli Pascha, Sohnes von Ali Pascha, nach
dessen Sturze dieß Eigenthum an den Sultan fiel. (Ich darf im
Vorbeigehen bemerken, daß, wenn ein Anderer als der Bebauer
des Bodens das Eigenthumsrecht hat, der Bebauer sein Besitz=
recht nicht verliert; des Eigenthümers Interesse reducirt sich auf
einen Antheil am Gewinne.) Durch die Vereinbarung mit den
Pächtern war des Sultans Agent verpflichtet, das Saatkorn zu
liefern. Von Konstantinopel war ein Pascha geschickt, Essad Pascha,
und damals standen die Pachthöfe unter der Oberaufsicht des
Pascha. In Folge des Aufstandes in Albanien und Griechenland
war das Land im zerrüttetsten Zustande; die Dorfältesten hatten
mehrere vergebliche Versuche gemacht, das zur Saat und zu ihren
eigenen Bedürfnissen nöthige Korn zu erhalten, und endlich sam=
melte sich die ganze Bevölkerung des Dorfes, Männer, Weiber
und Kinder, um des Pascha Palast und rief laut um Saatkorn,
auf griechisch sporos. Der Pascha, im heitern Klima des süd=
lichen Kleinasien geboren, hatte sich vor den Januarstürmen des
Pindus in die Abgeschiedenheit seines Harem geflüchtet. Als er
den Lärmen draußen hörte, schickte er nach seinem Dragoman,
Ata Effendi, einem Türken; aber wenn ein Türke Dragoman
wird, so geräth er in gleiche Verdammniß mit einem Griechen,
Kophten oder Franken. Ata Effendi stellte Seiner Hoheit vor, das
versammelte Volk sey in tumultuarischer Weise gekommen, Geld
zu fordern, um Wein zu kaufen zu einem Feste seiner götzendiene=
rischen Kirche, wobei eine große Menge seiner Söhne und Töchter
verheirathet werden sollte. „Aber,‟ sagte der Pascha, „was
heißt das sporos, sporos?‟ — „Ach,‟ antwortete der Drago=
man, „das heißt tanzen! (choros) tanzen! — sie wollen lustig
seyn.‟ Unwillig gab der Pascha Befehl, sofort die Bauern vom
Hofplatze zu treiben. Mein Erzähler war des Pascha Hundevogt,
und schlug ein paar Tage darauf seinem Herrn eine Jagd vor.
Der Tag war schön, die Hasen reichlich und die Hunde vortreff=
lich; er richtete es so ein, daß der Pascha durch das Dorf Kapidschi
kam. Als er einritt, war keine lebendige Seele zu sehen; die
Thüren standen offen, Hausgeräthe und Sachen waren ausgeräumt,
kein lebendes Wesen zu erblicken, bis man, wahrscheinlich durch

Zufall, einen alten Mann fand, der absichtlich hingesetzt war, um die Geschichte des Dorfes zu erzählen. Als er berichtete, wie sie an des Pascha's Hofthür gekommen seyen, um Korn zu erbitten, und weggejagt waren mit Schlägen und Verwünschungen — stand der Pascha auf, ritt heim, hielt sich nur so lange auf, um einige unumgängliche Einrichtungen zu treffen und zog nach Konstanti= nopel, seinen Bruder zurücklassend, um, bis zur Ankunft eines Nachfolgers, das Paschalik, dem er entsagte, zu verwalten. Er ward indeß zum Pascha von Erzerum ernannt, wo er keines Dragomans bedurfte. Ich fragte, was dem Ata Effendi geschehen sey — nichts!

Ich aß mit dem Statthalter zu Abend. Das Mahl war eine Schaustellung im turbulentesten Style der Albanesen, aber durch die Wolke schien ein eben so freundlicher als unverhoffter Licht= strahl und stach sonderbar ab mit dem sorglosen, verwegenen Aussehen des Aga's und seiner Angehörigen und den allgemeinen Ansichten seiner abenteuerlichen Gesellen. Als ich Abschied nahm, sagte er mir: „Wir haben mehr gethan, als ihr seht oder glaubt, denn wir haben das Uebel ausgerottet, das des Guten Wachs= thum verhinderte. Bis jetzt galt nur: Zerstören, Todtschlagen, Verbrennen; kommt in fünf Jahren wieder, und ihr sollt die Früchte des Treibens der letzten Jahre sehen."

Es ist die Bemerkung eines großen Mannes, daß Menschen immer höher stehen als die Umstände. Welch ein Paradies könnte nicht aus Albanien oder der Türkei gemacht werden, wären die Leute in den höheren Stellen im Stande, zu weniger unvollkom= menerm Fruchttragen die Keime der Vortrefflichkeit zu befördern, die Menschen und Natur dort gleichmäßig darbieten! Aber könnte nicht auf gleiche Weise all und jeder Theil des Erdkreises ein Paradies werden?

Ich habe schon erwähnt, daß sich in Argyro Kastro die Ge= meindeschuld auf 130,000 Piaster belief; es ist keine Veränderung damit vorgegangen, und es hat sich dieserwegen Niemand an den Großwessier gewendet. Als ich mich nach dem Grunde erkundigte, erzählten mir die Primaten, ihre Gläubiger wären lauter türkische Grundeigenthümer in der Nachbarschaft, die ihnen das Geld bereit= willig und freundlich geliehen, um sie in ihrer Noth zu unter= stützen; die Zinsen wären niemals mit Strenge eingefordert und betrugen nur acht Procent. Ali Pascha hatte, wie genugsam bekannt, sich selbst einen ungeheurrn Belauf von Privateigenthum in seinen zahlreichen Statthalterschaften zugeeignet. Dieß Eigenthum war an die Krone gefallen, und obgleich der Betrag zurückgegeben war, wo offenbarer Mißbrauch in der Erwerbungsart nachgewiesen werden konnte, war doch noch ein bedeutender, wenn nicht der hauptsächlichste Theil des Einkommens übrig geblieben, das die Regierung aus Albanien bezieht. Es wurde hierüber ein Verwaltungssystem gebildet, nach dem hergebrachten Verfahren, die Beträge des verpachteten Einkommens einzusammeln. Diese Ländereien sind in der Nähe von Argyro Kastro sehr zahlreich. Der Generaldirector verafterpachtet sie einzeln an Mittelspersonen, die denn eben allen Mittelspersonen in der ganzen Welt gleichen. Die Bauern auf diesen Besitzungen haben neuerdings eine Deputation an den Großwessier geschickt, mit der Bitte, ihnen zu gestatten, direct in den Schatz die Summe zu zahlen, die jetzt die Mittelspersonen an den Oberbeamten bezahlen. Den Werth dieser Thatsache, in Bezug auf die Leichtigkeit eine wichtige Veränderung hervorzubringen — ich darf wohl sagen, die allwichtige Veränderung für das ottomanische Reich, die hier angedeutet ist — kann ich nicht übergehen, ohne darauf aufmerksam zu machen, obgleich ich mich nicht dabei aufhalten darf, ihn weiter zu erörtern.

In Argyro Kastro fiel mir die Familie meines griechischen Wirthes noch mehr auf, als selbst die in Delvino. Ich habe niemals drei hübschere junge Männer gesehen, als seine Söhne. Zwei derselben waren verheirathet, und wollte ich versuchen, die die Art und Weise ihres Umganges zu beschreiben, so könnte man glauben, ich beschriebe eher den Hof eines byzantinischen Fürsten, als die Familir eines griechischen Schuhmachers. Wie sehr aber malt sich das Glück in dieser häuslichen Etikette des Morgenlandes, wo das Ansehen ein Geschenk der Zuneigung ist, und wo die Liebe nicht Dienst, Knechtschaft und Entwürdigung kennt. Jedem Manne ist sein Dorf das Land, weil sein Haus seine Welt ist. In den gegenwärtigen ungeregelten Zeiten ist es mehr als Land oder Welt — es ist ein Heiligthum und die dem Weibe gezollte Achtung, selbst vom Kecksten gezollt, deckt einen Schild über die Schwäche und den Kleinmuth des Vaters, Gat-

ten und Bruders. Wenn aber auch in ruhigeren Zeiten es sol=
ches Schutzes nicht bedarf, versinkt doch der Hauskreis des Mor=
genlandes nicht zu dem gleichgültigen Anhängsel, zu der Last, die
er so oft bei uns ist. Mit ungeheuchelter Freude kann ich Zeugniß
ablegen von der dort herrschenden Einigkeit — von der den häus=
lichen Verkehr bezeichnenden Höflichkeit — von der Entbehrung,
wenn Einer fehlt — von dem Entzücken, wenn er wiederkehrt.
Während mehrjährigen, beständigen Umganges mit diesen Leuten
habe ich nie einen Familienzank gesehen, habe ich nie bemerkt,
oder mein Gedächtniß müßte mich vollständig trügen, daß einer
der Vorfälle eintrat, die in unserm Vaterlande den Besuchenden
und den Gast so beständig berühren und anwidern. Dieser Unter=
schied häuslicher Sitten läßt den Orientalen sein Vaterland vor=
ziehen gegen Europa. Wie manche Versuchungen gäbe es nicht
für gefährdete Statthalter, reiche Verbrecher, dürftige Abenteurer,
für den Neugierigen und den Getäuschten, Europa zu besuchen
und dort zu wohnen? Und doch, bis in ganz neuer Zeit, ich
darf fast sagen bis nach der Zeit, wo ich in Argyro Kastro war,
besuchte kaum ein Duzend noch lebender Orientalen Europa.
Dessen ungeachtet fehlt es ihnen keinesweges an Wißbegier oder an
Reiselust: Europa bietet ihnen große und ernste Gegenstände der
Nachforschung, aber die Probestücke von Europa und der Civili=
sation, welche die Hauptstadt und die Seehäfen besuchen, und der
allgemeine Eindruck, den die Türken von unserm persönlichen
Charakter erhalten haben, hat bis jetzt jedes Gefühl von Achtung
vor Europa abgewendet und nicht gestattet, daß Bande persön=
licher Hochschätzung und Zuneigung geknüpft wurden.

Man darf nicht annehmen, daß diese häuslichen Sitten und
folgeweise dieser Nationalcharakter unter den Griechen auf Morea
oder Konstantinopel zu finden ist. Ueberall, wohin sich der Ein=
fluß der Revolution verbreitet hat, sind die alten Ideen, Ge=
wohnheiten und Gefühle verwischt oder vernichtet. Bei Einzelnen
ist an deren Stelle ein hoher Grad abendländischer Vervollkomm=
mung getreten, aber wo die Masse des griechischen Stammes ihre
alten Gebräuche verlassen hat, da hat sie überall die Grundstoffe
ihres früheren Wohlstandes und ihres künftigen Fortschreitens
ohne allen Ersatz weggegeben. In politischen Institutionen ver=
gleiche man den gegenwärtigen Zustand und die Hoffnungen Morea's

mit den Fortschritten von zehn Jahren unter der türkischen Regie=
rung vor der Revolution. In Gemüth und Benehmen vergleiche
man das widerliche Schauspiel eines griechischen Festabends auf
den Fürsteninseln, herausstaffirt mit schlottrigem Flitterstaat, den
sie europäisch nennen, mit solchen Scenen häuslicher Glückseligkeit
und Behaglichkeit, wie ich in Argyro Kastro zu beschreiben ver=
suchte, und wie man sie noch in jedem, von Griechen bewohnten
Dorfe der europäischen und asiatischen Türkei erblicken kann.
Hr. de Lamartine hat das herausgestellt, was er als einen star=
ken Contrast zwischen dem asiatischen und dem europäischen Grie=
chen betrachtete, und den ersteren höflich empfohlen, den letz=
teren getadelt. Er hat in seiner Eilreise durch Asien einige ver=
derbte, aber noch origenelle Beispiele des griechischen Charakters
getroffen; er hat in Griechenland einige europäisirte Griechen ge=
troffen. Frappirt von dem auffallenden Contraste macht Hr. de La=
martine sofort eine allgemeine Regel daraus, wie Jeder thun
muß, der aus den Beobachtungen eines Monats ein Buch zusam=
menschreibt und in Folge einer einzelnen Bemerkung oder eines ein=
zelnen Mißverständnisses eine politische Theorie aufbauet, oder ein
Kaiserreich über den Haufen wirft.

Wenn ich von dem verderblichen Einflusse rede, den die Revo=
lution auf den griechischen Sinn und Charakter ausübte, so will
ich damit keinesweges sagen, daß der Revolutionskrieg einen
nachtheiligen Einfluß auf die Griechen übte — gerade umgekehrt:
der Krieg erregte die Thatkraft und stählte das Gemüth des
hellenischen Stammes; während ihr Sieg sie von den Ursachen
zur Beschwerde befreite, die entweder in ihren früheren Sit=
ten oder in ihrer früheren Regierung lagen, entlastete er auch die
Türkei von der drückenden Sklaverei der Janitscharen=Herrschaft;
und während der Sieg der Griechen dem Sultan die Mittel in die
Hände gab, die Janitscharen zu vernichten, erweckte er den Geist
der Türken aus dem todähnlichen Schlummer, der allmählich ihre
Sinne beschlich und ihre Augen verschloß gegen die Verwicklun=
gen fremden Unrechtes und fremder Politik, die sie nicht ergrün=
den konnten, und denen sie sonst unvermeidlich unterlegen wären.
Das waren, in Bezug auf den Osten, die Grundstoffe, welche
der Triumph der griechischen Revolution darbot, namentlich die
Pacification der Levante und die Consolidation der Türkei, und

unendlich groß wären die Erfolge gewesen, hätte ein erleuchteter Geist und eine Meisterhand die Councils von Großbritannien geleitet. Die Stellung, die es nicht einnahm und nicht begriff, ist anderweitig ausgefüllt, und Millionen Geldes und Meere von Blut, die es vielleicht zur Vertheidigung der eigenen Interessen aufwenden muß, können nimmer das schon geschehene Uebel wieder ungeschehen machen. Ein einziger gescheidter Agent kann verhüten, wozu man zwanzig Linienschiffe bedarf, um es wieder gutzumachen, aber freilich kann man keine gescheidten Agenten haben, wenn sie nicht in die Kunde des Landes, wo sie verkehren sollen, tief eingedrungen sind. Nur völliger Mangel an Kenntniß kann die Politik Englands und die Ereignisse im Osten seit den letzten zwanzig Jahren erklären, und die allergewöhnlichste Voraussicht muß zu zeigen genügen, daß ein sehr kurzer Zeitraum ähnlichen Fortschrittes zu einer allgemeinen Erschütterung Europa's führen muß. Dann muß England in die Schranken treten, nicht um zu erwerben, sondern um zu erhalten, und dann muß es in Waffen erscheinen, um zu zerstören, was nur entstehen konnte, weil Andere im Frieden Englands unbewußten und unbegriffenen Einfluß benutzten.

Siebenzehntes Capitel.

Sitten und Erziehung orientalischer Kinder.

Das Betragen selbst des kleinsten Kindes gegen seine Eltern und gegen Fremde, die gewohnte Gesetztheit und Lenksamkeit könnten einen Europäer zu dem Glauben bewegen, daß die Kinder im Oriente mit eiserner Ruthe regiert würden, daß ihr Geist gebrochen und die Freiheit des kindlichen Wesens durch beständige Anwendung despotisch väterlichen Ansehens zermalmt würde. Es ist aber ganz das Gegentheil. Wollte ein Mann sein Kind schlagen, so würde ein allgemeiner Aufruhr in der Gasse entstehen und alle Nachbaren herbeieilen, dem Kinde beizustehen. *) Einige

---

*) Ein kleiner sich herumbalgender Knabe von fünf Jahren fing an, seinen Vater bei Bart und Backenbart zu zausen, bis der alte Mann vor Schmerz brüllte. Er sah fürchterlich wüthend aus, drohte un-

Schriftsteller haben die Quelle des orientalischen Despotismus in der im ganzen Osten ausgeübten häuslichen Tyrannei aufgefunden. Volney, den man den Philosophen genannt hat, und Heeren, der mit Recht der Gelehrte genannt wird, haben sich besonders bei der großen Aehnlichkeit aufgehalten, die zwischen den beiden, wie sie es nennen, Arten von Sklaverei vorhanden sey, der väterlichen und der herrschaftlichen. Welche Ansichten auch das, ich darf fast sagen, in jeder orientalischen Familie sich darbietende Schauspiel über die Gelehrsamkeit und die Philosophie des Einen wie des Andern einflößen mag, die angedeutete Aehnlichkeit ist immer richtig; das Gebäude der orientalischen Regierung ist nur die Erweiterung des väterlichen Daches, und die Autorität, auf welcher orientalischer Despotismus beruht, und die der väterliche Despot ausübt, ist gleicherweise gestützt auf die Zuneigung der Gehorchenden, deren Gehorsam in einer europäischen Schulstube oder in einem europäischen Parlamente unbegreiflich seyn würde.

So weit hatte ich geschrieben, und wollte den Gegenstand aufgeben, daran verzweifelnd, die Lebensart orientalischer Kinder verständlich zu machen, als ich durch den Besuch eines türkischen Freundes unterbrochen ward, der seinen kleinen Sohn mitbrachte. Er erwähnte einer Anekdote von einem damals neunjährigen Sohne des Sultans und von seinem eigenen, damals vierjährigen Sohne, die mir ein merkwürdiges Beispiel von dem gegenseitigen Benehmen der kleinen Personchen zu seyn schien. Der Sultan hatte auf einer Reise in meines Freundes Hause übernachtet. Der junge Prinz hatte sich niedergelegt, weil er über heftige Kopfschmerzen klagte; mein Freund sagte, er hoffe, diese durch Vorlesen aus dem Koran zu heilen; *) er kniete neben dem Prinzen nieder und begann seine Verrichtung. Mitten darin aber hörte man den Ruf des Muezzin zum Gebete, und nun, fuhr mein Freund fort, „wen-

---

aussprechliche Dinge, es fiel ihm aber nicht ein, seine Hände zu gebrauchen. Ich fragte ihn, warum er das Kind nicht geschlagen; er sagte: „ach, was seyd ihr Franken doch für feine Leute!“

*) Wenn die Türken diese Operation verrichten, legen sie die Hand auf den leidenden Theil, auf eine Weise, die dem thierischen Magnetismus ähnelt. Ich habe wirklich gesehen, daß auf diese Art Schmerzen plötzlich aufhörten. Die Magie in Aegypten, Indien und Asien ist offenbar ein Zweig des Magnetismus.

dete sich der Schah Zadeh (Prinz) zu mir und bat mich, als wäre ich sein leiblicher Vater gewesen, um Erlaubniß, sein Namaz (Gebet) zu verrichten. Sein Teppich wurde ausgebreitet, und als der Namaz beendigt war, kam er wieder, und wir beschlossen unsere Vorlesung; mochte es nun die Wirkung seines Gebetes seyn, oder Gottes Segen für meine gute Absicht oder seine natürliche Genesung, genug, des Schah Zadeh Kopfschmerz war geheilt. Wenig aber dachte ich an das Unglück, das mich treffen sollte, denn der Schah Zadeh sagte mir, er glaube gewiß, ich hätte auch Kinder. Nun hatte ich nur diesen Taugenichts von Jungen, den Ihr hier seht, und fing an am ganzen Leibe zu zittern, da ich wohl wußte, was an ihm war. Nun ist mein Unglück da, dachte ich bei mir selbst, ich bin verloren, mein Kind ist verloren, wir sind Alle verloren. Dieß ist der Schah Zadeh, er hat mich gefragt, und ich muß ihm die Wahrheit sagen, und wenn ich sie sage, wird der Junge hergebracht. Ich antwortete also: Euer Sklave hat ein Kind, ein junges Kind, aber ein sehr ungeschicktes, das im Gebirge geboren und aufgezogen ist, und nichts von Respect und Schuldigkeit weiß. Vai, sagte der Schah Zadeh, ich will ihn so gerne sehen, Kuzum (mein Lamm) laß ihn gleich holen. Ich wollte selbst gehen, um meinem Ali Bey Anweisung zu geben, wie er sich benehmen sollte, aber der Prinz merkte meine Absicht und ließ mich nicht vom Flecke, und so stand ich zitternd und zagend und erwartete, Ali Bey würde ins Zimmer stürzen, sich auf das Sopha neben den Schah Zadeh setzen, ihn anpacken oder vielleicht ihn fragen, was er da zu thun hätte, und ihm sagen, er solle sich aus dem Hause trollen. Als aber Ali Bey ins Zimmer trat, lief er gerade auf mich zu. Ich hatte nur Zeit, ihm ins Ohr zu flüstern: Schah Zadeh, und das kleine Lamm ging auf ihn zu, fiel auf den Fußboden vor ihm nieder, küßte die Erde und dann den Saum des Kleides; darauf zog er sich rückwärts zurück, kreuzte seine Hände auf der Brust und machte seinen Divan. Was auch der Prinz mit ihm sprach, er antwortete richtig und machte seinen Temenaz. Mein Gesicht war wieder weiß, und der Schah Zadeh wendete sich zu mir und fragte lachend: Maschallah, Effendim, ist das dein kleiner Bergbewohner?"

Als des Sultans ältester Sohn kaum eilf Jahr alt war, besuchte ich einmal den damaligen Günstling, der in einem Zimmer war, welches an dasjenige stieß, worin der Sultan mit seinen Kindern war. Ohne vorherige Ankündigung wurden wir dadurch überrascht, daß der Vorhang über der Thür plötzlich aufgehoben wurde, und der Schah Zadeh eintrat, begleitet von einem schwarzen Eunuchen, einem Mittelding zwischen Erzieher und Kindswärter. Ihm folgten etwa dreißig kleine Knaben seines Alters, junge Sklaven oder Söhne von Großen des Reiches, die mit ihm erzogen wurden. Mein Wirth warf sich vor dem Prinzen nieder, und dieser, um uns des Cerimoniells zu überheben, schritt behende zum Divan, sprang hinauf und setzte sich auf den Ehrenplatz, die Ecke, aber in der Positur des Respectes, das heißt, halb knieend, halb sitzend, die Hände auf die Hüften gelegt. Der Wirth ging hin und küßte den Saum des Sopha, worauf der Prinz mit einem Temenaz antwortete und ihn bat, Platz zu nehmen. Augenblicklich setzte er sich auf den Fußboden vor den Prinzen, aber kaum hatte er sich gesetzt, so stand er auch wieder auf und stand mit über die Brust gekreuzten Armen. Der schwarze Kodscha näherte sich dem Prinzen, beugte sich nieder und flüsterte ihm etwas ins Ohr; schnell wendeten sich seine blitzenden Augen auf mich, und er lud mich zum Sitzen, auf einen Platz des Sopha neben sich deutend. Nach augenblicklicher Pause bemerkte er, daß die Pfeife, aus der ich geraucht hatte, neben mir lag und befahl, sie zu stopfen. Das Einzige, dessen ich mich von der kleinen Unterredung erinnere, ist, daß er sehr wünschte, französisch zu lernen, aber keinen Lehrer finden konnte. Als Geschenk war ihm ein sehr schönes Modell eines Schiffes bestimmt, das er mit großer Freude annahm; es wurde der besondern Fürsorge von vier seiner kleinen Begleiter übergeben, die es wegtrugen, jeder eine Ecke haltend, wobei sich die Angst um das ganzbeinige Wegbringen auf ihren kindlichen Gesichtern in einem Grade malte, der meine abendländische Lachlust erregte.

Dann kam ein sehr zierliches Spielzeug, das ihm zur Annahme vorgelegt wurde — ein Kaleidoskop. Nachdem er es eine Weile besehen und bewundert hatte, legte er es weg und schüttelte den Kopf; als man ihn fragte, warum er es nicht behalten wollte, sagte er: „Ich habe das Schiff genommen, weil Frauen nichts mit Schiffen zu thun haben, aber ein Spielzeug wie dieß, kann ich nicht nehmen, wenn nicht auch eines für meine Schwester da ist." Ich trug an einem Bande einen kleinen Operngucker, der seine Aufmerksamkeit erregte; ich nahm ihn ab und hing ihn um des Prinzen Nacken, als der alte schwarze Mentor wieder her= antrat und ihm ins Ohr flüsterte. In großer Hast nahm er das Glas ab, und würde es mir selbst gebracht haben, wäre ihm nicht sein kleiner Trupp aufmerksam zuvorgekommen. Er sagte: „Wenn Ihr es tragt, so bedürft Ihr dessen; Ihr könnt hier kein anderes von der Art wieder bekommen, und deßhalb durfte ich es nicht nehmen." Was mir dabei auffiel, war sein plötzliches Eingehen auf die einfachste Bemerkung seines· schwarzen Lehrers, der sei= nerseits sich dem Prinzen mit allem Ausdruck der Ehrerbietung zu nahen schien.

Sobald der junge Prinz fühlte, daß nichts mehr zu sagen war, stand er in der schnellen Weise auf, deren sich die Türken bedienen, um das Cerimoniell des Abschiednehmens zu verhindern, machte einen kleinen Sprung und husch lief er nach der Thür, während der jugendliche Haufen, der in bewegungslosem Schweigen am Unterende des Zimmers geordnet gestanden und vermuthlich schon einige Zeit das Zeichen des Aufbruches beachtet hatte, in einem Augenblicke verschwunden, zum Zimmer hinaus geeilt war und nun draußen in zwei Reihen stand, indeß einige sich bemüheten, den Vorhang in die Höhe zu halten. Als der junge Prinz weg= ging, fielen meines Wirthes Diener nieder und küßten seine Fußstapfen.

Es ist etwas unbeschreiblich Interessantes und Reizendes in den Kindern des Morgenlandes, und was kann reizender seyn. als Kinder, die weder vernachlässigt noch ermüdet werden, die jede Notiz, die man von ihnen nimmt, als eine Gunst ansehen und es begreifen, es sey ihr Platz und ihre Pflicht, ihre Eltern und die ältern Leute zu beachten und zu bedienen? Ihre altherkömmlichen Sitten werden noch auffallender durch die Formen und Verwicke= lungen orientalischer Begrüßung, Abwaschung, Dienstleistungen und die Art und Weise zu seyn und zu handeln, sowie durch die für uns seltsame Wirkung, wenn man die kleinen Körper genau in dieselbe Tracht der Erwachsenen gekleidet sieht. An manchen Orten tragen sie sogar kleine Waffen (in Tscherkessien tragen und gebrauchen sie dieselben). Ich sah einst ein verzogenes Kind, das einem schwachsinnigen Manne noch in seinem hohen Alter ge=

boren war, mit einer vollſtändigen eigenen Einrichtung, und obgleich kaum über neun Jahr alt, ſaß der Knabe ſeinem Vater gegenüber, und ſein eigener Tſchibukdſchi reichte ihm die Pfeife. Ich
konnte mich damals des Gedankens nicht erwehren, daß wenn ein
bücherſchreibender Reiſender den Auftritt geſehen, uns eine neue
Reihefolge philoſophiſcher Schlüſſe über das Syſtem väterlicher und
politiſcher Regierung des Orientes vorgelegt worden wäre.

In Monaſtir, wohin ich nach meiner Abreiſe von Skodra
kam, reſidirte der zweite Sohn des Großweſſirs, Ibrahim Bey,
ein Knabe von dreizehn Jahren. Es hatte ſich das Gerücht von
der Gunſt verbreitet, deren ich genießen ſollte, und von der Art,
wie der Großweſſir mich in Skodra aufgenommen hatte. Der
Lehrer und Haushofmeiſter Ibrahim Bey's kam, abſeiten ſeines
Zöglings und Herrn, mich zu begrüßen: — mein erſter Beſuch
galt daher dem Sadrazem Zadeh. Ueber das Cerimoniell meiner
Aufnahme ward ein Familien-Divan gehalten; zuerſt wurde die
Frage im Harem verhandelt, der hier, wie in der ganzen übrigen
Welt, das Oberhaus bildet, und darauf im Selamlik, wo natürlich die ganze Hausgenoſſenſchaft verſammelt war, bis vielleicht
zum Sakka (Waſſerträger) hinunter. Zwiſchen beiden Häuſern erhob ſich eine Meinungsverſchiedenheit, und mein Dirnet wurde
gerufen und kreuz und quer gefragt über die Art meines Empfanges bei dem großen Manne (dem Weſſir) und bei denen ſeines
Gefolges, deren Anſichten von Gewicht waren und deren Verfahren als Richtſchnur gelten konnte.

Der weibliche Theil des Hausſtandes, in ſeinen Mitgliedern
die doppelte Unfehlbarkeit des Ranges und Geſchlechtes vereinend,
ergriff den richtigern und mehr ſtaatsmänniſchen Geſichtspunkt
der Frage. Sie entſchieden einſtimmig, Ibrahim Bey ſolle nicht
nur aufſtehen, ſondern auch an die Thür gehen, um den Ingliz
Bey-Zadeh (engliſchen Fürſtenſohn) zu empfangen. Dieſe Entſcheidung abſeiten der Damen verträgt und bedarf wirklich ein
paar Worte der Erklärung. Wunderliche Mährchen waren in den
innerſten Räumen des Harems geflüſtert von der äußern Allgewalt des ſchönen Geſchlechtes in Frangiſtan (Frankenland —
Europa), von dem Gehorſam, der deſſen Schritten folge, von der
Demuth, die des Blickes harre, von dem Glücke, das der Frauen
Gegenwart und Lächeln verbreite. Dort beugen die Herren der

Schöpfung ihren Nacken unter das liebe Joch, und die Stolzesten der Erde, die Ersten an Macht, Ruhm und Waffenglanz widmen den Frauen unterwürfigen Gehorsam. Ergreifende, Kopf und Herz verwirrende Gedanken! Welche Menschen mußten diese Franken seyn! Alles dieses drängte sich auf ihre Lippen, obgleich es nicht zur Sprache kam in dieser warmen Debatte und daher die einstimmige Entscheidung: „Ibrahim Bey soll dem Bey Zadeh entgegen gehen." Einiges Hin- und Herschicken zwischen dem Harem und dem Selamlik führte zu einem Vergleiche dahin, Ibrahim Bey sollte auf dem Corridor vor der Zimmerthür gehen, so daß unser Begegnen zufällig erscheine, als ob er im Augenblicke meiner Ankunft ein Zimmer verlassen hätte, um in ein anderes zu gehen. Aber der schlaue Bursche ließ den Frauen den Sieg, denn auf das Zeichen meiner Annäherung (in den Häusern der türkischen Großen wird die Ankunft eines Gastes durch telegraphische Zeichen verkündet) beschleunigte er seine Bewegung, gewann mir fünf Secunden ab, beendete seinen Spaziergang bis an die Thür gegenüber, kehrte dann um und ging mir entgegen. Nachdem mein Besuch beendigt, und es war wirklich ein merkwürdiger, auf den ich späterhin zurückzukommen Gelegenheit haben dürfte, stattete ich dem Statthalter des Ortes meinen Besuch ab, und traf bei ihm den Mollah und den Befehlshaber der Truppen; Kaum hatte ich mich gesetzt, als plötzlich und unangemeldet Ibrahim Bey erschien, um mir zu zeigen, welch großer Mann er wirklich wäre, und ungeachtet des Empfanges, mit dem ich beehrt worden. In einen fliegenden Harvan gekleidet und eine stattliche Majestät annehmend schritt er durch das Zimmer, setzte sich auf des Statthalters Platz und erklärte seinen Wunsch, wir möchten uns gleichfalls setzen. Die an ihn gerichteten Begrüßungen erwiederte er mit sehr herablassendem Anstande und nicht einer der anwesenden Graubärte zeigte durch den leisesten Blick oder irgend eine Bewegung, daß er daran denke, der Umstand könne von einem Fremden als etwas Außerordentliches angesehen werden. Ibrahim Bey entschuldigte seinen Besuch mit dem dringenden Wunsche, während meines Aufenthaltes so viel von mir zu sehen als möglich. Er hielt sich aber nur so lange auf, um seine Stellung dadurch kund zu thun, daß er Pfeifen und Kaffee bestellte und als Herr vom Hause die Begrüßung nach dem Trinken annahm. Dann verschwand er eben so plötzlich, als er gekommen war, und wir hörten sogleich auf dem Hofplatze das Geklapper davonsprengender Pferde.

Ich könnte ein Buch anfüllen mit Beispielen von geselligem Anstande, von Geschicktheit in Geschäften, von Kühnheit und Muth im Kriege bei orientalischen Kindern — Beispiele, die Alles weit übertreffen, was wir von solchem Alter erwarten sollten. Die bereits erzählten Beispiele werden indeß hinreichen, die Selbst= beherrschung zu zeigen, worin sie durch die gesellschaftlichen Sitten und die Beachtung und den Respect unterwiesen werden, womit ältere Leute und ihre eigenen Eltern sie behandeln.

Die orientalische Erziehung ist ein Gegenstand, auf den man wahrlich nicht leicht eingehen kann, und ich fühle mich keines= weges im Stande, mich damit zu befassen. Wenn aber erst einige philosophische Forscher ihre Aufmerksamkeit auf das Studium des Morgenlandes gewendet haben, so wird die Erziehung Gegen= stand eines höchst interessanten und schätzbaren Werkes werden. So wichtig wie neuerdings die Erziehung bei uns selbst geworden und so wie diese Wichtigkeit zugleich Zeichen und Mittel des am höchsten vorgeschrittenen Zustandes der Cultur ist, kann es nicht fehlen, daß ein Europäer in Erstaunen gerathen muß, wenn er findet, daß die orientalische Völkerschaften die Erziehung als von noch viel größerer Wichtigkeit ansehen, als wir es thun, und daß orientalische Gesetzgeber ihr einen Platz unter den Grundeinrich= tungen des Staates angewiesen haben. Die Erziehung ist dort mit einem feierlichen und religiösen Charakter bekleidet, sie durch= bringt jede Classe der Gemeinde und datirt sich, nach öffentlichen Denkmälern, um Jahrtausende zurück. Oeffentliche Documente in Hindu=Dörfern, die über dreitausend Jahre alt sind, stellen die Unterhaltung der Schule und des Schullehrers als die erste Ver= pflichtung der Gemeinde auf; es wurde kein Schulgeld bezahlt, dennoch trug die Erziehung nicht das Zeichen der öffentlichen Mildthätigkeit. Durch die Gesetze des Menu und den Ko= ran Mohammeds war der Vater verpflichtet, sein Kind mit dem vierten Jahre in die Schule zu schicken. Lesen, Schreiben und eine gewisse Kenntniß von der Religion und den Gesetzen wurde als eine Summe des Unterrichtes betrachtet, auf die der

Staat bei seinen Angehörigen zu sehen verpflichtet war, und Mohammed legte noch ferner dem Vorstande jeder Gemeinde die Pflicht auf, dahin zu sehen, daß Waisen in irgend einem Hand= werke unterrichtet würden, um sie in den Stand zu setzen, ihr täglich Brod zu verdienen. Das Kind unter die Autorität des Schullehrers zu stellen, war ein Act, mit dem der Charakter eines religiösen Sacramentes verknüpft war, und der Schullehrer wurde für des Kindes Betragen und Aufführung verantwortlich ge= macht. Von den Hindus und andern Völkern des Orientes ha= ben wir selbst das System des wechselseitigen Unterrichtes ge= borgt, und manche Formen dieses Systemes kann man jetzt in jeder türkischen Schulstube finden. In Persien nimmt man an, daß die Zahl der im Lesen und Schreiben unterrichteten Kinder ver= hältnißmäßig größer ist, als in jedem Lande Europa's. In der Türkei regierte kein einziger Sultan, der nicht eine ausgestattete Schule hinterließ; welcher Sultan aber hat einen Palast hinter= laffen?

Der Tag, an welchem das Kind dem Schullehrer übergeben wird, ist ein Familienfest, zu dem die Verwandten, Freunde und Nachbarn eingeladen werden, die Damen in den Harem, die Män= ner in den Selamlik. Die kleinen Helden des Tages, deren in der Regel mehrere sind, werden von einer Versammlung zur an= dern im Triumphe hin und zurückgeführt, zierlich geschmückt und Küsse, Segenswünsche und Geschenke regnen auf sie herab. Schon im voraus ist das Kurban=Lamm mit der größten Rücksicht auf Farbe, Gestalt, Schönheit und Munterkeit ausgesucht; es ist mit den ausgewähltesten Leckerbiffen gefüttert, mit der größ= ten Sorgfalt gehegt und gepflegt. Jetzt wird es im Pompe her= beigeführt, und die glänzende Weihe ist durch Kränze herrlicher Blumen und farbiger Bänder erhöhet. Das vom Vater verrichtete Opfer und das vom Imam gesegnete Kind werden dem Schul= lehrer übergeben.

So lange das Kind in der Schule bleibt, übt der Vater jede Art von Autorität im Namen des Schullehrers aus. Das Kind wohnt im elterlichen Hause und geht eine gewisse Anzahl von Stunden täglich in die Schule. Läßt es sich ein Vergehen zu Schulden kommen, so läßt der Vater dem Schullehrer sagen:

„Ali, oder Achmet, Effendi*) hat das und das gethan; euch kommt es zu, nach Gutdünken zu handeln, aber ich habe nicht unterlassen, ihm meine Meinung über die Sache zu sagen.‟ Der Schullehrer ist dann keinesweges so ceremoniös in der Ausübung seiner Autorität — er legt den kleinen Verbrecher auf den Rücken nieder, die Füße in die Höhe gestreckt, während zuweilen die ganze Schule die Falatea oder den langen Stab hält, der die Beine trägt, und ruhig theilt der Schullehrer die Bastonade aus, mit gekreuzten Beinen sitzend, den gehorsam machenden Kurbasch in der Rechten, den zierenden Tschibuk (Pfeife) in der Linken.

Ich möchte den Leser besonders aufmerksam machen auf diese Trennung der Züchtigung vom Vater, während das Kind doch nicht zum Zwecke des Unterrichtes in den Schulkenntnissen von der einzig richtigen Erziehung zum Menschen getrennt ist, von der am väterlichen Herde.

Indeß kommt selbst in der Schule sehr selten eine Züchtigung vor, und man läßt ohne Ausnahme ein Türkenkind bis zum sechsten oder siebenten Jahre Alles thun, was es will; sein freier Wille, seine Launen werden nicht beschränkt, und man hat keinen Begriff davon, es zu bestrafen, wenigstens nicht es körperlich zu strafen, so weit ich im Stande gewesen bin, es zu beobachten. Ich besinne mich nicht, daß ich jemals im Aerger oder als Besserungsmittel auch nur einen Schlag mit der Hand gesehen habe, man würde eine solche Handlung als unanständig betrachten. Wie aber, wird man fragen, entsteht denn jene an orientalischen Kindern so merkwürdige Mäßigung und Ruhe in Temperament und Anlage? Könnten wir nicht eben so gut fragen, warum europäische Kinder ungestüm und so widerspänstig gemacht werden, daß sie Züchtigung nöthig machen? Liegt nicht etwas in unsern häuslichen Gewohnheiten, das den natürlichen Zwang der Achtung aufhebt, das häusliche Mitgefühl und die Zuneigung vermindert, die Kinder unlenksam macht und uns zu einer unrichtigen Schätzung der menschlichen Natur verleitet? Ich fühle, ich könnte einem Orientalen leicht erklären, warum europäische Kinder so wenig den ihrigen gleichen. Ich dürfte ihm nur sagen, daß unsere Kinder nicht gehalten werden, ihren Eltern die Hand zu küssen

---

*) Den Titel Effendi bekommt das Kind von dem Augenblicke an, wo es die Feder oder den Griffel in die Hand nimmt.

— vor ihnen zu stehen — sie zu bedienen — daß unsere Diener Lohnknechte sind, die man auf Monate miethet — er würde sogleich begreifen, wie unbeschäftigt gelassene junge Gemüther widerwärtig werden, wie Familienliebe und Mitgefühl erstarrt und, es würde kaum nöthig seyn, mit ihm auf die ernstern Ursachen unserer intellectuellen und politischen Sitten einzugehen, wodurch die Kinder von ihren Eltern getrennt und in Schulen versammelt werden.

Der äußere Theil dieser Verschiedenheit beruhet in den Formen und dem Cerimoniell, das Gewohnheit und Nachahmung dem orientalischen Leben von seinem ersten Anbeginne einprägen; so daß in Wahrheit keine größere Bestrafung existiren kann, als die Verhinderung, diese Gebräuche zu verrichten, zu deren Verrichtung man, nach unserer Weise, die Kinder mit Strafen zwingen müßte. Ein türkisches Kind wird in der Schule dadurch bestraft, daß es kein Wasser zum Waschen erhält, daß ihm verboten wird, nach der Moschee zu gehen oder zu beten. Man vergleiche das mit unserm Durchprügeln, wenn ein kleines Kind ein schmutziges Gesicht hat, oder mit dem Einsperren in die Capelle auf unsern Hochschulen, als Strafe für Vergehungen in reiferen Jahren. Die erste Pflicht, die dem Kinde gelehrt wird, ist, seinen Eltern die Hand zu küssen; der erste Gebrauch, zu dem seine zarte Muskeln verwendet werden, ist, diese Hand an die Lippen zu führen; so wie sich allmählich die Geistesfähigkeiten entwickeln, werden sie zu den Ausdrücken der Liebe und Achtung gewöhnt, während das Kind selbst vom zartesten Alter an Gegenstand unaufhörlicher und unablässiger Güte und selbst der Achtung abseiten derer ist, die es umgeben. Der kleine Knabe von drei oder vier Jahren, der mit gekreuzten Händen und demüthiger Miene vor seinem Vater steht, wird von eben diesem Vater mit den Titeln seines Hauses angeredet, und eben so steht das kleine Mädchen vor der Mutter und wird von ihr mit demselben Worte angeredet, das der Unterthan an seinen Souverän richtet. Sitten sind das Gesetzbuch des Morgenlandes; freilich sind sie das in der ganzen Welt, aber wir können nur ihren Werth erkennen, wir können, darf ich sagen, nur ihr Daseyn merken, wenn wir mit neuen Abänderungen und ungewohnten Anwendungen in Berührung kommen.

Der Charakter, den man so, wenn ich mich des Wortes bedienen darf, natürlich aufwachsen läßt, erlangt im früheren Alter

die Ueberlegung der Männlichkeit und bewahrt in späteren Lebens=
jahren Vieles von der Wärme und Einfachheit, die bei uns in un=
seren Jugendjahren in Ausschweifung und Vergeudung verfliegt
und im Charakter des Mannesalters verloren ist. Während man
einen Türken in der Kraft des Mannesalters sich mit den Kleinig=
keiten vergnügen und sich der Fröhlichkeit überlassen sehen kann,
die bei uns nur ein Kind unterhalten, nur ein Kind äußern wird,
kann man den zehn= oder zwölfjährigen Türken verwickelte und
wichtige Geschäfte führen sehen und sich selbst so benehmen und von
Anderen behandelt werden, als mit dreimal Aelteren gleich stehend.
Und wenn auch bei ihnen der öffentliche Umgang beider Geschlech=
ter verboten ist, der doch eine so mächtige und erweckende Ursache
des Fortschrittes in Europa war, so wirkt dagegen im Oriente der
beständige, obgleich nie rohe oder vertraute Umgang aller Alters=
stufen wundersam zur Vermehrung häuslicher Freude und Zunei=
gung, zur Erhaltung des würdigen Benehmens und zur Gleichmü=
thigkeit des Charakters, die sich fast von der Wiege bis ans Grab
erstreckt, dem Kinde die Erfahrung des Ahns, dem Großvater die
Leichtherzigkeit der Kindheit verleihet.

Oft kann man einen Mann von angesehenem oder hohem Stande
umhergehen sehen, ein Kind in seinen Armen liebkosend, sei=
nen Launen gehorsam und ihm die Dienste erweisend, zu deren
Verrichtung wir nur eine Amme oder einen Dienstboten rufen
würden. Wenn die Handelsleute oder Handwerker Abends von
ihrem täglichen Geschäfte heimkehren, so wird man kaum Einen
sehen, der nicht ein kleines Zeichen der Liebe für die Seinigen in
der Hand trüge — eine Blume — einen Apfel — eine Wein=
traube — eine Quitte. Die folgende Geschichte mag als Beweis
dienen, wie tief diese väterliche Liebe ist.

Ein Einwohner in Brussa, ein Mann von einigem Vermö=
gen, litt an einer chronischen Krankheit und fragte einen durchrei=
senden europäischen Arzt um Rath. Dieser sagte ihm, sein Leben
könne nur durch eine Operation gerettet werden, und es würde nö=
thig seyn, einen damals in Konstantinopel wohnenden geschickten
Wundarzt kommen zu lassen, der sich dann zwei oder drei Wochen
in Brussa aufhalten müsse. Der Türke schrieb hin, um die Kosten
dieses Besuches zu erfahren; der Wundarzt nannte eine gewisse
Summe, als die zu erwartende Belohnung, ich glaube etwa

100 Pf. St., und der Türke lehnte es nun ab, ihn kommen zu laffen. Der zuerft befragte Arzt äußerte nun fein Erftaunen, daß er die einzige Aussicht, fein Leben zu behalten, verwerfe. Der Türke antwortete: „Ich habe lange genug gelebt; ich bin mit guten, vortrefflichen Kindern gefegnet, warum follte ich meinen Nachlaß wegen des albernen Wunfches verringern, ein paar Jahre länger zu leben?"

Oft hat man die Ruhe und Entfagung der Türken bei Entbeh= rungen und Mißgefchick mit Begeifterung gepriefen; nie aber find fie merkwürdiger als bei dem Verlufte von Kindern und Eltern. Bei Lebenszeiten einander gegenfeitig ergeben, halten fie das Ueber= maaß der Klage um ihren Verluft für eine Art Widerfetzlichkeit gegen die Fügungen der Vorfehung, und betrachten ein äußeres Zeichen der Trauer als ihres Charakters unwürdig und als den Gefühlen aufrichtiger Liebe widerftrebend. Die Türken tragen daher keine Trauer; das ift indeß eine nationale, nicht eine religiöfe Gewohn= heit, denn die mufelmännifchen Araber gefallen fich in prunkenden Trauerceremonien und lautem Wehklagen.

In jeder orientalifchen Familie ift die Mutter der Gegenftand größter Achtung und Verehrung. So groß auch die Liebe der Kin= der zu ihrem Vater ift, fo laffen fie doch nie einen Vergleich zu zwifchen den Pflichten, die fie beiden Eltern fchuldig find; Zeuge deffen ift das Sprüchwort: „Zaufe meines Vaters Bart, aber fprich nicht fchlecht von meiner Mutter." Die Mütter der Sultane und der Großen des Reiches haben größeren Einfluß auf die Schickfale der Türkei gehabt, als die Ninons de l'Enclos, die Maintenons und die Nell Gwynnes in Europa, und möge fich diefer Einfluß nie vermindern! Selbft im Haufe Othmans, das in feiner Stel= lung als förmliche Ausnahme daftand und wo die brudermörderifchen Gräuel des Haufes Atreus fich Jahrhunderte lang fortfetzten, — in diefem Haufe, wo das heilige Band der Ehe durch die eifer= füchtige Politik von Menfchen verboten wurde, die dem Namen nach Sklaven, dem Wefen nach aber Herren waren, behielt den= noch das türkifche Band des Sohnes zur Mutter feine Gewalt; und zeigte bei mancher Gelegenheit feinen ausgezeichneten, mil= den Einfluß.

Keinen Verluft fetzt der Türke dem Verlufte feiner Mutter gleich. Stirbt fein Weib, fo fagte er: „Ich kann ein anderes nehmen;" scheidet sein Kind aus dem Leben, so sagt er: „Mir können andere geboren werden, aber ich selbst kann nur Einmal geboren werden und nur Eine Mutter haben." Einmal war ich Zeuge eines merkwürdigen Beispieles von Geistesstärke bei der plötzlichen Nachricht vom Verluste einer Mutter.

Hussein Pascha von Belgrad, später Rumili Walessy, sollte einen feierlichen Staatsbesuch vom Erzherzog Ferdinand empfangen, der damals eine Inspections=Reise an der Donau machte, als die Dampfschifffahrt auf diesem Strome eröffnet wurde. Verschiedene Umstände vereinigten sich, diese Zusammenkunft wichtig zu machen, und es wurden alle Mittel aufgewendet, ihr Eindruck zu verleihen. Eine Stunde vor der Ankunft des Erzherzogs erhielt Hussein Pascha die Nachricht von dem plötzlichen Tode seiner Mutter. Er verhinderte, daß irgend Jemand die Nachricht zukam und entledigte sich der Pflichten, welche die Umstände des Tages ihm auferlegten, als wären sie seine einzige Sorge und alle seine Gedanken seinem Gaste gewidmet gewesen. Als ich am Tage darauf das Verhältniß erfuhr, war ich nebst einigen anderen Europäern auf eine Weise betroffen, die ich unmöglich beschreiben kann. Das ist ein Zug, den man römisch nennen könnte, aber sollte der wahrhafte türkische Charakter jemals gewürdigt und dessen Trefflichkeit dadurch zum Vorschein und zur Beachtung kommen, daß der Türken politische Lage sich erhöbe, so möchten Züge aus der Geschichte Roms türkisch genannt werden. Die große Aehnlichkeit beider Völker fühle ich darin, daß es mir scheint, als habe ich keinen Begriff vom römischen Charakter oder vom römischen Verwaltungssystem gehabt, bis ich einige Fortschritte im Studium des Charakters und der Institutionen der Türkei gemacht hatte, und ich scheue mich nicht, zu bekennen, daß meine Meinung von meinen Mitmenschen höher geworden ist durch meinen Verkehr mit den Türken.

Die Familienliebe, mit Würde gepaart, bildet den Charakter des Volkes, und sie eben ist die Erziehung der Jugend. Erziehung kann nie etwas Anderes seyn, als daß man der jüngern Generation den Stempel der alten aufdruckt.

Nachdem ich mich so günstig in Betreff ihrer sittlichen und häuslichen Erziehung erklärt, darf ich auch die dunkle Seite des Gemäldes nicht ungezeichnet lassen, nämlich ihre geistige Erzie=

hung. Es thut mir leid, sagen zu müssen, daß dafür wenig geschehen ist. Die türkische Sprache, die im gegenwärtigen Augenblicke das einzige Unterrichtsmittel ist für die zahlreichen Stämme des Morgenlandes, die sich vom Kaukasus bis an den persischen Meerbusen erstrecken, ist unglücklicherweise unter den Türken selbst verachtet und vernachlässigt. Man läßt die Kinder arabisch und persisch studiren, und das Türkische ist mit diesen beiden Sprachen so vermischt, daß es im Gebrauche unbehülflich und so schwer zu erlernen geworden ist, daß der im ganzen Reiche, und selbst bei den wildesten und unwissendsten Stämmen vorherrschende Eifer um Belehrung fruchtlos bleibt an großen und wesentlichen Erfolgen. Daß die Türken in wissenschaftlichen Sachen zurück sind, hat man immer als eine Folge dessen betrachtet, daß sie alles Fremde verwerfen und es ihnen an Nachahmungssucht fehle. Die Sache liegt aber gerade umgekehrt: ihre in einem beispiellos hohen Grade herrschende Nachahmung Anderer hat die Sprache mit fremden Idiomen angehäuft und hat die Erlernung zweier fremden und schweren Sprachen zur Vorbereitung gemacht, um die eigene Sprache zu erlernen. Die Nachahmung ist bisher nicht auf Europa, sondern auf Persien und Arabien gelenkt, und während die Türken mit trauriger Leichtigkeit die Sitten, Gebräuche, ceremoniellen Formen der Verwaltung und die Diplomatie des wankenden orientalischen Kaiserreiches annahmen, nahmen sie im gleichen Geiste die Prosodie Persiens an und die altersschwache Weitläuftigkeit der einst kräftigen und glänzenden Redekunst und Weltweisheit Arabiens.

Neuerdings haben wir gesehen, wie diese Nachahmungssucht sich gegen Europa wendete. Man lasse nun den Philosophen oder den Staatsmann diese verschiedenen Grundstoffe zusammensetzen — eine moralische Grundlage der Erziehung, von der ich zu behaupten wage, daß sie unendlich höher stehe, als irgend etwas in Europa Dargebotenes — den allgemeinen Wunsch um Belehrung, die Achtung vor Kenntniß und Wissenschaft *), den

---

*) Ich fand einmal einen kleinen türkischen Knaben, der alle meine Sachen umstörte und alle Bücher hervorzog, die er in die Hände bekommen konnte; sobald er eines gefaßt hatte, führte er es ehrerbietig an Lippen und Stirn. Auf meine Frage, was er da mache, antwortete

Wunſch, Europa nachzuahmen. Was könnte nicht aus dieſem Volke gemacht werden, wenn der gegenwärtigen Conjunctur die gehörige Richtung gegeben und die mit jeder Veränderung verknüpften Gefahren beseitigt würden?

Es iſt mir ſehr aufgefallen, bei einem andern Europäer genau dieſelben Ideen zu finden über die Wirkung der häuslichen Erziehung in der Türkei auf die Nationalſitten. Die folgenden Auszüge ſind aus einer Flugschrift: La question d'Orient von Herrn Fourcade, ehemaligem franzöſiſchem Conſul in verſchiedenen Häfen der Levante. Ich hoffe, der Verfaſſer wird uns noch Mehreres geben, als eine politiſche Flugschrift.

„Häusliche Erziehung und der wohlverstandene und geachtete Grundſatz geſellſchaftlicher Gleichheit haben dieſe Nationalſitten gebildet. Es iſt das patriarchaliſche Leben, von dem wir uns ſo weit entfernt haben.‟

„Wir täuſchen uns ſehr, wenn wir die Achtung der Untergebenen gegen den Mann in Amt und Würden für Sklavenſinn halten; das iſt ein großer Irrthum. Im ganzen Reiche iſt eine anerkannte und unumgängliche Hierarchie anerkannt, in weniger empörenden, aber deutlicheren Zügen als in Europa. In jedem Grade, in jedem Stande, in jeder Familie erzeigt Jeder denen, die an Rang oder Alter über ihm ſtehen, die Achtung und Unterwürfigkeit, die er dagegen von denen erhält, die unter ihm ſtehen. So iſt es im öffentlichen, wie im Privatleben. Eine Frau redet nie von ihrem Ehegatten, ohne ſich der Worte zu bedienen: Aga Effendi, ſo viel wie Monsieur Seigneur, und darin ahmen ihr die Kinder nach, die ihr zuhören. Die Kinder zeigen

---

er, er küſſe die Bücher. „Warum?‟ — Weil ſie nicht gedruckt ſeyn würden, wenn nicht gute Sachen darin ſtünden.‟ Glücklicherweiſe waren keine Reiſen in die Türkei darunter. Ein Türke geht niemals einem Lappen-Papier oder einer Krume Brod vorbei, ohne ſie aufzuheben; ſo zeigt er gleiche Achtung vor der Nahrung des Geiſtes, deren Vehikel das Papier iſt, und der Nahrung des Leibes. Ich mußte mich einſt bei einem Diſtricts-Gouverneur über einen betrunkenen Tataren beklagen; der einzige Verſuch, den der arme Sünder machte, ſich zu vertheidigen, war, daß er erzählte, ich gebrauche bedrucktes Papier zum Einwickeln, damit wollte er beweiſen, ich verdiene gar keinen Glauben.

sich vor dem Vater mit niedergeschlagenen Augen, die Hände auf
die Brust gelegt, in höchst ehrerbietiger Haltung. Bei großen
Festen und bei häufigen Vorfällen ihres Lebens unterlassen sie es
nie, dem Vater, der Mutter und ihren ältern Verwandten die
Hand zu küssen und um ihren Segen zu bitten; — Alle verbin=
den damit den höchsten Begriff von Glückseligkeit. Selbst zwischen
Brüdern ist das höhere Alter Gegenstand merklichen Abstandes.
Der allen Ständen der Gesellschaft gemeinsamen Gewalt dieser
häuslichen Erziehung muß man die Gleichheit der guten Haltung
und der Würde zuschreiben, die uns bei allen Beamten auffällt,
selbst denen, die aus der dürftigsten Volksclasse entnommen sind,
was sich häufig in einem Lande ereignet, wo man keinen Erb=
adel kennt."

„Da sie unserer Fertigkeiten des Tanzes, der Musik, der
Malerei, der Glücksspiele entbehren, die ihnen Religion und Sitte
sehr weise verbieten, da sie nur essen um zu leben, nicht leben um
zu essen, so ist die Gesellschaft der Osmanen nicht sehr anziehend
für einen Europäer, aber sicher und belehrend. Möchten wir doch
von ihnen das Gute entlehnen und möchten sie dagegen von uns
die nützlichen Kenntnisse erlernen, an denen es ihnen mangelt!"

Achtzehntes Capitel.
Türkische Literatur.

Für diejenigen, welche um die Fortschritte der Türkei und der
Menschheit besorgt, es sich angelegen seyn lassen, die Elemente
der Verbesserung zu untersuchen, welche dieses Land besitzt, muß
die das vorstehende Capitel beschließende Bemerkung von hoher
Wichtigkeit seyn und sie werden wünschen, den Beweis zu erhal=
ten, zuerst von der Wahrheit der Bemerkung, und zweitens, daß
auch die Türken diese Wahrheit anerkennen. Diese Anerkennung
ist nothwendig ein vorläufiger Schritt zu derjenigen Richtung
ihrer Nationalliteratur, die nur aus einer Ueberzeugung von den
Vortheilen einer Veränderung entstehen kann. Bald nachdem ich
die obstehenden Bemerkungen niedergeschrieben, in Betreff des
schädlichen Einflusses der Nachahmungen persischer und arabischer
Literatur auf den türkischen Geist und des Vortheiles, der aus
der Ausbildung ihrer eigenen Muttersprache gezogen werden könnte,

befand ich mich in Gesellschaft einiger gelehrter Muselmänner.
Die Unterredung fiel auf die verhältnißmäßigen Verdienste und
Vorzüge des Westens und Ostens von Europa und der Türkei.
Ein Türke schrieb die gesunkene Macht der Türkei auf Rechnung
des Mangels an wissenschaftlichem Unterrichte einerseits und reli=
giösen Eifer andrerseits. Er sagte: „Eine Nation muß durch
eines von zwei Banden zusammengehalten werden; Christus er=
richtete kein Reich, aber er enthüllte dem Menschen die Weisheit
und die Wissenschaft, die jetzt in Europa blühen. Mohammed sagt
uns, alle Wissenschaft sey im Koran enthalten, wer im Glauben stark
sey, werde alle seine Feinde überwinden. Wir nun haben die
Stärke unserer Religion verloren und die Weisheit Europa's nicht
gewonnen." Ich hielt das für eine gute Gelegenheit, meinen
Glauben in Betreff der Ursachen aufs Tapet zu bringen, warum
die Türkei geistig zurück sey. Ich begann mit der Behauptung,
die von ihm geäußerten Ansichten über den gegenseitigen Zustand
der Türkei und Europa's seyen nicht die seinigen, seyen nicht tür=
kisch, seyen nicht richtig, er habe sie nur von einem europäischen
Reisenden gehört und nachgesagt. Bei dieser Behauptung wurde
ich augenblicklich von einigen Anwesenden unterstützt und mein
Gegner selbst gab sie zu. Ich bat ihn dann auf eine andere Er=
klärung der Lage der Dinge zu hören, wovon das Folgende das
Wesentliche ist. — „Christus predigte eine weder politische noch
weltliche Religion, sondern eine Religion des Glaubens und der
Lehre, nicht eine der Formen und Unterscheidungsworte. Er er=
hob keine Fahne, um die Großen der Erde darunter zu versam=
meln, sondern predigte Unterwerfung unter die bestehende Macht,
Selbstverläugnung, Selbstertödtung und Verachtung sowohl weltli=
chen Wissens als weltlicher Größe. Es ist also nicht wahr, daß
Christus Europa die Wissenschaften enthüllt hat, die es groß und
mächtig gemacht haben, und es war das schnurgerade Gegentheil
von der Wahrheit, die Mohammed seinen Anhängern und dem
von ihm errichteten politischen Gebäude einprägte, ein der Wis=
senschaft feindlicher Charakter. Erst als die Christen nach dem
Oriente kamen, in einem den Zwecken und dem Wesen ihrer Reli=
gion feindlichen Geiste, wurden ihnen durch ihre Berührung mit
den Anhängern Mohammeds die ersten Keime der Wissenschaft
und Literatur mitgetheilt, und noch heutigen Tages ist der größte

Theil der in Europa gebrauchten wissenschaftlichen Ausdrücke ara=
bischen Ursprungs. Woher also entsteht der gegenwärtige Unter=
schied zwischen Europa und der Türkei? Daher, daß der nach
Europa gewanderte Zweig der Türken — nicht der Islamismus
— unwissenschaftlich war; im Besitze einer in der Zusammensetzung
glänzenden, aber wortarmen Sprache haben sie das Arabische und
Persische nachgeahmt und ahmen es noch immer nach, ohne sich
dieser Sprache zu bemeistern. Der Gebrauch der Sprache ist
ihnen daher in großem Maaße vernichtet worden, und wenn sie zu
einem gewissen Grade des Fortschrittes gelangten, wurden sie auf
ein Meer von Worten und Redensarten verschlagen, und so ward
die Literatur nicht zu einer Uebung des Verstandes, sondern eine
trockne Gedächtnißarbeit, so daß die Sprache ihres Volkes auf=
hörte, ein Mittel nützlicher Belehrung zu werden, und die Sprache
selbst ein Hemmniß des Wissens ward.“ Das war das erstemal,
daß ich diese Meinungen äußerte, und ich hatte das große Ver=
gnügen zu bemerken, daß sie Wirkung hatten, die in dem Tone der
Gesellschaft, wo dieß vorfiel, bald sichtbar wurde. Damit man
nicht argwöhne, Gefälligkeit gegen einen Fremden hätte zu willi=
ger Annahme veranlaßt oder einen Widerspruch unterdrückt, den
freiere Discussion erzeugt haben würde, darf ich erwähnen, daß
der Hauptredner bei dieser Unterhaltung, Osman Bey von Ismid,
damals gar nicht vermuthete, ich sey ein Europäer. *)

**) „Der größere Theil der Türken in Sibirien ist ganz ohne
Literatur: „Manche derselben kennen nicht einmal den Gebrauch
der Schriftzeichen und sehr Wenige gewähren irgend ein Interesse,
um die Aufmerksamkeit des Neugierigen zu fesseln. Ohne Be=
dauern wende ich mich daher von diesen unfruchtbaren und unin=
teressanten Gegenden ab und gehe zur Betrachtung der Literatur
der Osmanen — freilich eines Volkes von demselben Stamme,
wie die in den nördlichen Wüsten, aber eines Volkes, dessen Ge=
lehrsamkeit und dessen Bestrebungen, dieselbe zu erreichen, es hoch

---

*) Manche Türken sind Verfasser persischer und arabischer Werke, aber
vor zwei Jahrhunderten übertraf die Literatur der Türkei die von
Europa. Aus den Werken Tschelebi Effendi's nahm d'Alembert die
Idee der Encyklopädie.
**) Man vergleiche S. 189.   D. Ueb.

über seine Stammverwandten erhoben hat. Die Vorurtheile, die uns so lange verleitet haben, die Türken als unwissende und schriftlose Barbaren zu betrachten, sind nun größtentheils glücklich beseitigt. Die Zeit ist vorüber, wo ein Ruhm, den ein christliches Volk sich erwarb, den Mohammedanern versagt wurde, aber wir haben noch zu kämpfen mit unserer unvollständigen Kenntniß von den Osmanlis und einem, aus unserer Erziehung entspringenden gewissen Grade von Vorurtheil. Der Unterschied zwischen dem Genius des Ostens und des Westens erhebt sich fast wie eine Schranke, die uns hindert, zu einem unparteiischen Urtheile in Betreff orientalischer Literatur zu gelangen. Nach dem durch die Natur unseres Klima's gemäßigten Muster Griechenlands und Roms gebildet, besitzt die Literatur Europa's wenig Gemeinsames mit den Kindern Asiens. Das Klima des Nordens ist eben so sehr von dem des Morgenlandes verschieden, als der literarische Geschmack der Bewohner dieser Länder; die Schönheiten der einen sind die Flecken der anderen, und was die Einen bewundern, verachten die andern. Von allen orientalischen Nationen sind die Osmanlis am nächsten gekommen, um den Genius beider Hemisphären zu vereinigen. In Europa sowohl als in Asien wohnend, ihren Ursprung aus dem letzteren Welttheile herleitend, aber mit dem ersteren fortwährende und ununterbrochene Verbindungen unterhaltend, haben sie bis zu einem gewissen Grade gelernt, die Schönheiten beider zu verbinden und werden allmählich dahin gelangen, eine noch vollständigere Vereinigung zu Stande zu bringen. Obgleich aber die Verschiedenheit des Geistes und Styles auf diese Weise weniger merklich ist bei dem Osmanli, als in irgend einer andern asiatischen Sprache, so bleibt das Osmanische dennoch eine orientalische Mundart, und beurtheilen wir es nach den Regeln europäischer Muster, so finden wir es doch in mancher Hinsicht mit unsern Ideen nicht übereinstimmend. Prüfen wir so die morgenländische Literatur, so unterziehen wir sie einem gewissermaßen vorurtheilsvollen Spruche, denn was von dem Maaßstabe abweicht, den wir gebrauchen, muß verworfen werden und demnach wird nur Weniges dem Tadel der Kritik entgehen. In der physischen Welt beurtheilen wir die Dinge nach ihrem Verhältnisse, die verschiedenen Thierarten beurtheilen wir untereinander; wir vergleichen nicht die Ameise mit dem Elephanten oder den Adler mit der

Fliege, jeder kann in seiner Art ganz vortrefflich seyn. Laßt uns also doch nicht den entgegengesetzten Weg einschlagen, wenn wir die Literatur von Nationen prüfen, die in Geschmack und Ansichten wesentlich verschieden von einander sind; laßt uns versuchen, dieses Vorurtheil der Erziehung wo möglich aus unserm Sinne auszurotten und nicht voreilig alles verurtheilen, was von dem abweicht, woran eben jenes Vorurtheil uns gewöhnt hat.

„Es gibt keine Nation, die leidenschaftlicher eingenommen ist für Literatur, als die Osmanlis. Ihre Religion hemmt keineswegs das Forschen nach Kenntnissen, wie Unwissende behauptet haben, im Gegentheile, wir finden, daß ihr Prophet selbst gebeut: „Suche Kenntniß und wäre es in China; es ist dem Moslem erlaubt, alle Wissenschaften zu kennen.“ Das Gebot des Propheten wiederholte der Sultan. Die vom Eroberer Konstantinopels gegründete Bibliothek trägt als Inschrift eine Umschreibung jenes Spruches: „das Forschen nach Wissenschaften ist ein göttliches Gebot für wahre Gläubige.“ Man gehorchte dem Propheten und dem Sultan. Die Osmanlis haben die Wissenschaft emsig gesucht, die Literatur eifrig gepflegt und eben in diesem Theile meines Versuches will ich zu zeigen versuchen, daß ihre Bemühungen nicht ganz erfolglos geblieben sind.

„Der Dialekt der Osmanlis ist die ausgebildetste aller türkischen Mundarten, reich, würdig und melodisch; an Zartheit und Feinheit des Ausdruckes wird er vielleicht von keiner Sprache übertroffen, und an Größe, Schönheit und Eleganz kommt ihm fast keine glrich. Die Vollkommenheit und Regelmäßigkeit der Ableitung und die Leichtigkeit, womit diese sich bildet, machen ihn zu geselligem Gespräche äußerst geschickt. Die Hinzufügung eines Buchstaben oder einer Sylbe macht das Zeitwort leidend, verneinend, unmöglich, ursächlich, rückwirkend oder persönlich, und Verbindungen dieser Verhältnisse werden auf dieselbe Weise und durch denselben Mechanismus gebildet.“

„Die Conjugation ist reich und regelmäßig, und geschieht hauptsächlich mit Hülfe des Hauptwortes. Der merkwürdigste Zug im Osmanischen aber, wie in allen anderen türkischen Dialekten, ist die, die Sprache durchdringende Umkehrung der Redefügung; der durch die Anwendung der zahlreichen Participien immer aufgehaltene Sinn eines Redesatzes wird durch das, den

Satz schließende Zeitwort bestimmt; die Vorwörter werden nicht vorangesetzt, sondern angehängt und in der Construction geht das Regierte dem Regierenden voraus. *) Diese Besonderheiten geben den Sätzen einer türkischen Rede einen Ernst und eine malerische Wirkung, welche die Würde und den Ausdruck der Sprache sehr vergrößert. **)

„Die Osmanlis haben ihre Sprache durch Annahme vieler Wörter bereichert und in ihren Titeln und manchen ihrer Wurzelwörter erkennt man alle wissenschaftlichen Ausdrücke aus dem Persischen, Arabischen und Griechischen und selbst Spuren des Chinesischen.

„Seit den frühesten Zeiten ihrer Geschichte haben sich die Osmanlis der Pflege der Literatur gewidmet. Die letzten Worte Othmans an seinen Sohn Orkhan: „Sey die Stütze des Glaubens und der Beschützer der Wissenschaften" — wurden heilig gehalten, und kaum hatten seine siegreichen Waffen den Halbmond auf die Mauern von Prusa gepflanzt, als es mit einer Hochschule königlicher Begründung geschmückt wurde, welche die Gelehrsamkeit ihrer Professoren bald im ganzen Morgenlande berühmt machte, und Studenten selbst aus Persien und Arabien verschmäheten es nicht, Schüler der Osmanlis zu werden. (Cantemir Hist. Ottom. I. Buch 1 S. 71.) Orkhans Beispiel fand Nachahmer und wurde von seinen Nachfolgern übertroffen. Bajazeth stattete in jedem Jahr seiner Regierung eine Akademie aus. Amurath, sein Nachfolger, unterließ nicht, seine Eroberung durch die Freigebigkeit seiner Stiftungen zu schmücken (Cantemir a.

---

*) Es wird gewiß unwillkürlich jedem deutschen Leser hiebei auffallen, daß demnach die türkische Construction vielfache Aehnlichkeit mit der deutschen haben muß.   D. Ueb.

**) Sir William Jones zählt die verhältnißmäßigen Eigenschaften der persischen, arabischen und türkischen Sprache folgendermaßen auf: Anmuth hat die persische Sprache, Reichthum und Kraft die arabische, wundervolle Würde die türkische. Die erstere lockt und vergnügt, die zweite geht höher und wird zuweilen fortreißend; die dritte ist allerdings erhaben, aber nicht ohne Zierlichkeit und Schönheit. Zu Spielen also und zu Liebeshändeln scheint die persische Sprache geschickt, zu Gedichten und Reden die arabische, zu moralischen Schriften die türkische." — Vol. II. pag. 363.

a. O. Buch 2. S. 266), und die Schulen der Osmanlis waren zahlreich und berühmt, lange bevor Konstantinopel der Sitz ihres Reiches wurde. Der Eroberer Konstantinopels, Mohamed II, war vielleicht einer der größten Beschützer der Literatur, den jemals ein Zeitalter oder ein Land gehabt. Die Sprachen Asiens und Europa's kennend, beschränkte er seinen Schutz nicht auf die Erzeugnisse seiner eigenen Nation oder seines Landes, die Dichter Persiens und Arabiens, die Schüler und Künstler Italiens erfreuten sich gleicher Auszeichnung von ihm, und Nureddin Dschami, der Verfasser des schönen Gedichtes Yussuf und Zuleikha, und Philelphus, der ihn in einer lateinischen Ode anredete, wurden gleich freigebig belohnt. Gentile Bellini, ein venetianischer Maler, wurde nach Konstantinopel geholt, um seine Kunst zu treiben und reichlich belohnt. Er malte das Bildniß des Sultans. Zwei Universitäten verdanken Mohammed II ihr Daseyn, die Aja Sofiya und die Mohammedieh. Die erstere, aus sechs Schulen bestehend, wurde reichlich ausgestattet und mit den geschicktesten Professoren der Wissenschaften besetzt; nach einem noch prächtigeren Maaßstabe errichtete Mohammed die zweite. Sechzehn Schulen, worin sechshundert Studenten aufgenommen werden konnten, gehörten dazu; die gefeiertsten der Osmanlis wurden zu ihren Lehrern gezählt, und noch betrachtet Konstantinopel die Mohammedieh als eine seiner größten Zierden. Es ist der beständige Gebrauch der ottomanischen Fürsten gewesen, mit den Gebäuden, die sie zu religiösen Zwecken widmeten, Mudirisehs oder Schulen zu verbinden. Mehr als fünfhundert solcher Institute, deren jedes den Namen seines Stifters trägt, sind noch in Konstantinopel vorhanden. Dazu kommt noch eine Menge unterer Schulen, Mektebs, in druen die niederen Zweige der Kenntnisse gelehrt werden, und über dreißig öffentliche Büchersammlungen, außer der geheimen Sammlung des Serails, vollenden die literarischen Hülfsmittel der Hauptstadt, und bezeugen den Eifer und die Achtung, welche die Osmanlis auf die Pflege der Literatur verwendet haben.

„Bevor wir dazu schreiten, die Literatur der Osmanlis selbst zu mustern, dürfte es nicht unangemessen seyn, zu untersuchen, bis zu welchem Grade sie fremde Gelehrsamkeit cultivirt haben, und in wie fern sie anderen Nationen verschuldet sind. Unge-

achtet den Osmanen gewöhnlich Stolz der Unwissenheit und Verachtung der Gelehrsamkeit vorgeworfen wird, finden wir zu allen
Zeiten, daß sie die Bereicherung ihrer Literatur aus den Vor-
räthen anderer Länder suchen. Unter der Herrschaft der ersten
Sultane, wo die ganze Masse der classischen Literatur in ihren
Händen war, wurden manche griechische und römische Autoren
in ein türkisches Gewand gekleidet. Man weiß, daß auf Mohammed II Befehl eine türkische Uebersetzung vom Plutarch verfertigt wurde; unter der Herrschaft Soliman 1 wurden Cäsars
Commentarien den Osmanlis zugänglich, und auch Aristoteles
und Euklid findet man in ihrer Sprache. Von diesen Werken
weiß man, daß sie ins Türkische übersetzt wurden, aber man
kann nicht annehmen, daß sie die einzigen Denkmäler des classischen Alterthumes sind, welche die Aufmerksamkeit dieser aufgeklärten Fürsten auf sich zogen, und noch jetzt wäre es vielleicht
möglich, einige der lange verlornen Bruchstücke der classischen Literatur aus den Uebersetzungen der Osmanlis wieder herzustellen.
Auch in neueren Zeiten haben sie nicht unterlassen, sich Uebersetzungen der Werke verschiedener europäischer Nationen zu verschaffen. Sultan Mustapha III führte Macchiavels Fürsten bei
den Osmanlis ein, vergaß aber auch nicht, zugleich die Widerlegung, den Antimacchiarell des Königs von Preußen, hinzuzufügen. Krusinski's Tagebuch, die Werke von Boerhaave, Sy-
denham, Bonnycastle, Vauban, Lafitte, Truquet, Lalande und
die Uebersetzung einiger ungedruckter Handschriften des Astrono-
men Cassini, die sein Sohn dem türkischen Botschafter überreichte,
finden sich in den Schränken der öffentlichen Büchersammlungen
Konstantinopels, und manche von ihnen sind würdiger achtet, der
kaiserlichen Presse übergeben zu werden. Den Persern und Arabern sind die Osmanlis allerdings manchen Dank schuldig, und
sie besitzen zahlreiche Uebersetzungen und Nachahmungen der Schriftsteller dieser Länder." *)

---

*) „Wie oben bemerkt, folgen die Türken den Persern, und zwar oft so
getreu, daß sie Wort für Wort übersetzen. Aber auch Horaz hat an
vielen Stellen den Alcäus, Archilochus, Bacchplides, Anakreon und
Andere nachgeahmt, und doch lesen wir das Lateinische nicht weniger
gern als das Griechische. Uebrigens gibt es viele sehr schöne

Diese Auszüge sind aus der Einleitung zu Herrn Davids
türkischer Grammatik. Mit eben so großem Erstaunen als Vergnügen' kam ich von Idee zu Idee, als ich die Seiten dieses
kleinen Versuches durchblätterte.. Der Tod hat freilich seinen
Arbeiten und seinen Bemühungen ein Ende gemacht, indeß lebte
er lange genug, um Zeuge zu seyn, daß man gegenseitig anfing,
der Antipathie zu entsagen; das mußte der von ihm so vertrauensvoll prophezeyten Verschmelzung der Genien des Abend- und
Morgenlandes vorausgehen. So beispiellos schnell aber der Fortschritt gewesen, wie sehr ist er nicht aufgehalten, wie sehr ist er
nicht sogar gefährdet durch den unbarmherzigen Zerstörer, der
binnen so kurzer Zeit jeden nützlichen und begabten Arbeiter auf
diesem Felde niedergemäht, und diejenigen hinweggerafft hat,
die durch ihre Geistesgaben und die gleichmäßige Bekanntschaft
mit beiden Welten im Stande waren, die Kettenglieder zwischen
beiden zu werden: Herrn David selbst nämlich und dann nach
wenigen Monden Osman Nureddin Pascha, selbst ehe seine Gaben bekannt, oder, wenigstens in Europa, sein Ruf begründet
war. Im August 1836 wurde Herr Blacque, so lange der einzige Verfechter der Türkei im Courrier de Smyrne, plötzlich in
Malta hinweggerafft auf seinem Wege nach Europa, wo er, zur
Vertheidigung der Sache, der er sein Leben geweiht hatte, die
Macht seiner Beredsamkeit, seine Thatkraft und seine Ueberzeugung hätte anwenden können. Seine Stelle ward in Konstantinopel durch Hassuna d'Ghies ersetzt, der nach langer und lehr-
reicher, obgleich nicht ungetrübter Bekanntschaft mit Europa,
eben angelangt war auf dem seiner Nützlichkeit angemessenen Felde,
und schon vier Monate nach dem Tode seines Vorgängers ebenfalls dahin sank. Ein Engländer, ein Türke, ein Franzose und
ein Araber waren, Jeder in verschiedenen Stellungen, zu fast
gleichen Ansichten gelangt. Alle hatten durch geduldiges Studium und lange Bekanntschaft mit dem Orient und Occident sich
dazu gebildet, die Werkzeuge zu werden, um dem zerstörenden
Tritte der Ereignisse entgegen zu wirken. Sie sind dahin, aber
sie haben ein Bedauern nachgelassen, welches beweiset, daß ihre

---

türkische Verse, die nicht aus dem Persischen übersetzt
sind. — Sir William Jones Poēs. Asiat. Comment. Lond. 1799.

Arbeiten nicht vergeblich waren, und daß die Sache, der sie sich
weihten, sich schon Anspruch auf die Beachtung abseiten der mit-
fühlenden Menschheit erworben, und auf die Theilnahme und Prüfung der europäischen Cabinette.

Zur Zeit, als Herrn Davids Versuch geschrieben und gedruckt
wurde (1832), hatte keine Mittheilung statt gefunden zwischen
diesen oder anderen Personen, in deren Seelen sich einzeln die
Keime dieser Ideen in Bezug auf den Orient gebildet hatten.
Eine ganz ungehörige Stimme der Verwerfung beherrschte damals
alle abendländischen Nationen, und selbst noch zu dieser Zeit hegte
man gar keinen Zweifel an der wirklichen Auflösung des ottomanischen Reiches, die in der That allein die Meinungen des Publi-
cums und die Politik der Cabinette hätte rechtfertigen können.
In dem Augenblicke erwarb sich das Erscheinen von Herrn Davids Versuche nicht weniger Verdienst durch die Kühnheit der
That selbst, als durch den innern Werth des Werkes; und obgleich er weder auf Politik, Verwaltung, Handel, noch auf militärische oder diplomatische Verhältnisse anspielt, so ist doch das
Gemälde, das er von der Literatur und den geistigen Anlagen eines Volkes gab, das unter dem Vorwande der Menschlichkeit und
der Civilisation der Vernichtung geweiht war, eine der bitter-
sten Satyren, die jemals gegen dogmatischen Fanatismus und
Nationaltollheit geschrieben wurden.

Als Einleitung zu einer schlechten und fehlerhaften Grammatik
einer Sprache erscheinend, die zu studiren in England Niemand der
Mühe werth hält, — obgleich sie längs sechzig Grad der Länge
und zuweilen zehn der Breite gesprochen wird, in den wichtigsten
Gegenden der Erde, von denen einige sogar uns selbst gehören —
erregte das Werk nur geringe Aufmerksamkeit und wurde nur wenig gelesen. Ich gerathe daher in Versuchung, noch einen oder
ein paar Absätze daraus zu entlehnen, besonders da hierin der
philotürkische Verfasser die übergroße Unwissenheit der Türken in
Sachen praktischer Wissenschaft zugibt, die ich schon so kräftig
nachgewiesen habe, und eine Veränderung, die ich als die Mutter
von gar nicht zu berechnenden Erfolgen ansehe, nicht nur in Bezug auf die Türkei selbst, sondern in Bezug auf den ganzen Orient,
selbst bis an die Gestade des gelben Meeres.

„Obgleich man zugeben muß, daß die Osmanlis den euro-

päischen Nationen in den Wissenschaften nachstehen, sind sie weit
entfernt, das Studium zu vernachlässigen, und sie besitzen zahlreiche Abhandlungen über Astronomie, Mathematik, Algebra und
Physik. In der Philosophie haben sie alle die speculative Kenntniß, deren die Griechen und Araber Meister waren; in der Experi-
mental-Wissenschaft haben sie aber nur wenige Fortschritte gemacht. In der Moralphilosophie dagegen, und in Abhandlungen
über Regierungskunst und Staatswirthschaft sind die Osmanlis
besonders vortrefflich, was um so überraschender ist, als unsere
Begriffe von den Türken und ihrer Politik uns gerade das Gegentheil sollten glauben lassen.

„Seit den frühesten Zeiten besaßen die Osmanlis die besten
Meister in der astronomischen Wissenschaft. Salaheddin oder Kadi
Zadeh Rumi war ein vortrefflicher Astronom und Mathematiker.
Er war unter der Regierung Murads I in Prusa geboren, und
wurde Lehrer des berühmten Ulugh Beg, unter dessen Schutz er
den Zidg begann, oder die astronomischen Tabellen, die den Namen dieses Fürsten tragen. Er starb vor der Vollendung, und das
Werk wurde durch seinen Sohn Ali Kuschdschi beendigt. Mustapha Ben Ali, der unter Sollmans Regierung lebte, war Verfasser verschiedener sehr geschätzter astronomischer Werke. Mohammed Darandeli verfaßte die vortrefflichen Ephemeriden, Ruz Na-
meh, welche fortlaufende Tabellen nach Tag, Stunde und Minute
jedes Mondwechsels enthalten, und eine Menge von Angaben,
die zur astronomischen Genauigkeit wesentlich sind. Es gibt im
Türkischen eine Menge astronomischer Werke, von denen manche
große Wissenschaft enthalten. In vielen der Moscheen Konstantinopels findet man zur Aufnahme von Beobachtungen eingerichtete
Sonnen-Quadranten; Astrolabien, Fernröhre und andere, von
Türken verfertigte, astronomische Instrumente sind im häufigen
Gebrauche, und einige derselben sind äußerst schön gearbeitet.
Sie haben sogar die Ehre der Erfindung, und Hadschi Khalifeh
erwähnt in seinen chronologischen Tabellen, daß im Jahr 987 der
Hedschra ein Türke, Namens Taschieddin, ein schönes Instrument zur Beobachtung der Sterne erfand. Mathematik, Geometrie, Algebra und Arithmetik werden von den Osmanlis zu
den, einem Manne von Bildung nothwendigen Kenntnissen gerechnet, und ein diese Wissenschaften enthaltender Cursus, Hindeseh

v'al Hisab, bildet einen Theil des in den Schulen Gelehrten. Bajazeth II war den geometrischen und astronomischen Studien sehr
ergeben, die er unter der Anleitung des berühmten Salaheddin
trieb. In der Rechenkunst sind sie sehr weit, und die Leichtigkeit, womit sie ihre Berechnungen machen, ist häufig gerühmt
worden.*) Hierüber besitzen sie manche treffliche Werke. Die
philosophischen Werke der Osmanlis sind sehr zahlreich. Ihre
speculativen und metaphysischen Schriften, Hikmet ve kelam,
ähneln denen, die während der Herrschaft der Aristotelischen Philosophie aus unseren Schulen hervorgingen, und haben, gleich
ihnen, gewöhnlich einen theologischen Zuschnitt. Newtons Licht
und die Philosophie der neueren Zeiten haben noch nicht ihren vollen Glanz über das Reich der Ottomanen geworfen, obgleich zu
ihrer Ehre erwähnt werden muß, daß Raghib Pascha — der ta-
lentvolle Wessier Osmans III und seines Nachfolgers Mustapha —
ein Zeitgenosse jenes erlauchten Philosophen, sich eine Uebersetzung
seines philosophischen Systems zu verschaffen suchte.**) Ihre Moralphilosophie, die sie Adeb nennen, ist aber eine Wissenschaft,
worauf die Osmanlis ihre besten Kräfte verwendet zu haben scheinen; sie ist der Gegenstand mancher trefflichen und werthvollen
Abhandlungen. Ihre Weise, die Moralprincipien mittelst erfun-
dener Unterredungen und Fabeln aufzustellen, gibt den Lehrsätzen
große Kraft und Schönheit; den Pfad der Kenntniß mit Blumen
bestreuend, macht sie die Erlangung derselben zugleich angenehm
und eindrucksvoll. Ein herrliches Werk dieser Art ist das Hu-
maiun Namch. Es ist vermischt in Prosa und Versen geschrieben, und eines der schönsten Stücke, das die Literatur der türkischen Sprache aufzuweisen hat. Es wurde von Ali Tschelebi

---

*) „Sie rechnen sehr schnell mit einer einfachen und sehr abgekürzten
   Methode. In einigen Minuten machen sie auf einem Quartblatt
   Papier eine Berechnung, mit der wir nicht in zwei Stunden auf vier
   Bogen fertig würden. Unsere Arithmetik würde durch die Uebersetzung
   einiger arabischer und türkischer Bücher gewinnen, die hierüber gelehrt
   und bündig handeln." — Toderini de la Lit. des Turcs. Cournaud.
   B. I. S. 90. Paris 1789.
**) Réflexions sur l'état critique actuel de la puissance Ottomane,
   ohne Ort und Jahr. Toderini, a. a. O. S. 118 schreibt sie dem
   gelehrten Eugenius zu, Erzbischof von Neurußland und Slavonien.

für Sultan Soliman I verfaßt, dem es gewidmet ist. Es gibt auch eine poetische Umarbeitung davon, die Dschelali auf Bajazeths II Geheiß verfertigte; das erste Werk wird aber am meisten geachtet. Das H u m a i u n N a m e h ist nach dem Muster eines Werkes gebildet, dessen Vortrefflichkeit sich dadurch erweiset, daß es fast in allen alten und neueren Sprachen vorhanden ist — der Fabeln des Pilpai. Hierauf hat Ali Tschelebi ein Moralsystem gebauet, und in eine Reihe von unterhaltenden Mährchen und Fabeln gebracht, welche verschiedene Grundsätze der Moralphilosophie einschärfen, und reich an Schönheiten der Gedanken und der Sprache sind."

„Wenn uns die Osmanlis in der Tiefe wissenschaftlicher Forschungen nachstehen, so lassen sie uns in den schönen Wissenschaften nicht den Siegeskranz. In der Dichtkunst entwickeln sie großes Genie und Geschmack, und alle Stände sind feurige Bewunderer derselben. Die Liebe zu poetischen Werken ist auf einen so hohen Grad gestiegen, daß im ottomanischen Reiche Leute von allen Classen dazu beigetragen haben: die Frauen, der Sultan, seine Minister, die Lehrer, die Krieger — alle haben sich der Pflege der Dichtkunst gewidmet und die Divans oder poetischen Sammlungen von mehr als sechshundert Verfassern, sind redende Zeugnisse von dem Geschmacke der Osmanlis für die Erzeugnisse der Muse."

Ich ergreife diese Gelegenheit, um eine Lücke in Herrn Davids Versuche auszufüllen. Isaak Effendi, früher erster Professor an des Sultans Schule, wurde von Seiner Hoheit vor einiger Zeit aufgefordert, ein mathematisches Lehrbuch zu verfassen, das in die höheren Schulen allgemein eingeführt werden könnte. Es ist in drei dicken Octavbänden in Konstantinopel gedruckt worden, enthält die Anfangsgründe der Algebra, Dynamik, Hydraulik, Optik u. s. w. und führt den Studirenden in der abstracten Berechnung so weit als die dritte Abtheilung von Newton's „Principien," so daß es den Theil jeder dieser Wissenschaften begreift, den einer studiren mußte, der in einer Classe in Orford Vorlesungen halten sollte. Ich bin veranlaßt worden, dieser Thatsache zu erwähnen, weil ich als ein Beweisstück in einer Druckschrift nachstehenden Auszug abgedruckt finde. Die Druckschrift (Russia, by a Manchester Manufacturer) hat zum Zweck, es zu rechtfertigen, daß ein Verbündeter Englands die Hauptstadt eines andern Verbündeten, unter dem Vorwande der Civilisation, besetze, und der Aus=

zug ist aus dem Werke des Caplans der brittischen Botschaft in Konstantinopel, der allerlei Bücher über jenes Land geschrieben hat. (Walsh „Konstantinopel" nach der Anführung von Herrn Cobden.)

„Auszüge aus verschiedenen Schriftstellern, als Beweis des Zustandes der Türkei."

„Geographie und Gebrauch der Erdkugeln."

„Lord Strangford schickte der Pforte ein werthvolles Geschenk. Er hatte ein Paar sehr großer Erdkugeln aus England mitgebracht, und da die Türken neuerdings einige Lust bezeugt hatten, Sprachen zu lernen, so hielt er das für eine gute Gelegenheit, sie noch etwas mehr zu lehren. Er beschloß daher, die Globen der Pforte zu überschicken, und ersuchte mich, mitzugehen und den Zweck derselben zu erklären. Das wichtige Geschenk wurde mit gehörigem Respect überbracht. Voraus ging ein Choreasch (Kavasch) mit seinem Amtsstabe; dann folgten zwei Janitscharen, die gleich Atlanten die Welt auf ihren Schultern trugen; dann kam ich, begleitet von unserm ersten Dragoman in vollem Anzuge, und zuletzt ein Erfolge von Janitscharen und Dienern. Als wir bei der Pforte anlangten, wurden wir bei dem Reis Effendi, oder Minister der auswärtigen Angelegenheiten eingeführt, der nebst anderen Ministern uns erwartete. Nachdem ich die Globen auf ihre Gestelle gelegt hatte, kamen sie mit großem Interesse um uns her, und der Reis Effendi, welcher glaubte, er müsse von Amtswegen etwas von der Geographie verstehen, setzte seine Brille auf und begann, sie zu besehen. Das Erste, was ihnen auffiel, war der Compaß. Als sie bemerkten, daß die Nadel immer dieselbe Richtung behielt, äußerten sie großes Erstaunen, und glaubten, das geschehe durch einen innnern Mechanismus. Es war Mittag, und der Schatten des Fensterrahmens fiel auf den Fußboden. Ich versuchte es, ihnen zu erklären, die Nadel befinde sich immer nahe dieser Richtung, und zeigte dabei nach Norden: ich konnte ihnen nichts Anderes begreiflich machen, als daß die Nadel sich immer nach der Sonne drehe! Dann bat mich der Reis Effendi, ihm England zu zeigen. Als ich den auf der großen Erdkugel verhältnißmäßig kleinen Raum zeigte, wendete er sich zu den Uebrigen und sagte: Kitschuk, (klein) und Alle rund umher wiederholten: Kitschuk, in verschiedener Betonung der Verachtung. Als ich ihnen aber die von England abhängigen Länder zeigte, und besonders den

ansehnlichen Umfang von Indien, sagten sie mit einigen Zeichen
von Achtung: Biyuk. Ich nahm Gelegenheit, ihnen den einzigen Weg zu zeigen, auf dem man dort zur See nach Konstantinopel kommen könne, und daß ein Schiff nicht mit einer Ladung Kaffee von Mokka über die Erdenge von Suez segeln könne.
Der vor kurzem angestellte Pforten=Dolmetscher Isaak Effendi,
der ein Jude gewesen und mit einer Art Anstrich von Kenntniß
versehen war, befand sich dabei gegenwärtig. Ich erklärte ihm
soviel, als ich ihm begreiflich machen konnte, und überließ ihm
die Arbeit, die Minister in dieser neuen Wissenschaft ferner zu
unterrichten. Es kam mir wirklich vor, als wenn Keiner von
ihnen jemals eine künstliche Erdkugel oder auch nur einen Schif-
fercompaß gesehen hätte.''

Dieser türkische Dragoman, den Dr. Walsh im Gebrauche
des gewöhnlichen Compasses unterrichtete, und über den Flächen-
raum von England und Indien belehrte, ist kein Anderer, als
der Uebersetzer von Wood, Hutton und Newton. Es wird der
Mühe werth gewesen seyn, dieser Thatsache zu erwähnen, wenn
sie irgend einem unparteiischen Forscher die demüthigende Ueberzeugung von der Nichtigkeit der Orakel beibringt, denen man es
so lange gestattete, die Ansichten einer aufgeklärten Nation über
eine so große Lebensfrage zu leiten. Damit ist aber noch eine
kaum weniger demüthigende Betrachtung verbunden, die der Leser selbst anstellen wird, wenn er sich nur die hier beschriebene
Scene ausmalen und sich die Wirkung denken will, welche die
jämmerliche Schaustellung, die der Held selbst erzählt, auf die
Anwesenden machen mußte.

Der Werth der Berichte neuerer Reisender kann nach der
Kühnheit ihrer Behauptungen beurtheilt werden, und der Keckheit,
mit der sie mit dem Glauben, dem Charakter und dem Schicksale
dieser Länder umspringen. Nützliche Forschung erfordert und erzeugt Mäßigung des Geistes und Nüchternheit der Einbildung.
Theorien und Speculationen werden benützt, um die Dürftigkeit
der Beobachtung zu verbergen, nicht um das Uebermaß von Thatsachen zu ordnen. Wie richtige Anwendung finden auf die jetzigen Zeiten die Worte des gelehrten Ockley, der von den damaligen Schriftstellern über die Türkei und den Orient sagt: ,,Wäre
das Glück nicht neidisch auf das Verdienst, so wären alle unsere

13 *

orientalischen Reisende bevollmächtigte Minister und Staatssecretäre geworden."

Im gegenwärtigen Zeitalter, wo die Literatur so weit in Umlauf kommt, und so große Erleichterungen besitzt; — in einer Periode, wo so manche interessante Gegenstände, wo Interessen von so überwiegender Wichtigkeit zusammentreffen, um die Aufmerksamkeit auf den Zustand des Orientes zu lenken — ist es völlig unbegreiflich, daß nichts geschehen ist, ich will nicht einmal sagen, was unserer Kräfte, der Gegenstände, der Verdienste oder der Dringlichkeit der Zeiten würdig wäre, sondern sogar nichts, was den Vergleich aushalten kann mit Arbeiten Einzelner in früheren Zeiten, die mit unzähligen Schwierigkeiten zu kämpfen hatten, als noch in der öffentlichen Meinung wenig Aufmerksamkeit erregt war, und als nicht, wie gegenwärtig, ihre Arbeiten zu großen politischen, literarischen und commerciellen Resultaten führten, sondern nur bezwecken konnten, einige der geschichtlichen und sprachlichen Kenntnisse des Orientalen in die europäische Literatur zu verpflanzen. Der Charakter der neueren Schriftsteller über die Türkei ist zu frivol und kindisch, um auch nur eine Kritik zu verdienen; sie haben gar keinen Begriff von den Forschungen, die jenes Land darbietet, und wenn ich das oben erwähnte Werk von David und die geographischen und ethnographischen Arbeiten des Obristen Leake ausnehme, so kenne ich keinen Beitrag zum Capitale unsers Wissens, den in späteren Jahren irgend ein Engländer geliefert hätte über die Religion, Sitten, die Literatur, Verwaltung, Politik oder Statistik der Türkei. Seit der Zeit des alten Knowles ist nicht einmal eine englische Geschichte der Türkei erschienen.*) Es gibt kaum einen einzigen Engländer, der die türkische Sprache kennte. Ein früherer Botschafter wünschte einen Privatsecretär zu haben, der türkisch verstünde, und fand, daß die sich dazu qualificirende Personenzahl, unter der er wählen sollte, sich auf einen Einzigen belief, Herrn Mitchell, den Vicesecretär der asiatischen Societät. Es gibt drei oder zwei ehemalige Bewohner der Levante,

---

*) Im Constables Miscellany sind ein Paar Bände angezeigt unter dem Titel: Geschichte des ottomanischen Reiches. Es ist unnütz mehr darüber zu sagen, als daß Dr. Walsh darin als Autorität angenommen wird.

die türkisch sprechen, und ein junger Engländer wird jetzt erzogen, um den Posten eines Dragomans auszufüllen. Das ist der Belauf der Mittel, die England besitzt, um seine Verbindungen mit dem ottomanischen Reiche zu unterhalten; das ist der Belauf der Hoffnungen, die es sich bereitet hat, um einige Einsicht in den Charakter des Volkes oder die Beschaffenheit der Regierung zu gewinnen; das ist der Belauf der Mittel, wodurch Englands Intelligenz vor den Augen des Orients repräsentirt, und wodurch Englands Charakter aufrecht erhalten, und sein Einfluß begründet werden soll.

Bevor wir deßhalb die Türken zu strenge tadeln, weil sie Europa nicht kennen, müssen wir untersuchen, welche Ansprüche auf Beifall wir für unsere Bekanntschaft mit der Türkei haben. Welcher Engländer ist hingereiset, um die Türkei zu studiren? Wie viele Schüler aus der Türkei sind dagegen jetzt in England und Frankreich!

Die Theile des Orients, die sich den Gränzen Europa's nähern, erscheinen allerdings auf tieferer Stufe der intellectuellen Entwickelung als die sich weiter ostwärts erstreckenden Gegenden. Die Metaphysik und Mythologie der Perser, Araber und Hindus haben der Literatur dieser Völker einen eigenthümlichen Charakter gegeben, haben ihren Verstand entwickelt, ihren Geist mit literarischem Reichthume versehen und ihre Einbildungskraft mit reizenden Bildern gefüllt; diese verschiedenen Ursachen haben das Studium der Sprache und Literatur den Bewohnern des Abendlandes anziehend gemacht und denjenigen, die in diesen Studien etwas Erkleckliches' geleistet haben, Umgang und Achtung der Gelehrten und Einflußreichen verschafft. Vielleicht kann man auf entfernte Weise aus den, von einigen begabten Engländern dergestalt ausgestreuten Keimen unsere Macht und unsern Einfluß in Asien herleiten. Metaphysik ist, auf den Orient angewendet, der mächtigste aller politischen Hebel; ohne Metaphysik und ohne die Leichtigkeit, sie auf jeden unbedeutenden Vorfall anzuwenden, kann ein Mann niemals unter ihnen das von Mund zu Mund fliegende Ansehen erhalten, das die Quelle der Macht ist; ohne vollständige Kenntniß ihrer Ideen und ihrer Gelehrsamkeit kann er nicht mit Ehren aus den Kämpfen des Witzes und der Stärke hervorgehen, und wer Ansehen oder Ruf zu erlangen strebt, muß solche Kämpfe nicht nur nicht vermeiden, sondern aufsuchen und darin obsiegen. Auch in der Türkei ist diese Geistesrichtung vorhanden, aber keineswegs in solchem Grade, wie weiter östlich, während der Charakter des die Türkei besuchenden Reisenden unendlich unter den Europäern steht, die in England für den orientalischen Dienst erzogen, die Landessprachen erlernt, sich ihrer Wissenschaften bemeistert, ihre Schriftsteller kennen gelernt haben und so nicht nur die Kenntniß besitzen, ohne welche kein nützlicher Verkehr bestehen kann, sondern auch ihren eigenen Geist gehoben und ihre Ansichten als Menschen erweitert haben. Der Reisende in der Türkei ist ohne Ausnahme unbekannt mit dem Türkischen — eine Kenntniß der türkischen Literatur ist natürlich ganz außer aller Frage — aber auch die gewöhnlichen Vortheile der Vertraulichkeit oder Freundschaft mit den Eingebornen gehen verloren, folglich ist es nicht überraschend, daß kein Engländer oder kein Europäer einen Eindruck auf ihre Gemüther gemacht hat oder ihnen auch nur überhaupt bekannt ist. Welchen mächtigen Einfluß könnte aber Jemand ausüben, der nur einige der nöthigen Bedingungen erfüllte, und welche Grundlage zum Fortbauen gewährt nicht die große Anhänglichkeit der ganzen Bevölkerung an England und die allgemeine, von den Gefahren und Schwierigkeiten der Zeit ihnen eingeprägte Ueberzeugung, daß ihre politische Reorganisation und ihre Nationalexistenz jetzt allein von Großbritannien abhängen.

Neunzehntes Capitel.

Tepedelene. — Aufnahme in Berat. — Die Seghs.

Nach dieser langen Abschweifung muß ich den Leser erinnern, daß wir Argyro Kastro verlassen haben und unterwegs sind nach Skodra. Ich kam zunächst nach einem Orte, dessen Name tausend interessante Erinnerungen herbeiruft, und den ich mit einem Gefühle der Achtung betrat, das ein Albanese mit Stolz an einem Fremden bemerkt haben würde; — dieser Ort war Tepedelene, das Croya des neuen Skanderbeg (Ali Pascha von Janina). Da ich von Süden herkam, ging mir die Schönheit der Lage und der Eindruck des Schlosses verloren. Ich kam mit einem Male auf einen Haufen Trümmer, unter denen ich eine Weile umherwanderte, bevor ich das Haus des Aga fand. Als ich mich demselben näherte, war ich Compagnien von Bauern begegnet, welche die Kanonen, die einst von diesen Batterien herabdroheten, nach Janina schleppten. Das einst stolze Tepedelene beherbergte jetzt nur noch hundert und fünfzig albanesische und acht griechische Familien, und als ob die Summe der Trümmer und des Elends noch nicht groß genug wäre, waren die dort versammelten Truppen beschäftigt, die Festungswerke bis auf den Grund abzutragen. Diese Arbeit war indeß noch nicht begonnen an den Reihen weißer Mauern und Thürme, welche die steile Höhe krönen, die nach Norden blickt und deren Fuß ein reißender, nicht unbeträchtlicher Strom umkreiset. Als ich über das Wasser mit einer Fähre gesetzt war und nun den Ort verließ, wendete ich mich und blickte auf Tepedelene, der letzte Blick, den ein Fremder jemals warf auf die gefallenen Bollwerke und Thürme. Dieses Schauspiel vergehender Schönheit hielt mich fest, der herannahenden Nacht vergessend; die Abendsonne vergoldete die schneeweißen Mauern, während der eben gefallene Regenschauer das dunkle Wintergrün der umgebenden Landschaft glänzender gefärbt hatte, über der sich die braunen steilen Seiten der Hügel erhoben, deren Gipfel mit Schnee bedeckt waren. Tepedelene stand auf seinem Felsen kräftig mitten in dem Bilde und der schwellende Strom tobte schäumend um das Gestein.

Ich darf aber den Ort nicht verlassen, ohne meines Besuches bei dem Statthalter zu erwähnen. Er sagte mir, es sollten vier und zwanzig Kanonen nach Janina geschleppt werden, aber bei dem schlechten Wetter und den beschwerlichen Wegen sey die Arbeit ungeheuer; eine schwere Kanone sey seitwärts hinüber und in den Fluß gefallen, und es hätten zwei oder drei tausend Menschen aufgeboten werden müssen, um die Kanone herauszuziehen. Das könnte eine orientalische Metapher scheinen, es ist aber eine wirkliche Darstellung albanischer Mechanik. Ich ergriff die Gelegenheit, eine Berechnung über die Arbeit anzustellen, die erforderlich sey, diese vier und zwanzig Kanonen nach Janina zu schleppen, und brachte das Tagewerk von zehntausend Menschen heraus. Da der Statthalter dieß einräumte, zeigte ich den Vortheil, einen Weg anzulegen, wozu vielleicht ein vierfacher Betrag dieser Arbeit hinreichen würde, wodurch sie aber später nicht nur im Stande seyn würden, die Kanonen durch Ochsen statt durch Menschen ziehen zu lassen, sondern was auch den Transport Alles dessen erleichtern, was sie äßen, trügen, verzehrten, hervorbrächten, kauften und verkauften. Meine Logik war indeß überflüssig, denn der Chef und alle Anwesenden hatten schon denselben Schluß gezogen und die Antwort war: „Sagt das dem Großwessir." Die Zerstörung des Schlosses war indeß selbst den Siegern ein trauriges Stück Arbeit; sie fragten mich, ob ich nicht glaubte, es sey, schrecklich zu zerstören, was ihre Väter mit so vieler Mühe gebauet hätten. Ich konnte nur mit einigen Gemeinplätzen antworten über die Segnungen der Ruhe und des allgemeinen Friedens. Sie fragten, ob wir nicht eine Menge großer Schlösser in England hätten. Milde, auf die sogenannten hölzernen Festungen zurückgekommen, deren Ueberlegenheit bei uns so oft gerühmt wird, nur um unser Nachstehen an jeder andern materiellen Kraft zu verdecken, antwortete ich, wir hätten allerdings eine große Menge Schlösser — unsere Herzen! — und augenblicklich erhob sich auf türkisch, griechisch und albanisch ein dem Sinne nach gleicher, im Tone aber verschiedener Ausruf: Dogkru der — Kala lei — Mir thoet — oder „er hat Recht" (er sagt schön.)

Hier wie überall bezeugte man große Theilnahme an Polen und die Sehnsucht nach Neuigkeiten oder Belehrung über Polens Lage; sie fragten, warum die Polen, die in andern Ländern Zuflucht gesucht hätten, nicht zu ihnen gekommen wären, die Türkei würde sie nicht nur aufgenommen und geschützt, sondern ihnen auch Ländereien und Weiber gegeben haben. Aber die Geflüchteten verfehlten ihren Weg, wie die Revolutionäre ihre Stunde. Ich hatte die Albanesen in ihrer wildesten Laune gesehen; jetzt sah ich sie in einem Zustande der Unterjochung, der aber hoffentlich auch nur ein Uebergang ist. Sollte ich jemals wieder ihr schönes Land besuchen, so rollt mein Wagen vielleicht über Terrassen und Landstraßen mitten in der Ruhe und dem Frieden; die Landschaft wird durch Felder und Hecken geregelt, und an die Stelle des Romantischen vom Kriege und des Interessanten der Unruhe wird wohnlicher Gewerbfleiß und unedler Reichthum getreten seyn. Freilich war jetzt schon Ruhe vorhanden, aber die Ruhe der Furcht;

ich genoß der Sicherheit, aber ich hatte sie erkauft durch meine anscheinende Genossenschaft mit den Siegern.

Als ich weiter kam, ward die Landschaft weniger wild und rauh, und der Fluß hatte an Masse gewonnen, aber er rauschte leise und war in sein Bett eingeengt. Bald überfiel mich die Nacht; ich mußte zwei Stunden mühsam vorwärts durch den tiefen Schlamm der Straßen und unter Regenströmen, die, Dank sey es Mackintosh, auf mich fielen, ohne mich zu treffen; endlich wurde ich unter das erbärmliche Dach eines schlechten Khans aufgenommen, im Rauche eines Feuers von grünem Holze geröstet und zu einem nicht unwillkommenen Abendessen von Mais und harzigem Weine eingeladen. Um Berat am nächsten Abend zu erreichen, mußte ich drei Stunden vor Tag aufbrechen. Der Regen hielt an, mit Schnee vermischt; Donnerschläge rollten über unsern Häuptern, und dann und wann leiteten flammende Blitze unsere ungewissen Schritte. Die Windströme von den albanischen Bergen wurden schärfer, als wir zu den Pässen von Glava hinaufstiegen, und obgleich unseren Augen die Sonne nicht aufging, brach der Tag an über einer der kahlsten und traurigsten Aussichten, die ich jemals erblickte; der Himmel war schwarz und die Erde weiß. Dieser rauhe und unwirthliche Paß war indeß mit albanischen Kulias oder kleinern Schlössern besetzt; ein einzelnes, oder zwei beisammen, oder höchstens zehn in der Nähe, bildeten ein Soi, oder einen Stamm, der zur Off- und Defensive mit einander verbündet war. Wenn auch nicht immer durch Blutsverwandtschaft verknüpft, halten sie zusammen durch die rücksichtslose Rache des fremden Blutes, das in ihren ewigen Fehden vergossen worden seyn mag.

Eine zahlreiche Wache hatte mich bis Tepedelene begleitet. Dort hatte ich einen frischen Trupp bekommen; da aber Schwierigkeiten wegen der Pferde entstanden, obgleich ich dafür bezahlt hatte, und ich nicht wünschte aufgehalten zu werden, so ritt ich weiter, nur von einem Paar Skipetaren begleitet; später erfuhr ich, daß dieser einzige Theil meiner Reise, wo ich unbewacht blieb, gerade die gefährlichste Strecke des ganzen Weges war. Ich bekenne, daß ich lieber in Corfu gewesen wäre, als wo ich mich befand, in der Nähe des Gipfels des durch das Handwerk seiner wilden Bewohner berüchtigten Passes, wo ich verschiedene dieser

Gebirgsbewohner erblickte, die bis an die Zähne bewaffnet sich beeilten, mir den Weg abzuschneiden. Die herkömmliche Weise, das Geschäft in jener Gegend anzufangen, ist nicht die Börse oder das Leben zu fordern, sondern — Schnupftabak! Meine neue Bekanntschaft fragte richtig nach meiner Tabaksdose — eine sehr bescheidene Art sich zu erkundigen. Ich antwortete: die Tage des Schnupftabaks wären vorbei, aber sie wären mir willkommen zu meinem Tabaksbeutel. Sie entgegneten verdrießlich, sie hätten das Rauchen noch nicht gelernt und ließen mich unbelästigt ziehen. Kurz darauf erreichte ich einen Khan, wo verschiedene Albanesen waren. Ein griechischer Knabe, der Khandschi, diente mir als Dolmetscher. Sie erzählten mir, ihr Land bringe nur so viel Korn hervor, als man in vier Monaten gebrauche; der Sadrazem habe Albanien das Brod genommen und sie würden nie in türkische Dienste treten. Ich fragte sie, was sie denn beabsichtigten. Der Griechenbursche brach in ein lautes Gelächter aus und sagte, sie säßen und warteten auf des Großwessirs Tod. Auch in anderer Hinsicht behandelte er sie auf eine Weise, die mich erstaunen ließ, daß sie nicht schnelle Rache auf sein Haupt herbeirief. Aber der Geist der Albanesen ist gebrochen; jeder Einzelne der Nation ist ein anderes Wesen geworden und wie sie selbst sagen: „ihre Herzen sind kalt und ihre Lippen verdorrt."

Kurz vor Sonnenuntergang erreichte ich Berat, das arnautische Belgrad, romantisch gelegen zwischen dem hohen Felsen, auf dem das Schloß steht, und dem Berge, von dem jener Felsen durch den Fluß Baratino getrennt ist. Längs beider durch eine hohe und hübsche Brücke verbundenen Ufer des sich windenden Stromes dehnt sich die Stadt aus. Hier tragen die griechischen Frauen Yaschmaks und Feridschis, gleich den muselmännischen. Ich vergaß zu erwähnen, daß in Delvino die muselmännischen Frauen die lächerlichste Tracht haben, die jemals eine Weiberlaune erfand. Sie besteht aus einer weißen Hülle, die sie vom Scheitel bis auf die Füße bedeckt, mit zwei Halbärmeln, worin die Ellenbogen stecken, während die Hände auf der Brust gekreuzt sind und die Ellenbogen rechtwinklich hinausstehen. So wandeln sie einher gleich rauh behauenen Marmorkreuzen. Diese weiße Hülle öffnet sich indeß vor dem Gesichte und läßt eine schwarze Maske sehen, mit zwei Augenlöchern. Auf alle meine Fragen nach dem Ursprunge dieser sonderbaren Tracht bekam ich immer nur dieselbe Antwort: ἔτσι ἐϱηϑικε — „so ist es gefunden."

In Berat wurde ich auf außerordentliche und belehrende Weise aufgenommen. Ich habe schon oben die gesellschaftlichen Unterscheidungen zwischen Muselmännern und Christen angedeutet, und der Leser hat einige der Schwierigkeiten gelesen, in die ich in Folge der Versuche gerieth, mich von der gewöhnlichen Behandlung zu befreien, die man den Europäern angedeihen läßt. Als ich aber besser mit dem Gegenstande bekannt wurde, habe ich die Erzählung der Umstände umgearbeitet, welche eintraten, je nachdem ich in diesem Bekanntwerden weiter fortschritt. Ungeachtet aller Mittel zum Umgange, die ich früher gehabt, bin ich durch einen Vorfall in Berat auf Ideen verfallen, die mir die Sache viel klarer machten, als sie mir früher gewesen war.

Die Nachricht von meiner Rückkehr nach Albanien war zu einigen meiner alten Freunde gelangt, die über den Beweis so großer Theilnahme entzückt waren, welche ein Europäer für sie hegte. Die Wißbegierde in Bezug auf Europa, die in allen türkischen Besitzungen während der letzten paar Jahre so reißend zugenommen hatte, war bei ihnen noch durch die Ereignisse meiner letzten Reise vergrößert und durch die persönlichen Verbindungen, welche die nothwendige Grundfeste gegenseitig nationaler Achtung sind. Ich fand daher in Berat nicht nur alle Neigung, mich auf die freundlichste Weise aufzunehmen, sondern es waren auch Briefe eingetroffen, welche die Darlegung dieser schon so günstigen Bereitwilligkeit ausdrücklich geboten. Der Statthalter war freilich abwesend, aber sein Sohn, ein junger Mann von zwanzig Jahren, der des Vaters Stelle vertrat, ergriff mit aller Wärme seines Alters die Gelegenheit, sich seiner Vorliebe für die neue Ordnung der Dinge hinzugeben.

Da auch der Bischof abwesend war, so hatte der junge Bey die bischöfliche Residenz für mich in Bereitschaft gesetzt und dahin sein eigenes Gefolge muselmännischer Diener geschickt. Ich erhielt Besuche von den angesehensten Leuten des Ortes, und so umgeben von allen nöthigen Zurüstungen faßte ich die Ausübung orientalischen Ceremoniels mit der eifrigen Lernlust auf, die immer sich einstellt, wenn man eine gewisse Größe annimmt. Wegen der genauen Weise, Gäste aller Rangstufen zu begrüßen — der beson=

dern Stelle des Zimmers oder auf der Treppe, wo man ihnen entgegen kommen muß — der Art und Abstufung des Aufstehens — des genauen Abmessens der Begrüßung — des Platzes, wo jeder sitzen muß — der Fragen, die man thun, der Antworten, die man geben muß — darf ich den Leser auf die Einzelnheiten verweisen, die ich in einer früheren Skizze der türkischen Sitten erörtert habe.

Am folgenden Morgen nahm ich Abschied von meinem jugendlichen Wirthe, nicht ohne das Versprechen, nach Berat zurückzukehren. Er sagte mir, er könne es jetzt nur für einen Traum halten, daß hier in Berat ein Europäer gewesen sey, und mein kurzer Besuch habe seine Wünsche erregt, nicht gestillt. Wenige Monate später erfuhr ich mit aufrichtigem Bedauern, dieser herrliche junge Mann habe ein frühzeitiges Grab gefunden.

Ich betrat jetzt das schöne Gefilde, das sich nordwärts erstreckt, und reisete zwanzig Meilen über eine flache Ebene, die gleich der unbewegten Oberfläche eines Landsees erschien und dicht mit Schafen besäet war. Aus Berat hatte ich ein Empfehlungsschreiben an einen türkischen Bey, bei dem ich übernachten sollte, und hier wurde ich zum ersten Male in einem türkischen Hause vor dem Herrn bedient. „Nichts ist so auffallend als die jetzt mit so reißender Schnelle eintretende Veränderung der Sitten; jeden Tag scheinen die Aufmerksamkeiten, die man mir erweiset, noch die des vorhergehenden Tages zu übertreffen." Diesen Satz schrieb ich damals nieder; ich begriff noch nicht, daß die Veränderung in mir lag, nicht in den Leuten.

Am folgenden Tage kam ich Nachmittags in Kavalha an. Bei dem Einreiten in den Ort, der zwischen zwei und dreihundert Ghegs=Familien enthält, begegnete ich Ibrahim Bey, dem Eigenthümer des Ortes und der Umgegend. Ihn begleitete ein Haufen wild und malerisch aussehender Reiter, aber alle verschwanden vor dem grimmigen Aussehen ihres Anführers, eines Mannes, der sich jedes Verbrechens schuldig gemacht hatte, der mit jedem Laster befleckt war, und den Türken und Christen gleich verabscheuten. Das Blut seiner nächsten Verwandten klebte an seinen Händen.

Er besitzt — auf die Weise, wie ein albanischer Odjack besitzt — ein Stück Land, das sich dreißig Meilen nach jeder Richtung erstreckt. Ich war nun völlig in das Land der Ghegs eingedrungen. Diese sind die Bewohner des nördlichsten von den drei Haupttheil=

len Albaniens. Die ersten, im Süden, heißen Tschami; ihre Hauptstadt ist Janina. Die zweiten, bestehend aus den Toriden, Liapen und Anderen, erstrecken sich bis Berat. Die dritten, von Berat bis an die Gebirge von Montenegro und Bosnien, sind die Ghegs. Diese, obgleich einen Dialekt des Skipt, oder Albanischen redend, sind stark mit slavonischem Blute gemischt, während im Süden der Einfluß Griechenlands mehr vorherrscht. Die Ghegs haben eine besondere Tracht: sie tragen den Fustanel oder weiten weißen Schurz, aber die kurze Jacke der Süd-Albanesen ist bei ihnen verlängert, fällt bis an das Unterende des Fustanel herab, und ist unter dem Gürtel zusammengebunden, so daß sie hinten den Fustanel ganz bedeckt. Die beliebten Farben sind carmoisin und purpur, und diese mit den rothen Mützen, weißen Fustanellen, rothen Beinschienen und goldgestickten Westen geben ihrer Erscheinung, besonders wenn viele versammelt sind, einen Reichthum und Glanz, der selbst in der Wirkung die zierlichste aller Trachten, die südalbanische, übertrifft. Ich sah nie etwas Schöneres, als die Gruppen ihrer Kinder. Die bleiche Gesichtsfarbe, die selbst bei Kindern ihr Recht ohne Ausnahme behauptet, weicht hier dem vereinten Einflusse der Gebirge und des Nordens. Die kleinen Geschöpfe tragen die völlige Tracht der Erwachsenen, im verkleinerten Maaßstabe, und der zarte Purpur ihrer Wangen wetteifert mit der Farbe, die in ihrer Tracht alle andern überwiegt.

Zwanzigstes Capitel.

Mitternächtliche Abenteuer. — Durazzo. — Türkische Begriffe vom Handel. — Europäische Consu'n und Einwohner. — Die Franzosen in Aegypten. — Mehemed Ali Pascha. — Nord-Albanien.

Da ich erfuhr, daß einer meiner alten Freunde Statthalter in Durazzo war, so beschloß ich, noch denselben Abend nach diesem Orte zu eilen. Die Entfernung war drei Stunden, und so verließ ich eine Stunde vor Sonnenuntergang das ungastliche Kavalha und eilte allein vorwärts, um Durazzo so früh als möglich zu erreichen. Ich sollte indeß lernen: Eile mit Weile. Statt der Küste zu folgen, um Durazzo zu erreichen, das auf einer schmalen Erdzunge liegt, gerieth ich rechts und kam auf den Weg, der von Durazzo ab nordwärts führt. Ich brachte eine jämmerliche Nacht hin, blieb zwei oder dreimal in Froschlachen stecken und erreichte endlich ein Dorf, wo ich von ganzen Haufen von Hunden angefallen wurde. Es gelang mir indeß, die Bewohner eines Hauses zu erwecken. Mein Erscheinen, oder wenigstens der Lärm, den ich machte, brachte bald einen allgemeinen Aufruhr hervor, aber es war keine Möglichkeit vorhanden, ein Wort zu verstehen, und da nun ein Licht erschien, hatte ich das Vergnügen, ein halb Duzend Männer an den verschiedenen Fenstern stehen zu sehen, jeden mit seiner Flinte. Nun hielt ich es für hohe Zeit, mich zurückzuziehen und sollte es selbst in die Froschsümpfe seyn. So gut es anging, suchte ich meinen Weg aus den Zäunen, die dieses ungastliche Nest umgaben, und hielt alle meine Leiden für beendigt, als ich auf eine ebene Landstraße kam. Diese konnte natürlich nur nach Durazzo führen, und vertrauensvoll, wenn auch nicht ganz herzhaft, ritt ich vorwärts. Einige Hundert Schritte weiter kam ich aber an das Ufer eines Flüßchens. Da ich sah, daß der Weg auf die Furt zuführte, so ritt ich ohne Bedenken hinein. Das Wasser kam mir bis mitten an den Sattel; ich glaubte aber gerade, nun würde mein Pferd das entgegengesetzte Ufer erklimmen, als es plötzlich den Grund verlor und wir beide vom Strome fortgerissen wurden. Meine Bekleidung machte jeden Versuch zum Schwimmen unmöglich, aber obgleich hinuntergezogen, hielt ich noch den Zügel und vertauschte diesen nur mit dem Schwanze meines Pferdes. Dieses drehte sich um und drängte nach dem Ufer, das wir verlassen hatten, und das wir bald wieder erreichten. Kaum aber hatte mein Pferd festen Grund erreicht, als es mich abschüttelte, fortlief und mich in einer so angenehmen Lage zurückließ, wie ein Liebhaber von Abenteuern sie nur wünschen konnte. Was sollte ich aber nun anfangen? Es war ein verzweifelt schlechter Trost, als ich daran dachte, daß vielleicht auf demselben Platze derselbe Zufall den Kaiser Komnenos traf, in der Nacht nach der denkwürdigen Schlacht bei Durazzo, wo das aus Griechen und Türken, Tscherkessen und Engländern bestehende kaiserliche Heer von den siegreichen Lanzen Robert Guiscards und seiner Normannen geschlagen und in alle Winde zerstreut wurde.

Den Sümpfen war ich entronnen, dem Fluſſe war ich entriſſen, den Hunden und den Flinten war ich entkommen, welchen Weg ſollte ich nun einſchlagen? Ohne Pferd, unfähig zu gehen, ohne ein Wort einer verſtändlichen Sprache zu meiner Verfügung, hungrig, frierend und erſchöpft, durchnäßt vom Kopf bis zu den Füßen, meine Stiefel voll Waſſer, meine weiten Schalwars, mein Mantel ſo ſchwer, als wären ſie von Gold und das Alles am 18 December! Das Einzige, was ich thun konnte, that ich: ich ſetzte mich nieder am Flußufer und erwartete den 19ten. Endlich brach der Tag an und nicht lange darauf trieb ein wandernder Blache (Schäfer) ſein Vieh zur Schwemme, an der Stelle, wo ich in den Fluß hineingeritten und wohin ich zurückgekehrt war. Nun entdeckte ich, daß, was ich für eine Landſtraße und eine Furt gehalten, nur eine Tränke und Schwemme für das Vieh im Dorfe war. In der Lage, worin ich war, würde ich mich ſorgfältig vor einem Gheg verſteckt haben, der an meinen Schalwars Gefallen finden mochte, obgleich ſie weder die Lieblingsfarbe noch den Landesſchnitt hatten. Von einem Blachen hatte ich nichts zu befürchten; durch dumpfe Zeichen und den Zuſtand meiner Kleider gab ich ihm das Unglück zu verſtehen, das mich in der Nacht betroffen. Daß er mich verſtand, bewies er mir, indem er ſich dreimal andächtig bekreuzte an Stirn und Bruſt, und einen langen pfeifenden Ausruf hören ließ. Bei ſeinem Gewerbe war es aber natürlich, daß ſein erſter Gedanke auf das Wohlbefinden meines Pferdes gerichtet war. Er ſtreckte daher den linken Zeigefinger aus, ſetzte zwei Finger der rechten Hand darüber und begann eine trabende Bewegung, wobei er von mir auf den Fluß und dann längs der Ufer blickte, als wollte er fragen, in welcher Gegend das trabende Thier zu finden ſey. Ich antwortete durch eine galoppirende Bewegung der Hand und des Armes und zeigte auf den Weg nach Kavalha. Nun ſchritt er ſchnell ans Werk, wie ein Mann, dem ein neuer Einfall gekommen, nahm meinen naſſen Mantel, faltete ihn und warf ihn auf den Rücken eines ſeiner Thiere, das er an die Seite einer Erhöhung führte. Durch Wiederholung ſeines früheren Finger=Diagrammes machte er mir eine Einladung zum Reiten, was ich mir nicht zweimal ſagen ließ. Auch er ſtieg zu Pferde, trieb ſein anderes Vieh vor ſich her, begann ein Kreiſchen, das ſie Singen nennen und ließ mich folgen, ſo gut ich konnte. Ich dachte

natürlich, wir würden ins Dorf reiten, aber wir wendeten uns
links ab und erreichten in etwa einer halben Stunde ein kleines
Vlachenlager, wo er vor einer Thür anhielt, mich hineinschob und
nun zu seinem Geschäfte ging. Es war gerade Sonnenaufgang,
und ich befand mich in einem einsamen tête-à-tête mit einer al=
ten Frau. Sie starrte mich an und erwartete, angeredet zu wer=
den. Ich hielt es für nöthig, einige Töne von mir zu geben, um
zu sprechen, aber schnell rief sie: „Hscht," legte die Finger auf
die Lippen, stellte einen Stuhl dahin, wo das Feuer gewesen war,
und bedeutete mich, niederzusitzen. Dann zeigte sie auf ein, mit
einer Decke ganz verhülltes Bett, das ein dem Orte wenig ange=
messenes Ansehen von Feinheit hatte. Sie legte ihr Haupt in die
hohle Hand und gab mir so zu verstehen, daß dort eine große
Personnage ruhe, von deren Daseyn und Schlafe ich bald überzeugt
wurde durch jene unfreiwillige Musik, welche die glücklichsten Künst=
ler darin so gerne und bescheiden ablehnen. In aller Stille wurde
ein flackerndes und behagliches Feuer angezündet, und während
mich der Rauch rund umher umwölkte, blieb ich eine volle Stunde
sitzen, um über den Charakter des unbekannten Schläfers nachzu=
denken. Plötzlich ward die Decke mit einem Stoße abgeworfen,
und auf halbe Höhe richtete sich eine Figur auf, die unter einer
weiten wattirten Nachtmütze ein dunkles, mageres Gesicht und
einen langen, schwarzen Bart zeigte. Nun merkte ich, daß ich
der Gast des Priesters im Vlachenlager war. Nach dem gehörigen
Gähnen und Dehnen gelang es der gefälligen Hausmagd, ihn
auf mich aufmerksam zu machen. Er hielt mich für einen Ka=
vasch und sprang auf, um mir die Hand zu küssen und in unbe=
kannten Tönen nach dem Zwecke meines Besuches zu forschen.
Bald fand ich aus, daß er griechisch sprechen konnte. Seine Be=
fürchtungen wurden schnell beschwichtigt, und nachdem er sich be=
kreuzt und über mein Abenteuer verwundert hatte, begann er, sich
auf meine Unkosten lustiger zu machen, als mir eben lieb war.
Indeß erschien bald ein Trost in Gestalt einer Flasche Rakki, wor=
auf ein keinesweges zu verachtendes Frühstück folgte, bestehend
aus einem heißen Maiskuchen und frisch gemolkener Milch. Meine
Kleider wurden zum Trocknen aufgehängt, und hierauf standen
zwei gute Pferde vor der Thür, eines für mich und eines für
den Papas, welcher erklärte, er wolle mich nach Durazzo zurück=

bringen, worüber ich schon sechs Meilen hinaus war. Unterwegs begegnete ich einigen Soldaten, die ausgeschickt waren, mich aufzusuchen, da mein Verschwinden einige Unruhe erregt hatte, und obgleich mein Freund, der Statthalter, abwesend war, hatte sein Wekil Leute nach verschiedenen Richtungen ausgeschickt, um mich aufzusuchen.

Durazzo ist ein Ort, dessen Wichtigkeit durch die mit seinem Namen verbundenen geschichtlichen Ereignisse dargethan ist. Barlettius, der gleichzeitige Geschichtschreiber Skanderbegs, der Dyrrhachium während des Auftrittes' gesehen hatte, womit Rom's Drama beschlossen wurde, beschreibt es folgendermaßen:

„Dyrrhachium ist die älteste und mächtigste der Seestädte Illyriens, durch die Natur befestigt und durch die Kunst uneinnehmbar gemacht. Wer vorbeisegelt und auf die hohen Mauern blickt, wird nicht nur mit Bewunderung, sondern mit Schrecken erfüllt, denn es ist von Felsen und dem Meere umgeben, nur nicht da, wo es an das Land stößt. Hier ist ein sehr sicherer und bequemer Hafen — hier sind weite und schöne Ebenen, ein höchst fruchtbarer Boden und Ueberfluß an allen Dingen — hier sind geweihete Gebäude, erhabene und kostbare Tempel — hier kann man die Bilder der Könige und Kaiser sehen und die Denkmäler der ehemaligen Fürsten. Die Riesenbildsäule Hadrians, von gegossenem Erz, steht auf einer erhabenen Stelle an dem Thore nach Kavalha. Westlich daneben lag eine mit wundersamer Kunst erbaute Areua oder Amphitheater und mit Thürmen und glänzenden Werken verstärkte und geschmückte Mauern. Besonders merkwürdig aber ist der Ort durch seine Salzbehälter und seine zum Handel bequeme Lage. Dieß ist das Dyrrhachium, das den römische Senat sah; es war eben so berühmt, als unglücklich durch das Bürgerblut und den innern Krieg. Kurz, was die Größe dieser Stadt gewesen — das zeigen noch jetzt die Trümmer" — aber auch die Trümmer reden jetzt nicht mehr.

Der gegenwärtige Statthalter von Durazzo, obgleich er nichts wußte von dem ehemaligen Glanze und Wohlstande Dyrrhachiums, und nichts von dem Handel, den die Venetianer hier trieben, äußerte sich dennoch über den Ort in folgenden Ausdrücken:

„Längs unserer nach Europa blickenden Westküste haben wir nicht einen einzigen sichern oder passenden Hafen, so daß das

Landvolk aller dieser Bezirke sich aus Monastir mit Gütern ver=
sorgen muß, die zuweilen auf einem sechzigtägigen Transporte
durch Maulesel von Leipzig, Konstantinopel und Salonika geholt
werden. Durazzo bedarf nur eines Hafendammes, der vom Ende
der jetzt freiliegenden Bucht ausliefe, um großen Schiffen Schutz
zu gewähren und ihnen zugleich den unendlichen Vortheil eines La=
dungsplatzes zu verschaffen, den außer Konstantinopel kein tür=
kischer Hafen besitzt. Ueberdieß ist dieser Ort der Mittelpunkt
aller Land = Communication und nach allen Richtungen, zwanzig
bis dreißig Stunden weit, sind alle Wege eben und kònnten leicht
fahrbar gemacht werden. Ich wollte es unternehmen, die Moore
auszutrocknen, drei Wege der angegebenen Länge zu bauen und
den Hafendamm zu errichten, wenn ich nur fünf Jahre lang die
Zölle des jetzt unbelebten Hafens und den Ertrag der kaum er=
giebigen Salzbehälter behalten sollte."

„Aber," bemerkte ich „wenn eure Regierung so fortfährt,
wie sie in Bezug auf den Handel angefangen hat, so würde auch
ein zu erbauender Hafendamm nicht sehr besucht werden. Nach
euren Verträgen mit uns habt ihr nur das Recht, drei Procent
Eingangszoll für fremde Waaren zu fordern, und eben in diesem
Hafen nehmt ihr jetzt fünf Procent." — Der Statthalter erwie=
derte: „Ich sage, die drei Procent sind eine Räuberei, weil un=
sere Häfen versandet sind, unsre Hafendämme in Trümmern lie=
gen, zu deren Unterhaltung allein die Abgabe gefordert wird.
Nur der Handel allein gibt unseren Besitzungen Werth
und verwandelt unsere Ernten in Schätze. Gewährt eine Regie=
rung keine Zuflucht, keinen Landungsplatz, keine Landstraße, so
hat sie ganz gewiß kein Recht auf Abgaben und Zölle." Was
würde er von einer Regierung gesagt haben, deren Wissenschaft
darin besteht, den Handel zu hemmen, entweder unter dem Vor=
wande, die Einkünfte zu vermehren, den Wohlstand zu heben, oder
den Ackerbau zu schützen?

Damals sollte eine Ladung von höchst schlechtem Tabak ver=
schifft werden, zum Bedarf des österreichischen Monopols in Ita=
lien, zum Preise von kaum mehr als einem halben englischen Pfen=
ning das Pfund. Er wird feucht, schlecht zubereitet und in dem
mòglichst schlechten Zustande abgeliefert, erhitzt sich sehr oft auf
der Ueberfahrt und muß dann über Bord geworfen werden. Ich

äußerte mein Erstaunen, daß wenn sich die Bauern die Mühe gäben, Tabak für eine so kleine Summe zu säen, zu bearbeiten und zu verfahren, sie nicht noch so viel Arbeit zulegten, um den Tabak zu trocknen und zu verpacken, wodurch der Werth des Artikels mehr als verdoppelt werden würde. Der Bey antwortete (und auf diese Antwort bitte ich besonders aufmerksam zu seyn): „die Sorgfalt und Arbeit, den Tabak gut zu bauen und zuzubereiten ist sehr groß, und wie können diese Bauern die Arbeit darauf verwenden, wenn sie ihr Getreide mahlen und ihre Bekleidung verfertigen müssen, mit den rohesten Maschinen?" Er war der Meinung, daß wenn England nach dem Geschmacke des Volkes Manufacturwaaren verfertigte und die Türken es wagen könnten, die Ausfuhrverbote ihrer eigenen Producte abzuschaffen, die stillschweigend und eins nach dem andern eingeführt worden sind *), England die ganze Versorgung der Türkei erhalten würde und die Türkei soviel Vortheil hätte, als wäre ihre Bevölkerung um ein Viertheil gestiegen.

Als ich in die Stadt kam, wurde ich auf einem engen Wege durch einen Zug Maulthiere aufgehalten, die mit Ballen von Waaren und Gütern aus Manchester und Birmingham beladen waren; Güter, die in unseren Ausfuhrartikeln nach Oesterreich figuriren und aus Triest in drei Schiffen gebracht waren, welche in der Bay damals vor Anker lagen und den Tabak abholen sollten, um die österreichische Regie in Italien zu versorgen. Das sind die Bande, welche gegenwärtig Italien und Dyrrhachium verknüpfen. Die Güterballen indeß und die Schiffe in der Bucht warfen auf das Gemälde des Platzes einige abendländische Tinten, die sich noch vermehrten, wenn man in den Gassen die unansehnlichen Gestalten europäischer Matrosen und blauen Dunst

---

*) Die Ausfuhr aller Artikel aus der Türkei, welche Stapelproducte Rußlands sind, ist von der türkischen Regierung verboten. Sie fühlen jetzt das Drückende dieser selbstmörderischen Maaßregel und hoffen einmal, die Mitwirkung und Unterstützung Englands zu erhalten, um die Abstellung wagen zu können.

Während ich (am 18 Juli) dieses Blatt durchsehe, bemerke ich in der Correspondenz aus Konstantinopel, daß, so zu sagen, troz der Uebereinstimmung Englands mit Rußland, wie ich muß, die Türkei das Ausfuhrverbot des Getreides abgeschafft hat.

14 *

machender Kaufleute erblickte. Ich schämte mich ordentlich der
Weltgegend, welcher ich angehörte, als der Hauptmann der Al-
banesen-Wache mir erzählte, ich würde mich nun zu Hause finden, indem Landsleute von mir im Orte wären und der Consul schon vorbereitet wäre, mich zu empfangen. Der Consul!
Ein italischer Consul in Dyrrhachium! Der Nachkomme, und ich
denke obendrein, der Stellvertreter des ersten Cäsar, der hier sein
Schicksal einem Fischerboote anvertraute. Kaum war mir diese
wichtige Mittheilung geworden, als der Consul selbst angemeldet
wurde, und kaum wäre ich mehr erstaunt gewesen bei dem Erscheinen des Geistes vom großen Consul selbst, als ich es nun war bei
dem Erscheinen des vor mir stehenden Repräsentanten des Hauses
Lothringen, das man gewöhnlich Habsburg nennt! Ein rother
Rock und ein Paar Epaulettes reichten noch nicht hin, die Würde
der Personage in gehöriges Licht zu setzen. In der einen Hand
prunkte eine goldgestickte Purpurmütze von Sammet, sorgfältig bei
dem Futter gehalten, damit der Glanz nicht beschädigt werde;
während in der andern Hand, mit der anscheinenden Sorglosigkeit
eines alltäglichen Begleiters, ein eleganter Beutel baumelte, von
carmoisin und grünem Sammet, ebenfalls auf den Säumen gestickt und sonder Zweifel eine Probe des Tabaks enthaltend, dessen
Verschiffung in die Speicher seines kaiserlichen Herrn er beaufsich-
tigen sollte. Diese österreichischen Consular-Costumes könnten einen
Anhang zu Sibthorpe's Flora Graeca bilden. Gewiß setzen sie
die Landesbewohner in sehr großes Erstaunen und geben ihnen einen
hohen Begriff von der Würde des Kaiserreiches. Wenigstens sind
die damit Bekleideten entzückt davon, und ich habe einen österreichischen Consul gekannt, der, nachdem er sich mit den vielgeliebten
Insignien geschmückt hatte, sich drei Tage und Nächte lang nicht
bewegen ließ, ein Stück seiner neuen Garderobe abzulegen, die
Kühnheit jenes alten Ritters noch übertreffend, der nur einen
Sporn abschnallte, wann es ihm gefiel, sich seiner Ritterlichkeit
zu entäußern.

Die würdige Person, von der ich rede, theilte mir sofort
eine ungeheure Masse von Belehrungen mit. Er belehrte mich, die
Albanesen verdienten alle aufgehängt zu werden; die Griechen wären keines bessern Schicksales werth; unter den Poveri Turchi
verdienten viele Mitleiden, der Großwessir hätte keine Siege er-

fochten, kein Glück gemacht. Dabei aber gab er mir zu verstehen, daß wenn er nur ein paar Regimenter von den Ungarn hätte, die in der Lombardei doch zu nichts nützten, er bald Alles in Ordnung bringen würde.

Die österreichischen Agenten benehmen sich auf eine oder die andere Weise immer so, daß sie sich den Leuten, unter denen sie leben, unangenehm machen *), indem die Regierung selbst, ungeachtet aller ihrer Ruhe und ihres richtigen Blickes, immer ein Jahrzehent hinter den Ereignissen zurückbleibt. Während die österreichische Regierung der Pforte zu dem allerdings zu rechtfertigenden, aber unzeitigen Widerstande in der griechischen Angelegenheit rieth, der zu dem Kriege von 1828 und 1829 führte, erklärte ein österreichischer Consul, um die Griechen eben so unzufrieden mit den österreichischen Ansichten zu machen, als es die Türken mit den österreichischen Rathschlägen waren, „nach der Schlacht von Navarino könne er nicht länger an eine göttliche Vorsehung glauben!"

Oesterreich hatte indeß noch eine andere Art von Repräsentanten in Durazzo, in der Person eines jungen Mannes, des Agenten eines Triester Handlungshauses, der geläufig griechisch, albanisch, türkisch, bulgarisch und wallachisch sprach, alle Jahrmärkte in Rumili ungehindert besuchte, über die Angst der Europäer lachte und mich versicherte, er habe niemals eine Belästigung irgend einer Art empfunden und finde in seinem Verhältnisse als Europäer (in Verbindung mit seiner Landeskunde) nicht nur Schutz gegen die Zufälle der Zeiten, sondern auch Befreiung von manchen Unbequemlichkeiten, denen eingeborne Kaufleute unterworfen wären. Noch einer oder noch zwei andere

---

*) Damals, als ich dieß schrieb, war ich nur mit österreichischen Consuln gothischer (!) und besonders italischer Abkunft in Berührung gekommen. Seitdem habe ich das Glück gehabt, zwei oder drei österreichische Consuln von slavonischer Herkunft kennen zu lernen, die ich sehr hochachte und denen ich mich sehr verpflichtet fühle. Ein Slavonier hat im Oriente eine sehr einflußreiche Stellung und besitzt ohne Anstrengung den Schlüssel zum Geiste Rußlands, Europa's und gewissermaßen des Orients. Unfehlbar ist er auch bekannt mit dem Französischen, Deutschen und irgend einem slavischen Dialekte und mit der Literatur dieser Völker.

junge Leute reisten auf dieselbe Weise, und der so zwischen Albanien und Triest eingerichteten Verbindung verdankte man die Einfuhr der englischen Waaren, deren Karawane ich begegnet war, als ich in die Stadt kam. Englische Colonialproducte, die aus dem Freihafen von Triest nach der albanischen Küste wieder ausgeführt werden, kommen durch Rumili und Serbien als Contrebande nach Ungarn. Dieß ereignete sich während der unruhigen Zeiten, von denen man hätte glauben sollen, sie hätten allem friedlichen Verkehr ein Ende gemacht. Zwei Jahre später fand ich in Widdin Kaffee, der durch das Land von Durazzo gebracht war, in Folge der in Konstantinopel gezeigten Neigung, europäische Zölle nachzuahmen und Handelsverbindungen zu hemmen.

Die Erleichterungen und die Freiheit, welche die Agenten dieser Handelshäuser mitten zwischen Krieg und Revolution genießen, ist ein treffender Beweis, wie man in orientalischen Ländern denkt, denn die Stellung dieser Personen war nicht die Folge von irgend besonderen Umständen, die als Ausnahme galten, sondern lediglich die Folge der selten gefundenen Vertrautheit mit der Sprache, ohne die kein nützlicher Verkehr irgend einer Art thunlich ist *). Gibt es aber einen Theil der ottomanischen Besitzungen, der weniger als ein anderer gegenseitiger Nutzen solchen Verkehres darböte, so ist das ganz gewiß Albanien.

Dieser Umstand erinnert mich an das Benehmen der französischen Kaufleute in Aegypten. Vor der Expedition Bonaparte's ließ das Directorium kein Mittel unversucht, einen Zank mit den Beys vom Zaune zu brechen, und als der Consul abberufen wurde, befahl es allen französischen Kaufleuten, wegzuziehen. Einige thatn das, aber der größere Theil weigerte sich, das Land zu verlassen, und sie lachten, als ihnen der Regierungsagent die Gefahren vorstellte, denen sie ausgesetzt seyn würden, wenn ihnen der regelmäßige Schutz der Nation entzogen würde. Da dieß nicht zu den Absichten der französischen Commissäre paßte, und da die Kaufleute ihren Entschluß erklärten, das Land

---

*) Heeren bemerkt, indem er von dem phönicischen Handel spricht, daß der Vortheil, den die Phönicier genossen, ihre Geschäfte ohne Vermittelung schurkischer Dolmetscher zu betreiben, allein hingereicht habe, ihnen den Alleinhandel in der Levante zu verschaffen.

nicht zu verlaſſen, ſo wurden ſie den ägyptiſchen Behörden als ungehorſame Unterthanen angegeben, an denen die Republik fort= an keinen Antheil habe, um ſo die angeblich gefürchtete Geſetz= widrigkeit und Habſucht aufzureizen, die der franzöſiſchen Re= gierung einen Vorwand gegeben hätte zu der größten Verletzung öffentlichen Rechtes, die ſeit Jahrhunderten ſich ereignet hatte, zur Invaſion Aegyptens nämlich ohne vorgängige Kriegserklä= rung — eine Verletzung, die man in Europa nicht fühlte, weil nur die Türken die Opfer waren. *) Die franzöſiſchen Kauf= leute zogen ſich nach Kairo zurück, um der Verfolgung ihrer ei= genen Landsleute zu entgehen und trieben dort unangefochten ihren Handel bis zur Periode der Invaſion. (Man vergleiche Oliviers Reiſen.)

Wenn ſich kriegführende Mameluken, rebelliſche Arnauten ſo gegen unbeſchützte europäiſche Kaufleute betragen, braucht man ſich freilich nicht zu verwundern, daß die Pforte die Rechte der Britten reſpectirte, als Hr. Arbuthnot im Jahre 1807 aus Kon= ſtantinopel entfloh, oder als zu einer ſpäteren Zeit die unbegreif= liche Politik, in die wir uns geſtürzt hatten, den engliſchen Bot= ſchafter zwang, ſeine zurückgelaſſenen Landsleute ihrem Schickſale zu überlaſſen.

In Durazzo hörte ich zum erſten Male von Mehemed Ali reden, als in Verbindung mit den Angelegenheiten Albaniens. Ich kam in Unterredung mit einem Manne, von dem ich hörte, er wäre ein türkiſcher Kaufmann; unſre Bekanntſchaft reifte aber ſchnell zum Vertrauen, und ſo erfuhr ich, er ſey einer der Agenten, deren ſich die Pforte bedient, oder vielmehr, deren ſich einflußreiche Mitglieder des Divans bedienen, um Nachrichten einzuſammeln. In dieſer Eigenſchaft hatte er Aegypten, Arabien und Bagdad durchreiſet, und kehrte nun mit einem Berichte über dieſe Länder zurück zu ſeinem Gönner, dem Großweſſier. Ich er= lauſchte von ihm die Abſichten Reſchid Paſcha's auf Aegypten, mit denen ich ſpäter vollſtändig bekannt zu werden Gelegenheit

---

*) Als ich dieß ſchrieb, waren die Ereigniſſe von Conſtantine, von Texas, die Geſchichte mit dem Vixen, die Blokade der mexicaniſchen Küſten und andere Begebniſſe noch nicht vorgefallen, welche beweiſen, daß in gegenwärtiger Zeit alles und jedes Gefühl von Völkerrecht erloſchen iſt.

hatte. Bis dahin hatte ich den Krieg in Albanien als eine be=
endigte Sache angesehen. Nun aber ward mir der Zusammen=
hang zwischen dem Zustande dieses Landes und dem Schicksale
des gesammten Reiches praktisch klar, und ich begriff, daß Reschid
Pascha beabsichtige, große Hülfsmittel und viele Leute aus dem
besiegten Albanien zu ziehen, die zur Unterjochung Aegyptens
verwendet werden sollten. Der ihm zunächst am Herzen liegende
Gegenstand — Griechenlands Besiegung — war ihm fehlgeschla=
gen durch die Insubordination der Albanesen und ihren einmal
festgefaßten Entschluß, einen Krieg nicht zu beendigen, der für
sie eine unversiegbare Quelle des Soldes, der Plünderung, der
Anstellung und der Macht war. Nun hatte er Albanien unter=
worfen und hätte deßhalb eine überwiegende Macht gegen Grie=
chenland führen können, allein da war die europäische Diplomatie
eingeschritten, und hatte ihm diese Bahn der Größe und des
Ruhmes durch eine unübersteigliche Schranke verschlossen. Welche
Unternehmung bot sich ihm nun dar, die der Stellung, welche
er errungen, würdig gewesen wäre? Welches Feld öffnete sich
ihm, um den kriegerischen Geist der Albanesen zu beschäftigen,
der, wenn jetzt nicht von der Pforte geleitet, kaum würde be=
wältigt werden können, und wahrscheinlich bald gegen sie geleitet
werden dürfte. Aegypten war das Feld, Mehemed Ali der Ne=
benbuhler, und der alte Feind des Großwessiers war ein seiner
würdiger Gegner. Diese Ideen boten sich mir in Folge der nach=
stehenden Antwort, die der geheime Abgeordnete mir auf meine
Fragen über den Zustand Aegyptens ertheilte: „Mehemed Ali hat
es gut gemacht bei Allem, was er erschaffen: Schiffen, Matro=
sen, Zeughäusern und Soldaten; aber die Armen sind unterdrückt
und er hat für sich weder die Herzen des Volkes noch den Na=
men des Sultans. Seine Truppen und seine Schiffe würden die
unseren schlagen, aber erschiene unser Sadrazem nur mit zehn=
tausend Mann in Aegypten, so würden Mehemed Ali's Truppen
und Schiffe ihm zufallen, und der Pascha fände kein Gebirge,
wohin er fliehen könnte, und keinen Stamm, der ihn ver=
theidigte."

So wurde plötzlich mein Gesichtskreis erweitert. Eine große
Unsicherheit verschleierte doch noch diese Gedanken, allein auch
diese Unsicherheit verschwand durch einen unbedeutenden Vorfall,

der sich ereignete, als ich die Pferde bezahlte, die ich mit nach Skodra nehmen wollte — ich erhielt bei dem Wechseln ägyptische Münze. Woher kam dieß Geld? Die von Mustapha Pascha gegen den Großwessier aufgestellten Truppen waren zum Theil mit dieser Münze besoldet, die natürlich bei dem Wechsel beträchtlich verlor. Mehemed Ali hatte damals eine starke Ahnung von den Absichten des Großwessiers und seiner eigenen Gefahr, und hatte dieses Opfer gebracht, so übereilt und verschwenderisch es auch in seiner Art seyn mochte, um die Unterjochung Albaniens zu verhindern und den Großwessier dort zu beschäftigen. Ich war nun natürlich im Stande, die Angelegenheiten in Syrien zu prophezeyen, und die Nachricht von dem Angriff auf Acre war mir kaum etwas Neues. Aber, du lieber Gott! was that denn die englische Diplomatie!

Voll von diesen Idern verfolgte ich meinen Weg von Durazzo nördlich längs der Küste. Von Berat aus nördlich kann das Land eben genannt werden. Die Ebenen bilden Brcken, welche von niedrigen thonhaltigen Hügeln begränzt werden. Die Gränze dieser Formation im Norden sind die Ketten von Leche, Croya und Gova, die sich nördlich und westlich, südlich und östlich ziehen, nach Ostnordost streifend und genau übereinstimmend mit den Ketten von Argyro Kastro und Longaria. Diese, bei Argyro Kastro beschriebene Kalksteinbildung ist in Fragmente gebrochen und über das Land zerstreut, von Skodra hinab bis an den Golf von Lepanto. Sie ist unterschieden von der Mittelreihe des Pindus, gegen die sie zuweilen sich lehnt; in Mittelalbanien streift sie gegen Norden und Osten, in Akarnanien gegen Osten. Im Norden von Argyro Kastro lehnt sich vorn und hinten an diese Erhöhungen eine Bildung von gemischten alaunartigen Muscheln und Schiefer; einige Schichten sind sehr weich und zergehen leicht in Thon. So sind alle Thäler und Ebenen und selbst die Abhänge der Hügel mit Thon bedeckt. Im Norden von Leche, wo der Drin durch die Hügel bricht, begleitet diese Bildung nicht den Kalkstein, der hier eben so aussieht wie der uninteressante Kalkstein auf Morea, indem er nicht von dem parallel geschichteten, feinen lithographischen Korne ist und mit Kiesel abwechselt, daher keine starken und malerischen Abhänge bildet, welches Ansehen (in diesem Falle mit der alaunhaltigen Formation verbunden) auf

Fruchtbarkeit, Holz und Waſſer deutet. Ueber dieſes ganze Land
ſind noch einige andere Strata hin und wieder zerſtreut, aber
ohne mineralogiſches oder ökonomiſches Intereſſe. Es ſind: Sand=
ſtein (in der Nähe von Delvino), Sand und Muſcheln (Glava)
Breccia und Amygdaloid. Auf einer vereinzelten Maſſe des Letz=
teren liegt die Feſtung von Argyro Kaſtro, aber nirgends ſind
Spuren organiſcher Ueberreſte zu finden. Das Land ſieht von den
höchſten Punkten herab aus wie ein Meer, auf dem die Kalkſtein=
wellen hintereinander herrollen. Gegen Weſten bieten die Ebenen
von unten auf eine völlig flache Oberfläche, aus der ſich die Hügel
und Berge gleich aus der See hervorragenden Inſeln oder Küſten
zu erheben ſcheinen. Zwiſchen den größern Reihen finden ſich die
alaunhaltigen Bildungen nach allen Richtungen hin und bilden
Hügel und kleine Berge von ganz ausgezeichneter Schönheit, die ent=
weder in Gruppen vereinzelt ſind, oder ſich in geraden Linien hin=
ſtrecken oder die erſten Srufen der Gebirge bilden.

Drei Tage lang ritt oder ging ich vorwärts, die lieblichſten
und angenehmſten Empfindungen genießend: — die Milde und
Sanftheit des Klima's — das Schauſpiel ausgedehnter Ebenen oder
ſtarker Berge, „wild, doch nicht rauh‟ — den fruchtbarſten Bo=
den von der Welt, Wälder, nicht ſtolz und ſtattlich, aber roman=
tiſch im bemoosten und hinfälligen Alter, über welche die Schling=
gewächſe der Stechwinde, des wilden Weines, der Heckenroſe und
der Brombeere gleich Dächern herabhingen, die Zweige nieder=
beugend oder die gebrochenen Stämme umwindend; die Hütten
der wenigen Bauern, wie die Scheunen zum Mais, waren in
allen Formen und Geſtalten von Weiden geflochten und mit dem
breiten hülſigen Maisblatte bedacht oder nur zugedeckt, ſo daß
ſie wie groteske Körbe ausſahen, die irgend eine Rieſenhand in
die offenen Räume niedergeſetzt hatte: Hier kann man jedes Er=
forderniß zu einer neuen Niederlaſſung finden: die Nähe von
Europa — die Leichtigkeit zum Wegbau — Moore freilich und
Fieber findet man auch, aber jene könnten leicht ausgetrocknet
werden, und dann würden dieſe verſchwinden, während die Entlee=
rungen zu Häfen für die kleinen Küſtenſchiffe dienen könnten —
unübertreffliche Fruchtbarkeit — ein Klima für die reichſte Pro=
duction, wo kein langer ſtarrer Winter den Gewinn des Sommers

verzehrt; jetzt im December, grünten alle Felder. Eichenholz zum Gebrauche — Platanen zum Schatten — Wild zum Luxus — wilde Reben zum Pfropfen, aber vor allen Dingen schon gesäuberte weite Räume, die jetzt zu Weiden dienen — ein trefflicher Schlag Schafe und Pferde und Absatz unmittelbar auf dem Platze — Weidenbäume und Binsen zum Hausgebrauche, und wenn die Steine zu weit entfernt sind, überall herrlicher Thon zu Ziegeln, Mauersteinen und Geschirren. Dieser Bezirk hat nicht wie die Ueberreste von Ali Pascha's Satrapie, unter der zehnjährigen Anarchie gelitten, die seinem Sturze folgte. Hier tragen Türken und Christen Waffen und halten sich mehr das Gleichgewicht: es ist gegenwärtig eine Einöde, eine Folge langer, angeborner Barbarei und illyrischer Trägheit. Der Knechtessinn der Griechen und die Gesetzlosigkeit der Albanesen, Unterscheidungen, die ihren Kasten zukommen, werden durch eine außerordentliche Intelligenz und Scharfsinn wieder gut gemacht. Sobald man aber den Beratino überschritten hat, sind Ghegs, Merditen, Griechen, Lateiner und Türken, ohne die Ausschweifungen, ohne die Anarchie und den Haß der erstern, in einem abstumpfenden Geist der Dummheit und Barbarei versunken, die der Reisende in jedem Hause fühlt, das er betritt, bei jedem Schäfer, den er befragt, bei jedem großen oder kleinen Geschäfte, das ihn unwillkürlich mit ihnen in Berührung bringt. Ich sage: der Reisende; aber wann hat bis jetzt ein Reisender seine Platschika (Gepäck) oder seinen Hals unter diese gesetzlosen Stämme gewagt? Sie erzählen mir von einem vor vier und zwanzig Jahren. Schickt indeß nur den Bey von Kavalha, Ibrahim, fort mit all seiner Sippschaft und ein paar andere Häuptlinge; entwaffnet sie, und sie werden gutes Lastvieh werden; jetzt sind sie vom Schrecken gerührt, und das ist der erste Schritt. Der Name des Großwessiers ist ein Talisman, aber es fehlt ihm gar zu sehr an Leuten, die im Stande wären, den Talisman etwas Gutes wirken zu lassen. Läßt ihn das Schicksal noch fünf oder sechs Jahre leben, und erhalten ihm die guten Sterne des Landes denselben Sinn, bis die Jugend einigermaßen herangebildet ist, so ist das Land wiedergeboren. Sein Leben würde lang seyn, wenn es auf die Gebete der Rayahs ankäme. An einem Orte sagten sie mir: „Möchte Gott Jedem von uns fünf Jahre seines Lebens nehmen und sie dem Großwessier zulegen!" Möge er den heiligen Stoßseufzer verdienen, der überall widerhallt, sobald der Ortsstatthalter seine Absichten begreift und seinen Willen vollzieht, aber nur dann!

Am 24 December. — Hier bin ich endlich in Skodra. Jetzt kann ich wie Sterne in Calais, mir selbst die Versicherung geben, daß kein zukünftiges Ereigniß in der Welt mich verhindern kann, hier gewesen zu seyn. Wenn ich auf die Karte sehe und Argyro Kastro, Delvino, Tepedelene, Berat, Skodra überblicke, kann ich mich nicht glücklich genug preisen, diese Oerter besucht zu haben, die ich auf derselben Karte so oft und mit so großer Sehnsucht gesucht habe und mit so geringer Hoffnung, sie jemals zu erblicken.

Einundzwanzigstes Capitel.

Skodra.

Nur Jemand, der sich in die Ereignisse der griechischen und albanischen Kriege gemischt hat, kann die Gefühle begreifen, die mich in Skodra erfüllten. Dort, in einer für uneinnehmbar gehaltenen, rund umher von unwegsamen Bergen beschützten Festung hausete, an den letzten Gränzen der türkischen Welt, ein Häuptling, dessen Charakter in Geheimniß gehüllt, dessen Macht aber unbestritten war und dessen Parteinahme entscheidend schien für die verschiedenen Kämpfe, die den Süden des Landes bewegten.

Den Pascha von Skodra nahmen alle Parteien nach der Reihe als ihren Verbündeten in Anspruch, und alle Parteien fürchteten ihn. Die Griechen wichen nie ab in ihren Berichten von der Verheerung, die den Zug seiner dunkelrothen Ghegs und seiner schwarzen Mirditen bezeichnet hatte, aber sie gaben zu, daß unter seiner milden und väterlichen Herrschaft der Christ dem Türken gleich stehe, und in der That hatten Christen den größten Theil und Kern des Heeres gebildet, das seiner Fahne nach Griechenland folgte. Die Albanesen betrachteten ihn als das Oberhaupt und den Anführer ihres Stammes, als den mächtigsten Häuptling der Türkei, dessen Familie seit zweihundert Jahren ihre Souverainetät dem Sultan zum Trotz behauptet hatte. Dennoch war er nach Griechenland in der Absicht gezogen, den Willen des Sultans zu erfüllen, und würde es gethan haben, hätte nicht die Verrätherei der Albanesen sein Heer aufgeopfert. Dieses Unrecht und die willfährige, obgleich sehr unwirksame Unterstützung, die er dem Großwessir in seinen ersten Operationen gegen Albanien geleistet hatte, rechtfertigten die Behauptung der Türken, er sey ihr Verbündeter. Daß es in seiner Macht stand, der Partei, der er sich anschlösse, den Sieg zu verschaffen, war klar zu ersehen aus der Stärke, die er entwickelte und die er so schlecht benutzte, nachdem der Großwessir zuerst über Arslan Bey und dann über Seliktar Poda gesiegt hatte. Man sagte, als Mustapha Pascha seine Anhänger überzählte, jeder von den Batterien Skodra's abgefeuerte Kanonenschuß sey ein Signal für hundert Mann, sich unter seine Fahne zu stellen, und die Barden von Albanien sangen, wie siebenhundert Kanonenschüsse seines Großvaters, Dscheraldin Pascha, siebenhundertmal hundert Krieger gerufen haben, deren Anhänglichkeit ihren Anführer von dem Großwessir des Sultans und das Land von den verheerenden Einfällen der Bosniaken und Serben gerettet.

Als ich auf die zerstörten Thürme dieses Rebellenhäuptlings blickte, ahnte ich wenig, welche Gefühle der Achtung und Ehrfurcht mir dereinst sein freundlicher Charakter und sein gebildeter Geist einflößen würden. Es würde unterhaltend seyn, wollte ich die Eindrücke, die ich damals von ihm hatte, mit den späteren vergleichen, als er, nach langer Abwesenheit mich mit brüderlichem Gruße empfing und mich in seine Bibliothek führte, um eine treffliche Sammlung französischer Bücher zu sehen, die er, wie er sagte, hingestellt hatte, um seine natürliche Anlage zur Trägheit zu überwinden und sich anzuspornen zum Erlernen der französischen Sprache durch den Anblick der Schätze, die er besitze und nicht gebrauchen könne. *)

Mit der Festung von Skodra verknüpften sich aber noch andere, kaum weniger interessante Erinnerungen, verherrlicht durch den Heldenmuth eines Loredano, der dem militärischen Geist des

---

*) Mustapha Pascha hatte in Skodra seine werthvolle Bibliothek dem Publicum geöffnet, und Jeder konnte gegen Empfangschein Bücher daraus entleihen. Bevor er sein Paschalik verließ, machte er diese Bibliothek Bakuf, damit sie demselben Zwecke gewidmet bleibe. Als später ihm der Sultan ein Paschalik in Asien anbot, antwortete er, er möchte lieber den Befehl über eine Buchdrucker-Presse haben.

siegreichen Mahommed widerstand, und dessen kriegerische Pracht
und Macht überwand. *)

Nähert man sich Skodra vom Süden her, so werden Stadt
und See vom Höhenzuge verdeckt, dessen Gipfel das Schloß krönt.
Nach Süden hin aber liegt eine Vorstadt „die Gärten," worin einige wenige sehr ansehnliche Häuser zwischen Gärten zerstreut liegen, und von einem Wäldchen von Fruchtbäumen und stattlichen
Kastanien überschattet werden. Am Saume dieser Vorstadt lagen
die Bresche-Batterien und zwischen ihnen und dem Fuße des Hügels eine kleine Ebene von vier oder fünfhundert Yards, umkreiset
von einem Bogen des Flusses Drino. Reschid Pascha's Hauptquartier war noch nicht aus der Vorstadt verlegt, wo es vor der
Uebergabe des Schlosses aufgeschlagen war. Die auf der andern
Seite unter dem Schlosse und zwischen demselben und dem See liegende Stadt war von der Cholera heimgesucht, so daß die vornehmsten Personen in den wenigen Häusern einquartirt waren, die
in der Gartenvorstadt noch aufrecht und unter Dach standen. Der
Großwessir wollte nicht zugeben, daß ich in die Stadt ginge, sondern befahl, mich in dem Hause des Molla oder Imam aufzunehmen, das noch von keinem der Paschas oder Officiere besetzt
war, aus Achtung vor dem Stande des Mannes. Dort ward ich
aus des Wessirs Küche bedient.

Ich war natürlich voll Sehnsucht, einige meiner alten Freunde
aufzufinden. Während durch die thätige Gastfreundschaft des
Imam mein Gepäck verwahrt und ein Zimmer für mich in Stand
gesetzt wurde, wanderte ich in den Garten. Da die rücksichtslosen
Schüsse Mustapha Pascha's einen freien Durchgang in das benachbarte Gehäge geöffnet hatten, so wagte ich mich hinein, kam an
eine alte zertrümmerte Hütte, die von mehreren Schüssen übel mitgenommen war, sah durch ein kleines Fenster und erblickte hier zu
meinem unendlichen Erstaunen und Vergnügen meinen alten Freund,
Gench Aga, dessen rechtzeitiges Geleite mich aus den Händen der
Banditen vom Pindus gerettet hatte. Er war der höhere Leiter in
der tragischen Intrigue gewesen, die mit der gemeinschaftlichen Ver-

*) Der venetianische General Antonio Loredano vertheidigte 1475 Skodra
siegreich — — Mahommed II. D. Ueb.

nichtung Veli und Arslan Bey's endete. Wie man leicht denken kann, übertraf des alten Mannes Erstaunen noch das meinige. Er rannte seine Leiter herunter, die ihm als Treppe diente, schloß mich in die Arme, küßte mich auf die Stirn, strömte über in tausend Fragen, ohne mir Zeit zu lassen, auch nur eine zu beantworten. Während meines Aufenthaltes in Skodra verbrachte er fast seine ganze Zeit als mein Gast in des Imams Hause, das er gerne mit seinem eigenen jämmerlichen Quartiere und nicht viel reizenderem Mittagstische vertauschte, und dennoch war er nichts Geringeres als Tufenkdschi Baschi (Infanterieobrist) des Großwessirs und Vicegouverneur von Thessalien.

Ich blieb nur zehn Tage in Skodra, aber ein Paar Bände würde kaum hinreichen, all das Interessante dieses Aufenthaltes zu erzählen. Hier waren die vornehmsten Männer von der Partei des Großwessirs versammelt, die Ueberreste der verschiedenen, von ihm unterworfenen Factionen, angesehene Leute aus allen Theilen Rumili's und selbst Anatoli's. Alle diese waren in dreißig oder vierzig Häuser zusammengedrängt, die dicht aneinander standen, wo wir vom Morgen bis zum Abend beständig unter einander waren. Meine Stellung war dabei so sehr verschieden von der, worin sich ein Reisender aus dem Abendlande gewöhnlich befindet, dem man mißtraut, dem die Mittel directer Mittheilung, dem die hinreichende Kenntniß fehlt, die Türken in einer Unterhaltung zu interessiren und der deßhalb unbeachtet und unbekannt bleibt. Wäre ich jetzt zum ersten Male im Oriente gelandet oder hätte ich bei meinen Reisen mich nicht in ihre Kriege und Gefahren gemischt, so würde ich mich freilich inmitten einer für die Augen höchst interessanten Serne befunden haben, wo mir aber durchaus aller Gedankenverkehr untersagt gewesen wäre. So aber, wie verschieden war meine Stellung! Ueberall, wo ich einen Besuch machte, füllte sich augenblicklich das Haus; wenn ich heimkehrte, fand ich Besuchende, die mich erwarteten; schlug ich einen Ausflug vor, sogleich boten sich Begleiter an. Die jungen Beys waren voll von interessanten und bunten Abenteuern aus den letzten Kriegen. Die ruhigeren Gemüther blickten auf die zu erwartenden Aenderungen in der Politik oder der Verwaltung des Reiches, und als reichten diese Gegenstände noch nicht hin, hatten wir die Stellung und den Charakter der Bevölkerung des Paschaliks von Skodra, der Bosnier,

Montenegriner und Serben zu betrachten, worüber Leute aus diesen Ländern oder Statthalter, die dort regiert hatten, mitsprachen. Zwei vorherrschende Gefühle aber färbten alle ihre Meinungen, und von welchem Gegenstande wir auch ausgingen, auf einen oder den andern von diesen beiden Punkten kehrte die Unterredung immer zurück. Der eine war — die politische Wiedergeburt der Türkei, wobei sie mit einer Begeisterung verweilten, die mitten in einem Lager und in der Stunde des Sieges wahrhaft begeisternd war. Das andere war — England. Wie oft bin ich mit Flüstern und unter dem Versprechen des Geheimhaltens gefragt worden, wie viel es koste, nach England zu reisen! Die unmittelbar und zunächst liegende Ursache des so für England erregten Interesses mag allerdings in meinem früheren Besuche des Landes, in der Gewohnheit, über die Engländer zu reden und in meinem jetzigen zweiten Besuche liegen. Aber dessen bin ich gewiß, daß kein Eingeborner irgend eines andern europäischen Landes, so große Achtung ihm auch persönlich möchte erwiesen seyn, den Stolz und die Freude gehabt hätte, daß sich von ihm die Gefühle so auf sein Vaterland hinwendeten. Oesterreich und Frankreich sind natürlich die beiden einzigen Völker, die im Punkt des Einflusses und der Achtung mit uns in die Schranken treten könnten. Nun aber erfüllt Oesterreich keine orientalische Bevölkerung mit Achtung. Frankreich genoß früher im ganzen Morgenlande einen überwiegenden Einfluß. *) Die Invasion Aegyptens aber hat schon als Thatsache, weit mehr aber noch in der Art und Weise der Invasion — einer Flibustier=Expedition, die aller von dem unveränderlichen Herkommen der Menschheit geheiligten Formen ermangelte — einen Flecken auf Frankreichs Charakter und Ehre zurückgelassen, den Jahrhunderte im Gedächtniß des Morgenlandes nicht verlöschen werden. Von diesem Ereignisse her datirt sich das gewöhnliche Beiwort: Kandschik Fransitz.

Diese Gefühle wurden nun wieder aufgeregt durch die Verbindung Frankreichs mit Mehemed Ali und durch die Einnahme von

---

*) Vor Napoleon war Ludwig XIV der einzige europäische Souverän, der die öffentliche Meinung des Morgenlandes so werth hielt, daß er suchte, sich dort in Achtung zu setzen. Eine Geschichte seiner Kriege ward ins Arabische übersetzt.

Algier, welche die Türken nicht weniger als den frühern Zug nach Aegypten für eine Beschimpfung des Rechtes der Nationen halten, während sie obendrein Züge niedrigerer Art an sich trägt, in der Beraubung des Staatsschatzes, der Verletzung des Privateigenthums und dem religiösen Fanatismus, den die Türken für den Beweggrund zu anderen Handlungen halten, die den Siegern keinen Vortheil brachten. Alle Einzelnheiten der Expedition und das spätere Benehmen der Franzosen wurden von Mund zu Mund wiederholt, und im ganzen Reiche machten die Auswanderer aus Algier den öffentlichen Unwillen rege. Sie stellten unser Benehmen mit dem Frankreichs zusammen, früher in Aegypten, neuerdings in Algier und auch bei der Besetzung Dalmatiens durch Napoleon. Der Zug Englands nach Aegypten gab dem Morgenlande einen Begriff von der Macht Englands; das Bombardment Algiers hat Englands Ruf der Ehrlichkeit und Gerechtigkeit festgestellt. Sie sagen: „Ihr hattet ein Recht, Algier anzugreifen, wegen der begangenen Seeräubereien; binnen vier Stunden machtet ihr Algiers Batterien dem Erdboden gleich und nachdem ihr das Uebel vertilgt hattet, suchtet ihr weder zu erlangen, was nicht das Eure war, noch denjenigen Unrecht zu thun, die ihr besiegt hattet."

Unsere unmittelbare Politik in Bezug auf die Türkei, so tadelnswerth sie auch gewesen, hat niemals Doppelzüngigkeit oder schlechte Absicht blicken lassen. *) Spricht man hierüber mit den Türken, so ist es leicht, sie dahin zu bringen, daß sie einsehen, die Schuld liege mehr an ihnen, als an uns. Sie geben bereitwillig zu, daß bisher ihre hochmüthigen Manieren gegen uns persönlich unsere Reisenden und in der Türkei wohnende Britten verhindert haben, richtige Begriffe zu fassen und sie mit dem Gefühle des bösen Willens erfüllten, während die Türken sich keine Mühe gegeben haben, directe Verbindungen mit uns anzuknüpfen. Demzufolge erschienen die Türken in diesen europäischen Verwickelungen, wo sie weder in der öffentlichen Meinung noch in der Diplomatie vertreten wurden, als ein Angeklagter vor seinen Richtern, die ihn auf das Zeugniß seines Gegners hin verurtheilen, weil er den Mund nicht aufthut.

---

*) Man erinnere sich, daß ich vom Anfange des Jahres 1832 rede.

Solcher Art waren die Gegenstände, die sich in der täglichen Unterhaltung unter tausend neuen Gestalten darboten, deren Erzählung nur matt und ungenügend seyn könnte. Ich will dieß Capitel mit den Ansichten eines Türken über die Presse schließen.

Mit Nedschib Bey, den ich früher in Larissa gekannt hatte, schwatzte ich über die verschiedenen Aenderungen, die, seit wir uns nicht gesehen, eingetreten waren. So kamen wir auf die türkische Zeitung, deren Vortheile er folgendermaßen aufzählte:

„Sie berichtet uns den Getreidepreis und verschiedene andere Dinge und das ist ein unschätzbarer Vortheil; sie berichtet uns die von den verschiedenen Commissariaten gelieferten Vorräthe. Junge Soldaten werden ermuntert, wenn sie sehen, daß die Namen derer, die sich auszeichnen, gedruckt erscheinen und von jedem hohen Beamten im Reiche gelesen werden, und wer wollte Gefahr laufen, vor solch einer Gesellschaft mit Schande gebrandmarkt zu werden? In der Türkei wissen wir Alle gut genug, was recht ist, obgleich wir es sehr selten thun, und so werden wir gebessert werden, wenn wir die guten Thaten Anderer lesen. Freilich könnten wir Beispiele unter unseren Vorvätern finden, aber ein lebendes Beispiel ist wärmer. Der gelehrte Alwakidi sagt uns, wer die früheren Ereignisse kenne, erhebe seinen Geist und verlängere sein Daseyn; aber wie Viele gibt es unter uns, die Omars und Osmans Geschichte vollständig kennen und von der Geschichte Mahmuds nichts wissen. Aber während wir unser Daseyn rückwärts hin ausdehnen, würde es nützlicher seyn, es auf die gegenwärtige Zeit auszudehnen und etwas von dem Zeitalter zu wissen, worin wir leben, so gut wie von dem Zeitalter unserer Ururgroßväter. In der Zeitung erfahren wir etwas von Frangistan, etwas von Jeni Dunia (Amerika), was sehr nützlich ist. Wenn mein Nachbar mehr Korn aus seinem Lande zieht, als ich, wäre ich ein Narr, wenn ich mich nicht an seinen Tschiftlik hinsetzte und etwas lernte. Wenn wir eure Schiffe sehen, eure Kanonen, das Tuch, das ihr tragt (damit strich er über meinen Rock) und die Wirkungen eurer Macht hören und fühlen, sollten wir da nicht wünschen, zu erfahren, wie ihr zu dem Allen gekommen; denn sind wir nicht allzumal Menschen und haben alle einen Freund an Allah und einen Feind an Schaitan? Nun aber wird dieß Papier uns über diese Dinge belehren— die es lesen können, werden es den Anderen erklä-

ten und mit Recht stolz auf ihren Unterricht seyn, während ein
Mensch, der nicht lesen kann und seine Pistole für besser hält als
seine Feder, nicht besser als ein Vieh angesehen wird, wie er es
auch ist. Tritt das erst, wie ich hoffe, ein, so werden auch andere Bücher so wohlfeil werden wie das Dasma *), so daß sie
auch so gewöhnlich werden. — Wir werden wissen, was Menschen wissen müssen, und indem wir ein weiseres Volk werden, werden wir auch ein glücklicheres seyn. Wie manche Menschen, die
den ganzen Tag müßig dasitzen, können entweder nicht lesen, oder
sich keine Bücher anschaffen, oder wenn sie das auch könnten, keine
zu Kauf bekommen, oder nicht solche, wie sie ihnen gefallen! Mit
Büchern geht es wie mit Freunden; wer die Welt gesehen, wird
sich einen guten Freund wählen, und Niemand, der die Gesellschaft
weiser und angenehmer Männer haben kann, wird allein sitzen
wollen. Bücher sind die freundlichen Theile von den Seelen aller
Weisen, die jemals gelebt haben; ihre Zungen sind kalt, aber ihre
Gedanken leben und sind vervielfältigt, und haben wir diese erst
in Jedermanns Bereiche, so wird das ganze Volk weise Rathgeber
und angenehme Gefährten gefunden haben, und was jetzt zu wissen eine Ehre ist, wird dann nicht zu wissen eine Schande seyn.“

Zweiundzwanzigstes Capitel.

Militärische Bewegungen. — Niederlage des Pascha von Skodra.

Ich muß nun die Geschichte des Kampfes erzählen, der mit
dem Falle von Skodra endete.

Während des letzten russischen Feldzuges wurde der Pascha
von Skodra durch Diebitsch zu dem Glauben verleitet, wenn
die Russen nach Konstantinopel marschirten, sollte er unabhän-
giger Fürst seiner eigenen Provinz bleiben, mit Zuwachs an Gebiet und, wenn nicht Oberherrlichkeit, doch Einfluß auf die Beys

---

*) Das ist zugleich eine Metapher und ein türkisches Wortspiel, in dem
Dasma (Druck) zugleich von bedrucktem Papier und Baumwolle (Kattun)
gesagt wird; die Wohlfeilheit und Feinheit unserer Kattundruckereien
hat die türkischen Zeuge übertroffen, die mit der Hand bedruckt oder
gemalt werden.

von Albanien. So ließ er die Ruffen ungehindert den Balkan überschreiten. Bei dem Tractate von Adrianopel fand Muſtapha Paſcha ſich getäuſcht und ſah nun zu ſpät den Irrthum, den er nicht eingeſtehen durfte. Es bedurfte der Dazwiſchenkunft der Pforte, um ihn abzuhalten, nach Abſchluß des Tractates ſich auf die Ruſſen zu ſtürzen. Die compromittirten Anführer begriffen nun, ihre einzige Ausſicht, der langſamen aber ſichern Rache der Pforte zu entgehen, ſey eine vereinte Anſtrengung gegen dieſelbe, unter dem Mantel eines Zwiſtes mit dem Großweſſir. Der Paſcha von Bagdad wurde in den Bund gezogen, ſo daß das Reich mit einem Male vom Norden, Weſten, Oſten und Süden bedrohet war. Mehemed Ali half zum Aufſtande Albaniens mit ſeinen ägyptiſchen Geldſäcken, aus denen mir in Durazzo gewechſelt wurde.

Nachdem Muſtapha Paſcha zugegeben, daß die Albaneſen einzeln überwältigt wurden, nachdem er ſogar zu ihrem Untergange geholfen, erſtand er aus ſeiner Schlafſucht und rückte mit dreißigtauſend Ghegs gegen den Großweſſir, der in Monaſtir auf die Rückkehr ſeiner Truppen aus dem Süden wartete, um ſeine Anſtrengungen zu concentriren und gegen Skodra zu richten.

Monaſtir oder Bitoglia iſt der langjährige Sitz des Oberſtatthalters der europäiſchen Türkei, der Mittelpunkt aller Verbindungen Rumili's. Es beherrſcht, mit Ochrida und den umliegenden Dervends, die Höhenzüge und die ſtärkeren Päſſe der ſich hier durchkreuzenden Bergketten. Das war die Stellung, die der Großweſſir Mehemed Reſchid zu ſeinem Hauptquartier gewählt hatte, Illyrien und den Paſcha von Skodra im Norden bedrohend, Epirus und die Albaneſen im Süden. Von hieraus konnte er, ohne ſeine Perſon in die ſchwierigen Päſſe zu wagen, auf den unruhigen und eiferſüchtigen Bund ſeiner albaniſchen Gegner rücken, während er ſich für einen Unglücksfall einen Ort zum Rückzuge ſicherte. Indem er die Mißvergnügten in Macedonien überwachte und die Verbindungen mit Konſtantinopel offen hielt, hielt er zugleich den Paſcha von Skodra in Schach, den er, durch den Beſitz der Feſtung von Berat, von den Albaneſen abſchnitt, oder, marſchirte dieſer zu ihrem Beiſtande, ſo konnte er ſich in den angränzenden Feſtungen von Ochrida, Kaſtoria und Geortſcha feſtſetzen und in den Gebirgen ſüdlich vom

Tomarus. Die Position von Monaftir war daher unendlich wichtig und es läßt sich daher leicht denken, daß alle Anstrengungen gemacht wurden, es zu verstärken und zu verproviantiren.

In dem Augenblicke, wo Mustapha Pascha auszog, standen die Sachen des Großwessirs folgendermaßen. Etwa achttausend Mann Reguläre standen in der Tschamuria (Niederalbanien) und vollendeten deren Unterwerfung. Ungefähr eben so viele dienten als Besatzungen in den verschiedenen Festungen, welche die Dervends festhielten und die Verbindungen sicherten von Janina nach Berat, von Berat nach Iskup und von Iskup nach Salonika. Der ganze Bezirk innerhalb dieses Fünfecks konnte als feindliches Land betrachtet werden. Der Großwessir selbst stand im Hauptquartier und war höchstens auf fünftausend Reguläre beschränkt (sie konnten nicht so genannt werden, obgleich sie disciplinirt waren) und etwa fünfzehnhundert Albanesen, deren Treue nur zweifelhaft seyn konnte. Mit dieser Handvoll Leute sollte er noch die benachbarten Festungen besetzen und die Einwohner von Monaftir selbst überwachen, das ohne irgend eine Befestigung eine bewaffnete Bevölkerung enthielt, welche diese Reserve an Zahl übertraf und welche nur Mustapha Pascha's Anmarsch erwartete, um gegen den Wessir aufzustehen. Zu diesen entmuthigenden Umständen füge man noch den Mangel an Provision, den Mangel an Munition hinzu und denke sich, als das größte Unglück von allem, einen Kriegsanführer ohne einen einzigen Heller im Vermögen. In dieser Lage folgte auf die beunruhigende Nachricht von Mustapha's Marsche fast unmittelbar die von der Einnahme von Perlipe, eines nur acht Stunden von Monaftir entfernten Ortes. Wäre er nach Monaftir vorgedrungen, so hätten sich die geheimen Verbündeten der Insurgenten in ganz Rumili für ihn erklärt; vielleicht hätten Daud Pascha von Skodra in Asien und Mehemed Ali Pascha den Augenblick zum Dreinschlagen ergriffen, und allgemeine Anarchie hätte zur endlichen Auflösung der Türkei führen können. Mustapha Pascha aber, erstaunt über die Leichtigkeit seiner ersten Operation, aller militärischen Fähigkeit, wie aller persönlichen Thätigkeit gänzlich ermangelnd, hielt drei Tage für eine kurze Rast von seinen Mühen, um seine jungen Siegeslorbeeren zu genießen. Diese drei Tage, die er den Festlichkeiten und dem Bade

widmete, verwendete der Geist seines Gegners auf eine ganz an=
dere Weise. Mehemed Reschid Pascha versammelte einen Divan
der Beys von Monastir und hielt ihnen eine Anrede, die, wie
mir einer der Zuhörer sie beschrieb, „eines Propheten Wahrheit,
eines Märtyrers Festigkeit mit der Ueberredungsgabe eines Wei=
bes verband.“ Er sagte ihnen: „Ich wende mich weder an euren
Gehorsam als Unterthanen, noch an euren Glauben als Musel=
männer; ich kann weder dem Gehorsamen Belohnungen, noch
dem Widerspänstigen Drohungen bieten. Ich habe euch berufen,
nicht um euch zu sagen, was ihr thun sollt, sondern um von
euch zu erfahren, was ihr thun wollt. Als ein Privatmann un=
ter Privatleuten will ich euch die Lage erzählen, in der sich das
Reich befindet, und je nachdem euer Entschluß ausfällt, will ich
in einer letzten Anstrengung mit euch siegen oder fallen, oder
ruhig meiner Wege gehen und nicht nutzlos unser eigenes und
unserer Mitmenschen Blut vergeuden.“ — Er schloß so: „Erst
vor wenigen Monden ließt ihr Rußland eine fast unheilbare Wunde
dem Reiche schlagen, einen unauslöschlichen Flecken auf den otto=
manischen Namen heften. Und wie seyd ihr gelohnt? Rußland
verachtete euch viel zu sehr, um nach der Erlangung seines ei=
gentlichen Zweckes die Täuschung auch nur einen Augenblick lang
fortzusetzen. Ein Thor, wer nicht sieht, daß Rußland unsere
Zwiste nur zu unserer gemeinsamen Vernichtung erregt; ein Toll=
häusler wäre der unter euch, die ihr die Häupter eures Stammes
seyd, der nicht sähe, daß Alles was ihr besitzt, durch Anarchie
verloren ginge. Die Wahl, die ihr habt, thut sie frei, aber
täuscht euch nicht selbst — nicht zwischen mir und dem Pascha
von Skodra habt ihr zu wählen, nein, zwischen der Türkei und
Rußland. Wählt ihr das Letztere, so ist es jetzt keine Zeit zu
Betheurungen, sagt es mir mit einem Worte und zu dieser Stunde:
soll sich Mustapha Pascha's Triumph und die Anarchie vollen=
den? Meine Pferde stehen bereit und mit denen, die entschlossen
sind, meinem Geschicke zu folgen, will ich bald auf dem Wege
nach Konstantinopel seyn.“

Die Würde, die Beredsamkeit des Mannes, das Andenken
und die Gewissensbisse des letzten Feldzuges, die Darstellung der
bevorstehenden Krisis, füllten die Versammlung mit einem Geiste.
Ein Ausbruch der Begeisterung unterbrach die Anrede des Wes=

firs; sie fielen zu seinen Füßen, umarmten seine Kniee, nannten ihn ihren Erretter und ihren Vater, beschworen ihn, sie nicht zu verlassen und erklärten ihre Bereitwilligkeit, den letzten Bluts= tropfen zu seinem Schutze zu vergießen.

Sodann versammelte er die griechischen Primaten. Mit ihnen waren nur wenige Worte nöthig: bei der bevorstehenden Aussicht auf Anarchie, wenn die Insurgenten siegten, verschwan= den völlig alle unbestimmten und fernen Gedanken an russischen Schutz; überdieß waren neue Hoffnungen für sie aufgeblühet und die immer bereite Gerechtigkeit des Großwessirs hatte schon ihre Zuneigung und Ergebenheit erworben. Ganz vergnügt sagte er ihnen: „Skodra Pascha ist in Perlipe und meine Casse ist leer." Von der geringen Anzahl Griechen, die durch zehnjährigen Krieg erschöpft waren, ließ sich wenig Hülfe erwarten, aber nun muß= ten sie ihren Anstrengungen die Krone aufsetzen und sie thaten es mit Edelmuth. Die Frauen suchten ihren noch übriggeblie= benen Schmuck zusammen, die Kinder schnitten von ihren Mützen, aus ihrem Haar die zierenden Goldmünzen und in kurzer Zeit waren 250,000 Piaster beisammen und wurden dem Großwessir überreicht. Er nahm nur 100,000 an, da gerade sechs Maul= thiere mit Schatzgeld aus Konstantinopel angekommen waren. Auch diese Summe wurde pünktlich zurückbezahlt und den Grie= chen später 80,000 Piaster zum Kirchenbau geschenkt. Nun mußte der Großwessir nur eine kräftige Miene annehmen. Meh= rere Kanonen wurden auf eine die Stadt beherrschende Anhöhe gebracht und er erklärte, bei der geringsten Bewegung der Ein= wohner würde er die Stadt in Asche legen. Drei Tage nachdem Mustapha in Perlipe eingerückt war und am Vorabend seines beabsichtigten Marsches auf Monastir, beorderte der Großwessir alle seine Truppen zu einer großen Revue. Sie marschirten, for= mirten sich, defilirten von Ebene zu Ebene, aber der Wessir rückte immer weiter vorwärts, bis er bei Sonnenuntergang Halt machte am Ufer eines Flüßchens, acht Meilen von Monastir. Die Anführer und Soldaten drängten sich um ihn, um zu erfahren, was geschehen solle und zu fragen, wo die Revue (atesch talim) statt finden solle. Ruhig antwortete er: „Meine Kinder, ich will in Perlipe Revue halten." Das Vertrauen, welches die Festigkeit und die Talente dieses außerordentlichen Mannes sei=

nen Anhänger eingeflößt hatten, war so groß, daß die Verkün=
digung eines so ungleichen Kampfes, bei dem nur die Wahl zwi=
schen Sieg und Vernichtung blieb, mit lautem Jubelrufe auf=
genommen wurde, und seltsamer Weise fand sich Niemand, der
die Nachricht des Anmarsches nach Perlipe gebracht hätte.

Nach zweistündiger Rast setzten sich die Krieger wieder in
Bewegung und mit Tagesanbruch waren sie vor Perlipe. Die
Paschas waren im Bade, wo sie die Nacht zugebracht hatten,
die Truppen lagen in der Stadt zerstreut. Die Nachricht von
der Annäherung des Großwessirs flog von Gasse zu Gasse, gleich
der Kunde von einer Feuersbrunst. Hastig verließen sie die Stadt
und sammelten sich draußen, vor den Augen der Handvoll Re=
gulärer. Der Großwessir bemerkte sogleich die Wichtigkeit eines
durchbrochenen und steinigen Grundes zu seiner Rechten, in Schuß=
weite der Flügel beider Heere. Er schickte seine über tausend
zählenden Albanesen ab, um diesen Grund zu besetzen, im Soutien
ein Regiment, um ihre Treue zu sichern. Mustapha's Ghegs
ließen jene ruhig den Grund besetzen und schwenkten ihre Ta=
schentücher zum Zeichen der Freundschaft. Kaum aber hatten
die Albanesen ihre Feuer begonnen, als die Ghegs, erbittert
darüber, daß sie ihre Gegner hatten Vortheil gewinnen lassen,
einen unordentlichen Anlauf gegen die von den Albanesen besetzte
Anhöhe machten. Aus der Fronte des Großwessirs rückte schnell
ein Regiment vor. Die Ghegs warfen ihre abgeschossenen Flin=
ten weg und wendeten sich gegen ihre neuen Gegner mit ge=
schwungenen Yatagans und lautem Geheul. Mit erstaunlicher
Festigkeit hielten die Regulären, sparten ihr Feuer und begegne=
ten dem Sturmlauf mit einer dichten und tödtlichen Salve. Ei=
nen Augenblick standen die Ghegs still — ihr Rufen hatte auf=
gehört — dann zogen sie sich eilig zurück auf das Hauptcorps.
Später geschahen noch zwei theilweise Angriffe, welche das ein=
zige Regiment auf gleiche Weise zurückwarf, und nun konnte
man die carmoisin Röcke und die blitzenden Waffen der wüsten
Horde über die nördliche Ebene zerstreut sehen, sie war im vol=
len Rückzuge. Die Sieger aber waren so schwach an Zahl —
ihre Ordnung und ihr Zusammenhalten selbst nach der Niederlage
des Feindes war so unumgänglich nöthig — daß der Großwessir
den Eifer seiner Leute zügeln und eine Verfolgung abbrechen

mußte, die, wenn sie bis an die Pässe von Babussa fortgesetzt wäre, die ganze insurrectionelle Bewegung unwiderruflich hätte sprengen können.

In diesen starken Engpässen (Babussa) hielten die Ghegs und begannen sofort, sich zu verschanzen. Der Großwessir hatte einen Sieg gewonnen, aber darum war seine Lage nicht weniger ungewiß als vorher; Schwierigkeiten und Gefahren vervielfältigten sich rund umher; auf jedes Zaudern mußte ein allgemeiner Aufstand folgen und einen Angriff auf Mustapha Pascha, mit solchem Mißverhältniß an Zahl und Stellung hielt er für eine völlig verzweifelte Alternative — und doch war es die einzige.

Die Truppen waren von ihrem ersten leichten Siege freudetrunken, voll von Verachtung gegen ihre Gegner; zehn Tage nach jenem glänzenden Gefechte führte der Wessir sie an den Fuß der von den Ghegs besetzten Hügel und Schluchten. Er griff mit Kraft, aber ohne Wirkung an, frische Truppen folgten den ersten, ohne bessern Erfolg; das Vertrauen der Regulären war verschwunden, manche waren gefallen und die geringste Demonstration des Feindes würde sie mit panischem Schrecken erfüllt haben. Der Großwessir gab Alles verloren, rasete vor Verzweiflung und raufte seinen Bart. Ein über dem Passe hängendes Kloster hatte hauptsächlich das Fehlschlagen der Angreifenden verursacht. Ein griechischer Kapitano, aus der Tschamuria erbot sich mit 300 Christen, das Kloster zu nehmen oder bei dem Versuche umzukommen. Freudig wurde das Anerbieten angenommen; das kleine Häuflein machte einen Umweg links, und bald sah man es die Felsen über dem Kloster erklimmen. Begrüßt von dem Jubelrufe drunten forcirten sie das Kloster von oben, während zu gleicher Zeit die Regulären einen allgemeinen und verzweifelten Sturm wagten. Sie sparten ihr Feuer bis sie den Gipfel erreicht hatten, knieten dann auf die Brustwehr und schossen nun mit fürchterlicher Wirkung in den gedrängten Haufen. Ein gräßliches, aber kurzes Gemetzel folgte. Die Albanesen, gehemmt durch die enge Schlucht, während der Rückzug durch die Masse hinter ihnen und das schwierige Terrain abgeschnitten war, warfen die Waffen weg und ergaben sich ohne Widerstand ihrem Schicksale. Nun machten die Sieger Halt; ihre Reihen waren gelichtet durch einen Sieg, der sie mehr Blut gekostet hatte, als die Besiegten. In der That konnten sie kaum glauben, ihrer sey der Tag, und sie rüsteten sich zur Vertheidigung. Eine Zeitlang später, als sie nichts vom Feinde sahen, wurde ein Corps abgeschickt, um das Lager zu recognosciren — sie fanden es verlassen.

Die Unfähigkeit und Unthätigkeit des Rebellenanführers hatte schon manche seiner Anhänger verdrossen. Während dieses letzten Gefechtes war er mehrere Meilen im Rücken seiner Truppen geblieben, bei einem Khan, wo er ein prachtvolles Zelt aufgeschlagen hatte, das sein Großvater einem Wessir abgenommen hatte, der gegen Skodra geschickt war. Das Zelt hatte früher dem Sultan gehört. Als er endlich durch die Schmähreden der fliehenden Paschas — denn sechs Paschas hatten sich seiner Sache angeschlossen, überzeugt wurde, daß Alles verloren sey, steckte er sein Zelt in Brand, stieg zu Pferde und kehrte zurück, um sich ruhig einzuschließen in eines der bombenfesten Verließe seines Schlosses.

Der Großwessir rückte nach Kiuprili, um seine Truppen durch dessen Plünderung zu belohnen. Es war von den männlichen türkischen Einwohnern verlassen, aber die Frauen hatten es gewagt, zurückzubleiben, auf die Unverletzlichkeit des Harems bauend. Auch der Kadi war geblieben, auf die Unverletzlichkeit seines Amtes trauend, aber diese Talismane hatten nun ihre Zauberkraft verloren. Die Frauen — ein bis hieher unerhörtes Sacrilegium — wurden aus ihren Zufluchtsörtern geschleppt, und der verstümmelte Leichnam des Kadi auf die Gasse geworfen; ein neuer Beweis, daß in diesen zügellosen Augenblicken die alten Schranken gestürzt waren, welche die Meinung der Türken im Zaum gehalten. Der Statthalter von Kiuprili nahm Gift, weil er eine Abrechnung mit dem Großwessir fürchtete.

Indem ich diesen kurzen Abriß der letzten Anstrengung Albaniens schließe, freuet es mich außerordentlich, folgenden edlen Zug erzählen zu können.

Der Tschamuriotenkapitano, dessen tapferes Benehmen ich erwähnt habe, bat, als Kiuprili der Plünderung überlassen wurde, als einzige Belohnung für seine Dienste, der Großwessir möge ein benachbartes griechisches Dorf von der Plünderung freisprechen. Seine Bitte ward gewährt und nun setzte er sich mit seinen

Leuten im Dorfe fest, während die übrigen Truppen sich emsig Beute zusammenholten. Bei Vertheidigung des Dorfes gegen ihre Cameraden verloren die Christen mehr Leute, als sie bei Eroberung des Klosters verloren hatten.

Ermuthigt durch den Sieg, scheint der Großwessir sich ein= gebildet zu haben, die Unterwerfung Bosniens sey mehr eine Folge seines albanesischen Triumphes, als eine neue und ab= gesonderte Unternehmung. So ließ er seinen Truppen kaum Zeit, zu Athem zu kommen, und führte sie, selbst ehe noch Skodra umzingelt war, nach Jskup und von dort weiter, um die Ope= rationen gegen Bosnien zu beginnen. Der Vortrab, unter den Paschas Chor Jbrahim und Hadschi Achmet, war in die Eng= pässe jenseits Batak gedrungen, und der Großwessir folgte ihnen auf dem Fuße mit dem Hauptcorps. Der Plan der Bosnier ging dahin, ihn sich zwischen den Gebirgen verwickeln zu lassen, vor ihm zurückzuweichen und dann die Pässe in seinem Rücken zu besetzen, namentlich den für Murad II so verhängnißvollen „Stein von Katschanik," endlich ihn zu umzingeln und aus= zuhungern, oder rinzeln niederzumachen. Mangel an Zusammen= hang vereitelte diese Falle, in die der Großwessir sich mit kopf= losem Ungestüm stürzte. Ehe noch der „Stein" besetzt war, wurde der Vortrab angegriffen und zerstreut und sieben Kanonen gingen verloren. Selbst dann noch brachten die Flüchtlinge mit Mühe den Großwessir zur Besinnung über seinen Irrthum und seine Gefahr, aber mit seinem gewohnten guten Glücke pas= sirte er auf eiliger Flucht den noch unbesetzten Engpaß und er= reichte, unerwartet, in der Nacht Jskup vor der Nachricht von seinem Unfalle, die, aller Wahrscheinlichkeit nach die Thore vor ihm verschlossen haben würde.

Nun concentrirte der Großwessir seine Streitkräfte gegen Skodra und belagerte es nach aller Form. Mustapha Pascha, der seine Hülfsquellen versiegt, seine Hoffnungen getäuscht sah, eröffnete Unterhandlungen mit dem Sultan, enthüllte die ver= rätherischen Absichten Mehemed Ali Pascha's und erbot sich, dem Privatsecretär des Sultans, Achmet Pascha, die Thore seines Schlosses zu öffnen, wenn dieser nach Skodra geschickt würde. Demgemäß geschah die Uebergabe um die Zeit, als ich in Al= banien landete. Mustapha Pascha begleitete Achmet Pascha nach

Konstantinopel, erhielt Verzeihung und wurde später wieder zu Gnaden aufgenommen.

Dreiundzwanzigstes Capitel.

Redschid Mehemed Pascha Sadrazem.

Die Person oder den Charakter des Großwessirs, Reschid Mehemed Pascha, zu beschreiben, ist keine leichte Aufgabe. Ich will mit einigen Ereignissen seines Lebens beginnen.

Er ist von Geburt ein Christ, der Sohn eines Priesters in Georgien. In seiner Kindheit ward er Sklave Hussef Pascha's, des achtzigjährigen Seraskiers. Früh trat er zum Islam über, da sein feuriger Geist die Ausschließung von der höheren Laufbahn der Waffen und der Macht nicht ertragen konnte. Das Verhältniß, das ich durch die Worte: „Sklave" und „Herr" ausdrücken muß, ist freilich völlig verschieden von dem, das ein abendländischer Leser darunter verstehen dürfte. Der in eine türkische Familie verkaufte junge Fremde aus Tscherkessien, Georgien, Yemen oder Abyssinien, hat keine geringeren Dienstleistungen zu verrichten, als die Kinder vom Hause, er erhält mit ihnen dieselbe Erziehung. Am Beiram sieht er sich mit eben so hübschen und bunten Kleidern versehen, wie sie, und die Nachgiebigkeit und Aufmerksamkeit, die man dem kleinen sogenannten „Sklaven" von seinen zartesten Jahren an seinen Spielgenossen und seinem Herrrn zu erweisen lehrt, ist kaum größer, als die jüngeren derselben ihren ältern Brüdern bezeigen müssen. So wird der Sklave der Bruder der Kinder seines Herrn — vielleicht der Ehegatte seiner Tochter — und nicht selten die Stütze seiner alten Tage und das Pfropfreis seines Hauses. Seine Sklaven sind ohne Ausnahme befähigt zu dem Fortkommen gleich jedem Manne, der die höhere Laufbahn der Ehren und Auszeichnungen betritt. Sie werden mit Sorgfalt ausgewählt — nach bestandener Probe befördert. Sie vermehren die Zahl seiner Familie, während sie, ihrem Oberhaupte ergeben und gleich einem Sohne genau mit seinem Interesse verbunden, größere Gelehrigkeit und Schmiegsamkeit bieten und im Falle der Unfähigkeit oder der Täuschung wieder entfernt werden können.

Der Seraskier Pascha, dem der Sultan selbst den Vater=
namen gibt, war ursprünglich ein Christ und ein georgischer
Sklave, und die jetzigen höchsten Würdenträger des Reiches, Halil
Pascha z. B. und Said Pascha, die Schwiegersöhne des Sultans,
sind Sklaven des Seraskiers gewesen.

In der damaligen Bezeichnung des jungen, tapfern und
geschickten Reschid Mehemed als Sklave lag also nichts, was
ihm die höchsten Würden verschlossen hätte, nach denen seine
jugendliche Einbildungskraft streben wollte, nichts Entmuthigendes
für das Bewußtseyn höherer Kräfte des Geistes und Körpers,
die zu nichts helfen, wenn dem Orakelflüstern zukünftiger Größe
in seinen inhaltsschwangern Aussprüchen Stille geboten wird
durch die traurige Ueberzeugung, die Erfüllung sey unmöglich. So
verzagende Hoffnungslosigkeit drückt nicht die Jugendträume des
Sohnes eines freigebornen Türken, aber auch nicht eines türkischen
Sklaven. Kein Bewußtseyn, eine Schranke sey zu hoch, eine
Höhe sey zu steil, hemmt die prophetischen Wünsche auf den
Lippen der liebenden Mutter.

Im Jahre 1820 hatte Reschid Mehemed den Rang eines
Pascha erlangt und war zum Vali oder Statthalter von Bolu
ernannt. Unter den Befehlen Jsmail Pascha's führte er seine
Truppenabtheilung zur Belagerung Ali Tepedelenli's nach Janina.
Nach dem Sturze dieses Häuptlings ward er zum Paschalik von
Kutajah befördert, wo es ihm zu Theil wurde, den Ausspruch
des Sultans gegen Veli Pascha, Ali's Sohn, und seine Familie
zu vollziehen. Veli Pascha wurde hingerichtet, seinen beiden
hübschen Söhnen aber war zeitig Nachricht gegeben; sie flüchteten
sich in Reschid Pascha's Harem, der nun aus ihrem Henker
ihr Beschützer ward.

Nachdem der Pascha von Drama und sein Heer an den
Küsten des Golfes von Lepanto vernichtet war, ward Reschid
Mehemed Pascha zum Oberbefehl in Griechenland berufen, und
nun begann der lange Wechsel von Unrecht und Verrätherei zwi=
schen ihm und den Albanesen. Ihm indeß übergab sich Misso=
lunghi, ihm übergab sich Athen und ihm verdankte die abziehende
Besatzung ihre Rettung. Als die Griechen, nach Räumung der
Citadelle nach dem Piräus zur Einschiffung zogen, ließ ein Corps
zügelloser Tschaldupen deutliche Zeichen der Absicht blicken, auf

sie loszustürzen. Reschid Mehemed Pascha stieß seinem Renner die spitzen Steigbügel in die Seiten, schnitt der vorrückenden Horde den Weg ab, schoß den Vordersten nieder und streckte mit einem Säbelhiebe den Zweiten ihm zur Seite. Auf eben diesem Platze wurden zwei Jahre später dreihundert Türken, die unter freiem Geleite aus dem beschossenen Kloster des Piräus ausrückten, plötzlich von dem Griechen überfallen und niedergehauen. Reschid Mehemed Pascha kommt auf die Weise in der Geschichte Griechenlands unter drei verschiedenen Namen vor: Reschid Mehemed Pascha, Kutajah Pascha und Seraskier Pascha, oder Oberbefehlshaber.

Nach der Schlacht bei Navarino dachte die, zugleich erbitterte und beunruhigte Pforte wieder an Reschid Pascha. Er erhielt den Rang eines Rumili Valessi, oder Oberstatthalters der südlichen europäischen Türkei, mit dem gedoppelten Zwecke, die Stärke des Restes von Rumili gegen Albanien in Bewegung zu setzen und die Albanesen zu einer letzten Anstrengung zu zwingen, um den Theil des griechischen Festlandes wieder zu erobern, den die Griechen um die Zeit der Schlacht von Navarino besetzt hatten, und hinsichtlich dessen die Entscheidung der Londoner Conferenz noch ungewiß war.

Alle seine Anstrengungen erwiesen sich indeß als fruchtlos. Die Feindseligkeit der Albanesen war nun laut und allgemein geworden. Sie waren durch die Emancipation Griechenlands erbittert, und verachteten den Sultan, dessen Ansehen in der ganzen europäischen Türkei beinahe vernichtet war, theils durch die Feindseligkeit der großen europäischen Mächte, theils durch die trüben Vorboten eines vom Norden her drohenden Sturmes. Es gab keine Elemente irgend einer Art, mit denen man etwas hätte anfangen können, man konnte keine Saiten anschlagen, es gab keine Mittel, eine Wirkung hervorzubringen, jede Thür zum Handeln war verschlossen. Es mißlang dem Pascha völlig, die Ordnung wieder herzustellen, er war nicht im Stande, auch nur einen Albanesen gegen Griechenland in Bewegung zu setzen; gehöhnt und beschimpft von den Albanesen war er, wie ich schon erwähnte, genöthigt, des Nachts in einem Fischerboote aus Prevesa zu entfliehen. Diese Umstände verdunkelten seinen Ruf und traten zwischen ihn und das Andenken an seine glänzenden Dienste. Er wurde von seiner Statthalterschaft abgesetzt, seines Ranges

beraubt, und zur unfreiwilligen Ruhe und Verborgenheit in
einen Palast am Bosporus gebannt, bis die Schlacht von
Kowleftdscha die Träume von Ramis Tschiftlik mit Gebilden von
Kosakenlanzen und Baschkirenpulks störte, und Reschid Pascha
zum Mabeyn berufen wurde. Aus den Händen seines ehemaligen
Herrn, des Seraskier Pascha, empfing er den Säbel und den
Balta und war der letzte Großwessir, dem bei dem Auszuge aus
den Pforten der Glückseligkeit die tatarischen Roßschweife vorgetragen wurden.

Seine Raschheit vollendete nun die Katastrophe, welche die
Unfähigkeit seines Vorgängers fast unvermeidlich gemacht hatte,
und der Uebergang über den Balkan und der Tractat von Adrianopel, Ereignisse, die selbst denen, welche am nächsten damit
verknüpft waren, ganz unerklärlich und unbegreiflich erschienen,
hörten auf, zu den gewöhnlichen Ereignissen des Menschenlebens
gerechnet zu werden, oder diejenigen in Verantwortlichkeit und
Strafe zu bringen, welche das Eintreten derselben hätten verhüten können. Reschid Pascha's Gunst stieg in dem allgemeinen
Unglücke und erstarkte in dem Sturze älterer Berühmtheiten.
Sein ehemaliges Amt eines Rumili Valessi ward dem des Großwessirs hinzugefügt; damit wurde noch die Stelle eines Der-
vend Pascha, Aufsehers der Engpässe, verbunden, wodurch er
den unmittelbaren Oberbefehl über die griechischen Armatolis erhielt,
zugleich mit der Ernennung zu den Paschaliks von Janina, Larissa
und einigen kleinen Ejalets (Provinzen) im Norden, so daß seine
Begleiter und Anhänger sich sonnen konnten in seiner Gunst und
ihn durch ihre Stärke verstärken.

Wie Reschid Pascha diese Voraussetzungen rechtfertigte, wie
er die ihm verliehene Macht wieder herstellte, haben wir schon
gesehen und ich muß ihn nun persönlich dem Leser vorstellen.

Es war früh am Tage, als ich in Skodra eintraf. Der
Großwessir war beschäftige und konnte mich nicht annehmen;
nach dem Mittagsessen, um zwölf Uhr, aber ließ er mir sagen,
da ich zu spät gekommen sey, um die Einnahme des Castells zu
sehen, so beabsichtige er, mir am Nachmittage zu zeigen, wie es
eingenommen sey. Die Truppen wurden von den umliegenden
Stellungen zusammengezogen und etwa um drei Uhr wurde ich
eingeladen, zu einem alten Freunde zu gehen, Mahmud Hamdi

Pascha, früher in Larissa und jetzt neuerdings zum Pascha von Skodra ernannt. Wir begaben uns nach einer Anhöhe, von wo man die kleine Ebene vor dem Hügel übersah, auf dem das Castell lag. In der Ebene waren zwei oder drei Regimenter aufgestellt und einige Artillerie, während die lang gedehnten Batterien des Castelles eine Reihe von Soldaten zeigten, deren Bajonnette in der Sonne blitzten; wir bemerkten, daß die Wischer und Ladestöcke der Kanonen eifrig gehandhabt wurden. Nun sprengte der Großwessir auf seinem weißen persischen Renner in die Ebene, von einem bunten und glänzenden Gefolge begleitet. Er ritt bis an den Saum des Wassers, an dessen anderm Ufer Mahmud Pascha und ich auf einem Teppich saßen. Er grüßte uns mit gezogenem Säbel, wandte sich, galoppirte von Corps zu Corps unter einer Generalsalve des groben Geschützes vom Castelle und in der Ebene, und setzte nun Alles in Bewegung. Für mein unbefangenes Auge war die Schnelligkeit und Gedrängtheit der Bewegungen, die Ordnung und Genauigkeit der Evolutionen der Helden von Perlipe und Derbend würdig. Der Großwessir ritt durch das Feld, leitete selbst jede Bewegung und schien sich nicht weniger über die Lebendigkeit seines Gaules, als über die Fertigkeit seiner Truppen zu freuen. Verschiedene Abtheilungen erkletterten die Felsen, kamen bis an den Fuß des Castells und wurden natürlich der Reihe nach zurückgeworfen. Endlich formirte sich das ganze Corps am Ufer des die kleine Ebene umkreisenden Stromes, sprang ins Wasser und erkletterte bald den gegenüber liegenden Hügel auf allen Punkten. Der Großwessir aber war Allen weit voraus; sein schneeweißes Roß sah man von Fels zu Felsen setzen, und als er allein die Batterie erreicht hatte, verschwanden die Vertheidiger von den Mauern, die blutrothe Fahne entfaltete sich schwer bauschend vom höchsten Thurme, und ein Kanonendonner von droben und drunten, dessen Musik durch das Pfeifen und Sausen der Schüsse erhöhet wurde, verkündete von neuem, Albaniens Bollwerk sey gefallen.

Ich hoffe, des Lesers Neugier wird nicht zu empfindlich getäuscht, wenn ich es umgehe, ihn mit mir in den Divan Khaneh und Sclamlik des Großwessirs zu nehmen. Es genüge zu sagen, daß ich ihn voll Jubels fand in dieser Siegesstunde, aber sein abenteuernder Geist war noch nicht befriedigt, und er sah auf

die errungenen Siege nur wie auf Mittel, die Flecken weg-
zulöschen, welche der griechische Krieg und der Uebergang über
den Balkan auf seinen Ruhm geworfen, und das Mißgeschick
wieder gut zu machen, das diese Ereignisse über das Reich gebracht. Sein nächster Zweck war natürlich die Unterwerfung
Bosniens, die schon halb vollendet war, und wenig Schwierigkeiten und Gefahren darbot. Dann schien es ihm leicht, Griechenland wieder unter das türkische Joch zu bringen, und der
Zaum, den europäische Diplomatie seinem Ehrgeize übergeworfen,
dünkte ihm damals nichts weniger als ein Hemmniß, das man
nicht entfernen, eine Schranke, die man nicht überspringen könne.

Abgesehen aber von diesem Unternehmen, bot sich noch ein
anderes von viel größerer Wichtigkeit — die Bezwingung Mehemed Ali's. Die Reize einer solchen Unternehmung waren un-
berechenbar groß für einen Geist, wie der des Großwessirs,
den das Andenken an frühere Niederlagen peinigend brannte, der
jetzt in seiner Macht frohlockte, die er fast nur seinem persönlichen Muthe und seiner Fähigkeit verdankte, und der nicht weniger
auf sein gutes Glück, als auf seine Talente sich verließ.

Nach dem unglücklichen russischen Kriege und dem Tractate
von Adrianopel, unter dem Banne des „civilisirten und christlichen Europa's," während düstere Verzweiflung über dem ganzen
türkischen Reiche hing, hatte er allein den störrischen Nacken der
Albanesen gebrochen, und in demselben Augenblicke, wo die Pforte
anscheinend aufgelöst war, das Ansehen und die Herrschaft derselben in diesen Ländern auf eine bisher unerhörte Weise festgestellt, fester als unter Mahomeds II Macht, auf dem Glanz-
punkte seiner Siege. Wie anders konnte nun diese Eroberung
gesichert werden, als durch Anwerbung dieser tapferen und unruhigen Geister zu einem Abenteuer in der Fremde? Und welch
ein Gegenstand des Ehrgeizes für ihn, der Mahomeds Eroberungen
an den Küsten des adriatischen Meeres übertroffen hatte, mit
Selims Ruhme an den Gestaden des Nils zu wetteifern!

Aber dieser neue Feind war 2500 Meilen fern von Skodra
(so weit wie von St. Petersburg nach Herat), und der schlaue
Fuchs, dem Reschid Pascha's Gedanken so gut bekannt waren,
wie ihm selbst, sah die Pforte nun befreit vom Kriege mit
Griechenland und daher selbst durch den Verlust gestärkt; sah

Albanien unterworfen, diese Pflanzschule von Soldaten zur Verfügung der Pforte, und den Zustand der Anarchie und des Aufruhrs beendigt, trotz aller List und alles Geldes, die er verwendet,
um den erschöpfenden Kampf zu verlängern. Er fühlte bald,
nun müsse ihn der Sturm treffen und das Gebäude seiner hohlen
Macht bis auf den Grund wegreißen, wenn er nicht zuvorkäme
und den Sturm abwende, dadurch, daß er das Siegesfeld in das
Herz der Türkei versetze und um sich die Mißvergnügten sammle,
die es geworden waren durch den Mißbrauch der Macht und den
Druck fremden Krieges und fremder Politik, und die mit zehnfältiger
Kraft die Fahne Reschid Pascha's im Delta begrüßt und ohne
Schwertstreich die gallischen Träume und die russischen Zwecke
eines arabischen Reiches über den Haufen gestürzt hätten.

Der Großwessir forderte wenigstens ein volles Jahr, um
Albanien in Ordnung zu bringen, nachdem er zum ruhigen Besitze
des ganzen Landes gelangt sey. Diese Zeit war unumgänglich
nöthig, um über die persönlichen Combinationen zu verfügen, auf
denen allein die Herrschaft beruht; um die Truppen anzuwerben,
zu organisiren und zu discipliniren, und um die bürgerliche Verwaltung einzurichten, ohne welche keine Ruhe bestehen, die Liebe
des Volkes nicht erworben und keine Geldhülfe von demselben
bezogen werden kann. In der That war Zeit erforderlich zum
Säen, Ernten, Wiederausbessern der Wirkungen der letzten Verheerungen, und um die bösen Geister der Anarchie und des Aufstandes mit Brod zu ködern. Mehemed Ali benutzte diese Zwischenzeit: Syrien war verloren, bevor Reschid Pascha in den
Stand gesetzt war, eine einzige Abtheilung marschiren zu lassen.
Die regellosen Horden Hussein Pascha's waren schon durch dessen
Unfähigkeit geopfert, und ehe noch der Wessir halb gerüstet war,
wurde er berufen, geschlagene und entkräftete Truppen zu befeh-
ligen und einem geübten, vertrauensvollen und siegreichen Feinde
entgegen zu treten. Seinem Paniere folgten indeß nach Asien
Tausende der erst so neuerdings unterworfenen Albanesen, und nie
marschirte ein schöneres Heer unter türkischem Feldzeichen. Nicht
der Ausgang des Krieges darf Jemand in Erstaunen setzen, der
Albanien gesehen zur Zeit, wo ich es sah, sondern die Thatsache,
daß Albanien ruhig blieb unter der Aufregung von Ibrahim
Pascha's Marsche; die Thatsache, daß Reschid Pascha Albanien

verließ, ohne daß sein Abmarsch einen frischen Aufstand veranlaßte; die Thatsache, daß er im Stande war, ich will nicht
einmal sagen, ein Heer, sondern auch nur ein einziges Regiment
mitzunehmen. Als er in Konstantinopel erschien an der Spitze
eines so wackern und unerwarteten Heeres, lebten Hoffnung und
Vertrauen wieder auf. Aber neue Verwickelungen und Gefahren
folgten der plötzlichen Veränderung; einen Augenblick lang
strahlte glänzend der ottomanische Stern, dann verfinsterte sich
sein Licht und Reschid Pascha ward Gefangener in des Aegypters
Zelte. *)

Des Großwessirs Züge sind vorragend und scharf, dabei
äußerst geistvoll und beweglich. Wer und wo man sie sieht, kann
nicht verfehlen, den Eindruck großer Geisteskräfte und mehr eines
Bewußtseyns, als eines Zeigens von Ueberlegenheit mit sich zu
nehmen. Wenn er nicht erzürnt ist, drückt er sich wohlwollend
aus. Solche Anlage scheint zu manchen Ereignissen seines Lebens
wenig zu passen und obendrein zu den Ereignissen, über die ich
am meisten reden hörte. Aber es muß doch eine sehr feste Grundlage von Wohlwollen in seinem Charakter liegen, weil sie ihn
abgehalten hat, ein Ungeheuer von Wildheit zu werden unter den
erbitternden Umständen, die sich in den letzten zwanzig Jahren
seines Lebens zusammendrängten. Freilich hatte er Hinrichtungen
befohlen, die in ihrer Strenge grausam waren. Er hat die
Häupter der Schuldigen fallen lassen, und sich eben so gut des
Verrathes als der Hinrichtungen in Masse bedient; aber nie hat
er unnütz Blut vergossen und seine blutige Rache traf unpar-
teiisch. Er steht in der Lebensperiode, wo die Züge am aus-
druckvollsten sind, wo sie, ohne ihre Ausdehnung, Festigkeit und

---

*) Mit der Schlacht von Konieh sind geheimnißvolle Umstände verknüpft,
die vielleicht die Zeit aufklärt. Da Reschid Pascha jetzt nicht mehr ist,
darf ich erwähnen, daß man ihn in Verdacht hat, Ibrahim vor der
Schlacht Eröffnungen gemacht zu haben, vielleicht in der Absicht, die
Truppen zu vereinigen, nach Konstantinopel zu marschieren und den
Seraskier abzusetzen. Er verrechnete sich, weil er den Zusammenhang
von Ibrahims Bewegungen mit der fremden Diplomatik nicht kannte.
Ehe Reschid Pascha nach Konieh marschirte, schickte er das Siegel des
Großwessirs zurück, eine sehr seltsame und ohne die vorstehende Auf-
lösung höchst unerklärliche Begebenheit.

Feuer verloren zu haben, vom Charakter gezeichnet und begränzt sind. Ein breiter schwarzer Bart bedeckt seine halbe Brust; aber die grauen Haare, die darin zerstreut sind und in der Mitte die schwarzen übertreffen, wurden mir mehr als ein Mal durch seine traurig bekümmerten „Kinder" gezeigt. Er ist der Abgott seiner Truppen — er ist gütig und liebkosend in seinem täglichen Verkehre mit ihnen — fürchterlich in seinem Zorne und ein Held auf dem Schlachtfelde.

Er wird vertraulich von ihnen ihr „Baba" genannt; sie sprechen von ihrer Liebe zu ihm, wie von einer Sache, die sie personificirt haben unter dem Namen „Babalik." Er ist unermüdlich in seinen Arbeiten — er faßt eben so schnell auf, als er schnell arbeitet, aber es fehlt ihm an Methode, und er thut Alles, Großes und Kleines, selbst. Indeß befreien ihn sein starker Sinn und seine Unermüdlichkeit von dem Fluche orientalischer Macht — von der Günstlingschaft. Ueber sein Zeitalter und sein Volk erhaben in Kraft und Bildung des Geistes und Körpers, ist er es auch über ihre Fehler. Man weiß, daß er an einem Tage zwanzig Stunden lang unablässig in Geschäften gearbeitet hat. Im Felde ist seine Thätigkeit so groß, daß kein Diener, kein Schreiber ihm folgen kann. Er scheint gleich fest gegen Hunger, Durst, Ermüdung, Hitze, Frost, Wein, Weiber und Schmeichelei. Was könnte der Mann seyn mit Vorsicht, Mäßigung und einer größeren Ansicht vom Worte: Gerechtigkeit?

Diese Skizze von Reschid Pascha's Charakter war in Skobra geschrieben. Seitdem hat er sich noch glänzender erwiesen bei dem, in seiner Person vereinigten, ausgedehnten Oberbefehl in Asien. Ihm wurde die Kriegführung gegen die Kurden anvertraut, und zu seiner Verfügung wurden die Streitkräfte gestellt für den lang gedrohten Bruch zwischen der Pforte und Mehemed Ali. In Europa und Asien hat er schon eine wichtigere Rolle gespielt, als irgend ein türkischer Satrap seit den Tagen Kiuprili's. Er hat gefochten und gesiegt und die Elemente seiner Siege erschaffen unter so verschiedenartigen Bevölkerungen, auf Gefilden, die von einander so fern waren, daß ein Reisender Ruf und Berühmtheit erlangen würde, wollte er den Himmelsstrichen folgen, durch die der Wessir Heere führte, und wollte er die Ver-

hältniſſe der Völker beſchreiben, die der Weſſir beherrſchte oder
beſiegte.

Vierundzwanzigſtes Capitel.

Einladung in einen Harem. — Mein Wirth, der Imam. — Jelanismus.

Während meines Aufenthaltes in Skodra begegnete mir der
ſehr intereſſante Umſtand, daß gemeine Soldaten mich beſuchten.
Einer derſelben kam eines Abends und brachte mir einen Apfel,
und dann ſtatt ſich auf die unceremonielle und herablaſſende Weiſe,
woran Reiſende gewöhnt ſind, neben mich zu ſetzen, zog er ſich
zurück und ſtand, als gehöre er zu dem Kreiſe, der gewöhnlich
ihre eigenen Anführer umgibt. Glücklicherweiſe verbeſſerte ich
dieſe Eröffnung und hatte bald Morgenviſiten, die ſich mit denen
der albaniſchen Odjaks hätten meſſen können. Mein Tagebuch
würde endlos werden, wollte ich auf die mannichfachen, dieſe
Völkerſchaften charakteriſirenden Vorfälle eingehen; jeder Tag
war ein Drama.

Nicht mit Stillſchweigen übergehen aber darf ich meinen
freundlichen und intereſſanten Wirth, den Imam, der mir un-
abläſſig Aufmerkſamkeit erwies, ungeachtet mein Aufenthalt in ſeinem
Hauſe alle ſeine häuslichen Gewohnheiten vollſtändig umkehrte.
Obgleich das Haus eines der beſten war, weil es am wenigſten gelitten hatte, ſo waren doch einer oder zwei Schüſſe durchgegangen,
und es war nur klein. Er überließ mir ſeinen ganzen Salamlik und
behalf ſich in ſeinem Harem, mit deſſen Bewohnern ich ſehr bald in
freundlichem Verhältniß ſtand. Eines Abends kehrte ich heim, und
fand mein Zimmer kalt und ohne Feuer, als der Mollah mich
mit der Einladung überraſchte, mich im Harem zu erwärmen.
Die Weiber ſchürzten die loſe über ihrem Kopfe hängenden Tücher
auf, ſo daß ſie theilweiſe das Geſicht verdeckten, und des Imams
Ehefrau nahm keinen Anſtand, mir eine Taſſe Kaffee anzubieten,
während ein alter Sklave mit einer Pfeife herankam. Indem
ich ſo mitten in dieſer Familienſcene ſaß, wurde der Beſuch
eines albaniſchen Bey's angemeldet; ſein Gefolge war ſchon im
Hofe und ſtieg die Leiter herauf, die zum Corridor vorne im

Hause führte. Der Imam eilte, die Thüre des Harems zu verschließen, und da es mir nun unmöglich geworden war, durch die Thüre fortzukommen, indem mich dann die Diener des Fremden hätten sehen müssen, so mußte ich durch ein kleines, niedriges Fenster in den Garten meinen Rückzug nehmen.

Ich kann die Gefühle nicht beschreiben, die sich meiner Seele bemächtigten, als der Imam mich in seinen Harem einlud. Ich zitterte, der Ausdruck meines Erstaunens auf dem Gesichte möchte meinen Wirth so beunruhigen, daß er sein Anerbieten zurücknähme. Erst als ich die Schwelle überschritten, konnte ich an die Wirklichkeit glauben, und kaum saß ich bei dem Feuer, als ich mich selbst fragte: „was ist's denn nun mit dem ganzen Geheimniß?" Der Schleier war mit einem Male zerrissen, das Geheimniß verschwunden.

Nachdem der Bey sich entfernt, hatte ich mit meinem Wirthe eine Unterredung über Religion, die fast bis zum Morgen dauerte. Welchen Einfluß auf die Türkei gewährt nicht der vereinigte Charakter eines Christen, eines Protestanten und eines Engländers? Als Christ ist man der Bewahrer ihrer Meinungsverschiedenheiten unter einander; als Protestant ist man ein Gegenstand des Interesses, wegen der Verwandtschaft religiöser Einfachheit, des Gottesdienstes und selbst der Glaubenslehre, indem sie den Protestantismus von der griechischen und römischen Kirche trennen, die durch ihre Formeln in den Augen der Türken götzendienerisch und entheiligend erscheinen; als Engländer ist man der Vertraute aller ihrer politischen und volksthümlichen Hoffnungen und Befürchtungen. Diese Eigenschaften sind aber dennoch von keinem Belange, wenn man nicht ihre Denkungsart hinlänglich kennt, um die ansprechenden Saiten anzuschlagen, wenn man nicht ihre Sitten hinlänglich kennt, um sich Achtung zu verschaffen, wenn man nicht ihre Verdienste hinlänglich würdigt, um ihr Mitgefühl zu erregen, und wenn man nicht ihre Irrthümer und Fehler hinlänglich kennt, um seinen Worten Gewicht, seinen Ansichten Werth zu geben.

Der Leser wird sich vielleicht wundern, daß ich es wagte, meinen Imam mit einer Erörterung der Wechabiten-Lehrsätze zu unterhalten, vor denen er pflichtgemäß seine völlige Verdammung und seinen unbedingten Abscheu bezeigte. Da aber der

Mollah nicht genau wußte, worin die Wechabiten=Lehrsätze be=
standen, so ließ ich ihn erst verschiedene der Hauptsätze zuge=
stehen, bevor ich ihm sagte, das wären Lehren der Wechabiten.
Sobald er das aber erfuhr, nahm er seine Zustimmung wieder
zurück und versuchte andrerseits, die muselmännischen Lehrsätze
im Gegensatze gegen das Christenthum aufzustellen. Er er=
wähnte Christi Prophezeyung von dem Kommen des heiligen
Geistes, woraus sie den prophetischen Charakter Mohammeds zu
beweisen suchen; er brachte diese symbolische Bezeichnung Mohammeds
im alten Testamente vor, durch das gleichbedeutende Wort von
„Schatz" oder „Achmet," das auf Mohammed gehe, und bezog
sich auf die Stelle, von der sie behaupten, wir hätten sie im
Evangelium Matthäi gestrichen, und worin das Erscheinen Mo=
hammeds als die Vollendung der Prophezeyungen angedeutet werde.
Ich erwiederte, mich auf den allgemeinen Ton der Evangelien
stützend, insofern sich diese auf das Wesen Christi beziehen, daß
im völligem Widerspruche mit dieser Auslegung stehe; ich stützte
mich ferner darauf, daß Mohammed durchaus keine neue Lehre
geoffenbart habe und versuchte zu zeigen, das wahre Wesen des
Christenthums sey nicht weniger als der Islam dem abgöttischen
Gottesdienste entgegen, den die im Oriente wohnenden Christen
ausübten. In wiefern seine früheren Ueberzeugungen in Bezug
auf Wechabiten=Lehre und Christenthum erschüttert waren, ent=
deckte ich am nächsten Tage, wo ich ihn im tiefen Gespräche mit
sechs alten Männern seiner Gemeinde fand.

Wir nahmen einen großen Theil der Unterhaltung vom
vorigen Abend wieder auf. Um die Wechabiten schienen sie sich
freilich wenig zu kümmern, aber an den Lehren des Protestantis=
mus nahmen sie großes Interesse. Der hier zwischen den Gränzen
der griechischen und lateinischen Kirche stehende Muselmann wird
darauf geführt, mehr über das Wesen des Christenthums nach=
zudenken, als wo der griechische Ritus allein gilt, und wo sie
demzufolge das Christenthum nur als die griechische Kirche kennen.
Der Imam forderte mich auf, zu wiederholen, daß wir die
Jungfrau Maria nicht anbeteten, daß wir nicht zu den Heiligen
beteten, daß wir keine Bilder, kein Kreuz, kein Bekreuzigen, keine
Ohrenbeichte hätten und nichts glaubten, als was im Evangelium
stehe. Dann fragte ich sie, worin ihr Gottesdienst bestehe. Sie

antworteten: im Glauben an die Einheit der Gottheit, beständige Anbetung Gottes, Almosen geben und Glauben an die heiligen Schriften (die fünf Bücher Mosis, die Psalmen, die Evangelien und den Koran). Ich sagte: „Dann ist der Unterschied zwischen „uns nur, daß ihr den Koran mehr habt, als wir. Der Koran „aber, in allen seinen Lehren, ist nur eine Wiederholung der Evan-„gelien." — „Nein," sagten sie, „es ist noch ein anderer Unter-„schied unter uns, oder ihr müßtet die Worte aussprechen: La „illaha, illallah, Mahomed resul Allah." (Es gibt nur einen Gott und Mohammed ist der Prophet Gottes.) Ich antwortete, eine Fahne habe ihren Nutzen in Kriegszeiten, weil sie die Krieger aus des Feindes Lager abhalte, sich als Freunde einzudrängen; als Mohammed seinen Anhängern den Gebrauch jener Redensart auferlegt, sey eine Parole nöthig gewesen, um die Moslemim von denen zu trennen, gegen die sie fochten und um ihnen ein unver-löschliches Kennzeichen aufzudrücken, im Gegensatze zu den bar-barischen Heiden im Osten und den götzendienerischen Griechen im Westen. Wenn aber Mohammed zu jetziger Zeit lebte, so könne ich mir nicht denken, daß ein Mann, der als Gesetzgeber eine so ganz beispiellose Wirkung auf den Zustand der Welt hervorgebracht habe, jetzt ein Symbol bestehen lassen sollte, das, statt sie zum Siege zu vereinen, sie vom Mitgefühle ausschlösse und eine Schranke zwischen ihnen und einem Volke würde, das jedes Interesse hätte, das Volk der Türken zu unterstützen und seine Lage zu verbessern. Auf diese Bemerkungen, die mehr politischer als religiöser Natur waren, erfolgte keine Antwort. Als ich aufhörte, trat ein Still-schweigen ein, bis ich wieder von demselben Capitel anfing, mich auf den Contrast ihrer gegenwärtigen Gewohnheiten mit ihren früheren bezog und ihnen zeigte, wie manche, gegenwärtig in ihre Religion eingeführte Gebräuche nicht nur von ihrem Glauben nicht geboten, sondern geradezu verworfen würden und dem von ihnen so sehr verachteten Glauben der griechischen Kirche nachgeahmt wären. Der Gebrauch des Wortes „Giaur" z. B., eine nach muselmännischem Gesetze strafbare Beleidigung, und die Vernach-lässigung aller Formen der Achtung gegen die Unterthanen anderer Höfe und die Anhänger anderer Glaubensbekenntnisse sind un-mittelbar aus der Praxis des griechischen Kaiserthums abgeleitet, von denen die Nationalsitten der Türken so weit entfernt waren.

Endlich sagte Einer der Gesellschaft: „Alle deine Worte sind wahr und du bist ein besserer Muselmann als wir es sind," und ein Anderer wiederholte eine alte Prophezeyung, wonach die Zeit kommen soll, wo das schönste und größte der Königreiche in Frangistan der ältere Bruder werden wird von Ali Osman Dwlet (dem ottomanischen Reiche).

Mein Wirth, der Imam, war kein reicher Mann; er hatte keine Felder zu bebauen, aber er bearbeitete seinen Garten selbst und hatte nur einen männlichen Dienr, einen kleinen zerlumpten Knaben. Von seinem Priesteramte hatte er keine Einkünfte, ausgenommen die Gebühr für das Leichenwaschen. Er lebte von den kleinen Einkünften aus der Verwaltung eines Vakuf, indem der Grundbesitz von einem seiner Vorfahren Vakuf gemacht war, der im Testamente festgesetzt hatte, der Metevelli oder Verwalter solle immer unter seinen Nachkommen gewählt werden.

In Städten und bedeutenden Dörfern hat man immer die Wahl zum Priesteramte unter vermögenden Leuten oder wenigstens solchen, denen es leicht wird durchzukommen. In den ärmeren Dörfern ist indeß das bezahlte Amt eines Schulmeisters sehr gewöhnlich mit dem des Imam verbunden, oder wenn der Imam auch ein Bauer ist, hat er einigen Vortheil in einer Zulage oder in Geschenken. Unter der Priesterschaft gibt es weder Ordination noch Organisation, die Wahl hängt gänzlich von der Gemeinde ab, und da also weder Ausschließung noch Einschränkung statt findet, wirkt die öffentliche Meinung auf eine so billige und friedliche Weise, daß es sehr schwierig ist, die Grundsätze in den Formen zu erfahren, oder eigentlich irgend welche Formen überhaupt dabei zu bemerken.

Das stark andächtige Wesen des Islamismus, die Macht, welche dieser Glaube zeigt in seinem Einflusse und seiner Bildung der Gewohnheiten auf jeder Stufe des geselligen Fortschrittes, die Haltung, womit er ihre Gemüther fesselt, die Einheit des Glaubens und die Gleichheit der unter seinen Bekennern festgestellten Anlagen, sind Dinge, welche die Bewunderung und das Staunen derer erregt haben, die ihre Aufmerksamkeit auf diesen Gegenstand gerichtet hatten. Dieses Erstaunen wird noch vermehrt dadurch, daß ihrem Gottesdienste aller Anspruch auf die Sinne oder die Einbildungskraft fehlt, daß ihrer Kirchenregierung alle die Bande fehlen, die wir allein für Stärke halten, und alle die Interessen, die uns erforderlich scheinen, um einem System Dauer und Gleichförmigkeit zu geben. Ich möchte mich zu dem Glauben neigen, daß in dem Mangel einer Geistlichkeit, statt die Schwierigkeit zu vermehren, die Thatsachen, welche wir sehen, zu erklären, ein großer Theil der Erklärung selbst liegt. Da der Dienst des Altars und der Einfluß der Kanzel Allen offen steht, so wird diese Laufbahn der Ehre und der Auszeichnung eine volksthümliche, und verknüpft der Menschen Ehre mit Frömmigkeit und den Gemeingeist mit religiöser Andacht. Das Fehlen der Scheidemauern zwischen den Lehrern und den Bekennern des Glaubens gibt ihren Ideen darüber eine Gleichförmigkeit, aus der die Einigung entsteht; nicht aus der Macht, die der Staat gegen den Andersdenkenden anwenden kann, sondern weil die wirklichen Gründe der Meinungsverschiedenheit entfernt sind. So also dient die Vereinigung der Kirche und des Staates, statt die bürgerlichen Rechte und die Religionslehre zu gefährden, gegenseitig dazu, die Uebergriffe des andern zu verhüten, durch die Nothwendigkeit der Billigung der Kirche für den Staat und den in der Kirche oder dem Volke immer vorhandenen Wunsch, die Regierung zu controliren. Der Sultan ist Oberhaupt der Religion, aber er ist nicht Oberhaupt einer geistlichen Corporation; er ist nicht der Vertheiler von Pfründen, er ist nicht der Ausleger von Glaubenslehren, er ist nicht der Schiedsrichter einer Kirchenzucht; er ist nur der erste unbepfründete Hersager von Gebeten in der Gemeinde des Islam. Kein Gefühl der Erbitterung wird erregt, keine Neigung zur Zweifelsucht eingeträpfelt durch die Bezahlung von Geld für religiöse Pflichten. Der Glaube wird nicht gestört durch die Kämpfe geistlicher Körperschaften; die Religion wird nicht geärgert durch die Fehler oder Irrthümer amtlicher Vertreter.

Fünfundzwanzigstes Capitel.
Das Leben im Harem.

Im ganzen Orient fehlt in den sich drängenden Gefolgen das Lächeln der Schönheit, um die Ehren des Weisen zu verschönern, die Lorbeern des Tapfern zu vergolden. Der Trauring ist dort nicht die große und sichtbare Quelle des Fleißes und der Thatkraft der Jünglingsjahre. Der Einfluß der Frauen ist verschieden in seiner Art, der Beobachtung unaufdringlich und nicht so ausschließlich auf ein einziges Verhältniß gerichtet, aber dennoch sicher nicht geringer, als unter den abendländischen Völkern. Wie viel des Durstes nach Macht und deßhalb der Thatkraft und Handlung entsteht nicht durch die stille Zufriedenheit, den stillen Beifall des geheimen Frauengemaches? Wie viel von der Achtung vor den anerkannten Grundsätzen der Ehre, des Glaubens und der Treue, unter schwierigen Umständen, kann man nicht dem überall mächtigen und gleichen Einflusse zuschreiben, den der unsichtbare Harem auf die Männer ausübt — von wo, von Geschlecht zu Geschlecht unverändert, dieselben frühen häuslichen Gewohnheiten herstammen und durch den das häusliche Vorbild des Volkes sich überall hin verbreitet hat, wo es seine Gränzen ausdehnte oder seine Bevölkerung zerstreute; durch den das Wesen des Einzelnen unverändert erhalten ist, nachdem der Ruhm des Stammes verwelkt, die Macht des Volkes verschwunden ist.

In der Türkei ist der Charakter des Einzelnen noch heutigen Tages eben so geblieben, wie er in den Tagen des Sieges war, obgleich jetzt jeder äußere Umstand, jede fremde Meinung und jeder Einfluß von außen sich vereinigen, diesen Charakter auf die letzte Stufe der Auflösung zu bringen. Diesen beispiellosen Umstand muß man im Geiste besonders festhalten, wenn man sich darnach umsieht oder versucht, sich Rechenschaft abzulegen von dieser Hälfte der Bevölkerung — von den Weibern — die nur zu gewöhnlich in unseren Urtheilen über alle Völker vernachlässigt werden, und bei unserem Aburtheilen über die Türken ganz vergessen sind. Und doch haben sie gerade unter den Türken ein getrennteres Daseyn, einen mehr besondern und zu definirenden Charakter, einen größern Einfluß auf Erziehung, Sitten und Gebräuche als bei uns, und bilden demgemäß einen viel wichtigern Theil des politischen Körpers.

Kann ich es wagen, die Schwelle dieses Harems zu überschreiten, dieser geheimnißvollen und unsichtbaren Heimath orientalischen Lebens, die gleich einem Flaggenstocke jede Familie an sich selber heftet, obgleich sie genau allen ihren Nachbarn gleicht, die verschieden im Verhalten ist und doch eine und dieselbe im Wesen und im Charakter; ohne deren Kenntniß oft den bekanntesten Ereignissen der Schüssel, den lehrreichsten Lectionen die Frucht fehlt? In dem häuslichen und geselligen Zustande des weiblichen Geschlechtes im Oriente bieten sich uns überdieß Abwechselungen, die schon an und für sich anziehend und merkwürdig sind, aber nicht weniger dadurch, daß sie uns Gegenstücke zu uns selbst liefern, uns hinlänglich ähnlich sind, um die Verschiedenheiten hervorzuheben und auf einen Punkt zwei getrennte und höchst anziehende Classen von Interessen versammeln, die in Europa jetzt erschöpft sind, nämlich, neue Sitten bei anderen Leuten und aus dem Contraste abzuleitende neue Idern über unsere eigenen. Ob ich Anderen den Gegenstand dieses Interesses vorführen könne, oder ob ein solcher Grad von Interesse diesen Gegenständen von Rechtswegen zugeschrieben werden dürfe, habe ich nicht zu entscheiden; ich fühle nur, daß mir die Pflicht obliegt, die Frage vorwegzunehmen, wie ein männlicher Reisender in der Türkei irgend etwas von den Frauen wissen könne. Ohne ein einziges türkisches Frauenzimmer zu sehen oder mit ihm sich zu unterhalten, ist es doch nicht so sehr schwer, sich einen Begriff von ihrem Zustande zu machen. Man muß damit anfangen, die Männer kennen zu lernen; in ihnen und durch sie ist es leicht, auch die Frauen zu kennen. Wir haben keinen Grund, uns über unsere Unwissenheit vom Leben im Harem zu wundern, wenn wir eben so wenig von den Gewohnheiten und Begriffen des Selamlik wissen. Ich halte es für völlig unmöglich, sich ein richtiges Bild von irgend einem Theile des orientalischen Geistes zu bilden und demgemäß vom orientalischen Leben, wenn man nicht durchaus das Ganze inne hat, eben so wie es unmöglich ist, eine einzige Phrase einer Sprache richtig auszusprechen, wenn man nicht die Sprache selbst völlig inne hat. So auch kann man weder die Gewohnheiten des Harem, noch die Sitten des Selamlik verstehen, wenn man nicht völlig in das orientalische Denken und Wesen eingedrungen ist.

Man glaubt allgemein, daß die Türken niemals von ihren Frauen reden und daß nach eines Türken Frau sich zu erkundigen eine Beleidigung und Beschimpfung sey. So ist es auch unter ihnen, aber ein Fremder hat in jedem Lande größere Mittel sich zu belehren, wenn er sie nur anwenden will, als die Eingebornen selbst. Er hat den unschätzbaren Vortheil, mit einer unendlich größeren Anzahl von Thatsachen und Ideen vertraut zu seyn. Er kann Contraste aufstellen, die treffenden und wichtigen Punkte auffassen, was Niemand kann, der nur mit sich und seinen Landsleuten vertraut ist. Sein Geist ist immer munter, seine Gegenwart führt zur Discussion, die gegen ihn beobachtete Artigkeit gestattet ihm, sie auf die ihn anziehenden Gegenstände zu leiten und sein Charakter als Fremder eröffnet Gedankenreihen, welche Landsleute und Glaubensgenossen sich einander verhehlen, und befähigt ihn, die Schranken zu überschreiten, worin Gewohnheit oder Vorurtheil die Untersuchung und Discussion vielleicht eingeengt hat. So habe ich immer gefunden, daß die Lage der Frauen und die Vergleichung der Stellung, der Sitten, der Erziehung und der Begriffe ihrer Frauen mit den europäischen Frauen bei den Türken ein Gegenstand hohen Interesses und ein nie fehlender Gegenstand der Unterhaltung ist. Auch habe ich mit türkischen Frauen, die ich nie gesehen, einen Verkehr von Botschaften und Fragen unterhalten durch ihre männlichen Angehörigen.

Knaben und Mädchen werden zusammen erzogen und gehen mit einander nach der Schule; die Knaben sind beständig im Harem und die Mädchen vom Selamlik nicht aufgeschlossen. Wenn nun gewiß diese ersten Jahre den Charakter des Mannes stempeln, so formen sie gleicherweise auch den Charakter des Weibes; diese Bildung ist hier für beide Geschlechter dieselbe. Von dem Zeitpunkte an, wo wir eine thätige Rolle auf der Lebensbühne übernehmen, nimmt der männliche Charakter neue Farben an von den ihn umgebenden Dingen; sein Betragen und seine Sitten werden so, wie der Hof, das Feld, die Kirche, das Schiff oder der Markt sie einprägen oder erfordern. Die Frauen haben nicht solche Verpflichtungen oder Zerstreuungen, den Gang ihrer kindlichen Gewohnheiten und Pflichten zu verändern; die Formen und Gebräuche, die ich als das Lenkseil der Kindheit angedeutet habe, werden zur Regel und zum Geschäft ihres späteren Lebens. Selbst eines Sultans Harem — der aus so verschiedenartigen Grundstoffen, aus einer so verwirrenden Menge von Herzen und Neigungen besteht, wo nichts für unsere Begriffe Pas fendes vorhanden ist, um ihre Gedanken zu beschäftigen oder ihre Leidenschaften zu zügeln, — wird einen der malerischsten Auftritte darbieten, wo höfische Formen auch nicht einen Augenblick verletzt werden und der doch so viel Genuß gewährt, daß Erlösung und Freiheit, mit Ausstattung und Ehemann, als Strafe und Ungnade angesehen und oft gefühlt werden.

Als ich versuchte, den Charakter der Kinder zu beschreiben, habe ich den Leser gebeten, sich ein Kind zu malen in aller Liebenswürdigkeit und Anziehungskraft seines Wesens, aber ohne Scheu und Rohheit. Um eine türkische Frau zu schildern, möchte ich den Leser bitten, sich eine Frau, wo möglich ohne Eitelkeit und Ziererei, zu denken, völlig einfach und natürlich, die Sitten und den Typus der Kindheit bewahrend, in der vollen Blüthe oder Fruchtzeit ihrer Leidenschaften und ihrer Reize. Türkische Frauen sind die Sklavinnen der Gewohnheit, aber diese Sklaverei läßt die Gedanken ungestört und die Phantasie frei. Unter ihnen findet sich eine auffallende Originalität des Geistes, die noch um so merkwürdiger wird durch die Einförmigkeit ihrer Gewohnheiten und um so lebhafter, als sie die Thatkraft, die wir auf äußere Dinge verwenden, in einen engen Kreis zusammendrängt.

Die Liebe unter den Geschlechtern ist im Orient keineswegs die wichtige Angelegenheit, die sie bei uns ist. Bei uns steht sie als alleinige Gottheit oder Götzenbild, vor dessen Altare alle anderen Neigungen geopfert werden, vor dessen Gesetze alle anderen Pflichten schwinden. Die Ehe ist, im Allgemeinen genommen, die Aufregung zur Auszeichnung, die Belohnung des Erfolges, und steht als Hauptepoche in unserm Daseyn. Doch der Spruch: „Du sollst Vater und Mutter verlassen und dem Weibe anhangen," ist vom Evangelium in den Koran nicht übergegangen. Die Leichtigkeit der Ehescheidung, die Erlaubniß mehr als eine Frau zu haben, sind nicht sowohl die Ursachen, als die Wirkungen des bestehenden Unterschiedes der Volkssitten. Wo die Zuneigungen in die übrigen Verhältnisse so stark verwickelt sind, und wo, aus Gewohnheit und bei der allgemein geltenden Bauart der Häuser, die Familie so beständig zusammenlebt, kann die Frau nicht die ausschließliche Zuneigung, nicht die häusliche Macht erlangen,

die sie in Europa von der Macht der Gewohnheit herleitet *), so
gut, wie aus der verhältnißmäßigen Schwäche anderer Bande,
besonders der Bande zwischen Eltern und Kindern. Die Frau im
Oriente ist nicht die Herrin vom Hause, sie ist die Tochter der
Mutter ihres Mannes. Wollte man ihnen von einem Lande erzählen, wo die Mutter das Familiendach meiden müßte, um ihres
Sohnes Frau Platz zu machen, so würden sie das Mährchen für einen Versuch halten, ihre Leichtgläubigkeit auf die Probe zu stellen,
oder für eine Satyre auf die menschliche Natur.

Bricht ein Türke, in häuslicher oder politischer Beziehung, die
Fesseln der Gewohnheit, so haben seine Leidenschaften keinen ferneren Zaum. Der allgemeine Inhalt des Lebens im Harem ist aber,
so weit ich im Stande gewesen bin, darüber zu urtheilen, von ru-
higem, aber zufriedenem und glücklichem Gleichmuthe, mit Ausnahme des keineswegs gewöhnlichen Falles, wo mehr als eine
Frau das Ansehen und die Vorzüge im Harem theilen.

Eines Abends sprach ich mit einem Türken von einem Ausfluge, den ich auf ein paar Wochen machen wollte, und er bot
sich mir zum Begleiter an. Am folgenden Morgen fand ich ihn
indeß ganz verändert, und nachdem er verschiedene Entschuldi-
gungen versucht, sagte er: „Ich will mich nicht schämen, Euch
den wahren Grund zu sagen, warum ich mein Versprechen von
gestern Abend nicht erfüllen möchte. Als es mir einfiel, wie ich
es meiner Frau anbringen sollte, wußte ich das Ding nicht anzufangen. Für eine so lange Abwesenheit konnte ich ihr keinen
Grund angeben, der ihr genügt hätte, und wenn ich unnützer-
weise aus meinem Hause weglaufen wollte, müßte sie da nicht
glauben, ich bekümmere mich nicht darum? Nun aber ist meine
Frau aus einem reichen Hause und aus Konstantinopel (Scheherli)

---

*) Hauptsächlich von der Trennung der Familien nach der Heirath und
dem Vorrange, den die Schwiegertochter über ihres Mannes verwittwete Mutter nimmt. Das Fehlen der Familien-Etiquette und die
darin herrschende Begriffs-Verwirrung reichen für einen Orientalen
völlig hin, ihm den sonderbaren Zustand der Gesellschaft zu erklären,
in welchem sich Familien trennen, um widerstreitende Ansprüche zu
vermeiden zwischen Müttern und Schwiegertöchtern, zwischen Schwä-
gerinnen u. s. w. oder eigentlich zwischen diesen Graden der Blutsverwandtschaft.

und doch hat sie in diesem armen Dorfe fünfzehn Jahre mit mir gelebt, und nimmer habe ich yok oder ah von ihren Lippen gehört" (d. h. Ausdruck des Mißvergnügens oder Widerspruchs.) Dieses Beispiel, das ich nicht als Ausnahme gebe, von Gefühlen, die wir nicht für fähig halten würden, die Flitterwochen zu überleben, nach fünfzehnjähriger Ehe, wird hoffentlich für meine verheiratheten Leser nicht verloren seyn. Denselben Ton der Harmonie und der Anhänglichkeit habe ich jedesmal beobachtet, wann ich Gelegenheit hatte, von den Gefühlen der Türken für ihre Häuslichkeit zu urtheilen.

In einem Lande, wo die Formen von so überwiegender Wichtigkeit sind, nicht nur im Verkehre, sondern in der wirklichen Verfassung der Gesellschaft; wo sie nicht nur gewissenhaft beobachtet werden in ihren unendlichen Abstufungen zwischen den verschiedenen Rangstufen und Verwandtschaftsgraden, sondern wo sie diesen Rang selbst bilden und festsetzen und fast die Verwandtschaft selbst, — da ist es klar, daß aus diesen Formen das entscheidendste Zeugniß von der Achtung genommen werden muß, die ein Geschlecht gegen das andere hegt und von der Pflicht und der Ehrfurcht, die ein Verwandter dem anderen schuldig seyn soll. Wahrscheinlich haben wir aus dem Umstande, daß wir nie Gelegenheit hatten, Männer und Frauen zusammen zu sehen, so allgemein und so lange Zeit hindurch den Glauben geschöpft, daß die Frauen im Morgenlande moralisch und gesellschaftlich in einer untergeordneten Stellung ständen. Es ist mir deutlich, daß ein Abriß der Art und Weise, wie man sich im Innern des Harems anredet und begegnet, das Irrthümliche jener Meinung beweisen und zugleich das angenehmste Detail seyn wird, das ich geben kann.

Wir wollen uns einen vornehmen Harem denken, wo die Rückkehr des Herrn gemeldet wird und die Frau neben der Schwiegermutter sitzt, umgeben von ihren Dienerinnen, wie der Keleri ustah, Kafidschi ustah, Sazende baschi, den Kalfahs und Alaiks, die mit den Tschibukdschis, Kafidschis, Ibrikdschis, den Uschaks und den Kulehs des Selamlik übereinstimmen. Durch das gewöhnliche Zeichen verkündet eine Alaik die Ankunft des Hausvaters; in einem Augenblick verschwindet der pantoffeltragende, leichtfüßige Haufen; die jungen Alaiks dürfen sich nicht sehen lassen vor dem Ehemanne, aber andere, in zwei Reihen gestellt, erwarten ihn an

der Thür des Harems. Er grüßt sie mit selam aleikum; sie hal=
ten die herabwallenden Theile seines Anzuges, seinen Säbel, wenn
er einen trägt, und thun so, als stützten sie seine Ellenbogen. Seine
Frau begegnet ihm vor der Thür ihres Zimmers, und nachdem er
sie auf gleiche Weise begrüßt, küßt sie seine Hand und hebt sie an
Lippen und Stirn; dann, da wir annehmen, der Besuch gelte der
Mutter, folgt sie ihm ins Zimmer. Seine Mutter steht auf;
nun läßt er plötzlich sein vornehmes Wesen fahren, geht vorwärts,
beugt sich bis auf den Fußboden und hascht nach seiner Mutter
Hand, um sie gleichfalls an Lippen und Stirn zu bringen; die
Mutter thut dasselbe. Dann setzt sie sich wieder in ihre Ecke und
sagt: „Oturun evlatum, — setz dich, mein Kind.“ Ehrerbietig
dankt er für die Einladung und vielleicht muß sie wiederholt wer=
den, bevor er sie befolgt, und dann setzt er sich in ehrerbietiger
Stellung und etwas entfernt, oder auf das Schilteh auf dem Fuß=
boden. Die Dienerinnen haben sich längs des niedrigen Theiles
des Zimmers unterhalb des Divans gestellt; nur die Frau steht
mitten auf dem freien Raume, denn die Mutter mag nicht so frei
seyn, sie in Gegenwart ihres Sohnes zum Sitzen einzuladen, und
der Sohn nimmt sich diese Freiheit nicht in Gegenwart der Mutter.
So bleibt es bei dem ganzen Umgange unentschieden, wer der
Wirth sey; Jeder behandelt den Andern mit den Ceremonien, die
der Gast dem Wirthe erweiset, denn ich habe nicht nöthig zu wie=
derholen, daß im orientalischen Ceremoniel der Gast höheren Ran=
ges der Wirth seines Wirthes wird. Obgleich aber diese Formen zu
jeder Zeit der Zusammenkunft strenge beobachtet werden, stören sie
nicht den natürlichen Geistesaustausch oder die Beweise der Liebe.

Da indeß im Harem jede Person ihr eigenes Zimmer und Ein=
richtung hat, so trifft es sich nie, daß ein Sohn so plötzlich vor
seiner Mutter erscheint. Zuvörderst wird zu der begünstigten Die=
nerin geschickt, um zu erfahren, ob die Mutter angekleidet ist und
Besuch annimmt. Wird das bejahet, so wird zu ihr selbst ge=
schickt, ihr Sohn wünsche ihre Füße zu küssen, und nachdem sie ein=
gewilligt, erscheint er an ihrer Thür.

Die Frau scheint freilich sehr verschieden von unsern Begriffen
behandelt zu werden, aber ihr Mann behandelt sie wie eine jüngere
Schwester und das weicht in keiner Weise von der Behandlung
eines jüngeren Bruders ab. Das Geschlecht macht darin keinen

Unterschied. Andrerseits zeigt die Art, wie eine Mutter ihren Sohn oder ihre Töchter behandelt, einen viel größern Grad von Ansehen, das sie als Frau genießt, als man in Europa findet. *)

Auch der Große und der Mächtige kann sich nicht losmachen von dem Ansehen, das gemäß diesen Gewohnheiten und Formen die Mutter über ihre Kinder ausübt. Man denke sich, daß Ibrahim Pascha eine ganze Woche lang im Harem seiner Mutter auf eine günstige Gelegenheit wartete, ihr eine Bitte vorzutragen, daß er, endlich vorgelassen, ihre Füße küßte, zum Setzen nicht eingeladen wurde und anderthalb Stunden mit gekreuzten Armen vor ihr stand. Nicht weniger belehrend ist der Gegenstand dieses Unwillens. Mehemed Ali hatte vor mehreren Jahren, mit der Gleichgültigkeit gegen die Vorurtheile und Gewohnheiten seines Vaterlandes, die in seinem Charakter liegen, Umgang gehabt mit einer Sklavin seiner Gemahlin, der Mutter des Ibrahim Pascha. Das hatte die alte Dame gewaltig übelgenommen, und da Mehemed Ali sich der Entscheidung der Kadun (Frau vom Hause) nicht unterwarf, wie er hätte thun müssen, so verließ sie sein Haus und wohnt seitdem für sich im Schlosse. Dieser Auftritt häuslichen Skandals war indeß zu arg für Mehemed Ali Pascha, als daß er nicht die Wirkung hätte fühlen und eine Versöhnung wünschen sollen. Alle seine Versuche waren indeß fruchtlos. Den Mann verachtend, der ihr diese Schmach angethan, ihr, die sie ihm nicht nur Söhne, sondern Helden geboren, beharrte sie bei ihrer Weigerung, auch nur einmal sich um seine Versuche zu bekümmern, denen sie immer dieselbe Antwort gab: „Ich weiß nicht, wer Mehemed Ali Pascha ist." Inzwischen verlor er seinen Sohn Tussun Pascha, und dieser Verlust ging ihm so nahe, daß er Anfälle von Raserei und Wahnsinn bekam, so daß man ernstlich um sein Leben besorgt war und er eine Zeitlang im Zustande der Bewußtlosigkeit blieb. Da ging sein Weib zu ihm; so lange er in Gefahr war, verließ sie nicht sein

---

*) Mit den Achtungsgefühlen der Türken gegen das weibliche Geschlecht ward ich zuerst bekannt, als ich mit einigen muselmännischen Freunden in das Zimmer eines bettlägerig Kranken trat, den seine Mutter pflegte. Die ganze Gesellschaft begrüßte die Dame mit dem Handkusse.

Kopfkiffen, dann aber ging fie wieder in ihre Wohnung. Das führte zu einem neuen Verföhnungsverfuche; fie antwortete, wenn auch Mehemed Ali Pafcha feine Pflichten verletze, fo könne fie doch darum nicht die ihrigen verkennen; fie habe ihre Pflicht gethan, jetzt aber fey er wieder wohl, bedürfe keiner Hülfe von ihr und deßhalb höre fie auf, daran zu denken, daß er in der Welt fey. Bei diefer Gelegenheit beobachtete Ibrahim Pafcha die Etiquette, die mich darauf führte, des Umftandes zu erwähnen, wo er, der Eroberer Syriens und der Sieger bei Konieh, eine alte Frau demüthig anflehte, dem Vicekönig von Aegypten zu ver= zeihen, und wo fie feine Bitte abfchlug.

Es ift merkwürdig zu beobachten, wie außerordentlich ähnlich die allgemeinen Züge des weiblichen Lebens und die geringften Kleinigkeiten in den Gewohnheiten, die wir fchon in den früheften Zeiten morgenländifcher Gefchichte finden, mit den heutigen find. Um fo auffallender ift es, daß felbft die Europäer, die am be= kannteften mit dem Orient waren, alle zufammen die Gefühle der Orientalen in Bezug auf Frauen und ihr Betragen und Wefen gegen diefelben nicht begriffen zu haben fcheinen.

Sir John Malcolm ift der Meinung, daß die Frauen in früheren Zeiten in Perfien eine „ehrenvolle Stelle" in der Gefell= fchaft einnahmen, indem Quintus Curtius berichte, daß Alexan= der nicht gewagt habe, fich in Gegenwart der Mutter des Darius eher zu fetzen, als er darum gebeten war, weil es bei den Perfern nicht Sitte war, daß Söhne fich vor ihren Müttern fetzten. Der Lefer wird nach dem Durchlefen der vorftehenden Anekdote fehen, daß die Gebräuche des Harems von Mehemed Ali Pafcha hierin, wie vermuthlich in jeder andern Hinficht, mit den Sitten im Harem des Darius genau übereintreffen. Hier fehen wir im Oriente des Alterthums, wie in dem heutigen, daß Familienbande die Staatsgründe überwiegen und daß häuslicher Rang dem gefellfchaftlichen vorgehe. Diefer Vorfall wird gleichfam mit Gewalt Jedem einleuchten, der Zeit und Geift verwendet hat, den Orient zu erforfchen; er wirft ein Licht auf den Charakter und die Triumphe des größten der Menfchen — auf Alexander.

In Lord Byrons Sardanapal läßt der Monarch feine Königin und ihren Bruder auf gleiche Weife vor fich, obgleich fie jeder auf feine Art die Schmach behandeln, die Sardanapal feinem

gesetzmäßigen Weibe durch den Umgang mit der schönen grie=
chischen Sklavin angethan. Das Gefühl ist völlig orientalisch,
und wirklich ist es der einzige Punkt in der Tragödie, soweit
diese im Harem vorgeht, der einen Anstrich vom Morgenlande
an sich hat. Bischof Heber verwirft indeß diese poetische Freiheit
folgendermaßen: „Wir sind nicht sicher, ob hier nicht eine be=
„trächtliche Verletzung des Costumes liege, sowohl in dem Ge=
„fühle von Erniedrigung, womit Myrrha ihre Stellung im Harem
„zu betrachten scheint, als in dem Unwillen des Salemenes und
„den Gewissensbissen Sardanapals über seine Untreue gegen
„Zarina. So wenig wir auch von dem häuslichen Leben Assy=
„riens wissen, haben wir doch Grund, nach den Gewohn=
„heiten der gleichzeitigen Völker und den Sitten des
„Morgenlandes zu allen Zeiten zu schließen, daß Viel=
„weiberei weder an und für sich als Verbrechen, noch als eine
„Maaßregel betrachtet wurde, über welche die vornehmste Gemahlin
„ein Recht gehabt hätte zu klagen.“ Myrrha war aber keine
Ehefrau, sondern eine Geliebte.

Es ist hinlänglich bekannt, daß die Souveräne aus Osmans
Hause seit Bajazeth II Zeiten von den Privilegien der Ehe be=
freit sind. Vorwand zu dieser Ausnahme war die Furcht, die
Gemahlin eines Sultans möchte dem Unglück oder der Schande
ausgesetzt werden. Der wahre Grund aber war, daß der Sultan
selbst die Privatfreiheit erhielt, daß die mächtigen Einflüsse des
Hofes und selbst die Janitscharen von dem Uebergewichte und
der Macht einer königlichen Gemahlin sich frei machten, deren Person
unverletzlich gewesen seyn würde. Man darf daher nicht erwarten,
daß im Seraglio von Konstantinopel der Laune des Monarchen
derselbe Zwang angethan werden könnte, den ein Verwandter der
Königin, der zugleich ein mächtiger Häuptling war, dem ver=
ehelichten Herrn des Harems in Ninive anthat. Dessen ungeachtet
ist Sultan Mahmud mit seinen Harems und Odalisken weit
entfernt, in dieser Hinsicht so viel Freiheit der Laune und der
Wahl zu haben, wie seinen christlichen Standesgenossen zu Ge=
bote steht. Unerbittlicher Gebrauch und festgesetzte Begriffe
von Recht und Unrecht (die einzigen Gesetze in der Welt, mögen
Gesetzgeber und Parlamente noch so viel Unsinn schreiben und
schwatzen) stellen seiner vermeinten Allmacht eine unübersteigliche

Schranke entgegen. Der jetzige Sultan soll einmal ernsthaft verliebt gewesen seyn; als Geliebte ließ man seine Wahl gelten, aber der „Sultan" wurde abgehalten, Bande zu knüpfen, die man mit der Würde seiner Stellung und der Ehre des kaiserlichen Harems unverträglich hielt. Er selbst ist das Kind romantischer Liebe. Seine Mutter, angekleidet wie ein Palastbeamter, bediente unausgesetzt ihren Herrn; wenn er in den Divan ging, wohin sie ihn nicht begleiten durfte, trug er einen ihrer Pantoffeln auf der Brust, um, wie er sagte, immer unter dem Einflusse seines guten Geistes zu stehen.

Da ich, in Verbindung mit diesem Punkte, vom Sultan geredet habe, so verweile ich einen Augenblick, bevor ich weiter gehe. Die Zeit ist noch nicht gekommen, aber wann das geschieht, welches interessante Feld werden dann nicht sein Charakter und seine Zeit darbieten! In ihm liegt ein solcher Schatz von Wohlwollen und Güte des Gefühls, so viel Extravaganz und Laune, so viel Kunst und Gewandtheit in der Führung der Einzelnheiten türkischer Politik und Ereignisse, so viel Eitelkeit und so wenig Stolz, so viele Liebe zum Excentrischen und Neuen; in seinen Zeiten liegt eine solche Mischung großer Ereignisse, großer Unglücksfälle, großer Erfolge, seltsamer Einfälle und sonderbarer Ereignisse!

In Europa ist die Idee von dem ausschweifenden Leben im Harem so verbreitet, daß ich bei ihrer Bekämpfung in Versuchung gerathe, Vorfälle anzuführen, die sich in den Familien bekannter und angesehener Männer zutrugen, weil die Genauigkeit solcher Beispiele nicht bezweifelt, oder ihre Ungenauigkeit wenigstens leicht dargethan werden könnte. Wenn ich dennoch nicht erzähle, so geschieht das nicht aus Mangel an Stoff, sondern weil die Zartheit des Gegenstandes meine Zurückhaltung hinlänglich entschuldigen wird. So viel kann ich indeß sagen, daß die Männer in den höchsten Reichswürden, bis auf zwei oder drei, nur e i n e Frau haben, und die Anekdoten, die es mir leid thut nicht erzählen zu dürfen, würden beweisen, daß die Schätze, welche ihre Harems enthalten mögen, den Blicken ihrer angeblichen Herren strenge verschlossen sind.

Was ich schon von den Sitten der Türken gesagt habe, wird zeigen, daß die häuslichen Geschäfte der Frauen, abgesehen von den Beschäftigungen der europäischen Frauen, zahlreich genug sind, um einen großen Theil ihrer Zeit in Anspruch zu nehmen. Das gilt selbst in den Harems der Reichen, denn in Bezug auf die große Masse der Bevölkerung brauchte ich nicht zu sagen, daß dort reichlich fast eben so viele Mühseligkeit vorhanden ist, als in der übrigen Welt, und daß es selbst zum Nothwendigen an Zeit fehlt, ohne daß der Ueberfluß an Zeit der Zerstreuung durch Neuigkeiten oder des geschäftigen Müßigganges der Modewelt bedürfte. Eine türkische Dame mitten unter ihrem Gefolge gleicht der Elektra mitten unter ihren Mägden. Fast alles zum Hausstande Nöthige wird daheim bereitet; zur Kleidung und zur Verzierung der Hausgeräthe bedarf es vieler Stickerei; aber nicht nur die Zusammensetzung der geschmackvollsten Theile des Mobiliars und der Kleidung nimmt ihre Sorge in Anspruch, die verschiedenen Materialien selbst werden im Hause gemacht. Die auf ihren Feldern wachsende Baumwolle, die unter ihrem Dache gewonnene Seide, werden von ihren eigenen Händen gesponnen; die Färbereien werden in der Küche bereitet; schöne Hände platten die Seide zu Flechten und Schnüren, und handhaben den Weberbaum und das Weberschifflein. *) So ist der Hausstand eine häusliche Manufactur alles Erforderlichen. Selbst schwerere Arbeiten fallen den weiblichen Dienerinnen zu, z. B. das Getreide mahlen auf Handmühlen, Kaffeestoßen u. dergl. So sind der gewöhnliche Bestand und die Anzahl des Gefolges mit Sparsamkeit verbunden und mit der fast St. Simonistischen Gemeinschaft weltlicher Güter, welche die allgemeinen Gewohnheiten des Orientes wie eine natürliche Folge ihrer häuslichen Sitten charakterisirt. Während nun diese zahlreichen und mannichfachen Beschäftigungen der anscheinend abgeschlossenen Bewohnerinnen Zeit ausfüllen und ihre Gedanken beschäftigen, erhalten sie eine Art von weltlichem Unterrichte und eine verschiedenartige und praktische Kenntniß, die

---

*) Im Harem wird in der Regel der zarte Stoff von Seide, oder Seide und Baumwolle gewebt, der wie Flor aussieht, mit glänzenden Streifen weichen Atlasses, den Männer und Frauen als Unterzeug und zu Hemden tragen. Dieser Stoff gibt durch sein zartes Gewebe, durch die harmonirende Weichheit seiner Farben und seine helle Durchsichtigkeit dem Körper und der Nachtkleidung eine Eleganz und einen keuschen Reichthum, der sonderbar absticht gegen die steife Form und die blendende Weiße unserer blaugestärkten Halsbinden und Busenstreifen und der Lächerlichkeit unseres Nachtzeuges.

vielleicht dem· Geiste eine reelle Cultur verleihet, eben so tüchtig und viel anziehender, als die aus Gemeinplätzen bestehende Bücher=weisheit .derer, welche die Kenntnisse türkischer Frauen für Unwissenheit ausgeben möchten; — ihre Unwissenheit ist die unserer Großmütter. In Folge dieser Gewohnheiten kann man selten auf· dem Bazar oder Markte irgend etwas von dem kaufen, was man als die Luxusartikel oder das Eleganteste des Morgen=landes ansehen kann. Dagegen braucht sich ein Fremder nur an einen Harem zu wenden, um sich etwas arbeiten zu lassen, was er nirgends bekommen kann, z. B. ein Stück der nationellen oder provinciellen Tracht aus einem Harem, der in der Hauptstadt liegt; das Gesuch wird gewiß nicht als Beleidigung, sondern als Compliment aufgenommen. Nicht selten hört man sagen: „Der oder jener Harem arbeitet gut — ein anderer Harem arbeitet besser — das oder jenes kann nur in dem und dem Harem ge=macht seyn.‟

In der Hauptstadt sind diese patriarchalischen Gewohnheiten begreiflich gewissermaßen verwischt, aber der Typus ist geblieben, und wie tief dieser Eindruck sey, kann man nicht deutlicher sehen, als in der Superiorität, welche die Damen aus entlegenen Pro=vinzen über die aus der Hauptstadt annehmen. Auch hier kann man wieder eine Aehnlichkeit mit den Gewohnheiten unseres Vater=landes zu einer früheren Zeit finden, wo die Edelfrau eines ent=legenen Schlosses das Hofleben verachtete, und diejenigen, welche sich in der Hofgunst sonnten, nur als die Trabanten eines Fürsten ansah, der sie durch den Glanz verdunkelte, womit er sie be=strahlte.

Eine andere, sonderbar scheinende Quelle häuslicher Be=schäftigung sind die religiösen Pflichten: Gebete, freilich kurze Gebete, müssen fünfmal des Tages wiederholt werden, und jedes=mal geht der Abdest voraus, die religiöse Waschung der Hände, Füße, Arme, Beine, des Kopfes und Halses. *) Vor jeder der beiden Mahlzeiten tauchen sie die Finger in Wasser und nach derselben geschieht eine reichliche Abwaschung, nicht indem man

---

*) Sollte man aber in der Zwischenzeit zwischen zwei Abwaschungen nichts Beschmutzendes berührt haben, so ist es nicht nöthig, den Abdest zu wiederholen.

in schmutzigem Wasser in einem Becken plätschert, sondern indem
reines Wasser aus einem Gefäße über die Hände in ein weites
Becken gegossen wird. Nichts kann die Sauberkeit der ganzen
Einrichtung übertreffen, d. h. im Innern, denn die Außenseite
gleicht vielleicht einer alten Scheune, und die Umgebungen sind
allenfalls mit Schutz und Koth angefüllt. Im Innern aber ist der
Anblick ganz anders. Der beständige Gebrauch von Seife und
Wasser wird für die Sauberkeit der Menschen zeugen und doch
bekommt man im Morgenlande einen Begriff von Sauberkeit über
das Waschen hinaus, wenn man nämlich drei oder vier Stunden
im Dampfbade zugebracht hat; das verläßt man mit einem Gefühle von so vollkommener Sauberkeit, daß es unmöglich scheint,
irgend etwas kbunr beschmutzen.

· Eine sehr wesentlich zur Sauberkeit beitragende Gewohnheit
ist auch die, daß man Stiefel, Schuhe und Pantoffeln an der
Thür läßt und lederne Halbstiefel ohne dicke Sohlen trägt, die
genau auf dem Fuße passen, oder wirklich barfuß geht, so lange
es nöthig ist zur Geräuschlosigkeit, welche die Türken lieben. Der
Fußboden ist so rein, wie jeder andere Theil der Wohnung; ein
Flecken an der Hand wird augenblicklich abgewaschen; die zufällige Falte eines Vorhanges oder Sopha's wird unverzüglich
weggestrichen; jedes auf dem Fußboden bemerkte Läppchen wird
in der Secunde aufgehoben. Man ist so sehr an die Ordnung
gewöhnt, daß wir es für ein ermüdendes Uebermaß halten würden.

Es ist eine gewöhnliche Bemerkung, daß Sauberkeit der
Person mit Ordnung und rechtlichem Sinne zusammentreffen.
Hat nicht vielleicht die Reinlichkeit vielen Bezug auf die charakteristische Rechtlichkeit der Türken? Sie bildet bei ihnen gewiß
einen wesentlichen Theil der Erziehung und erzeugt die Gefühle
der Selbstachtung, wodurch sie sich so auffallend vor den Massen
der übrigen Völker auszeichnen. · Man kann völlig überzeugt
seyn, daß ein Türke niemals von Berührung einer unreinen
oder widerlichen Sache beschmutzt ist. So geht es auch mit
Allem, was auf ihren Tisch kommt. Wäre ihnen das Waschen
auch nicht geboten, so würde es doch das Wesen einer Religions-
pflicht annehmen und Reinlichkeit die Wichtigkeit eines Glaubens-
artikels. Die leiseste Unreinheit drückt das Gewissen, weil sie die
Nerven aufregt. Dieses Gefühl geht so weit, daß das Wasser

ſelbſt völlig rein ſeyn muß und, wenn es einmal den Menſchen berührt hat, ihn nicht wieder berühren darf. Das zur Abwaſchung gebrauchte Waſſer muß immer einem fließenden Strom gleichen; ein Diener gießt es aus einer Kanne mit langem und engem Guſſe, während ein anderer ein Becken mit einem durchlöcherten Deckel unter die Hände hält. Neben ihren Häuſern ſind zahl= reiche Brunnen, aus denen ein Waſſerſtrom über ein Marmorbecken zumWaſchen gedrehet werden kann. An den Moſcheen und dicht bei den milden Stiftungen (wie man ſie in Europa gar nicht kennt) und in Gaſſen und Gängen ſind zahlreiche Waſſerhähnchen niedrig an= gebracht, mit einer Marmorſtufe davor, um dem Publicum die nöthigen Mittel zu verſchaffen, Füße und Beine, wie Arme und Kopf zu waſchen. Hat man ſich einmal an ihre Weiſe gewöhnt, ſo hat die unſrige etwas ganz Widerliches an ſich und man kann leicht den Ekel begreifen, den ein Reiſender zuweilen unbewußt erregt, während er ſich einbildet, völlig gemäß der Wuth zu handeln, welche die Leute, unter denen er ſich aufhält, für die Abwaſchungen beſeelt.

Das Leben der Frauen iſt indeß nicht auf den Harem be= ſchränkt: ſie gehen regelmäßig ins Bad, das, gleich den Thermen der Römer, ein Ort der Erholung und des Vergnügens, des öffent= lichen Zuſammenkommens und der Familienfreude iſt. Die Khanum wird von ihren Sklaven und Kindern begleitet, dort trifft ſie ihre eben ſo begleiteten Freundinnen. Ihr überflüſſiger Staat wird bei Seite gelegt und, in leichte und ſtatuenartige Draperie gehüllt, verſammeln ſie ſich in einem Mittelzimmer, wo der Marmorboden angenehm erwärmt iſt, und wohinein man einen Theil des Dampfes aus dem wärmeren Badezimmer daneben dringen läßt. Hier ſitzen ſie und plaudern über ihre Kinder, ihre Söhne, ihre Gatten, rücken vielleicht einmal zuſammen und reden ſelbſt über ernſtere Gegenſtände, vom Miniſterwechſel und europäiſcher Politik. Die= nerinnen reichen Pfeifen und Kaffee, und Mädchen, die hinter ihnen oder zu ihren Füßen ſitzen, kneten ſie mit ihren kleinen Händchen und verrichten artig einen zuſammengeſetzten Dienſt von leichtem Tätſcheln, Reiben und Haarflechten. Während der ganzen Zeit erfreuen ſich Kinder und Dienerinnen der herkömmlichen Freiheit des Ortes und waſchen ſich, ſchwatzen, ſingen und begießen ſich mit Waſſer. Wann die verſchiedenartigen Operationen des Bades vorüber und sie wieder bekleidet sind, wird nicht selten ein Mahl aufgetragen, bevor sie noch ihre Staatskleider anziehen, und diese Erholung, die fast einen ganzen Tag dauert, kehrt einmal jede Woche wieder. *)

Besuche machen und in die Läden gehen macht den morgenländischen Schönen eben so viel Vergnügen, wie den abendländischen, und zu diesen Beschäftigungen außer dem Hause kommen noch Wasserfahrten und Spazierfahrten, die neuerdings in Gang gekommen sind, seitdem der Paradeschritt der von Büffeln oder Ochsen gezogenen vergoldeten Araba den leichten Wagen auf Springfedern hat weichen müssen, die Carousselstühlen für Kinder auf Jahrmärkten gleichen, von einem oder zwei Pferden gezogen werden, und längs der neuen Landstraßen jagen, die neulich auf allen Seiten der Hauptstadt angelegt sind. **)

Die Frauen sind in der Regel viel pünktlicher in ihren religiösen Gebräuchen als die Männer, aber sie haben doch nichts von dem religiösen Stolze und der Ausschließlichkeit der Männer. Bei den Männern hat sich die Religion mit politischen Differenzen gemischt, und so haben politische Ursachen ihrem Verkehre mit den Unterthanen der christlichen Mächte ein hochfahrendes Wesen und eine Hartnäckigkeit verliehen. Daraus ist ein seltsamer Gegensatz zwischen ihrem persönlichen und ihrem nationalen Charakter entstanden. Unter den Frauen kommen die ersteren Gefühle weniger ins Spiel: sie besitzen keinen Stolz und wenig Eitelkeit, und obgleich sie die Andachtsübungen genau verrichten, zeigen sie doch nicht ihre Frömmigkeit durch die Verachtung Anderer. Es gibt hier keine Classe von Personen, die aus andächtigen Gefühlen für ihr eigenes Privatinteresse Vortheil ziehen könnte; es gibt keine Religionsceremonien, für die man Geld bezahlt oder empfängt, keine Ohrenbeichte, keine Absolution und keine geistlichen Besuche von Hauspriestern, welche eine gewinnreiche Andacht anregen könnten.

Die Zuneigung, welche zwischen den Sklavinnen des Harems

---

*) Jedes angesehene Haus hat ein eigenes Bad.

**) Für jeden Wochentag ist eine besondere Fahrt in den verschiedenen Vorstädten der ausgedehnten Hauptstadt festgesetzt, so daß die Modedamen aller Quartiere gleiches Anrecht haben. Auf gleiche Weise gibt es auch sieben Marktplätze, für deren jeden ein Wochentag bestimmt ist.

und ihrer Kadun herrſcht, unterſcheidet ſich wenig von der Achtung einer Tochter, während die Gebieterin ſie, als Kinder behandelt. Es iſt nichts Außergewöhnliches, daß man eine der Schweſtern des Sultans zum Abendeſſen gehen ſieht in die niedere Wohnung einer ihrer Tſcheraks oder Alaiks, die aus dem Harem verheirathet iſt, nicht an einen Paſcha oder Statthalter, ſondern an einen gewöhnlichen Krämer oder einen Officianten. Sagt eine Herrin ihrer Alaik, ſie wolle ſie verheirathen, ſo iſt die Antwort: „Was habe ich gethan, daß mir das geſchehen ſolle?“

In einer Hausdienerſchaft iſt der Lohn nicht das Band zwiſchen Herr oder Herrin und Diener. Der Diener hat vielleicht ein kleines Einkommen, das als ſein Lohn angeſehen wird, aber dieſe Summe beträgt in der Regel vielleicht nicht den zwanzigſten oder den hundertſten Theil von dem, was er wirklich erhält, in Geſtalt von Geſchenken und Belohnungen abſeiten des Herrn oder der Herrin und von Geſchenken abſeiten Fremder, im Verhältniß zum Range der Familie oder zum Grade des Einfluſſes, den der Herr beſitzt.

Die Gewohnheit unregelmäßiger Belohnung, ſtatt feſten, un= veränderlichen und klagbaren Lohnes erzeugt in Bezug auf Diener und Herren einen Unterſchied geiſtiger Gewohnheiten, ſo daß ich überzeugt bin, durch bloßes Beſchreiben nicht verſtanden zu werden. Dennoch hört man alle Tage Europäer, Leute, welche ſich mit ſo umfaſſenden Anſichten und ſolcher Gewalt der Logik brüſten, auf die Gewohnheit, Geſchenke zu geben, ſchelten; ſie begreifen nicht, daß dieſer Gebrauch zur Erhaltung der intereſſan= ten häuslichen Verhältniſſe dient, welche ich für die größte, poli= tiſche und moraliſche Lehre halte, welche die orientaliſche Welt uns darbietet. *)

---

*) Der Bakſchiſh, das Geſchenk oder Trinkgeld, wird ein Zeichen der Zufriedenheit (und kein Gefühl iſt ſo vorherrſchend in eines Orientalen Gemüthe, als der Wunſch, man möge mit ihm zufrieden ſeyn), ſo daß in einem ſcharf bedungenen Miethcontract für Dienſte man nicht ſelten aufgefordert wird, zu ſagen, wie hoch der Bakſchiſch ſeyn ſolle. Ein Engländer handelte um ein Boot und bot 600 Piaſter. Die Leute fragten, wie viel er Bakſchiſch gäbe. Davon verſtand der Engländer nichts, und der Handel ſollte beinahe abgebrochen werden, als Jemand

Der jung gekaufte, im Hause erzogene Sklave, Gegenstand besonderer Achtung und mit der Aussicht auf Auszeichnung, kann zugleich als Mitglied der Familie betrachtet werden, und selbst im späteren Leben, wann Sklaven von ihrem Herrn getrennt sind, nennen sie ihren ersten Herrn ihren Vater. *) Die beständigen Ehen zwischen Sklaven und Töchtern des Hauses und von Sklavinnen mit Söhnen des Hauses geben ihrer häuslichen Stellung etwas Interessanteres als die natürlichen Familienbande. Aber auch gemiethete Diener können auf einen Antheil an diesen Vorrechten und Vortheilen Anspruch machen; mit ihrer Stellung ist keine Spur von Erniedrigung verbunden; sie können zu jedem Range im Staate sich erheben, und in seiner eigenen Stellung und in seinen eigenen Umständen fühlt jeder Diener augenblicklich die Wirkung jeder Veränderung, die in dem Verhältnisse oder der Stellung seines Herrn vorgeht, in die Höhe sowohl als hinabwärts; und jeder hängt in seiner häuslichen Stellung und in seinen Lebensaussichten davon ab, sich des Herrn Geneigtheit zu erwerben, die schon an und für sich und ohne Bezug auf die Folgen ein Gegenstand des Stolzes und Wetteifers wird. Von Europäern, welche Gelegenheit hatten, über das Innere türkischer Hausstände zu urtheilen, habe ich äußern gehört, daß unter der Dienerschaft große Eifersucht um die Gunst ihres Herrn oder ihrer Herrin obwalte. Das ist aber nicht die Folge besonderer Eifersucht persönlicher Stimmung, sondern fundamentaler Unterschiede der Einrichtungen und Begriffe. Durch das Nichtvorhandenseyn eingebildeter Scheidegränzen zwischen den Classen der Menschheit wird der individuelle Charakter wichtiger, entwickelter und die Zuneigungen der Menschen erlangen unmittelbaren und entscheidenden Einfluß auf Stand, Stellung und Vermögen.

Der europäische Diener mit seinem bestimmten Lohne, dem es

rieth: „Schließ den Handel auf 500 und gib den Rest von 100 als Bakschisch.“ Mit dieser Abmachung waren beide Theile zufrieden.

*) Als Ibrahim und Reschid Pascha in Missolunghi zu einer Versöhnung zusammen kamen, redete der Erstere den Letzteren mit den Worten an: „Es steht nicht geschrieben, daß Söhne sich immer hassen müssen, weil ihre Väter sich zankten.“ Damit spielte er an auf den Zwist zwischen Mehemed Ali Pascha und dem Seraskier Pascha, dessen Sklave Redschid Pascha gewesen.

unmöglich ist, nach etwas Höherem zu streben, der als Dienstbote behandelt wird, verbündet sich mit seinen Genossen gegen den Herrn, weil er von seiner Ergebenheit oder seines Herrn Beachtung nichts Besonderes zu erwarten hat, und seine einzige Aussicht, seine Umstände zu verbessern, in der Veruntreuung liegt. Kein freundlicher oder liebevoller Umgang findet unter ihnen statt; ihre Stellung hat sie herzlos oder unehrlich gemacht und der so sich verhärtende Charakter trägt noch mehr dazu bei, ihre Stellung zu erniedrigen, und verwischt jede Spur geistigen Verkehrs zwischen der Classe der Herren und derer, welche den größeren Theil unseres Hausstandes bilden, die während des größeren Theiles unserer Zeit bei uns sind und von deren Diensten alle unsere Bequemlichkeiten abhängen. Daher bleiben wir einer großen Quelle der Freude beraubt und unbekannt mit der Art häuslichen Glückes, das eine Hauptquelle der Zufriedenheit für jeden Einzelnen in den weiten Gegenden ist, wo dem Geiste des Menschen nicht unnatürliche Gefühle in Bezug auf seine Mitmenschen eingeflößt sind.

Aus dieser Trennung entsteht auch eine Verschiedenheit der Art und Weise der Erziehung, Begriffe, Zwecke und des Ausdruckes, die eine so große Trennung zwischen den Classen der Herren und der Diener hervorbringt, daß wir uns kaum einen Zustand der Gesellschaft denken können, in welchem sie auf freundlich geneigte Weise neben einander leben, ohne Verlust an Achtung mit einander fühlen und ohne Nachtheil für Pflicht oder Verletzung des Anstandes mit einander verbrüdert seyn könnten. Diese Leichtigkeit des häuslichen Umganges im Oriente hängt auch großentheils ab von der Gleichheit des geistigen Zustandes und von den Sitten der verschiedenen Abstufungen der Gesellschaft. Die Ideen jeder Classe sind ganz dieselben und die Wirkung, welche in jedes Mannes Hause entsteht, wann er auf der Leiter politischen Einflusses höher steigt oder selbst bei Zwecken intellectueller Art, ist eben so an ihnen bemerklich, während in Bezug auf Manieren der Lastträger und Hausirer sich eben so gut zu benehmen weiß, wie der Wessir und der General. Die vereinigte Wirkung dieser verschiedenen Anlagen und Umstände ist, daß der Harem im Oriente weniger einer europäischen Familie als einem europäischen Hofe gleicht, falls nämlich an einem Hofe Einfachheit und Zuneigung an die Stelle der Eitelkeit und des Eigennutzes träte. Der Herr der Familie wird wie ein kleiner Souverän behandelt, und es ist daher kein Wunder, daß er die Reize und das Gedränge fremder Gesellschaft wenig achtet, daß er sie verachtet und daß, in seine Familie und sein Haus versenkt, er manche Grundsätze und Combinationen als gleichgültig, wenn nicht als ungehörig, betrachtet, welche unsre Nationalgefühle und unsere Begriffe von Vaterlandsliebe ausmachen.

Man darf nicht übersehen, daß in einem Lande, wo die Erinnerungen und Befürchtungen von Krieg und Kriegsgeschrei in den Gefühlen und Gewohnheiten des Familienkreises nie ganz verschwinden können, das Weib mitten in den Katastrophen des Krieges respectirt wird, ihre Wohnung bei Bestürmung einer Stadt ungefährdet bleibt — eine Folge der früh eingeprägten Achtung vor dem Familienherde. Hier bietet sich ein sonderbarer Vergleichungspunkt, den nur diejenigen gehörig würdigen können, welche Europäer und Asiaten während so fürchterlicher Augenblicke gesehen haben, wo Zucht und Gesetz aufhört. *)

Man muß indeß nicht glauben, daß die Gebräuche und Förmlichkeiten, deren Beschreibung ich versucht habe, sich in die freiwilligen Aeußerungen des Geistes und Gemüthes drängen und

---

*) Vor etwa 25 Jahren fand sich die indische Regierung genöthigt, eine Expedition gegen die Seeräuber auszurüsten, welche die Küsten von Arabien verheerten. Als die brittischen Truppen die Macht der Seeräuber gebrochen hatten, sprach sich die Meinung des tapfern Anführers und seiner nach ihrem Stande urtheilenden Veteranen und anderer Officiere für Maaßregeln der härtesten Art laut aus, welche durch ein furchtbares Beispiel Schrecken jagen sollten in die Gemüther jener unbezähmbaren Stämme, die einige hundert Meilen weit die arabische Küste bewohnen. Glücklicherweise aber waren im Lager drei junge Leute, welche den Geist des Morgenlandes begriffen hatten. Ihre Stimme siegte; Gnade und Güte war die Politik, welche während der langen Zeit, seit dem damaligen Feldzuge bis zum heutigen Tage, das völlige Aufhören der Seeräuberei in jenen Meeren gesichert hat. Die jungen Männer bedungen sich indeß aus, daß die Festung der Seeräuber von eingebornen, nicht von englischen Truppen besetzt werden sollte, in der Ueberzeugung, die Ausschweifungen, deren englische Truppen sich schuldig machen könnten, würden die beabsichtigten Zwecke vereiteln.

ein Netz von Formen und Steifheit über die gewöhnlichen Vor-
gänge des Lebens werfen. Wenn man an sie gewöhnt ist, vergißt
man ihr Daseyn eben so sehr, wie wir vergessen, daß die Gewohnheiten unseres täglichen Umganges einem Fremden sonderbar
oder überraschend vorkommen könnten, wie z. B. die Unmöglichkeit mit Leuten zu reden, denen man nicht vorgestellt ist; daß
ein ganzes Volk von der Stunde des Aufstehens bis zum zu
Bette gehen enges Zeug, Stiefel und Halsbinden trägt; daß man
ein paar Stunden an der Mittagstafel sitzt, oder sonst irgend eine
Gewohnheit, die uns, wenn man nicht etwas Anderes zufällig
gesehen hat, als der gewöhnliche Lauf der Natur vorkommt.

Die Gesellschaft der Türken ist weder finster noch förmlich,
und nirgends wird Zuneigung oder Achtung mit weniger Zwang
ausgedrückt; nie aber artet genaue Bekanntschaft in Vertraulichkeit aus, nie Fröhlichkeit in Toben, nie Güte in Gemeinheit.

Die nächsten Verwandten, wie die genauesten Freunde sind
nie vertraulich. Dagegen aber würde sich der Diener oder Sklave,
der seinen Herrn mit der tiefsten Demuth und Ehrerbietung behandelt, verletzt und beleidigt halten durch bezeigten Mangel an
Vertrauen oder durch auferlegten Zwang im Sprechen. Welche
Schwierigkeiten begleiten also nicht unsern Verkehr mit einem
so unähnlichen Volke? Und ist es zu verwundern, daß den
Fremden, welche die Türken gesehen und sie zu beschreiben versucht
haben, so widersprechende Eindrücke zu Theil geworden sind? Die
Türken erinnern an ein Stachelschwein: man reize ihre Gefühle
oder ihre Vorurtheile, und überall starrt der Hand eine scharfe,
feindliche Spitze entgegen; man kenne sie und werde von ihnen
gekaunt, und sie sind so sanft und biegsam wie Dunen. Ich
habe beide Wirkungen erfahren und kann von beiden die Ursache
finden; sie lag in mir, nicht in ihnen. Als ich zuerst die Gränzen
der Türkei verließ, geschah es mit Haß im Herzen und Verachtung auf den Lippen — der natürlichen Folge der Behandlung,
die ich von ihnen erfahren hatte, und das war wiederum die nothwendige Folge meiner Stellung als Europäer und meiner Unwissenheit als Beobachter. Zufall und Beharrlichkeit brachten mich
auf andere Schlüsse, und daher entstand eine Erfahrung anderer Art.

Worte sind nur die Darsteller von Eindrücken und Gefühlen.
Wenn zwischen zwei Menschen eine Verschiedenheit der ursprüng-

lichen Eindrücke statt findet, so kann man nicht sagen, daß sie
eine gemeinschaftliche Sprache haben, weil die in der Rede des
Einen dargestellten Ideen dem Verständnisse des Andern nicht
zugänglich sind; in nichts aber fühlt man mehr diesen Mangel
einer gemeinsamen Sprache, als in unserer Würdigung des häuslichen Zustandes und der Gefühle des Orients. Ein Europäer
entnimmt seine vorzüglichste gesellige Freude aus seinem Mischen
in die Gesellschaft; ein Türke entnimmt die seinige aus seinem
Leben in seiner Familie. Einen Türken würde man bestrafen,
durch Ausschließung aus seinem Daheim, eben so wie ein Europäer,
der sich in den höheren oder mittleren Kreisen des Lebens bewegt,
durch die Beschränkung auf sein Haus bestraft würde. Stehen
diese Thatsachen einmal fest, so ist der Schluß richtig — daß in
dem einem Lande mehr Freude an der Familie vorhanden ist, als
in dem andern. Allein es ist sehr schwierig, zu diesen Thatsachen
zu gelangen, weil ein Europäer, welcher sieht, daß ein Türke
nicht im Stande ist, sich an dem zu freuen, was für den Europäer
die hauptsächlichsten Quellen der Freude sind, den Schluß ziehen
wird, der Türke sey stumpf und unempfindlich, nicht aber, daß
seine Freuden aus anderen Quellen entspringen. Sieht der Europäer, daß die Türken gar nicht den Wunsch hegen, sich auf eine
der unsrigen ähnliche Weise zu vergnügen, z. B. von einem Orte
nach dem andern zu rennen, sich in gedrängten Gesellschaften zu
vereinigen, so wird er annehmen, es fehle ihnen an eben so vielen
geistigen Fähigkeiten oder Eigenschaften.

. Sieht er, daß sie es vorziehen, daheim zu bleiben und statt
sich an solchen Dingen zu ergötzen, wie Schauspiel, Oper, Concert
oder Ball, sich auf schläfrige und unedle Indolenz hinter den
Mauern und Gittern des Harems beschränken, so wird er den
Schluß ziehen, der Harem enthalte Reize, die zu dem niedrigen
moralischen Standpunkte passen, die mit der vermeintlichen Unfähigkeit, sich an dem zu freuen, was fein oder schätzenswerth ist,
verbunden seyn müßten. Dabei vergißt man oder weiß nicht, daß
„Harem" eben nichts weiter ist als das „Daheim;" man hat
keine Ahnung von den damit verknüpften Verbindungen — wie
sich dabei in einen Punkt zusammendrängen: Sicherheit, Schutz,
kindliche Pflichten, väterliches Ansehen, Liebe, Zartheit der Sitten
und des Umganges — von einer Verbindung wahrlich, die man

als einen glücklichen Schöpfereinfall der Einbildungskraft ansehen kann. Gänzlich unbewußt dieser Ansprüche, Pflichten, Reize und Beschäftigungen, können wir uns des Türken Anhänglichkeit an seinen Harem nur dadurch erklären, daß wir annehmen, hinter dem umhüllenden Geheimnisse seyen sinnliche Freuden verborgen, und deßhalb mißtrauen wir allen Bemerkungen und lassen jede Thatsache unbeachtet, welche auf eine entgegengesetzte Schlußfolge abzweckt.

Sechsundzwanzigstes Capitel.

Verhältniß der Frauen. — Ihr Einfluß auf häusliche Sitten und volks=
thümlichen Charakter. — Vergleichende Sittlichkeit im Morgen= und
Abendlande.

Wir glauben, daß die orientalischen Frauen in beständigem Zittern und Zagen vor ihren Herren und Gebietern leben. Ich bin indeß vom Gegentheile überzeugt worden und zwar durch das in diesem Falle vollgültigste Zeugniß, das der Damen selbst.

Ich will eine türkische Dame für sich selbst reden und mit ihren eigenen Worten ihre Ansichten über diesen Punkt erörtern lassen.

Fatme Hanum sagte: „Worin steht unser Verhältniß tiefer „als das der Männer? Wenn wir uns nicht in ihre Gesellschaften „mischen, so kommen sie auch nicht in die unsrigen und der „Verlust ist sicher auf ihrer Seite. Ein Ehegatte arbeitet, um „sein Vermögen zu verdienen, seine Frau, um es zu verbringen. „Eine Frau theilt alle Vortheile, Vorrechte und Ehren von ihres „Mannes Stande und sogar mit mehr Glanz, als er selbst „genießt. Ist er reich und sein Selamlik mit Dienern gefüllt, „so sind ihre Zimmer nicht weniger voll und sie wird nicht weniger „beachtet und bedient. Ist er Wessir und empfängt die Besuche „der Großen des Reiches, so empfängt seine Frau die Damen der „Großen und seine Gunst wird von der Frau durch ihre Freun= „dinnen vertheilt. Wartet ein Ehemann seinem Souverän auf, „bei dessen Lever, so thut es auch seine Frau *) und überdieß

*) Wenn der Sultan bei seinem Lever Damen empfängt, sind sie alle unverschleiert.

„macht sie ihren Hof den verschiedenen Sultaninnen *) und Kaduns
„des Palastes, deren Gunst ein Großer nur durch seine Frau er=
„langen kann.

„Eine türkische Dame ist unabhängig von den ihren Ehe=
„gatten treffenden politischen Gefahren, ausgenommen diejenigen,
„die ihn selbst treffen. **) Ihr Leben, ihre Person, ihr Vermögen,
„selbst ihre Wohnung sind heilig und sicher. Ihre Zunge bleibt
„frei und unbeschränkt, und weder Mann, noch Pascha, noch
„Sultan dürften es wagen, sie am freien Reden zu hindern.

„Hat der Mann die Freiheit, sich von seinem Weibe zu
„scheiden, so kann die Frau sich auch von ihrem Manne scheiden ***)
„und die Mutter eines Sohnes ist unbeschränkte Gebieterin.

„Bei allen Religionsgebräuchen findet völlige Gleichheit
„zwischen Männern und Frauen Statt; die Gebete sind für Beide
„dieselben; Beiden ist der Titel Chodscha, wie der eines Hadschi
„gemeinschaftlich; eben so die Vorrechte der Pilgerfahrt.“

„Die Frauen haben eben so viel Freiheit als die Männer,
„und viel mehr Vergnügungen in Ausfahrten, Partien, Besuchen,
„Ladengehen und Bad.

„Einer Frau Eigenthum ist so sicher, wie das eines Mannes.

---

*) Die Sultaninnen (Sultans, nicht Sultanehs) sind die Töchter, Schwe=
stern und Tanten des Souveräns. Es ist der gemeinschaftliche Titel
jedes Familiengliedes. Das Staatsoberhaupt heißt Padischah, aber der
Inhaber dieses Amtes wird in dem seinem Namen hinzugefügten Titel
von der übrigen Familie nicht unterschieden. †)

†) Man sagt also, wenn der Uebersetzer den Verfasser recht versteht: der Padischah,
wenn man vom Sultan Mahmud als türkischen Kaiser spricht; aber man
sagt: Mahmud Sultan, nicht Mahmud Padischah, obgleich man Ali Pascha,
Hassan Aga, Arslan Bey sagt, und man sagt von den Töchtern des Sultans:
Salyha Sultan, Mirimah Sultan u. s. w.   D. Ueb.

**) Neuerdings ward indeß die Frau eines Mollah nach Brussa verbannt,
aber sie war allgemein dafür bekannt, daß sie sich in Politik und In=
trigue mischte. Jeder lachte, aber Jeder sagte: „Ihr ist Recht
geschehen.“

***) Der Inhaber des höchsten gesetzlichen Postens im Reiche lebt gegen=
wärtig in trostloser Wittwerschaft, indem seine Frau ihn verlassen hat,
welche die liebenswürdigste Person in ganz Konstantinopel seyn soll.
Er war ihr über alle Maßen zugethan, sie aber faßte einen Wider=
willen gegen ihn, verließ ihn, und alle Macht des Gesetzes und der
Leidenschaft konnten sie nicht zurückbringen.

„Einer Frau Vermögen ist das ihrige und wird nicht, wie bei „euch, zum Eigenthum ihres Ehegatten.

„Die Frauen erhalten eben so viel und dieselbe Erziehung „wie die Männer. *)

„Die Frauen werden von den Männern mit einer Ehrerbie=„tung behandelt, die sie ihnen nicht immer erwiedern **), und „wenn eine Frau einen Mann anredet, so schlägt er ehrfurchts=„voll die Augen zu Boden.

„Worin also sind wir die Sklavinnen unserer Ehemänner? „Worin stehen wir den europäischen Frauen nach? Etwa darin, „daß die Männer uns nicht mit bloßen Augen oder durch Fernglä=„ser unverschämt ins Gesicht starren? Ihr sprecht von euren großen „Vortheilen in der Wahl von Ehemännern und Ehefrauen; aber „sind eure Ehen glücklicher als die unseren, und habt ihr die Mittel, „euch zu trennen, wenn ihr euch nicht vertragen könnt? Und „wer möchte sich um einen Ehemann kümmern, der mit anderen „Frauen am Arm kichernd und lachend fortgeht? Und welcher „Ehemann kann eine Frau lieben, die andere Männer betaste „und umdrehen dürfen?"

Es ist eine alte Geschichte, daß sich über den Geschmack nicht streiten läßt. Ein Ergebniß aber scheint aus dieser Untersuchung als fast gewiß: daß in diesem Theile der Welt, wie in anderen, das weibliche Geschlecht das Scepter in der Hand führt, obgleich es ein Spinnrocken heißt. ***)

---

*) Die Zahl der die öffentlichen Schulen besuchenden Mädchen ist kaum geringer als die der Knaben. Unter den Namen der berühmtesten lebenden Dichter kommen drei Damen vor. Die eine derselben, Peri=schek Khanum, war unter Sultan Mustapha's Regierung sein Geheim=schreiber. Mehemed Ali Pascha's geheimer Briefwechsel wird von zwei Geheimschreiberinnen geführt.

**) Der Serasklier Pascha, der erste Mann im Reiche und Herr, oder Vater, seiner ehemaligen Sklaven, der beiden Schwiegersöhne des Sultans, setzt sich nicht in Gegenwart von Gulis Khanum, bis sie es ihm sagt. Sie ist die Schwester des berühmten Hassan Pascha, der des Serasklers Herr war. Diese Probe des Uebergewichtes, welches Familienbande, selbst die nur fingirten, in den höchsten Staatsstellen genießen, beweiset das Gewicht und die Gewalt des Hauses und der Familie, dieses Kreises, von dem die Frau den Mittelpunkt bildet.

***) Es ist kein unbedeutendes Vorrecht des schönen Geschlechtes, daß

In diesem Vortrage ist jede Anspielung auf Vielweiberei schlau umgangen, und allerdings bietet der Harem einen sonderbaren Auftritt, wenn sein Ansehen und das Herz des Herrn sich unter zwei oder mehr Nebenbuhlerinnen theilen. Aber selbst dann sind die Auftritte der Zwietracht und die Stürme der Leidenschaft nicht von der Art, wie unsre Phantasie sie bilden, unsere Sitten sie rechtfertigen würden. Die allgemeinen Gewohnheiten, die hemmende Gegenwart eines zahlreichen, nie zu entfernenden Gefolges, verhindert das Herzpochen, auf der Wange zu erglühen und den Sturm der Brust über die Zunge zu sausen. Man sagt, unterdrückte Leidenschaften seyen halb besiegt, und die türkische Ehefrau, welche nicht die leisesten Verirrungen ihres Gatten ertragen würde, wenn der Gegenstand ein unerlaubter wäre, deren Wuth in diesem Falle weder Maaß noch Ziel kennt, muß sich ruhig unterwerfen, alle ihre Vorrechte mit einer gesetzlichen Nebenbuhlerin zu theilen.

Verhandelt ein Europäer den Punkt der Vielweiberei mit einer türkischen Frau, so hat er allen Vortheil für sich, weil ihre Gefühle entschieden auf der Seite ihres Gegners sind. Dann aber hat sie eine furchtbare Erwiederung bei der Hand, in Vergleichung der praktischen Wirkungen beider Systeme und in den weit verbreiteten Gerüchten von der Herzlosigkeit und Unzucht in Europa. *)

Alle Ueberzeugungen unserer Gewohnheiten und Gesetze stellen sich feindlich einem Lande gegenüber, wo der Grundsatz der Vielweiberei in die Staatsgesetze aufgenommen ist. Während wir aber dem Islamismus die Vielweiberei vorwerfen, könnte er uns die thatsächliche Vielweiberei vorwerfen, die, vom Gesetze ungebilligt und vom Herkommen verworfen, Entwürdigung des Geistes mit der Zügellosigkeit der Sitten verbindet.

---

die Dienerin oder Sklavin den Herrn oder seinen Sohn heirathen kann, ohne ihrem Ehegatten oder seiner Familie dadurch Tadel oder Vorwurf zuzuziehen.

*) In der europäischen Türkei, in Kleinasien, in Mittelasien, Bukhara, Persien und selbst in dem zügellosen Aegypten sind die europäischen Findelhäuser immer ein Gegenstand des Nachfragens und des Erstaunens.

Obgleich Mahomeds Gesetze die Vielweiberei gestatten, ver=
ändert diese Zulassung doch nicht das Zahlen=Verhältniß der Män=
ner zu den Weibern. Während daher das Naturgesetz die Viel=
weiberei in Bezug auf die Gemeinde schon unthunlich macht,
wird sie bei den Wenigen, welche die Mittel hätten, davon Ge=
brauch zu machen, noch ferner eingeschränkt, sowohl durch die
daraus entspringende häusliche Unlust, als durch den öffentlichen
Tadel und die Verwerfung, welche die Vielweiberei treffen. *)

Die Sittlichkeit im Oriente entspringt aus mehrfachen Ursa=
chen. Dahin gehören die Wohlhabenheit des Volkes — der ein=
fache Sinn — die Reize und Bande ihrer besonderen häuslichen
Gewohnheiten, und zum Theil mag sie auch, wie ich von Gesetz=
kundigen habe anführen gehört, auf Rechnung der Erlaubniß kom=
men, mehr als eine Frau zu heirathen und der Möglichkeit zur
Ehescheidung wegen Abneigung. **) Sie raisonniren so: unter
den Reichen und denen, welche gegen die öffentliche Meinung
gleichgültiger sind, die den höheren Theil jeder Gesellschaft bilden,
findet man nicht die Beständigkeit und die Einigkeit der Zuneigun=
gen, die in der Masse eines Volkes aus den Schwierigkeiten und
Mühseligkeiten und folgenweise der Mäßigkeit und Tugend des
einfachen Lebens entstehen. Ist das Gesetz also so strenge und
verbietend, daß die höheren und reicheren Classen es übertreten
würden, so verletzen sie in Bezug auf sie selbst ihr Pflichtgefühl
und geben Anderen Anlaß zum Lästern und ein Beispiel zur Nach=
ahmung. Erlaubt aber das Gesetz, bis zu gewissem Grade, die=
sen Leidenschaften nachzugeben, die zu hemmen ihm doch nicht ge=
lingen würde, so läßt es die Macht des Gewissens unberührt und
erhält das Ansehen des Gesetzes aufrecht. In Rußland gilt gesetz=
lich und unwiderruflich Monogamie; der Reiche bricht das Gesetz,
das Gesetz verliert seine moralische Kraft und das Volk in dieser
Hinsicht seine Gewissenhaftigkeit. ***) In der Türkei haben einige

---

*) Auf Candia war, unter einer Bevölkerung von 40,000 Muselmän=
nern, kein Fall einer Doppelehe bekannt.

**) Die Protestanten in Ungarn lassen die Klage zu wegen: irrevocabile
odium. (unwiderruflicher Haß.) †)

    †) Bekanntlich auch der, in dieser Hinsicht wieder aufgehobene Code Napoléon,
    auf gegenseitige und beharrliche Einwilligung Art. 233. 275 ff. D. Ueb.

***) Die allgemeine Sittlichkeit der Griechen in der Türkei (die vom Fanar

hundert Männer, oder höchstens im ganzen Reiche einige tausend, mehr als eine Frau. Es entsteht kein Aergerniß daraus, und Beständigkeit gegen einen einzigen Ehegenossen gilt im Allgemeinen.

Einige mögen bei der bloßen Erwähnung des Wortes: Vielweiberei, erschrecken; aber die heiligen Schriften verdammen sie nicht — die Patriarchen hatten sie.

Haben diejenigen, welche von den Siegen des Islamismus sprechen, als seyen sie aus den unbegränzten Freuden sinnlicher Lüste entstanden, die er seinen Anhängern darbiete, und welche die Vielweiberei als die Quelle der Entvölkerung und Schwäche des türkischen Reiches anklagen, jemals daran gedacht, die sittliche Statistik dieses Landes und Europa's zu vergleichen? Haben sie verglichen, wie weit man der sinnlichen Lust in London, wie weit in Konstantinopel fröhne? Haben sie die fürchterliche Masse von Elend und Entwürdigung geschätzt, die so unmittelbar auf den Quellen der Bevölkerung in der erstgenannten Hauptstadt lastet? Haben sie in beiden Städten die Zahl der weiblichen Wesen verglichen, die zu dem verworfensten Stande menschlichen Elendes hinabgesunken und der bürgerlichen Gesellschaft nutzlos geworden sind? Haben sie die Zahl der unbekannten Wesen verglichen, die in hülfloser Kindheit dem Mitleid Fremder hingeschleudert werden, und ihr Lebenlang ein unvertilgbares Brandmal des Vorwurfes und der Schande tragen, ein lebendes Zeugniß der Verderbniß oder der fehlerhaften Gesetzgebung des Landes, in dem sie das Unglück hatten, das Tageslicht zu erblicken? England, glauben wir, sey das sittlichste Land in Europa, und alle Tage hören wir das empörende Schauspiel, das unsere öffentlichen Plätze darbieten, als einen Beweis dieser hohen Sittlichkeit anführen. In Bezug auf die Sittlichkeit Frankreichs könnten wir in Herrn Dumonts Tabellen hinlänglichen Stoff zu praktischen Zwecken finden. Italien, Spanien, Deutschland dürfen nur erwähnt werden, um uns an-

---

und in den höheren Ständen ausgenommen) ist nicht weniger merkwürdig, als die der Türken, und ihre geistlichen Gesetze sind dieselben, wie in Rußland, aber die Anwendung ist verschieden. Weigert sich der Bischof in der Türkei, eine von beiden Theilen nachgesuchte Ehescheidung, als dem kanonischen Rechte zuwider, zuzulassen, so sagt man ihm sehr bald, daß, wenn er nicht will, die Parteien sich an den Kadi wenden würden.

derswo nach Beispielen häuslicher Tugend oder öffentlicher Sittlichkeit umzusehen. Und doch hört man überall in diesen Ländern
die Türken als unsittlich und ausschweifend verklagt und verdammt!

Sollte ich angeben, was mir in der Türkei als der hervor-
ragendste Charakterzug aufgefallen sey, so würde ich unbedenklich
antworten: — die Sittlichkeit, und ich denke, daß Jeder, wenn nicht
die Wichtigkeit des Unterschiedes, doch wenigstens die Thatsache
des Contrastes zugeben wird, wenn er sich die Mühe geben will,
die Eindrücke zu vergleichen, die ein Türke in Europa und ein
Europäer in der Türkei empfängt. Der Erstere wird nicht eine
Woche in einer unserer Städte seyn, ohne Zügellosigkeit und Laster
aller Art kennen zu lernen, oder damit in Berührung gebracht zu
werden. Der Europäer wird zwanzig Jahre lang in einer türkischen Stadt leben, ohne etwas der Art zu sehen, und er wird
es unmöglich finden, seine Neugier zu befriedigen, selbst wenn
er wollte. *) Es mag seyn, wie oft gesagt worden, daß in Bezug auf den Umgang zwischen beiden Geschlechtern dieß der Erfolg des Zwanges ist, der beiden Theilen auferlegt worden, aber
der Zwang ist sittlicher, niemals physischer Art. Es gibt keine
von eifersüchtigen Ehemännern angestellten Duennas; kein Mann
in der Türkei riegelt seine Frau ein, überhaupt sind Riegel zu
irgend einem Zwecke selten. Man bringt seine Töchter nicht in
hochummauerte Pensionsanstalten. Der angegebene Zwang ist
der des beständigen Lebens in Gegenwart der Familie. Unter
den höheren Ständen kann kein Mann etwas im Geheimen thun,
oder heimlich Orte besuchen, wo er sich schämen müßte, öffentlich gesehen zu werden. Dasselbe ist der Fall mit den Frauen.
Die allgemeinen Gefühle der Rechtschaffenheit zwecken darauf ab,
die Sittlichkeit zu erhalten. Sie wird ferner durch den öffent-

---

*) Ich beschränke dieß natürlich auf türkische Städte. Der Fremde
wird, das weiß Gott, genug Laster und Verderbniß aller Art in Pera
und Galata finden, aber das sind fränkische Stadtviertel. Er möge
in die türkischen Viertel von Konstantinopel gehen, und er wird vergebens ein Obdach suchen, das zu betreten unanständig wäre. Nirgends wird er auch ein Beispiel oder auch nur eine Andeutung der
Straßenlaster, oder der rohen und lärmenden Vergnügungen festlän-
dischen Pöbels oder insularischer Gentlemen bemerken.

lichen Tadel geschützt, der nicht weniger die Männer trifft als
die Frauen. In der That fällt er schwerer auf die ersteren,
denn man sagt: „Er hätte es besser wissen müssen." Man rech=
net es sich nicht zur Ehre an, über weibliche Schwäche zu sie=
gen. Welche Tugend aber kann mit der verglichen werden, die
ohne Gebote oder Kampf von selbst entsteht aus der Einfachheit
der Zuneigungen? Und von der Art halte ich die Tugend der
Türken. Die Männer sehen keine anderen Weiber, als ihre Ehe=
frauen und denken an keine anderen. Die Frauen kennen nur
ihre Männer und leben ganz in ihnen. Ihre Zuneigungen sind
daher gegenseitig vollständiger, und es findet weder Zerstreuung
noch Verdacht statt.

Ferner ist der Umgang zwischen den verschiedenen Ständen
der Gesellschaft freundlich und liebevoll. Häusliches und gesell=
schaftliches Leben entwickeln diese Zuneigungen auf gleiche Weise
und des Menschen Glück besteht in seinen Zuneigungen.

Nach muselmännischem Rechte stehen die Frauen höher als
nach römischem, und folgeweise nach den aus dieser großen Mut=
ter abendländischer Gesetzgebung entlehnten Gesetzbüchern und
Herkommen. Die Vorrechte und Vortheile einer Classe der Ge=
sellschaft hängen hauptsächlich ab von den Gesetzen über Eigen=
thumsrecht, die unmerklich, aber fortwährend, von Jahrhundert zu
Jahrhundert, Einfluß und Macht auf die bei der Vertheilung
Begünstigten übertragen. Um die verhältnißmäßige Stellung
muselmännischer und christlicher Weiber zu begreifen, ist es höchst
wesentlich, ihre gesetzlichen Eigenthumsrechte zu vergleichen.

Der Islamismus kennt kein Recht der Erstgeburt und ver=
theilt (nach Abzug eines Drittheils, worüber der Vater frei ver=
fügen darf) das Vermögen der Eltern unter alle Kinder, so daß
immer zwei Theile an die männlichen, einer auf die weiblichen
fällt; und dasselbe Verhältniß gilt jedem ferneren Grade der Ver=
wandtschaft. Hier also wird ein Unterschied zum Nachtheile der
Frauen gemacht; allein man wird bemerken, daß, da kein Recht
der Erstgeburt gilt, wonach der älteste männliche Erbe das ganze
Vermögen zu sich nimmt, die orientalische Tochter sich verhält=
nißmäßig besser steht, als die europäische Tochter einer alten
Familie. Diese Vertheilung des Vermögens ist ein fruchtbrin=

gender Keim für die Einheit und Glückseligkeit orientalischer Familien.

Besonders begünstigt aber ist die muselmännische Frau in Bezug auf die Ehe. Der Ehemann muß eine Aussteuer geben, statt sie zu erwarten. Auch empfängt sie einen Antheil von ihrem Vater, der an den Ehemann fällt, nachdem ein Drittheil zur Benutzung der Frau beiseite gesetzt ist. So sind also Gatte und Vater gegenseitig verpflichtet, dazu beizutragen, dem sich verheirathenden Mädchen eine Unabhängigkeit zu sichern, über welche keinem von Beiden eine spätere Controle zugestanden wird, obgleich durch diese Genossenschaft das Interesse beider lebendig erhalten und in dem Gegenstande vereinigt wird, das sie zu lieben verpflichtet sind. Hier entschleiert sich die Tiefe der Gedanken, die Jedem auffällt, der über Mahomeds Gesetze nachdenkt; ohne Ausnahme findet man sie auf die Bildung des Charakters hingeleitet. Einem ähnlichen Einfluß auf die Gemüther seiner Anhänger muß man die unbegränzte Ehrfurcht vor einem Mann zuschreiben, der sich niemals selbst erläuterte und der während so mancher Jahrhunderte die Ueberzeugung so mancher Millionen gewann und fesselte, in Religion, Gebrauch, Gesetz und Politik, ohne sich eines Syllogismus zu bedienen oder auf ein Wunder Anspruch zu machen!

Das Eigenthum verheiratheter Frauen bleibt unter ihrer eigenen Verwaltung; der Mann kann es nicht heben, und es ist nicht für seine Schulden verhaftet. Die Wittwe erhält bei der Vertheilung nach ihres Mannes Tode den dritten Theil der von ihrem Vater erhaltenen Mitgift, die ganze, ihr vom Ehemann gegebene Aussteuer und vom Vermögen des Ehemannes den achten bis vierten Theil, je nach der Nähe der übrigen Erben. Alles Vermögen, was ihr vor der Ehe gehörte oder ihr während derselben zufiel, bleibt das ihrige.

Was die Ehescheidung betrifft, so haben die Frauen gesetzlich fast gleiche Erleichterungen wie ihre Gatten, ein Band zu lösen, das sie nicht lieben, und in Bezug auf die Türken möchte ich sagen, daß Frauen (wenn sie an Rang und Vermögen ihrem Manne gleichstehen) praktisch dieß Recht mehr üben, als die Männer, und sich dessen als ein Drohmittel gegen Vielweiberei bedienen. Dieß Recht zur Ehescheidung mag uns der Sittlich-

keit nachtheilig erscheinen, aber ich stehe nicht an zu sagen, daß
wenn man der orientalischen Gesellschaft, wie sie gegenwärtig be=
steht, das Recht zur Ehescheidung entziehen wollte, Sittlichkeit
und Glück in einem nicht zu berechnenden Grade leiden würden.
Wo der Umgang zwischen beiden Geschlechtern vor der Ehe so
sehr beschränkt ist, wird die Freiheit zur späteren Trennung un=
umgänglich nothwendig, falls gegenseitige Abneigung entstehen
sollte. Um so mehr ist dieß der Fall in dem häuslichen Kreise
des Orientes, weil die Familie so ganz für sich selbst lebt, mit
so wenigen Vergnügungen außer denen, welche gegenseitige Ver=
bindung und gemeinschaftliche Sympathie darbieten, daß eine
Uneinigkeit zwischen den hauptsächlichsten Mitgliedern ihnen einen
großen Theil dessen vernichten würde, was dem Leben Werth
gibt. Ein dritter und schlagender Grund für die Leichtigkeit der
Ehescheidung ist die Verhütung der Vielweiberei. Keine Frau
wird gern ihre ehelichen Rechte mit einer Genossin theilen, und
während also das Gesetz ihrem Ehemanne gestattet, ihr eine oder
mehrere Genossinnen zu geben, sichert es ihr ein unabhängiges
Vermögen, eine unabhängige Lage und die Leichtigkeit, ihn zu
verlassen. Dieß, in Verbindung mit der öffentlichen Meinung
und den Banden und Sympathien der Verwandtschaft geben
einer Ehefrau, wenn sie eine Frau von Range ist, die Mittel
in die Hände, ihres Mannes Treiben zu regieren, wenn ihre Reize
aufgehört haben, die despotische Gewalt über ihn zu üben, welche
die Schönen jedes Landes und jedes Glaubens eben so die Kraft,
als den Willen haben anzuwenden.

Männer, welche sich davor scheuen, sich einem solchen Re=
gimente zu unterwerfen, heirathen Sklavinnen oder Mädchen, die
unter ihrem Stande sind. Solche Fälle sind indeß natürlich kei=
nesweges gewöhnlich.

Unfruchtbarkeit aber ändert das Loos und die Lage der Frauen
bedeutend. Die Verachtung, worin sie nach der öffentlichen Mei=
nung steht, beraubt eine so beschaffene Frau des Ansehens. Des
Orientalen vorzüglichste Freude sind seine Kinder; ein kinderloses
Haus ist ein Fluch; ein kinderloses Weib eine Schmach; ein kin=
derloses Alter Aussicht auf Einsamkeit und Verachtung. Eine
kinderlose Frau verliert daher ihre Vorrechte, und in welchen son=
stigen Verbindungen sie auch stehen möge, muß sie sich ohne

Murren der Einführung einer andern Frau in den Harem unterwerfen, oder sie schließt einen Vertrag mit ihrem Manne, wie Sarah mit Abraham.

So steht es mit der allgemeinen Lage der Frauen, in Bezug auf Besitz und bürgerliche Rechte vor dem muselmännischen Gesetze, dessen Grundsätze ich versucht habe, in seinen praktischen und sittlichen Wirkungen genau zu schildern. Ich muß jetzt noch des Theiles des peinlichen Gesetzbuches erwähnen, der sich auf die gesellschaftliche Stellung der Frauen bezieht — auf Beweis und Bestrafung der Untreue.

Die Grundlage aller muselmännischen Einrichtungen, Begriffe und Gebräuche ist der Herd, das Haus — d. h. der Harem — der eine Fleck auf Erden, den jeder Mann als den seinen festhält — als geheim und „verboten." Zu Gunsten der Ehefrau ist dieses Heiligthum geschaffen, es besteht nur in ihr und besteht überall da, wohin sie geht. Die Frauenehre — der Mittelpunkt dieser heimischen Stätte, die das Hauptelement der orientalischen Gesellschaft ausmacht, muß natürlich durch die strengsten Strafen des Gesetzes und der öffentlichen Meinung bewacht werden, und so ist es auch. Die Strafe auf den Ehebruch ist der Tod — nicht der Tod, den ein Einzelner, ein bezahlter Scharfrichter vollzieht — sondern der Tod, von den Händen eines aufgebrachten Volkes vollzogen — nicht mit dem Schwerte oder dem Beile, Werkzeugen, die durch Begriffsverbindungen mit Volksehre und Ruhm und bürgerlicher Macht und Gerechtigkeit geadelt sind — sondern von einer Volksmenge, einem Pöbel — dem eigenen Geschlechte — den Kindern — den Verwandten — den früheren Spielgenossen — welche die von der Landstraße aufgesammelten Steine auf die Ehebrecherin schleudern!

Doch während eine so grausige Strafe verhängt wird — eine so tragische und poetische Strafe, so bezeichnend für das Wesen und Ziel morgenländischer Gesetzgebung, mehr zur Einbildungskraft redend, als auf die Furcht wirkend, und mehr durch den erzeugten Charakter, als durch den auferlegten Zaum wirkend — während diese Strafe auf die Untreue gesetzt ist, steht sie mehr da wie der Ausdruck des öffentlichen Abscheues, als wie ein zu vollziehendes Gesetz. Das erforderliche Zeugniß ist von der Art, daß es in kaum denkbaren Fällen abgelegt werden kann, und die gegen den verlierenden Ankläger verhängte Strafe ist so strenge, daß sie hinreicht, von der Anklage abzuschrecken. Die Jahrbücher des ottomanischen Reiches enthalten nur ein einziges Beispiel einer Bestrafung für Ehebruch, die sich ein Jahrtausend nach der Verkündung des Gesetzes ereignete und gegen den Richter, der sie aussprach, den öffentlichen Unwillen so sehr erregte, daß er als Opfer eines ähnlichen, von ihm zuerkannten Schicksales fiel, das öffentliche Rache über ihn vollzog. *)

Täglich bemerken wir die schlimmen Wirkungen, welche auf junge Gemüther das Zusammenseyn in gemischten Gesellschaften hervorbringt. Die besten Erfolge der Erziehung auf den Geist werden dadurch immer gefährdet — oft aufgeopfert und in der Regel verunstaltet durch das Zusammendrängen, das bei uns eine Nothwendigkeit zum Daseyn geworden ist. Daß es bei einem Volke an solchen Versammlungen fehlt, beweiset, daß es sich selbst genügt, ohne jene äußeren und gefährlichen Mittel, und man vermeidet die darin liegenden Uebel so wie die daraus folgende Ansteckung.

Alle diese Ursachen und noch andere obendrein würden, in ihrem unmittelbaren Zwecke, in ihrer Wechselwirkung, in der Zurückhaltung, die der von ihnen erzeugte National-Charakter auferlegt, zu der Annahme führen, daß große Sittlichkeit im Volke vorhanden sey, wenn auch die Thatsachen nicht erwiesen wären und hinreichten, das bekanntlich Bestehende mit sehr klaren und

---

*) Von Hammer, Geschichte des osmanischen Reiches Thl. III. S. 712 erzählt die Geschichte ebenfalls als die erste Strafe der Art, seit Gründung des Islams , weil der Prophet, als die Strafe auf einen seiner tapfersten Feldherrn angewendet werden sollte, ein milder Ausleger des im Namen des Himmels zu strenge gegebenen Gesetzes, als unerläßliches Bedingniß die Aussage von vier wahrhaftigen Augenzeugen gefordert." — Unter Mohamed IV, 1680, ruhte der Oberstlandrichter Bejasisade Ahmed Effendi nicht eher, „bis er einige sehr verdächtige Zeugen zur Ablegung des verlangten Augenbeweises vermocht." worauf dann die Angeklagte, das Weib eines Schuhflickers, gesteinigt, ihr Mitangeklagter aber, ein Jude, „weil er Tags zuvor. in der Hoffnung sein Leben zu retten, Moslim geworden, aus besonderer Gnade zuvor geköpft wurde." — Uebrigens läßt von Hammer, a. a. O. S. 781 „den fanatischen Steiniger der Ehebrecherin, Bejasisade" 1685 eines natürlichen Todes sterben.   D. Ueb.

verständlichen Gründen zu erklären. Alles dieses aber ist innig und genau verbunden mit dem Daheim des Morgenlandes, dieser Häuslichkeit, die ihnen mehr gilt als das Vaterland, und die dem darin enthaltenen Patriotismus, obgleich er der äußern Triebe und sichtbarer Bande entbehrt, eine so thatkräftige Ruhe und eine so lange Dauer verliehen hat.

Diese häusliche Glückseligkeit und Tugend ist indeß nicht allen Theilen des Orientes gemeinsam. Sie ist besonders und eigenthümlich türkisch, und wie tief in diesem Volke die Liebe zum Daheim Wurzel gefaßt hat (nicht zum Orte, wo man geboren ist, sondern zum Herde, wo er sich auch befinden mag) kann nicht besser bewiesen werden, als daß sie im Stande ist, die Wirkungen der beständigen Einführung von Sklavinnen oder Ehefrauen, von den vielleicht sittenlosesten Stämmen auf dem Erdboden — von den Georgiern und Arabern zu überwinden. Liebe zur Heimath würde den Verlust der Einfalt des Gemüthes und ausschließlicher Zuneigung nicht überleben. Die Georgierinnen bringen keines von Beiden mit, und wenn sie, nebst den Afrikanerinnen, den türkischen Charakter nicht verderbt haben, so geschah das nur, weil die vereinigten Wirkungen der Erziehung, Sitten, Gebräuche und Religion sich in dem einen Brennpunkt sammeln und zwar so stark, daß sie den Charakter des Volkes unverändert bewahrten seit dem entferntesten Zeitpunkte der Geschichte bis zum heutigen Tage, unter einer größeren Abwechselung von Umständen, Schicksalen und Versuchungen, als denen jemals ein Volk ausgesetzt gewesen.

Diese Charakterzüge des türkischen Gemüthes und ihrer Sittlichkeit sind nicht nur schlagend, wenn man sie mit den anderen Racen vergleicht, die denselben Boden bewohnen, sondern auch in der augenblicklich sichtbaren Veränderung derer, die sich zu demselben Stamme gesellen, sich zu denselben Meinungen bekennen und dieselben Sitten annehmen, indem sie zu dem Glauben übertreten, den die Türken heutzutage bekennen. Ueber diese Thatsache kann ich unzweideutiges Zeugniß ablegen, und obgleich die Veränderung zum Theil auf Rechnung des municipalen Wesens des Islamismus kommt, möchte ich doch geneigt seyn, sie hauptsächlich daraus zu erklären, daß diese Bevölkerungen sich der häuslichen Sittlichkeit der Türken anschließen.

Es könnte scheinen, als schöbe ich große Ereignisse auf sehr unbedeutende und unzureichende Ursachen. Aber was kann so wichtig seyn in einer Masse, als die Einigkeit — in einer Verbindung, als der Grundstoff? Ist nicht die Nation ein Aggregat von Familien? — Ist nicht der Volkscharakter das, was jedem Einzelnen gemeinsam ist? Ist nicht die öffentliche Meinung das Aggregat der Meinungen, die jedes einzelne Mitglied der Gemeinde hegt? Sind aber nicht Volkscharakter und öffentliche Meinung die Grundlage aller Gesetze, Einrichtungen und Ereignisse? Und dennoch, wie verhältnißmäßig unthätig sind sie nicht bei uns; sehen wir nicht, daß in allen öffentlichen Angelegenheiten die Thatkraft des Geistes jedes Einzelnen gegen die Ueberzeugungen seines Bruders, seines Nachbars, seines Mitbürgers auftritt? In der Türkei unterscheiden sich Familie und Volk nur durch die Zahl; Charakter und Meinung kennen keinen Unterschied im Oeffentlichen und Einzelnen, sie sind ein und dasselbe. Der Charakter der Familie und die Meinungen des Mannes sind der Charakter und die Meinungen der Nation, und Niemand, der anhaltend in ihre Gemüther geschauet hat, kann den kleinsten Umstand, der einen Mann berührt, unbeachtet lassen, denn er berührt Alle und zwar Alle auf dieselbe Weise und in demselben Grade.

Indem ich die Bewunderung ausdrücke, welche der türkische Charakter mir einflößt, muß ich dieses Lob gänzlich auf sein häusliches und passives Daseyn einschränken; für den Türken, er sey Sohn, Gatte, Vater, Herr, Nachbar, entspringen alle Eigenschaften, die er besitzen mag, aus diesen Charakteren. Er ist tapfer, weil er sein Haus und Herd vertheidigt; er ist lenksam, weil er einen Vater hatte; er ist nicht parteisüchtig, weil die Einheit des Staates die der Familie einschließt und darstellt; er ist seinem Worte treu, weil er mit seinen Freunden einig lebt; er hat durch unsichtbare Mittel Jahrhunderte lang die Herrschaft über weite Länder und Bevölkerungen behauptet, die in Charakter verschieden, in Sprache fremd, in Interessen entgegengesetzt sind, weil er sich in ihre Gebräuche nicht mehr einzumischen suchte, als er die Privatneigung seiner Familie beschränken würde, und weil sie eine Gleichförmigkeit des Verhaltens gegen ihn gelernt haben, ohne Nachtheil der Verschiedenheit ihrer Natur, und weil er Meinungsverschiedenheiten nicht als Richter behandelte noch Gewaltthaten als Parteianhänger ahndete, indem ein solches Verfahren unauslöschlichen Haß und systematischen Widerstand erzeugt hätte.

Der Türke, als Ackerbauer, Seemann, General, Mechaniker oder Professor, steht so tief unter anderen europäischen Nationen, als er in häuslichen Tugenden oder gesellschaftlicher Rechtlichkeit über jeder derselben steht. Einzig und allein in Folge derselben nimmt er daher einen Platz unter den Völkern ein, und eben diese Eigenschaften sind nicht das Ergebniß eines Grundsatzrs, sondern der Gewohnheit, und zwar von Gewohnheiten, deren Eindruck sich aus dem Harem herleitet. Das türkische Reich hat überwiegender Macht und Unrecht widerstanden, aber jetzt wartet seiner eine gefährlichere Probe, nicht so sehr nämlich die Thatsache der Annahme anderer Sitten, als die Thatsache der Veränderung. Die Veränderung der Gewohnheiten, angenommen auch, sie wäre wünschenswerth, wird nicht zur Einführung der europäischen, sondern lediglich zur Zerstörung der eigenen führen. Eine Reaction gegen Europa wird vielleicht das endliche Ergebniß getäuschter Hoffnungen und verunglückter Nachahmung seyn, dann aber werden die Türken nicht mehr einen Volkscharakter haben, auf den sie sich stützen können.

Die einzigen Veränderungen, welche der Türkei wohlthätig seyn können, müssen unmerklich und allmählich kommen, und solche Wohlthaten bestehen nur in Belehrung des Einzelnen, darin, daß die Literatur dem Volke zugänglich und nützlich gemacht wird, daß die Grundsätze ausgedehnt, die Ergebnisse der Wissenschaft angewendet werden. Ueberall, wo an Sitten, Gebräuchen, Gesetzen, Einrichtungen gerührt wird, geschieht Uebles, und die Gefahr ist da. Erst nachdem die Türken ganz und gar mit Europa bekannt geworden sind, können sie wissen, was sie nachahmen sollen. Die Veränderungen, welche die Sitten des Volkes betreffen, müssen, wenn sie durch äußere Ursachen entstehen, verderblich für die sittlichen und häuslichen Eigenschaften werden. Verwirren sich die allgemein üblichen Weisen und Gewohnheiten, welche die Sprache der Sittlichkeit sind, so tritt eine Begriffsverwirrung ein, die den Ton des Gemüthes herabstimmt. Die alten Gewohnheiten sind verloren; die neuen, und wären sie die Vollkommenheit selbst, sind leere, unwirksame Formen. Und so, überall, wo Orientalen und Europäer massenweise in Berührung kommen, erfolgt eine Verschlimmerung beider. Da die Europäer im Besitze größerer kriegerischer und politischer Macht sind, haben die Orientalen am meisten bei dieser Berührung gelitten. Da unter den Europäern die Sittlichkeit niedriger steht, so richtet sich ihre Ueberlegenheit natürlicherweise auf die Vertilgung des orientalischen Charakters und damit der Einrichtungen und Unabhängigkeit des Orientes. *)

Ein Werk, die Frucht dreißigjähriger Arbeit, ist neuerlich über das ottomanische Reich erschienen. Es ist aus der Feder des populärsten der orientalischen Gelehrten geflossen, es ist oder wird jetzt in alle europäischen Sprachen übersetzt und wird jetzt, wie für immer, als die Hauptautorität über alle orientalischen Angelegenheiten angesehen werden. Ich spreche von Herrn von Hammers Geschichte des osmanischen Reiches.

Der Leser, der an dem Inhalte dieser Blätter oder an den darin vorgetragenen Ansichten Theil genommen, wird natürlich fragen, in wie fern diese Ansichten von denen des Herrn von Hammer unterstützt werden, und vermuthlich wird dieser Wunsch in keiner Hinsicht in solchem Grade aufsteigen, als in Betreff der Lage der Frauen in der Türkei und im Morgenlande. Es thut mir leid, zu sagen, daß Hrn. v. Hammers Meinungen die von mir angegebenen nicht unterstützen; sie sind in der That das gerade Gegentheil davon, und da ich das Unglück habe, von Herrn von Hammer abzuweichen, so bleibt mir nichts weiter übrig, als die Abweichung einzugestehen und ihr zu begegnen.

Hr. v. Hammer rühmt die Araber wegen ihrer ritterlichen Ergebenheit gegen das schöne Geschlecht, **) wirft aber den Türken vor, daß sie ihre Frauen auf den niedrigsten Standpunkt stellen, ihnen Vorrechte, Auszeichnung und Achtung versagen, und sie gewissermaßen als Hausthiere ansehen. Er kann indeß nicht begreifen, daß der Islamismus den weiblichen Charakter erniedrigt

---

*) Hievon bietet Griechenland ein trauriges Beispiel.
**) Die Achtung, welche die Türken ihren Frauen bezeigen, ist heutzutage bei den Arabern nicht zu finden. Die in Städten wohnende arabische Bevölkerung ist zügellos und ausschweifend; unter solchem Volke kann keine Achtung vor Frauen bestehen.

habe, indem er den erſten Verbreitern des Jslam ein hohes tit=
terliches Gefühl zugeſteht; allein er glaubt, türkiſcher Charakter
und türkiſche Meinung haben das ſchwächere Geſchlecht in die
demüthige und niedrige Lage gebracht, und dieſe Meinung be=
ſtätigt er durch die Etymologie des Titels Kadun — den er
von einem, mit dem Geſinde zuſammenhängenden Worte ab=
leitet.

Nachdem ich über die von den Ehefrauen in der Türkei
eingenommene Stellung meine eigenen Meinungen, und ich
darf hinzufügen, meine beſtimmte Kenntniß angegeben habe, über=
laſſe ich es dem Leſer zu erwägen, was ich gegen die Behaup=
tungen und Anſichten Herrn von Hammers vorgetragen habe,
allein den aus einer angeblichen Etymologie entnommenen Beweis=
grund kann ich nicht ohne Widerlegung gelten laſſen.

Der mit der Türkei unbekannte Leſer könnte glauben, Kadun
ſey gleichbedeutend mit Madame, und der mit weiblichen Namen
immer verbundene Respects=Ausdruck; das iſt aber nicht der
Fall. Kadun iſt „die Frau vom Hauſe.‟ Der mit Madame
gleichbedeutende Ausdruck iſt Hanum (Khanum) abgeleitet von
Khan oder Herr. Bei den Türken findet man ſeit unvordenklicher
Zeit die Eigenthümlichkeit — welche der Forſchung des gelehrten
und liebenswürdigen Orientaliſten nicht hätte entgehen ſollen —
daß ſie keinen Unterſchied des Geſchlechtes in der Sprache ha=
ben, daß Männer und Frauen in genau denſelben Formen der
Sprache und der Weiſe angeredet werden, daß nicht einmal ein
Unterſchied in den Endungen oder Fürwörtern ſtattfindet. Der
urſprüngliche Herrentitel: Aga, war Männern und Frauen ge=
meinſchaftlich. Timurs Gemahlin, eine der berühmteſten Cha=
raktere der tatariſchen Geſchichte, hieß Tuman Aga. Später
wurde dieſer Titel gemein — ward eben ſo weit ausgedehnt als
Monſieur — und demgemäß ſuchten die Türken eine ehrerbieti=
gere Bezeichnung für das weibliche Geſchlecht und nahmen den
Titel: Beg, oder Bey, und noch heutzutage iſt in Jndien dieſer
Titel den Ehefrauen vorbehalten — Begum (wörtlich: mein
Herr!). Unter den Türken, die ſich weſtwärts vom kaspiſchen
Meere ausbreiteten, ſauk der Titel Bey zu einer tieferen Stelle,
da ſie als höchſte Bezeichnung den Titel Khan annahmen, den ſie
in dieſen Gegenden vorfanden, und ſeit der Zeit wurde das Wort

Hanum (mein Herr) auf alle Frauenzimmer übergetragen, ohne Unterschied des Ranges, und ob verheirathet oder ledig. So ist also der Styl der Anrede: Perischek Hanum, Gulis Hanum u. s. w. Das besitzende Fürwort mein, das dem Titel, wenn man von oder zu Frauen redet, angehängt wird, ist soviel Monsieur, Monsignore; so sagen auch wir im Englischen My Lord, obgleich wir noch kein Wort gebildet haben, um dasselbe Gefühl der Achtung auszudrücken. Der Titel Khan wird nur Männern von sehr vornehmer Geburt oder in dem allerhöchsten Style orientalischer Rede gegeben, dagegen aber immer allen Frauenzimmern, die nur über den gewöhnlichen Handarbeiterinnen stehen.

In der Unterhaltung wird der mit einem Namen verbundene Titel nicht gebraucht; so darf man z. B. „ja, Madame" nicht übersetzen: evet Hanum, sondern evet Effendim; denn der von den Griechen entlehnte Titel Effendi wird ohne Unterschied gegen Männer und Frauen gebraucht, obgleich er die besondere Bezeichnung solcher Männer geworden, die wissenschaftlich unterrichtet, nicht den Rang eines Bey haben.

Hieraus wird erhellen, daß der den Frauen ertheilte gesellschaftliche Titel und die in den gewöhnlichen Sprachformen beobachtete Gleichheit weit entfernt sind, Herrn von Hammers Behauptung zu unterstützen, daß sie vielmehr deutlich das Gegentheil beweisen. Sie zeigen, daß unter den Türken kein Zweifel obgewaltet über die unbedingte Gleichheit persönlicher Achtung zwischen beiden Geschlechtern, und daß die wirklich gemachten Unterschiede nur eine besondere Ehre und Achtung enthalten, die man dem schönen Geschlechte erweiset. Auch hätte Herr von Hammer nicht vergessen sollen, daß in dem ersten Zusammentreffen zwischen den ritterlichen Arabern und den, wie er annimmt, ihre Frauen so verächtlich behandelnden Türken, diese letztern befehligt wurden von einer Königin!

Da wir über eine solche Hauptfrage, wie die verhältnißmäßige Stellung der einen Hälfte der Bevölkerung so völlig von einander abweichen, kann man natürlich erwarten, daß auch über die meisten anderen Punkte unsere Meinungen nicht übereinstimmen. Ich beklage sehr schmerzlich, was ich für eine unglückliche Richtung in der Seele des Geschichtschreibers der Türkei halte, weil daraus nothwendig folgt, daß bei Behandlung von

Thatsachen diese Umstände eine vorragendere Stellung erhalten, welche des Schriftstellers Vorurtheile zu bestätigen scheinen und auch bereitwilliger geglaubt werden. Unter den so ernsten Fragen, wie Religion, Verwaltung, Verfassungsgrundsätze, Volksmeinung, Aussichten und Mittel zur Wiederherstellung des Reiches, ist auch nicht eine einzige Meinung Herrn von Hammers, die ich unterschreiben möchte, vielleicht mit einziger Ausnahme in Betreff der Dragomans; allein mit diesem Gegenstande war Herr von Hammer praktisch bekannt, da er selbst Dragoman gewesen.

Ich halte eine Kenntniß vom Orient, zu gegenwärtiger Zeit, für ein nothwendiges Element in dem Studium Europa's, und zum Beweise der Wichtigkeit solcher Kenntniß möchte ich die Leichtigkeit anführen, die ein mit dem Oriente bekannter Mann erhält, die Urtheilskraft der europäischen Staatsmänner zu schätzen, die mit Bezug auf das Morgenland Entscheide zu geben oder zu handeln hatten. Die folgende Stelle (aus Napoleons Memoiren, Theil V S. 99 in der Anmerkung) ist interessant, theils weil sie neue Gelegenheit gibt, über Napoleons Geist zu urtheilen, theils wegen des Lichtes, das seine Ansichten über den Gegenstand verbreiten.

„Mahomed beschränkte die Zahl der Ehefrauen auf vier; kein morgenländischer Gesetzgeber gestattete so wenig. Man könnte wohl fragen, warum er nicht, wie das Christenthum es gethan (?), die Vielweiberei aufhob, denn es ist sehr gewiß, daß nirgends im Morgenlande die Zahl der Frauen die der Männer übersteigt. — Da diese Gegenden von Menschen verschiedener Farben bewohnt sind, mag Vielweiberei das einzige Mittel gewesen seyn, Verfolgung zu verhüten. Der Gesetzgeber mag gedacht haben, daß, um die Weißen zu hindern, Feinde der Schwarzen zu werden, und die Kupferfarbigen Feinde beider, es nöthig sey, sie alle zu Mitgliedern derselben Familie zu machen und so die Neigung des Menschen zu bekämpfen, Alles zu hassen, was nicht er selbst ist. Beabsichtigen wir jemals, in unseren Colonien den Schwarzen die Freiheit zu geben und völlige Gleichheit herzustellen, so müssen wir die Vielweiberei gestatten. Dann werden die verschiedenen Farben einen Theil derselben Familie bilden und in der Meinung eines Jeden zusammenschmelzen. Ohne das werden wir nimmer befriedigende Folgen erzielen."

Es ist gewiß sehr auffallend zu bemerken und sehr schwer
zu erklären, daß im Oriente weder Unterschied der Farbe, noch
des Ranges, der Classe, der Stellung einen Unterschied des
Gefühles oder eine Abneigung unter den Menschen erzeugt,
im Gegensatze zu der allgemeinen Erfahrung bei europäischen
Nationen, die so viel von Menschenliebe und Freiheit reden.
Zur Unterstützung jener Idee Napoleons dient auch ganz besonders, daß die Rangunterschiede äußerlich dadurch bezeichnet werden, daß man den so ausgezeichneten Personen den Namen eines „Bruders," „Vaters" u. s. w. gibt, in der That also einen Familien=Namen, ein Familienband.

Einer der größten Contraste zwischen Abendland und Morgenland, die mir aufgefallen sind, ist die Abwesenheit von Zurück=
setzungen und Kränkungen, die einen so großen Theil unsers Da=
seyns einnehmen und wahrlich die Schatten unsers Lebens sind.
Sie umgeben uns in unserer frühesten Kindheit; sie überfallen
unsere Familienkreise; sie beherrschen unsere gesellschaftlichen Ver=
sammlungen; das Glück ist nicht frei von ihnen, und im Unglück
sind sie eben der Stachel. Im Oriente sieht man nie einen Men=
schen zurückgesetzt. Jeder hat seine bestimmte Stellung, das Kind
sowohl wie der Erwachsene, im Schulzimmer wie in öffentlicher
Gesellschaft. Es gibt dort kein solches öffentliches Zusammen=
drängen, wo der Eine nur dadurch Auszeichnung gewinnen kann,
daß Viele zurückgesetzt werden; solche Versammlungen sind die
Folge einer großen Summe von Eitelkeit und Eigenliebe in einem
Volke und zwecken darauf ab, diese Ursachen wieder zu erzeugen.
Aus diesen Ursachen eben entsteht der größere Theil unserer Rast=
losigkeit und Thätigkeit. Diese Thätigkeit hat, mannichfache Wir=
kungen hervorgebracht, gute und schlechte, Wirkungen, die in
beider Art in der Türkei unbekannt sind. Einerseits ist daraus
bei uns der Fortschritt der Wissenschaften entstanden, den ich
übrigens keineswegs für unverträglich mit dem häuslichen Leben
im Oriente halte; andererseits die Verwickelung der Gesetze, die
Entgegenstellung der Meinungen und die Zufälle und Nothwen=
digkeiten des materiellen und politischen Zustandes der abendlän=
dischen Welt, die bei dem Einzelnen eine ungeheure Summe
von Thätigkeit nothwendig machen, welche nutzlos nur dazu ver=
wendet wird, den Wirkungen der Thätigkeit Anderer entgegen zu

arbeiten. Der Türke steht nie auf, als wenn er irgendwohin gehen will; er arbeitet nie, als wenn er etwas zu thun hat; er spricht nie, als wenn er etwas zu sagen hat; er hegt keine Meinung ohne Grund und fällt kein Urtheil ohne Noth und Recht, er ist also der wahre Gegensatz des modernen Europäers. Er kann ruhig und schweigend für sich allein sitzen, ohne von Aufregung zu leiden und ohne sich zu stellen, als verachte er seine Mitmenschen. Sorglos um die Mißgeschicke von morgen freut er sich des Daseyns von heute, und obgleich Niemand so streitkräftig vertheidigt, was er besitzt, setzt er sich doch nie in die Lage, das zu gefährden, was er hat, auf die Hoffnung hin, etwas Besseres zu erhalten. Sein häusliches, sein Harems-Leben bildet sein Gemüth, und in diesem Gemüthe ist sein gesellschaftlicher und sein politischer Charakter zu finden. Worte, so richtig sie auch seyn mögen, die man anwendet, seinen politischen Zustand zu beschreiben, ohne zugleich seinen häuslichen Charakter zu umfassen, sind wesenlose Formen.

Man könnte mit Fug und Recht glauben, die Ausschließung der Frauen von der männlichen Gesellschaft gebe dieser die Rohheit, von der man in Europa fühlt, daß die Vermischung beider Geschlechter ihr entgegenwirke. Das aber rührt aus dem besondern Umstande her, daß wir einen Unterschied machen in unserm geselligen Umgange mit Männern und mit Frauen, was die Orientalen nicht thun, indem sie den Männern eben so viele Achtung bezeigen, wie wir dem schönen Geschlechte. Frauen und Männer werden mit demselben Titel angeredet, auf dieselbe Weise begrüßt, und ein gebildeter Mann beträgt sich gegen einen andern Gebildeten, wie er sich in Europa gegen eine Dame benehmen würde.

Obgleich aber Männer und Frauen sich nicht in allgemeiner Gesellschaft unter einander mischen, leben die Geschlechter doch in beständiger Gemeinschaft im Harem, und dort wird in den allerengsten Familienkreisen ein größerer Grad von Anstand beobachtet, als in den öffentlichen Zusammenkünften in Europa. Das sind die Bande, die der Türken Reich so lange zusammengehalten haben, gegen alle Hoffnung und allen Glauben. Die Vaterlandsliebe dieses Volkes ist in seiner Häuslichkeit zu finden, welche die Abgeschlossenheit des Harems vor den Blicken verschleiert hat, durch eben diesen Umstand bewahrt ist und zu dem Glauben Anlaß gegeben hat, sie sey gar nicht vorhanden.

Zum Schlusse darf ich nicht vergessen, daß das Haus des Türken vor dem Auge des Gesetzes gleich dem „Castelle des Engländers" ist, daß ohne ausdrückliche Erlaubniß kein Justizbeamter eintreten darf und stünde selbst die Thür sperrweit offen, und daß er den innern Theil, den Harem, gar nicht betreten darf. Während die Familienwohnung auf diese Weise heilig gehalten wird, werden nicht weniger streng die Vorrechte und das Ansehen beobachtet, welche seit unvordenklicher Zeit das Herkommen ihr verliehen hat, und die wir mit dem Worte: patriarchalisch bezeichnen. Hört man aber nie davon, daß die Justiz sich in Fällen häuslicher Gewaltthat oder Unrechtes zwischen Familienglieder mischt, so geschieht das nicht, weil etwa das Gesetz in der Verwandtschaft eine über den öffentlichen Gerichtshöfen stehende Autorität sanctionirte, sondern weil in der morgenländischen Rechtsgelehrsamkeit kein öffentlicher Ankläger vorhanden ist. Nur die beleidigte Partei hat ein Recht, Justiz zu suchen und eben so die Freiheit, den Entscheidungen derselben zu entsagen. Das Gesetz spricht keinen abstracten Rechtsgrundsatz aus, sondern es gewährt nur den Beleidigten Beistand, wenn es dazu aufgefordert wird. Sollte also ein Familienvater die Gränzen der Mäßigung oder Gerechtigkeit in Bestrafung eines Sohnes, Dieners oder Sklaven überschreiten, so würde Niemand auf den Einfall eines gerichtlichen Einschreitens kommen; nicht weil der Beleidigte keine Hülfe erhielte, sondern weil dem Gesetze nur auf den Antrag des Beleidigten freien Lauf gelassen wurde, der schon durch die öffentliche Meinung, wenn nicht durch Gewohnheit und Gefühl, abgehalten wurde, gegen sein eigenes Blut zu klagen.

Durch diese Lage der Dinge ward Napoleon in Aegypten betroffen und verwirrt; er verwechselte zwei ganz verschiedene Punkte — das väterliche Ansehen und die Sicherheit eines Hauses gegen das Eindringen von Polizeibeamten. Der Familienvater hat nach dem Gesetzbuche des Islam keine gerichtliche Autorität irgend einer Art; er kann weder Frau und Kind, noch Diener oder Sklaven ohne deren freien Willen zurückhalten, und dennoch besitzt er in der Wirklichkeit eine Gewalt, die denen, welche nicht so füh len, wie die Türken, als das Ergebniß eines von den Gesetzen gebilligten väterlichen Despotismus vorkommt.

Die hier gegebene Erklärung wird hoffentlich hinlänglich zeigen, daß wenn den Beamten der öffentlichen Macht der Zutritt in das Haus eines Muselmannes, eines Christen oder anderer Bewohner muselmännischer Länder versagt ist, das nicht geschieht, weil ihre Aufsicht sich in irgend eine gerichtliche Autorität einmischen würde, die das Familienhaupt über die Hausgenossen übte.

„Jeder Familienvater im Oriente (Napoleons Memoiren Th. V. S. 103) besitzt über seine Frau, seine Kinder und seine Sklaven eine unbegränzte Gewalt, welche die öffentliche Macht nicht beschränken kann. Man hat kein Beispiel, daß ein Pascha oder irgend ein Beamter in das Innere der Familie dränge, um das Oberhaupt in der Ausübung seines Ansehens zu stören. Das würde gegen die Gebräuche, die Sitten und den Charakter des Volkes verstoßen. Die Orientalen betrachten sich als Herren in ihrem Hause, und jeder Regierungsbeamte, der ein Urtheil gegen sie vollstrecken soll, wartet, bis sie ihr Haus verlassen oder läßt sie holen.“

Diese Unverletzlichkeit des Hauses, die Napoleon als eine Art von Despotismus ansieht, wird der Engländer vermuthlich in einem andern Lichte erblicken. In der That ist dieser Grundsatz, ist diese Praxis eine der merkwürdigsten Aehnlichkeiten zwischen dem Charakter und den Einrichtungen der Türken und Engländer. Die türkische Sprache ist die einzige europäische, die im Worte Harem ein gleichbedeutendes für das englische Home (das Daheim) besitzt; freilich enthält das Wort Harem noch ein bedeutend Mehreres.

Siebenundzwanzigstes Capitel.

Schluß.

Ich muß nun dieses Tagebuch schließen und den Leser in Skodra lassen, obgleich ich beabsichtigte, ihn nach Konstantinopel zu führen. Die berührten Gegenstände sind mir aber unter der Feder angewachsen, und indem ich durchsehe, was ich gesagt, muß ich bedauern, daß ich genöthigt bin, Vieles von dem, was mir

wichtig scheint, zurückzulassen, oder daß ich nicht im Stande ge=
wesen bin, in dem mir angewiesenen Raum mehr unterzubringen.

Als ich diese Bände anfing, beabsichtigte ich, sie auf that=
sächliche Gegenstände zu beschränken und habe im Eingange des er=
sten Bandes auf einen Anhang verwiesen, der solche Materien ent=
halten sollte, bei denen ich zu sehr ins Einzelne gehen mußte, um
sie in die Erzählung zu verweben. Derselbe Grund aber, der das
Tagebuch abgekürzt, hat den Anhang ausgeschlossen, der an und
für sich fast eben so stark geworden wäre, als das Werk selbst.

Wenn der Leser so weit befriedigt ist, nehmen wir vielleicht in
späterer Zeit den Faden dieser Unterhaltung wieder auf, der jetzt
abgeschnitten werden muß.

Reisen

und

Länderbeschreibungen

der

älteren und neuesten Zeit,

eine Sammlung

der

interessantesten Werke über Länder- und Staaten-Kunde, Geographie
und Statistik.

Herausgegeben
von

Dr. Eduard Widenmann,

Redacteur des Auslandes,

und

Dr. Hermann Hauff,

Redacteur des Morgenblattes.

Neunzehnte Lieferung.

Stuttgart und Tübingen,
Druck und Verlag der J. G. Cotta'schen Buchhandlung.

1840.

Rußland

und

die Tscherkessen.

Von

Karl Friedr. Neumann,

Dr. und ordentl Professor der Länder= und Völkerkunde, der allgemeinen Li=
teraturgeschichte, der chinesischen und armenischen Sprache an der Ludwig=Maxi=
milians=Universität zu München, Conservator der chinesischen Sammlungen
des Staates, Mitglied der asiatischen Gesellschaft zu London, der armenischen
Akademie auf St Lazaro zu Venedig, der historisch=theologischen Gesellschaft zu
Leipzig, der Gesellschaft für nordische Alterthumskunde zu Kopenhagen, und
correspondirendem Mitgliede der Akademie der Wissenschaften zu Berlin

———— ◆ ————

Stuttgart und Tübingen,
Druck und Verlag der J. G. Cotta'schen Buchhandlung.

———

1840.

Vorrede.

Die europäische Menschheit ist von der Gottheit zur Beherrscherin der Erde auserkoren. Wo immer sie im Laufe der Zeiten gegen die Völker des Ostens und Südens ankämpfte, verblieb ihr am Ende mit wenigen Ausnahmen der Sieg. Und dieser Sieg ward nicht, wie von den asiatischen Horden der Hunnen, Avaren und Mongolen, zu Raub und Plünderung benützt, sondern zur Auferbauung einer vernünftigen Herrschaft auf den Trümmern der östlichen Despotien. Was von den Römern sprichwörtlich gesagt wurde, gilt von allen Völkern Europa's. Wo immer der Europäer erobert, da wohnt er; er richtet das Land für sich und für alle Völker der Erde wohnlich ein. Die Masse des Volkes in Asien wie in Afrika kann bei diesem Wechsel der Herrschaft nur gewinnen.

Es wünschen deßhalb alle einsichtsvollen, von keinem religiösen Fanatismus unterjochten Asiaten, daß die Herrschaft der Europäer sich erweitern, befestigen und so lange dauern möge, bis die asiatische Menschheit zur Gesetzlichkeit und Ordnung herangebildet sey. Dieß äußerte namentlich der berühmte Brahmane Ramm'ahun Roy in London gegen den Schreiber dieses und gegen mehrere andere Personen. „Meine Landsleute," sagte er, „werden sich einst frei machen, dieß ist meine feste Ueberzeugung; ich wünsche aber zum Heile meines Vaterlandes, daß dieß nicht eher geschehen möge, als bis England auch hier wie in Nordamerika seine Sendung erfüllt und das Volk zur politischen Reise herangebildet habe.

Die Engländer suchen in der That auch das Loos der Hindu und aller ihnen unterworfenen Völker, schon des eigenen wohlverstandenen Vortheiles wegen, auf alle Weise zu mildern, und regieren besser, als jemals die einheimischen barbarischen Fürsten. Allgemeine Sicherheit herrscht in den Ländern, wo sie das Scepter führen, und Handel und Industrie schwingen sich zu einer früher unbekannten Höhe empor. Man legt allenthalben Straßen an und zieht Canäle durch das Land, so daß auch der Aermste in den Stand gesetzt wird, seine nothwendigsten Bedürfnisse, Salz und Reis, mit äußerst geringen Transportkosten sich aus der Ferne zu verschaffen. Dieß allein wäre schon ein unermeßlich heilsamer Fortschritt. In den asiatischen Gesellschaften zu London und Calcutta bilden sich Ausschüsse, aus Mitgliedern bestehend, welche Indien in productiver und industrieller Beziehung genau kennen, um sich zu berathen, wie die natürlichen und künstlichen Erzeugnisse der Colonien zum Vortheile der Eingebornen und der herrschenden Britten am besten benutzt, am leichtesten verführt werden könnten. Schon ist der ostindische Zucker keinem größern Eingangszoll mehr unterworfen, als der westindische, und bald werden alle anderen Erzeugnisse sich derselben Begünstigung zu erfreuen haben.

Nicht minder ist es das Bestreben Rußlands, wie wir bei Gelegenheit der Darstellung der Geschichte der Tscherkessen, so wie bei der hieran sich knüpfenden Betrachtung der mannichfachen Völkerschaften und Völkerverhältnisse längs der Gestade des schwarzen und kaspischen Meeres, an vielen Beispielen gezeigt haben, den geselligen Zustand der asiatischen Horden und Völker zu verbessern und sie nach und nach mit der europäischen Cultur, mit Handel und Industrie, mit Fleiß und Ordnung zu befreunden.

Deßhalb muß jeder Menschenfreund wünschen, daß ganz Asien und Afrika, so bald als möglich, der Herrschaft des Westens sich fügen möchten, damit sie desto früher der christlich-europäischen Bildung und der höhern Gesittung entgegengeführt werden könnten. Wir betrachten die größte und folgenreichste Thatsache des neunzehnten Jahrhunderts, die Herrschaft Europa's über Asien und Afrika, vom welthistorischen Standpunkte der fortschreitenden Bildung und Cultivirung der Menschheit, wo dann alle Rücksichten der aus wirklich oder scheinbar vorhandenen Vorzügen und Mängeln hervorgehenden Neigung oder Abneigung, gegen diesen oder jenen europäischen Staat als kleinlich erscheinen und verschwinden.

Bei dem großen Interesse, welches der Kampf der Tscherkessen gegen Rußland seit einem Jahrzehent in Europa erregte, hielt ich es für geeignet, die in einer Menge von Werken aller Art über die Abstammung, über die Geschichte, die religiöse und bürgerliche Verfassung, so wie über die Sitten und Gewohnheiten dieses tapfern Volkes zerstreuten Thatsachen zusammenzustellen, damit man einerseits die Tscherkessen besser, wie dieß bisher der Fall war, kennen und andrerseits auch den Krieg der Russen gegen sie in seiner ganzen Wichtigkeit würdigen lerne. Es wurden in dem nachfolgenden Werke alle vorhandenen, zuverlässigen Nachrichten zu einem ethnographischen Gemälde vereiniget, so daß der künftige Geschichtsforscher sämmtliche bis zum Jahre 1840 über die Bewohner des westlichen Kaukasus, in jeder Beziehung und von den verschiedensten Seiten her bekannt gewordenen Thatsachen, welche auch unter den jetzigen Verhältnissen in den nächsten Jahren wohl schwerlich vermehrt werden dürften, hier vereiniget findet.

In keinem Theile der historischen Wissenschaften gehen

so viele Entdeckungen und Beobachtungen für die Nachwelt verloren, als in der Länder- und Völkerkunde. Es sollte deßhalb von Zeit zu Zeit der vorhandene Stoff in Monographien gesammelt und kritisch gesichtet werden. Das Publicum und die Wissenschaft würden hiebei mehr gewinnen, als durch bänderreiche Reiseberichte, nach der neuesten Weise, worin die Verfasser nicht selten, anstatt der Länder, die sie durchzogen, sich selbst beschreiben; worin sie, an die Stelle der politischen und religiösen Einrichtungen, der Gesetze und Sitten fremder Völker, ihre eigenen frommen Gefühle und patriotischen Ansichten, ihre witzigen Einfälle und geistreichen Plaudereien dem getäuschten Leser zum Besten geben. In der nachfolgenden Monographie über die Tscherkessen bestrebte man sich, zwei verschiedene Gattungen von Lesern, die Gelehrten wie das gebildete Publicum, zu befriedigen. Aus diesem Grunde sind auch die Quellen genau angegeben, aus welchen geschöpft, und nicht selten sogar ihre widersprechenden Behauptungen, da wo nämlich eine Lösung dieses Widerspruches durchaus unmöglich war, beibehalten worden. Den Anforderungen dieser beiden, der Gelehrten und Gebildeten, zu gleicher Zeit zu genügen, ist auch in unserem Jahrhundert, in welchem die Wissenschaft ein Gemeingut ward aller Denkenden der Nation, leichter möglich als ehemals, wo Gelehrte und Gebildete durch eine große Kluft von einander geschieden waren. Wie weit aber dem Verfasser dieses Bestreben, Allen Alles zu seyn, gelungen ist, darüber muß er das Urtheil dem einsichtsvollen Leser überlassen.

München, am 1 August 1839.

Inhalt.

Erster Abschnitt.

Der Kaukasus und seine Bewohner.

Zweiter Abschnitt.

Bruchstücke aus der älteren Geschichte der Tscherkessen.

Dritter Abſchnitt.

Bruchſtücke aus der neuern Geſchichte der Tſcherkeſſen.

Vierter Abſchnitt.

Rußland und der Kaukaſus.

Fünfter Abschnitt.

Die Tscherkessen.

redsamkeit. — Adoption. — Zustand des weiblichen Geschlechts. — Strafe des Ehebruches. — Turniere; Wappen; Liebeshöfe. — Galanterie der Männer. — Geschmackvolle Arbeiten der Frauen. — Physische Beschaffenheit der beiden Geschlechter. — Die Schönheit der Tscherkessierinnen. — Freien; Kaufpreis der Braut. — Hochzeitsgebräuche; Schamgefühl. — Mäßigkeit. — Krankheiten; Pest; Blattern. — Absperrung. — Aerzte, einheimische und fremde. — Aberglauben. — Leichenceremonien; Todtenmahle. — Grüßen durch Entblößung des Hauptes. — Die Wohnungen. — Die fürstlichen Maiereien. — Das Haus des Gastfreundes. — Betragen gegen den Gastfreund. — Die Sklaven. — Anzahl der gefangenen Russen. — Die Polen. — Die väterliche Gewalt. — Die Meinung des Volkes von der Sklaverei in der Fremde. — S. 73—124.

Sechster Abschnitt.
Die Zukunft.

Ende des Kampfes. — Rußland bleibt Herr des Kaukasus. — Die Mittel der Herrschaft. — Das schwarze und das kaspische Meer. Rußlands Binnenseen. — Die Tscherkessen unterliegen. — Die Osseten unter russischer Herrschaft. — Der Entschluß des Kaisers. — Die große Expedition im Frühjahre 1839 unter dem General Rajeffsky. — Die Vortheile der Russen nach ihrem Bulletin. — Neue Sendung von Truppen in den Kaukasus. — Europa und England. — Die Herrschaft Europa's über Asien. — Das Gesetz der Culturbewegung. — Untergang der uncultivirten Völker. — Die Aufgabe des Slavenreiches. — Das Beispiel des Kaisers Nikolaus. — Rußlands Politik seit Peter. — Die Gefahr hievon abzuweichen. — Irrthümliche Nachahmung der Römer. — Verhältniß der Slaven zu Europa. — Die Macht des eigenthümlichen Geistes der Racen. — Rußlands Bestreben ebenbürtig zu werden dem Westen. — Die Cultivirung der barbarischen Stämme. — Vergebliche Bemühungen den jetzigen Zustand aufrecht zu erhalten. — Die hohe Meinung Europa's von der Einsicht der Regenten und Staatsmänner. — Gefahren für die Freiheit Europa's. — Frankreich und Deutschland. — S. 124—138.

Beilagen.

I.
Die vorgebliche Erklärung der Unabhängigkeit der Tscherkessen.

II.
Grammatische Bemerkungen über die Sprache der Tscherkessen nebst einer Wörtersammlung aus einigen Dialekten dieses Idioms.

III.
Tscherkessische Melodien.

Rußland und die Tscherkessen.

Reisen und Länderbeschreibungen. **XIX.**
(**Rußland u. d. Tscherkessen.**)

Erster Abschnitt.

Der Kaukasus und seine Bewohner.

———

Die Bewohner der Hochebenen und Thalschluchten innerhalb des Kaukasus und der an seinen Ausgängen nach Nord und Süd sich hinziehenden Alpengebirge haben seit dem Beginne unserer Geschichte bis auf den heutigen Tag, nicht bloß für sich selbst ihre Unabhängigkeit von den benachbarten großen Reichen der Römer, Griechen und Perser, der Mongolen, Türken und Russen behauptet; sondern unter und neben ihnen fanden auch alle, in den Völkerstürmen, die von Norden und Osten über Asien und Europa einbrachen, zersprengten, der Knechtschaft entfliehenden Stämme und Horden eine sichere Zuflucht. Die Kette des Kaukasus oder des hohen Gebirges, — dieß ist die Bedeutung des Namens, — welche sich längs des östlichen Gestades des schwarzen Meeres hinzieht, steigt gegen den Elbrus hin in Spitzen empor von zwölf bis über fünfzehntausend Pariser Fuß Höhe. Elbrus, Elbordsch im Pehlvi des Bundehesch oder der glänzende Berg [1], wurden von den alten Persern außer diesen noch mehrere andere Gletscher genannt. Bei den Tscherkessen heißt diese höchste aller Schneekoppen der Kette, Oscha machua oder der glückliche Berg; denn hier thront, nach einer alten Sage des Landes, gleich wie Indra auf dem Weltberg Meru, Dschin Padischah, der Fürst der Geister, in dessen Nähe das Volk

———

[1] El oder Er, das semitische Har, heißt Berg, und beresat, bers oder brus, das deutsche bert, Brecht in Albert, Albrecht, glänzend.

sich flüchtet in unglücklichen Kriegesläuften. An seinem Fuße, im Lande der Abchasen und der Karatschai, entspringt der reißende, durch die wilden tapfern Bewohner seiner Ufer, wie durch seine zahlreichen Nebenflüsse berühmte Kuban, von den Tscherkessen Pschi Skehr, Altwasser genannt, und unfern der Quellen dieses Stromes die große und die kleine Kuma, welche dem kaspischen Meere zueilen. Ostwärts dieses Trachytfelsens sprudeln die große und kleine Malka, der Baksan und der Tschegem aus der Erde hervor, und auf dem jenseitigen Abhange im Süden der Rhion mit mehreren seiner reißenden Nebenflüsse. Es scheint, daß noch heutigen Tags unter den Bewohnern dieser Geklüfte das Andenken an den trotzigen, weltstürmenden Prometheus sich lebend erhalten habe. Häufig hört man, sagen die umwohnenden Abchasen, aus einer der gähnenden Thalschluchten Seufzer und Kettengeklirre heraufthönen. Einstens, fährt die Sage fort, stieg ein Mann unseres Volkes in diese unermeßliche Tiefe hinab, und fand daselbst einen ungeheuern Riesen, der in folgenden Worten ihn anredete: „O du Bewohner der Erde, der du tollkühn es wagtrst, mich hienieden zu besuchen, wie lebt man denn jetzt da oben? Ist die Frau noch treu ihrem Manne; gehorcht die Tochter noch der Mutter und der Sohn seinem Vater?" „Ja," antwortete der unerschrockene Abchase. „Nun, so bin ich," knirschte der Riese, „verdammt, hier noch lange Zeit zu seufzen und zu ächzen." [2]

In der Ferne gesehen, erscheint die Grundlage des Kaukasus gleich wie ein einförmiger schwarzer Wall, welcher den darüber schwebenden Schneegebirgen zum Fundamente dient. Dieses wird von tiefen Schluchten durchschnitten, in welche die schäumenden Bergströme sich herabstürzen, gold- und silberhaltiges Erz mit sich führend, und schnellen Laufes dem Meere entgegen eilen. An dem Fuße der zahlreichen Bergspitzen ziehen sich längs der Thalschluchten fruchtreiche Hochebenen hin, wo Ulmen, Eschen, Eichen und Fruchtbäume mancherlei Art üppig emporwachsen, an welchen wiederum bis zur Krone hinauf der Weinstock sich schlän-

---

[2] Marigny, Three Voyages to the Coast of Circassia. London, 1837. 188.

gelt. Zwischen darin liegen die anmuthigen Wohnungen der Tscherkessen und Abchasen. „Von Pschad aus, sagt ein Reisender, der
vor wenigen Jahren diese Gegenden besuchte,[3] nahmen wir die
Richtung gegen das Innere des Landes, und wir erstaunten
über die Menge Häuser, die man allenthalben gewahrte, über
die reiche Cultur, so wie über die üppige Vegetation des Landes.
Die Thäler prangten mit Wiesen, mit Feldern von Mais, der
jetzt zum zweitenmal geerntet wurde, und mit türkischem Korn.
Die Aecker waren sämmtlich durch lebendige Zäune umgeben, an
welchen Weinreben sich emporschlängelten. Man konnte innerhalb
der Thäler auch keinen einzigen unfruchtbaren Ort bemerken; ja
das Gras auf den Wiesen stand manchmal so hoch wie das Vieh,
das hier weidete. Unzählige Heerden von Schafen und Ziegen,
von Kühen und Pferden zeigten sich unserm Blicken, wie wenn
das Land nirgendwo von Feinden umgeben, und mitten im Frieden leben würde. Dabei muß man bedenken, daß wir uns hier
an der nordwestlichen Gränze des Landes und gerade in der Gegend befanden, welche dem unmittelbaren Einflusse der furchtbaren Operationslinie der Russen ausgesetzt war.“

Die zwischen den Hochebenen sich hinziehenden, von steilen
Wänden eingeschlossenen Thalspalten des Kaukasus befördern nicht,
wie dieß bei ausgedehntern Thälern der Fall ist, den Verkehr der
Bewohner unter einander, sondern erschweren vielmehr jede Verbindung der Völker und Stämme, und zwingen sie zu einsamer
Abgeschiedenheit, der sie auch vorzüglich es verdanken, daß unter
allen Umwälzungen, welche diesseits und jenseits des Kaukasus
sich ereigneten, sie ihre Freiheit und Eigenthümlichkeit ungeschmä-
lert bewahren konnten. Dieser Getrenntheit ist aber andrerseits,
gleichwie ehemals in Kaledonien und heutigen Tags noch in Af-
ghanistan und Kandahar, die unglückselige Gau- und Klansregie-
rung zuzuschreiben, wie die daraus hervorgehenden unaufhörlichen
Raufhändel und erblichen Blutfehden. Kein anderer Landstrich
der Erde ist auch deßhalb so reich an mannichfachen, von einander durchaus abweichenden Sitten und Gewohnheiten; kein anderer hat so viele selbstständige, von dem benachbarten Idiome ganz

---

[3] Portfolio V, 27 nach der französischen Uebersetzung.

verschiedene Sprachen aufzuweisen, als die Gegenden zwischen
dem schwarzen und kaspischen Meere. Jeder Volksstamm im
Kaukasus, sagt Marlinski, hat selbst seine eigene Art Krieg zu
führen und zu rauben, seine eigenen Sitten und Gewohnheiten,
seine besondern Manieren und Launen. Barbarische Rohheit und
wilde Abgeschlossenheit bewahren die eigenthümlichen Sitten, so wie
die Selbstständigkeit des Charakters; selbst ursprünglich befreundete
Idiome werden sich fremd im Laufe der Zeiten durch lange Abgeschieden=
heit; während im Gegentheile die Civilisation und die daraus hervor=
gehende Annäherung und Verbindung der Menschen unter einan=
der Alles ebnet und abschleift, und sogar angeborne Gegensätze
befreundet. Auf den berühmten Marktplatz zu Dioscurias, der
alten Pflanzstadt Milets, heutigen Tags noch Iskuria, Iskurtsche
oder Iskuriak, ehemals auch Sebastopol geheißen, an dem Flüß=
chen Marmor in Mingrelien,[*] brachten nach der Aussage des
griechischen Kauffahrers Timosthenes dreihundert, durch Namen,
Sprachen oder wohl richtiger, durch verschiedene Dialekte sich
unterscheidende Stämme ihre einheimischen Erzeugnisse, um sie
gegen diejenigen Producte und Waaren zu vertauschen, deren sie
ermangelten, namentlich Kochsalz, das den Bergbewohnern jetzt
noch, für sich wie für ihr Vieh, ein unentbehrliches Bedürfniß
ist. Strabo hält diese Angabe mit Recht für übertrieben, doch
glaubt er, daß wohl an siebzig verschiedene Völkerschaften sich
hier versammeln möchten, und Plinius fügt hinzu, daß die zahl=
reichen Handelsgeschäfte dieses Platzes vermittelst hundert und
dreißig Dolmetscher betrieben würden.[*] Dieß könnte wohl in
der That der Fall gewesen seyn, wenn sich auch, was höchst
wahrscheinlich ist, die iberischen oder georgischen, die albanischen
oder lesgischen Klane im Süden des Kaukasus, so wie die sar=
matischen oder slavischen und die finnischen oder tschudischen
Stämme, welche damals den Nordosten des heutigen Rußlands,
und die Steppen zwischen der Wolga und dem Donflusse bewohn=
ten, in diesem Weltemporium eingefunden hatten. Es mögen

---

[*] Notes statistiques sur le Littoral de la Mer Noire. Vienne,
1832. 7. Güldenstädt's Reisen, I. 414. Minas Beschreibung des
Pontus, im Vulgär=Armenischen. Venedig, 1819. 108.
[*] Strabo XI, 2. Plinius, H. N. VI 5.

heutigen Tags noch nicht minder Völker und Klane, es mag
keine viel geringere Anzahl von Sprachen und Dialekten innerhalb, nördlich und südlich dieses Gebirgslandes vorhanden seyn;
denn häufig ist es der Fall, daß die Bewohner eines Thales die
des andern nicht oder nicht vollkommen verstehen. Wir sagen
Sprachen oder Dialekte, denn die kaukasischen Idiome sind so
wenig erforscht, daß man nicht. immer mit Sicherheit angeben
kann, welches bloß Dialekt ist, welches eine selbstständige Sprache.
Es konnte auch natürlich unter den jetzigen kriegerischen Verhältnissen dem russischen Akademiker Sjögren, welcher in der neuesten Zeit in sprachlicher Beziehung den Kaukasus bereiste, nicht
gelingen, in die Wohnsitze der verschiedenen Völkerschaften vorzudringen und in diese mannichfache, verwirrte Masse von Völkern und Stämmen, von Sprachen und Sprechweisen Licht und
Ordnung zu bringen. [*] Dessen ungeachtet wagt man es, der
leichteren Uebersicht wegen, nach den zuverlässigsten Angaben, die
sämmtlichen kaukasischen Völker und Sprachen in gewisse Familien
und Classen einzutheilen.

Die südlich des Kaukasus und längs des südöstlichen Ufers
des schwarzen Meeres wohnenden Georgier oder Grusier,
das heißt die Bewohner der Gegenden um den Kurfluß,
von den Alten und den benachbarten Armeniern Iberer oder
Wirk [*] genannt, wozu wir auch die Lasen, Suanier, Tsa-
nier oder Sanier rechnen, zerfallen nach den verschiedenen,
mehr oder weniger unter sich abweichenden Dialekten, die sie
sprechen, in vier Stämme oder Zweige. Die Lesgier, Bewohner des fruchtreichen, längs des westlichen Gestades des kaspischen
Meeres sich hinziehenden Alpenlandes Dagestans, oder des alten
Albaniens — die Lesgier sind wohl selbst großentheils die Nachkommen der ehemaligen Albanier oder asiatischen Alanen —

---

[*] Sjögren hat namentlich über die ossetische Sprache und ihre Dialekte
an Ort und Stelle vielfache Forschungen angestellt. Dieser Sprach-
forscher ist im Januar 1838 wiederum nach Petersburg zurückgekehrt.
Bulletin scientifique, publié par l'Académie impériale de St
Pétersbourg, 1838. III, 272.
[*] Wir oder Wirk, das k am Ende bezeichnet die Mehrheit, ist aus
dem griechischen Iber oder Ibir nach dem Itacismus entstanden.

können ebenfalls am füglichsten, nach ihren verschiedenen Sprachen und Dialekten, in vier Stämme abgetheilt werden. Nach andern Angaben zerfiele die lesgische Sprache in acht Dialekte, die so sehr von einander abweichen, daß man sie für besondre Sprachen halten möchte. [8] Die Iranier oder Arier, so nennen sich die innerhalb des hohen kaukasischen Gebirges und um die Quellen des Terek wohnenden Os oder Osseten, gehören, vermöge des Idioms, das sie in verschiedenen Dialekten sprechen, zur medo-persischen Sprachfamilie. Sie sind wahrscheinlich ein Rest der germanischen Alanen, wie sie auch nicht selten genannt werden, und sollen nach einer neuen, wie es scheint zuverlässigen Schätzung sich kaum auf vierzigtausend Seelen belaufen. [9] Unter den Kistiern oder Mizdschegiern, den Bewohnern der Alpengebirge im nördlichen Kaukasus, die von der kleinen Kabardah und der Sundschah begränzt werden, unterscheidet man nach ihrer Sprechweisen drei verschiedene Völkerschaften, die Tschetschenzen, Inguschen und Karabulaken, die schon Ptolemäus unter dem Namen der Tusken und Diduren kennt. Die Abchasen oder Abasen am nördlichen und südlichen Abhange des Kaukasus, zwischen dem obern Kuban, der Kuma und Malka wohnend, werden ihren verschiedenen Dialekten gemäß in sechzehn Stämme eingetheilt, die sämmtlich der Sprache der Adige oder Tscherkessen, die selbst wiederum in mehreren sehr abweichenden Dialekten gesprochen wird, verwandt sind. Ueberdieß findet man an verschiedenen Plätzen, innerhalb des Kaukasus, einzelne zersprengte tatarische und turkomanische Stämme, wie die Baslanen und Chumyken, welche zum Turkstamm gehören und Dialekte der Sprache der nogayischen Tataren sprechen. Die Turkomanen, von den Russen Truchmenen genannt, welche die Steppe zwischen der Kuma und dem Terek, wo Kislar der Hauptort ist, bewohnen, waren früher Unterthanen der Torgoten an der Wolga, und weigerten sich mit gewaffneter Hand ihren gegen das Ende des Jahres 1770 nach China hin fliehenden Gebietern zu folgen. Sie blieben in

---

[8] Güldenstädt I, 485, 491.
[9] Koch in Brans Miscellen aus der neuesten ausländischen Literatur. Jena, 1838. Bd. 95, S. 471.

ihren alten Wohnsitzen den Russen unterthan und wurden später,
weil man befürchtete, sie möchten zu ihren Brüdern, die östlich
vom kaspischen Meere nomadisirend herumziehen, entfliehen, in
ihre jetzigen Wohnsitze westlich vom kaspischen Meere übergesiedelt,
wo sie sich, nach russischen Berichten, sehr wohl befinden sollen. [*)]
Als ächte Söhne der von jeher die Freiheit beschützenden Berge
verachteten und verachten diese zahlreichen Völkerschaften und Klane
des Kaukasus die Civilisation, die ihnen mehrmalen im Laufe der
Jahrhunderte in Begleitung der Sklaverei geboten ward, von
Asien her wie von Europa. Ihre niedrigen aber freien Hütten
schätzen sie mehr, denn die Paläste, über welche ein Einzelner
nach Willkür gebietet; ihre schlechte Nahrung dünkt ihnen schmackhafter, denn die Leckerbissen der Höflinge des Schahs, des Kaisers
und des Zars, und sie achten ihre aus dem reinen Gefühle her-
vorgegangenen, von Munde zu Munde überlieferten, und im
treuen, von Vielwisserei nicht getrübten Gedächtnisse aufbewahrten
Lieder höher, als die mühsam ersonnenen und fein zugespitzten
Lobpreisungen asiatischer und europäischer Hof-Historiographen.
Die Schreibkunst blieb ihnen im Ganzen fremd, und wenn auch
Ausländer für ihre schwierigen Idiome Lautzeichen erfanden, wie
der Armenier Mesrop für die alten Albanier, oder ihre eigene
Schrift ihnen brachten, wie die gebildetsten Völker der Welt dieß
thaten im Laufe der vielen Jahrhunderte der Geschichte, so ver-
schmähte es die barbarische Rohheit von dieser wundervollen Kunst
einen dauernden Gebrauch zu machen. Ohne Schreibkunst ist aber ein
regelmäßiger Staat, eine Geschichte undenkbar; der Weltengeist
nahm reichliche Rache an dem stolzen Uebermuthe der Barbaren.
Es haben die Stämme innerhalb des Kaukasus keine
Geschichte; alle ihre Thaten waren vergebens, ihr Thun und
Wirken ist verschollen, — das Wenige, was sich davon erhalten,
ward von Fremden, häufig von ihren Feinden, der Nachwelt überliefert. Aus ihren Gesängen, wenn sie auch in der Folgezeit gesammelt und bekannt werden, wird sich aber niemals eine Geschichte in unserm Sinne des Wortes herstellen lassen. Ihre ge-

---

[10)] Pallas' Bemerkungen auf einer Reise in die südlichen Provinzen des
russischen Reiches. I, 227.

reimten und reimlosen, beim Tanze und bei andern festlichen Ge=
legenheiten gesungenen Lieder dienen zur Verherrlichung der Tapfer=
keit und der tugendhaften Thaten; bald sollen sie auch die Feig=
heit züchtigen und das Verbrechen. Eine Schandthat in einem
Liede verewigen, dieß ist eine der größten Strafen, welche die
Tscherkessen über die Schlechten verhängen. Es sollen ehemals,
wie dieß auch bei den Germanen und Kelten der Fall war, die
Sänger selbst mit ins Feld gezogen seyn, und durch ihre Lieder
das Heer zu tapfern Thaten begeistert haben. [11]) Marigny hörte
viele dieser Lieder, und der Major Tausch, den wir später häufig
erwähnen werden, lernte mehrere dieser umfangreichen Rhapso=
dien auswendig. Eines der kleinern Lieder enthielt die Klage
eines jungen Mannes, der aus dem Lande verbannt werden sollte,
weil er allein zurückkehrte aus einem Abenteuer gegen die Russen,
worin alle seine Genossen das Leben verloren; ein anderes
erzählt das Schicksal verleumderischer Freier, das in einer deut=
schen Nachbildung folgendermaßen lautet:

Dschambulet und Paka.

Auf dem Kreuzwege hat Dschambulet Pfeiler eingeschlagen, wo ange=
bunden werden die Rosse aller Ritter, die da kommen zu bewundern die
Schönheit Paka's.

Woriracha, worira [12]) ma Paka,
Freue dich, freue dich, o Paka.

Es beginnt den Tanz der Prinz Nurus Oku, ihm folgt Batsche Oku,
und am Ende kommt auch Kaide Oku zu freien um die schöne Paka.

Woriracha, worira ma Paka.
Freue dich, freue dich, o Paka.

Der gottbegeisterte Has Oglu, der kühne Recke Hunte Oglu, Zuni
Oku und Batsche; so Gatcha Kalabat der Weise, des Ganzen Ordner.
Doch keiner findet Gnade vor der schönen Paka.

Woriracha, worira ma Paka.
Freue dich, freue dich, o Paka.

Und ihr Bruder Dschambulet stellt sich auf den Kreuzweg; und ihr
Bruder Dschambulet zieht das blanke Schwert; und er erschlägt alle die
Freier, die Uebles sprachen von der Schwester Paka.

Woriracha, worira ma Paka.
Freue dich, freue dich, o Paka.

---

[11]) Sjögren im Bulletin scientifique de l'Académie de St. Pétersbourg. II, 285.
[12]) Vergl. die Musikbeilage am Ende Nr. 3.

So ist das Feuer erloschen, so sind die Herzen gebrochen, die da
schlugen für Pala. Und heim führt sie nun ein Fürst der Pseduchen, die
unbescholtene schöne Pala.

Worracha, worira ma Pala.

Freue dich, freue dich, o Pala.

Die Tscherkessen sind im Ganzen ein höchst poetisches Volk,
voller Phantasie, lebhaften Geistes und tiefen Gefühls für die
Schönheiten der Natur. Dieß ersahen wir, so erzählen reisende
Engländer, die sich längere Zeit unter iburu aufhielten, dieß
ersahen wir aus den Gesängen, die wir bei Hassan Bey hörten,
und die man uns übersetzte. Es war am zweiten Tage unsers
Aufenthaltes bei diesem Fürsten, wo wir einem Schauspiele beiwohnten, das uns in die Heroenzeit des griechischen Alterthums
zurückversetzte. Nach dem Abendessen traten drei Männer herein,
die sich in den Hintergrund der Halle stellten, und mit ihren
flackernden Harzfackeln den ganzen Raum erhellten. Der Fürst
erhob sich von seinem Sitze, warf einen suchenden Blick unter
die Gäste, deren mehr denn zweihundert anwesend waren, und
sprach mit lauter, ernster Stimme: „Wo ist Mensul? Hat ihn
die Begeisterung ganz verlassen? Hat er denn keinen Gesang, womit er die glückverkündende Ankunft eines Engländers in unsern
heimathlichen Bergen feiern könnte?" Bei diesen Worten richteten sich die Blicke aller Gäste auf einen alten blinden Mann,
welcher im Augenblicke sich erhob, und der Aufforderung des Herrn
Folge leistete. Bald mit einer langsamen, bald mit einer schnell
dahin eilenden Stimme begann nun der Greis regellose Verse zu
recitiren, wozu er sich selbst mit einem zweisaitigen Instrumente,
welches einer Guitarre glich, begleitete. Von Zeit zu Zeit fiel
die ganze Versammlung mit einem donnernden Chorus ein, wovon der ganze Saal erzitterte, und in welchem man bloß die
Worte: „Inglis" und „Ingilterra" unterscheiden konnte. Je
länger der Barde sang, desto heftiger und leidenschaftlicher wurden
seine Bewegungen, Ton und Stimme; in derselben Weise steigerte
sich die Begeisterung seiner Zuhörer, und dieß bis zu einem un-
glaublichen Grade, so daß am Ende viele von ihren Sitzen auf-
sprangen und mit ihren Waffen hin und her fuhren. Um dieß
ganze, wahrhaft erhabene Schauspiel durch einen außerordentlichen
Beweis von Liebe und Ehrfurcht für England und ihre englischen

Gäste zu schließen, feuerten alle anwesenden Tscherkessen ihre
Pistolen und Flinten in den Kamin, so daß der ganze Saal von
Rauch und Finsterniß erfüllt ward. Als man wiederum etwas
sehen konnte, ließ der Rhapsode nochmals seinen Gesang erklingen,
der jetzt lieblicher ward und freudiger. Die jungen Leute führten
dazu eine Pantomime auf, welche, wie der pyrrhichische Tanz der
Alten, einen Kampf darstellte.

Der Barde, den wir hörten, fügen unsere Reisenden hinzu,
soll einer der berühmtesten seyn im ganzen Tscherkessenlande.
Seine scharf ausgeprägten Züge zeugten von den Stürmen und
den gewaltigen Leidenschaften, denen er in frühern Jahren aus=
gesetzt gewesen seyn mochte. Er begleitete uns des andern Tags
eine große Strecke; ein kleiner Knabe führte ihn und trug sein
Instrument. Wir hatten in keiner andern Gegend des Morgen=
landes einen so schönen, melodiereichen Gesang gehört, und die
Begleitung des Instruments paßte vollkommen. Wenn irgend
eine denkwürdige That in den Schluchten und auf den Hoch=
ebenen sich ereignet, so beeifern sich alsbald die Sangesmeister
des Kaukasus, sie durch unsterbliche Verse zu verewigen. Diese
Gesänge sind nun die einzigen einheimischen Geschichtsquellen
aller Bewohner der großen Gebirgskette zwischen Asien und
Europa.

Zweiter Abschnitt.
Bruchstücke aus der ältern Geschichte der Tscherkessen.

Die Abchasen und Tscherkessen werden verhältnißmäßig nur
selten erwähnt, sowohl von den Geschichtschreibern und Geographen
des Alterthums, wie des Mittelalters. Herodot und Aristoteles
wissen zwar,[12] daß der Kaukasus von vielen Völkern bewohnt
wird; sie scheinen aber die Namen derselben, da sie keine an=
führen, nicht erfahren zu haben. Strabo kennt diese Gegenden

[12] Herod. I, 203. Arist. Meteorol. I, 13.

der Erde schon besser. Jenseits des Kubans, südöstlich von dem
mäotischen Volke der Sinder, die man in neuern Zeiten unkritischer
Weise zu Indiern machen wollte, und ihrer Hauptstadt Gorgippia,
sagt der Geograph, wohnen längs des Meeresufers die Achäer,
Zychen und Heniochen — ein Volk lakonischer Abstammung, von
welchem, was sehr unwahrscheinlich ist, die Reisenden heutigen
Tags noch in den hier vorhandenen Monumenten die Spuren
finden wollen. [14]) Die Küste ist als ein Theil des Kaukasus meist
hafenlos und felsicht. Diese Völker leben von Seeräuberei; sie
haben dünne, schmale, leicht gebaute Boote, welche etwa fünfundzwanzig, selten dreißig Menschen fassen können. Von diesen
Booten rüsten sie ganze Flotten aus, überfallen damit bald die
Kauffahrer, bald auch ein ganzes Land oder eine Stadt, und
machen so die Schifffahrt auf dem ganzen Pontus unsicher. Sind
sie von ihren Raubzügen in die Heimath zurückgekehrt, so tragen
sie ihre Boote auf den Schultern in die Wälder, wo sie wohnen.
Sobald die Schifffahrt wiederum aufgeht, bringen sie dieselben
herbei und stechen neuerdings in die See. Auf dieselbe Weise
verfahren sie auch in den fremden Ländern. Sie verbergen ihre
Fahrzeuge in dem Dickicht der Wälder, und gehen aus, um
Sklaven zu rauben, die sie dann um billigen Preis verkaufen.
Bei ihrer Abreise geben sie aber den Beraubten von allem, was
vorgefallen, Kunde. Ganz auf dieselbe Weise beschreibt uns, wie
wir weiter unten sehen werden, Sigismund, Freiherr von Herberstein, nach den Berichten, die er über sie in Rußland eingezogen
hatte, die Tscherkessen des sechzehnten Jahrhunderts, und so
sind sie auch noch großentheils heutigen Tags.

Regiert werden diese Völker, fügt Strabo hinzu, von den
sogenannten Scepterträgern, das heißt wohl, den Adeligen, welche
jetzt unter dem Namen der Work oder Usden bekannt sind.
An der Spitze dieser Adeligen stehen Fürsten oder Könige, heutigen Tags in der Sprache der Tscherkessen Pscheh, Pschih, in
der Mehrheit Pschehche und Pschiche genannt. Es sind dieß
erbliche Stammhäuptlinge, deren die Heniochen wenigstens vier
hatten, als Mithridates IV Eupator auf seiner Flucht aus seinem
väterlichen Reiche durch ihr Land eilte. Durch das Land der Zychen

---

[14]) Marigny. 210.

zu kommen, war ihm aber der beschwerlichen Wege und der Wildheit der Bewohner wegen durchaus unmöglich. Hinter Sindika
oder dem heutigen Anapa, sagt Artemidorus, zieht sich, in süd-
östlicher Richtung, die Küste der Kerketen hin, mit Ankerplätzen
und Dörfern versehen; dann folgen die der Achäer und Heniochen,
welche wilde Völkerschaften nach der Mythe von den Wagenlenkern
Kastor und Pollur abstammen und daher ihren Namen Heniochi,
Wagenlenker, erhalten haben sollen. Aber die Geschichtschreiber
der Kriege des Mithridates, fügt Strabo hinzu, denen man mehr
Glauben beimessen darf als dem Artemidorus, setzen zuerst die
Achäer, dann der Reihe nach die Zychen, Heniochen, Kerketen und
Moschier. Hinter diesen dann die Läusefresser, die Soanen, Kolchier
und andere kleinere Völklein innerhalb und an dem Fuße des Kau-
kasus.¹⁵) Nach Plinius folgen die Völker der Küste und des nahen
Gebirgslandes in folgender Weise aufeinander: Achäer, Mardi,
Kerketen, Soanen und die Kopfabschneider.¹⁶) Unter Hadrian war
Dioskurias, oder wie es schon damals hieß, Sebastopolis die
Gränze des römischen Reiches auf dieser Seite. Oestlich von Tra-
pezunt, sagt Arrian aus Nikomedien in seinem Schreiben an den
Kaiser Hadrian, gemeinhin die Küstenfahrt um das schwarze
Meer genannt, hausen die herrenlosen Saunen; es seyen dieß die-
selben, welche Xenophon Drillä nennt, — ein tapferes Volk, die
ein schwerzugängliches Land bewohnen und Räuber sind, welche
den Römern dem Namen nach zwar zinspflichtig, aber in der
That keine Abgaben entrichten. Auf die Saunen folgen die Mache-
lonen und Heniochen, deren König Anchialus heiße; dann die
Zydreten, welche einem gewissen Pharasman gehorchen. Nach den
Zydreten folgen die Lazen, über welche Malassas herrscht, der
von Hadrian eingesetzt wurde. Die den Lazen benachbarten Apsi-
lier regiert Julianus, welcher dem Vater Hadrians seine Herrschaft
verdankt. Nach den Apsiliern folgen die Abasgen oder Abasken,
deren König Resmaga ebenfalls von Hadrian eingesetzt wurde;
hinter ihnen wohnen die Sannigi, wo Sebastopolis läge. Hier ist
Spadaga der von Hadrian eingesetzte König des Volkes. Der
Fluß Achäus trennt die Zingi von den Sannigi; der ersteren König

---

¹⁵) Strabo. XI. 2.
¹⁶) H. N. VI. 5.

sey Stachemphur, der sein Reich ebenfalls Hadrian verdankte. [17]) Es scheinen in der That die Römer und die längs der Küsten des mittelländischen und schwarzen Meeres wohnenden Griechen zu diesen Zeiten, wie aus den Nachrichten Arrians und den im Lande selbst aufgefundenen Alterthümern hervorgeht, in vielfachem Verkehre mit den Bewohnern des östlichen Gestades des schwarzen Meeres und der Thalschluchten des Kaukasus gestanden zu seyn; denn die meisten Alterthümer, die Vasen und Münzen, welche man hier entdeckte, stammen aus dem ersten und zweiten Jahrhundert unserer Zeitrechnung. Zu Pschad wurden auch eine Menge Silbermünzen aus den Zeiten der bosporischen Könige aufgefunden.

Ptolemäus konnte über die Völkerschaften des Kaukasus keine ausführlicheren Nachrichten erhalten; er nennt bloß die schon früher bekannten Namen. Die Zygi heißen aber bei ihm, so wenigstens in den gewöhnlichen Ausgaben, Zinchi. Man sollte glauben, der gegen die Mitte des fünften Jahrhunderts unserer Zeitrechnung blühende armenische Geschichtschreiber und Geograph, Moses von Chorene, hätte uns über die nördlich von seinem Vaterlande wohnenden Völker ausführlichere Nachrichten mittheilen können. Aber siehe, auch er kennt leider bloß die Namen der Völker und Stämme, welche in den zwischen dem schwarzen und kaspischen Meere sich hinziehenden Bergen und Bergebenen wohnen, deren er freilich viel mehr gedenkt als Strabo und Ptolemäus. Von ihrer Geschichte, von ihren Sitten und Gebräuchen scheint er aber keine Kunde erhalten zu haben. Moses erwähnt aber schon mehrere Völker in den Gegenden um den Kaukasus, die in den westlichen Scribenten erst viel später genannt werden, wie die Chasaren und Bulch oder Bulgaren, welche dem Etil oder Itil — der ebenfalls schon vor Moses unter diesem tatarischen Namen, welcher Fluß bedeutet, vorkommt — den Namen Wolga gegeben haben. Es wird aber gemeinhin fälschlich behauptet, die Bulgaren wären von der Wolga so geheißen worden. Denn vor dem Erscheinen der Bulgaren in diesen Gegenden ward der Fluß bei seinem einheimischen Namen Rha, Etil oder Itil genannt. Daß aber die unter dem Namen des Moses von Chorene vorhandene Erdbeschreibung wirklich von ihm herrührt, ist vor kurzem an einem andern Orte bewiesen

---

[17]) Periplus Pont. Eux. Geogr. min. I. 11, 19.

worden. *) Moses kennt die Abchasen, die Lezk oder Lezgier, die schon Strabo unter dem Namen der Legen bekannt sind, und eine Menge Namen anderer Völklein und Stämme, wovon einige mit den heutigen Tags bekannten übereinstimmen.

Die Byzantiner, welche auf die nordöstlichen Gegenden Europa's und Asiens mit einer Art Furcht und Scheu hinblickten, weil von hier aus ihnen immerdar neue Stürme, neue Völkerwanderungen drohten, sind die ersten, welche uns nach Strabo wiederum ausführlichere Nachrichten geben über die Bewohner des westlichen Kaukasus. An den südwestlichen Ausgängen des Kaukasus, sagt Procopius, **) wohnen, längs des kaspischen Meeres, die Alanen, welche von den Geschichtschreibern der Mithridatischen Kriege Albanier genannt werden, und die Abchasen, welche seit alten Zeiten Freunde der Christen und Römer sind; ferner die Zechen, oder nach dem Itacismus, der wohl damals schon allgemein im Gebrauche war, die Zichen, welche ganz unabhängig sind von den Römern, und hinter ihnen die Hunnen, Sabiri zubenannt. Die Abchasen, auf den Hochebenen des Kaukasus an dem östlichen Gestade des schwarzen Meeres hin wohnend, waren vor Alters den Lazen unterthan, welche zwei Feudalfürsten aus dem Volke der Abchasen selbst über sie setzten, von denen der eine die Landschaft gen Abend, und der andere die gen Sonnenaufgang beherrschte. Noch zu meiner Zeit, fügt Procopius hinzu, verehrten diese Barbaren heilige Wälder und Haine; denn in ihrer barbarischen Einfalt glaubten sie, die Bäume seyen Götter. Von der Habsucht dieser ihrer Herrscher mußten sie aber Schreckliches dulden, denn die Feudalkönige nahmen den Eltern gewaltsamerweise alle Knaben weg, die hübschen Gesichtes und schönen Körperbaues waren, machten sie zu Eunuchen und verkauften sie dann an die Sklavenhändler der Römer. Die Väter dieser Unglücklichen wurden dann aus dem Wege geräumt, damit sie ihren eigenen Kummer und die Schmach ihrer Söhne nicht rächen möchten. Hieraus erklärt sich, warum die meisten Eunuchen,

---

*) Meine Abhandlung in der Zeitschrift für die Kunde des Morgenlandes. Göttingen 1837. I, 244.

**) De bello Pers. II, 29. I, 288 ed. Bon. De bello Goth. IV, 4 und 9. II, 471, 498.

die sich bei den Römern und am kaiserlichen Hof zu Byzanz befanden, Abchasen waren.

Unter der Regierung Justinians haben sich aber auf kurze Zeit alle Verhältnisse der Abchasen zum Bessern gewendet. Es hat dieses Volk das Christenthum angenommen, worauf Justinian den Königen des Landes einen Eunuchen des Palastes zusandte, einen Abchasen von Geburt, Euphratas geheißen, um ihnen zu befehlen, für die Zukunft keinen ihrer Unterthanen der Männlichkeit zu berauben. Die Abchasen vernahmen dieß mit Entzücken, und, auf die Verordnung des römischen Kaisers sich stützend, verhinderten sie jetzt mit vereinigter Macht ihre Könige, nach der ehemaligen Weise zu handeln; denn jeder mußte ja fürchten, einmal Vater eines reizenden Knaben zu werden. Justinian ließ nun in dem Lande der Abchasen der Gottgebärerin einen Tempel aufbauen, und veranlaßte daß Priester unter ihnen angestellt würden, um sie in allen Gebräuchen der Christen gründlich zu unterrichten. Die Abchasen setzten hierauf ihre Könige ab und wollten in Zukunft der Freiheit leben. In den frühern Zeiten beherrschten die Römer alle Ortschaften der östlichen Küste des schwarzen Meeres, von Trapezus bis hin zu den Zichi und Sagidä,[20]) — eine Benennung, worin wir den im Lande selbst gangbaren Namen der Tscherkessen, Adige, erkennen. Zu den Zeiten Justinians verblieben ihnen aber nur zwei feste Plätze, Sebastopolis und Pityus. Nördlich der Sagidä oder Adige saßen damals, wie noch heutigen Tags, viele hunnische oder tatarische Völkerschaften. Es wird überdieß bei Procopius auch noch ein besonderer Klan der Bruchier aufgeführt, welcher, zwischen den Abchasen und Alanen mitten inne wohnend, wahrscheinlich zu dem tscherkessischen Volke gehörte, der sonst nirgendwo erwähnt wird.

Die freundschaftlichen Verhältnisse zwischen den Abchasen und Byzantinern dauerten aber nicht lange; denn die Byzantiner wollten die Herren spielen im Lande und nach Willkür neue Anordnungen treffen, was die Abchasen natürlich sehr übel aufnahmen. Sie fürchteten in der Folge die Sklaven der Römer zu werden, und stellten deßhalb die ehemalige Verfassung wiederum her. Sie wählten aus ihren Landsleuten zwei Könige, wovon Opsites über

---

[20]) Σαγιδαι. Σαυλγαι bei Arrian ist wahrscheinlich verschrieben.

das Land gen Osten gesetzt wurde, Skeparnas aber den Westen
beherrschte; und diese hielten es mit Chosroes Nuschirwan,
dem Könige der Perser. Justinian, dieß vernehmend, wollte sie
mit Gewalt unterwerfen. Ihre steile Veste ward von den Byzantinern eingenommen, und der Theil ihres Gebiets, der aus Ufer
sich hinzog, verwüstet. Die Abchasen unterwarfen sich aber dessen
ungeachtet nicht, sondern zogen sich in das hohe Gebirg zu den
Hunnen zurück, wohin ihnen die Römer nicht zu folgen (555)
vermochten. Nicht bloß die Abchasen, sondern alle Fürsten innerhalb des Kaukasus unterwarfen sich, nach den spätern persischen
Berichten, dem mächtigen Fürsten der Sassaniden, Nuschirwan,
und er bestätigte sie in ihrer Herrschaft.[21]) Von ihm soll auch
A l b a n i e n den Namen Nuschirwan oder abgekürzt S c h i r w a n
erhalten haben.

In der Folgezeit schlugen sich die Abchasen, je nachdem ihr Vortheil
oder die Nothwendigkeit es erheischte, bald zu den Byzantinern, bald zu
den Persern und Georgiern.[22]) Heraklius bat ihren König um Zuzug,
als er in Trapezunt ein Heer versammelte, um gegen Iran zu
ziehen.[23]) Die Byzantiner hatten immer ihr Augenmerk auf die
Abchasen und Zichen gerichtet, und auch das Christenthum behauptete sich, wie wir später sehen werden, wenn auch in sehr
verderbtem Zustande, unter all den mannichfachen Wirren der folgenden Zeiten. Achtzehn oder zwanzig Meilen von Tamatarcha,
einer Stadt auf der Insel Thaman, sagt Constantinus Porphyrogeneta, ist der Fluß Ukruch, so nennt Constantin den Kuban,[24])
welcher Zichia von Tamatarcha trennt. Vom Ukruch bis zum
Flusse Nikopsis, dem Flusse Nicosia der spätern Genueser, wo auch
eine Stadt gleichen Namens ist, erstreckt sich das Land Zichia auf
dreihundert Meilen. Oberhalb Zichia landeinwärts gegen die Kabardah hin ist der District, Papagia geheißen; über Papagia, Ka-
sachia, weiter hin der Berg Kaukasus, woselbst das Gebiet der Alanen oder Osseten. Von Nikopsis bis zum Castell Soteriopolis, das

---

[21]) D'Ohsson, Des Peuples du Caucase. Paris 1828. 3.
[22]) Theoph. Exc. 486. ed. B. Theoph. Chronogr. 259. 527. Stritter Memoriae Popul. IV. 185.
[23]) Eutychii Annal. II, 231.
[24]) Mannert, Norden der Erde, 327.

Pityus der Alten, heutigen Tags Pitzunda geheißen,[25]) erstreckt sich das Gebiet Abchasia ebenfalls auf dreihundert Meilen. Die Einwohner von Papagia nennt Constantin selbst, an einer andern Stelle seines Werkes, Zichen, und fügt hinzu, daß in Zichien neun und in Papagia fünf Naphthaquellen sind.[26]) Massudi, ein dem byzantinischen Fürsten Constantinus Porphyrogeneta gleichzeitiger, berühmter arabischer Geograph und Historiker überliefert uns in seinen Goldnen Wiesen und Edelsteinminen, ein Werk, das er während der Jahre 943—947 verfaßte, über die Bewohner des westlichen Kaukasus folgende Nachrichten:

Innerhalb des Kaukasus, sagt Massudi, wohnt das Volk der Alanen oder Osseten, dessen König den Titel Kerkedäh führt. Diesen Titel führen alle Könige dieser Gegend, so wie den Titel Keilänschäh alle Fürsten von Serir oder des Thrones.[27]) Die Hauptstadt der Alanen ist Maas, das heißt: Beobachtung der Religion. Der König hat aber mehrere Schlösser, Paläste und Vergnügungsorte, wo er der Reihe nach seine Residenz aufschlägt. Der jetzige König ist mit dem Fürsten von Serir verwandt, indem jeder der beiden Fürsten die Schwester des andern geheirathet hat.

Ehemals waren die Könige der Alanen Götzendiener; sie nahmen das Christenthum erst nach der Stiftung des Islam an, zur Zeit der Chalifen aus dem Hause der Abbassiden. Gegen das Jahr 320 der Hedschra (432) verwarfen sie es wiederum, und verjagten die Bischöfe und Priester, welche ihnen der Kaiser von Konstantinopel geschickt hatte. In Mitte des Landes der Alanen und des Kaukasus ist eine Festung und dicht daran eine Brücke, die über einen Fluß führt. Diese Festung, Schloß der Alanenpforte, heutigen Tags Dariel geheißen, wurde in alten Zeiten von einem persischen Könige, Namens Asfendiar, dem Sohne des Guschtasp, dem Sohne des Lohorasp, erbaut. Er hatte eine Besatzung hineingelegt, um die Alanen zu hindern, über den Kaukasus nach Persien

---

[25]) Zonar. II, 10. Mannert glaubt a. a. O. 393 mit Unrecht, Soteriopolis sey das Dioskurias der Alten.
[26]) Schlözer, Nordische Geschichten 520.
[27]) Ueber diese Fürsten und ihr Land: Klaproth, Magasin asiatique, I, 385.

einzudringen. Denn sie mußten nothwendigerweise über die Brücke setzen, welche sich am Fuße der Festung, von der ich so eben gesprochen habe, befindet. Diese Festung liegt auf einem steilen Felsen, und kann unmöglich überfallen werden; man kann sie nur mit Erlaubniß derer, welche sie besetzt halten, betreten. Sie enthält eine Quelle süßen Wassers, welche vom Gipfel des Felsens herabfließt. Dieß ist eine der berühmtesten Festungen auf der Welt, und ihre Stärke ist sogar zum Sprüchwort geworden. Es wird ihrer oft in den Gedichten der Perser Erwähnung gethan, welche die Ereignisse, die zur Zeit ihrer Gründung stattfanden, erzählen. Asfendiar, auf dessen Befehl sie erbaut wurde, drang in seinen häufigen Kriegen gegen die verschiedenen Völker des Orients bis zur türkischen Gränze vor, und zerstörte die Stadt Zafar. Seine Heldenthaten sind beschrieben in dem Buche, Kitab-al-Benkesch, welches von Ben Mokana ins Arabische übersetzt wurde.

Musleimeh, Sohn des Abd-el-melik, Sohn des Merwan, drang in dieses Land ein, und unterjochte die Einwohner; in die erwähnte Festung legte er eine sehr beträchtliche arabische Besatzung, welche immer bis auf die Zeit, in welcher wir leben, das heißt bis zur Mitte des zehenten Jahrhunderts, von Zeit zu Zeit erneuert wurde. Mundvorrath und Kleidungsstücke bezog sie aus der Umgegend von Tiflis. Zwischen Tiflis und dieser Festung sind fünf starke Tagreisen. Mit Einem Worte, wenn sich in dieser Festung auch nur ein einziger Mann befände, so würde er doch alle Fürsten der Ungläubigen vom Eindringen in das Land abhalten können; denn das Schloß scheint in den Lüften zu schweben, und beherrscht den Weg, die Brücke und den Fluß.

Der König der Alanen gebietet über ein Corps von dreißigtausend Reitern. Er ist ein kriegerischer Fürst und von einer außerordentlichen Stärke; er herrscht mit großer Strenge. Sein Land ist sehr bevölkert, und die Wohnungen sind so nahe aneinander, daß, wenn ein Hahn kräht, alle andern im ganzen Königreiche alsbald diesen Schrei wiederholen.

In der Nachbarschaft der Alanen ist das Volk der Keschek oder Tscherkessen, welches zwischen dem Kaukasus und dem Meere von Rum, dem schwarzen Meere, wohnt. Es ist sanften Charakters und bekennt sich zur Religion der Magier. Unter allen

Völkern, welche diese Länder bewohnen, findet man keines, bei welchem die Männer regelmäßigere Züge, einen glänzenderen Teint und einen schlankeren Wuchs hätten. Die Frauen sollen von überraschender Schönheit und sehr wollüstig seyn. Die Keschek kleiden sich in weiße Leinwand, in griechische Seidenzeuge, in Scharlach und andere mit Gold durchwirkte Seidenstoffe. Die weiße Leinwand ist verschiedener Gattung, und aus Flachs oder aus Hanf gefertiget. Man unterscheidet namentlich eine Sorte, Ihali genannt, welche feiner als das Dabiki, oder die ägyptische Leinwand, und zu gleicher Zeit dauerhafter ist. Ein Kleid aus diesem Stoffe wird um zehn Goldstücke verkauft, und es werden deren viele in die muselmännischen Länder eingeführt. Man bezieht auch welche aus den benachbarten Gegenden; indessen sind die aus Keschek geschätzter als alle andern.

Wiewohl die Alanen mächtiger als dieses Volk sind, so haben sie es dennoch nicht unterjochen können; es widersteht ihnen vermittelst der vielen festen Plätze, die es an der Meeresküste hat. Einige behaupten, daß dieß das Meer von Rum, andere daß es das Meer von Nithis oder Mäotis sey. Jedoch ist gewiß, daß das Volk der Keschek in geringerer Entfernung von der Stadt Trapezunt wohnt, mit welcher es durch Barken, welche Waaren dahin führen und andere dafür zurückbringen, in beständiger Verbindung steht. Bis jetzt haben sich die Keschek auf dem offenen Schlachtfelde nicht mit den Alanen messen können; der Grund davon ist, daß sie keinen König haben, der die ganze Nation zu einem gemeinschaftlichen Unternehmen vereinigen könnte; denn wenn sie einig wären untereinander, so würden weder die Alanen noch irgend ein anderes Volk im Stande seyn, gegen sie Stand zu halten. Das Wort Keschek ist persisch und heißt stolz, anmaßend; im Arabischen würde man Aksch sagen. In ihrer Nähe und an der Meeresküste wohnt ein anderes Volk, welches die sieben Kantone genannt wird; es ist zahlreich und kriegerisch; der Zugang zu seinem Gebiete ist sehr schwierig. Zu welcher Religion es sich bekennt, weiß ich nicht. Nahe daran ist eine andere beträchtliche Nation, welche von den Keschek durch einen Fluß (den Kuban), der so breit ist wie der Euphrat, getrennt wird; er ergießt sich in das Meer von Rum oder nach Andern in den Palus Mäotis. Die Einwohner führen den Namen Adem-dhat; sie sind sehr schön und sind Götzendiener. Man erzählt einen sonderbaren Umstand von einem Fische, welcher alle Jahre diesen Fluß aufwärts schwimmt. Sie schneiden ein Stück aus ihm heraus, essen es und werfen ihn dann wieder ins Wasser; hierauf kehrt er zum zweitenmale vom entgegengesetzten Ufer zurück, und siehe, das ausgeschnittene Stück findet sich wieder an der Stelle, wo es früher war. Diese Sage ist von den Ungläubigen im Lande verbreitet worden [28]).

Im Westen der Alanen, so lesen wir bei d'Ohsson, der außer denen bei Massudi auch noch alle andern Nachrichten der Araber und Perser über die Völker im Kaukasus zusammengestellt hat, hauset die zahlreiche Nation der Kaschak, Kosaken, oder Tscherkessen, welche noch dem Sabäismus ergeben ist. Ihr Gebiet erstreckt sich von dem Kaukasus bis hin zum schwarzen Meere. Es ist dieß aber der schönste Menschenschlag innerhalb der Gebirge. Sie haben regelmäßige Züge, einen schlanken Körperbau, eine schmale Taille, eine sehr weiße Hautfarbe, breite Schultern und Hüften, und in jeder Beziehung die vollkommsten Formen. Ihre Frauen sollen sehr wollüstig seyn. Sie kleiden sich in Linnen und Scharlachroth, in seidene römische Stoffe und in mancherlei mit Gold durchwirkte Tücher. Sie haben eine Gattung Linnen, Tala genannt, welches noch feiner und dauerhafter ist, als die mit Recht so sehr gepriesenen Gewebe Aegyptens [29]). Von diesen Linnen werden viele in die Länder des Islam ausgeführt und theuer bezahlt. Die Kaufleute von Trapezunt begeben sich zu Wasser in das Land der Kaschak, und diese kommen ihrerseits in diesen Hafen des schwarzen Meeres, wo jährlich große Messen stattfinden, die von muselmännischen, römischen und armenischen Kaufleuten besucht werden. Hier wird auch ein großer Zwischenhandel betrieben mit den Stoffen Asiens, des römischen Reiches und des nördlichen Europa's, namentlich Rußlands. Die Kaschak besitzen längs des pontischen Gestades mehrere Festungen, wohin sie sich, wenn sie von den Alanen angegriffen werden, zurückziehen. Sie würden aber diesem Volke keines-

---

[28]) Klaproth Magazin asiatique I. 287 folg.

[29]) Schon zu den Zeiten Herodots waren die Linnengewebe aus der den Tscherkessen benachbarten Landschaft Kolchis sehr berühmt, und der Vater der Geschichte führt ja unter andern Beweisen von dem ägyptischen Ursprung der Kolchier auch ihre Fertigkeit an, die sie in der Kunst des Webens besäßen. Euterpe 105.

wegs an Macht nachstehen, wenn sie sich einem einzigen Oberhaupte unterwerfen möchten; ja wenn sie unter sich einig wären,
so würden ihnen höchst wahrscheinlich weder die Alanen noch die
andern Völkerschaften des Kaukasus Widerstand leisten können [30]).
Die Abchasen werden von den Tscherkessen im Norden und im
Nordwesten von einigen Gebirgsketten des Kaukasus umgeben.
Im Westen gränzt ihr Gebiet an das schwarze Meer und im Süd-
psten an Mingrelien. Jenseits Dschorzan oder Georgien, sagen
andere arabische Geographen und Geschichtschreiber, und nahe
bei dem Kaukasus ist das Land der Abchasen, deren König ein
Lehensmann ist seiner Nachbarn, der Alanen. Bis auf die Zeiten
des Chalifen Motewekkel (seine Regierung beginnt den 22ten Aug.
846) bezahlten die Georgier und Abchasen dem arabischen Statthalter von Tiflis einen Tribut. Aber während der Herrschaft dieses Chalifen nahm die Macht der Araber in diesen Gegenden sehr
ab, in Folge eines Aufstandes, den die Araber dadurch zu dämpfen
glaubten, daß sie alle Völker der südöstlichen und südwestlichen
Ausgänge des Kaukasus auf eine furchtbar grausame Weise miß-
handelten [31]).

Die Kaiser von Byzanz mußten, während des Laufes des eilften
und zwölften Jahrhunderts, alle ihnen zu Gebote stehenden Kräfte
aufbieten, um sich gegen die mannichfachen Aufstände im Innern,
um die Gränzen und die Integrität des Reiches gegen die wiederholten Anfälle der Araber, der verschiedenen slavischen Völkerschaften und der Armenier, so wie gegen die Angriffe der Lateiner zu
wahren. Sie verloren unter diesen traurigen Verhältnissen natürlich den Kaukasus und alle Länder zwischen dem schwarzen und
kaspischen Meere aus dem Gesichte; nur zufällig, und ohne alle
weiteren Einzelheiten geschieht ihrer, wie wir weiter unten sehen
werden, in der Aufzählung und der Rangordnung der geistlichen
Sprengel Erwähnung. Erst zu den Zeiten der Mongolenherrschaft
in Asien und im nordöstlichen Europa tauchen diese Gegenden von
neuem auf aus dem Dunkel der Zeiten.

---

[30]) d'Ohsson 25 folg. Wie haben der Vollständigkeit wegen die Nachrichten bei d'Ohsson unverkürzt gegeben, obgleich Einiges derselben
schon in dem Auszuge aus Massudi vorkommt.
[31]) d'Ohsson 16.

Neun Jahre nach dem Tode des großen Gründers des Mongolenreichs (1235) berief Ogotai Chakan eine große Versammlung, von den Mongolen Kurultai genannt, nach der Hauptstadt des neugegründeten Reiches, dessen Gränzen in wenigen Jahren einerseits vom östlichen Meere bis zur kaspischen See, und andrerseits vom Amut bis zum Kiang reichten, hin nach Karakorum zwischen den Flüssen Orchon und Tamir gelegen[32]), um, wie Tschinggis es befohlen, Unternehmungen vorzubereiten, welche nach allen Richtungen die Herrschaft der Mongolen erweitern möchten. Ein Heer wendete sich gen Osten gegen die aufrührerischen Koreaner; ein zweites gen Süden gegen die jenseits des Kiang herrschende große Dynastie der Song, und ein drittes gen Westen. Der Chakan wollte sich selbst an die Spitze der Truppenmassen stellen, welche bestimmt waren, alle nordwestlich des kaspischen und schwarzen Meeres sich hinziehenden Länder zu unterwerfen; aber die Fürsten seines Hauses stellten ihm vor, daß es solch einem mächtigen Herrn nicht zieme den Mühseligkeiten des Krieges sich auszusetzen, sondern vielmehr der Ruhe zu pflegen in der Heimath. Man suchte bloß der Neigung des Nachfolgers des Tschinggis durch solche Schmeicheleien zuvorzukommen; Ogotai blieb gerne zu Hause, und Batu, der zweite Sohn des Dschutschi, des Erstgebornen des Tschinggis, erhielt den Oberbefehl über die Armee des Westens; ihm zur Seite stand der General Sabaday Bahadur, ein erfahrner, einsichtsvoller Krieger[33]).

Im Frühling des folgenden Jahres brachen die Truppen des Westens auf, von mehreren Unterbefehlshabern angeführt, und begaben sich auf verschiedenen Wegen hin an die Gränzen des Landes der Bulgaren. Sabaday zerstörte die Stadt Bulgar an der Wolga, und das ganze Volk der Bulgaren mußte sich dem Joche der Mongolen unterwerfen. Bald traf auch dasselbe Schicksal die andern Völker, welche westlich vom kaspischen Meere und nördlich vom Kaukasus hausten, die Burtassen und Mordwinen, finnischer

---

[32]) Ungefähr 47°, 32′, 24″ n. Breite und 13°, 21′, 30″ w. Länge von Peking.

[33]) d'Ohsson Histoire des Mongols II, 61, folg., 111 folg. Es wird hier der Name des Generals fälschlich Subutai anstatt Sabaday geschrieben.

Race, so wie, was ausdrücklich von Raschid-eddin bemerkt wird,
die Tscherkessen, welche die südlichen Ufer des Kuban bewohnten,
das heißt, wohl die große und kleine Kabardah[34]). Die Mongolen
zogen unter Kadan, dem Sohne Ogotai's, im Frühjahre 1238 längs
der kaspischen See hinab gen Süden, bezwangen alle Länder bis
hin in die Gegend von Derbend, und machten sich alle Fürsten zinspflichtig, worunter auch ein König der Tscherkessen Namens Bu-
kan angeführt wird[35]); sie wendeten sich dann von hieraus wiederum gegen das südliche Rußland, um es vollständig zu unterwerfen.

Daß aber die Tscherkessen des westlichen Kaukasus und mehrere andere Völkerschaften dieser Gegenden der Macht der Mongolen einen erfolgreichen Widerstand leisteten, ersehen wir aus den
Berichten der minnern Brüder, welche als Gesandte und Glaubens-
boten hinzogen zu dem Chakan nach Karakorum. Es sandte nämlich Papst Innocenz IV (1245) den Minoriten Ascelin Laurentius
von Portugal, Johannes de Plano Carpin und mehrere andere
Brüder als Abgeordnete zu den Mongolen. Einige Jahre später
(1253) ward der Franciscaner Wilhelm Ruysbroek oder Rubriquis,
ein Brabanter von Geburt, vom König Ludwig dem Heiligen an
Möngke, gemeinhin Mangu genannt, abgeordnet; denn es war
im Abendlande der Ruf erschollen, es sey dieser Chakan zum Christenthume bekehrt worden. Durch diese Reisen der Franciscaner-
mönche wurden die nordöstlichen Gegenden Europa's und Asiens
bekannter, und es mußten viele Sagen verschwinden, welche bis
jetzt als unumstößliche Wahrheiten von den Scholastikern gelehrt
wurden. So sagt Vincenz von Beauvais[36]): es heißt in unsern

---

34) d'Ohsson, II, 113, 118, 636. Vergl. die in der armenischen Sprache
geschriebene Geschichte der Orpelier in St. Martin Mem. sur
l'Arménie II. 120.

35) Raschid-eddin bei St. Martin II. 268.

36) Speculum Hist. XXIX. 89. Behauptet doch noch der Dalmatiner
Juvencus Cälius Kalanus, der im fünfzehnten Jahrhundert lebte,
daß Alexander der Große die Hunnen innerhalb des Kaukasus eingeschlossen habe, daß sie aber nach seinem Tode herausgebrochen
wären, daß sie dann die Aethiopier, Araber und den ganzen Orient
beherrscht hätten u. s. w.! Calani Attila in Belii Adparatus ad
Historiam Hungariae. Posonii 1735 Decas I Monum. III, 90.

scholastischen Geschichtsbüchern, Alexander der Große habe durch sein
Gebet von Gott erlaugt, daß die Juden innerhalb der kaspischen
Gebirge eingeschlossen wurden, die sie erst beim Ende der Welt
wiederum verlassen dürften. Die Brüder des Predigerordens, welche
sieben Jahre lang in Tiflis, der Hauptstadt Georgiens, verweilten,
haben dieser Sache genau nachgeforscht, und es versicherten ihnen
die Georgier, Perser und Juden, daß sie nichts hievon wüßten.
Es mußte demnach diese Mythe, wie so viele andere in der Folgezeit, mit welchen man hie und da im neunzehnten Jahrhundert die
Historie wiederum von neuem ausschmücken will, aus den scholastischen Geschichtswerken gestrichen werden. Diese minnern Brüder
erwähnen auch zuerst der Tscherkessen unter diesem Namen. Es
sandte Ogotai, sagt Johannes de Plano Carpin, ein Heer nach
Süden gegen die Kergis — ein Name, worunter schon Forster die
Tscherkessen erkannte [37]), und man brachte ihnen eine Niederlage
bei. Es sind dieß Heiden, welche sich den Bart nicht wachsen
lassen. Unter diesem Volke herrscht die Sitte, daß, wenn eines
Menschen Vater stirbt, er sich zum Wahrzeichen seines Schmerzes
eine Schramme über das ganze Gesicht einschneidet [38]). Und in
der That zerschlagen und zerkratzen sich heutigen Tags noch die
Tscherkessen, wie wir später sehen werden, bei dem Tode eines
Verwandten das Gesicht. Ruysbroek weiß, daß die Landschaft
Zichien, das eigentliche Tscherkessien, den Mongolen nicht unter-
worfen ist. Die Kergis oder Tscherkessen, welche südlich in den
Gebirgen (der beiden Kabardah) neben den Alanen, As [39]) oder Os-

---

[37]) Geschichte der Entdeckungen und Schifffahrten im Norden. Von
Johann Reinhold Forster. Frankfurt 1784. 124.

[38]) Spec. Hist. XXXI. 16.

[39]) In dem Texte des Ruysbroek steht Alas, und man hat verschiedene
Vermuthungen aufgestellt, wer diese Alas seyn möchten. Alas ist
aber sicherlich bloß ein Schreibfehler für Aas, wie sich unter andern
die Alanen oder Osseten nennen. Forster a. a. O. 130, 204.
Wenn die Alas von den Alanen unterschieden würden, so könnte
Sprengel (Geschichte der wichtigsten geographischen Entdeckungen,
Halle 1792, 283) Recht haben, hier an die Abasgen oder Abchasen zu denken. Vielleicht hat auch Ruysbroek, „Alanen und Akas“
d. i. Abchasen geschrieben.

seten wohnen, seyen Christen, und stritten ebenfalls unaufhörlich mit den Mongolen⁴⁰).

Batu starb (1255), und ihm folgte im Reiche Raptschak oder der goldnen Horde sein Bruder Bereke oder Burga, — der erste der Mongolen=Fürsten, welcher sich zum Islam bekannte. Bereke hatte seinen Neffen, den rechtmäßigen Erben, tödten lassen, und sich selbst gewaltthätiger Weise der Herrschaft bemächtiget. Es stand ihm deßhalb immer eine bedeutende Partei entgegen. Diese Stimmung des Volkes brunkte der General Nogayla, welcher von dem Chan ausgesandt war, die nordwestlichen Völker im Zaume zu halten, um seinem Gebieter den Gehorsam aufzukündigen (1261) und für sich selbst eine Herrschaft zu erwerben. Von Oran, dem Neffen des Nogayla, erlangten die Genueser im folgenden Jahre, nach Andern erst im Jahre 1266, Kaffa oder die Ungläubige, — dieß heißt nämlich Kaffa zu Deutsch, — wo damals bloß einige armselige Fischerhütten standen. Unter dem Schutze der Genueser, welche schon seit dem Anfange des dreizehnten Jahrhunderts nach diesen Gegenden handelten, erhob sich an dieser Stelle, wo ehemals Theodosia gestanden, bald eine Stadt, welche der vorzüglichste Handelsplatz wurde an dem Gestade des großen oder schwarzen Meeres⁴¹). Von hier aus bemächtigten sie sich bald mehrerer gen Süden zu gelegener Plätze der Halbinsel, wie Sudag, damals Soldaja genannt, und das jenseits des Vorgebirges von Aja befindliche Balaclava. Von diesen Niederlassungen in der Krim betrieben die Genueser einerseits einen bedeutenden Handel mit Mittelasien und dem äußersten Osten und Norden der Erde; andrerseits unterhielten sie einen regelmäßigen Verkehr mit mehreren Völkern und Srümmen des Kaukasus, namentlich mit den Tscherkessen und Abchasen, und zwar sowohl mit denen, welche innerhalb des Landes gen Elbrus hin, als mit denen, welche an dem Gestade des schwarzen Meeres wohnten. Um dem Sklavenmarkte näher zu seyn, — Sklaven waren ja seit den ältesten Zeiten der vorzüglichste Ausfuhr=

---

⁴⁰) Forster 150.
⁴¹) Deguignes, Geschichte der Hunnen, u. s. w. III, 370 n. der deutschen Uebersetzung. Serra, La Storia della antica Liguria e di Genova. Torino 1834, II, 144. Marin, Storia del Comm. dei Veneziani IV, 66.

artikel dirſer Gegenden, — fuhren die Genueſer den Kuban auf=
wärts, und gründeten zweihundert achtzig italieniſche Meilen von
deſſen Mündung entfernt, wo zwei kleine Flüſſe in den Strom ſich
ergießen, eine Niederlaſſung, die ſie, wahrſcheinlich nach dem
Fluſſe, der in ältern italieniſchen Reiſen Kopa heißt, Kopa
nannten. Hierhin brachten die Tſcherkeſſen ihre Sklaven, wo ſie
dann nach Kaffa gebracht und von den Sultanen in Aegypten,
welche zu dieſem Endzwecke jährlich zwei Schiffe dahin ſandten,
aufgekauft und nach Alexandria geführt wurden⁴¹). Dieß bezeugt
auch Chalcondylas⁴²). Diejenigen Skythen, ſo nennt er hier die
nogayiſchen und andern Tataren, welche längs des Bosporus woh=
nen, machen Einfälle in das benachbarte Land der Tſarkaſen,
ſo ſchreibt der Grieche dieſen Namen, der Mingrelier und Sar=
maten, und führen eine Maſſe Sklaven weg, die ſie dann für ge=
ringes Geld an die venetianiſchen und genueſiſchen Kaufleute ver=
handeln. Der Name Genueſer, welchen die Tſcherkeſſen Dſche=
nuevi ausſprechen, ſo wie die Benennung Frenki, unter welcher
ſeit der Herrſchaft der Karolinger und den Kreuzzügen alle Bewoh=
ner Europa's in Aſien zuſammengefaßt werden, ſteht ſeit dieſer
Zeit der Herrſchaft der Genueſer in hohen Ehren bei allen Völker=
ſchaften des weſtlichen Kaukaſus. Wenn wir dem Sieur Ferrand,
Leibarzt des Chans der Krim, Selim Gerai, trauen dürfen, ſo
wollten ſelbſt die kabardiniſchen Tſcherkeſſen von den Genueſern ab=
ſtammen. Sie zeigten ihm, noch am Anfange des achtzehnten
Jahrhunderts, die Ruinen von Gebäuden, welche die Einwohner
von Genua in den beiden Kabardah errichtet haben ſollen⁴⁴).

Unter mannichfachen Schickſalen behaupteten ſich die Genue=
ſer nahe an zwei Jahrhunderte als das erſte Handelsvolk in den

---

⁴¹) Auf genueſiſchen Schiffen ſie nach Aegypten zu bringen, hatte die
Republik verboten. Quod sclavi super navigiis non leventur,
quod aliqua persona Januensis non possit deferre Mamuluchos
mares vel feminas in Alexandriam ultra mare; ſo heißt es im
Statuta di Gazaria. Serra a. a. O. IV, 61.

⁴²) Chalcondylas III, 56, ed Venet. 1729.

⁴⁴) Stöcklein Glaubensbott IX, 94. Das Original dieſer intereſſanten
Reiſe ſteht in den Mémoires des Missiones de la Comp. de Je-
sus dans le Levant, und im zehnten Bande des Recueil de Voyages au Nord.

Gegenden um das schwarze Meer bis hin zum Euphrat nach Meso=
potamien und Persien, zahlreich waren sie namentlich in Kars.
Das georgische Wort Kari heißt Gränze, und Karis=Kalaki
Gränzstadt. So ward von diesem Volke die erste ihnen südlich
gelegene Stadt der armenischen Provinz Ararat genannt, welche
lange Zeit die Gränze bildete zwischen den beiden Nationen, den
Armeniern und Georgiern. Kars, in der Mitte zwischen Eriwan,
Trapezunt und Erzerum gelegen, war während des eilften, zwölften
und dreizehnten Jahrhunderts ein bedeutender Handelsplatz, und
die Genueser legten auf der großen Handelsstraße, die von Trape=
zunt über Kars nach Bagdad führte, in einem Zwischenraum von
fünf zu acht deutschen Meilen Castelle an, um die Karawanen
gegen die räuberischen Anfälle der Kurden und Turkomanen zu schü=
tzen. Der Reichthum und die Macht der Kaufleute von Kars wird
häufig erwähnt bei den armenischen so wie von genuesischen
Schriftstellern[45]). Von den Genuesern begünstiget, ließen sich so=
wohl in Kaffa als an andern Orten der Krim, — von dem Orte
Sorgathi[46]) oder Jukremia, d. h. Festung, so genannt, — und
des Kaukasus eine Menge Armenier nieder, so wie Karaim und
talmudistische Juden. Die Armenier dieser Gegenden stammten
großentheils aus der Stadt Ani, welche, so wie ganz Armenien,
in der ersten Hälfte des dreizehnten Jahrhunderts von den Mon=
golen furchtbar verwüstet wurde. Die Einwohner des Landes
wurden gen Kasan und Astrachan hin verpflanzt, von wo aus sie
in der Folge nach der Krim flüchteten, und an verschiedenen
Orten, welche unter der genuesischen Oberherrlichkeit standen, sich
ansiedelten[47]). Es wird berichtet, was aber ganz unglaublich
scheint, daß die Armenier in Kaffa allein, wie ehemals in Ani
selbst, hunderttausend Häuser und tausend Kirchen besessen hät=

---

[45]) Indschidschean Altarmenien 435. Serra, La Storia della antica
Liguria e di Genova. Torino 1836, IV, 53.

[46]) Sorgathi wird schon vom Abulfeda Krim genannt.

[47]) Sestrencewicz de Bohusz, Histoire de la Tauride. Brunswick
1800. II, 148, nach handschriftlichen Denkwürdigkeiten, welche der
armenische Erzbischof Dolgoruki im Jahre 1769 dem berühmten Po=
temkin mitgetheilt hatte.

ten *). Die Genueſer miſchten ſich nicht ſelten in die inneren Streitigkeiten des Reiches von Kaptſchak, die ſich gewöhnlich zum Vortheile der Kaufherren endigten. Aber die Verhältniſſe dieſer Gegenden geſtalteten ſich ungünſtiger, als einige Jahrzehente hernach, in Folge des verwüſtungsvollen Zuges Tamerlans in dieſe Länder, dem ſich des Raubes wegen auch eine Maſſe Tſcherkeſſen und Abchaſen mit Freuden angeſchloſſen hatte **), das Reich der goldenen Horde zerfiel und daraus die Chanate Kaſan, Aſtrachan und Krim hervorgingen. Mit Hadſchi Gerai, dem Gründer des Chanats der Krim, lagen die Genueſer bereits ſeit dem Jahre 1441 im Streite; er nahm ihnen Kaffa ſo wie ihre anderen Beſitzungen in der Krim, geſtattete ihnen aber daſelbſt zu verweilen und gegen beſtimmte Abgaben, wie früher, ihren Handel zu betreiben. Nach dem Tode des Hadſchi Gerai (1467) ſtritten ſich ſeine Söhne um die Nachfolge im Reiche. Das Land gerieth in die größte Verwirrung, und die Genueſer erklärten ſich für Mengli Gerai, den ſechsten Sohn des verſtorbenen Fürſten, unter dem ſie hoffen durften, da er lange Zeit in Kaffa als Gefangener unter ihnen gelebt hatte, die Herren ſpielen zu können. Dieſe Streitigkeiten fielen aber am Ende für Genua ſehr nachtheilig aus. Der Großherr Muhammed II, von den Wirren in der Krim hörend, ſchickte Achmed Paſcha mit einer Flotte und einem Landungsheere dahin, um die Genueſer und alle Chriſten aus der Halbinſel zu vertreiben und das Land zu erobern. Kaffa, ſo wie die andern Beſitzungen der Republik fielen (1475) in die Hände der Türken, und die Genueſer, welche im Kriege nicht umgekommen oder entflohen waren, wurden als Sklaven nach Konſtantinopel abgeführt. Mengli Gerai erkannte (1478) die Oberhoheit der Pforte, und ward vom Sultan wiederum in ſein väterliches Reich eingeſetzt ***).

**) Minas Reiſe nach Polen. Venedig 1830, S. 332, in armeniſcher Sprache. Es befindet ſich daſelbſt eine nach gleichzeitigen Chroniken verfaßte Geſchichte der Armenier in Kaffa.

**) Stritter, Mem. Pop. IV, 193.

***) Deguignes III, 451. Serra III, 248. Der Tractat zwiſchen Mengli und Muhammed II findet ſich in Sestrencewics Histoire de la Tauride II, 214.

Aus dieser letzten Zeit der Herrschaft der Genueser in der Krim haben wir eine höchst lehrreiche Beschreibung dieser Gegenden von dem Venetianer Joseph Barbaro, welcher behauptet, daß die Tscherkessen noch zu seiner Zeit Christen gewesen sind [51]); dann eine getreue Schilderung der Tscherkessen von einem Bürger der Republik Genua, der viele Länder Asiens, Europa's und Afrika's bereif't hatte. Georgio Interiano, der sich in der zweiten Hälfte des fünfzehnten Jahrhunderts, nicht erst, wie gemeinhin behauptet wird, nach der Mitte des sechzehnten Jahrhunderts [52]), längere Zeit im westlichen Kaukasus aufgehalten hatte, schildert uns die Tscherkessen, wie sie großentheils heutigen Tags noch sind, in fol-

---

[51]) Joseph Barbaro war in Tana oder Asow und in den Gegenden am schwarzen Meere während der Jahre 1436 — 1452. Ramusio II, 92. a. Forster a. a. O. 210.

[52]) Klaproth und Dubois Voyage autour du Caucase, chez les Tcherkesses et les Abkhases, en Colchide, en Géorgie, en Arménie et en Crimée. Paris, 1839. I. 64, 81, behaupten, Interiano sey 1552 im Lande der Tscherkessen gewesen; dem ist aber nicht so. Politianus, der bereits 1494 starb, erwähnt des Interiano mit großem Lobe in seinen Miscellaneen, und Aldus Manutius druckte das Büchlein über die Lebensweise der Zychen oder Tscherkessen (Della vita de Zychi) schon im Jahre 1502. In seinem Schreiben an Aldus (Ramusio II, 196) sagt Interiano, daß er bereits vor vielen Jahren (da piu anni in qua) das Land der Tscherkessen und ihre Sitten gesehen habe; er muß demnach im Anfange der zweiten Hälfte des fünfzehnten Jahrhunderts den westlichen Kaukasus besucht haben. Dieß deutet auch Marchese Girolamo Serra an, in der Storia dell' antica Liguria e di Genova. Turino 1834. IV, 234. Als man schon anfing, sagt Serra, daran zu zweifeln, ob es möglich sey, Afrika umschiffen zu können, so sprach sich der Genueser Interiano dafür aus. E gia cominciando a disputarsi della possibilità, sostenne l'affermativa un genovese per nome Giorgio Interiano, uom saggio, piacevole, amator delle lettere, perfissimo in geografia, e ricercátore instancabile di lontani paesi, d'onde fu il primo a transportare il platano in Venezia, e a far conoscere i costumi de Zichi e Circassi. Al parere di Giorgio aderì Antonio Ferrari, fisico sopra i suoi tempi illuminato, che ebbe occasione di ragionare con un ambasciadore di Portogallo in Napoli; onde può dirsi a ragione che l'opinione di due italiani prevenne e forse stimolò la spedizione del gran portughese, Vasco di Gama.

cher trefflichen, anmuthigen Weise, daß wir es für geeignet halten, seine ganze Beschreibung hier in einer getreuen Uebersetzung
mitzutheilen.

Dritter Abschnitt.

Bruchstücke aus der neuern Geschichte der Tscherkessen.

Die in der italienischen, griechischen und lateinischen Sprache
sogenannten Zychen, — die Tataren und Türken nennen sie Tscherkessen, und in ihrer eigenen Sprache heißen sie Abiga, — bewohnen voh dem Flusse Tana, auch Don genannt, oben in Asien,
jenen ganzen Küstenstrich gegen den kimmerischen Bösporus, jetzt
Wosporo, auch Mündung des St. Johannes, Mündung des
Meeres Tschabachi und des Meeres von Tana genannt — der
Palus Mäotis der Alten; dann wohnen sie von hier aus jenseits
der Mündung, längs der Meeresküste, bis zum Vorgebirge Bussi
im Süden gegen den Fluß Phasis, wo sie an Abchasien, welches
ein Theil des alten Kolchis ist, angränzen. Und diese ihre ganze
Meeresküste, sowohl diesseits als jenseits des Palus Mäotis, kann
sich auf 500 italienische Meilen belaufen [33]). Sie erstreckt sich
auch innerhalb des Landes gen Osten zu; da wo sie am breitesten
ist, ungefähr bloß auf acht Tagreisen. Die Zychen bewohnen
diese ganze Gegend in offenen Dörfern, ohne einen befestigten Ort
oder einen mit Ringmauern versehenen Platz zu besitzen. Ihr
größter und bester Ort ist in einem innerhalb des Landes gelegenen kleinen Thale, Cromuk genannt, welches eine bessere Lage
hat und zahlreicher bewohnt wird, als das übrige Land. Sie
gränzen zu Land an die Skythen oder Tataren. Ihre Sprache
ist ganz verschieden von der ihrer Nachbarn, und hat viele Kehl-

---

[33]) Herodot I, 104, rechnet vom Palus Mäotis bis zum Phasis dreißig
Tagreisen, wo also nach der Angabe der Entfernung bei Interiano
auf die Tagreise ungefähr acht deutsche oder geometrische Stunden
kommen.

tône. Sie bekennen sich zum Christenthume und haben Geistliche griechischer Confession. Sie empfangen nicht eher die Taufe, als bis sie acht Jahre und darüber alt sind; es werden viele zugleich getauft durch ein einfaches Besprengen mit Weihwasser in ihrer eigenen Weise, wozu dann die erwähnten Geistlichen einen kurzen Segen sprechen. Die Adeligen betreten die Kirche nicht, außer wenn sie sechzig Jahre zurückgelegt haben; denn da sie, wie dieß alle thun, vom Raube leben, so dünkt dieß ihnen nicht erlaubt zu seyn; sie glauben, die Kirche würde dadurch entweiht werden. Wenn nun ungefähr diese Zeit vorüber ist, so lassen sie das Rauben und nehmen dann an dem Gottesdienst Antheil, dem sie auch schon in ihrer Jugend außerhalb der Kirche zu Pferde und niemals in anderer Weise beiwohnten. Ihre Frauen kommen auf dem Stroh nieder, worauf auch das neugeborne Geschöpf zuerst gelegt wird. Es wird dann an den Fluß getragen und hierin, ungeachtet des Eises und der Kälte, welche in diesen Gegenden herrscht, gewaschen. Sie geben aber dem Kinde den Namen derjenigen fremden Person, welche nach der Geburt zuerst in das Haus tritt, und mag er nun griechisch, lateinisch oder irgend fremdartig seyn, so fügen sie diesem Namen immer uk hinzu, so wird aus Petrus Petruk, aus Paulus Pauluk u. s. w.

Die Zychen haben keine eigene Schrift, noch bedienen sie sich einer fremden. Ihre Geistlichen halten den Gottesdienst mit griechischen Worten und Schriftzeichen, ohne sie zu verstehen; wenn es sich trifft, daß einer dem andern schreiben will, was aber sehr selten vorkommt, so thun sie dieß größtentheils vermittelst der Juden in der hebräischen Schrift. Gewöhnlich senden sie sich aber gegenseitig mündliche Botschaften. Es gibt unter ihnen Adelige, Lehensleute und Knechte oder Sklaven. Die Adeligen werden von den andern sehr geehrt und sind größtentheils zu Pferde. Sie dulden es nicht, daß ihre Untergebenen Pferde halten, und wenn ein Lehensmann zufällig ein Füllen aufzieht, so nimmt der Edelmann, sobald es zum Pferde herangewachsen, es ihm weg und gibt ihm einen Ochsen dafür mit den Worten: „dieß geziemt dir und kein Pferd." Unter diesen Adeligen gibt es viele, welche über Lehensleute gebieten; sie leben sämmtlich, ohne daß einer dem andern unterworfen sey, noch wollen sie einen andern Obern außer Gott. Sie haben keine besondern Gerichtsbehörden, noch irgend ein geschriebenes Gesetz; sie

machen ihren Streitigkeiten durch Gewalt, durch Verſtand oder
Schiedsrichter ein Ende. Unter dieſen Adeligen gibt es viele, wovon ein Verwandter den andern todtſchlägt; am meiſten geſchieht
dieß unter Brüdern. Wenn nun ein Bruder den andern getödtet
hat, ſo ſchläft er die nächſte Nacht bei ſeiner Schwägerin, der Frau
des Verſtorbenen; denn es iſt bei ihnen erlaubt, mehrere Frauen zu
haben, welche ſie ſämmtlich für rechtmäßige halten. Wenn der
Sohn eines Adeligen zwei oder drei Jahre alt iſt, ſo übergeben ſie
ihn einem der Diener zur Aufſicht, der ihn täglich herumreiten läßt
mit einem kleinen Bogen in der Hand. Sobald der Diener ein
Huhn, einen Vogel, ein Schwein oder ein anderes Thier ſieht, ſo
lehrt er ſeinen Zögling darauf ſchießen. Iſt er herangewachſen, ſo
macht er in den Dörfern auf die genannten Thiere Jagd, und kein
Unterthan wird es wagen, ihn daran zu verhindern. Sind ſie zu
Männern herangereift, geben ſie immer auf die Jagd der wilden
und Hausthiere; ſie machen ſelbſt auf Menſchen Jagd. Ihr Land
iſt großentheils ſumpfig und ſtark mit Rohr und Schilf, aus deſſen
Wurzeln der Calmus gewonnen wird, überwachſen.

Dieſe Sümpfe entſtehen aus den großen Flüſſen, dem Tanais,
der noch jetzt ſo heißt, dem Rhombite, Kopa (Kuban) genannt,
und andern großen und kleinen Gewäſſern, welche viele Mündungen
haben und unzählige Sümpfe bilden. Es ſind hier viele Furten und
Uebergänge angebracht, über welche heimlichen Gänge die Adeligen
ſchreiten und den armen Bauern wie ihrem Vieh manche Noth bereiten, denn ſie führen ſie von einem Lande in das andere und ver-
tauſchen oder verkaufen ſie. Man kennt hieſiger Gegend kein Geld,
noch hat fremdes, namentlich im Binnenlande, einen Cours; man
rechnet deßhalb nach Boccaſſinen oder Stücken Leinwands, woraus
man ein Hemd machen kann; und ſo rechnen ſie bei jedem Kauf und
Verkauf, und ſchätzen die Waaren nach Boccaſſinen. Der größte
Theil der Leute, die aus dieſem Volke als Sklaven verkauft werden,
wird nach Kairo in Aegypten gebracht, wo ihr Geſchick ſich gewaltig verändert, indem ſie von dem unterwürfigſten Bauernſtande
auf der Welt zu den höchſten Ehrenämtern und Herrſchaften erhoben
werden, wie Sultan, Admiral u. dgl. Ihre Oberkleidung iſt von
Filz in der Weiſe eines Pluviale gemacht; ſie hat auf einer Seite
eine Oeffnung, um die rechte Hand durchzuſtecken. Auf dem Kopfe

tragen sie ebenfalls eine Filzkappe in der Form eines Zuckerhutes. Unter diesem Mantel tragen sie sogenannte Terrilicci von Seide oder Linnen, welche von dem Gürtel an abwärts gefaltet und zusammengeheftet sind, gleichwie die Schöße des alten römischen Waffenrockes. Sie tragen Stiefel und Stiefeletten, die über einander gezogen und sehr zierlich sind. Ihre Beinkleider sind von Leinen und sehr weit. Sie haben sehr lange Knebelbärte.

.

Die Tscherkessen führen beständig eine Waffe, das heißt ein Feuerrohr mit sich, in einem Futteral von geglättetem Leder, welches von ihren Frauen verfertiget wird. Auch haben sie ein Rasirmesser und einen Schleifstein, um es zu schärfen, bei sich, mit welchem sie sich gegenseitig das Haupt scheeren; sie lassen aber auf dem Scheitel einen Büschel langer Haare stehen, der geflochten wird. Einige sagen es geschehe, damit der Kopf, wenn er abgeschnitten werden soll, daran gehalten werden könne; es solle das Gesicht nicht von den blutigen und schmutzigen Händen des Mörders befleckt werden. Sobald sie in die Schlacht gehen, rasiren sie auch das Brusthaar weg, weil sie es für eine Schande und Sünde halten, wenn man nach ihrem Tode an diesem Theile Haare finden würde. Sie zünden die Strohhütten ihrer Feinde vermittelst brennender Schwefelhölzchen an. Die Mächtigen unter ihnen haben silberne und große goldene Becher von drei= bis fünfhundert Ducaten in ihren Häusern, aus welchen sie mit großen Ceremonien trinken, deren sie überhaupt beim Trinken mehr als bei irgend einer andern Feierlichkeit anwenden. Sie trinken nämlich beständig im Namen Gottes, im Namen der Heiligen, der verstorbenen Verwandten und Freunde, indem sie zugleich einige ihrer herrlichen Thaten und denkwürdigen Umstände mit großen Ehren und Ehrfurchtsbezeugungen erwähnen. Um ihre Demuth zu beurkunden, entblößen sie hiebei das Haupt, wie bei einem Opfer. Ihres aus Ringen bestehenden Panzerhembdes bedienen sie sich, wenn sie schlafen, als eines Kopfkissens, und die Waffen stehen immer zur Seite. Wenn sie nun unvermuthet aufgeweckt werden, so ziehen sie alsbald den Panzer an und bewaffnen sich. Mann und Frau liegen im Bette Kopf und Füße gegen einander; ihre Betten sind von Leder, welche mit Blumen, mit Rohr oder Binsen angefüllt sind.

Es herrscht unter ihnen die Meinung, daß Niemand für adelig

gehalten wird, von welchem man weiß, daß er jemals unadelig ge=
wesen ist, habe er auch mehreren Königen das Daseyn gegeben. Es
soll der Edelmann keine andern Geschäfte treiben als seinen Raub
verkaufen; sie sagen nämlich, es gezieme dem Edelmann bloß das
Volk zu regieren und es zu vertheidigen, dann auf die Jagd zu
gehen und sich mit kriegerischen Uebungen zu beschäftigen. Sie
loben sehr die Freigebigkeit und verschenken leicht jedes Ding,
Pferde und Waffen ausgenommen. Mit ihren Kleidungsstücken sind
sie aber nicht nur über alle Maaßen freigebig, sondern sogar ver=
schwenderisch, und daher kommt es, daß sie mit ihren Kleidern
großentheils schlechter daran sind als ihre Untergebenen. Wenn auch
noch so häufig im Jahre neue Kleider oder Hemden von carmosin=
rother Seide, wie dieß bei ihnen Brauch ist, gemacht werden, so
hilft dieß doch nicht; denn es kommen alsbald die Lehnsleute und
verlangen sie zum Geschenke. Dieß aber abzuschlagen oder unge=
halten darüber zu seyn, gilt für eine große Schande. Sobald ihnen
nun ihr Kleid abgefordert wird, ziehen sie es aus, geben es hin und
nehmen dagegen das arme Kleid des gemeinen Bettlers, das größten=
theils schlecht und schmutzig ist. Und so kommt es, daß die Adeligen
schlechter gekleidet sind als die gemeinen Leute, Stiefel, Waffen
und Pferde ausgenommen, welche sie niemals verschenken; in diesen
Gegenständen besteht vorzüglich ihr Stolz. Oft geben sie all ihr
anderes bewegliches Besitzthum hin, um ein Pferd zu erlangen, das
ihnen gefällt; denn sie halten nichts auf Erden für so vortrefflich als
ein gutes Pferd. Wenn sie auf einem Raubzuge oder auf irgend
eine andere Weise Gold und Silber erworben, so gebrauchen sie es
alsbald zu den erwähnten Trinkgefäßen, dann um Sattelzeug oder
andern militärischen Schmuck dafür zu kaufen. Gold und Silber
auf irgend eine andere Weise zu verwenden ist bei ihnen, namentlich
bei den Bewohnern des Binnenlandes, nicht der Brauch; die längs
der Meeresküste Wohnenden sind aber der Handelsgeschäfte kundig.

Die Tscherkessen kämpfen täglich mit den Tataren, von welchen
sie auf allen Seiten umgeben sind. Sie gehen auch über den Bos=
porus nach dem taurischen Chersonesus, wo die Stadt Kaffa, von
alten Zeiten her eine Colonie der Genueser, namentlich im Winter,
wenn das Meer gefroren ist, um die Skythen zu berauben. Eine
kleine Anzahl der Tscherkessen ist im Stande, eine große Menge der

Skythen gefangen zu nehmen; denn sie sind gewandter, mit bessern
Waffen und Pferden versehen, und haben auch mehr Muth. Ihre
kriegerische Kopfbedeckung ist eine Eigenthümlichkeit dieser Gegenden,
und gleicht derjenigen, die man auf alten Denkmälern sieht; die
Riemen derselben gehen über die Wangen und werden unterhalb des
Kinns zusammengebunden, nach der Weise der Alten. Es ist zum
Erstaunen, wie die Tataren, und zwar viel mehr als die Tscherkessen,
alle Arten von Mühseligkeiten ertragen können! Häufig siegen sie
einzig und allein hiedurch. Sobald sie sich nämlich in entlegene
Sümpfe, in Schnee und Eis, oder an Plätze, wo man an Allem
Mangel leidet, zurückziehen können, so siegen sie meistentheils durch
Ausdauer und Beharrlichkeit.

Die Tscherkessen sind durchgängig wohlgebildet und schön. In
Kairo, wo, wie gesagt, die Mammeluken und Admirale größtentheils von diesem Volke sind, sieht man Leute vortrefflichen Aussehens und vortrefflicher Haltung. Ebenso sind ihre Frauen, und
in ihrem Lande selbst gegen Fremde, sehr zutraulich. Sie üben
die Pflichten der Gastfreundschaft gegen jeden mit großer Freundlichkeit, und sowohl der Gast wie der Wirth heißt Konak, — ein Wort,
das so viel als Gastfreund bedeutet. Bei der Abreise begleitet
der Wirth den fremden Konak bis hin zu einem andern Gastfreund;
er vertheidigt ihn gegen jeden Angriff, und setzt, wenn es nöthig ist,
sein Leben daran. Obgleich nun, wie wir sagten, das Rauben in
diesen Gegenden solch eine allgemeine Sitte ist, daß es gleichsam als
ein rechtmäßiges Gewerbe betrachtet wird, so behandeln sie doch
ihre Konak sowohl in als außerhalb des Hauses mit der
größten Treue und Freundlichkeit. Sie erlauben dem Konak, in der
Gegenwart der Eltern, ihre erwachsenen Töchter allenthalben vom
Kopf bis zu den Füßen zu berühren; sie erlauben ihm Alles, den
Beischlaf ausgenommen. Es kommen die Jungfrauen zu dem fremden Konak, mag er schlafen oder wachen, und säubern ihn unter
vielen Schmeicheleien von dem Ungeziefer, — was hiesigen Landes
als etwas Gewöhnliches und Natürliches betrachtet wird. Es gehen
die Mädchen vor aller Leute Augen ganz nackt in die Flüsse, um sich
zu baden; man sieht hier eine Masse der schönsten Geschöpfe von
sehr weißem Teint.

Ihre Nahrung besteht heutigen Tags, wie nach Strabo auch

vor Alters, großentheils in gewissen Fischen, Anticei [34]) genannt, eine Gattung dicker kleiner Störe. Sie trinken hierzu das Wasser ihrer Flüsse, das vortrefflich ist zur Verdauung. Sie essen auch das Fleisch der Hausthiere und Wildpret; es fehlt ihnen Weizen und Traubenwein, aber Hirse und andere Arten Getreides haben sie hinlänglich. Sie backen Brod davon und bereiten daraus andere Speisen; das Getränke, das sie hiezu trinken, nennen sie Bosa. Sie haben auch Meth.

Ihre Wohnungen sind durchgängig von Stroh, von Roht und Holz. Es wäre eine große Schmach für einen Edelmann, sich eine Festung, oder ein mit Ringmauern versehenes Haus zu bauen. Dieser Mensch, würden sie sagen, ist feige und furchtsam; er kann sich weder beschützen noch vertheidigen. Dieß ist der Grund, daß sie sämmtlich in den beschriebenen Häusern wohnen, die wie Maierhöfe auseinander liegen. Es gibt in diesem Lande auch nicht eine einzige Festung; der Thürme und der alten Festungswerke, die noch hie und da vorhanden sind, bedienen sich die Bauern zu irgend einem Gebrauche; der Adel würde sich dessen schämen. Ihre Pfeile verfertigen sie sich selbst; sie arbeiten täglich daran und dieß selbst zu Pferde. Diese Pfeile haben Spitzen von trefflich gehärtetem Eisen und sind von furchtbar eindringender Kraft. Ihre Edelfrauen beschäftigen sich bloß mit Stickereien und dieß auch auf Leder; sie verfertigen, wie wir bereits erwähnten, lederne Futterale für die Feuerröhre und feingeglättete lederne Gürtel.

Ihre Leichenbegängnisse sind außerordentlich sonderbar. Nach dem Tode eines Edelmannes errichten sie im offenen Felde ein hohes hölzernes Bett, worauf sie den Leichnam, nachdem vorerst die Eingeweide herausgenommen wurden, setzen. Hier erhält er, während eines Zeitraumes von acht Tagen, Besuche von den Verwandten, Freunden und Untergebenen, welche allerlei Geschenke, silberne Tassen, Bogen, Pfeile und andere Gegenstände herbeibringen. Auf beiden Seiten des Bettes stehen die zwei ältesten Verwandten, die Füße auf einem Stabe gestützt, und oberhalb desselben eine Jungs-

---

[34]) So nennt schon Herodot diese Fische, und Strabo wie Ptolemäus kennen den Fluß Antikites oder Atrikitis, wovon wahrscheinlich der Fisch seinen Namen hat. Der Antikitis der Alten ist der heutige Kuban. Mannert, Norden der Erde 325.

frau mit einem Pfeile in der Hand, an dem ein seidenes Tuch befestigt
ist, um, wenn es auch noch so kalt, was hier während eines großen Theiles
des Jahres der Fall ist, als Fliegenwedel zu dienen. Dem Gesichte des
Todten gegenüber sitzt die erste seiner Frauen auf einem Stuhle, die
beständig auf ihren verstorbenen Mann sieht, ohne zu klagen oder
zu weinen; denn dieß halten sie für schimpflich. Diese Ceremonien
beobachten sie während einer Octave und dann begraben sie den
Leichnam in folgender Weise: Sie nehmen einen sehr dicken Baum,
schneiden aus dem Stamme einen hinlänglich langen Theil, spalten
ihn entzwei und höhlen ihn dann so aus, daß er dem Leichnam
und einen Theil der Geschenke fassen kann. Sie legen ihn dann
in das ausgehöhlte Holz und tragen ihn hin zum Begräbnißplatze,
wobei sich eine Menge Menschen einfinden. Es wird jetzt das
Grab gegraben, oder richtiger eine Erhöhung über den Leichnam
aufgeworfen, die je höher und größer gemacht wird, je ein größerer
Herr der Todte war, je mehr Untergebene und Freunde er hatte.
Der nächste Anverwandte sammelt dann alle Geschenke; er be-
streitet hievon die Unkosten des Begräbnisses und im Verhältniß
zu der Liebe und Ehrfurcht, deren sich der Todte bei seinen Leb-
zeiten erfreute, wird ihm, wie gesagt, ein größerer oder geringerer
Theil derselben mit ins Grab gegeben. Bei dem Begräbnisse der
großen Herren findet noch ein anderes barbarisches Opfer statt,
das wohl des Sehens werth ist. Es wird ein Mädchen von zwölf
bis vierzehn Jahren auf der Haut eines eben geschlachteten Ochsen
ausgestreckt und vor den Augen aller herumstehenden Männer
und Frauen auf die Erde hingelegt. Hier versucht es der muthigste
und kühnste Jüngling sie unter seinem Filzmantel zu entjungfern.
Sehr selten geschieht es, daß das Mädchen nicht drei, vier oder
auch mehrere Jünglinge ermüdet, bis sie überwunden wird. Ist
sie endlich matt und erschöpft, so erbricht der Tapfere, unter
tausend Versicherungen, daß er sie heirathen werde und dergleichen,
die Pforten und geht in das Haus. Der Sieger zeigt hierauf
den Umstehenden die mit Blut befleckten Siegeszeichen. Die
Frauen bedecken sich, vielleicht bloß aus verstellter Scham, das
Gesicht und thun als wenn sie nichts sehen wollten; sie können
aber doch das Lachen nicht halten. Nach dem Begräbnisse lassen
sie, mehrere Tage lang, wenn die Essenszeit herannaht, das Pferd
des Verstorbenen satteln und durch einen der Diener zum Be-

gräbniſſe hinführen. Hier ruft dieſer nun zwei oder dreimal dem Verſtorbenen zu und ladet ihn im Namen der Freunde und Verwandten zum Eſſen ein. Da er keine Antwort erhält, ſo kehrt der Diener mit dem Pferde wiederum zurück und meldet; es habe ihm niemand geantwortet. Die Verwandten haben nun ihre Pflicht gethan, ſetzen ſich nieder und eſſen und trinken zur Ehre des Verſtorbenen. So weit Interiano.

Würden wir hierüber auch nicht die ausdrücklichen Zeugniſſe der Byzantiner beſitzen, ſo könnte es doch keinem Zweifel unterworfen ſeyn, daß in früherer Zeit das Chriſtenthum nach dem griechiſchen Ritus, ſowohl bei den Tſcherkeſſen dieſſeits und jenſeits der Gebirge, als auch bei den andern Stämmen des Kaukaſus Eingang gefunden hatte. Es hat ſich, wenn auch in einem ſehr verwitterten Zuſtande, Jahrhunderte lang in dieſen Gegenden erhalten, und bis vor kurzem noch ſah man allenthalben die Spuren deſſelben in den Thälern und Hochebenen des Kaukaſus. Man fand bei den Abchaſen und Alanen vor hundert Jahren, und findet heutigen Tags noch in der großen, wie in der kleinern Kabardah Grabſteine, welche mit einem Kreuze und namentlich mit dem in der griechiſchen Kirche gewöhnlichen Namenszuge Chriſti, mit den Buchſtaben XP oder ⳩ bezeichnet ſind. Unter den Tſcherkeſſen, ſagt Duban, ſind noch viele Spuren des Chriſtenthums vorhanden, und ſie nehmen die Chriſten, die zu ihnen kommen, gar freundlich auf. Bei den Kiſtiern oder Mizdſchegiern ſtanden noch vor einiger Zeit die Trümmer einer alten ſteinernen Kirche, und in den Gräbern ſollen ſich, nach der gemeinen Sage, vermoderte Bücher und Pergamentblätter befinden. [55]) Sah doch erſt vor einigen Jahrzehnten der Grieche Mudrow, in der Behauſung eines Tſcherkeſſen, ein altes in dem Literal-Griechiſchen geſchriebenes Manuſcript und einen Karniol, auf welchem ein Ochs und einige Buchſtaben eingegraben waren! [56])

Die Zychen gehörten zum Patriarchat von Konſtantinopel und ſtanden bald unter einem Metropoliten, bald unter einem Erzbiſchof. Erſt zu den Zeiten Andronikus des Aeltern (1283

---

[55]) Stählin, von Tſcherkaſſien, in Büſchings Magazin VI 454. Güldenſtädt I, 470. So beſchreibt ſie bereits Joſafa Barbaro. Ramuſio II, 92.
[56]) Marigny 121.

— 1328) ward das Erzbisthum Zychien zum Metropolitansitz erhoben; der Erzbischof hieß nun, so wird berichtet, der Metropolit der Metrachier oder Zychier, was dasselbe sey. Im Jahre 536 wird auch ein gewisser Damianus als Bischof von Zychia aufgeführt. [57]) Die Tscherkessen sollen später, als ein Theil derselben in der Krim war, einen Erzbischof von lateinischem Ritus gehabt haben. [58]) Der Erzbischof von Abchasia hatte seinen Sitz zu Sebastopolis. [59]) Die Kirche von Pizunda soll der allgemeinen Sage nach diejenige seyn, welche Justinian, wie wir oben berichteten, in dem Lande der Abchasen der Mutter Gottes errichtete. Sie war in einem schönen byzantinischen Style gebaut, und ihre herrlichen Ruinen erregen noch heutigen Tags die Bewunderung der Reisenden. [60]) Es konnte nicht fehlen, daß die benachbarten georgischen und armenischen Kirchen einen großen Einfluß auf Abchasien, welches ja eine Zeit lang bloß eine Provinz Georgiens gewesen ist, wie auf Zychien ausübten. So ist heutigen Tags noch der Tittl des ersten Geistlichen des Landes Abchasien, gleich wie in Georgien und Armenien, Kaltakas oder Katholikos. Der Kaltakas wohnt bei einer alten steinernen Kirche, und muß eines unbescholtenen, reinen Lebenswandels seyn. Es spricht dieser Geistliche, was zu seinen vorzüglichsten Verrichtungen gehört, nach den großen Fasten, welche die Abchasen wie die Tscherkessen jetzt noch mit großer Gewissenhaftigkeit halten, den Segen über das Fleisch." [61])

Die Bewohner des Kaukasus erregten auch in den drei letzten Jahrhunderten vielfach die Aufmerksamkeit der katholischen Missionäre. Ihre Bekehrungsversuche blieben, von den Russen absichtlich hintertrieben, erfolglos; wir verdanken ihnen aber einige schätzbare Nachrichten, die wir ihrem wesentlichen Inhalte nach hier mittheilen wollen.

---

[57]) Stritter Mom. Pop. IV, 351. Le Quien, Oriens Christianus I, 1325. III, 1103.

[58]) Le Quien III, 1103.

[59]) Stritter a. a. O. 191.

[60]) Dubois Voyage I, 223. In dem Atlas zu diesem Reisewerke sind die Ruinen abgebildet worden.

[61]) Güldenstädt's Reisen I, 464.

Der Kaukasus, sagt der Missionär der Propaganda, Lamberti, ist von sehr vielen Völkern bewohnt, die verschiedene Sprachen sprechen. Die nächsten an Mingrelien sind die Suani, die Abchasen, die Alauen, Tscherkessen, Zychen und Karacholi, welche von einigen auch schwarze Tscherkessen genannt werden, obgleich sie sehr weißer Farbe sind. Diese Völker nennen sich sämmtlich Christen, obgleich sie weder etwas vom Glauben, noch von Mitleid wissen. Die Suani sind aber die gebildetsten, und lassen sich auch gerne belehren. Sie sind sehr groß, gut gebaut, aber abschreckenden Gesichtes. Sie verstehen die Kunst, sich Pulver und Schießgewehre zu bereiten, mit denen sie vortrefflich umzugehen wissen. Uebrigens sind sie zum Mitleiden schmutzig und arm, weßhalb sie nach Georgien gehen, um dorten im Taglohn zu arbeiten. Die Abchasen sind schöne und gewandte Leute, die zu jedem Geschäfte brauchbar sind. Sie bewohnen ein angenehmes gesundes Land, das von fruchtreichen Hügeln durchzogen wird, und ernähren sich von ihren großen Viehweiden, von der Jagd und Milchspeisen; sie essen keine Fische, obgleich sie deren in Masse besitzen, und haben namentlich gegen Krebse einen großen Widerwillen. Städte und größere Dörfer kennen sie nicht. Es machen sich fünfzehn bis zwanzig Familien zusammen, welche irgend einen lieblichen Hügel sich zur Wohnung erkiesen und hier ihre Hütten aufschlagen, die sie mit Gräben und Staketen umgeben, um sich vor den Ueberfällen ihrer eigenen Landsleute zu schützen; denn sie gehen darauf aus, sich gegenseitig zu fangen, und an die Türken als Sklaven zu verkaufen. Die Abchasen werden aber von den Türken ihrer Schönheit wegen sehr geschätzt. Unter andern eigenthümlichen Gebräuchen dieses Volkes bemerkt man, daß sie die Leichname weder verbrennen noch begraben, sondern sie in ausgehöhlte Baumstämme legen, welche sie dann an die höchsten Zweige irgend eines großen Baumes sammt den Waffen und der Kleidung des Verstorbenen aufhängen. Auch lassen sie das Pferd des Verstorbenen so lange gegen den Baum anrennen, bis es berstet, damit es ihm wiederum in jener Welt diene. Stirbt das Pferd bald, so sagen sie, sein Herr liebt das Thier gar sehr; braucht es lange, so glauben sie, der Herr bekümmere sich wenig um seinen Gaul. Ich sage nichts von den

Alanen oder Offeten und den Zychen, weil sie in ihrer Art und
Weise den Suani und Abchasen gleichen. ")

Die Tscherkessen sind den nogayischen Tataren, so berichtet uns der Dominicaner Jean de Luca, ") sehr ähnlich, nur
mit dem Unterschiede, daß sie die dichtesten Wälder bewohnen,
worin sie sich verschanzen. Im Norden gränzen sie an die nogayischen Tataren; gegen Osten haben sie die Kornuschi, ebenfalls
Tataren, wiewohl anderer Religion und Lebensweise; gegen Süden
die Abchasen, und im Westen sehr hohe Gebirge, welche sie von
Mingrelien trennen. Es beträgt die größte Ausdehnung ihres
Landes von Taman bis nach Demir-kapi, oder Derbent gegen
sechsundzwanzig Tagreisen. Zwischen Taman und Tameruschi
befindet sich eine Erdzunge, wo mehrere Dorfschaften sind. Sie
sprechen die tscherkessische und türkische Sprache, und sind ge-
mischter Religion, die einen Muhammedaner, die andern griechische
Christen; jedoch machen bei weitem die Muhammedaner die größere
Zahl aus; denn wiewohl der griechische Priester zu Terki, welches
dem Zar von Moskau gehört, ihnen zuweilen das Sacrament der
Taufe austheilt, so unterrichtet er sie doch so wenig in Religions-
gegenständen, daß von Tag zu Tag mehrere zum Islam sich
wenden, und bei den andern von der griechischen Religion nichts
weiter übrig bleibt, als die Gewohnheit, Lebensmittel auf die
Gräber der Verstorbenen zu tragen, und die Beobachtung einiger
Festtage. Diese Dorfschaften gehorchen dem Zar von Moskau
und einigen Mursas oder Herren seines Hofes, welchen sie zur
Belohnung ihrer Dienste gegeben wurden. Die Völker innerhalb
der Gebirge geben sich ebenfalls für Christen aus; so auch die, welche
die Wälder der Ebenen bewohnen; sie gehorchen eigenen Fürsten. Sie
haben keine geschriebenen Gesetze, und keine eigene Religionsübung;
sie begnügen sich mit dem bloßen Bekenntnisse, daß sie Christen
sind. Sie treiben Handel mit Sklaven, mit Hirsch-, Ochsen- und
Tigerhäuten und Wachs, welches sie im Ueberflusse in den Wäldern
finden; auch bebauen sie mit der Hacke das des Anbaues fähige

---

") Archange Lamberti Relation de la Colchide ou Mingrelie bei
  Thevenot I, 45. Dieser Bericht über Mingrelien steht auch im
  siebenten Bande des Recueil de Voyages au Nord.
") Thevenot Relations de divers Voyages curieux. Paris 1666 I, 20.

Land. Sie haben kein Geld, und kennen bloß einen Tauschhandel. Ihre Kleidung ist nicht sehr von der unserigen verschieden; sie tragen Hemden von rothgefärbtem Kattun und einen Mantel von gepreßter Wolle oder Filz, den sie nach der Seite, woher der Wind kommt, wenden; denn er bedeckt ihnen nur die Hälfte des Körpers.

Auf der ganzen Erde gibt es kein schöneres Volk, keines, wo man den Fremden besser aufnimmt. Sie selbst bewirthen diejenigen, welche bei ihnen wohnen, drei Tage lang; ihre Söhne und Töchter bedienen sie mit entblößtem Haupte, und waschen ihnen die Füße, während die Frauen die Reinigung ihrer Wäsche besorgen. Ihre Häuser werden aus zwei Reihen in die Erde getriebener Pfähle gemacht, welche mit Baumzweigen umflochten werden; der Zwischenraum wird mit Mörtel ausgefüllt, und das Ganze dann mit Stroh gedeckt. Die Häuser der Fürsten sind aus demselben Material, aber größer und höher gebaut. Ihre Dörfer, die in den dichtesten Waldungen liegen, umgeben sie mit in einander gewundenen Bäumen, um den Zugang zu denselben der tatarischen Reiterei zu erschweren. Sie haben oft mit diesen zu kämpfen; denn es vergeht kaum ein Jahr, wo nicht die Tataren, hauptsächlich durch die Schönheit der Leute dieses Volkes angezogen, einen Einfall in ihr Land machen, um sich Sklaven zu rauben. Auch die Nogayls machen aus ebendemselben Grunde häufige Einfälle. Da nun die Tscherkessen immer gerüstet seyn müssen, diese Feinde zurückzuschlagen, so werden sie sehr abgehärtet; auch gehören sie zu den besten Reitern dieser Gegenden. Sie bedienen sich ihrer Pfeile vorwärts und rückwärts, und fechten tapfer mit dem Schwerte in der Hand; den Kopf bedecken sie mit einem Panzerhelme, der ihnen das Gesicht beschützt, und als Angriffswaffen haben sie außer dem Bogen, Lanzen und Wurfspieße. Im Walde würde ein Tscherkesse gegen zwanzig Tatarn Stand halten. Sie machen sich kein Gewissen daraus, sich einander zu bestehlen, und der Diebstahl ist so gewöhnlich, daß man diejenigen, welche darüber ertappt werden, nicht züchtiget, sondern sogar eine gewisse Achtung vor denen hat, welche mit Geschicklichkeit zu stehlen wissen. Man reicht den jungen Leuten bei festlichen Gelegenheiten keinen Trunk, wenn sie sich nicht durch einen geschickten Diebstahl oder eine tapfere That, namentlich durch

die Ermordung eines Feindes, ausgezeichnet haben. Das gewöhn=
lichste Getränk dieses Volks ist Wasser, welches man mit Honig
und ein wenig Hirse zusammenkochen läßt. Dieses Getränk hat
dieselbe Kraft zu berauschen wie der Wein, aber diese Völker
sind nicht sehr der Trunkenheit ergeben. Statt der Gläser bedie=
nen sie sich der Hörner der wilden Büffel und anderer Thiere;
gewöhnlich trinken sie alles auf einmal aus. Im Lande gibt es
Kudoschi, d. h. gewisse heilige Orte, wo man eine Menge Wid=
derköpfe sieht, die von den Kurban oder den Opfermahlen übrig
geblieben sind. An den Bäumen dieser Plätze sieht man Bogen,
Pfeile und Säbel, zum Zeichen der Gelübde, deren man sich
hier entledigte, aufgehängt. Die Ehrfurcht für diese heiligen Orte
ist so groß, daß die größten Diebe hier nichts anrühren. Das
Heirathsversprechen, welches sich zwei junge Leute in Gegenwart
eines Zeugen geben, ist hinreichend zu einer gesetzlichen Ehe; man
heirathet niemals eine zweite Frau, außer wenn die erste stirbt,
oder dazu durch einen mächtigen Beweggrund genöthigt ist. Der
Vater, welcher seine Tochter zur Ehe gibt, erhält dafür als Er=
kenntlichkeit einige Geschenke, und diejenigen, welche nicht die
Mittel haben, solche Geschenke zu machen, finden auch keine
Frauen.

Diejenigen, welche die Todten zum Grabe begleiten, begin=
nen schon ihr Geschrei und Geheul, bevor sie zum Hause des
Verblichenen kommen; die Verwandten geißeln sich, die Frauen
zerfleischen sich das Gesicht, während der Priester einige Worte,
die er auswendig weiß, über dem Leichname singend hersagt, ihn
dann beräuchert, und auf das Grab Essen und Trinken stellt.
Alsdann häufen sie Erde auf das Grab, und diese Erhöhung
zeigt den Ort des Begräbnisses. Diese Völker kennen nichts als
den Krieg, der sie ganz und gar beschäftiget. Die Sklaven die=
ses Volkes werden viel theurer als andere verkauft, sowohl we=
gen ihrer Schönheit, als auch der Talente wegen, die sie in
allen Gegenständen, zu denen man sie gebraucht, beurkunden;
denn sie sind von Natur mit großen Anlagen ausgerüstet. Die
tscherkessischen Pferde sind weit mehr geschätzt als die tatarischen,
weil sie viel lebhafter sind. In ihrem Lande sind zwei beträcht=
liche Flüsse, wovon der eine Psi heißt und der andere Sil.

Die Abchasen bewohnen die Gebirge, welche an Tscherkessien

gränzen; zur Rechten haben sie die Küste des schwarzen Meeres, gegen Osten Mingrelien. Dieses Land steht unter der Herrschaft zweier Fürsten, wovon der eine Puso, der andere Karabei heißt, und hat eine Ausdehnung von hundert und fünfzig Meilen. Es gibt hier keine Städte, sondern viele einzelne Wohnungen auf den Gebirgen, welche die höchsten sind, die ich je gesehen habe, und die sich bis an die Meeresküste hinab erstrecken. Die Abchasen haben dieselbe Lebensweise wie die Tscherkessen, nur mit dem Unterschiede, daß sie das Fleisch fast ganz roh essen. Man baut vielen Wein in diesem Lande. Die Sprache des Volks ist sehr verschieden von denen seiner Nachbarn. Sie haben keine geschriebenen Gesetze, und kennen nicht einmal den Gebrauch der Schrift. Sie behaupten zwar Christen zu seyn, bekümmern sich aber nichts um das Christenthum, sind Räuber und große Lügner. Ich habe viele Kreuze in ihrem Lande gesehen. Das Klima ist sehr angenehm und die Luft gesund. Sie wohnen größtentheils in Wäldern. Sie bringen allerlei Gattungen Häute, Wachs, Honig, Sklaven, die gewöhnlich ihre Untergebenen sind, zu Markte und vertauschen sie gegen andere Waaren an die Türken; denn Geld hat bei ihnen keinen Werth. Sie haben einen sehr schönen Hafen, wohin alle Jahre Schiffe von den Laziern, aus Trapezunt, von Konstantinopel und Kaffa kommen, welche hier zuweilen überwintern. Dieser Hafen heißt Eschisumuni. Die Kaufleute, welche dahin kommen, begeben sich nicht zu den Wohnungen der Abchasen, sondern der ganze Handel wird im Hafen oder auf dem Schiffe abgemacht; und auch hier nehmen sie sich gegenseitig einen Eid ab, daß sie sich nicht Uebles thun werden, oder geben sich sogar Geiseln. Sie sind beständig im Kriege mit den Tscherkessen und Mingreliern, sind gut zu Fuß und zu Pferd, und wissen vortrefflich mit den Feuergewehren umzugehen. Sie führen Säbel, Bogen und Pfeile, und kleiden sich ebenso wie die Tscherkessen; die Haare aber tragen sie anders. Sie lassen sich den Knebelbart wachsen, und rasiren sich das Kinn. Ihre Papari — so nennt man die, welchen die Sorge, die Todten zu begraben und für deren Seelen zu Gott zu beten obliegt — lassen sich im Gegentheile den ganzen Bart wachsen. Sie legen die Leichname in hohle Baumstämme, die ihnen als Särge dienen, und hängen sie dann im Freien an vier Pfählen auf. Da sie

keine andere Wohnung als ihre Wälder haben, so haben sie auch
wenig Heerden und Stoffe, sich Kleider zu machen; sie begnügen
sich mit ihrem Honigwein, mit Wildpret und den wilden Früch=
ten ihrer Wälder. Sie haben kein Getreide, bedienen sich des
Salzes nicht, und sind zu faul, sich mit dem Fischfang abzuge=
ben, wiewohl ihre Küsten sehr fischreich sind. Die Jagd, wozu
sie eine unendliche Menge von Sperbern und Falken haben, die
sie in acht Tagen abrichten, und der Diebstahl sind ihre einzige
Beschäftigung. Diese Vögel sind so gut abgerichtet, daß sie auf
das Geläute einer Schelle mit ihrem Raube zurückkehren. Kon=
stantinopel, Persien und Georgien erhalten von den Abchasen
ihre abgerichteten Jagdvögel. So weit die Berichte der Missionäre.

Seit der Einsetzung des Mengli Gerai auf den Thron seiner
Väter durch Muhammed II (1478) standen die Chane der Krim,
vermöge der abgeschlossenen Tractate, unter der Hoheit der Pforte.
Bald darauf ward von Soliman dem Großen allen Christen, zu=
letzt den Venetianern, die Schifffahrt und der Handel auf dem
schwarzen Meere untersagt, und bloß den türkischen Unterthanen
innerhalb desselben der Zugang gestattet. Diese Fesseln des Han=
dels und der Civilisation wurden erst durch den festen Willen
der großen Katharina im Frieden zu Kutschuk Kainardschi (1774)
gesprengt, wodurch die Türken gezwungen wurden, die freie Han=
delsschifffahrt zu gewähren in dem Pontus, wie in allen ihren
andern Gewässern. Nachdem sie auf diese Weise die Oberhoheit
über die Krim erlangt hatten, bemühten sich die Türken, von
hier aus wie von den nordöstlichen Paschaliks in Asien ihre Herr=
schaft auch über die zahlreichen tapfern Völkerschaften des Kau=
kasus auszudehnen. Sie suchten die noch vorhandenen wenigen
Reste des Christenthums zu vernichten, und die Völker des west=
lichen Kaukasus, Tscherkessen, Abchasen und Osseten vermittelst
des Islam, nach der Weise der Sunniten, enger mit sich zu
verbinden. Ungefähr zu derselben Zeit unterwarfen sich die Sofi
in Persien die Länder um den Araxes und Kur; sie bezwangen
die Völker des westlichen Gestades des kaspischen Meeres, und
bestrebten sich (1519), des östlichen Kaukasus Meister zu werden.
Schah Ismael vollendete vor seinem Tode die Eroberung Geor=
giens, die sein Nachfolger Tamasp befestigte; er vereinigte Ader=
baidschan wie Schirwan mit seinem Reiche und zwang die Les=

gier uäb Turkomanen Dagestans zur Entrichtung eines jährlichen Tributs [44]). Nur auf kurze Zeit konnten sich die Türken am westlichen Ufer des kaspischen Meeres behaupten. Abbas der Große nahm ihnen ihre Eroberungen wiederum ab, und die Herrschaft, oder doch wenigstens der Einfluß Persiens erstreckte sich über Derbend hinaus bis hin zum Terek. Es schien nun, daß die alten christlichen Völker Georgiens und Armeniens, daß der ganze Kaukasus bis zu den Steppen jenseits des Kubans bestimmt wäre, eine Beute des Islam zu werden. Aber schon zu diesen Zeiten der ersten Nachfolger des Gründers der Sofi=Dynastie erhob sich im Norden des schwarzen Meeres, wenn auch nur in schwachen Anfängen, ein christlicher Staar, welcher von der Vorsehung dazu auserkoren ward, den Türken wie den Perser aus diesen Gegenden zu vertreiben und sie, gleichwie viele andere Länder Asiens, der europäischen Civilisation und dem Christenthume zurückzugeben.

Das Reich der Mongolen von Kaptschak, der sogenannten goldenen Horde, konnte sich seit dem verheerungsvollen Zuge Timurs in die Länder zwischen der Wolga und dem Donflusse nicht mehr zu seiner vorigen Macht emporschwingen; es zerfiel in mehrere kleine Fürstenthümer. Unter diesen Wirren ward es Rußland, während der zweiten Hälfte des fünfzehnten Jahrhunderts [45]), möglich, seine Unabhängigkeit von dem Joche der Tataren zu erkämpfen, und in der Folgezeit mehrere dieser kleinen, im Norden des schwarzen und des kaspischen Meeres entstandenen mongolischen Chanate zu vernichten und ihr Gebiet an sich zu reißen. Johann IV eroberte Kasan (1552) und Astrachan (1554), wodurch Rußlands Ansehen und Macht bei den umliegenden Völkern, in Asien wie in Europa, sehr erhöht wurden. Die Fürsten von Chiwa und Bochara schickten Gesandtschaften an Johann (1553 — 1557) und baten um freien Handel mit Rußland. Die Länder Schawkal, Tjumen und Georgien, so erzählen uns wenigstens die russischen Geschichtschreiber, wollten selbst, um sich der drückenden Herrschaft der Perser zu entziehen, die Oberherrlichkeit des Zaren anerkennen. Auch sollen sich die

---

[44]) Hanway Travels. London 1754. II 91.
[45]) Karamsin VI. 112.

nördlich des Kaukasus an dem Beschtau oder dem Fünfgebirge — die Pferdgebirge des Ptolemäus — bis jenseits des Kubans wohnenden Tscherkessen der russischen Herrschaft unterworfen haben. Diese fünf Berge, auf der Hochebene zwischen der Kuma und Podkuma emporsteigend, bilden den nördlichsten Vorsprung des Kaukasus und hängen vermittelst eines in gerader Richtung gen Südwesten sich ziehenden Kalkrückens mit dem Elbrus, der höchsten Schneekuppe des Kaukasus, zusammen [66]). Des unaufhörlichen Krieges mit den Tataren der Krim und am untern Kuban müde, verließ ein Theil dieser Tscherkessen seinen Wohnsitz in diesen Gegenden und zog sich tiefer in die Gebirge zurück, bin zu dem Quellengebiete der vielen Flüsse, der Kuma, der Malka, des Tschegm und Terek, und gründeten daselbst die sogenannte große und kleine Kabardah — Gebiete, die, wie es in einer Nachricht heißt, nach zwei Brüdern, den Kabardi=Fürsten, welche die auswandernden Tscherkessen anführten, so genannt wurden. Die Fürsten der großen und kleinen Kabardah leiten auch sämmtlich ihre Genealogie auf einen gewissen Jnal zurück, den sie als gemeinschaftlichen Stammvater verehren [67]). Von den Pschi und Work, das heißt den Fürsten und Edelleuten bekannten sich damals bereits schon viele zum Muhammedanismus; die Masse des Volkes war aber noch dem Christenthume, wie sie es ehemals von Byzanz aus erhielten, zugethan.

Die zurückgebliebenen zwischen Taman und dem Kuban wohnenden Tscherkessen, jetzt die Tscherkessen der Ebene genannt, mußten den Chanen der Krim einen jährlichen Tribut entrichten, der in Honig, in Pelzen und nach einer alten Sitte dieser Gegenden in einer Anzahl Knaben und Mädchen bestand.[68]) Die Kabardiner oder die Tscherkessen der Gebirge erkannten anfänglich die Chane der Krim ebenfalls als ihre Oberherren, verweigerten aber später jeden Tribut, namentlich seitdem sie durch List den krim'schen Tataren im Jahre 1708 eine so große Niederlage beigebracht hatten.[69]) Oestlich

---

[66]) Pallas Bemerkungen I. 348.

[67]) Pallas a. a. O. I. 374.

[68]) Die Kolchier sandten alle fünf Jahre dem Könige der Perser hundert Knaben und hundert Mädchen. Herodot III, 97.

[69]) Bericht des Jesuiten=Missionärs Duban in Stöckleins Glaubensbott. Augsburg und Grätz 1727. IX, 90.

der Nogayi, schreibt noch Ferrand, der Leibarzt des Chans der Krim, Selim Gerai, welcher im Jahre 1702 in Tscherkessien gewesen ist, liegt die Kabardah, sogenannt nach der Hauptstadt des Landes. (?)   Sie steht unter dem Chane und ist für ihn ein wahrer Schatz wegen der schönen Sklaven, die sie ihm liefert.   Das weibliche Geschlecht ist hier außerordentlich schön.   Der Chan schickt nicht selten Tscherkessierinnen an den Sultan zum Geschenke, wovon schon mehrere so glücklich waren, von dem Zustande der Sklaverei zu Sultaninnen erhoben zu werden.   Unter dem Generalgouverneur stehen mehrere Unterbeamte, welche alle Einwohner als ihre Sklaven betrachten.   Sie müssen dem Chan jährlich zweihundert Mädchen und hundert Knaben senden. Wenn unter den Kabardinern Streitigkeiten entstehen, so senden sie nach der Krim um Schiedsrichter, welche dann für ihre Mühe eine gewisse Anzahl der schönsten Mädchen erhalten.   Diese Tscherkessen lieben gar sehr die Milchspeisen; anstatt des Brodes bedienen sie sich eines schlechten Gebäckes von Hirsenmehl, woran kein Salz kommt.   Das Land enthält schöne herrliche Bäume mancherlei Art und sehr liebliche Quellen.   Man sagt, daß das Wasser dieser Quellen, die Milchspeisen und die Enthaltsamkeit von Salz sehr viel zur Schönheit der tscherkessischen Frauen beitragen. Das Volk hegt eine besondere Achtung für die Christen, namentlich für die Genueser, von welchen sie selbst abstammen wollen."[*]

Mögen auch die Tscherkessen die Oberhoheit Rußlands von Zeit zu Zeit anerkannt haben, so hatte doch, dieß ist sicher, die russische Herrschaft in den Gebieten südlich des Tereks und des Kubans im Laufe des sechzehnten und siebzehnten Jahrhunderts niemals festen Fuß gefaßt.   Wenn die Tscherkessen von den Beherrschern der Krim gedrückt wurden, so wendeten sie sich an das benachbarte Rußland, um von hier aus Hülfe zu erlangen, was man dann von Seiten des Zars als eine Anerkennung der Oberhoheit betrachtete.   In der That waren aber die Tscherkessen immerdar, mögen auch die Mongolen, Georgier, Türken und Russen sich dessen rühmen, Niemanden unterthan, was auch bereits Sigismund, Baron von Herberstein, erkannte. „Bei dem Kuban, schreibt der Gesandte Maximillans I und Ferdinands I in Rußland, sind gewisse Völker, welche Abchasen heißen, und weiter gen Süden werden die Berge von Tscherkessen oder Zychen be-

---

[*] Ferrand in dem Recueil des Voyages au Nord IV, 527.

wohnt, die, auf ihre steilen, unzugänglichen Bergeshöhen ver=
trauend, weder den Türken noch den Tataren gehorchen. Sie
sind sehr kühne Seeräuber. Mit ihren Barken fahren sie durch
die Mündung der Flüsse, die sich von ihren Bergen ergießen, hinab
in das Meer, und fallen alle Schiffe an, denen sie begegnen, na=
mentlich diejenigen, die von Kaffa nach Konstantinopel segeln.[71]
Die Russen versichern, daß die Tscherkessen Christen sind und
zwar nach dem griechischen Ritus; sie sollen sich beim Gottes=
dienste der slavischen Sprache bedienen.‟ Einzelne Fürsten moch=
ten auch wohl aus diesem oder jenem Grunde dem Zar gehuldiget
haben; das Volk der Tscherkessen in den beiden Kabardah hat
aber sicherlich niemals, so wenig wie die sogenannten Bergtscher=
kessen, seine Freiheit aufgegeben. Die Tscherkessen, schreibt Duban
(1713), haben zwar einige Verbindung mit dem Zar, sind aber
durchaus nicht geneigt, seine Oberherrschaft anerkennen zu wol=
len.[72] Es sind demnach alle Nachrichten von einer Anerkennung
der Oberhoheit Rußlands durch die Tscherkessen, daß sie sich schon
unter den Schutz Johann IV Basilewitsch begeben, daß sie im
Jahre 1736 sich der Kaiserin Anna und 1769 Katharina II unter=
worfen hätten,[73] ungegründet, und nur von einer vorübergehenden
Verbindung der Tscherkessen im Ganzen, oder, was häufiger vor=
kommt, einzelner Fürsten, mit Rußland zu verstehen. Dieß deutet
auch schon Pallas an, indem er in Betreff ihrer Stellung zu Ruß=
land sagt: die Tscherkessen sind immer unruhige und unsichere
Unterthanen gewesen.[74]

---

[71] Ramusio II, 175.
[72] Voyages au Nord X, 403. Glaubensbott a. a. O.
[73] Solche Angaben finden sich in den verschiedenen Beschreibungen Ruß=
    lands, wie z. B. in Ranft, Beschreibung des russischen Reiches. Leip=
    zig 1767, 311. Haigolds Beilagen zum neuveränderten Rußland.
    Riga und Leipzig 1770 II, 452.
[74] Bemerkungen I, 376.

4 *

Vierter Abschnitt.

Rußland und der Kaukasus.

Peter der Große, der Schöpfer des heutigen Rußlands, wollte an der Ostsee, am schwarzen und auf allen Seiten des kaspischen Meeres festen Fuß fassen, um von hier aus die Eroberungsplane gegen Europa wie gegen Asien, wenn sich hierzu eine Gelegenheit darböte, richten zu können. Peter hatte dieses großartige Vorhaben glücklich durchgeführt, und seine Nachfolger gingen mit wenigen Ausnahmen, wo das Glück auf kurze Zeit ihre Waffen nicht begünstigte, in Riesenschritten vorwärts auf der von ihrem Ahnherrn vorgezeichneten Bahn. Peter hatte bereits (1723) Dagestan, Schirwan, Gilan, Masanderan und Astrabad von Persien erobert, und unter Katharina I wurde (1727) Mabur, der Ort, wo der Araxes in den Kur fällt, als Mittelpunkt der Gränzen Rußlands, Persiens und der Türkei festgesetzt. Wenn auch Anna Iwanowna den größten Theil dieser Eroberungen, selbst Asow nicht ausgenommen, aufgeben mußte, so gewann doch Rußland einige Jahrzehnte später durch den Frieden zu Kutschuk-Kainardschi viel mehr, als es jemals in diesen Gegenden besessen hatte. Asow ward den Russen wiederum überliefert, die Krim ward dem Namen nach für unabhängig von der Pforte erklärt, das hieß, den Russen preisgegeben, die sie einige Jahre später (1783) wirklich in Besitz nahmen; auch die beiden Kabardah wurden der Kaiserin überlassen. Die Tscherkessen achteten wenig auf diese von fremden Mächten über sie getroffenen Bestimmungen; sie behaupteten ihre Unabhängigkeit, und schwuren zwar, gleichwie die übrigen Kaukasier, [75]) wenn sie dazu gezwungen wurden, den Eid der Treue auf ewige Zeiten, brachen ihn aber, wenn sich eine Gelegenheit dazu ergab, den nächsten Tag. Als den Kabarden in einer allgemeinen Versammlung der Tractat von Kutschuk-Kainardschi vorgelesen wurde, erhob sich Chammuosa Arslan Bek und sprach: „Wir sind die Unterthanen der Nachkommen

---

[75]) Güldenstädt I 467.

des Tschinggis Chakan, des Gebieters der Krim, und nur anf
Befehl unseres Herrn werden wir uns dem russischen Scepter
unterwerfen." Die Russen, sagten die Kabarden (und diese Meinung, wie selbst Graf Johann Potocki uns versichert,[*]) ist unter
allen Stämmen des Kaukasus verbreitet), suchen alle Völker, die
sie erobern, oder die sich ihnen freiwillig ergeben, zu unterdrücken
und zu Sklaven herabzuwürdigen. Die Kabardiner setzten deßhalb, um ihre Freiheit zu wahren, des Friedens ungeachtet, auch
ferner noch ihre Kämpfe und Streifzüge fort gegen die russische
Gränzlinie am Kuban.

Dieser befestigte Gränzcordon am Kuban war aber den für ihre
Freiheit besorgten Einwohnern der beiden Kabardah seit seinem Beginne mit der Anlegung der Feste Mosdok (1763) verhaßt. Die
Fürsten dieser Länder sandten mehrmalen nach St. Petersburg, um
den Hof zu bewegen, daß dieser Ort geräumt und, wie das von jeher
der Fall gewesen sey, ihnen wiederum überlassen werden möchte.
Denn der Tscherkessenfürst Kurkok, fügten sie hinzu, hätte kein Recht
gehabt, diesen Platz abzutreten, und es sey himmelschreiend, daß
die russischen Gränzbefehlshaber die Unterthanen der kabardinischen
Fürsten verlockten, sie beredeten, sich zum Christenthume zu bekennen
und jenseits des Kubans anzusiedeln. Man gab natürlich diesen
Vorstellungen kein Gehör. Der Generalmajor Jacoby erhielt im
Gegentheile (1775) den Befehl, längs des Terek und Kuban eine
große Anzahl von Festungen und Schanzen zu errichten, was auch
mit großer Schnelle und Pünktlichkeit ausgeführt ward. Von der
andern Seite hatte man von Rußland aus längst schon mit den Osseten, den südlichen Gränznachbarn der Kabardah, Verbindungen
angeknüpft, um sie wiederum zum griechischen Christenthum und vermittelst desselben unter die Botmäßigkeit Rußlands zu bringen.
Schon im Jahre 1742 hatten einige Geistliche der Zarin Elisabeth
Petrowna eine Vorstellung übergeben des Inhalts: die Osseten,
ein an Gold und Silber reiches und seit der Zerstörung des georgischen Staates durch die Perser
und Türken selbstständiges Volk, bekannten sich ehemals zum Christenthume, sind aber in den letzten
Jahrhunderten wiederum dem Heidenthume verfal-

---

[*] Klaproth, Reise in den Kaukasus I, 366.

len. Von Reisenden, die durch ihr Land zogen, er=
fuhr man, daß sie wünschen, den christlichen Glauben
wiederum anzunehmen; es ist daher sehr wahrschein=
lich, daß, wenn man ihnen rechtgläubige Lehrer sen=
det, sie in kurzem auf den rechten Weg zurückzubrin=
gen seyn. Es wurden nun einige Geistliche nach Ossetien be=
ordert, und man versuchte alles Mögliche, um das Christenthum in
den Thälern und auf den Höhen des Kaukasus zu verbreiten. Man
taufte sogar einen jeden Verbrecher, der sich meldete, und zahlte jedem,
der sich dazu verstand, sich einen russisch=griechischen Christen nennen
zu lassen, mehrere Silberrubel. Auch hier kamen deßhalb häufig
Fälle vor, daß Osseten sich mehrmalen taufen ließen, und daß ge=
rade die Schlechtesten des Volkes zum Christenthum übergingen —
Mißbräuche, wie sich deren ähnlicher Art heutigen Tages noch finden
bei den Kalmüken, den Kirgisen und den Bewohnern der aleutischen
Inseln. Dieß ist freilich nicht zu verwundern, wenn die georgische
Geistlichkeit, welche die Missionäre nach Ossetien sandte, -in der
That so sittenlos ist, wie ein neuerer Reisender [77] sie uns schildert.
Es wurden zu Mosdok auch Schulen errichtet, worin Alle, die sich
meldeten, unentgeltlich Unterricht erhielten, ernährt und gekleidet
wurden; aber dieß Alles war vergebens. Das griechische Christen=
thum wollte im Kaukasus keinen festen Fuß fassen, denn die Kauka=
sier betrachteten es als einen Vorläufer der russischen Sklaverei.
Das Christenthum anderer Confessionen würde vielleicht einen leich=
tern Eingang gefunden haben, aber man verstand es, die Bemühun=
gen der fremden Missionäre zu vereiteln. Im Jahre 1765 erschie=
nen zwei Missionäre des Capucinerordens in Ossetien; allein man
traf, so berichtet uns der Graf Johann Potocki, [78] so gute Maaß=
regeln, daß ihr Eifer wenig Belohnung fand, und sie bald wiederum
abzogen. Aller dieser Vorkehrungen ungeachtet ist man, wie uns
ein russischer Reisender erzählt, selbst heutigen Tags noch weit da=
von entfernt, Ossetien in eine russische Provinz verwandeln zu können.
Die Russen können gegen die Osseten nur dann etwas ausrichten,
wenn sie mit einer Menge Truppen innerhalb ihrer Gebirge erschei=
nen; mit einer geringen Anzahl Soldaten sich zu ihnen zu wagen, ist ge=

---

[77] Eichwald I, 350.
[78] Klaproth, Reise I, 373, 359 folg.

fährlich. Die Offeten stellen überall Wachen aus, welche sorgfältig
auf jede Bewegung achten. Merken sie, daß Russen gegen sie ziehen,
so schreien sie von einer Gebirgskuppe zur andern hinüber, und von
hier aus hallt die Stimme wiederum zu einer andern, so daß es in
wenigen Secunden in allen Thälern und auf allen Höhen bekannt ist,
daß die Russen herannahen. Eilenden Fußes rennen die Bergbewohner zu ihren Waffen, und stehen jetzt in Masse versammelt, um
jeden Angriff zurückzuschlagen. Ja sie begnügen sich häufig nicht mit
einer Abwehr, sondern fallen in die Rußland unterworfenen Bezirke
ein, und, um sie zurückzuhalten, muß man nach allen Richtungen hin
Castelle erbauen und mit einer starken Mannschaft sie besetzen. Jeder
Ausflug von dem Dorfe Tschinwalt aus kann nur unter dem
Schutze einer zahlreichen Bedeckung unternommen werden.[79])

Im Frühling des Jahres 1781 ward ein russischer Officier mit
einem Commando nach dem Kaukasus gesandt, um eine regelmäßige
Verbindung zwischen Georgien und Imerethi mit Rußland herzustellen. Bald darauf erkannten auch, vermittelst eines am 24 Julius
1783 abgeschlossenen Tractates, die Könige Heraklius von Georgien
und Salomo von Imerethi die Oberhoheit des russischen Reiches.
Die Könige Georgiens sollten künftig von Rußland bestätiget werden.
Dafür versprach man ihnen, sie gegen alle feindlichen Angriffe zu
schützen.[80]) Fürst Potemkin, der Taurier, war damals (1785)
oberster Befehlshaber der Truppen am Kuban. Potemkin blieb
am Hofe und seine Stelle vertrat der General Fabrician Pronitz,
der sein Hauptquartier in Stawropol aufgeschlagen hatte. Es
wurden mehrere Befehle erlassen, welche von einem Bestreben zeugen, sich nicht nur im Kaukasus festzusetzen, sondern auch jenseits
desselben auf Kosten Persiens und der Pforte sich zu vergrößern.
In Wladikawkas ward eine griechische Kirche erbaut und eine
Heerstraße über den Kaukasus nach Tiflis geführt; es wurden
Untersuchungen über den Metallreichthum dieser Gegenden angestellt
und mehrere Schulen sowohl für die Gebirgsvölker, deren Neigung
man auf alle Weise zu gewinnen suchte, als auch um Dolmetscher
zu bilden, angelegt. Man bestimmte im voraus die Anzahl der
Bewaffneten, welche, wenn man sie unterworfen, die Kabardiner,

[79]) Eichwald, Reise I, 345, 358.
[80]) Reineggs. II. 382.

Offeten und Inguschen zu stellen und welche Besoldung sie zu erhalten hätten, so wie andrerseits die Summen, welche man dem
Schamchal von Tarki, dem Chan der lesgischen Avaren und dem
Könige Heraklius von Georgien als Pensionen gewähren wollte,
festgesetzt wurden. Der Feldmarschall erhielt unumschränkte Voll-
macht, alle Völker aufzunehmen, die sich Rußland unterwerfen
wollten, und es wurden, höchst wahrscheinlich um Aufstände in
den Gränzprovinzen zu bewirken, zu derselben Zeit (1786) geheime
Emissäre nach Persien geschickt. Es ward zu Astrachan eine
Schiffswerfte angelegt; die Insel Schiloi, in der Nähe von Baku,
ward von russischen Truppen besetzt und daselbst ein Hafen für
Kauffahrer, wie für Kriegsschiffe eingerichtet; der Chan von Baku
selbst, wie der von Derbend, wurden als russische Vasallen aufgenommen. Persien war in seinem Innern zerrüttet und mußte sich
alle diese Umgriffe der Russen gefallen lassen. Die Pforte, obgleich
über diese mitten im Frieden gemachten Eroberungen Rußlands
höchlich aufgebracht, fühlte sich doch so schwach, daß sie es lange
nicht wagte, einen neuen Krieg gegen Rußland, mit dem Joseph II
enge verbunden war, zu beginnen. Um aber einen starken Punkt
an der Ostküste des schwarzen Meeres zu haben, von wo aus man
auf die Bergvölker wirken könne, ward in der Gegend des alten
Hafenortes Sindikus, im Lande der Sinder, im Jahre 1784 die
Veste Anapa angelegt. Der Platz gehörte damals einem kleinen
Tscherkessen Klane, Skchegech genannt, dessen Fürst Muhammed
Geraisen einen bedeutenden Handel führte. Diese Festung liegt
auf einem Vorsprunge des Gebirges Kysilkaja, dessen Fuß auf eine
Strecke von drei Wersten in das Meer hineinläuft. Diese Landspitze durchschneidet von Norden gegen Süden eine Befestigung,
welche, bevor die Russen diesen Platz besaßen, aus einem Erdwalle
und Graben mit drei ganzen und zwei halben Bollwerken bestand,
und von Ufer zu Ufer eine Länge von 650 Faden hatte. Die Genueser hatten diesen Ort schon, wie aus den Trümmern der alten
Mauerwerke zu ersehen ist, im vierzehnten oder fünfzehnten Jahrhundert befestiget. Hier, wo ein Pascha residirte, und zu Sudschuk Kaleh,[51] die griechische Pflanzstadt Bata oder Patus der

---

[51] Sudschuk Kaleh war ehemals ein altes Schloß mit vier Eckbastionen,
von etwa hundert Faden auf jeder Flanke.

Alten, wurden Märkte für die Tscherkessen angeordnet, wohin sie
in Masse strömten, um ihre Producte, rohe Häute, Honig, Wachs
und Getreide gegen Salz, Eisen und andere Bedürfnisse auszu=
tauschen. Rußland ließ dagegen durch Gelehrte und Ingenieure
die kaukasischen Länder nach allen Richtungen hin durchkreuzen.
Die Regierung nahm Spione und Abenteurer, wie den ehemaligen
Barbiergesellen Reineggs aus Eisleben, in ihren Sold, damit man
an ihren Nachrichten, Aufnahmen und Beschreibungen einen festen
Anhaltspunkt erlange zu fernern Unternehmungen. Wir er=
innern bloß, mit Uebergehung der neuesten allgemein bekannten
Reisen und Beschreibungen des Kaukasus, an die von dem Obersten
Gerber im Jahre 1727 gesammelten Nachrichten über die
zwischen Astrachan und dem Kur wohnenden Völker
— sie sind abgedruckt in Müllers Sammlungen zur russischen Ge=
schichte — an Stählins Beschreibung der Kabardini=
schen Lande, [82]) an Güldenstädt, [83]) Reineggs, [84]) an
Pallas, dessen vortreffliche Bemerkungen wir so häufig benutzten,
und Klaproth. [85]) Die bekannte Leichtfertigkeit und das ge=
wissenlose Verfahren dieses letztern Gelehrten, auch in Beziehung
seiner Reise in den Kaukasus, die man bis jetzt für sein bestes
Werk hielt, sind erst vor kurzem aufgedeckt worden. Der Staats=
rath Steven, schreibt Herr Sjögren, hat mir drei merkwürdige
Actenstücke in Bezug auf Klaproths Aufenthalt in Tiflis und
Grusien mitgetheilt, welche ich meinerseits für Pflicht erachte, bei=
liegend der Akademie zum beliebigen Gebrauche zu übersenden.
Sie werfen ein neues Licht auf das Wesen und Wirken jenes in
aller Art Charlatanerie meisterhaften Mannes, und machen es sehr
wahrscheinlich, daß er, wenn vielleicht nicht alle, doch die meisten

---

[82]) Büschings Magazin für die neue Historie und Geographie. VI.
453. folg.

[83]) Reisen durch Rußland und im kaukasischen Gebirge. St. Petersburg.
1787.

[84]) Allgemeine historisch=topographische Beschreibung des Kaukasus. St. Pe=
tersburg 1796. Bei dem Abdrucke des Journals der Reise des
Reineggs ward Alles weggelassen, was die geheimen Plane der russi=
schen Regierung enthüllen könnte. Vorrede zum zweiten Band, S. 6.

[85]) Klaproth, Reise in den Kaukasus und nach Georgien. Halle u. Berlin.
II. B. 8. 1812.

Excurſionen, die er laut ſeiner Reiſebeſchreibung von Tiflis aus unternommen haben will, gar nicht gemacht, ſondern nur nach fremden mündlichen oder ſchriftlichen Nachrichten und Papieren zuſammengeſchrieben und mithin in Bezug auf ſich ſelbſt erlogen habe. So habe ich ſchon im vorigen Winter in Tiflis, auch von der Klaprothiſchen Beſchreibung des Kuban-Fluſſes und den an demſelben wohnenden Völkerſchaften unter den, im Archive des Generalſtabes aufbewahrten ältern Papieren zufälligerweiſe das eigentliche Original wieder gefunden, aus welchem Klaproth ganz wörtlich ſeine Notizen überſetzt hat, ohne ſeiner eigentlichen Quelle auch nur mit einer Sylbe zu gedenken. [66])

Obgleich ihrer Schwäche ſich bewußt, hielt es die Pforte doch endlich für nöthig, einen neuen Verſuch zu wagen, ob ſie vielleicht die Länder und Rechte, die ſie im Frieden verloren hatte, im Kriege wiederum erlangen könnte. Der Verſuch fiel unglücklich aus, und ſie ward im Frieden zu Jaſſy (1792) gezwungen, alle Eingriffe Rußlands anzuerkennen, wogegen Anapa und Sudſchuk Kaleh, welche die Ruſſen im Kriege (1791) eroberten, herausgegeben wurden. Hirr in Anapa nahm man auch den berühmten Propheten Scheich Manſur gefangen, welcher nach Schlüſſelburg gebracht wurde. [67]) Dieſer Ort hatte damals 5000 Einwohner, und war von 10,000 Türken und 15,000 Kaukaſiern vertheidigt worden. [68]) In dem bald hernach ausgebrochenen Kriege gegen Perſien (1796) wurden Tarki, Derbend, Baku und andere Plätze am kaſpiſchen Meere erobert und alsbald durch einen Befehl Pauls I vom 5 Januar 1797 mit Rußland vereinigt. Man ließ vor der Hand noch einige Chane unter ruſſiſcher Oberherrlichkeit in dieſen Perſien abgenommenen Ländern beſtehen, wie die von Karabag oder Schwarzgarten (die alte armeniſche Provinz Ardſach), von Schirwan und Scheki; ſie wurden aber ſpäter (1820) ſämmtlich entfernt und ihr Land unmittelbar mit Rußland vereinigt. Ein Gleiches geſchah mit Guriel im Jahre 1828. [69])

---

[66]) Bulletin Scientifique de l'Académie impériale des Sciences. Saint Petersbourg et Leipzig. I. 182.

[67]) Potock bei Klaproth. I. 382.

[68]) Marigny 164.

[69]) Eichwald Reiſe. Stuttgart 1837. I. 31, 291.

Es ward den Königen Persiens überdieß zu verstehen gegeben, daß sie nur dann auf ihrem Throne sicher wären, wenn sie es mit Rußland hielten. Georgien ward im Jahre 1800 als selbstständiger Staat vernichtet und bald hernach durch eine kaiserliche Ukase vom 12 September 1801 in ein russisches Gouvernement umgeschaffen. Tiflis ward als die Hauptstadt des Gouvernements Georgien oder Grusien erklärt und das Land in fünf Kreise getheilt, so daß das alte Chartli aus dreien und Racheti aus zweien bestand. Die königlichen Familien der Bagratiden wurden nach Rußland abgeführt, wo sie eine Pension erhielten. Doch fehlte es in der Folgezeit in diesen Gegenden und längs der westlichen Küste des kaspischen Meeres niemals an Aufständen; so 1820 zu Jmerethi; 1825 unter den Tscherschenzen, wodurch die Russen große Verluste erlitten; und auch in den neuesten Zeiten müssen deren mehrere in Dagestan und namentlich unter den Lesgiern ausgebrochen seyn, wie aus den Belohnungen hervorgeht, welche einzelne Officiere erhalten, die sich im Kampfe mit diesen Völkern auszeichneten. Der zwischen Rußland und der Pforte zu Bucarest (1812) geschlossene Friede ließ die Gränzen der beiden Reiche in Asien, wie sie vor dem Kriege waren. Die Mündung des Kuban blieb auch jetzt noch auf der nordöstlichen Küste des schwarzen Meeres der südlichste Punkt des russischen Reiches. Anapa und Sudschuk Kaleh, die während des Krieges wiederum in die Hände der Russen gefallen waren — der letztere Platz ward vom Herzog von Richelieu 1811 erobert — wurden zwar den Türken zurückgegeben, man dachte aber schon daran, die ganze östliche Küste des schwarzen Meeres in der nächsten Zukunft dem russischen Scepter zu unterwerfen. Es waren bereits, wie wir alsbald sehen werden, Handelsverbindungen mit den Tscherkessen und Abchasen an der Küste angeknüpft worden, von denen sich die Unternehmer, da man den unabhängigen Geist des Volkes nicht kannte oder doch wenigstens durch die neueingeführten Bedürfnisse zu brechen hoffte, in der Folge Großes versprachen.

Schon vor diesem Frieden machte Rußland Versuche, die Tscherkessen sich zu befreunden. Der Herzog von Richelieu, der Schöpfer Odessa's, hatte in den mannichfachen Kämpfen gegen die kaukasischen Stämme ihre hochherzigen Gesinnungen kennen und schätzen gelernt, und er glaubte, daß die wenigen barbarischen Gewohnheiten, namentlich das Rauben und Plündern, welche diese trefflichen Völkerschaften verunstalten, mehr den äußerlichen Umständen, als angebornen Neigungen zugeschrieben werden müßten.

„Man hatte sie," pflegte er zu sagen, „in ihre Berge zurückgedrängt, ihnen jeden Zugang zu den gebildeten Nationen der Erde verschlossen; sie können ihre überflüssigen Erzeugnisse, ihr Getreide, ihr Holz, ihren Honig und ihr Wachs, den Erwerb ihrer Jagd und Viehzucht nicht gegen ihre anderweitigen Bedürfnisse umtauschen; sie rächen sich deßhalb an ihren Bedrückern und nehmen mit Gewalt, was ihnen im freundlichen Verkehre versagt wird." Einem von solchen Gesinnungen beseelten Manne mußte natürlich der Antrag eines genuesischen Kaufmannes S c a s s i, zu einer Handelsverbindung mit Tscherkessien, sehr willkommen seyn. Während der fünf Jahre (1807—1812), wo die russische Flagge auf der Feste Anapa wehte, kamen nämlich mehrere christliche Speculanten dahin, um zu sehen, ob sich hier nicht neue vortheilhafte Handelsverbindungen anknüpfen ließen. Unter diesen befand sich auch Scassi, der in dem Hause des hier commandirenden Generals Buchholz mit Güte aufgenommen wurde. Frau Buchholz war eine Tscherkessierin von Geburt; sie ward, kaum vierzehn Jahre alt, den Armen ihrer Eltern entrissen, wie gewöhnlich als Sklavin verkauft, und heirathete später, nach wunderlichen Schicksalen, ihren jetzigen Gemahl. Die Tscherkessierin, welche natürlich ihre jetzige Lage der ehemaligen in ihrer Heimath vorziehen mußte, wünschte sehnlichst, daß alle ihre Landesleute unter die russische Herrschaft sich fügen möchten. Meine Tscherkessen, sagte sie, sind herrliche Leute; man hege nur Vertrauen zu ihnen; man liefere ihnen Salz und sorge für ihre andern Bedürfnisse, das Uebrige wird sich schon geben. Scassi unterzog sich diesem schwierigen Unternehmen und erlangte den Schutz eines tscherkessischen Fürsten oder Häuptlings Mehmed Indar Oglu, der sich für seinen K o n a k oder G a s t f r e u n d erklärte. *) Scassi ging nun nach Rußland zurück und machte dem Herzog von Richelien den Vorschlag, die Tscherkessen vermittelst des Handels zu civilisiren und in Folge dieser Civilisation sie für das russische Reich zu gewinnen. Dieser Vorschlag ward mit Freuden angenommen, und

---

*) Sollte wohl K o n a k mit dem indogermanischen Worte K u u e, Verwandtschaft, zusammenhängen?

im Jahre 1814 erhielt der genuefische Kaufmann von der ruffischen Regierung in Taurien ein Transportschiff, das Salz nach Pschad brachte, um daselbst Schiffbauholz für die ruffische Marine einzutauschen. Scassi landete glücklich zu Pschad, ein Wort, welches im Tscherkeffischen Gewäffer bedeutet, und ward daselbst sehr gut aufgenommen. Die Türken waren nämlich einsichtslos genug, allen Handel mit der ganzen Küste Tscherkeffiens zu untersagen, und ihn bloß auf Anapa zu beschränken. Die Ruffen kehrten sich aber nicht daran, und den südlicher gelegenen Strichen war es sehr willkommen, ihre Bedürfniffe in der Heimath erlangen zu können, und der Reise nach Anapa enthoben zu seyn. Scassi ward für seine so glücklich begonnenen Unternehmungen von der ruffischen Regierung reichlich belohnt, und im Jahre 1817 dem Ministerium der auswärtigen Angelegenheiten beigegeben. Herr Taitbout de Marigny, ein Franzose von Geburt, hatte gerade damals in Taurien einen Schuner bauen laffen, welchen der ruffische Agent zu seinen Reisen an der tscherkeffischen Küste für geeignet hielt. Man nannte ihn den Tscherkaffier, und Marigny selbst, der schon einmal im Jahre 1813 zu Anapa war, übernahm das Commando des für ein Regierungspaketboot erklärten Fahrzeuges. Scassi hatte früher schon zwei Handelsagenten in Tscherkeffien bestellt, welche, während er hin und her reiste, zurückbleiben, die Geschäfte besorgen und gelegenheitlich über die Beschaffenheit des Landes, über die Sitten und Gewohnheiten seiner Bewohner Erkundigungen einziehen sollten. Einer dieser Agenten war ein Grieche, Namens Mudrow, und der andere der Sohn eines deutschen Colonisten in Taurien, Tausch. Dieser lebte seit seinem sechzehnten Jahre unter den Tscherkeffen, hatte deren Sprache vollkommen erlernt, und war selbst der Gesinnung nach, wie wir aus einer in mannichfacher Beziehung lehrreichen Anekdote ersehen, die uns Marigny erzählt, ein vollkommener Tscherkeffe geworden.

Ich fragte Herrn Tausch, sagt Marigny, als ich zum zweiten Male nach Tscherkeffien kam, wie es der Familie des Indar Oglu, des Konaks aller der zu Pschad landenden fremden Agenten, erginge, und ich erfuhr, daß ein Fürst des Schapsuch-Stammes um seine Tochter Guasch gefreit habe, aber der Preis, den er bot, ward zu geringe befunden. Tschapsin, die ich als sehr jung kannte, war berühmt im ganzen Stamme der

Notketch ihrer Talente wegen, und die Mütter stellten sie ihren Töchtern als Muster vor. Islamkeri erhielt den Beinamen der Weise, und er war schon häufig zum Schiedsrichter in wichtigen Angelegenheiten erkoren worden. Kaspolet folgt dem Beispiele seines Bruders Nogai und hatte sich bereits in mehrern Abenteuern ausgezeichnet. Moisse, bloß vierzehn Jahre alt, brachte schon mehrere Stücke Rindvieh und Pferde auf die Seite, und Nogai endlich, ein Kind von acht Jahren, hatte schon zwei Ziegen gestohlen. „O," rief Herr Tausch am Ende seiner Erzählung aus, „es kann nicht fehlen, Alles verspricht dem Hause des Indar Oglu Ehren, Macht und unendliches Glück." Als diese Worte mich lachen machten, fiel es Herrn Tausch bei, daß er mit einem Fremden spräche, und er fügte hinzu: „Sie haben, seitdem wir uns in diesem Lande sahen, große Reisen gemacht; Sie lebten immer unter civilisirten Nationen, und ich vergaß, daß unter diesen andere Ansichten über das, was ehrenvoll ist, obwalten. Ich weiß aber, daß viele Dinge von dem mehr oder weniger glänzenden Rahmen abhängen, mit welchem man sie herausputzt und in welchem sie dann erscheinen. Auch weiß ich, daß Sie selbst in Paris manchmal das Thal von Pschad vermißten; daß an den goldenen Portalen der Tuilerien Sie nach der niedrigen Behausung des Prinzen Indar Olgu seufzten, und daß endlich in den Salons dieser Hauptstadt der civilisirten Welt, wo die Kunst immerdar die Natur vor unserem Anblicke verschleiert, Sie sich nicht selten nach unsern Wäldern und unsern Festen zurücksehnten. Herr Tausch, fügt Marigny hinzu, hatte Recht." [1])

Diese Agenten schickten natürlich ausführliche Berichte an das Gouvernement zu Odessa, von wo aus sie dann an das auswärtige Ministerium zu St. Petersburg befördert wurden. Von Scassi selbst und dem Griechen Mudrow ist niemals etwas der Oeffentlichkeit übergeben worden. Marigny's Journal seiner ersten Reise vom Jahre 1818 erschien bereits in dem Jahre 1819 zu Paris in dem ersten Bande der Reisen in den Steppen um Astrachan und im Kaukasus von dem Grafen Potocki. Seine vollständigen Tagebücher und Bemerkungen während der

---

[1]) Marigny 188. 40, 185.

drei Reifen, die er nach Tfcherkeffien machte, wurden aber erſt
zu Odeſſa im Jahre 1836 der Oeffentlichkeit übergeben. *) Man
erhob in England über dieſen Abbruck einen gewaltigen Lärm.
Es ſey, hieß es, die Handſchrift des Verfaſſers, der im Jahre
1824 zum niederländiſchen Conſul in den Häfen am ſchwarzen
Meere ernannt wurde, während ſeiner Abweſenheit gedruckt wor=
den, und habe vielfache Zuſätze und Verſtümmelungen erfahren.
Dieſe Klagen ſind aber ſehr übertrieben. Es iſt wahr, es ſind
aus den Tagebüchern Marigny's durch die ruſſiſche Cenſur einige
wenige mißfällige Bemerkungen weggeſtrichen worden. Die ge=
haltreichen Zuſätze, welche das Werk erfuhr, fügten aber nicht,
wie man andeutete, die ſchlauen Beamten des Kaiſers hinzu,
ſondern ſie ſind wörtlich aus dem trefflichen Berichte des Hrn.
Tauſch entnommen, der ſchon früher in engliſcher Sprache in dem
erſten Hefte des Journals der Londoner Aſiatiſchen Geſellſchaft
erſchienen war. **)

**) Voyages en Circassie, par le Chevalier Taithout de Marigny,
présentement Consul de S. M. le Roi des Pays-Bas á Odessa,
avec vues, costumes etc.

**) Ein Beiſpiel wird dieß hinlänglich beweiſen. In den Zuſätzen zu
Marigny S. 47 heißt es: Equal to the rest of the nation, the
desire of bringing it into subjection is an idea unknown to
them. A young prince who in battle will show all the pride
of his rank, will not dare to sit down in presence of an old
man, without obtaining permission to do so. The only pre-
rogatives they possess, consist in the division of the spoil
taken from the enemy, and in the duties which they levy on
the ships wich come to trade upon their coasts. Bei Tauſch
Journal of the Royal Asiatic Society I, 101, lautet dieſe Stelle
folgendermaßen: On a level in other respects with the rest of
the nation, the idea of roducing it to their will is unknown
to them. A young prince, who exhibits all the spirit of is
rank in an engagement, dares not seat himself in the presence
of an aged person, unless he has received permission. The
only separate privileges reserved for their princes consist in
the spoils captured from an enemy, and in the duties levied
upon ships which come to trade upon their coasts. Man er=
ſieht hieraus, wie unrecht der engliſche Herausgeber hatte, wenn er
dieſen Zuſatz ein liſtiges Einſchiebſel der Ruſſen nennt.

Scaffi ward später der Proceß gemacht, und der neueste Reisende im Kaukasus, Dubois de Montpereur, deutet an[94]), daß der Genueser sich glücklich schätzen mußte, mit dem Leben durchgekommen zu seyn. Hr. Dubois klagt Scaffi der Saumseligkeit und des Truges an, ohne aber dafür die geringsten Beweise beizubringen. Was er erzählt, spricht im Gegentheile für den Angeklagten. Als Prinz Menschikow 1829 Anapa belagerte, machte ihm der Genueser, wie Dubois uns berichtete, darüber Vorstellungen; er meinte, man solle doch den Tscherkessen Wort halten — also mußte man ihnen doch etwas versprochen haben — sie wären bereit, sich Rußland zu unterwerfen. Eben so verwendete sich Scaffi für die Tscherkessen, als derselbe Menschikow, bei Gelegenheit eines Ueberfalles der Tscherkessen, siebzehnhundert Krieger dieses Volkes in dem Kuban ersäufte. Diese Unglücklichen, sagte Scaffi, gehören zu den unschuldigen friedlichen Tscherkessen. Wenn dieses Alles war, was man gegen den menschlichgesinnten Genueser aufbringen konnte, so ist Herr Dubois nicht bloß, wie er glaubt, strenge gegen Scaffi, sondern ungerecht. Von Mudrow hören wir nichts mehr, und Tausch lebt jetzt als russischer Major in Gelendschick, wo Dubois ihn sprach und Manches über die Tscherkessen von ihm erfahren hat. Tausch und Marigny sind aber in neuer Zeit die einzigen, welche sich längere Zeit bei den Tscherkessen aufhielten, deren Sprache erlernten und selbstständige Nachrichten über dieses Volk der Oeffentlichkeit mittheilten. Die Reisen des englischen Majors Spencer nach dem westlichen Kaukasus[95]) enthalten viele leere Reden, aber keine neuen, von anderer Seite her nicht bereits bekannten Thatsachen.

Von den Russen können wir aber jetzt, nachdem seit vielen Jahren der Krieg mit den Tscherkessen ununterbrochen fortdauert, keine neuen Thatsachen zur Kenntniß des Landes und Volkes erwarten. Wir finden auch nichts dieser Art, weder in dem Werke des Hrn. Dubois, noch in der officiellen Beschreibung der russischen Besitzungen jenseits des Kaukasus, welche in vier Octavbänden zu St. Petersburg erschienen ist.

---

[94]) Dubois I, 101.
[95]) Travels in Circassia and the western Caucasus. London 1838. 2 Bd. 8.

Der ruſſiſche Miniſter der Finanzen, Graf von Cancrin, ſandte
nämlich vor einem Jahrzehent eine Expedition nach den Provinzen jenſeits des Kaukaſus, namentlich nach Georgien. Dieſe Expedition war ſieben Jahre daſelbſt beſchäftigt und ſoll durch ihre
Unterſuchungen ein großes Licht über alle ihr zugänglichen, unter
Rußland mittelbar oder unmittelbar ſtehenden Lande jenſeits des
Kaukaſus verbreitet haben.

Die ruſſiſche Regierung ließ nun, in dem angeführten Werke,
einen Auszug aus den Berichten dieſer Commiſſion bekannt machen. Dieſem officiellen Ueberblicke der ruſſiſchen Beſitzungen jenſeits des Kaukaſus ward zugleich eine ſehr werthvolle Karte dieſer Länder beigegeben, welche Hr. Kolokolow 1836 an Ort und
Stelle aufgenommen hat. Durch dieſe Commiſſion erfuhr man
höchſt wahrſcheinlich auch die Bevölkerung der transkaukaſiſchen
Provinzen, die in Petersburger-Blättern, für das Jahr 1836 auf
1,378,316 Seelen angegeben wird. Nach einer andern Angabe
des Hrn. Jewetzki[96]) betrüge ſie 1,550,000 Seelen und das Verhältniß derſelben zum Areal geſtalte ſich wie acht zu eins, ſo
daß auf die Quadratwerſt bloß acht Einwohner kämen. Die Truppen überſtiegen aber in der Regel nicht die Anzahl von 30,000
Mann[97]). Es wird aber dabei nicht bemerkt, auf welche Weiſe
man zu dieſem ſtatiſtiſchen Reſultate gelangt ſey, weßhalb wir,
eingedenk der Worte eines ruſſiſchen Akademikers, die unſere gewöhnlichen Statiſtiker ganz überſehen haben, dieſer Angabe keinen
unbedingten Glauben ſchenken können. „Es herrſcht bei uns,‟
ſagt Herrman, „durchgängig eine Ungewißheit über die Anzahl
der Frauen, und noch mehr über die Anzahl der Raſnotſchinzi,
der Juden, Tataren und Nomaden, geſchweige denn über die
Bevölkerung der neuerworbenen Länder in Aſien. Daher die
Verſchiedenheit in der Beſtimmung der ganzen Bevölkerung des
Reiches, welche bald achtundvierzig bald achtundfünfzig Millionen
betragen ſoll. Es iſt aber eben ſo unnütz, ſich hierüber zu ſtrei-

[96]) Statiſtiſche Beſchreibung Transkaukaſiens 27. Bulgarin Rußland,
in hiſtoriſcher, ſtatiſtiſcher, geographiſcher und literäriſcher Beziehung.
Statiſtik. Riga und Leipzig 1839, I, Ergänzungen 42.
[97]) Uſchakow Geſchichte der militäriſchen Operationen in der aſiatiſchen
Türkei I, 43. Bulgarin a. a. O. 55.

ten, wie über die Chronologie der Zeiten vor Cyrus."[a]) Auch Bulgarin war nicht im Stande genauere Nachrichten über die Bevölkerung seines Landes zu erhalten. Er glaubte aber die Einwohnerzahl des ganzen russischen Reiches, die theilweise noch unbezwungne Bevölkerung des Kaukasus mitgerechnet, auf wenigstens sechzig Millionen Seelen und die Anzahl der Slaven auf Erden im Ganzen auf ungefähr sechsundsechzig Millionen Seelen annehmen zu dürfen. Der slavische Stamm, sagt er, ist demnach der zahlreichste unter den gebildeten Stämmen, indem er fast den vierten Theil der ganzen Bevölkerung Europa's ausmacht. Die Sitze der Slaven erstrecken sich vom adriatischen Meere bis Kamtschatka, und von Griechenland bis zum weißen Meere. In Rußland gibt es ungefähr 45,000,000 Slaven, und in dem Rußland einverleibten Königreich Polen leben 3,000,000, mithin vereinigt Rußland 48,000,000 Slaven. Unter österreichischer Botmäßigkeit befinden sich Russinen oder Rusnaken, Slowaken, Kroaten, Tschechen, Mähren, Winden und Serben ungefähr 13,000,000; unter preußischer Regierung gibt es Polen und wendische Soraben an 2,500,000; unter der türkischen Herrschaft und Oberhoheit stehen Serben, Bulgaren, Kroaten und Bosnier, etwa 2,500,000; die freie Stadt Krakau zählt 125,000; Montenegro 80,000 Seelen; im Königreich Sachsen leben 60,000 slavische Wenden. Russischer Zunge gibt es der Slaven 45,000,000, serbischer 3,500,000, kroatischer 100,000, windischer 900,000, böhmischer und mährischer 4,500,000, slowakischer 2,000,000, polnischer an 10,000,000, wendischer oder sorabischer 365,000 Seelen. — Slaven römisch-katholischen Glaubens werden 15,000,000 gezählt: Polen, Tschechen, Mähren, Slowaken, Wenden, Rusnaken, Serben und Kroaten; Protestanten 1,500,000 Polen, wendische Soraben, Tschechen, Mähren und Slowaken; unirte Rusnaken oder Russinen in Rußland und Galizien, bis auf die neuesten Zeiten, 3,000,000. Alle übrigen Slaven bekennen sich zur griechischen Kirche.[b])

[a]) Mémoires de l'Académie impériale des sciences de St. Petersbourg. Sciences politiques VI. Série II. 1834, S. 288.
[b]) Thaddäus Bulgarin Rußland in historischer, statistischer, geographischer und literarischer Beziehung. — Geschichte. — Erster Band, Riga und Leipzig 1839. Vorrede S. XVIII.

Die Bevölkerung Tscherkessiens, der beiden Kabardah und Ab-
chasiens zusammen soll nach einer andern, ziemlich verbürgten Angabe,
ein und eine halbe Million betragen; auch Marigny's Schätzung von dreimalhunderttausend Familien stimmt hiemit überein[100]). In der sogenannten Unabhängigkeitserklärung der Tscherkessen,
welche wir in der Beilage vollständig mitgetheilt haben, wird
die Einwohnerzahl dieser Gebirgsländer sogar auf vier Millionen angegeben[101]). Diese Angabe ist sicherlich sehr übertrieben,
so wie andrerseits die Bevölkerungslisten der Russen, nach welchen
die Tscherkessen sich auf 300,000 oder gar sammt den Osseten,
Tschetschenzen, Kistiern und Ebumykeu bloß auf 350,000 Seelen
belaufen sollen[102]) ebenfalls weit hinter der Wirklichkeit zurückbleiben. Es erheischen es die Verhältnisse der Tscherkessen sich
als ein zahlreiches bedeutendes Volk hinzustellen; während die
Russen natürlich sie gerne als kleine, der Beachtung unwerthe
Horden schildern möchten.

Die Türken suchten bereits in den ersten Jahrzehnten unsers
Jahrhunderts die verschiedenen Stämme der Tscherkessen unter sich
zu vereinigen, und dann sie sämmtlich zu bewegen, die Oberhoheit
des Sultans anzuerkennen, damit sie sich derselben bei dem Ausbruche eines neuen Krieges gegen Rußland wider die Kosaken jenseits des Kubans bedienen könnten. Der Sandschak von Anapa
war gegen das Ende des Jahres 1824 mit dem Paschalik Trapezunt vereiniget worden. Tschitschen Oglu, der Pascha, kam jetzt
(1825) selbst nach Anapa, und gab sich alle Mühe, die verschiedenen südlich des Kubans, zwischen dem schwarzen und kaspischen
Meere wohnenden Stämme zu vermögen, daß sie den Sultan als
ihren Herrn anerkennen; die Pforte würde dadurch, sagte man,
ein Recht bekommen, sie nachdrücklich gegen die Unternehmungen
der Russen zu schützen. Ein großer Theil der kaukasischen Klane
soll sich diesem Wunsche gefügt haben; sie waren aber keineswegs der Meinung, dadurch ihre Unabhängigkeit aufzugeben, sondern sie unterwarfen sich bloß der Oberanführung der Pforte, um
den Russen mit besserem Erfolge Widerstand leisten zu können.

---

[100]) Portfolio IV, 19. Marigny 276.
[101]) Marigny Appendix, 296.
[102]) Bulgarin a. a. O. 117, 206.

Seit dieser Zeit kamen zwar nur wenige russische Schiffe hin nach Anapa und an die tscherkessische Küste, man suchte aber dessen ungeachtet die Gastfreundschaft mit der Familie des Indar nicht bloß aufrecht zu erhalten, sondern diese Fürsten auch durch wieder= holte Geschenke noch mehr an das Interesse Rußlands zu ketten. Früher schon hatte Kaiser Alexander dem Indar einen kostbaren Säbel verehrt, und im Jahre 1827 sandte man 15,000 Rubel, um den Zwistigkeiten ein Ende zu machen, die sich zwischen dem Pschi und dem Schapsuch=Klane erhoben hatten. Es waren nämlich die Schapsuchen wegen des Schutzes, dessen sich die russischen Kauf= leute bei Indar erfreuten, in das Gebiet dieses Fürsten eingefallen, und hatten allerlei Gewaltthätigkeiten verübt. Dem Handel als solchen waren die Schapsuchen sicherlich nicht entgegen; sie mochten aber die Folgen desselben, die russische Oberherrlichkeit, fürchten.

In dem Frieden zu Gulistan (1813) ward Persien gezwungen, ganz Dagestan, Schirwan, Baku, Karabag und Talisch auf ewige Zeiten an Rußland abzutreten; es mußte überdieß seinen Ansprü= chen auf Georgien, Imerethien, Mingrelien und Guriel entsagen, und der letzte russische Posten war zu Gomri, ungefähr zehn deutsche Meilen von Eriwan, entfernt. Die Gränzen waren aber durch keinen Fluß, durch keine Gebirgskette bestimmt worden; sie hatten keine Festung, keine Stadt zum Anhaltspunkte. Zwischen den beiden Staaten blieb deßhalb ein Strich herrenlosen Landes, wo sich Turko= manen und Kurden herumtrieben, die bald nördlich bald südlich Einfälle machten, und sowohl Persien als Rußland zu unaufhör= lichen Klagen Veranlassung gaben. Persien, das seinen Verlust nicht verschmerzen konnte, wollte sich aber zu keiner genauern Be= stimmung der gegenseitigen Gränzen verstehen, und so begann (1827) der Krieg von neuem, der mit dem Frieden zu Turkman= tschai (1828) für den Schah ein trauriges Ende nahm. Das ganze Chanat Eriwan dießseits und jenseits des Araxes, das Chanat Nachtschewan, Edschmiadzin, der alte Sitz der armenischen Katho= likos, und das Gebirge Ararat mußten abgetreten, und überdieß allen Christen in den von den Russen während des Krieges besetzten Landen die Erlaubniß gegeben werden, mit Hab und Gut aus= wandern und sich in dem neuen russischen Gebiete, welches Provinz Armenien genannt wurde, oder in den andern transkaukasischen

Ländern sich niederzulassen ¹⁰³). Die Perser mußten die bedeutenden Kriegskosten bezahlen — eine seit vielen Jahren herkömmliche Bedingung in den Friedensschlüssen Rußlands mit dem Sultan und dem Schah. Rußland erhielt durch diesen Frieden nicht nur einen neuen sehr fruchtbaren Landstrich, sondern mit der Stadt Eriwan hatte es auch von nun an den Schlüssel zum Herzen Persiens in Händen, und konnte andrerseits von hier aus, wie sich dieß gleich zeigte, die schlechtbewahrten türkischen Besitzungen in Kleinasien mit leichter Mühe überziehen und, wenn die europäischen Mächte nicht einschreiten, mit seinem Reiche vereinigen. Das geistliche Oberhaupt der armenischen Kirche ist nun der Unterthan des Zars, und die mehr denn zwei Millionen zählenden, in allen Ländern der Erde zerstreuten Söhne Haigs sind dadurch mit dem großen slavischen Reiche in eine enge Verbindung gebracht worden — eine Verbindung, die ebenfalls schon von Peter eingeleitet wurde und dem russischen Reiche seit dieser Zeit vielen Vortheil gewährte. Denn in allen Theilen Asiens findet man Armenier als Handelsleute, Wechsler und Spione.

Bevor noch der Friede zu Turkmantschai geschlossen war, hatten bereits die Feindseligkeiten mit der Pforte von neuem begonnen. Am 14 April 1828 erklärte Rußland dem Sultan den Krieg, und bald hernach segelte der Vice-Admiral Greigh mit einem Geschwader von acht Linienschiffen, vier Fregatten, mehreren Corvetten und Transportschiffen von Sebastopol gegen Anapa. Die türkische Besatzung war siebentausend Mann stark und schlug sich tapfer. Die Tscherkessen standen den Türken getreulich bei und erhoben sich von allen Seiten gegen den herannahenden Feind. Die Russen rechneten schon seit einigen Jahren vorzüglich auf die Anhänglichkeit des Klans Notketsch. Aber siehe, man hatte sich gar sehr getäuscht. Eben dieser Klan sendete ein zahlreiches Reitervolk

---

¹⁰³) Vergleiche meine Geschichte der Uebersiedlung von vierzigtausend Armeniern. Leipzig 1834. Die Herausgeber des Portfolio haben dieses ganze Werkchen, Text und Anmerkungen, in ihre Zeitschrift aufgenommen. Es ist jedem erlaubt ein fremdes Werk zu übersetzen, nur darf er den Namen des Verfassers nicht verschweigen. Diese Unterlassungssünde haben sich aber die unbekannten Compilatoren dieser Zeitschrift zu schulden kommen lassen.

dem in Anapa commandirenden Pascha zu Hülfe, welches den über den Kuban von der Landseite her kommenden russischen Truppen einen starken Verlust beibrachte. Anapa fiel dessen ungeachtet (am 10 oder 22 Juni) in die Hände der Russen, und in den folgenden Jahren bemächtigten sie sich der meisten Hafenplätze des ganzen nordöstlichen Gestades des schwarzen Meeres. Gelendschik fiel erst im Jahre 1831. Bei der Ankunft der russischen Truppen vor Anapa sendete der türkische Commandant dieser Veste, Osman Pascha, seine sämmliche fahrende Habe in die tscherkessischen Gebirge. Als er sie nach der Uebergabe des Platzes zurückverlangte, antworteten die Tscherkessen: „wir geben dir deine Schätze nicht heraus, sondern wir werden kommen und die Wälle der Veste untersuchen, um zu sehen, ob du sie wirklich nicht mehr hättest vertheidigen können. Wir sind dieß unserm Herrn, dem Sultan, schuldig, der uns nicht minder wie die die Vertheidigung des Platzes übertragen hatte. Wir hatten auch bereits alle Vorbereitungen getroffen, um dir ein großes Hülfscorps zu senden. Es ist dieß nicht das erstemal, fügten die Tscherkessen hinzu, daß wir und der Padischah von den im Solde Rußlands stehenden Paschas betrogen wurden.“ Beispiele dieser Art werden mehrere angeführt in der sogenannten Erklärung ihrer Unabhängigkeit.

In dem Frieden zu Adrianopel (vom 2 (14) September 1829) behielt Rußland einen großen Theil seiner während des Krieges gemachten Eroberungen in Asien. Der hierauf bezügliche vierte Artikel dieses welthistorisch wichtigen Friedenstractates lautet seinem ganzen Inhalte nach folgendermaßen:

Da Georgien, Imeretien, Mingrelien, Guriel und mehrere andere kaukasische Provinzen seit vielen Jahren und auf immer mit dem russischen Reiche vereinigt sind, und dieses Reich überdieß durch den am 10 Februar 1828 in Turkmantschai mit Persien abgeschlossenen Vertrag, die Khanate Eriwan und Nachitschewan erwarb, so haben die beiden contrahirenden Mächte die Nothwendigkeit anerkannt, zwischen ihren betreffenden Staaten auf der ganzen Linie eine genau bestimmte Gränze festzustellen, wodurch jedem künftigen Streite vorgebeugt werden möchte. Ebenso haben sie die geeigneten Mittel in Betracht gezogen, um den Einfällen und Räubereien, welche bis jetzt die benachbarten Völkerschaften ausübten, und welche die Verhältnisse der Freundschaft und der guten Nachbarschaft zwischen den beiden Reichen so oft bloßstellten, unübersteigliche Hindernisse entgegenzusetzen. In Folge dessen ward beschlossen, künftig als Gränze zwischen den Staaten des kaiserlich russischen Hofes und denen der hohen ottomanischen Pforte in Asien die Linie anzuerkennen, welche, der gegenwärtigen Gränze Guriels folgend, von dem schwarzen Meere bis zur Gränze von Imeretien und in der geradesten Richtung bis zur Vereinigung der Gränzen des Paschalik Achalzik und Kars mit denen Georgiens aufsteigt, und auf diese Weise die Stadt Achalzik und das Fort Achalkalaki auf eine, nicht weniger als zwei Stunden betragende, Entfernung nördlich und innerhalb dieser Linie läßt. Alle südlich und westlich von dieser Demarcationslinie gegen die Paschaliks von Kars und Trapezunt gelegenen Länder mit dem größern Theile des Paschaliks von Achalzik bleiben für immer unter der Herrschaft der hohen Pforte, während die, welche nördlich und östlich der besagten Linie gegen Georgien, Imeretien und Guriel liegen, nebst dem ganzen Littoral des schwarzen Meeres von der Mündung des Kuban bis zum Hafen St. Nikolaus einschließlich, für immer unter der Herrschaft von Rußland bleiben [104]).

Man hat bald nach dem Frieden die Großmuth Rußlands gepriesen und die der Türkei neuerdings abgenommenen Länder für sehr unbedeutend ausgegeben. Dieß ist aber keineswegs der Fall. Es ist wahr, die von der Pforte abgetretenen Striche Landes sind gebirgig und wenig fruchtbar; auch haben sie jetzt noch eine geringe Bevölkerung. Es fanden die Russen bei ihrer Besitznahme der Paschalike Kars, Achalzik und Erzerum die Hälfte des Landes unangebaut und wüste; in den volkreichsten Districten lebten bloß zwölf Familien auf einer Quadratwerste. Dessen ungeachtet sind diese neuen Erwerbungen für Rußland von der größten Wichtigkeit. Sie bilden nämlich mit den in frühern Zeiten dem Sultan und dem Schah abgenommenen Ländern ein geschlossenes Ganze und sind eine Vormauer dem westlichen Georgien, welches, von den Gebirgspässen Achalziks aus, immerdar hätte beunruhigt werden können. Auch ward durch diese neuen Eroberungen der Pforte jede Verbindung zu Land mit den kaukasischen Völkern abgeschnitten. Früher gingen von hier aus häufig Unterhändler der Pforte in die russi-

---

[104]) Allgemeine Zeitung 1829. Nr. 291. Beilage.

schen Besitzungen jenseits des Kaukasus, um dorten Verschwörungen anzuzetteln und Aufruhr zu erregen; auch fanden alle die Gebirgs= bewohner, welche sich der russischen Herrschaft entziehen wollten, in diesen Gegenden immerdar eine gute Aufnahme und sichern Schutz. Wir zweifeln nicht, daß Rußland bei der nächsten Gelegenheit die Paschalike Kars und Erzerum, so wie die noch in den Händen der Pforte befindlichen Theile des Paschaliks Achalzik — von den vier= undzwanzig Sandschak, in welche dieß Paschalik ehemals zerfiel, sind bereits zehn mit dem slavischen Reiche vereinigt — erwerben und so= mit der Herr werden wird des größten Theils des alten armenisch= parthischen Königreiches. Wer aber Herr ist von Hocharmenien, dem Quellengebiete des Euphrats und des Tigris, des Araxes und des Rhion, der kann nach Belieben herabsteigen in die Ebenen Ana= toliens und Mesopotamiens, Assyriens und Persiens. Alle diese Länder werden in den nächsten Jahrzehnten — dieß ist der noth= wendige Lauf der Natur der Dinge, den kein Gott ändern wird — die Beute werden des übermächtigen Slavenreiches. Es waren Türken, Araber und Perser zu lange der Barbarei, der Grausamkeit und Schlechtigkeit jeder Art ergeben; die Gottheit hatte ihnen die schönsten, die fruchtreichsten Länder der Erde verliehen, und wie unwürdig zeigten sie sich nicht dieser Gnade! Wo ehemals Millionen betriebsamer, glücklicher Menschen wohnten, ziehen jetzt wilde Räuberhorden herum, die sich gegenseitig den Fraß abjagen; Steppen und Wüsteneien findet man, wo ehemals die aus den zahl= reichen Flüssen abgeleiteten Canäle das Land durchschnitten und zu einem Garten Gottes es umgestalteten. Die Reue kommt zu spät. Vergebens wollt ihr, Bekenner des Islam, jetzt eure Barbarei mit einem dünnen Ueberzuge von Cultur verkleistern. In euern Händen werden selbst die weisen Einrichtungen, die Entdeckungen und Er= findungen Europa's nur neue Plagen, nur neue Lasten für die un= glückselige Menschheit. Darum hat der Herr euch verworfen vor seinem Angesichte; europäische, christliche Mächte werden eure Länder in Besitz nehmen. Russen oder Engländer, gleichviel; es ist beschlossen im Buche des Schicksals, die Barbarei soll zu Ende geben; die Tochter Europa soll mit reichlichen Zinsen zurückzahlen das, was sie vor undenklichen Zeiten von der Mutter Asia erhalten.

Fünfter Abschnitt.

Die Tscherkessen.

Seit zehn Jahren hat Rußland Alles aufgeboten, um die
Tscherkessen seiner Herrschaft zu unterwerfen. Acht Feldzüge wurden
vergebens gegen sie unternommen. Von der Pforte wurden sie
zwar verlassen, man hatte für ihre Bestrebungen nur fromme Wünsche; die Nation ward aber durch einzelne englische Abenteurer in
ihrem Widerstande gegen Rußland befestigt, mit Waffen und
Munition versehen. Es wird selbst behauptet, was aber unglaublich
scheint, daß Frankreich nach der Juliusrevolution Emissäre in den
Kaukasus sandte, um den Bewohnern desselben die Freiheit nach der
neuern französischen Weise zu verkünden; sie seyen aber, wird hinzugefügt, sehr schlecht empfangen worden. [105])

Es fehlte den russischen Truppen weder an Muth noch an Ausdauer, aber die natürliche Beschaffenheit des Kampfplatzes und die
kriegerischen Eigenschaften seiner Bewohner setzen einem jeden Feinde
beinahe unübersteigliche Hindernisse entgegen. Die Tscherkessen, so
wie alle andern Stämme des Kaukasus, vermeiden so viel als möglich
ein allgemeines Treffen; sie unternehmen bloß in kleinen Partien
Streifzüge. Der Führer des Zuges reitet voran, einige Wachen zur
Seite, die übrige Menge theilt sich in kleine Haufen und reitet frei
und ungebunden hinterher; es herrscht die größte Stille; kein Wort
wird gesprochen. Legt der Führer den Finger an den Mund, so
bleibt die ganze Schaar stehen; deutet er auf die Erde, so springt
sie schnell von den Pferden; winkt er, so sprengen sie im größten
Galopp zu ihm heran, seiner Befehle gewärtig. Bemerkt der Führer
einen Gegenstand, der ihm zweifelhaft dünkt, oder nähert man sich
dem Ziele des Rittes, so besteigt er eilenden Fußes einen Hügel,
um die Landschaft auszukundschaften. Erblickt er irgendwo Leute,
so wirft er wohl seine Kappe oder seinen Helm in die Höhe, legt sich

---

[105]) So laut den Nachrichten des Professors Koch, der vor einigen Jahren
den Kaukasus bereiste. Miscellen aus der neuesten ausländischen
Literatur von Bran. Jena 1837. Bd. 92. S. 158.

auf den Bauch und rollt sich den Hügel hinab, um den wachsamen Feind glauben zu machen, es habe sich in der Ferne bloß ein Vogel erhoben. Bei der Nacht schließen sich die Reiter eng an einander an, aus Furcht, es möchte einer der Schaar sich verirren. Der Anführer reitet in der Entfernung von einigen hundert Schritten dem Zuge voran, achtet mit dem gespannten Gewehre auf das geringste Geräusch und wendet kein Auge von den Ohren seines Pferdes. Ein dumpfes Pfeifen richtet die Bewegungen der ganzen Schaar. Einzelne Wachen haben den Auftrag, sich von Zeit zu Zeit niederzulegen, das Ohr fest an die Erde gedrückt, um auf jedes Geräusch in der Ferne zu lauern. Die Bergbewohner sind so feinen Gehörs, daß sie den Tritt der verschiedenen Thiere genau zu unterscheiden vermögen. Die Führer sind aber durchgängig sehr gewandte und aufmerksame Leute; sie erhalten auch, wenn der Ritt gelingt, die Hälfte der Beute. Während einer hellen Nacht richtet man sich nach dem Polarstern, nach dem kleinen und großen Bären; das Nebengestirn der Leyer zeigt ihnen die Stunden an. Ist der Himmel mit Wolken bedeckt, so bewegt sich der Zug nach einem Compaß, den der Anführer gewöhnlich bei sich trägt. Ist dieß nicht der Fall, so besteigt er eine Erhöhung, steckt die Hand in den Busen, um sie zu erwärmen, zieht sie dann plötzlich heraus und wendet sie nach allen Seiten. Die kälteste bezeichnet den Norden; auf diese Weise wissen sie gewöhnlich mit bewunderungswürdiger Genauigkeit die Richtung anzugeben. Zerstreute ein dichter Nebel die Schaaren, dann dienen ihnen die Funken, die mit einem Feuerstahle geschlagen werden, als Zeichen der Vereinigung. Es gab Fälle, wo die russischen Vorposten, vom Nebel umhüllt, in der Ebene wie auf den Höhen plötzlich einen Feuerglanz bemerkten; es wurden Hunderte von Funken auf einem weiten Umkreise sichtbar. Die Vorposten schrien: es kommen die Räuber! Die ganze Mannschaft trat unters Gewehr, lauschte und horchte, und es fielen plötzlich die Schüsse von allen Seiten. [100])

Gleich beim Beginne des Krieges hatten die Russen die Absicht, das ganze Land der Tscherkessen vermittelst militärischer Linien zu durchschneiden, diese Linien dann mit Schanzen zu versehen und dadurch die Stämme zu isoliren, damit sie einzeln desto leichter

---

[100]) Eichwald I, 820.

unterworfen werden möchten. Man suchte ihnen auch alle Zufuhr auf dem Meere, so wie jede andere Verbindung mit den auswärtigen Mächten abzuschneiden; sie sollten ihre Bedürfnisse bloß von den Russen erhalten. Es ward zu diesem Endzwecke den fremden Schiffern das Landen an der tscherkessischen Küste untersagt und allen Regierungen hievon officiell die Mittheilung gemacht. Russische Schiffe kreuzten immerdar längs der Küsten; eines bewachte die Strecke von Gelendschik bis Gagra und ein anderes die Linie von Sukum Kaleh bis an die Küste von Abchasien. Es wurden auch in der That im Laufe der letzten fünf Jahre mehrere türkische Schiffe, welche nach Tscherkessien segeln wollten, und auch ein englisches, das sich die Füchsin nannte, weggenommen. Feldmarschall Fürst Paskewitsch war der erste, welcher im Jahre 1830 sein Glück auch gegen die Tscherkessen versuchte. Man hoffte damals noch, die Tscherkessen würden sich, wenn sie sähen, daß die Macht, die vor kurzem Persien und die Pforte demüthigte, gegen sie anrücke, von Schrecken ergriffen, alsbald die Waffen strecken und sich freiwillig unterwerfen. Man täuschte sich. Der kriegerische Muth der Bergbewohner erstarkte vielmehr in der Gefahr: die Russen wurden mit großem Verluste zurückgeschlagen. General Emanuel und Baron Rosen, welche nach Paskewitsch die Armeen des Kaukasus befehligten, waren nicht minder unglücklich. General Wiliamnoff, früher Chef des Generalstabes unter Jermoloff, leitete in den Jahren 1834, 1835 und 1836 die Feldzüge gegen die Tscherkessen; er hatte den Auftrag, eine Militärstraße von Anapa nach Ekaterinodar quer durch das feindliche Land anzulegen. Es wurden — das einzige Resultat aller der großen Anstrengungen während dieser drei Jahre — auf dem linken Kubanufer einige Verschanzungen aufgeworfen, wie die nach der Großfürstin Olga genannte Olginski, aber nicht ohne bedeutenden Verlust von Seite der Russen, namentlich an Officieren. Es ist nämlich der vorherrschende Charakter des Krieges in diesen Gegenden das Tirailleurgefecht. Die Officiere, welche in der Kette den Gang desselben leiten und die ihre Kleidung schon von ferne kennbar macht, sind für die Tscherkessen die vorzüglichsten Zielpunkte und daher den feindlichen Kugeln am meisten ausgesetzt. Die Zahl der getödteten oder verwundeten Anführer ist aus diesem Grunde verhältnißmäßig immer größer, als jene der Gemeinen. Man konnte sich im Lande der Feinde nicht behaupten und mußte sich beim Beginne der schlechten Jahreszeit gegen Mitte des Monats November immer wiederum gegen den Kuban zurückziehen. [107])

Nicht minder unglücklich ist der Feldzug im Jahre 1837 abgelaufen. Im Jahre 1838 ward General Rajeffsky der Oberbefehl; man erhielt anfangs einige Vortheile über die Tscherkessen. Hierauf richtete der General ein Schreiben, dessen Datum nicht angegeben wird, an den Stamm der Notketch, worin er sie aufforderte, sich freiwillig dem Kaiser zu unterwerfen. Die Antwort der Tscherkessen athmet bittern Hohn und unversöhnliche Feindschaft. Wir lassen hier das Schreiben des Generals und die Antwort der Notketch, welche beide wohl ursprünglich in türkischer Sprache abgefaßt waren, folgen.

Schreiben des Generals Rajeffsky an die Fürsten, Edeln und Gemeinen der Notketch im Allgemeinen.

Unser erhabener Kaiser, dessen Kriegsheere an Zahl unermeßlich sind, hat mich an die Spitze eines Theils derselben gestellt und mir befohlen, von Toaps, Shapsigna und Semez Besitz zu ergreifen, was ich auch gethan. Er hat mir ferner geboten, zu Semez ein Fort und ein Arsenal für seine Flotte zu errichten. Ich bin im Begriff, eine Straße nach Anapa, von Anapa nach Abun längs dem Batschan, und von Abun nach Pyadug zu bauen. Die, welche an dieser Straße wohnen, mögen sich entfernen. Die, welche zur Linken gegen die See hin wohnen, können in ihren Häusern bleiben, wenn sie vorziehen, gleich dem Volke der Kabardah in Frieden mit uns zu bleiben, sonst mögen sie sich zurückziehen; und diejenigen von Schapsuch, welche an der Straße leben längs dem Batschan bis Abun und Pyadug, können, wenn sie sich friedlich verhalten wollen, ebenfalls wohnen bleiben, die Uebrigen aber sollen gleich dem Volk an der Laba von dannen ziehen. Unser erhabener, gnädiger und mächtiger Kaiser, obwohl mit unermeßlicher Macht begabt, hat mir befohlen, vorerst nicht zur Gewalt meine Zuflucht zu nehmen, sondern, wo möglich, durch Anwendung gütlicher Mittel Frieden unter euch herzustellen, und

---

[107] Souvenirs des dernières expéditions russes contre les Circassiens, précédés d'une esquisse rapide des mœurs de ce peuple. Paris 1837. Oesterreichische militärische Zeitschrift 1838. VIII. 200. IX. 310.

erst dann, wenn sich solches unwirksam erweist, von den Waffen
Gebrauch machen. Wenn ihr demnach einwilligt, Frieden zu machen, so sendet mir Personen von Kenntniß und Talent aus eurer
Mitte, und ich will ihnen die Befehle unseres erhabenen Kaisers
mittheilen. Wenn ihr beschließt, keinen Frieden zu machen, so
sammelt denn alle eure Macht und haltet euch gefaßt, und ihr
sollt die Nichtigkeit eurer Zuversicht erfahren. Menschen, die ihre
Häuser, Familien und Vaterland meineidig und flüchtig verlassen,
haben seit vier Jahren das Volk von Notketch mit Hoffnungen
auf Beistand von Seite der Königin von England, des Königs
von Frankreich und des Sultans betrogen, während unser erhabener Kaiser im Frieden ist mit diesen allen dreien. Aber selbst
wenn sie im Kriege mit uns wären, es könnte ihnen nie in den
Sinn kommen, euch Beistand zu leisten. Als unser erhabener
Kaiser mit seinen Armeen Anapa, Erzerum und Achalzik einnahm,
warum leistete man da dem Sultan nicht Hülfe? Und wenn
die Engländer und Franzosen damals dem Sultan nicht zu Hülfe
kamen, wie könnt ihr euch einbilden, daß sie dem Volke von
Notketch Beistand leisten werden? Die Juden, schwach und
leichtgläubig, meinen, ein Riese werde auf Erden erscheinen und
alle Christen und Moslemim vertilgen, und obwohl ihre Hoffnung
seit 2000 Jahren getäuscht wurden, hängen sie ihr noch immer
nach. Wie die schwachen Juden von falschen Propheten betrogen
worden, so ist das Volk von Notketch, das sich für stark hält,
von Flüchtlingen und falschen Botschaftern getäuscht worden.
Wenn Jemand euch sagen sollte, der Wille unseres erhabenen
Kaisers könne sich ändern, der betrügt euch. Wenn irgend ein
Dolmetscher euch irgend etwas sagen sollte außer der Uebersetzung
des Gegenwärtigen, so dürft ihr, wovon er auch sprechen möge,
ihm nicht glauben, noch irgend Vertrauen in ihn setzen. Es gibt
Personen, die aus eurer Mitte kommen und vorgeben, sie seyen
von euch gesendet, hätten großen Einfluß bei euch, und es stehe
in ihrer Macht, den Frieden herzustellen; aber auf sie setze ich
kein Vertrauen, und auf gleiche Weise sollt ihr keines in meinen
Dolmetscher setzen. Da ich Oberbefehlshaber der Armee bin und
alle Angelegenheiten unter meiner Leitung stehen, so sendet mir eure
Männer von Einfluß und Talent, und alle Dinge sollen zwischen
uns ausgeglichen werden. Wenn ihr Frieden zu machen einwil-

ligt, so will ich euch gnädig und als wahre Freunde behandeln.
Ich beginne nur ungern Krieg, aber wenn es nothwendig wäre,
so soll es ein schrecklicher werden; ihr werdet Ursache haben, es zu
bereuen, und auf euch soll alle Schuld fallen. Wenn Friede zwi=
schen uns beschlossen wird, so wird unser Friede von Tag zu Tag
fester gekittet werden — wenn Krieg, so wird er in gleicher
Weise zur Unversöhnlichkeit emporwachsen. So geschehen zu Semez.
Generallieutenat Rajeffsky.

Antwort der Tscherkessen.

Dem Kaiser Nikolaus von Rußland und dem General Ra=
jeffsky in seinen Diensten. Das ist unsere Antwort. Zwölf Jahre
lang habt ihr euch überall berühmt, daß ihr dieses Land gewon=
nen; aber ihr habt falsch geredet. Durch See und Land, allent=
halben ruft ihr es ruhmredig aus und sagt: „Der Padischah hat
mir dieses Land überantwortet, und er hat es mir gegeben, und
es ist mein." Beständig verkündet ihr allen Nationen diese falsche
Nachricht: „Das Land ist mein, seine Einwohner sind meine Un=
terthanen, und ich habe Besitz davon ergriffen durch Vesten."
Wenn ihr fortfahrt, solches zu thun, wird die Wahrheit endlich
zu Tage kommen, und eure Ehre wird verloren seyn. Aber hätte
selbst der Padischah euch das Land übergeben, so war es doch
nie sein, weder durch Kauf noch durch das Schwert; und die
zwölf Jahre hindurch, so wir im Krieg waren, hat er nimmer
unsere Wunden gesalbt, und wir haben unsrerseits nimmer irgend
einen Schoß ihm gezahlt, noch hat er ihn, was uns anlangt, je=
mals empfangen. Wie hätte also der Padischah die Macht, uns
auszuliefern an euch? Wenn er euch Freund ist, so konnte er
euch etwas von seinem eigenen Grund und Boden geben, aber das
steht nicht in seiner Macht, den unsrigen zu verschenken. Solches
Geschenk könnte euch zu nichts nützen. General Rajeffsky! alle
die Vesten, die du errichtet hast, sind nur wie die alten Gräber
in unsern Hainen — uns weder zu Liebe, noch zu Leid; und
die Worte, so du an uns richtest, sind gleich unschädlich; aber
ihre Falschheit wird später wider euch zu Tage kommen. Wer
da nur spricht ohne Grund, geht dadurch zu Grunde. Gott weiß,
daß wir nimmer euch Unterthan seyn werden, und mit seiner Hülfe,

der der König der Könige ist, mögen wir im Stande seyn, euch
zu widerstehen. Bevor nicht das letzte Kind unter uns umkommt,
werden wir uns mit des Allmächtigen Hülfe euch nimmer unter=
werfen. Ihr habt unser Volk mit den Juden verglichen; auch
habt ihr von den Engländern gesprochen, als hätten sie uns vier
Jahre lang hintergangen, und daß wir dennoch auf diese Eng=
länder unsere Hoffnung setzen. Wenn ihr nur eine Stunde Wegs
aus euren Vesten kommen wollt, so sollt ihr unsere Meinung über
diese Dinge kennen lernen. Freund Rajeffsky, wie wissen, daß
Rußland im Anfang nur ein Fischerland (?) war, und wir er=
kennen aus euren Worten zumal, daß es keinen Anspruch darauf
macht, ein altes Reich zu seyn. Freund, hättest du das Herz
eines Mannes, du würdest nicht so viel Schlimmes von zwei Fremd=
lingen geredet haben. Du sprichst so ruhmredig, weil du Kano=
nen und Pulver die Fülle hast. Vor Gottes Angesicht sind alle
Dinge offenbar; er ist allmächtig. Er ist über alle irdischen Ge=
walten erhaben, und mit seinem Beistande werden wir euch bis
zum Ende widerstehen. Sultan Kaplan Gerai übergab euch die
Krim, und welchen Lohn empfing er dafür? Sein Schicksal ist
Jedermann bekannt. Keiner dieser Volksstämme hat Achtung für
Rußland, und so jemals einer aus ihnen oder irgend ein Mensch
Freundschaft mit euch Russen eingeht, so haben sie zuletzt Ursache
es zu bereuen und zu beten, daß sie aus euren Händen errettet
werden möchten. Wünschest du Freundschaft mit uns zu schlie=
ßen, so schreibe dem Kaiser, daß er seine Armeen zurückziehe und
seine Vesten zerstöre — von Suchum bis Anapa, und von Anapa
bis Karatschi — und dann mögen wir die Sachen schlichten,
sonst ist Alles vergebens. Die Familie Sultan Achmed Ghai's
ist in eurer Gewalt; er ging unter euch, um die Erbschaft sei=
nes Bruders zu empfangen, aber ihr habt ihn in die Reihen
eurer Krieger eingeschaart, und zwingt ihn, selbst für ein Stück=
chen Brod zu frohnen! Sagt was euch beliebt, wir wollen nim=
mer Freundschaft mit euch schließen, und möge der allmächtige
Gott uns beistehen. Im Jahre 1254 (1838, 30 August) am
21sten Tage des Monats Redscheb.‟
    Die Russen mußten auch in diesem Jahre beim Beginne der
schlechten Jahreszeit das Land räumen und auf das linke Ufer des
Kubans sich zurückziehen; sie begnügten sich damit in den neu=

erbauten Veſten und aufgeworfenen Verſchanzungen zwiſchen Anapa und Ekaterinodar geringe Beſatzungen zurückzulaſſen. Im Februar des folgenden Jahres ſendeten die Tſcherkeſſen folgende Bittſchrift an die Königin von England.

Bittſchrift Tſcherkeſſiens an die erhabene, mächtige und ehrwürdige Majeſtät von England.

Zwölf Jahre lang haben wir ohne Unterlaß Krieg mit Rußland geführt, und die ruſſiſchen Armeen haben uns gleicherweiſe jedes Jahr angegriffen. Die Ruſſen ſind mit großer Macht gegen uns herangezogen, und jedes Jahr ſind ſie zum Rückzug gezwungen worden; annoch ſtehen wir feſt gegen unſern Feind, obgleich wir im tiefen Winter genöthigt ſind, unſere Familien, unſere Kinder in die Gebirge und Wälder als ſchützende Zufluchtsorte zu ſenden und dort große Feuer anzuzünden, um ihr Leben zu friſten, da unſer Eigenthum vernichtet wird. Aber es iſt der Wille deſſen, der erhaben iſt über alle irdiſchen Mächte, daß wir auf ſolche Weiſe leiden müſſen für die Vertheidigung unſers Landes. Die Sachen ſtehen noch immer wie früher: unaufhörlicher Krieg mit Rußland. Dieſes Jahr griff eine ruſſiſche Armee unter General Rajeffsky zu Lande und die ruſſiſche Flotte von der See her Notketch an. Wir wurden im Mouar Shabani (September 1838) zu Land und zur See berannt, behufs der Errichtung eines Forts zu Semez, und bis Ende des Monats Ramazan (Anfangs November 1838), wo der Feind ſich zurückzog, dauerte der Krieg unausgeſetzt fort. Nachdem ſie aber die Erbauung des Forts bewerkſtelligt hatten, waren ſie außer Stand, etwas Weiteres durchzuſetzen, und ſahen ſich gezwungen, über den Kuban zurückzugehen. Dennoch rühmten ſie ſich nach ihrem Einfalle jedes Jahr, das Land erobert zu haben, und verbreiteten dergleichen falſche Nachrichten unter den Völkern. Aber ihre Lügen ſind bekannt und ſo offenbar, wie das Licht der Sonne. Wir ſchreiben zugleich an den Padiſchah, und was wir ſagen, iſt Wahrheit, daß die Ruſſen aufs neue gezwungen worden ſind, in einem elenden Zuſtande aus unſerm Lande zu weichen. Sefir-Bey iſt unſer erſter Botſchafter, und alles, was er als unſer Bevollmächtigter ſowohl in England als in der Türkei thun wird, wollen wir ratificiren.

Ihr mögt durch dieses Schreiben unsere wirkliche Lage und die Lüge der Russen kennen lernen, und wir flehen Euch an, uns Beistand zu leisten; unsere wahre Lage ist Euch jetzt vor Augen. Der ruhmwürdige Yakub-Bey (James Bell) versammelte den ganzen Tamatus (?) und sprach zu ihm also: „Zwei Jahre lang bin ich hier gewesen; ich habe des Landes Zustand vollkommen kennen gelernt, und meine Anwesenheit in Konstantinopel würde von keinem größern Vortheil für euch seyn. Wenn es euch aber beliebt, so gebt mir Briefe, und ich will nach Konstantinopel gehen und den Zustand des Landes darthun, beides, die grausamen Gräuel der Russen und eure großen Leiden, ich will Alles auseinandersetzen. Als die Russen den Kuban überschritten hatten, sagten sie überall, sie hätten das Land erobert, und seyen zum Besten der Moslemin erschienen; ich werde den Fürsten sehen und ihre wahre Lage erzählen, und ich werde auch meiner eigenen Regierung dasselbe bezeugen.“ Wir erbitten uns von der hohen, mächtigen und ehrwürdigen Regierung Englands, daß Yakub-Bey hier bleibe, in Betracht der Stärke, die er uns durch seine Ermuthigung einflößt. Seine Gegenwart ist von dem größten Nutzen, und er hat auch beständig die Kranken gepflegt, so daß selbst die Kinder ihn lieben. Die mit Hasich gesendeten Briefe legten unsere Lage vollkommen dar, und Allem, was in diesen Briefen enthalten, stimmen wir entschlossen bei. (Hier folgt das Siegel des obersten Richters und der 60 Aeltesten.) Im Jahr 1254 (1839, 19 Februar) am 4ten Tage des Dsilhidsche [108]).

Wir wollen nun die lebendige Beschreibung eines Kampfes der Russen mit den Tscherkessen, die von einem Augenzeugen herrührt, seinem wesentlichen Inhalte nach mittheilen.

Mit dem Ausdruck Sobranie bezeichnen die Russen längs der kubanischen Linie eine Zusammenrottung der Bergvölker, um sich zu berathen, über welche Oerter man am füglichsten herfallen könne,

---

[108]) Diese Documente erschienen in den Times und daraus in der Allgemeinen Zeitung 1839, Nro. 258. Obgleich die Times nicht angeben, auf welchem Wege sie in den Besitz dieser denkwürdigen Actenstücke gelangten, so zweifeln wir doch nicht an ihrer Aechtheit. Der Inhalt und die ganze Art und Weise der Darstellung bürgen uns hinlänglich dafür.

wann man den Zug unternehmen und welchen Weg man einschlagen solle. Sind die Genossen über diese Punkte einverstanden,
so schwören sie auf Leben und Tod zusammenzuhalten, was sie
den Bluteid nennen. Die Lebenden dieser heiligen Schaar sind
verbunden, wo möglich die Leichname der Gefallenen dem Feinde
abzukämpfen und sie zurückzutragen ins Vaterland; sie erhalten
dann, wie wir bereits bemerkten, das Besitzthum des Verstorbenen. Wie hungrige Tiger und Hyänen stürzen sie dann, wenn
alle Vorbereitungen vollendet, auf die Unglücklichen, die sie sich
zum Ziele erkoren, morden, rauben und plündern und ziehen
blitzesschnell wiederum zurück mit der Beute und den Gefangenen
in die heimathlichen Gebirge.

Der Kuban, dieß sind die Worte unseres russischen Bericht-
erstatters, fließt, wild aufschäumend und Alles mit sich fortreißend, zwischen ungeheuern Felsenmassen in nördlicher Richtung
durch das Land der uns ergebenen Karatschai. Die Karatschai
wohnen nämlich westlich vom Elbrus und wurden im Jahre 1828
vom General Emanuel unterworfen. Von beiden Seiten lassen
die steil und hoch sich aufrichtenden unersteiglichen Felsen kaum
Platz übrig für einen Pfad, und nach beiden Ufern zu ziehen sich
diesseits und jenseits mehrere Schluchten, die, wenn auch schwach
besetzt, den Uebergang selbst einer beträchtlichen Anzahl fast unmöglich machen. Ungefähr fünfzig Werste vom Kammennoi-Most
oder der steinernen Brücke fällt der Kuban in ein lachendes Thal,
wo er sich etwas breit macht und von seinem wilden Treiben und
Getöse sich auszuruhen scheint; er nimmt hier vier Flüsse, die
Tiberda, den großen und kleinen Selentschuk und den Urup in
sein Bett auf, wendet sich ungefähr hundert Werste von der Festung Chumara nordwestlich, bildet bei Fort Protschnoi-Okop, auf
dem südlichen Ufer des Flusses gelegen, wo der den Tscherkessen
so furchtbare General Saß, ein Livländer von Geburt, wie ein
Adler auf hohem Felsen horstet, mehrere Inseln, richtet dann bei
der Staniza Temischbeg seinen Lauf ganz nach Westen und ergießt sich endlich ins asow'sche Meer. Es war eine Sobranie
angesagt worden und längs des ganzen Kuban-Cordons waren
schon Laufschreiben verbreitet, welche, wenn ein Ueberfall zu befürchten ist, schnell an alle Posten gesendet werden, damit man
auf seiner Hut sey. Fast stündlich kamen Saß's Kundschafter,

die sich mit Lebensgefahr in die Versammlung selbst schleichen mußten, mit Nachrichten in Woßneseßk an, wohin sich der General begeben hatte. Solche Versammlungen, um sich über die nächsten Abenteuer zu berathen, werden nur in der Nacht gehalten; es wird jedesmal der Ort gewechselt, um nicht im Gebirge überfallen und aufgehoben zu werden. Zweitausend Mann waren die Tscherkessen stark, meistentheils Abasechen und Kabardiner, welche sich bei der Besitznahme der großen und kleinen Kabardah nach Westen flüchteten, und Schapsuchen. Endlich kam die Nachricht, sie wären übereingekommen, die Staniza oder das Kosakendorf Batalpaschinsk, fünfundzwanzig Werste von Chumara, anzufallen; von den Zweitausend hätten Zwölfhundert den Bluteid geschworen; die Fürsten hätten ihre Pferde mit warmem Wasser gewaschen, ihre besten Waffen und Prachtkleider angelegt, und Alles würde in der nächsten Nacht aufbrechen unter Anführung des im Kriege gegen Rußland ergrauten Abasechen=Helden Ali Charzis und dessen Sohnes, zweier Todfeinde der Slaven. Saß hatte nun die Wahl: Entweder er versperre ihnen den Weg, dann möchten sie höchst wahrscheinlich den Handschuh des ihnen so furchtbaren Generals, den sie schlechtweg Schaïtan oder Teufel nennen, nicht aufheben, sich zerstreuen und den Zug auf einen günstigern Zeitpunkt aufschieben; oder er läßt sie vorüberziehen und fällt ihnen dann in den Rücken. Das letztere ward beschlossen. Saß schrieb zuvor an den Obristen Hahn, der in der Gegend der Staniza mit zwei Bataillonen Infanterie und fünfhundert Kosaken stand; er solle die Bande nach Gebühr empfangen, der General säße ihnen auf dem Nacken und würde beim ersten Alarmzeichen mit einem Kanonenschuß seine Ankunft im Rücken des Feindes anzeigen; es solle Hahn durch einen Aufruf an die Karatschai den Räubern den einzigen Weg zum Entschlüpfen abschneiden.

Gleich nach Sonnenuntergang ging Saß mit achthundert Kosaken, zwei Compagnien Jäger und sechs leichten Kanonen dem Gebirge zu, um dem Feinde bis zum Kuban immerwährend auf den Fersen zu sitzen. Wir mußten das Land bis fast an den höchsten Punkt, wo die Laba sich ihren Weg durch Felsblöcke aus dem Gebirge bahnt, durchziehen, bis wir endlich an den Platz kamen, wo die Bande über diesen Fluß gesetzt hatte. Breit, wie

6 *

ein schöner Landweg, lag da die Spur der Zwölfhundert vor
uns in dem niedergetretenen mannshohen Grase oder in dem frisch
aufgewühlten Lande. Ueber Berg und Thal, durch Moräste und
Ströme, durch Schluchten und Waldungen, in der üppigsten,
reichsten Natur waren sie unaufhaltsam vorgedrungen, und im
Eilmarsch setzten wir ihnen nach drei volle Tage lang und zwei
Nächte. An den Feuerstätten, wo der Haufe geruht, konnten
wir berechnen, daß wir ihnen immer näher kamen; die letzte Nacht
fanden wir die Feuer noch brennend. Bis dahin schienen sie
langsam, sorglos und ohne alle Vorsichtsmaaßregeln marschirt zu
seyn; es war ihnen darum zu thun, ihre Pferde für den Rück-
marsch zu schonen. Dieß gab den Russen ein großes Uebergewicht;
fünfhundert frische Kosakenpferde standen für sie am Kuban bereit.
Siehe, da hörte plötzlich nicht die Spur, sondern jedes Anzeichen
von Ruhestätten auf. Saß wurde nachdenkend und trieb zu noch größerer Eile. Die Infanterie mit den Saumrossen war schon lange
des Eilmarsches wegen zurückgeblieben. Nie greifen die Tscherkessen einen Ort gleich an, sondern richten es immer so ein, daß
sie gegen Mitternacht in die Nähe der Staniza kommen, um ihre
Pferde die Nacht ausruhen zu lassen und dann bei Tagesanbruch
mit einem gräßlichen Geheul über die Wohnungen herzufallen.
Dieß wissend, näherten wir uns dem Kuban bei Batalpaschinsk
mit der äußersten Vorsicht. Wie groß war aber unser Erstaunen,
als plötzlich die Spur rechts abbog, gerade auf den Fluß zuging
und uns nun kein Zweifel blieb, daß sie, von unserem Nachsetzen
unterrichtet, einen andern Weg eingeschlagen und an einem andern
Orte über den Kuban gesetzt wären. Es kamen auch Kosaken
mit der Botschaft, die Tscherkessen seyen ungefähr achthundert
Mann stark in einem gedrängten Haufen, eine Fahne in der
Mitte, am hellen lichten Tage im Angesichte der Staniza über-
gesetzt; die Staniza hätte ihnen zwar ein paar Kanonenkugeln
nachgesendet, sie wären aber, ohne sich irre machen zu lassen, im
starken Schritt immer gerade ins Land hinein, in der Richtung
der Bäder bei Kislowodsk, an der Gränze der Kabardah und
ungefähr dreißig Werste von Pätigorsk entfernt. Unsere Pferde
konnten nicht mehr weiter. Sich ganz auf den Obristen Hahn
verlassend und sie nun eingeschlossen wissend, blieb dem General
nichts weiter übrig, als die ganze Strecke bis hinauf am Kanen-

noi Moſt zu beſetzen und abzuwarten, durch welche der vielen Schluchten ſie ihren einzig möglichen Rückzug nehmen und uns in die Hände fallen würden. Es blieb Alles ſtill; den Reſt des Tages war kein Schuß zu hören, und ſo vergeht auch die Nacht. Unſere ausgeſandten Kundſchafter kamen nicht zurück. Da ſprengten plötzlich im raſenden Galopp unſer treuer Kabardinerfürſt Dſchimbulat Ataskukin, des Generals Liebling, und der Abadſinerfürſt Mahomet Girei Loof herbei; todt ſtürzen beider Pferde nieder, mit Schweiß bedeckt und wilden Blickes ziehen die Fürſten den finſter daſtehenden General auf die Seite, und wir ſehen, wie ihm die Augen wild zu funkeln beginnen. Ohne eine Miene zu verziehen, aber bleich wie eine Leiche wickelt er ſich den langen blonden Schnurrbart um die Finger und ſchlägt ſich endlich mit der flachen Hand, daß es klatſchte, auf die Lende — bei ihm das Zeichen der höchſten Wuth. Es war aber auch zum Raſendwerden! Man denke nur, von paniſchem Schrecken ergriffen, nicht begreifend, wer ihnen wohl ſo hart auf dem Nacken ſäße, hatten die Tſcherkeſſen ihren Plan auf Batalpaſchinsk aufgegeben, und waren hundert Werſte, fünfzehn deutſche Meilen, ohne ſich einen Augenblick Ruhe zu gönnen, weiter geritten und vom Obriſten Hahn, der ſich deſſen nicht verſehen hatte, verfehlt, über einen nachläſſig bewachten Poſten bei Kislowodsk hergefallen. Nach einigem Gemetzel waren ſie mit fünf Gefangenen und zwanzig Pferden Beute, die ſie ſogleich vorausſchickten, wiederum abgezogen und gemächlich über das Gebiet der Karatſchai, die man unverzeihlicherweiſe unbenachrichtigt gelaſſen hatte, nach Hauſe zurückgekehrt. Die Karatſchai, auf ihren Feldern zerſtreut, konnten nicht zeitig genug ſich ſammeln, um ihnen den Durchgang ſtreitig zu machen, was ihnen in ihrem Lande, wo nur ein ſchmaler Pfad ſich zwiſchen Felſen durchzieht, mit fünfzig oder hundert Mann ein Leichtes geweſen wäre! Und ſo hatten ſie dieß Alles ungeſtraft verübt, was um ſo ſchlimmer war, weil es ſie nur noch kühner machte! Umſonſt alſo ſollten alle Strapazen eines Marſches, wie der unſrige, ausgeſtanden ſeyn! Vor Allem aber war die Verantwortlichkeit des Generals zu bedenken, denn mehr oder weniger wird man doch in der Ferne ihm die Schuld aufbürden.

Unterdeſſen waren noch zweihundert uns ergebene Tſcherkeſsen und Nogayer herbeigeeilt. Saß steht lange nachsinnend da; endlich springt er auf und fragt seine Tscherkessenfreunde, ob es noch möglich wäre, die Flüchtlinge einzuholen? Nach langem Berathen hieß es: Die Abasechen haben ihre Pferde übermäßig angestrengt und müssen jetzt einen überaus beschwerlichen Weg einschlagen, auf welchem sie von Felsenstücken, Abgründen, Bergströmen alle Augenblicke aufgehalten würden; es sey demnach nicht möglich, daß die Pferde schnell vorwärts gehen könnten. Sich ganz sicher glaubend, ziehen sie vielleicht sogar langsamen Schrittes vorwärts. Obgleich sie fast eine ganze Tagereise voraus waren, so glaubte Atashukin dennoch, daß es möglich sey, nicht sie einzuholen, aber auf einem andern Pfade ihnen den Weg abzuschneiden; nur wäre freilich die größte Eile nöthig. Dieß sagend sah er auf unsere abgematteten Rosse und schüttelte zweifelnd den Kopf. „Und wenn ich ganz allein mit euch Zweihundert sie erreiche, ungestraft sollen sie nicht zurückkehren! Marsch!" — Nun hätte man sehen sollen, was ein Eilmarsch unter Saß's Commando heißt, wenn's gilt! Ueber die vier obenbenannten Ströme mußte gesetzt, im Dunkeln steile Bergpfade erklimmt und in Abgründe herabgestiegen werden, wo die Pferde nicht anders als auf der Kruppe herabgleiten konnten. Aber um fünf Uhr Morgens waren wir auch auf der Stelle, wo, wie unsere Führer versicherten, die Abasechen vorbei müßten, wenn sie nicht schon vorbei wären. Emsig wurde nun der Boden rund herum untersucht; Saß lächelte wild auf, — keine Spur. Man muß bedenken, daß der üppige, mit Pflanzen bedeckte Boden augenblicklich anzeigt, ob viele Menschen passirt sind. — In einer Schlucht eng zusammengedrängt lagen wir unter unsern dichten Filzmänteln und schliefen wie die Todten bis fast neun Uhr. Da wurde Alles geweckt, denn von Minute zu Minute sollten wir sie über die Berge kommen sehen. Vor uns lag der Bergrücken, von welchem sie zu uns herabsteigen mußten. Rechts und links zwei Schluchten, fast parallel den Berg in die Mitte nehmend. Plötzlich hieß es: Sie kommen! und auf dem mit Schnee bedeckten Gipfel des Berges wand sich ein schwarzer Streif, wie eine Schlange, hinab. Bei diesem Anblicke kriecht jeder von uns zu seinem Pferde, schnallt, ohne sich aufzurichten, den Sattelgurt fest, besichtigt sein Feuergewehr, versucht ob der scharfgeschliffene Säbel und der spitze

Dolch leicht aus der Scheide gehen. Die Abasechen waren noch
ungefähr drei Werste von uns entfernt, als wir wahrnahmen,
daß etwas bei ihnen vorgefallen seyn mußte. Sie hatten Halt
gemacht und schienen unschlüssig zu seyn. Bald wurden wir aus
der Ungewißheit gerissen durch den Ausruf unseres Führers: wir
sind entdeckt! Ihre Falkenaugen hatten uns erspäht! Nun blieb
ihnen nur übrig, entweder sich in eine der Schluchten zu werfen,
uns in die Flanke zu nehmen und so vielleicht zu entschlüpfen,
oder geradezu sich durchzuschlagen. Hier muß ich aber erst sagen,
daß von achthundert berittenen Kosaken dreihundert und fünfzig,
von dreihundert Infanteristen nur sechzig, von sechs Kanonen nur
eine einzige dem General nachgekommen war. Alle übrigen mußte
man weit hinter sich lassen. Diese Truppen mit den zweihundert
treuen Tscherkessen sollten nun einen achthundert Mann starken,
zur Verzweiflung gebrachten Feind bekämpfen. Aber ein über-
raschter Feind ist schon halb überwunden, und in der Tscherkessen-
sprache hat man ja für das Wort Kanone nur die Uebersetzung
tausend Mann.

Ehe die Abasechen noch einen Entschluß fassen konnten, hatte
Saß schon Folgendes anbefohlen: hundert Kosaken unter dem
grusinischen Fürsten Mainucka Arbelian mit den zweihundert
Tscherkessen unter unserm Pristaff oder Aufseher der friedlichen
Bergvölker Weneroffsky und dem Major Mussa Tagan, einem
Tscherkessen von Geburt, sollten längs der Schlucht rechts, der
Obrist Roth mit zweihundert andern Kosaken die Schlucht links
verrennen, während der General mit der Kanone, den übrigen
Kosaken, jeder einen Infanteristen hinter sich auf dem Pferde,
dem Feinde gerade entgegen gehen wollte. Alles mußte so viel
Raum als möglich einzunehmen suchen, um unsere geringe Anzahl
zu maskiren. Mit verhängtem Zügel sprengte jeder nach der
angewiesenen Richtung. Ein überaus schöner Anblick und für
die Abasechen eben kein angenehmer war, aus der scheinbar kleinen
Vertiefung plötzlich drei Detaschements wild herausrennen zu sehen,
um sie zu umzingeln. Ich befand mich bei dem General und
wir waren noch nicht den halben Weg hinauf, als die Abasechen
sich plötzlich auf die vereinigten Tscherkessen und Kosaken warfen;
sie waren uns in einem Augenblicke rechts aus den Augen, und
gleich darauf fielen die ersten Schüsse! Wir machten nun die

Schwenkung rechts und es ward uns ein schönes Schauspiel. Weneroffsky und die beiden Andern waren den Ihrigen auf ihren bessern Pferden weit vorausgeflogen. Ungefähr fünfzehn Abasechen in Panzerhemden rennen ihnen entgegen. Sie treffen auf einander und wir sehen ein paar Minuten nichts als Staub und Pulverdampf; dieser verzieht sich, und aus dem Gewühl kommen uns, die wir unterdessen näher gekommen, jene drei, aber zu Fuß, die Pferde waren niedergeschossen, entgegen. Arbelian hatte fünf ganz leichte Kugelwunden, davon eine in der Seite; Weneroffsky neun, wovon vier ihn etwas ernstlicher getroffen, aber auch ohne Gefahr, und Musa Tagan keine einzige! Beim Anprallen unserer Tscherkessen zerstreute sich sogleich die erste Linie der Abasechen und alle übrigen wurden sichtbar, — abgestiegen, ein Knie auf der Erde, die Flinten auf Gabeln gelegt. Die Unserigen warfen sich sogleich auch von den Pferden, und nun wurde das Schießen allgemein. Da kommen endlich die andern Kosaken, Roth, die Capitäne Barantschejeff und Albrandt voran, daher gebraust und zwangen die Abasechen zum Weichen. Die Kosaken, die runden Pelzmützen in ihre Gürtel steckend — denn die Linienkosacken haben gleiche Tracht mit den Tscherkessen, weßhalb sie, um sich von diesen zu unterscheiden, den behaarten Scheitel zeigen, den sich die Tscherkessen abscheeren lassen — flogen wie ein Gewitter den Abhang herunter, warfen sich sogleich von den Pferden und nahmen dann den ihnen gebührenden Ehrenplatz ein, in der vordersten Reihe. Rechts waren Felsen auf Felsen terrassenförmig gethürmt; links die hohen Ufer des Kassaut, welcher in der sich immer mehr verengenden Schlucht sich seinen Felsenweg bahnt; im Hintergrunde den über Alles hervorragenden Elbrus mit seinem eisgrauen Haupte. Saß hatte sich unterdessen einer Erhöhung zur Linken bemächtigt, die Kanone aufgepflanzt und hinderte durch Kartätschenschüsse die hintern Reihen der Abasechen, ihre kämpfenden Brüder thätig zu unterstützen. Unterhalb der Kanone commandirte Albrandt eine den Feind in die Flanke nehmende Tirailleurkette, wo sich den Blicken derer, welche diese Art Kriegführung nicht kannten, ein gar sonderbares Schauspiel darbot. Ungefähr vierzig paar Kosaken standen gegen eine gleiche Anzahl Abasechen — für mehr war in der schmalen Schlucht nicht Raum. Nach jeder Salve werfen sich beide Theile ins hohe Gras, laden ihre Gewehre, indem sie zugleich sich vorwärts schieben, und wieder auffspringend, befinden sie sich nicht weiter von einander, als höchstens dreißig Schritte. Statt dann sogleich loszuschießen, legt bloß jeder auf seinen Gegenmann an und sucht ihn zum ersten Schuß zu verleiten. So vergeht ungefähr eine halbe Minute. Beide Linien feuern dann zu gleicher Zeit los; die Getroffenen stürzen und unsere Kosaken mit dem elektrisirenden Hurrah werfen sich auf die Feinde. Diese, von ihren hintern Reihen nur schwach unterstützt, müssen weichen, und wiederum fällt alles ins Gras. Uns gegenüber hatte sich auf einem hohen Felsenblock eine Gruppe von ungefähr fünf bis sechs Mann Abasechen aufgestellt; sie war durch das Vorschreiten unserer Linie uns in der Flanke geblieben und beunruhigte die Kosaken auf das äußerste. Unter diesen ragte ein hoher Greis hervor, mit grauem, langem Barte, sehr reich gekleidet, der fast bei jedem Schusse einen der Unsrigen in den Himmel oder in die Hölle sandte, und dieß auch meinen Nebenmann, den Cornet Kokoff. Es flogen nun von uns mehrere Kugeln nach jenem Alten hin, der meinen lieben jungen Freund Kokoff erschossen hatte. Deutlich konnten wir an dem mehrmaligen Krümmen des alten Graubarts sehen, daß er tüchtig getroffen war; dennoch legte er wiederum die Flinte an; in diesem Augenblicke verliert er aber das Gleichgewicht, die Flinte fällt ihm aus der Hand und prallt auf dem Felsen ab. Er selbst stürzt von einer Klippe auf die andere, und immer noch mit übermenschlicher Kraft sich auf den Füßen haltend, sucht er sein Schwert zu zerbrechen und die Pistole auf den Steinen zu zerschellen, so daß nur die einzelnen Stücke davon den Kosaken in die Hände fallen. Endlich verliert er die Besinnung und stürzt den letzten Abhang rücklings unter unsere Kosaken. Von beiden Seiten war unterdessen fast eine ganze Minute kein Schuß gefallen; Alles sah starr auf den fallenden Alten, den sie sämmtlich kannten: es war Ali Charzis selbst!

Kaum war der Alte unter die Kosaken gefallen, als eine aller Beschreibung Hohn sprechende Scene erfolgte. Mit einem heulenden, jetzt noch in meinen Ohren widerhallenden, dem ihnen eigenthümlichen Angriffsgeschrei stürzen sich die Abasechen, die Flinte über die Schulter geworfen, das blanke Schwert zwischen den fletschenden Zähnen, in den Händen die gespannten Pistolen, auf die Kosaken, die bestürzt vor den kahlen Häuptern der Feinde, deren Mützen herabgefallen waren, zurückweichen. Fünf bis sechs Abasechen greifen heulend ihren todten Helden auf und die andern drängen die Unsrigen immer zurück, uns vorbei. Da galt's! Albrandt stürzte mit einem „mir nach, Kinder!" aus den Felsen hervor und die Tirailleurs warfen sich mit einem weit schallenden Hurrah den angreifenden Feinden in den Rücken. Die hiedurch ermuthigten Kosaken bringen wieder vor, und es entkommen wenige der von uns eingeschlossenen Abasechen. Unterdessen waren denn auch die Gefährten des gebliebenen Anführers auf jenem Abhange alle niedergeschossen, worunter sein einziger Sohn und dessen Atalik. Von diesem Augenblicke war das Ganze nichts als ein wildes Fliehen des Feindes und von unserer Seite ein unbarmherziges Niedermetzeln. Jeder Abasech beeilte sich sein Pferd zu entsatteln, es dann durch Säbelhiebe oder mit dem Dolche zu verstümmeln, um es für uns unbrauchbar zu machen. Jetzt ging es ans Klettern. Wie die Katzen auf allen Vieren erklimmten sie die steilen Felsen, und Einzelne wurden noch von unsern Scharfschützen heruntergeholt, bis endlich alles Schießen aufhörte und die Feinde sich wie die Wespen auf dem höchsten Gipfel um die Leiche ihres Anführers herum gesammelt hatten. Viele waren ihrer nicht übrig geblieben; aber auch wir hatten stark gelitten und den Sieg mit dem Leben unserer besten Kosaken bezahlen müssen.

Die sie im Rücken beunruhigenden Kartätschenschüsse hatten die Abasechen meistentheils am guten Zielen gehindert, und diesem Umstande hatten wir die, gegen die Zahl der Verwundeten so unverhältnißmäßige kleine Zahl der Getödteten zu verdanken. Von mehreren Hunderten der verstümmelten Abasechenpferde umgeben, ruhten wir zwölf Stunden aus und gingen dann zurück, ohne einen Bissen zu uns genommen zu haben. Es waren alle Lebensmittel zurückgeblieben. Wir trafen deren erst zwei Tage darauf, und waren unterdessen genöthigt gewesen, den Gurt immer fester um den Leib zu schnallen. Aber, was machte das! Dank, Kinder! hatte Saß den Kosaken zugerufen, und diese, schnell alle Mühseligkeiten vergessend, hatten mit einem jauchzenden Gern gethan! geantwortet. — „Die Hunde kommen sobald nicht wieder!" sagte mir darauf der General, und Alles war zu Ende.

Freilich aber nur für den Augenblick. Denn bald werden die Tscherkessen wiederum auf einer andern Seite losbrechen, und, wenn man nicht scharf Wache hält, Alles mit Feuer und Schwert verwüsten. Es endigte sich bis jetzt ein Streifzug, eine Expedition wie die andere; die Tscherkessen werden zurückgeschlagen, sie werden selbst in einigen Gränzorten gezwungen, als Unterpfänder ihres guten Verhaltens in Zukunft Geiseln zu geben; sie brechen aber bei der nächsten Gelegenheit wiederum los. Kein Unfall schreckt sie zurück; sie kämpfen auf Leben und Tod. Der tapfere General Saß steht übrigens bei ihnen in hohen Ehren. Sie ließen ihm einstens auf ächt ritterliche Weise, nach einem verlornen Treffen, durch Herolde verkünden: Sie würden es sich immer zur Ehre rechnen, sich mit einem so tapfern Gegner zu messen; nur möge es ihm belieben, mit gleichen Waffen zu kämpfen und die dicken Flinten, so nennen sie auch die Kanonen, deren sie keine hätten, zu entfernen. Und so waren bis jetzt alle Kämpfe vergebens.

Mit nicht größerem Glücke versuchten es die Russen in friedlicher Weise durch Ansiedelungen längs der Küste sich vor der Hand daselbst festzusetzen, um gelegentlich von hier aus in das innere Land vorzudringen. Auf den Vorschlag des Ministers der Finanzen, Grafen von Cancrin, erließ (im April 1832) der Ministerrath eine vom Kaiser genehmigte Einladung zu Niederlassungen auf dem nordöstlichen Ufergebiete des schwarzen Meeres, namentlich in den Bayen von Sudschuk Kaleh und Gelendschik. Alle Kronbauern, Bürger und Kaufleute, die sich hier ansiedeln wollen, sollen während fünfundzwanzig Jahre nicht bloß von allen Taxen und Abgaben, sondern auch vom Militärdienst befreit bleiben, — nur müßten sie jeden Augenblick zur persönlichen Vertheidigung gegen die Anfälle der benachbarten Bergbewohner bereit seyn. Es haben sich nur wenige Ansiedler gemeldet, und auch diese wünschen, wie wir durch die neuesten Reisenden wissen, niemals diese ungastlichen Gestade gesehen zu haben. Die Feste Gelendschik, sagt Dubois de Montpéreux, war bei meinem Aufenthalte daselbst im Jahre 1833 auf allen Seiten von den Tscherkessen umzingelt; ihre Guerillas verbargen sich hinter dem Gebüsche und den Steinmauern außerhalb der Ringmauern, wo sie Tage lang geduldig auf den Feind lauerten. Die Tscherkessen ihrerseits halten sich aber für so sicher, daß sie kaum eine Stunde

von den Festungen der Russen entfernt auf ihren Landgütern
leben und sie bebauen; ruhig aber wachsamen Blickes, als wenn
kein Feind in der Nähe wäre. [109]) Wer unversehens auf Schußweite den Guerillas nahe kommt, ist verloren. Ohne starke Bedeckung
darf man sich keinen Schritt weit aus der Festung entfernen. Das Vieh
selbst kann bloß in Begleitung von fünfzig Mann und einer Kanone
auf die Weide getrieben werden. Auf dem Gipfel eines steilen, über
die Festung Gelendschik emporragenden Berges stand eine tscherkessische Wache, welche alles sehen konnte, was die Russen innerhalb vornahmen. Machten sie irgend eine der Wache verdächtige
Bewegung, so schoß sie zum Kennzeichen für ihre Landsleute die
Flinte ab, worauf alle Bewohner der umliegenden Dörfer die
Waffen ergriffen und eilends herbeistürzten. Des Nachts kommen
die Guerillas bis unter die Wälle der Festung, um in den Gärten
die Früchte und auf den Schießplätzen die Kugeln aufzulesen.
So erschienen am 30 März 1833 einige Tscherkessen, um Zwiebeln
aus den Gärten an den Ringmauern zu stehlen. Die russischen
Wachen wurden aufmerksam; es ward ein Lärmgeschrei erhoben;
man griff zu den Waffen, und es wurde in dieser Nacht ein
junger Tscherkesse erschossen. Als es Morgen war, kam ein Herold
aus dem Tscherkessenlager und verkündete: Es würden des folgenden
Tags einige angesehene Männer seines Volkes kommen, um über
die Herausgabe des Leichnams zu unterhandeln. Und so geschah
es. Von russischer Seite verlangte man für den Leichnam die
Auswechslung einiger Ueberläufer. Die Tscherkessen ließen sich
aber hierauf nicht ein. „Man könne ja," erwiederten sie, „die
Gesetze des Gastrechtes nicht verletzen." Und so mußten sich die
Russen nach langem Hin- und Herreden endlich mit einem Pferde
als Sühnegeld begnügen. Man konnte ohne Bedeckung auch nicht
den kleinsten Spaziergang machen. In ähnlicher Weise schildert
uns auch Sjögren und Nordmann die Verhältnisse der Russen in
Tscherkessien, in den Jahren 1836 und 1837.

Wie sehr die Gegenden des südlichen Kaukasus, heißt es in
einem Berichte der Petersburger Akademie über die wissenschaftliche Reise der Herren Nordmann und Döllinger, heutigen Tags

---

[109]) Relation d'une Excursion en Circassie. Le Portfolio traduit de
l'Anglais. Paris 1837, V. 7.

noch den Namen der **ungaſtlichen** verdienen, erſieht man daraus, daß von vier Koſaken und drei jungen Soldaten, welche nach einander das Amt des Koches bei den Reiſenden verrichteten, nicht einer zurückgekehrt iſt. Fünf von ihnen ſtarben im Laufe des Sommers (1836) an Krankheiten und zwei wurden von den Abchaſen erſchoſſen. In dem ganzen Lande mußten die Reiſenden bei jedem Schritte auf ihre Vertheidigung bereit ſeyn. Wie viele ſtrebende junge Männer ſind hier nicht ſchon, wie Szowitz, als Opfer für ihre Wiſſenſchaft gefallen! Die ganze Strecke von Poti bis St. Nicolai iſt ein ungeheuerer Wald von Buchsbäumen (Buxus sempervirens), der die Luft mit ſeinem Geſtanke verpeſtet, und innerhalb des Landes ziehen ſich die Sumpf= und Moorgegenden meilenweit. Nordmann und Döllinger botaniſirten in Gelendſchik vier Tage lang unter einer Bedeckung von 150 Mann, einer Kanone und einem Rudel Hunde, welche beſtimmt waren, den im Gebüſche verſteckten Tſcherkeſſen nachzuſpüren. Jede Excurſion war mit Lebensgefahr verbunden und überdieß die Ausbeute keineswegs befriedigend. Die Umgegend der Feſtung iſt kahl und die in der Ferne emporragenden, mit einer üppigen Vegetation bewachſenen Berge ſind zu unſicher. Die Beſatzung darf kaum aus der Feſtung heraus. Das Holzfällen, Waſſerholen und Weiden des Viehes kann nur unter militäriſcher Bedeckung geſchehen. Mit Hülfe des Michael=Bey, des Fürſten von Abchaſien, und einer ſtarken Bedeckung ruſſiſcher Truppen ward eine förmliche Kriegsexpedition nach einigen Gebirgen landeinwärts unternommen, um dort unter dem von dem Blute der Krieger gefärbten Schnee die Pflanzenformen einer von wiſſenſchaftlichen Europäern noch nie betretenen Alpengegend einzuſammeln. Auf einer dieſer Excurſionen, ſchreiben die Reiſenden, pfiffen Kugeln um unſere Köpfe und der Rückzug über eine Brücke mußte mit Bajonnetten und Flintenkolben erzwungen werden. Auch in der Umgegend von Suchum=Kaleh konnte man nur in einem Umkreiſe von etwa einer halben Werſt mit einer gewiſſen Sicherheit Ausflüge machen. Mit Einem Worte, die wenigen intereſſanten Gegenſtände, welche wie hier ſammelten, mußten mit den Waffen in der Hand erobert werden. [110]) Bis dieſe traurigen Verhältniſſe ſich ändern, iſt es

---

[110]) Bulletin Scientifique de l'Académie de St. Pétersbourg 1837 II, 92.

nutzlos, nochmals wissenschaftliche Expeditionen in den Kaukasus zu senden, und wir müssen demnach die Hoffnung aufgeben, in den nächsten Jahren neuere Aufklärungen über diese interessanten Weltgegenden zu erhalten.

Der Name des Volkes Zychen, oder Zicheu und Tscherkessen kommt nicht aus dem Persischen und bedeutet nicht, wie man sonderbar genug vermuthete, einen Räuber, sondern er ist einheimischen Ursprunges und heißt, wie die meisten ursprünglich in der Heimath selbst entstandenen Namen der Völker und Klane, Menschen, Leute. Mensch heißt im Tscherkessischen Zichu oder Dsich — so verschieden wird das Wort von den Reisenden geschrieben; Sjögren schreibt selbst Dtsuch, Laute die allen Bestrebungen unserer Sprachorgane Hohn sprechen; — r ist der Artikel, welcher dem Worte hinten angehängt wird; durch che oder sche, das k des Armenischen und anderer kaukasischen Idiome, wird aber die Mehrheit gebildet. Der Name Zychoi bei den Alten ist demnach bloß aus dem griechischen Plural des tscherkessischen Wortes Dsich, Mensch, entstanden; so wie andrerseits die moderne Benennung Zarkase oder Tscherkesse aus dem tscherkessischen Worte Zich oder Dsichursche hervorgegangen ist. Höchst wahrscheinlich bezeichneten auch schon die Alten das Volk mit dem einheimischen Namen in der Form der Mehrheit; denn Kerketes scheint bloß eine andere härtere Weise der Aussprache von Tscherkesse. Auch von den Arabern und Persern wird dieß Volk nicht selten Kerkes genannt, wie von den Byzantinern und dem russischen Annalisten Nestor, Kasak oder Kasach, was ausgezeichnete Forscher verleitete, die Tscherkessen mit den Kosaken zusammenzustellen oder, wie dieß der berühmte Verfasser der Geschichte der Hunnen gethan hat, sie mit den Kerkis-Kaisaken zu verwechseln. Sie hätten ursprünglich, sagt er, an dem Baikalsee gewohnt, und dieß noch im sechsten Jahrhundert unserer Zeitrechnung; sie wären dann, mit andern türkischen Horden sich verbindend, nach Westen gezogen und hätten sich im Kaukasus niedergelassen. Deguignes hat also die Tscherkessen unbegreiflicherweise für Türken gehalten [111]). Die Armenier und Georgier nennen die alten Kolchier und sämmtliche an dem Gestade des schwarzen Meeres wohnenden Völker, die Tscherkessen

---

[111]) Geschichte der Hunnen und Türken I. 636; IV. 324.

und Abchasen mit eingerechnet, nicht selten Eker, nach einem
mythischen Nachkommen eines Bruders Haigs, des Stammvaters
der Armenier; im engern Sinne des Wortes werden die Tscherkessen
allein Eker genannt [112]) und so heißen sie auf armenischen Karten.
Ja der Dadian oder Fürst von Mingrelien nennt sich heutigen
Tags noch Herr von Eker [113]). Eker ist höchst wahrscheinlich bloß
eine Verstümmlung von Kerkes, wozu dann in der Folge ein Stammvater ersonnen wurde. Die Tscherkessen selbst rühmen sich übrigens
von den Frengis oder den Europäern abzustammen [114]).

Das ganze Volk zerfällt heutigen Tags in zehn Stämme,
wobei aber die Bewohner der großen und kleinen Kabardah nicht
mitgerechnet sind. Der Ursprung dieser Eintheilung und Benennung
kann jetzt so wenig wie der andere Name des Volkes, Adige, nicht
mehr erklärt werden; nur so viel wissen wir, daß das che, womit
sämmtliche Namen der Klane endigen, die Mehrheit bezeichnet.
Es ist, wie wir bereits bemerkten, unmöglich, die tscherkessischen
Laute vermittelst unseres Alphabets vollkommen wiederzugeben;
man bemühete sich aber, in der Schreibart der folgenden Namen
der Stämme, sich so viel als möglich der einheimischen Aussprache
derselben zu nähern. Es sind dieß die Notketch, Schapsuch,
Abatsech, Pseduch, Ubich, Hatiokech, Kemkuich, Abasech, Lenelnich und Kubertech. Mehrere dieser Stämme wurden sicherlich schon den Alten und den Byzantinern, namentlich
Strabo und Procopius, bekannt [115]), wie die Abask oder Abasech,
die Henioch und Bruch, — Benennungen, welchen der griechische
Plural angehängt ward und die jetzt Abasgoi, Heniochoi und
Bruchoi lauteten. Alle diese Stämme sammt den Bewohnern
der beiden Kabardah sprechen eine und dieselbe Stammsprache,
welche in mehrere, von einander bedeutend abweichende Dialekte
zerfällt und von den Sprachen der umwohnenden Völker, der Osseten, Grusier und Tataren sowohl nach ihren Wurzeln als gram-
matischen Formen durchaus verschieden ist. Wir sind bis jetzt nur
im Allgemeinen über den Charakter dieses Idioms unterrichtet; das

---

[112]) Tschamtschean, Geschichte von Armenien. In der 146.
[113]) Eichwald Reise I. 277.
[114]) Marigny 176.
[115]) Procop. de Bell. Goth. IV. 4.

Einzelne werden wir aus der in der ruffischen Sprache abgefaßten Grammatik des kabardinischen Edelmannes Schona Bek Mursin Nogma und aus dem Wörterbuche der Herren Loulin und Tausch kennen lernen. Oeffentlichen Nachrichten zufolge soll auch ein europäischer Orientalist eine Grammatik und ein Wörterbuch der tscherkessischen Sprache in Konstantinopel verfertiger und sie mit nach Deutschland gebracht haben. Die Grammatik des Mursin Nogma ist bereits seit längerer Zeit vollendet, und eine Abschrift derselben befindet sich in den Händen des ehemaligen Befehlshabers des kaukasischen Corps Baron Rosen, von dessen wissenschaftlichem Sinne auch jetzt noch zu erwarten steht, daß der gelehrten Welt diese in ihrer Art einzige Arbeit demnächst mitgetheilt werde [116]). Der Kabardiner bediente sich zur Darstellung der tscherkessischen Laute des arabischen Alphabets; doch würde wohl zum Schreiben des Tscherkessischen die armenische oder grusinische Schrift, worin für die verschiedenen harten Kehl= und Zischlaute mehr als im Arabischen gesorgt ist, viel geeigneter seyn. In jedem Falle dürfte man sich aber weder des lateinischen noch des deutschen Alphabets bedienen, weil diese Schriftweisen die Gaumen= und Zischlaute mit zusammengesetzten Buchstaben schreiben, wodurch dann die tscherkessischen Wörter, wo häufig mehrere solcher Laute zusammentreffen, ein das Auge beleidigendes barbarisches Aussehen erhalten würden. Die Tscherkessen sprechen ihre Laute nicht, wie dieß sonst gewöhnlich der Fall ist, nach außen, sondern sie ziehen häufig den Athem zurück und stoßen ihn dann gewaltsam vorwärts, wodurch die Laute bedeutend verstärkt werden und einen dumpfen hohlen Klang erhalten. Die Sprache trägt, nach dem Urtheile eines Kenners [117]), schon in ihrem Aeußern den Stempel der Nation; sie zeugt von einem beständigen Kampfe, von heftigen Leidenschaften und dem Bestreben, Schwierigkeiten aller Art zu überwinden, welche man sich gleichsam selbst zu erschaffen scheint, um in beständiger Uebung, in beständigem Kampfe zu bleiben, damit man ja nicht Gefahr laufe, durch Weichlichkeit und Verzärtelung seine Selbstständigkeit zu verlieren. Von diesem Streben, die Freiheit und Selbstständigkeit zu bewahren,

---

116) Sjögren im Bulletin scientifique de l'Académie de St. Pétersbourg II. 283 folg.

117) Sjögren a. a. O. 284.

und von jeder Art Verweichlichung fern zu bleiben, ist bei diesem
Volke Alles durchdrungen; Sprache und Verfassung, Gesetze und
Sitten, das häusliche wie das bürgerliche Leben.

Die Regierungsweise der Tscherkessen möchten wir eine feuda-
listische Aristokratie nennen, ähnlich derjenigen des deutschen Reiches
im dreizehnten und vierzehnten Jahrhundert, jedoch mit dem wesentlichen Unterschiede, daß auf den Hochebenen des Kaukasus kein
Kaiser waltet, — denn niemals beherrschte ein Einziger, was auch
Reineggs sagen mag[118]), Land und Volk der Tscherkessen, — und daß
geistliche und weltliche Macht nicht getrennt sind und Geistliche nicht
über Land und Leute gebieten. Das ganze Volk trennt sich, außer den
beiden Kabardah, in die so eben aufgeführten zehn Stämme. Diese
Stämme zerfallen wiederum in eine Anzahl durch Eidschwur befestigter
Gaugemeinschaften, an deren Spitze der Fürst oder die Fürsten stehen.
Die Gaugemeinschaften schwören, sich gegenseitig zur Wehr und Abwehr
beizustehen. Keine Ursache, kein Vorwand entschuldigt den Verräther;
der wiederholt Meineidige ist, wenn er nicht entflieht, wie jeder andere Verbrecher unrettbar der Sklaverei verfallen. Zum Tode wird
aber Niemand verurtheilt; Sklaverei dünkt dem freien Volke die
bitterste Strafe. Damit kein Stamm durch Macht hervorragen
und so die Freiheit Aller gefährden möge, verbinden sich mehrere
Gaugemeinschaften zu einem Bunde. Die Abgeordneten der Gauen
schwören im Namen ihrer Gemeinheiten gegenseitige Treue und
Freundschaft. Sie schwören, daß keiner etwas unternehmen wolle,
was des Andern Sicherheit und Wohlergehen gefährden möge, daß
sie im Streite gegen Fremde sich beistehen und in Zwistigkeiten unter
sich selbst Recht geben und nehmen wollen. Wer diesen Verpflichtungen zuwiderhandelt, kann bloß das erstemal sein Vergehen
durch eine schwere Buße sühnen; der zum zweitenmal schuldig Be-
fundene hat die Freiheit verwirkt, und wird als Ruhestörer und
Räuber in die Fremde verkauft.

Diese Stammfürsten werden von den Tscherkessen selbst Pschi,
von den Türken Bei oder Beg genannt. Sie leiten im Frieden
die Verwaltung des Landes und sind die Anführer im Kriege. Die
Fürstenwürde ist erblich; es kann selbst in besondern Fällen ein

---

[118]) Reineggs I, 258.

Reisen und Länderbeschreibungen. XIX.
(Rußland u. d. Tscherkessen.)

Adeliger oder gemeiner Freie durch Verheirathung mit einer Fürsten=
tochter in den fürstlichen Stand erhoben werden. Doch geschehen
dergleichen Mißheirathen sehr selten, indem die tscherkessischen
Fürsten auf ihr Geschlecht sehr stolz sind und einen makellosen
Stammbaum zu bewahren trachten. Ihre Gewalt, die weder eine
willkürliche ist, noch auf bestimmten Gesetzen beruht, hängt eines=
theils von der ererbten Anhänglichkeit, von ihrer bewährten Tüch=
tigkeit und der öffentlichen Meinung ab; anderntheils auch von
der Größe und dem Ansehen ihres Gefolges. Der mächtigste Fürst
ist derjenige, welcher, wenn er aus eigenem Antriebe auf Aben=
teuer auszieht und sich gegen benachbarte Feinde zur Wehre setzt,
oder wenn er von der Gaugemeinde und der ganzen Genossenschaft
zum Anführer eines in der Volksversammlung beschlossenen Krieges
gewählt wird, auf die meisten und angesehensten Ministerialen mit
Sicherheit zählen und die zahlreichste Verwandtschaft und die
muthigsten Genossen um sich zu sammeln vermag. In allen ge=
wöhnlichen Verhältnissen des Lebens erfreut sich der Fürst nicht des
geringsten Vorrechtes, nicht der kleinsten Auszeichnung vor jedem
Freien. Er hat aber ausschließend die Befugniß, jeden gemeinen
Freien, der sich um ihn, um die Gaugemeinschaft oder um den
ganzen Stamm besondere Verdienste erwarb, in den Adelsstand zu
erheben. Auch muß man, wie wir in der Folge sehen werden, aus
mehrern Anordnungen schließen, daß sie gleich wie die indischen
Zemindars als die alleinigen rechtmäßigen Besitzer des Landes be=
trachtet werden. Ein junger Fürst, welcher im Kriege mit all dem
Stolze eines Helden und erblichen Gebieters sein Haupt empor=
hebt, wagt es nicht, bevor es ihm ausdrücklich erlaubt wird, in
der friedlichen Behausung oder in den schattigen Baumhallen der
Heimath in Gegenwart eines Greises der niedern Stände sich nieder=
zulassen. Im Kriege und nur im Kriege zeigt sich der Fürst als
Gebieter. Hier ist ihm jeder unbedingten Gehorsam schuldig, und
von der Beute erhält er das Vorzüglichste. Hat der Fürst seinen
Theil, so wird sie nach Verdienst oder gleichtheilig unter das Ge=
folge und die Freien vertheilt. Von allen Gütern, die der Fremde
ins Land bringt, erhebt der Fürst, der als Beamter für die öffent=
liche Sicherheit wacht, einen Zoll, dessen eine Hälfte ihm, der den
Kaufmann und seine Waaren in Schutz nimmt, gebührt; die andere
wird bald dem ganzen Gefolge überlassen, bald auch bloß der

Dorfgemeinde, wo der Fremde sein Waarenlager beständig errichtet,
oder wo er auf kurze Zeit seinen Kramladen aufschlägt. Es lebt
der Fürst im Uebrigen von dem Ertrage seines Grundbesitzes, von
den Geschenken der Edeln, von den Abgaben der gemeinen Freien
und von der Arbeit seiner Knechte. Ein eigentliches Geschäft zu
betreiben, ist des Fürsten wie des Edeln unwürdig; ihm geziemt
es bloß das Volk zu regieren, in den Krieg zu ziehen und auf
Raub und Jagd auszugehen. Sie schweifen und reiten immerdar
zu Pferde umher, besuchen sich gegenseitig in ihren geräumigen
Hallen und ergötzen sich in lärmenden Gelagen. Es muß übrigens
der Fürst, so will es die Sitte, für Jedermann offene Tafel halten,
denn bloß durch Freigebigkeit, Gastfreiheit und Güte kann er sich
die Liebe und Anhänglichkeit der Seinigen erwerben und bewahren.
Unter den Fürsten und neben ihnen stehen die Work oder
Adeligen, — eine Benennung, die höchst wahrscheinlich mit dem
indogermanischen Worte vir, air zusammenhängt, von den benachbarten Völkern Usden genannt. Diese Work trennen sich, einer
Nachricht zufolge, wiederum nach der Anzahl ihrer Ahnen, was bei
gegenseitigen Verheirathungen sorgfältig erwogen wird, in hohen
und niedern Adel. [119]) Sie sind die Ministerialen oder Lehnsleute
der Fürsten, die auf deren Geheiß den Regierungsgeschäften ob-
liegen und ihnen für die erblichen Lehengüter zur Kriegesfolge
verpflichtet sind. Von Zeit zu Zeit ehren sie die Fürsten durch
freiwillig dargebrachte Geschenke, bestimmte Abgaben haben sie
aber keine zu leisten. Auf sie folgen die Tschokotl, die gemeinen Freien oder Bauern, welche als eine Art Erbpächter
betrachtet werden müssen. Sie sitzen auf den Gütern des Fürsten
und des Adels, bauen gegen bestimmte Nutznießungen in Friedens-
zeiten sein Feld und ziehen mit ihm in den Krieg und auf Abenteuer
aus, sobald man es befiehlt. Hie und da sind Frohndienste eingeführt, welche verschieden sind bei den verschiedenen Stämmen. In
einigen Gauen muß jede erwachsene Mannsperson dieses Standes
dem Gutsherrn drei Tage im Jahre Heu machen und Holz fällen
und es dann nach Hause fahren; für jeden Ochsen, den der Bauer
hält, zahlt er überdieß ein Fuder oder sieben Säcke Hirse. Zu den
Zeiten des Interiano duldeten die Adeligen nicht, daß die Bauern

---

[119]) Pallas. I, 377. Reineggs. I, 252.

Pferde hielten; wenn einer zufällig ein Füllen groß zog, so nahm der Gutsherr es ihm weg, sobald es erwachsen war, und gab ihm einen Ochsen dafür. Dieser gebührt dir, sprach der Ritter zum Bauern, keineswegs ein Pferd. Wird ein Bursche Bräutigam, so muß er dem Herrn zwei Kühe und zwei Ochsen geben. Von einem Besthaupte bei einem Todesfalle wissen die Tscherkessen nichts. Der Sohn tritt ohne Weiteres in alle Rechte und Verpflichtungen des Vaters. Die fahrende Habe und ein bestimmter Theil des Landes ist das Eigenthum des Bauern, und der Gutsherr ist nicht berechtiget, hierüber zu schalten, so wenig wie über die Person des Bauern selbst oder seiner Angehörigen, vorausgesetzt daß dieser sich keines Verbrechens schuldig macht und seine Verpflichtungen getreulich erfüllt. Ist der Erbpächter mit dem Gutsherrn unzufrieden, so kann er ihn alsbald ungehindert verlassen, in welchem Falle er dann ohne Zweifel seine fahrende Habe mitnimmt. Macht sich der freie Insasse eines Verbrechens schuldig, so kann ihn der Herr als Sklave verkaufen; jedoch muß der Fall erst dem öffentlichen Schrannengerichte vorgelegt werden. In diese drei Classen oder Stände; in **Fürsten, Adel und gemeine Freie** zerfällt die Nation der Tscherkessen; der Sklave wird hier wie allenthalben als Sache betrachtet und nicht zum Volke gerechnet. Alle haben sie Sitz und Stimme in der Gau- und Stammversammlung, wo die wichtigern äußern und innern Angelegenheiten verhandelt und entschieden werden. Auch selbst in der Kleidung bemerkt man zwischen den drei Ständen wenig Unterschied; nur tragen vorzüglich die Fürsten und der Adel rothe Schuhe, und es scheint, als sey dieß dem dritten Stande nicht gestattet.

Die Souveränität ist bei dem Volke; sie wird ausgeübt in den Versammlungen der Dorfschaften, der Gauen und der Stämme. Hier gilt kein Vorrecht; es hat jeder, der zur Theilnahme berechtigt ist, nur Eine Stimme, und die Stimmenmehrheit entscheidet unbedingt. Persönliches Ansehen, Einsicht, Charakter und vor Allem Rednertalent sind natürlich auch hier, wie bei allen öffentlichen Versammlungen, von großem Einflusse. Deßhalb wird auch bei der Erziehung vorzüglich auf die Ausbildung dieses Talentes gesehen. Diese Versammlungen werden in einem freien, von Bäumen umgebenen Platze gehalten. Da tritt der Fürst mitten unter die Menge und legt in wohlgesetzter Rede dar, weßhalb die Versammlung zusammengerufen wurde; es umgeben ihn eine Anzahl aufmerksam horchender Männer, welche geduldig den Moment abwarten, der ihnen zu reden gestattet. Marigny schildert uns mit lebhaften Farben eine solche tscherkessische Volks-versammlung. Die Tscherkessen durchschaueten die Plane der Russen und erhoben sich gegen deren Gastfreund, den Fürsten Indar Oglu. „Diese Leute,‟ sagten sie, „kommen bloß mit der Absicht in unser Land, um es auszukundschaften, damit sie es in dem nächsten Kriege gegen die Türken mit leichter Mühe einnehmen könnten; dein Sohn Nogai, der Krimier zubenannt, weil er sich einige Zeit in Taurien aufhielt, wird sich dann an die Spitze einer Kriegerschaar stellen, und von den Russen unterstützt, uns unterjochen.‟ Nogai schritt wüthend in der Versammlung auf und ab, bereit die durch diesen Verdacht ihm zugefügte Schmach im Blute des Ver-dachtsüchtigen abzuwaschen. Von Indar Oglu selbst verlangte ein großer Theil der Versammlung den Griechen Mudrow, der eine Tscherkessierin entführt hatte, der Rache der Blutsverwandten preis zu geben. „Wie könnte ich,‟ erwiederte der Fürst, „mich so durch schmachvolle Schwäche erniedrigen, daß ich mich nicht einmal den als Konak mir auferlegten Pflichten unterzöge? Kann ich es dulden, daß meine Gäste Beschimpfungen ertragen, vor welchen ich sie hätte bewahren sollen? Nein, niemals werde ich eine That zugeben, welche auch nur im entferntesten die Wahrhaftigkeit meiner Zu-sagen bezweifeln lassen könnte.‟ Durch Stimmenmehrheit ward in dieser wichtigen Versammlung für den Prinzen Indar Oglu entschieden.

Diese Versammlungen bilden auch das oberste Schöppengericht. Geschriebene Gesetze und ein besonderer Juristenstand sind hier unbe-kannt. Die Gemeinde findet eigens über jeden einzelnen Fall das Recht. Es ist aber, wenn nicht früher schon eine besondere Ver-pflichtung deßhalb eingegangen wurde, Niemand verbunden, sich dem Ausspruche der Versammlung zu unterwerfen; doch muß er dieß ausdrücklich erklären. In diesem Falle beginnt er gegen seinen Feind, wo er auch immer seyn mag, eine rechtmäßige Febbe. Bevor ein Gegenstand zur förmlichen Klage gebracht wird, ver-sucht man gewöhnlich ein Schiedsgericht; denn alle freiwillig ein-gegangenen Verpflichtungen werden, wie Major Tausch versichert, vermöge des dem Volke angebornen Freiheitsgefühles, sehr hoch geachtet hiesigen Landes und erhalten vor jedem Zwangsrechte den Vorzug. Man sucht deßhalb, bevor man zu diesem schreitet, durch freie Uebereinkunft eine Ausgleichung des Zerwürfnisses zu Stande zu bringen. Bei diesem Schiedsgerichte versammeln sich von jeder Seite der streitenden Parteien eine gleiche Anzahl von bewaffneten Schiedsmännern, um auf einem im voraus bestimmten Platze eine Conferenz zu halten. Beide Parteien bleiben in einer gewissen Entfernung von einander stehen, um gegen jeden Ueberfall sicher zu seyn. Reitende Boten bringen die Vorschläge von der einen zu der andern Seite, bis man sich entweder verständigt hat oder zu der Ueberzeugung gelangt, daß eine Ausgleichung des Zwistes unmöglich sey.

Das Stehlen gilt bei den Tscherkessen, wie ehemals bei den Spartanern, nicht als schimpflich, sondern wird als ein Zeichen von Gewandtheit und Verstand betrachtet, so daß eine Braut ihren Bräutigam am härtesten mit dem Vorwurfe kränkt: Er habe ja bis jetzt keine Kuh gestohlen. Nur die Bande des Blutes, der Gastfreundschaft und einer zu diesem Endzwecke ausdrücklich beschlossenen Verbrüderung schützen gegen jegliches Raub- und Diebesgelüste. Wer aber einmal den Frieden beschworen hat, und dann sich noch dem Raube hingibt, dessen Vergehen kann niemals mehr gesühnt werden. Dieser dem Eigenthümer und der Sicherheit so höchst nachtheiligen Sitte ungeachtet, gilt Stehlen dennoch — in solchen Widersprüchen gefällt sich die menschliche Natur — für ein Vergehen, und um Diebereien drehen sich, da sie so häufig sind, die meisten Rechtshändel. Wer zum erstenmal erwischt wird, zahlt den Werth des gestohlenen Gutes siebenfach, überdieß neun Stück Rindvieh als Sühne für die beleidigte Ehre des Besitzers, und sey es auch nur ein Huhn, das er gestohlen. Menschenraub darf aber nur dann verübt werden, wenn bereits eine gesetzliche Kündigung des Friedens erfolgt ist. Todtschlag auch und Mord kann durch Entrichtung des Wehrgeldes gesühnt werden. Das Wehrgeld ist aber nach Würde und Stellung in der Gemeinde verschieden. Sicherlich haben, obgleich wir hierüber keine bestimmten Angaben besitzen, die einzelnen Glieder des Körpers, nach ihrer relativen Wichtigkeit, wie bei den benachbarten Osseten und in den frühesten Gesetzen der germanischen Stämme, auch bei den Tscherkessen und Abchasen ihre besondere Schätzung. Ist ein Mord

vorgefallen, dann treten alsbald die Aeltermänner der Gemeinde
oder Gemeinden zusammen und bieten ihre guten Dienste an zur
Vermittelung. Mißlingt ihnen dieß, so errichten sie unter sich
ein Schrannengericht, um das Wehrgeld zu bestimmen, das aber
nicht in edeln Metallen besteht, welche am westlichen Kaukasus
mehr als Schmuck denn als Tauschmittel betrachtet werden, sondern
in Vieh und Eisenwaaren, in Nahrungsmittel, Sklaven und
Waffen. Selten ist es dem Mörder möglich, ohne Beistand der
Freunde und Genossen, die Sühne zu erlegen. Auch bei einem
zufälligen Todtschlag gebührt den Verwandten ein Entgelt, wenn
auch ein geringeres. In solch einem Falle treten ebenfalls die
Aeltermänner zusammen, und bestimmen, je nachdem die Schuld
größer oder geringer befunden wird, eine größere oder geringere
Sühne. Geschriebene Gesetze kennt man nicht. Der gesunde
Menschenverstand, nicht schlaue Juristenkünste, bilden die Norm,
nach welcher verfahren wird. Der Mensch gebrauche den Verstand,
der ihm geworden, damit kein Unheil entstehe; wird er hierin
lässig befunden, so ist er der Strafe verfallen. Der Jäger, der
ein Wild schießt, sehe zu, daß er keinen Menschen beschädige; er
trage Sorge, daß er die Hausthiere nicht aufscheuche, sie könnten
leicht in ihrer Wildheit den Menschen gefährlich werden. Erschreckt
der Schütze eine Heerde Gänse, so daß sie aufflattern, ein Pferd
scheu machen, das wild hinrennend einen Menschen niederstürzt
und tödtet, so wird der Schütze des Todtschlages schuldig befunden.
Kann man es nicht erkunden, weßhalb die Gänse aufgescheucht,
weßhalb das Pferd wild durch die Auen sprengte, so trage der
Eigenthümer der Gänse und des Pferdes die Schuld; er entrichte
die Sühne. Es werden von den Tscherkessen mehrere richterliche
Urtheile dieser Art erzählt und als ein Beweis tiefer Einsicht,
großen Scharfsinnes gepriesen. Wir wollen einige derselben zur
Charakterisirung ihrer Schöppengerichte mittheilen.

    Zwei Tscherkessen besaßen einen Acker gemeinschaftlich, auf
welchem ein Baum stand, den einer der Eigenthümer seiner Rinde
entblößte. Dieser überließ bald, nachdem dieß geschehen, seinen
Antheil dem Nachbar, und ließ sich in einem entfernten Districte
nieder. Der Baum stand ab, und der Eigenthümer zündete den
Stamm an, um den Baum zu fällen. Dem brennenden Baum
nähert sich ein Mann, um seine Pfeife anzuzünden. In demselben

Augenblicke stürzt der Baum und erschlägt den Mann. Es verlangten nun die Verwandten des Verstorbenen von dem Eigenthümer des Baumes das Wehrgeld. Aber siehe, dieser erklärte
vor dem versammelten Schöppengerichte, er habe nur deßhalb
den Baum angezündet, weil er abgestorben war; daran sey jedoch
nicht er, sondern der vormalige Miteigenthümer schuld, der ihn der
Rinde entblößt habe. Die Schöppen fanden zu Recht, daß der
jetzige Besitzer schuldlos sey.

Ein Fürst sah eine Ziege auf seinem Felde und befahl dem
Knechte, sie wegzutreiben. Der Knecht warf ihr das Bein entzwei,
band es mit einem Stücke Tuch wiederum zusammen, und die
Ziege hinkte nach Hause. Hier näherte sie sich dem Kamine, die
Bandage fing Feuer, worauf das Thier von Schmerzen gepeiniget,
durch die reifen Weizen seines Herrn rennend, sie anzündete, und
in wenigen Augenblicken war das ganze Feld eine Brandstätte.
Das Schöppengericht erkannte zu Recht, der Fürst habe dem Eigenthümer den Weizen zu ersetzen.

Die Tscherkessen wurden, wie wir bereits ausführlich darstellten, gleich den meisten Stämmen des Kaukasus ehemals zum
Christenthume griechischer Confession bekehrt. Später wußte sich
unter den Fürsten der Islam Eingang zu verschaffen, und wir
finden hier heutigen Tags, wie bei den Abchasen, [120]) eine wunderliche Mischung einheimischen Aberglaubens mit christlichen und
muhammedanischen Gebräuchen. Noch im fünfzehnten Jahrhundert hatten aber die Tscherkessen mehrere Kirchen und Geistliche
griechischen Ritus; sie hatten viele christliche Ceremonien beibehalten, wie wir aus dem Berichte des Interiano ersehen haben.
Die Tscherkessen, so erzählt uns Major Tausch, bekennen ein höchstes Wesen, eine Mutter Gottes, und mehrere himmlische Kräfte
zweiten Ranges, welche sie Apostel nennen. Sie glauben an
die Unsterblichkeit der Seele, an eine jenseitige Belohnung und
Bestrafung, je nach der Aufführung in diesem Leben. Dessen ungeachtet kümmern sie sich jetzt, wie die meisten andern Menschen,
wenig um das zukünftige Leben und suchen sich bloß in diesem behaglich einzurichten. Die Wälder sind ihre Tempel, und ein Kreuz

---

[120]) Geschichte des Pontus von dem armenischen Doctor Minas aus
Trapezunt, im Vulgär-Armenischen. Venedig, 1819. 117 folg.

vor einem Baume aufgepflanzt, bildet den Altar, vor welchem
sie zu opfern pflegen. Wird auf gemeinschaftliche Kosten der
Gemeinde ein Opfer dargebracht — und jeder, der Aermste wie
der Reichste, steuert hiezu sein Scherflein bei — so tritt einer
der ältern, durch würdiges Benehmen ausgezeichneten Personen
hervor, entblößt sein Haupt, und verrichtet das Amt des Geistlichen; denn einen aus der Menge abgesonderten geistlichen Stand
findet man jetzt nicht mehr unter diesem Volke. Das Sühnopfer
besteht gewöhnlich in einem Schafe oder einer Ziege; bei großen
Feierlichkeiten wird auch ein Ochs dargebracht. Der Alte nimmt
die Fackel in die Hand, welche an dem Fuße des Altars brennt,
der in einem von Bäumen aufgepflanzten Kreuze besteht, versengt
die Haare des Thieres an mehreren Stellen, wo es geschlagen
werden soll, schüttet einen gegohrnen Hirsentrank, mit einem arabischen Worte Busa genannt, auf das Haupt des Opfers, welches dann nach einem kurzen Weihegebete geschlachtet wird. Der
Kopf ist der Gottheit geheiliget und wird in einer gewissen Entfernung vom Altare auf einem Pfeiler aufgepflanzt. Die Haut
wird dem Opferer überlassen, welcher dagegen für die Fackel zu
sorgen hat; das Fleisch wird aber während des Gottesdienstes zubereitet und alsdann von den Theilnehmern an der religiösen Versammlung verzehrt. Von Menschenopfern findet sich aber und
fand sich zu keiner Zeit eine Spur bei den Tscherkessen. Reineggs
ward entweder selbst hintergangen, oder er hat uns, um im russischen Interesse das Volk in Europa anzuschwärzen, geflissentlich
angelogen. Mehrere Jünglinge, gewöhnlich sind es Sklaven des
den Gottesdienst verrichtenden Greises, helfen ihm im Amte.
Sie stehen hinter ihm, Schalen mit Busa angefüllt und Brod-
schnitzen in den Händen haltend. Ist das Opfer gefallen, dann
nimmt der Priester in eine Hand ein Stück Brod und einen vollen Becher in die andere. Er erhebt jetzt beide Hände gen Himmel, ruft die Gottheiten an, daß sie ihm und der Gemeinde gnädig seyen, segnet das Brod und den Trank und gibt dann beides dem ältesten Gliede der Gemeinde, das sie auf der Stelle
verzehrt. Die Ministranten reichen ihm nochmals einen vollen
Becher und frisches Brod, worauf der Priester zur Mutter Gottes
betet, das Brod und den Trank unter denselben Ceremonien
weiht, und beides einer andern ältern Person der religiösen Ver-

sammlung überreicht. So geht es dann der Reihe nach, und
auch zu jedem der Apostel wird ein eigenes Gebet emporgerich-
tet. Bei dem Ende des Amtes verkündet der Priester nach Gutdünken den Tag, wann das nächste gehalten werden soll; einmal
aber in der Woche muß Gottesdienst gehalten werden, entweder
am Sonnabend, Sonntag, Montag oder Dienstag, niemals aber
an einem andern Tage.

Den Sonntag heißen die Tscherkessen Tha machua oder
Gottestag. Einen gleichen Namen führt auch die Woche,
weil sie mit dem Sonntag beginnt. Es folgen dann der Reihe
nach Blischha, Gubsch, Bereschia, Machuk, Merem
oder Mariam, Schabat oder Sonnabend. Nach einer andern
Angabe, die wir ebenfalls, da wir nicht wissen können welche
die richtigere ist, hieher setzen wollen, hieße der Sonntag Thau-
maf, und dann die andern Tage der Reihe nach Plbbd, Anfang, Gubtche, dessen Bedeutung nicht angegeben wird, Pe-
rezkesi, kleine Fasten, Meafbk, Mitteltag, Perezke-
kusche, große Fasten, und endlich Sonnabend, Mefesea-
kba, der einsame Tag. [121]) Der Priester verkündet bei diesen
Festen auch alle Gegenstände, welche verloren oder gefunden wurden. Von den letztern ist freilich nur höchst selten die Rede,
denn der Tscherkesse behält gewöhnlich was er findet. Sind nun
auf diese Weise alle gottesdienstlichen Gebräuche zu Ende gebracht,
so wird jetzt das Mahl bereitet, welches neben dem Fleische des
Opferthiers oder der Opferthiere aus den Beiträgen besteht, die
jede an der Feier theilnehmende Familie herzubringt. Man trinkt
bei diesen Festen allerlei Getränke: eine Art Bier, welches aus
Hirse bereitet wird, Busa, Wein, dessen es nach den neuesten
Berichten der Engländer in diesen Landen vortrefflichen gibt, und
Branntwein. Diese frommen und einfachen religiösen Feierlichkeiten der Tscherkessen, sagt ein gefühlvoller Reisender, in Gottes
freier Natur, mitten in der Stille des Waldes, machten auf mich
einen unbeschreiblichen Eindruck, und erregten Gefühle der Andacht
in meinem Herzen, von denen ich selten in unsern Tempeln ergriffen wurde. Sie erregten in mir eine Fülle von Gedanken über

---

121) Klaproth kaukasische Sprachen. Anhang zur Reise in den Kaukasus
245. Marigny 214.

Gott, Seele, Unsterblichkeit, die mich lange beschäftigten; sie richteten meinen Blick hin in eine Welt, an die ich sonst nur wenig zu denken pflegte.

Außer diesen wöchentlichen haben die Tscherkessen noch andere Festtage, wie den Festtag der Merime, Metissa oder Melissa, die Mutter Gottes zubenannt, welcher in dem Monat September gefeiert wird. Die Tscherkessen wissen jetzt selbst nicht, warum die Merime Mutter Gottes heißt, und was sie von ihr erzählen, hängt durchaus nicht mit diesem Titel zusammen, den sie ihr beilegen. Sie ist ihnen bloß die Schutzpatronin der für sie so wichtigen Thierchen, der Bienen. Einstens, so wird erzählt, als der Donner, von Zorn entbrannt, die ganze Gattung dieser fleißigen Geschöpfe vernichtete, da habe Merime eine einzige Biene in dem Aermel ihres Hemdes aufbewahrt, durch welche dann das ganze Geschlecht wiederum erneuert wurde. Die Ehrenbezeugungen, die der Göttin dargebracht werden, bestehen einzig und allein darin, daß man sich an ihrem Festtage gütlich thut mit mancherlei aus Honig zubereiteten Speisen und Getränken. Diese Göttin steht übrigens bei den Tscherkessen in hohen Ehren; denn Honig und Wachs gehören zu den wichtigsten Erzeugnissen der kaukasischen Länder, — sie bilden die vorzüglichsten Gegenstände der Ausfuhr. Im Frühjahre feiert man das Fest Seozeres. Dieß war ein großer Seefahrer, sagen die Tscherkessen, und ihm wären die Winde und Wellen unterthan. Er wird vorzüglich von den Bewohnern des Gestades verehrt, und sie flehen um seinen Schutz in den Tempeln, welche längs der Ufer des Meeres aus den Bäumen der heiligen Haine errichtet wurden. Ein dürrer Birnbaum gilt als Symbol des Gottes oder Heiligen. Dieser Baum wird während des Jahres im Hofraume aufbewahrt und von Niemanden angerührt. An dem Festtage des Heiligen wird aber der Birnbaum hervorgeholt, in das Wasser geworfen und gebadet. Auf der Spitze wird dann ein Stück Käse befestiget und der ganze Baum nach der Anzahl der Gäste, welche der Feierlichkeit beiwohnen, mit kleinen Fackeln oder Lichtern verziert. Der so geschmückte Birnbaum wird jetzt im Freien aufgerichtet, und von mehreren Personen in das Haus getragen; ein Theil der Familie wartet vor der Thüre, empfängt den Gott mit großen Ehren und freut sich über seine glückliche Ankunft. Bevor aber der Gott

der Winde und der Wellen das Haus betritt, wird ein Opfer an=
geordnet und alle Vorbereitungen zu einem großen Feste getroffen.
Das Schmausen und Zechen dauert drei Tage lang, nur hie und
da von Gebeten an Seozeres unterbrochen, damit er seinen Die=
nern, den Winden und Wellen, befehle, auf daß sie vom Unheile
ablassen möchten. Sind die drei Tage verflossen, so wird der
Käs unter die Theilnehmer des Festes zertheilt. Es wird dann
der Baum unter Begleitung der ganzen Gesellschaft an den bestimm=
ten Platz im Hofraume zurückgebracht, und dem Gotte glückliche
Reise gewünscht. Man denkt jetzt nicht mehr an ihn bis zu der=
selben Zeit im nächsten Jahre. Seozeres, erzählen die Tscherkessen,
mache sehr große Reisen; er habe noch zwei Brüder gehabt, und
sey überdieß auch der Beschützer der Heerden. Die wunderlichen
Ceremonien dieses Festtages erinnern an Johanni, welcher Tag
in frühern Zeiten bei verschiedenen christlichen Völkern, namentlich
bei den Polen, auf dieselbe Weise begangen wurde. Sollte man
bei dem Namen Seozeres vielleicht an Sesostris denken dür=
fen? Die Tscherkessen verehren überdieß drei namenlose Göttinnen,
die Schwestern gewesen und in längst verschollenen Zeiten Gerech=
tigkeit und Harmonie im Lande verbreitet haben sollen. Es sind
dieß wohl die Penaten, welche von den Alten ebenfalls in drei
Classen eingetheilt wurden. Sie befördern, so erzählt man, die
Einigkeit im Hause, Freundschaft und Liebe unter den Nachbarn,
und nehmen den einsam Wandernden in ihre glückselige Obhut.
Wer immer seine Wohnung wechselt, oder auf Reisen geht, opfert
und betet zu diesen drei freundlichen Göttinnen.

Gegen Ende October feiern die Tscherkessen ein Allerseelen=
Fest, und zwar jede Familie in ihrem eigenen Hause und auf
ihre eigene Weise. Alle verstorbenen Glieder der Familie werden,
in eigens für diesen Zweck bestimmten Gebeten, namentlich dem
Schutze der Heiligen empfohlen, damit es ihnen jenseits an nichts
mangeln möge. Bald nach Allerseelen kommt das Fest des Thors
oder Donners. Es wird dem Gott für den Regen, den er im
verflossenen Jahre sendete, gedankt, und daß er die Luft während
der Sommerhitze reinigte und erfrischte. Der Thor steht bei
diesem Volke in großem Ansehen, und sie halten es für eine be=
sondere Gunst des Himmels, von ihm erschlagen zu werden. Der
Blitz, sagen sie, ist ein Engel, welcher diejenigen trifft, die der

Schöpfer segnete. Der Körper eines vom Blitz Getödteten wird deßhalb mit großen Feierlichkeiten zur Erde bestattet, und während die Familie über den Verstorbenen weint, freut sie sich über die Auszeichnung, die ihr zu Theil geworden. Rollt der Donner über ihren Häuptern, so daß das vielfältige Echo aus den Schluchten und an den Bergen widerhallt, und jeder an dieses furchtbare Schauspiel nicht gewohnte Fremde erschrickt; dann freuen sich die Tscherkessen und verlassen ihre Häuser, um den gezackten Lauf des Engels in dem Luftkreise zu verfolgen. Ward der Donner einige Zeit nicht gehört, so werden öffentliche Gebete angestellt, damit er erscheine und die Felder erfrische.

Das neue Jahr beginnt ungefähr zu derselben Zeit wie das unsrige, und man feiert ebenfalls den ersten Tag desselben. Auch der Tag gilt für heilig, wann die Feldarbeiten von' neuem beginnen. Kaum ist der Monat März gekommen, so enthalten sich die Tscherkessen des Genusses der Eier. Sie miethen, sie entlehnen und borgen nichts; noch nehmen sie etwas geschenkt. Nicht einmal Feuer nehmen sie von ihrem Nachbar. Gegen Ende des Monats begehen sie ihren feierlichsten Festtag, Ostern. Jeder feiert ihn, so will es die Sitte, in seinem eigenen Hause. Damit aber nicht alle Freunde, Verwandte und Bekannte durch dieß enge Abschließen von einander entfernt würden, so hält jeder Ort seine Ostern an einem andern Tage. Bei Tagesanbruch verkündet ein Flintenschuß den Anfang des großen Festes. Es kommen die Bewohner des Ortes herbei, und versammeln sich in dem heiligen Haine; sie beginnen die vorgeschriebenen religiösen Handlungen und verrichten die Opfer. Es werden deren aber bei dieser Gelegenheit mehrere geschlachtet, nach dem Verhältnisse der Anzahl der Theilnehmer und dem Glanze des Festes. Man bringt überdieß, wenn das gemeinschaftliche Opfer verzehrt ist, alle die Eier herbei, welche während der Fasten im ganzen Monat aufgespart wurden. Das Fest endiget mit einem Schießen, dessen Zielscheibe ein Ei ist; die Häute der Opferthiere werden als Preise ausgesetzt.

Die Tscherkessen haben noch andere Heilige, Naochatsch oder Naokatasch, Schuska, Telebs, Femisch oder Yemisch und Mesite oder Meste genannt, denen sämmtlich besondere Tage geheiliget sind. Telebs, der von Marigny Tlиebs genannt wird, gilt für den Beschützer der Schmiede, und an seinem Fest-

tage werden Hacken und Pflug mit Trankopfern übergossen. Fleisch
wird nur bei diesen festlichen Gelegenheiten und bei Opfermahlen
verzehrt; auch wenn sie Gäste haben, wird von den Tscherkessen
Fleisch aufgetragen. Sonst nähren sie sich mit gekochter Hirse,
die bei ihnen die Stelle des Brodes vertritt, mit Vegetabilien
und Fischen, mit Kuchen von Honig, Milch und Eier. Die
Tscherkessen verehren auch, wie wir bereits im Vorhergehenden
berichteten, das Zeichen des Kreuzes, welches ihnen von ihren
Voreltern überliefert wurde; doch kannten sie im Jahre 1818,
als Marigny zum erstenmal diese Gegenden besuchte, seine Bedeutung nicht mehr. Jetzt werden sie dieß wohl durch die Russen
oder Engländer erfahren haben. Das Kreuz, wie ein Trifolium
gestaltet, steht vor einem Haine aufgepflanzt, welcher dadurch zu
religiösen Ceremonien geheiligt wird; Niemand wagt es, hier einen
Baum zu fällen. Sie versammeln sich an bestimmten Tagen vor
diesem Kreuze, um Opfer darzubringen, und jeder Tscherkesse,
der glücklich von irgend einer Unternehmung, sey es ein Raubzug
oder eine Handelsreise, zurückkehrt, verrichtet vor dem Kreuze, zu
welchem er sich bevor er seine Unternehmung begann, verlobt
hatte, seine Andacht, und bringt ihm Weihgeschenke dar, wobei
immer einige Thiere geschlachtet und große Feierlichkeiten gehalten
werden. Diese Weihegeschenke, welche in Schwertern, Flinten
und Kleidungsstücken bestehen, werden an das Kreuz selbst oder
an nahe dabei stehende Bäume aufgehängt, und Niemand wagt
es, diese der Gottheit geweihten Gegenstände zu stehlen. Der
Feind aber, obgleich er denselben religiösen Gebräuchen ergeben
ist, raubt diese Heiligthümer ungescheut [122]). Nur einmal in grauer
Vorzeit, erzählen die Tscherkessen, habe ein Unglückseliger, von
Habsucht gespornt, geweihte Gegenstände gestohlen. Aber siehe,
kaum nach Hause zurückgekehrt, ward er von einer furchtbaren
Krankheit befallen; das Gewissen ward rege, der Tscherkesse be-
kannte das Verbrechen seinem Weibe. Es ward das gestohlene
Gut zurückgebracht und der Räuber genaß auf der Stelle.

Man ersieht aus dieser Darstellung der wunderlichen Mischung
christlicher und heidnisch-religiöser Vorstellungen und Gebräuche, daß
Güldenstädt [123]) mit Unrecht uns erzählt, das tscherkessische Volk lebe

---

[122]) **Portfolio** V, 9.

ohne alle Religion und die meisten Fürsten hätten sich dem Jslam ergeben. Es sind deren aber verhältnißmäßig nur wenige unter den
Tscherkessen im westlichen Kaukasus, welche sich im Laufe des siebzehnten und achtzehnten Jahrhunderts zum Muhammedanismus bekannten; und auch diese beobachten bloß einige Gebräuche desselben. Sie befolgten im Ganzen die religiösen Gebräuche, die
wir beschrieben [123]). Pallas hörte von tscherkessischen Mullahs,
welche sich den Bart wachsen lassen, und mehrentheils einen blutrothen Turban tragen und lange scharlachrothe Kleider [125]); in neuerer Zeit ist uns aber von solchen muhammedanischen Geistlichen
unter den Tscherkessen keine Kunde geworden. Es berichten aber
Marigny und Tausch einstimmig, daß die Spuren des Christenthums, die sich trotz der Ungunst der Zeiten seit dem sechsten
Jahrhundert in diesen Thälern erhielten, in den letzten Jahren
zusehends verschwinden, und daß der Jslam sich eines größern
Zulaufes erfreut, denn jemals vorher. Die Verbreitung des
Jslam in dem Kaukasus, daß er in den neuesten Zeiten leichter
Eingang findet bei dem Volke der Abchasen und Tscherkessen,
hängt wohl mit den politischen Verhältnissen der Länder zwischen
dem schwarzen und kaspischen Meere zusammen. Es wird der
Jslam von den Fürsten als das Banner der Selbstständigkeit und
nationalen Freiheit erhoben, um den Adel und die gemeinen Freien
desto mehr gegen die fremden Eindringlinge, die ungläubigen Russen, zu begeistern. Es fehlt nur noch ein Mann, der wie Scheich
Mansur in den achtziger Jahren des vorigen Jahrhunderts [126]), mit
fanatisch-patriotischem Eifer ausgerüstet, das Volk dahin zu bringen vermöchte, daß es von allen innern Unruhen und Parteikämpfen ablasse und unter Einem Oberhaupte dem großen Gedanken der Freiheit und Herrschaft nachlebe. Dann würden die
Russen einen noch bei weitem härtern Kampf zu bestehen haben;
ja es könnten, wenn eine europäische Macht den Stämmen des
Kaukasus mittelbar oder unmittelbar zu Hülfe eilt, leicht alle in
den letzten fünfzig Jahren erworbenen Länder südlich des Kubans

---

123) Reisen I, 468.
124) Marigny 76.
125) Pallas Reisen I, 383.
126) Reineggs I, 256.

der Herrschaft des Zars wiederum entriſſen werden. Dauern die
jetzigen Verhältniſſe noch mehrere Jahre, ſo ſteht zu befürchten, daß hier in dem weſtlichen Kaukaſus, während ſonſt allenthalben auf Erden der Muhammedanismus im Verfalle begriffen
iſt und ſichtbarlich ſeiner Auflöſung entgegeneilt, eine neue fana-
tiſirte muhammedaniſche Bevölkerung entſtünde, um die ſich dann
leicht, wie um einen Mittelpunkt, die Rußland ohnedieß feind-
ſelig geſinnten Stämme zwiſchen dem ſchwarzen und kaſpiſchen
Meere ſchaarenweiſe ſammeln, und den Slaven, auch ohne auswärtigen Einfluß, neuerdings die Herrſchaft über dieſe Gegenden
der Erde ſtreitig machen könnten. Man erinnere ſich, daß noch
in den ſiebenziger Jahren des vorigen Jahrhunderts die Tſcherkeſſen das mächtigſte Volk waren in dieſen Gegenden und daß
alle anderen benachbarten Stämme, um vor ihren Einfällen ſicher
zu ſeyn, ſich dazu verſtanden, ihnen einen Tribut zu entrichten."[117]
Man erinnere ſich, daß, als Chaſi Mullah (1830) auf den Alpen
Dageſtans im Namen der Religion und der Freiheit die Banner
des Aufruhrs erhoben hatte, ihm alsbald alle Stämme der Tſche-
tſchenzen zufielen, daß ſie im Winter des folgenden Jahres über
den gefrornen Terek ſetzten und einige Orte der befeſtigten Gränzlinie am Kuban plünderten. Ein gleiches Loos traf Kislar ſelbſt
durch die Horden der Lesgier, Galgas und Karabulaken, die Chaſi
Mullah in eigener Perſon anführte. Die Unterthanen des Schamchal von Tarki, ungeachtet der Schamchal ſelbſt den Ruſſen treu
ergeben blieb, wendeten ſich zu dem kriegeriſchen Propheten, und
die Knaben in den Straßen Derbends ſangen rauſchende Freuden-
lieder, deren Refrain, „Chaſi Mullah ghädi," „Chaſi Mullah
kommt" der hart bedrängten ruſſiſchen Beſatzung unaufhörlich in
die Ohren tönte![118]

Es iſt äußerſt ſelten, daß ein tſcherkeſſiſcher Knabe in dem
Hauſe ſeiner Eltern erzogen wird. Iſt ein Kind geboren, ſo erhält es, ohne daß dabei irgend eine religiöſe Handlung oder Ceremonie ſtattfindet, von den Frauen, welche der Wöchnerin bei-
ſtehen, einen Namen, der immer eine Bedeutung hat, wie Löwen-
blick, Hirſchform u. ſ. w. Die Mädchen bleiben unter der

---

117) Reineggs I, 245.
118) Eichwald Reiſe I, 680 folg.

Aufsicht der Mutter und werden in der Familie herangebildet.
Der Knabe wird aber als das Eigenthum der ganzen Nation oder
des ganzen Stammes betrachtet. Jeder Mitgenosse, der Kraft
genug in sich fühlt oder zu seinen Fähigkeiten als Erzieher ein
besonderes Vertrauen hegt, kann sich zum Atalik oder Pflegevater aufwerfen und verlangen, daß ihm der Knabe zur Erziehung übergeben werde. Melden sich Mehrere zu diesem Amte,
so werden Schiedsrichter gewählt, um zu entscheiden, wie lange
einem jeden von ihnen die Aufsicht über den Jungen gebühre.
Es sollen sogar Fälle vorkommen, daß Atalike ihre Zöglinge heim-
licher Weise entführen [129]), — was nach dem tscherkessischen Ge-
wohnheitsrechte nicht strafbar befunden wird. Die Eltern haben
kein Recht, ein solches Verlangen abzuschlagen, oder einer solchen
Erziehungswuth vorzubeugen, weßhalb sie, um allen Verlegenheiten
auszuweichen, dem Knaben gleich nach der Geburt aus ihren
Lehnsleuten, Verwandten oder Freunden einen Atalik bestimmen,
der ihm dann eine oder mehrere Ammen auswählt. Von nun
an haben die Eltern ihr Recht verloren, sich der Bildung ihres
Sohnes anzunehmen; ja man hält es sogar für eine unverzeih-
liche Schwäche, wenn der Vater nur sein Kind sehen will. Denn
die Tscherkessen halten dafür, daß der Manu seiner Würde etwas
vergibt, wenn er sich von den sanften Gefühlen der Liebe und
Neigung beherrschen läßt.

Sobald der Knabe der Aufsicht der Amme entwachsen ist,
beginnt die Erziehung. Diese Erziehung besteht in der Ausbildung der körperlichen Kraft und Gewandtheit. Man lehrt dem
Jüngling fechten und reiten, turnen und schießen mit dem Bogen, der Flinte und der Pistole. Man unterrichtet ihn, wie man
sich bei einem Einfalle in ein feindliches Land und bei Dieberiten
zu benehmen habe, wenn sie glücklich ausfallen sollen; wie man
Hunger und Durst und alle anderen Mühseligkeiten des Lebens ertragen müsse, um das vorgesteckte Ziel zu erreichen. Eine große
Sorgfalt wird auf die Ausbildung der Poesie und Redekunst verwendet, damit der zum Manne emporgereifte Jüngling in den
Volksversammlungen sich Einfluß zu verschaffen wisse. Diese Er-
ziehungsweise ward von den ehemaligen Chanen der Krim, Kasan

---

[129]) Marigny 56. Tausch 99.
Reisen und Länderbeschreibungen. XIX.
(Rußland u. d. Tscherkessen.)

und Astrachan, so hoch geschätzt, daß sie, wie berichtet wird, ihre Söhne in den Kaukasus sendeten, um von den tscherkessischen Ataliks gebildet zu werden. Ist die Erziehung vollendet, so zieht der Jüngling in der Begleitung des Atalik im Triumphe heim zu seinen Eltern; es wird ein großes Fest bereitet, wozu alle Verwandten und Freunde eingeladen werden. Mit Geschenken beladen kehrt der Pflegevater in sein Haus zurück, und er wird von nun an, so lange er lebt, als ein Verwandter der Familie seines Zöglings betrachtet. Jetzt ist der Sohn seinen Eltern wiederum zurückgegeben und sie können ungescheut ihrem Herzen, ihrer Liebe freien Lauf lassen. Jeder Tscherkesse kann auch den Sohn einer andern tscherkessischen Familie und selbst einen Fremden an Kindesstatt annehmen, wobei man auf folgende Weise verfährt. Derjenige, welcher adoptirt wird, berührt einige Minuten lang mit seinem Munde die Brust der Familienmutter und gibt dann der Familie, welche ihn annimmt, einige Geschenke. Dadurch erwirbt der Fremde alle Rechte eines Eingebornen; er kann jede Tscherkessierin heirathen und an allen öffentlichen Berathungen Theil nehmen. Da die meisten Familien unter einander verwandt sind, so erhält der Fremde durch die Adoption alsbald solch einen Anhang, solch eine Macht und solchen Einfluß, wie er ihn sonst schwerlich jemals hätte erlangen können.

Das weibliche Geschlecht erfreut sich in Tscherkessien einer größern Freiheit und Ehre, als sonst irgendwo im Oriente. Frauen wie Mädchen wohnen allen öffentlichen Versammlungen und Festen bei, erheitern und verschönern sie durch ihre lebendige anmuthsvolle Weise. Glaubwürdige Reisende versichern, daß die Frauen des Kaukasus dieser Freiheit werth sind, da sie sie nicht mißbrauchen und nach ihrer Weise keusch und züchtig sich betragen. Wird aber eine Frau mit einem Manne getroffen, so wird sie tüchtig geschlagen oder als Sklavin verkauft. Der Mann entschädigt den beleidigten Ehegatten im Verhältniß zu dem Schaden, den er anrichtete. Dieser wagt es aber selten, seinen Beleidiger und seine Ehefrau zu ermorden oder zu verstümmeln, aus Furcht den Verwandten das Blutgeld entrichten zu müssen.[120]

Bei dem Ende eines jeden Festes werden Turniere gehalten.

------

[120] Marigny 85.

Hier erscheinen die Ritter ohne Visiere; ihre Pferde, das Pferde=
geschirre, der Harnisch, Schwert und Bogen sind aber mit besondern
Zeichen versehen, ähnlich den Wappen des europäischen Adels. Man
wendet in diesen Kämpfen alle Kraft, List und Gewandtheit auf,
nicht sowohl um den Siegespreis zu erringen, sondern um das Ver=
gnügen zu haben, ihn den Frauen, welche dem Kampfspiele zuschauen,
überreichen zu können. So zeigen die Tscherkessen auch bei jeder an=
dern Gelegenheit eine besondere Achtung für das weibliche Geschlecht.
Wenn ein Reitersmann einem Weibe begegnet, welches dieselbe
Straße zieht, so steigt er vom Pferde und bittet sie aufzusitzen; will
sie dieß nicht, so begleitet der Reiter sie zu Fuße, so weit sie eines
gemeinschaftlichen Weges ziehen. Man glaube aber nicht, daß die
Frauen dieses Landes ihr Leben im Müßiggange hinbringen. Wäh=
rend die Sklaven das Feld bebauen, stehen sie der Haushaltung vor,
und müssen, gemeine wie Edelfrauen, alle, selbst die niedrigsten Ge=
schäfte verrichten, worunter häufig ihre angeborne Schönheit sehr
leidet. Eines Tags, erzählt Marigny, sagte ich zu Tausch, unsere
Factorei bedürfe eines neuen Pflasters. Dieß will ich gleich den
Prinzessinnen des Indar Oglu melden, antwortete dieser mit ächt
tscherkessischer Naivetät; sie haben das Gebäude früher schon gepfla=
stert und werden es mit Vergnügen nochmals thun. Und so geschah
es in der That. Es machten sich die Jungfrauen an die Arbeit,
und unser Waarenlager erhielt alsbald einen neuen Lehmboden.[151]
Den Frauen und Mädchen liegt es auch ob, für alle Gattungen
Kleidungsstücke und Hausgeräthe Sorge zu tragen, und dieß nicht
bloß für ihre eigene Familie, sondern auch für andere Personen, die
ihres Beistandes bedürfen. Diese geben ihnen nämlich den rohen
Stoff zum Verarbeiten, und nehmen dann die fertigen Gegenstände
aus den Händen der Frauen, ohne sich auch nur dafür zu bedanken;
denn die Tscherkessen glauben, daß die Frauen verbunden sind, für
das Gemeinwesen zu arbeiten. Das weibliche Geschlecht zeigt auch
durchaus viel Verstand und Geschmack; die Verzierungen der Kleider
und Schube, die Tressen von Gold= und Silberdrath, sind außeror=
dentlich schön, und wenn man ihre Arbeiten untersucht, so findet
man, daß auch das Kleinste mit Sorgfalt und Geschmack behandelt ist.

Die gewöhnliche Kleidung der Tscherkessen ist sehr einfach. Sie

---

[151] Marigny 97.

8 *

tragen lange, weite Beinkleider, welche aber, um nicht im Reiten und Laufen hinderlich zu seyn, vom Knie an abwärts sich eng an den Fuß anschließen. Den obern Theil des Körpers bedecken sie mit einer Art tuchenen Jacke, welche gewöhnlich offen bleibt, damit man die lange vielfarbige Unterweste, welche auch die Stelle eines Hemdes vertritt, sehen könne. Sie tragen eine Art Halbstrümpfe, welche unter dem Knie durch breite Strumpfbänder befestiget werden. An den Füßen haben die Fürsten hohe Schuhe von Maroccoleder, welche aber gewöhnlich keine Sohlen haben. Ganz eigenthümlich ist die Kopfbedeckung; sie gleicht bald der Form eines Helms, bald der einer runden dickgepulsterten Haube, wie man sie allgemein in Europa während des vierzehnten und fünfzehnten Jahrhunderts getragen hat. Der größte Schmuck des Mannes sind aber seine Waffen, ohne die er niemals öffentlich erscheint, Flinte und Pistole, Dolch und Schwert. Die Frauen sind großentheils wie die Männer gekleidet, nur haben sie noch eine Art Mantel an, welcher den ganzen Körper von oben bis unten bedeckt, und vorn bald offen ist, bald auch durch silberne Spangen zusammengehalten wird. Auf dem Kopfe tragen sie eine runde Kappe aus verschiedenfarbigem Zeug zusammengesetzt, an welcher ein Schleier befestigt ist, der, hinten hinab hängend, einen großen Theil des Körpers bedeckt. Die Haare werden vermittelst einer Binde von schwarzem Maroccoleder, die sich auf der Stirne mit einer großen silbernen Agraffe schließt, vorn zusammengehalten; hinten läßt man sie in dicken langen Locken über die Schultern hinabhängen. Die Tscherkessierinnen haben runde Gesichter und gewöhnlich sehr starke ausgeprägte Züge. Ihre Augen sind schwarz und sehr hübsch; auch halten sie sehr viel darauf und betrachten sie als ihre schärfsten Waffen. Sie haben von Natur starke Augenbraunen, reißen sich aber mehrere Haare aus, damit sie dünner werden. Der obere Theil des Körpers ist bei beiden Geschlechtern flach und zart; denn die Kinder werden von der frühesten Jugend an eingeschnürt; die Knaben mit einem Riemen und die Mädchen vermittelst eines Mieders von Maroccoleder, welches an dem Körper zusammengenäht und nicht eher abgelegt wird, als bis es zerreißt, wo es dann durch ein neues ersetzt wird. Der Bräutigam zerschneidet in der Hochzeitnacht dieses Mieder mit seinem Dolch, und von nun an wird kein anderes mehr angelegt. Man findet deßhalb selten ein Mädchen, die einen starken Busen hat; ein solcher wird

als das Zeichen einer Mutter betrachtet und könnte nur einem Mädchen Schande bringen. Die Tscherkessierinnen entbehren demnach eine
der Zierden, die in Europa so hoch geschätzt wird. Von den Hüften
an sind sie im Gegentheile breit und untersetzt, was hiesigen Landes
sehr gefällt. Obgleich sie sehr wollüstig sind, so gehen und bewegen
sie sich doch mit vielem Anstand. Sie sind zwar im Allgemeinen
hübsch, doch bleiben sie in der Wirklichkeit weit hinter dem Rufe
ihrer Schönheit zurück.

Wenn ein junger Mann um ein Mädchen freien will, so läßt er
vermittelst eines guten Freundes bei den Eltern um sie anhalten.
Ist die Zustimmung ertheilt, so geht der Vater zum Bräutigam, um
sich mit ihm über den Preis zu verständigen, den er für seine Tochter
zu bezahlen hat. Dieser Preis besteht in Rindern und Pferden, in
Waffen, Sklaven und andern Dingen nach dem verschiedenen Stande
der Personen. Wenn es Leute fürstlichen Standes sind, so befindet
sich immer unter den Geschenken ein Panzer, der zwei bis dreitausend
Piaster werth ist. Dieser Kaufpreis wird theils gleich, theils erst zu
einer, im voraus bestimmten, spätern Zeit entrichtet. Sind diese Vor-
bedingungen sämmtlich geordnet, so hält der Bräutigam mit seiner
Braut in der Nacht eine Zusammenkunft und entführt sie mit Hülfe
einiger seiner Freunde. Gewöhnlich wird die Braut der Frau eines
den beiden Familien befreundeten Hauses übergeben. Den andern
Morgen kommen die Eltern des Mädchens zu denen des Bräutigams
und fragen in scheinbar erzürnter Weise, aus welchem Grunde
man ihre Tochter entführt habe? Unser Sohn, antworten diese,
will eure Tochter zu seinem Weibe nehmen; sie ist hiermit einverstanden. Der junge Mann handelte nach der Sitte des Landes,
wir bitten euch deßhalb, keine Schwierigkeiten zu machen und eure
Zustimmung zu ertheilen. Es beginnt nun zum Scheine die Unterhandlung von neuem, und es werden Schiedsrichter erwählt, welche den
Kaufpreis der Braut so festsetzen, wie er früher angeordnet war.

Den folgenden Tag wird Hochzeit gehalten. Früh am Morgen
versammeln sich die beiderseitigen Verwandten und Freunde, bewaffnen sich sämmtlich mit Stöcken, und trennen sich dann in zwei Abtheilungen, wovon die eine dem Hause zueilt, wo die Braut hin geflüchtet wurde, und die andere den Bräutigam begleitet, der ernsten
Schrittes und ebenfalls mit einem Stocke versehen einherkommt und
seine Verlobte verlangt. Zwischen beiden Parteien entsteht alsbald ein

Scheingefecht, das einige Zeit lang dauert. Jetzt erscheint aber die Braut zwischen zwei andern Jungfrauen an der Schwelle der Hausthüre; der Bräutigam springt ihr entgegen; seine Begleiter jubeln laut auf und schreien: „Sieg! Sieg!" und eilenden Fußes läuft der Glückliche mit seiner Beute auf und davon. Die ganze Gesellschaft zieht nun triumphirend in das Haus des jungen Paares, wo sie eine herrliche Mahlzeit, Musik und Tanz erwarten. Diese Festlichkeit dauert fünf bis sechs Tage, ohne daß aber der Bräutigam einen Antheil daran nimmt; denn es gilt durchaus für unschicklich, daß junge Eheleute beisammen gefunden werden. Während des Tages hält er sich in der Nähe verborgen. Sobald aber die Nacht hereinbricht, kommen die Freunde und führen den Ehemann in das Zimmer der jungen Frau. Hier verweilt er so lange es dunkel ist, und mit Tagesanbruch eilt er wiederum von bannen. Dieses Spiel dauert zwei volle Monate lang, und auch dann noch hüten sich die jungen Ehegatten, daß man sie nicht beisammen findet. Begegnen sie sich zufällig im Beiseyn anderer Personen in oder außerhalb des Hauses, so entflieht die junge Frau, so schnell sie kann, durch die Thüre oder das Fenster und verbirgt sich und ihre Scham in der Einsamkeit. Auf gleiche Weise benimmt sich der Mann, wenn ihm ein Kind geboren wird. Sobald dieß ihm verkündet wird, verläßt er auf mehrere Tage die Frau und das Haus, und kehrt nur des Nachts in seine Wohnung zurück.

Die Tscherkessen sind sehr mäßig, — eine Eigenschaft, die ihnen in den kriegerischen Unternehmungen sehr zu Statten kommt. Der Reiter hängt einen Sack gekochter Hirse an seinen Sattel und lebt hiervon mehrere Tage. Man begnügt sich gewöhnlich mit Hülsenfrüchten, Gemüsen und Mehlspeisen. Nur wenn er Gäste hat, läßt der Tscherkesse in reichlicher Fülle auftragen; es werden Ochsen=, Ziegen= und Schaffleisch, so wie allerlei Gattungen Fische und Geflügel auf den Tisch gesetzt. Diese große Mäßigkeit verleiht ihnen ein hohes Alter und bewahrt sie vor vielen Krankheiten; doch leiden sie häufig an dem Aussatz, und namentlich das weibliche Geschlecht. Die Pest und die Blattern richten hier ebenfalls von Zeit zu Zeit große Verwüstungen an; wird diesen Uebeln im Laufe der Zeit abgeholfen, so wird die Bevölkerung schnell anwachsen. Sonderbar ist es, daß, während sie der Pest ihren freien Lauf lassen, sie sich gegen die Ansteckung der Blattern zu schützen wissen. Sobald nämlich Jemand von ihnen be-

fallen wird, so verschließen sie ihn in einer besondern Hütte und ge=
statten Niemand den Zutritt, welcher nicht schon die Krankheit
durchgemacht hat. Dasselbe ist der Fall bei dem dienenden Per=
sonale. Während nun der Kranke so abgesperrt ist, trauern seine
Verwandten und Freunde um ihn, und lassen alle Arbeit liegen;
sie waschen sich weder die Hände noch das Gesicht, sie schneiden
sich weder die Nägel, noch wechseln sie die Kleider. Geht die
Krankheit glücklich vorüber, so feiern sie die Genesung des Freun=
des durch Opfer und Freudenmahle. Die Tscherkessen erfreuen sich, wie
gesagt als Folge ihrer Lebensweise durchgehends einer guten Gesundheit.
Dessen ungeachtet findet man auch in den Ländern des Kaukasus
eine große Anzahl sowohl einheimischer als fremder Aerzte. Die
erstern bedienen sich verschiedener Kräuter, Butter, Wachs und
Honig als Heilungsmittel; auch lassen sie Blut, vorzüglich bei
starken Kopfschmerzen. Sie machen vermittelst eines Messers
einen Einschnitt an dem schmerzenden Theil, und verstopfen, so=
bald Blut genug herausgeflossen, die Wunde mit Nesseln oder
Baumwollenzeug. Sie sollen in der Heilung der Wunden, wozu
sie bei der Raub= und Kampflust des Volkes viel Gelegenheit
haben, sehr geschickt seyn. Diese wird unter allerlei wunderlichen
Ceremonien vorgenommen. Der Kranke muß sich gewöhnlich in
ein besonderes Zimmer legen, und an den Fuß seines Bettes wird
eine Pflugschar, ein Hammer und eine Schale Wasser gestellt,
worin ein frischgelegtes Ei sich befindet. Diejenigen, welche den
Kranken besuchen, schlagen mit dem Hammer dreimal auf die
Pflugschar, tauchen ihre Finger in das Wasser und bespritzen ihn
damit, indem sie zu gleicher Zeit zu Gott um seine Genesung
beten. Ist dieß geschehen, so stellen sie sich ringsherum, führen
Tänze auf und sprechen hiezu allerlei wunderliche Sprüche. Man
hält hiesigen Landes dafür, daß den Talismanen, Amuletten
und Gebeten eine besondere Heilkraft inwohne.

Diese Aerzte stehen in der Regel hoch in der Achtung des Volkes.
Es darf Niemand den Platz einnehmen, wo kurz vorher ein Arzt ge=
sessen hat; wer, wenn auch zufällig, gegen diese Vorschrift sich ver=
fehlt, zahlt dem Arzte eine kleine Strafe, — und diese Strafgelder
bilden die vorzüglichsten Einnahmen der tscherkessischen Doctoren.
Die Aerzte verweilen gewöhnlich die ganze Nacht in dem Gemache
des Kranken, wohin auch alle die Verwandten und Freunde ihre

Abendmahlzeit bringen laſſen, welche neben andern Gegenſtänden in einer Ziege oder einem Schafe beſteht. Gegen Abend erſcheint die Jugend beiderlei Geſchlechtes mit einer Flöte und einem andern Inſtrumente, welches einer Laute ſehr ähnlich iſt. Die Knaben ſtellen ſich auf eine Seite des Krankenzimmers und die Mädchen auf die andere. Jene beginnen alsdann einen kriegeriſchen Geſang, worin Männlichkeit und Tapferkeit hoch erhoben werden, während dieſe Reihen bilden und um den Sängerchor herumtanzen. Die Muſikanten ſpielen dazu und beſchließen dann dieſes Schauſpiel vor Eſſen mit einer Erzählung, die ſie zum Beſten geben. Iſt das Abendeſſen zu Ende, ſo werden allerlei kleine Spiele aufgeführt, wovon das letzte darin beſteht, daß an einem an der Decke befindlichen Drath ein Stück Kuchen oder Biscuit befeſtiget wird, welchen die jungen Leute hin und herſchleudern und mit den Zähnen zu fangen ſuchen; ſelten endigt dieß wilde Spiel, ohne daß einige Zähne dabei zerbrochen werden. So vergeht die erſte Nacht bei dem Kranken, ohne daß es Jemand wagt, ſich zur Ruhe zu begeben. Die Kranken ſcheinen unter dieſem Lärm gar nicht zu leiden. Mögen ſie nun Scheu tragen, ihre Schwäche zu zeigen, mögen die kriegeriſchen Geſänge ihre Kräfte ſteigern oder die Spiele und der Jubel der Jugend ſie erheitern — ſo viel iſt ſicher, die Kranken nehmen gewöhnlich an allem dieſen Treiben keinen Antheil, und ihre Geneſung, ſo wird uns wenigſtens verſichert, leidet dadurch nicht im mindeſten.

Spiele, Heiterkeit und Lächeln ſollen den verwundeten Krieger über ſeine Schmerzen tröſten; ſtirbt er aber an ſeinen Wunden, oder wird er von einer Krankheit dahingerafft, ſo wird ſein Tod von allen ſeinen Freunden und Bekannten auf das innigſte bedauert. Die Thränen und das Geſchrei der Frauen im Hauſe verkünden den erfolgten Todesfall, und die Nachricht hiervon verbreitet ſich ſchnell in der ganzen Nachbarſchaft. Es erſcheinen dann die Freunde und Nachbarn, um mit der troſtloſen Familie zu trauern und zu klagen. Man hört bei ſolchen Gelegenheiten kein Wort des Troſtes; man ſetzt ſich zuſammen, trauert und weint, und preiſt mitunter die herrlichen Thaten und trefflichen Eigenſchaften des Verſtorbenen.

Jetzt wird der Leichnam rein gewaſchen, alles Haar rein abgeſchoren, dann mit neuen Kleidern angethan und auf eine Matratze an den Boden gelegt. Auf einer andern Matratze nebenan befindet ſich ein neues Kiſſen, worauf alle Kleider des Verſtorbenen gelegt werden. Seine Waffen werden in Form eines Triumphbogens vor der Thüre aufgestellt, um den Vorübergehenden anzuzeigen, daß dieß ein Haus der Trauer ist; sobald sie die Schwelle überschritten, beginnt das Wehklagen der Besuchenden. Die Männer erheben aber kein solches Geschrei wie die Frauen; wenn sie eintreten, halten sie die eine Hand über die Augen und mit der andern schlagen sie sich auf die Brust. Sie knieen auf die Matte, welche nahe an dem Leichname ausgebreitet ist, und bleiben so lange seufzend und weheklagend in dieser Stellung, bis die Verwandten selbst ihnen tröstlich zureden und sagen: Es ist genug. Jetzt erheben sie sich; man reicht ihnen Waffer, sie waschen sich die Hände und das Gesicht, und besuchen alsdann alle trauernden Hausgenossen.

Die Todten müssen nach der Landessitte innerhalb des Verlaufes von vierundzwanzig Stunden begraben werden. Während man im Hause des Verstorbenen allerlei Sühnopfer vornimmt — die hiezu verwendeten Speisen werden von Gästen, Freunden und Verwandten verzehrt — gehen einige junge Männer hin und besorgen das Grab; ist dieß fertig, so wird die Leiche unter großer Begleitung zum Begräbnißorte gebracht. Die ältern Personen führen den Leichenzug an und sagen Gebete her. Hinter ihnen folgt der Sarg, von den Freunden, Verwandten und Nachbarn des Verstorbenen umgeben. Die Frauen schließen den Zug, halten ein Sacktuch zwischen den beiden Händen, schwingen es immer von einer Seite zur andern, und zeigen auf alle mögliche Weise, daß sie von dem tiefsten Schmerze ergriffen sind. Die Frau, die Mutter und die nächsten Verwandten des Verstorbenen reißen sich die Haare aus, zerkratzen ihr Gesicht und vollführen andere Handlungen der Verzweiflung, wovon sie lange Zeit die Spuren an sich tragen. Ist der Todte eingescharrt, so lassen sie auf dem Grabe einen Theil des Opferfleisches, so wie Pasta und Busa, für die Vorübergehenden zurück, welche dann, wenn sie es genießen, dem Todten tausend Segenssprüche nachrufen. Die Personen, welche den Leichenzug begleiteten, kehren nun zu den Verwandten des Verstorbenen, wo ihrer ein Gastmahl wartet, zurück. Die ganze Ceremonie endigt mit einem Scheibenschießen, wobei die Häute der Opferthiere als Preise ausgesetzt werden. Das Andenken an den Todten wird in einem Liede aufbewahrt, welches die Stelle einer Lebensbeschreibung vertritt, und, ist es durch Inhalt und Form ausgezeichnet, der Nachwelt überliefert wird. Dieß ist aber nicht das Hauptfest, welches erst nach Verlauf eines Jahres an demselben Tage, wo der Todte verblichen ist, gefeiert wird. Während des ganzen ersten Jahres bleiben die Waffen und das Bett des Verstorbenen an derselben Stelle, wo sie sich während seines Lebens befanden. Ist das Trauerjahr verflossen, so bieten die Verwandten Alles auf, um das Erinnerungsfest so glänzend als möglich zu machen. Es werden hiebei häufig fünfzig große Opferthiere geschlachtet, und überdieß sorgt noch jede Familie, die daran Antheil nimmt, für irgend eine Speise. Am Jahrestage selbst, welcher einige Wochen vorher allen Freunden und Bekannten verkündet wird, versammelt sich in der Frühe die Gesellschaft auf dem geweihten Leichenacker, wo ringsherum die Leichensteine stehen. Alle Gäste haben von Weiden geflochtene Panzer und Helme auf. Es werden nun die Kleider und die Waffen des Verstorbenen auf das Grab gelegt, so wie allerlei neue Waaren von verschiedener Farbe. Sind die Verwandten sehr reich, so fügen sie Panzer, Pferde und Sklaven hinzu. Alle diese Gegenstände dienen als Preise für die Sieger in dem Kampfspiele, welches alsbald seinen Anfang nimmt. Das Fest beginnt mit der dreimal wiederholten Losfeuerung der Waffen des Todten, dessen Andenken gefeiert wird. Hierzu singen die Frauen Loblieder. Alsbann gehen vier oder sechs der nächsten Verwandten dreimal rund um das Grab herum und führen in der einen Hand ein neu aufgezäumtes Pferd; sie verwunden sich am Ohre, lassen hieraus einige Tropfen Blutes auf das Grab fallen, wobei sie dann die Worte sprechen: Das gehört für dich. Ist dieß geschehen, so nimmt jeder ein Kleidungsstück, schwingt sich schnell auf das Pferd und reitet in größter Eile von dannen. Es sitzen alle Reiter bereits auf ihren Pferden, um sie zu verfolgen und ihnen das Kleidungsstück oder das Stück Zeug abzunehmen; es gilt aber für einen Ehrenpunkt, sich nicht erwischen und das Entwendete nicht wegnehmen zu lassen, sondern es zu behaupten und den gegenwärtigen Frauen als Geschenk darzubringen. Bei der Uebergabe des Geschenkes begrüßen die Ritter die zuschauenden Frauen durch Abnahme der Kopfbedeckung, — eine Sitte, die man bei keinem andern Volk des Orients findet. Es beginnt dann ein neues Wettrennen zu Fuß oder zu Pferd, wobei die noch übrigen auf dem Grabe liegenden Gegenstände als Preise dienen. Die Häute der Opferthiere dienen ebenfalls wiederum als Preise für die Sieger in dem Scheibenschießen,

welches sowohl mit Feuerwaffen als mit Bogen und Pfeil stattfindet. So wird nun der ganze Tag mit diesen Spielen, mit Essen
und Trinken zugebracht; selbst die Freunde und Bekannten, die durch
irgend einen Zufall verhindert wurden, diesem Feste beizuwohnen,
werden nicht vergessen. Man sendet ihnen Speise und Trank in
ihre Behausung.

Die tscherkessischen Wohnungen stehen einzeln in den Gebirgen
und auf den Auen; es siedelt sich jeder innerhalb seines Besitzthums da an, wo es ihm am besten behagt. Es stehen die Häuser demnach nicht nahe bei einander und bilden keine geschlossenen
Straßen. Eine tscherkessische Malerei besteht durchgängig aus
mehreren kleinen Lehmhütten, welche mit Holz oder Stroh gedeckt
sind. Das schönste dieser Gebäude steht in der Mitte und heißt
Haus des Gastfreundes. Ringsherum sind die Wohnungen
des Familienvaters, der Frauen und Kinder. Die fürstlichen
Malereien enthalten nicht selten mit den Dienern und dem ganzen
Hausgesinde eine Bevölkerung von zweihundert Personen. Man
glaubt im Durchschnitt wenigstens dreißig Personen auf eine
Malerei rechnen zu können. Hat der Hausherr Gäste am Tische,
so setzt er sich niemals zu ihnen, seyen sie auch im Range noch
so tief unter ihm, sondern er bleibt während des Essens in einer
ehrfurchtsvollen Entfernung, und blickt sorgfältig umher, um die
Bedürfnisse der Gäste zu erkunden und ihnen alsbald abzuhelfen.
Man hat kein Beispiel, daß ein Tscherkesse die heiligen Rechte
der Gastfreundschaft übertreten und seinen Konak mißhandelt
hätte. Wer immer aber es wagt, das Land zu betreten, ohne
sich im voraus des Schutzes eines Mitgliedes der Gaugemeinschaften versichert zu haben, ist unrettbar der Sklaverei verfallen;
dasselbe Loos trifft alle Kriegsgefangenen. Die Anzahl der gefangenen und zu Sklavenarbeit verwendeten Russen bei den Tscherkessen und Abchasen mag sich jetzt wohl auf achttausend belaufen.
Die Russen selbst werden natürlich sehr hart behandelt. Die gefangenen Polen werden aber, wenn man sich einmal überzeugt
hat, daß es wirklich Polen sind, als Gastfreunde aufgenommen.
Die Polen, welche in den russischen Heeren des Kaukasus dienen,
desertiren deßhalb, sobald sie können, in Masse; und selbst Russen
sollen, wie es heißt, ihren Fahnen entfliehen und bei den Tscherkessen sich für Polen ausgeben.

Obgleich die Sklaven sehr hart behandelt werden, so gilt doch die Sklaverei an sich für nicht herabwürdigend. Wenn der Sklave seine Freiheit erhält, so kehrt er alsbald wieder in seine vorige bürgerliche Stellung zurück, ohne daß ihm, in der Meinung des Volkes, die geringste Schande oder Unehre haften bliebe. Der Vater ist, wie bei den Römern, der unumschränkte Herr seiner Kinder, und er kann sie, je nach Gutdünken, tödten oder als Sklaven verkaufen. Auch hat der Bruder, wenn der Vater gestorben, ein gleiches Recht über seine Schwestern. In die Fremde als Sklave verkauft zu werden, dünkt aber weder dem Tscherkessen noch der Tscherkessierin ein besonderes Unglück; ja es ist dieß im Gegentheile nicht selten der Wunsch des Jünglings wie des Mädchens, hoffend, dadurch zu Ehren und Ruhm emporzusteigen. Es dringt die Kunde in die Hochgebirge des Kaukasus von dem Glücke, welches ihren tapfern Landsleuten, ihren schönen Jungfrauen in der Ferne zu Theil wird; auch trifft es sich nicht selten, daß Manche des Volkes, nachdem sie ihre Freiheit erworben, mit Reichthümern beladen zurückkehrten in die heimathlichen Berge, und dadurch bei Andern eine Sehnsucht erregten nach ähnlichen Glücksgütern. Und so kommt es, daß dieses auf seine Freiheit so eifersüchtige Volk — in solchen Widersprüchen gefällt sich die menschliche Natur — freiwillig hinzieht, um der Sklave zu werden des verweichlichten Persers,, des stolzen Arabers und des wollüstigen Türken.

Sechster Abschnitt.
Die Zukunft.

Was wird nun aber das Ende seyn des vieljährigen hartnäckigen Kampfes zwischen dem großen slavischen Reiche und dem muthigen freisinnigen Völklein des Kaukasus, dessen Bruchstücke der Geschichte, dessen Verfassung, Sitten und Gebräuche wir mit Liebe betrachtet und zusammengestellt haben? Werden die Russen, wie einige wenige Engländer es uns versichern, am Ende wirklich nach-

geben müssen, und die Tscherkessen innerhalb ihrer Gebirge die ange=
stammte Selbstständigkeit zu behaupten wissen? Man lasse doch
endlich diesen eiteln Wahn fahren und gebe am hellen Tage keinen
solchen thörichten Hoffnungen Raum. Rußland wird sicherlich in
den nächsten Jahrzehnten des Kaukasus vollkommen Herr werden;
schon aus dem einzigen Grunde, weil ihm diese Herrschaft unbedingt
nöthig ist zur Befestigung und Ausdehnung seiner Macht im süd=
westlichen Asien. Man wird, man muß Alles aufbieten, um die
trotzigen Halbbarbaren entweder zu unterjochen oder, wenn dieß
durchaus nicht möglich seyn sollte, innerhalb ihrer Bergschluchten sie
einschließen. Man wird sie von allen Seiten mit Festungen um=
garnen, jeden ihrer Schritte genau bewachen, ihnen im Ganzen so
viel Unheil zufügen als möglich, und nach und nach, bei günstiger
Gelegenheit, einzelne Dörfer und einzelne Stämme zu unterjochen
oder auszurotten suchen. So verfahren seit undenklichen Zeiten die
Chinesen gegen die wilden Bergbewohner, Miao tse genannt, in den
nordwestlichen Kreisen ihres Reiches. Man umzieht sie in immer
engern und engern Kreisen mit Castellen und Pallisaden, und ver=
nichtet alle Klane, deren man mit den Waffen in der Hand Meister
wird, bis auf den letzten Mann. Es ist wahr, dieses Verfahren ist
grausam, es ist grausenhaft, — aber so will es die Natur der Dinge,
so erheischt es das erste Gesetz alles Lebendigen, die Pflicht der
Selbsterhaltung, die Würde der Herrschaft. Denn diese in wilder
Zügellosigkeit dahinlebenden, nach ihren ungebändigten Natur=
trieben planlos handelnden Stämme begnügen sich nicht damit,
innerhalb ihrer Thalschluchten und auf ihren Hochebenen nach ange=
stammter Weise ein freies und arbeitsames Leben zu führen; sondern
sie sind großentheils dem Müßiggange ergeben, und suchen auf
Kosten der betriebsamen Nachbarn sich den nothwendigen Unterhalt,
wie die Genüsse des Daseyns zu verschaffen. Soll es nun Rußland
dulden, daß die Tscherkessen, wann ihnen beliebt, seine Unterthanen
rauben und als Sklaven in die Fremde verkaufen oder im eigenen
Lande zu Sklavenarbeit verdammen; soll dieser mächtige Staat es zu=
geben, daß sie seine Kauffahrer plündern und die ganze Schifffahrt
auf dem schwarzen Meere, das in der nächsten Zukunft, wie das
kaspische es bereits ist, ein Binnensee des großen Slavenreiches
werden muß, unsicher machen? Rußland, davon sind wir über=
zeugt, wird, kann dieß nicht dulden. Wenn die letzte nach dem

westlichen Kaukasus abgegangene Expedition nicht allein von ihr ge-
hegten Erwartungen entsprechen sollte, so werden in den nächsten
Jahren noch zahlreichere Heere, noch größere Flotten dahin beordert
werden, und das Volk der Tscherkessen wird am Ende ohne Zweifel
unterliegen. Die Osseten leisteten ehemals, und, wenn sich eine
Gelegenheit dazu ergibt, auch noch jetzt, den Russen keinen ge-
ringern Widerstand, wie heutigen Tags die Tscherkessen. Dessen
ungeachtet besitzen die Slaven jetzt in der ossetischen Ebene nicht nur
die verschanzten Orte Durdur, Ardon und Archon, sondern südlich
an der kartalinischen Gränze steht in Dschawi ihr äußerster Posten.
Ueberdieß ist der ganze große Weg von Kasbek bis Wladikawkas besetzt, so daß man dort ganz sicher allein reisen kann. [132]) Der Kaiser
ist fest entschlossen, — davon zeugt die große Truppenanzahl, welche
im Frühlinge des Jahres 1839 nach Tscherkessien beordert wurde,
um nach andern Richtungen hin freie Hand zu bekommen, dem
Kampfe mit den Gebirgsvölkern so schnell als möglich ein Ende zu
machen, und sollte man auch den größten Theil der Kraft des
Reiches gegen sie aufbieten müssen. Von Norden und Süden, von
Kuban und Mingrelien, rückten große Heeresmassen gegen das
Hochgebirge des Kaukasus, welche, nachdem sie sich mit den Gar-
nisonen in Anapa, Sudschuk-Kaleb und Gelendschik vereinigt haben
werden, die aus dreizehntausend Mann aller Waffengattungen bestehen, die Anzahl von vierzigtausend Mann überschreiten möchten.
Diese Expedition, die stärkste, welche bis jetzt gegen die Gebirgsvölker unternommen wurde — General Williaminoff befehligte blos
zwölf- bis dreizehntausend — soll von Osten her über Wladikawas
durch andere Truppenmassen, so wie auf dem schwarzen Meere durch
eine zahlreiche, mit Landungstruppen versehene Flotte, die an
verschiedene Orte der Küste sich hinbegeben und Truppen aussetzen wird,
unterstützt werden. General Rajeffsky ward wiederum zum Oberbefehlshaber dieses Heeres ernannt. Nach den neuesten Nachrichten haben
sich die Russen auch einiger wichtigen Punkte an der östlichen Küste
des schwarzen Meeres bemächtigt; namentlich im Thale Subaschi
im Lande der Ubichen. Wir haben hierüber vor kurzem durch russische
Blätter einen ausführlichen etwas schwülstigen Bericht erhalten,
worin aber der Tapferkeit und dem Muthe der Tscherkessen das

---

[132]) Koch in Brans Miscellen, Jena 1838. Bd. 95. S. 506.

größte Lob ertheilt wird. Folgendes ist der wesentlichste Inhalt dieses lehrreichen Actenstückes, dessen am Ende ausgesprochene, sanguinische Hoffnungen wir übrigens keineswegs theilen können.

Die russische Flotte näherte sich am Morgen des 3 (15) Mai 1839 dem Thale Subaschi. Um eilf Uhe nahmen alle Schiffe längs der Küste die ihnen angewiesenen Plätze ein, und ein prächtiges, wahrhaft poetisches Gemälde entfaltete sich vor Aller Augen. Kein Pinsel vermag diese wunderbare, malerische, üppige Natue des Kaukasus zu schildern. Vom Meere an beginnt dieses flache Thal, von hundertjährigen Bäumen beschattet; nach dem Gebirge zu verliert es sich in eine Schlucht, der das ziemlich breite und tiefe Flüßchen Schache entströmt. Die Vegetation ist hier, wie überall im Kaukasus, von unermeßlicher Fülle. Um sich eine Vorstellung davon zu machen, denke man sich einen Weinstock von beinahe zehn Werschok im Durchmesser, der sich um eine Pappel bis zu deren Wipfel schlingt, von dort seine Ranken nach einem benachbarten Baume ausstreckt und sich mit dem Weinstocke desselben vereinigt. Das ganze Thal ist dicht mit solchen Bäumen besetzt, — ein entzückender, bezaubernder Anblick! Das Thal wird von beiden Seiten durch Bergabhänge geschützt, die mit verschiedenen Baumarten bewachsen sind; weiterhin erheben sich übereinander terrassenartige Berge und verlieren sich in nebliger Ferne. Ueberall auf diesen Bergen schimmert ein angenehmes frisches Grün, und nur die entfernten Gipfel sind, gleichsam mit dem Himmel und den Wolken sympathisirend, mit ewigem Schnee bedeckt. Zehn Linienschiffe näherten sich der Küste, und begannen auf das Thal und die dasselbe umschließenden Berge ein mörderisches Feuer. Schon dauert die Kanonade zwanzig Minuten; das Thal ist von Rauch bedeckt; dahin war alle seine Schönheit, entschwunden war der Zauber der Natur, und an der Stelle des frühern entzückenden Gemäldes herrschte jetzt der Tod mit allen seinen Schrecknissen. Endlich verstummte Alles und die Russen betraten die Küste. Man hört das ununterbrochene Knattern des Gewehrfeuers: ein Lauffeuer ist von beiden Seiten eröffnet. Doch ist es, als wären die Kugeln der Tscherkessen unsicher und nicht tödtlich; sie hielten den Angriff des Feindes nicht aus, und konnten seinen siegreichen Schritt vorwärts und immer vorwärts nicht hemmen. Nachdem die Bergvölker die Unwirksamkeit ihrer Kugeln gesehen, warfen sie verzweifelnd ihre

Gewehre weg, griffen zu den Säbeln und stürzten mit wüthendem
Ungestüm von verschiedenen Seiten und an verschiedenen Stellen in
zahlreichen Haufen auf die Truppen. Entschlossen und stolz zogen
sie Bajonnetten und Kartätschen entgegen. Aber diese letzte ver-
zweifelte Anstrengung war nur der letzte Kampf des Lebens mit dem
Tode. Das Bajonnet und die Kartätschen überwältigten sie. Die
Tscherkessen wandten alle ihre Kunst, alle ihre Kräfte an. Zum erstern-
male kämpften sie so tapfer, so verzweifelt und in fast europäischer
Ordnung, und zum erstenmale hatten sie nach dem Militärausdruck
der alten Kaukasier eine reine Sache, nicht hinter Gebüsch und
Bäumen hervor, sondern auf offenem Felde; sie stellten sich den
Russen Stirn gegen Stirn entgegen; sie schossen nicht von hinten,
nicht auf die Weichenden, sondern auf die Vorrückenden. Im Ge-
tümmel der Schlacht kümmerten sie sich wenig um ihre Todten und
Verwundeten, ein jeder sann nur darauf, so viel als möglich Schaden dem Feinde zuzufügen und so tapfer als möglich mit ihm zu
kämpfen. Doch Alles war vergeblich! Die Tscherkessen mußten
weichen, doch auch weichend bewahrten sie ihre Besonnenheit; sie
flohen nicht wie Feiglinge, sondern zogen sich, wie schlachtgewohnte
Krieger, in Reihe und Glied, in vollständiger Ordnung zurück, indem sie ein fortwährendes Feuer unterhielten. Gegen Abend war
das Thal Subaschi mit den an dasselbe stoßenden Bergen vom Feinde
gesäubert und von den Russen besetzt; rund umher wurde ein Verhau
gemacht, Piquets ausgestellt und in der Mitte ein Lager aufgeschlagen. Eine stille lautlose Nacht lagerte sich auf dem kaukasischen
Gestade. Alles war entschlummert, Alles ruhte von dem furchtbaren blutigen Werke. Nach einigen Tagen ward im Thal Subaschi
der Grundstein zu einer Festung, unter den bei solchen Gelegenheiten
üblichen Ceremonien, gelegt. In dem Fort und um dasselbe herum
wird man so viel als möglich alle Bäume stehen lassen. Wahrscheinlich werden die Einwohner der Umgegend von Subaschi, die zu
dem Stamme der Ubichen gehören, fügt der russische Bericht hinzu,
friedliche Bergvölker werden und unsern Schutz annehmen. Man
sucht ihnen die Ruhe des Bürgers und die Vortheile, die sie von
einem friedlichen Leben erwarten können, begreiflich zu machen.
Den Stamm der Ubichen zu friedlichen Gebirgsvölkern zu machen,
ist aber sehr wichtig; er ist reich, mächtig und zahlreich und bewohnt einen den besten Landstriche des Kaukasus. Die Männer sind

meist. hübsch und gesund; ihre Weiber sind durch ihre Schönheit längs dem ganzen Gestade des Kaukasus berühmt und bilden die auserlesenste Zier des ottomanischen Harems. Im letzren Kampfe haben die Bergvölker ihren Muth, ihre Festigkeit, Entschlossenheit und Kraft bewährt. Die Ubichen sind seit lange jenseits des Kubans und an andern Orten durch ihre Tapferkeit, Verwegenheit und immer glückliche Ueberfälle bekannt. Nach der Menge der Aecker, die auf den Bergabhängen sowohl als an der Küste selbst zerstreut liegen, muß man glauben, daß nicht Raubzüge allein das Gewerbe dieser Bergvölker sind, sondern daß sie sich auch fleißig mit dem Ackerbau beschäftigen; daß aber auch die Viehzucht bei den Ubichen nicht unbeachtet bleibt, dafür sprechen ihre guten Pferde und trefflichen Weideplätze. General Rajeffsky hatte einen schönen Plan zu dem Fort entworfen; es wird ein üppiger reicher Garten werden, der wider Willen den Seemann anlockt, während der drückenden Sommerhitze im Schatten hoher rebenumschlungener Pappeln auszuruhen. Die Einrichtung der Casernen in dem Fort, die Straßen, welche mit Kieseln gepflastert sind, die an der Küste gesammelt werden, und Bestandtheile von Marmor, Porphyr, Jaspis u. s. w. enthalten, werden unwillkürlich die halbwilden Tscherkessen anlocken, und vielleicht den Wunsch bei ihnen beschleunigen, den Russen wohlgesinnte tapfere Brüder zu werden. [133])

Im August des Jahres 1839 ward General Statelmann mit einem frischen Corps von ungefähr 10,000 Mann nach dem Kaukasus beordert, um den Krieg mit den Gebirgsvölkern wo möglich noch in diesem Jahre zu beendigen. Man wollte von dieser Seite her um jeden Preis sich Ruhe verschaffen, damit später, was die Ereignisse in der Türkei wohl erheischen dürften, eine desto größere Truppenmasse nach Anatolien hin beordert werden könnte.

Wird nun aber Europa, wird namentlich England sich der Unterjochung oder Vernichtung der Tscherkessen nicht mit allen Kräften entgegensetzen? Nein, man wird nicht einmal die geringste officielle Einsprache erheben. Einige Zeitungen werden einen gewaltigen Lärm schlagen, im Parlamente werden herbe Reden fallen; vielleicht wird gar eine Versammlung zu Gunsten der Tscherkessen gehalten werden; es wird aber dieß Alles nichts fruchten. Rußland

133) Preußische Staatszeitung 1839. Nro. 247.
Reisen und Länderbeschreibungen. XIX.
(Rußland u. d. Tscherkessen.)

wird nichtsdestoweniger Herr seyn und bleiben im Kaukasus. Europa, dieß alte, von der Furcht vor sich selbst, von der Furcht vor Revolutionen gelähmte Europa wird sich wohl für die Tscherkessen wappnen! Hat doch Niemand in deutschen Landen ein kräftiges Wort, dem im Nothfalle auch die That zu Hülfe eilen könnte, für die Noth der preußischen Ostseeprovinzen! Und wer erhebt sich denn für deutsche Sprache, deutsches Recht und deutsche Gesinnung, die dem Slaventhume weichen sollen unter den Liven, Kuren und Esthen! Doch halten wir dieß Alles im Ganzen für kein Unglück. Es ist unumgänglich im Buche des Schicksals beschlossen, daß, wie ehemals zu den Zeiten des großen Macedoniers, Europa die Herrschaft erlangen soll über Asien. Die europäische Menschheit, wozu wir alle europäisch civilisirten Völker, namentlich die Nordamerikaner rechnen, hat in den letzten fünfzig Jahren unermeßliche Fortschritte gemacht; die Rückschritte der neuesten Epoche im Einzelnen sind bloß scheinbar, und wenn sie auch hie und da wirklich von Bestand seyn könnten, von keinem Einfluß auf das Ganze. Es wären nur die Stämme und Individuen zu bedauern, welche darunter leiden und am Ende die Beute würden derjenigen Nationen, welche den Geist des neunzehnten Jahrhunderts zu erfassen vermögen. Denn Alle — und dieß ist das eiserne Gesetz der Entwicklung der Menschheit — denn Alle, welche dem großen Weltengange der europäischen Culturbewegung sich widersetzen, seyen sie innerhalb Europa's oder sonst wo auf Erden, sie werden sämmtlich von dem Engel mit dem flammenden Schwerte vernichtet oder hinausgetrieben werden in die Wüsteneien und Steppenländer, zu dem wilden, der Cultur unfähigen Thiergeschlechte. Ein und dasselbe Schicksal wird die ursprüngliche Bevölkerung Amerika's, wie die verschiedenen Völkerschaften des Kaukasus, ereilen. Solche Völker, welche, unbekümmert um Geistesbildung und die Zukunft, bloß ihrer Behaglichkeit und den thierisch-egoistischen Trieben leben, sind, da sie es verschmähen ein Glied zu bilden in der Entwicklungskette der Menschheit, werthlos vor den Augen des Weltenmeisters; sie werden früher oder später zu Grunde gehen, wie Hunnen und Mongolen, Avaren und Türken. Was haben denn die Indianer, die Chumpken, Tschetschensen, Osseten und Tscherkessen jemals für die Menschheit geleistet? Deßhalb können wir, so sehr wir uns an dem Freiheitssinne und an einigen löblichen Gewohnheiten dieser Stämme er-

götzen mögen, deßhalb können wir vom höhern Standpunkte des
Bildungsganges unsers Geschlechtes an ihren Schicksalen keinen in=
nigen Antheil nehmen. Und so bleibt den Tscherkessen, den Abchasen
und den andern zwischen dem schwarzen und kaspischen Meere, so
wie an dem südlichen Abhange des Kaukasus hausenden Völker=
schaften nur die Wahl zwischen der freiwilligen Unterwerfung unter
die Oberherrlichkeit der Slaven und einem jahrelangen Kampfe, in
dem sie sicherlich zu Grunde gehen werden. Möchten sie dieß doch
bedenken und sich zu ihrem Heile dem unvermeidlichen Geschicke
fügen! Warum haben sie auch die Jahrtausende, welche die lang=
müthige Gottheit ihnen gewährte, in unverantwortlichem Müßig=
gange vergeudet, so daß sie heute noch auf derselben Stufe der Ge=
sittung stehen, wie zu den Zeiten des Argonautenzuges, des
Mithridates, des Augustus und Hadrian? Warum haben sie jeden
Samen der Cultur, der ihnen mehrmalen im Laufe der Jahrhunderte
geboten ward; warum haben sie Schreibkunst, Religion und ge=
regelte bürgerliche Verfassung von sich gewiesen und somit jede Ver=
bindung mit den cultivirten herrschenden Völkern der Erde? Wer sich
selbst nicht zügelt — das ist das große Gesetz der Natur — der wird
gezügelt werden. Und so mußte dem großen slavischen Reiche die
schöne erhabene Aufgabe werden, die wilden halbbarbarischen Stämme
des südöstlichen Europa's und nordöstlichen Asiens auf gewaltsamen
Wegen der menschlichen Gesittung entgegen zu führen. Wir hoffen
und wünschen, daß Rußland die von dem Weltgeiste ihm gestellte
Aufgabe auf eine, einer großen Nation würdige Weise lösen wird.
Kaiser Nikolaus ging auch hier wiederum seinem Volke mit einem
herrlichen Beispiele voran. Auf Befehl des Monarchen wurde
nämlich vor einigen Jahren den tscherkessischen Fürsten verkündet,
daß man gesonnen sey, vierzig Söhne aus ihren angesehensten Fa=
milien nach Petersburg zu nehmen, um sie daselbst zur Leibgarde zu
verwenden und erziehen zu lassen. Dieser Vorschlag ward, wie es
heißt, von einem Theile der Bevölkerung in den beiden Kabardah
mit Freuden aufgenommen und bald darauf ausgeführt. Schon
haben mehrere Söhne der Pschi und Work des Tscherkessenlandes die
Lebensweise der civilisirten Völker liebgewonnen, und sie versicherten,
daß sie nach ihrer Rückkehr in ihr Vaterland Alles aufbieten wer=
den, um ihre Landsleute mit dem ruhigen, gesitteten Leben Europa's
zu befreunden.

9 *

Nur möge Rußland auf der Bahn, die ihm von Peter vor-
gezeichnet wurde und der es seine Größe verdankt, fortwandeln
und vor den Irrgängen sich bewahren, zu welchen, wie es scheint,
ein falsches Streben nach einer erzwungenen Einheit in den letzten Jahren diesen Staat verlockte. Peter der Große und seine
Nachfolger warfen nach allen Seiten und Richtungen ihre Netze
aus, um nicht bloß Länder und Völker, sondern auch die verschiedensten Talente, kunstreiche und wissenschaftliche Männer für ihre
großen Zwecke zu gewinnen. Wissenschaft und Literatur waren
in Rußland bis vor kurzem beinahe einzig und allein in den
Händen der Fremden, und diese nahmen nicht selten die ersten
Stellen im Staate ein, sowohl im Civil= als im Militärdienste.
Ostermann stieg bis zur Würde eines Kanzlers und Münnich zum
Feldmarschall empor; Elphinstone, Greigh und Makenzie standen
an der Spitze der Flotten; Diebitsch war ein Deutscher, Capo
d'Istria ein Grieche; Pozzo di Borgo ist ein Corse und Cancrin
der Abstammung nach ein Franzose. Peter ließ aber auch jedem
Volke, jedem Klane seine angestammten Sitten, seine Religion
und Sprache. Der Deutsche, der Mongole, der Türke und der
Perser, der Lutheraner und der Katholik, der Buddhist und Muselmann erfreuten sich desselben Schutzes, wie der Slave und der
Anhänger der allgemeinen griechischen Kirche. Dieses weise und
großartige System der bürgerlichen und religiösen Freiheit ließ die
Masse der neuerworbenen Stämme und Völker den Verlust ihrer
politischen Freiheit und Selbstständigkeit weniger fühlen und hat
wesentlich dazu beigetragen, den Slavenstaat zu der Höhe empor
zu heben, auf welcher wir ihn jetzt gegen das Ende des vierten
Decenniums des neunzehnten Jahrhunderts sehen. In den letzten
Jahren sind aber Vorkehrungen getroffen worden, welche vermuthen und befürchten lassen, daß man von der weisen Staats-
politik des großen Begründers abzulenken, daß man die große
politische Einheit der verschiedenen Stämme und Völker unter
einem einzigen Oberhaupte, durch gewaltsame Maaßregeln in eine
russisch=slavische Nationalität umzugestalten gedenke; daß man an
die Stelle der verschiedenen Religionen und Confessionen eine einzige, eine russisch=griechische Nationalkirche setzen wolle. Möge
man doch in Bälde diesen höchst schädlichen, gigantischen Irrweg
aufgeben und zur alten Kaiserstraße zurückkehren. Es ist dieß

eine mißverstandene Nachahmung der Römerweise, die nimmer=
mehr gelingen wird, nimmermehr gelingen kann. Die Römer
waren in ihren Jahrhunderten das einzige herrschende civilisirte
Volk vom Euphrat bis zum atlantischen Oceau, von der Donau
bis zu den Katarakten des Nils und dem Atlasgebirge; sie civi=
lisirten die Welt, indem sie sie unterjochten, und gaben den Völ=
kern mit der Geistesbildung römische Sprache, römische Gesetze,
nicht selten sogar die religiösen Vorstellungen der Lateiner. Ward
doch auch das Christenthum selbst, das Fundament der modernen
Bildung, von Rom aus dem größten Theile der westlichen Völker.
In ganz entgegengesetztem Verhältnisse steht aber die slavische
Welt zu dem übrigen Europa: die Sprache ausgenommen, hat
sie alles, was den physischen Menschen zum geistigen Wesen um=
gestaltet, aus der Fremde erhalten, und häufig blieb dieser aus=
ländische geistige Samen bloß auf der Oberfläche liegen; im In=
nern treiben noch Barbarei und Uncultur ungestört ihr Wesen.
Niemals haben aber ungebildete oder halbgebildete, barbarische
oder halbbarbarische Nationen eine langdauernde Herrschaft über
Culturvölker erworben, wenn sie nicht selbst im geistigen und po=
litischen Regimente zu diesen ihren Unterthanen übergingen. Cul=
tivirte Völker, welche die Herrschaft über ebenbürtige erwarben,
begnügten sich aber und mußten sich von jeher mit der bloßen Herr=
schaft begnügen. Waren sie einsichtsvollen Geistes, so wußten sie,
daß es alle menschlichen Kräfte übersteigt, ein äußerliches Aggregat
in eine organische Einheit umzugestalten. Sind sie aber tollküh=
ner Weise der natürlichen Lebensströmung entgegen, so ist Gefahr
vorhanden, daß die ruhigen Wellen zu gewaltsamen Fluthen em=
porsteigen und den Herrschenden wie die ganze Herrschaft dem
Untergange entgegenführen. Man erinnere sich nur an die letzten
Jahre des Kaisers Joseph. Möge sich doch Rußland durch die=
ses so nahe liegende große Beispiel warnen lassen! Möge es die
deutschen Ostseeprovinzen bei ihrem angestammten Rechte, bei
ihrer lieben deutschen Sprache und Sitte belassen; möge es der
katholischen wie der armenischen Bevölkerung gestatten, nach den
Satzungen und Gewohnheiten ihrer Kirche, wie bis jetzt, zu le=
ben! Denn was man auch aufbieten wird, offene tyrannische Ge=
walt und heimtückische List, Slaven, ihr werdet das vorgesteckte
Ziel nicht erreichen! Ihr werdet den von der Natur deu Völkern

eingehauchten, eigenthümlichen Geist nicht ausblasen. Das Leben der Racen ist dauernder denn Eisen und Erz; es kann zwar auf kurze Zeit gehemmt, unterdrückt werden, bald wird es sich aber mit Riesenkraft emporheben, die aufgedrungene Larve abreißen und plötzlich wiederum dastehen in angeborner jugendlicher Frische. Scheiterten denn nicht auch die mit unmenschlicher Härte befolgten Plane des romanisirten Normannen; und vermochte er es wohl, den alten Sachsenstaat, das alte Sachsenvolk umzugestalten? Vermochten es doch selbst die Römer nicht, deutsche Sprache und Sitte auszurotten; und dieß waren Römer, die sich organisch entwickelt und wenig von außen her aufgenommen hatten.

Aber, sagen hohnlächelnd die Neider oder unkundigen Feinde Rußlands, Rußland sollte die wilden Völker zur Gesittung, zur Menschlichkeit heranbilden, diese Aufgabe sey ihm vom Weltgeist geworden, — wie kann ein Denkender so Widersprechendes zusammenstellen? Rußland und Cultur! Rußland und menschliche Gesittung! Und dann, welche Gefahren für die Freiheit, für die Selbstständigkeit der ganzen übrigen civilisirten Welt, wenn die Slaven ihre Herrschaft weiter ausdehnen? Thörichte, die an den Knorren und Auswüchsen angeklammert, niemals auf die Krone des Baumes sich zu schwingen vermögen, um heitern, unbefangenen Blickes in die Ferne zu schauen und sich an den fruchtreichen Ebenen zu ergötzen. Ja es hat Rußland, das während eines langen Zeitraumes von Mongolen beherrschte Rußland in der That noch einen großen Weg zurückzulegen, bis es die südwestlichen Völker Europa's, deren Culturepoche zwei bis drei Jahrhunderte älter ist, erreichen wird. Man ist aber rastlos damit beschäftigt, alle noch vorhandenen Lücken in der Geistesbildung, der Wissenschaft und Industrie auszufüllen, damit die Slaven nach allen Richtungen hin zur Unabhängigkeit und Selbstständigkeit sich emporbilden und ebenbürtig würden den germanischen und romanischen Völkerschaften. Aus diesem Grunde sind die mannichfachen Handelsbeschränkungen in Asien wie in Europa, über welche die Welt Klage führt, hervorgegangen. Und wer könnte auch wohl glauben, daß die politischen und bürgerlichen Zustände Rußlands immerdar so, wie sie jetzt sind, bleiben werden? Werden denn die Millionen der Hörigen, sobald sie ihren Zustand fühlen lernen, sich nicht, und dieß mit Zustimmung der Krone, zur Frei heit emporschwingen? Und wird der eine Weltstaat, sobald die einzelnen Nationen, die ihm unterworfen, dazu reif geworden sind, sich nicht in mehrere Reiche auflösen? Und daß man in der That gesonnen ist, der europäischen Bildung sie entgegen zu führen, davon zeugen alle Maaßregeln der erleuchteten Regierung. Man erkennt die Wichtigkeit der Mission, die man vom Weltengrist erhalten. Der Werth der Provinzen jenseits des Kaukasus, heißt es in der officiellen Beschreibung derselben, besteht weniger in ihrer Ausdehnung, als in ihrer geographischen Lage, ihrem Klima und der Natue ihres Bodens. In der Besetzung dieses Landes liegt ein tiefes politisches Interesse, und der Ertrag desselben vermehrt sich auch mit jedem Tage. Ueberdieß ist es in Hinsicht seiner Sitten sowohl, als seiner Gewohnheiten und seines Ursprunges ein höchst merkwürdiges Land. Aus diesen mancherlei Rücksichten muß Rußland eifrig streben, sich auf einem Boden zu befestigen, der mit dem Blute seiner Soldaten erworben wurde. Laßt nur unkundigen Fremden die Einbildung, daß die Fortschritte jenseits des Kaukasus nur zur Schwächung unserer Kräfte dienen würden. Dieß ist eine Verblendung, die wir den kurzsichtigen Politikern überlassen, die nicht wissen, welchen Werth diese Provinzen in sich selbst haben. Man erinnere sich nur, daß durch die Sicherung einer festen Stellung im Süden und Westen des kaspischen Meeres sich Rußland zuerst in Asien festgesetzt, und seinen Einfluß auf die beiden großen benachbarten Reiche, die Türkei und Persien, begründet hat. Und wer würde wohl, fügen wir hinzu, Rußland daran hindern; wer könnte es, vom höheren Standpunkte der Menschlichkeit, Rußland übeldeuten, wenn es nächstens der Räuber- und Sklavenherrschaft in Chiwa ein Ende machen würde? Daß der Handel auf dem kaspischen Meere so unbedeutend ist — er betrug im Jahre 1837 bloß sechs Millionen Rubel — hat nicht bloß darin seinen Grund, weil die Ufer desselben von rohen, ungebildeten und armen Stämmen bewohnt werden, sondern weil die Karawanen Mittelasiens nicht den kürzeren Weg von Bochara und Chokand über Chiwa nach den Ufern des Sees kommen können, sondern nach Orenburg durch die Kirgisensteppe ziehen müssen. Und zeigt sich denn nicht schon allenthalben in Asien, wo die Russen einige Zeit herrschen, der wohlthätige Einfluß der europäischen Erziehung.

der europäischen Bildung? Sind denn nicht schon heutigen Tags, durch russischen Einfluß dazu vermocht, die wenigen längs der Wolga ansässigen und mit dem Ackerbau sich beschäftigenden Kalmüken mehr werth, als alle nördlich der Gobi bis zum Altai hin nomadisirenden mongolischen Klane? Und welcher Menschenfreund wird nicht wünschen, daß die Kerkis = Kaisaken und Baschkiren ihr Nomadenleben aufgeben und der Feldarbeit sich widmen; daß die kaukasischen Völker eine Schrift annehmen und im Laufe der Zeit einer höhern Geistesbildung und menschlichern Gesittung sich zuwenden möchten? Durch sich selbst, ohne von außen her dazu gezwungen zu seyn, würden aber, wir wiederholen es nochmals, diese Völker niemals zu einer höhern Stufe der Menschlichkeit emporsteigen. Deßhalb ist Europa, deßhalb wurden England und Rußland von der Gottheit dazu berufen, den größten Theil der außereuropäischen Völker aus der Barbarei und dem Müßiggang aufzuscheuchen und sie, wenn sie sich dem Berufe dieser Mächte widersetzen, durch Gewalt zu zwingen. Es sind auch England und Rußland dieser Aufgabe gewachsen, und sie werden sie sicherlich im Ganzen zum Heile der Menschheit zu lösen wissen, wenn auch auf verschiedene Weise.

Doch nicht bloß der Barbarei, sondern auch der Verdorbenheit zu steuern, sind die Germanen und Slaven, Engländer und Russen, berufen. Es ist der Lebensathem den muhammedanischen Völkern ausgegangen; ihr Fanatismus ist verschwunden und mit ihm ihre Kraft und die Scheidewand zwischen dem Morgen= und Abendlande. Die herrlichen Länder Kleinasiens, die fruchtbaren Ebenen Mesopotamiens, das grüne Alpenland Armenien und die zahlreichen blühenden Städte an den beiden Ufern des Nils, sie wurden zertreten, verwüstet und in Einöden umgewandelt durch die Araber und Perser, durch die Mongolen und Türken. Es ist nun die Zeit der Wiedervergeltung gekommen; die Muhammedaner, Barbarei und Gesetzlosigkeit müssen weichen und die herrlichsten Striche des Erdballs werden der Cultur und der Menschlichkeit wiederum zurückgegeben werden. Der Perser, Araber und Türke hat wie der Hindu seine Rolle ausgespielt hienieden; er hat keine Zukunft mehr, er lebt bloß in der Vergangenheit. Als Mittel, diese Völker durch sich selbst zu erneuern, alle Künste der europäischen Diplomatie, um den Schah, den Pascha und den

Sultan zu ſtützen, werden das Unvermeidliche bloß eine Zeit lang
hinausſchieben können. Man wird am Ende doch zugreifen; man
wird über die Theilung ſich verſtändigen müſſen. Die Welt hegt
aber ein ſo großes Vertrauen zu der Einſicht der Cabinette, die
europäiſche Menſchheit hat eine ſo hohe Meinung von den Fähig=
keiten der Regenten und Staatsmänner, welche unſer aller Ge=
ſchicke in ihren Händen wiegen, daß ſie der ſüßen Hoffnung lebt,
wenn einſt dieſe nicht ſehr ferne Zeit des Theilens und Ordneus
gekommen ſeyn wird, werden Klugheit und Beſonnenheit austei=
chen, und man werde ſich nicht zu den letzten Gründen der Könige
und Völker, zu den Waffen, zur offenen Gewalt hinreißen laſſen.
Der Krieg kann nicht ewig dauern; am Ende muß man ſich doch
verſtändigen. Rußland wird die größte Landmacht und England
immer die größte Seemacht bleiben auf Erden. Warum ſollte
nun dieſe Verſtändigung nicht vor dem Kriege möglich ſeyn?

Ob nun aber durch die Theilung der Türkei und des Rei=
ches der Kadſcharen die Selbſtſtändigkeit und Freiheit des euro=
päiſchen Staatenſyſtems, und namentlich Deutſchlands, nicht ge=
fährdet werde, das iſt freilich eine andere für uns hochwichtige
Frage. Die franzöſiſche Nation, ſo ſchmachvoll zerriſſen und de=
moraliſirt ſie jetzt iſt nach innen, wird, ſobald die Ehre und die
Macht nach außen hin gefährdet ſcheinen, alsbald wiederum ihre
ehemalige Schnellkraft erlangen und bei der Kronen= und Länder=
theilung ſchwerlich zu kurz kommen. Rom hat unter den unauf=
hörlichen hartnäckigen Kämpfen zwiſchen den Patriciern und Plebe=
jeru Italien erobert, und daſſelbe Frankreich hat in den Stürmeu
ſeiner Revolution dem Continent Geſetze vorgeſchrieben. Aber Deutſch=
land, das mannichfach in politiſcher und religiöſer Beziehung zer=
riſſene, nach einer freien Bewegung ſehnſüchtige und auch empor
gereifte Deutſchland wird ſicherlich, wenn es nicht alle Selbſtſucht
auf dem politiſchen wie dem kirchlichen Gebiete ablegt und in den
Zeiten der Noth gerüſtet daſteht, ſo wie in den traurigen Jahrhun=
derten der Vergangenheit, auch in Zukunft zur Ausgleichung der
vielen ſich kreuzenden Anſprüche der Nachbarn ſeine Gauen preisgeben
müſſen. Wenn wir uns ſelbſt nicht ſchützen, wird kein Gott uns
helfeu. Es werden die Trümmer des heiligen römiſchen Reiches
deutſcher Nation bald von dieſem, bald von jenem großen Mag=

nete mit unwiderstehlicher Kraft angezogen und festgehalten werden. Albions Blicke sind nach andern Gegenden der Erde gerichtet, und die auswärtige Politik der Vereinigten Staaten Nordamerika's findet mit jedem Jahre größern Anklang im Lande. Und ist denn Deutschland, durch seinen Zollverein, nicht schon großentheils für England verloren?

Beilagen.

I.

Wir fügen hier, der Vollständigkeit wegen, die sogenannte Unabhängigkeitserklärung der Tscherkessen hinzu, ohne aber ihre Aechtheit verbürgen zu können. Die hier erzählten Thatsachen sind übrigens, einige abenteuerliche Angaben und Widersprüche abgerechnet, die theilweise wohl aus einer falschen Uebersetzung entstanden seyn mögen, vollkommen richtig, und werden auch, wie aus unserm Werke erhellt, von andern Seiten her vollkommen bestätiget.

Erklärung der Unabhängigkeit der Tscherkessen, an sämmtliche Höfe Europa's gerichtet.

Die Bewohner des Kaukasus sind keineswegs die Unterthanen der Russen; sie leben nicht einmal im Frieden mit ihnen, sondern sind in unaufhörlichen Kriegen verwickelt gegen diesen Staat. Ganz allein haben sie diesen Krieg bestanden; zu keiner Zeit haben sie von irgend einer Macht Ermunterung oder Beistand erhalten. Auch schon zu der Zeit, als die Pforte die Oberhoheit über diese Provinzen hatte, mußten sie sich selbst vertheidigen; aber seit kurzem wurden sie von ihr ganz aufgegeben und verrathen. Ein Pascha öffnete, von den Moskowitern bestochen, die Thore Anapa's und sagte zu den Tscherkessen: die Russen ziehen als Freunde durch das Land, um dem Sultan gegen die Aufrührer in Armenien beizustehen. Ein anderer Pascha betrog uns ebenfalls und verließ nächtlicher Weile das Land. Seit dieser Zeit haben die Tscherkessen mehrmalen Deputationen an den Sultan geschickt, um ihm ihre Ehrfurcht zu bezeigen; sie wurden aber mit Kälte aufgenommen. Wir haben uns ebenfalls an Persien gewendet; aber mit keinem bessern Erfolg. Mehemed Ali, an den wir uns am Ende wendeten, wußte zwar unsere Ergebenheit zu würdigen; doch sey er, hieß es, zu weit entfernt, um uns zu Hülfe zu eilen.

Alle diese Abgeordneten Tscherkessiens hatten den Auftrag, was die in der Ferne selbst nicht wissen konnten, zu berichten, wie unerträglich der Druck Rußlands sey, wie feindlich den Sitten, dem Glauben und der Glückseligkeit aller Menschen, wie treulos seine Generale und wie wild seine Soldaten! Wäre dem nicht so, weßhalb hätten denn die Tscherkessen

brachen, erzählen wollten; wie sie unser Land auf allen Seiten einschlossen; die nothwendigsten Lebensbedürfnisse uns versagten; den Handel vernichteten, die letzten Sprossen unserer alten Häuser durch gedungene Meuchelmörder vertilgten, so daß wir keine Oberhäupter mehr haben (!); ganze Stämme und Dörfer ausrotteten; die verrätherischen Beamten der Pforte erkauften; wie sie uns endlich in solche Noth brachten, daß wir, durch die Gräuel, die sie begingen, von Haß und Wuth gegen alle Welt erfüllt wurden, während durch die Lügen, die sie verbreiteten, sie uns in den Augen aller christlichen Völker herabwürdigten.

Wir haben zwar die Stämme verloren, welche ehemals Hunderttausende unter ihren Bannern vereinigen konnten; aber wir sind jetzt vereinigt wie Ein Mann in Haß gegen Rußland. Während des langen Kampfes wurden bloß Zweimalhunderttausend unsers Volkes unterworfen; nicht ein Einziger der Andern diente Rußland freiwillig. Viele Kinder wurden gestohlen und die Söhne der Edeln als Geisel weggeführt; aber alle, die sich ihres Landes erinnern konnten, entflohen. Wir haben unter uns Leute, welchen der Kaiser schmeichelte und Gunstbezeugungen ertheilte, die aber dessen ungeachtet die Gefahren unsers Landes der kaiserlichen Gunst vorzogen. Rußland baute Castelle an verschiedenen Punkten unseres Landes, aber man wagt sich nicht jenseits des Bereiches der Kanonen. Fünfzigtausend drangen vor kurzem herein, aber sie wurden zurückgeschlagen.

Nicht durch Worte, sondern durch Waffen wird ein Land erobert. Wenn Rußland uns bezwingt, so geschieht dieß nicht durch Waffengewalt, sondern durch das Abschneiden aller unserer Verbindungen, und indem es Persien und die Türkei behandelt, als wenn es schon Herr dieser Länder wäre. Es geschieht dadurch, daß es sich der See wie seines Eigenthums bedient; unsere Küsten blockirt; unsere Schiffe und die der andern Nationen, die sich unserm Gestade nähern, vernichtet; den Markt für unsere Erzeugnisse uns abschneidet und endlich uns verhindert, Salz, Schießpulver und andere Kriegsmunition, welche für uns Lebensbedürfnisse sind, zu erhalten, und dadurch uns auch die Hoffnung abschneidet.

Aber noch sind wir unabhängig, wir leben im Kriege, wir sind Sieger. Ein Abgeordneter des Kaisers, der uns in Europa zu seinen Sklaven zählt, welcher auf der Karte dieses Land zu dem seinigen rechnet, hat vor kurzem den Tscherkessen Eröffnungen gemacht, nicht um ihnen etwa für den Aufruhe Verzeihung anzubieten, sondern um mit ihnen über die Befreiung von 20,000 Mann, welche unsere Landsleute eingeschlossen hielten und wegen des Austausches der Gefangenen zu unterhandeln.

II.

Grammatische Bemerkungen über die Sprache der Tscherkessen. *)

Ein den Substantiven angehängtes r dient gewissermaßen als Artikel.
Die Nomina sind geschlechtslos; so sagt man:

Zug daché	Fils daché.
Mann schöner.	Frau schöne.
Hha zuk.	Habs zuk.
Hund kleiner.	Hündin kleine.
Schakoh pfitzé.	Schibs pfitzé.
Hengst schwarzer.	Stute schwarze.

Der Plural der Substantiven wird durch die angehängte Sylbe che gemacht. Auch drückt man die Mehrheit durch löd aus, welches viel bedeutet, z. B Hha Hund, hhache Hunde, hhaköd viele Hunde; schëb Pferd, schëbche Pferde, schëbköd viele Pferde; dshich Baum, dshiche Bäume, dshichköd viele Bäume; unnäh Haus, unnähche Häuser, unnähköd viele Häuser.

	Singular.	Plural.
Nom.	jadeh der Vater	jadehche die Väter
Gen.	jademe des Vaters	jadecheme der Väter
Dat.	jadem dem Vater	jadechem den Vätern
Acc.	jadem den Vater	jadechem die Väter
Voc.	jadeh Vater	jadeche Väter
Abl.	jadem von dem Vater	jadechem von den Vätern.

ich gehe zu Hause	sse unnch mo ssfs'oko
	ich Haus zu gehe.
ich reite zu Pferde	sse schugoh ssfs'oko.
	ich Pferde auf gehe.
ich stehe auf dem Hügel	sse asch'ha mo stetsch.
	ich Hügel auf stehe.
ich kaufe Pferde	sse schëh ssfs'oscheg.
	ich Pferd kaufe.
ich kaufe zehn Pferde	sse scheb pschi ssfs'oscheg
	ich Pferd zehn kaufe.

---

*) Klaproth, Kaukasische Sprachen. Als Anhang zur Reise in den Kaukasus. Halle 1814. Obgleich Klaproth, wie wir im Verlaufe des Werkes mehrmalen bemerken mußten, ein sehr unzuverlässiger Führer ist, so hielten wir es doch, da es unsere Aufgabe war, alle auf die Tscherkessen bezüglichen Thatsachen zusammenzustellen, für geeignet, seine Bemerkungen über die Sprache dieses Volkes und seine Wörtersammlung in einem Anhange mitzutheilen. Es ist dieß das Einzige, was wir bis jetzt über dieses eigenthümliche Idiom besitzen; alles Andere ist nicht der Rede werth. Es wurde die Orthographie des Verfassers beibehalten. Tatarische oder türkische, im Tscherkessischen aufgenommene Wörter sind in dem Vokabular durch Tat., so wie die arabischen durch Arab, bezeichnet worden. Vergleiche oben S. 94 ff.

Der Comparativ wird durch die vorgeſetzte Sylbe nach und der Superlativ durch die angehängte Sylbe dede gemacht — groß jïm, größer nachjïn, größte jïndede; klein zuh, kleiner nachzuk, kleinſte zuhdede; z. B. der Mond iſt größer als die Sterne und kleiner als die Sonne:

Masar whagoh me nachjïn-sch, dgbamy nachzuk-sch.

Mond Stern von größer iſt, Sonne von kleiner iſt.

ich bin geweſen, ſsie schad	wir ſind geweſen, deh die schad
du biſt geweſen, Uo schad	ihr ſeyd geweſen, feh ſie schad
er iſt geweſen, arr schad	ſie ſind geweſen, acher schad.

Activum.
Präsens.

Singular.	Plural.
ich ſchlage, Ssè sieh óo	wir ſchlagen, Deh diè dó
du ſchlägſt, Uo wie oo	ihr ſchlaget, Peh ſié óó
er ſchlägt, Arr je oo	ſie ſchlagen, Ach'scher je óó. *)

Perfectum.

Singular.	
ich habe geſchlagen, Ssè sieh woasch	wir haben geſchlagen, Deh diè wóssch
du haſt geſchlagen, Uo wiè woasch	ihr habt geſchlagen, Feh ſié woasch

chesch.

Futurum.

Singular.	Plural.
ich werde ſchlagen, Ssè sieh wonsch	wir werden ſchlagen, Deh diè wonsch
du wirſt ſchlagen, Uo wie wonsch	ihr werdet ſchlagen, Feh ſié wonsch
er wird ſchlagen, Arr je wonsch	ſie werden ſchlagen, Ah'scher je wonsches.

Infinitivus.
ſchlagen, jewon.

Imperativus.
ſchlage, jewwo.

Participium.
ſchlagend, jewohgah.

---

*) Diese Sylbe óó iſt ſo schwer mit dem Ohre aufzufangen, daß man bald óó bald worr hört.

Passivum.

Präsens.

Singular.	**Plural.**
ich werde geschlagen,	wir werden geschlagen,
Ssé keso woscher,	Deh kĕ do woscher,
du wirst geschlagen,	ihr werdet geschlagen,
Uo ko woscher,	Feh kho woscher,
er wird geschlagen	sie werden geschlagen,
Abĕ je woscher.	Abih schemme jewoscher.

Perfectum.

Singular.	**Plural.**
ich bin geschlagen worden,	wir sind geschlagen worden,
Ssé kĕ so woachefs,	Deh kĕ do woachefs,
du bist geschlagen worden,	ihr seyd geschlagen worden,
Uo ko woachefs,	Feh kho woachefs,
er ist geschlagen worden,	sie sind geschlagen worden,
Abĕ je woachefs.	Abih schemme jewoachefs.

Futurum.

Singular.	**Plural.**
ich werde geschlagen werden,	wir werden geschlagen werden,
Ssé keso woan'chefs,	Deh ke woan'chefs,
du wirst geschlagen werden,	ihr werdet geschlagen werden,
Uo ko woan'chefs,	Feh kho woan'chefs,
er wird geschlagen werden,	sie werden geschlagen werden,
Abĕ je woan'chefs.	Abih schemme woan'chefs.

Redensarten.

Wo gehst du hin?	Danau kora?
Bist du gesund?	Pog fsisch?
Gib mir Brod	tschaku kfsatja.
Sey gegrüßt	Upsoi sch.
Was kostet das?	Sitti wafsa?
Ich liebe dich	Sho wor pfigoh sotlagh.
	ich dich liebe.
Ich schlage die Frau	Sso fsieh worr *Fifs'me.*
Du schlägst den Hund	Uo wie worr *Chamme,*
Er schlägt das Pferd	Arr je worr *Schemme.*
Willst du eine Pfeife?	Lulĕh uchéckeh.

Die Construction des Tscherkessischen werden folgende Phrasen kennen lehren:

1) Tchar adshal inscha sch zychbur*) ba hhätscha kam. 2) Janer
    Gott Tod ohne ist Mensch viel lebt nicht. Mutter
jobu jessby itschalemy, aby bydsma sche ikod-sch. 3) itle'ma fyspr
lässt ihre Kinder, ihre Brust in Milch viel ist. Manne Weib
sigoh-sothl'jahu. 4) My fyspr tl'eschigiä hasch, kko fsaryl' ebchurs,
schön liebt. Diese Frau schwanger war, Sohn als gebar,
mo-chy-ch tschaa asch. Tschalet sohefyn eder kam. My chagebyr
Tage sechs her ist. Kind saugen will nicht. Dieses Mädchen
sckor kam, ar syr il'chora i tl'esra masy ttu ra. 5) My zugur
geht nicht, sie als geboren und Jahr Monat zwei und. Dieser Mann
näf-sch, aby ifyspr dtegu-sch, da sbit'or sachicher kam. 6) Ep'er
blind ist, seine Frau blind ist, wir reden hört nicht. Nase
nap okma iitsch. 7) Dadi ttu sch tl'jar, ah jiabchuamba t'schu
Gesicht mitten steht. Uns zwei ist Fuß, Hand Finger fünfen
rutchu-sch. 8) Schchazyr schcha-ma tjoker. 9) Edser ebsegur deba-
zu-ist. Haar Kopf-auf wächst. Zunge Zahn Mund-
ma jitsch. 10) isbrabhu abr fsamag-ma nachtl'ja-sch. 11) Schchazyr
im steht. rechte Hand linke-von stärker-ist. Haar
kjach sch i pfsugoh-sch, tl'yr pl'ish, kubschchar byda-sch mywwa
lang-ist und dünn-ist, Blut roth, Knochen hart-ist Stein
ebodago. 12) bdse-ma nna iasch, thakhuma eakom. 13) My bgar
gleich. Fische Auge ist, Ohr nicht. Dieser Vogel
chomgo matl'jata, ar tjotischa tschy-ma, aby damer bei fitsa-sch,
langsam fliegt, er sitzt Erbe-auf, sein Flügel Feder schwarz-ist,
ep'er shan-sch ecker ketsch-sch; aby homb-ma gediker chuab-sch.
Nase spitz-ist Schwanz kurz-ist, sein Nest-in Ei weiß-ist.
14) Mafar malid, da uchor dotl'jau mafa-bei i famysch.
    Feuer brennt, wir Rauch sehen Feuer-Feder (Flamme) und Kohle.
15) Psyr psy-ma uarbo chocho. 16) Gschesir kipf mochur a
    Wasser Fluß-in strudelnd fließt. Nacht dunkel wird aber
machor necby-sch.
    Tag hell-ist.

Tscherkessische Wörter.
Aus den Kabardah.

Kopf – sch'ha, tsch'ha
Gesicht – nap, napa
Auge – nne, na
Augenbrauen – nabza
Augenwimpern – neshguz

Nase – peb, seh, pä
Nasenlöcher – pach, phä
Ohr – takhumäh
Stirn – nata
Mund – dshe, she, sbshä

---

*) Die deutsch gedruckten, auf r ausgehenden Endsylben der Substantive sind der Artikel.

Zahn – dseh, dsa
Zunge – bbse, bsab, bsegu, bsek
Kehle – tamack (Tat.)
Haare – schbatz, tschchatz (Tat.)
Bart – dshake, dshakke
Wange – takjasba, takjagé
Hals – psche
Schulter – damaschha
Ellenbogen – sytcha, afaraka
Hand – ïa, ah
Finger – abchuombe
Daum – abchont
Nagel – absbena
Brüste – bits
Rücken – tschife, tschib
Bauch – nyba, negbe, nybbe
Nabel – bynsa
penis – mana
cunnus – gut
Rippe – dzanze
Lende – byszy
Fuß – tl'e
Schienbein – tledi
Knie – th'lagashe
Haut – ssöb, sa
Knochen – kusch'ba, kubshha
Blut – tl'ib, tl'eh
Herz – ggu, guh
Eingeweide – kety
Fett – pscherr
Gehirn – sch'hakuts
Schweiß – pschantepa
Fisch – bbshoh
Vogel – bga, kualleh, kodabsn
Feder – kutz, dama
Wurm – hapatsa
Fliege – bsub, bas'seh, bazs'
Biene – bsch
Schlange – bbl'eh, kågaffa
Frosch – bgwakoh
Thier – pfsaut'cha
Schaf – mell, mall
Widder – t'e
Ziege – bshen, bshan
Bock – dejoch

Lamm – schina
Ochs – wwö, wöh, b'by, be
Kuh – dshem, sham
Horn – bsbakoh
Hund – chbab, bah'
Katze – gedu, ged-du
Schwein – kchö, kchoö, kasebka
Pferd – tschö, scbi
Hengst – schakoh
Stute – schibs
Esel – schidd
Maulthier – kadir (Tat.)
Kamel – machsche
Tiger, Leopard – bafch
Bär – mischeh
Wolf – duggisch
Hirsch – schab, b'lana
Hase – tagmogeh
Maus – dsugoh
Hahn – kgodischu
Huhn – kged, kged dana
Ei – jedicke
Taube – tth'arrekoh
Gans – kafs (Tat.)
Ente – babysch (Tat.)
Schwan – taged
Falke – bga-schoh
Geyer – bga-arifs
Storch – krub, kåruh
Wald – mefs
Baum – dsich, sbig, p'cha
Kraut – us, uds
Heu – mòck
Stroh – kùk
Holz – p'cha
Frucht – chufs, dshil' gä
Blatt – shig-tapa, pscbascheh
Same – kub
Blume – kagagah
Stamm shig-wana, tschrumba
Ast – shig-dans, kodoms,
Rinde – p'cha-fch, shgi-fs
Wurzel – tschabseh, lapfsa, tläbshe
Harz – tchok'oschgah
Eiche – shig-ïe, shi-shïe

Keule – baschisehöh	Reis – prunsh
Panzer – affeb, afa, apehomd'	Mais – sartuch
Bogen – bseb, bsa	Baumwolle – psheehuts
Pfeil – tsché, tscha, scha	Tabak – tuton
Köcher – sabangdak	Pfeffer – bursz
Schwert – tjets, schesehehua	Haus – unneh, unnah
Dolch – kiata	Balken – prebas'cho
Flinte – fok	Pfahl – pcbakkeh, psbog
Beil – wwosch, uásch', kide	Dach – unmaschah
Messer – fsch, fsab	Thür – bshe, bs'dshe
Löffel – bsemischch	Schwelle – bschaköb
Nagel – una	Feuerherd – odschak, tschuamtschet
Schiff – kaf, kuaffa, choach, choafab	Hof – tschuontscha, tautsche
Joch – aby-raésch, uendog	Mensch – dsyg, zug
Fuß – kae	Leute – shilé, kuchschel, zug'-eher
Wagen – gku, guh	Vater – jaddeb, jeda
Pflug – pcbascheh	Mutter – janab, ana
Pflugschar – bsadseh	Bruder – dell'ch, schisch
Eichel – gubseh	Schwester – schup'ch, schiwg'
Egge – tätläfa, benshekapcha	Ehemann – t'leb, sitz'l
Korn – mesch	Frau – fifs
Brod – dshacha, dshacho, tschaku	Sohn – k'koh
Wasser – pseh, psé, psi	Tochter – p'chü
Feuer – mapfa, mafa	Jungfrau – chageb's, chagewws
Gluth – top, chorle	Kind – tschallab
Hitze – shegupl', chulba, chweba	alt – tt'lisch, ahsböh
Rauch – bacha, uebo	jung – tscheh
Kohle – thamysch, famysch	gut – pfch
Flamme – mapfa-bsi'	schlecht – bbsageh
Wein – schichir, schagir	schön – daché, däche
Butter – t'chu	häßlich – aja
Käse – tkuaja	groß – in, gin
Milch – tscheh, scheb	klein – szuk, zikkusch
saure Milch – tsch'chu	dick – ghgumm
Honig – fau	dünn – psugoh
Wachs – schechu	Erde – tscheh, tschy
Bier – sirro	Ort – tscheppa
Branntwein – arka	Sumpf – pschip'psab
Zwiebeln – pschin	Wüste – kekusch
Hanf – tschepikol	Steppe – gubgoh
Mehl – hashiga	Berg – kusch'ba, kursch, bgi
Weizen – gods	Eisberg – kurtschimowoschischwo
Gerste – ha	Hügel – aschba, kurschik
Hirse – pchu	Gebirgsrücken – kurtschitsche
...er – santch	Felsen – kurschpsanah

Thal – kumb, kob, tschluschka, kua
Graben – tschitoga, tytscha
Grube – mascha, masche
Loch – guana, uana
Höhle – tschebuneh
hoch – tt'lagoh, lätscha, t'labïa
niedrig – tt'lach'sche, laschcha
Stein – miwweh, miwwah
Feuerstein – sokischtah
Sand – pschachoh, pschachua
Thon – jata, ïata
Staub – ssapa
Meer – tschĕ, chy, ussfsaha
See – gol
Fluß – pfsi, pfsis'cho, psureh
Strudel – psabaggeh
Brunnen – kkui
Welle – psukkewoh, peuer
Tropfen – wosch', woschibb
fließen – köb'chek
schwimmen – össur, öfs
Schaum – chrumbeh
Ufer – uffa, psufoh, nygä
Damm – pschipschallups
Quell – psischah
warmer Quell – pschu-chwabba
Wasserfall – pfsekkedsheysch
Canal – psalukoh
diesseits – meddikéh
jenseits – addikeh
Zeit – hhigoh
Tag – machua
Nacht – gseseh
Monat – smasa
Jahr – it'lschefs
Stunde safsabad (Arab.)
Frühling – hgadko
Sommer – ghamakoh
Herbst – bschaba
Winter – schamakoh
heute – noba
gestern – duassah
morgen – pschehdie
früh – dschiggoh
spät – ushgeh

immer – magwohkafs
sogleich – igistu
nachher – nötanoh
vorher – üppeggeh
Morgen – pschedshifs
Mittag – schaggeh
Abend – schehascha
Mitternacht – gschesehibukke
Himmel – whape, wuafe
Sonne – dgeh, dyga, digga
Mond – masah, masch
Stern – whagoh, waguó
Komet – whagogeh
Sternschnuppe – wagohelschefs
Regenbogen – whapememiguirich
  (S. Himmel.)
Wolke – pschagoh, ps'chah
Luft – tschipat'leh
Wind – shahi
Sturm – shahischiggah, shuwsé
Wirbelwind – shibsagä, uosh'kui
Regen – uoschch
Reif – uoschebs
Hagel – uoff
Schnee – uafs, uefs, w'uefs
Eis – mill, mel
Blitz – tanakoh, schobfske, koph
Donner – wapeh-guagoh, gagwa
Gold – dischschah
Silber – dteshin, dshin'
Kupfer – goapt'leh
Eisen – bgutsch
Zinn – galai
Blei – pbsahpsah
Quecksilber – döschafs
Salz – schugh, tschug, chusch
Schießpulver – gin
Salpeter – gin-schugh
Schwefel – mwaschgoh
Feuerzeug – tsetlamapha
Feuerschwamm – pohufs
Pfeife – tschibuch (Tat.)
Leinwand – katan
Tuch – tsieh
Wolle – tsi

Seide – dana	Verstand – aghil (Arab.)
Leder – moſku	Geist – psah, bachcha
Faden – udsannoh	Teufel – scheitan
Nähnadel – mastah	Leben – dopsoh, psougo
Knopf – unaschah	Tod – t'lasch
Mütze – pa	Kälte – scháe, tscha
Filzmantel – dshako	Kraft – godscha, kwadsh
Hemde – jana	Macht – dslek, guatscka
Hosen – .gonschek	Wachs – chechon, dschechon
Kleid – schigin	Osten – arischgeh
Gürtel – bgrypch, bischirüch	Süden – koblah (Arab.)
schwarz – fitza, pětsa, pitsa	Westen – samauwgeh
weiß – chusck, kusch	Norden – deghbeh kaschikuhaa
roth – plisch	Mitte – tschetschunmauw
blau – mora	rechts – ishirauwu
gelb – hgosch	links – samauwgeh
grün – cschoh	vorwärts – dapeghe
hell – takaddeda	rückwärts – dáuschgeh
dunkel – pepüßaddida	krumm – t'agschoh
Krieg – sáo, sawo	ich weine – fsfs'ogh
Zorn – .dtogoscheh	— schlafe – fsfs'oghié
Geschrei – megòh	— lache – fsfs'udahasch'g
stoßen – ekusheh	— trinke – fsfs'efeh, fsfs'ofěh
schlagen – jewo	— esse – fsfs'osch
beißen – edsakà	— sehe – fsfs'eschir, fsfs'ekisogh
Wunde – owaggah	— fühle – fsfs'obit
tödten – ugksch	— gehe – fsfs'okur, fsfs'koïsch
Fürst – pschěh	— glaube – pschoh
Edelmann – work	— will – fsfs'echuesch
Bauer – t'scho'kohtl	— hasse – t'agunskiémwan
Krieger – jabge, gabshe	— liebe – tschitschafs'afs
Held – t't'lifsa	— weiß – fsfs'otscha
Stadt – dshiler	— hoffe – fsfs'ogugeh
Dorf – kuadshe	— verstehe – fsfs'ekidog
Bezirk – 'tlanapipdsäh	— gebe – isot
Festung – kalà, kalla	— finge – fsfs'oguscha, waredsisoo
Thurm – dischaschah	— tanze – kbaffeh
Brücke – t'lemisch, t'lamisch	— koche – fsfs'ogbawweh
Schlacht – schidisao, saua	— schneide – pisouwsch
Sieg – nka, tewkasch	— mache – fsfs'otsch
Wächter – chomako, unefendsh	— bedecke – tisopeh
Gott – tcha, thä	— öffne – fsfs'oggh
Opfer – kurbahn	— drücke – fsfs'ok'ufs
Tempel – medshgit (Arab.)	— verschließe – kusodsh
Priester – mollah (Arab.)	— schlage – psembsché-o

ich werfe – isokushe
— verwunde – ſsſs'eworipsèso-
   wutsch
— tödte – ſsſs'chóukisch
— heile – ſsſs'oaſshe
— lege mich – ſsſs'olschindich
— ſuche – ſsſs'ot'lucho
— finde – ſsſs'usekoh
— gib – kysat
ſteh – schyt
geh – cha, kuó, ko
falt – tschabba
warm – kuaba, chwabah
oft – tschegtschekwo
oben – t'lagscheh
entfernt – shisheh
nahe – blagah
lang – usgeh
kurz – t'ketsch
weit – b'goh
eng – ſsakoh
Ecke – ishrabgeh
aufrecht – schidds
ſchwer – ondogh
leicht – pschitschah
ſcharf – kodgobpèutsch
ſchnell – tschech, tschech'ko
langſam – chombo, chomgo
Ende – chuſs
ich – ſsſse, sa, ser
mein – seaïe
mein Ochſe – ses ſsiſsh
meine Kuh – ses ſsishamsh
du – uo, uor
dein – auiesch
dein Ochſe – auiesch ſsiſsh
deine Kuh – auiesch ſsishamsh
er – arr
ſein – ariesch
wir – debrr
ihr – ſehrr
ſie – achir, acher

alle – psogori
einer – dseé
unſer – dodia
euer – sefia
ja – ago, onho
nein – akam, schakam
  1 se – der erſte – aperier
  2 tu – der zweite – jotanarier
  3 schi – der dritte – jeschene-
     rier
  4 ptl'e – der vierte – jeptl'enarier
  5 t'chu – der fünfte – jeï'chuna-
     rier
  6 rier chi – der ſechſte – jochina-
     rier u. ſ. w.
  7 ble
  8 ga, gè
  9 bgu, boro
 10 psche
 11 psche-ku-ſsŏ (10+1)
 12 psche-ku-t' (10+2)
 13 psche-ku-sch' (10+3)
 14 psche-ku-ptl'e (10+4)
 15 psche-ku t'chu (10+5)
 16 psche-ku-ch (10+6)
 20 totsch, tosch
 21 totsch-era-sire (20+1)
 22 totsch-era-ture (20+2)
 23 totsch-era-schire (20+3)
 30 totsch-era-pschirre 20+10)
 40 ptl'isch
 50 ptl'isch-erra-pschirre (40+10)
 60 chitsch
 70 chitsch-era-pschirre 60+10)
 80 toshitl
 90 toshitl-erra-pschirre (80+10)
100 scheh
101 scheh-ra-sera (100+1)
200 schi-t
300 schi-sch
1000 min (Tat.), schi-psche.

Sprachproben
des
am Kuban wohnenden tscherkessischen Stammes Hatiokech.

Gesammelt im Sommer 1809, sechzehn Werst westlich von der Festung Ust-Labinsk.

Wald — méſs		Branntwein — ſs'schateſsur
Waſſer — pſsé		Haus — wuiné
Dorf — tschelä		Kleider — mehón
Laub — tscher		Oberkleid — z'i
Brod — tschach		Unterkleider — boschég
Milch — scha		Schuhe — tschakób
Kuh — tschémer		Strümpfe — chlei
Pferd — tschè		Mütze — pakó
Schaf — mélé		Hemde — iján
Ziege — ptschené		Tuch — haplétsch
Fiſch — pſé		Vater — jad
Fluß — pschca		Mutter — jau
See — worés		Verwandte — winnokósch
Feuer — masheo		Schwester — schépchu
Gott — tha		Sohn — ſsilſsáu
Kopf — s'cha		Tochter — ſsipſsalsé
Hände — el'gáne		Frau — ſsus
Füße — ſslako		Edelmann — work
Augen — nné		Erb-Bauer — pschitler
Mund — shé		Volk — zefé
Ohren — takóm		Arzt — hatschmé, áse
Sábel — ſsesch'cho		kalt — tschaa
Meſſer — ſsesi		warm — fabö
Flinte — ſskonki		gut — ſsuded
Piſtole — pischtow		milde — psoga
Bogen — ſsahandak		glücklich — cháir
Pfeile — ſséche		Schlacht — sabeo
Pike — kepów		Gefangener — pschitel
Dolch — kamé		mir — ſsaré
Sattel — wan		gib mir — ſsaré-kſsét
Zaum ſsschohó		nicht — schep
Peitsche — kamschè		ja — ma
Schießpulver — gené		verkaufen — is'schenshét
eſſen — ſseischenshét		wie heißt du? — ſse-dés?
trinken — ſsüeschon		was ist das? — ſsede d'léush?
schlafen — ſsctschiján		ich bitte — kaſsét
Fleisch — llé		wo? — todougore?
dicke Grütze — lebſse		es schmerzt — mause
dünne Grütze — paſstá		lebe wohl — obmow.

Sprachproben
des Dialektes der Notletch.*)

Heute – Nèpo

Lamm – Mélai

Laß uns gehen – Négua

Haben sie? – Schi ha

Lebt wohl? – Otchascho

Freund – Siblagö

Setzt euch – Tise

Wartet – Sabure

Genug – Paschu, rochucn

Guten Morgen – Uptsche dézo chapschi

Guten Tag – Mafizu, sapschi

Guten Abend – Uptsche azo chap-schi

Gute Nacht – Uptsche essizé ochu

König – Eltblime

Strumpf – Thlépéte

Kappe – Paugo

Ochs – Tsu

Bart – Dhágé

Mund – Jö

Gut – Azie

Weiß – Fégé

Buza (das Getränk) – Bak-sima

Mantel mit einer Kappe – Tschar-chue

Schloß zum Verschließen – Utkibzé

Bettdecke – Tschechgéne

Beinkleider – Ugandgandje

Hitze – Fabö

Hahn – Atakö

Schwein – Kchua

Pferd – Schi

Katze – Ketu

Hund – Cha

Nägel – Ugundjughune

Haar – Schchatsi

Gruß – Gogmaf

Wie geths? – Usapachme

Wachs – Schéfú

Gott – Tchà

Morgen – Nachupsche

Gib mir – Saché-Sète

Zahn – Tsó

Finger – Oep-Chuambe

Woher des Weges? – Tédégagui

Wasser – Psi

Blitz – Guassö

Nieder, sehr nieder – Zéju, Zejuded

Frau – Schasse

Tochter, meine Tochter – Psasi, Si-psasi

Sohn – Sau

Feuer – Mazué

Käse – Chaie

Getreide – Adjiga

Eisen – Ugutsche

Gänse – Ts-chuénke

Danke Gott, danke euch – Tchà u psu

Treffen – Dische

Mann – Tséfö, Tlé, Tli

Hoch – Inded

Anzug – Tsi

Er geht – Chake waja

Ich gehe – Si goli oder Saze waja

Ich habe – Schó

Ich habe nicht – Schö-ép

Ich werde schießen – Si o woke

Ich werde dich tödten – Si wu gaze

Ich weiß – Ts adjiga

Ich weiß nicht – Ts-gucép

Ich liebe – Sedjas

Ich liebe sehr – Bo-Sedjas

Ich liebe nicht – Si-tschi-ép

Schenkel – Tla kua

Prächtig, sehr prächtig – dakchu, da-chu déd

Mond – Mazè

---

*) Marigny, 289. M. hat die Wörter, man weiß nicht warum, ohne alle Ordnung neben einander gestellt.

Der Comparativ wird durch die vorgesetzte Sylbe nach und der Superlativ durch die angehängte Sylbe dede gemacht — groß jïn, größer nachjïn, größte jïndede; klein zuk, kleiner nachzuk, kleinste zukdede; z. B. der Mond ist größer als die Sterne und kleiner als die Sonne:

Masar whagoh me nachjïn-sch, dghamy nachzuk-sch.

Mond Stern von größer ist, Sonne von kleiner ist.

ich bin gewesen, **ſ**ſie schad	wir sind gewesen, deh die schad
du bist gewesen, Uo schad	ihr seyd gewesen, feh ſie schad
er ist gewesen, arr schad	sie sind gewesen, acher schad.

Activum.

Präsens.

Singular.	Plural.
ich schlage, Ssé sieh óó	wir schlagen, Deh dié óó
du schlägst, Uo wie óó	ihr schlaget, Feh ſié óó
er schlägt, Arr je óó	sie schlagen, Ach'scher je óó. *)

Perfectum.

Singular.	Plural.
ich habe geschlagen, Ssé sieh woasch	wir haben geschlagen, Deh dié woasch
du hast geschlagen, Uo wiĕ woasch	ihr habt geschlagen, Feh ſié woasch
er hat geschlagen, Arr je woasch	sie haben geschlagen, Ah'scher je woa- chesoh.

Futurum.

Singular.	Plural.
ich werde schlagen, Ssé sieh wonsch	wir werden schlagen, Deh dié wonsch
du wirst schlagen, Uo wie wonsch	ihr werdet schlagen, Feh ſié wonsch
er wird schlagen, Arr je wonsch	sie werden schlagen, Ah'scher je won- sches.

Infinitivus.

schlagen, jewon.

Imperativus.

schlage, jewwo.

Participium.

schlagend, jewohgah.

---

*) Diese Sylbe óó ist so schwer mit dem Ohre aufzufangen, daß man bald óó bald worr hört.

Passivum.

Präsens.

Singular.	Plural.
ich werde geschlagen,	wir werden geschlagen,
Ssé keso woscher,	Deh kó do woscher,
du wirst geschlagen,	ihr werdet geschlagen,
Uo ko woscher,	Feh kho woscher,
er wird geschlagen	sie werden geschlagen,
Abĕ je woscher.	Abih schemme jewoschen.

Perfectum.

Singular.	Plural.
ich bin geschlagen worden,	wir sind geschlagen worden,
Ssé kĕ so woachefs,	Deh kó do woachefs,
du bist geschlagen worden,	ihr seyd geschlagen worden,
Uo ko woachefs,	Feh kho woachefs,
er ist geschlagen worden,	sie sind geschlagen worden,
Abĕ je woachefs.	Abih schemme jewoachefs.

Futurum.

Singular.	Plural.
ich werde geschlagen werden,	wir werden geschlagen werden,
Ssé keso woan'chefs,	Deh ke woan'chefs,
du wirst geschlagen werden,	ihr werdet geschlagen werden,
Uo ko woan'chefs,	Feh kho woan'chefs,
er wird geschlagen werden,	sie werden geschlagen werden,
Abĕ je woan'chefs.	Abih schemme woan'chefs.

Redensarten.

Wo gehst du hin?	Danau kora?
Bist du gesund?	Pog ssisch?
Gib mir Brod	tschaku ksatja.
Sey gegrüßt	Upsoi sch.
Was kostet das?	Sitti wafsa?
Ich liebe dich	Sho wor pfigoh sotlagh.
	ich dich liebe.
Ich schlage die Frau	Sso ssieh worr *Fifs'me.*
Du schlägst den Hund	Uo wie worr *Chamme,*
Er schlägt das Pferd	Arr je worr *Schemme.*
Willst du eine Pfeife?	Lulĕh uchéekch.

Die Construction des Tscherkessischen werden folgende Phrasen kennen
lehren:

1) Tchar adshal inscha sch zychur *) ba hhätscha kam. 2) Janer
   Gott Tod ohne ist Mensch viel lebt nicht. Mutter
jobu jesby itschalemy, aby bydsma sche ihod-sch. 3) itle'ma fysyr
läßt ihre Kinder, ihre Brust in Milch viel ist. Manne Weib
figoh-sothl'jahu. 4) My fysyr tl'eschigiä hasch, kko fsaryl' chchura,
schön liebt. Diese Frau schwanger war, Sohn als geber,
mo-chy-ch tschaa asch. Tschaler sohefyn eder kam. My chagebsyr
Tage sechs her ist. Kind saugen will nicht. Dieses Mädchen
eckor kam, ar syr il'chora i tl'esra masy ttu ra. 5) My zugur
geht nicht, sie als geboren und Jahr Monat zwei und. Dieser Mann
näf-sch, aby ifysyr dtegu-sch, da sbit'or sachicher kam. 6) Ep'er
blind ist, seine Frau blind ist, wir reden hört nicht. Nase
nap okma iitsch. 7) Dadi ttu sch tl'jar, ah jiabchuamba t'schu
Gesicht mitten steht. Uns zwei ist Fuß, Hand Finger fünfen
rutchu-sch. 8) Schchazyr schcha-ma tjoker. 9) Edser ebsegur dsha-
zu-ist. Haar Kopf-auf wächst. Zunge Zahn Mund-
ma jitsch. 10) isbrabhu' abr ssamsg-ma nachil'ja-sch. 11) Schchazyr
im steht. rechte Hand linke-von stärker-ist. Haar
hjach sch i pfsugoh-sch, tl'yr pl'isb, kubschchar byda-sch mywwa
lang-ist und bünn-ist, Blut roth, Knochen hart-ist Stein
chodago. 12) bdsc-ma nna iasch, thakhuma cakom. 13) My bgar
gleich. Fische Auge ist, Ohr nicht. Dieser Vogel
chomgo matl'jata, ar tjotischa tschy-ma, aby damer bei fitsa-sch,
langsam fliegt, er sitzt Erde-auf, sein Flügel Feder schwarz-ist,
ep'er shan-sch ecker ketsch-sch; aby homb-ma gediker chush-sch.
Nase spitz-ist Schwanz kurz-ist, sein Nest-in Ei weiß-ist.
14) Mafar malid, da uchor dotl'jau mafa-bsi i famysch.
Feuer brennt, wir Rauch sehen Feuer-Feder (Flamme) und Kohle.
15) Psyr psy-ma uarbo chocho. 16) Gschesir kipf mochur a
Wasser Fluß-in strudelnd fließt. Nacht dunkel wird aber
macher necby-sch.
Tag hell-ist.

Tscherkessische Wörter.
Aus den Kabardah.

Kopf — sch'ha, tsch'ha	Nase — peb, feb, pä
Gesicht — nap, napa	Nasenlöcher — pach, phá
Auge — nne, na	Ohr — takhumäh
Augenbrauen — nabza	Stirn — nata
Augenwimpern — neshguz	Mund — dshe, she, shshä

---

*) Die deutsch gedruckten, auf r ausgehenden Endsylben der Substantive sind der Artikel.

Zahn — dseh, dsa	Lamm — schina
Zunge — bbse, bsab, bsegu, bsek	Ochs — wwĕ, woh, b'by, be
Kehle — tamack (Tat.)	Kuh — dshem, sham
Haare — schbatz, tsehchatz (Tat.)	Horn — bshakoh
Bart — dshake, dshakke	Hund — chhab, hah'
Wange — tahjasha, takjagé	Katze — gedu, ged-du
Hals — psche	Schwein — kchŏ, kchoo, kaschka
Schulter — damaschha	Pferd — tschŏ, schi
Ellenbogen — sytcha, afaraka	Hengst — schakoh
Hand — ĩa, ah	Stute — schibs
Finger — abchuombe	Esel — schidd
Daum — abchont	Maulthier — kadir (Tat.)
Nagel — absshena	Kamel — machsche
Brüste — bits	Tiger, Leopard — hafch
Rücken — tschife, tschib	Bär — mischeh
Bauch — nyba, negbe, nyhbe	Wolf — duggisch
Nabel — bynsa	Hirsch — schah, b'lana
penis — mana	Hase — tagmogeh
cunnus — gut	Maus — dsugoh
Rippe — dzanse	Hahn — kgedischu
Lende — byssy	Huhn — kged, kged dana
Fuß — tl'e	Ei — jedicke
Schienbein — tledi	Taube — tth'arrekoh
Knie — th'lagashe	Gans — kafs (Tat.)
Haut — ffĕb, fa	Ente — babysch (Tat.)
Knochen — kusch'ha, kubshha	Schwan — tsged
Blut — tl'ib, tl'eh	Falke — bga-schoh
Herz — ggu, guh	Geyer — bga-arifs
Eingeweide — kety	Storch — kruh, küruh
Fett — pscherr	Wald — mefs
Gehirn — sch'hakuts	Baum — dsich, shig, p'cha
Schweiß — pschantcps	Kraut — us, uds
Fisch — bbshch	Heu — mòck
Vogel — bga, kualleh, kodabsn	Stroh — kùk
Feder — hutz, dama	Holz — p'cha
Wurm — bapatsa	Frucht — chufs, dshil' ga
Fliege — bsuh, bas'seh, bass'	Blatt — shig-tapa, pschascheh
Biene — bseh	Same — kub
Schlange — bbl'eh, kägaffa	Blume — kagagah
Frosch — bgwakoh	Stamm shig-wasa, tschrumba
Thier — pfsaut'cha	Ast — shig-dana, kodome,
Schaf — mell, mall	Rinde — p'cha-feb, shgi-fa
Widder — t'e	Wurzel — tschabseh, lapfsa, tläbshe
Ziege — bshen, bshan	Harz — tchok'oschgah
Bock — dejoch	Eiche — shig-ïe, shi-shie

Keule – baschischöh

Panzer – affeh, afa, apchond'

Bogen – bseb, bsa

Pfeil – tsché, tscha, scha

Köcher – sabangdak

Schwert – tjeta, scheschchua

Dolch – kiata

Flinte – sok

Beil – wwosch, uásch', hide

Messer – fsch, fsah

Löffel – bsemischch

Nagel – una

Schiff – kaf, kuaffa, choach, choafah

Joch – aby-raésch, uendog

Fuß – kae

Wagen – gku, guh

Pflug – pchaschch

Pflugschar – bsadseh

Sichel – gubsch

Egge – tätläfa, benshekapcha

Korn – mesch

Brod – dshacho, tschaku

Wasser – pseh, psé, psi

Feuer – mapfa, mafa

Gluth – top, chorle

Hitze – shegupl', chulba, chweba

Rauch – ucho

Kohle – famysch

Flamme – mapfa-bsi'

Wein – schichir, schagir

Butter – t'chu

Käse – tkuaja

Milch – tschch, scheh

saure Milch –

Honig – sau

Wachs – schechu

Bier – sirre

Branntwein –

Zwiebeln – pschin

Hanf – tschepıkol

Mehl – hashıga

Weizen –

Gerste – ha

Hirse – pchu

Hafer – santch

Reis –

Mais – nartuch

Baumwolle –

Tabak – tutun

Pfeffer – burss

Haus – unneh, uonah

Balken –

Pfahl – pchakkeh, pshog

Dach – unnaschah

Thür – bahe, bs'dahe

Schwelle – bschakóh

Feuerherd – odschak, tschuamtschet

Hof – tautsche

Mensch – dsyg, zug

Leute – shilé, kuchsobel, sug'-cher

Vater – jaddeh, jada

Mutter – janab, ana

Bruder – delt'ch, schisch

Schwester – schup'ch, schiwg'

Ehemann – t'leb, sitt'l

Frau – fifs

Sohn – k'koh

Tochter – p'chü

Jungfrau – chageb's, chagewws

Kind – tschallah

alt – tt'lisch,

jung – tscheh

gut – pfch

schlecht – bbsageh

schön – daché, däche

häßlich – aja

groß – in, gia

klein – zzuk, zikkusch

dick – ghgamm

dünn – psugoh

Erde – tscheh, tschy

Ort – tscheppa

Sumpf – pschip'psah

Wüste – kokusch

Steppe – gubgoh

Berg – kusch'ha, kursch, bgi

Eisberg – kurtschimowoschischwo

Hügel – aschha, kurschik

Gebirgsrücken – kurtschitsche

Felsen –

Thal – humb, kob, tschluschka; kua
Graben – tschitoga, tytseha
Grube – . masche
Loch – guano, uana
Höhle – tschebuneh
hoch – tt'lageh, latscha, t'labia
niedrig – tt'lach'sche, laschcha
Stein – miwweh, miwwah
Feuerstein – fokischtah
Sand – . pschachua
Thon – fata, kata
Staub – fsapa
Mees – tschü, chy,
See –
Fluß – pfsi, . psurch
Strudel – psabaggeh
Brunnen – kkui
Welle – psukkewoh, peuer
Tropfen – wosch', woschibs
fließen –
schwimmen – össur, öfs
Schaum – chrumbeh
Ufer – uffa, psufeh, nygä
Damm – pschipschallups
Quell – psischah
warmer Quell –
Wasserfall – pfsekkedsheysch
Canal – psalukoh
dießeits – meddikéh
jenseits – addikeh
Zeit – hhigoh
Tag – machua
Nacht – gsesch
Monat – smasa
Jahr – it'lschefs
Stunde (Arab.)
Frühling – hgadko
Sommer – ghamakoh
Herbst – bschaba
Winter – schamakoh
heute – noba
gestern – duassah
morgen – pschehdie
früh – dschiggoh
spät –

immer – magwohkafs
sogleich – igistu
nachher – nětaneh
vorher – üppeggeb
Morgen –
Mittag – schaggeh
Abend – schehascha
Mitternacht – gscheschibuhke
Himmel – whape, wuafs
Sonne – dgeb, . digga
Mond – masah, masch
Stern – whagoh, waguó
Komet – whagogeh
Sternschnuppe – wagohelschefs
Regenbogen – whapememiguitich
   (S. Himmel.)
Wolke – pschagoh, ps'chak
Luft – tschipat'leh
Wind –
Sturm – shshischiggah, shuwáé
Wirbelwind – shibsagä,
Regen – uoschch
Reif – uoschebs
Hagel – uoff
Schnee – uafs, uefs, w'uefs
Eis – mill, mel
Blitz – tanakoh, . kopk
Donner – wapeh-guagoh, gagwa
Gold – dischschah
Silber – dtesbin,
Kupfer – goapt'leh
Eisen – hgutsch
Zinn – galai
Blei – pbsabpsah
Quecksilber – döschafs
Salz – schugh, tschug, chusch
Schießpulver – gin
Salpeter – gin-schugh
Schwefel – mwaschgoh
Feuerzeug – tzetlamapha
Feuerschwamm – pchufs
Pfeife – (Tat.)
Leinwand – katan
Tuch – taieh
Wolle –

Seide – dana
Leder – mosaku
Faden – udsannoh
Nähnadel – mastah
Knopf – unasebah
Mütze – pa
Filzmantel – dshako
Hembe – jana
Hosen – gonschek
Kleid – schigin
Gürtel – bgrypch, btschirüch
schwarz – fitza, pětsa, pitsa
weiß – chusch, kusch
roth – plisch
blau – mora
gelb – hgosch
grün – cschoh
hell – takaddeda
dunkel – pepüßsaddida
Krieg – sáo, sawo
Zorn – dtogoscheh
Geschrei – megôh
stoßen – ekusheh
schlagen – jewo
beißen – edsakâ
Wunde – owaggah
tödten – ugksch
Fürst – pschěh
Edelmann – work
Bauer – t'scho'kohtl
Krieger – jabgs, gabshe
Held – t't'lißa
Stadt – dshiler
Dorf – kuadshe
Bezirk – tlanapipdsäh
Festung – kalà, halla
Thurm – dischaschah
Brücke – t'lemisch, t'lamisch
Schlacht – schidisaó, saua
Sieg – uka, tewkasch
Wächter – chomako, unefendsh
Gott – tcha, thâ
Opfer – kurbahn
Tempel – medsbgit (Arab.)
Priester – mollah (Arab.)

Verstand – aghil (Arab.)
Geist – psah, bachcha
Teufel – scheitan
Leben – dopsoh, psougo
Tod – t'lasch
Kälte – scháe, tscha
Kraft – godscha, kwadsh
Macht – dslck, guatscha
Wachs – chechon, dschechon
Osten – arischgeh
Süden – koblah (Arab.)
Westen – samauwgeh
Norden – deghheh kaschikuhan
Mitte – tschetschunmauw
rechts – ishirauwu
links – samauwgeh
vorwärts – dapeghe
rückwärts – dauschgeh
krumm – tl'agscheh
ich weine – fsfs'ogh
— schlafe – fsfs'oghiä
— lache – fsfs'udahasch'g
— trinke – fsfs'efeh, fsfs'ofěh
— esse – fsfs'osch
— sehe – fsfs'eschir, fsfs'ekisogh
— fühle – fsfs'obit
— gehe – fsfs'okur, fsfs'koïsch
— glaube – peschoh
— will – fsfs'echuesch
— hasse – tl'agunskiémwan
— liebe – tschitschafs'afs
— weiß – fsfs'otscha
— hoffe – fsfs'ogugeh
— verstehe – fsfs'ekidog
— gebe – isot
— finge – fsfs'oguscha, waradsisoo
— tanze – khaffeh
— koche – fsfs'oghawweh
— schneide – pisouwsch
— mache – fsfs'otsch
— bedecke – tisopeh
— öffne – fsfs'oggh
— drücke – fsfs'oh'ufs
— verschließe – kusodsh
— schlage – psembsché-o

ich werfe - isokushe
— verwunde - fsfs'eworipsæso-wutsch
— tödte - fsfs'chóukisch
— heile - fsfs'oasfshe
— lege mich - fsfs'olschindisch
— suche - fsfs'ot'lucho
— finde - fsfs'usekoh
— gib - kysat
steh - schyt
geh - cha, kuó, ko
kalt - tschahba
warm - kuaba, ehwabah
oft - tschegtschekwo
oben - t'lagscheh
entfernt - shisheh
nahe - blagah
lang - usgeh
kurz - t'ketsch
weit - b'goh
eng - fsakoh
Ecke - isbrabgeh
aufrecht - schidds
schwer - ondogh
leicht - pschitschah
scharf - kodgobpéutsch
schnell - tschech, tschech'ko
langsam - chombo, chomgo
Ende - chufs
ich - fsfse, sa, ser
mein - sesīe
mein Ochse - ses fsifsh
meine Kuh - ses fsishamsh
du - so, uor
dein - auiesch
dein Ochse - auiesch fsifsh
deine Kuh - auiesch fsishamsh
er - arr
sein - ariesch
wir - debrr
ihr - fehrr
sie - achir, acher

alle - psogori
einer - dseé
unser - dedia
euer - sefia
ja - ago, onho
nein - akam, schakam
1 se - der erste - aperier
2 tu - der zweite - jetanarier
3 schi - der dritte - jeschene-rier
4 ptl'c - der vierte - jeptl'enarier
5 t'chu - der fünfte - jet'chuna-rier
6 rier chi - der sechste - jechina-rier u. s. w.
7 ble
8 ga, gè
9 bgu, boro
10 psche
11 psche-ku-fsä (10+1)
12 psche-ku-t' (10+2)
13 psche-ku-sch' (10+3)
14 psche-ku-ptl'e (10+4)
15 psche-ku t'chu (10+5)
16 psche-ku-ch (10+6)
20 totsch, tosch
21 totsch-era-sire (20+1)
22 totsch-era-ture (20+2)
23 totsch-era-schire (20+3)
30 totsch-era-pschirre 20+10)
40 ptl'isch
50 ptl'isch-erra-pschirre (40+10)
60 chitsch
70 chitsch-era-pschirre 60+10)
80 toshitl
90 toshitl-erra-pschirre (80+10)
100 scheh
101 scheh-ra-sera (100+1)
200 schi-t
300 schi-sch
1000 min (Tat.), schi-psche.

Sprachproben
des

am Kuban wohnenden tscherkessischen Stammes Hatiokesch.

Gesammelt im Sommer 1809, sechzehn Werst westlich von der Festung
Ust=Labinsk.

Wald — méſa	Branntwein — ſa'schateſaur
Waſſer — plaé	Haus — wuiné
Dorf — tschelä	Kleider — mehón
Laub — tscher	Oberkleid — a'i
Brob — tschach	Unterkleider — hoschég
Milch — scha	Schuhe — tschakóh
Kuh — tschémer	Strümpfe — ohlei
Pferd — tsché	Mütze — pakó
Schaf — mélé	Hemde — iján
Ziege — ptschené	Tuch — baplétsch
Fisch — pſé	Vater — jad
Fluß — psches	Mutter — jau
See — worés	Verwandte — winnokósch
Feuer — masheo	Schwester — schépchu
Gott — tha	Sohn — ſsiſsáu
Kopf — s'cha	Tochter — ſsipſsaſsé
Hände — el'gáne	Frau — ſsus
Füße — ſslako	Edelmann — work
Augen — nné	Erb=Bauer — pschitler
Mund — shé	Volk — zeſé
Ohren — takóm	Arzt — hatschmé, áse
Säbel — ſaesch'cho	kalt — tschaa
Messer — ſaesi	warm — fabö
Flinte — ſskonki	gut — ſsuded
Pistole — pischtow	mülde — psoga
Bogen — ſsahandak	glücklich — cháir
Pfeile — ſséche	Schlacht — sabeo
Pike — kepów	Gefangener — pschitel
Dolch — kamé	mir — ſsaré
Sattel — wan	gib mir — ſsaré-kſaét
Zaum ſsschobó	nicht — schep
Peitsche — kamschó	ja — ma
Schießpulver — gené	verkaufen — is'schenshét
essen — ſseischenshét	wie heißt du? — ſse-dés?
trinken — ſsieschon	was ist das? — ſsede d'léash?
schlafen — ſsetschiján	ich bitte — kaſsét
Fleisch — llé	wo? — todougore?
dicke Grütze — lebſse	es schmerzt — mause
dünne Grütze — paſstá	lebe wohl — obmow.

Sprachproben
des Dialektes der Notketch.*)

Heute – Népo
Lamm – Mélai
Laß uns gehen – Négua
Haben sie? – Schi ba
Lebt wohl? – Otchaschc
Freund – Siblagö
Setzt euch – Tise
Wartet – Sabure
Genug – Paschu, rochucn
Guten Morgen – Uptsche dézo chapschi
Guten Tag – Mafizu, sapschi
Guten Abend – Uptsche azo chapschi
Gute Nacht – Uptsche essizé ochu
König – Ekthline
Strumpf – Thlépéte
Kappe – Paugo
Ochs – Tsu
Bart – Dhágé
Mund – Jö
Gut – Azic
Weiß – Fégé
Buza (das Getränk) – Bak-sima
Mantel mit einer Kappe – Tscharchue
Schloß zum Verschließen – Utkibsé
Bettdecke – Tscheebgéne
Beinkleider – Ugandgandje
Hitze – Fabö
Hahn – Atakö
Schwein – Kchua
Pferd – Schi
Katze – Ketu
Hund – Cha
Nägel – Ugundjughune
Haar – Schchatsi
Gruß – Gógmaf
Wie geths? – Usapachme

Wachs – Schéfú
Gott – Tobá
Morgen – Nachupe.he
Gib mir – Saché-Séte
Zahn – Tsö
Finger – Oep-Chuambe
Woher des Weges? – Tédégagui
Wasser – Psi
Blitz – Guassö
Nieder, sehr nieder – Zéju, Zejuded
Frau – Schasse
Tochter, meine Tochter – Psasi, Si-psasi
Sohn – Sau
Feuer – Mazué
Käse – Chaie
Getreide – Adjiga
Eisen – Ugutsche
Gänse – Ts-chuénke
Danke Gott, danke euch – Tohé u psu
Teessen – Dische
Mann – Tséfö, Tlé, Tli
Hoch – Inded
Anzug – Tsi
Er geht – Chahe waja
Ich gehe – Si goli oder Saze waja
Ich habe – Schö
Ich habe nicht – Schö-ép
Ich werde schießen – Si o woke
Ich werde dich tödten – Si wu gane
Ich weiß – Ts adjiga
Ich weiß nicht – Ts-gueép
Ich liebe – Sedjas
Ich liebe sehr – Bo-Sedjas
Ich liebe nicht – Si-tschi-ép
Schenkel – Tla kua
Prächtig, sehr prächtig – dakchu, dachu déd
Mond – Mazé

---

*) Marigny, 282. M. hat die Wörter, man weiß nicht warum, ohne alle Ordnung neben einander gestellt.

Milch – Sézéno

Gestockte Milch – Schchu

Ihn, sie – Meri

Zunge – Bscgu

Hase – Tagumgiá

Wolf – Dugusu

Eiserne Feile – Tschane

Hölzerne Feile – Pohacho

Morgen – Neptschedische

Esse, komme zum Essen – Uschechunè, jeblago Uschechune

Hand – Ea

Marder – Tsözè

Mantel – Tschaugo

Meer – Rschi

Mutter – Yani

Honig – Sou

Mich – Seri

Berg – Tche

Knebelbart – Padjö

Schiff – Kuachö

Komme nicht nach – Uchamuko

Nein – Jahau

Nase – Pö

Wolken – O-su-chapschi

Nüsse – Dézu

Walnüsse – Désche-cho

Vogel – Bzéu

Ohren – Tagum

Zwiebel – Bjcnu

Eier – Kiarkia

Wo gehst du hin? – Tédéugua

Brod – Tschauche

Vater – Yati

Huhn – Keti

Gabe – Kache

Birne – Chuzu

Pflaume – Schupsa

Dolch – Kamö

Daumen – Oepchabasche

Thüre – Ptsché

Mach die Thüre zu – Ptschériagase

Oeffne die Thüre – Psché rucho

Pulver – Gunu

Fluß – Psé

Säbel – Kéatö

Cavallerie-Säbel – Schasche chua

Blut – Thlö

Sonne – Tga

Abend – Tschazgose

Salz – Schugu

Busen eines Weibes – Pedzé, Bezé

Augenbrauen – Napsö

Willkommen – O-Sapschi

Schuhe – Tschuako

Geräumig – Kiacheded

Sense – Pehacho

Teppich – Uptsche

Boden – Tschi

Donner – Chébli

Du – Varié

Tuch – Bése

Wein – Suate

Wittwe – Pchuje

Speise – Glli

Lightning Source UK Ltd.
Milton Keynes UK
UKHW021647090119
335047UK00006B/565/P